内藤湖南未収録文集

内藤湖南研究会【編】

河合文化教育研究所

総目次

凡例

一、底本には、原則として文章が掲載された初出の新聞・雑誌等を用いた。

一、文章は発表紙誌名ごとにまとめ、発表年月日に沿って配列した。新聞掲載文章については発表年月日のあとに表題・文章を続けた。また、雑誌掲載文章の表記は、発表雑誌名・号数・掲載欄名に続けて発表年月日を示し、ついで表題・署名以下本文を掲載した。発表雑誌が同一の文章については、「掲載欄」が同じ文章は掲載欄を省略して表題・本文を続け、「掲載欄」が異なる場合は「掲載欄」名を示して文章を続けた。なお、号数表記等は以下の通りである。

1　号数は、単位語を省くとともに新字で表記した。

2　連載の文章については、底本の番号は（　）内に示したが、番号が付されていない文章や、底本の番号に不備があると考えられる場合は〔　〕を付した。

3　補注は「※」を付して注記した。

一、旧字体を中心とする原文の体裁を生かすことを旨として翻刻したが、読解の便のため、次の諸点については整理を行った。

1　底本の傍点・圏点・傍線などは、原則として省略した。

2　字体は原則として旧字体を用い、俗字は正字にあらためたが、新字体を残したものもある。

3　仮名遣いについては、「ゐ」（ヰ）、「ゑ」（ヱ）を除いて変体仮名（江→え）・合字（ゟ→より）等は通行の表記にあらため、また濁点や送り仮名等を適宜施した。ただし、古典等の引用文に関しては、原文を生かした。

4　底本の巳・已・己の混用、明らかな誤字・脱字と思われるものは訂正した。また、文意の通じにくい箇所には「ママ」や〔　〕で傍注を施した。

5　底本に句読点のあるものは、原則としてそれに従ったが、句読点を付していないものや不適切と考えられるものについては、適宜、編者が句読点、中黒等を施した。

6　振り仮名は、新仮名遣いに統一し、底本に付してあるものは編者が取捨し、ない場合も必要と思われるものに適宜付した。

7　文章先頭文字の位置については原則として底本通りであるが、改行については適宜編者が施した。

8　底本の破損等で判読不能の文字は□で示し、□や□□で字数分を示した。

一、収録文章中、一部差別的な表現が見られるが、いずれも歴史的史料として原文のまま掲載した。

第I部　目次

第II部　目次

第III部　目次

『大阪朝日新聞』

内藤湖南未収録文集

はじめに

一　『内藤湖南全集』未収録文章収集の経緯と趣旨

本著『内藤湖南未収録文集』（以下『未収録文集』と略）の刊行は、河合文化教育研究所に所属する「内藤湖南研究会」の編集によるものであり、その組織的な収集作業は二〇一〇年一〇月にさかのぼる。当時、本研究会は『内藤湖南の世界』（二〇〇一年三月）、「特集　内藤湖南研究」（『研究論集』第五集、二〇〇八年二月）を発表していたが、それらを継承する新たな論集刊行をめざしていた。その前提作業の一環として『内藤湖南全集』（以下『全集』と略）未収録文章収集の必要性が浮上したのである。

収集作業は、『全集』第一四巻巻末に示された「著作目録」を参考に「未収録文章」一覧を作成、それに沿って会員が情報を提供し合い、諸大学・公共図書館等に依頼して文章を複写し、また写真撮影し、それらを随時会員に配布するとともに事務局の助けを得てデータ化する、という形で始められた。データ化が進められたのは未収録文章整理の必要性からも、また研究者の便宜のためにもいずれは公表・活字化が望ましいと考えられたからである。

しかし文章収集及びデータ化の過程で、作業は予想以上に時間を要することとなった。新聞・雑誌の検索、関西大学図書館「内藤文庫」（以下「内藤文庫」と略）や国立国会図書館での検索を通じて、『全集』の「著作目録」には示されていない厖大な文章群の存在が明らかとなり、あらためて収集・活字化の方針が問われることになったからである。たとえば『萬報一覧』や『大同新報』の時事関係記事をどう扱うか、『日本人』『亜細亜』におけるペンネーム記事をどう扱うか、大正期の新聞掲載文章や談話記事をどう扱うか、などである。また最終段階の二〇一六年に入って、中川未来『明治日本の国粋主義思想とアジア』（二〇一六年二月）、鹿角市教育委員会『内藤湖南・十湾書簡集』（同年八月）、礪波護『敦煌から奈良・京都へ』（同年一〇月）、高木智見『内藤湖南』（同年一一月）等で示された『全集』未収録文等をどう扱うかも大きな問題となった。そのため後述するように、収集文章の刊行には一定の限定方針を採用せざるを得なかったが、それでも、本『未収録文集』は採録文章の表題総数三二七篇、九〇〇頁に及ぶ大部の書物となってしまった。その内訳は『全集』「著作目録」に示された未収録文章のうち数篇を除く一五七篇と今回新たに発見された一七〇篇の文章である。

この間、二〇一三年六月、研究会を主導された谷川道雄先生が急逝され、会員が茫然自失の状況に投げ出されるという事態にも直面せざるを得なかったが、ようやく先生のご遺志を形にする日を迎えることができたというのが実状である。

このような経緯を振り返るとき、内藤湖南（一八六六〜一九三四）に関する史料を収集し、論集を含め更なる研究深化に活用できるものとして提示するという本書の意図も完全に達成されたとはいえないが、『全集』「著作目録」に示された未収録文章をほぼ網羅し、目録不掲載の多くの文章を集め得た点で、本書刊行の最低限の義務は果たせたと考えている。したがって本書刊行の意義もまずこの点にあると思われるが、それにとどまらない点もあると考えられる。

「あとがき」でも述べるように、たしかに湖南の基本的な著作と諸文章は『全集』に収録されている。しかし、未収録文章は、後述するように、雑誌『亜細亜』掲載のような多くの短文「批評」を含め、諸紙誌に登場する学術関係文章や時事に関する文章が大半を占めている。したがって未収録文章を検討することによって湖南思想に関する新たな知見がもたらされることは確実であろう。

とくに近代日本、東アジア史における内藤湖南の位置に思いを馳せるとき、時論等の収集は単に『全集』未収録分の補完ということにとどまらない。内藤湖南は、戦前期を代表する言論人・時論家であり、独創的な東洋史理解を展開した史論家・歴史学者でもあった。しかも明治中期から大正末期にかけて東アジア情勢への提言を発し続けた湖南に対する歴史的評価が未だに確定していないという現状を踏まえるならば、本書採録の諸文章によって、操觚者として出発しながら歴史学者、歴史思想家へと活動を深めていった経緯やその思想世界の解明が進められるであろうし、同時に近代の日中・日朝関係、さらにはロシア・英米等を含めた東アジア情勢のより深められた理解が可能となるであろう。本書採録文章には国際的動向を前提にした中国情勢分析や朝鮮に関する文章も多いのである。

もちろん、湖南思想の重要性に注目するならば、その解明によってさらには日本の侵略を被った中国・朝鮮とどう向き合い、どのような関係を構築していくべきか、という現代の課題にも新たな視点がもたらされる可能性も考えられる。不完全とはいえ、本書はそのために不可欠な参照文章群である。当然、本書が近代東アジアにおける負の遺産をより鮮明にする側面もあるであろう。しかしそのような事態も、数千年単位で歴史を捉えようとしていた湖南の意に反することにはならないであろう。

二　編集の方針と構成

本書は以上のように内藤湖南研究の深化と、そのもたらされる意義を想定して編集されたのであるが、収集文章の採録については一定の取捨選択がなされている。第一に、『全集』「著作目録」に掲載されていても、湖南が執筆した文章ではないことがわかるもの、書簡・漢詩・跋文・賛および教科書類、すでに活字化された文章については、活字化が一部分にとどまっている文章を除いて原則的に採録していない。したがって「著作目録」に示されていても、「藤井氏蔵東坡尺牘跋」（一九二二年）などは採用していない。ただし、湖南が代筆した文章と考えられるものについては、史料論的検討が必要であるが、参照に値すると考えられるため極力採録した。

第二に「著作目録」不掲載の新聞・雑誌等への掲載文章についても若干の取捨選択を行っている。その主な理由は採録予定文章が大幅に増加して頁数に限界が生じたことによるが、加えていまだ未発掘の遺文がかなり残されており、収集完了のめどが立たないということがあげられる。そこで雑誌『日本人』『亜細亜』掲載文章については筆名のわかるものや確証のあるものなどの理由で採録数を絞らざるを得なかったし、『萬報一覧』『大同新報』掲載の文章では湖南の文章と確定できないもの、さらにいえば、『全集』掲載文章と同趣旨の文章などは採録を見送らざるを得なかった。逆に、湖南が一書として刊行する際や『全集』に収録する際に修正が施されている文章の初出文章などは、湖南の執筆姿勢や推敲過程を理解する意味もあって可能な限り採録している。

なお、書簡については、青江舜二郎『竜の星座――内藤湖南のアジア的生涯』（一九六六年一一月）、岡村敬二「内藤湖南と日満文化協会」（京都学園大学人間文化学会紀要『人間文化研究』第三号、二〇〇〇年七月）、同『日満文化協会の歴史』（二〇〇六年一〇月）、名和悦子編「内藤湖南宛書簡集（明治・大正）」（河合文化教育研究所『研究論集』第五集、二〇〇八年二月）、同「内藤湖南宛書簡集（昭和）」（河合文化教育研究所『研究論集』第七集、二〇〇九年一二月）、鹿角市教育委員会『内藤湖南・十湾書簡集』（二〇一六年八月）、書論研究会の『書論』第一三号（一九七八年一一月）以下などを参照していただきたい。同様に漢詩・漢文については、金程宇「『内藤湖南全集』補遺」（『域外漢籍叢考』所収、中華書局、二〇〇七年）、同「内藤湖南の漢詩について」（『文学』第一〇巻第三号、二〇〇九年五、六月）、印暁峰点校『内藤湖南漢詩文集』（広西師範大学出版社、二〇〇九年一月）、陶徳民・藤田高夫「内藤書簡研究の新しい展開可能性について――満洲建国後の石原莞爾・羅振玉との協働を例に」（関西大学『東西学術研

究所紀要』第四七輯、二〇一四年三月)、銭婉約・陶徳民編『内藤湖南漢詩酬唱墨迹輯釈』(国家図書館出版社、二〇一六年九月)を参照されたい。

次に本書の構成であるが、内藤湖南の経歴・執筆活動・思想の推移などを考慮して三期、三部構成を採用している。第Ⅰ部は一八八七年八月、湖南が両親に無断で上京し、大内青巒主宰の仏教雑誌『明教新誌』の記者となり、三年後の一八九〇年一〇月に『三河新聞』の主筆となり、同年末同紙を辞すまでの時期である。第Ⅰ部が湖南の操觚者としての基礎固めの時期であったとすれば、第Ⅱ部は一八九〇年末、『三河新聞』を辞し、帰京して『日本人』記者となり、『大阪朝日新聞』『萬朝報』記者として活躍する本格的な操觚者時代で、第Ⅲ部は一九〇七年一月以降、一〇月、京都帝国大学文科大学の史学科東洋史講座の講師となり、一九三四年六月に死去するまでの大学人及び余生としての時代ということになる。以下、湖南の置かれていた状況を含め、簡単に採録文章の概要、採否の経緯などについて説明を加えておこう。

三　第Ⅰ部採録文章の概要及び採否の経緯

ここでは、一八八七(明治二〇)年八月に上京し、雑誌『明教新誌』の記者となって以降の一八八七年一二月から一八九〇年一一月まで、雑誌『明教新誌』『萬報一覧』『大同新報』『江湖新聞』及び『三河新聞』に執筆した文章、計七九篇を採録している。多くは「内藤文庫」及び国立国会図書館の所蔵史料に負っている。

『明教新誌』　『全集』第一巻「あとがき」によれば、湖南は『明教新誌』に数篇の文章を書いているようであるが、「著作目録」に明示されているのは、『全集』掲載の「明治二十一年来れり」(一八八八年一月四日)と未収録の「宗教家と教育者」(一八八七年一二月一八日、一八八八年一月八日)の二篇の文章だけである。しかし、『内藤湖南・十湾書簡集』によれば、「著作目録」には示されていないものの、上京後の最初の文章は「佛教家は宜く耶蘇の恩を拝謝すべし」(一八八七年一一月一〇日)であったことがわかる。そこで本書には「宗教家と教育學」を加えた二篇を採録している。なお、「宗教家と教育學」は、青江舜二郎の『竜の星座』に第二三〇一号分が掲載されているが、第二三〇九号分は掲載されていない。そのため、本書には両号とも採録している。

『萬報一覧』　『明教新誌』編集に関わった実力を評価されたのであろう、一八八八年に入ると、湖南は『萬報一覧』の編集に携わることとなった。これも大内青巒主宰の雑誌である。『全集』第一巻「あとがき」によれば、第一六四号(一八八八年一月一五日)から、湖南は編集名義人となり、新たに設けられた「時事評論」欄を担当することとなる。これは第一八九号（一八八八年九月二五日）の最終号まで続いたとされているが（『全集』第一四巻「著作目録」六七四頁）、『全集』では「時事評論」欄を設けるという「萬報一覧改正の旨趣」（第一六四号）と四篇の「時事評論」、「小世界」（第一六八号）、「防禦論」（第一六九号）、「空想の国民」（第一七〇号）、「新雑誌及び新聞」（第一七三号）の計五篇しか採用されていない。『全集』「著作目録」には、「時事評論は以後明治二十一年九月二十五日発行の第百八十九号に至るまで毎号執筆しているが、いま細目を省略する」（六七四頁）とある。

『萬報一覧』の「時事評論」欄はすべて無署名記事であり、湖南が担当したとはいうものの、すべてが湖南の文章であるとは断定できない。そのため、本書では「著作目録」が掲載する第一七三号までの記事だけを採録した。内容は府県会や市制、徴兵令改正論議や国家予算、国会開設に向けた政治動向、海外情勢などに及んでいる。なお、第一七一号の「空想の国民」は、増補されたものが新聞『みかは』に寄稿され、それが『全集』第一巻に収録されているため採録は見送った。採録文章数は、第一六五号から第一七三号までに掲載された二一篇である。

『大同新報』『江湖新聞』『三河新聞』　『大同新報』も、大内青巒が組織した「尊皇奉仏大同団」の機関誌（半月刊）である。『全集』第一四巻「年譜」によれば、湖南が同誌の編集に関わったのは一八八九年五月とされている。『萬報一覧』が廃刊になったのは前年九月と考えられているから、湖南のこの間の動向はよくわからない。

湖南の同誌における執筆範囲は、社説にあたる「大同新報」欄、「時事」欄の他に、雑文、書評、埋め草に及んでいる。「雑文以下のものには、同憂生、加一倍子、あやめ、痩竹処主人、老朽子、不癡不慧主人、冷眼子、あまの子、しぐれ、落人後子、湖南、酔夢子などの筆名を用いている」（『全集』第一巻、六九一頁）とされるが、『全集』には一二篇しか収録されていない。そこで、『全集』未収録の文章については、「著作目録」掲載分を中心に五〇篇を採録した。ただし「著作目録」には不掲載であるが、「再び信教の自由に就て」（第七号）、「僧侶の被選権」（第九号）、「政治界に於ける僧侶の運動」（第二四号）、「反動の大勢」（第三一号）の四文章だけは、「内藤文庫」所蔵の冊子に付されている「しるし」や「書き込み」などが湖南執筆を示すものと推定されるため採録した。※

※「内藤文庫」所蔵の『大同新報』冊子によれば、「信教の自由に就て」（第六号）には「後藤祐助」との書き込みがあるため、本書には採録しなかった。また、鹿角市教育委員会『内藤湖南・十湾書簡集』（五一頁）によれば、『全集』「著作目

録」では湖南の文章とされている「我同胞に望む」(『大同新報』第一九号)が、後藤氏の文章とされているため、同様に採録しなかった。

立憲自由社の『江湖新聞』からは一篇を採録したが、これは「著作目録」には示されていない。同紙は一八九〇年二月一一日創刊で、国立国会図書館に第一一六号(一八九〇年一二月一六日)まで所蔵されている。『立憲自由新聞』は同紙の後継紙とされる。

『三河新聞』掲載の文章について。『全集』第一巻「あとがき」によれば、本紙執筆の文章もほとんどが無署名であり、「歩虚小仙」の筆名を用いたものもあるとのことであるが、原紙の保存状態を考慮して、「著作目録」に示された五篇の収集に絞り、不完全ながら四篇を採録した。未採録の「宗教」(第二二・二三・二四号掲載分)に関しては、「内藤文庫目録」には記載されているが、確認することができなかった。全国的にも所蔵機関を確認することができなかったため、掲載を断念した。

ここでは『大同新報』掲載文章に焦点をあててその特徴を概観してみたい。『大同新報』時代以降の文章においても、彼の文章の多くは時事論が中心である。とはいえ、その論調には「尊皇奉佛者が條約改正に關する意見」(第一三号、一八八九年九月一六日)などのように、湖南自身が「尊皇奉仏団」を担っているという自負を前提とした論説的文章が多くなるという傾向がみられる。たとえば時事論の中心をなす国会開設に向けた政治動向に関する文章群には、政府批判、条約改正論、僧侶の被選挙権などがあるが、それらは憲法・大臣責任論などと関連させて論じられたり、欧風をめぐる思想潮流と制度的国家構築との乖離という現状分析などとも関連して論じられている。

同様に仏教への関心及びキリスト教論や文芸批評なども注目すべき点がみられる。大同団を背負う湖南の筆鋒がキリスト教徒排撃に向かうこともあるが、彼はキリスト教排除やその教義を否定するような主張をしているわけではない。むしろ「殷の鑑遠からず」(第九号、一八八九年七月一六日)のように他山の石として学ぶことを主張したり、ユニテリアン教徒の考えが仏教思想に似ているとして期待する文章などに特色がみられる。これは、彼のキリスト教批評が単なる批判ではなく、同時に仏教界の動向を前提にその反省・革新を促すもの、東西両文明理解の深化へとつながるべきものと想定されていたことをうかがわせるものである。

たとえば湖南は、のちの中西牛郎《うしお》の『新仏教論』をとりあげた文章(第II部、『亜細亜』第一巻第三一号、一八九二年一月二五日)で、彼を「新仏教軍の勇将」と絶賛しているが、湖南は自身の「仏教の前途」(第二七号、一八九〇年五月一〇日)や「青年の仏教徒」(『全集』第一巻所収)はこの書と同一の議を論じたとしている。「青年の學佛者に物申す」(第八号、一八八九年七月一日)も含め、今後の研究に参考にされるべきであろう。

仏教理解に関連して湖南の文芸批評についても興味ぶかい点がうかがえる。今回採録した「文學上佛教の功績」(第一八・一九号、一八八九年一二月一〇・二五日)や「日本文學と宗教と」(第二四・二六号、一八九〇年三月一〇日・四月二五日)などは、日本文学への仏教の影響を論じたものであるが、単なる文芸評というより、のちの『近世文学史論』につながる視点が準備されている文章とみることもできる。

最後に次の二点に注意を促しておきたい。第一は、ただ一篇ではあるが、西村茂樹の「日本弘道会」との関係を示す「弘道の一手段」(『日本弘道会叢記』一八九〇年三月)を見出すことができたことである。それは湖南の人的交流を示すだけでなく、「宗教家と教育學」(『明教新誌』第二三〇一・二三〇九号)や、「人物」(『三河新聞』第二五~三〇号、一八九〇年一一月一六~二二日)などにつながる文章ともいえ、当該期の彼の関心の一端をうかがわせるものといえよう。

第二は「文明」や「文化」の用語が『萬報一覧』や『大同新報』にすでに登場していることである。本書に採録した文章でいえば、「文明」は、一八八八年一月の「府県会の紛紜」(『萬報一覧』第一六五号)に、「未開時代」に対する「今日文明の世界」として登場している。また「文化」は、一八八九年五月の「國家の将さに興らんとする必ず禎祥あり」(『大同新報』第五号)に「二千数百年来、己が祖先の文化を資け」として登場している。湖南の「文明」・「文化」理解が彼と『日本人』グループとの関係や壮大な東洋史像の展開と密接に関連していることはよく知られている。しかし早期の文章にそれらが登場することは、それらが早くから自身の思想関心の一つでもあったことを物語っているであろう。

四　第Ⅱ部採録文章の概要及び採否の経緯

ここでは一八九〇(明治二三)年一二月から一九〇六年末までの文章一二一篇を採録した。翌年一〇月に京都帝国大学の東洋史講座講師となるので、一九〇七年一月以降の文章は第Ⅲ部とした。関連する紙誌は、『台湾日報』『萬朝報』『大阪朝日新聞』『日本』『秋田魁新報』、『日本人』(第一次~三次)『亜細亜』『二十六世紀』『太陽』『東洋戦争実記 3』『改正条約実施内地雑居準備会雑誌』『日本之文華』に及ぶ。なお、書論研究会の『書論』第一三号(一九七八年一一月)以下には、『全集』未収録文章・書簡等がかなり掲載されているので参照されたい。

『日本人』(第一次)『亜細亜』　一八九〇年一一月、湖南は東京に呼び戻され、一二月から政教社記者となる。『三河新聞』主筆をわずか二ヶ月で卒業したことになる。解題にも示したように、湖南は半月刊から週刊となった雑誌『日本人』の誌面改革の一環として起用されたのである。度重なる政府の弾圧で、『日本人』(第一次)は一八九一年六月に廃刊となるが、湖南は後継誌『亜細亜』の編集を担いつつ一八九三年三月の退社を迎えることになる。※

※湖南の政教社退職と大阪朝日新聞社入社については、『全集』第一四巻の「年譜」等はそれぞれ一八九三年一月、一八九四年七月としているが、千葉三郎『内藤湖南とその時代』(一九八六年一二月)は、三宅雪嶺宛て書簡を根拠に、退社は一八九三年三月とし、大朝入社を九四年九月としている。朱琳「中国史像と政治構想——内藤湖南の場合(二)」(『国家学会雑誌』一二三巻第九・一〇号、二〇一〇年一〇月)も、退社については三月とし、入社についても、『村山龍平伝』『上野理一伝』などを根拠に九月説を支持している。本稿もこれらに従う。

この間、湖南が執筆した文章は主に論説と学芸記事で、『全集』掲載分を含めて、『日本人』からは七篇、『亜細亜』からは九〇篇を超える文章を見つけることができた。これらの収集文章から『全集』収録文章の特色をみると、論説については『亜細亜』掲載の論説はほとんど『全集』に収録されているものの、史料論的問題があったためか、『日本人』の論説はほとんど収録されていないことがわかる。したがって今後の研究深化を待つ意味で、『日本人』からは「著作目録」に示された五篇を含む七篇すべての文章を採録した。採録文章の内容は主に第一議会に関するものであり、日本人の天職論も登場している。

学芸記事については、『亜細亜』「批評」欄での新刊書の書評が『全集』にほとんど収録されていないため、湖南のペンネームと確定できるもので、思想形成とも関連するであろう点を考慮して四八篇を採録した。政教社時代の前半も第一期に続く猛勉強期であったことがよくわかる。なお『亜細亜』からの採録文については、『全集』収録済みとされているものの欠落した文章、「坐右記」(三日分)がある。「坐右記」は『亜細亜』第二八号から六〇号にかけて一四回連載され、「著作目録」では『全集』第一巻に全部収録されているように示されているが、『全集』に掲載されているのは、第四九号までの一一回分である。したがって本書には一二〜一四回分を採録した。なお、便宜を考えて解題に収集文章と採録文章の目録を示しているので、参考にしていただきたい。

『日本人』(第二次)『二十六世紀』『大阪朝日新聞』　湖南

が一八九三年三月に政教社をやめたのは、郷里へ帰ることを考えていたためと考えられている（『全集』第一巻「あとがき」）。しかし、彼がそれを思いとどまったのは、『大阪朝日新聞』の客員高橋健三と知り合い、高橋の私設秘書のようになったからであろう。高橋との縁で、湖南は一八九四年九月に『大阪朝日新聞』に入社する。

この間「著作目録」に示された湖南の文章は『全集』にほとんど収録されているが、それでも、『日本人』から一篇、高橋健三の個人誌ともいうべき『二十六世紀』から四篇、『大阪朝日新聞』から二篇、計六篇の文章を採録することができた。ここで注目されるのは、一八九四年八月の日清戦争勃発を受けて、篇数は少ないものの、『二十六世紀』に掲載された「朝鮮の經營」（第七号、一八九四年八月二五日）他三篇のように採録文章から湖南の東アジア情勢への関心がうかがえる点であろう。『台湾日報』主筆への転身はこの点と密接に関連しているであろう。

なお『大阪朝日新聞』に掲載された『全集』未収録文章として、本書では一八九四年一〇月の「大任を受くるの覺悟」及び一九〇二年の「銷夏錄」の二篇を採録したが、『書論』第一三号には「京都大学図書館紀年展覧会」（一九〇一年一二月一六日）、「文芸閣を哭す」（一九〇四年一〇月七日）、「国書刊行会に就て」（一九〇六年三月一一日）が収録されており、本書には採録しなかった。ただ注意を要するのは、湖南の大阪朝日新聞勤務が足かけ三年に及ぶことを考えれば、「著作目録」に示された『大阪朝日新聞』掲載文章があまりに少ないということである。無署名文章の検出と検討が今後の課題となろう。

なお、不採録とはなったものの、採否をめぐって研究会内で討議された文章が他にもあることにふれておきたい。それは「戦局善後策」（一八九五年六月二三日～九月七日）と「関西文運論」（一八九六年四月～一一月）である。これらは日清戦後の時期における湖南の時代把握や思想動向をうかがう上で重要な文章と考えられるが、前者については、湖南が執筆したとしても、自身の文章と言うより高橋健三の主張を代筆した性格が強いと判断したため、また後者については、分量が多く、それをかなり修正した経緯がみられるものの、『近世文学史論』が『全集』第一巻に収録されているため採録しなかった。

『台湾日報』『萬朝報』その他　一八九六年九月、高橋が松方正義内閣の書記官長に招かれて大阪朝日新聞社を退職すると、湖南も一二月に同社を退職、一八九七年四月に『台湾日報』主筆となり、翌一八九八年四月に退職して五月には『萬朝報』論説記者となる。

『台湾日報』記事については、前掲中川未来『明治日本の国粋主義思想とアジア』（二〇一六年二月）がふれており、

『全集』未収録記事として一二篇が紹介されているが、文体から考えて湖南の文章かどうかについて会員内に疑問が残るものや破損文章を除き、九篇を採録した。

一八九八年五月の『萬朝報』入社と一九〇〇年四月の退社、七月の『大阪朝日新聞』再入社、一九〇七年一〇月の京都帝国大学講師就任にいたるこの時期は、操觚者湖南の全盛期といってもよい。しかもこの時期は日本の台湾領有を前提に、満洲・朝鮮半島へも関心を強める日清戦後経営期、隈板内閣成立（一八九八年六月）から第二次山県内閣（一八九八年一一月～一九〇〇年一〇月）へと続く時期にあたり、朝鮮とは閔妃殺害事件（一八九五年一〇月）以降の一種断絶状況が続き、中国では戊戌の変法（一八九八年六月～）が始まるも、九月の戊戌の政変で変法派が敗北するという時期にあたる。

この時期の文章もほとんど『全集』に収録されているが、『萬朝報』の記事の多くが採用されていない。内容は、東アジア情勢に注目しつつ、政治外交、社会問題、文明論、歴史・学術研究など多方面にわたっている。したがって本書には「著作目録」に示された三六篇に加え、新たに確認された五篇を採録した。この時期には他に『日本人』（第三次）二篇、『太陽』『改正条約実施内地雑居準備会雑誌』『東洋戦争実記』『日本之文華』『日本』各一篇、『秋田魁新報』三篇などの未収録文章が見出されたため、さきに示した『大阪朝日新聞』記事を除いて努めて採録した。

日清戦争期以降の未収録文章で注意すべきは、対露関係を前提とした国内政治批評、そしてさきの「朝鮮の經營」（『二十六世紀』第七号）に続く「韓國に對する手段」（『萬朝報』一八九九年六月一六日）などの朝鮮問題や中国情勢への関心が色濃くうかがえる点である。

たとえば『全集』第二巻に収録された一八九八年の政局批評は、「憲政党の大敵」（七月五日）、「政党人士の不幸」（七月二一・二二日）、「財政の大英断」（七月二六日）などであるが、未収録文章としては、「進歩黨と提携するは伊藤内閣の利益なり」（五月一二日）、「憲政黨に失望す」（一〇月二一日）、山県内閣を批判した「政黨の最盛期」（一一月一六日）などがある。政局批評は一八九九年にも継続されていくが、同時に中国論が「清國最近の形勢」（一八九九年一月一四日）、「支那の現勢と我が外務の方鍼」（一月二八日）と本格化する。

一八九九年九月、湖南は初めて中国を訪問し、一一月の帰国後、中国改革への関心を一層本格化させるのであるが、その延長上に位置すると思われる一九〇一年の文章「内藤湖南氏の支那談」（『秋田魁新報』八月一四～一六日）や「支那改革に就て」（『同上』八月一六～一八日、二〇日）を見つけることができた。これらに今回採録した『萬朝報』の「馬山浦問題」（一九〇〇年一月八日）、「清國事變の眞相」（同年二月四日）や『東洋戦争実記　3』の「支那と西洋諸國との關係」（一九〇〇年七月二三日）を加えれば、世紀転換期における湖南の東アジア情勢理解や歴史学者湖南への経路はより明確になるであろう。

五　第Ⅲ部採録文章の概要及び採否の経緯

一九〇七（明治四〇）年一〇月、湖南は京都帝国大学東洋史学講師となった。学問世界に身を移して以降、彼の文章が以前にもまして学問研究に裏付けられる傾向にあることは「解題」でふれるとおりである。しかも辛亥革命の勃発という事態に直面し、中国情勢に関する文章もきわめて多い。

第Ⅲ部はこれらを含め、一九〇七年一月以後、一九三四年六月の死去にいたるまでの文章計一二七篇を採録した。関連する紙誌は『大阪朝日新聞』『大阪毎日新聞』を中心に、『大阪新報』『大阪時事新報』『大正日日新聞』『関西日報』『やまと新聞』『京都日出新聞』『中外日報』『実業新聞』『九州日日新聞』『満洲日日新聞』などの各紙、『日本及日本人』『外交時報』『サンデー毎日』『太陽』『表現』『貨幣』などの諸雑誌及びパンフレット等である。これらの文章の探索については大学・図書館での探索に加え、「内藤文庫」、及び神戸大学電子図書館の情報に依るところが大きい。ただ、これらが『全集』に不採用となった理由についてはよくわからない。調査漏れに加え、『支那論』『新支那論』が刊行されていること等があげられるが、明確な理由は不明である。

なお第Ⅲ部の構成上の特徴は解題を二分して充実させた点である。当該期の重要性に加え、掲載紙誌が四〇を超え採録文章も多いため、それらを満洲・朝鮮問題や学問・文化・日本の政情に関する文章群と中国の政治情勢に関する文章群に大別し、解題もそれらに対応させて論じることにした。したがってここでもそれを踏襲して採録経緯や概要を説明しておきたい。

まず満洲・朝鮮問題に関する文章について。ここでは関連文章を可能な限り採録する方針を貫いた。たとえば「内藤文庫」に収蔵されている一九一八年一〇月の講演記録と考えられる「朝鮮の開國」は、活字化した紙誌等を見出すことができなかったため、同文庫の記者筆記原稿を活字化して採録した。ただ、「朝鮮の音楽」（『中外日報』一九一〇年六月二五～二七日）は、「余が観たる韓国」（一九〇七年三月、『全集』第六巻所収）と重複する箇所が多いため、採録しなかった。また、「古の満洲と今の満洲」（『雄弁』第四巻第八号、一九一三年八月）は、『東洋文化史研究』（一九三六年）に一部修正されて収録されているが、湖南の校閲を経ていないため、『全集』第八巻の『東洋文化史研究』には収録されていない。これについては、修正が施されて『全集』第六巻に収録された「満洲発達史序」などとも対照する意味もあると考え、今回採録している。

次に学術・文化に関わる文章について。帝国大学に勤務し、湖南の関心が学問研究に向けられたことは、今回採録した、「日韓古史研究」(『現代思想二十一家講話』一九〇八年一〇月)、「内藤湖南博士談——奉天の古文書」(『秋田魁新報』一九一二年五月二九日)、「古書畫の變遷に就て」(『美乃世界』一九一二年七月一日)などに如実に表れているといえよう。

湖南のこの種の文章は、以後死の直前まで継続され、したがって採録した文章も多いが、それらの特徴としては、とりわけ研究対象が広範囲に及ぶということであろう。執筆対象は中国・朝鮮・日本に渉る考古史料や史書・古文書・人物論、絵画・書・音楽論、さらには仏教へと及んでいる。ただこのような文章群の中にあって、絵画論などに『全集』所収文章と同趣旨の文章がかなり見られるため、採録を見送ったものも多い。また『貨幣』掲載の「支那の古錢及金石に就て」は、誤植で文意が通じにくい箇所があるため、「内藤文庫」に残る校閲を試みたとおぼしき原稿を参考にして補った。

最後に『全集』未収録文章として際立っている中国情勢に関わる文章について。辛亥革命以降の中国情勢に関する新聞掲載文章、とくに『大阪朝日新聞』『大阪毎日新聞』掲載分については「著作目録」の漏れが多く、採録した文章の大半が研究者の目に届いていない時論が多い。特に今回新しく採録した『やまと新聞』『大阪新報』『京都日出新聞』『大阪時事新報』『大正日日新聞』『満洲日日新聞』及び『外交時報』『太陽』掲載文章もすべて中国の時事問題と関連するものである。これらの文章が今後の研究に資するであろうことは疑いないが、ここでは採録文章の紹介を含めて三点を指摘しておくに留めたい。

第一は、湖南の中国情勢に関する文章は厳密に言えば昭和期まで及んでいるのであるが、実質的には一九二四年の『新支那論』で終わっていることが明白になったということである。当然、以後の文章は学術・文化に関するものが多くなるのであるが、湖南におけるこの変化が何を意味するのかについては、今後の課題として提起しておく必要があるだろう。

第二は、パリ講和会議期における湖南の東アジア情勢認識をうかがうことができる林長民(一八七六～一九二五)への反論文を四種採録できたことである。清末・民国初の政治家である林長民は早稲田大学に留学し犬養毅とも交流のあった人物で、パリ講和会議にも関与し、小冊子『敬告日本人』(一九一九年六月)を著して日本の対中国政策を批判した。湖南の文章はこの小冊子への反論である。詳細は解題に譲りたい。

第三は、梁啓超が一九二一年に行った講演「中国の領土の再確定説と国際的共同管理説」に対する湖南の批判文、「梁啓超氏の疆域論」（『大阪毎日新聞』一九二二年一月四日）を見つけることができたことである。すでに知られていた「梁啓超氏の非國際管理論を評す」（『表現』第二巻第三号、一九二二年三月）は出版社側の校正ミスもあって、『全集』には収録されていなかったが、研究会で整理した文章が、『表現』次号での訂正と一致したため、これも採録した。湖南の梁啓超に対する批判文が揃ったことになる。

「はじめに」を終えるにあたってお願いしたいことがある。湖南評価にも関わることであるが、新聞等の談話記事については、湖南談話だけを抽出したものも多い。当時の時代状況をより深く理解するためには、掲載紙誌の当該箇所に当たっていただければ幸いである。

＊　＊　＊

本書を刊行するに際しては、関西大学図書館、同「内藤文庫」、龍谷大学大宮図書館、同志社大学附属図書館、同人文科学研究所、京都大学附属図書館、東京大学明治新聞雑誌文庫、東京大学文学部東洋史学研究室、米国議会図書館、国立国会図書館、国立台湾図書館、神戸大学電子図書館、秋田県立図書館、岩手県立図書館、大阪府立図書館、大阪市立中央図書館、京都府立図書館、京都市中央図書館、京都市右京中央図書館、山口県立図書館の諸機関、そして関西大学客員教授ジョシュア・A・フォーゲル、関西大学教授陶徳民、同藤田高夫の各氏には史料収集の面で便宜を図っていただいた。また鹿角市先人顕彰館の館長小田嶋隆一、高木英子両氏には貴重な助言をいただいた。厚くお礼を申し上げる。

（担当　八箇亮仁）

第Ⅰ部

明治二〇（一八八七）年一一月〜明治二三（一八九〇）年一一月

『明教新誌』二二八二号「新誌」　明治20年11月10日

佛教家は宜く耶蘇の恩を拝謝すべし

誠に佛教家を道途に捉へ卒然として之に問て云はん、方今佛教の尤も忌み畏るべき讎敵は果して何物ぞと。佛教家は直ちに之に答ふるに耶蘇教の三字を以てするに遅疑猶豫せざるべし。是れ佛教家が耶蘇教を讎視するの念深く其腦髓に徹して神經細胞の運動は其偏向に固定し脊髓に反射に依て思考を費すを須ゐず、卒然此答話を發するに至れるなれば、今余が論題を見るや、又忽ちに彼の反射の勢力を起して之を外道視し敢て一過讀を消するを欲せざらんは當然の過失にして余は深く之を咎めざるべし。然りと雖も佛教家諸君、諸君にして若し此論題を了解せられずんば諸君は亡德負恩の罪を免れず、其報應忽ち至らんとす。否、社會道德當に鼓《つづみ》を鳴して諸君の罪を問ふべし。諸君の奉ずる佛教は諸君の爲に冤を蒙《こうむ》らんとす。余は姑く諸君の先輩諸德が佛教を我日本に傳播せし事歴より說き起さん。蓋し佛教の始めて百濟より入るや嘗て守屋大連の抗排に逢へり。此時に當り我邦人智の度は尙低く、宗敎思想も有形に固着して高尙なる形而上の理を受容するに適せざりし。守屋乃ち此の劣等思想の戈を執りて敢然として高妙なる佛教を攻擊せり。若し先輩諸德をして株を守りて變ぜず、一直線に其玄妙なる形而上の理を主張せしめなば、一たび難波堀江に投ぜられたる黃金佛は復た其光輝を發揚するの期なかりしならん。爾來諸德は以爲へらく、守屋大連の抗擊は我教旨を擴張するに取て實に無上の良師なり、益友なり、信切なる嚮導者なりと。此に於て佛教中ある所、諸種の形而上の德化作用の名目を取て之を我が祖先教が傳說せる有形の諸神に被らせ、本地垂迹の名を以て其痕跡を沒し、高明の人之を見れば直接に其の形而上の德化作用に歡服し、劣愚の人之を見れば其の假托の有形の諸神を畏崇するの念より漸入して自ら其の眞意に達するを得せしめ、加ふるに唯心所造の理より物質世界と心性世界とを聯合するを得べきを察せしを以て、野蠻の遺習をして我邦に傳來せる禁呪諸法を棄てず、之を利用して其光明威德を示現するの具とし、之を以て容易に天下を感化したり。斯く諸君の先輩は守屋大連が曾て我を攻擊せし思想の鋭刃を拜戴し、之を以て我が法城を護するの利器となし、日本國をして遂に純然たる一個の佛教國たらしめたり。然れども人智の進步社會の變遷に伴ひ、常に一様の進路を取る能はず。其高明なる上流は益々進んで心性上の玄理を愛好するに至り、遂に禪學が其思想を支配するの要を生じ、其中等以下にありても有形多神の妄想次第に薄らぐに及び、遂に一の阿彌陀佛を崇奉するを旨とせる淨土眞宗を現出せしむるの運に至れり。是れ皆諸君先輩が時機を洞察して巧に其教理を顯揚せし偉績にして、諸君が宜しく倣ふべき所なりとす。其後戰國を經、世間の事物は一切破壞擾亂の慘毒を被りしに係はらず、佛教家は依然として安逸なる生活を遂げしを以て、此に却て佛教の爲め不幸なる結果を生じたり。佛教家は此亂離悲慘の世の中に處して機を相《み》て大に其運動を試みることを爲さず、幽深の山嶽に踞し莊嚴の伽藍に住し、兵仗を蓄へ糧食を積み、怨を藩國に構へて濫に干戈を動し、持戒の身を以て貪瞋快樂の奴隷となり、世間の風潮に動搖せられて自ら其愚を覺らざりき。當時武人社會は佛教を敬崇するの念、稍々薄く之を以て世間以外の事となし、己れが戰鬪亂虐の間に造れる罪業を消滅するが爲に禮拜の勞を取るに過ぎず。其見識ある者は却て既に僧徒の横肆にして淨規に循はざるを憎みたり。是を以て織田右府起り、至尊の勅號を賜ひたる延暦寺は灰燼せられ、王室の大禮を助けたる本願寺は窘蹙《きんしゅく》せられ、高野根來も亦豐太閤に蹂躙せられ、佛教家の勢焔は忽焉として冷却せられたり。此頃よりして既に耶蘇基督は其十字架の光輝を安土城上に表はしたり。然れども彼れ未だ我邦の内情に通ぜず、徒《いたずら》に其技巧を衒《てら》ふて邦人の耳目を眩惑せんことを務めたれば、邦人をして之を愛翫するよりは寧ろ之を恐怪するの念を生ぜしめたり。而して偶々奉佛家なる德川氏の政府を建るに際會し、織豐二氏の遺臣が之を崇奉して其怨恨を逞しふするの具となせしを以て、遂に一朝にして跡を絕つの不幸を致せり。德川氏は其餘燼再燃の患を防がんが爲に佛教を假りて之を鎭壓したり。然れども是重《お》もに政略上の方法に關し佛教は其政略の爲に驅役せられたるが如き有樣なりしかば、佛教に關する制度は此時より確定せしと雖も、佛教が有せし信用は此時より渙散したり。而して日本人民は盡く佛教信徒たる名稱をば有し、其葬祭は盡く僧侶に之れを委托したりき。而して千餘年來其智識の多分は佛教家の力によりて之れを得、習慣の致す所の宗旨といへば佛教に關するものとのみ思へる程なりしかば、日本人の心中には幾分か佛教を敬崇するの念あるべきこと當然にして、之を以て德川時代佛教家の功勞に歸するに足らざるなり。且つ佛教家は政略上より其地位の確定を得たるを以て、之が爲に依賴の心を生じ、驕慢の念を長じ、其謂ゆる檀徒と稱する者が果して眞に奉教の意あるや否やを省みず、此地位は萬世に傳へて之を保持し得べき者の如く思惟し、社會は年々に變遷して封建政略の恩澤は早晩恃《たの》むべからざるを知らざりしは憫れにも又笑止の事なりき。是に於てか明治の新天地遽然として現出するに及び、狼狽周章其醜態を露はしたり。明治の新天地は諸君が思ふ如く遽然として現出し來れるものにあらず。二百年間社會思想の變遷は指點の間に歷々たり。儒教は着々其歩を進めたり。神道は勃焉として其新主義を唱へたり。革命の時期は日月に逼迫せり。然るに佛教家は依然夢中に恍惚として紫衣の外に榮譽あるを見ざりしなり。其狼狽周章を免れざりしも亦宜ならずや。明治の新天地は日本孤立の新天地にあらず。大詔煥發智識を世界に求むと云はれしより奉教の自由は一時に暢達し、佛教家が萬世の根據と頼み切たる政略上の城塞は忽ち壞敗せられたり。神道は忽ち頭角を露はしたり。諸君の尤も讎視せる耶蘇基督の教旨は忽ち其の十字架の勢力を縦横せり。固より僅々二十年の歳月を以て信仰薄き人民を相手とするなれば、著しく其効を見《あら》はすこと能はざるは決して耶蘇教家が無力なるが爲にはあらざるなり。佛教家は耶蘇教家が其効を收むること能はざるを見て、日本人民を頼もしき者と思ひなさば大なる謬なり。日本人民は耶蘇教に熱心せざるだけ佛教にも冷淡なる者なり。且つ今や日本社會の形勢と日本人智の度とは孰れの教旨を助成すべき傾きを有するか、佛教家は自ら其教理の高妙幽玄なるを誇ると雖ども、高妙幽玄の理果して日本の一般社會に適せるか、日本の社會は上流少數の支配するものには非ざるなり、中等以下多數人の社會なり。中等社會智力の度は固より多神教の蔽蒙を蟬脱《せんだつ》するの期に達せりと雖も、無神玄妙の智識主義と一神易近の感情主義とは孰れか之を信ぜしめ易き、佛教家諸君は此に熟慮して時に合するの良圖を回らさずんば適種生存の理は決して佛教の安全を許さゞるなり。余は以上に於て耶蘇教が有する勢力如何を陳べて佛教家諸君の注意を喚起したり。是れ余が喚起したるに非ず、西方の聖人たる耶蘇基督が喚起したるなり。有力にして恐懼すべく佛教の勁敵たるに價する耶蘇基督の教旨が我邦に侵入したるが爲め、日本人民なる余輩をして宗教の問題に着眼せしめ、佛教家諸君をして狼狽周章せしむるに至れり。今や佛教家の擧動は軍を見て矢を矧《は》ぐと云はゞ云へ、兎に角法城を護持し宗旨を擴張するの方向を取るに至りたり。日本の一部は耶蘇教と神道との蠶食する所となり、復た佛教國の名を以て之を蔽ふ能はざること〻なりたれば、佛教の所領は其面積を減殺せられたるに相違なしと雖ども、之が爲に一部の人を刺激して熱心之を奉持するの決心を起さしめ、其深さは却て之を増加したるは其仇讎の賜にあらずや。佛教家諸君は此賜を以てすら十分に耶蘇基督の恩を拜謝すべきの義務あるものなり。余は諸君に忠告す。耶蘇基督は西方の聖人なり。其の教旨は「汝の敵を愛せよ」と云へり。其佛教家諸君を愛すること必らず其奮發の心を興起せしむるの一端に止まらず、耶蘇基督は將に其自己の現今の教旨が能く日本社會に適すべきの勢力あることを諸君に示し、諸君が其先輩諸徳の故智に倣ひ、耶蘇教の利刃を執つて諸君の鋭鋒となすの手段を發明し、以て更に其面積と深さとを幷せて増加せんことを諸君に教へんとす。耶蘇基督は其肉體の苦痛を忍んで億兆の罪を償《つぐな》ふの救世主なり。諸君が教義を擴張するが如き大事業は其精神の苦痛を忍んで之を恕するならん。諸君若し此賜を受けて耶蘇の洪大無量の恩徳を拜謝することを知らずんば、諸君は獨り社會徳義の指斥を受くるのみならず、耶蘇基督も亦た其背恩の罪を責め、佛教の所領を蹙迫するに猶豫せざらんとす。余は諸君が此罪を負はざらんことを求めて止まざるなり。其拜賜の方法の如きは不日將さに之を諸君に諮《はか》らんとす。

『明教新誌』第二三〇一号「新誌」　明治20年12月18日

宗教家と教育學（一）

世の變遷は、益々一般社會を實用に傾かしめたるが爲に、宗教擴張の方法も近來大に其趣を一變せざる可らざるに至り、高談理論を止めて薫染涵養を以て旨とすることとはなりぬ。識者は、既に女子教育子弟教養を以て、外教の擴張を促す者あり。外教者も、亦態々《わざわざ》萬里の波濤を渡りて來つゝありながら、片言まじりの傳導位を以て、其望を達し得可らざるを悟り、數年以來頻りに學校を建て、企望を永遠に期し、幸ひに社會改良の熱流行するに乘じ、頗る其勢を逞ふするが如き有様あり。況んや吾佛教は、隨時應機の妙法たれば、此時に方《あた》りて、人心を支配するは、亦此時の向ふ所に從ひ、且つ伴ひ、且つ導くの最も易きに如かざるを以て、本年に至りては、已に高等普通學校の建設ありて、將來社會の有力者たるべき者を陶冶《とうや》し、慈愍學校等の設けありて、將來の窮民を絶たんことを期するに至れり。余輩は、吾佛教が望を遠大に屬し、功を急速に期せざるを大に贊成し、益々其業の進歩を望むと同時に、當局諸老に向て忠告せざるべからざる者あるなり。何ぞや。其教育の方法に關する事是れなり。蓋し事業其初めよりして完全を望むべからざるは勿論にして、余輩も、本年僅に草創せし學校事業に向て、一々其缺點を陳列するは願ふ所に非ずと雖も、苟も其事にして行はれずんば、折角の美擧も、遂に其効を奏せず、骨折損の草臥《くたびれ》儲《もう》けとなりて止むが如きあらば、當局諸老の遺憾とする所、又余輩の遺憾とする所にして、此に一言を費すの已むを得ざる所以なり。余輩は思ふ、宗教者が建設せる學校が、其目的固より其宗教をして將來の國民を陶冶するに在りとすれば、其教授する所、日夜に其宗義を生徒に薫染するに非ざれば不可なり。然らば則ち生徒が言行の摸範たる教師は、其宗教篤信の者（寧ろ宗教專業の者）たるべく、生徒が因て以て智徳を研《みが》くの資とするの教科書は、其宗教の旨意に適合せる者たらざるべからず。若し其宗義を篤信せざる者が教師たるに於ては、如何に其教師は己が宗教者の學校に在るが爲に、心を用ゐて生徒を率たるも、其言動の際、決して規矩に合する能はず、以て破綻を生ぜんことは歴然たり。兒童の心性が感動の強きことは言ふ迄もなき事なれば、幾微の際に教師の破綻を感ずることは、恐るべき影響ある者にして、方今中小學に於て道徳教育の効験少きは、其要因實に此に存せりとす。又教科書の如きも、從來の者は、一も宗教的教育の爲に編輯せし者之なきのみならず、小學教科書の如きも、英語讀本の飜譯に係る者のみにて、彼の外教の旨意には寧ろ都合よきも、吾佛教の爲には全く外道たるの文言を存する者頻々皆然り。殊に英語教科書の如きは、全く英米の教科書を其儘に用ゐるが故に、佛教の爲には甚だ不都合なるは論を待たず。固より之を以て道徳教育の用に供するに非ず。只語學、即ち方便上の智識を與ふる者たるに過ぎざるも、少時心性の感動力は、決して諸學の研究に際しては、道徳上の感觸を起さしめざるを得るが如く、規則正しく發生する者ならず。かゝれば熟練の教師ありと雖も、己れが教ふる所の旨意に反對せる書を用ゐて、正當に己の旨意を解了《けりょう》せしめんとは、迚《とて》も出來得べからざる事なりとす。

夫れ此二事の、宗教的涵養を旨とせる學校教育の上に於て大妨害あるは、煩しく之を覆述せるを要せず。余輩が、今に於て此害を避くるの方法を講ぜんことは、尤も當局諸老に望む所なり。余輩は、是に於てか、宗教家が教育學を講習すべきの必要を感ずるや、當局諸老に向て、其學林に於て、此學の新設を望まざるを得ず。教育學の、如何に宗教家に對して効用あるやの問題は、余輩將に次回に於て之を詳論せんとす。

『明教新誌』第二三〇九号「新誌」　明治21年1月8日

宗教家と教育學（二）

余輩は、先きに宗教者が建てたる學校に於て、教師の採用と教科書の撰擇との、宜しく精密なる注意を要すべきを説き、遂に教育學講究の宗教家に必要なることを述ぶべきの約束を爲しぬ。今簡易に教育の何物たるやを説き、其宗教家に於ける必要の、果して那點に在るかを論ぜんとす。夫れ教育學なる者は、諸學科中最も後れて生れたる一幼學科にして、現今に於ても、猶ほ學者中之を儼然たる一科學として論ずることに於て異議極めて多く、教育學者の著書に於ても、未だ理論を以て成立せる全部の者あらず。概ね實用、即ち教授術と幷《へい》説《せつ》せらるゝ所の者のみなれば、隨て其研究の方法、畫一に歸する能はず。其主義も亦、其人に因て、取る所を異にせり。凡そ理論的學科、即ち一口に云へば形而上に係る學科は、嚴密なる歸納法によりて斷定すること能はざるは、一般に皆然り。殊に教育學は、最新の創設に係るが故に、其研究の困難なるは勿論なりと雖も、余輩が、宗教家に之を講究せんことを勸むるの目的は、固より純然たる教育學者として、其複雜なる理論を研究すべしといふに非ず。唯だ其理論の概略を合點して、實用、卽ち如何に教育を施すべきかを知るに止まりて充分なりとす。去れば、或る一種の學者の如く、教育なる意味を廣漠の區域に擴め、人間が呱々の聲と共に地に墮《お》ちてより、雙眼一瞑するに至るまで、視聽感觸する所、盡く是れ教育なり。之を換言すれば、自然《ネイチュア》と自己と直接の關係によりて敎へらるゝ敎育、卽ち天然教育を以て教育の義を解釋するを止め、人爲教育、卽ち先覺者、例へば母親幼稚園大中小の學校等の教師によりて間接の關係より敎へらるゝ教育に就て、其原理と實用の方法とを知るを主とすること肝要なるべし。蓋し現今學者教育者が取る所の、最も新にして且つ最も効益ありとする所の教育法は、心理學の原理を基礎として、人間の心意發達の順序に適遵し、之を啓發するに在り。人間の心意は、元來智識を把捉することを得べき性質の者として、唯之に把捉の方便を授くるのみ。之を換言すれば、教育の確實なる意義は、智識をとらしむることにて、智識を與ふることにはあらざるなり。故に教育學は、心理學の應用學にして、心理學中心意の發達に係る部分に就て、如何にせば心意は最も簡捷なる、最も節儉なる方便にて、障害なき發育を得、充全なる運用を爲し得るに至るべきかの理を研究する者とす。心性の性質に就ては、佛教に於ても、彙類頗る其精微を極め、有宗七十五法、唯識百法等ありと雖も、專ら其性質、卽ち「心意は何である乎」を說明するを主とし、其發達、卽ち「心意は如何に在りし乎」及び其作用、卽ち「心意は如何に爲す乎」に至ては、之を研究するの要少く（心性を論ずるに、一科の科學として論ぜしにはあらざる故に）、隨て其說明も亦詳細ならざるが如し。佛教が心性を論ずるは、形而下の部分に略して、寧ろ形而上の部分に詳かなり。故に佛教の所論は、如何に精微なりと雖も、其教育法研究に於けるの價値は、之を現今の教育學に比して甚だ低き者とす。幼兒に在ては、殊更其心意は、將來完全なるべき原質を備ふるのみにして、未だ完全の作用を爲す能はざれば、完全なる心意に就て立てたる七十五法百法は、一概に之を幼兒の心意に適合することは、望なきの事といふべし。かく云ふも、余は、固より佛教に於て立てたる轉迷開悟の方法が、扞格不通の處ありといふにはあらず。宗教者其人をして悲智圓滿の人物ならしめば、如何なる境遇にも際會するも、幼少壯老を問はず、機に臨み、變に應じて、智德の開達を得せしめんことは疑なしと雖も、宗教者が、盡く悲智圓滿の人たらんことは、實際に於て望むべからざれば、寧ろ通常一樣の人物によりて、相當の教育を施し得べき安全なる方法を定めたる學問に據るの優れりとするに如かざるべし。悉有佛性といへば、人間に本來宗教感情のあることは言ふを待たず（本能と誤認する勿れ）。去れば幼少壯老を問はず、苟も其方のあらん限りは、其感情の發育を助成すべきは、宗教者の務めにして、幼兒の薄弱なる心意を誘導せんは、教育學の所論、尤も適當の方法を與得《あたえ》べき原理を示す者なり。既往幷に現在の佛教家が化導《けどう》せし及び化導し居る者は、壯年以上の者に關することのみ多けれども、方今の如き宗教競爭の激しき世界に立ちては、幼時より薫染感化せしむるの効あるに如かず。さればこそ彼慈育小學等の設けも出で來りしなれば、其薫染感化の方法に就ては、宗教者が自ら其教授薫陶の任に當るべきは已むべからざるの理にして、其教授薫陶の任を完ふせんには、教育學の智識を必要とすることは、上に述ぶるが如しとすれば、其宗教者を養成すべき學林に於て、心理的教育學の理論と實用の概略を教ふべきは、目今の狀態に於て尤も必要なりとする所なり。固より以上に陳說する所は、道德教育の一方にのみ偏せしにはあらずして、智心教育にも連帶することにて、余輩は、宗教者が自ら教授の任に當ることを望む代りには、其智心教育に屬する諸學科と其教授の法とを心得置かんことは、甚だ願はしきことといはんよりは、寧ろ必須といふべし。何となれば、幼兒の感化性は、片時も間斷なき者なれば、苟も其教師の所行は、其德育に關する學科に於て、其薫陶を受くるのみならず、智心教育に於けるも、其言動擧措大に影響を及ぼす者にして、宗教播布《はふ》の目的を以て建てたる學校は、智心教育に於ても、宗教者を要することは、已に嘗て述し事もありしなり。但し高等普通學校等の如き中學以上の學科を教授する處に於ては、固より一概に論じ去るべからざる者あり。此等の學校に修業を求むる子弟は、之を小學子弟に比すれば、其理解力の度、頗る進步せるを以て、智心教育の際に於ても、德育感化を用ゐるの必要大に減じ、之を彼の智心教育專門の學者に委任するの利多くして損少なきに如か《し》ざればなり。唯其教科書に於ては、頗る注意せざるべからざる者あり。余輩は請ふ、次回に於て更に之を論ぜんとす。

府縣會の紛紜

『萬報一覽』第一六五号「時事評論」　明治21年1月25日

府縣會有てより以來、此に十年の星霜を經たり。其間常に多少の紛紜なきにあらず。參事院、又は法制局は、屢々《しばしば》令知事と府縣會との異議を裁決するの煩勞を取られたり。然れども、未だ本年度の如く、紛議苦情の多きを見ざりしなり。現に帝國の首都たる東京府會に於て、議長副議長常置委員撰擧に際し、俄然辭職の議員を生ぜるを見たり。其他或は縣知事と紛爭し、或は投票の不當を鳴らし、或は撰擧の際候補を宗敎に爭ひ、或は議會の中止解散を命ぜられ、或は議場の發言に就て處刑を受くる等、新聞紙上に報道せられたる者十數に及びたり。而して其原因を探索すれば、頗る世運の傾向をトするに足る者あり。

夫の常置委員を撰ぶに、徒らに其人物才能の高下を是れ視るに止まらずして、猶且つ必ず主義臭味の異同（府縣施政上に就て）を問はんとするが如きは、議員たる者をして自から確實なる主義を抱懷して議會に臨み、泛々《はんはん》定り無きの意見を取るの弊を除かしむるのみならず、自から府縣人民の輿論を代表するの實を有し加ふるに、施政の捗取《はかど》りを來すの利益あれば、かゝる慣例を東京府會に於て生じたるは、頗る賛揚すべきの事なりとす。然れども或は地方によりて黨を分ち、一地方の利益を以て他地方の利益を犧牲にせんことを謀るが如きあらば、其弊の極る所、遂に確然たる主義もなく、公平なる觀察をも失ひ、議會を以て怨仇の闘争場となし、施政の妨礙を爲すに至るべし。吾人の耳にする所によれば、東北の一縣に於て、現に其事あり。以て數郡十數名の議員一時に職を辭するの奇談を惹起せりといふ。

宗教の異同によりて、議員撰擧の勝敗を決するの風習を生じたるが如きは、吾人は、未だ以て遽《にわか》に其可否を斷言すべからざる者あり。吾邦人の、宗教に淡白なるは、或は偏頗自由家の賛美誇耀する所なるや知るべからずと雖も、吾人は、國家保持の上に取て甚だ憂ふる所あらざるを得ず。蓋し耶蘇新舊二教の相違は、嘗て歐洲全土を修羅の巷と爲したり。又現に英愛《アイルランド》紛爭の起因となれり。ビスマークをして羅馬法王に歩を讓らしめたり。然れども十字架は嘗て歐洲諸國をして一致亞剌比亞《アラビア》の衝を千里に折《くじ》かしめたり。又現に歐洲各國をして破壞主義の横行を免かれしめたり。一利あれば一害之に從ふ。宗教心の熱は、以て國民氣風の確立を得せしむべしと雖も、爲に異教を惡むの偏情を強むべきは、免るべからざるの勢なるべし。彼の政治部内に宗教の勢力を及ぼすことは、未開時代に於て大に便利ありしと雖も、今日文明の世界に於ては、却て患害を貽《のこ》すが爲に、政教分離の説、次第に勢力を得るに至りしは、歐洲歴史に於て顯然たる證跡ありとす。然るに人間の腦髓は、頭蓋骨内に唯一箇あるのみ。思想と感情と其作用を判然分離せんことは、到底出來べからず。好惡の情は利害の理と遂に相伴はざるべからざる者とせば、宗教を利用せんとするに方り、其患害も併せ受けざるべからず。議員撰擧の勝敗に宗教の勢力を及ぼすは、喜ぶべき事にはあらざれども、裏面に於て、其利便を與ふるの實あらば、未だ遽に斯弊を杜絶すべからざる者あり。唯被選者が、以て愚民を瞞着するの資となし、之が爲に眞正の主義をして堙滅に歸せしめざらんことは、其人の道義心に頼るの外なきなり。西南の一縣に於て生じたる珍事は、其公平の意見に出ると否とは、吾人未だ之が詳報に接せずと雖も、兎に角將來自然此等の事を生ずること少からざるべければ、豫め世上の注意を促さんと欲し、聊か此に數言を費すのみ。

議員が議場の發言に關して有する權利の如何んは、府縣會規則の定むる所によれば、一身の毀譽に渉るに非ざれば罪とならざるの制なるが、議場に於ける他人の發言を批評するの語に止まりて、敢て其人の心術行狀に渉らざるも、猶ほ刑を受くべきかの問題は、大いに研究を要することにして、中國地方の或る縣に於ける出來事は、未だ終審の判決を經るに至らざるも、今より吾人は刮目して其結局を觀んと欲するなり。

又議長撰擧の事に於て、撰者被撰者の豫め心得置くべきの一事あり。夫れ議長の職たる、專ら議事の整理を爲すに在りて、彼の歐洲諸國に於ける政黨の首領の如く、數十議員の動作を左右する者にあらざれば、名望ありて精密果決なるの人を以てして足れり。必ず雄辨懸河の如く、才略一府縣を蓋ふが如き豪傑を要せざるなり。然るに現時の府縣會に於て、動もすれば意を此に用ゐず、彼豪傑其人も亦議長の任に其輕重を置く者の如きは、思はざるの過ちと謂ふべき歟。

其他議員改撰の手續きよりして、遂に縣會解散の不幸を見るに至り、言語の紛爭によりて中止の命を蒙る等の如きは、間々又た注意を要する者なきに非ず。能く之を探究せば、近來政治海の潮流が、之と倶に表裏併進するを見るべし。吾人は、今之を詳論するの暇なきを恨むのみ。

暹羅《シャム》公使の來朝

暹羅國特派全權大使フハヤパスカフオングセ氏は、本邦と通商條約批准交換の爲めに來朝せられしことは、內國雜報に載する所の如し。暹羅國は、安南の西境に接し、マラツカ半島の東北に連なり、其首都をバンコツクと云ひ、香港より新嘉坡《シンガポール》に至る航路よりは、之を右方に望むべし。固より歐洲往來郵船の寄泊する處にはあらざれども、東洋に在て、日本支那を除くの外は、獨立國なる者は、此國に過ぎざれば、注意すべきの邦國なりとす。而して今や其大使が來りて、通商の條約を交換せんとするに際し、商業家たる者は、殊に其地勢風土產物人情に關して、十分の考査を爲さゞるべからず。同國は、東西航路の要樞といふにも非ざれば、其貿易も急速の發達を得ざるべきは勿論なれども、若し同國の需用品にして歐米に給を仰ぐ者の如きは、之を日本に於て廉價に製造し、少額の運賃を以て、彼の萬里の外より多額の運賃を費して來る者と、衡を爭はんは、敢て難きにあらざるべし。而して此機を以て、吾航海業の進暢を圖り、香港、新嘉坡に及ばんことは、又望むべきの事なりとす。且同國は、彼の有名なる山田長政が嘗て偉績を奏せし故土にして、幕政の初めに方りては、日本と通商頻繁なりしこと、人の能く知る所なり。現に日本人の苗裔にして、尙ほ同國に存する者ありといひ傳へり。嗚呼、今や安南は、已に其國旗を三色旗の下に伏せり。緬甸《ビルマ》はアングロ、サクソン人に蹂躙せられたり。亞細亞の東南隅なる大半島に於て、儼然として其國體を存立する者は、獨り將に我と通商を求めんとする暹羅國あるのみ。吾人は、彼の歴史上の舊誼より、昨年同國親王來遊の新交より、通商貿易上の利益より、及び東洋連衡の大計より、同國と通商條約を締結するの好結果を希望して止まざる者なり。

米國大統領の教書

一擧手の下に米合衆國政事社會、經濟社會をして喫驚せしめたる者は、大統領クリヴランド閣下が國會議院に通知せられたる報告書なりとす。其報告書の大意は、國庫歳入が歳出に超過すること甚だしく、爲めに流通貨幣の不足を生ぜんことを憂へ、其超過の原因は、内國奢侈品税及び海關輸入税に在るを以て、海關税中の或る部分を輕減せんとするに在り。大統領は、是を以て黨派心を離れたる公平の意見なりと自信せられたれども、報告書の議院に朗讀せらるゝや、レパブリカン黨は、之を嘲笑し、其首領のブレイン氏（千八百八十四年現大統領撰擧の際、反對黨の候補として撰擧を爭ひし人にて、前大統領の政府に在りて國務卿たり）は、之を攻擊して、國家の利益を損害するの意見なりとせり。蓋しデモクラツト黨（現大統領の黨派）は、自由貿易主義を取り、レパブリカン黨は保護貿易を主義とすることは、兩黨の分るゝ重《お》もなる點なるが、デモクラツト黨は、南北戰爭以後、政權をレパブリカン黨に專握せらるゝこと二十餘年、クリヴランド閣下に至り、纔《わずか》に之を回復せしも、二十年の長日月、一國レパブリカン黨の政略に浸染し、殊に製造家勞役者等は、其保護政策によりて過分の餘澤を蒙りしことなれば、大統領が今回の報告書は、固より多數の非難を受けんには相違なく、其黨派見に出ると公平見に出るとを問はず、之を議院に通知せしは、以て非常の大英斷となすべし。現大統領が、豪邁不群にして、其意見の公明正大なることは、内外人の具瞻《ぐせん》する所にて、根蔕盤結せるレパブリカン黨の首領にして、而も國務卿の重任を帶びて候補者に當れるブレイン氏を壓倒して、新約克《ニューヨーク》州知事より米國大統領の榮職に陞《のぼ》りしは、以て其技倆を知るに餘りあるが、加ふるに就職以來其施措必ずしも黨派の私見に流れず、人望益々高かりき。今回の報告は、本年撰擧に大影響あるものにして、米國人民が大統領の意見を贊成せば、クリヴランド閣下は再撰の榮を得らるべく、之に反對せば、レパブリカン黨の候補者、撰擧に勝を制すべけれど、其ブレイン氏たるや否やは、未だ確かならず。前大統領グラント將軍の子息グラント大佐に望を屬し、「吾恩人の子なり」と傳唱し、之を奉ぜんとする者も少からずと云へり。其果して何人が大統領たるやは、固より吾人の豫知すべきに非ず。又豫知するの要なき者なれども、兩黨の勝敗に至りては、吾國貿易上に直接の關係ある者なれば、頗る注意すべき者ありとす。幸にデモクラット黨をして勝を得せしめ、自由貿易に傾向せる現大統領の意見實行せらるゝの運に至らば、邦産の茶其他贅澤品に屬する者は、格別の減税を見ざるべきも、日用必需品は大に輸入税を輕減せらるべく、機に乘じて、吾人が、世界第一の好花主たる東隣主人の歡心を得んことは、商業家其人の技倆に存す。吾人も亦當さに其時々の要報を漏さゞらんことを務むべきなり。

歐洲の形勢

歐洲の全土は、危險の世界なり。外交の政策は、詭祕の叢窟なり。ブルガリア事件の方に殷なるに當りて、露國は獨逸と親交して、其手足を伸さんとせしが、一旦獨逸が墺伊二國と同盟するや、露國は、遂に分離して佛國と結べるのみならず、近來頻りに其兵隊を境上に集むるの報ありて、墺國は下院を公開して、不時の急に應ずるの備をなせり。昨年以來、屢ば紛紜を釀し、人をして白刃を踏み、薪上に坐するの思ひあらしめたる獨佛境上諸事件も、幸に兩國政府の穩當なる處置によりて每度平和を破るに至らず。徒に白眼相見るのみにて、其儘に打過ぎたるが、佛國カッファレル將軍の勳章密賣事件が、大統領グレヴヰー閣下の女婿ヰルソン氏に連累せしより、ルーヴィエー内閣の辭職引續いて、大統領辭職の變あり。彼の有名なるブーランゼー將軍も、此際陸軍卿に對し不當の言を吐きたりとて禁錮せられ（既に解放せらる）、佛國の政海は、何となく風潮不穩の様子なりしが、サヂ、カルノー氏大統領となり、數多《あまた》の困難を經たる後、チラール氏をして内閣を組織せしめ、一ト先《ひとまず》沈靜するを得たり。カルノー閣下は平和主義の政事家にして、其在獨公使をして其在職間は誓て平和を保つべき旨を、獨相ビスマーク公に通ぜしめたりと云へば、其決心の程は知らるれども、前大統領が平生平和主義を取りしにも拘らず、ルーヴィエー内閣辭職して、フレシネー以下諸名士皆内閣組織を辭せるに際しては、遂に主戰黨なるクレマンソー氏に任委せざるを得ざるに至りしを見れば、新大統領が、果して七年の在職間、能く其決心を貫き得べきや否やは、覺束なきことなり。況やクレマンソーの名望は日に高く、而して獨逸の怨仇は佛國人民の臥薪嘗膽日夜忘れざる所なるに於てをや。獨相の墺伊に結ぶは、深謀の存するありて、豫め佛の肘《ひじ》を掣《ひ》くの策に出でたるは、皆人の認むる所なり。且つ又諸强國は、頻年銃器の改良を圖り、汲々として其一日も後れんことを是れ恐るゝの有様あり。以て其政事家が枕を高くして寢るに暇なきを知るべき也。獨逸が、其宗教に對する政略を變更して、增兵議案を通過せしめたるは、昨年の事なるが、本年の議院も既に開けたり。果して如何の事あるか、刮目に堪へざる也。英國は、大陸諸國と關係自から異なり、唯々對露政策の少しく注目すべきあるも、阿非業境界《アフガニスタン》事件は、既に其局を結べり。今に於て盛に人の耳目を引く者は、老政事家グラットストン氏が愛蘭《アイルランド》自治策と、現政府が鎭壓策との問題にして、本年の國會に於て、亦必ず觀るべきの議論あるべしと信ずるなり。又其諸强國が、東洋及び南洋に於ける政略は、頗る吾人の注意に値する者にて、吾人が將來安危の命運に關する所なれば、次號に於て其概要を示さんとす。

『萬報一覽』第一六六号「時事評論」　明治21年2月5日

徵兵令改正の風說

政府にて、徵兵令を改正し、全國兵の制度を實行せんとするの風說は、頃來稍々傳ふる所にして、今、其草案の大要なりといふ所を聞くに、新令は、之を正則附則の二種に分ち、正則は之を兵役義務條例と稱し、附則は一年志願兵條例と稱し、其改正の要點は、服役年限等に就て別に大なる變更なしと雖も、舊令に於ては、徵集猶豫に屬する者の中に、官立府縣立學校生徒の如き項目ありしが、新令は、大學中學各種の高等專門學校生徒と雖も、一切猶豫の特例を設けず、特例の區域を甚だ狹隘にせり。去れども三年以内を限り猶豫を許さるゝもの尙三、四項ありて、其中外國留學生の如きは、舊令に同じと雖も、多數の職工を使用し、製造所を有する者、又は之に均しき商賣、農業に從事する者にして本人を欠くときは其業を維持繼續する能はざる者、竝に產業に就くの稽古中、或は工業等修行中のものにして一時之を廢するときは大なる損害を被むるの實狀顯然たる者に限り、猶豫を與ふる等の箇條は、新たに設けらるゝ者の由にて、兵事の爲めに殖產工業を抑壓せざる樣、深く注意を用ゐられし者なりといふ。又一年志願兵は、舊令に於ては、其許可を得べきもの、官立府縣立學校の卒業證書を所持する者に限りしが、改正令にては、此等の證書を有せざるものにても、相當の學力ある者は、試驗の上、同樣の志願を許す事とせし由、志願兵は、又兵種及び部隊等自ら其好む所を撰ぶを許し、通常營外に居住して通勤せしむるの箇條もあり。帝國大學卒業生若くは修行中の者に限り、身元貧困なるものは、費用を自辨する事なく、營内に居住して、通常兵卒同樣の給與を許すといへり。其發布は、本年三月頃になるべしと思ふに、社會の事は、複雜紛庬にして、殆ど端倪すべからず。動もすれば、人の意想外に影響を及ぼす者なれば、新令施行の結果の良否如何は、固より確然逆睹すべからずと雖も、其改正の旨趣に至りては、其大體に於て、余輩は、斷然之を賛揚するを難からざる者なり。蓋し我邦人は、武人の支配を受け、弓馬の際に生息すること玆に七百年の久きを經たり。其間、尙武の氣象國民の腦髓に浸染し、間々野蠻殺伐の弊横行せりと雖も、元氣の旺盛にして民風の勇毅なりしことは、之を東洋の一大スパルタンと稱すべき程なりき。然るに、ペルリ一たび桃源の門を叩いて、混沌急に七竅を鑿《うが》たれしより、文華の燦爛たること、復た往日の比に非ずと雖も、徒に其精を華に竭して、遂に其實を萎するの恐れなきに非ず。國民の風尙は、瑣々たる一時の刺激によりて變化すべきものにあらずとせば、今日邦人の性質は、其原因を數百年の上に發したるに相違なし。意ふに、夫れ德川氏三百年武治の昌平は、以つて冷笑にして輕僄なる氣質を鎔造するに與りて大に力ありしならん。其如何なる部分が勇毅の氣象を養成するに適し、如何なる部分が輕僄の性質を造るに適せしやは、十分の考察を要することにして、之を詳論せんは、一朝一夕の能くする所にあらず。余輩は、機會もあらば、諸君と此研究に從事せんことを欲する者なり。但之を今日に述るに遑あらざるのみ。去れども其原因の如何を問はず、尙武の氣風を養成するの今日、我邦に必要なるは、誰人も異論なき所なるべし。然るに封建武治の制度は、既に破れたり。大勢の趨く所、其挽回を計るべからず。即ち今日に於て用ゐべきの策は、全國兵の一策あるのみ。四、五年前、現行令の發布に當りては、諸新聞は、概ねその徵集猶豫の寬大を望み、學生の學業に大に焦慮せし如くなりしも、今回の改正に於ては、未だ此に論及せし者あらずと雖も、輿論の傾向も、意ふに變遷する所ありしに相違なければ、新令は、多分賛揚の度、反對の度よりも高かるべしと豫想する者なり。但し余輩は、玆に一言を費さゞるを得ざるは、此改正に就て、軍費の增減如何に在り。此數年間に於て、軍費の增加は、實に少なかざる者にして、陸海を合併すれば、歲出の三分の一に近からんとす。軍備の必要は、固より忽諸に附すべからずと雖も、一國の富源は、減ずるありて增すことなきに、支出の多分は、之を不生產物に消費せんことは、甚だ危險と云はざるを得ず。余輩は、全國兵の制は、其旨趣專ら國民の氣象を陶冶するにありて、兵備の强盛を以て主眼とせざらんことを望む者なり。

大隈伯

大隈伯の、再び內閣に入るべしといふことは、一月以來盛んに流傳せし所にて、之に就ては、或は內閣の組織を變更する所あるべし抔《など》、風說する者ありしが、此度伯は、愈々外務大臣に任ぜられ、同時に伊藤伯は、臨時外務大臣の兼任を解かれたり。固より昨今の事なれば、未だ其如何なる順序にて此に至りしや確知するを得ざれば、後號に於て更に評論する所あるべし。余輩は思ふ、彼明治十四、五年の頃に在ては、世人の注目する所は、改進黨、自由黨、帝政黨等の名目にありて、當局の動作も、自ら此の名目に適合せし派分を爲せしが、其後既に七、八年を經過したれば、其内實の動作は、幾多の變遷に遇ひしにも拘らず、世人は、尙ほ七、八年前の名目に眩惑せらるゝの傾なきにあらず。此れ大なる誤謬にして、今日に於ては、自から別派の無形黨を成し、改進、保守の思想は、政治の上にあらずして、國風の上に移り、政治の改進に國風の保守を兼ね、國風の變化に政治の保守を主とする者、其他軍備殖產の上に就て各々別に小派分あり、決して單純なる政治上の黨派に止まらず。今や大隈伯の政府に入る、其間、必ず又黨派に影響を生ずるものあるべし。苟も社會の形勢に着目する者は、此等の變化を知らざるべからざるなり。

南洋政略

南洋政略は、近年盛に歐洲諸强國の競爭を生ずる所となり、英、佛、獨皆頻りに進取占領を務め、就中獨逸の擧動の活潑なる疾雷、耳を掩ふに及ばざるの勢あり。濠洲大陸及び新西蘭《ニュージーランド》等は、英國の夙に占領する所にして、其進歩も甚だ著しく、其他東印度諸島の大部分は、西班牙《スペイン》、和蘭《オランダ》等の管轄に屬すと雖も、甚だ觀るべきの進歩なき者の如し。然るに獨逸が、一たび其爪牙をフィリッピンに露はしてより、佛國も亦來り。英國も亦益々進み、太平洋南部は、隱然一の戰場を爲すに至れり。北米合衆國は、唯諸强國の奔騰を抑《おさえ》るを務むる者の如しと雖も、果して能く獨力之に當るを得べきやは、未だ余輩の確知し能はざる所なり。數月前、又獨逸がサモア島を占領し、其酋長を逐ひしの報あり。此島國は、數年前より獨逸の覬覦《きゆ》する所にして、一時は殆ど之を横奪せんとしたりしを、英米等の妨碍に逢て其計を挫きしが、此度の始末は、果して如何なる事なりしか、詳報に接せざれば、判然たる事實を得難しと雖も、兎に角、獨逸の進取は感ずべく又恐るべき者なりとて、邦人も此頃に至りて、稍々心付く所ありしが、昨年末、硫黃島探檢の擧ありしも、其成績を言ふ程の事もあらず。夫南洋は、未開の地なり。日本人が伎倆を試みるべきは、世界に於て唯此一部あるのみ。何となれば、歐米諸國は、皆我に先ちて其野を占めたれば、後進の日本人が力を出すの餘地を存すべきなし。唯南洋は、其形勢より論ずるも、其開化より見るも、共に吾人に適當の場處なるに、今又歐洲諸國に先鞭を着けらる。嗚呼、日本、遂に其手足を伸るの時なき乎。余輩は、此に杞憂を置かざらんと欲するも、豈得べけんや。

露墺の關係

露墺の關係は、益々切迫を加へたる者の如し。露廷は、今方さに主戰黨を以て滿され、必ずブルガリアを得て止まんとする者の如く、墺國は、益々戒嚴に怠らず。獨國に於ては、ビスマーク宰相は、人をして皇太子に勸むるに、帝位相續の權利を皇孫（卽ち皇太子の嫡）に讓らんことを以てしたるが如き、其事體の重大切迫なるを見るべし。露國は、其駐墺大使をして平和を墺相カルノキー伯に保證せしめ、獨露兩國も、務めて靜穩の體面を裝ふと雖も、外交家の所爲は、常に其外面に信を置くに足らざれば、早晩破裂の慘狀を見るに至るべきや亦知るべからず。其餘勢、施て東洋に及ぶに至りては、余輩の寒心に堪へざる所なり。

『萬報一覽』第一六七号「時事評論」　明治21年2月15日

地方制度市制

今度、新定になるべき地方制度の市制と云ふは、章を分ちて七とし、第一章總則にして、其第一款は市及其區域、第二款は市住民及其權利義務、第三款は市條例とし、第二章市會にして、其第一款は組織及選擧、第二款は職務權限及處務規程とし、第三章市行政にして、其第一款は市參事會及市吏員の組織選任、第二款は市參事會及市吏員の職務權限及處務規程、第三款は給料及退隱料とし、第四章市有財產の管理にして、其第一款は市有財產市稅、第二款は市の歲入出豫算及決算とし、第五章特別の財產を有する市區の行政、第六章市行政の監督、第七章附則にして、すべて百三十二箇條より成り、市には公民と稱するものありて、直接の國稅を納むる者の通稱なるよし。市會の議員は、六箇年間在職して名譽職なるよし。市長は、任期十二年にて內務大臣上奏して任命し、其選擧は市會より候補者三名を推擧し、其中より內務大臣が選任する筈なるよし。市參事會は、其市を統轄し、且其行政事務を擔任するものにて、其議長は市長之に任ずる等、總じて頗ぶる緻密にして、獨佛の兩法を折衷せしものなりといふ。然るに、此制度が、我國の風俗習慣に適合するや否やに付ては、其筋及び元老院に於て議論紛々たりし由なりしが、參事會を設けて行政部の擅橫を箝制するの一事を、地方人民の公權を政府が十分に認むるものにして、將來人民の權利上に大關係あるものなれば、他に不適合の疑ある廉あるも、此事を以て大體を可と認むるを得べく、若し他の疑點を以て該案を排斥せば、此の重大なる利益をも併せ失ふの恐れあり。

縦令後にて修補を爲すも、兎に角該案を存するに如かずとの議論多數にて、元老院に於ては、遂に該案を通過せしめたりといふ。余輩は、未だ其原案の詳細を知らざれば、兎角の批評を下すを得ずと雖も、平生の願ふ所は、成るべく地方をして各隨意の施政を爲さしめ、行政官吏の權力をして過重ならしめざるに在り。曩者《さきに》一たび戶長を公選するの制となりしが、其人民が、未だ自治の精神に乏しく、加ふるに、民選の戶長は、行政の捗取《はかど》りに不都合なりしが爲か、再び官選となすに至れり。然れども、眞に民力を愛し、政府の都合にのみ偏向するを望まざるに於ては、縦令人民が人物を見るの明なく、被選者が法律規則に精通せざるにもせよ、名望財産を以て民心を繼ぐの良策たるに如かず。彼の公賣處分の頻々施行せらるゝが如きは、或は行政吏の權力、地位、民心の如何に關係なきの致す所たらずとも云ふべからず。市參事會を以て、市の行政を擔任せしむるが如きは、最も適當の策たるべし。僻陬遠遐の地、開明の事情に暗く、或は可笑の施政を爲す事もあらん。されども其可笑と可憐とを問はず、それにて民心を收むるに足れば、亦不可なし。況んや是よりして市民が自ら責任あるを知り、以て自治の氣象を養成するに至らば、其利益も亦大なるべし。但余輩の心頭未だ安ぜさる所の者は、此新制が、專ら外國に法を取り、頗ぶる緻密なりといふに在り。世人は、稍もすれば自ら誇て、我邦は二十年間に長足の進歩をなしたりと稱されども、其眞實の進歩は、大都通邑にありて、僻陬村落にあらず。一部の社會に在りて、一般の人民に在らざるなり。一般の人民、殊に僻陬地方は、尙ほ封建時代の舊夢未だ全く醒めず、而して一部人民の、不道德を帶びたる開明法律的思想に刺激され、徒に狐疑猜忌の念を長じ、悵々として歸趨する所を知らず。夫れ國家の機關は、輒《たやす》く改むべし。人民の氣象習慣は輒く變ずべからず。保合的の舊習慣に養成されたる人民に施すに、分析的の新機關を以てせば、混沌七竅の患、遂に免るべからず。況んや三百の諸侯に各殊の政を施されたる國民が、一度に畫一制度の模型に容れられんことは、實に難儀の事共なり。是れ又、維新以來、制度の變革期にして、夕を待たざりし所以なる歟。余輩は望む、市制の制定は、其法律的に偏向すること少くして、成るべく地方人民の適宜に任せ、吏民共に便にして、施政に大なる障礙なきに止めて滿足せられんことを。人には、自ら進歩の天性ある者なり。助けて之を長ずる者は、恐くは其れ苗を枯らすに至らん歟。

『萬報一覽』第一七〇号「時事評論」　明治21年3月15日

探偵費

警視廳を始め各府縣にて、去る明治十二年より一昨十九年に至るまで八ヶ年間に、賦金の中より支出せし探偵費は、實に二百三十六萬七千二百七十六圓にして、之を年度に依て區別すれば

明治十二年度　十零萬零九百八十三圓
明治十三年度　十二萬四千三百四十三圓
明治十四年度　二十零萬二千三百廿九圓
明治十五年度　四十七萬二千零零九圓
明治十六年度　五十零萬一千零五十八圓
明治十七年度　四十二萬零百七十五圓
明治十八年度　二十零萬八千三百六十九圓
明治十九年度　三十二萬八千零零零圓

なりと。之を視る者、誰か其巨額に驚かざらんや。世人恆に言ふ、明治の天地は、新開の天地なりと。余輩は、此巨額の探偵費を以て、新天地の發生物と見るを得べきか、抑も武治霸政の遺風と見るべきか、固より專ら政府を咎むべきにあらず。又專ら人民を罪すべきにも非ざるべし。此人民ありて此政府あり。此政府ありて此人民あり。以て遂に此巨額の探偵費を生ぜしむるのみ。噫、何れの時か、天霽《は》れ地清く、日月照明にして、隱祕詭慝の事、其間に行はれざるを得んや。余輩は、善良なる憲法と濶達なる國民とを求めて止まざるなり。

歐洲の危機

歐洲の危機は、此頃稍々其安寧を得べきの外形あり。露國をして疑懼憤怨せしめたるブルガリヤ僞書は、其證左の判然たるを得、一般の風說をして恟々たらしめたる獨墺の密約は、今や之を公布せられたり。和戰の大權を一手に把握せる鐵血宰相は、其唇端に平和の二字を弄せり。然りと雖も、是れ其外形のみ。露國は、其念を巴爾幹《バルカン》半島に斷ちたる乎。諸强國はフルヂナンド公を廢するを敢てし得るか。墺國は、露國の其室に迫るを欲する乎。之を以て見れば、歐洲の全土は、猶ほ厄災の雲に蔽鎖せらるゝを免れずといふべし。

(以上三月八日稿)

獨逸老皇帝の崩御

嗚呼、獨逸老皇帝は、崩御あらせられたり。余輩は、去る十日の官報を讀で、實に悲歎驚駭に堪へざる。之固より本年九十歲十一ヶ月餘にならせ玉ふ御高齢の事なれば、已むなき事とは申ながらも、今や歐洲の危機は、實に一髪千鈞を引くの勢いあり。幸に破裂の禍を見ざりし者は、老皇帝陛下が支配し玉ふ獨逸帝國の運動、極めて平穩なりしに是れ由るといふべき程なりき。然るに、一旦百戰の武動、遂に歐土の霸權を

握り給ひし老皇帝陛下の崩御せらるゝに會ひ、加之同國皇太子殿下も數月前よりの御病氣で、近頃は御容體氣遣はしとまで傳へたれば、老帝の崩御にて心神の激動を受させ玉はば、益々御危篤にや赴くべき。皇孫殿下は、本年二十八歳にて、英明に渡らせ玉とは聞つれども、未だ歐洲を動かす程の御聲望をば得させ玉はず。ビスマルク老相、モルトケ老將は健在すと雖も、其信任を受けたる英主を喪ふに至りなば、其擧動の不自由は云ふばかりなからん。歐洲の平和と戰亂とは、ビスマルク公の胸中に在るのみと唱へられたる老宰相も、今は自らその胸中の如何を知る能はざるに至るまじきや。數日前までは、猶ほ平和の見込なきにあらざりし列國の形勢も、早や俄然として其内幕は一變せしならん。余輩は、太陽一たび沒して百鬼横行の怪あらんことを恐れざらんとするも、得んや。此際、殊に注意すべきは、此の老皇帝の崩御と共に、歐洲各國商業世界が、一椎打碎の狀態あるべきこと是なり。吾生絲商、其他諸貿易商等の如きは、殊更其覺悟ありて、大損害を受けざる樣せられたきものなり。猶同帝の御本傳は、次號に於て詳細報道する所あるべし。

『萬報一覽』第一七一号「時事評論」　明治21年3月25日

獨逸新皇帝

獨逸新皇帝は、病を勉めて伯林《ベルリン》に歸られ、即位式を行はせられたり。其御容體は、別に重らせられざるも、固より快く成らせたるには非ずと聞く。魯國は、其皇族をして伯林に赴かしめ、以て好意を表したりと雖も、是れ固より外觀を裝ふに過ぎず。而して先帝の御葬儀に方りて、ビスマルク公とモルトケ將軍は、共に身體の勝れざるよりして會葬せずといふ。歐洲の形勢は、實に今日、明日を知らざる者なり。

『萬報一覽』第一七二号「時事評論」　明治21年4月5日

歳計豫算

歳計豫算は、勅令第十一號を以て公布せられたり。歳入總額は、八千七十五萬五千九百二十三圓二厘、歳出總額は、八千七十四萬七千八百五十三圓五十六錢九厘にして、歳入の剩餘八千六十九圓四十三錢三厘なり。之を前年度、即ち明治廿年度の豫算に比較するに、歳入に於て、八十一萬九千五十三圓二厘（前年度歳入豫算は七千九百九十三萬六千八百七十圓）、歳出に於て、八十一萬二千三百圓八十一錢五厘を（前年度歳出七千九百九十三萬五千五百五十二圓七十五錢四厘）増加したり。其增加の主要なる者は、歳入に於ては、所得税税法新制によりて百一萬餘圓、北海道水產税に九千餘圓、株式取引所税に三萬九千餘圓、酒造税に五十二萬八千餘圓、海關税に二十九萬五千餘圓、郵便電信收入に十二萬餘圓、森林收入に十六萬七千餘圓、官有物貸下及拂下に二萬四千餘圓、雜收入に七萬七千餘圓、官業諸收入に十八萬六千餘圓、防海費獻納金に五十九萬餘圓、新增の諸項にして、地租に於ては、四十七萬餘圓、米商會所税に十四萬餘圓、印税訴訟用印紙料に九萬餘圓、醤油税に五萬三千餘圓、免許及手數料に廿五萬四千餘圓、返納金に九萬九千餘圓、海軍公債に百十二萬八千餘圓の減少は、著しき項目なりとす。又、歲出に於ては、國債は、償還に七十萬餘圓を增し、利子に八十萬餘圓を減じ、文官恩給に十三萬八千餘圓を增し、非職俸給に六萬餘圓を減じ、內閣經費五萬餘圓、外務省に六千餘圓、內務省に四十三萬餘圓（此內府縣費二十八萬六千餘圓）、海軍省に七十四萬九千餘圓、文部省に三萬餘圓、農商務省に五萬餘圓、北海道廳に十二萬餘圓を減少し、大藏省は、八十八萬圓の郵船會社補助費を遞信省に移して、別に三十萬餘圓を增加し、陸軍省は、十一萬餘圓、司法省は三十七萬五千餘圓を增し、遞信省は、大藏省より移されたる補助費を除けば、却て六萬圓を減少し、假皇居御造營費に三十萬圓、官衙議院建築費に三萬餘圓、法律取調費に壹萬餘圓、博覽會費に九萬餘圓、砲臺建築海防水雷費に百萬圓（此中製砲費五十三萬五千餘圓は防海費獻金にて支辨す）を增加したるは、是れぞ數月以來、世上に喧傳して、一時は人氣を浮き立たしめたる今年度政費節減說の一大結果なりとす。或新聞記者が論じたる如く、國家の進運と共に政費の增加は免れ得べからざる者とせば、本年度の增加は、實に已むを得ざる者なるべく、此後と雖も、益々國費の增加ありて減少なきを覺悟せざるべからず。吾人は、國家の進運を慶ぶ者なれば、國費の增加をも憂ふことなかるべき歟。產業の進步なきに國費の增加のみ益々甚しきが如き進運も、亦慶賀せざるべからずとせば、吾人は、實に如何に慶賀すべきかを疑はざるを得ず。吾人は、固より內閣諸公が、十分に財政の整理を務められたるを知れば、決して之を感謝せざるに非ず。然れども、民間論者が口癖となりたる不急の繁務（固より內閣諸公は以て十分の必要と認められたる者）は、一の減少を見ざるのみならずして、却て歲々に增加するを見るは、日本人民の如き武治簡易の政に養はれたる者が、遽かに堪へ得べき所なるべきが、人民が未だ其必要を感ぜざるに、率先して文縟繁靡の政治の模型に容るゝは、將來の爲に利益ある事なるべきか。然れども、是れ所謂論者が進運なる者にして、日本が東洋の文明國たる所以（條約改正未だ成らず國權の進張未だ得ざるにもせよ）なりと云はゞ、吾人は、又何を言はんや。但だ百年の後、吾人の杞憂が其價値なからんことを祈るに過ぎざるのみ。又國債は、本年度合計二億四千五百九十二萬餘圓にして、之を二十年度に比すれば、四百四十二萬九千餘圓の増加なるが、本年度に増加したる海軍公債六百萬圓を差引くときは、却て著しき減少を見るべし。紙幣流通高は、五千五百廿六萬餘圓にして、前年度より減少すること千二百萬餘圓を減じたれども、銀貨に於て千二百萬餘圓を増加したれば、流通上に於て増減なかるべき筈なるに、此度の海軍公債募集に就て意外の好景氣を呈したるは、果して如何なる原因に由るか。世人は、頻りに輸入増加して、正貨の濫出するを恐るゝ者あるが如し。正貨の増加すると共に、外品購買心の旺盛するは、日本の如き産業未振の國柄に於て、毎に免れざるの事なるべく、而して産業に關する特別保護の其宜を得ざるは、或は益々之を激成するに至らざるべき歟。固より關税回復の成らざる内は、此患害は到底逃るべからざる事なるべきも、吾人は、決して一策の畫すべきなしとは信ずる能はず。或る古風の經濟家は曰く、耶律楚材が興レ利不レ如レ除レ害といへるは、千古の名言なりと。吁嗟、明治の今日に當りて、七百年前未開の宰相を追想せしむるに至る者は、果して誰の過ぞや。

第二のノルマントン内國船に生ぜり

大坂商船會社の瀛船百貫丸は、其航行中播磨灘に於て火災に罹り、乗客六十七人、乗組員廿二人、總計八十九人の内、死亡四人、火傷十二人、燒殘船體に於て發見せる燒死體一人、生死不分明の者九人、無事着港せし者四十餘人にして、乗組員は一名の火夫が胸部に負傷せしのみなりといふ。吾人は、今煩しく其遭難の始末を説かざるべし。只ノルマントンの騒動の記念、未だ世人の胸臆を去らざる今日に於て、同樣の事件の内國船に發生したるを悲むのみ。聞く、同船長は神戸警察署に拘留中なりと。吾人は、其落着の世人を満足せしめ、將來船客をしてかゝる災難の恐怖を去らしむるを望むに切なる者なり。

在野政論家

報知新聞の主筆矢野文雄氏は、何か感ぜらる所ありと見え、數年間の樂隱居を始め、毎日新聞の島田三郎氏は、已に洋行し、朝野新聞の末廣重恭氏も亦將に洋行せんとす。二十三年は方さに迫れり。而して今日政論界は、將に寂莫無聊の境に陥らんとす。是れ或は却て二十三年に於て、非常の熱鬧を生ずべき前兆なるか。然れども、吾人は、寧ろ此の如き定まりなきの天氣を望まざる者なり。

獨逸

獨逸の皇太后は、新帝の御病氣なりし頃より、頗る之を憂慮せられ、前帝の崩御に新帝の御病氣は更に全快に向はせられざるが爲に、益々憂ひに沈ませられ、遂に甚しき御脳にならせられたる由、獨逸人民の心配も亦想ふべし。

改進黨の總集會

『萬報一覽』第一七三号「時事評論」　明治21年4月15日

改進黨の總集會は、本月七日、淺草鷗遊館に於て開かれたり。四、五年前には、改進黨の集會といへば中々すばらしき勢いにて、局外人までも拳を握りつめて其意見如何を聽かんとせし程なりしも、此頃となりては、折角二號字にて諸新聞に出したる廣告さへ、見流す者皆是なりともいふべき有様とはなりぬ。蓋し余輩の眼より見れば、改進黨なる者の、今日我邦に成立ちあるをば認めがたき程なり。世人の、等閑に見流し聞流すも無理にはあらじ。昨年以來の政論界の潮流にて漕ぎ分けられたるは、自然發達黨と模倣改革黨との二に歸したること、其名目こそなけれ、誰人も胸中に此區別を否定せざる所なるべし。發達黨は、谷將軍の意見書なる者を以て重心とし、明治の屈原と稱せられ、楚雖三戸亡秦者必楚也といはぬ許りの意氣込にて、俠名天下に轟きたる東海散士の之に引力を加へて、以て自由黨の不平守舊黨の抑鬱及び眞正識者の公正の判斷を一處に吸引團結したる無形の一黨派にして、模倣黨は、肉食仲間、幇間連中、幷に外國心酔者流が、一團結をなさゞる散離せる意見を有する者の總稱なり。而して彼の改進黨なる者は、一部分は、發達黨に、他部分は、模倣黨に屬し、各々曖昧模糊の意見を吐きて、其間を彌縫する者なれば、改進黨なる一團結の勢力が、世間に認められざるも亦自然の勢なるべし。

佛國内閣

佛國内閣は、三ケ月餘の命脈を維持せるのみにて、又々辭職せり。蓋し憲法議案に關して、チラール内閣が代議院に敗を取りたるが故なりといふ。而して之に代りて内閣を組織せしは、急激黨の領袖と聞えたる代議院長フロケー氏にして、内務大臣を兼ね、曾て内閣總理たりし名士フレシネー氏を陸軍卿に、ゴブレー氏を外務卿に任じたり。此内閣組織は、實に歐洲の平和に危險を加ふるの實ある者なるべし。フレシネー氏は平和主義の人物なれども、ゴブレーは、曾て境上事件の爲め殆ど獨逸との關係を危くせり。而して内閣總理たるフロケー氏も、寧ろ主戰の傾向ある人物なるは、既往の跡に徵して知るべしといふ。此に於てか、クレマンソー及びブーランジェー黨の勢力、益々跋扈せば、戰亂の兆徵、益々迫れる者といふべし。況んや前内閣の命數を短縮したるもブーランジェーを冷遇せること與りて要因たりしといひ、ブーランジェーは議員候補の資格なきをも顧みず、其黨派は、之を巴里に馬耳塞《マルセイユ》に候補となさんとし、之を贊成する者甚だ盛んなりといふに於てをや。

風說人心を驚かす

ビスマーク公辭職の誤報、一たび傳はりて、人心皆驚きたりしが、幸に誤報たるを以て、僅に人心を鎭むるを得たり。然れども、此誤報の傳ふる所以、實に公と新皇妃との意見の合はざるに出でたれば、獨逸の政略は、前途是より荆棘多からんか。加ふるに倶に天を戴かざるの仇たる佛國は、主戰論日に月に勢を得、而して北魯の野心、未だ熄まざれば、余輩は、此老宰相が末路、苦心の程思ひやられて痛はし。

有志者

保安條例、一たび疾雷耳を掩ふに及ばざるの勢を以て、有志者の巣窟を一掃し、有志者の肝膽を破りてより此數月間は、各省門前、元老院陛下、復ステッキの影を見ざるに至りしが、此頃は、咲匂ふ山櫻花と共に敷島の大和心を再燃してか、元老院に音なひて、建白書奉呈、議長面謁を請求する有志者を、又も見出すことゝはなりぬ。余輩、此有志諸君に忠告す。大隈伯は、入閣以來、未だ確たる腕竝を示されず、黑田伯は、將に總理大臣たらんとするの風說頻りなる今日なれば、何れ内閣の組立確定し、政略一定の方向を示して後、言ふべき事は言ふも可なり。今時の如き晴雨針の昇降定まりなき時に曉々するは、寧ろ徒勞の看なからんや。

『大同新報』第四号「時事」　明治22年5月1日

議員の數は三百人なり

而して候補者の數は數千人、日々新聞紙の上に現はれ出る姓名は、チト大袈裟なれど、僕を更《か》ふるも數へ盡されずとやいはん。濟々たる多士、洵《まこと》に國家の福なるかな。常は一縣は猶更ら、一郡一町村の事業にだに、嚢《ふくろ》の口を括《し》めて、堅く握て動かざる方々も、一枚の投票幾圓に買はんと競ひ立つさま、成程愛國者は異つた者なり。公事に當るの勇、天下を以て自ら任ずるの氣象、感心仕るの外はなきなり。かくては國家百年の大計、吾輩のあせる程もなく、尊王愛國の實全く、宗教元氣の決擇も明かならんか。諸公鞅掌《シテ》勤《メ》二王事一《ニ》成就《セヨ》吾儕企ノ足眠、吾輩も明年議會開けて後は、かく吁鳴《うな》りつゝ日晏《ひた》くる迄朝寝をして見たさに堪へ申さず。

來年の議會　大同團結よりは百五十餘人、改進黨よりは百餘人、來年の議會に出づべき豫算の立ちしとか申す。其他は自治黨が塞ぐ席と見ても大間違はあるまじ。社友の一人嘗て英國人士の惡口を叩きて曰さく

吾嘗夷㆓考彼間士人之行㆒、其所㆓爲竭㆑忠者有㆑二、而社稷不㆑與焉、貴族鄕紳子弟、年至㆓廿一㆒、則擧㆑筵相祝、隣里鄕黨皆會焉、以㆓其得㆑候㆓補于議士㆒也、當㆓其爭㆑撰、萬金快擲、費用不㆑貲、居㆑之夷然、是謂㆔自忠㆓于己㆒、已入㆓議院㆒、各有㆑所㆑黨、敵黨所㆑執、必反㆓其議㆒、正邪是非、非㆓其所㆑知、領袖數輩、居㆑中而頤㆓使之㆒而已、是謂㆑忠㆓于政黨㆒

英の憲法史、議院史の片端なりと讀みたらん者は、此言を丸々の嘘八百とは斷言すまじ。されど吾人士は愛國心に富めば、よもさることはあるまじくや。之を知らんと欲せば、吾が大同團友が諸方に於ける演説の喝采の多少を見て判ぜよ。

ア丶行末が思はれて……

長大息　行末とは氣が長すぎるなり。現在云々《しかじか》の珍事、汝が眼前に臚列しあるにあらずや。大同團結は彼が如く、改進黨は彼が如く、自治黨は亦彼が如きなり。彼等、若し聖主の憲法を發布せさせ玉ふ大御心の萬分一だに酌み知らば、かゝる事はよもあるまじを。是でも大同團の起るが無理か、無益か。長大息、長大息、又長……大……息……。

外交上に關して宗教の異同に杞憂をなすは眞に杞憂のみ

耶蘇教國と異教國と國際の關係に、宗教の異同によりて畛域《しんいき》を置くといふことの世評ありしより、例の飛び上り者流の崇外的根性よりして、忽ち附和雷同して、耶蘇教ならでは文明國の仲間入りは出來ぬぞと吹聽し回り、狡猾なる宣教師が、其機に乘じて實《まこと》らしく吹き回りしが爲め、頗る見識なき世間の感情を傷《いた》めたるは事實なり。己れ……につくき宣教師原。……成程その宗教に擴張の爲の手段とあれば、世人の感情なり、思想なり、機を相《み》て之を利用せんはさる事ながら、利用にも程がある者ぞ。十數年來知ると知らざると、心を痛めたる條約改正、一國の獨立體面にも係るべき事件に就て、其不明を利として國民の感情を挫かんとは。此一事にても、吾黨が痛擊排斥しつゝある者共の心術如何は知られぬべし。看よ、去ぬる二十年に於て、歐化主義の大臣が得遂ずして手を引きたる條約改正が、强硬主義とやら聞えたる、何事にもつらく當られ得る限りは、外人につらく當る手段を固執する大

臣が其後を襲《つ》ぐに及び、連帯の談判を解て、一大耶蘇教國なる米合衆國と特別に談合し、條約已に調ひたるの事實は最早公然の祕密となり、他諸交際國は呆然として、其拔驅されたるを悔るの樣あるにはあらずや。此勢にては條約改正の追々と好結果を奏せんことは疑ひなかるべし。何ぞ日本國民が盡く耶蘇教に宗旨替するを待たんや。滿天下の憂國者は渠儂《かれら》が利口さうに吹き立つる法螺に聞悸《ききおじ》し玉ふな。外交の上策は辛抱强きよりまされるはなし。百折不撓は外國人の最も敬畏する所なるぞや。宗教云々に心配するは眞に杞憂のみ。

何となれば彼れ宣教師等は、遠き異國に來ればこそ、いゝ加減に喋舌《しゃべ》り散らし、耶蘇教國の德義は高尙なりなど、出放題に言立て居れども、眸子《ひとみ》ある者は、皆彼れ耶蘇教國の信仰腐敗せる現象を睨み居るなり。教會堂に貧者の足跡を絕ち、日曜日は少男少女の見合日となり、情郎情婦の密會日となり居ること、幷に上流の士人、政治家の如きは、徒らに利用的物體として宗教の價値《ねうち》を定め、信念の如きは藥にしたくも之なしといふこと、彌陀六が眉間の黑子《ほくろ》ならぬも、隱しても隱されまじ。其東洋諸國に侵入して、印度錫蘭《セーロン》等の罪人を殖したるは、統計學者、算盤玉にかけて證明したり。幸ひ——彼等の爲には——我邦は未だ耶蘇教の造りなしたる害惡の統計を得ずとは言へ、祖先を崇奉し、終を愼み遠きを追ふ敦厚の民德を殘傷したるは、決して申譯の立つべき義にあらず。さればこそ宗教上の効能は有りや無しやと言問はまほしきユニテリアン派の如き宗派をさへ生み出したるなれ。文明と一口に云へば立派なれど、文明といへる語は彼等が用ゐるまに〳〵許《ゆる》したらんにも、所謂十九世紀の文明は、肉の——彼れ教徒の口吻を學ばんには——文明の□、オルコット氏とやらんも云ひぬ、近世の文明は、只「自己」といへる一物の上に建立されたりと。利己主義の流潮、全世界の腦髓に氾濫して、ノアの舟も逸《のが》れんに道なく、神禹の功も施さんに術なきさま、宣教師がいくら噪《さわ》いでも寸効だもあるべからず。況んや末世澆季《ぎょうき》の淺ましさには、宣教師さへ此流潮に捲き込まれて、波を揚げ醨を歠《すす》るの徒、さはなるをや。嗚呼、彼等自ら頭上の蠅を拂ふ暇だになきを、他國に宣教するさへ餘計な世話なり。何を以て國際上にまで其勢力を及ぼす程の伎倆を現し得んや。

東北の大會

集まる人は幾百人、國別は十五州とぞ聞えし大會合なり。日本天下四分の一の大寄合なり（例により北海道は除いての勘定）。殊更勇猛敢爲、悪く申せば亂暴喧嘩好き（まさか）の大同派の面々が、此處ぞ腕前の示し處と（も張り込むまいが）かまへたるにてありける由と聞けば、何がな珍らしき話もがなと聞耳立てゝ待ちける甲斐ありて、宿望虛しからず。

珍事奇聞陸續として吾黨の耳朶《みみたぶ》に上り來りぬ。其中尤も面白き一、二項を左に擧ぐれば、

四月二十一日夜、吉田正春、井上角五郎の兩氏は、東北會中の重立る人々を其旅宿に呼で饗應したる席上にて、秋田縣の大久保鐵作氏が、後藤伯の入閣に就て井上氏を罵りしこと（井上氏は伯の執事にて祕書官たるべしとまで風評せる人物なり）。

井上氏は、之を啣《うら》み、大久保氏の歸らんとするを呼留めて、ステッキを以て不意に之を亂打して、微傷を負せたること。吉田氏は、井上氏の所爲を怒りて、同宿を辭したること。

此事諸方に知れ渡り、秋田、山形、青森の壯士、井上氏の旅宿に蹈込で、同氏を打撲蹴倒したるに、井上氏は堪へずして哀を求めたる事。

埼玉縣人星野直包氏は、政府の間諜なりとて、井上、吉田の兩氏は、之を監禁亂打し、之を糾問し、詫書を出さしめて東京に歸したる事。

是なり。其外赤羽外務書記官（會津人）の會同を拒みしも亦奇聞なり。

勸業の親玉の西國巡禮

勸業の親玉の西國巡禮に同行したるは、某銀行の頭取に、某會社の長なりしが、此の一派は世に自利黨となん目しつる怪しの仲間にて、其仲間の人々は、轉んでも馬の糞、つかまへたら離すまじと覺悟したる老功者多しとか。官林拂下、鑛山採掘等にも拔目なく立ち廻りつゝある由申せど、旭日てる我大日本帝國內にさる影暗き魑魅魍魎のあらんやうはなし。定めし外國の事なるべし。さらずば……果して一場の夢なりき、アー（是は欠伸《あくび》の聲なり）。

拳隕《ふり》て雨の如し

拳隕て雨の如しと孔夫子ならぬ新聞屋も記しつ。燕趙は古より慷慨悲歌の士多しと稱しつれば、慷慨の塊りは化して鐵拳となるものにや、さる化學作用も世の中にはあるべし。雀が蛤となり、山の芋が鰻となるも、けしかることにはあらじ。又云く、猶ほ昔時の屠狗者ある乎。此頃の人々が携ふる得物は、世に犬殺し棒と名つくとぞ。此棒は浪華を始めとして、かしこ此處を飛び回り、其勢力を逞うすと聞きぬ。嗚呼、世は末になりぬ。鐵拳と屠狗棍とが蔓《はびこ》り出して、萬々一にも、來ん年に開かるべき神聖なる議會、はた議員を片端よりなぐり付る樣になりもせば、道理の光は滅《き》え失せて、世は常闇《とこやみ》にやなり果てなん。淺まし〳〵と、色生白き、力は無論有そう

もなき紳士が私語《ひそめ》き合しとか。

賄賂事件の調査

思い出づ、三月廿六日の事なりき。平生感慨深き「日本」の詩人は左の如く歌ひ出しぬ。

樹レ黨成レ朋市會中、説何卑劣辨何雄、兇租全頼苞苴力、廢案誰知賄賂功、一萬黄金投二暗夜一、三千紅袖笑二春風一、到頭分レ肉無二良宰一、寧怪同盟訴二不公一

評云、樹レ黨成レ朋、弄二權市會一、此尚可レ恕、至二苞苴兇レ租、賄賂廢レ案、卑劣亦甚、世無二陳平一、分レ金不レ公、竟使三同盟抱二憤懣一、何等怪事、何等醜聞、許由再生、亦洗二耳于墨陀之流一矣

玉纖揮レ刄刺二箱奴一、辨護感君深恤レ辜、官道馳驅笑二長髪一、議場睥睨見二圓顱一、春風北里堪レ携レ妓、夜月南崎好倒レ壺、一萬黄金何足レ惜、靑樓無二復美人租一

當時吾輩は、其何事たるを聞知ず。不思議なる文句よと眉顰《ひそ》めたりしのみ。去る四月廿四日の東京臨時府會に於て一議員が云はるゝ樣、近日二、三の新聞雜誌は、曩に彼の娼妓の賦金を全廢せしは、或る一、二議員が賄賂によりて之を主張したる者にて、我々は雷同して其説を贊《たす》けしなりを傳へたり。是れ實に捨て置き難き事共なり。進で眞僞を正し、事實無根ならば虚報を傳へし新聞誌を相手取りて名譽の恢復を爲さんと。かくて甲論乙議の後、委員を設けて之が調査を爲す事とはなしたりとぞ。吾輩是に於て膝を拍て曰く、ハゝア……既にして熱き涙、眼より溢るゝ者一滴、曰く、噫。

吾れ誰れにか適從せん

前きの東京大學綜理たりし、現に元老院議官、東京學士會院會長たる文學博士加藤弘之君は、吾が大同團に教ふる所ありて、の玉はく、

耶蘇教の如き、縱令《たとい》外方輸入の敎派なりとて之を奉ずる日本人が直ちに忠君愛國の心を失ふと云ふが如きは、實に日本人民に對して無禮を極めたる者と云ふべしと。何がさて名にし負ふ博士の御教誨なり。直ちに叩頭、耶蘇教徒諸君に趨謝して、博士の教のまに〳〵なさんとせし折しもあれ、宮中顧問官、華族女學校長にて碩學の名一世に噪《かまびす》しく、殊に學士會員にても之有り、畏くも今上の侍講をさへ仕られたる西村茂樹君は、固より儒學を崇尚して、禮義の事にはいと明かなるべきに、其「有物有則」の中に於て、

近年新入せる歐洲の宗教は、此民心の歸向する所を動して之を他の方位に移さんとするの傾あり。國を憂ふる者、安ぞ畏れて之を儆《いまし》めざるべけんや

と記されたり。「民心の歸向する所を動かし」云々とは、「忠君愛國の心を失ふ」と、意義を同うせずとあらば已みなん。若し同じうせば、是れ陛下の侍講たる老學士が、陛下の臣民に無禮を極めたるなり。吾輩は、暫らく此老學士が耶蘇敎徒の門に趨謝するを待つの猶豫を得つ。

餅は餅屋

學者に望む所の者は、紛々たる俗世界の表に超然として、其己が專攻せられつる學理を研究し、玄妙深邃の理を發揮して、營々として世途に奔走する者共に、指南の針を與へてこそ、さもなく學者自ら俗世界に馳騁して、營々たる者共と、是非曲直を爭ひなば、白龍も魚服しては豫且《よしょ》に困めらるゝを免かれず。猿も木を離れてはいかで人を馬鹿にし得んや。天則も穩かに目を閉ざし、微《かすか》に右手を搖《うご》かし、沈みたる音聲にて、其一端を惜げに露出してこそ、床しさも增せ、不完全なる社會學の標準もて、雜沓限りなき現社會の事物を指定して論じつ、一たび過て、生さかしき後進小兒等に揚足を取られもせば、折角の御託宣も何とやら價値が……已なん〳〵、吾ながら隣の疝氣を頭痛にやむ、餘計な心配してけり。

『大同新報』第五号「大同新報」　明治22年5月16日

國家の將さに興らんとする必ず禎祥あり

尊皇奉佛大同團の起るは衰世の事也。夫れ六親紊れて孝慈あり。大道廢れて仁義あり。國家昏亂、海内板蕩、しかる後にぞ忠臣は知らる。魏徵が唐太宗に說くや、龍逢比干を忠臣とし、而して自ら良臣たらんことを願ひし、されども人を以て鑑となすときんば得失を明にすべしと云ひしは、太宗が魏徵を悼《いたん》で一鑑亡《う》せぬと長歎せし折の前提にはあらざりし乎。かゝれば其撰文を停めて其碑を踣《ふ》み倒されし珍事も後には出でき、徵若し在らんには、朕をして此には至らしめまじをと、高麗瀆武の際には悔ひおぼされし事もありき、則ち忠と良とや獨り其度に高下あるのみ。徵にして煬帝南巡し、好頭頸早晚之を斬らんする諸豪傑が中原にまた鹿を逐ひ、筆を投じて戎軒を事とせりし後、世民が絕世の才略もて家を化して國となすの際に生れざらんには、はた徵が其君を致さんと願ひし夫の古の堯舜禹湯文武の世に生れたらんには、渠《か》れが皐夔稷契、伊尹太公の蹤をおふて良臣たらんと欲せし心願もいかで叶はん。渠《かれ》も亦壤を擊つの翁を學びて帝の力何か有らんと吁《う》嗚《な》り、康衢の童に伴《つ》れて知らず識らず帝の則に從ふと謠《うた》ひつゝ世をば送りしならん。父頑に母嚚《かしま》しく象傲《おご》りしかば、舜の孝子たるや益々彰《あきら》かなりし。文武既に沒し、周公夢にだも見るべからず。征伐諸侯より出で、强霸力を假り邪說暴行また作る。孔子の懼《おそ》れて春秋を作るや、猶自ら我を罪する者は其れ唯春秋乎と白《もう》せしにあらずや。王道衰へざりせば詩以て興るべからず。詩は猶ほ溫柔敦厚の旨あるなり。詩亡びて而して春秋方さに作るべし。隱哀の間二百四十餘年、孔子實に其熱淚を揮て筆を執《と》りしなり、何ぞ必ずしも獲麟の一事に感を起さんや。家亂れて良妻を思ひ、國亂れて良相を思ふ。經世濟民の偉業、必ず亂離の時、水火の苦ありて以て之を致し、志士仁人の奮興、必ず敗德の俗、壞倫の風ありて以て之を致すこと、其れ然らずや。

顧みるに、夫れ江戸將軍が關を杜《ふさい》で外來の客を謝絕せしより二百餘年、其始めやゼスイツトが亂を煽するを慮る一時の權宜に屬せしと雖も、舊例故格、守て失はず、遵依して政をなすは、自然制度の常なるから、攘夷の主義は竟に德川幕府が不易の國是となり、加ふるに儒學の發達して春秋、華夏を尊び膺懲を擧ぐるの義、理論の上より解釋されにければ、士人靡然《ひぜん》として尊王攘夷の論に風化され、外人を嫉惡して夷狄とし禽獸とし視たること、天下之より甚しきはあらざりき。その動くこと强ければ、其の反動するや亦强からざるを得ず。一旦國を開き百工技藝、文學政法、資《と》て以て之が給を仰ぐや、之を愛し之を慕ひ之を崇拜讚禮すること、只後れんことを恐るゝばかりのさまなりければ、二十年來の變遷、世俗の所謂長足の進歩なる者を點撿せば、之を二十年前の舊世界に比して、殆んど世を隔てぬる心地やすらん。利弊の相伴ふは浮世の常情とは云へ、採長補短の主義は漸く化して外風崇拜の風を致し、啻に其外部に於ける用を利し生を厚うする有形上の物質のみにはあらで、國民の元氣特質たる內部無形上の精神までも、啻に自然發達の需要に應じて其缺乏を補ふに止らで、人爲助長の供給もて其新社會を創造せんとまで、一にも歐米、二にも歐米、歐米ならでは夜が明けず、國を擧げて歐米に化し、然る後滿足せんとせるこそ淺はかにも亦あはれなれ。人民の生產力大に疲勞したる代りには、有形上の利便大に增したれば、是は差引として帳面を消さば消さん。默止し難きは無形精神上の耗費なり。吾黨も亦守舊頑固の士にはあらず。二十年來智性上の進歩は確かに之を認め居り、さりながら其道德は如何、其氣節は如何、其忠君愛國義俠勇武の氣象は如何と反省せよ。只看る園遊の會、舞踏の宴、新たに梳《くしけず》られたるの髮、神の如きの鬚髯、黑澤々たるの服、細長艇の如きの靴、銀燭其れ煌として、樂曲洋々、天より來るが如く、柳暗く花明かに、芳草煙の如きの際、鵞《あひる》の如き巴里新樣の裝《よそおい》したる淑女と手を携へて逍遙する者、悉く是れ行々國を以て家を以て自ら任ずる少壯紳士なり。瓦屋空に聳え、車馬門に候し、行けば則ち舍人ならぬ護衛の警官ゆゝしと見え、入ては粉白にして黛綠なる者左右に簇擁し、爵は伯子の間にあり、位は二、三の下に降らず、一國の安危、天下の大事、指呼の間に辨ずる者、悉く是れそのかみ鐵馬に騎り長槍を肩にし千軍萬馬の中に出入して一生を十死に求めたる健兒なり。書を讀で當世の務を談じ、苦言痛語、長安の少年を以て自ら居るの才子、斗筲を以て量るも猶盡さず、曰く十九世紀の社會は云々なり、平民的の進歩、一個人主義の發達は云々なり。其論は則ち高く、其理や或は玄ならん。決闘果し合だも一場の戯談として容易く申込み、容易く申込まるゝ世の中、其言論に自ら責を負う覺悟ありやと問ふ丈が不粹なり。汎濫の餘、經濟的の尊王家と、利用的の宗教家とを生ずるに至りて極りぬ。

吾黨も眼に涙ある者なり。之を尋常生別離苦の際に濺《そそ》ぐ弱丈夫ならざるも、縱ひ口には治國安民の爲ぞとは云はうとも、二千五百餘年がその間、戴かれもし、戴きもしたる世界無比の皇室をば、理論の上より其權利責任を説明せんと求め、經濟的利便の爲に据ゑ置き奉らんと決論しつる似而非政談家、一千數百年來、己が祖先の文化を資《たす》け、智識を增したる、禮義を重ずるの儒教、智慧と慈悲とを勸むる佛法をば、一部の腐敗の爲ゆゑに、破れたる屣《くつ》を棄てんよりも容易く之を棄て、其教理の高下だに比ぶべくもあらず、其傳播の心の程も測られぬ耶蘇の教を、社會改造の爲と唱へ、國際交通の便宜なりと道《い》ひ、利欲の肌に信仰の衣を着て傳道する僞信神者多きを見ては、女々しと云はれん恥しさも打忘れて、袂《たもと》のぬるゝ知らであるも、誰か之をよしなきこととは爪彈《つまはじき》せん者ぞ。曩には吾れ憮然たりき。吾が大同團の起るや、傳道師の政治家と評されつる民友記者は、尊皇と奉佛といへる緣遠き二個の物件を捉へ來りて一團結中に混合すべき理なしと評したり。渠れ心に謂へらく、佛教も宗教なり、耶蘇教も宗教なり、吾が耶蘇教の皇室に緣遠きや、此の如くそれ然るに、同じ宗教の仲間なる佛教が皇室に關係あらんやうあるべからずと。地を擊つ槌は外るとも此推量や違ふべき。彼れ耶蘇教の熱信者たる民友記者は、既に自ら皇室と緣遠きを認めつゝあり。皇室と緣遠きを自ら認めつる政治家が、國家を經綸したらん結果は將た如何なる者とか思へる。此の如き意見を抱懷し、公言する國民之友が一萬餘部を發兌して雜誌中の王と呼ばるゝ世の中也。吾黨、今の社會が日に月に腐敗に傾き、冷淡に赴き、歩一歩駸々として暗黑裏に向て馳せつゝあるを見るも、決して不思議とは思はねども、百年の後、我が祖先が經營し來りたる此日本國、美なる山、美なる水、美なる草木、都府、家屋は何の狀態を呈すべきかと豫想せば、怵然として恐れ、惕若として戒めざらんと欲すとも得んや。

蓋し文化の後れたる國、力の弱き國が、一たび文化のすぐれたる國、力の强き國に接して、其感化强制を蒙るときは、或は之に心酔し、或は之に屈服することあるは敢て珍らしとせず。されども屈服する者猶可なり。心酔する者は眞に憂を爲すに足れり。屈服する者は彎《ひ》かれたる弓の如し。指一たび弦を離れば直ちに其故態に復せんとするの勢いあり。心酔する者は水に浸《ひた》されたる海綿の如し、水涸るゝに非ざれば毛細管の吸引は止まざるべし。「日本」新聞記者は、獨逸諸邦がナポレヲン一世に征服されたると、吾邦が歐米の風化を受けたるの狀とを較論して、彼は貞女の强姦に値《あ》へるが如く、此は淫婦の和姦したるが如しと云へり。聞きしのみにても忌はしき譬の取り様なれども、現時社會の道德果して如何の狀態にあるかを一瞥過したらんには、其實に過ぐるの言ならざるを信じて、腐敗の此極に至れるを悲しむの外はあらじ。吾黨も亦豈故なくしてかゝる痛激の語をなし、敢て世人の視聽を駭《おどろ》かし、以て自ら快とする者ならんや。誠に近日の傳說に深く感ずるありて、急變改造の說、大に人心の操守を薄弱にし、道義信義の念、動搖定らず、利用迷信の宗教益々横流し、懷疑輕佻の行爲愈々盛行せば、竟に皇室を何の地に置かんとするかと憂慮しては、竊かに空おそろしさに堪へざるが爲に、此に一言して天下正義の士と之が救濟に力を竭さんと欲する者あればなり。

近日傳ふる所を聞くに、曰く、東京府會は娼妓の賦金を廢したり。而して之が原因は一、二の議員、賄賂を受け以て其議を主張したるにありと。府會遂に之を坐視するに忍びかねて、委員を撰で調査せしめつゝあるなり。是に於て更に說を爲す者あり。委員の中既に汚行の嫌を受くる者を班せり。況んやかゝる隱微の事は、當に人知れず之を探索して、其實情を摘發すべきに、公然と之を議せば誰か贈賄者と稱し、受賂者と名乘りて出づる者あらんと。其調査の成效を豫め信ぜずして、却て賄賂の事實たるを保證する者の如し。嗚呼、是れ果して何事ぞや。吾黨固より一、二の人物に就て云々せんと欲する者に非ざれば、必ずしも其事の實なるや否やを窮訊するを要せず。蓋し一犬影に吠れば、萬犬聲に吠ゆ。古より以て流言蜚語の毒を戒る所とす。然れども今の社會にしてかゝる蜚語を傳ふるに至りし所以を思へば、吾黨も亦其影の果して賊《ぞく》にあらずやと疑ひて、德義の蕩然として地を拂ひしを浩歎するを免れず。昔しは許由、箕山に隱れ、手を以て水を捧げて之を飲めり。人一瓢を遺《おく》る。得て以て飲を取る。飲み訖《おわ》りて樹上に掛く。風吹けば歷々として聲を作す。尙ほ以て煩しと爲し、遂に之れを去《すて》しとなん聞く。吾黨は世出世《せしゅつせ》の敎を聞ける佛子《ぶつし》なれば、許由一流潔癖の徒にはあらざるも、彼と此とを思ひ較べんには、覺ゑず「いかばかり心の中すゞしかりけん」と呼で、爽然《そうぜん》として自失せざる能はざるなり。

夫れ彼の嫌疑を蒙り、人の指目を受くる者は、何人ぞや。鷗遊館の演說壇上、雄辨潮の方さに至るが如く、昂爾《こうじ》として天下の大勢を談じ、國家の長策を畫すること、之を掌に視るが如きに當りてや、喝采沸くが如く、拍手耳を聾する、聽く者皆欽慕して以て此人出でずんば蒼生を奈何せんとまで云ひ合へるなり。ガリバルヂが眇然たるカプレラ一島民の軀を以て、足をシ、リーに擧ぐるや、子《ネ》ープル王は一千萬弗を賂《まいな》ふて其國に入るを遏《とど》めんと計りしに、彼れ頭を掉《ふるい》て之を肯はざりき。今乃ち一世の聲望を身に負ひながら、瑣々たる五千金を、士人が顧みだも屑しとせざる遊廓より受けたりとの嫌疑を蒙りて、濡衣の乾すよしもなからんとは、咄々怪事の至りとやいふべき。吾黨嘗て英國議院の史を讀み、其議員が賄賂を贈りて其地位を得、賄賂を受けて、其意見を二、三にするを見て之を醜とし、吾が國士人の從來義を重じて錢貨を輕ずるが爲に、帝國議會が開けたらんともさる醜行は出でまじと信じ、これのみは差々《やや》人意を强うすと思ひしが、今東京府會云々の説を聞て、其れさへ遂に空だのめとならじやと恐るゝに得堪へずなりぬるなり。東京府會は百數十萬圓の出入を議する者なり。尚ほ賄賂を以てそが幾分の伸縮を爲し得べし。帝國議會は七千餘萬圓の大經濟を議定する者なり。賄賂果して効を奏すべしとせんには破廉恥の徒、義を捨てゝ利を征《と》るの輩には、此こそ屈竟の儲口なり。萬々願はぬ事ながら、若し夫の雄辨にして俊才なる、人望高き諸々の政治家が、神聖なる帝國議會の一員として東京府會議員が受けたる如き嫌疑を受くること、陸續として踵を接し、之を洗へども雪ぎ得ざるの汚點を加へられもせば、流言蜚語が正士を傷毀するの害よりも、吾黨は國家の將來、元氣の保持に於て大に心を勞せざるべからざるを知るなり。

鳥尾子爵は、頃《このご》ろ今の社會を評して、暗黑の世界なり、半信半疑の世界なりと申されしよし、吾黨は曰はん、唯それ半信半疑なるが故に、暗黑の度日々に益々加はるなりと。吾黨は其初め創業の諸公が、國を富まし兵を强して獨立の體面を全うせんと思ふ一筋に、西洋の文化を急激に注入して、國家百年の大計を慮るの暇あらざりし過ちを、可愛さうにも指摘するを好まず。唯々記臆す、吾黨が新舊兩教育の代り目に際して、小學の課程を學びつゝありし頃、父の膝下に句讀を受けつる論語等を高架に束ねて、天に對する務めを第一番に敎ふる修身論、勸善訓蒙を以て之に代へられしことを。又記臆す、小學既に卒《お》へ、新聞をも手にする頃、其論説が嘗て父の平生話しきけられつる君臣の大義とは打て替り、君權民權等の字面、目新しく讀まれしことを。而して片假名交りの册子を挾む者は多く言へり。伊奘諾《いざなぎ》、伊奘册《いざなみ》の二神は人なり。何ぞ能く大八洲を造り得ん。八百萬神とや、左樣に多くの神の居らんやうはなし。天地は六日にして成れる者ぞ、故に日曜日は七日毎に來るにあらずや。十戒には偶像を禮拝する勿れと云へり。寺院に入りて如來像を拜し、塋域に上りて石碑を禮するは、舊弊のみ、頑固のみと。かくいふ者必ずしも耶蘇教徒にはあらざりし。唯其修身の模範と定められたる教科書は則ち皆此主義より成れりしが故に、知らず識らずかゝる妄言を信じて怪まずなりけるなり。おのれらも一たび此の五里霧中に彷徨したりし事、おさな心に考へもなく、時の風潮に化せられけるが故とはいひながら、思い出づるさへ淺間しさの限り也。只數年來、人心やゝ正氣づきて宿酲より醒めたるが如く、正論讜議ともいふべき主義、世に現はれたるを見もし聞もしありながら、頑然として過ちを悔い行を悛《あらた》むることをせざる徒ら猶多く、時に乘じ機に投じて益々妄說を逞うし、十九世紀の文明と、世界の大勢といふを以て口實とし、輕佻懷疑の思想を養ふを務むるこそ奇怪なれ。夫今の社會が暗黑の度日に益す濃厚になり行くこと、基本に反らば社會の舊秩序を破壞し、人心の舊信仰を奪却せんとしたるに在りといはん。秩序日に壞る、故にかしこき御あたりにまで權利云々の理論を應用して憚らずなりしなり。舊信仰歲々に奪はる。故に倫常の守りを失ひ、因果の理りを恐れず、曾て氣節の何たるをも顧みず、口に美言を吐き、身に醜行を行ひ、以て恥とせざるに至れるなり。吾れ兼好法師のつれ〳〵艸を愛す。其中言へることあり、

相模守時賴の母は松下禪尼とぞ申ける。守をいれ申さるゝ事有けるに、すゝけたるあかり障子の破ればかりを、禪尼手づから 小刀して切まはしつゝはられければ、兄の城介義景、其日のけいめい（経営《ママ》？）して候けるが、給はりてなにがし男にはらせ候はん、さやうの事に心得たる者に候と申されければ、其男、尼が細工によもまさり侍らじとて、猶一間づゝはられけるを、義景、皆をはりかへ候はんは、遙かにたやすく候べし、斑《まだ》らに候も見ぐるしくやと、重ねて申されければ、尼も後はさは〳〵と貼り替んと思へども、今日ばかりは、態《わざ》と、かくてあるべきなり。物は破れたる所ばかりを修理して用る事ぞと、少《わか》き人に見ならはせて心づけん爲なりと申されける、いと有難かりけり

……………

と。開國の日本は鎖港の日本にはあらず。十九世紀の大勢は日本の社會に關係ありといふはさる事ながら、全社會を破壞して新天地を創造せんこと、ゴッドの業ならんにはいざ知らず、前腦方數寸の田地に包括せる人間の意匠にて之を爲さんと非望を企つるは、是れ其識見曾て一女子にだも之れ如かざるなり。吾黨は佛教徒なりと雖も、佛教社會が腐敗の厄運に遭遇して、救世の責任を遺《わす》れたること久しかりしを公言するに憚らず。吾黨は歷史を重ずる者なりと雖も、封建制度の惡弊より生じ來れる政治上、はた社會上の缺乏は甚だ多かりしを確認す。唯々破れたる處ばかりを修理し、足らざる處ばかりを補充して用ゐるの道に背き、急變激動、以て國家の危殆

を致し、社會の腐敗を生ずるに至ては、吾黨斷々乎として之を痛撃し、之を排斥し、此謬見を懷抱する者をして國家の大議、社會の事業に參與係累せしめざらんことを務めざるべからず。新たに沐《かみあら》ふ者は必ず冠を彈き、新たに浴《ゆあみ》する者は必ず衣を振ふ。目なれざる論說、珍奇なる理窟に養はれたる者が舊社會の狀態を見て一日も在るに堪へざるが如く、その淸にして强き者は破壞黨となり、虛無黨となり、其濁にして弱き者は淫猥貪婪穢行無恥の徒となる。是を疑惑の世界といふ。是を暗黑の世界といふ。恐れざるべけんや。愼まざるべけんや。

吾黨は知る、吾が社會道德の腐敗して冷淡懷疑に流れ、醜聞穢行の流傳するに至りし者、多くは是れ激變の結果にあるを。故に今日に於て猶ほ外風崇拜の徒が、頻りに唇吻を鼓して世を惑はし俗を欺くを視て大に悲まずんばあらず。蓋し道德の頽隳《たいき》を徵すべき者、豈獨り賄賂事件を待て之を知らんや。私利を以て集まると公評されつる黨派の如きは更らにも言はず、直情徑行、果敢剛毅を以て自ら居る一派の者さへ、竊に所謂る相壯士の徒を嗾して其志を逞うせんと企る狡奴多きなり。女子に關する諸問題が盛に世にもてはやされしより、流言蜚語の貴紳貴夫人を累《わずら》はせしこと幾何《いくばく》ぞ。諸々女學校の評判、諸々耶蘇教會の風聞、吾をして嚬《ひそ》めたる眉の展《の》ぶべき時なからしむ者、是れを何の徵候とかする。國家の將さに興らんとするや必ず禎祥あれば、國家の將さに滅びんとするや――言ふも忌はしけれど――亦妖孽《ようげつ》なくんばあらず。此の如き數多の現象、之を妖孽と見るを得ざらんは國の慶なる乎。然れ共吾黨が天下愛國正義の士と安んじて枕を高うするを得ざるを奈何せん。吾れそれ是に於てか我が大同團の起る、決して淸世の事ならざるを見るなり。吾黨が上に聖天子《せいてんし》あり、下に幾萬の僧侶ある今日に於て、尊皇奉佛の義を倡へて狂奔傳呼せざるを得ざる者、決して偶然ならざるを見るなり。彼の冷淡の徒乃ち笑て曰はく、是れ敵なきに敵を求むる者と。微を見て著を知るは聖賢の事、霜を履て堅氷至るは易理の喩《さと》す所なり。吾黨も亦豈に好んで自ら勞する者ならんや。色をも香をも知る人ぞ知る。吾黨必ずしも紛々たる俗流に從て賞揚の言を博せんことを求むるの賤丈夫に之れ傚《なら》はざるのみ。

吾が大同團の起る、衰世の事たるや疑ひなし。況んや吾黨の力は微なり、弱し、智見は狹し、陋《いや》し、又强援の後を繼ぐべきなく、富資の賴て事業を恢《おおい》にすべきあるにあらず。愚にして自ら揣《はか》らず、蚊虻の山を負はんとするが如きあり。唯々聖天子の威靈に賴り、佛祖の遺誡を奉じ、天下愛國正義の士に訴へて、道義の光を發揮し、世の暗冥を照さんとするの外他心あることなし。洵《まこと》に若し天下の憂に先て憂ふるの士、吾黨と提携相援けて、腐敗の社會を洗滌し、世俗の醉眠を醒覺し、非徒を芟除して、國礎を鞏固にし、而して上流に對して諷刺の言起らず、下流に向て、嘲議怒罵の語を聞かず、「日本」評林子復た一語の下すべきなきに至らば、……あゝ吾黨の望みは餘りに過分なりし。たとひさる黄金世界を見ざらん迄も、吾黨をして半宵の春眠だに快く得させつべき世ともなりなば、意ふには三千九百萬同胞の大部分は、皆吾が團友となりて斯に大同團を標立するの必需を失ひ、吾黨は則ち筆を援《と》り、尊皇奉佛大同團の滅するは盛世の事なりと特書して、此小册子の終刊とし、僭越《せんえつ》を顧みず、吾が大同團の起りし月日を以て、永く興國の禎祥記念とせんとする者なり。

日月出でぬ。而して爝火熄《や》まずんば、其の光に於ける、亦難からずや。時雨降りぬ。而して灌漑休まずんば、其澤に於ける、亦勞せざらんやと、吾黨之を莊周に聞く。皇室の尊きこと日月の如く、佛慈の大なること時雨の如し。吾黨豈に爝火を以て日月の明を益《ま》し、灌漑を以て時雨の澤を補はんと欲する者ならんや。抑も日月を示すの指を動かし、時雨の澤を苗の勃然として起るに知らしむるは、必ずしも徒勞とせず。吾黨竊に此に期するあり。此も亦暗黑の世界、旱涸の世界に於て必須缺くべからざるを知ればなり。庖人庖を治めずと雖も、尸祝は尊俎を超えて之に代らずと。されども堯、天下を治めて、而して天下既に已に治まり、鷦鷯《しょうりょう》の一枝既に巣を營むに足り、偃鼠の腹すでに滿てればこそしかいはめ、許由をして今日の世に生れしめば、安《いずく》んぞ其王臣蹇々として非躬の節を竭さゞるを知らんや。苟も生命を當世に全うして、聞達を諸侯に求めず、太公の渭濱を去り、孔明の草廬を出づる、其心胸固より無量の不快煩悶を藏せしや。古人も亦之を道ふ。然らば則ち吾黨ふつゝかながらも、尊皇奉佛の大義を以て天下に率先する者は、唯々かの社會の腐敗、道義の衰頽、之を激するありて自ら默して白眼世を看るを得ざるの熱情に出る者なるを知れ。

君が代の安けかりせば、かねてより
身は花守《はなもり》となりけんものを、

平野次郎國臣

『大同新報』第七号「大同新報」　明治22年6月16日

再び信教の自由に就て

汝が行爲に於て惡を爲さずんば、汝は以て汝が道德の義務を了すとする乎。汝が義務に於て王を尊ばゞ、汝は以て汝が臣民たるの本分を盡せりとする乎。汝が教主基督と雖も、吾れ決して斯の如く僞善を教へざるを知る。然らば則ち吾黨が汝耶蘇教徒を排斥する者は、汝が其教主にすらも背くが爲にあらずや。

耶蘇教徒は曰く、我が天皇陛下は憲法を發布させ給ひ、宗教を以て人民の自由に任せ玉へり、故に何等の宗教を奉ずるも陛下の臣民たる義務に於て妨げずと。嗚呼是れ何の言ぞや。知て之を言はんか、彼れ已に亂臣賊子たり。之を四夷に放ち、之を人類てふ一種族の外に擯斥せんのみ。知らずして之を言はんか、吾黨其無智迷愚にして行々道に背き義を失ひつゝあるを諭し、疾呼して之を正路に挽き回さゞるを得ず。嗚呼彼等は、豈に憲法にだに背かず、法制の罪人たらずさへあれば、臣民の義務は此に竭きたり、復た尙《くわ》ふることなしとする歟。其人存すれば其政行はる。苟も其人なかりせば、文武の事載せて方策に在りと雖も、亦徒法たるのみ。徒法は以て國家を維持するに足らず。而して耶蘇教徒は、則ち其國家の爲に之を望む耶。兵役に服し租稅を納む、憲法が要求せる臣民の義務は、固より此に盡せり。臣民として日本帝國を組織する四千萬の蒼生が、獨り此二義務を以て義務とし、法律の範圍のみを以て其行爲を制するの度と定めば、日本帝國以て一日も其命脈を維ぐべき乎。而して耶蘇教徒は則ち以て之を維《つ》ぐべしと思へる乎。

國家の由て以て其命脈を維ぐ所の者は、國民が有する先天の情感なり。卽ち所謂國粹なり。此情感にして堅からんか、梃を制して英露の堅甲利兵を撻《う》たしむと雖も可なり。此情感にして傷《やぶ》られんか、城郭金の如く、塹溝湯の如く、億萬の財は積て府庫に充牣《じゅうじん》し、煙火縷々として天涯より地角に達すと雖も、根朽ちたるの樹の如く、風搖《うご》かせば則ち倒れんこと轉瞬の頃を待たず。況んや其富庶ならざる者をや。今、人あり、たとひ其志をして樹を養ふにあらしむとも、其樹の長大ならざるを患へ、其鬚根を刈芟して之に灌《そそ》ぐに糞水を以てし、其根の日に腐りて其樹の日に凋衰するを視て猶ほ以て養の未だ足らずとし、益々糞水を給し益々腐朽を促さば如何。志に食ますと彊辨する者と雖も、之が爲に惘然たらざるを得んや。是れ孟軻が助け長ずる者を戒る所以なり。今の耶蘇教徒たる者は、それ亦助け長ずるの徒にあらずや。耶蘇教徒の爲す所をして其志全く良好ならしむるも猶ほ不可なり。何ぞや。蓋し彼徒が耶蘇教を弘むる所以の口實は、吾れ其下に述ぶるが如きに過ぎざるを知る。曰く、道德は國家社會の命脈なり、耶蘇教は道德を崇尙す、故に日本の現社會に耶蘇教の必要なるや疑ひなしと。而して其の特に耶蘇教に取るある所以は、固より多少信神の念に出ることは之あらん。されども其信神の念をさへも起す所以の故を考ふれば、其歐西文明國の宗教なるが故にといへる一大根株の腦底に盤崛するを見んこと必せり。其彼等が得意として唱ふる、日本の道德は衰廢せり、是れ舊來の道德が性質の不良なるによる、故に性質の最も純良なる其督教を以て之に代へざるべからずとの理論は、要するに文飾に過ぎざるのみ。舊來の道德は果して不良の性質ありとせんか。何を以て數千年此社會を維持し、はた明治維新尊王の大義を擧行せしや。而して耶蘇教が歐西の文物と共に侵入して、佛教、儒教が共に一時衰運を見はせるや、一たび旺盛なりし尊王の情感に傷害を與へざりし乎。思ふて其故を得ば、耶蘇教が吾國民先天の情感と兩立すべからざるを視ること諸《これ》を掌に視るよりも明かならん。

道德が國家社會の命脈たるや、萬古を歷て易らざる者なり。されども道德にも亦種類あり。東西揆を異にし、古今趣を同うせず。故に何れの道德も皆な何れの國家社會にも命脈たるを得と云はゞ、則ち是れ國家社會を破壞するの言なり。其國、其社會には其道德あり。漸を以てし徐を以てするにあらざれば、以て之を易ふべからず。耶蘇教が歐西諸國の道德を支配すること久しく、其効や大なりと雖も、之を東亞に移殖すれば必ずや其効を失はん。耶蘇教の感化、西歐に於て幾十萬の罪囚を減じ、幾多の慈善事業をなしたるや、吾黨も亦之を知る。されども其印度に於て幾萬の罪囚を增し、幾多の殘虐を爲したるやも、吾黨は亦之を知る。江南の橘、之を江北に植れば變じて枳《からたち》となる、其性質の無雜にして好惡の意なきこと草木の如き且つ然り。而るを況んや、意あるの人が意あるの事を行はんが爲めに力を宗教に假ること、白晳人の歷史に於て其證跡の歷々たるに於てをや。耶蘇教徒にして國民が普通に有せる先天の情感を喪失せざらんには、決して耶蘇教徒となるべきの理なきや、此を以て之を知るべし。既に先天の情感を喪ふ、猶ほ曰く國家社會に害せずと。是をしも僞りと見ずして何をか僞りと見んや。而して彼れ猶ほ其兵役納稅の義務を盡すが爲に國民たるの本分を盡せりと自ら許すべき歟。

加之其尊王の情に至ては、彼れ何如に疆辨僞を文《かざ》ると雖も、其教理と相矛盾するや的《あきらか》なり。彼れの奉ずる所は一神なり。而して偶像を拜するを許さず。終を愼み遠きを追ふの義に於て一も之あることなし。顧みて我國民尊王の情の由る所を繹《たず》ぬれば、其祖を崇び先を祭るの情と相伴へる者なり。兩者相ひ原因し相結果するは未だ詳かならずと雖も、其同じく一因より發するの結果たるは、歷史を知る者必ず之を許す。日本臣民は日本皇室と宗族の關係あり。之に事ふるや徒らに所謂義を以てせず、權利義務なる者を以てせず、而して親を以てす。故に吾黨は之を尊王の情と謂ふ。神道は其歷史古典の研究を以て其情誼を敦うし、儒道は其倫理綱常の教を以て其尊嚴を增し、而して佛法は其因果應報の理を以て其名分程度を定むるなり。然るに一神に事ふれば、勢ひ他に事ふる所あるべからず。神より視れば智愚賢不肖貴賤貧富の等差なしとは耶蘇教徒の信ずる所なり。故に君臣もなく、父子もなく、兄弟もなし。總て之を稱して愛するときは同胞と呼び、惡むときは仇敵といふ。耶蘇教徒の平等を唱ふるや、人頭割りに之を賦課し、而して此一箇人の力量と他の一箇人の力量とを比較せず。耶蘇教徒の物を視るや、其容量を認めて、而して其質量を計らず。嗚呼吾れ之を知れり。彼れ教徒の君臣あるや、其便宜の爲のみ、其已むを得ざるが爲のみ。不便なれば則ち之を廢てん。已むを得れば則ち之を廢てん。其父子兄弟に於けるも亦然り。吾黨は東西各々其道とする所、其徳とする所を異にするを知るが故に、強《あなが》ちに耶蘇教徒を以て悉く道徳の罪人とはせず。然れども其東西諸國、特に吾が皇統一系の日本國に於ては、其壞倫戻理の教たるや決す矣。

若し社會の一員として其社會の破滅を致すべき信仰理論を主持せば、猶ほ以て其社會に忠實なり、社會員の本分を盡したりといふを得べき歟。若し一王の民として其王を尊ばざるの宗教學說を信奉せば、猶ほ以て王に忠義なり、臣民の義理に於て缺くる所なしといふを得べき歟。其の經典に尊王の語ありと雖も、其之を尊ぶや便宜の爲に之を尊び、已むを得ざるが爲に之を尊はゞ、之を眞に尊王の義を盡せりといふを得べき歟。而して斯の如き宗教を奉じて、斯の如き皇室に事へ、自ら過を悔いずして、而して強いて自ら解し自ら慰む、之を自ら欺くといはずして將《は》た何とかいはん。道德の責むる所多しと雖も、自ら欺くを之れ大なりと爲す。汝が教主照覽上に在り、而るを汝ぢ自ら欺くこと斯の如くば、汝既に王に棄てられ、又汝の主に棄てられん。惟汝ぢ悔い改めよ。汝が情に於て君臣を絕ち、父子を棄て、兄弟を離すことを甘ぜば、汝は當さに一神の赤子として去て四夷に行け。王土を汚すを爲す勿れ。抑も汝猶ほ國民先天の情感あり。四恩の尊ぶべきを知らば、虛假の一神に背て來て正道に就け。是非兩立せず、正邪竝び存せず。汝耶蘇教徒よ、其れ一に此に居れ。憲法の文は汝等の耶蘇教を奉ずるを禁ずる能はず。然れども憲法の意――數千年來の國體の上に立てる憲法の意と、汝等の良心とは、豈に汝等の耶蘇教を奉ずるを禁ぜざらんや。西歐の宗教自由に妨げなきや。新舊異なりと雖も、派別多しと雖も、同一神教なればなり。今一神の教を奉ずれば、臣民の義に疑あり、國家社會の命脈に傷ることありて、而も猶ほ限り無きの自由を享けんことを之れ望む者あらば、其にして知る所あらば是を賊といふべし。知る所なくば是れを迷顏不靈といふべし。省みざるべけんや。

『大同新報』第八号「大同新報」　明治22年7月1日

不測の禍害

前に吾黨は果して何とか言ひたる、

知る所あらば是を賊といふべし、知る所なくば是れを迷頑不靈といふべし、と。

吾黨は此二語について、更に一場の論議を爲さゞる可からず。
明々の惡は人得て之を誅すとぞいふなる。蓋し白晝に人を十字街頭に殺す、其惡たるや人々之を見る。人々之を見るが故に警官之を捕へ、判官之を斷じ、獄吏之を刑するに於て、疑ふべき所もなく怪むべき所もなきなり。然れども天下の惡を行ふこと此の如くに明々たる者、千に一あることなし。是を以て棠陰比事は編せられ、大岡越前守は稱せられ、刑法の條項數百を累《かさ》ねて、而も猶ほ判事檢事の技倆を要するなり。但それ其惡を行ふに於て既に意ある者ならしめば、たとひ法律の及ばざる所、冥々の地に於て之を犯すとも、天網恢々疎にして漏さず、人之を誅せざれば、神必ずや之を罰せん。悲しむべきは彼の惡を爲すに意なくして惡を爲す者なり。之を聞く、蝦夷の民、盜を爲して而して捕へらるゝ者あり。官之を獄に繫ぎ、課するに苦役を以てし、數年にして期滿ちて放ち還せり。彼れ悵然《ちょうぜん》として悅ばず。歸りて其親戚朋友に語りて云ふ、獄に在ること三年、食は米麥、衣は綿布、一日にして三食し、勞役度あり、汝等安樂を求めんと欲せば、盜を爲すに如かずと。又聞く、一耶蘇教師あり、北邊に宣教す。說て曰く、此世に於て惡を爲さん者は、來世當さに地獄に投ぜらるべし、地獄の炎熱燒くが如しと。邊民大に喜び、相競ふて惡を爲さんとす。以爲らく、しかく炎熱の地に生活せば、庶幾《こいねがわ》くは氷海氷山の間、猛獸と格鬪するの難を脫するを得んと。人を殺して仇を報ずる者の子は、屢々又人を殺すなり。其知見の狹くして不覺の裏に惡を行ふ、誠に憐むに堪ふる者あるなり。

然りと雖も是等無智の徒、始めより識見なく、其判斷の標準とする所は其尤も低き經驗なり。されば誨《おし》へて之を導びくこと或は難からず、禁じて之を防ぐこと又固より易きなり。否《しか》らざるも其惡の及ぶ所や一個人に止まり、一戚族に止まり、數朋友に止まるべし。其悲しむべく憐れむべきは卽ち爾《しか》りと雖も、未だ之を恐れて戒むる程の事はあらざるなり。獨り奈《いか》んせん、彼の識見の偏頗なる者、其志望は則ち善なり、而して其志望を成す所以の道は則ち大に道理に謬《もと》ることあるが爲めに、不測の弊害を世に貽《のこ》して自ら悟らざる者あるを。

人の感性は極めて微妙なり。或は一たび觸るゝ所、世を終るまで印象して失はず。或は百たび千たび之に觸れて、而して遂に浸染せず。物理の通則を以て之を量るも一の力を加へられて一方に進行しつゝある者をして、反對の方向に等しき速力を以て進行せしめんには、前に二倍せる力を以て之に抗せざるべからず。況んや人性の力たるや、其作用の複雜せることも亦甚し。宜《むべ》なり、一朝にして感ずる所、永く其思想を支配し、十年の蓄ふる所、轉瞬之を失ふことも之あるや。殊さら人は演繹の論理に巧みなる者なり。自ら欺くとは知りながら、感情の赴く所には好む所に於て辟《へき》し、自ら解き自ら慰めて以て自ら其信念を強くせんと彊《つと》むる者なり。故に一たび偏頗の見に感動して、其心情に深き印象を刻するや、其兩端を叩いて蓋し、誨諭懇《ねんご》ろに至ると雖も頭を掉《ふっ》て肯《うべな》はず、啻に肯はざるのみならず、反て益す其偏信を固くして、異議を排斥するの傾向を生ずること珍らしからざるなり。若し其偏見にして正路に近き者ならば、或は偶然の結果として社會に効益を與ふることも之なきにあらず。是れ十一を千百に望む者にして、たとひ事成るも竟に詭道たるを免れず、以て範となすべからず。矧《いわ》んや其屢々大害を釀すの恐るべき、庸士の冒險して爲し得べざるからざる者なるをや。

唯改むるに難き者は、多く守るに堅き者なり。故に偏頗の見と雖も、其自ら信ずるの厚きや、熱心事に從ひ、左右顧慮する所なきこと、君子の爲す所に類する者あり。人之に感じて而して其非行を咎めざること、恰も西野某が森子爵を刺したるに當り、其膽力と其整暇とを愛するが爲に、其志望の誤れる、其所見の偏なるを恕して之を咎めざりしが如きあり。其議論の未だ世に一定せずして、正邪の岐分未だ公論に認められず、人其方向に迷ひ、世其進路に惑ふの際に當りては、邪說左道も亦其熱中の力によりて一時の興奮を致すこと勢の免れざる所にして、社會が方さに變遷の時期に際するや殊に然りと爲す。何となれば舊事物は既に勢力を失ひて、新事物は未だ撰擇の最中にあり。舊事物は其舊なるが爲に、善惡に拘はらず人に厭はれ嫌はれ、新事物は其新なるが爲に、善惡に拘はらず人に好まれ喜ばるゝこと必至の勢なり。舊思想、舊信仰が俄然として破壞顚覆の運に遭遇したるを以て、人の信念の力は大に弱くなり、依信の根據定まらず、彼を視ても疑はしく此を聽ても眞《まこと》しからず、汎々泛々として水に漂へる絮《わた》の如きあり。此時に當りて、偏見にもせよ、左道にも致せ、自ら信ずること篤き者ありて奮然蹶起し、淚を揮ふて其力を世の爲め人の爲めに致さん者もあらば、其殊勝なる行跡に感じて、其見道の正邪如何を顧みず、之を贊翼助成するの徒ら、知ると知らざると、賢きと愚かなるとの分ちなく、翕然として簇《むらが》り生ずるに至るべし。其駸ゝとして方さに進むの際に於ては、機として投ぜざることなく、運として會せざることなし。成敗は事業の是非を判斷するの標準となること俗論の有勝ちなることなれば、着々の奏効は一歩々々に邪を認めて正となすの過に人を陷るること亦已むなき次第なり。知らず、人多きときは天に勝つも、彼も一時のみ、天定りて人に勝つの日に至りては、曩《さき》の着々奏効せし者、飜て一々弊害の形に於て遺存し、頹隳《たいき》潰亂して復た收拾すべからざるに及ばんことを。

顧《おも》ふに其之を排《はら》ふに難きや、亦輿論未だ定らず、正邪未だ晰《あきら》かならざる世の常なり。明者或は其患害を豫め察して叫びて世人を警醒せんとすれども、世人覺らず。明者は守舊頑陋の譏を受け、妬羨嫉媢の嫌を被り、甚だしきは一世に濱斥せられ、失望零落の極に陥いれられ、其身已に死し、其骨已に朽ちたる頃ほひ、方さに其言の適中して患害の潰裂するに及び、徒《いたず》らに望まざるの追慕を受くること之あるは歎ずべきにあらずや。姑らく之を譬ふるに、内子疾あり、主人美妾を購《あがな》ふて之を蓄へたりとせん。主人は固より其艶美に戀愛し、其溫柔に惑溺し、少しくも其不良の箇處を見ず。家政の全部を擧げて之に委せんとすることあり。然るに内子は賢婦人なり。疾《や》めりと雖も其慧眼夙に彼の美妾が素性の卑しきこと、行儀の宜しからざること、心術の正しからざることを發見し、時を以て之を主人に諫めたれども、主人は以て妬《ねため》りとなして聽かず。或ひは忠僕の同じく主人に言ふ者あるも、以て内子に黨すとなして益々美妾を信愛したらんが如し。妾已に主人の全心を己に得たり。是をして束せしむるも、之をして西せしむるも己が欲するまゝなり。是に於て主人をして其親戚を疎《うと》み、其祖先の祭祀を廢し、多く己の知人に結ばしめ、財産を蕩費し、宮室衣服器玩を新調せしめ、竟に正妻を幽閉し、忠僕を禁錮せしめ、主人を以て孤立の地に置き、己れ容易に其性命を制すべきに及んで、然る後己れが都合惡ければ忽ち主人を廢して、己が情郎を以て之に代ふるに至る。是れ其妾の心始めより主人に仇せんと欲するにはあらざるも、己に不利なる者は之を去り、己に利なる者は之に就くの行きがゝりにて、遂に此の如き顚倒を生ずるに至ること、屢之あるべし。然れども災害荐《しき》りに到り、主人と共に存して之に給事するものは、矢張り嘗て疎みたるの正室と忠僕のみなる場合に立至りては、悵然として前非を悔ひ、頭を垂れて「言譯ない」と幾たび繰返しても、内子と忠僕とは徒らに、其始めに於て主人が怒り罵りてなりとも、其言の聽かれたらんには、其今に於てしかく愳謝せらるゝに勝りたらんものをとや思ふべからん。あゝ古より忠臣謀士、世に先《さきだ》つの説を吐き、涕泣慷慨して世人に告ぐれども世人省みず、以て己れは獨り先見の明を得て已みし者何ぞ限らん。賈長沙は治安の策を文帝に說いて用ゐられず、遂に吳楚七國の變あり。張九齡は安祿山が反相あるを上奏したれども、胡腹の赤心、明皇の信を固うせしが爲に、漁陽鼙鼓の聲起りて、萬馬蜀に幸《みゆき》し、花顏馬嵬原頭に飛べり。老蘇は王安石を以て人情に近からずとしたれども、宋代彬々たる君子擧て之を信ぜざりしが、安石が一たび新法を行ふに及でや、司馬君實、大小蘇以下滿廷の卿相之に反對したれども挽回し得ざりき。洵に說き難き者は世人、喩し難き者は俗流、韓非再び生れば、其れ亦說の難きを歎ぜん歟。

然らば吾黨が、耶蘇敎徒に就て云々する所の者、豈に偶然ならんや。顧ふに彼れ敎徒も亦同じく四千萬同胞の一人なり。其非理左道を唱ふればとて、之より日本國民族の血液を奪ひ去ることを得べからず。故に吾黨は疾呼す、醒めよ彼教徒よ、注意せよ世人よ、吾黨をして先見の明をなさしめざらんは國家の幸福なりと。

「投書」

青年の學佛者に物申す

記者白す、前號に一寸御披露に及びたる「青年の學佛者」一篇左に掲載す、青年諸子一讀して利益する所あらば寄稿者勞空しからず

益御清勝、國家の爲、佛教の爲、御盡力の段、奉賀候。貴新報竝に其他の新聞雜誌にても承知仕候、近日來佛教研究の目的を以て青年諸子が組織せられ候會、各所に陸續興起すること、誠に國家の爲にも、佛教の爲にも、將《は》た諸子が一身の爲にも、其利益無量なるべしと存喜悦に不堪存候、青年諸子は春秋猶ほ富れ候事故、いかに老少不定の世中といへ、老耄の半朽山僧輩に比して前途多望なること勿論の儀なり。勉め勵みて怠られずば、自己の智德を研磨し、利他の大願を遂げられんこと不可有疑候。拙生は固より師承して聞法致候事も無之、又經論に渉りて研究致候にも候はずなれ共、性來感じ易きたちにて動輒潛思默考の癖有之、嘗て佛教中の一、二語を讀み演說說教を聞かぢりて、探究好きの癖勃々として興り、寢食を忘れて思之思之心を師として工夫すること幾日月、眞理の光輝漸く心頭に照り渡り候樣にて、其後多少世故を經歷して實驗の考へいよ〳〵加はり、卽今にては六十路の阪は尙ほ遠く候へども、耳順の境遇は其庶幾を得ること不少と自信罷在候也。就ては青年諸子に忠告と申候も嗚乎《おこ》がましけれ共、佛法は元來至て平易明白の者なれども、其論理の精密なるが爲に深遠微妙と相成候者なり。それを御承知なされざるに於而者、道在邇而之れを遠きに求むること屢有之。依て益もなき遠回りをなし、彼處此處と迷樓の中に入れるも同樣、彷徨とさまよひ歩き、結局は歸て見れば又元の場處なり。さてはこんなものかと狐に魅された阿房の如くアッケに取らるゝ者珍らしからず。其儘にて止めば卽ち矢張り從前の阿房といふ位より一歩も進まざる譯なれば、佛法修行と申事は誠につまらなき事の樣に相成候なり。現に拙生などもと申して前申通り師承もなく書籍上の研究もなき身なれども、却てそれ丈一心の工夫は非常に積まれ釋尊よろしくといふ苦行にはあらで苦心は致候つもりなるが、考へて〳〵考へぬいて見た處が、此肉身が黃金にもならねば、前の如く三食して寢て起て悲喜歡慘一生を暮すより外に能とてはなき樣なものなり。禪坊主めかして山高水長柳綠花紅といふより致方もなき次第也。かく平々凡々たる事共を今迄は六かしげに三段論法處で

はなし、幾百段にか推測して說き聞かされて居候事、思へば〳〵馬鹿ゲ切て呆れも返らないと申人もあらんが、そこが考の附處に候なり。釋尊が五十年の間舌を爛らして說法され候も、此處の一關越すや越さずやの機會なるべしと存候。生老病死種々雜多な苦しい事、面白い事、釋尊ならでは感ぜぬといふ樣な無理な事は候はず。ぢゝいもばゝあも三つ兒も痛い痒いの感じは候ふなり。此苦樂痛痒は己が體のある上は離るべからざる事も誰人も知る事に候ふ。唯凡夫といふ者の淺ましさには、此等の苦樂痛痒を去りたさにムダな骨を折て一生を終ふる迄營々として過ぐすなり。そこで思ひ切て學佛の徒となり候者は多少の苦心を積で始めて了悟する者もあるべく、又一寸した機會で頓悟する人もあるべし。いづれにしても要は幾ら骨を折り工夫を積でも、人間といふ者のあらん限りは、彼の苦樂痛痒は脱れぬ緣の者ぞと諦らめが附候ふなり。諦らめが附けば膽がシッかりと成り、さて修行が積みて百雷墜前不驚ほどにまでなり。生死も苦にならねば遊戲も同樣なり。三食して寢て起てあるが人間の常なれば、生れて童幼少年の境もすぎぬれば、死なねばならぬも常の事也。不思議にもあらず。可笑しくもなし。左樣に落着はらつて見れば、世界に恐ろしき者もなければ、何事にも綽々として餘裕ある事にて、事として過たずにヤッてのけらるゝ事には相成候なり。同じく苦樂痛痒は知れども、苦樂痛痒を他より來る者と見て居ると、自分一體の者と思ふにて、心の置き所が違ひ候なり。難儀なるは、修行の積むと否となり。學佛者の弊、ほんの愚夫愚婦にて一向に信仰して、未來は淨土なり、阿彌陀の御約束に變違不可有、有り難いぞへ賴みまするとと他念なく此世は凡夫の身なるから悲喜慘歡は已むを得ずと、かやうに思切たる連中は格別なれど、學といふ字の頭に被られたる多少學才もあり思慮もある學佛の者の免れがたき弊習は、先づ第一は、疑惑に沈むことに候。洪大甚深の佛法なれば、横說竪說說き樣はイクラもありて、見た處少しも紀律といふものあるべしと思はれぬなり。此に於て佛法の皮相を觀て速了して、くだらぬ者なりと思ひ候也。こは尤も思慮なき輩らの所爲なれば、齒牙に掛くるにも足らざれども、古來日本、支那の排佛者中生利なるは、多分此見所にて終り候なり。其次は、此疑惑の境界を衝通して自分では悟りたる積りの者に候。成程佛法はこんな者なり、世間はこんな者なり、突梯滑稽鯰を押へる同樣にて一つも心に定見なく、大の懷疑學者にて一生を終る者なり。箇樣の人物は、外見は頗る悟た樣に見え候へ共、こは只世の無常なりと觀じたるのみにて、無常が常なりといふ見解を開かぬ似而非佛子なりと知るべし。さて方今の青年學生諸子が御用心被遊べきは、此階級の誤解に候ふ。前申如く外見が悟入に似てあれば、己れは勿論他より見ても悟た人と見ゆる事まゝ有之候なり。只此地位は萬物が一元に歸着する由は知れ共、一元が萬物となる具合には暗きにて、味噌も糞も一處クタに考へ、まかり間違へば社會黨虚無黨の様な見解に相成候也。上下左右彼此自他、歴然として立別れてあるが即ち箇々獨立平等無差別の妙境なりと悟らねば、佛法から見ては大なる邪見外道の考へにて、眞倒まに地獄の境界なりと思ひ候へ。箇様な見解の人は、自信の念紙よりも薄く、只フワ〳〵として水上の萍《うきくさ》の如く風のまに〳〵西へ寄り東へ流れ、自らも得ることなく世人をも誤る。匹夫匹婦の樸實正直たるには却て劣れり罪深き業にて候也。拙生なども、工夫の中途には中途處のみならずヨホド終りまでも此様の見解にて濟まし込み、世の中を馬鹿臭しと慢心致居候ひしなり。拙生が此邪見を免れ得たるは、世間の實際に徴して此惡平等見が度々失敗致したるに由り候ふ。失敗と申して別に毎度赤恥をかいたと申事には候はず。只今迄は最上の道理と見候ものが、屢々扞格不通の場合に遭遇したれば、それにて我慢の角は自己心中に自づと折れ候也。右の次第にて見所丈は今はどうやらかうやら藪にらみにもならず、ながしめもせず、正視端視の出來る様には相成候へ共、六ヶしきは修行なり。夭壽貳ごゝろせず、勇士其元を喪ふを忘れずとは、孟子の申す通り、佛法も同じ事なり。本荘太兵衛といふ肥後の士は、此勇士云々の語を工夫して不屈の剛勇と相成り候へ共、工夫を積むには幾多の日月をば費やし候ひしことなるべし。天命を知りてよりも心の欲する所に従へども不踰矩境界までは、孔子の生知なるさへ數十年を經られし事と覺え候。これさへ出來れば聖人なり、佛なり。今は只日夜に此工夫を心掛候ふ拙生の身なり。せめては生死の際になりとも潔く往生したき者と今の若さなれど用心怠たらず候。諸子の聰明なることは、皆各學校にて若干の學識を得られ候上にもあり。殊更明師に就きて學道修行致され候なれば、拙生の場合とは大に異なる事には候なれども、如何なる良師にても多少の偏見はなしとも申されぬ者なり。まして諸子が從來修め得られたる學業は、常々諸子が工夫の土臺となり、それを本に立て、佛法を判斷せらるゝ様の事は免かれ難き事にや。さありては何時迄も偏見は去り得ずして、自分からかたわの佛法を造りなし、それを正法と思ひ誤ること、或は有之間敷にも候はず。或はかの生悟りの境界に踏込みて、却て學ばぬよりは惡しき道に迷はんも難測、さては佛法の興隆は愚か、自己一身をさへ誤る事誠に〳〵危しとも危き儀と存じ候。青年諸子は豫め此處の處を御覺悟ありて中途にしてあきられぬ様、邪徑に迷ひ入られざる様、能々御注意の上聞法あるべき事なり。思はずも長々しく相成り候。記者足下チトの餘白を繰合せて、拙生が法の爲なる一片の婆心を展べさせ給へ。是も亦國家の爲に盡力被成記者の御義務に候ぞかし、穴賢々々

明治廿年六月八日　　欣求生　敬白

大同新報記者足下

『大同新報』第九号「大同新報」　明治22年7月16日

殷の鑑遠からず

周公も流言の日に恐懼し、王莽も謙恭にして士に下りし時あり。若し當年身卽ち死せしめなば、今に至るまで正邪誰ありてか知らん。かかるが故に、吾黨は、今の耶蘇教徒があらぬ浮名を立てられて自ら明すに由なき様を見て、惻然として隱哀の情を動かさゞるを得ず。嗟、彼も亦人の子なり、たとひ宿因拙くして迷ひの夢長《とこし》へに醒めず、外道に踏みまどひて正法を罵る、深き罪業を犯しつゝありとても、吾黨はなか〳〵に渠儂《かれら》が外道邪見の迷ひ深きが爲に、一層の憐れを增さずばあらず。渠儂は邪神を妄信しつらん。そが爲には道德の根原を謬りつらんこと已むなき勢なれど、こは渠儂が意思の惡きが爲めといはんよりは、渠儂が智識の足らざるに依ること寧ろ多かんめれば、其意思にめんじて恕さば恕さなん。其實地の品行、卽ち社會人類に對する德義の實行に於ては、渠儂に何が故にしか行ふと尋ねずして、如何にそを行ふべきやと問ひたらんには、正道の規矩に謬ること、さほど甚しきには至らじ。殊さら我日本に宣教するに當てや、我社會はまさに舊思想旣に頽れて、新思想未だ普く及び得ざる、變遷の代のさ中に當れり。佛教儒教は其舊時代より持傳へられたる物品なるの故にて、恰も彼の美術諸品と同一般、其價値をも定めらるゝの暇さへなく排斥されぬる折なり。耶蘇教は、其の嘗て一たび手をバテレン宗に燒いてよりこのかた、之を奉ずる者を目して極惡大罪となせし昔のさまに引替へて、其富强なる歐米に行はれつゝあるが爲に傳道の業は默許されて、有識の士も亦之に採ることあらんとはなせしなり。人は一見して爾汝相呼ぶほど疎放なるは多からず。初めて相識るの人は敬禮慇懃なるを常とす。況んや絕海萬里、相互に信用なきの地に道を弘めんとする者に於てをや。渠《か》れ耶蘇教徒が、其外國宣教師にもあれ、その內國歸依者にもあれ、修飭《しゅうちょく》自ら愼しみ、其人品を崇《たか》うしたること、必要に迫られての事なりけり。且つ其初め邦人は皆往時のバテレン宗を觀たる眼もて、新來の耶蘇教を觀てしかば、之を敵視するの情尤も激しく、其一言一行は是非の係る所、毀譽の萃《あつま》る所たり。之に對して自ら衞らんには、嚴正に自ら持するの外、道なきことなれば、吾黨は其結果として耶蘇教徒が表面に於ける德義の一般社會よりも高く、時としては吾が佛教徒よりも高かりしことを確に認むるなり。されば渠儂が四、五年このかた歐化主義の一時に夸張せし世態につれて、英語の播布を右にし、女子教育を左に持ちて、其勢力を張りし虛勢に自らも有頂天に浮れ出で、手に唾して天下取るべしと妄想し、其謹勅を失ひて、泛々として社會の風潮に捲き去られたりしは、疑なき事實にてありしとは申せ、世間唇薄き輩が舌を鼓して説き立て、新聞紙雜誌の類が仰山に筆を舞して書立てたらん程、醜汚猥褻の事、耶蘇教徒の間に行はるべしとは、吾黨之を信じ肯《あえ》てせざりしなり。其教會には西洋の風儀禮法の移植されて、男女混淆してあれば、一歩脚を失ては畜生道に墮落せん危險は固より之なきにあらずとは云へ、迷妄執着は免れずながらも、其良心の全部を捧げて渠儂が主と崇むる神に事ふる身にしあれば、世間の傳へたらん如き溱洧芍藥の謔《たわむ》れ、穴隙を鑽《き》り牆《かき》を踰ゆるてふ中冓の醜は、得て行ふべきにあらず。耶蘇教徒が無論斥けて僞信者といふ所の者の中には、多少怪しむべきの形、疑ふべきの跡或は之ありけん。其眞正なる信徒が熱心に渠儂の神に祈禱感謝する所の口吻は、いかに其熱の高度に達したりとも、そが爲に情欲の火焔と變じて、汚れたる兩吻の相接するまでに至らんことよもあらじ。吾黨はかく信じて耶蘇教徒の寃を憐みつゝあれども、吾黨が正法を奉ずる佛教徒たるの故を以て、耶蘇教徒は大に吾黨を嫌忌し、猜疑し、曩《さき》には改進新聞の「濁世」といへる小説に就て一言するや、渠れ教徒は刀を按して吾黨を睨し、近頃は諸新聞の耶蘇教徒に關する醜聞を掲ぐるを以て、吾黨の所爲にあらじやと疑ひて憤激したり。吾黨は渠れ耶蘇教徒がいかに憤激したりとも、いかに其猜疑の念を長じて口汚く吾黨を罵りたらんとも、渠儂は罪なき義人を累《わずらわ》すの罵詈讒謗をば有すべからざるを頼みに、渠儂の罪を恕して、却て渠儂が雪ぐに便りなき寃を被りて、纔《わずか》に邪推を吾黨に逞《たくまし》うし、以て世を欺き自ら慰むるの他に道なき不幸なる境遇に淪《しず》みたることの憐れさに堪へず思ふなり。吾黨は渠れ耶蘇教徒が信ずる邪道に於て一歩だも假す者にあらず、さりながら其罪ならぬ罪に陷りて世に指笑せらるゝ不便さを見ては、嗟彼も亦同じく日本民族の同胞なり、百口之を保して其潔白なることを證せんとする者也。

吾黨が耶蘇教徒に盡す所以の者は、右の如くにて足りなん。抑も其の自ら盡す所以の者は則ち如何。吾黨の現在とて決して全く嫌疑なきの地に立てりとは自ら信ずべからず。幸にして吾黨は未だ嘗て夫の數百年來の習慣、閨門の内に深坐して交際遊宴の興味を知らぬ婦女を放置して、之を藝妓娼女に戯むるゝの外は女子との交際は爲しゝことなき。高潔ならざる男子と腕を組み腰を擁して舞踏し、案を對し席を駢《なら》べ、相倚り相扶けて唱和するの主義方法を取ることを好まざりければ、耶蘇教徒が被りしが如き浮名は、之を受くべきの因由あらずとは言へ、吾黨は世人が社會の公徳として、耶蘇教徒が犯しぬと疑はれたる私徳よりは猶多く重視せらるゝ政治上の事に就て世の疑惑を惹くこと曾てなかりしや。吾黨は極端なる政教分離の妄想なることを知る。吾黨は社會百般の機關の一部として政治を取り扱ふが故に、社會道德を澄淸せんずる事業の一部として政治上の德義を澄淸するを務む。吾黨は尊皇奉佛の四字を以て社會人衆が公德私德の一大制裁と定め、去ぬる二月拜賜したる帝國憲法を蔭になり、日向《ひなた》になりて首《しゅ》尾《び》克《よく》行はれさせまつらん者と務めつゝあり。唯夫れ本邦人士の宗教に冷淡なる、自から其國宗教の歴史を研究して具さに其利害得失を稽《かんが》ふることを之れ爲さず、耶蘇教が歐洲に於て嘗て流したりし禍害が、以て盡く日本の佛教と同日にして論ずべからざることをも省慮せず、一概に政教分離てふ名辭を解して政治世界より宗教を放逐するの義と思ひ違ひ、吾黨が德義上の運動をも障害せんとなしたるぞ笑止の至なる。吾黨は政治の主義に關して意見を述ぶる者にあらず。改進も可なり、保守も宜しからん。進むべくば則ち進め、守るべくば守るを妨げず。唯々國の元氣たる皇室の御爲め、佛法の爲め、惡からじと心がけよといふのみ。然れども我邦人士の政治に眼の鋭き故にやあらん。其己が自から度《はか》るの尺度を以て吾黨をも度らんとし、吾黨を目して政治に干渉する者となし、痛く的外れの狙擊をばなしたるこそ御苦勞千萬なれ。意ふに吾黨の正當なる意見は、知る人は之を知れり。故を以て入團者の數日々に加はり、團の運命は日を追ひて希望の頂點に近づきつゝあり。盛名の下には毀貶多き者ぞ。吾黨の運命の日を追ひて盛なるは、猜忌の徒が益々懼れて而して之を斥けんと企つる所となるの基たりと知れ。吾黨は過般諸新聞に散見せる風說、卽ち新保守黨なる政黨と吾が大同團との聯合に係はる風說を讀みて、怵然として自警《いまし》めざるべからずとは悟りぬ。沙《すな》を含で人影を射る豸蟲《ちちゅう》の輩《ともが》ら、一人もなかれかし、あらせじと心にかけて勉むる所なれども、末法の世の悲しさ、之を奈何せんや。嗚呼殷の鑑み遠からず。夏后の世に在り、吾黨の宜しく鑑みるべきは、則ち耶蘇教徒が被りし冤罪なる哉。況んや吾黨が嫌疑の燒點たるは人間が尤も熱中する政治の事たるに於けるをや。吾黨の士、それ心せよ、尊皇奉佛の大義を揮擢《きかく》せんには大膽なれ、勇氣あれ、面も振らず直ちに前め。但その私德に於て世の嫌疑を惹くべきの行爲は、小心翼々として、深く愼て規矩準繩の外に出でざらんこと是れ勉むべき者なり。あなかしこ〳〵。

「批評」

新著百種第三號

辰巳老人（ホイまだ三十になるやならずト云ても勘平殿の様に腹切た譯に決して無レ之、御安心あれお輕どの――の様な何がある氣遣もなし、東西々々閑話休題――）我れに眞赤な者を示して曰く、此は是當時卽今近ごろ近來、小説家の梁山泊、硯友社箱入りの若旦那、思案外史と自惚れ玉ふが、思案外の神詫を受けて物し玉ふ。拙拙と表向は申すめれど、活版にしたる内證には、（新しいでせう）思案ならではかけぬ處ありと、大の天狗で居るさうな。憎さも憎し鼻打挫いて呉れんずと思へど、老體の果敢なさ——とまでは申されざれども、私しは知ての通り忙しいが、イヤ拙者とて氣樂な身ではなし。先づ拙者が毎日の課業といはば、朝には十時の鐘を聞くや否や、ムックと刎起き、ハテそれも十分承知はして居るが、お前は好で新しい小説を讀むとの事、こは怪しからぬ仰せを承はるものかな。拙者元來このごろの輕薄な小説は大の嫌ひ、都の花や新小説、大和錦に今はつぶれたが小説萃錦、貸本屋の箱の底を拂ひ、五、六度以上は讀だ事なし。まして新著百種などは十遍以上は決して手に觸れまじと、八百萬の神々に禁物して祈願をかけ申した。之に引替へ古い物と申せば、先づ源氏狹衣、枕艸紙は貸本の目録にて疾くに承知したり。京傳・馬琴は表紙を見たばかりで、一を見て十を知り申した。ソレもそうであろが、此一巻、後學の爲と思て、一とつ批評して下さらぬか、お前でなければ編輯局に筆取る人なしと、オダてられて見れば腹も立たず、サラバとこそは引受けたれ。

夫れ惟《おもん》みれば、批評の謂ひたるや、支那では之をオベッカ（乙な詞デスネ、モシそれが四聲と申すんですか）と云ひ、西洋では之をワルクチ（成程、wal——ワル、cuch——クチ、——ワルクチですな）と申す。吾れ既にナショナルのリーダー三册を卒業したり。焉んぞチャンチャンの眞似を爲すべけんや。たとひ吾母、曉の鳥と物語る奇瑞を感じて身籠つたとの遺言はなかつたに致せ、口惡しき事はやはか硯友社の筆鋒に閉口致すべき、イデヤ讒謗の鋒を磨きすまし、罵詈の手練をあらはして、目に物見せて進ぜん、覺悟めされ思案殿。思案殿が肥滿の大兵なりとも自白し玉はず、決闘状を綴ぢ添へる程の決心もなされぬと侮りて、弱みに付け込むとはゆめ思ふべからず。バテレン組の一人が竹の舎の主人に申込たる伎倆の程は、拙者もかねて知ればなり。

ページを逐ふて一々に批評するを以て、今風なりと思ふは大なる僻事《ひがごと》なり。漢唐の註疏は皆字釋句解にて候ふほどに、之を換骨奪胎の法と申すなり（ソレでもチャン〳〵の眞似をせぬと申すか、なか〳〵、漢唐の時代はチャン〳〵ではおじやらぬ）。先づ以て表紙より申すべし。思案殿の赤いハートは「いらつめ」第十七號三百七頁（記憶がいゝでせう）桂弓之助メレイ私語の段より奪胎と覺えたり。さては思案も奪胎の祕訣を早や知てか、安達か原の鬼婆ァと此鼻の外はよもやと思ひしに、……、ソコがそれ思案の外、新著百種の三號に三字の外題を思ひ出したが仕合せ、3♥が活用したは大慶に存ずる。カードの裏面が紅葉の模様なので、和製の廉《やす》ものとは知られたり。（イヤ〳〵、是は佛國新舶來のミカド模様と申すもの）トハ申すものゝ奇麗は奇麗に違ひなし。アゝ二十年昔しに此んな本があつたら、お母様に玩具はねだらなんだもの。表紙を一枚明けて、此の處印譜あり。此も奇麗なり。左り文字の吉岡板は村盡《はず》れの庚申塚と見たは僻目か。然しながら表紙といひ、印譜といひ、新工夫と申さんに否やはあらじ。さすがは硯友社員、匪㆓夷所㆑思、作者曰は篁村老に讓ること遠し、數々《しば〳〵》すれば疏《うと》ぜらる、三號もつゞけては目が草臥《くたびれ》申す。美紗子が一夜づくりの醴で失敗つて以來、腕限りの著作と自分で云ふ事流行り出したり。篁村老の四十四の骨々三年三月に至りて其極に達したりと謂ふべし。天運循環、此度は又思案殿よしなし事とやら乙に兼好氣取りで、ひまつぶしの樂書と斷はらる。追々暑氣に相成るの間、時節柄醴は多分に造られぬ方然るべう存ずる。自然わるい蟲の附くものと洒落にも此よな事、浪次殿にきかせてたもんなや。さなきだに此頃は心にかゝる夢ばかりなるに、錦に瓦を包むやうな取越苦勞あるべからず。高が木綿の袱紗《ふくさ》を濃い紫に染めたんでゲス。作者の痩腕とあれば、決闘の用意愈々安心致したり。惡口の增長不㆑可㆑有㆓際限㆒。こじ附と自白された處、御自分様の仰しやる事間違あるべからず。惡口が持前との御事、エヘ〳〵御互様でございます。（手前までが書て見る野心があるか、イヤサ皆様方に代りて挨拶するのダ）見物曰は前二號より又思案の外よくありさうな新趣向なり。シカシ思案の外に面白からず。（ソレだから面赤いと斷てある）ナンダは何乎なり。彼奴め字釋句解の法まで知て居る。乃公の寶藏を何時の間に開いた、白状されよ、みす、もおど。

ピンと一枚はねれば第一頁なり。總體毎回の題目を俗謠に取られた處、これも作者が天狗の一ツなるべし。第一回路傍や細流の邊りには云々、西洋流の形容だとやら、之を硯友社風の面白みと申す。又硯友社風のイヤミとも申す。拙者は大の嫌ひ、若し臨終の一念藝者と生れたら（アッ其顔で）屹度刎ね付け進《たてまつ》らせんものを、生れられなくて社員の御仕合せなり。雲のヴェールを被ぎ玉ふ赫夜姫と拜みたるに、桔梗女郎花の時知顔は誰が見たか、晝から夜にかけてツゞケサマにかいたとあれば申分なし、――の中に插まれたる詩人抔は云々はなくもがな、造化の細工云々も亦、巧妙なと自分で歌はずとも、上來の文句がよく出來てありさへすれば、拙者も巧妙と感じやす。オカしい落語をした跡で、オカしくありませんかと念を押すには及ぶべからず。頭の恰格で見ると女性に違ひないと見て居ながら、尼法師の類と疑ふは頭巾でも冠ての事か。老母とお雪の問答、淋しい時には兔角越方云々（四頁）の數句にて浪次の噂に移る、力を費やさず見えて妙とはこんな處なるべし。しかし作者は意外に此處等に骨折るなり。母子が浪次の噂、情愛に新しい趣向はなけれど難はなし。八九頁お雪懷舊の處面白し。こゝらも天狗の出る處なるべし。思はずニコ〳〵笑つた事があつたつけ。此一句再考、自分で自分の顔を見たやうで受取れず、十頁お笑ひになる、お雪やとおつしやる、二句中の見たい聞たいのたいも何とか改めたし。お目に懸りたいのたいにて澤山なり。さなくては乙女心のあどなさを損ひ申さじやと存ずる。未來の夫云々もいかゞ、乙女心ならば夫とも兄ともつかぬ思ひ樣にてこそあれ、夫と確かに思ふは此娘はホントにマセて居るよ。十一頁郵便の場、活歴主義から申せば、此片田舍の侘住居に郵便は浪次よりの外に來らんとも覺えず、行燈の下へ持て來てからのおッかさんは遲し〳〵、いかに氣がせいたとて、狀袋の上方を委細搆はず引裂くとは、さぞやさぞ、未來の夫浪次殿が心を籠めて封じたのであらうに、讀聲の緩急、思はず老母の命令に逆つた邊り、勝手に天狗をきめられませう。中分なし。嬉れし泣の四文字及び！の一符號除けてほし。かく卒業になる場合であつたとすれば、六頁のモー今に直で御坐いますは、淡白に過ぎはせじやと思ふ。（未完）

「時事」

僧侶の被選權

一時囂々たりし僧侶の被選權問題は、姑らく鎭靜の姿あれども、吾黨は僧侶が必ず此に止りて復た爲す能はざる者にあらざることを知れり。夫れ今の世は歐風崇拜の弊、殆ど人の膏肓に入り痼疾となれる世なり。其自ら標立して歐化主義を排斥する者と雖も、試みに渠儂が吭《のど》を押へて其實情を吐かしめば、歐米といへる名詞には尊敬の感情を伴生し、日本といへる名詞には、輕蔑の感情を伴生せざる者其れ幾何ぞや。國民之友が彼が如く浩歎らしく申すは强ち故なしとはいふべからず。されば歐米諸國が政教分離を務むと聞いては、其政治は日本の政治と如何の逕庭あるか、其宗教が日本の宗教に如何の優劣あるか、其政教の從來相關係せる歷史は彼此如何の差異あるか、其國家の成立と宗教の敎旨とは彼此如何の區別あるか、一も之を問ふ所なく、而して曰く政教は分離せざるべからずと。安んぞ知らん歐米諸邦と雖も、現在の必要、政教の相關係する點に於て、嘗て論者が言ふ如き隔絶あらざることを。尤も革命の前後に當りて、人心方さに理想の政體を實施するに急にして、以爲へらく苟も政體さへ完全に創立したらんには、黃金世界望んで至るべしと。佛國の如き乃ち耶蘇教を禁ずるに至りしに、事定り熱冷め、眼睛再び暈を除き去りて視れば、其從前の妄想を悟りしこと現に其實例あるにあらずや。我邦人士も維新以來の變遷に遭遇し、其宗教を知らざるが爲に、實際は之に支配されて居ながら宗教の勢力を信ぜず、以て今回の世論も亦僧侶の被選權に向て反對を表する者あるを致せり。吾黨略々新聞屋の技倆を知る。其彼此の宗敎、僧侶の來歷に於て決して詳細なる智識を有せず。又國家の歷史、人民の感情、宗敎の現勢力に於て、決して詳細なる研究を積まざるを知る。故に其今回の事に反對するも僧侶諸氏の心志を動かすに足らざるを知り、又諸氏の之に動かされずして、正理を伸張する爲には一步だも枉《ま》げざらんことを望むに堪へず。あゝ吾皇聖明上に存す。吾黨諸氏が誠衷の貫徹せざらんことを憂へざるなり。

「詞藻」

〔無題〕

兼好法師一たび去て、仙人流の文字跡たえたり。響を嗣ぐ者はそれ唯俳文なるかな。天狗根性はぬけきらずして、仙人めかす痕はあれども、紅塵の臭味は洗ひ落したり。其至れる者は渾然至粹の妙に臻《いた》るものまゝ之なきにあらず。今姑らく短篇を摘で此に載す。今の世のコッテリ流の文章に舌ゆるみたる人々、一たび誦み過さば、苦茶一服兩腋に風生ずる快味なきにもあらざるべし。

西行上人像贊　　芭　蕉

すてはてゝ、身はなきものと、おもへども、雪のふる日は、
　さふくこそあれ、花のふる日は
　　うかれこそすれ。

「すてはてゝ、身はなきものと、おもへども、雪のふる日は、さふくこそあれ、」とは西行の歌なり。之を全く用ゐて、僅かに「花のふる」二句を添へて讚とす。而して靈妙活動の趣、言ふべからず。

弔㆓古戰場㆒文　　芭　蕉

三代の榮耀、一睡の中にして、大門の跡は、一里こなたにあり。秀衡が跡は、荒野になりて、金雞山のみ形を殘す。先づ高館にのぼれば、北上川は南部よりながるゝ大河なり。衣川は泉が城をめぐりて、高館の下にて大河に落入る。康衡等が舊跡は、衣が關を隔て、南部口をさしかため、えびすをふせぐと見えたり。扨も義臣すぐつて此城にこもり、功名一時の叢となる。國破れては山河あり、城春にしては草青みたりと、笠打舖《しき》て時うつるまで泪を落し侍りぬ。

夏草や、兵どもが、ゆめのあと、

文字に雲煙の氣あり。莽々蒼々として、受降城の外、平沙萬里、月苦く風凄しきの趣あり。黄河遠上白雲間、一片孤城萬仞山と曲を異にして工を同うすとやいふべき「夏草」云々の句をもて結ぶ。煙波千里とはかゝる處なるべし。可憐無定河邊骨、猶是春閨夢裡人といへる句は輕薄にして味なく覺ゆ。李華の文と比べては天作と人工との違ひあるべし。珍重すべき文なり。

『大同新報』第一〇号「大同新報」　明治22年8月1日

僧侶と被選權

多事なる哉、今の時や。條約改正の結果一たびタイムス通信社に報道せられ、已が國の一大事、之を外國新聞の紙上に讀み知りて、おもはしからずと聞挾みしより、猫も杓子も條約改正を云々することとなり、建白の起草いそがはしく、黨議の相談心せかれ、辯護の演説論文に口と手との暇なき時節とはなりぬ。各省の改革、冗員の淘汰、改革する人、淘汰する人は簡擇調査の目論見に忙《せ》はしく、改革さるゝ人、淘汰さるゝ人は處身糊口に取り急がるべし。其忙しき職務ある者は、其職務の爲に暑熱の候とも云はず忙しさに逐はれ、其閑暇なる閑人は其閑を消し暑を避くる方法を求むるに暇を潰す。嗟吾れ何ぞ僧侶が被選權に關する問題の寂《せき》として響を絶つを怪まんや。明治維新此かた宗教世界に起りたる問題決して少しとせず。佛教僧侶が厄運に遭遇したりしこと、隨て亦數々なりし。されど吾黨は言ふことを憚らず、今の被選權に關する問題は其重大なる者の一つと算《かぞ》へ得べしと。夫れ世人は皆云へり、憲法の發布は實に我邦千載の一時なりと。吾黨も亦しかいふ。但夫の君臣の分の如きは、皇祖太神の神勅、既に天地のむた窮み無かるべき洪圖を定めさせ玉へば、今上の聖明、之を紹述し玉はせたるのみにて、其新たに規定宣明させ玉ひしは、特に臣民が受け奉りたる參政の權利にあり。其貴族院に於けるは特權ある一部に關する者に過ぎずして、夫の社會の最大多數に關係する者は、實に衆議院に在り。衆議院議員選擧法は、卽ち其參政權を得べき者の資格を定めてあり。憲法の附則として發布せられたる所の者なり。而して其第十二條には僧侶が被選人たることを得ざる旨を明示せり。千載の一時に當りて、此臣民として最も重大なる權利を、人は得て我は失ふ。是れ僧侶に取て固より藐視すべからざる大事にして、又世人殊に國家社會に着眼する者の決して等閑に看難きの問題なりとす。たとひ世人が熱中する所彼れに在るも、吾黨は此れに慮を勞することを敢てする所以なり。吾黨豈に條約改正が國家經濟、國權特立の大問題たるを知らざらんや。吾黨讀者と之を諮ることあらんとする近きに在り。而して今乃ち百忙を破りて筆を僧侶被選權の問題に着くること、國家有形上の事固より重んずべきも、社會精神上の事亦忽《ゆるがせ》にすべからざるが故のみ。

大凡人間に係はる出來事は、之を兩面より視ることを得べし。其一は一個人を標準として觀察する者にして、他は社會全體を規矩として論斷すること是なり。一個人は限り無きの自由を欲し、社會は及ぶ丈の檢束を要す。一個人には遠心の力多く、社會には求心の力多し。二つの者相制して、所謂安寧秩序茲に立ち、所謂文明進歩斯に生ず。今夫れ一個人として僧侶を觀ば、其一般人民を以て相異なるの理なし。然れども是れ言を極端に立つる者なれば、事を論ずる者徒らに此の如く直往なるべからず。之を社會の事情に考へて以て其際に曲折を須《もと》むること必要なり。されど夫の所謂社會經濟的の眼孔、卽ち必要の度合を比較して其標準を定めば、使令する者貴きにあらず。令せらるゝ者賤しきにあらず。水呑百姓の價値は、內閣總理大臣と均一なるべし。名僧知識が殊勝げに其妙法を説て衆人の渇仰を受くるも、營々として錙銖の贏利を圖り、捷給なる口辯、顧客の眷を望む者と焉くにか其崇き卑きを分たん。唯夫れ人間には情感なき能はず。故に社會に立て爲す所の事業職分、心身の安逸苦痛、地を易れば、隨て貴賤榮辱の差、高尚卑俗の別を致す。其の高くして尊き者、二極に集る。其有形に關する者を政治家とし、其精神に係はる者を宗教家とす。二つの者の社會人類に勢力あるや、一は身の生活を支配し、他は心の生活を支配するが故なり。故に二つの者其處を得て相犯さゞるときは、心身の相關宜《よろしき》に適し、人以て安全に、社會以て治平なることを得ん。其れ或は相犯して相軋《きし》ることあれば、現身に急なる者、安心に堅き者、相離れ相攻め、人や恟々として、社會擾亂の極に陷る。政教の相關を説く者、庬然として其れ多しと雖も、之を頂上より一刀兩斷に解析し去らんには此理に過ぎず。羅馬帝國の起るや、時運猶草昧に屬し、國家制度未だ其完全を致さず。敵國外患既に盡きて、道義元義內に壞れぬ。耶蘇の教乃ち力を其際に得て遂に國教となり、帝國亡ぶと雖も教法の勢力、遂に全歐洲に蟠據したり。冠冕を皇帝の頭に加へ、臣民を國君の配下より奪ふ。其萬能なること殆ど其主唯一神に肖ることあり。盛なる者衰へざるを得ず。滿る者は損を招く。政治の發達、其治域を外に縮め、學理の進步、其信仰を内に薄うし、是に於て政教分離の説大に天下を風靡するに至れり。彼の説の緣りて起るや、素と人心耶蘇教の過盛に饜《あ》けるに之れ由れば、反動の勢力が免れ難き傾きとて其説の稍々極端に走るは怪むべきにあらず。然れども其實際の運動に至ては、各國今に多くは宗教の勢力を政治界に存立し、杠を矯めて直きに過ぐる激變を致さゞるは、豈に特に其國柄が實際を貴びて、理論直情の弊を避くるといふのみといはんや。誠に亦僧侶は一種の人類なり。宗教家は社會を組成する一部分たること、一視平等の立法者に認めらるゝが爲めなり。

今夫れ吾が佛教は、廣大甚深にして包《か》ねざる所なく、其說や世間出世間に亙《わた》り、其信仰の道や妄信を祛《しりぞ》けて信解行證の序を立つ。故に其眞を認むるの眼は學理宗旨共に備はり、其利を生ずるの法は政法經世の事農商營生の業同じく攝《おさ》め、其善を行ふの道は法理倫理の說を奬め、其美を感ずるの情は高尚にして崇敬すべき、優美にして愛翫すべき總べて存す。一偏に局して宗教と自ら畫《はか》り、政治百工技藝學術と相仇視せんと欲するが如き比にあらず。異朝の事は置て論ぜず、其我日本に弘布するや、常に國家の機關と相和し、百工の開達と相伴ひ、未だ嘗て相離れ相睽《そむ》かざりしなり。何事ぞ、維新以來士、泰西の學に急にして、自國の史籍に昏《くら》く、我が宗教を學びずして、漫に他國の宗教を以て一例に視なし、敵なきに敵を求めて、驀地に政教分離の說を唱導し、さら〳〵身に覺えなき敵《かた》き呼はり我佛教に向て、さながら父の仇もそれかとばかり攻めかけたり。佛教の一部、固より宗教の性質なきにあらず。されど佛教は宗教にあらず。何となれば佛教は宇宙の六法を說くの教なり。宗教は佛教に隷屬すべく、佛教中に包括せらるべくして、佛教を兼ね得べき者にあらざればなり。吾れ世の無識者の爲す所を憐みて、佛教が世人に誤り認められたるを歎息すと雖も、今や世人の眼翳未だ去りやらず、宗教の一部として佛教を視ること俗論の喩《さと》し難き時なれば、吾れも亦暫らく瓦釜の雷鳴を學で、佛教を宗教として論ずること已むを得ざる時世の習ひなり。然らば宗教が全く政治より緣を斷《たちき》ること果して眞正の利益とやする。政教分離說の本家たる歐米各國は果して耶蘇教の分子を政治世界の外にや逐斥したる、吾れ之を英國に觀るに、英國は大僧正僧正を貴族院に列ねたり。之を獨國に觀るに、獨國は法を以て僧侶が衆議院に入るを禁ぜず。之を佛に、米に、墺に、伊に觀るに、彼れは皆未だ宗教の分子を政治界に斷ぜざるなり。彼れが宗教は其歷史に於て利害相半ばするの蹟を留めたり。然るに其政治界より逐斥せられざること此の如し。蓋し人は活物なり。其の感情、其の思想は境遇に隨て全く變換すること能はず。宗教を信ずるの心を政治に混ぜず、政治に參するの心を宗教に雜へざらんとするは、難きが中にも難きなり。然らば其法制を以て僧侶の參政を禁制するは殆んど徒勞のみ。僧侶は則ち其身に就て之を制すべし。抑も其の心の感化が信徒の肺肝に遍滿浸潤するを奈何せんとする。されども或る國に於て猶其一部の制限を存する者は、則ち夫の曩時宗教過盛の反動と、其の一方に於て僧侶を特待する所あるが爲なるのみ。我佛教の日本國家社會に留めたる蹟は、吾黨は其之を如何と問ふ迄もなく、苟も多少の史乘を讀める者は之を知らん。事情の必ず至る所、些《いささか》の弊害なかりしと云ふことを得ずと雖も、其功過を較算して利益の至大なりしこと、煩はしく言ふを待たんや。僧侶が進で政治に干渉し、そが爲に禍害を致せる如き事は眞に寥々たり。而して其治化を贊け、當路に忠言を進め以て美談を貽《のこ》せし者は、頻々として之あり。其人心に浸染するの深淺に至りては、夫の淨瑠璃、小説、端唄に至るまで、無常の意味を含有せざるなきを以て之を徴すること難からず。日本人の思想と名くべき一の國粹ありとせば、それ必ずや佛教の思想たらん。夫れ此の如きも猶ほ僧侶を政治界の外に攘斥するの可なるを認むるの理あらんや。況んや維新後政略の傾向は毎々佛教と僧侶とを特待厚遇するの方針を避けたるに於てをや。故に吾黨は曰はんとす、今に於て政教分離といへる空論を執りて僧侶に政權を與ふべからずといふ者は、亦歐風崇拜の鼠輩のみと。若し夫れ眞正に佛教の本體を認め、世出世の大道に於て其教理が下せる解釋より微妙の眞理を演繹せば、上の如きの論は徒らに無用の辨たるに過ぎず。國家の憂を以て眞に己れが憂となす者ありて、自國の歴史を探究し、自國の宗旨を研精することあらば、爽然として自失せざる者幾《ほと》んど希れならん歟。

吾黨は大に此問題を重視す。故に之に就て懷抱する所の見此に止らず、此篇殊に其一端に止る耳。其餘論の如きは且つ稿を更へて再び論出する所あるべき也。

「批評」

新著百種第三號（承前）

不癡不慧主人

主人生來、譽められることの嫌ひでなき男なり（嘘だと思召さば宜しく一度試み玉ふべし。況んや鰹節切手など御持參あるに於てをや）。端なく辰巳老人にオダてられて興に乘り、獨り面白がつて首を捻り筆を捻り、捻りに捻つて夜の眼もあはせず、日の出るも知らず（又朝寢だらう、ソー内幕まで話すにも當らないじやアないか）、書いつくること亡慮三百三十三枚三行三字三分の一、老人フト見膽《きも》を潰し、プフーッと變な息を吐きて眼を圓くし、（其顔の可笑しさ）一と反り反つて、さて主人に謂て曰へらくサ、（マアサ、讀者諸君聞き玉へ）前の巻にて大切な紙面を塡《うず》むること若干頁、さぞや讀む人の見くたびれたまふらんと思ひ侍るに、見れば早や原書の三倍を超えて猶ほ筆止むべうも見えず。かくては際限あるべからず。いかにコレラの追々出來る時節じやとて、こんなクダラない事を（トそろ〳〵繰言、老人の癖と見えます、半分云はせず）、主人喝して曰く、咄、何事をの玉ふぞ、原《たず》ぬるに夫れ此の批評の緣起たるや、主人が物數寄より物せしにあらず。さりながら（ト老人は遮りつゝ）私が賴んだは孰《た》れも承知、さりながら、主人勃如として、足下の心底は分つたりと云ふより早く、寸にも餘りぬべき厚き草稿取て、惜しげもあつたらうが寸々にこそは裂き捨てたれ。老人ギョッとせし風して（内實滿足の笑み片頬に溢れて見えながら）、コレ〳〵短氣ばし玉ふな、（大概裂き捨てゝしまつた頃思出した樣に主人が利腕シッかと捕へ）かくと知らば、繰言は申すまじきをなど萎《しお》れたつもりで慰め抔《など》す。固より老人は年の功、主人の氣立は見拔きたり。又オダてれば又かくべしと察したれば、故《ことさ》らかくは怒らせたことゝ思召せ。やゝありて老人、新報の編輯も早や迫れり。大儀ながらモ一度書て、と云へども主人いつかな可《き》かず。老人そろ〳〵得意のオダて手段を利用し、ヒタ詫びにわび、ヒタ譽めに譽めて、主人が草稿さきすてた短氣にまで男らしいの何のと色つやを付てオダてまはし、はてはあれぎりにしては主人の名譽にも拘はる譯とまで云ふ（いゝ面の皮）。主人遂にフワと乘せられ、又も筆執ることゝなりぬ。されど時日は迫る、遺憾ながら（ドー致しまして）復た前の如く滔々數萬言を累ぬること能はず。讀者幸に恕せよ（恕すとも〳〵、能はれてたまるものか）。

第一回は前號にて濟みたり。サラバ第二回より始め申さん。書生酒宴の場、春の屋隱居が忘年會などよくある趣向、梁山泊諸君が殊に御得意の處、餘り爛熟して麝香《じゃこう》の拔けた寶丹の如し。浪次といふ男も一寸風間銑三郎を氣取たと見える。（岸邊醫學士曰く、可愛さうに、あんな野暮的と比べるとは）三ゲレインといふ見積り、流石は醫學士、三十頁莊周が夢ならぬ浪次が現《うつつ》の小蝶の段、硯友社の正風、私しや嫌ひです。（アノすごサ）室が闇くなるほど想像の光は明るくなります。是は名言不磨と申す。眠らふとあせる程目が冴へて來ます。是も亦、第三回お雪老母夢の話、大わるし。是では乙女心とは誰の目にも見えず。四十二頁知らぬ顏でご婚禮……誰れがと尋ぬる乙女のあどなさと矛盾する。三十九頁あはせたいの落しも拙者は嫌ひなり。四十頁四十一頁お雪の胸中、是でこそ眞正の乙女心、妙と申す。訝る他の嬌羞の少女子、ドーしてよく夢に托けてあんなノロケが云へたかと。第四回は乙女心に何の關係かある。四十九頁譯もない事云々二句面白し。五十頁人造の白鷺とあり、拙者は遠帆を白鷺と形容したことは曾て之を聞きたり。眼の前の帆走船の事とは未嘗て之を學びざるなり。第五回五十八頁五年越とあるは七頁八年前と齟齬、六十頁しらぬ他人が聞てさへ云々、誰も聞く人はなき筈、但しは作者自ら道はるゝか、可愛さうにお雪孃に向てしらぬ他人とは。作者曰の第二項にあれ程いとしがつて居られながら、六十一頁母が枕に降る時雨！娘の袖を沾す村雨！みんな悲哀の溶解物です。若し紅葉子が書いたらば終りの一句は定めし之れ無しと思ふ。推量が違つたら千萬御容赦。第六回此世の中で云々の起り、第三回の世の中に云々の起りと複になる。漢文家はこゝらで避板法といふ講義を致すなり。第六回六十六頁四十二歳は前に幾度も云た五十を越した、五十の上等と矛盾、思案殿モ少し算術を御稽古遊ばせ。六十七頁責めてモ一度云々此句悲し。（ナント、ハテ愁歎場に妙とも云へないから）墓場の景、乙女の愁歎、寫されたりな、寫されたり。但し乙女の言葉に少々難はあれど、七十二頁百姓は鍬を云々なぜお雪の難儀を此百姓が助けなかつたか、對て曰く此百姓は聾なり、否、此百姓は高島嘉右衞門氏の門人なり、浪次が來らんことを豫め料れるなり。末句善？惡？頗る考ふべき者です。何故に次回を讀んで知りねかしとは書きめされぬ。第七回何方様かは存じませんが……おいらも屹度かう來るだらうと思つて居た。だが此回更に道理に合はず。第一あぶ熊もさるもの、娘が一人住居と知たら疾くに夜襲の手段でも講ずべき處、何ぞ必ずしも其墓參還りを待て然る後に之を要せんや。それとても思案殿、途中手籠の難儀に逢ふ、旅客に助けられる、助け手は我夫、といふ柳原的の趣向に心底惚れ込まれたとあれば、古物流行の時節柄、粹を通して拙者も無理とは申さず。浪次お雪が互に顔を見忘れ、岸邊霜と名のるまで氣が付かぬとはあまりと申せば御情けない書きぶり。八頁心の鏡にもうつるのは浪次の面影ばかりです。二十五頁どうも似るッてコーモ似るものか云々とあるじやァありませんか。此矛盾にて一篇の結構めちや／＼になる。娘ばかりか主人も不審で堪りません。娘ばかりか主人の驚き譬ふるに物もありません。讀み畢つて物足らぬ心地するは小蝶の成行、母大病と聞て歸る途中さへ未練が殘た小蝶、お雪に逢つたので忘れてしまつたのか。日頃親切な岸邊さん、そんな事はよもやありやァしまい……が……どーだか知れない。總體にして此小説、思案殿の御失策と存ずる。趣向は古し、結構はメチャ／＼なり。解り易いといふ丈が取得なり。之を名けて語近人耳體と申すとかや。插畫二枚、綺麗なり、しかし新らしい處なし。新趣向の表紙が泣きやす。

さてはや御親付もないに、出放題の惡口雜言、是れしかしながら皆んな辰巳老人の頼みなり（惡口せよと頼んだか、主人とぼけて聞えぬ顔）。罪は主人に無之候。決闘の申込ありても主人は更に承け引申さず。彼此面倒臭く申さるゝに於ては、却て此方より申込むつもりなり。命がいらずば勝手にめされ。

次に紅葉殿の風雅娘、日々新聞で犬團水氏澤山毒づかれたれば、拙者迄が弱みにつけ込むは冥利に盡きる始末と存じ、尠辨致候。表紙は綺麗、イヤ澁い、澁いといはうか、綺麗と云はうか、綺麗で澁くて、澁くて綺麗、誰が見ても紅葉殿の御趣向と見受る。本文も同様、殊に……――？など除かれたので目の儉約が出來ました。小品故これで紅葉子の價直をきめられては迷惑かは知らぬが、色懺悔よりは瑕のない作なり。字句の彫琢も、硯友社風のキザ文句を擺《ふる》ひ落されたるは有難し。（尤も一ッ二ッ名殘を留めてはあれど）先づ〳〵當代に類のない筆法、と譽めたら紅葉子必ず喜で奢り玉ふべしと思ふての儀にはあらず。己の欲する所人に施す。主人近頃ヨホド仁者に相成候。

條約改正議

『大同新報』第一一号「大同新報」　明治22年8月16日

吾黨新聞紙を讀むこと、都となく鄙となく、大なるも小きも、總て之を計らんには幾十種にや上るべからん。その紙面の半ば乃至三分の二は、條約改正の事件にて塡《うず》められざる者、蓋し幾許もあらじ。三田會議の模様は云々なり。某大臣は某大臣と某の事を激論せられぬ。憲法抵觸の廉は云々にすべし。裁判官の任用は歸化人の事に取極れり。某顧問官、某議官、某子爵、某貴紳、その條約にかゝる言行は、必要にもあれ、不要にもあれ、載せられざることなく、かしこの政社、こゝの團結、建白は出され、演説は不認可となる。その中には虛《うそ》らしき實事もあらん、實らしき訛傳も多かるべし。これを總ぶるに、我が同胞が國家の休戚を熱心に懸念すること、斯くまでに熾盛なるは、頗ぶる感喜すべきの事とや云はん。去りながら條約改正は我が國外交の沿革史に於て最も著大なる事業にして、その影響の及ぶところ、獨り政事、財政、法律、產業の如き有形上の面目を改むるの機會たるのみに止まらで、社會無形上の勢力、卽ち國民の元氣に刺衝を來たすこと、免かるべからざるの實例、既に既往三十年間、我が國の變遷を觀なば知られん。但既往の外交は、專ら有形上の事物より感化を與へたること、一は時勢の必須、視るべく聽くべき百工技藝が先づ輸入採用せされしによるとはいへ、その居留の制度、外人の足跡を掌大の地に局して內外人の直接に交通するの路を梗《ふさ》ぎ、耶蘇宣教師一輩の徒の外は、偶《たまたま》閑暇にして囊《ふくろ》に溢るばかりの高俸に飽ける雇外人が、賜暇避暑の旅行とて、名區勝地を歷遊したらんが最好の時機たるに過ぎざりしが致たせることも少なからじ。それさへ恐ろしき勢力の默運は、月とも云はず日とも云はず、外より內へ、有形より無形へ寸前尺進、その步みを移して、今ははや國民一部の腦漿を染めて、朱を奪ふ紫の日沒の西天色とは變へにたり。

言枝葉に涉れども、吾黨は自ら國粹の正理を論じ、尊皇奉佛の大義を唱ふるものながら、每に國粹の主義、尊皇奉佛の論が吾輩の時に於て世に出でたるを嘆じ、上は聖明なる天皇陛下並に皇祖皇宗の列聖に對し奉つり、下は忠實敦厚なる吾黨の祖先の手前、いたく面目なう思ひ侍るなり。何となれば國粹の主義は、歐化主義に反動して起り、尊皇奉佛の論は、經濟的の尊王家、利用的の宗教家の如き虚僞者を醒さんが爲に道《い》ふ所なればなり。かの居留制度の下に發達したる外交の影響すら、此の如きの結果を到し得たりしを、今や内地を全開して、鷹の如き眼、熊の如き爪を持て、利の在る所錙銖を遺さずといふ外人が、十里の外朦として闇の如き世間見ずの國民と直接の交通を開くことゝならんとす。其二十年の後に於て、我國民の脳漿が更に變じて何の色とやならん。國を憂ふる者が等閑に看過すべき事ならんや。されど時運の世界に流通するその勢、今更一國一地方の逆らふべき所にあらず。ペルリ提督の書を古めかしく引かん迄もなし。鎖國の主義は害ありて利なきの日となりたれば、引くに引かれず、今は唯々思ひ切て勇進するの外に道あるべからず。顧《おも》ふに其進む所の道筋の何如といふこと是のみ。其道筋にして正しからんには、設《たと》ひ其際には多少の荊棘榛莽の難あり、山河車舟の不便は免かれずもあれ、竟に其目的とする所に達して、國家を磐石の安きに置かんこと難からじ。唯々恐る岐路縱横、或は邪路斜逕にして、其假飾反りて莊嚴、正路に過ることあり。楊子をして萬斛《ばんこく》の熱涙傾倒し盡して猶足らざらしめんとす。一たび誤りて之に入らば、到る處跼蹐して身を容れん處もなく、脚を失して巖に觸れ谿に陷いり、二つなき命を殺さんこと珍らしき例にあらず。愼みても戒むべきは此の撰擇の方法ぞかし。

世の人の傳ふるが如くば、吾黨は固より今の條約改正に同意し得ず。さらぬだに歐風崇拜の腐敗者流が、其内部に於ける根性の朽腐、彫るべからざるの木に均しき者ある世なるに、其有形の條約文書に於て、苟も一言彼に屈從する所あらんが如きは、是れ天下を擧て之を淵に擠《おと》すと何ぞ異らん。

蓋し聞く、十二年の後にあらずんば、輸入税の昂低を我より自由にすることを得ず。外人の我法律に服從する者には、直ちに不動產所有の權を與ふべし。五年の後にあらざれば居留地を全廢して治外法權の特例を撤去するを得ず。外國人を大審院評定官に任じ、外人に係る訴件は之が數をして日本判事の數より多からしめざるべからず。而して十二年間此事を繼續せざるべからずと。いかに千言萬語、之が爲に辨護解說すと雖も、普通の意解を具せん者は、其我の屈從の域を脫せし者なりとは承服するを得べき者ならんや。解する者は云ふ、今の狀勢を以てすれば、强弱差あり、貧富等あり、文明の度未だ懸隔を免かれず、此れ程の條約を結ぶは全力を盡しての上の事なりと。我黨も今の大隈伯の取結びたる條約が、一昨年井上伯の取結ばれんとせられし條約に比して幾層の進步ありしとは確かに聞きぬ。されどかの上に列する數條の如き、萬已むを得ざるに出でゝしか定めし乎。

人或は疑ふ、自ら其弱小貧乏に氣が引けて、始めより十分の請求をなさゞりしにはあらじやと。吾黨は當局の大臣が國事に對する熱衷を信ずれば、さる輕薄浮佻の觀察を之に下さんは冥利惡き事と思ひ、かゝる不當の疑念は自らも懷くを屑しとせず、人にも懷かせじと心掛くるなり。さりながら吾黨は微かに彼の焦心苦慮し玉ふ當局大臣に問ひまつらん。もし今日の狀勢が不可なりと思し召さば、何ぞ恥を忍び疵を包みて、其機を待て其全きを成し玉はざりし。苟くも大中至正、萬國の通義に背かず、國利民福に完全なる者ならんには、たとひ幾度の談判を經、幾回の拒絕に逢ふも、屈せず撓まず、其言分を申しつのること、必ずしも無謀の强情といふべからず。

外交の機智は吾黨も嘗て之を聞きぬ。されど其機智は己を主張せんが爲にこそ用ゐるべけれ、己を枉げては機智も何の用かはせん。殊に國事に當る者の大患は、古より奇道權變を以て之を濟さんとするに在り。嫂《あによめ》溺れて之を救ふに手を以てすとかや。權變の廢すべからざるは固よりさる事ながら、苟くも本領定まらざらん者が、心に終局の決心なく、一時を眩惑して衆盲を欺かんとせば、明者は之を許さじ。東西古今の史を讀む者は、其亡國の跡に於て、必ず靡侈《びし》の大官、一旦の安樂の爲に大局の機を挫折し、一挫一折、知らず識らず國の大患を釀して濟《すく》ふべからざるに至ることを觀ん。鑑みざるべけんや。善く譬ふる者あり。其語に曰く、

昔有二善陶者一、直必百金也、嘗苦二其難レ售、然其器終レ身而不レ隳、隣之陶者、直僅數金、人之市者踵至、然朝用而夕隨而傾レ之、不レ能三終以二歲月一、是孰爲二之取舍一哉

然りと雖も去れる者は追ふべからず。遂事は諫むとも詮なからん。今に當りて當さに講すべきは、善後の策何如に在るのみ。吾れ紛々たる建白者に諮らん、吾れと汝と同じく現條約改正に反對する者たり、吾れ何を以て當局に告げて其局を結ばしめん、知らず汝の建白する所、言此に及びし者ある乎と。夫れ米獨露の三國は調印既に成れり。佛國又踵《つい》で成らんとす。今にして故なく其約を變せば、國の信用を害せんこと少小ならず。慮なき者は云はん、一大臣の失策、何か國の信用に有らんと。是れ察せざるのみ。彼固より井上伯なるが故に、將《は》た大隈伯なるが故に條約を結ぶにあらず。彼れの相手と認めん者は唯一の日本政府のみ。日本國民の代表者たる日本政府のみ。其談判は日本政府と之を開くなり。其中止は日本政府が之を中止したりと見るべきのみ。屢《しばしば》開き屢々中止せば、何ぞ國の信用に害なしといはんや。蓋し忍ぶべくんば一國民擧て之を忍ぶの覺悟あるべし。爲さんと欲せば一國民擧て之を爲すの決心なかるべからず。今然らずして兄弟牆に鬩《せめ》ぎ、外は國の信用を傷《やぶ》り、内は國の利益に加ふる所なくば、亦喪心漢の爲たるに過ぎず。囂々として非議を鳴らすこと、其志や殊勝ならざるに非ず。されど一國の利害に於て誠實に憂念計畫することをもせずして、黨派見を以て之を爲

し、機に乘じて政敵を傷けんことを之れ圖らば、其行や我れ之を責めざるべからず。

意ふに非議者の此に至るもの、亦贊成辨護する者が今の改正を以て自らの黨首が功勞に一歸せんとしたるに反動する所なりとせば、吾黨は其兩つの者共に國家に不忠實の心ありとして之を斥けざるを得ず。故に吾黨は多言を欲せず、之を斷ずるに左の言を以てせん。曰く、今の改正條約にして之を行ふの利、之を中止するの害より瀛《おお》しと定めば、願くは全國民心を一にして、暫くの羞辱を堪へて之を行へ。否らずんば當路大臣、躬ら過を引て身を退け、内外の責に當るべし。何を云ふも國家の爲にあらずや。一時の屈伸、一人の浮沈、國家の爲と思ひて諦《あき》らめんに諦らめられぬ事のあるべきや。若し此れをさへ忍ぶべからずとせば、其斷行の結果、中止の成績、百口之を陳ずと雖も空言のみ、徒論のみ。吾黨の言を迂なりとせば、請ふ古今の成敗の迹を取て一覽せよ。國家は大器なり。一たび毀《やぶ》りて再び造り難し。之を以て試驗の材料とし、快く一時の賭場を張らんとす。危い哉、殆い哉。

爲之奈何

大風起兮雲飛揚、威加㆓海内㆒兮歸㆓故郷㆒、安得㆓猛士㆒兮守㆓四方㆒、呼、身は沛邑の一匹夫たり。素封の富、族冑の榮ありしにあらず。奇偉特絶の行、非凡超卓の智ありしにあらず。眼に詩書なく、衣冠に溺《いばり》を辱め、徒らに貨を愛し色を漁する泗上の亭長として、三家の村、十室の邑に名を知られたりし劉季其人が、一旦風雲際會し、挺を提げて起ち、一擧手、一投足の勞にして虎狼の暴秦を滅し、一色の三軍雪衣を染めて、楚の懷王を殺せし者を撃て之を誅し、狡兎既に盡きて、良狗又烹られ、叔孫綿絶の禮、方さに大漢皇帝たるの貴を致すに及びてや、夫の山青き水白き邊、其童時の遊嬉せし處に於て、其童時の伴侶たりし父老を招醼し、往を追ひ來を思ひ、感慨胸に溢れて、覺えず此句を高歌せしを想見するに、其英姿颯爽として酣戰より來るの態、字句の間に洋溢し、而して得意滿志、氣勢天に沖るの中、亦自ら俯仰低回の趣を存し、千載の下、讀む者をして躍然として髀を拊《う》ち、憮然として自ら失せしむる者あり。何ぞ其れ壯なるや。されども當初功業未だ半ばならず。幸にして先づ關を破るの喜びは、轉じて諸侯の上將軍が恚《いか》りを招き、鴻門の會、俎肉の厄、迫て翌旦に在りしとき、慇懃に項伯張良に諂り、「爲之奈何」と問ふの外、復た一計の出すべきなかりしに際しては、此將來の大漢皇帝が瑣《さ》尾《び》幺《よう》麼《ま》たりしこと果して何如ぞや。百萬の大軍、項王の一喝に破られ、塹壘敵に委し、伏屍睢水に塡《み》ち、父母妻子、盡く囚虜となり、僅かに身を以て免れしとき、酈生が六國の後を立つるの説を聽信し、印綬將さに發せんとして、子房食箸の諫に逢ひ、錯愕して「爲之奈何」と問ひしに際しては、此將來の大漢皇帝が狼狽周章たりしこと果して何如ぞや。「爲之奈何」、竟に能く瑣尾幺麼の沛公を虎口より脱して、五彩の龍文、高く雲表に出沒し、復た捕捉すべからざらしめたり。「爲之奈何」、竟に能く狼狽周章の漢王をして、沮喪せる氣力を奮興し、百戰百勝の霸王を垓下の一搏に窘《たしな》めしめたり。「爲之奈何」、箇《こ》の字面、怎麼《いかん》ぞ輕々地に看過すべけんや。夫の千古の才子なる洛陽の一小年が、痛哭流涕長大息して、知遇に報い、漢家百年の長計を建てんと圖りたるも、孝文其骨肉一片の恩情を傷るに忍びずして、「爲之奈何」と問ふを敢てせざりしかば、尺布斗粟の歌、其身に及で之を聞き、吳楚七國の禍、其子に至りて天に滔《はびこ》れり。夫の流芳遺臭、一世を聳動したる九州の伯が、長安咫尺、灞水を度《はか》らずして、漫に捫蝨の客に問ふに豪傑の臻《いた》るなきを以てし、神州の陸沈、晉室の安危、「爲之奈何」に至ては、曾て念頭に懸けざりしかば、絕代の奇才去て敵資となり、關中の一敗、功業地に墜ちたりき。北胡南粤團して一家と做し、大唐の皇帝、諸蕃の大可汗と仰がれたる李家の世民が、既に故良臣の碑を踣《たお》し、千軍萬馬、砂場に暴露して、武を高麗に瀆《けが》すに及び、方さに「爲之奈何」と問ふべき魏徵の在らざりしを悔恨せり。德宗盧杞の姦に罔《あざむ》かれ、以て蒙塵の厄を取り、猶ほ覺悟せずして、一に之を天子宰相の言ふべからざる天命に諉し、宣公の鯁直、白衣宰相の機略あるも、「爲之奈何」と問ふ所以を知らざりしかば、藩鎭强衡の病、深く膏肓に入るに至れり。「爲之奈何」、箇の字面、果して輕々地に看過すべからざるなり。

久矣哉《ひさしいかな》、吾が「爲之奈何」の字面が、正確に解釋せられしを見ざりしこと。將た當今の時勢、環瀛の外、海波熨すが如く、風條《えだ》を鳴さず、雨壤《つちくれ》を壞《やぶ》らざる太平鼓腹の天地たるに之れ由る歟。果して然らば吾儂《われら》は洵に幸福なる世に生れたる哉。吾儂が今將に討究せんとする問題は、たゞ是れ蛇の足なる夫《かな》、杞人の憂なる夫。吾儂が筆硯は當さに丙丁の童子に投與し、去て南畆二頃の田に歸休し、雨に犂き月に耕し、以て生涯とすべきなる歟。都門煩熱、紅塵百丈の裏に頭を埋め、矻々として書を讀み、當世の務を察し、國家に力を效《いた》さんと欲するは、徒勞なるのみ歟、僭越なるのみ歟。

夫れ志至焉氣次焉、氣は平旦の氣より純なるはなし。時方に夏日なり。短宵一睡の夢纔《わずか》に破れ、頭を擡げて晨氣冉々として殘燭の穗より上るを見る。起て小庭を歩すれば、行露穰々として、青苔屐齒を印し、籬頭の牽牛、花を着くること二、三、楚々たる微風、花房の末より起る。顧望すれば東方微かに白みて、萬家の煙火、沈々未だ揚らず。夜來百億の生靈、織るが如きの車馬、蒸すが如きの市熱、寂として今何れの處にか去れる。此時に當りて吾人の意境は淡として水の如く、泊として濁らず。正に知りぬ、本來清淨の面目、遽爾として現前するを。是に於てか一几一榻、移して綠陰深き處に向ひ、超然として物の外に靜觀せんとするに、只見る優勝劣敗、弱肉强食、痛天哭地、酸鼻の劇場、夢の如く幻の如く、宛として吾が心眼を遮り、美なる花、美なる葉、盡く是れ血を流し、美なる蜂、美なる蝶、力を鬪はさゞる莫し。已なん、已なん、吾れ其れ猶ほ蓬の心ある夫。抑も當今聖明の世、猶ほ草莽の微臣をして心に帝の力を忘るゝに堪へざらしむる所以ありて存し、「爲之奈何」の字面に向て正確の解釋を求むるの已むべからざる歟。吾請ふ、嘗試《こころ》みに少しく之を言はん。

蓋し嘗て地文の布置を按ずるに、吾儂が數千年の鄕土たる大日本帝國は、東南太平の洋、水天一碧、茫として涯涘を見ず、火輪に駕して直ちに東を指して走ること旬有半にして、吾儂が歐洲的文明の先導者たるヤンキーの邦土に達すべく、逶迤として東南に向て蛇行すれば、再び貿易風に乘じて、東印度諸島より濠洲新大陸に往還すべし。沖繩の西極、臺灣と相望み、對馬の山、朝鮮と呼べば響《こた》へんと欲す。千島の端、魯領を距ること一衣帶水のみ。坤より艮に趨り、蜿蜒八百里、一國の中にして風土氣候、敻然《けいぜん》同じからず。黑潮の暖流、邦の南岸を洗ひて、沿海の地、和煦早く春なり。親潮の寒流、東北を繞りて、北方一部、海水冬凍る。海産の物、寒熱諸種を併せて、海獸魚介海艸珠貝、之を網し之を罟《あみ》し、而して未だ嘗て竭きず。火成の岩石、盤結糾繩、大山鏈を形くり、活火山其間に點在し、常に硫煙を吐き、間々地震を起す。硫黃礦泉かしこに沸き、金銀諸礦こゝに藏す。而して石炭の田野は蝦夷筑紫の底に鋪張すと云ふ。數百道の水脈は山骨の節より分泌して、左右相背馳し、由て生ずる谿谷は、隨處沃壤を成して、稻麻粱麥、すべて播種するに堪へたり。岬出て港入り、船舶の碇繫に宜しく、新舊大陸を左右に控へて、坐ながら東洋の商權を輕重するに足る。氣朗に景清み、山光水色、到る處に佳麗に、古祠名刹、千餘年の星霜を閱して、器玩什具、彷彿として古を撫すべし。好箇の邦土なる哉、是れ實に吾儂が二千年來の鄕土なり。

口を有すること三千九百萬、其れ亦庶なり。山村の雞聲、水落の犬聲に應じ、嵐翠に霞紅に、炊煙夢の如く、靉靆として林郊を遶る。家雞三たび唱へて、星光力なし、夫は鋤犁を荷ひ、婦は行厨を提げ、去て村北の田に耕し、日を迎へ日を送る。唯だ畎畝の間に於てし、種を播し莠《いらくさ》を拔くこと一番、日正に亭午、槲樹葉密なる邊、草長うして軟、坐すべし。蝶を趁《お》ふの兒を呼び、乳を求むるの女を懷にし、且つ煙を喫し、且つ醪を酌み、陶然として勞を忘る。歲幸に年あり。去年より饒《おお》きこと數斗、眉を開て相慶せんとするに、催科の吏、早已に門に至り、昨日得る所、米麥の價、蕩然として一空するも、以て常となせば深く怪むを解せず。矮屋頭を撑《ささ》え、結構瀟洒、木を削りて柱とし梁とし、泥を塗り壁とし障とす。工人額に手帕を結ひ、深紺の搭膊行纏、尙《くわ》ふるに大徽號の短衣を以てし、梁に攀ぢ屋に上る。獮猴の木に緣るが如く、肩を袒して背を露せば、刺繡の龍虎、深く膚理に入る。朝に手脚に汗して十千を贏し得れば、暮に旗亭に投じて酒を呼び坐を罵る。意に迕《たが》へば則ち鐵拳亂下し、意に合すれば則ち盃を啣《ふくん》で死友たり。三食に二たび魚あるは、中人以上の產とし、海の濱、水の涯、日高きこと三竿、磯に晒すの漁網、影地に在り。蜒戶三、四、破扉半ば開き、日來の漁獲を賴で、今朝晏く起く。赤裸の兒群、潮未だ至らざるを候して、貝殼を貪り拾ふ。一群數市、雜貨の廛《みせ》、軒を竝べ、辭令捷給、應答流るゝが如く、錙銖を昂低するも、必ず牙籌を手にし、營々として奔走し、毫末の利を逐へども、都に入て資を下すの次、幾領時樣の衣簪、每に兒女の爲に購ふ。官を得れば則ち官を以て家と爲し、糟糠の妻、富貴にして易ふべし。執金吾、耄するも猶養老の金なり。陰麗華、美にして屢々花柳の巷より出づ。馬は必ず肥え、車は必ず安く、輿隷前に驅り、婢女後を擁す。銘酒身を傷る。必ず洋釀を致さん。西陣澤なし、必ず里昂《リオン》を用ゐん。木室卑濕なり、必ず瓦甃を疊まん。年に千金の俸を受けて、而して夫人舞踏の衣、一襲三千を縻す。積債淸還するに由なし。何ぞ積貯老計を做し得んや。今日の事、今日之を了せん。明日の計、自ら明日あり。家の遺法として不《ル》下爲《メニ》二兒孫《ノ》一買《ハ》中美田《ヲ》上もの、豈獨り南洲翁其人のみといはんや。快箇の民人なる哉、此れ實に吾儂が二千年來の同胞なり。

吾儂が鄉土は、此の如く其れ好なり。吾儂が同胞は此の如く其れ快なり。唯夫れ沃土の民は逸す。逸する者は每に淫して定らず。而して爽利快絕の人、動もすれば精細堅忍を少《か》く、利弊の相伴ふ已むを得ざる者あるなり。蒼海渺茫、國の四彊を限り、嘗て賴で天府の險とせしも、敵に險なる者は我にも亦易ならず。大陸水に拙きの民、涎《よだれ》を彈丸黑子の地に垂れ、二なきの身命を賭して、不測の海濤を絕《わた》るを敢てせざれば、海島自ら局するの民、亦臂を張るの螳螂となり、虎穴に入りて虎子を探ることを難《はば》かる。況や新大陸の西岸は、久しく蒙昧蠻野の境に屬し、東北太平洋貿易の中心たる桑港の創建は、纔に橫濱の開港と相前後したれば、四十年の前に當ては、米國貿易の鋒は、未だインヂア土蕃の叢窟を越え、天然の濠塹たる大洋を度りて、其の鋭を東洋に試みるの勇あらず。歐洲諸國は支那印度の鮮美なる花辦に戀々として、去て他花の芳密を求むるに遑あらず。東洋特種の色を擅にせる、一枝朝日に匂ふ山櫻花の消息は、僅に崎嶴の一隅に於て、荷閑商賈の少數が之を知道したりしのみ。故を以てマルコ、ポロの傳聞、之を前に誇浮にし、ケンプルの觀遊、之を後に紀實せりと雖も、葡萄牙《ポルトガル》は拒まれ、諳厄利亞《エンゲリヤ》は自ら辭して、敢て邊境を窺はず。島國民をして夜郎自ら大にして、獨り三眼の明に誇らしめたること二百年。且つや山に採る、美茹《くら》ぶべく、水に釣る、鮮食ふべし。山脚の原、沿河の野、掌大の地も耕やさゞるなく、恰も麁鎡鍬犁、以て小耕作をなすに適し、一たび播して三たび耘《くさぎ》れば、以て終歳飢ゆる無かるべし。窄罟時を以て汚地に入り、斧斤時を以て山林に入る、而して牧畜の業、瓦石の家に須《もと》むるなし。避くべからざるの地變、屢々起り、一たび心に値ふ者は、輒ち朝の夕を賴むべからざるを觀て深く心肝に感じ、加ふるに戰亂相踵ぐの後を承け、貨と身とを輕んじ、名と義とを重んずるの風、士人の恆德となり、封建武斷の治、庶人を視ること、曾て犬馬にだも之れ直《あた》らずとして、其財產家宅、一紙の命にして藉沒すべかりしを以てすれば、樹を植え德を植ゑて十百年の計を爲すの念、何に由りて生ずるを得んや。三百諸侯、參勤交代の奔命に勞れ、一介の處士、口江戶城に及べば、頸既に前に墜つ。上なる者此を以て安しとすれば、下なる者、視て而して之を習ふ。江戶兒の氣象、急躁輕慓にして、一旦の榮譽を汲々として之れ求む。士人議其位に非ざれば、以て出すべからず。偶々談邊疆の事に係るあれば、妖言の禍、忽ち其軀に罹る。洞中の天地、壺裏の乾坤、局促として自ら樂めり。然るに時到り機熟し、桃源以て永く杜づべからず。回顧すれば早已に三十有餘年の昔なりき。東來の黑船、飛て萬里の大洋を度り、關門一叩して、二百年文恬武煕の小天地、忽焉として熱殺鬧殺の大宇宙間に放在せられたり。

（未完）

「雜纂」

狗頭羊肉

不癡不慧子

文選爛、秀才半、蘇文熟、喫羊肉、それはむかしの唐の事、民友子は今代の蘇家とこそ聞け、其奔馬體は幾多世間秀才に用ゐ爛熟されて、羊肉の味（馬肉でなくて仕合せ）、牛肉の濃、雞肉の淡を併せて掃ひ去らんず勢、すさまじなんども言ふばかり無し。殊更老舖の功者、盆暮れの節季にはそれ〲の心遣ひ、此頃の大附錄（大風呂敷にあらず）氷漬の御馳走、味はぬ中からすゞしき心地せられたり。實に御自分の吹聽せらるゝ通り、着眼の奇警、さすがと恐れ入らざるを得ず。たとひ附錄の御馳走に飽きて、本誌四十四頁は、安部川餅のカンバンの如く、更に一臠を喫着せられずとも、吾れ豈に憎まれ口を叩いて、懸㆓狗頭㆒賣㆓羊肉㆒と申さんや。於母影の第一字より流轉の結尾まで、一寸一と嘗めなめて見たり。於母影の或る譯詩にて、末松青萍君の手に成らじやと推したれども、自分ながらアテにならず。何となれば末松君の譯歌は、從前曾て見ざれば、此一方には蒙昧なればなり。いづれとも有難く俤は拜み侍りぬ。篁村老は此頃時々化けることあり。掘出し物の若衆に化けた姿は大に尻尾をあらはして、影聲に吠る犬に、嚙み付かれん程、酷い目にあはれしも、此度の飜譯體化けは實に化け了せたりと申す。趣味は全く舶來、申分なし。只時々篁村獨得の筆走りは、弊處の樣でもあり、利處の樣でもあり、例へば伯父の舊知人に吾妻橋にて身投人と思ひ誤られたる邊の如き、其の著しき者と云ふべし。思軒居士頻りに山陽がる、有難くもあり、迷惑にもあり。譬へば村夫子烘冬先生の前に端座して、其四十年の昔、國學考試場に於ける功名話しを承はるが如し。「我々の文は宜しく日本と支那との字法に依りて西洋の造句措辭を學ぶべし」。折角の御説法ながら、さう取りとめて申されても困つた者と存ず。俊才の少年はかゝる死法を崇奉して一生を誤り玉ふなと忠告し參らするなり。流轉の作者は北邙散士とあり。吾れは思ひ切て之を嵯峨の屋おむろ氏の別名なりと斷言す（若し新出來の名家にてあらば豫め萬謝し奉る）。吾れ素より蟹行の字に盲なれば、未だ飜譯にならざる西洋小説ならば、いくら丸呑に竊《ぬすん》でもチッとも邪推を起さず、罪のない佛樣にて居ることは有難い事なり。唯嵯峨の屋氏の初戀といへる都の花第一の名作に於ては、吾れ昆太利物語のクリスチャナ初見參の段と緣ありやを疑ひ、此度の流轉にては、吾れ繫思談のケ子《ネ》ルム、シーシリア談話の場と從兄弟にてなきやと思へり。リアルとやら流行の世の中、かやうな理想固まりの者も一興なり。大同子は定めて高潔純美なる理想だの何だのと喜ぶ事であらう。唯惜しい事には、吾れも日本の男一匹、赤髯に負けるとは言ひたくないこと萬々ながら、嵯峨の屋氏（では無つた）北邙散士が流轉は、之を繫思談に競べては、何となう見落ちのせらるるぞ殘念なる。其靈惷の分るゝ所、摘んで申せば、彼は渾、此は碎、彼は厚、此は薄、彼れは肉整ひ、此は骨露はる。殊に彼の「蛾も亦實際なり」といふ一段の實寫を、小品の體裁已むを得ずとは云ひながら、此は「蛇に見込まれた蛙」一段の虛寫とせし處、人の作なれど齒痒くてたまらず。其上お露の林を慕ふ處、あまりあらはにて、此氣象貫徹せず。カムピオン夫人の邪推にて、己が戀知りそむる彼の趣向は、此の乳母とお露との對話に何れ菖蒲と引きそわづらふ。兄と林と二人の長議論も、お露とは甚《なん》の關係もなきやうなるはいかゞの者にや。結末もシーシリアが昨夜ケ子ルムが共に漫ろ歩きせし柴折戸の邊りを逍遙するの餘情あるには如かずと思ふ。去りながら大同子ならねど、高潔純美なる理想を以て甘つたるい言文一致中に、一生面を開かれしは御手際々々、明治文運の爲に大白を擧げて賀するは、强ち大同子への御附合にあらず。六朝の粉華、一掃し去て陳子昂の遒勁《しゆうけい》、杜少陵の沈鬱を看る心地す。オヤ〳〵我ながら何だか批評臭くなつて参つた。長シャベリは御退屈、さらば〳〵（此時あたら飲みかけの氷水、既に一杯の水となり畢んぬ）。

再び條約改正を論ず

『大同新報』第一二号「大同新報」　明治22年9月1日

苟くも一部の日本外史を讀みし者は皆記臆するなり。源義經が平家を追討せんとて、渡部浦に艤するに當り、さすが野山の合戰には、鬼神をも欺きつべき東國武士も、浪の上の掛引は不知案内の事とて、安き心もあらざりければ、梶原景時が逆櫓の計を進めて、舳艫に櫓を設け、進むときには舳を以てし、退く時には艫を以てせんと云ひけるを、速り雄の若大將聞入れず

　求㆑進而退　兵之常患　乃欲㆑求㆑退乎

と云ひて、猪武者と呼ばれしも、終に風雨を犯して四國に押し渡り、只一戰に八島の行在《あんざい》を燒拂ひたりき。吾儂《われら》幼時此條りを讀みし時は、只管義經が勃々たる英氣を慕ひて、徒らにその

　猪乎鹿乎、吾不㆓自知㆒、吾唯知㆓勦㆑敵爲㆑快而已。公若爲㆓大將㆒、逆櫓千百、聽㆓公所㆑爲。若㆓義經㆒則不㆑欲也。

と熱罵冷罵せし語言の捷快なるを面白く思ひ、その向ふ見ずの猪武者、思慮なき輕擧に似たるが、勝を制する所以の道に於て大なる原由たるには露思ひ到らざりし也。たとひ義經の遠き慮り、吾儂が事後の論斷の如く精細なるにはあらざりけんも、天の生ぜる名將の擧動とて自から規矩に合ひつらんこと、よも疑はあらずかし。吾儂又嘗て古兵家が淝水の戰、秦兵の敗亡せし所以を論じしことを聞きぬ。秦主符堅その始め心既に亢ぶり驕れりしかば、天何ぞ奪ふことの速かなる、吾が帝業を爲すを欲せざる乎とまで追悼せし王景略が遺言をも心に掛けず、國を空しうして打て出でたる大軍は、げに鞭を投じて大江を絶つべかりしも、渡ること半ばなるに之を擊つといふ死法を用ゐんとて、敵は小勢、味方は目に餘る大勢なれば、却て掛引合期せず、劉牢之等との小迫合に怖氣づきて、八公山の草木も敵軍と見まがふ臆病心、早や後軍は敗れぬと思ひて崩れ立ち、さながら大波の頽《くず》れたらんが如く、止めて止まらず、はては風の聲にも鶴の唳《な》くにも心驚かれて、謝家の小兒輩が名を成し、其身は降將の手に亡はれて、さしも勢猛なりし後秦の國家も一朝にして祀らずなりし。其もとを尋ぬれば、一戰の機、進退節を失ひしに外ならずといへり。謝玄が龍車に當るの螳螂と自ら期し、萬に一つも生路なき策を取り、此方より河を渉して好むで死地に入りしことの

心、義經が逆櫓を斥けたりし蹟と合はん趣を知らん者は、符堅が進退心に任せぬ大軍を引き上げたりしことの拙き謀なるをば覺りぬべし。蓋し一進一退と雖も、兵氣に關はること大なれば、頼子成が

戊子之役、諸將攻㆓岐阜㆒、黑田氏幟仰、福島正則望見、戒㆓其幢主㆒、叱㆓持㆑幟者㆒使㆑俯㆑之、曰敢使㆑仰者斬、旗幟一俯一仰、由㆓於兵氣㆒、故關㆓勝敗㆒。

と言ひけん、理《ことわ》りとは覺えたり。

國際の掛引は平和の手段によれども、其掛引の機轉、何ぞ對戰のさまと異ならんや。總勢三千九百萬人、隨分之が大將たらんには骨の折るゝ事なり。破綻を覷定《みさだ》めて、將校の揚げ足をも取らうずるやから多かる世、軍紀軍律は武制封建の舊時すら行き渡らざりければ、掛引自在、臂の指を使ふなんど夢想にだも及ぶべきならず。されば吾れ實に今の當路諸公が國民の氣勢を損せずして、條約改正を成し通されんことを危ぶみまいらせざるを得ず。其幾多の囂々たる者が改正中止を請求せるが爲に、吾れはしか云はず。凡そ夫の口に議論あり、筆に文章ありて今の改正中止を唱ふる徒らは、渠《か》れ皆多少の教育あり、多少の見識あり、多少の氣力節義あるなり。渠等はたとひ其言ふ所聽かれず、謀る所行はれず、條約改正遂に今のまゝにて行はねばならずなり行くとも、其人に憂へし所の者、反て其躬に之を行ひ、屈辱を外人に甘んじて、日本の元氣を消耗すべき進みをば取らじ。今の條約改正に反對しつゝある徒らは、若し改正いよ〳〵斷行せられん後は、渠れ其血涙を呑で、堅忍彊勉、一日も早く對等條約を締ぶの日を造り出さんことを務むべし。故に元老院案上七十餘通の中止建白書、千歳座三日間の演説は大隈伯が外交上の掛引の鋒《ほこさき》を折る、恐るべき病毒にはあらず。渠等は反對の地に立て手硬《てごわ》き妨害をなすだけに、一朝國の爲めぞと思ひ諦めて力を添ふる味方となりては、頼もしかるべき助力を爲すべきが故なり。恐るべきは無智惷々の頑民なり。而して猶ほ恐るべきは特操なき外人崇拜の奴原《やつばら》なり。

今夫れ無智の頑民、朝夕の利に惑ひ、銖錙の爲に手足に汗して自ら滿足す。故に一旦内地雜居の日に到りて、利を以て之に啗《くら》はし、詭辨以て之を陷いれば、先祖重代の田宅をも賣拂ふべく、國家に不利益なる契約をも爲すべし。之に乘ずるに姦黠狡慧の族ら、奇利を射て一攫千金の快を貪らんとするありて、碧眼紅毛の頤使《いし》に供し、東を罔《あざむ》き西を欺き、左支右吾の間に甘き汁を啜り了らんと企てなば、歸する所、實權實力は財力ある外人の掌裏に落ちて、日本國民は其鼻息を伺ひ、操《と》るも縱《ゆる》すも彼れが意のまゝなるに至らん。極端の説を爲す者は、日本の地價數十億萬に上りて、ロスチャイルド、ヴァンダァビルト其家產を傾けて之を購はんとするも及ぶべからずと云ひくろめんとすれど、一國の財權を操縱するは其地積

を全く買ひ占めでは得べからざる者にはあらじ。咽喉の地、要衝の區、之に據り之を扼して其機會を制したらんには利源の通塞、欲するに任せて之を自由にすることを得ざらめや。且らく近日の現況を以て之を徵せんに、條約改正の談判は云々といへば、名古屋金澤仙臺等の如き都會の地價は故なきに驀然として騰貴するに非ずや。是をしも猶ほ新條約たとひ成るも、外人の一時に殺到し來りて、我が利權を全握するの憂はあらじとて、枕を高うせらるべき時とや思へる。薪を積むこと一丈、其下に火を點じて、其頂に坐せり。赤き炎は黒き煙と卷くが如く索綯《なわな》ふが如く相まつはりて、一層より一層に燃え上れり。熱趾《くびす》に及ばざること三寸、安坐して吾れ猶安しとはいはんには、消防夫ならぬ己れ、などか其膽勇を感じ得べき。改正條約の實施せられたる翌日、碧眼紅毛の人、全國にみち〴〵たらず、其翌日又未だみち〴〵たらず、翌日又翌日、待ちくたびれてしばし黃粱の短き夢を結びけりと思しに、フト眼醒むれば、こはいかに、前後左右皆碧眼なり、紅毛なり。細雨濕ㇾ衣看不ㇾ見、看て見るべくんば、猫の毛の如き小雨に衣は濕されじものを。

さはいへ、上の如きは其害の形あるものなり。渠儂《かれら》たゞ無智なり、惷頑なり。利を見るが故に之に就きぬ。其不利を見なば止みなん。知らざるが故に之を爲せり。知れば則ち止みなん。令すれば守り、禁ずれば止まる。誠に力を爲し易きなり。何となれば其形に著るしきが爲なり。あゝ吾れ形なきに生ずるの害を奈何せんや。夫の外人崇拜の鼠輩を見よ。渠儂の腸《はらわた》腐れること其れ幾日ぞ。有難きことには渠儂が猶ほ紅鮮々たる日本人民の血液を受けたるが爲めに、姿に愧づる法師ならねども、其口は思ひ切て碧眼紫髯を神物なりとは得云はざるなり。されども渠儂は其碧眼紫髯の徒が、我國人が始め碧眼紫髯の徒を以て禽獸として視たりし如く、碧眼紫髯の外は何等の人種も異類ニグローの族と同じき觀察を下したる先入の見が主となりて、之より判斷したる不完全なる科學の結果を崇信して、彼等をば一等己より高き種族の如く思ひ做し、吾が國人が優等なる道義理性の判定力をも自ら卑しとして、只管に他の狡智黠慧、陰險兇惡の能力にさへ感服しあるは、そも何の心ぞや。吾れ今の條約改正を贊する者の言ふことを聞く、かくの如き改正は吾が邦今日の地位に於て、已むなく滿足せざるべからざる所の者なりと。渠れ耄すらくのみ。さらずば其喉を出づるの氣、腔に響くの音、いかなればかくまでに奄々として力なきぞ。吾が銃礮鬪艦、人を殺すの凶器、貿易罔利、人を欺くの詭道、誠に渠れに及ばず。然らば吾れ正を蹈むに恐れ、義を取るに疑ひ、己れの皎々を以て他の汚泥の中に黷《けが》し、殘賊の徒に首を俛《ふ》して苟も一寸の氣息を長うすべきか。魯仲連何くに在る、胡澹菴何人ぞ。思ひきや、清き高天原民種の子孫、高き富士山ある國の住民、俠義慷慨なる封建世の次代の士、美術の國、刀劍の國の生民が夫の豚尾奴の祖先に如かざりしとは。地に畫いて檻を爲《つく》るも、士たるもの以て入るべからず。木を削つて吏となすも、士たるもの以て對すべからず。其飽て頸に鎖つながるるの狗たらんよりは、餓て山林に放たるゝの狼たらん。高義なる祖先をして恥なきものゝ、祖先を呼ばれしめ、罪なき兒孫をして恥なきものゝ兒孫と呼ばれしむ。かくても汝の腦髓はまだ痛痒の感をだに有せじや。然るに彼れ平然として言へり、此れ猶ほ治外法權を存するの國辱たるに勝れりと。飢る者は食を擇ばず、渇する者は飲を擇ばず。久しく彼の不當なる條約に支配されたれば、半歩を進むも、滿面喜びの浪を溢らす。理ならぬにあらざれども、そも恥を知る士大夫の爲すべきことかは。渇しても盗泉の水をば飲まず。隘なり、されど其清きこと秋旻の如く月朗かに星輝くなり。之を聞くだも廉なること能はず。志を立つること能はざるばかり、貪にして懦《だ》ならば、何の面皮ありてか抗顔して、猶自ら士人の列に入らんとはするぞ。鼠輩々々、渠儂も亦吾が同胞なり。何を苦めばや吾儂はかくまで渠儂を斥罵するとは思ふ。渠儂が斯の若きの心腸を以て、外務大臣の政略を賛揚し、さて其望み通り改正は斷行せられ、内地雜居は實施せられ、司法權の一部は外人の手に操られ、法典編纂の約束は成立ちたりと見よ。爾時《そのとき》に碧眼紫髯を畏敬して、惡き模範をかの無智惷頑の民に貽《のこ》す者は、他人にあらず、必ず渠儂ならん。此の如き特操なきの族類に擁されつゝ、提携しつゝ因て以て八公山の草木ならぬ。桓々たる歐西の條約國を敵手として一搏を試み、さも謀ありげに一歩地を他に讓りて脚跟を踏み固め、掛引意の如く、勝敗の機を制せんなど、望むべからざる望みをなす。其前軍未だ陣を整へざるに、後隊はやくも自ら敗れて、旗さしもの靡《なび》き亂れ、先づ走る者後れ走る者を敵と思ひ、しどろに崩れ立ちて國家社稷を傾覆の難に擠《おと》さゞる者、幾んど希なり。恐らくは其先づ走る者は、蓋し其最も多く賛成せるものならん。

求レ進而退、兵之常患、乃欲レ求レ退乎。

吾れ此語を三復す。

憲法の解釋法

大隈伯の條約改正案、外人を以て法官に任ずるの文ありと聞くや、議者其の憲法第十九條に違へることを咎めたり。その後咎責する者、回護する者、紛然雜然、相諍ひ相論じたれども、遂に廟堂の上に於てさへ、違憲の説に歸一して、改正案の不可なりしには誰しも異論あるべからざる姿となりぬ。然るに之を救ふの策として取られたる方法なりと傳ふるを聞けば、又大に不可なる者あり。夫の外人といへる文字を以て歸化人と解釋し、以て憲法の文字に罣礙《かいがい》なからんことを求むと云ること是れなり。其故如何。今さら言新らしく申さんも嗚呼《おこ》がましけれども、憲法は國の大典なり。之を解釋すること尤も謹嚴ならざるべからず。一たび不當の解釋を附し、定まりて慣例となりたらんには、其害を百世に貽して、國家の病根たらんこと、恐れて而して愼まざるべからず。之をして普通の法律を解釋するが如く、拘々として文字章句の上に道理を求め、其脫《のが》るべき所は縱まゝに網の目を潛る曲者あらば、吾黨は直ちにヤスを取て、さる橫着の魚類を衝き殺すべし。蓋し普通の法律に在て、成るべく疑を闕《か》き、放任を主とする者は、勢に於て理に於て必ず然らざるべからざる者あればにこそ。そはもと治者被治者の關係已に定まりて、被治者の利益を保護すること大なる須要たるが故とかや。古へに賞の疑しきは是れ重くせよ、罪の疑しきは是れ輕くせよといへる。同じ理りならんのみ。今や憲法を以て之と一例に視んこと、是れ憲法の賊なり。

黃帝赤水に珠を失ふ。之を得る者は知にならず、明にあらず、而して瞶々《かいがい》たる彼の罔象なりき。思辨の力、時に或は已が明を晦《くら》まし、直覺せる普通の感情、反て屢々理の當を得ることあり。吾れ此に哲學の講席を開いて其然る所以を說明せずとも、普通の人は其經驗に由て之を知るなり。今歸化の外人を以て法官に任じ、外人といへる文字を以て條約諸國の辭を支へ、歸化人といへる字面を以て憲法論者の口を箝せんとす。而るを人之を目して至正の事とせんや。必ず已むを得ざるに出でたる彌縫の拙策を以て、未曾有の大典に一の慣例を附し、外交の大事に一時安きを偸《ぬす》むことあらば、たとひ其人の技倆、一世を眩惑するに足り、異議なくして帖然悅び服したらんとも、天下後世、直筆を執て史を紀する者、之を美德として頌することを得じ。矧《いわ》んや憲法を解釋するの法は、決して普通の法文と同じかるべからず。獨り文字章句の限りに之を釋せんには、無限に君權を使用して、民生の利益を害することもあらん。無限に一私人の權利を長じて社會の公益を蠹蝕《としょく》することもなしといふべからず。此くの如きは皆亂の階なり。其尤も危險なるはかゝる解釋によりて國際の關係を糾繩にし、複雜にし、以て內政干涉の弊を生じ、以て主權外移の毒を流すにも至りなん。

日本人民は未だ此處の道理をさへ見誤る迄に愚鈍ならざるなり。さればにや幾多の憂國者が不快なる口吻は、猶ほ新聞紙の上に散見す。然れども內閣の議は略ぼ此の彌縫策に滿足して、竟に改正の步を進めんとすと傳ふ。果して信ならば、諸公誤る矣。吾れ未だ其の新たに製せらるべき歸化法が何等の條目を有すべきやを豫測し得ず。さりながら改正條約實施の期は、來年二月に在りと聞けば、外人を法官に任ずるの期も、法典編纂の時期と共に甚だ久しきの後にはあるまじ。推して之を考ふれば歸化を許すの因由として、決して十數年の歳月、日本に在留して誠實に日本天皇陛下に忠實なるや否やを検するの事項を加へ得べからざるは明けし。さやうなる歸化人に大切なる司法の權を割與して吝《おし》まざらんとは、諸公と諸公の贊成者はいざ知らず、國を愛する日本人士の度量はさほどにはてしもなく、宏豁《こうかつ》なること能はず。嗚呼諸公も亦陛下を翼贊し奉りて大憲を制定したる人々におはさずや。畏くも陛下親しく宵肝の勞を取らせ玉ひ、祖宗列聖の前に申告させ玉ひて、百代の長計を建てさせ玉ひつる大御心、さる彌縫的の歸化法もて赫々たる大憲を糊塗せんの爲にはあらじ。若し諸公の議、道路の傳ふるが如くんば、是れ大憲既に定まりて半年ならざるに、既に一の惡例を以て之を汙《けが》すに庶幾《ちか》からずやは。かくても聖主の明德を累《わずら》はしまつらずと云はゞ、吾れ之を評する所以の語を知らず。庶幾《こいねがわ》くは之を改めよ。

凡そ非を遂ぐるの不德たるは、人々之を知る。されども心弱き人間の常とて、過ちを過ちと自ら知りながらも改むるに憚るは、惡むべく又憐むべし。其一身に取りてさへ之が爲に災害を釀すこと少なからざれば、一國の鈞を執る卿相の身に在りては、其及ぶ所兆民の生命にかゝる、戒むべきことなり。但々夫れ俗間別に一種の惡德を生じ、改むる者を以て特操なしとし、意氣地なしとし、遂ぐる者を以て剛毅果決とするの風ありて、負惜みなる者、痩我慢なる者、屢々此惡德に誤まられ、爲めに不測の患害を後代に遺すこと珍らしからず。愼むで避けざるべからず。大隈伯嘗て一世の望を負て、早稻田の廬を出でぬ。其一年間施したる强硬政略は、世皆之を喜べり。曰く、さすがは早稻田の謝安なりと。然るに一たびタイムスの紙上に新條約案の出づるや、人爲に愕然たり。呺然たり。嚮者の之を贊揚せる者、今は之を非議せり。されど內閣諸公は既に大隈伯を信じて之を野に起し、大隈伯も亦自ら信じて朝に出でたるなれば、今更少しばかりの故障に旗の手靡かせんも、餘りに意氣地なくや見えん。名譽地位の得失、一代の浮き沈み、死すとも冠は脫ぐべからずと思はん心の程、さこそと吾れも推したり。されど外人を法官に任ずるの違憲たることは、大隈伯も承認せられて歸化法案と改められたるやに聞く。歸化法案の精神（文字とは云はず）、又違憲の嫌あるを認めたらんには、內閣諸公豈に身に非を遂ぐるの不德を犯して、國に憲法の惡例を作り、百世の患を貽して陛下の聖德を傷り奉らんや。吾れ固より未だ道路の言に信を置くこと能はず、何となれば諸公の明達にして此に及ぶこと、理に於て有るべからざればなり。若し信ならば諸公庶幾くは之を改めよ。

作レ俑者其無レ後乎。一國の命脈たる大憲に向て惡例を造ること、千萬の俑を作るよりも甚し。吾れ其人の後《のち》なからんことを恤《うれ》へず。然れども其三千九百萬人をして悉く後なからしむるに至らんことを恐る。噫。

「雑纂」

閑居箴

芭蕉翁

あら物ぐさの翁や、日頃は人のとひ來るもうるさく、人にもまみえじ、人をもまねかじと、あまたゝび心にちかふなれど、月の夜、雪のあしたのみ友のしたはるゝも、わりなしや。物をもいはず、ひとり酒のみて、心にとひ心にかたる。庵の戸おしあけて雪をながめ、又は盃をとりて筆をそめ筆をすつ。物くるおしの翁や。

　酒のめば、いとゞ寐られむ、夜の雪

文に作意あるは、文の未だ至らざればなるべし。作意なきの文、方さに之を化境といふ。俳人の文、品高きもの多し。その皆世と局促せずして、紛々たる塵俗を卑んずる氣象あるが爲めか。されども卑んずといふ心あらば、是れ既に作意を免かれず。さればにや動もすれば奇を故らに求めて、白眼世を睨み、冷語稜々人に逼るもの多し。唯翁の文は渾然として至粹、清を求めずして清汚すべからず。高を求めずして高攀《よ》づべからず。優に神品に入る。深く西行兼好等の遺意を得たり。子細に味ふべきなり。

不癡不慧子　識

『大同新報』第一三号「大同新報」　明治22年9月16日

一言而喪邦

車を驅りて急阪を下る。半なり、阪下に千尋の淵あることを知る。勢爲す可からずと料りて、そが行くまゝに任せて敢て逆らはず。智に似る也。然れども仁者は蓋しさはせじ。父母疾ありて、甚だ爲すべからずと雖も、藥を下さゞるの理なし。その己に於ける、その父母の遺體なることを省みなば、亦自ら棄つべきあらんや。稽《かんが》ふるに夫れ國家の衰へ且つ廢るゝ所以は朝夕の故にあらず。一旦その衰廢の人目に顯赫たるに及びて、その弊源を極むれば、紛然として亂れたる絲の如く、其端緒を求めて之を理《おさ》めんとするに殆んど得べからず。得べからずとして之を見限ること、蹇々《けんけん》たる王臣の當さに爲すべき道ならんや。急なれば則ち一刀兩斷、片々にして之を解く。緩なれば則ち日の力を極め、手指の勞を厭はず、必ず竟に其緒を得て而る後に已まん。此の如き誠忠の節、堅固なる氣力、果敢なる決斷あるにあらずば、一國の大臣として内外の衝に當り、機務を處辨して國家人民の爲に福利を増さんこと、望むべきにあらず。然らざれば必ず其國を誤り其民を水火に投ずるに至らん。

故に吾れ今世の人のやゝもすれば「行掛り」といへる語を以

て人言を拒むの資とすることを聞て、未だ嘗て悵然として歎ぜずんばあらず。所謂「行掛り」といへる語は、即ち車の勢遏《とど》むべからずとして之を放つなり。絲の亂れたる理むべからずとして之を棄つるなり。父母の疾爲すべからずとして之に藥せざるなり。父母の疾爲すべからずとして之に藥せざるは、罪固より死に容れず。然らば天下の人の父母妻子を擧げて盡く爲すべからずとして之を見限るの大臣あらば如何。夫れ舊條約の期限の十七年前に切れたるに、改正の効を奏し得ずして今に至れること、誠に當路大臣の誤りなり。一國人民の誤りなり。抑も大勢の已むを得ざりしなり。其後に繼で起り、談判の局に當る者の以て爲し難きや、萬衆之を知る。必ずしも今の當路、及び今の當路を贊翼する輩が珍らしげに彼《かれ》是《これ》言立つるを待て知るにはあらず。況んや前の當局者が輿論に棄てられたる改正案が、甚だ大なる瘡痍を外交の史上に貽して、後の當局を苦しめたることも渠儂が說き明さん迄もなく、人の知る所たり。一々にして之を擧げば百千の「行掛り」雜然として顯はれ出でなん。その「行掛り」にして何れも避くべからざる者なりせば、始より條約改正に手を着けんやうはあらじ。又草莽巖穴の間より進で束帶して朝に立ち、國威國權を伸ぶるを以て自ら任ぜじ。既に自ら任じて、既に手を下せり。其連合の談判は、「行掛り」を破りて、國別の談判とし、結むで解けざりし最惠國條款の膠葛《こうかつ》を解き了れり。猶曰く、某の項、某の目は、十七年來の「行掛り」にして避くべからざる者なりと。同一の「行掛り」が二樣に處置せらるゝは理の然るべき所と云はんや。彼の「行掛り」が之を破ることを得べきに、此「行掛り」が避くべからずといふこと、はた彼は易くして此が難きに由るか。然らば其易きものは自から當りて、難きものを後人に推さんとする歟。患害の積むこと一年又一年、國步の艱難、懸崖絕谷に向て益々馳せたらば、たとひ自ら螳螂の斧、龍車に當るに足らずと知らん迄も、力限り根限り之を遏《とど》むべきは志士仁人の務めにあらずや。抑も國の安危を司る大臣の分にあらずや。李泌曰く、唯天子と宰相とは、以て命を言ふべからずと。乃ち今の日本の宰相は「行掛り」を言て不可なかるべき歟。

そは扨《さて》置《お》き、今の所謂「行掛り」といふ者、果して必ず避くべからざるの勢に在る歟。我國勢の微弱なる、果して正理を以て條約諸國と對等の權利を得るに足らざる歟。非條約改正に熱中して國權を重んずる者、彼が如く多し。九國の會合八萬人、東北の集會數千百人、渠儂が屍を積むも、以て正理を護るの堡障たること能はずといふ歟。はた東洋萬里の一島の貿易は、今の境遇に在て彼れ條約諸國をして力を以て爭ふ迄に頑硬の政略を執らしむる價直あるべき歟。然るを賢こげに彼我の形勢を較べ量て、自ら貶すること其度に過ぎ、人心を沮喪して屈する者に益々屈せしめ、甚だしきはさもなき國醜を揚げて以て己が證據を固うせんとす。其罪を論ずるに謀叛人に浮ぶ。何となれば謀叛する者は直ちに表面より國家に讎《あだ》す。譬へば旅人を襲ふの風、いよ〳〵他をして其羽織を固うせしむるが如し。而して屈從の約を結ばんとする者は陰に内部より災を釀す。譬へば木を蝕するの蟲の如し。深く根抵より發して隱微見るべからざるの際に救ふべからざるの害を致すなり。彼の「行掛り」を口實として、苟《いやしく》も一旦の難を免かれ、奇功を以て人目を眩せんとするは、國家百年の災いを生ずるしれものといふべし。

支那は累世邊疆に困める國なり。三代以下、苟安の策を取りて、能く久しきを保てる者は未だ之あらず。周犬戎に苦しみしより、北胡毎に邊の患をなせり。秦をして「行掛り」を守りて大に北胡を伐たしめずば、我れ安ぞ秦の胡亥に亡びずして眞に北胡に亡びざるを知らんや。惠文、高帝の敗に懲りて、歳々幣帛を致すこと幾百萬、武帝をして「行掛り」を守らしめば、霍嫖姚の功、豈に永く詩人に歌はれんや。東晉の偏安、目を擧ぐれば山河舊に非ず。神洲の陸沈を慷慨するの諸士にして、徒に「行掛り」を守りて、桓溫長驅して關中に入るの勢なかりせば、肥水の役、牛氏の祀らざること久しからん。宋は五代の「行掛り」に從ひ、幣帛厚く事《つか》へ、老蘇審敵の篇徒らに空言を世に建てゝ、徽欽に至りて北巡の禍に及ぶ。「行掛り」の世に及ぼす所の効果は則ち此の如くなり。

哀公問ふ、一言にして邦を喪ぼすこと諸有りや。我れ且つ孔子に代りて對へんとす。人の言に曰く、行掛りにして已むを得ざるなりと。若し其れ善にして已むべからずば亦善からずや。如し其れ不善にして已むを得ずば、一言にして邦を喪ぼすに幾《ちか》からずや。

大臣の責任

務あらざることなし。唯大臣の務を尤も重大なりとす。君王は神聖にましませば、以て惡を爲さるべきにあらず。君王の爲し玉ふ所は卽ち大臣の爲す所なり。内外の治理、大小の機務、身を抽《ぬきん》でゝ之に當るからには、善に惡に其責任を負ひ、功業あれば、君王の美德と己が榮譽とを增すべく、罪過あれば己れ自ら引て其責を承けざるべからず。あゝ人誰れか榮利を欲せざらん者ぞ。責罰を惡まざらんものぞ。然るを今上の如くならば、固より庸人の好で自ら輕々しく當るべき所にあらず。唯志士仁人、身を以て國家に致すの節ある人のみ能くす。そも故あり。明つ神にます天皇が民人を大御寶として痛はらせ玉ふ大御心は千早振る神代より然る所なり。民の嚮ふ所を是れ君の心とし玉ふなれば、君王を輔弼し奉りて、萬機の政に參する大臣の爲す所は、民心に逆らひし擧動あるべきにあらず。若し之あらんには、こは君王の御心にあらで、大臣の錯《あやま》ちたるは疑ふべくもあらざればなり。吾黨大隈伯と鳥尾子との問答を新聞紙の上に讀みて竊かに悲しめり。大隈伯は云はる、天皇陛下萬々一御批准し玉はざるに於ては致し方もなしと存ずと。嗚呼是れ一國の大臣として外交の局に當る御方の言はせらるゝ言葉と承けらるべきことかは。畏くも天皇陛下の御明鑑《めがね》をもて外務大臣に任ぜさせ玉ひ、外交の全權を委任せられたる上は、大隈伯の身に取ては當さに死力を盡し、肝膽を碎いて其殊遇に酬い奉らざるべからず。既に自ら任じて條約改正の功を果さんと決意せる上は、其改正案が陛下が民を愛させ玉ふ大御心に副はんや否やは、逆《あらか》じめ詳らかに料り知らざるべからず。輔弼の大任に當り、外交事務の難局に當りながら、天皇陛下の御批准させ玉ふまじと思はん改正案を造らんこと、萬々あるまじきなり。若し之ありとせば、是れ陛下に不忠にして日本國民に不實なり。不忠不實の大臣は日本國民が陛下の政府に望ましと思ふ所にはあらじ。日本國民が望まざる大臣は、亦民の父母たる天皇陛下が信任させ玉ふべき大臣にはあらじ。

説を爲す者あり。大隈伯が天皇陛下の御批准に待望し奉る所、豈に其言ふが如く實に拒否させ玉ふべしと料り奉りてのことならんや。大隈伯も其の及ぶ丈の力は盡されての上の改正案にしあれば、廟堂諸公も今は大方は贊成し玉ひけん。天皇陛下の信任させ玉ふ内閣なれば、よも批准は拒み玉はじ。唯それ囂々然たる反對黨の口を箝せんが爲には、彼等が最尊無上の、君王として奉戴せる陛下の一言を請ひ奉りて、改正案を磐石の固に置くより良き計はあらじ。伯のしか云ふこと亦宜ならざらんやと。是殆んど齊東野人の語なり。若し信ならば、さる大臣は、實に國憲を紊り、皇室を傷り奉るものなり。其不忠不實たるや亦甚しきことなり。吁、臧獲婢妾も心ある者は、其主を辱めらるれば勃如として怒る。いかんぞ一國の大臣として其君を怨の府に置いて爲すべきことあらんや。國家の組織は繁雑なり。絲の如くに牽き繩の如くに聯なりて、其一部をだも破るべからず。譬へば人身の組織の如し。神經系の交感、往復鎖綜、毛髪の微を傷くと雖も安からず。されど一たび延髓を撃つの直ちに生命を絶つが如く急なるはあらず。一國の君主が其國家に於けるも亦切なること之に殊ならず。さればこそ君主を神聖不犯の地に安じて、責任を負はしめ奉らざるなれ。況んや神聖なる我皇室は實に臣民が萬古渝《かわ》るまじと奉戴する所なるを、一毫も赤子の心に不滿を抱かしめん擧動あらば、其罪萬死に當るべし。恭で憲法を披けば天皇の神聖不犯にましますこと、國務大臣が責に任ずること歴々として大書しあるにあらずや。さるを國權の伸縮、國威の消長に係る、日本國民が擧《こぞ》つて其首を疾《や》ましむる一大事に於て、陛下を擁し奉りて直接に國務の責に當らせ奉つること、勿體なさの限りなり。危うさの至りなり。明々に嚴正なる國憲を紊る者は、それ是等の言なり。冥々に皇室の尊嚴を汚し奉つる者は、亦是等の言なり。

頼む所は當路の言、盡く信を置くべからず。大隈伯と鳥尾子との答問の如きも、未だ必ずしも全く誤りなきを保すべからず。或は伯の言世に誤り傳へられたらんこと是のみ。但々時が時なり。さらぬ事だにも人言の喧しき世ならずや。堂々たる新聞、公然と之を掲げて、人の其僞ならんことを信ぜんを求むるは難し。吾黨の危言すること豈に已むを得んや。誠に獨り大隈伯の爲に言ふのみにあらず。天下後世の宰臣たる者の爲めに言を立つることあらんと欲するなり。伯も亦庶《こいねがわ》くは以て省る所あらん。

更に非條約改正論者に物申さん。諸氏の中には間々亦批准拒斥の議を以て、中止最後の手段とせんとする者ありと聞く。たとひ批准拒否の事、外交上の前例ありといふも、實に非常の事たり。輕々しく之を用ゐて前に述ぶるが如き憲法上の惡例を造り、皇室を是非の衢《ちまた》に置かせまつらんこと、畏こきわざならずや。諸氏の論議にして輿論を聳動《しょうどう》し、天下忠義の士を振ひ作《おこ》すに足らずば已みなん。然らずば直論讜議、忠誠天地を動かすの氣を以て、何を苦しみてか一大臣を動かして其位を去らしめ、以て善後の策を講ずること能はざるをば患ふるぞ。一旦の利害を以ての故に天下百世の長計を遺《わす》れん者には、吾黨は其朝に在ると野にあるとを問はず、用捨なく之を攻撃して尊皇の大義を伸べんことを欲するなり。

尊皇奉佛者が條約改正に關する意見

たゞに條約改正の問題に限りたることにはなきなり。何事にまれ實際の問題には、尊皇奉佛者としては必ずしも一偏に局したる意見を有することを得ざるなり。かるが故に尊皇奉佛大同團の意見を代表したる、條約改正の意見を稱道するは難きわざなり。其中止を主張する者、團友中固より之あらん。かの斷行を贊成する者も、亦之なしといふことを得ず。されど吾黨は斷言す、國家に不利益なる、はた皇室に不忠義なる心根をもて此問題を思辨論議せん者は、萬數の團友中一人も之あるべからずと。吾黨は實にかく望まざるを得ず。請ふ諸君と詳らかに其所以を講ぜん。

吾黨は極めて公平に評論して、贊成論者の言を、磊落軒昂天地に愧づることなきものと名づくることを難んずるなり。疑らくは彼れ日中に於て、得意の筆を弄して中止論者を冷罵し去るの後、夜深け人定りて獨り枕に就くの際、雙眼將に合せんとして忽ちに良心が其晝間の罪惡を數《せ》むることなきを保せんや。されど贊成論者も亦種類多し。利欲の爲めに、黨派見の爲めに、枉《ま》げて意ならぬ論議を唱ふる徒らとのみは限らじ。其間必ず誠意誠心、現條約改正案を國家の利益と信じて、之が遂行の爲めに鞭を執る人もあらん。中止論者とても同じことなり。吾黨は中止論者中には心底愛國の情より發して、身命を惜まず、奔走する人極めて多きを知れり。されど其間豈に必ずしも黨派の爲めに見を立つる者、機に投じて名を售《う》らんと欲する者、騷ぐが面白さに伴《つ》れ騷ぐ者なしといふを得んや。源より濁るの流れは尠し。盃を以て舟となして膠《つ》くの泉は、瑩徹なること玉の如きも、千里の末流、滔々として天を浸すに及んでは、混濁にして黑灰色をなす。其主持者の心は、眞正に國家人民の爲に心を勞するも、屬僚斗筲の輩、毎々其意を誤りて私を營むは有勝ちの事にて、勢ひの防ぎ難き者なり。奈何せん、凡そ大事業の成ること主持者一人の手に爲さるべきにあらずして、實に部屬斗筲の輩の運動に成る。事の意外の惡果を結むで、非常の失敗を來すこと、多くは是れに由れり。嗚呼、庸人なりとて慢り輕むずべからず。馬鹿ほど怖いものは世にあらじ。此理を推さば條約改正問題が今の狀態に及びて、兩派の論爭、やゝもすれば其正鵠を失ふこと其因由を知るに難からんや。

恥を忍び辱を包むの志あらば、今の條約改正案、土地所有權の如き百世の害を貽すべき條項を除くのほかは、豈に以て一時に屈すること能はざるものならんや。越と吳とは世々の仇なり。勾踐が會稽に棲するや、夫妻甘むじて吳に臣妾たり。歸るに及んで薪に臥し膽を嘗め、遂に報復するを獲て吳を沼にせり。獨と佛とも亦世々の仇なり。普魯士のナポレヲンに窘《たしな》めらるゝや、地削られ兵滅ぜられ、幣を厚うし辭を卑うし、只其歡心を失はんことを之れ恐る。用を節し廩を實て、艱辛下と共にし、遂に深仇を其甥の時に破れり。而して佛の既に敗るゝや、償金十數億に上り、二州の地を割て城下の盟をなせり。國人心を一にし、良民卽ち兵丁たるの覺悟を以て、數年ならざるに富强舊に復し、ビスマーク公をして枕を高うするを得ざらしめたり。一國民擧《あげ》て國辱たるを知り、之を雪ぐの志瞬《またた》く間も心に忘れず、以て改正條約を斷行せば、今の辱たる所以、或は他日の榮を生ぜんも知るべからず。此心を以て斷行せんには、斷行すと雖も吾黨其利の中止に異なるを見ず。何ぞ必ずしも一に中止に偏するを須《もち》ゐんや。抑も條約改正の期を失ふこと此に十七年なり。而して王の愾する所に敵するの志を懷き、憤悱して國家の爲に大辱を雪がんとせし者果して幾人かある。一旦改正の議起れば、其案の良否を辨ぜず、雷同して之を贊し、其辱を辱とせずして、却て之を誇るが如き者ある世なりとせば、一國を死地に處《おい》て他日の大活を求むること覺束なし。退くこと既に不可ならば、勇往直進することあらんのみ。事を爲す者の患は、兩端を持して進むに進みかね、退くに退きかぬるにあり。能く守る者は九地の下に潛み、能く攻むる者は九天の上に動く。極端より極端に走らざれば、事毎に敗るゝなり。一國を以て屈する能はずんば、寧ろ一國を以て伸びん。守る者は足らずして攻むる者は餘りあれば、能く伸ぶること多くは能く屈するよりも爲し易きなり。今の條約改正中止を望む者は、固より舊條約を喜ぶにあらずして、實に完全なる對等の條約を得んと欲するにあれば、此心を以て中止するは固より利ありて害あることなし。

若し夫れ暫く外人の競爭を避けんとして、僅に中止に頼りて歳月を延べ、豫め外人の强抗を恐れて、僅に不正の條約を遂行せんとするは、是れ兩つながら姑息の計のみ。苟くも然らんには其中止と斷行とは、空名のみ、徒爲のみ。其實擧らずして徒らに其名を求む。吾黨その國家を空名の下に葬らんことを恐るゝなり。

幸に我が尊皇奉佛の徒は、其の志固より一身を以て皇室に致し、佛法に致すものなり。既に身を致すの覺悟あらば、千萬人と雖も往かん。中止を主張すると斷行を贊成すると、固より問ふ所にあらず。心を欺かざるの言を言ひ、言に負《そむ》かざるの行を行ふ。退くに一身を以てし、進むに一身を以てし、以て天下の擾々たる者を攪醒せんこと、是れ我が尊皇奉佛の徒の職分なり。

『大同新報』第一四号「大同新報」　明治22年10月6日

至誠而不レ動者未二之有一也

新條約案を非難するの聲一たび世に聞えてより其れ亦幾日ぞ。唇を燥《かわ》かし舌を爛らして論辨百端、演説は中止され、新聞雜誌は停刊されたれども、屈せず撓《たわ》まず、益々其鋭を磨して、何時果つべしと見えざるに、顧みて廟堂の上を視よ。そが爲に内閣の議論幾たびか變ぜしとも噂せず。法官を歸化人とするの議ありしと聞えたる外は、反對の諸士が千刀萬刀、眞向にかざして打込む論鋒も、空を截《き》る心地して何にやら手對《ごた》へのはづみなく、徒らに贊成派の一流論者と枝論末議を爭ひて、汗水流して無用の地に全力を竭盡せるやの觀なきにあらず。渠儂《かれら》の言ふことを承はらば、是にも多少の理由はあらうやも知れず、輿論を喚び起して、其の勢力もて政府を動かさんといふも成程一の良計には相違あるまじ。されど渠儂が東に奔り西に馳せて、星行露宿、旬日の間に誘ひ起したる輿論の價値は、直ちに内閣の運命を買ひ取らん迄の額ありや。我邦在野人士の習ひとて、善きに惡きに、政府が爲す事に反對すとさへ云へば、喜で之に加擔する風あること、在上の人々も兼ねて知れば、旬日の間に烏合したる衆論には、在野人士が思はん程耳傾くべしとも覺えず。且つ其輿論の眞價より言ふも、談笑の際、質樸にして感じ易き田舎人士の感情を一寸刺衝して、他を慮る暇だもなく騒立せけるなれば、其議論の正しきには變りはあるまじけれど、其立論の根據は何となく危うき心地はすまじきや。聽信することの少き政府に、根據弱き輿論を煩《うる》さく聽かせんとす。是より外に手段なくば中止の議論の勢力も覺束なさの限なり。一旦事迫りて政府が斷行と決したらん上は、數月の辛勞も水の泡とならん。政府が正義を容れざりしは政府の罪なり、吾等の知ることならずと、責を他人に歸して事濟むやうなる、國内の出來事ならんには其れもよからん。事決すれば早や明日よりは異人種と生存の競爭に、命掛の勝負して我身竝に子孫百世の運命を試さねばならぬ大事なり。彼我の間に功罪の判斷を爭論してあるべき緩々《かんかん》たる手際にて遣《や》らるべきにあらず。嗚呼批准の期も遠かるまじ。京阪の往來、東北の旅行、大會の準備、演說の開會、日は一日々々と飛び行くなり。千歳座の大演說は昨日と思へど、早や一月は過ぎにたり。かくてある間に改正の談判は疾くに整ひ、半歳の奔走、顧みれば一事の成れる跡もなくて、徒らに舊新聞紙上に往來旅行大會演說の記事を留めんばかりならば、臍《ほぞ》を嚙むとも及ぶべけんや。

新條約案が十全のものならずとは、萬口一聲、贊成派の者なりとも異議はあらじ。廟堂諸公と雖も豈に之を全く危險なしとは信ぜんや。されど此三、四年來は條約の談判を開くこと二たび、皆吾より之を開きたり。前の談判吾より之を引て、既に幾分か外に對しての面目をば失ひけるに、又ぞろ新條約も調印まで濟ましながら、吾より之を引かんこと、餘りといへば口惜しき振舞なり。殊更今の我々が力にては、大隈伯の條約案に優《ま》したらん條約案もて、談判を遂げ得べしとも覺へず。新條約案とて危險と云へば危險ながら、事は案外に出づること多きものなれば、思ひしよりは惡しき結果のなからんやも知れず、暫く大隈伯の爲すがまゝに爲して、若しも首尾よく成功せば、それも亦善からずやと、大方はかくや思ふべからん。心弱き人間の頼めぬ事を頼みにするも、有勝《ありがち》の事とし思はんには敢て怪むべきにあらず。悲しむべきはかゝる苟《こう》且《しょ》の處置の爲め、思はぬ危害を百代に貽《のこ》して救ふに救はれぬ禍を速《まね》くの一事なり。たゞ夫れ心弱き人間だけ、感動され易き動物にてある丈、之を動かす者が堅固に安全に誠實に熱心にてあらば、其堅固安全なるを力と頼み、其誠實熱心なるに激《はげ》まされて、能く力量には餘らんと思ふ程の決心をも奮ひ起すことあるべし。吾儂《われら》は今の廟堂諸公を意氣地なき、優柔なる怯夫なりとは信ぜじ。今の廟堂諸公は其かみ維新變亂の際には砲煙彈雨の間に往來して一命を白刃の上に托し、屍を馬革に裹《つつ》まんことを世の本懷としたる剛者《つわもの》にてありしなれば、身家妻子に思ひの殘らんやうなる未練は萬之あるまじ。但々一身の擧動、一心の傾向も二千年金甌《きんおう》の國家、四千萬蒼生の浮沈にかゝる身の上なれば、職務責任を重んずるの餘り、思ひ過されては事に臨みて二の足を踏むことなしといふべからず。嗚呼矍鑠《かくしやく》たる諸公をして當年鋭果の氣を再び起させ、心《こころ》置《おき》なく老氣秋に横はる手段を決行させせん者は、在野後進の人士が堅固安全誠實熱心の度如何にありて存すとは知らずや。非新條約論者が擧動は果して依頼すべき程堅固安全に見ゆべきや。そが心事は果して信憑すべき程誠實熱心に見ゆべきや。壯士を驅り嗾《そそのか》して改進黨の演説の席を擾《さわ》がし、判任十等の技倆も覺束なき腕前もて、機に投じて名を售《う》り、來年撰擧の下地をなさんと企つる似而非政治家が、政府に堅固安全の思をさすべしとや思ふ。國家問題なり、國民問題なりと口々に罵れども、其改進黨を攻撃する口振りは、疑ひもなき大同腹とよりは見えず。國家の大事をよき折と見て、政黨の勝負を決せんとする議論は、政府に誠實熱心なりと感ぜしめ得べしとや思ふ。局に當る己れさへかく政黨の爭ひに汲々たるさまなれば、之を覗ん世間の評判、國家の一大事といへる觀察は忘れ果てゝ、只管《ひたす》ら兩黨の勝敗に目を注ぐに至りたるは、改進黨が己が私事ならぬ大問題を、己が物顏に引受けて辨護を試みたりし反動にてありしとは云へ、そを得たりと付け込みて、改進黨を敵と目指し條約問題の序でに改進黨を撲《うち》倒さんとしたる反對の團結が罪も輕からず。喧嘩兩成敗の法今に行はるべくば、可否兩派其刑は當さに等しかるべきなり。かくて内閣諸公に其正議の貫徹せんことを求め、其力を頼みに條約を中止し、其誠衷に感じて閣議を動さんことを望むは、よしなき望みなり、在野人士の無理なり。

天下の公事を議せんとする者は、苟も一點の私心を其念頭に存すべからず。正しきことも邪まなる人に行はるれば、遂に邪まとなる。道は人に依て弘まり、其人存すれば其政行はる。其人にあらざる者之を行へば、たとひ天下の至正なりとも、行く所として邪ならざるはあらず。條約改正中止の議は至正にして易ふべからざる者なりと雖も、之を唱ふる者が由て以て其私を營まんとしたらんには、若し其事にして成らば隨て言ふべからざるの患害を惹き起し、外國交渉の事を以て國内の黨爭に繫《か》け、行々亡國の慘を招くにも至らん。幸にしてさる害なかりしとせば、必ずや其私心の爲に其論派が信を世に失ひ、其主持せる正義も併せて私爭の中に埋もれたるの日にやあらん。故に若し非條約派の諸氏にして、斷然として其黨派見を捨て、國家の一大事に口を藉《かり》て其私黨の利を營むが如き陋《いや》しき根性は、心底より之を割離し去り、至誠着實の心事行爲を以て之に處することなく、萬一之が爲に當路の感情を損ひ、却て新條約の斷行を促し、百代の禍患を貽《のこ》さんやうの事あらんには、吾儂は其當路大臣竝に之を賛成せし者共を非難すると同じく、反對派の人士をも罪して國を誤るの賊子と云はん。

同感の情に富める同胞と、利害の趣を同じくする地位に立ちながら、正議公益を陳べて之と談《かた》らはんに、尙ほ他を諭《さと》して義に歸せしめ得ざらんは、是れ決して對手《あいて》の罪のみにはあらじ。至誠の人に孚すること置郵して命を傳ふるより速かに、電氣の導體に觸れたらんよりも急ならん。中止論者が眞成に其熱血を注いで廟堂諸公の前に赤誠を布かば、そを感ぜしめ得ざるの理はあらず。吾儂は此に夫の横山正太郎氏を思ひ起すなり。國を憂ふるの寸心、遂に堪ふるに堪へかねて、左院門前に割腹したるは、矯激に過ぎて之を中道と稱することは得まじきも、其私に求むるなき潔白公明の心腸は、萬古を照して昭々たるにあらずや。非條約派の諸氏に其筋肉を斷ちて内閣元老院門前を血に汚せと勸むるにはあらず。勸めたりとて諸氏は煽動《おだて》に乗りて其生々しき肚皮《とひ》を割かんとも思はれねど、彼の人の行爲は決して壯士を率ゐて改進黨の演説會場を騷がし、贊成派の金あれども力はなき色男紳士に鐵拳を加へさせ、揚々として自得し、中止論の勢力はそれにて增加したりと思はん人々とは同じからざりしといふことを諸氏に聞せんには、多少諸氏の心を動かすことなきにしもあるまじと思ふのみ。明治四、五年は封建の氣習、猶社會の全面に充ち〳〵として、今の文明紳士が野蠻と呼び、未開と笑ふ時代なりしも、士氣の充實して正義の爲に生命を輕ずるの風は失せざりしに、二十年後の政治論客は己が言に責任を負ふの決心なきこと、かくも欺くべからざる事實なりせば、世人が長足の進歩といふ進歩は果して何事の進歩とか見るべき。嗚呼國の元氣なる大和魂は、奢靡驕侈、外形の進歩を買ふが爲に傾け盡さん程價賤しき者なりしとは思はざりけり。若し其然らざるを證せんとならば、非條約派諸氏、堅固なれ、安全なれ、誠實なれ、熱心なれ。若しさる人々あらんには數人にて可なり、一人にて可なり。必らずしも一知半解の多人數を驅り催して根據弱き輿論を造るには及ばじ。批准の明日と迫れる條約案なりとも、之を中止させせんに何かあらん。至誠而不レ動者未二之有一也。

［雜纂］

白河樂翁公が理想の佳人

不癡不慧子

こも亦花月艸紙の中に「女のふり」と題して、清少納言が故事によせもて、なべての女の心得をば說きたり。清女をして見せしめましかはと打かこてば、今の世にも清女のたぐひすくなからじを、いかで世に示してんといふにまかせて、抄し取りぬ。

雪のふりたるに、小簾たるゝも口惜しければ、かの高根の雪はといひたれば、何となふ打ゑみて、又立もやらず、さすがに捨もをかで、わらべなんどにあれかゝげ玉へよなど、ほのかにいひしこそよけれ。いとも女はかゝるべしとぞ、意匠のいうにやさしきこと、いふばかりなし、詞のつくりざまのよしあしをしも言はゞ、末の一句なからましかば。

ふちふゑ　又識す

『大同新報』第一五号「大同新報」　明治22年10月25日

國を亡すも惟此時、國を興すも惟此時

事迫りぬ。愛國忠義の士盍《なん》ぞ起たざる。伊藤伯は辭表を上る。御前會議は開かる。畏こくも陛下には國事の切迫を軫念《しんねん》あらせ玉ひて京都行幸御延引の旨仰せ出させ玉ふ。吾儂《われら》小人何物ぞ、猶書窓の下に安坐して小新聞の戯語に頤《おとがい》を解き、演藝協會の新作に閑批評を試みるを得んには、明の照覽の程も恐ろし、心の問はんことも愧《はずか》しからざらんや。

喧日影微にして、寒からず暑からざる天氣方さに人に宜しく、朝に聞く賣花の聲、夕に見る露店の燭影、山の手の閑寂、下町の繁華、更に昨日に異りはあらず。永田町霞ヶ關より三田近く、幾輛の車馬、物忙がしげに旁午奔走すれども、道行く人の足を留むること、虎ノ門琴平の緣日が十分一ほどにも見えず。煕々たる太平の氣象、誰か料らん、諸相當路が方寸の中には幾千萬慘天悽地の現象、往來錯綜して、電霆霹靂、風霾雲雨を藏せんとは。百萬の都民は彼が如く恬嬉に、廟廊の群賢は彼が如く紛紜たり。夜氣沈々として、人聲漸く定まり、下弦の月白く屋頭に懸りて、冷やかに下界を照せる頃、そゞろに思ひ回らせば惆悵として寐られず。蒼生の行末いかばかり獨り叡慮を痛め玉ふらんと、楓宸の夜の御心量り奉りて涙の横流するも覺えず。嗚呼滿腔の心血、豈に灑《そそ》ぐに處なからんや。灑がば則ち今を舍《おき》てはた何の時を待んや。

仁人義士世々に出でず。必ずや緩急の際、齷齪《あくそく》の庸人之れを前に敗り、國勢の傾移奈何ともすべからざるに當りて、大慈悲心の至る處、我を忘れて蹶起し、糾を解き紛を斷じ、其順なるは利刀膚理の間を行《や》り。其逆なるは斤斧結族の處を截《た》ち、天下翕然として之れが爲に觀感興起し、國は則ち舊の國なり、民は則ち舊の民なり。然れども昔の衰弱萎靡せる者、今は則ち强盛奮興す。かくて夫の人は則ち自ら仁を覺えずして仁人たり、義を知らずして義士たるなり。

國家の興隆も亦偶然にして成るに非ず。夫れ衰弱あるに非ずんば、何に由て興隆を見んや。或は小國の强大國の間に介する者、或は壞亂の邦、他國の侵略に逢ふ者、其獨立の權利を維持し、其自營の利益を保護せんが爲に、奮て敵愾の心を起し、難を排し苦に耐へて蘊蓄養成せし力量、之を用ゐて之《ゆ》く所に縱にするに及びて、其强大なる者をはね返し、其侵略さ

れたる者を收復して、巍々乎として大なるに至るなり。

燕の齊に敗るゝや、燕之を招きしなり。昏主驕相、自ら己が分を知らず、禪讓古に擬するも亦好笑ならずや。齊之に乘じて其社稷を覆へす。內既に腐敗して强冦之に加ふ。誠に爲すべからざるが如し。然れども昭王立て自から辱づべき所以を知り、精を勵し賢を招き、未だ數年ならずして、齊の七十餘城皆燕の軍門に降れり。衰へたる者の以て興すに難からざるは則はち然るなり。ペルシャの大軍既にヘレスポントを渡り、二百五十萬の兵、陸には旌旗天を蔽ひ、海には艨艟舳艫相銜《ふく》む。此時に當り希臘諸邦割據衡を爭ひしも、遽然として謀を決して一致結合し、乃ちレヲニダスの若きあり。三千兵を擁してサーモピレーの切處に敵をかけ惱して命を致しぬ。乃ちセミストークルスの若きあり。三倍の敵艦をサラミスの一戰に殲《つく》して、希臘の富强文明斯に世界に冠たるに至りぬ。豪傑義人の危急の際に出ること此の如き者あるなり。

外交開けしより以來三十年、その變遷の狀を觀るに蓋し古より未だ有らざりし所なり。霸替《おとろ》へて王に復し、封建武斷の制破れて立憲自治の政漸く成らんとす。其內に於ける制度文物、教育殖產、百般の機關は駸々として日に舊態を改めたり。悲しき哉、其外に於ける、歐西諸國と交際對立することは、治外法權猶存す。國權未だ伸びたりといふことを得ず。關稅の操縱我れより自由にするを得ず。國利未だ全しといふことを得ず。條約の期限十七年を過ぎて猶ほ摸稜因循の中に事を了せざるを得ず。心ある者は其改正せざるべからざるを言はざるなし。而して成らずして今に至れり。井上伯は歡迎手段を以て之を二年の前に成さんとしたけれども、其國民の心に滿ざるを以て止みぬ。大隈伯則ち天下の重望を負ひて草莽の間より出で、之に繼ぎて改正の策を講じたり。條約改正の字面は、國民が大旱の雲霓に於けるが如く渴望せし所なりしのみならず、其所謂强硬手段は差々《やや》人意を强うせし所なりしかば、米國條約の調印成りしと聞くや、領を延て其完美なる對等條約にてあらんことを豫想し、日ならずして、陛下の盛德を頌し奉り、大隈伯の偉功を贊美し、國家の慶運を祝せんと待ちかまへたること、吾も人も同じかりしなり。不幸にして伯の改正案は、未だ國權を恢復し、國利を保護すべきに足らずして、一たび輿望を失ひたる井上伯の改正案を取て、稍々之を潤色せるに過ぎざりしものなりしかば、其極めて祕密に往復せし草案が一たびタイムスの紙上に顯はるゝや、之を攻擊する者卒然として內外共に起れり。大隈伯の改正手段は、實に朝三暮四の狡計を以て衆狙を籠絡せる狙公が爲《なす》に似ることありて、其改正案の國權を辱め、國勢を沮喪すること固より論を待たずと雖も、伯の黨援は全國に彌蔓して之を下に援け、總理大臣たる黑田伯はその剛愎崛强の質を以て之を上に助くるを以て、憲法違反の議は伊藤伯の理に屈して其過ちを改めんことを約し、内政干渉の論は朝野の人士に責められて其黨の擬勢を殺がれながらも、獨露の條約は、調印既に成り、英伊以下の諸國にも亦舊案改むる所なくして其談判を遂げんとせり。中止の聲、野に盈れども、改進黨は猶孤軍を提げて之を防がんと計り、非條約の議、宿老元勳政法理學者の間に盛んなれども、直接に機務に參するの効なきを以て、伯をして人言の畏るゝに足るべきを知らしむること能はず。相持して勝敗未だ決せざるの際、山縣伯の歸朝は兩派の共に重きを置く所となれり。而して山縣伯は歸れり。歸れば則ち大磯に赴きて未だ何れとも決する所あらず。後藤伯は屢々陛前に伏して奏請する所あり。黑田伯の違勅を責めて相互に聲色を勵ますに至りぬ。蓋し此に至りて八月二日の三田邸會議に外交告知文の彌縫策を議決せし以來、靜穩無事に見えたる内閣も、輿論の刺衝を感ずるには至りしなり。伊藤伯の辭職は未だ許されず、御前會議は未だ決局を見るに至らずと雖も、今や條約改正といへる一大問題は、獨り局外の是非のみに止らずして、竟に内閣の議を兩分するに至りたり。既に兩分す矣、必ず何れにか一決せざるべからず。左すれば國權を毀《やぶ》り、國利を損し、國勢を沮喪し、十二年間獨立權利の拋棄を公然たる文書に記して、外交史上に重ねて羞辱の記事を留め、國家の大患を百世の下に貽《のこ》さゞるべからず。右すれば将さに成らんとするの約を破りて、怒を強國に沽《か》ひ、對等の權利を回復せんと欲せば、更に國家を孤注にして成敗を國脈の斷續に決するの覺悟なかるべからず。弱小の形勢に加ふるに、危急の會を以てす。國を亡ぼすも惟此時なり、抑も國を興すも亦惟此時なり。

事迫りぬ。愛國忠義の士盍《なん》ぞ起たざる。晉室偏安して、遐《とお》く江東に在り。胡塵漠々として、南風競はず。祖逖乃ち中夜雞聲を聞て惡聲に非ずと云ひ、江に臨みて自ら矢《ちか》ひ、先鞭を一世に着けんことを期せり。功名を求むるの士だも尙此の如きなり。況んや志士仁人は身を殺すも仁を成すことあり、今の時は豈に一身を擲《なげう》て仁を成すに足らざらんや。三十年來推移の大勢、國步日々に艱難なること、是實に世界に氾濫せる白哲人が横流の必至にして、東洋の諸國が存亡の運命中に置かれたるは、獨り我日本一國の憂患にあらず。唯其禍患を前知して之を排却するの力ある者のみ免れん。天をも尤《とが》むべからず。人をも怨むべからず。此運命中に立つて自ら存する者は、必ずや自ら衞るの職分を盡したるの國にして、滅亡に歸する者は、必ずや其職分を怠れるの國ならん。今や國事切迫、聖主出幸を停め玉ふ。當路諸相、意兩端を挾み、一言榮辱利害を斷じ、一身安危存亡に任じて宸衷を慰め奉ること能はず。事功の行掛りを口實として、囂々を内に招き、以て徒に外侮を長ず。市に歸する者止まず、耕す者變ぜず、己が國家の傾覆に垂《なんな》んとするだも知らずして、日夜營々として、毫末の利を逐はざるを得ず。天氣豫報晴を報じて、滿目の山河、秀靈依然たれば日本國は長《とこしな》へに無事昌榮なるべきが如きも、四千萬民生を愛し玉ふ大御心を以て心とする仁人、己が義務責任を知り、一個の人間たるを完うせんとする志士、獨り心を安んじて寤寐《ごび》すべきの日ならんや。

嘗て亡國の史を讀めり矣。其國大なる天災地變飢饉疫癘あるにあらず。外寇連年にして壯丁野に殲《つ》き、國帑給《つ》がざるあるにあらず。都門の繁華、或は前代を壓し、綺羅袨服、美麗眼を眩して、遊嬉自若、誠に天上界の樂の如く、使命往來、外に善隣の誼を失はず、權門の奢華、朱紫翩々として殿陛に跋扈し、寵を妬み權を爭ひて、閥閲を樹立す。天下太平無事と稱し、憂ふる者を禁じて治安を妨害すと爲して敢て憂へざらしめんとす。而して一旦緩急あれば、土崩瓦解、智者ありと雖も、其後を善くすること能はず。皆是れなり。今我邦の勢、未だ此に至らざるは慶すべし。然れども安きに狎《な》れて逸に流るゝは、人情の免れざる所、一國の民未だ富を加へず、聖主假宮に在しますこと二十年にして僅に宮城に安んじ玉ふ樣なるに、佳景勝區、高第甍《いらか》を聯《つら》ね、別莊野墅、到る處に之れ有り。外人を歡迎すること度に過ぎ、人心をして外人とだに言へば、一種邦人に優る人種なるの異感を懷かしむるに至り、霸府に克つの一地方人、盡く要路に橫はりて、材能未だ沈滯の弊を脫せず。言論出版の自由未だ伸びずして、警官探偵の威、士人の言行を屈すること細ならず。此の如くして已まずんば、昔の亡ぶ者を哀で之を吊ふに暇まあらざらんこと、大なる患也。況んや屈辱の條約と雖も、既に之を成せば、人心議論に倦で、十二年の歲月に氣を緩め、國權國利の日々に蠹蝕され、國勢元氣の日々に傾頽沮喪するをも忘れて、暫しなりとも太平の樂を亨けんと欲して、薪に臥し膽を嘗むるの志を失はんこと、亦必ず至るべきの勢なるをや。嗚呼、國を亡すも惟此時なり。

爲レ君難、爲レ臣不レ易、如知二爲レ君之難一也、不レ幾二乎一言而興レ邦乎、吾れ之を孔子に聞く。九重の御座に、民草の安危を慮らせ玉ひ、行幸を延引せさせ玉ひて、親しく閣議を聽かせ玉ひ、猶且山縣伯以下に意見を陳ぜしめ、樞密院の議をさへ上らせんとし玉ふ大御心を按じ奉るに祖宗の寄《よせ》を重んじさせ玉ひて、一日も天職を曠《むな》しうし玉はじと、宵肝の勞を厭はせ玉はざる御事、誠に君たることの難きを知しめさせ玉ふ盛德の程、興國の兆は上に藹然たるにあらずや。之れを思へば苟くも國を愛する忠誠を懷かん輩、一日八時間の眠を安んじ、三食を穩に喉頭に嚥下するだも罪深し。三千年來、史上の離るべからざる因緣ある皇室の赤子と生れたるさへあるに、生れ來て此土に長育し、此國に教育されて、聊か義理をも辨へたる鴻恩、何時の世にか報ぜんとする。報ぜば則ち今の時に報ぜずして將た何の日を期せん。此危急の際に報ぜずして將た何の日を期せん。起よ愛國忠義の士、天下未だ嘗て偉人豪傑なくんばあらず。衣を拂て起つ幾多の士人中、豈に一個眞成に仁を成すの志士仁人を得べからざらんや。苟くも因て以て天下の人をして臣たるの易からざるを覺らしめ、聖主の震憂を慰め奉るの道を求むること、一日も猶豫すべからざるを知らしめば、國を興すも亦惟此時なり。嗚呼事迫りぬ。

Why stand we here idle?

不怒則笑之矣

吾黨の尊皇奉佛を絶叫大呼して世人に警告せし所以、豈偶然ならんや。其奉佛は則ち昏愚にして眞を見ること能はざる者、世固より多し、佛在世の時と雖も猶ほ提婆達多の如きあれば、彼の瞶々たる衆生に於てか何ぞ咎めん。されども吾れ悲む、四千萬の同胞、盡く一王の赤子にあらずや、然るに其爲す所に於て果して尊王の大義如何を辨へたるや否やを疑はしむる者あるを。而して其人や遐陬僻在、王化普からざるの地にあらずして、反て咫尺天顏の貴爵榮位に在らんとは、咄、何等の怪事ぞや。

今の天下、怒るべく泣くべきの事何ぞ限らん。されども吾儂は後藤伯が黑田伯の違勅を責むるの事を聞きて、實に切齒して慟哭したり。天日嗣の知し召す明治の盛世に於て、何ぞ此不祥の言を得たる。傳聞誤り多し。かくの如き重大の事に當ては容易に片言を聽て決すべからず。吾儂も悲痛を忍で屢々此說の僞りならんことを心に望みき。然るに其後數日、各新聞、啻に反對派のみならずして、贊成派の新聞さへも、微に此事を紀する者あり。吾儂は嘗て黑田伯を信じて忠誠無二の人となしゝも、此に至て大に疑を伯の心事に懷かざるを得ざるに至りぬ。而して傳ふる所を信とせば、云ふ、陛下には深く條約改正問題の利害を慮らせ玉ひ、黑田伯に勅《みことの》らせ玉ひて、親しく閣議を聽かせられんと宣《のたま》はせ玉ひしを。如何にしけん伯は之を諸大臣に語《つ》げざりしに、山縣大隈後藤の諸大臣、御陪食仰せ付らるゝ事ありて、序《ついで》に親しく彼の事宣はせ玉ひにければ、諸相は始めて黑田伯の隱蔽せる事を知りて、さてこそ後藤伯も促して御前會議を開かんことを黑田伯に迫り、違勅の非行を責めて相共に憤激し、黑田伯は殆ど常ならぬ擧動にさへ及ばれんとはしたりとなん。此事にして卿なりとも形迹ある事ならしめんには、忠厚摯實なる日本國民が、決して聞捨にして置くべき事あらず。怪む、他の世間無數の新聞紙が、其條約改正の問題に於ける、秋毫の末をも事々しく爭ひ、以て自ら愛國の赤誠を表したりと許しながら、此の赫々たる皇威の尊嚴に係る一大怪報を、事もなげに看過して一、二語雜報の筆序でに之を拂ひ去りて、曾て念頭にだもかけざるが如きは如何にぞや。何如に辭を飾り辨を設くと雖も、吾國民として皇威の尊嚴に心をかけざる者は、其愛國の情と稱するもの彼れ皆虚僞に出ること疑を容るべからず。條約改正の問題は、國家の大事なり。之が爲に餘所目《よそめ》も振らず、力を盡し思を凝らさんはさることながら、吾が日本の國家は皇威の光明に照されずしては一日も存在すべからず。皇威の尊嚴に係る事を等閑に視るにあらずんば、世間の口ある者、筆ある者、何ぞ爾《しか》く默々たるや。嗚呼滔々たる言論社會曾て一人の義士なき乎。

或は云はん、事固より重大なり、之を言へば忌諱に觸れて、其口は箝せられ、其筆硯は封ぜられん、言はんと欲するは固よりなり、言ふことの容易ならざるを奈何せんと。是れ何の言ぞや。事にして普通里巷の瑣談に止まらしめば、瑣末の事を摘發して、爲めに數萬の耳目たる言者、記者の任を曠うするは、誠に惜むべし。此に於て自重するは其所なり。抑も國脈の神髓たる至尊の御威稜に關することを言はんに、之を言ふが爲にして不幸慘禍に罹ることあらんも、亦た其義務を盡し責任を免るゝ一端として、寧ろ喜んで爲すべきの事ならざらんや。況んや少しく義理を知り稱して士人といふ者に於て、たとひ其口は咼《か》せられ、其軀は坑にせられん迄も、何ぞ言はずして看す〳〵道理の顚倒を容《ゆる》すに忍びんや。

又云ふ、訛言人を誤る、甚だ不德の事たり、殊更事君臣の大義に係る、一たび善人を誤りて、當らざるの貶を之に加ふるときは、駟も舌に及ばずと。是れ果して彼の言論社會が德義を守りて、肝膽を吐くの言たる乎。吾れ彼れが言ふ所記する所を見るに、其己が好む所は、非を枉《ま》げて是とし、己が好まざる所は是を枉げて非とすること、比々皆然り。然るを彼にして眞に德義を守るを知ることあらんには、之を其平生に較べて稍々恕すべきが如しと雖も、抑も何ぞ輕重する所を失ふの甚しきや。彼れ既に幾行の記事を掲げて、其違勅の事を微言せり。彼れにして多少聽て而して信ずる所あらずんば、何ぞ爾く記する所あらん。既に聽信する所あり。其聽信せし丈に就て、大義道理のある所を忠言する、何の妨げかあらんや。若し事虚聞に屬すとせんも、訛言の此に至る者、其故決して輕からず。黑田伯にして實に此擧動あらずんば、蓋し造語して伯を傷けんと欲する者ありて、此忌憚なきの風說を傳へしめたるなり。則ち其の造語者こそ、尊皇の情に冷淡にして、神聖なる皇威を汚し奉る極惡の行を以て、輕々しき事に思ひ做したる癡漢《しれもの》なれ。かゝる癡漢をして其不忠不義の想像を逞うし、因て以て忠誠無二の大臣に大不敬を犯すといふ流言を加へしむ。是も亦輕視すべきの事ならんや。言者記者は當さに正人の寃を蒙むるを白《あきら》かにして、造語の菲徒が無稽の想像を述べ、己が不良の心を以て人を料るを愧ぢしむを勉めざるべからず。然るに新聞紙記する所ろ果して如何。曰く、後藤伯は黑田伯と激論せり、蓋し違勅の事に關すと。此の如きに過ぎざるのみ。人をして吾が朝廷に不忠不敬の大臣あるの感を懷きて輕佻なる者に益々冷淡に、熱情なる者に益々憤懣し、兩端の極まる處、不測の變を激成せしめざらんことを欲する、難し矣。

故に吾儂は此事の眞僞如何を問はず、かゝる風說の出るを以て、浩歎して不祥の事となす。而して平生慷慨にして自から行々焉たりと謂ふの輩にして、此の風說に一語の及ぶなきを以て、益々以て不祥の甚きと爲すなり。嗚呼吾黨の尊皇奉佛を稱道する所以、果して以て已むべかりし乎。唯夫れ具眼の人、世常に乏しきを免れず。其見の世に先つ者あれば、詑して以て怪異となす。林子平海防を談ずれば、俗吏其の妖言世を擾《みだ》すを咎む。天津橋上の杜鵑は、唯康節先生のみ其亂兆なるを知る。荊公の垢面蓬髮にして人情に近からざる、老蘇の明獨り之を洞看するなり。啻に以て怪異となすのみならず、群起して之に抗し、以て狂となさざれば則ち以て癡となす。我大同團の起るや、世の是非を招きしを回想するに、豈此の如きに非ざりし乎。云ふ、尊皇は四千萬人の共にする所、何ぞ奉佛の徒に私すべきと。又云ふ、尊皇と奉佛と果して何の因緣ある、佛徒乃ち皇威を假りて其私を爲さんと欲するのみと。浮說紛々、評論百端、不レ怒則笑レ之矣、而して今果して如何。

至善の事は、至眞の理と合す。故に眞なれば斯に善なり。善なれば斯に眞なり。兩つの者一致して相離るゝこと能はず。是故に我佛法の教を立つるや、諸法實相の理に據り、虛假執迷の見を以て惡業の由て來る所とするなり。竊に以爲らく、吾日本の道德の教ある、尊皇の義を以て善の至れりと爲す。而して宇宙理義の解釋說明する所、佛陀の言を以て眞の極となすなり。至善二なし。至眞も亦二なし。至善の事は則ち至眞の理なり。尊皇の義、奉佛の教、相一致する所以の理斯に存すと。顧みて佛の教ふる所、則ち所謂經藏に就て之を求むるに、尊皇の議儼然として昭明なり。而して之を我日本の史籍に攷《かんが》へ、皇室の神聖なる威德、國民に衣被するの迹を索《もと》むるに、佛陀眞を說くの教に於て符節を合するが如し。尊皇奉佛の事實に於て罣礙不通の迹あらざるや、亦此に於て之を見るなり。吾黨更に之を他の教に視て、其同異する所以を求めたり。神道の教は固より史籍の載する所によりて、大義の在る所を說く。其偏見にして漫りに牽强附會、神怪を談《かた》る一派の徒を除くの外、言ふ所皆實事に據りて實理を明す。固より我佛教に逕庭する所あるに非ず。儒學は孔子其好學の志を勵まして、三代の直道にして行ふ所以に法《のつと》り、經世修身、日常切近の事實に就て、實行の用心作法を教ふる所、其空談理論、私意を以て先哲を誣《し》ふる一流の曲學を除くの外、視聽言動、禮に由て制裁するを視るに、我佛教の戒律諸聖行に異ならず。唯々夫の西來の一教、自ら神子と稱する增上慢漢が、衆生を下瞰して平等の眞理を毀《やぶ》る所の宗旨に於ては、頗る相容れざる所あり。至眞二なし、彼の迷妄の邪見たるは論なし。至善も亦二なければ、彼の尊皇の義に協《かな》はざるや、理の必至なり。是を以て彼れ教徒は、其經典に尊王の語あるを強辨して國體に妨なきを言ふと雖も、彼れが世界創造の說、彼が唯一眞神の義、我國史の實迹と我尊王の大義に於て氷炭相容れざるは眼ある者皆之を觀るなり。吾黨斷じて言ふ、邪見外道の教は論なし。神儒二教始めより理論を主とせず。今に於て尊皇の大義を解釋して、昭々として明確、易ふべからざらしむる者はそれ唯我佛教乎。性情の正しきを得るは、天理の流行と合すべし。尊皇の情至る者亦奉佛の教理に合せざるを得ず。尊皇奉佛の日本道德の根抵淵源たる、義は則ち此の如しと。嗚呼此義にして果して國民の腦漿に浸染せしめんには、豈に今日あるを致さんや。大道の世に明かならず、朝廷の大臣にして皇威を畏れざるの流言を致すに至る。吾黨實に我力の未だ及ばずして、晦者をして此に至らしめたるを愧ぢ且つ歎ずるなり。

不レ怒則笑レ之矣。庸人の爲す所常經を失ひて、殆んど吾儂が想像し得べからざる者あるは、恰も吾儂の爲す所、庸人が想像に及ばずして、以て怪として以て異とするに似ることあらん。今や吾儂絕叫大呼して以て世人を警醒せんと欲すと雖も、彼等が氷の如く冷やかなる心には、吾儂が慟哭啼泣して血涙を灑ぐ所の此文字も、溫熱の感を傳へざらんやも未だ知るべからず。則ち彼等は今より後と雖も、猶ほ不レ怒則笑レ之矣。怒ると笑ふとは汝が事なり。吾は則ち吾が信ずる所を執りて、汝が怒るを憐み、汝が笑ふを悲み、汝をして遂に其吾黨を怒り且つ笑ふ所を以て、自ら怒り且つ笑はしめて止まんと欲す。汝も亦衆生なり。狗子だも且つ佛性あり。汝豈に喩《さと》すべからざらんや。敢て尊皇奉佛の同志諸君に告ぐ。怒る者笑ふ者彼が如く擾々たり。而して皇威を冒瀆する忌憚なきの說を傳へて自ら怪まず、人も咎めざる者あること此の如く輕々し。吾黨が慈悲の大願未だ以て已むべからざるなり。吾黨安ぞ諸君子と世道の爲に泣哭して、焦頭爛額、一國同胞を大火坑中に拔かざるを得んや。

『大同新報』第一六号「大同新報」　明治22年11月5日

立皇太子式の大典に際し
尊皇奉佛論の哲理を述べて
寶祚の無窮を頌し奉る

理に二致なし。二致ある者は理の至れる者に非ざる也。之が體を言ふときは至眞たり。之が相を言ふときは至美たり。之が功を言ふときは至利たり。而して之が徳を言ふときは至善たり。其致《おもむき》は一也。

至眞二なし。紛々紜々たる萬象は、刹那々々に生滅して、絶大無邊の空間に遍滿せる無量數の物質、優勝劣敗、相生相尅して、鬪亂暫らくも已まずと雖も、一理の位する所、法性の平等は、無始以來、盡未來際、依然として變ずることなし。

至美二なし。其所成を刻すれば、極微の原質、頑爾として不靈なり。地は凝にして流るゝ能はず。水は流れて凝なる能はず。火は溫にして動く能はず。風は動いて凝なる能はず。然るに一理の現はるゝ所、因緣和合して、業感力を生じ、斯に山は碧《みど》りに水白く、草木は欣々として榮に向ひ、親子愛慕し、男女歡樂することを致す。

至利二なし、劫風陳々、日として吹かざることなし、有機無機の物、朽敗壞滅に就くこと、時々皆是れなり、社會人心の變、汚濁替廢を來すこと、年々皆然り、但々一理の流るゝ所、新陳代謝し、有無相貿し、生々の化、常に活潑々地たり。

至善二なし。賢者は之に過ぎ、不肖者は及ばず、狂者は進で取り、狷者は爲さゞる有り。君は尊くして臣は卑く、夫は剛にして婦は柔に、高下地を異にし、強弱力を同じうせず。されど一理の住する所、世間相も亦常住なり。鳶飛て天に戻り、魚淵に躍る。綿蠻たる黃鳥、丘隅に止る。其處を得ざることなし。

理に二致なし。故に其體相功德にも亦二極なし。因果法爾、正々然、彬々焉、洋々乎、肫々爾、眞の至り、美の極り、利の達し、善の尙《くわ》ふることなき也。

佛世尊之を三千年の上に說き、秦鏡の懸る所、群魔形を潛む。但々夫れ人心の迷深き國土に在りては、宿因拙くして、一たび佛世に遭逢すと雖も、久しからずして復た惑ひ、外道橫行して、正法遂に衰ふ。印度是れなり。東漸の機熟して、先づ震旦に入ると雖も、革命相踵ぎ、德義顚倒の邦、竟に大道を護持するの地にあらず。是を以て東、海波を超えて、吾が日本に傳ふ、大乘相應の靈地、經藏皆存し、宗派共に盛んなり。一姓統御の國體、外護の寄托、正に其處を得ること、豈に偶然にして此に至らんや。

皇祖太神之を三千年の上に行ひ玉ひ、列祖列宗、承繼して墜《おと》すこと莫し。但夫れ西蕃の交通、日々に頻繁に赴き、文藝技術、日々に其蘊を發す。勢の至る所、智巧漸く進み、道心惟《こ》れ微ならんとす。儒學の開くるより、名教の美、漸く觀るべきを得ると雖も、人智の求むる所、固より此に止ること能はず。是に於て欽明帝の御宇、佛法渡來し、爾來上下の歸依する所となり、其玄妙にして而も至正、精微にして而も確實なる理義を以て、人心の疑惑を去り、智巧の傾詭を杜《ふさ》ぎ、大道坦然として、倫理綱常の明、蒙蔽汚染を受けざるを得ること、亦豈に偶然にして此に至らんや。
仰て天象を觀れば、日月こゝに麗《かがや》き、衆星煥乎たり。俯して地理を察すれば、山嶽起り、河海流る。平かに人文を視れば草木生々し、禽獸息々し、人間社會建つ。三才の道、自ら其道とする所を運行して相逆らはず。六合の中、靜寂として、物其處に安んぜざるはなきが如くなるべし。然るに人動《やや》もすれば謂ふ、弱の肉は强の食、慘憺たる修羅の巷は、世界の現境乃ち爾りと。其天地無生の物は姑らく舍かん、有生の諸物が其自ら己が生息を營まんが爲に、他の生息を尅殺すること、牛羊の草に活きて而して人の牛羊に養はるゝ、はた人と人と相食み、貧富相制し、智愚相欺き、弱强相壓する、何ぞ曾て所謂靜寂あらん。其和なる者より視れば、天地位し、萬物育す。空明澄朗として、曾て一纖塵なし。而して其不和なる者より之を視れば、槎枒たる者、參差たる者、相衝き相擊ち、煙塵晦蒙、滾々として咫尺を辨ぜず。和と不和と果して孰れをか實相とする。此解を知る者はそれ聖者乎。能仁氏の如き其れ然らずや。此道を行ふ者はそれ神者乎。天祖皇太神の如き其れ然らずや。

此故に佛世尊此理を說くこと橫說堅說、十百萬言、而して自ら云ふ、一字も說かずと。先輩嘗て太神を贊する詩あり。吾道存在㆓不言中㆒といふ。孔子曰く、天何言哉、四時行焉、百物生焉、天何言哉と。太神の德、天地と參《た》つなり。寶祚の隆んなること、天壤と窮りなかるべしと。是れ故なく發する所ならんや。明かなるより誠なる、誠なるより明なる、言乎、不言乎、固より二道なし。聖神者にあらずんば、以て此を知るに足らず。以て此を行ふこと能はざる也。

仁遠からんや、吾れ仁を欲すれば斯に仁至る。理豈に人に遠からんや、遠くば則ち理にあらざる也。但々道邇《ちか》きに在りて而して諸《これ》を遠きに求む。愈々求めて愈惑ふ。古今來幾十百家、自ら認めて理となすもの亦多き也。一たびは信じ、一たびは疑ひ、多神となり、一神となり、凡神となり、無神となる。皆一を執て百を廢し、井に坐して天を窺ひ、且相排し相斥し、益々以て人の思想を擾す。理は人性に具する所、而して適《まさ》に以て人を擾すに足る。是れ實の理ならんや。惟れ佛世尊の理を言ふや、有神無神の外に超然たり。而して多神を談ずれば諸天善神、各々其功其德あらざることなし。一神を談ずれば彌陀一佛を拜して他佛菩薩は皆之に攝せらる。凡神を談ずれば、一切衆生、皆是れ唯我獨尊の靈體なり。無神を談ずれば四大假和合、六大周遍、因緣所生の法、其自體をも認むべからず。而して實相の眞理、其間に活動す。理の體相、斯に至眞至美を極め、而して其の功德も亦從て行はる。

其功德の以て至利至善なるべきの故よりして之を觀れば、建國の完全なる理想は、人々多少之を有せざることなし。但々神者に非ざるよりは諸を百世の上に逆《あらか》じめ睹《み》て、百世の下左券を取て相證するが如く確乎たること能はず。骨に徹して奔るの駑駘、徒らに目前の急に汲々たり。封建を以て之を失へば、則ち郡縣を以て至て得たりとし、君主を以て之を過れば、則ち民主を以て至て完しとおもふ。弊を救ふに弊を以てし、轉々相化して、竟《つい》に究極あることなし。夫れ國を建つるは固より以て弊患を除かんと欲す。而して此の如くば、是國を建つる所以の意ならんや。惟れ天祖皇太神の國を建つるや、法制機關の上に卓爾たり。而して部族朝貢の治、便なれば則ち行ふべし。郡縣一統の政、可なれば則ち用ゐるべし。霸府武斷の法、適すれば則ち賴るべし。代議參政の制、良なれば則ち採るべし。而して一姓統御、萬世不易、君臣の誼、適庶宗族の義と合するの情は則ち割くべからず。理の功德、斯に至利至善を極め、而して其體相も亦從て存す。

嗚呼至眞二なし。至美二なし。佛世尊の理の體相を悉くすこと、以て易ふべからず。至利二なし。至善二なし。天祖皇太神の理の功德を悉《つ》くすこと以て尙《くわ》ふべからず。理に二致なければ則ち其體相と其功德とや、以て二極あるべからず。佛世尊の敎法、其本國に缺けて、而して流れて東方天孫の國に存する者、吾れ固より曰ふ、偶然にして此に至らじと。

尊皇奉佛の論は今時に於て吾黨の發明せる所にあらず。本地垂迹の說、古人既に此理を明す。而して古明主賢相、皆佛法に歸依して、以て人生の終歸、國脈の神髓としたること、史乘に歷々として罔《し》ふべからざるなり。戰亂の餘を承くるに霸府の治を以てし、此理の湮沒して知られざること久し。神道儒學、其歸趣を一にするものゝ若きに至ても、亦起て相背馳することを致し、以て今に馴致す。故を以て吾黨の尊皇奉佛の義を復古して、建國の基、民生の歸を發揮するや、則ち瞠若として其れ駭《おどろ》けり。君子爲す所、衆人は識らず。吾黨の事は平易明白にして、疑を容るべきあるにあらず。而して彼の惑ふ者は則ち妄りに西國の史蹟に據り、政敎分離を主張して、是非論評せんとす。西國の史蹟は我邦の史乘に同じからず。國體既に異なり、宗義亦懸《かけはな》れり。一併《いっぺい》に之を說く、寧ろ謬見にあらざらんや。

明治廿二年十一月三日、嘉仁親王を冊立して皇太子とせらる。皇緒の益々榮えて、天業の愈々恢ならんこと、慶斯の大典に存す。聊か衷誠を布《しい》て、臣民の義を表せんと欲す。故に平生懷抱する所、主持する所、尊皇奉佛論の哲理を演べて、寶祚の無窮を頌し奉る。又此論の私言にあらざること證せんが爲に、上世の史籍に徵して、下に列記する所あり。蓋し徵意の存するあり。

按ずるに、桓武天皇延曆十四年、梵釋寺に封戶を賜ふ詔に曰はく、

眞敎有レ屬、隆二其業一者人主〔王〕、法相無レ邊、闡二其要一者佛子、朕位膺二四大一、情存二億兆一、導レ德齊レ禮、雖レ遵二有國之

規一、妙果勝因、思レ弘二無上之道一、是以披二山水名區一、草二創禪院一、盡二土木妙製一、莊二飾《〔餝〕》伽藍一、名曰二梵釋寺一、仍置二清行禪師十人一、三綱在二其中一、施二近江《〔国〕》水田一百町、下總《〔国〕》食封五千《〔十〕》戸、越前《〔国〕》五千《〔十〕》戸一、以充二修理供養之費一、所レ冀還經二馳驟一、永添《〔流〕》二正法一、時變二陵谷一、恆崇二仁祠一、以二茲良因一、普爲《〔覃〕》二一切一、上奉二七廟一、臨二寶界一而增尊、下覃二萬邦一、登二壽域一而洽慶、皇基永固、卜年無レ窮、本枝克隆、中外戴逸、綿該二幽顯一、傍及二懷生一、望二慈雲一而出二迷途一、仰二慧日一而趣二覺路一、

前三年、則ち延暦十一年に在りて、沙門施曉が上奏する所を觀るに、乃ち言ふことあり。

眞理無レ二一、帝道惟一、敷化之門雖《〔是異〕》レ異、覆載之功仍《〔乃〕》同、故衞二護萬方一、唯資二佛化《〔於佛化〕》一、弘二隆三寶一、靡レ非二帝功一、

嵯峨天皇弘仁十四年天皇灌頂を僧空海に受けたまひ、公田を東寺に入れて、乃ち親ら御起請の符を賜ふ。其中に言ふことあり。

以二代々國王一、爲二我寺檀越一、若伽藍興復、天下興復、伽藍衰弊、天下衰弊、

後宇多天皇の二十五條遺詔第三に曰く、

夫以我大日本國者、法爾稱號、祕教相應、法身之土也、故我後繼二血脈一之法資、傳二天祚一之君主、可レ同二盛衰一、可レ伴二興替一、我法斷絕《〔廢者〕》、皇統共廢、吾寺興復、皇業安泰、努《〔努々〕》力努力、背二吾此意一莫レ悔耳。

其他聖主賢相の言行、此理を證明する者甚だ多くして、一一に悉すこと能はず。

嗚呼昔に在りて、聖主の敕し玉ふ所、吾れ間然することなきのみ。伏して惟《おもんみ》れば皇太子殿下、英明の聲夙に達す。其行々治國の道を講ぜらるゝや、蓋し亦先王の芳蹤に鑑みらるゝ所あらん。故に聊か聞知する所を陳べ、竊に以て獻と爲すと云ふ。

新内閣

條約改正の紛紜は、遂に内閣の四分五散を致して、果ては聯帶責任とやらんいふことの爲に、黑田總理大臣始め諸大臣は打ち揃ふて辭表を呈したり。さて代て内閣を組織せん人はといへば、伊藤伯は樞密院議長をさへ辭せられし始末なり。さらば洋行歸りにて、聲望赫々たる山縣伯をこそと思ひしも、伯は固く辭《こば》まれたれば詮なし。竟に功成り名遂げてこの四、五年閑散の地に就かれたる三條公爵を復たび起さねばならぬ事とはなれり。公は明治十八年に於て上表して制度を更革し、自ら其任に堪へずとて太政大臣の榮職を辭されたる身にしあれば、今更閑地を出でゝ再び劇職に上ること、いかばかり心苦しかりけん。されど國家の爲には忠誠にして身命を惜

まれぬ本性にはあり、切迫の時に際し、數度の優詔、默しがたくや竟に御請け致されたり。公の就職に就ては、或は永くその地位を保たれん決心にはあらで、情勢の定まるを待ちて、適任の人に讓らるべしなど申傳ふれど、歲月の長短はいかにもあれ、既に其職に上られしからは、職に在る間は、內閣は公の總理せらるゝ所に疑なければ、とにも角にも首相の地位は定まりたるなり。

さて諸大臣は何如にといふに、大隈伯は負傷いまだ癒えずと聞けば、こは格別なり。他の大臣は黑田總理大臣と進退を共にすべしとて、同じく辭表を上られたりと聞えしも、かく各大臣一時に內閣を去りては、事情の甚だ穩《おとな》しからぬこともあらん。はた代任の人も選を難《かた》んずることあるべし。三條總理大臣が施政にも便《たよ》りあしからん。それこれの事情よりして、復職の命下りて、舊のまゝにて勤め續けられてあるなり。されば朧氣《おぼろげ》なる臆斷なれど、交迭の前より世の風說もとりぐなりし條約改正に關する各大臣の意見、一つ二つ信なるふしもありたらんには、黑田伯と同じ意見の大臣も、舊の椅子に倚りてあり、後藤伯幷に伯と同じ意見の大臣も、舊の椅子に倚りてあるべし。總理大臣の交迭と共に、諸大臣の意見一變したるべしとも思へねば、三條內閣の分子は、黑田內閣の分子と大なる差異あるまじきなり。

然らば三條內閣の方針は、黑田內閣の方針に幾許の差異あるべき。誠に臆度《おくたく》にかたき問題なり。餘事は姑らく舍かんも、第一に切要なるは條約改正の一條なり。そが爲にこそ內閣大臣の交迭をも釀したれば、舊總理去て、新總理來りし上は、多少面目を改むべきは自からなる成行としも言ふべからん。されど總理大臣の地位に變更ありしのみにて、他の各大臣は復職の命を畏みて、疇昔の如く內閣に居竝びてあることなれば、斷行固執の大臣は猶斷行を固執し、中止主張の大臣はなほ中止を主張し、かくて已まざらんには、三條內閣の紛擾は猶ほ黑田內閣の如くなるべきか。三條公は就職の後煩はしき事のありて、閣議さへもはかぐしからぬやに見えたれば、政略の公示、條約問題の決局も、此旬日の間に定まらざりしはさもありぬべし。此後とても內閣の現狀より推さば誠に測るに測り難き勢にこそあれ、外間の風評まちくにして、延期、小延期、大延期など、己がまゝに推量を逞しくするも、皆この曖昧なる狀勢に氣を焦ち、少しにても心を安んずべき結果を、己れと心に組立てゝ己れと慰むるに過ぎざるのみ。さりながら三條總理大臣の勞《はたら》きも日ならず癒えぬべし。殊に內閣にはまだ確かに舊職に復すべきや否や、定かならぬ大臣もあり。人言を信とせば後藤大臣も引籠りがちなりとやらん傳ふなり。井上伯の辭表は伊藤樞密院議長が辭表の聲に應へたる響きと聞ゆれば、自づから他の諸大臣とは趣やかはらん。此二大臣の進退は猶內閣に多少の變動を生じやせん。其定まりし上ならでは、總理の公が施政の方針も定められ難くやあらん。若し定められん折ともならば如何に定めらるべき。吾々が公爵に望みまゐらするは此處なり。

世評取り〴〵なる小延期大延期などの名辭は何如に解釋すべき。その大小は暫らく論ぜず、條約案はあるがまゝにて、唯實施の時日を延べんといふにやあるべき。さらば是れ所謂朝三暮四の計に過ぎず。其國民の意嚮に背きて、一たび鎭まりたる嗷々を再び起すに足るべきのみ。いかんとなれば條約改正問題の内閣の交迭を起すまで、言を換へんには、三條公爵を起すまでに及びたる事の緣由は、二十三年の二月十一日を、二十四年又は二十五年の二月十一日とせんとての事にはあらず。其條約案、外交告知文が國威國權を毀《きずつ》くるあるが爲めなり。其案文さへ改められずば、天下憂國の士が三條内閣を視ること、及び山縣内閣を視ること（若しさる内閣の出で來もせば）黑田内閣に少しも異りはあらざるべきなり。今は内閣の交迭にて、輿論の鎭靜せること、水を打たる如きさまなるも、そは大方は中止となるべしと思ひたるもあらん、はた新内閣の方針を看定めたる上と堅唾を呑で待つもあらん。内閣交迭したりとて中止論者は決行論者となりしにあらず。されば總理の公が此後取らるべき最上の方略は、輿論に從ふより外あらじ。小延期大延期等の彌縫的名目をすてゝ、斷々乎として中止を宣言さるゝに若くことあらじ。

内は黑田大隈兩伯の面目にもかゝらんとや。黑田伯はさすが薩南男子の潔白心腸、潔よく責を引いて自ら去りたれば、曖昧に局を了して包まれぬ失策を包まんとは露思ふまじ。大隈伯は負傷中にはあれど、若し全快したらんには黑田伯と進退を共にせんこと固よりなり。一國の大臣として政務を身を委ぬる上からは、功成らん日、國民の限りなき榮譽を負ふべき望と共に、事敗れたらん時、責任を自ら引くべき覺悟は誰しもなかるべからざれば、兩伯とてなに心殘りのあるべきや。

外は諸條約國に對する信用も輕からずとや。二、三の國は既に調印までも畢へて、いざ批准といふ場合にしあれば、心弱き人々の心配はさもありなん。されど諸條約國の公使は東京にありて、日夜に日本國民の聲は聞てあるなり。中止を申込みたりとて、今さら彼等が怪しむべしとも覺えず。彼等も外交官なり、此方の申條に弱みありと見たらんには、多少の難句は言はんこと必定なり。されど彼等にして正義てふ觀念の些さかにてもあるものならんには、我が中止の申込みは正當と判斷せんこと難からじ。正當と思へど外交上の懸引、困らせる丈は困らせんとならば、此方にて優しく出るだけ此方の損なり。然る上はたゞ兩方の根くらべと思ひ、力の限り手嚴しく談判するより外に道はあるまじきなり。況んや大隈伯が全權委員として取運びたる條約なるに、伯は輿望を此案に失ひて、形の如く辭職したりとあれば、新内閣が別に委員を定め、舊案を棄てゝ新案を出さんに何の故障あるべき。延期といへる名辭の曖昧なるが爲に、決行派の者が負惜みに無上の口實を與へ、一般の人心に不安の思ひさすること限りなし。國勢の傾移、志氣の頽敗は、さる曖昧の中に養ひなさるゝこと多し。摸稜又摸稜、糊塗又糊塗、在上の人は名譽と地位とを賭して、果決の方略を施しかね、在野の人は五里霧中の摸索に草臥《くたび》れはてゝ、氣力を沮喪し、かくてこそ國家の病患は醫すべからず膏肓に入りもすれ、總理の公もかねては國民の聲も稔聞せられつらん。殊には辭《こば》むを推されて諸相の首位に立たれしなれば、さらぬだに望重き方なりしが上にも重みは更に加はりぬ。正しと見られたらん處に方略の根を樹てられて、決然たる處措なされんに何に難かるべき。内は輿論の望みを叶へさせ、外は國威を揚げ國權を張らんこと、惟公爵の果斷にあるのみ。反對の大臣は入れ替ふべし。陛下の優詔して公爵に重きを寄せ玉ふこと、克く此の難局に處せよとの事と推し奉る。諸大臣の進退も宸衷にかけ玉へば、輕しとにはあらねど、總理の公が施政の大局にはよも替へ玉はじ。吾々がかく公爵に望みまゐらすること、老練がる人々は輒ち言ふなり、書生の論、事の情に濶《さか》れりと。されど急流を上るが如く、力を極めてこそ舊處も離れざれとは、書を學ぶの法のみ爾るべしや。國を治むるも寧ぞ然らざらんや。摸稜又摸稜、糊塗又糊塗、嗚呼是れこそ國を爲す者の大患なれ。

外間傳ふ、黑田伯は既に總理大臣の官邸を引拂はれたれども、三條公は思はるゝよしありて暫らく其私邸にて事を辨ぜらるべしと。公それ永く職に在るの志なからん歟。謂ふ所情勢の定まるを待ちて、位を其人に讓るべしとはそれ或は信なる歟。公の心ならずも目今の難局に當られたるは、誠に其苦心の程察するに餘りあれば、之に向つて難きを責めんこと、甚だ好ましからぬ限りなれど、國家の大事は苟もすべきにあらず、公一日其任に當れば、一日其責を竭さゞるべからず、吾々の總理の公に難き望みをかけまゐらすること、洵に已むを得ざる也。

『大同新報』第一七号「大同新報」　明治22年11月28日

正義の光漸く明かならんとす
附 耶蘇教徒の尊皇

飜覆手なること彼が如し。而して喜で寢ねらざる者あるや此の如し。吾黨の特操なき歟。そも〳〵正義の光漸く世に明かならんとす。獨り彼等が爲めに喜ぶのみにあらざる也。

夫《か》の我が尊皇奉佛大同團が本年一月に建つに方りて、耶蘇教徒は果して何と言ひし乎。彼等は正しく尊皇の字面、奉佛の字面と因緣遠しと云ひて、吾黨を袞龍《こんりゅう》の袖に攀《よ》じ縋《すが》り奉りて佛教の衰勢を維持せんとする者なりと誣《し》ひ、尊皇は火の如く、奉佛は水の如く、大同團は風の如しと放言して、曾て怪しまざりしにあらずや。その後此に數閲月《えつげつ》なり。而して吾黨は耶蘇教徒が耶蘇教徒たるの名に於て、立皇太子式を賀するの表を上つるを見る。立皇太子式を祝賀して祈禱感謝會を開くを見る。一派の教徒が國祭日を守らざるを難ずるの文を公けにする者あるを見る。新嘗祭に於て祈禱感謝會を開くべしと廣告するを見る。基督教と皇室といへる論文を公刊するを見る。彼れ其名は之れ無しと雖も、其實は則はち尊皇奉耶主義を以て、吾が尊皇奉佛の正義に對抗せんとするに極《きわま》れり。耶蘇教の主義、果して日本國民が所謂尊皇なる大義に於て逕庭する所あらざる乎。吾黨の煩説せん迄もなく、知る人は知る也。彼れ教徒が立皇太子式を祝するや、我が祖宗列聖の遺烈功徳に感謝せずして、彼等が所謂眞神に感謝せり。國祚の長久を祈禱するや、我が至仁至聖なる天皇陛下の徳化に頼《よ》り奉らずして、彼等が所謂眞神の保祐に頼れり。我が皇の紹述し給ふ所は、實に天祖列聖の遺烈にあらずや。天祖列聖何物をか崇拜し給へる所ある。而して彼等は所謂惟一眞神を崇拜し、之に感謝し、祈禱して憚らざる也。彼等が自ら其美性を傷り、麻醉劑中に其心神を浸《ひた》すこと、固より一日にあらず。其大不理、大矛盾をも怪まずして、尊皇奉耶を以て正理とし、得策と思へることを怪まず。特に怪む彼等が曩に尊皇奉佛の不倫を極めて訝《いぶか》りながら、今乃ち自ら尊皇奉耶の不倫を怪むの念を生ぜざるを。

彼等には固より術數あるなり。世人をして是れ術數なりと悟らしむる程拙《つた》なき術數なれども、彼等は以て最巧の術數なりと思へる術數あるなり。二、三年の前に於て、日本國民は嘗て醉へり。過度に理想したる泰西の文明が其の感情の主帥となりて、實際は腐朽壞爛、醜汚萬狀なる白人の現狀を知らず、苟くも彼れの有る所、一物も學んで遺すまじとはしたりき。耶蘇教徒は卽ち此崇外的惡弊の全國に充滿せるを機會として、華奢無用贅澤の西俗を輸入し、國民が眩せるの眼をして益々眩せしめ、是非轉倒、錯亂の心神に浸み込ますに其教義を以てせんと企てしは實に危險の極にして、其昏倒に至らざりしは幸なり。天運循環して、闇處光を生じ、迷より覺に趣き、國民的精神の興起は從來の迷妄を自覺し、崇外の惡弊は將に漸に減退せんとするに至れり。是に於て世人が久しく夢にだも見るを忘れたりし尊王の字面は、昨年の頃より復《ふたた》び見はるゝに及びたれども、未だ之を提唱して國民の本心を呼び醒す者あらざりければ、彼れ耶蘇教徒は此際に於て猶殘喘《ざんせん》を鼓して清明の空氣を混濁し、以て歐化崇外の流と相聲援せんことを欲したり。故に夫の吾が尊皇奉佛大同團の起るや、彼等は其全幅の毒氣を吹いて吾が進路を梗《ふせ》がんとはしたりしが、國民的精神の鼓動は益々盛んに、尊皇奉佛の正義は磨すれども磷《りん》せざるを見るや、彼等は斯に飜然として其圖を改め、我が利器を奪て其力を增さんと欲し、乃ち彼が如く狼狽周章して尊皇の情を表せんことを勉めたるなり。司馬昭の心は路人も之を知る。耶蘇教徒の術數、寧ろ明眼者の觀破する所とならざらんや。

爾《しか》く術數なりと雖も、兎にも角にも彼等は尊皇の情を表したるなり。爾《しか》く正鵠を誤り、皇室の安泰を其奉ずる獨一神の眷祐に托せりと雖も、彼等は尊皇といふことの正義には屈服したるなり。是れそれ庶幾くは其の竟《つい》に正道に入るの門戸たらんか。吾れ其必らず然らんことを望む。

斯に一の眞理あり。理の論斷が情の執着に伴ふこと是なり。此事や必ずしも喜ぶべき結果を生ずべきに限らず、屢《しばし》ば迷妄に陷いり、事體を誤ることありて、古より聖賢の戒むる所多くは此に在らざるなしと雖も、惡しき情が惡しき論斷を誘發すると同じく、善き情は必ず正理に適合近似せる論斷を生ずべきは、夫の眞理の證明する所たるべし。又斯に一の眞理あり。其居る處の地其感情を化すること是なり。たとひ其始め爲めにする所ありて然せる所にして、中心喜んで之を爲さゞりしと雖も、其地に處するときは其地に愛着を生ずること免かれざるべきは、夫の眞理の證明する所たるべし。前の理や吾れ嘗て匹夫匹婦が其見道理に到らずして、其行屢ば正道に合するに於て之を見る。里巷《りこう》傳ふる所孝子貞婦の事、此の如き者甚だ多し。後の理や吾れ嘗て宇野六郎の子が楠正儀に於ける、間《はざま》十太郎の妹が吉良家に於けるを以て之を見る。古來義人烈女の事泣くべきの蹟、情義の兩《ふたつ》ながら不可なる、此の如き者多し。吾れ暫く試みに此を以て彼の耶蘇教徒を例せん歟。

耶蘇教徒の尊皇を云々する者、彼れ其志ならんや。正義の進潮、抗するに抗しかねて、曲げて其活路を求め、苟も世に阿《おも》ねるの說を爲すに過ぎざるのみ。さもなくば吾が皇室の歴史、彼れ不學と雖も、少しく知る所あらざらんや。而るを水火も啻ならざる其教義を以て、吾が尊皇の大義に附會す。是れ普通辨識ある者の爲さゞる所なり。彼等如何に强辨すと雖も、其教書に所謂王を尊ぶべしと云へる語意の淺深、正偏は吾が國人が保有せる先天の尊王心と軌を同じうせず。佛教が說く所四恩の理、國王大臣に法を付囑するの義、眞理無二、帝道惟一の論と轍を一にすべからざるは、彼等と雖も、蓋し自《みづか》ら知らん。知りて而して此に到る。彼等の自ら欺くも亦甚し。吾れ固より其不德を惡むに堪へず。然れども居處其氣を移すの理にして或は中《あた》らしめば、彼等の口に尊皇を唱へ、人に向て公言するの際、知らず覺えず其正しき感情を喚び起し、純潔なる日本人先天の正義は其方寸に再燃して、自ら其蓬の心を燃《や》き盡くすこと無きを期せんや。

一旦此に至る。正しき感情は益々燃《も》えて、其光四方に洞徹せんとするに及び、彼れ必ずや一大黒幕の其光輝を蔽ひて揚發せしめざる者あるを見ん。此時は則ち彼等が嘗て奉じたる妄迷の理が、彼等が新たに得たる正しき感情と闘ふの時なり。既に闘ふ矣。而して其二つは必らず兩存することを得ざる者なれば、其一つは遂に克たざるべからず。惡き理は惡しき感情を率い、正しき感情は正しき理論を伴ひ、其一方寸を變じて修羅闘諍の巷《ちまた》となせる後、天其衷《まこと》を誘き、眞如實相の理、彼等が靈性の枯薪に點火せば、彼等は始めて尊皇の正義を心底より奉じ、而して佛教の醍醐味を咀嚼するの日に遭逢せん。

今や耶蘇教徒が尊皇の名によりて、天下を瞞せんと欲する其志は則ち憎むべしと雖も、抑も憎むべきは彼れ教徒其人のみ。若し夫れ天下の大勢、耶蘇教徒をして此に至らしめたる所以、及び耶蘇教徒が此の大勢に順適して今後必らず至らざるべからざるの行路を豫想せんには、吾黨は豈に正義の光漸く明かなるの徴候として、歡喜抃躍《べんやく》せざるべけんや。

風俗壞亂

此頃世人の云々する風俗壞亂といへる名辭は、亦道德の維持を以て自ら任ずる人々の須《すべか》らく心を留むべき所の者なり。繪草紙屋の店先に畏こくも、やんごとなき方々の御肖像とならべ掛けたりし、忌はしき體の畫は出版禁止となり、其他飲食切手、骨牌の類、淫褻の書類ともおぼしき題號の書籍にて、同じく發行を禁ぜられたるもの少からず見えたり。裸體婦人の畫なんどは殊更人の目に付くべき處に掛けたりければ、吾等も屢ば之を觀て顰蹙したり。各新聞、諸雜誌が其筋の取締りを望むを見て、尤もと思ひたり。骨牌、切手、書籍の如きは、求めて見るべき者にもあらねば、そが果して如何なる種類のものなりけん、得知らざりしが、發行禁止に逢ひし者の多きを見て驚きぬ。些々たることのやうなれども、千丈の堤は螻蟻《るぎ》の穴よりこそ壞《やぶ》るれ。決して等閑に看過すべきにはあらず。但々吾等世道人心を以て自ら任ずる者どもに在ては、獨り其現象に驚き、政府の手を藉りて外部より之を制裁するを願ふ位の事に満足せず、其源因を探りて弊患の此に至る所以を究め、内面より之を匡正せんことを計らざるべからざるなり。

政府より禁ぜられたる彼此は、官報に登載せられたるだけに止まるべし。されど是れ殊に太甚《はなはだ》しきものにて、其弊害の直接に、人目に瞭々たる者のみ。間接に人心を腐敗せしむべき力あるものにて、特に弊害の萌芽僅に茁生して未だ顯著ならざる者に至ては猶多し。其直接ならざるが爲に政府が制裁すべきの限ならずとせんには、世道人心に志あるの士は、逸早く其弊の兆を看出して、其長ぜざるに及びて之を芟《か》り、翠蔭天を蔽ふに至りて臍を噬むの悔を遺すまじきこと、其職分の當然にあらずや。吾等は博士加藤弘之君が小説幷に小新聞の監督を嚴にすべしといふの論を聞きて、其議の正しきに感じ、更に其監督を以て徒らに條例の手にのみ任せずして、碩學加藤君の如き、不肖なれども吾等までが及ぶ丈の骨を折りて、社會德義の制裁を之に加ふるの方を講ぜんことを相談じまいらせんと思ふなり。實は博士の如き聞ゆる社會學者が弊源を探求して、精密に世に報じ知らしめ、義人が匡正の行路にしるべせられんことこそ願はしけれど、未だ此に及ばれねば詮なし。ふつゝかなれども仁に當りては師に讓らず、聊か所見を陳じて世に裨益する所あらんことを欲す。豈に敢て弊源を悉《つく》せりといはんや。庶幾くは其一端なりとも得る所あらば幸なり。

稽《かんが》ふるに西洋文學の趣味未だ入らざりし以前、卽ち五、六年前迄は小新聞といふもの殆ど之れなかりしかば、其の小説續き物、若しくは此類の戲作にて、總て風流洒落の趣を寓せる者は至つて僅少なりしも、其傾く所は馬琴・種彦の流を汲で枯燥なる者の外、爲永派の人情物、狂句、都々逸、駄洒落をかい集めたる册子の類は、槪ね卑猥褻陋にして、花街柳巷の瑣事、劣情中冓《ちゅうこう》の言を以て唯一の材料としたるに過ぎず。然れども之を弄する者流は、半可通とやらんいへるエセ者の多くして、曾て士人君子の前に至らず、閨秀《けいしゅう》淑女の手に上らざりしを以て、其の害を及ぼすや中流以下の人に止まりて、上流の教育ある社會には影響極めて少きこと、演劇寄席の類と一例なりしなり。かくて政熱の漸く冷むる頃、社會改良といへること、世の一大問題となり、人間の毛色までも變へんとする雜婚説さへ行はれ、正に是れ歐化主義極盛の運に際したれば、之と共に人心を熱中せしめたるは、英語の稽古、女子の教育、文字の改良、演劇の改良なりし。蓋し疎剛なる封建武士の遺風、一たび之を鹿兒島の亂に大に挫《くじ》きたりと雖も、餘勇未だ竭《つ》きず。變じて民權説に其熱を漏らしたりしは、實に尙武の氣象が文弱の弊患に侵蝕され、力行果決の風衰へて、空言高談の風之に代るの一大機會にして、此時に當ては猶ほ口ばかりなりとも、天下國家の患《うれえ》を憂へて奔走周旋する輩ありしも、此機會一變して世の不景氣につれて各政黨も亦沈滯する比《ころ》ほひ、人心遽然《きょぜん》として靡弱に陷いり、洋行歸りの才子横行して、上下靡然として綺羅翩翻《へんぽん》の世の中となり、音樂舞踏の優しき樂みは男女の柔情を暢發し、哲學文學の空疎浮華は道義の操守を敗壞し、太平を裝飾して沾醉《せんすい》自ら識らざりしこと、自然の勢必ず至らざるべからざる所にして、獨り罪を伊藤内閣の恬熈《てんき》主義に歸すべからざる者あり。英語の稽古、女子の教育は驚くべきの變化を見たるも、文字の改良、演劇の改良は理論のみにして實際には行はれざりしが、之に誘發されてか、格別改良といふ先聲は聞かざりけれども、大に變遷せしは文學、殊に小説の趣味文辭にして、是れ前に所謂西洋文學の加味さるゝ時期なりし。文弱の勢に投ぜし機會なりしかば、才子佳人が値遇、變轉の始末は、同じやうなる才子佳人に愛讀され、曩時に材料とせし花柳瑣末の事は猥褻として一概に排却されて、男女の學生が相思出身の行路は唯一の主眼となり、此れが中にも政熱の餘燼、猶ほ多少の溫暖を感じし頃は其ヒーローを多く政治家となるべき才子に取りたるも、氣焰一轉して文學が世にもてはやさるゝ日となりては、其主人公は槪ね文學者なり。すべて斯の如き現象は歐化主義の結果とも見るべき者にて、是が爲めに華奢文弱に流れ、士人の氣力を沮喪沈滯せしめたること疑なく、國家の元氣に至深の厄患を與へたりと雖も、男尊女卑の舊風が痛く排擊されて、婦人を玩弄するの情態を頗る遠慮せしめ、劣情獸慾の言語文辭は、自然に社會に公刊し得ずなりたりしは、又此情勢が傍生せし結果なり。其得失を商量せんには、文學の趣味が上下を通じて、一般社會に味はゝるべくなりしが爲めに、其鄙猥淫《いんせつ》褻の分子は頗る之を芟除したる得ありしと共に、正人君子閨秀淑女をも、大に嚴格の儀表を損じて、柔情に感染せしめたるの失はありしならん。

勢極れば則ち變ず。歐化主義衰へて國民主義之に代り、以て今日に至りて士風の興隆せしこと復た觀るべきあり。而して人心漸く浮華空疎文弱侈靡に飽きて、政治に意を注ぐに至り、條約改正の是非、再び激昂を長じて、天下方さに健實樸素の舊態に復せんとせり。大凡吾が社會の變遷は、二十年來甚だ急速にして、全體の機關盡く一齊の速力を以て進むことを得ざりしこと、恰も赤道直下に於て地球が廻轉の速力過急なるが爲に空氣の之に伴ひ得ずして、恆信風の傾欹《けいき》を生ずるが如く、政治機關の運轉先づ成りて、一般社會の現象は其跟《あと》を趁《お》ふて徐々に變ずるが故に、文學の極盛期は卽ち之を誘致せし政治の極盛期に後るゝこと一兩年の後に在り。歐化主義の政治論漸く燼滅せんとして、猶ほ西洋趣味の文學盛に行はれしこと所以なくして然るにあらず。昨今兩年の小説界、其繁昌を極めたるは全く此理にて、唯々夫れ極盛なるが故に人心のやゝ小説に厭《あ》きつゝあることは、今日に於て現に然り。たとひ小説を全く排却せざるも、西洋趣味の沈醉漸く醒めて、國文の振興、元祿文學の珍重、皆大勢の變兆を見るべき者ありて、言文一致の振はざるは、之と伴生せる免るべからざる結果なりとす。振子は一方に傾向すること過度なれば、其反動として他方に傾向することも亦過度なり。人事の狀勢も亦此の如し。國民主義の發達は正理に感發されて起る所なりと雖も、守舊の弊習も亦之に跟隨《こんずい》す。英語の稽古は未だ甚しき反動を受けずして猶盛なれども、漸く轉變を見んとするの勢あるは女子の敎育なり。女子の敎育は現に贅澤無用の者多ければ、之を匡正せんは不可なしと雖も、憂ふべきは之に伴生する男尊女卑の舊風復興の兆にあり。此弊兆が文學變遷の期に遭ふ。是れ蓋し風俗を壞亂すべき物料を釀成すべき原種の化生する機會たるなり。

西洋趣味の文學が其末路に際して極端に走り、裸體の美を唱へ出すや、好奇の咎は或は之あらんも、人の劣情を動かして奇利を射んなどの考へはあらざりしならんに、折しも一方には舊風の興復と共に、婦人を玩弄するの兆亦社會公德に許されんとするの際なりしかば、忽ち此機に會して店頭に公然と裸體婦人の畫をさへ掲ぐる者あるに至りしなり。故にかゝる忌はしき現象を以て、偏《ひと》へに歐化主義の餘毒とせんことは、西洋文學の主張者に冤を被《こうむ》らす者といふべく、其實守舊の風再生して、婦人に關する理想觀念大に汙《けが》れるの致す所といふも不可なし。何となれば吾等此頃に至りて京華春報が、數年前即ち西洋文學未だ盛ならざる前の趣味を再釀して世に售《う》らんとするを見て、是れ花柳的劣情が再び文學世界の材料たらんとする徵候なりと思ひ、趣味に關する變遷の偶然ならざるを知ればなり。勢既に此の如くなれば、節操なき小説作者、小新聞の續き物書きの如きは、機に投じて售《う》るゝを圖り、再び爲永派の猥褻文學を弄して、世道人心を誤らんも未だ知るべからず。現に元祿文學と稱する小説戲作の類には、其文字の巧拙は姑らく置き、其趣向は偏へに花柳場裏に材料を取りし者少からざるに、人の之を稱して止まざるは、所謂其美を見て其惡を見ざる者にして、猾奴が將に其隙を窺ひ、其面貌を之に擬して、其骨を換へ、以て世人が劣情の發動を催して、奇利を射んとする者あるを慮らざるなり。

骨牌、飲食切手、猥雜の書籍の類は、吾等未だ之を見ざれば、其由て生ずる原因を探究するに由なし。然れども是等は固より士君子、閨秀淑女の手に上らざる者なり。かの美術と稱し、文學と稱し、士人君子、閨秀淑女の前に展《の》べらるべくして、其實不良の意匠を其中に罩《こ》むる者に至ては、其害頗る恐るべき者あれば、吾等は世道人心の爲めに、其由て生ぜし原因を略述すること此の如し。裸體婦人の畫は、既に禁ぜられたれども、劣情獸慾を鼓動すべき小説雜誌は、蓋し猶ほ衆かるべし。其文辭を飾りて一讀辨じ易からざらしむるに於ては、政府の之を制裁せんことも難からん。かくて冥々に道德風俗を壞亂したらんには、國家社會の爲めに容易ならぬ事どもなり。之を匡正せんには果して何の方法にか據るべき。是れ吾等が世の義人に詢《はか》らんと欲する所なり。

政府の禁制は外面よりす。故に機械的なれども、是れ吾等が取るべき所にあらず。但々其急なるに際しては、外面の制裁も亦以て一時を救ふに足ることなきにあらず。吾等は當さに常に注意して社會の德義を維持することを務めざるべからず。若し夫れ一時の急を救はんとしては、不良の圖書ありと認めたるとき、之を世間に忠告して士人淑女の之に黷《けが》されざらんやう注意するも亦一策たらん歟。願くは加藤博士の如き一世の重望を負ふの君子が、微力なる吾等を助けて風教維持の事に力を盡されば、其成効も亦庶幾すべからざるに非ず。敢て博士及び世の義人に諮《と》ふこと此の如し。

文學上佛教の功績

『大同新報』第一八号「大同新報」　明治22年12月10日

儒學は應神の朝に來り、佛法は欽明の御代に傳はる、世の相距ること三百年。三百年といへる歳月は、人類が進歩の經歴に於て價なきほど短き時間としも言ふべからず。徳川幕府の文化がさばかりの盛りを極めたりしも、同じ長さの歳月と覺ゆれば、いかに上代の心長き世なりけんも、數より推さんには、佛法渡來の頃には、はや儒學の粗《ほぼ》世に弘まりてあるべき理りとこそ覺ゆれ。三百年の歩みを社會進歩の行路に先《さきだ》ちしからは、其國人の思想を誘き化して、其言語文學に儒學の趣味を滲み込ましめんことも、佛法よりはそれだけ遙かに深く且つ大ならずばあるべからず。知らず文學が儒學の感化を受けたりし實蹟に於て、果してかくの如くなりしや。

阿直岐、王仁が菟道稚郎子に教授したりしより、文教我邦に傳へたりと稱すれども、爾後數百年間は、曾て文學の後世に傳へて觀るべき者の生ぜざりしなり。古事記、日本書紀の載する所、歌詠は神代よりして之有り。萬葉集の初巻は雄略天皇の御製より始まれりと雖も、是れ其の寧樂《なら》の朝、撰定の際に當り、口耳相傳ふるの境より脱して、手眼相通ずるの域に進みしのみ。況んや其性情に於て、其意想に於て、此等の諸作が曾て儒學の感化を受けたりしの蹟を觀るべからざりしをや。

欽明の朝、佛法の渡來せしより、五十年にして十七憲法の撰、舊事記の撰竝び出づ。而して竝びに上宮太子の手に物されしなり。太子の學は之を儒學に得たりし乎。はた之を何の敎に得たりしや。此に説明せんも無用の談に屬す。

我文學の始めて盛運に際せるは、寧樂の朝に在り。日本書紀、古事記の撰、萬葉の歌集、啻に其古典を以ての故に重ぜらるゝのみにあらず。其文學的の趣味を以てするも、亦鬱として一大粹華を鍾《あつ》めたり。日本書紀の如き固より多少の儒學的臭味を帶びたりしなり。而して懷風藻の如きは實に全く漢學蔓延の結果なりといふべし。されども是れ漢の文理に從て漢的の思想を表はす者なれば、之を我文學の理想が、漢化せられたりといはんは未だ可ならざるなり。飜《かえっ》て之を萬葉の集に觀よ。其佛法渡來以前の作は姑らく言はず、寧樂諸名人の作る所にして、其理想が儒化せられたるの作、三百年の歩を佛法に先ちたるほど、佛化せられたるの作より多かりしや。

其實用の文學をしも兼ね論ぜば、儒の經籍及び之に關係せる著述は蓋し寥々たり。而して佛の經論、律藏及び註釋義疏は勝げて數ふべからず。廐戸皇子の勝鬘、維摩、法華を註せし時に當りて、何ぞ曾て詩書六經を註するを能くする者あらんや。

刻書印版の事は文學の進歩に大なる關係ある者にて、之によりて文學の變遷を徵すべきこと少からず。黑川博士の說く所を見るに、本邦に於て書籍を摺寫せしことは、天平勝寶二年に武藏國人大伴赤麿の家族、赤麿が在世の時の罪犯の事を書し、刊行して之を諸人に與へ、以て罪業懺悔の爲にせしことありといひ、而して此書を刊行せしは當時遼遠の地たる武藏國に在れば、帝都輦轂の下に於て何ぞ刊行の擧なからんやと論ぜらる。之に次で孝謙天皇の神護景雲年間、一百萬の小塔を造り、根本慈心相輪六度等の六種の陀羅尼を其中心に藏《おさ》めて、之を十大寺に置けり。而して書寫の功を假らずして之を摺寫せり。此後書籍を刊行すること往々之あり。然れども皆佛書に止まりて儒書には及ばずとは博士の證する所にして、延曆寺に刊本の法華經、世に傳敎版と稱する者あり。刊本の唯識論、大智度論ありて、之を義眞點本と稱し、源信僧都の撰述して自刻せる往生要集あり。是等を本朝刻版の最古なる者とするよし記されたり。博士は之に因みて支那の書籍刊行が、五代の時馮道が五經を鏤版《ろうはん》せしに始まれば、吾が書籍刊行の事、必ず彼に先だつべからずといふ者を喩《さと》さんが爲に、陔餘叢考を引て、隋唐の時、既に刊刻の事ありしを證せり。夫れ隋の時は方さに我が廐戸皇子の世に當れり。而して天平勝寶は之に後るゝこと百五十年を過ぎず。文學の利器たる印版の擧、我が邦に行はるゝの速かなること此の如きは、之を佛法傳播の効といふべからざらんや。而して隋時刻版の始と稱する所の者は、開皇十三年十二月八日勅廢像遺經悉令二雕撰一とありしに據れば、是れ儒學の國ともいふべき支那に在ても、佛法に關する刊刻が、五經の鏤版に先だつこと數百年なり。佛敎の文學に關する功効の巨大なること、豈に吾儂が好む所に阿《おも》ねるが爲に爾《しか》云はんや。

人常に言ふ、我が國の文化は之を漢土より傳ふと。是れ洵に然り。然れども其傳ふる所、尤も多く儒學の感化を受けしか、はた佛法の感化を被りし乎。是れ分別を要するの事にして、其始めに於て佛法の功効、儒學の上にありしこと明白此の如くなれば、誰れか此の實蹟を誣《し》ひて佛教が文學輸入の功績を奪ふことを得んや。是れ亦故あり。推古の時、欽明を距ること五十年に過ぎず。而して寺院の數四十六、僧八百十六人、尼五百六十九人の多きを致せり。此時に方りて儒を以て著《あらわ》るゝ者、何ぞ寂として聞ゆるなきや。船辰爾の如き偶々之ありと雖も、文辭の槪見すべきなし。其後高向玄理、南淵請安の如き、亦徒らに史上に於て其姓名を知らるゝのみ。

桓武の朝、都を平安に奠《さだ》め玉ひしより、佛法の興隆益々熾んに、叡山高野より南都諸寺に至るまで、名僧碩德、相踵で輩出し、護命空海の如き、假字《かな》を製作して其中に四句の偈意を含めたれば、今に至るまで襲用して大に其利を享けたるのみならず、萬葉假字の杜撰、漢文の佶屈を脱して、固有の國語を自在に表出し得るに至りたるは、其功績の大なること、以て我文學史上に特筆大書して恥づる所なきなり。是より先片假字の製作、之を儒者吉備公の手に成れりと稱すと雖も、其用蓋し洽《あまね》からず。且つ音韻の事は空海諸人、渡唐の後、悉曇の學を齎らせし前に行はれし事、信ずべからざる者ありて、五十韻の整頓の如きは、吉備公の手に成れること、古學家の疑を容るゝ所たり。文字を省略して片假字となし、以て眞字《まな》文に傍訓を施すは、其時の必要に基き、佛家にても摩魔を广と略し、密を宀、私を厶等と略したること古くより之あれば、之を吉備公の一手に出でたりと斷言すること、亦疑ふべからざるにあらず。而して假字文の盛んに用ゐらるゝ後、尤も普通に行はれたるは平假字なりし。

嵯峨帝の文辭を尙び、漢學に心醉させ玉ひしより、詩文に長けたる人、多く出でたりしも、此時に當りて諸公名人、概ね佛法を信奉せざるはなかりしかば、其文辭の佛教によりて顯はれたりし者甚だ多く、空海諸師の著の如き、其際に卓出して當時の文化を策進せる者なり。而して儒家菅江諸氏の作にして、事佛法にかゝる者少からず。菅家の文集を一閲せば、其崇佛の思想、紙上に滿つるを見るべく、慶滋保胤に日本極樂往生記あり。大江匡房に續日本往生傳あり。宗室の文學に名ある前後兩中書王の如きは共に佛教を崇信したれば、前中書王の有名なる菟裘賦の作あるや、深く人生の無常を觀じ、其意想字句の間に溢れたり。本朝文粹中、儒學の感化に偏して、佛教の意想なきの作を求むるに果して幾《いくば》くかある。其漢的の文字に於けるは則ち斯の如し。其固有の文辭卽ち和歌、假文字に於けるは何如。

歌集に於ては延喜の朝、古今和歌集の勅選ありしより、後選、拾遺以下、歴代の勅選ありて、其詞句、意想の高下美惡何如は姑らく問はず、和歌の盛んなること空前絶後と稱す。而して歌集の目を分つに釋敎の一項あるに至れり。其通常應酬の作と雖も、佛法の感化を受けし者十に七、八、其感懷、哀傷、別離等の諸作に至りては、盡く無常の理想に原本せざることなし。故に古今以下の和歌を學ぶ者にして、佛教の經論に通ぜざることあらば、其趣味の幾分を減殺して、作者の苦心を等閑に看過するを免るべからざるなり。

物語の親と稱する竹取物語は、全然たる佛教的の物語なり。而して物語の最も完美して、王朝文學の花ともいふべき源氏物語は、後世の國學漢學者流が、其佛法に浸淫せしを誹《そし》りしほど、因果應報の理、無常生滅の趣を籠め、全部五十餘帖、佛教の教理を以て經緯したるに外ならず。榮花物語、三鏡以下、其體は物語に似て、其實は實事を傳へたる者も、皆佛理によりて事の始終を立て、論斷感懷皆之を標準とせざるはなかりき。宇治拾遺、著聞集等の如き小話漫錄の類は實に佛經の爲めに、事實の證を擧て、其眞實を表示せし者といふも不可なし。

此等は我が文學の第二期にして、藤氏執柄の時代、及び此時代の餘勢が後代に存せし者に係る。此より霸政の初期に生ぜる文學に就て、少しく觀察する所あるべし。

西行の撰集抄、長明の發心集、方丈記の如き、固より其人の佛に歸して、或は雲水に其脚を托し、或は隱逸に其名を埋むる者に在ては、其全く佛敎的の詠歌屬文ありしは怪むに足らず。其當時の私史に係る源平盛衰記の如き、巻を開けば則ち曰く、祇園精舍の鐘の聲、諸行無常の響きあり、沙羅双樹の花の色、盛者必衰の理りをあらはす、奢る者久しからず、唯春の夜の夢の如し、猛き人も遂には亡びぬ、偏へに風の前の塵に似たりと。其後南北朝の際に至り、太平記の作、頗る大著たり。神皇正統記の作、最も名分を重んず。而して其議論感懷する所を觀るに、皆佛理に據れり。徒然草の沖澹閑遠なる、漫筆の體に於て枕艸子以後の絕唱たり。而して其の趣味は全く佛敎的なり、無常的なり。

霸政の中期たる足利の時代に在ては、戰亂相踵ぎ、文學の暗世ともいふべかりしも、謠曲の著は、其何人の手に成りしやを知るべからざる者多しと雖も、當時武人の氣象を現して、頗る激越悲壯の趣に富めり。其然る所以を求むるに南北朝以來、殺伐の風大に長じ、之を和ぐるに佛家慈悲忍辱の旨を以てし、以て此の變調を生じたるなり。故に其俯仰低回、感慨哀怨する所、常に生滅の不定に悲み、修羅鬪諍の苦を脫して、安養淨土に生ぜんことを以て自ら慰めざるはあらず。高僧、蓮如諸師の如き、間々此流の曲節に托して以て法を說き道を弘むるの資に供せしことありといふ。

(以下次號)

内閣諸公に望む

天下囂々然として改正條約案の不可を鳴らせしこと、昨日の如き也。而して旬又旬、月又月、大隈伯の遭難も五十餘日の昔語りとはなりぬ。内閣員は既に交迭し、反對の團體は安んじて其結合を解き、延期を祝して饗燕を開く者あるに至れり。是れ其新内閣に信用を置くが爲に然る者にして、必ずしも國家の大問題を以て旬月の間に忘却し去りしにはあらず。何ぞ其れ新内閣の政略を信じて其速かに行はれんことを望む者の多くして、今に至りて未だ滿足せられざるや。聞く、新條約の實施期限は來年二月十一日に在りと。固より其以前に於て批准の事定まらざれば、自から延期の姿を呈すべきは疑なからんと雖も、苟も一國の政府が各大臣儼然として在りながら、重要急切なる外交の談判を因循として決する所なく、其實施期限に至るまでも、自ら方針を定め得ざるが如きあらば、是れ其國の名譽と稱すべけんや。吾等は好まざる所にはあれど、三條公の内閣に向て、其處置を催《うなが》さゞるを得ず。吾等事情に潤《さか》れりと雖も、三條公の進まれたるは一時彌縫の策に出で、其可なる者を待て之に讓らんとせらるゝこと、恰も夫のウヱリントン公がロバート、ピール氏を待たんが爲に、一時位に充てたりしが如きよしをほの聞きぬ。されど公が出でしより殆んど五十日、山縣伯は在り、松方伯は在り、井上伯は歸れり。更に何の待つ所ありて今に於て内閣の方針を定めず、切要なる外交談判を忘れたるが如く打捨置かるゝや。公既に勅命を奉じて總理の任に當る。吾等をして其希ふ所を悉《つく》さしめば、公が情實慣勢を破りて、内閣の弊を一掃し、其抱懷する所の政を實施せられんに在り。そも〳〵公も亦人のみ。堅牢頑固なる弊習を打破せんこと、力能くせずとあらば、公何ぞ自ら聖明の知遇に負《そむ》かんことを恐れずして、一日其能くせざるの位に安ぜらるゝや。されど、吾等をして少しく積勢の到る處如何を解せしめば、公を責むるの過酷なる、決して此に至らじ。然らば吾等ははた誰をか責めん。

吾等は茲《ここ》に薩長の諸元勳が自ら其心に問はれんことを熱望するなり。諸公が當初幕府の末路に際し、身命を抛ちて奔走し、戎馬倥偬、寢食安からず、數々死生の途に出入して、幸いに全かりしこと果して何の爲めなりし乎。

諸公が少壯鋭果の氣を以て、國あるを知りて身あるを忘れ、時勢の必迫にして、國礎の以て固うせざるべからず、政令の以て確實明白ならざるべからざるを感じ、爰に霸政の害を悟りて、之を倒したりしに非ずや。吾等は固より薩長二藩が關原の敗北者として、深怨を德川氏に啣《ふく》みしことを聞けるが故に、其首として幕府に抗して憚らざりしは一朝一夕の故にあらずして、其慷慨國を憂ふる諸人士中にも、多少此の復仇的觀念ありしことは、敢て疑を容るゝ所にあらず。されども諸公がたとひ其復仇的觀念を以て之を成したるにもせよ、其全國の服從を得て、其天職を忝《かたじけの》ふするに至りし者、豈に獨り其武力を以て之を得たりとすべけんや。唯其れ二國の人士頗る事に幹たるの材あり。維新後に及んで兵馬の實權を握るの機に際會して、地位を保つの必要より、益々黨援比附し、以つて他地方の人士を淘汰し去るの已むなきに至り、革新の際、朝廷が取りし光明磊落の大主義も、年を追ふて却て益々非なるを致せるなり。加之諸公も亦日々に老いぬ。其髮は種々たり。其齒は潤なり。妻兒の嬉《たのし》み内に洽くして、仰瞻の榮外に纏《まと》ふ。復た一劍飃然として、雞聲馬嘶の間に起臥せし舊興味なし。志の日に磷《うすろ》いで、膽氣の日に耗するは、固より其常數なり。勇往直進は局外に在りて當局者の緩慢を憤りし往夢のみ。成敗の會、自ら其身に當るに及んでは、利害の關に二の足を踏むこと、自ら覺えざる者あり。人は常に自ら慰むるの術を知る者なり。自己の境遇は、既に嘗て自己が姑息とし、因循として攻撃せし所の前人に類するも、且つ自ら解いて曰く、是れ我が經驗を積むの効なりと。然れども請ふ、試みに心を虚うし氣を平かにし、古往今來、在朝在野の地位を夷考して、以て自ら鑑戒とする所あれ。諸公にして人心あらば、豈に悚然として警懼する所あらざらんや。

薩長の權衡、今日に至りて益々其平を得難きに苦むは、萬目の視る所、萬口の稱する所なり。至難にして諸公の技倆に及ぶべからざること此に至りても、諸公は尚ほ此權勢地位を私するの要ある乎。吾等は之を以て獨り諸公を咎めず。他地方人士が其氣力以て諸公を壓倒して之に代るに足らず、徒らに空論放談し、はては怨嗟し、憤懣し、區々の末節に忍びずして、以て縲絏の辱を取るが如き、吾等が常に痛歎する所たりと雖も、諸公の以て已むべきの勢に在りて、而して自ら已まず、氣運を停滯して、以て異日の激變を釀成するが如き事あらば、諸公が上、聖明の寄託に對へ、下、己が初志に對する所以も亦果して何如とかする。之を用ゐれば虎となり、用ゐざれば鼠となる。天下未だ必ずしも人材なしといふ可らず。二州の勢力を持續せんとすれば則ち難く、天下と公にすれば則ち易きに於ては、諸公何を以て其難を捨て丶其易を取らざる。條約改正の問題が切迫にして、一日も猶豫すべからざること、諸公の之を知るは吾等よりも切ならん。而して荏苒五旬を過ぎて、竟に未だ其方略を定めず、此急要問題を放棄して、日々往來相談に時を消し、仍ほ且つ寸効だも奏ぜざる者は、藩閥の弊、之を爲さずといはんは不可、人材を二州の小區域に求めて、天下の大事を天下と公にせざるに由らずといはんは不可なり。

謹んで三條公及び内閣中の薩長出身の諸公に望む。陛下の諸公に寄託する所何如、人民の諸公を信じて、其鋒を斂めたる所以如何、而して諸公が五十日の間に於て此寄託と信用とに報ずる所以の蹟如何と顧みよ。吾等か煩しく說くを用ゐずして、諸公それ自ら釋然たるものあらん。

『大同新報』第一九号「大同新報」　明治22年12月25日

クリスマスに就て

クリスマスは異教徒の事なり、我が佛教徒の事にはあらざるなり、而して吾等は何が故に之に就て言はざるべからざるや、姑らく下に說く所を聞け。

去る年の事と聞きし、高等師範學校にての事なり、かの校には男子部、女子部の區別ありて、其教師には外國人も居るものから、女子部の教師たる外國婦人は、耶蘇教徒にてありしといふこと、あながち珍らしき事にもあらざるが、耶蘇教徒の常とて、間《ま》がなすきがな、其教を弘めんと思ふは、稀なる例《ためし》にもあらず、此婦人も其地位は女子教育の一部を負擔し、邦人の尊敬を買ひ易き外國教師といふ資格もて、感性鋭き女子達に師とし臨みたりしなれば、いつの程にか感化力を及ぼしたりけん、やがて十二月の二十五日といふ日に至りて、そが教ふる女生徒を率ゐて、校内に於て殊に興あるクリスマスを行ひたりと。

吾等はいと信じ難くは覺ゆれど、其語り傳ふる人は、いと信ずべき人なりしかば、之を疑ふを得ざりし。吾等實に驚かざるを得ず、何となれば高等師範學校は、將來全國尋常中學及び尋常師範學校の教師たるべき人を養成するの處たり、而して尋常師範學校は實に全國小學教員たるべき人々を養成するが爲に設けられたり、則ち其流に溯りて、其源委を尋ぬれば、全國教育の本は高等師範學校に在り、其生員の一半たる女子部の生徒が、校内に於てクリスマスを擧行せん迄に異教に狂奔せんこと、吾が將來の教育界に取りて、果して如何なる影響を與ふべき。矧《いわ》んや其の狂奔者は女子なり、女子の勢力は潛みて且つ密なりと雖も、其社會の神髓に浸染するや、深くして且つ大なること、男子の勢力が短く、激くして、一時に止まるが如き比にあらざるをや。

吾等は豈に必ずしも佛教徒たり、耶蘇教徒の反對者たるを以て爾云《しか》はんや。今や普通教育は、全く政府の干渉に成り、文部大臣が定むる所の方針は、直ちに全國教育の主義たるなり、文部大臣は豈に普通教育を耶蘇教信者の手に委するを欲せしことありしや。教員の職に在る者は、政治宗教の主義に於て、偏頗なる意見を執るべからずといひしこと、十年前より以て今に至るまで、文部省が此の訓令を改めたりといふことを聞かず。現任大臣は此事に就て未だ說く所あらざりしと雖も、故森子が此職に在るや、宗教を普通教育に混ぜんことを否《いな》めるは、其演說に於て明かなりし。而して文部省が簡易小學校教員傳習の事を佛教者と議《はか》るを見るも、國民的感情が當局の心臟を鼓動しつゝあることを知るべきにあらずや。然るに教育殊に母親教育の源泉たる高等師範學校女子部は則ち十二月二十五日に於てクリスマスを行ひたり、吾等は事の矛盾此に至るを見て竊に怪訝に堪へざる者あり。

國家教育の主義は、故森大臣の主張する所たり、實に今時に於て國家的觀念を國民の胸中に充溢せしめんこと、教育家の職分たり、今に於て文部省が此主義を抛棄して、崇外的觀念の興起を務めらるゝとは、吾等が耳にせざる所なれば、此の怪事、其クリスマスを行ふの念、長じて國際日を守らざるの心となり、其耶蘇基督を崇拝するの念、長じて皇室を敬戴せざるべき心となり、竟に以て國民的精神を忘失して遺さゞるに至るべき怪事を傍觀して、之を不問に措くことあらば、吾等は大に其の取る所の方針を知るに苦まざるを得ず。矧《いわ》んや此事の起る、實に故森子が局に當るの日に在りしをや。

女子の性として、人の如くならざるを羞ぢ思ふこと男子よりも甚し。聞く男生徒にして耶蘇教を信ぜざる者が、耶蘇教徒の設立せる學校に在るや、毎日數時、其信徒たる教師生徒に伴ふて、祈禱會に列するも、人悉く立て讃美の歌をうたひ、己れ獨り坐して默然たり、人悉く手を額にして祈禱し、己れ獨り兀然《こつぜん》として頭を擡《もた》ぐ、何となくきまりの惡きに堪へず、且つ教師が信徒不信徒を遇するに、一は其親兄弟の如くし、一は其義子弟の如くすることさへあれば、感觸の不快なる言ふべからざる者あり、是に於て其强者は憤然として退校し、其弱者は心ならずも信徒の名を冒すに至るなりと。男生徒にして且つ然り、女子が其稠人中に獨り異なる態度を守り、教師が冷遇を忍で一心に其の節を保たんこと、誠に力を爲し難き者あり。高等師範學校のクリスマスを行ふや、其由來する所如何を聞かざりしと雖も、其事情頗る之に類する者なからんや、則ち尤も注意すべきは其教師にあらずや。クリスマスは耶蘇教徒が罪ゆるさるゝ日にて、多くは遊戲を事とする者なり、然れど戲として忽視《こつし》する所の者、或は歲月の漸を積て、本氣の沙汰となることなかるべしとは、固より保證すべき所にあらず、其本氣になりし日に於て之を論ずるはそれ亦晩《おそ》からん。

意ふには這箇《この》の怪事、吾等の耳にさへ入れり、當局にして知らざるべきの理あらず、乃ち既に措置する所ありて、事一場の舊夢に屬せしやも未だ知るべからず、而して吾等が心血を攄《の》べて言ふ所、竟に夢を說くの癡談たらば、是れ反て教育界の幸也。本年のクリスマスも近し、吾等が此想像を實蹟に徵するの日遠きにあらじ。

文學上佛教の功績（承前）

次に觀察すべき霸政の末期、即ち德川氏の文學は、我が文學中尤も偉觀を呈したる一時期にして、多くの部分に於て、其發達は殆んど平安の文學に軼駕《いつが》したり。平安に於ては、其ヴオルスは和歌の一種あるのみ。而して其長篇は既に頽《すた》れて、人々三十一文字の短章に局促《きよくそく》し、其プロースは物語、艸子、消息等、格別の體裁もなければ、異常の文格もあらざりし。德川氏の文學を觀るに、和歌は古風を復興して、長篇大作、間々又觀るべきあり。連歌、俳諧、俳句、皆其精妙に詣《いた》り、又都々一《どどいつ》、川柳、狂歌の如きも、鄙俚《ひり》なりと雖も、各々其致《おもむき》を存し、淨瑠璃の曲一たび生じてより、義太夫、新内、歌澤、清元、常磐津の如き、悉く其盛を極む。是等は半ば音曲に屬すと雖も、一の音曲あれば、隨て之に伴ふの詞謠《しよう》を要するを以て、爲めに文學の派生を致せしは事理に於て明亮《めいりよう》なり。是等をヴオルスに屬する者となし、其散文に至ては、古言の復興、稗官《はいかん》小説の盛行、史籍の編著、漫筆の類に至るまで、備はらざるなし。之を平安に視《くら》ぶるに、時代の然らしむる所、渾融《こんゆう》粋美は則ち及ばずと雖も、條暢流麗は則ち之に過ぐ。其漢學に於けるも、平安の鉅匠名人は、或は文選三十卷、四聲の切韵《せついん》を暗誦せるが如きありて、其精勤該博は後人の容易《たやす》く及ぶ可らざる者ありと雖も、其所作を讀むに和習未だ脱せず。加ふるに偏《ひと》へに四六駢儷の體に刻苦せるを以て文字自然の節奏《せつそう》に曙《くら》く、漢人をして之を讀ましめば其意の在る所を知るに苦まんと思はるゝ如き者少からず。弘法大師の唐に在ること殆んど二十《ママ》年に近きを以てすら、猶此の如き弊あるを見る。況んや其他をや。然るに德川氏の世、徂徠始めて文學に意を用ゐて、李王の古文辭を唱道してより、利弊交々生ぜりと雖も、要するに文字體制、塵氣《じんき》俗習なく、直に明清人と角逐して唐宋の壘《るい》を摩《ま》せんとする者、文には則ち竹山、履軒、山陽、一齋、拙堂、宕陰、息軒の如き、詩には則ち、六如、西野、茶山、星巖、淡窻の如き、以て今時の諸老先生に及ぶ迄、彬《ひん》々として輩出したり。德川氏の文學や、斯の如く其れ盛なりとすれば、此時期に於て佛教の感化如何を觀ること、其功績の判決を下すに、尤も力あり、尤も注意せざるべからざる所とするなり。

人も知る如く、德川氏の制度は、我が邦に行はれたる各制度中、尤も階級的、不平等的なりし。故に文學の發達も此社會の眞相の反射として、尤も不平等なりしなり。儒學は重《お》もに士人以上の學習し、且つ賞翫する所たり。庶人にして此を爲す者は、蓋し異常として視られたり。和歌和文といへる一派の文學、卽ち復古的の國文學は、其興るや晩《おそ》く、其擴布も著しからず。三家の村、十室の邑、文字を知り、人の子弟を教授する者、四書五經を誦すれども、曾てテニヲハの用法を知らざりし。普通に王公士庶に讀まれ、書かれ、賞翫されたるは、稗官《はいかん》小説、野乘雜傳の類を以て最も盛んなりとし、其二百年間に於て、數多の大文學家を出せる者、亦全く此一派に在り。

此時代に於て儒學は最も尊奉せられたりし、之に次で慷慨《こうがい》愛國の士は多く復古國文學に熱衷《ねつちゆう》したりし、而して彼の野乘雜記、稗官小説の作者は、戲作者として卑まれたりしなり。然れども是非得失は必らず百生の公論を待つ。今日よりして之を視るに、其の時代を最も善く代表し、其思想が最もよく發達したる文字は、果して孰れとかする。徂徠は漢土の文華を慕ふの餘、自ら東夷の物茂卿といひ、漢土を稱するに中華を以てし、東海未だ曾て聖人を出さずと論ぜり。彼れ其心を推すに、其文學に於けるも、亦東海未だ曾て先秦諸子、長沙、史遷、子雲、孟堅を出さずといはん、豈に祝詞宣命の荘嚴佶屈、萬葉、古事記の朴實渾雄、物語艸子の粹美優麗、盛衰記、太平記の悲壮雄偉、隨筆雜著の逸宕《いっとう》悠遠なるあるを知るべけんや。其後儒者、稍國體の重んずべきを知り、水藩修史の擧の如き、鬱乎《うっこ》たる文學界の大觀、之を漢文によりて發し、頼氏の私史、漢文ありてより、我が邦人の手に成る者、焉《こ》れより善美なるはなく、之を漢土人の作に比するも愧《は》づるなきの作たり。而して此二著が國民的精神の充實せること、亦徳川氏文學の傑出せる者たれども、是れ果して國人が眞成の名譽として誇るべきの事たらんや。嘗てラチン語の作家なきにあらず。而もチヨーサーは英文學の始祖として尊ばれ、曾て佛語の作家なきにあらず。而もゲーテー、シルレルは日耳曼《ゼルマン》文學の興隆者として稱せらる。是れ豈に國語の尊ぶべく重んずべきこと、之を華奢《きやしや》的、模倣的の文學に比すべきにあらざるを以てせざらんや。漢文學のいかばかり發達したらんとも、之を我が文學上の最大光華とせんは思ひもよらざる事にはあらずや。彼の國文學の復古に至りては、國民的精神の回蘇に於て、與《あずかっ》て大に力ありしのみならず、岡部眞淵が非常なる天才は、よく古言を用ゐて縱横に其意の至る所に達したりと雖も、時代に相應せずして、死せる國語を活用せんことの難きは、今の歐洲に於て、希伯來《ヘブリウ》、希臘《グリーキ》、羅甸《ラテン》の死語を以て、現時代の思想、現在諸國民の氣象を活現せんことの難きに同じく、特に繼起其人なく、佶屈聱牙の惡文字、偏古學者に書きちらされて終れるは、遺憾とはいへ、又是非もなきことなりしなり。夫の白石氏の史傳雜著、國文の粹と稱すと雖も、固より復古家の文學に相關係する所なし。獨り稗官小説、野乘雜著の類に至ては焉《これ》に撰を異にする者あり。其讀者、批評者たる者は、皆士庶普通の人にして、其普通の理想感情を以て、自ら現に處する實際の境遇に照して、其趣味快樂を領得したれば、儒學者の如き、故らに嚴格方正を繕《つくろ》ふの虚飾なく、復古學者の如き、古時の人情風俗、氣格感想を以て、千百年後の今日を律する偏屈の弊なし。故に其間固より中冓の言、猥瑣の事、雜出叢生せりと雖も、それ丈亦人情に適切に、時世に恰好にして、最も平民的に發達し、最も多數人に愛翫されたりしなり。今に至りて其所作を觀るに、俳人諸氏の俳句に於ける、都々逸坊以下の俚謠に於ける、西鶴、其磧《きせき》、黄表紙諸作者の短文字に於ける、近松、竹田、並木、平賀諸氏が院本に於ける、京傳、馬琴、種彦諸氏が稗官に於ける、一九、三馬諸氏が滑稽穿《うが》ちに於ける、春水以下中本作者が人情に於ける、之を彼の漢文學、復古文學の局促たる者に比するに、其條達妙詣と否と何ぞ啻々天淵ならん。抑も其の日本文學の一大現象として其光譽《こうよ》を發する者、亦此に在りて竟に彼に在らずとすれば、一時の尊卑、以て百世の標準となすべからず。洵に感に堪へざる者あるなり。

かくの如く、德川氏一代の文華を評論し來る後、佛教が文學上に與へたる感化の如何を檢し去らば、其神儒二學が盛興して、佛教の腐敗を致せる彼の時代に於てすらも佛教の文學上に於ける功績甚だ洪大なるを觀るに足らん。蓋し種々の原因よりして、神儒二學は此時代に於て、佛教との一致より脱離し來り、却て之を抗爭して、其社會上、文學上に於ける地位を掠奪せんとし、幾分かは目的を達したり。彼等の眼より觀ば、明治維新の功業も、神儒二教の興起に由りしこと、甚だ著るしき者あれば、其社會上の地位が佛教に對して全勝を占めたるの觀あるが爲めに、併せて文學上の地位にも、其士人以上の少數を感化せるを以て、自ら全勝と思はんことなきにしもあらざりけん。誰れか知らん、彼等が卑俚として、嘗て眼中に在らざりし平民的の文學が、赫々たる佛教的の趣味の上に發達して、其光芒長く日本文學世界を射照せんとは。俳句以下、前に述べたる諸文學者が作る所、ヴオルス、プロース、其眞面目に禪機頓悟の旨、諸法實相、山高水長、柳綠花紅の義を奉ぜしと、はた遊戲三昧に、往生極樂、念佛稱名の行を笑謔嘲譏の文字に寓せしとを問はず、苟くも佛教的の趣味を以て、文學の趣味とし、佛教的の理法を以て、文學の理法とせざるはなかりしこと、些《すこし》も前代諸時期の文學に異なる所あらざりしなり。六尺之孤章を讀で淚を攬《と》りし者、加賀宰相、藤肥州を除きて、そも幾許人かありし。而して「十六年も一ト昔し、ア、夢であつたなァ」と云て、蓮生坊が圓顱《えんろ》を撫する時の辭氣を聞て、潸然たらざる者、古往來今觀劇者中、そも亦幾許人かありし。亦以て儒學と佛教との文學の趣味に於ける、邦人の感情に影響するの淺深を察すべし。其古國文學に於けるは、更に焉《これ》よりも甚しきなり。若し夫れ社會的の觀察をしも加へて論ぜば、庶人以下にして四書を知らざる者は珍しからざらん。然れども文字を解する者にして、實語教、童子教の教育を受けざりし者ある乎。寺子屋の稱、德川氏の世を終ふる迄、初等學校の通稱たること、豈に偶然にして止まらんや。

此に於て、顧みて上古我が文學ありしより來た、其變遷を通觀洞鑑すれば、意想趣味の上に於て、佛教が感化を與へたること十に八、九なり。若し一派の古文學者の如く、儒學佛教の渡來を以て、一概に我文學の價値を損じたりと論結する偏屈の意見を立てしめんには、いざ知らず、公正の見を持して、古今の理想が文學に於ける關係を評定せん人ならば、佛教が我が文學上に於ける著大なる功績を認めざることあらんや。マカウレイ氏が所謂、半開人民の語は詩想的にして、開化人民の語は哲學的なりといふの說は、必ずしも通論にあらず。ホーマー、ヴオルジル、ダンテ、シエークスピヤの作は、固より半開世界の產出物たらん。然れどもマ氏は尙ほ其思想の進める時に產出せるミルトンの作を珍重せるにあらずや。ミルトンより來た、未だ掀天《きんてん》動地の大手筆ありて出でずと雖も、理學が擴張せる宇宙の範圍、生物無生物界の靈運妙用、之を色氣なき理學者の手に一任したればこそ、殺風景、沒風趣には見えたれ、一旦大想像家出でゝ、此の洪大にして且つ精微なる現象に、生氣活力を與へば、其天地の偉觀たること、何ぞ唯バイブルの道行を想像せるパラダイス、ロストの如きにして止まらんや。かゝる大想像家が需要すべき生氣活力は之を何れの處よりか得來るべき。蓋し高大美妙の理想は卽ち此の生氣活力にして、古來の蹟に據れば必ず宗教の感化に基せざるはあらず。今やバイブル的の理想時期は過ぎたり。繼《つい》で來る者我佛敎にあらずして何ぞや。アーノルド氏が「アジアの光り」は坤輿《こんよ》五分の一の光輝にして止まると雖も、異日大想像家の出づるに當りて、變じて全世界の光輝たらんこと疑を容べきにあらず。世界今後の大勢より觀るも此の如くなれば、其既往の日本に於て、佛教が哲學的の思想、我が半開的、詩想的の文學を傷つけたりといはんは、斷じて不可なり。ヴオルスの一方だも且つ然り。矧んやプロースをや。

　此一篇、もと現今文學上の趣味に就て感ずる所あり。古今の變遷を略論して、因て今代の狀態に及ぼし、以て詳かに今代文學者が理想の如何を論ぜんとせしなり。筆を執るに及んで、思の外に冗長を致し、其變遷論を以て、本年の終稿となさゞるべからざるに迫れり。遺憾極りなしと雖も、一ト先づ玆に論旨を結び、其本旨に至りては、明春を期して更に論出する所あるべし。

新年の辭

『大同新報』第二〇号「大同新報」　明治23年1月10日

大同新報が迎ふる第一回の新年に、明治二十三年を迎へたるこそ目出たけれ。さるは新年といふ新年のめでたからぬもなく、過ぎし二十二年の新年も目出たかりし。來《こ》ん二十四年の新年も目出たかめれど、取り分けて吾等が大同新報の其生長の初度の春に、二十三年に於て遇ひたらんことの嬉しといふは、吾等が言はん迄もあらず、人の疾くに推し玉ふらん。かけまくも綾に畏き我が天皇陛下は、去年の二月十一日といふに、天下治しめすべき萬世不易の大御法布《し》かせ玉ひ、今年よりは帝國議會を設けて、民の心を大御心とし玉ふ列聖の遺業を恢弘し玉はんと宣らしめ玉ふ。やがて今年七月にもならば議員は撰擧されん。十一月にはかの高天原に八百萬の神達を神集ひに集ひ玉ひし、皇祖天神の大御績ありしより以來、絕えて久しく聞かざりし會議をば聞かせ玉ふべし。四千萬の民艸が心々に撰び出す議員、固より上、皇室に對し奉りて、不忠を存ぜん輩の一人半箇もあるべしとは覺えねども、武藏野のかなたこなたにあるてふ邪路旁徑《よこみちこみち》、一歩なりとも踏み誤ることのありたらんには、千里の差も之よりや生ぜん。愼みても愼まざるべからず。吾等はかゝる誤を陛下の臣民にさせまじ者とて、此新報をも物して世を警《いまし》めんかねての志なれば、あらん限りの熱血を揮ひて、一毫なりとも黄金の甌の缺くることもあらず、千代動きなき國の礎にきず付けまじとせんは、方さに今年にこそあるべけれ。吾等も二十三年に逢ひしことの嬉しさに異りはあらねど、人の嬉しむ如く參政權を得たるが嬉しとのみは得云はんや。參政權を賜はせたる大御惠は誠に忝《かたじけな》し。されどいかで事なうこの大御惠に對へ奉らん。厚き信用を置せ玉ふ大御心にはいかで副へ奉るべきと、繰りかへせば空おそろしく覺へて、かゝる重き責の吾等が力に餘りはせじやと、戰々兢々、時の間も安き心はあらぬものを、嬉しとのみ喜ばれつべきや。世の五月蠅《さばえ》なす政黨の輩を見ずや。彼等が爲すまゝに打ち任せ置かんに、彼等が嬉しむまゝに共喜びに歌ひつ、笑ひつしたらんに、天皇陛下の深く大いなる御惠をいかにすべき。あゝ吾等がめでたしと思ふは、かく歌ひつ、笑ひつ、心も心ならぬ世俗の間に立ちて、獨りうきもつらきも看破りつゝ、笑ひ倒れん彼等を挽き助けて、正しき道を踏み外づさせず、眞の臣とも民ともいふべきものゝ模範とならましかば、赤心のしるからん期は、今年にあり。聊か宿志に酬ゆる事もやあらんと思へばなり。生れて世に出づる初度に逢ふ春の、之にまさらん春やある。げに大同新報が迎ふる第一回の新年として、この明治二十三年を迎へたるこそ、めでたしともいとめでたけれ。

反動の大勢

世の中は定めなきこそ定めなれ。昨日の淵が今日の瀬となる。明日香川の明日は將《は》たいかゞあるべき。行く川の流れは絶えずして、而も元の水にあらずとかや。一瞬前の川、一瞬後の川と形は則ち似たり。質は則前波後波相逐ふて變り行くなり。西の國の歌よみは歌ひぬ、

廻れ〳〵、我が車。總ての物は新しきもの、異樣なるものと變らねばならず。止息し、停滯し得ん者とては一つもあらぬなり。月は盈るなり、月は戻《か》くるなり、霧と雲と雨となり、雨は又霧と雲とゝなる、明日は今日となるなり。

げにや沙羅双樹の花の色、盛者必衰の理りをあらはしてより以來、こゝに三千年、苟くも斯の道に與《あず》かり聞く者、誰人か斯の理を辨へざる。辨へたるが如くにして、而も有爲轉變の世態に遭逢し、今更の如くに驚かれて、進退措く所を知らざりし者、比々として皆是なり。朝日の影をつれなしとかこ

つ、露の玉の緒今や絶えなん時、遂にゆく道とはかねて聞しかど、昨日けふとは思はざりしを、と歎かん人、豈に彼の多情なる昔男のみなりきや。定めなきが定めと知りながらも、一心の置き處すはらねばや、か丶る憐むべき醜態をば示すなる。

思へば人こそ横着なる動物にはありけれ。天の未だ陰雨せざるに及び、其牖戸《ゆうこ》を綢繆す。蟻の垤《つか》を塞ぎ、鳩の晴に喚ぶ。蝸牛の數日の前に樹を攀ぢて雨を待つが如き、彼れ其自然の能力を以て、自から感じ防護するなり。人にして禽にだも如かざるべけんや。而るに禍を未だ萌さゞるに杜《た》ち、害を未だ生ぜざるに鎖する。其口は能く言ひもせめ、其手の能く行ひしは、史ありしより指を僂《ろう》して數ふべし。人固より禽に如かざる乎。

されど人を一個の人とし視ては、猶ほ其完きに庶幾すべき者もありし。夭壽貳ご丶ろせずして、以て天命を待つも是なり。勇士は其元を喪ふを忘れざるも是なり。況んや三世諸佛、相繼で法を説き玉ひたれば、一文不知の匹夫匹婦だも心を安じて終を取り、奪ふべからざるの志を立てし者、豈に尠しとせんや。吾が悲しむ所は、夫の人を社會の人とし視たらん時、それらが相聚りて成せる社會の變遷無常を前知せる者の少なきなり。あゝ前知せる者だに既に少なし。それらの人は高き木の風に折れ、説の世に先つがために禍を取りて、空しく一生を不平不滿の涙にかきくらし、其靈既に五尺の軀を離れて、幾張の紙、數句の言に纔に其神を留めたる時、方に漸く世にもてはやされて、心ある人に現《まのあた》り亡き人が此のいみじき様見たらましかはと懷舊の涙にむせばしめたりしを、いかに況んや其變遷の機を未然に防ぎ、世はいつ迄も太平無事とくらせる幾千萬蠢々たる生靈に、寐耳に水の驚を喫することを免れさせたらんもの、そも上等猿類の界を脱して、群居相資くる活路を取りしより、久しい哉、さばかりの豪傑漢子が肖影、吾が眸子裏に映し來らざらしこと。是又故なきにあらず。

凡そ人は已むを得ずして起つが常なり。成らうことならば果報は寐て待ちたかるべし。試みに今の如き寒き季候にありて一想し來れ。體溫の充ちわたりて、生あたゝかき夜の衾に包まれて、手を出すさへ朝風冷かなれば、寐たまゝにて盥《たら》ひ漱《うが》ひもすしたく、朝の飯も母親に養はれたりし幼き時の思ひ出でらるゝ。又夜の寒き折なんど、外より歸り來りて爐の邊に坐りたる、身のおのづから溫まりゆくまゝ、睡《ねむ》たさに五體の緊《しま》りも綏む心地して、ほど近き柱になんどもたれし心地、溫かき蒲團の此まゝに下に展べられよ、衾も此まゝに上に被はれよ、かくばかり人は横着なる者ぞ。鞭の影を見て走るの馬は幾ばくもなし。故に其一身の活、一家の計、驅りて而して之を行かしむる有ればこそ、纔に其履むべき道をば外づさね。全社會を大觀して、有緣無緣共に一様の慈眼中に置き、相提携して到彼岸の舟筏に乘らんことは、すべての人類を平等に憐みて、可愛き羅睺羅《らごら》も憎さげなる提婆達多《だいばだった》も等しくして異ならざらん佛如來の若きならずば誰れか之を能くせんや。心に人我の隔てなく、天下の溺るゝを視ること、孺子の井に陥いらんとするを視るが如し。急なるときも此の如し。緩なる時も此の如し。急なる者を視て之を救ふ。頭を焦し髪を爛らすと雖も自ら知らずして爲すことあり。是れ匹夫の能くするところなり。其平居無事の際に在ても、而も其心を措くこと、常に急時に異ならざるは、君子の人も之を難んず。造次にも必ず是に於てす。顚沛にも必ず是に於てすといふ。造次顚沛だも且つ然り。況んや平居無事の時をや。況んや天下危急の際をや。

奈何にせん人間わざには限りあり。孔丘の博學にして多能なるだも、既に其鄕國に用ゐられず。去て天下に周遊して遂に合ふ所なし。朞月のみにして可なるの技倆も、空しく書冊の上に於て想像を逞うするに過ぎざらしめたり。イエス自ら神の子と稱し、其血を以て天下の罪を贖ひ、天國近づけりと叫びしも、流傳して千九百年代の今に及ぶまで、古のシーザルが經略せし土地だも全く悔い改めしむること能はず。一切衆生の佛種子あるを以て、金口の說法、情理の致を極め、大宇宙に貫流せる一道の靈氣は、間なく時なく因果法爾の實相を見《しめ》せども、釋迦無上の敎法は猶亞細亞東偏の光輝たるに過ぎず。世は金聾のみにあらず。而して孔丘の言語を詆するだも、猶辭は宰我子貢を兼ねて、遂に其鼓膜に刺衝を與へたりとも見えず。世は梟の書見えぬ畸形のみとしも覺えず。猶太のキリストが天に昇るの迹昭々として彼が如くなるに、遂に人をして帖然として服せしむるに及はざりしは、たとひ其心は天下の心を以て心とするも、其身は天下の身を以て身とすることを得べきにあらねば、彼の神聖なる人物が能力は小なりしにあらざるも、天下大勢の運行は其能力に支配さるべきよりは更に大なりしに由らざらんや。之を要するに受け身の働きは思ひ切り易し。勢の迫るときは婦人豎子も亦よく自ら絕つことあり。而して働きかけは難し。針灸の徵だも、大の男に顏を顰めしむるなり。矧川子が自働的英雄、他働的豪傑の說は、蓋し道理の一部を說明す。至極の通理にあらざらんのみ。

嗚呼それ斯の如し。たとひ吾れ一代の先覺たり、天下の憂に先つて而して憂ふと雖も、之を人前に說くは恰も癡人の前に夢を語るよりも甚しからん。彼れ沒分曉漢一輩自ら其癡を覺らず、却て吾を目して、以て狂人となさゞれば則ち以て病癡子と爲さん。怒らざれば則ち之を笑はんこと、六一の歎、今も猶然るべからんのみ。若し夫れ天下を率ゐて潮勢を既に頽《くず》れんとするに回し、魯陽の戈を揮て、日を虞淵に挽かんこと、平浄海ならぬ吾等が能くすべきにあらず。故に茲に心血を攄《の》べて盡言竭語し、手足を濡し、毛髪を爛らして、狂ひまはりたらんとも、世人は數年若くは數十年の後を待て、吾等に尊敬を拂はん代りに、姑らく現《まのあ》たり冷眼を以て吾等を待せんこと、吾等とて知らぬにあらず。社會が無常變遷の路を行くこと、一歩々々に速かにして、狂奔せる吾等、冷笑せる彼等を共に其兩肩に載せて去るなり。

かくて必らず到着すべき命運に到着したらん日に、其命運は吾等が頭上にも彼等が頭上にも同じく蒙らざるべし。嗚呼眞に病癡子なるかな。則ち病癡子なりと雖も、無常變遷の免れがたき行路に上りたる社會に立てるからは、彼我の別を問ふ遑まあるべからず。寧ろ我等が精靈、此一篇の短文字の中に葬られて、終古浮ぶ瀬のなからばなかれ、我教主なる佛如來より感得せる我等が溫かき心血は、世間が氷の如き冷眼の視線と鬪て、之を消融し去らんとするなり。はた免かれ難き有爲轉變の狀態に沈淪せる、吾が日本の社會が將さに臨まんとする境遇を説明して、彼等が暗きに照るの光たらしめんとするなり。

社會も亦一の有機體なりといへり。されど一個の人には有爲生滅の相を離れ、超然として涅槃寂靜の境に入りしも、少からざりし。但夫の一の社會だも、盛衰興亡の外に卓爾として、永く其實相を保ちし者あらざるなり。必ずや吾日本の社會乎、國を建つること其始を知るべからずと雖も、假りに史上の紀元を標準とするに既に二千五百五十年の歳月は經にけり。而も其君は皇祖の嫡宗を以て一貫し來り、其民は諸神の末流を以て相續し來り、未だ嘗て其分を濫さゞりしなり。されどもうきよは浮世なり。浮沈は免るべからず、うきよは憂き世なり。憂歡何ぞ脱るゝことを得ん。皇道の隆替も時に之ありければこそ、幾多の義人烈士は、其偉績を過去に留めたれ。吾等が正義の光を以て世俗の暗に照り、彼等が冷笑怒罵を買はんまでも、彼等を眠より攪醒せんとするも、國家の盛衰が將來に生ずべしと思へばなり。吾等とて豈に悟り顔に、及ばぬ我慢を增長して、此社會を焚溺の中より救ひ出さんなど言ひ張る者ならんや。吾が社會は勿論未だ焚溺の中に沒せしにはあらじ。されど洪水壁に接するの堤頂に及ばざること三寸、上風の火、檐《のき》に及ばざること十歩、而して軒聲□々たり。是れ智者の爲す所と謂ふべからず。はた吾が師なる能仁氏の英姿を以てすらも、其直接に成し得る所彼が如くなりし。而るに吾等何物ぞ。自ら其志す所を成すを望まんや。されど力を量るも事にこそよれ、些少、實に極めて些少なりとも、吾等が社會の無常轉變に感ずること、世人より多かりしなれば、それ丈は吾等が多く世人より禽に如くべき道を求むべきは、自づからなる勢にて、吾等が世俗に恩がましく言はんとにはあらず。即ち吾等が苦勞性の世人より鋭かりしのみと云はん。

さりながら、いかに苦勞性なればとて、今は明治廿三年の一月なり。めでたき年の始めなり。立憲政實施の當年が明くる正月なりしとは、吾等豈之を知らざらんや。冥土の旅の一里塚と、一世を茶かしたる野狐禪の爲《なす》に倣はんとにはあらねば、めでたき君が御代の惠みに、春風の舊に依りて布衣に吹き到りしを慶せんことを忘れはせじ。但々さるめでたき年なればこそ、此めでたさを千代もと祈り、立憲政實施の第一年なればこそ、國家社會が由て受くべき向後の變化に思はしからぬ事のなかれかしと祈らんとて、爰に既往に徵し、現在に鑑み、以て將來を推し、益々此の日本の國家をして盛衰興亡の外に超出せしめんとは思ひたちたるなれ。少年の春は惜めども留まらぬ物なれば、かくてあるが中に、寒さも去りなん。彌生には花の音信いそがしく、四、五月にもなりなば、博覽會も近づきぬべし。六、七月よりは、卽ち所謂立憲政實施の第一着として、議員撰擧の事起らん。議會の開場は十一月に在れども、議會の成分は、既に此時に形づくられん。此時に及びて、口舌を以て靜かに利害正邪の理りを說かんも、聞くべき耳やある。はた說くべき口舌だも暇の程は覺束なし。さらば靜觀默思して、其變遷無常の狀態を觀じ、預め其見所を定めて、以て議會に於て施すべき作略を確かめ、己れ等が造れる勢力に驅られて、騎虎の勢の中止し難く、數年又は數十年の後、驚くべき命運の正中《ただなか》に乘り込で、自ら顧みて愕然、其來路をだも尋ぬるによしなきに至らじものと覺悟せんは、只此一兩月の間に在り。吾等があら玉の年立つ春の初刊より、かゝる哀れげなる無常轉變の旨を說き去ること、豈に奇を好むの所爲と謂はんや。豈に世にすねるの擧動といはんや。

吾等が胸には、細きながらも、雪には折れまじき成竹ありて、此論をば吐出し來ぬ。故に正當の序を逐はゞ、先づ建國以來幾千年の變遷を推して、而る後今時の狀態に及ぶべきなり。恐らくは斯くの如くせば、談甚だ長きに涉り、直接なる關係の今時に及ぼすものならぬに、徒らに紙數を殖し、看ん人の厭倦を來さんことを。故に姑らく近時の狀態に就て、觀察し、分析し、而して其變遷の次第、進路の脈絡を繹ね、遂に現時の世態が生ずべき將來數年の世態を預想して、國家社會の事を以て自ら任ずるの士に注意を促さんとす。かくて都合よくば、希くは更に既往數千年の變狀を添へ說て、以て現時の狀態と相關涉する所以を略論すべし。序は則ち前後すと雖も、議論の精神は始めより貫通すれば、吾等の屬辭に拙きを以てすとも、讀者をして彷徨として去路に迷ふに至らしめまじと誓ふなり。

（未完）

『大同新報』第二一号「大同新報」　明治23年1月25日

僧侶の被選權

回顧すれば去年の事なり。帝國憲法の發布と共に衆議院議員選擧法も亦發布せられたるや、我佛教徒の中には、其選擧法に不審の廉ありとて、内閣又は元老院に就き、之が説明を請ひたるものありしが、内閣又は元老院は、説明の限にあらずとて説明を與へざりし。其説明を請ひたるの箇條は、他なし、同法第十二條に於て規定せられたる、諸宗の僧侶の被選人たるを得ざるもの是なり。其説明を請ひたるの中分は僧侶は他一般の人民と同じく、兵役納税の義務を負ひながら、國會議員被選の權利を附與せられざるは、甚だ權衡の宜しきを得ざるが如くにして、尤も了解に苦む所なれば、之が明解を與へられたしといふものゝ如くにして、表面より正しく其主意の在る所を指すときは、僧侶にも亦國會議員被選權を與へて、直ちに國政に參與せしめられんことを望みたるものなりしことならん。此事忽ち世上の一問題となりて、輿論の囂々を惹き起せしが、輿論の歸する所は、僧侶に被選權を與ふるの不可に在りき。之を不可とするものは、曰く、政教は混淆すべからず。僧侶に被選權を與ふるは、政教の混淆を來すものなり。曰く、僧侶に被選權を與ふるの必要なし。曰く、僧侶に被選權を與へて、僧侶より國會議員の出るあらば、國會は宗教論の戰場とならん。曰く、宗教は人の心を支配して專ら世間の道德を導くものなれば、此宗教に其身を委するの僧侶にして、政治の如き形體上の事に關するは、其職を犯すものなりと。其議論の要を擧ぐれば概ね此の如きに過ぎず。然れども、吾黨の見る所は、大に之と異にして、當時かゝる謬論が乃ち輿論たりしを恨み、且事吾人權利の消長に關して甚だ輕視すべからざるものあるを以て、吾黨も亦其頃の我新報の上に於て、輿論の非を唱へたり。天下之に和するもの少かりしと雖も、吾黨は今に至るまで其見る所を改むることなければ、今再び之に就て論出するは、重複に涉るの嫌なきにあらざれども、人の傳ふる所に依れば、近日又僧侶に宜しく被選權を與ふべきものたるを論じ、選擧法の改定を請ふて、飽くまでも其意を貫かんと欲するものありとの事なれば、事の序に、極めて簡單に僧侶に被選權を與ふるの不可ならざるのみならず、亦宜しく之を與ふべきものたるを論じ、併せて之が選擧法改定の功を奏する所以の道をも講究せんと欲するなり。

夫の所謂政教は混淆すべからずとは、蓋し動かすべからざるの至論にして、政教の混淆は社會擾亂の種子たることは、吾黨も亦異議なし。抑も僧侶に被選權を與ふるは、政教の混淆を來すものなりと云ふは、吾黨の未だ解する能はざる所なり。思ふに佛教の我國に傳はりしより茲に千有餘年の星霜を經たり。其間名僧智識迭に出で、智慧と慈悲との教を以て、世道人心を維持し、上皇室を輔翼し奉り、下國民を化導して其性情を支配せり。其治國の道に於て獨り政治のみの及ぶ能はざる所を補ひたるの功は歴々史上に徵すべし。是に於て佛教は常に政治と表裏を相爲して、隱然の間に國家の安寧を致すの要素となれり。蓋し社會なるものは、箇々人間の集合より成れるものにして、此箇々の人間は皆形體と精神とを有するが故に、社會の安寧を欲せば、此二者を支配するものなかるべからず。故に政治ありて其形を管し、宗教ありて其精神を理するは當然の事にして、政教二者は共に社會に缺くべからざるなり。

政教の互に相關係すること此の如くなれば、此二者は竝び行はれて相悖らざることを欲せば、互に其分界を守りて相犯さゞるを要す。其竝び行はれて相悖らざるを要す。是を以て政治家は宗教界の事を知り、宗教家亦政治界の事を明にするは必要の事なり。若し政治家亦宗教家にして互に其他の事情に疎きことあらば、是時こそ政教混淆の害を來すべきなれ。而して國會は政治の機關にして、社會輿論の集まる處なれば、社會を組織するの一分子にして、且政治と尤も親密の關係を有する所の宗教を司るの僧侶を之が議員に加へて、其意見を陳ぶることを得せしめば、亦議事の偏僻を防ぐの一端となり、政教の相悖らざるを望むべし。然らば則ち僧侶に被選權を與ふるは、政教の混淆を來すものなりと云ふは不通の論にして、僧侶に被選權を與ふるの必要なしと云ひ、僧侶にして政治に參するは其職を犯すものなりと云ふ、皆未だ僻見たるを免れざるなり。且僧侶にして議員たることあらば、國會は宗教論の戰場たらんと云ふは、尤も淺薄の議論と云ふべし。國會議員たるものは、國會全體の上よりして國事の利害を討議するものなれば、僧侶なればとて一旦議席に列したる上は、豈獨り其職とする所のみの私利を謀りて、其他を顧みざるが如きの愚を爲すものならんや。況んや議員たるものは悉く僧侶より出づといふにあらざるをや。故に所謂宗教論の戰場たらんことを心配するは亦杞憂の屬なり。

僧侶に被選權を與ふるは、不可ならざるのみならず、亦宜しく之を與ふべきものたるは、以上に略論する所なり。然れども我衆議院議員選擧法は、僧侶は被選人たるを得ざるの規定を示されたれば、其法律の存する間は、吾人は謹で之を遵奉せざるべからず。若し或は國民にして實に其法律の社會に不利あるを知らば、之が改定を望むは至當の事なれども、凡そ事皆順序あり。其順序を履まずして遽に之が改定を望むは勞して功なきのみ。今の時は昔の時と異りて、大抵の事は輿論に因て定まらざるはなし。輿論の趨く所は、數十百人の力の能く急に遏《とど》むべきにあらず。況んや國家の法律の如きは、社會一部の人民の之が改定を欲するものあればとて毎に之を改むるが如きことあらば、其弊に堪へざるものあるをや。國會の開設も本年の中に見るべきことなれば、僧侶に被選權を與へられんことを望むものは、先づ其意を貫くの順序を考へ、同志相謀りて其團結を固うし、其意の在る所を公にし、以て輿論を喚起し、遂には其議を國會に出さしむるの覺悟を爲すべし。否らずして徒らに一篇の建白書を出して、政府の意を動かさんとするは捷徑に就かんと欲して却て迂路に迷ふものなり。省みる所なくして可ならんや。

反動の大勢（承前）

「日本人」を母とし、「日本」を父として、京華春報といへる遊蕩兒子を生み出したりと颺言《ようげん》せんには、人蓋し其不倫にや驚くべき。彼の父彼の母も亦そが實の子にあらずと否み、天一坊の流亞なりと訝り、其思ひがけなき冤を訴へんこと必定なり。尤も彼の二人が實の子なりといはんは、吾が系圖の調べやう、餘りに性急の沙汰なり。されど實に京華春報は「日本人」及び「日本」が親しき血族たるには疑なし。そが實の子にはあらざらんも、少くも其從子孫女たる程の緣あることに疑はあらじ。吾等は「日本人」が創造せる國粹といへる名辭の、色澤玲瓏として、光明すき通るばかりの寶珠にはあり、日本人民が永く十襲珍藏すべき者たることを認め、「日本」が其東京電報にてありし昔しより、撓まず唱ひ續けたる國民主義は、はげしき生存競爭の流渦が急轉疾回する正中に立ちて、船艦が進むべき針路を失はざる爲めの柁となり、安らけく世の潮流を乘り切らしめん效あるべきことをも知るからに、世にも忌はしき狹斜の隱微を摘發し、心弱き人間が劣情を誘き起すに足るべき、而も之を以て世に售れんことを求むる册子の類と、血族なり、親しき間柄なりと斷言せんこと、口惜しさ言ふばかりなし。況んや日本國民が宿痾とも、はた痼疾ともなり了れる、崇外的風疾を割き棄てしめん爲めには、同じき進路の上に運動したりし吾等の事なれば、彼等と京華春報との關係を説くは、亦吾等自からと京華春報との關係を説くと幾許の差異もあらじ。されど國粹の旨義、國民主義を以て、淫を誨《おし》え姦を導くものといふにはあらず。彼等竝に吾等が正義公道の爲に竭したる心事は光明磊落にして、天地に軒昂すと雖も、大勢の赴く所は人力の得て遏むべからざることあれば、正義が草昧を開拓して造り出せる大道通路は、正義の後に跟着して慕ひ來れる惡魔も行くことを得るなり。家内の者が出入せんが爲めに、燭を秉りて門戸を開けば、盜賊は因て以て邸内の動靜を窺ふべし。國粹の旨義、國民主義の回蘇が、端なく半ば土中に葬られたる惡弊に呼吸を與へ、尊皇奉佛の坦々たる大道が、守舊固陋の輩らにも由て行かれねばならぬこと、勢の必至と思へば歎くべきにあらざれども、之が爲めに再び崇外的風疾を喚び起して、國脈を危篤の境に推しつめんこともやと、憂慮は時の間も措くこと能はず。

夫れ大勢の運行は黄河の水の如し。一たびは北に注ぎ、一たびは南に向ふ。其北に注ぐの時、濁れる流は泥沙を齎らして、滾々として晝夜を分たず、いつとはなけれど、河身は壅《ふさ》がり、委曲廻折の處、動もすれば氾濫の患あり。是に於て隄を築て之を防ぐ。隄愈々固くして、泥沙の據て以て壅塞すること益々厚し。歳を積み月を累ねて、壅れる泥沙の厚きこと復た拔くべからず。而して隄防の厚さは舊に加へず。かくて一旦暴雨浸霖に逢ひ、水の量百倍して、枯痩せる河身の以て支ふるに堪へざるに至れば、其厚き泥沙を避け、其薄き隄防を決し、横溢して南に走る。其南より北に移るも亦復是の如し。大勢の彼に壅《ふさ》がりて而して此に決するは、其形全く之と同じ。但々此は形なきの間に默運して、彼は有形の上に表發す。河水の現《まのあ》たり壅れる泥沙、決すべき隄防を形に見《しめ》すだに、其工事の過大にして成効期すべからざるを難《はば》かりて、逡巡手を下さず。日復た一日、苟くも安きを暫且に偸みつゝある中に、豫め期せる禍變、意はざるに發して、數十州縣の戸口生產、空しく魚腹に葬る慘《いた》ましきさまを現《あらわに》するなり。況《ま》して大勢の推し移るや、人皆其上に載せられて與に倶に去れば、孤舟の大海に航し、匹馬沙漠を行くが如く、若し羅針なく、又風霾晦冥にして、日星の形を潛《かく》すに逢はゞ、東西南北、いづこをそれと定むべきなし。舳の突き出づる方、馬首の向ふ所、惟々之を前面たりとは知るのみ。人は爾く自ら知らずと雖も、夫の大勢は則ち一定の規律ありて、動あれば斯に反動あり。一起一伏、低極りて又昂り、節々波動して而して進み行くなり。是れ今更の事にはあらねど、哀れなるは其將に伏せんとする、方さに低《た》れかゝりたる波の如く、河身の壅り盡さんとせる堤防の如き勢にさしかゝれる國家の現勢なり。

隙ゆく駒の足掻《あがき》止めあへず、早や三とせの昔しとなりぬ。社會改良といへる妄想が一代の人心を魔醉して、風俗習慣、禮文制度、さては幾十百代の遺傳舊習の結果たる國民特有の感情までも入れ替へんとしたりし餘勢、幾多の醜《にく》むべき現象を伴ひ來りて後、條約改正初度のもつれ、歐化世界の壅塞を決して、看る〳〵國民的觀念の再興をぞ致したる。（未完）

法律的變遷

吾等は反動の大勢に就て、世人を警醒せんとし、已に其論緒を解き始めたり。此を論ずるには社會の全局面を俯瞰して、一々指點し、以て世人に示すこと甚だ必要なり。吾れ嘗て社友の一人が、一部の少年社會に告ぐるが爲に草したる論文中、明治時代世局の變遷を觀察し、影寫したる一段あるを見る。其全局と云はんは則ち未だなりと雖も、亦頗る梗概を盡せる者あり。今之を抄錄して法律的變遷と名け、間々評語を加へ、以て反動の大勢を論ずるの先聲とし、讀者をして吾等の論旨を了得するに於て、大に便宜を得せしめんとす。其論に曰く、

……かの二十年間に通ぜる變遷の一貫線を探り得て之に名稱を與へんには、吾等は之を法律的變遷と名けん。維新の初、朝廷に勢力ありける參與職諸士は、未だ多く泰西の學問事情に通ぜず、其感情は尊王主義にて充され、其經世の意匠は水戸流、賴家流、及び國學者流の和漢折衷主義、排佛主義、祭政一致主義の圈套を脫出せざりければ、其施政の蹟を稽へんには、恰も唐風移趨前後に見えたりける王朝古制に復せんずる傾向ありしを見つべし。當路諸公は方《みさか》りに富國强兵の策に急に、國力を振起して歐米に對峙せんと圖るの切なりけるが爲め、國民の感情氣格特性の如何すら、之を顧みん遑あらざりけるに、……

あゝ是れ寧ろ之を顧みることを知らざりけるのみ。更始の際、舊慣を打破し、秩序を壞亂せるが爲に、其沈滯を決し、其渣滓を拂ひ、社會の弊習を洗滌せしの功は、實に莫大なりと雖も、其良法美制をも倂せて、單に霸制に伴へる制度たるが故に、坊主憎しとて袈裟に及ぼし、之を殲盡せること、今に至りて大に遺憾とすべき者少からず。是れ反動の大勢を論ずるに於て、尤も注意せざるべからざる所の者なり。

……恰も好し洋學書生等が其新智識を衒耀して、當時の所謂採長補短主義に投じければ、制度風尙、日を逐て歐風に變じ、苟も一利一長ありとさへ聞けば、其裏面なる若干の弊處短處を問ふの猶豫だにせず、之を採り之を購ふこと惟れ日も足らざりき。されば弊習奢華の事も亦隨て入りしこと、かの唐風崇拜時代にも見たりし例の如く、憂國の士まゝ之を言ふ者ありて、橫山正太郞氏は之が爲に左院門前に屠腹し、島津久光公は之が爲めに冠を掛けて故山に歸りぬ。正太郞氏の建白、久光公の疑問は必ずしも全く正經に合へりとはいふべからず。多少守舊頑固の見識たるを免れざりしと雖も、政府が銳意なる歐風輸入の政略は、一部の人を瞠若として喫驚せしめけること疑を容るべからざりしなり。……

但夫れ喫驚せる一部の人あり。是れ遂に喫驚せるのみにして止らず。故に毒刃或は改革家の身に加はり、刑戮屢々梗概の士に及ぶ。卽ち萩、佐賀、熊本、鹿兒島の禍亂も亦皆茲に伏線を布けるなり。

……されど當時改革家の氣象は槪して熱心なる尊攘家の遺風を存じ、其心事、磊々落々として政略的權數を用ゐるこ

とを屑とせず、直情徑行、舊弊を洗除し、富國强兵の道を求めんとの外他念なかりけるは、吾等が景慕に堪へざる所にして、其見識の深く透らざりしを恕したらんには、眞に愛すべきの好漢のみなりき。其改革は專ら兵制に力を用ゐ、其軍事に於ける、はた文事に於ける、服裝擧措等の變化も、必ずしも悉く歐風崇拜の情に出でたるにあらで、却て維新以前に於て最も人望ありし主義たる、古制簡易の旨に淵源せることの多かりけん。教育主義の智識開導を旨とせし如きも、亦彼長を以て我が短を補はんとせるに外ならずとこそは見えたれ。

今や歐風崇拜の情念は、實に我國人が膏肓に入るの疾たり。然れども二十年の前に在りて、當時の創業者は必ずしも此情念あらざりしなり。但夫れ其の强有力にして、輒《たや》すく及ぶべからざるを見て、自ら其長處を發揚して彼に勝つ所以を求めず。乃ち却て他の跡を履んで之に追及せんとす。故に事々人後に落つ。大勢の明かならざりし當時の事なれば、深く咎むるに由なしと雖も、國家の利害より見を立てば、甚だ恨事とするなり。

遣歐大使の歸朝、征韓論の確執に至りて、輿論の方向は分れて三派となれりしが如し。廟堂諸公は恰も觀風より歸り、歐米の文明富强に歎服し、國際の平和を主として内治の改良を行ひ、然る後國權を主張せざるべからずと信じ、駸々として益々歐化主義の步を進めつゝあり。而して征韓派舊參議諸士の一部は、屼嵂として民選議院論を唱へ出せしこと、夏雲奇峰を生ずるの觀ありき。是までは政府に不滿を懷きし者、往々之ありけるも、概ね封建守舊の流にして、攘夷論の餘熱未だ醒めやらぬ輩の多かりしかば、政府の熱心なる改革主義は、曾て歐西新主義の抗對に逢はざりけるが、此に至りて朝野歐化主義の間に甚だ逕庭を生ずることゝはなりにき。……

是れ國を擧げて歐化熱に浮かさるべき勢の漸く成れるなり。創業の政府は、其必要よりして、權勢を保持すること過大なりしも、要路諸氏皆草莽より出でたれば、自ら民間の勢力を信認したり。故に民間にして猶守舊の頑習あるは、却て當局が進行の路に、後顧の慮を與へ、輕儇の所爲を掣《ひ》くの利なきにあらず。然るに在野の勢力も、亦均しく歐化主義の勢力たるに及んでは、此利全く亡し、而して上下胥《あ》ひ率ゐて、崇外の渦流に卷き込まれたり。かの鹿兒島の亂、武斷的の遺習を掃ひ去るに至りて、益々太甚しきを致せり。

……かくて或は大阪會議に合し、或は内閣分離説に離れ、或は急進を喜び、或は漸進を主としつゝありけるも、其國家を以て法律的の國家とし、人民を以て法律的の人民とし、法令制度の力によりて、國を富まし兵を强うせんとする意見は則ち朝野を通して一なりしか如し。而して他の一派、即ち封建守舊の傾き最も多きだけ、義俠毅樸の質を含むこと亦最も多かりし一派が、平和主義を視ること仇敵も啻ならざりしが爲め、佐賀に、萩に、熊本に、鹿兒島に、相踵で剿滅に就きにければ、舊時代思想の勢力は茲に其終りを告げ、そのかみ御國風といひ、大和魂と稱へし一部は、全く舊弊として嘲られ、頑固として罵られ、長者は蔑視され、少壯者は跋扈し、楠公を權助とし、四十七義士を奴隷根性とするの說、節を擊て歎賞され、孔門忠信孝悌の敎、奉じて無上律法とされたる保合的道德も、陳腐なりとて見返りもせられず、勸善訓蒙等飜譯の修身書、權利義務を以て倫理を說き、天主上帝を主として、善惡の標準、禍福の因果を說ける者、陸續として小學敎育に用ゐられたりき。

彼の國小學生徒が讀習すべき兎園册子を以て、之を珍重すること九鼎大呂よりも重しとし、而して數百年來、此の人民が特有する美質を養ひ成せる德敎を棄つること、弊れたる屣を脫するが如し。是れ常識ある者の當さに爲すべからざる所、而して我が先輩は皆之を爲せり。痼疾を醫するは、藥瞑眩せざれば、其癒ゆるを見難しと雖も、因て以て元氣を缺損するは亦太甚しきに過ぐ。既往の事は追ふべからず。深く將來に戒むることなかるべけんや。

……元老大審二院は明治八年に設けられ、地方官會議は九年に開かれ、府縣會規則は十一年に發布され、其後に至りて廢れたる戶長公選の制も此頃に試みられたりき。（未完）

法律的變遷（承前）

『大同新報』第二三号「大同新報」　明治23年2月10日

新舊二主義抗爭の結果として、三、四年の間に元勳諸氏相踵で刀刃の災に凋落しぬ。頻年兵戈絶えず、國帑空虛になりけるが上に、文化輸入の資本として正貨の海外に濫出せしこと實に貲《はか》られず、内地の市場は獨り翩々たる紙幣もて充されぬ。……

若し其文化にして、國家の營養に盡く滋養を與ふる者ならんには、正貨の濫出も必ずしも不生產の消費とのみはなり了らず、展轉利倍して、有形無形の財產を積むこともあらん。奈何にせん、女子が其食を減ずるも、寧ろ其色を增さんことを欲するが如く、虛文僞飾、華奢贅澤の事、却て實利實益よりも多く價するを。今や正貨回收の功漸く著はれたりと雖も、濫出の弊、亦其後に從て來らん徵候はなき乎。財理に注意するの士、それ匆々に看過すべけんや。且夫れ歐風崇拜の主義、國粹保存の主義と一進一退するに就ては、或は妄りに舊物を破壞して新物を創作し、或ひは故なく新興の事業を廢して舊物を修補し、之れが爲めに無用の途に鉅額の費を致すこと少なからず。乃ち改進と稱し、保守と曰ふと雖も、竟に共に破壞主義たるを免れず。是も亦た財理に志ある者の當さに深思熟慮すべき所、他日細論して、世人を警《いまし》むる所あるべし。

……米價は驀地に騰貴し、農民の嚢底不時に豐かなりしが故に、華奢侈靡の風一時に長じ、山村水落、樵牧の童、秧を插むの娘子、生來夢にだも見ざりし絹帛の衣も、輒《たや》すく數斗の米にて博し得られぬ。是に於て居當時無きに苦める輩、翕然として民權説の麾下に集まり、新聞紙の報道、在野人士の流言に動かされて、只管政府を非難し、政談演説を開き、懇親會を企て、國會開設請願となり、稍々饒《ゆた》かなる財嚢を揮ひ、悲歌慷慨して大に帝京に殺到し來りぬ。

……

勢の漸を以て變ずるや、眼明なる者と雖も、之を視ること能はざるあり。農民の暴富、政談者に資して天下の喧囂を生ずべしとは、誰か之を思はんや。暴富財饒《おお》きの機に於て、政談の流行を始めたれば、爾後の政論家が半ばは美服冶容の風に淪《しず》み、以て士風の頽廢を致せしこと、尤も以て國家の元氣に大障害を與へたる者なり。而して論ずる者、多くは漠然として顧みず、特に爲に一言する所以なり。

……かくて遂に十四年の大詔に接し奉るの光榮に逢へりしが、同時に政府の内訌を見、間もなく自由、改進、帝政三黨の組織を見たりき。民間の唱ふる所頗る急變に傾き、曩には政府が勉めて勸誘しにける歐西新主義の戈を倒にして、政府を攻むる利器となせる勢となりにければ、政府が社會上、教育上に向て從來の針路を枉げたるもしかあるべき理りにや、忠孝仁義の法語は再び蠹魚叢中より抽き出されて、教育の精神とはなされぬ。數多の國學者、漢學者諸耆老は、此經略の傀儡とせられ、種々たる其髮、聯翩として羽織袴にて世に出でんずさまなりき。……

其元氣精力を充實せしめずして、徒らに激藥を過飮し、由て以て其病を療せんとする者は、たとひ其病をして癒えしむるも、藥毒の滲する所、更に他病を發せざる者希れなり。他病旣に發するに及び、狼狽して更に前病を誘起すべき病種を服し、以て舊體に復せんとするに至ては、惑たるや益々甚だし。十五、六年の交、政府が爲す所を見れば、吾れいかに内閣諸公を敬愛するも、其着眼の明を稱すること能はず。

……かの貴重すべき固有分なる尊王の情、及其他の氣格特性をば、第二の天性として腦裡に浸染されし守舊者流が、尊王主義を嵎とし負ひ、政府を賛けて急變家に當りければ、——渠儂《かれら》が性情の潔白なること日月の皎然たらんが如く、急變派一部の冷淡者流に比ぶべくもあらねど—大に世人の感情を損ひ、冥々の裡に王室をさへ累はし奉りし跡ありけるぞ畏かりき。何となれば皇統の神種にましますことは、國體に大關係あることなるに、急變者流の中には殆んど道理にも事蹟にも合ひまじく、經國の策にも害ありて益なかるべき民約説を執りて、神權説てふ者と反目相視たりし者のありき。事の緣由を原《たず》ぬるに、雙方の論駁共に其正鵠を誤り、其程限を超えて、愼み憚るべき域にまで踏み込みたる過にて、吾儂《われら》は今猶之が爲に大息吐きつゝあるなり。……

民約説の毒、既に佛國を塗炭の中に陷れたり。邦人鑑みず、却て之を喜で以て激變の興らんことを願ふ。是れも又政府が守舊者流を利用せるが爲に、反動の度を亢《たか》めたることなしと言ふべからず。夫れ尊王主義は善し、但々夫の民權者流、方さに其熱の頂點に達するに當り、尊王主義を以て之を冷却せんとす。其激發して更に熱を强むるを知らず、守舊者流の取る所是のみ。思ふに民約の説、單純簡明、直ちに性理の上より見を立つ。故に從來我邦人の如く、複雜にして而も條理ある科學の教育に乏しく、僅かに儒者義理の論に所見の根柢を据えたる人々に取りては尤も入り易く信じ易きの説なりとす。況んや孟子の徒、戰國王者なきの世に生れ、孔子の旨を極端に推演して、社稷君主の輕重を論じ、民命を惟重する主義を立てたれば、其論大に民約の説を啓くに適したるをや。是れかの十四、五年の交に於て、かれが如き現象を生じたる一因たるべし。當時の識者にして、病原を推覈《すいかく》し、其蘖《もやし》の根を斷拔せば、庶《ねがわ》くは成効あるべかりしに、促々然として徒らに民間囂々の流と頡頏する外、謀の出づべきなかりしは、諸公の伎倆、果して此に盡きたりとせば、吾れの歎息大息は、獨り懷舊の年に激さるゝのみならざるなり。あゝ當時の執政者は誰ぞ、而して今の執政者も亦誰ぞ。

……されど此間にも法律の變化は絶えず其步を進め、刑法、治罪法は佛國の模型にて鑄出されて、新律綱領、改定律例に代り、民事諸法草案の規畫も稍や定まり、殊に國會開設の聖詔の如きは、よし憲法制定については、欽定、國約の異論ありしと云はば云へ、國家を以て法律的の國家とし、人民を以て法律的の人民とすてふ大主義に於ては、誰しも異論はあらざりけり。

法律的の國家たるべき運命は、早晩必ず來るべきこと、進步の階級に於て當然の事なれば、驚くべきにはあらず。唯其至るべき自然の年月を踰《こ》えて、直ちに一足飛びに此に至らんとすれば、其弊害も亦堪ふべからず。夫れ立憲代議の制、法律的國家は、成熟期の制度、國家なり。十五、六歳の發育盛りの少年に向て、成熟期の仕向けをなせば、却て其發育を停止すべきが如く、發育期の國家に向て、法律的制度を應用せば、其國家は體を具へて微なる老衰的形態を呈すべきや疑を容れず。況んや特殊の國風に適せる歷史ある法律の模型を取て、直ちに之を國風相似ざる國家に施すに於てをや。巧僞の習長じて、自衞の美風地を掃へること、悔いて詮なきことながら、永く以て鑑戒とするに足らん。民法商法等の編纂方さに世の一問題たれば、當局者の一考を煩すに價あるべき者ならざらんや。

（未完）

『大同新報』第二三号「大同新報」　明治23年2月25日

法律的變遷（承前）

……歐風輸入の歩益々進むにつれて國費地方費は益々其額を増しぬ。軟貨減收の財政策行はれて物價は年に月に低うなりぬ。一時膨脹したる民間の虚富は其故態に復すると共に、不景氣の歎聲到る處に囂々たるを聞きぬ。地方有土の人士は翅《つばさ》を山林に歛《おさ》めて最早大空に雄飛せんず氣象を失ひぬ。言論結社は條例に纏縛されて心のまゝにふるまふことさへ叶はずなりぬ。各政黨は或は解散し、或は首領を失ひぬ。憲法制定の準備として當路觀風の擧又行はれ、歐風移植の氣焔は英佛樣が民間に流行しぬるとは打て代り、獨逸風が在朝に採用されぬ。約言せば、在野の激昂やゝ鎭まりて政治熱の冷むるまゝ痛く疲勞を感じ、在朝にはその敵手の攻口やゝ弛《ゆる》ぶまゝ復舊的の思想は自らにも厭《あ》かれにけるなり。……

是れ前日の政治的運動の反動なり。蓋し政治上の運動は其主義論理よりして刺衝さるゝこと至て希れにして、其要因は多くは經濟の通塞にあり。かの國會設立請願者が、理論を以てかくの如き大騷ぎを做し得たるは、寧ろ世界の通情に照しては奇異の觀ある者なり。是れ我が國人一種の特質といふべき高揚枝氣象の變形せしものにて、後來條約改正に於て奏効せしも、實業家の利害問題よりは、却て今世科學中尤も新しき社會學上の理論によりて、攘夷的舊氣象を鼓舞せしに由ること多かりしなり。是れ一種神州精靈の氣にして、其私を舍てゝ公を取るの情熾なること、無比と稱すべく、甚だ尊重すべきものなりと雖も、利害相伴ふは免れざる所、其私利に影響せずして、徒に國家に對する公義務と、名譽の欲望とより湊合して成るものなれば、其理論の組立て方さに一變せば、今日の敵、明日の味方たらしむるを得べし。私利に影響して初めて動く者に至ては、生命財物皆之と共にすれば、巧妙の理論も以て奪ふべからず。其運動の輕浮と沈重との因て分る所茲《ここ》に在り。此氣象の得失に就ては別に詳論を要すべき大疑問なれば、爰《ここ》には暫らく之を置き、かくまで運動の淡泊なる邦人なれども、經濟上の抑制は遂に免れず、景氣よき時には騷ぎ、不景氣になれば歇《や》む。其經濟上關係の模樣こそかはれ、其影響を受くることは一なり。是れ政治家の注意すべき所。さりながら政治の動搖を避けんとして、其經濟を擾《みだ》すこと、舊霸府の手段の如きあらば、直に是れ喪心漢耳。

曩《さき》に政府が民間の囂々を壓するの手段として、舊道德を回復せんとせしは、其志舊道德にあらず。囂々を抑ゆるに在るのみ。今や囂々既に去りぬ。何を苦むて復た芻狗に眷々せんや。況んや舊道德の檢束は、之を所謂泰西主義に較するに酷甚にして、常情の欲せざる所なるをや。一、二鉅公が大に社會改良の前倡たりしは、必ず至るべきの勢なり。怪しむに足らず。獨り彼の民間諸士に至るまで、其潮渦中に捲き去らるゝに至ては、頗る解すべからざるが如し、且つ下文を讀で其因由を思はゞ、之を得ること難からじ。

……機會は實に茲《いま》なりき。有爲の政治家は妨碍なしに其伎倆を竭《つく》しつべき時至れり。是に於て十數年來盤根錯節としてもてあましゝ條約改正の議は復た唱ひ出されぬ。固より此の策は歐洲なる一霸國の庇護に頼りて首尾克く成し遂げんず意匠なりと聞えけるから、外人の歡心を博しつべき策とさへあれば、費用を厭はず行ひぬ。法律の改正は外國公使の需《もと》めにより、外交官の掌裡に歸して、全く泰西主義にて制定し、外人を用ゐて裁判官となさんとまで計畫せられぬ。饗燕舞踏の會引もきらず、夜會席上鴦樣の新裝なせる夫人が黑衣の良人の腕にもたれつゝ行くさま、倫敦巴黎の交際社會もかくやと思はれぬ。華奢風流なる都人士は地方農民の困弊を聞くも親しく睹《み》つべき機なきを幸とし、新聞の記事さへ實に過ぎたりとて耳にだも掛けず。

必ずしも外交政略の爲めにのみ社會改良の手段を行ひたりといはゞ、是れ猶皮相見なり。舞踏其他の風俗上の變革は、尤とも當路の觀風者が導き來りし所にして、政治の改革は獨り政治の改革のみを以て成効すべきにあらず。社會の狀態すべて之と相伴はざるべからずといへるは、固より至當の考へながら、彼れは未だ其改革の旦夕に人力を以て行ふべからざるを悟らざりしなり。故に其改良手段は其目的の外に結果を生じて、甚だ醜《にく》むべきの傾向を致し、改良者自らさへも或は其傾向に牽き去られたり。而して兎に角かゝる改良論が朝野おしなべて風靡したりしは、歐風崇拜の病漸く膏肓に入りしもの、其主因たりと雖も、之を助成せし一、二の緣由は、卽ち其一、急激なる政治の運動に倦み去りしこと、其二、中央集權の弊、富を都會に吸收して、大に貧富の形勢に階級つけしこと、是なり。夫の外交政略は却て此形勢に乘じて、機會を利用せんと欲せしのみ。此の形勢の結果としては、實に左の如き數多の奢澤なる現象を伴ひ來りぬ。

……羅馬字會前に起り、女子に關する諸問題及び英語學の流行尋で見はれ、內地雜居の準備といふを其理由とし、哲學の空理、偏智偏體の教育を喜びて說きぬ。政治法律の書は讀むに懶《ものう》く、解するに勞すれば、世は小說の世界となりぬ。其一派は新文學者の創體にかゝる西洋思想の寫實小説にて、學校出身の才子佳人、神經質の主人公を材料模範として、言文一致、雅俗折衷、半直譯の諸體、すべて輕妙の口調を以て寫出され、多くは此の時好に薫陶されつる。亦神經質なる佳人才子に愛翫されぬ。他は謂ゆる政治小説てふ者にて、多少の情話綺語もて數年前に縱横しつる有志家の行狀演說等を點綴し、政治熱は未だ灰し了らねど、政法の書は飽きたる壯士者流に嗜讀されしが、一、二の新しき小著述が火の如く錦の如しとも評しつべき愛嬌みち〳〵たる文字を採擇せるが爲め、論文の好尚豹變して、政治哲理の議論までも一般に絢爛の風調を用ゐることとなり、壯士者流の人氣悉く此に傾注して、政治小說は衰へぬ。蓋し歐風崇拜の風、全社會を草の如く偃《ふ》さしめて、一時は向かふ所敵なきばかりなりしは、機關變更の策、外交上の刺衝によりて人心を麻醉なさしめ、全身改造とまで耗神喪心の度を亢《たか》めけるなり。かゝる間に十八年の制度改革は愈々法律的模型を歐洲に近づけぬ。政治上にも社會上にも偏向のかく烈しからんには、社會の虛耗、日を期して待つべかりき。

社會各種の事項中、其進歩尤も後るゝ者は文學なり。故に一たび社會の變態に際するや、各般の事項、すべて其の影響を受け畢り、最後に文學に及ぶこと、古今東西皆然り。我が明治世紀は實に社會の大なる變態に遭遇せしと雖も、其始めや專ら政治に在り。而して後產業教育等に及び、十七、八年に至りて方に纔に文學に變化を與へたり。只夫れ變遷の最後に落つ。故に文學が變遷しつゝある時は、卽ち社會の形勢將さに復び變せんとする時なり。かの十四、五年の交や、政府の進路、頗る復舊的に向ひしと雖も、是れ實に一小波瀾たるに過ぎずして、其實は猶ほ歐風崇拜の世界たりしなり。若し夫れ天下を擧《こぞ》つて、國家的觀念を回蘇せしは、實に文學が西洋的趣味に變化して、反動の勢全く迫りし時にあり。下文を觀ば則ち吾が評言の河漢ならざるを知らん。（未完）

『大同新報』第二四号「大同新報」　明治23年3月10日

日本文學と宗教と

吾等は嘗て我國文學に於ける佛教の功績を論列して、讀者の是正を乞ひしことありき。されど彼は唯過去の跡に就て踵趾指尖の大小を求めしのみ。是より後に來るべき步みに就ては之を後日に讓らんことを約したり。今や少しく吾等が臆想の一端を述べんと欲す。題を命ずるに宗教を以てして、佛教の一隅に局《くぎ》らざるは、明治の新文學は新しく感化多く、殊に新來の基督教、其日躋の勢を以て脚を文壇に入れんとするあればなり。

女學雜誌に於て、吾等は「日本文學と聖書」といふ一篇を讀みぬ。彼れは其基督教徒たるの感情に於て、斯に揚言すらく、佛教の文學に與ふる精神なるものは今後文明社會に適せざるべし。若し佛教と關係なきに至らば、我國の文學は必らず基督教と伴隨とせざるべからずと。固より彼れは佛教を知る者にあらず。故に佛教が嘗て我文學に與へたる趣味の多く無常的悲哀的なるを見て、佛教の感化は無常的悲哀的に止まるが如く推斷し、佛教の歴史に變遷あり、佛教の教旨に多岐あるだも省慮せざれば、我國文學史上趣味の變遷に於ても、其一半は瞢乎《ぼうこ》たるに相違なし。彼れに忠告せんと思ふは吾等が「文學上佛教の功績」一篇に就て、德川時代の普通文學に係る數行を讀まんこと是れなり。

但夫れ彼れ雲峯子——是れは彼論者の假名なりし——が誤謬は、其偏淺の見として姑らく之を置くも不可なし。雲峯子が將來に係る預言に就て、吾等が持論と衝突する所ありて茲に三の問題こそ生じ來りたれ。こは必ずしも雲峯子に關渉せざるも、文學の前途を考察せんとする者は、少しは研究し置かざるべからざる所の者なり。

曰く、將來の文學上趣味は果して基督教的たるべき乎。是れ第一の問題なり。

這《こ》の問題は寧ろ宗教の領分に就て觀察すべき部分多くして、文學は却て其傍出の結果として變化を受くるの觀あるべし。夫れ文學の變遷は、社會に存在し、はた社會を組立る各事物の變遷中最後に來る者なり。此れ之を理勢に質し、之を實蹟に徵して動かすべからざる定則にて、其詳なるは茲に論ずるに遑あらざれば、「反動の大勢」篇に就て之を知らんことを讀者に請ひ、今は單に然る者と斷定して、其宗教との關係を述べんに、其の宗教が其の國の文學の趣味を感化することは、其實力既に人心に浸染して、文學者の理想が其教義の支配を受くるに至りて方さに得べし。故に將來の文學が基督教的趣味を有すべしとならば、其時は是れ社會人心の綱維基督教の礎石の上に建てられたる日ならん。かゝれば先づ考ふべきは將來の社會が基督教の道德に支配さるべきや否やにあり。次の諸疑問に明答せん者は、之を豫知するに於て、當らずと雖も遠からじ。

一、一神の教義は將來の社會を誨導するに足るか。物力二元差別の妄想は、將來の理學を壓服するに足るか。

二、妄信の勢力漸く衰へて、科學的に、詳しく言へば、史學的に、考古學的に、語原學的に、宗教竝に宗祖を觀察するの日來り、道理的に信仰を保持し、英雄崇拜的に宗祖を崇拜するの日來らば、基督教の理論、基督の人物、果して佛教の理論、釋迦の人物より高きを得るか。

三、基督教國に於ける基督教の現狀は、其教義を今のまゝにして、其教勢を維持するに足るべき徴候と見るを得る乎。

四、吾國の進度は基督教の勢力によりて道德を維持せねばならぬ者なる乎。我國の基督教は其自らの腐敗を杜《ふさ》ぎつゝ安全に進歩し得るの見込ある乎。

此の四問を反覆撿覈せば、蓋し自ら洞然たることあるべし。故に基督教は竟に世界の文學上領地を失ふと共に、我國の文學上領地を新占し得ざることは明白なり。

然れどもかくては是れ直に宗教論にして止むのみ。若し必ず文學に就て、論辨往復するの興味を貪らんと欲せば、姑らく一歩を退き、基督教が我國に蔓延することあるべきものとし、又文學に眞正の感化を與ふべき程、人心を支配することあるべき者として議せざるべからず。是に於て次の問題を生ず。

曰く基督教が文學上に與へ得べき趣味は、基督教に由てにあらざれば、與ふること能はざる乎。

雲峯子が說く所によれば、歐洲各國の文學は勇爽活潑なる一の希望を精神となせり。是れ基督教の感化なりと云へり。此の精神は果して佛教の少《か》く所なる乎。是に至りて再び前に立歸り、佛教の歷史、教旨の變遷分派を尋ねんことを雲峯子に勸め、併せて世人に勸めざるを得ず。佛教が教ゆる勇猛精神の氣象、菩提薩埵が發願の精神は、豈に教旨に勇爽活潑の希望なしと云ふを得んや。德川時代幾多のローマンス、幾多の俳句は、豈に教史に勇快的文學を振起せし實蹟なしといふを得んや。たとひ佛教に於て多少此傾向少かりし既往の蹟ありしとすとも、吾國人が國家的觀念、神儒二道の教化によりて、是等の趣味を發達したる、及び發達し得べき情勢なしとせんや。

且つ夫れ其感情を支配するに足るの教義は、必ず其思辨力をも全く支配するの力なかるべからず。何となれば理之を服して而も情未だ動かざる者は之有り、未だ情動いて而して理服せざる者はあらざればなり。今や普通人間の知識に於て、基督教の眞を認むること、理學の眞を認むるより強きこと能はず。故に其基督教に歸するや、曰く姑らく理論の及ばざる所に於てすとしか云ふ。則ち是れ彼れ教徒の信や、既に思辨力に於てすら十全なることを得ざるなり。況や其感情に於てをや。故にたとひ歐洲に在て彼教が嘗て文學上の趣味たる勢力ありしにもせよ、其今後に於て、將た我國に於てあるべきは、何ぞ必するを得んや。然らば其勇爽快活の希望的精神、果して何を憑《たの》んで文學の上に感化を與へ得べき、其偶々優孟衣冠して、強て基督教の趣味を用ゐんと欲する者は、マジメに書きたる者までも嘲笑的滑稽的の文字とし人に視られて止まん。是れ雲峯子が望む所の結果なる乎。

最後に討究すべき問題は曰く、佛教が從來與へたる文學上の趣味全く亡して、而して基督教の趣味之に代らば、是れ文學の幸運なる乎。

是れ固より假定の問題にして、實際の狀勢に於て必ず現出し來るべき者にはあらず。但かゝる假定の問題に於てさへも、基督教の趣味が我文學上に大に益する所あらざるを論決し得たらんには、雲峯子が誇大の妄想も或は醒覺するを得べしと思ふのみ。

此問題を解釋せむが爲には、佛教の或部分が或時世に盛んに行はれ、而して時代の變化すると共に、其勢力を得る部分毎《つね》に異なり、以て一種史上の色彩を生ぜしことを知らざるべからず。かの「文學上佛教の功績」一篇は、概括の方法疎大に過ぎて、表面より細目に及ぶに暇あらざりければ、明眼者にあらざれば、其筆を用ゐるの愼めることを識別して、此變遷のグアヒを領得すること能はず。此事に就ては本誌第十四號にしぐれ氏の文話中、不完全ながら之に言及ぶことあり。曰く、

……宗教思想の變化によりて、文品の感化を受けたること至て大なるが如し。枕の艸子の靈慧なるは、別に一種の趣味にて、すべて彼時代の文學は……

……眞言修法の盛りなる頃なりければ、其心ざま歌にも文にもあらはれたるは、多くは現世の幸福をねがふ意あり。鎌倉前後には念佛の宗門興起の機に當りたれば後世安樂をねがふ意、多く文辭に見はれたり……

……戰國を過て人心あら〳〵しくなりける故にや、俳人の文學は總て禪味に饒く、直截にして奇警に、短節勁音の中に幽玄微妙の趣を籠めたれど、悠揚の音、敦厚の旨ありて、己が力の程をも知り、殊勝げに見ゆることは大に前代よりも下れり、……

と、蓋し所謂宗教思想の變化、其文學ありし時より之を分ちて三時期となすことを得。是れ奈良の朝に於ける法相の時代は、之を算入せず。何となればかの時は未だ其文學に感化を與へたること多からざればなり。かくて其第一期を眞言の時代とし、王朝藤氏の世即ち之に屬す。所謂現世祈禱の時代なり。第二期を念佛の時代とし、鎌倉より足利の中世に至る。第三期は禪學時代にして、足利の中葉以下を概稱す。而して德川氏中葉以後は則ち佛教腐敗の時代なり。但禪學念佛の二派は其起原相前後し、其興隆も亦相竝びたるを以て、之が時代を劃せんことは頗る難きが如しと雖も、其智識ある社會に行はれたる勢力の消長は、自から差別なきにあらず、故に其文學に影響するの度は則ち截然として限界あるなり。(未完)

政治界に於ける僧侶の運動

あゝ世は末なり。かの近日に於ける僧侶が被選權にかゝる運

動を以て、其然るを見るべし。

されど僧侶諸氏、吾等が如上の言を以て諸君を責むるが爲めに發すと謂ふこと勿れ。吾等は獨り諸氏の頭上にのみ注目する者にはあらず。世局の大變此極に至れるに思ひ至らば、諸氏それ自からと雖も、涙の横流するを覺えざる者あらん。

今や政府の僧侶に被選權を與へざるや、其必ずしも僧侶を侮蔑して然るにあらざるは、人々の言ふ所なり。其意を繹《たず》ぬるに、亦宗教が政治に混入して、之を擾さんことを慮るといふにあらずや。其持論の正否、政教の關係に就ては姑らく論ぜず、其僧侶に向て甚しき惡意ありといふことは則ち未だ明ならず。而して僧侶は則ち自ら之れを以て己れを侮蔑すとなせり。寧ろなさゞるべからざる境遇に在り。之を奈何ぞ世道の爲に痛哭せざらんや。

正しき境遇を理想せよ。立法者にして其心公明正大、其見洞察明鑑、一視平等の旨を以て、時勢人情を參酌せば、僧侶の之を求むるを待たず、當さに其權義を重じて被選の權利を許與すべし。僧侶にして純潔剛毅ならば、たとひ立法者之を推重して、重く權利を與ふるも、當さに辭拒して之を去り、最も權利なきの地に立つて、最も義務多き業を執るべし。今や與へずして求め、求めて與へず。是二つながら吾等の知る所にあらず。

殊に怪む、かの佛教徒の諸先達、此理に昧《くら》きにあらず。乃ち故《ことさ》らに身を彼の俗流の間に投じ、之と偕に面白からざる運動に汲々たる者、是れはた何の故ぞや。

吾等は記臆す、開港の始めに當りて、當時幾多の人士は、大勢の遂に以て已むべからざるを知りながら、士氣の沮喪を恐れて故らに必ず行ふべからざるの攘夷説を唱ひ出し、之を以て一世を震蘯し以て維新の改革を馴致せる者、かの水府烈公、藤田諸氏より皆已に然り。蓋し其振はざること極まるの日に在ては、術數以て之を起すも、果して機宜に中れば頗る偉功を奏することなきにあらず。されど、已に權數なり。若し常經の以て爲すべきあらば、是れ必ず用ゐるべからざる者なり。或は之を誤用するときは則ち適に以て敗亡の至るを早くするに足る耳。藤田諸人の策、其宜に中る者多く、維新の創業、敢爲の氣、觀るべきなきにあらざりし。然れども其此に至るの途に於て、多くの志士は此術數の犠牲となりたり。而して明治の小康、輒《すなわ》ち歐風心醉、士氣靡頽の極に達せる者、元氣未だ復せざるに、强て興奮の劑を與へ、以て一時の鼓動を求めたるの反動なり。

今の佛教家の先達が、政治の熱に狂奔するの態を裝ふ者、其手段藤田諸人の爲す所に異ならず。一激再激、演説は不認可され、説明は峻拒さる。是れ一時佛教の奮興を致すべき要因なり。其熱衷必ずしも安政文久の處士に讓らざれば、其成功期すべからざるにあらず。然れども是豈百代の計ならん哉。

かくいふとも吾等は直ちに僧侶諸氏の運動を沮せんと欲する者にあらざるなり。いかなる運動にも、其裏面に誠實、熱心、沈着、最後の覺悟ありてなさん者ならば、更に障害あるべきにあらず。況んや僧侶諸氏の唱ふる所、是れ理の當さに然るべき所、己が權利を張り、己が運動の領分を擴め、其自利利他の行を爲すに便ならんことを欲する者なれば、其事は則ち固より不可なし。抑知らず、諸氏が果して其決心覺悟に於て、はた誠實沈着に於て全きを得る乎。苟くも之なくば是鴉雀の喧譟にして止まるのみ。其奔走せし日時、費用は竟に何の處にか其効を收むべき。而して結局する所、佛教の信用を世に減ずるのみならば、諸氏猶ほ之を願ふか。

あゝ吾等が諸氏に言ふの直なること此に至る、豈に他あらんや。吾等とて佛教の先達が目的の在る所、氣力の振興に外ならず、其被選權の事に云々するは之が手段として用ゐる者なるを公言するは、適さに先達の事功を阻礙するに足るべきを省せざるにあらず。曰く、此れ權道なり、苟くも常經の履むべきあらば、何ぞ此を籍らん。且夫れ先達の鼓舞によりて起つ者、其人皆誠實ならば可なり、決心あらば可なり、然らずんば事業一跌、復た救ふべからず。烏合の衆、潰散して、永く佛教の大害を致さん。是れ今に及んで、其情勢を明白にし、雷同の徒を淘汰し、獨り其誠實にして決心ある者と共に、思ひ切たる事を爲さしむるに如かずと。是れ吾等が之を公言して憚らざる所以なり。

あゝ政治界に僧侶の運動を導くは、方今佛教諸先達が權數なり。確かに僧侶を傀儡として使ひ、よりて其動力を鼓進せんと欲する手段なり。僧侶諸氏、若し吾等が言を聞いて、諸先達に欺かれたりと思はん者は、速に其運動を止めよ。斯の如き誠實なく、決心なき人は幾千萬人あるも、足手がらみとなり了るのみ。諸先達は實に屑々たる汝が徒を要せざるなり。若し諸先達が權數の由來する所を知り、其れに傀儡視されたるをも悟り、猶ほ且つ諸先達に力を倂せて、誠實に覺悟を極め、佛教家たるの職分を曠うせずして、政治界にも手を下さんとする者は、吾れ汝が爲すを妨げず。汝は卽ち眞成の人天大導師たるを知ればなり。

『大同新報』第二五号「大同新報」　明治23年4月10日

ユニテリアン教徒に告ぐ

竪の國家あり、横の國家あり、竪の德教あり、横の德教あり。竪の國家を經とせば、横の德教を以て緯とせざるべからず。竪の德教を經とせば、横の國家を以て緯とせざるべからず。勢然る也、理然らざるべからず也。之に違へば則ち敗る矣。

何をか竪の國家といふ。其邦を建つるや、有史以前よりの歷史に根據し、其社會の諸部分、特に其元首と族民との關係、全く離るべからざる親義恩愛の間柄より成り、以て數百千年の齢を重ねたる者なり。何をか横の國家といふ。其民始めより烏合なり。利を同ふする所あり、義を共にする所あり、而して和合して邦を建つ。其親むや血を以てせず。故に嫡庶なく、宗族なく、元首なく、臣民なし。一たび之を破壞して、更に之を改造するも、理に於て情に於て不可なるあるなし、是なり。何をか竪の德敎といふ。其敎の淵源する所、歷史の來由あり。一の傳説を執りて信仰の標準とし、それより演繹して理論を立て、日新世界、萬種の出來事を以て、皆此の歷史上の傳説に牽合せしむる者なり。何をか横の德敎といふ。道理を以て根據とし、理の至極する所に於て信仰の標準を立て、傳説歷史の由來係累を離れたる者是なり。約して之を言へば、竪の國家とは歷史的の國家なり。横の國家とは摶成的の國家なり。竪の德敎とは傳説的の德敎なり。横の德敎とは道理的の德敎なり。實例を以て之を示さば、竪の國家とは例へば我日本國の如き是なり。横の國家とは例へば米合衆國の如き是なり。竪の德敎とは例へば耶蘇敎の如き是なり。横の德敎とは例へば我佛敎の如き是なり。

何を以て歷史的の國家は、道理的の德敎と相經緯せざるべからざる乎。其然る所以を肯定せんと欲せば、先づ其然らざる所以を否定せんには如かず。歷史的の國家が、先づ傳説的の德敎と相經緯すべからざる所以を説かば、吾等の論旨を明すこと半ばに過ぎん。

然らば則ち歷史的の國家は、何が故に傳説的の德敎と相經緯すべからざる乎。夫れ國家既に歷史あり、有史以前よりの由來あり、其族民の發生、其國土の占領は皆因由の指すべきあり。而して其嫡庶宗族、元首臣民の關係、國を成すの精神に於て、皆事實より歸納したる理義情誼を有するときは、此成形を毀《やぶ》らずして、之に傳説的の德敎を伴はしめんとする。必ずやかの傳説と、此歷史と、かの創世説と此の開闢説と、かの人民散布と、此族民發達と、かの神人主從と、此君民義理と、共に信じ同じく眞とせざるべからず。其れをして共に同じき事情より、同じき族民の上に發達し、同じき理義情誼を演繹し得べきものならば可なり。此國には此國に相應したる歷史あり。彼土には彼土に似合はしき傳説あり。此國の彼土と、地勢、風土、氣候、生活の方法、其思想感情を養成すべき外國の諸現象、必らず相同じきを得ざれば、其歷史と、其傳説と、亦必らず相一致するを得ず。既に一致せざれば、此を眞とするときは、必らず彼を僞とせざるべからず。彼を信ずるときは必ず此を疑はざるべからず。眞僞相斥し、信疑相諍ふ。新に入る者を以て、固より有る者を克服すれば、其國必らず亡びん、固より有る者、牢《かた》くして破るべからざれば、新に入る者、以て行はるべからず。吾等が從來吾國に於ける耶蘇教を排斥する者、實に此が爲め也。

耶蘇教の歐米に行はるゝや、怪むに足るなきのみ。彼の諸國の邦を成すや、其最も古き者と雖も、吾の半ばに及ぶ能はず。而して且つ之に加ふるに革命數々起り、立國の體毎に變ずるを以てす。其舊しと稱する者と雖も、實は新國たり。故にかの新立の邦、米合衆國の如きは、論なきのみ。英の革命は、二百年を出でず。其間に於てすらも、王統屢々變ぜり。佛の革命、僅に百年の前に在り、而して後今日に至る。政體十數變す。獨の聯邦を立つる二十年に過ぎず。而して伊の統一も之と相前後せり。それ此の如きの國家を以てす。其共和政なる者は言ふ迄もなし。其稱して君政と曰ふ者も、朝に建てゝ夕に壞る。手を反すよりも易し。以て歷史の關係を生ずるに遑あるなし。其國家の組織、全く橫のものなれば、傳說的の德教が能く其勢力を逞うし、猶且つ之に利益を與ふる所以、理勢自から至る也。但夫れ其の歐米に利あるを以て、徧《あま》ねく何れの處にも行はるべしといはゞ是謬れるなり。何ぞや。我國の如き建國の歷史に於て不可なる者、現に實例を存すれば也。

是に於て吾等は正に說くべし。歷史的の國家が道理的の德教と相經緯するの必要なるを。若し其理にして謬れる者ならんには、いざ知らず、果して正確精緻なる者ならば、其の國家の起原、立國の體制、歷史の變遷を說明するに於て、其國家に不利なる議を建つることあるべからず。道理とは人性の至極せる者の名たれば、同じく人性の必須より、善良なる國家を成せる組織を破壞すべき邪見を人に教ふる者ならず。至眞なる者は必ず至善なり、必ず至利なり。吾等嘗て之を說けり。（本誌第十六號參看）至眞とは理を形容するの最上なり。至善とは德を形容するの最上なり。至利とは功を形容するの最上なり。君民の義は德を以てし、政治の制は功を以てす。君民の義、政治の制、其至るや善と利とに極まる。而して理の至眞と一致すべくば、其橫の宗教の以て竪の國家と相一致すべきや、的《あきらか》なり矣。夫の我が佛教の說く所や、實に理の至眞を極めたる者なれば、其始めて入りしよりや、唯に人の臣民をして之を信じて害なからしめしのみならず、人の君たる者、亦其理を悅びて、而して其法を尊び、治化に贊くるある者少小ならず。君君たり、臣臣たり、父父たり、子子たり。是れ人倫の序あるなり。柳は綠に花は紅、山高く水長し。是れ萬物の則ある也。佛教は則ち曰く、諸法實相と、事々無碍と、是れ序あり。則ある者を說明して、正確易ふべからざる也。

曰く、佛教が橫の宗教として、竪の國家たる我日本に適當せるは、命を聞く矣。抑も其をして果して信ならしめば、佛教が橫の國家たる歐米に播布すべからざるも、亦信ならざるべからず。此の如き哉、佛教の狹隘なるや。日本一國之を大塊の大に比ぶるに、指尖の大さの六尺の軀に於けるが如し。指尖を斷たん乎。六尺の軀を殺さん乎。耶蘇教の佛教に於ける、世界に於ける勝敗知るべき耳と。詭辨の徒、往々是の如きの說を以て得たりとし、味者動もすれば、是に欺かる。何ぞ少しく躁すること勿くして、以て、吾が說を聽くを畢《お》へざる。

水あり。地の窪下に遇ひ、滙して而して湖と爲り、而して決して東流す。其湖たるに方りてや、渟涵萬頃、風死して波たゝざるの日に於て、幾十百の船舶、忽として湖の東西南北に泛《うか》びたりとせん。湖の形たる、岬出て灣入り、山の四圍する者、其谿皆流れて之に注げば、湖の沿岸、水の動くや必ず其谿流の勢を承けて、東よりし、西よりし、南より北よりせん。而してかの船の東なるものは東より西に走り、西なる者は西より東へ趨かん。乃至南よりし、北よりする者、亦復是の如けん。かくて水勢の由て來る所、由て去る處、此の如く各々方向を異にし、而して相衝突し、相旋洄せば、船の之に隨て流るゝ者、雜然紛然、殆んど方の指すべき無からんとす。然れども幸にして風なきこと、猶幾日を經て、去て其の船舶を求むるときは、幾十幾百爾《しか》く多數なるも、盡く東を指して下り、舳艫相銜《つらな》て、湖口より河に入るを見ん。何となれば區々たる方隅の水、其方を異にすること、いかに紛雜なるも、其の東流の大勢は、竟に以て之れを一貫するあればなり。文明の大勢が、多少の一國一地方にかゝる、方隅の小勢力を集めて流れ去るも、其形之に異ならず。

梁の襄王孟子に問ふに天下惡《いずく》に定るを以てし、而して孟子は則ち一に定らんと曰ふ。今の天下、群雄割據、七國よりも甚し、其一に定まるべきや否は、未だ知るべからざるなり。若し一に定まらば、必らずや我日本の如き者に定らん。何となれば、我國は實に竪の國家の完全なる模範なり。而して國家の模範、完全なる竪の國家より善きは無し。是れ學者の公論、吾が私言に非ざる也。共和制の危機、君主政よりも甚しく、國家に元首ある政治は、之なきよりも安全にして、且つ施政の圓滑を得べし。而して元首に必要なる條項、血統の一系、君位の神聖等、凡そ歐米學者が歷史上の實蹟に徵し、情理の極致を探り、以て論結する所の者、吾日本の國體、實に素より之を有せり。且つ夫れ人は習慣の性質、最も强き動物なり。故に其歷史的感情に浸染し易きこと最も甚し。故に歐米の國家、其破壞改造の易きこと彼が如きを以てすと雖も、十年を經れば十年の歷史あり。百年を經れば百年の習慣を生ずべし。英の革命、クロムウエルの豪傑政治に饜飫せずして復古の王政を看たるも、是が爲なり。佛の革命、橫流の毒、却て帝政を激成したるも、是れが爲め也。獨の聯邦、伊の統一、皆數百千年の前を追想して、其歷史上の感情に激されて興る所、乃ち米合衆國の如き新造の邦なりと雖も、統一の已むべからざるより、南北の大戰爭を致せるは、彼れ實に歴史の感情に因て生ぜるのみ。然らずんば南の北と利害を同じうせずして、獨立を宣言する。歐洲諸邦、間々之を認むる者さへありしに、理義を尙ぶこと彼邦の如きを以て、干戈相伐つに及ぶ、亦甚だ不倫の至ならずや。夫れ此の如く凡ての國家は歴史的ならんと欲する傾向を有すとせば、たとひ東西南北の諸國、一時其方向を同じうせずして、紛然雜然、各々其得意の國家を形ると雖も、文明の大勢は、之を驅りて歴史的の天性に一に赴かんしめんこと、實に確乎として疑ふ可らず。たとひ其をして遽《にわか》に一に定らざらしむるも、其皆相似たるの形を成して、竪の國家とならんこと、年を期して待つべき也。

此大勢にして益々進むときは、耶蘇教の如き傳説的の德教が漸くに滅して、吾佛教の如き道理的の德教、將に大に世に行はれんとするは、理勢の必至也。かの兩教が世界に於ける勝敗の數、亦知るべきのみ。

吾等嘗て此持論を抱き、今世耶蘇教の勢力、既に歐米諸國に衰へ、而して佛教の之に代る、未だ此大任を負て立つべき大豪傑の出ることあるを見ず。竊に天下道德の憂と爲せり。今やユニテリアンの說を聞く、頗る此憂を慰むるに足る者ある也。

ユニテリアンの徒は、自ら自由基督教と稱し、從前有る所基督教の如く、傳說を信ぜず、神怪奇跡の談を排斥し、基督を視るに一の高尙智仁なる大豪傑を以てし、而して神を視るに、宏大幽玄なる靈力を以てせり。吾等固より未だ詳に其徒に就て質さゞれば、之を視ること或は善きに過ぐることなきを保せずと雖も、其神に人間の如き情意あり、而して人（基督）に神の如き靈力ありといふ妄見に至ては、之を斷除せしに幾《ちか》し。是竪の耶蘇教が漸く將さに橫の耶蘇教たらんとする徵候に非ずや。夫れ印度の德教、四ヴエダの書に據りし昔に在ては、亦竪の德教たりしなり。能仁氏出るあり。古經典より生ぜる歴史を翻して、己が眞理の一注脚たるに止め、諸天の高遠なるも、六趣の迷途に彷徨するに過ぎずとし、忽然として竪の德教を倒して、橫に之を解釋し了れり。是を以て其教印度に出でたりと雖も、其化洽《あまね》く十方に布て妨げなかるべきに至れり。今やユニテリアンの徒、其理を見るの明、未だ絕頂に至らず。傳說的德教の積習、未だ全く蟬脫せず、一神無神の論に局促するを見んに免れずと雖も、是れ遂に耶蘇教中に於て、一の佛教を形るべき第一步を踏みだしたりと見んには不可なるあることとなし。嗚呼天國は近づけり。西方の淨土、此を去ること遠からずや。德教の一致、果して得べくんば、黃金世界、何ぞ必ずしも現《まのあ》たり見るべからざらん。然れども、此れ世界の大勢に就て觀察せるなり。抑も我日本の現勢に於て觀ば如何。ユニテリアンは、其人情的《ヒューマニスチク》德教を衒耀して、新たに智識ある社會に歡迎せられぬ。彼の教徒は固より吾佛教と爭ふべき者にあらず。而して又爭ふを欲せざる者の如し。彼の徒ははた何を爲さんと欲するや、吾等は之を聽くを要せず。而して彼徒をして吾等に聽かしめんと欲する者ある也。

夫れ吾等が從前耶蘇教を排斥して餘力を遺さゞる者、其豎の德教を以て、我豎の國家に伴はしめんと欲するの害を見ればなり。而して今のユニテリアンに假《ゆる》す所有る者、又實に其德教の全く豎ならざるが爲也。ユニテリアンの吾國に入るや、多く愛國の士に愛さるゝ者の如し。則ち其吾國家に不利を計る者にあらざるや明なり矣。顧ふに刻して之を論ずれば、ユニテリアンの來る、甚しき必要なき者の如し。蓋し今の佛教は衰へたりと雖も、元氣の回蘇、期すべからざるに非ず。而して其の性質は則ち全然たる横の德教なり。ユニテリアンの豎を離れて未だ横に至らざるを以て、以て我國家に緯せんと欲するは、是れ美なる正妻を去らしめて、醜妾を以て之に代らんと欲するが如きのみ。故にユニテリアンたる者、進んで佛教の領地を占めんと欲せば、勢を知らず、理に昧き者たるを免れず。必ずや去て彼の從前耶蘇教が冥々の裏に蓄へたる害毒を洗除せん乎。是れ國家の利たるのみならず、亦實にユニテリアンの利なり。何んとなれば鼠を捕ふること、人猫に如かず。類異なればなり。佛教の耶蘇教を攻むるや、ユニテリアンに如かず、類異なればなり。ユニテリアンにして奮て傳說的の耶蘇教を攻めば、豎として破れざるはなし。以て冥々の裏に、豎の國家に豎の德教を用るの危害を防ぐ。是れ國家に大利あるにあらずや。功ある者報を受くるは、理の常也。ユニテリアンにして國に功あらば、其報自ら至らん。且つ物の相鬪ふや、必ず先づ固く其地步を占めざるべからず。彼の從前耶蘇教は全然たる豎の德教たり。之と相攻むる者、若し豎横の間に彷徨せば、浮脚となりて敗るゝの恐あり。故にユニテリアンにして、かの豎の德教と相剋制せんとするときは、勢漸く横に傾き去らざるを得ず。則ち其基督を以て小佛陀とし、新約を以て眞理の一注脚とするの日來るや、益々早からん。是れユニテリアンの爲めに喜ぶべきにあらずや。抑も世界德教の進步の爲め大に喜ぶべきにあらずや。ユニテリアンの世評嘖々たるに會ふ。因て平生の持論を述べ、併せて以て彼の教徒に告ぐ。

法律的變遷（承前）

清廉忠誠なる政治家歐洲より歸り、一斡旋して舞臺の光景皆變れり。

勢い極れば則ち變ず。其變ずるや、亦必ず非常の士ありて、以て其衝に當る。吾れ社會學者の言ふ所を聞けば、則ち勢いの變ずる、勢自ら變ずる也。かの豪傑非常の士、卽ち勢の養成する所のみ、尊ぶに足らずといふ。ヒーロー、ウォーシップ（英雄崇拜）の徒は則ち曰ふ、世局の變態は豪傑の士之を成す。社會は徒に豪傑の後に随て行くのみと。兩ながら偏見を免かれず。勢は漸を以て成ると雖も、其將さに成らんとして未だ成らざるの時に當ては、由て而して之を制爲するは人に在りと、賴子成も亦云ふ。此回の變遷の如き、亦復然る者あり。世局に志ある者、心を留むべき所なり。

……固より是より先き、社會の沈湎を呼醒さんと試みたる者なきにあらず。吾儂は世間が囂々として、男女交際の弊、夜會閨門の中に生ずるを刺《そし》るを見にき。或ものは讓與多き條約改正が寸効あらじと論ずるを見にき。但々原を燎くの火、嚮《むか》ひ邇《ちか》づくべからざるが爲に、此等の忠言冷諷は、多くは法律の手に禁遏せられぬ。輕佻便佞の風、方さに社會の精神を支配しければ、謂ゆる忠義俠勇質樸剛毅なる氣格特性は皆屈抑して伸ず。其の弱きは自ら混濁に淪《しず》みて流行の後塵を趁《お》ひ、其強きは慷慨涕泣して世を忍ぶより外なかりき。……

勢の極端に走ること此の如し。眞に國家元氣の爲めに、痛哭すべきに堪へたり。然れどもかくの如く醉はざれば、以て酒を厭ふの念を生ぜず。今日歐風崇拜の夢、やゝ醒覺に向ふは、實に此が反動に由れり。唯それ反動による、故に今日國粹の正義、やゝもすれば傾て守舊に走る。此の如くして已まず。崇外の夢、再び結ぶことなしといふべからず。是れ吾等の恐るゝ所、而して「反動の大勢」篇の草ある所以なり。

……然るに一朝變內閣に起り、從來民間唱ふる所、及び彼等が得唱へざる所、唱ふるを知らざりし所、政府の議に見はれにければ、其主唱者が衣を振て起ち、足を濯《あらつ》て去るや否や、滿天下鬱勃不平の氣は、蒸氣罐の破れたらん如く、瘍疽の潰えたらん如く、咆哮して四《よ》もに出て、三大事件の建議となり、條約改正の中止となり、謁を大臣に請ひ、鐵拳を祕書官に加ふるの壯士となり、運動會となり、暗殺の陰謀となり、歐化主義の分子、內閣を去りて、豪傑的の分子遽爾として才子流の政府に入るや、天下の望を負て立てるの勢ありき。……

明治十四、五年以來、沈鬱せる政治界は、此に至りて復びにぎやかになれり。是れ經濟上の景氣、漸く回復せる者、亦與りて力あること、猶前年の如し。唯前年の抗爭は、專ら官民の間に在りしと雖も、此回は之に異なり、新に興れる國粹主義の現象は、官にも渉り、民にも渉れり。此れ前年に比して、其運動、政治の一局面よりは、漸く社會の全局面に及ぼしたるに由ると、其運動の中心が唯に不平の心腸より發せしにあらずして、大に正義愛國の熱衷に出でたる者あればなり。此れ一は喜ぶべく、一は憂ふべき者あるなり。蓋し運動の範圍、社會の全局に及ぶときは、其盛衰興廢、亦直ちに社會全局に關す。かの政治の一局面、僅に一低一昂するの比にあらざるなり。此は則ち憂ふべき也。若し夫れ不平的の運動、變じて愛國的の運動となる。此れ世人が漸く眼を家國に着くるの傾向ある者として、喜ぶべきなり。

豪傑的の分子、才子流の政府に入り、而して天下の望を負ふ。此も亦以て極端より極端に走るの現象として看るべければ、反動の大勢、既に彼の時に於て萌せるなり。爾來積歲累月、漸く今日に至る。其反動の將さに近づかんとするや、昭々たり。世人何を以て冷淡にして省みざること甚しきや。あゝ帝國議會をして、崇外的反動の興起に際して開かしめば、天下の事、それ亦憂ふるに足らざらんや。（未完）

『大同新報』第二六号「大同新報」　明治23年4月25日

日本文學と宗教と（接第二十四號）

かの王朝藤氏の世、彬々たる文華、其漢樣なるは以て渤海諸國の使人をして驚歎せしめ、其國風は以て華麗巧妙を極むるに至りたる者、菅江諸家、貫之・躬恆以下の歌人、物語、日記の諸作者、以て女流彤管の技に至るまで、其高きは天臺法華の玄旨を講じ、其幽なるは眞言祕密の教に入り、淺劣にして、高砂の談に與り聞くこと能はざる者も亦加持祈禱の驗に依りて、佛法の奇特を知ることを得たれば、啻にしぐれ氏が所謂現世幸福の希望、文辭の間に見はるゝのみならずして、其莊嚴にして整飾せる、美の構想も亦多く此に源を取りしならん。次で念佛時代の文字に至りては、其現世をはかなみて、希望を當來に繫《か》くるの意に充たされたること、しぐれ氏の言ふ所は勿論、其武辨の事を敍する、戰爭治亂の記事の如きも、雄快の裏、悲壯低回の趣を存し、盛衰興亡の感に係《か》くるに、因果應報の理を以てし、剛柔相救ふの妙、言ふべからざる者あり。其間或は雲峯子が所謂悲哀的の趣味に過ぎたる者少からずと雖も、是れ固より褊淺なる門外漢の與り知る所にあらず。恬淡沖遠、徒然草の如き、雄壯偉麗、太平記の如き出色の文字、亦此念佛主義の感化を蒙りて、却て這樣の風格を成すを見ても、以て悲哀の趣味、佛教の特性にあらざるのみならず、念佛一派の特性とだも稱すべからざるを知るに足らん。殊に佛教を以て厭世主義と誤想する者の如きは、かの双が岡の法師が奇警なるオプチミズムの文字を讀まば、蓋し爽然として自ら失することあらん。

然れども佛教文學の眞正價値は、彼の二代に於て盡せりとせず。蓋し更に大なる者ありて存するなり。そは何ぞとならば、予は衆論の未だ許さゞるにも關せず、禪學の趣味を體得したる俳句俳文を以て、之が神髄なりと稱せんとす。固より清氏の輕妙、紫女の婉麗、謠曲の沈痛頓挫、美の至、高の致を盡さゞるにあらず。されど句々字々の間、宇宙の大眞理を發揮するの妙に至ては、芭蕉氏の一派、實に破天荒となす。其俳文の如きは未だ完美の域に至らずして、後繼人乏しく、遺憾に堪へざる所なりと雖も、馬琴・種彦の一流、德川氏文學の極盛を鳴らせる者、全く其澤に依らずんばあらず。今世の珍重する元祿諸文士の一流は其派出を異にすと雖も、亦俳諧文學の一派なること、人の皆知る所たり。

芭蕉氏の曰く、

格に入て格を出ざるときは狹く、又格に入らざるときは邪路に馳す。格に入り格を出てゝ、始めて自在を得べし。詩歌文章を味はひ、心を向上の一路に遊び、作を四海にめぐらすべし。

又曰く、

他門の句は彩色の如し。我門の句は墨畫の如くなるべし。又彩色なきにしもあらず。心さびしきを第一とす。

又曰く、

姿情を分ち、大山を越、向ふの麓へ下る所を按ずべし。

凡そ此等、俳諧を學ぶの用心を說くもの、其理や佛法を學ぶと以て異なることとなし。故に其作る所、所謂俗談平話の中に、第一義の嚴存することあり。情景一致、相實融合の妙、筆舌の能く贊する所にあらざる者あり。之を漢土の文字に求むるに、盛唐の詩句中、其彷彿を見る者、一、二に過ぎず。下りて明末清初に至り、一、二の名家、頗る此に近き者ありと雖も、其輕佻なるが爲に、未だ以て同日に語るに足らず。之を歐西諸家に視るに、其大段の局面中に於て、微に此意に稱ふ者は則ち之あらん。崑山に上るが如く、步々是れ玉、桂林に入るが如く、枝々是れ香なるに至ては、之を俳諧文學の絕技と稱するも、吾れ敢て過言にあらずと信ずるなり。是等の趣味、唯天地の表裏を大觀して、實相の眞理を體得せる者、以て之に與り聞くことを得べし。夫の一神を崇拜し、神人の別に局促し、一貫の妙理に昧く、夢にだも事々無碍の靈機を知らざる者の至るを得る所にあらず。

夫れ希望的の文學は高し。大なり。然れども、眞理は獨り高と大とに在て存せず。而して其至るに及んでは、口語の外に在り。唯佛教の所說、此眞理の存する所を指し、而して唯だ俳諧の文學、之を理學的に表出す。今此完全なる文學を捨てゝ、故らに偏屈不完の者を取らんとす。寧ろ風癲漢の所爲に類せざらんや。雲峯子猶未だ悟らずや、吾れ昧者の爲に唇吻を弄するに遑あらず。

（完）

『大同新報』第二七号「大同新報」　明治23年5月10日

貧民を救へ

雨がちなる夏の初め、無聊《むりょう》殊に堪へがたし。點滴擔を繞りて喧しからぬほどに微かなる音樂を奏づれば、夜も漸々に更け行く頃、無量の感慨胸に溢れて、覺えずも長吁の聲を漏しぬ。

いでや此世に字を知る人の一人と生ひ立ちては、歎かしき事こそ多けれ。己が身の賤しき貧しきことの不平は、さすがに先輩の高き教に恥ぢて口に出しかぬれど、世に經る貴き賤き、富める貧しき人間が、浮生の頼み難きを觀じかねて、日夜に劬勞經營する跡とては、身にも意にも恐ろしき惡業を積みて、看る〳〵無間の徑に向て、荆棘を掃ふさまあるを、さて其惡果の此に止らで、竟には己が處しつる邦國社會をも、うつらふ花の散り失せなん光景に導びきつゝあること、憐れといふも中々愚なり。

古も今もかはらぬ世俗の迷妄を喩さんとてこそ、釋迦牟尼世尊も出世して、微妙の法を說き玉ひつれ。之が弟子たらんものの、たとひ親しく佛世に逢ひ奉りて、其高大なる感化を受け奉るの幸はあらざりしとて、苟も遺教の一端に與り聞きて、眞理の一光線に照らされたらん者、己が朝夕の營みにのみ心のいとまなくて、坐ながら紫繡の法衣に肌暖かく、精白の糧米に舌甘く、己が權利の得喪に叫號して、花の都の一部分に住みながらも、柳櫻こきまぜたる春の錦は目にだも觸れん折はなく、候暖かなれども寒に泣くの妻兒あり。博覽會の賑かさに都の富は增せども、我が飢には一粒の贏きを惠まれんこともあらで、一日々々と命終の迫るを待つのみなる憐れはかなき貧民の幾萬あるべしとは知るや、知らずや。慈悲を根本の旨とせる佛教家の諸氏にして、かの米價騰貴、貧民窮迫の報を聽くこと、褒として充耳の如く、之に向て救濟の道を講じ玉ふこともあらざるは、訝しさの限りと謂ふべし。

哥矣富人、哀斯煢獨、米の價も心にかけず、時服の調達に心忙はしく、日光枕に及んで間夢纔に醒め、車を驅りて衙門に出入する上ざまの事は言ふも更なり。新著小說を批評しつゝも煙草薫らして、「美」の議論に力瘤を入れて、ヤット腹がすいたと喜ぶ輩に至るまで、果報の程恐ろしとも知らぬ身の、達觀者ならぬ眼もて見ばいかばかり多幸なるぞや。煢たる獨の哀れさは、さる事なり。其妻兒ある者とても、朝の夕を支へかねて、四人の子を棄てゝ影を隱せしさへありと、新聞は報じぬ。人は夜叉にあらねば、彼れ無殘の行ある者、豈好んで此に至らめや。南京米の輸入、當局の心を悩まして、人々經濟上の變動に眉を蹙め、心ある人の凶年飢歳をさへ豫め患ふる日に、佛教僧侶にして、爲めに少しくも心を動かさゞることあらば、吾等は日頃、其の味方として骨折る身なるにも拘らず、大に其罪を暴露して、寃《あだ》を教祖に及ぼさゞらんことを謀らんと覺悟してあり。

あゝ被選權の得失は、固より弘教の上に利害の關係あるべし。されど菩提薩埵の行は、自ら爲《ため》にするを先んずべきか、而して人の爲めにするを後にすべきか。吾等は新聞紙の上に於て、佛教家諸氏が被選權に就ての運動を廣告するを讀めども、未だ諸氏が哀れなる貧民に就て、救濟の道を講ぜらるゝの報道を聞かざるが爲めに、一夜の感、殆んど自ら堪へず、聊さか書して諸氏の教を請はんとするのみ。

佛教の前途　附僧籍論

吾等に少しく想像を思ふまゝに爲さんことを許せ。吾等が眼前に幻の如く現はるゝ光景を述べて、諸君が行々到るべき境遇の何如を示さん。

今後百年、佛教はそれ必ず全世界の勢力たらん。佛陀無量光の照射は、啻に亞細亞一洲に被ふるのみならずして、必ずや白人の大半を以て其弟子とするに至らん。今の基督教が白人に於ける、其根既に朽ちぬ。其幹其枝の生氣を回復して、茂れる葉蔭森たる影をなさんこと覺束なかるべき也。若し其にして猶ほ此世に勢力の幾分を殘すべき者ならば、かのユニタリアンの如き者にして止るべきのみ。ユニタリアンは百年前の理學を根據にして、其上に基督の教を栽培せんと試みたる者なり。やゝ道理と妄信とを調和して、進取保守の際に彷徨すと雖も、其據る所の道理、はや今日の理學に在ては陳腐として取らざる所の者なり。ユニタリアンの基督を視るは可なり。其の教義は吾れ知らざるなり。たとひユニタリアンにして基督教の相續者たらしむるも、是れ今の基督教に對しては、其緣恰も接木したる樹の如く、相續者は自ら其理學の花實を生ずるも、是れ其根の由て生ずる所にあらず。佛教の經典は浩瀚なり。論疏註解、人に依りて義を異にし、宗派分離、各々門戸を建つることあれば、其間誤認齟齬、極めて繁かるべしと雖も、其指す所無作天眞の理に至りては、活潑々地として常に天地の間に流動すれば、其蓁莽を苅り、其荊棘を焚きて、釋氏の本旨を現出するときは、天地と參《ならびた》つなるの妙體、處々に遍く世人の渴仰を致すこと疑ふべくもなし。基督教の經典にして、獨神の偏見を刪去し得んものならば可なり。さらずばユダヤの一豪傑が千九百年間待ち續けたる勢力の感化も、早晩迹を此世に斂《おさ》めんとするなり。

佛教の世に於ける、斯くの如く多望なり。佛子たる者自ら淬勵して、一日なりとも速かに其教主が福音を傳播せんことを圖るべきは其義務也。思ふに佛教の體裁、今のまゝにて、以て世界的宗教と爲すことを得べき歟、是れ第一の疑問なり。

理學が有形の理論を研くこと、日一日よりも進み、往古神聖の人、釋迦基督の行迹の如きと雖も、其荒誕怪幻に疑を容るゝを猶豫せず。故に三千年前の科學的智識を保信して、併せて之を今人に信ぜしめんとするは無理の至りなり。未だ以て眞理の精金を麁礦中に淘取すること能はざるに、其樸素なる形貌にて先づ棄てられん。エドウヰン、アルノルド其著はす所「亞細亞の光」の自序中に云ふあり、

彼は儀式を賤みて、其將さに涅槃に入らんずる時すらも、自ら誰人にも成就し得べき位なることを述べたれども、亞細亞人は之を愛し、之に感謝するの餘り、其敎勅に背いて、熱心に彼を崇拜したり。

と。是れ實に佛教が今に於て未だ免れざる蒙蔽にして、佛陀を以て人間と殊別なる靈妙の位と心得るは、是れ果して佛教を永遠に保持するの良計たる乎、抑も釋迦佛の好む所なる耶。一流の佛教徒が釋迦佛を視ること、ユニタリアンの基督を視るよりも下れり。況んや今後百年の宗教はユニタリアンの如きにして足るべくもあらざるをや。

あゝ聖を距ること漸く遠し。其書に筆して現存する教義すらも、微言妙旨、解する者幾ばくもなし。古印度の社會、之を今日の狀勢に攷ふるに、豈に盡く知るを得べけんや。時代は妄信の古きより、中ごろ想像の世を過ぎて、今や方さに實驗の時となりぬ。各々の時代に在て、各々の人が見る所に隨ひ、各々形を異にすること、多角形なる眞理のみならんや。かの聖賢の人も亦然り。久しい哉、釋迦佛の眞價値が其世々の弟子に知られざりしこと、蓋し今に至りて猶依然として不可思議なり。考古、博言の諸學完く發達し、三千年前の社會、之を掌に視るに至らずんば、以て之を知るの階に上るべからず。階既に上れり。而して其の堂奧に上り、旦暮に之に逢ふの心地あらん者は、又難き也。所謂學者の能くする所にあらず。所謂宗教家の能くする所にあらず。誠に世道人心に患ふる所あり。眞理を愛し人類を愛し、一切萬有を愛すること、命の如き者が、それ之を能くせん。

宗教の世界は腐れり。之を洗滌せんは豪傑の出るを須たざるべからず。それ何れの處に出でん。基督教國に出でん耶。ルーテル出でゝより四百年、新敎の弊も亦極りぬ。其時は則ち可なり。若し西歐の世界をして舊の如くたゞ西歐の世界たらしめば、大改革者は必らず復た基督教中に出でしならん。東洋の學やゝ開けて、萬世の師表たる一偉人の言行も、少しは彼輩に知られ、理學科學を攻むる者、竊かに取て其說を立つることあり。其悲智圓滿の德化にして、世を救ふに足る者ならずば已まん。其敎義の眞正なるを以てするも、其敎祖の人物を以てするも、世界はもはや基督の奴隷にあらざれば、一、二の小豪傑、起て改革の事を行はんとするも、以て基督敎を興すに足らずして、必ずや當に來るべき一大宗教の爲め

に其光被の地を爲すに過ぎざらん。豪傑出でん耶。それ佛教中に出でざるべからず。それ何れの國に出でん。百年の後、佛教が全世界の勢力たるべしとするも、其全世界の勢力たりし後に豪傑の出るあらずして、豪傑の力によりて全世界の勢力たるべきなり。其人にして今の基督教國に出てん耶。是望むべからず。基督教國の人には基督教の感化多し、純粹なる佛教の豪傑、何を以て此に起らんや。然れば其人にして佛教國中に出づべくば、はた何の國に出づべき。佛教の領地は、今や子パウル《ネパール》、錫崙《セイロン》より、後印度の半島を掩ひて、中央亞細亞西藏《チベット》、支那、日本、悉比利亞《シベリア》、乃至瑞典《スエーデン》の北部拉布蘭《ラップランド》にまで及びたり。半開の民は、世界の大勢に關《あず》からず、中央亞細亞、西藏、後印度、拉布蘭の如き、彼れ固より世界の大宗教を奈何ともすることなし。支那は儒教の以て安んずべきあれば、必ずしも佛教に汲々として以て生命と爲さず。錫崙、子パウル、其人既に半ばゝ基督教徒に奴隸視せらる。然れどもチエンデル、センの如き、猶ヒンドスの地に興れば、未だ遽に侮るべからずと雖も、之を獨立の邦、數千百年の間、其法によりて以て德教を立てし者の一大改革者を出し易きに比せば、力を爲すこと同日にして語るべきにあらず。故に吾等が厚く我國佛教徒に望まんと欲する者は、大なる故ある也。我國の佛教徒は任を負ふこと、斯の如きの重き也。試みに問はん、這裏果して第二の能仁氏を出すに適する耶。嗚呼吾は彼等が猶流俗の見に超脱する能はずして、區々たる小方便、以て百孔千瘡、隨て補へば隨て綻ふの愚を學ぶを憐む也。我國は昔は士族の國也。今は談政の徒多き國也。故に宗教家の如き人天の大導師自ら以て任とせざるべからざる人々と雖も、政論の是非に喙を容れんことを喜ぶの風あり。是れ大なる患也。國家の根基、社會の神髓たる一部は則ち置く、其他に至りては宗教家の斷じて言ふを屑とせざるべき所也。其宗教界の事を處するも、德義の力を賴まずして、制度規約を以て自ら保たんとするが如きは、是れ本を知らざるの甚しきにあらずや。此弊にして去らずんば、佛教の回復は日本一國に於てすら望む可らざるなり。何ぞ況んや以て全世界の勢力となすに於てをや。此弊を去ること如何。吾等が下に於て自ら答ふる所を看よ。

吾等は前號の紙上に於て佛教懇話會に失望せし旨を述べたり。されども之が爲に佛教社會にさへも吾等が絶念せざることを得たる者は、かの僧籍論ありしが爲也。かの問題は懇話會席上には面白からぬ故障の出でゝ、了未了の際に了却したれども、其首唱者にして熱心盡力して、其成効を期するの日に至らば、是れ或は我國佛教界の宿弊を芟刈して、かの大改革者を出すの激因となることなくんばあらず。而して博覽會の御序とはいへ、兎にも角にも全國佛教徒の幾十人が頭を一堂の中に萃《あつ》めて、教法の弘布を圖るの結果として、斯の如き問題に少しにても注意することとなりしは甚だ喜ぶべきの事也。

僧籍設置の事は、固より以て直ちに大改革者を出すの因と爲るに足らざる也、宗教制度の順路より言はんには却て進歩の障礙たるべきに近し。されども吾等は教會の制度が空論を以て輒ち打ち建てらるべき者たるを知らざるが故に、はた何等の制度と雖も、宗教者に其人存せざれば、徒勞に屬すべきを知るが故に、未だ安坐して十九世紀（是れ何等の語ぞ、然れども或る佛教者は常に此語を口にして自ら得意とする也）の大勢は、かくの如く人間を階級的生活に安んぜしむるを許さずと談じて、僧籍論を拒斥すること能はざるなり。故に吾等は強ちに僧籍論と教會論との一方に荷擔して之れを是非するを欲せずして、寧ろ此等の問題が世界的佛教の進行すべき路筋に於て、何如に堠樹たるの實を見はすやを考察せんと欲するなり。

僧籍論者の言に曰く、僧侶は既に被選權なし。よし然らば選擧權をも放棄すべし。任官の權、受爵位勳章の權をも放棄すべし。かくて僧侶といふ一階級を華士族平民の外に置き、兵役を免ぜんことを請ふべし。其輕罪以上の罪を犯せる者は、刑の宣告と共に僧籍を褫奪して而して處分すべしと。其の此論を發する所以の因由を問へば、則ち猶ほ俗僧一輩と共に、政府が被選權を與へざるに疳癪を起したる者の如く、被選權にして始めより之あらば、此論起らざるべかりしと雖も、其斷然として俗界の諸權利を抛棄せんと決心したるは、頗る取るべき所ある也。此論の必ず行はるべきや否に至りては、吾等の明、能く逆《あらか》じめ睹る所にあらずと雖も、若し多數の贊成あり、政府の容るゝ所となりて、かゝる制度一たび立たば、僧侶は極めて窮屈なる身柄となるべし。而してやゝ名譽ある地位となるべし。其首唱者の言ふ如く、多少僧侶淘汰の一方便となるべし。然れども此制度の性質たる、自由なる人性を籠罩して、盡く其の盛れる規矩に中つる者たれば、之を以て都《すべ》ての奉教者を檢束するに堪ふべからず。況んや西歐の世界は利己の世界なり。新教の興りしより、宗教の信奉、極めて散漫に流れたれば、かくの如き窮屈なる教制にては、佛教の世界的とならんこと、極めて覺束なかるべし。是に於て内外の必要に迫られて、佛教の大改革者、遽然として反動の勢に乘じて興起すべし。

吾等は嘗て以爲へり、今の宗教界の腐敗は、姑息彌縫の手段によりて改革すべきにあらず。必ずや大なる謀反人を要すと。昔羅馬教の腐敗せるや、實にルーテルの如きあり、カルヴィンの如きあり。幾多のマーター之に繼で興起し、以て人心の大革命を成就したり。其成就せる結果としては、啻に新興の謀反人が、潔白なる徳化を世に遺せるのみならず、更に舊教の徒を刺擊して、彼等をして皆潔白ならしめたり。今我佛教の謀反人を要すること、其勢之と大なる異同あらず。但夫れ羅馬教の弊は强に失す。世俗其の制壓に困むこと久し。故に四百年前、基督教の謀反人は、直ちに法王に抗して、世俗の援を得たり。然れども今の佛教は其弊弱に失す。其内に於ける本山末派といへる者の關係さへも、或は弛慢して撿括すべからず。其世俗に於けるは、遽爾として二十年の間に忘却せらるゝ許りなり。故に其謀反人の出づるは、單純に今の本山に反するも、張合の拔けたる心地やすべからん。原動の弱き者は、反動も亦弱からざるを得ず。今の佛教制度に謀反して起る者ありとも、其勢力は以て世界的佛教を興すに足るべからず。而して實に謀反を企つる者だに未だ之あらざるは、佛教回穌の機、未だ全く熟せざるの致す所とはいへ、其原動の極めて微にして、反動の力を激するに足らざるが爲にあらざらんや。

かの僧籍論に取るある者、吾等は其原動の力を增すことあらんを庶幾するが爲なるのみ。階級的制度の佛教百代の長計とすべからざるは、吾等も明かに之を知る。夫れ一流の論者は教會制度を以て、無上の組織と心得、取て以て佛教の制度を改作せんとするが如し。然れども是れ今の佛教制度に對して、平和手段によりて改革すべき制度なる乎。若し然りと曰はゞ彼等は盲人の文章に與かるべからざる者のみ。若し然らずと曰はゞ、彼等の一流は能くルーテルと爲り、カルヴィンと爲り、幾多の義人マーターと爲りて、革命を成就せん覺悟ある乎。且つ彼等は知らんや。西歐教會の制度は、大に極端なる革命的、破壞的、法律的自由主義と相表裏せり。故に今や國家に關する理論が、單純なる自由主義の支配する所にあらざるを知らば、教會の制度、彼が如く法律的にして以て久しきを保つべからず。是れ教會論者の宜しく豫め講究すべき所なり。今姑らく其力を量り、自ら及ばざるを知らん者は、僧籍の制度に入りて、機械的の運動を爲さば、勢の迫り出す所、一大改革者勃然として興り、僧籍や教會やの陳套を脫却して、世界的佛教たる靈活の運動を發せんこと、日を期して待つべき者あり。僧籍論が佛教に功あるべき所以の者、實に此に在り。之が爲に宗教界より政論的臭味を驅除せんことは、傍生の美果たらん。意ふに僧籍論が佛教に罪あるべき所以も亦實に此に在るべき乎。然れども是れ僧籍論者の專ら講究するに任せて、今斯に切論せず。

顧みれば古印度の佛教は東漸して、日本に於て遏《とどま》りぬ。而して古猶太の基督教は西漸して、又日本に於て佛教と相會合す。蓋し此二教の爭ひの猛烈なること、我日本に於けるより甚しき者は之あるまじ。眞理は爭賽の中に生ず。而して競爭の强き處、屈强の人多く出づ。今後百年にして宗教の眞理全世界を照すことあらば、其發光の點は果して何處に出づるを適當とせん。宗教界の豪傑、全生民に秀出することあらば、其降生の地は果して何處に於てするを適當とせん。我佛教家に望むこと厚からざるを得ざる者、豈偶然ならんや。嗚呼豈偶然ならんや。

『大同新報』第二八号「大同新報」　明治23年5月25日

法律的變遷（承前）

……十二月廿六日の變、天より降り地より湧き、都門到る處、ステッキの影を絶ちにけるも、國粋主義の流風、旬日にして國の此方より彼方に吹き徹りぬ。……

勢の至る所、人力の能く遏《とど》むる所にあらざる者あり。三大事の建白、囂々として停止する所を知らざるも、かの一條例は能く一擧にして之を壓せり。然れども恐るべき此一壓、能く歐化主義の勢力を遏むこと能はずして、却て國粋主義の發達を助けたるの觀あり。是れ固より當路の意見、亦頗る民間の唱ふる所と合一せるに起因すと雖も、大觀する者は則ち其の反動の勢力が流行する所以の一波瀾として之を視るなり。

……内閣の地位、一變再變して、異主義の調和益々進み、舊政黨の再燃、新主義の團結成る毎に、其動力の中心は皆政府に吸收されぬ。……

是れ所謂功臣網羅の内閣にして、其結果は政府の權力、統一する所なく、條約改正の紛紜、再び起るに及びて四散潰裂して已みぬ。然れども是れ果して異主義の調和すべからざるが爲に敗れしかは、吾が知らざる所也。吾等は其一、二を除くの外、明治の諸老、果して確乎たる主義を持するや否を訝かる。若し持せずんば、かの潰裂は其感情の何如に在りしならん。國家の爲に勤勞し、君前に咫尺して其の民生に軫念あらせ玉ふ大御心を承ること、熟せざるにあらず。而して區々たる感情、卽ち調和を敗るに足る。難いかな、誠忠の士を今の世に求むること。

……此間憂ふべき現象の猶存せざるにあらず。小説の流行は浮靡纖麗の文字、哀憐眷戀の趣向日に加はりね、歐風崇拜の傾向は政治家の意を迎へて、伊國語の流行、漸くに盛ならんとす。國粋主義の偏頗なる一流は古典の勢力を過度に助長せん傾なきにあらず。女子教育に於ける英語學の如き、女流の未熟なる文學小説もて才を衒ふ具とする風の如き侈靡の習、却て社會に悦ばるゝ傾も之なきにあらず。

……

此等の諸現象中、黒田内閣の命脈にして若し長きを得たらんには、伊國語の流行、或は盛なりしならん。然れども政變不意に起りて、此現象は滅去せり。其他の現象は其盛衰共に自然の勢に驅られて、今日に至れり。卽ち其益々盛なるは古典の勢力にして、其變じて國語國文といふ名稱の下に發達せしは、頗る其正路を得たるを喜ぶ。其衰へたる者小説の漸く人心に飽かれんとして、二、三名家の外、寂然として筆を斂《おさ》めたるが如き、女流の著作に愼みて、輕しく情癡の文字を作らざるが如き、皆喜ぶべきの現象也。但女子教育の英語學は、其實際に於て、未だ著しき變化を見ずと雖も、論者皆以て之を不可とするに至りたれば、其變ずる、遠からじ。此の如き文學上の諸現象が、漸く國粹主義の感化を受くるに至りしは、卽ち國粹主義の勢力漸く去りて、反動の勢力、将に至らんとするの兆にあらざらんや。

（未完）

「雜纂」

五月の美

燦爛たる曉星は、白晝の先驅として、躍りて東より至り、百花爛熳たる五月を導き來れり。五月は其綠なる前掛より黄色、青白色様々の草花を投げ散せり。於戲、寛仁なる五月は、實に悅樂、少壯、熱望の念を感發せしむ。森林は是れ汝が装へるなり。丘陵、谿谷は實に汝が惠を謝するなり。されば我等も逸早く、祝歌を捧げて、汝を款迎し、而して汝をして長く留らしめむ。（ミルトン）

好節月、汝が爲に森林は翠花の服を装ふ。是れ一年の最初の月ならざるも、乃ち一年の最美の月たり。神恩此の快樂の時を導き來り。而して大宇宙は其用意せる筆もて百花を描き出すなり。汝が統御の世、間もなく過ぎ去れば、微溫なる太陽は酷熱なる夏至線を恐れて、其行くことや遲々たるなり。（ドライデン）

頃《このごろ》ろ某新聞に於て、ミルトン五月の詩を譯載するを見る。才力及ばず。而して好奇の念、強いて之を結語にす。故に之を原作に照せば、其意を昧まし、之を國詩として看れば、全く語を成さず。以爲らく後世を誤ること甚しく、因て此に直譯して、原作の意を知らしむ。若し夫れ之を結語にするは、吾が才拙くして及ぶ所にあらず。併せてドライデンの詩を譯載す。亦直譯に從ふ。

（酔夢子　識）

再び候補を論ず

『大同新報』第二九号「大同新報」　明治23年6月10日

七月一日は衆議院議員といふ者が、始めて我邦の立法部に現出すべき日なり。之を造り出すは何人ぞ。三十餘萬人の選擧人なり。嗚呼四千萬民生の命は三十餘萬の選擧人の心に繫れり。彼等にして其選ぶ所を誤らず、誠實忠愛にして、國の爲めにし民の爲めにし、偏僻黨派の見に擾されざるの士を擧げしめば、國家人民の福之より大なるはあらじ。但德義の行はれざる、今日の如きはなし。稱して紳士と云ひ、有志といふ者と雖も、恆産なくして而も恆の心あるの節を持する者、落々として晨星の如くなれば、三十餘萬人の選擧人が、其見識洞通して、其節義端正に、利欲私情の爲めに動かされざらんは、夢にだも想ふべからず。故に吾等は既に聊か選擧人の爲めに、人を觀るの術を講じて、其參考に備へたりと雖も、又被選の候補者に向て、更に自ら議員の任に當るの覺悟を說くの勞を執ることを煩はしとて、之を舍むること能はざるなり。

されども此の煩勞が或は徒勞に屬せざるかは、吾等固より慮る所なくして然るにはあらざるなり。夫れ今の政治界に奔走する者、其志向は果して誠に國を念ひ民を憂へて已む能はざる者あるに由るか、はた維新前後、時勢の變遷期に當れる諸少年が、徒手にして侯伯の爵を取り、天下の鈞を秉《と》るに至りしを看做ひて、二十年來の推移、社會の大勢、秩序漸く整ひ、客氣の徒が一朝の思立ちにて功名を博すべからずなりにしをも省知せず、名利の場、進で取るべしと妄想し、其私心に驅られて卒然として奮興せしに由る歟。其全く前者に出でんは何人も許さゞる所なり。其全く後者に出でしめざらんにも、之を數量せば百にして九十五、六ならんことは免れざる所なるべし。かくて今の候補者たる者、かの名奔利走者流に出でざること少なければ、之が爲めに正義の忠告を爲すとも、以て耳にだもかくべしとも思はれず。況んや選擧の期は迫れり。造次の際も仁に離れざらんは、君子の人も之を難んず。其名奔利走の流が忠言に心を留むるに遑あらざるべきは、不憫ながらも其所なるべし。既に吾等が言ふことの徒勞たるべきを知り、猶ほ諄々として自ら止む能はざる者は、其千百人中、一、二の人と雖も或は之を聞かんには、それ丈にても國家人民の福利たるべく、且つ人未だ嘗て生れながらにして不仁ならず。一身の利害、眉を燃くの急に迫れるの際、其本心を失ふことあるも、事去り情穩かなるの日、本眞の靈光、漸くにして其明を復する時は、過を悔いて義に歸することあるも亦其常なれば、今の候補者が、其希望全く達して首尾克く七月一日を勝利の日と祝ひ收めし後、吾等が一語なりとも思ひ出でゝ、逆取して順守するの計を爲すこともあれかしと萬一の倖望を係《か》けたるなり。あゝ此の如きは實に吾等の職分を盡すの一法たるなり。

第一に吾等の言が今の候補者に入り難きは、吾等は實際の問題なきに、一時の感情よりして政黨を人造的に制爲するの不可なるを說く者にして、かの所謂政界に奔走する者は概ね黨派の臭味を帶びざるは寡きなり。蓋し完全なる代議政體の原理より演繹せんには、代議士は必ずしも選擧人の私法的代人にあらず。故に代議士の意見は掣肘せらるゝ所あるべからず。實際の問題が未だ選擧人、被選擧人の頭上に落ち來らざるの今日、議院未だ開けず、議案未だ前に陳ねられざるの今日に在りては、選擧人、被選擧人にして所謂迂闊なる主義の爲め、偏見私情の爲めに幻惑せらるゝに非ざれば、黨派を以て自ら立つの地と爲し、人を選ぶの標準とするが如きは何の必要かあらんや。選擧人にして其私情を以て代議士を選ばず、獨り國家人民を念として、之に托するに立法の大權を以てすることあらば、議員たらん者が亦獨り國家人民を念として自ら其任に當り、議院に入りて實際の問題に接するの時、方さに其正とする所に於て其見を立て、侃々の議を述べて其和すべき所に和し、其離るべき所に離る、茲に其事畢へん、茲に選擧人に對するの務は足らん。選擧人にして選擧の際に其私情を逞うし、代議士の意見を掣肘して、其自由を局限せば、代議制の利は卽ち得る所なくして、其弊や極りなからん。且つ此の如きは正義の士が名譽の職として進んで望むべき所にあらざるなり。或は言を爲す。出入有司の事、鎖屑錐刀の末を以て、獨り實際問題と名けば則ち然り。然れどもかの國家經綸の大作爲、たとへば藩閥情實の弊を去り、國用節省の途を立て、繁文縟禮の煩を除き、國權確立の方を講ずる等の如きは、豈に豫じめ其目的を立て、其見識を定めて、以て選擧人、被選擧人が由る所の道を示すこと能はざらんやと。是れ言ふ迄もなし。但々夫の今の所謂政黨、其自由と云ひ、改進といひ、はた保守といふ者、孰れか此數者に異議を挾む者ぞ。其目的は則ち皆同じ。然れども彼等が猶以て一致合同すべからざる者、或ものは其主義理論に就て云々し、或ものは其手段方法に就て云々すと雖も、其多數は感情に因て然ることあるにあらずや。而して其所謂感情は皆偏私の心之を爲すなり。實際の問題によりて無形に精神上の團結を爲さずして、屑々として政黨を制作せんとするが故に、歸する處感情によりて離合するを致す。昨年條約改正の議論興るや、五團體の聯合、彼が如く成功ありし者は、其實地問題に據りて動作せしによる。而して大同派の分裂、自由、愛國二黨を派生せしは、強て政黨を人爲に制作せしに由ればなり。然れども此一議に於ては、彼等尙ほ遁辭を有す。何となれば庚寅俱樂部の創立は、自由派の諸黨派を合して一と爲し、近ごろ又進步黨聯合の計畫をなす者も世に現はるゝに至る。此計畫にして成らば、由て以て政治上の諸弊を除き、其黨を以て政府を組織せんこと難からずと。吾等は固より此辭の究する所を知れり。彼等にして心誠に主義を同じうするを以て、其私情を去りて臂を一黨の中に把るを能くせんには、庚寅俱樂部の内情、何爲《なんす》れぞ今に互に猜忌の念を去らざる。かの大同、愛國、自由の三黨は、選擧の際に於て能く互に競爭することなく、一致の運動を爲すを得べき歟。かの一元より出て、再び一元に還れる庚寅倶樂部すら且つ此の如し。其改進黨と聯合するが如きは、其名は或は可ならん。何を以て其實を擧んとするや。國權の問題は昨年に於て、自由派の黨員をして、改進派と反目疾視せしめ、却て其所謂保守派と手を聯ねて躍らしめたり。主義の憑《たの》むに足らずして、實際問題の人心を支配すること此の如きを知らば、今の候補者が必ず身を以て某の黨派に委し、空理の主義と偏僻の感情とによりて其由る所を定め、實際問題に接せざるに先づ自ら其意見を掣附するは、以て選擧人に對するの義務を盡せりといふべからざるなり。

且つ夫れ今の政黨が以て藩閥情實の弊を去るの力あらざるは、吾等も既に言ひぬ。かの藩閥政府中に生息する者さへ、嘲て云ふ自由派の政黨、自ら快活と稱す。而も其黨の情實だも自ら除く能はずして、一たびは分れて三となりしに非ずや。改進派の嚶鳴、報知、朝野を以て分るる、亦情實に由る。彼等は大言して藩閥情實の弊を云々すと雖も、愚人に非ざるよりは其が爲めに欺かれずと。今の候補者にして心誠に國家人民の爲に、藩閥情實の弊を去らんとせば、其政黨に由るの不利なる、是を以ても明かなり。人を正しうする者は、先づ己を正さゞるべからず。人の私を責めて之を公ならしめんと欲せば、我れ自ら公にして始めて可なり。然らずんば私情私情と相剋し、權詐百出、國家人民を滅亡の淵に擠《お》さずんば止まじ。今に於て候補者が自ら公にするの道、政黨の下に立つに在らんや。今の政黨は私情の團結のみ、空理の團結のみ、私は以て私を剋し了るに足らず。而して空理は以て實際問題に關する運動を支配する所以にあらざる也。

今の候補者にして、黨派の臭味を帶びざる者は寡し。而して吾等は說くこと乃ち爾り。吾等が言、彼等に入り難きは則ち吾等固より之を知る。

又獨り此の故を以てのみにあらざるなり。吾等が今の候補者に責むる所は、直ちに其病處弱點に中るべし。己が病處弱點を責めらるゝは人の尤も好まざる所なり。故に吾等の言切實なれば切實なる程、候補者の聽くを好まざる所なり。彼等が恆に現政府を攻擊する所以を視るに、今の路に當る者を以て德義に足らずとし、奢侈なりとし、尊大なりとし、外人に諂諛すとし、之を改むるは民間の政事家をして代て取らしむるに若くはなしと云ふ。是れ果して信憑すべきの言なる歟。今の權要、位に在ること日久しく、志挫け心惰り、老後の利欲に汲々として、一日を苟安する者、蓋し亦多からん。然れども彼れ其始め多くは武人の教育を受け、廉恥節義の中に成長したる者なり。況んや彼等が霸府を倒して之に代るの力ありし所以の者は、實に他に比して武風の尤も盛んに、節義の尤も高かりし結果たり。而れども歲月の人を磨する、竟に彼等の心をして磷せしめ、財利權勢の人を愚にする、竟に彼等をして不徳、彼が如きに陥らしめたり。かの候補者の一部は代言人より、一部は所謂紳士より、一部は田舎の豪商農より成れりとせんに、彼等の教育に於ける、節義に於ける、之を今の權要が少時に比して優る所それ幾何ぞや。代言人が其始め詐欺の張本、不徳義の惡黨として世人に厭忌せられしこと、人の皆知る所なり。而して此等の徒も、不義の財やゝ饒《ゆた》かなるに至れば、僞飾百方、以て名を買ふに務め、世人も亦十數年來、一般に其淳厚の風を失ひ、人の惡を疾むの良心漸く薄くして、彼等が巧辯に蠱惑され、其フロック・コートを信じて、其心を疑はざるに至り、彼等は僅かに士人の間に齒するを得て、望蜀の念已み難く、議員候補者をして名利兩ながら収めんと欲することゝなりしなり。其素より養ふ所の心は則ち此の如し。此をしも尙ほ今の權要より厚く信を措き、其利欲に淡く、徳義に敦からんことを望むに足るべき歟。所謂紳士なる者、亦權貴の間に奔走周旋し、財利權勢の在る所は則ち突梯滑稽、意を迎へて給《た》らざるを患ふ。而して親戚故舊、貧しき者ありと雖も、恬然として顧みず、書生門に詣《いた》れば、辭するに病を以てす。其常に在りて斯の如き者、一旦衆議院議員の名譽に心引かるゝに及んでは、俄かに鄕人の爲めに必ずしも急ならざるの事に盡力し、書生を待すること上賓の如く、故らに洒々落々の態度を粧ふ。此等の徒をして志を得せしむるとも、猶ほ且つ其尊大ならず、外人に諂諛せざらんことを望むべき歟。其鄕に在るや、數十の僕婢を奴隷視して、之を使役すること馬牛の如く。途を行けば小農、小估避けて而して之を拜すること帝王の如し。而して一たび飜譯の書を讀み、日々に京より來るの新聞を讀み、斯に人權の平等自由を知りて之を口に上すること津々たり。其京に入るや一再名士の門を叩き、要路の家に拜趨しては漢語にて閣下などを呼び、其華麗莊嚴なるに喫驚して、手織木綿の衣を脱して、窮屈なる洋服を注文す。此の如きの輩、一たび得意の地に上らば、其奢侈ならず、尊大ならざること、猶望むべしとする歟。曉々たる者にして若し一たび其身の行を省みることあらば、何ぞ忸怩として泚顙すること無きを得んや。此の如くにして猶ほ自ら國家人民の命を制して過ち無きを得んといふは、是れ唯だ人を欺くのみならず、亦自ら欺くこと大なる也。

今や候補者は多忙なり。何ぞ靜かに自ら省みるの遑あらん。然れども吾等の言を聞き、萬一にも惕然たることあらば、是れ實に國家人民の福也。あゝ四千萬民生の命は今や將さに三百議員の手にかゝらんとす。議員よ、候補者よ、吾等は實に其の自ら省みんことを千望萬望す。

『大同新報』第三〇号「大同新報」　明治23年6月25日

各宗管長會議

各宗管長會議、其呼聲を聞くだも其事の輕々しくはあるまじきことの推せられつらん。況や世は出來事の繁き時なり。貧民救濟の事は方さに志士仁人の心を苦しむる所にてあり、政界の騒ぎも十幾日と迫れる選擧期にしあれば、宗教者が人心に勢力あるを以て何如に此の間に處するやは、人皆の注目する所なるべし。かゝる時に開ける管長會議なれば、僧も俗も其結果いかんと待設けぬはあらざりけん。果然其傍聽を禁じたる會議の結果は各新聞紙に報道せられたり。果然其結果はかの選擧に關する事柄にてありし。

宗教世界の事情に疎き俗士の眼より見ば、此會議の結果を以て、唯政教分離主義の僧侶間に行はれし一現象として當然の事とや思はん。然らざるも其疑を容るゝは、被選擧權なきを不平なりとて囂々せし程の僧侶等が、かく潔白にも政界の事に手を切たるを訝しとや思はん。或る新聞記者は僧侶が選擧權を有する身にてありながら、かく政治界の事に手を切ては、其義務を盡すに缺くる所なきかと迄慮れるさへありき。吾等と雖も強《あなが》ち宗教界の事に通曉せりとは得云はれねども、かの僧籍論以來の徑路を繹《たず》ね來りて、事情の因果、相連續する所以を思へば、是れ僧籍論が實際に於て各宗派管長を籠罩したる一着歩なることを見るなり。看よ管長會議の番外たりしは、佛教者大懇話會に於て僧籍論を唱出せる其人々にあらずや。僧籍論は大懇話會上の理論には斥けられたれども、管長會議の實際には容られたるなり。是れ豈に宗教界に於ける一波瀾として、其起伏の模様を研究すべき價値なき者ならんや。

眞成に弘毅なるの士、眞成に悲智の兩ながら備れる宗教家として自ら立たんには、選被選の權有るも無きも、我に於て何か有らんや。其被選の權なきが故に騒ぎ立て、檀徒の質問に答ふる語のあらざればなんど、拙き理由を造り出して、政府に説明が願ひたしとやらん云ふが如き子供めきたる擧動は、固より致すべくもあらねば、又强て其選擧權あるを苦に病で、之も返上仕るべければ、僧侶は普通の人間と視てくれまじきとやら、苦說《くど》き立てゝ徵兵逃れを願ふにも及ぶまじきなり。彼等其志や弘毅ならず、其悲智や兩ながら闕《か》けて、自ら視ること俗士一輩と同等とし、或は之よりも自ら下れりと思ふが故に、さもなき事にも憤悱驚駭して、顚倒なる處置をも致すに至り、自ら地位を保持せんとて爲したる仕事が反つて世の物笑となり、益々其醜を露はす。あはれなる事共ならずや。さて又其間に飛び廻りて、さらでも自ら手足の措き處を失へる僧侶をいよ〳〵以て狼狽《うろた》へさせ、かの會此會、其たび毎《ごと》に僧侶の力なき事を世の中に表白して、かくて自ら有志家なりと思ひ、周旋家なりと呼び、甚しきは以て僧侶に善き摸範を與へたりと爲して、かくてこそ宗教者の本分を盡したりなんど思へる族《やか》らのあるこそ、さて〳〵末法の世とは云へ、片腹痛きわざにあるなれ。

人は訝るならん。吾等は嘗て僧籍論を以て、佛教改革の氣運を造るべき一動力と許したり。然るに今僧籍論の實際に勝利を得たるを見て、之を罵ることかくの如きは、是れ豈に責任なきの言を放つものにあらずやと。故に讀者に望む、吾等が最第一の職分たる尊皇奉佛主義の擴張は、吾等實行者として別に盡す所以の道あり、本團記事に於て見る所、團勢の進捗も其結果なりと知れ、さて吾等が佛教改革に於て述ぶるが如き意見は、吾等が現世の觀察者、批評家、哲學者として言ふ所なるを記せんことを。而して吾等は僧籍論を以て佛教改革の氣運を造るべき一動力とせるのみ。之を以て改革の目的とせざるは、亦教會制度を以て改革の目的とせざるに同じきこと、善く吾等が論を讀む者は知らん。されば政教の現況に對して、僧籍論者が（吾等は寧ろかく言ふなり、其外面は各宗管長會議なれども）爲せる政治家拒斥の手段を以て必ずしも惡しとは言はず、其志の卑きを憐《あわれ》めども、必ずしも其手段を咎めざるなり。何となれば志の卑きは之を奈何ともすることなし。卑き者は卑きだけの手段を考へねばならず、而してかの拒斥手段は卑きこと彼が如き僧侶には恰好の手段なるべければなり。故に俗士は怪まん、僧侶は被選權こそなけれ、他の資格あらば選擧權は之を有し得べき者なれば、其權利を行ふに當りては、たとひ其形に於て政黨に加入せざらんにも、苟も一定の意見あり。一定の目的を標準として、某の人を選ばんとせば、其意見、其目的は某の政黨に似ることあらんも知れず、某の人が衆議院議員たらんこと、國家の福利たり、之に反して某の人が議員たらんこと、國家の福利たらずと思ひ定めんには、此人を選ばんが爲に、彼人を選ばしめざらんが爲に、選擧權ある人民たるの職分を盡さんには、たとひ其志政黨の爲に奔走周旋するにあらざるも、其結果は某黨の利となり、某黨の害となることあらんも知れず、各宗管長は之を簡《えら》び別つの明ありて、其論達をして實効あらしめんとするならば、蓋し至難の事たらずやと。又怪まん、何等の事情と雖も、本堂は勿論其他の建物も政談若くは政黨に關する會合に貸與すべからずといふ。其政治家者流を拒斥するも亦至れりとや云はん。是れ寺院を神聖として視たるに因るか、はた政黨の此に與し、彼に與せざるの嫌疑あらしめじとの豫防策に出でしや。かりに前者によれりとせんに、其事の正しうして神聖なる建物を汚さゞるものならんには、之を拒斥せんは正義の進むべき路を杜《ふさ》ぐなり。是れ宗教家の本分に於て懲怠の罪なしといふべからず。若し夫れ嫌疑を避くるの策なりと云はんには、僧侶にして既に自ら選擧權を有し、某の人を選び、某の人を選ばしめじとの意見ある身にてありながら、檀徒が黨派の競爭を説得するが如き所爲は、嫌疑を招くことあるまじとせんや。其德望さる嫌疑を來すまじき僧侶ならんには、寺院の貸與に於ても嫌疑を招く患はあるまじ。寺院の貸與に嫌疑を招く程の僧侶ならんには黨派の競爭を和解せん力は覺束なし。管長會議は僧侶を一方には大能力ある者と看ると同時に、他方には能力なき者と看たるの過はあらずやと。是等の人は僧籍論の由來を知らざるが故に、かく怪訝するなり。僧籍論の由來を知る者の此會議の結果に於ける、之を掌に視るが如きのみ。故に吾等は此會議の結果を當然の事として怪まず。

僧籍論者の志は何如。彼れ固より僧侶が選擧の實權をも自ら抛棄せんことを欲するなり。かくの如くして僧侶が政治に於ける潔白なる行爲を世に信ぜられ、竟に以て僧侶を俗階級の外に置くの蹊逕を造らんと欲するなり。僧籍論者、彼固より佛敎の爲に憂ふ。以爲らく僧侶をして俗の階級より脫離せしむるは、僧侶の品位を高うするの第一法なりと。彼れ直ちに機械的の方法を以て僧侶の品性を鑄造せんとせり。彼れ直ちに受動的の順應を以て僧侶を化醇せんとせり。其の管長會議に於て、かくの如き決議をなさしめたるは、其全く僧侶が緣を政界に切らんことを欲する望の半ば達したる者にて、患ふる所は其諭達が實際に行はるゝや否にこそあらんずらめ。吾等は其諭達の實際に遍ねく行はれんことを保せず、十の七、八までは効力なからんことを知る。されども其効力なきや、僧侶が見識の高く、志氣の弘毅にして、かゝる諭達を物の數ともせざるが爲ならずして、其猶念を俗界の事に掛け、政治の得失を以て宗敎の爲めに利害あらんことを恐るゝが爲なるべし。かくの如く會議の結果が實効あらんも、はた實効なかるべきも、共に僧侶が俗界の是非に心を留むることを舍《や》むる能はずして、政治を以て己が職とする宗敎の下に置くの力量なきに歸すれば、吾等は僧籍論者の議が各管長に容られたるを恰好の事なりとして、又大に此の如き恰好の事を悲まずんばあらざるなり。

夫れかの會議の結果は、僧籍論者としての主義に於ては至當の意見なるべし。抑も各宗管長が其名目に於て、或は、其志望に於て僧籍論者にあらざる者が、當さに有すべき相應の意見とせば何如。僧侶は選擧權を有する者なれば、權利ある者が其權利を行ふは、殊に選擧權の如き半ばは義務たるが如き權利を行ふは、其職分を盡すの道たりとして選擧權を實行するは僧侶の本分にはあるまじきか。人は宗敎に對して義務を負へると共に、政治に對しても義務を負ふべきなり。國民として其分を盡すの道は、獨り宗敎の爲めに義務を履むで、政治の爲めに履まずといふを以て足れりとすべからず。己を個人として圓滿にするの道も、國家の一民、社會の一員として圓滿にするの道も、政治にのみ偏《ひとえ》に厚かるべからざる如く、宗教にのみも又偏に重かるべからず。尊皇奉佛の主義の如きは、故に實に己を圓滿にするの道を說盡して餘蘊なきものなり。吾等は大同團の機關として今しか云はず、批評家としてしか云ふなり。固より政治に負へる義務を盡すとて、政黨の如き餘計の仕事にまで立入らんことを要せず、政治組織の燒點たる君王に服從する、斯に足れり。宗教に負へる義務を盡すとて、宗派の如き面倒なる都合にまで加擔するを要せず、宗教信奉の燒點たる眞理を敬愛する斯に足れり。而して絕對の理論に於て、此二燒點は其必要を一致すべきなり。尊皇奉佛の主義は實に此二燒點を捉へて之を握れり。故に宗教者に限らず、何人にても其國家に盡すべき、社會に盡すべき本分は、其理を見ること誤らざる以上は、此主義によるの外はあらじ。但々混濁の俗人は迷はんも是非なし。迷ふまじき僧侶其人が自ら此主義によりて動き、人をして此主義によりて動かしめんことは、政治に褻《けが》るゝに非ざる也、其當然の分を盡すの道なり。昧き者は一たび政治に褻《な》るゝの甘きを忘るる能はず。或は一たび政治に懲《こ》るゝの苦きを忘るゝ能はず。近づく者は狎《な》るゝに至り、遠ざかる者は背くに至る。皆其見の卑きのみ、其志の弱きのみ。吾等は僧籍論者に向て圓滿を望むの無理なるを知れば、之が爲には何も言はじ。但々かの具に瞻《み》るの地に立てる管長諸師が、同じく偏見の途に由るに至ては、之が爲に悲まざるを得ざる者あるなり。知るや否や、ユニテリアニストは基督敎徒中信仰の最も正鵠に近き者なり。而して其一人たるチヤンニングは政界の事に於て力を奮ひしこと彼が如きに非ずや。況んや佛敎の目的は、人間全體に關して己れを圓滿にし、人を圓滿にするに在り。區々として政治といひ、宗教といふは、已に第二義に墮ちたる者なるをや。

されど飜て考ふれば、此の如きも亦恰好の事なり。佛敎の改革は遠からず來るべし。其來る前には之を迫り出さんが爲に、改革者に向ては都合惡しきが上にも都合惡しき事件の疊みかけて出で來べし。かくて都合惡しきの極まれる地位に在て、此地位を變じて都合よくなさん程の力量ある人を迫り出し、鍛ひ出し、斯に彼れ始めて改革者として現はるゝなり。故に僧籍論者出でゝ機械的に佛敎を固むるの策を立て、其策漸く行はるゝに就ては、這回の會議の如く、先づ實際に、而も名目なしに行はれ、次で名目も併せて行はるゝに至り、原動の勢全く成り、反動の種子全く成熟することゝなるなり。然れども實際に於て此會議の結果は、未だ効力あるべからず。其効力あらざる所以の者は、僧籍論者よりも見識の卑き、志望の劣れる徒が、政治に思切りかぬるが爲なりせば、原動の全く成る、決して旦夕の事にあらず。況や區々たる政教の別を氣掛りとするを舍めて己れを圓滿にし、人を圓滿にするの正路を歩み、眞正なる尊皇奉佛の主義を體して、佛教界を新鮮靈活になさん者は、未だ日月の間にして出づべからず。それまでは其時と其處とに恰好せる小刀細工に滿足する世俗を傍觀しつゝも、吾等は熱き涙を流しつゝあらざるべからず。うたての世の有樣や。

本論には格別の事なれど、時が時なれば管長諸師に申し上げ置かん。選擧にかゝることはかの會議の結果にても、先づは上に述べしだけの恰好の事として滿足すべし。他の一問題、卽ち貧民救濟に就ては、未だ何の決議せられしといふことも聞かず。よも此問題をば選擧問題より輕しとは視られまじとは思へど、敢て問ふ、敢て問ふ。

『大同新報』第三一号「大同新報」　明治23年7月21日

反動の大勢

罪死の吾等、讀者諸君にあはすべき面目あらず。吾等は職分を愆《あやま》れり。吾等は毎に宗教家に向て、政治家に向て職分を盡されよと勸めながら、自らそを愆れるに至ては、あゝ之を奈何すべき。平家のチヤムピヨンと聞えたる新中納言知盛が一ノ谷の敗亡、舟を爭て逃るゝとき、東兵すきまもなく追ひ迫りて既に危うく見えたるを、一子知章十六歳、踏止まりて敵を支へ、父を落して討死しければ、面《まのあ》たり見し知盛は悲歎の涙せきあへず、餘人のせしことならんには、我は其面に唾きすべきを、今は我が爲しぬることよとて齒を切りしとかや。吾等が今の慚《はずか》しさ悔しさ、之には劣らじと覺えたり。固よりはかなき吾等が能力、中道にして廢せんは其分ながら、吾等は「反動の大勢」一篇を本年の初刊に起草してより、一兩月にして完成し、議員選擧の標準を滿天下選擧人に與へて、國家の大計を誤らしめじと誓ひたりしに、其議論の精密を希ひてはたやすくも筆を下し得ず、荏苒の間、半歳は夢の如く過去て、三百議員の選擧は既に畢りぬ。其結果は此稿を起すまでに未だ全く知られざりしかども、吾等が所謂反動の大勢は、果して十の八、九を成就したり。久しかりき、此大勢の來るべしと豫め期せしこと。さればこそ大聲疾呼して、曉をも覺えず、快く結べる春夢より滿天下を起し來らんと手を着けながら、春過て夏も央《なかば》なる今日かゝる結果を見ることの情けなさよ。その結果が吾等の不利にして止まらば、吾等は愆れる報酬として快よく之を受けん。あゝ其不利が、未だ俗物の眼にこそ映じ來らざれ、確かに天下國家の不利たるべしと知るからは、吾等が職分を愆れる罪の深さ、推し測られて恐ろしきや。

靜夜默して思へば、大勢の運行、皆一定の規律あり。整々然として動くが如し。人自ら知らざるのみ。蓋思ふ、生物ありしより來た、人を最も靈なりとす。彼れ其身の宇宙の大烘爐《こうろ》中に在て鎔冶せらる丶の金石なるを知らず。躍々然として獨り自ら大なりとし、曰く、萬物は人の爲にして生ずと。科學の開けしより、物質界の洪大に驚歎して、頗る其小慧の恃むべからざるを疑ひしと雖も、人間それ自から以上の問題は、漠として未だ知られざるの境に在り。若し理致の至極を見んことを欲せば、人性の圓滿なるを想定するに在りと思へり。此等の迷謬は庶《ねがわ》くは社會學の進歩に由て攪破せられん。而して個人の圓滿は獨り個人それ自からの爲のみにあらずして、更に大なる要求の下に引付けらるべき者なり。卽ち社會と稱する、生物よりは更に靈妙なるべき物體の一分子として、之が圓滿の爲にも存在することを知了するの日來らん。されども今の社會學を講ずる者、或は社會を名けて超越有機體《シューパル、オルガニックス》といひながら、其生活機能を論ずるに至ては、通常有機體を以て之を例せるは、是れ甚だ獨斷の事に屬す。乃ち自ら歸納法を用いたりと辭を設くるも、其根本に於てすら未だ明かならず。何となれば人體を組織するの細胞は、個々に一有機物たり。彼等は營養、生殖の作用を有すれども、其單純なる作用を以て、人體の機關を例せんには、實に想像も及ばざる差異の其間に存するを認めん。個人の機能が社會の組織に例せらる丶も亦此の如くならん。試みに之を考ふるに細胞の作用とは受動的、天然的なり。而して人體の作用は、半ば活動的、人爲的に屬するなり。此例を以てせば社會といへる大生物に對して、個人の機能は、其人爲的と自ら認むる者も、或は天然的に過ぎざるの觀あるべし。則ち國家の元氣、道德の大法の如き、社會の活力たる者は、社會自身に在ては人爲的ならんも知らず。但個人に在ては、終始天然的の命令として之を遵守せざるべからず。か丶れば人間は何如に其靈異を誇るも、個人として社會の大法を明にすること、至難の事たる也。宜《むべ》なり大勢の運行、潛移默運して、人未だ曾て其端倪を究むること能はざるや、唯慧眼の者、其心天地の妙機に通じ、因て以て直ちに宇宙の玄理と語を接するを得るのみ。

反動なる語は、其義に於て社會變遷の大道理を表出して遺憾なしといふことを得ず。社會の運動は振子の如く一定の空間を左右同様に震搖すべき者ならずして、糾纏盤紆、同じ場處を再たび行くことは、決して之あらざれども、社會上の學問未だ究明せられずして、此運動を眞正に表出すべき名辭なきが爲に、暫く之を假用するのみ。閑言語は置かん、吾等が所謂反動の大勢に就て言ふ所あらんと欲する者は、實に國粹主義の興衰に在る也。

國粹主義の國家成立に大關係あること、吾等が言を要せざるに近し。されば世人が以て國粹主義となす所の者は必ずしも盡く純正純利の者たるを得ず。夫れ絶對なる國粹主義は固より國家成立の基礎たれば、之に就て言ふべきこともあらじ。世人の云々を免れざらんは、其絶對ならざるが爲なり。故に或は守舊を以て國粹とし、國民性格の弱點を擧示して國粹なりと云ふ。國粹にして知ることあらば、其寃に泣くこと果して如何ぞや。國粹主義は進步の主義なり、但々不整齊の進步ならざるのみ。國粹主義は發達の主義なり、但々助長的の發達ならざるのみ。國粹主義の純正純利なる者は實に如此なれども、世人の道理を誤ること、今更の事にあらねば、敵の之を誤り認むるのみならず、味方も亦誤り認むるなり。況んや國粹主義の唱出されしや、天下方さに急進の輕薄に厭き、其特操なき者は却て保守を慕ふの日に當りき。然れば守舊頑固の輩、相率ゐて此旗下に屬し、一時國論を風靡せしこと、亦與《あずか》つて力あり。彼等は國粹主義に與ふるに、許多の實行的利益を以てせり。然れども亦之に與ふるに、許多の理論的迷謬を以てせるなり。而して反動の勢は正に此に萌せるなり。

明治二十年の秋は、井上伯の條約改正案に呼起されて、國家的觀念、方さに世人の腦中に印し始めたり。是れ恰も草木の萌ざすが如く、國粹主義の萌芽せし時なり。二十一年の春に至り、乃ち公然と論議唱導する者あり。是れを開花の期に譬へんんか。其夏秋の際、後藤伯の大同團結起る。其唱導する所、藩閥排斥以下の數目、直接に國粹主義の鼓吹たらざりしも、幕下の諸士中には國粹の思想に富むこと多く、其天下を風靡し一時の政談者をして盡く其門に趨走せしめたるに及び、時方さに自由黨の艱厄底に徹し、改進黨の氣息奄々たるに際したれば、此等の黨員も亦籍を大同派に列ぬることゝなり、而して時勢の趨く所、國粹の主義はすべて此等の人の口に上れり。是を國粹主義極盛の時となす。而して其果實を結ぶは大隈伯條約改正案の紛紜に在りし。非條約說の中心は「日本」「日本人」及び「政論」なり。前の二者は國粹家の機關にして、後の者は大同派の機關なりしなり。此等の團結は所謂五團體と爲り、改進黨を攻擊して首尾克く非條約の凱歌を揚げたり。是れ實に國粹主義が實事に於て生ぜし結果なり。而して改進黨、此時より國粹主義との連絡を絕てり。是れ國粹主義の衰頽が事實に顯はれたる最初なり。外交の問題暫く休して、黨派の分合、大に人心の注傾する所となれり。大同派は是より先き分裂して政社非政社となりしが、彼の非政社派は既に國粹主義の臭味に乏しかりしを、此に至りて國粹派主唱の勢力、過盛にして、保守の徒、之れに藉て跋扈するに不平なる者は、自由黨の再興を唱へ、成らずして黨派四分五裂すと雖も、自由といふ文字、又大同派の奉ずる主義となり、一、二離間者の言之に乘じ、黨派的嫉娼の念之に加はりて、保守主義を敵視すると共に、彼等は國粹主義をも併せて敵視するに至れり。改進黨中此形勢を察する者あり、九州同志會を煽起して、進步黨聯合の說を唱へしめ、是より先き所謂自由主義の三黨、合併して庚寅倶樂部を組織せる者と一致せんとするの議論を生ぜり。此理論的情熱は炎々として一時に燃え擴がり、國粹主義の光輝は、漸く將に微ならんとす。吾等が所謂反動の大勢は、是に於てか全く成れるなり。正論と妄説とは、各々兩極を形くり、諸々定見なき者は皆其の中間に在り、兩極は定着して不動なれども、中間に在る者は、重きに就て而して輕きを去ること、時に從ひ處に從ひて一定することなし。重き者は益々就かれ、輕き者は愈々去らる。故に重き者は重きに倒れ、而して輕き者は乃ち變じて重き者となる。是れ反動の大勢が由て生ずるの原理なり。國粹の正義、一たび盛なるよりして、衰頽に向ふの運彼が如きなり。其再たび盛なるべきの運、亦豈に之に似ざらんや。吾等は現に今の聯合進歩黨が瓦解すべきの兆、隱約の間に存すべきを見るなり。之を論ずること必要なれども、事長ければ稿を更へて言ひ出さん。

あゝ大勢の運行、此の如く彰々たれども、眊々たる者は之を見ず、徒らに日夕の事に營々として、其計を得たりと爲す。それにして國家の利害に關らざれば則ち可なり。其一たび變動するや、常に極端より極端に走り、一極の成す所、他極之を毀り、爲めに一國の大經濟を紊亂し、以て冥々の間に不測の禍害を貽《のこ》すことあり。且つ其害にして唯に經濟の上に留らしめば、猶ほ忍ぶべし。爲に一國人心の激動を生じ、懷疑の念を長じて、徳義の操守を失はしめ、國家の根柢を傷くるあるに至ては、實に歎ずるに餘あるなり。吾等は之を知るが故に、議員選擧の前に於て、大に世人に警告し、此害毒を避けしめんとて、一たび「反動の大勢」一篇を草し始めたるに、中道にして其職分を愆《あやま》り、天然的の勢力をして、縱まゝに其向ふ所を逞うせしめ、些少も之を緩和することなく、選擧の結果は彼が如く、人心の傾向又彼が如くならしむ。あゝ吾等の罪、之を奈何せんや。庶《ねがわ》くは世人が吾等の自ら罪する所以を察し、反動の勢力に驅られて極端に走るの弊を悟り、世をして再たび歐化崇外の夢に彷徨せしめざらんことを期するに在り。聊か讀者に意見を示して、罪の萬一を償はんことを欲す。

『日本弘道會叢記』初編第六冊　明治23年3月

弘道の一手段

「道を弘むること豈口舌にあらんや、要する所實行の上に於て力を用ゐること何如と顧みるのみ」。若し淺學の後進余が如き者にても格言を造作して先輩なる會員諸君の前に呈することを許さるべき者ならば、余は第一に上の數句を以て之を呈せんとするなり。余が改めて言ふ迄もあらず。言に訥にして行に敏なれ、言の出でざるは行の逮《およ》ばざらんことをはぢるなり、君子は其言ふことや訒すなど、論語一部にてすらも聖人の言に退けて行に進められたることいかばかりぞや。釋迦牟尼金口の說法其の音聲の微妙なること天樂の如く迦陵頻伽まさりけんも、他をして其行實の完全善美、彼が如くならざらしめんには其余は豈に觀るに足らんや。故に余の如き狂愚の少年百孔千瘡、隨て補へば隨て綻び自ら終身成る有るを期すべからざるを知りながらも、平生の微志せめては其瑕疵を磨し去らんとて辛苦したる失敗の迹だにも世に遺し、以て先哲の憐を地下に受け以て世の高く自ら居る人々に他山の石ともならまほしく思ふものなり。

さりながら口舌も全く無用とは言ひ難きなり。芻蕘の言も聖人擇ぶ。たとひ聖人にあらずとも其言の理に適ひたるには尤もと思ひし一念大に其理に感服して其言ふ者の如何に拘はらざること間々之なきにしもあらず。殊に之を書に筆し之を人の眼睛に訴ふるに於ては、其効之を耳に訴ふるより速かにして、其の强き感化力ある者は殆んど實行の模範を示すに差異なきことあり。かゝる著書の効あること法語の嚴然たる言固より肅整の力ありと雖も、今時の所謂文學的著作即ち詩歌・小說・戲曲の力は實に洪大なることあるなり。

法語の戒めに聽從すること嚴師父に過を責めらるゝが如し。之を醫術にて云はゞ對症投藥の法に似たり。病患軀と親むこと日久しければ、之を去らんとて病患を攻擊せらるれば其軀にも甚く痛苦を感ずべし、良藥は口苦く忠言は耳に逆らふといへること此の理に外ならざるべし。文學的著作即ち娛樂の爲めに作したる著書はたとへば細君の感化良人の性質を變ずるが如き効あり。醫術にて云はゞ誘症の療法なり。其身體を健全にし其機關を整淸堅固にし、病患をして其毒を逞うするに處なくして自ら去らしむ。故に若し巧に之を行ふことは、其事を爲すや入り易くして其功を收むるや或は倍せん。

然ども其易しといふ者は殊に其著書の旣に之ある上にての事なり。かゝる書を著作せん事より言へば、或は法語の直接規戒よりは數等難かるべし。其趣味は平易にして愉快ならざるべからず。しからざれば普通に人に解得されず、又愛玩されざるべし。其含蓄は正確・誠實・高尙・廉潔ならざるべからず。しからざれば第一の目的たる涵養の効あらざるべし。平易にして愉快なる者には必ず日常瑣末の事までも微細にくだくだしく觀察せる者を要すべし。かくて之に正確・高尙の觀念を含蓄せしめんこと誠に難きわざながら、若し果してかくの如き著書の世に出づることならば、其人心を感化して高潔なる道念を養ふの功蓋し豫想の外なる者あるべし。

且今の世にはことさらかゝる著書の必要あるなり。今の小說が浮靡に流れ、猥瑣に涉り、之が爲に風俗の上に少からざる害毒を貽《のこ》すといふこと、一般に世を憂ふる人々の言ふ所なり。之を遏止せずしては竟に羅馬の末路の覆轍や踏むべき。

而して其禁制の策如何と問へば法律の力を假るといふこと第一に出づべき答案にて、至て造作もなき考案なれど、再思せよ、法律の力は其の既出の惡文字を刈ることは能くすべし。抑も其の惡文字を流出する源泉卽ち作者胸中の世好に投ずべき奸策はた讀者腦底の不純潔なる需要心は之を奈何にせんとするや。

夫鼠を捕ふること、人は猫より巧みなる能はず。類の近き者尤もよく相制するを得るなり。さる雜誌にて見たることあり。肺病を原因すべき一種のバクテリヤあり。然るに亦此バクテリヤを剿絶すべき他のバクテリヤありて、患者をして後のバクテリヤを服せしめて肺病バクテリヤを驅誅し病因て癒えたることありと。人力如何に巧を盡くすともバクテリヤを制することは矢張りバクテリヤに若かざるべし。故に此理を應用せば法律如何に嚴正なりとも其制裁は成形の上に止まる。惡文字を驅ること善文字に若くはなく、猥褻卑陋の小説を掃除せんこと高妙純潔の小説には如かじ。平易愉快の事實に高尙純潔の道念を寓《よ》せたる文學上の著作が今日に必要なること此にても既に十分なり。

唯々かゝる著述あるべき人の得難きに苦むなり。其人に要する性質は第一道念の高潔なること、第二社會の眞相に通曉せること、第三文筆の術に巧みなること、以上の三性質を具ふるにあらずば以て安んじて此任を託すべからず。然るに他方より看來ればかの三性質にして具備して缺くるなからんには其人や將《ほと》んど聖者たらん。卽ち聖者にあらずんばかゝる完備なる著作は得爲《なす》まじきなり。其人の得難きも亦宜ならずや。されども世には其行の或は未だ及ばざるも其理想の絕頂に近きたる人少からず。凡て實行よりも理想は進み易き者なればなり。若しさる人のあらんには、之にかの著述の任を負はしめんことたとひ其の音聲の迦陵頻伽の如きには至らざらしめんとも、因て以て淨土の莊嚴を想像すべき境界まで人を導くの技術は望むべからざらんや。

吾が弘道會の人々は、多くは實行を勵《はげ》みて模範を世に垂れんとせらるゝことなるべけれども、人をして會得せしめんには口舌の力もかり玉はざるにはあらじ。且つ今の惡文字が世道に流毒するよしもかねて知らるゝ所にやあらん。會員は余が如き寒書生を除きてはいづれも學識に富ませたまふ人々なること余が信ずる所なれば、一千餘人が中に此に注目せられて自ら世道人心の爲めに筆執らんと心かくる人のなからましやは、余は敢て之を勸むるなどのさし出でたることはせじ。偏へに弘道の一手段として適當なる人の此擧に出でられんことを待つ者なり。實行は己の身にあり。筆舌は人に及ぼす、必ずしも相妨けざるなり。

『江湖新聞』

別天樓子に與ふ

明治23年5月28日

不癡不慧子

別天樓子のクラシツクを取らざるは善し。然れども子の之を取らざる者、豈に之を失ふこと熟し、洵に心に其不可を知りて而して取らざる歟。抑も將たクラシツクの艱澁學び難きが爲に、學ぶを厭て而して取らざる歟。吾れ長嘯諸篇を讀て此に疑あり。

夫れ苟も新詩學の曉星として、天下の耳目を警醒せんとする、是れ豈に容易の業ならんや。歐西の詩篇を讀誦すること數卷、兼ぬるに杜撰孟浪の新體詩幾篇を以てす。則ち筆を援りて大雅を鳴らさんとする、皆盲者の蛇を恐れざるの類のみ。萬葉の樸實蒼勁、八代の流麗纖新、謠曲の悲壯激越、院本の奔肆雄快、俳句の脫灑玄遠、俚歌□［の愴カ］惻纏綿、之を左右に取りて、皆其源に逢ひ、而して之に加ふるに西詩の新趣味を以てす。庶くは詩學革新の功を成すを得ん。たとひ詩人は生くるが故に、之を作るを得べからざるも、大手筆の前驅として其が爲に荊棘を掃ふ者、妄作漫爲、以て一時を瞞《だま》して足れりとす。是れ詩學の罪人にあらずや。

別天樓子志ありて斯文の爲めに盡さんとす。切に此に猛省して、后學の少年を誤り、併せてさらでも惡文字堆累々たる詩學界中に一層の臭腐物を積むこと勿れ。

『三河新聞』第七号

三河國勢の消長（上）

明治23年10月25日

幕府の末路、さすがに經緯緻密なりし封建の制度も、大紘小紘、緩急其節を失ひ、浚明公の失政にして、繼ぐに文恭將軍の明君、樂翁公の賢輔を以てせざらんには、高山彥九郎は決して其手記を燒て、豐野の露と消えざりしならん。則ち天下の變必ずしも慶應明治を待たじ。されど時勢の成る、一朝一夕の故にあらず。猶ほ嬰兒の胎を離るゝが如し。日就《な》り月將《すす》み、肢體既に全くして、然る後呱々の聲始めて聽くことを得べし。内外上下、機熟し運到りて、然る後方さに徐々として大勢の樞軸轉動するを見る。故に文恭公の中興、たとひ既に傾くの屋、竟《つい》に支ふべからず。燈火の將さに滅《き》えなんとして一たびは明かなるに似たらんも、嘉永安政以後、外國の交涉切迫するあらざりせば、大勢の成熟變轉、彼が如く疾速ならざりしならん。看來れば世界文明の流潮、東洋の一國をして其進路の外に立しめざるの時は到來せり。暫く目を大局に瞑し、一島國の歷史に就て立論するも、支那文明の感化は、其制度文物に於ては王朝時代の勢力となり畢《おわ》り、其思想學術に於ては江都時代の勢力となり畢り、其滋味は全く涸れぬ。此後に於て一大革新を爲さんには、別に新元素の刺衝を要せざるべからず。是れ明治時代の改革が泰西文明の感化を受けし所以なり。故に鎖國攘夷の令、島原に手を燒きし後に布かれしと雖ども、醫術暦算を先驅として漸入せし泰西文明の空氣は、一起一伏漸く久しうして益々大なり。然れども其制度文物に心を潛め、改革の根抵に養液を注入すること、崋山渡邊氏の若きありて、始めて明治新文化の萌芽斯に生ずるを見る。崋山の性行紀傳は今茲に縷述するに遑あらず。但其大勢の變遷に大關係ある豪傑の士たるに至りては、天下の永く忘るべからざる所、而して三河が若《かく》のごとき偉人を生ぜしを誇るべき所なり。

三河の昔しを追懐するに、士あること此の如し。而して今果して何如。我等は篇を續《つい》で、此感慨を愛郷心に富める三河人士に訴へんとす。

『三河新聞』第八号　明治23年10月26日

三河國勢の消長〔中〕

吾等が幾度も〳〵繰返し、諄々爾として老婆の絮話に似たるを咎めざれ、愛郷心に富める三河人士諸君は、亦嘗てかの江都變遷を耳にし目にせしならん。三河人士の祖先が建設せる一大都府は、今はた何人の據有する所ぞ。千代田の大城は僅に石壁周池の舊規模を尋ぬべきありて、粉堞殿閣、一朝烏有に歸したれども、定められて王者の居となり、紫微青雲皆這《この》裡《うち》に聚《あつま》れば、聊か以て累代恭順の志に酬《むく》ふるに足り、吹上苑中の草木も、仍ほ欣々然として必ずしも主人の新舊に色をかへざるべし。されども顧みて其外郭を一望せよ。侯伯列藩、聯甍雲に接せる邸第も、日に毀《こぼ》たれ月に壞《やぶ》れて、こゝは某大臣某議官の官第私邸と變り、かしこは某紳士某紳商の本宅別墅となる。而して大臣といひ、議官といひ、紳士紳商といふ、馬車を馳驅して十字街頭に翺翔し、天下の權を握り、天下の利を占むる者、彼れ果して何人ぞや。

想ひ見る嘉永安政の際、獨り外交の危局に當り、違勅の咎を受け、因循の譏を甘じ、世界の大勢を洞觀して、開國の策を斷行し、國家の氣運を明察して、兵食の權を奉還したるは、幕府の爲す所、豈然らずや。假令三百年間の霸政、十五年間の紛紜、國家君上に對して忠義の道に違ふこと之有らんも、功以て罪を掩ふに足らずといはんは過刻の言也。然るに伏見鳥羽の變、事情の阻格に生じて、日月の大旆、海山兩道を過ぐるや、八萬の旗下、柔惰の嘲《あざけり》あるも、猶ほ以て函根《はこね》碓氷を扼するに足らざらんや。乃ち愼で大城を開き、唯々として旨を奉ずる者、命を將《おこな》ふ者人あり、一、二舊怨の諸藩、挾む所ありて之を爲すを知らざるにあらず。名分の重ずべき、區々たる私情の能く蔽ふ所にあらず。而して環海比隣、東洋の安危、内訌に破れんことを恐れしが爲のみ。かくて一旦命を制する者、制せらるゝ者と、地を易ふるや伸ぶる者伸びざるくまもなく、屈する者屈するに終らねばならぬ様となり、以て今日に訓致せるなり。

（此稿未完）

明治23年10月28日

『三河新聞』第九号

三河國勢の消長（下）

近日東京府士族授産金の紛紜あるや、一□〔死カ〕の士族は書を薩の代議士に贈り、之が調停を依頼せり。寧ろ哀請せり。さる新聞は之を評して、是れ豈に當年三河武士の子孫が爲す所なるかといへり。あゝ三河武士の東都に瑣尾たること此の極に至れり。獨り其本國は何如。

否泰遞《たが》ひに往來するは世の常勢なれば、今の否運に於て、三河に世局を斡旋する偉人物の標立する少なきは歎くべきにあらずと雖も、來るべき泰運を造成するの人果して多きを得るや否や。之を遠尾隣接の國に視るに、能くかの往時十九人の多士を以て織田氏に憚《はゞ》かられたるが如きを得べきや否や。渡邊崋山が大勢變遷の未然に當りて、國家經綸の大計を萬人未知の方針に求めたるが如き、果して之ありや否や。是れ切に今の三河人士と偕に講究せんと欲する所の問題なり。

去る者は日に疎し。應仁以還、塗炭に苦める生靈をして三百年の治化に浴せしめ、文學技藝百般の進歩を催したる大勳偉績は、倏忽二十年の間に、殆んど天下の忘る所とならんとし、啻に忘らるゝのみならずして、更に加るに屍に鞭うつの慘禍を受んとし、而して時に乘ずるの輩は、朱を拖《ひ》き紫を纏ひ、抗顔して自ら公侯伯子の尊稱を冒せり。天下の先聲として改革の萌芽を養へる卓見偉識の士は、高き木の風に折れ、世に恤《あわれ》まるゝの遑だに之なくして、後塵を望で走る彌次馬學者は、博士學士と誇稱して名譽利達に飽て死せんとす。是れ豈に獨り三河人士の吊《とむら》はれざるが爲めに□□□〔興せるカ〕感慨ならんや。蓋し天下の識者が同じく歎息する所なるべし。

吾等は此稿を此に收むべし。三河國勢の消長は三河人士の宜しく自ら省察すべき所、三河復興の他日に成るや否やは、實に此省察の深淺如何にあり。請ふ煩はしとして之を疎略にせざらんことを。夫の復興の潛勢力の如きは、更に稿を更へて論陳する所あらんとす。

明治23年10月30日

『三河新聞』第一一号

議會外の勢力

議會外の勢力を以て、議會を牽制すること、絶對的に不可なるか、未だ必せざる也。

議會外の勢力、其中貨利虚譽、情實都合、種々雜多の臭穢醜汚なる因縁よりして生じ來る勢力は、此に言ふの限りにあらず。一種の道理を荷ひ來れる、黨派の意見の如き、國民の輿論、意向、感情の如き、是れ研究すべき價値あることなり。撰擧の結果、數々《しばしば》思はぬ所に損得を生じて、幾多の名士は、端なく舞臺に出ること叶はずなりぬ。若し其人にして黨派に關係なき獨立者ならしめば、舞臺を踏外せし瞬時は是れ勢力の多分を失却せし瞬時なり。されど若し其人にして黨派中の人ならんには、彼れたとひ舞臺に表面的勢力を伸ぶること能はざるも、彼れには猶樂屋といふものあるなり。脚色の如何、役割の如何、一々に喙を容れ、樂屋相談に定りたる處、其通りに舞臺に演ぜよと議員に命ず。加ふるに議員に重課するに若干の樂屋費用を以てし、曰く、是れ表面的役者の人氣料と。是に於て榮譽ある衆議院議員諸君は半ば甚だ割の惡き者となる。只是れ箇の血ある傀儡となる。立憲自由黨の現狀の如き、豈に之に似ざらんや。故に議員獨立の説、反對に喧しくなり、議會外の勢力は甚だ有害□□者と見ゆ。但此によりて一概に議會□□□□〔外の勢力カ〕を有害と認めんは、未だ必せざる□□〔なりカ〕。

『三河新聞』第一一号　明治23年10月31日

議會外の勢力（承前）

本年衆議院撰擧の結果を見るに、其當選したる投票は二十七萬餘、失敗に歸したる投票は少しく之に劣り、棄權者は二萬餘なるを見る。故に撰擧人の頭數より勘定するも、今の衆議院は其半數以下を代表するに過ぎず。則ち多數の撰擧人は少數の撰擧人に壓せらるゝ形たるなり。若し其形を外にして、一國眞正の輿論を起し、意向を定め、感情を支配すべき士人の得失より言へば、其不權衡は猶之よりも甚しからん。看よ、議員の多數は縣會議員なり、郡長なり、町村吏なり、地方の財産家なり。既往二十年の歴史を讀む者は知らん。苟くも天下を聳動するの議論、例へば民選議院、國會請願、條約改正兩度の中止等の問題ある毎に、彼等は一たびも率先山谷田野の間より崛起して、天下の先聲となりしことありや。只是れ犢《こうし》の鼻を穿《うが》たるゝが如く、牧人の牽《ひ》くがまゝに東へ向き西へ向き、和して倡《とな》へず、蠢々として蠕動せしこと、見るも齒痒《はがゆ》かりしにあらずや。而して今は則ち榮譽ある衆議院議員として、坐談の間に天下の大政を決せんとし、揚々として新《あたら》シ橋内の議事堂に出入し、或ものは一月三百圓を東京ホテルに投じ、或るものは二頭引きの黑塗馬車を康衢に驅らんとす。負惜を云て曰く、今の臺閣諸公も、當初亦覺束なき料理を新造の政府に試□□□と。豈知らんや、維新の變革は、□□□□□ふの鹿、高材疾足の者之を獲、故□□□□□は其力を伸べ、材ある者は其材を□□□□□得、彼の牟々として草上に臥起□□□□□若として指だもさすべからず。二十三年改革の財に據り、望に據り、愚を欺くの術に據り、區々たる數郡の地に據りて、其小刀細工を逞するの比にあらざることを、斯の如きの衆議院、是れ豈に國を憂ふるの士が、手を離してすべてを任すべきものならんや。　（未完）

『三河新聞』第一三号　明治23年11月1日

議會外の勢力（承前）

英國の如き議院政治中に生れたりともいふべき國柄にてすら、議院に萬能の權力を與へしことは、少からぬ弊害の種子となりき。日本は武治の世を出ること、僅に二十年、智識と財產とは未だ一致の運に至らず。撰擧六□□の資のある者、必ずしも其力あらず。容易□□□者必ずしも其資あらず。斯の如くの始□□□の意向、感情に原動たるべき分子歳出□□□有形的代表たる議院と相背くの幾百萬□□□らは議員を制肘して、只箇の血ある傀儡となすこと、固より宜しからざると共に、亦議院を拜崇して萬能の神物ともなすべからず。今の議員が政務調査に齷齪して、政府吏胥の嘲笑を免れざるを見れば、三百人中、能く大體に通じて、直ちに國家經綸の大段より着眼し去るは、蓋し幾ばくもなからん。彼れ嘗て其幾千幾萬の家計を處理せし手を以て、八千萬の大勘定をなす。其洪大なること、複雜なること、迚《とて》も算盤珠《そろばんだま》に上らざるを悟りて、茫然として手を放つに過ぎず。一幅ポンチ畫の材料たる値せずや。局に當る者の迷ふは常なれば、是れ必ずしも今の議員が力なき所以にあらずとせんも、傍觀する者の明、以て之に指《ゆびさ》し之を導かんは、隨分必要の事ならずや。（以下次號）

『三河新聞』第一四号　明治23年11月2日

議會外の勢力（承前）

且つ夫れ出納の吝なるは有司の常といふ。此事何ぞ啻に凡庸刀筆の吏に於てのみ爾《しか》いはんや。海軍大臣は軍艦製造の爲めに幾百萬圓を要すといふ。農商務大臣は某の工業商業を保護せんが爲めに、幾十萬圓の支出を求めんといふ。大藏大臣は國用給せず、財政紊亂すと云て首を振るなり。同じ政府の仲間に於てすら斯の如し。今の議員、其の多分は、租稅輕減、國用節用を揚言して打て出たる人々なれば、其鍵を握る所は、よし歳出入の六□□□に過ぎずとも、喧しく騒ぎ立て容易□□□□かざるべし。然るに如何に政府の始□□□□苦情の起るべき部分は大抵既定歳出□□□□れ畢れりとはいへ、殘る一千幾百萬□□□□□く國家經綸に不必要なる者とも限るべからず。若し或る黨派が其多數の勢力を利して、物好きに喧嘩を買ひ、無勘定なる議決をなし、議會の解散せられ、政府原案のまゝ斷行せらるゝも更に恤《うれ》へざるが如きことあらば、議會外輿論の勢力は須らく之を牽制し、矯正する所なかるべからず。今の議員の多數を料るに、其高きも眼内閣の席を望で、取て之に代らんことを最大の名譽とするに過ぎず。其卑きは自ら其地位に滿足して魂も身に添はぬ嬉しさに堪へず、其志東洋の一國が將《まさ》に受けんとする運命を患へて、天下百世の爲に長策を建んなどは、彼等が念頭に微塵も存せんや否覺束なし。存したりとも其識力の魯縞をも穿《うが》たざる、何の能《よく》する所かあらん。則ち事たとひ國の緩急にかゝり、國の聲譽にかゝることありとも、彼等が嚢を括《くく》つて思ひ切ること能はざるは當さに有るべきの勢なり。況《まし》て故《こと》さらに此手段を以て現政府を苦め、以て多年反目の怨《うらみ》に報いんと欲するものあるに於てをや。

（未完）

『三河新聞』第一六号　明治23年11月6日

議會外の勢力（承前）

之を總《す》ぶるに、其資格を以てするも、今の議會は撰擧人の半數以下を代表するに過ぎず。其智識を以てするも、三百の議員、必ずしも盡く聰明英達の人にあらず。而して世論の原動たる名士は、多く舞臺の外に立てり。其能力を以てするも、議會の方寸を以て、政府を動かし、輿議を起し、天下を率ゐて化すること覺束なし。而して其勢を以てすれば、或は出納の吝已むを得ざるに生じ、官民の調和必ず破る所にあり。是れ議會の以て萬能の神物となすべからざる明證ならずや。
議會已に萬能たらしむべからず。其之を牽制する所なかるべからざるは理の必至なり。顧ふに其方法如何に在る耳。嚮《さき》の黨派が爲す所の如く、其肘を掣き、其脚を縛し、只我が命ずるがまゝにせんとするは、是れ固より大不可なり。但輿論の意向、感情、彼に在り此に在るを示して、議會をして心底より其適從すべき所を知らしむるに在るのみ。而して所謂眞正の輿論を造る者は、かの議會外なる幾多名士の責任ならずや、輿論國を興すの力あらば、亦國を滅ぼすの力あらん。輿論を造るは易し。公義に合ひ實益を有するの輿論を造らんこと、是れ難きなり。國家あり、民人あり。勢を詳にし情を明かにし、以て其向ふ所を定めざるべからず。吾等不肖と雖も、願くは天下の爲に、三河人士の爲に、日を逐て其懷抱する所を述べ、相共に講究する所あらんとす。　（完）

『三河新聞』第二五号　明治23年11月16日

人物

何れが世にか人物を要せざらん。治世には能臣を要し、亂世には英雄を要せん。抑も今の日本は如何なる人物を要するか。

或は曰く、政治家と。國ある者斯に政治あり、政治家の要せらるゝや誰か然らずと云はん。顧ふに今の日本、政治家なきに苦むか。あゝ其れ然らんや。廖柴舟警語を放《はなち》て云ふ、夫れ庸人焉《なん》ぞ能く國を亂さん。國を亂す者は皆智術桀黠の士耳《のみ》と。某の黨といひ、某の派といふ。猜忌相睨し、陰險相謀る。容端にして語正し。而して綿裏の針、腹中の劍、之に觸れて傷《きずつ》かざるはなけん。政治家は則ち之を以て自得し、燈暗く影孤なる邊、冷々一笑すること、娼婦妓女の爲《なす》に似たり。此の如き政治家、吾等寧ろ其多きに苦まん。

或は曰く、外交家と。開國三十餘年、屢々外人の欺く所となり、要約の條款、權利未だ伸びず。東洋の一帝國、儼然として四千萬口を有し、而して未だ重きを列國に爲す能はず。縱横傾倒、才辨捷給の士、四方に使して彼を瞞し此を騙し、虛勢を張りて恫喝を啗《くら》はし、一時に技倆を快する、亦面白からざるにあらず。然れども翩々として舞踏し、粉を傅《つ》け衣を整へ、影を顧みて自ら憐む。交際場の喝采聲漸く微にして、破綻盡く露れ、帑を糜《ついや》し國を賣る。此の如き外交家は、吾等が作るを望まずして自ら有る所、而して將に有るに堪へざらんとする所たる也。

或は曰く、産業家と。民の粒々、化して粲爛たる金光となる。府庫の藏する所、幾十百萬、往來奔走、旬餘日にして、之を某の省某の廳より借る。之を返すこと如何。曰く、百年賦のみ、五十年賦のみ。何の工業起すべし、何の地開墾すべし。會社株式、募りぬ。賣らん。看來れば一畝の土未だ一束の菽を收めず、黑濛々たる炭煙、未だ一絲の繰るを見ず。而して紳士の邸宅、瓦屋棟高うして九陌の表に聳え、別墅野莊數寄を盡して、江の干、海の岸に搆へらる。政府保護の金、以て支ふべからず。囂々として非を鳴らせば、黃白前に盛りて口皆噤ずべし。吾等は産業家の幻術にくたびれたるや久し。何ぞ復た願はん。

人物多きに堪へず、遂に人物に要することなきか。文王なしと雖も猶興る、若《かくの》ごとき人は一國を興すに一人にして能せん。何れの世にか人物を要せざらん。再び問ふ、今の日本はそれ如何なる人物を要する乎。

（未完）

『三河新聞』第二七号　明治23年11月19日

人物（承前）

凡そ生物が、其外に於て發育を要し、幷せて其内に於て健全を要するが如く、國も亦其戸口の增殖するに隨て其境域の廣がらんこと必要なり。其政治上の境域は如何にもあれ、其富資上の境域は必ず廣がらざるべからず。其出來事の複雜なるに隨て其圓滑に整理し行かんこと必要なり。其形體上の整理は如何にもあれ、其心性上の整理は必ず確實ならざるべからず。聊か下に之を分說せん。

慧眼なる政治家チャーレス、ヂルクは豫言す。坤輿は當さに大一統すべし。白人に於ては、スラーブとアングロサクソンならん。黃人に於てはそれ支那人ならんと。夫れスラーブの勢力は純然たる政治的、督制的なり。アングロサクソンは半ば政治的にして、半ば富資的なり。而して支那人は純然たる富資的なり。昧者支那の屢々辱しめらるゝを笑ふ。曰く、彼れ蒙古に滅され、滿淸に屈し、英佛諸國に擊たると。されど禹貢九州の地、其元首こそ滿淸の種族には出でたれ、四億の蒼生を實際に支配する俊傑は矢張り支那種族より出づるにあらずや。圓明殿は燒かれたり。福建水師は沈められたり。香港は割かれ、安南は宗國權を失へり。但夫の香港、マニラ其他の東印度要港、南は濠洲を極め、西は米大陸に達し、蜂の如く群り、蛆の如く集り、拂へども去らず、逐はれては又來り、白人の膏血を吸收すること蛭の如く、それをして困弊堪へざらしめんとするは、是れ何の種族ぞ。スラーブが兵馬の力、アングロサクソンが工商業の力、財を糜《ついや》し思を勞して僅かに得る所、彼は則ち個々の勞力を以て漸々に蠹蝕《としょく》す。ヂルクが其極めて感覺鈍き國民を擧て、大一統の力ありと許せし所以、偶爾にあらざる也。

今我が痼の强き日本國民は、固より彼が如く辛抱强きこと能はざるべし。彼はスラーブを學で兵馬の上に侵襲を試みることは或は能《よく》せん。されど亦スラーブの如く一往還らず、善惡正邪、利害損益、唯足の爪先の向ふ所といふ一徹の氣前には覺束なからん。已むなくばアングロサクソンが冒險と持重とを爲さんか。擇《えらん》で此を取らずんば、黃人大一統の世將さに來らんとするの日、片々たる軍艦の多少を較するも、計を爲すべからざるを如何せん。

國の外に於ける立命の地位かくの如く定らば、其如何なる人物を要すべきかは、絮說を須《もち》ひじ。

（未完）

『三河新聞』第二八号　明治23年11月20日

人物（承前）

日本國民の輕快にして躁急なるは、渠《か》れ自らも之を患《うれ》ふ。其性格の彷彿する所、寧ろラテン種にありて、アングロサクソンにあらず。則ち霸者ナポレヲンの如き、其れ或は興らん。冒險と持重とを以て、日輪其境域中に沒せざるを致す。豈に能くする所に在らんやと。此言或は然り。然れども邦家百年の爲《ため》に計る者、其及ぶべからざるを知るも、猶且必らず存するの道を求めんか。將《は》た一代の安を偸《ぬす》みて、禾黍の悲を子孫に貽《のこ》すべきか。

且つ夫れ日本國民豈に必ず冒險と持重とに堪へざる者ならんや。太古草昧の世は姑らく置く。蝴蝶軍が其弊甲殘器を以て大明を邊に苦しむること數十百年、豐公一擧、大軍直に遼東を指さす。其個々の人に於けるも、伊達氏の使を羅馬に派する、山田長政の志を暹羅《シャム》に逞くする、渠れ決して冒險の氣象に欽くるにあらず。蒙古の軍十萬邊に寇す。一兵鎌倉を出でずして、竟に之を掃蕩せり。其持重の氣力に乏しからざる、亦見るべきにあらずや。今の日本國民は、三百年の昇平に眠り、一たび覺めて又二十年の物質的文明に醉ふ。故に能く起つことなき耳。此に一人あり。棒喝して之を提醒せば、渠れ未だ全く本性を失はず、猶ほ爲すあるべきに庶幾《ちか》からん。

顧ふにラテン種の霸業豪快ならざるにあらず。但國情同じからず、我の適する所にあらざる也。ラテン種の大なるは佛國なり。佛の國大陸の要喉に當り、所謂洛陽四戰の地、興る者は勃焉たり、亡ぶ者は忽焉たり。而して其國外交の沿革、自から國民の熱情をして死灰再燃せしむるに堪ふる者あり。我は則ち四圍皆水、外戰の史上に存する者は數百年にして一、二に過ぎず。且つ彼れ方さに戸口の減少に患ふ。我が歳に五十萬口を殖《ふや》して、養ふに餘地なからんとするの比にあらず。故に彼れ安南を得るも、其長からざるは識者之を道《い》ふ。是れ安ぞ我歩趨を取るべき所ならんや。

あゝ人物出でよ。持重にして冒險なる人物出でよ。東洋の天地、未だ主人あらず。英露佛獨、銃砲戰艦の上に相睨じて、一の大睡眠者が耳邊に喧聒す。而してかの大睡眠者は夢中に其手足を伸べて、彼等白人の甘き汁を吸《み》はんとす。靈慧の眼、間髪を容れざるの機を相て之に投ぜば、島國の民海波を蓐《しとね》とし、鮫鰐の腹を墓とする者皆起らん。我等が外に於て要するの人物は唯此の如き者なる也。

（未完）

『三河新聞』第二九号　明治23年11月21日

人物（承前）

徳義の頽敗、之を道《い》ふこと久し矣。夫れ所謂徳義は社會の凝聚力なり。個々の人集りて社會を成すの相互の引力なり。其力の强弱は社會の安危存亡に關す。徳義の頽敗、世の道ふ所の如くば、是誠に患《うれ》ふべきなり。知らず、之を維持し、振興するの方如何。

戊辰の改革、國家恰も剏建に屬するの觀あり。以爲《おもえ》らく因循の病、深く膏肓に入る。一の大なる目覺しき事を以て之を引立つるに非ずば、以て此頽勢を挽回すべからずと。上の好む所此の如く、下の欲する所亦斯の如し。是に於て禮數文物一切繁縟の事を芟去して、替ふるに利用厚生、實際の事を以てす。是れ固より可なり。但枉を矯めて直に過ぎ、劇藥を投じて百年の痼疾を旦夕に治せんとす。疾未だ除かずして、四大調を失ふ。利害得喪、營生競争の捷を尙《たっとん》で、高き義の情、任俠忠誠、凡て人の爲にし國の爲にするの行、之を嘲弄し、之を迂濶とす。故に儒を迂とし、佛を妄とし、高談放論、畏るゝ所なく、敬する所なく、西人が已むを得ずして行ふ所の薄弱なる理論を信じ、以て尙《くわ》ふべきなしとす。以て數年前迷謬なる社會改良論の蔓延を致し、良風美俗、玉石俱に焚《や》かんと期するに至れり。是れ之を濟《すく》ふ所以の者無かるべからざるは固よりなり。顧ふ、之を濟ふ所以の道何如に在るのみ。

今の徳義の教育を論ずる者如何。曰く、宗教は謬妄のみ、儒學の教は迂腐にして取るに足らず、理學を以て之に代へよ、自然の制裁は最良の模範なりと。是れ果して日に淪《しず》むの世道を挽《ひい》て國家社會の安全を圖るに足るか。否、吾等の希望は餘りに大なりし。是れ果して這の一個の齠齔《ちょうしん》だに導て之を化するに足るか。嗚呼水を以て水を濟ひ、火を以て火を濟ふ。徳義の已に理論に破れたる、又之を濟ふに理論を以てす。妄も亦甚しからずや。

（未完）

人物（承前）

『三河新聞』第三〇号　明治23年11月22日

夫れ所謂自然の制裁は性格穩當にして、以て易《か》ふべからざるものなり。之を以て徳育の規矩とす。其目的は則ち善し。但々夫の天網は漏さずと雖も、疎にして恢々たり。其制裁の存する所、深くして窺ひ易からず。且つ自然の摸範が現す所の能力を完く用ゐんと欲せば、徒に其制裁を之れ視るは、末なるのみ。自然の摸範は盡善盡美なり。制裁以て人を消極的に教ふ。此の如く拘々として止まんや。其大作用は靈活玄妙にして、到處に其高大を示せり。思ふ、今の所謂徳育論者、自然の制裁を呼號するの徒の如き、豈に一念此に至らんや。一念此に至らば、彼等が囂々として理論を以て徳育を定めんとするの弊は固より之なからん。其宗教を以て漸衰の傾ありと妄斷するの愚も亦之を爲さじ。

自然が靈活玄妙の作用は、何人も之を知ることを得、而して多くは之を知らざるなり。自然は豈に刻薄なる秋官の如く、微弱なる人間を捉へて之を所謂制裁の下に拘置する者ならんや。彼は人を積極的に感化誘導するの大作用を有す。但學ぶ者の智愚同じからず。或は一を聞て十を知り、或は三隅を擧て反《かえ》らず。鞭影を望で走るの馬は寡《すくな》うして、骨に及び肉に及ぶ者、皆是れなり。故に敏《さと》き者は曉星を見て徹底するも、鈍き者は日月竝び懸るも貫れて以て常となせり。詩人は其舌を以て自然の感化が微光を洩せり。大宗教家は其身を以て自然の感化が小模型を示せり。其他英雄豪傑、哲人學者、或ひは其行を以て、或は其言を以て、自然の感化が斷片零碎を見《あら》はさゞるはなし。而して愚かなる者は、方さに此等の教によりて間接に自然の感化を受くることを得るなり。

あゝ直接に自然が親切丁寧なる大感化を受くる者、四千萬人中それ幾ばくぞ。此に一箇の大先生、大教育家、大哲人出でゝ、將に頽《すた》れんとする德義を挽回するにあらずば、かの四千萬人が國家を奈何せん。大先生、大教育家、大哲人、吾等は爾が速かに出でんことを祈る。爾は實は自然の大感化を人間に宣布する大天使なり。宇宙と個人と、大天地と小天地と融通無碍なるの大道理を現示する佛世尊なり。吾等は内に於て唯此の如き人物を要す。かの朝夕に迷ひ、私利に鬪ふ劣動物、積むこと山の如き數ありとも、吾等が一顧を費す所にもあらざる也。


（完）

祝帝國議會開院式

『三河新聞』第三六号　明治23年11月29日

明治二十三年十一月二十九日は、是れ如何なる昊天吉日ぞ。和煦洋々、瑞氣靉靆、秋なるに秋を感ぜず。紅葉春花と疑われ、寂寥却て快爽を覺ゆ。果して春か、果して秋か。冷風のいとゞ寒きに引きかへて暖風の温和なるを覺ゆるは是れ帝國議會開院式祝日の爲にぞある。

我大日本帝國議會は、去る二十五日を以て開設せられたり。而て本日は開院式を執行せらる。蓋し吾人が幾多の辛酸を嘗め幾多の艱難を犯し遠き思を爲して到着せる彼岸、此の議會、上、天皇陛下の厚渥なる聖詔を以て開設せられ、開院せらる。吾人が、劍を手にせず、干戈を帶びず、極めて平和に極めて無事に、立憲代議政度の惟《もと》に、鼓腹するを得たるは幸福の至にあらずや。嘻噫帝國民、民たる者此の盛大なる御代に生息し而して此の議會開院式に蓬遭す。豈滿腔の喜悅と、滿腔の祝意を表せざるべけんや。夫れ議會は最も鄭重ならざるべからず。最も嚴肅ならざるべからず。最も摯實ならざるべからず。夫れ然り、議會は戯會に非ず。眞固國政を整理し、釐革し而して國家の獨立を維持し國民の安寧を謀る鍵鎖なり、源泉なり。鍵鎖緩み、源泉濁る、事知るべきのみ。吁《ああ》議會、重し。議士の責任、豈輕しとせんや。

蓋し議員諸士は才識あるべし、德望あるべし。而て國家に忠節なるべし。吾人は深く諸氏を信ず。若し夫れ、吾人が、信ずるに反せんか。諸士の才識何かある、德望何かある、忠節何かある。是れ果して上、聖恩に酬ゐるの道か、是れ果して國民の望に應ずるの道か。吾人は方に諸士を信ずる、誤らざるべし。諸氏夫れを勉むべし。是れ諸士が責任に非ずや。勉めよや、諸士。

嘻噫四千萬の同胞兄弟よ、同胞姉妹よ、明治廿三年十一月二十九日と云ふ今日は既往に尋ぬべからず。將來に求むべからず。帝國議會議院式の本日は實に昊天吉日にぞある。吾人同胞は歌に舞に大盃を擧げて議會開院式を祝し、

恭く我が

天皇陛下の萬歳、帝國の無窮を祈り奉る。

第Ⅱ部

明治二三（一八九〇）年一二月～明治三九（一九〇六）年五月

『日本人』(第1次) 第六二号「つれ〲」 明治23年12月16日

田舎もの

行吟子

嘗て夜る古本を賣る露肆に過る。一婦人年廿左右、服裝美ならざるにあらざれども、裁制都様に類せず、背に一嬰兒を負ふ。肆主と某書の價を論じて諧《かな》はず、去る。肆主頰を膨らして傍人に聞えよがしに語るらく、ホントにしやうがねい子ー田舎者には。之を四錢五厘だつていつたら、三錢に負ろッていふから、四錢よりお引け申ませんていふと、止めて行やあがつた、面倒くさくつて小間物屋なんザァ出來ねい子と言ふ肆主の言卑しと雖も、都人と鄙人との氣象、別ある處以て見るべし。蓋し鄙人錙を積み銖を累《かさ》ね、營々として得る處、都人一擲之を盡し、以て豪快となす。豪快も亦可、營々固より不快。されど豪快なる者、營々たる者、孰れか是れ日本帝國を興す者。不倫なる申條ながら、吾等は彼が如き婦人が、衆議院議員の内助にてもあらんことを望む。

又田舎もの

仝

其人或は田舎ものならざりしやは知らず、其事の類するを以て併せて此に錄す。又嘗て同じく露店書肆を過ぐ。時隆冬其品雇吏私學教員の間に在る一漢、身に陳《ふる》びたる回し外套を着け、頰半ば其襟に沒し、而して塵に塗れし帽を戴けり。肆主と書價を論じ、爭ふ所一錢。肆主一錢ばかりですからドーゾといふ。彼が兩眼遽然として帽の庇の奥に光れり。馬鹿ァいへ、一錢だつて天から降でもし、地から湧きでもするかへと、怒て去る。肆主冷然として鼻にて笑へり。吾等は吾が政府が、帝國議會が、八千萬の歲計、天より降らず、地より湧かざることを記臆する、かの一漢の如きを希ふ。

『日本人』第六三号「精神」 明治23年12月23日

大政治家の經綸あるか

世態の進歩せざるや、權力の平なる能はざる、財產の均しき能はざる、人間をして限なきの不平鬱悶を感ぜしむるは、固より已むを得ざるの勢にして、無常の感慨、多苦の理想、蓋皆此に源す。而して尤も懊惱痕恨鬱憂無聊に勝《た》へざらしむるは、權力の不平均に在り。人生れて童、而して少、而して壯稍々世味の甘酸を解すれば、假令其をして心に政治家といふの觀念なく、外政治家といふの擧止なからしむるも、彼れ皆權を戀ひ勢を望み、必らず之を得て而して愉快を感ずるの情を免れず。夫の無心なる童兒の嬉戲するを見ずや、亦た一群の餓鬼大将として、棒を帯びて刀に擬し、紙片を麾《さしずばたに》して號令し、我は源九郎なり、我は木下藤吉なりと稱して、天下を取らん、一國に主たらんと曰ふ。而して此の根性は長じて世途に立つに及ぶも、輙《すなわ》ち消せざるなり。世固より斷然として身を賈販市井の間に處《お》き、思を機器殖産の業に潜め、或は研學覃思、眞理を友として、更に意を權勢奔競の途に傾けざる者あり。然れども識力尋常に抜き、所見庸衆に超ゆるの高人物にあらざるよりは、槪して世間一様功名の情に刺衝發動せらるゝに堪へざるを常とす。蓋し其眼界の褊狹なる、氣力の薄弱なる、以て之を致すの已むなきあり。かの滔々たる者が、先づ政治社會を望で狂奔熱中し、世途崎嶇、宿志蹉跎として、曾て一の成功なきも、猶且つ悔いず、其些々たる小成敗に心を勞し思を費し、以て聊《いささ》か這裡《ここ》の消息に慰遣するを怪まざるなり。

人間が政治家を望むの情は則ち然り。但何をか政治家と謂ふ。是れ頗る漠然たる問題なり。嘗て英雄といふ者あり、豪傑といふ者あり、王佐の才といふ者あり、而して所謂政治家と云ふ者は之なかりし。乃ち政治家なる語は固より之れを泰西に取れりと雖も、政治家なる語を形成すべきの觀念は昔より之ありしなり。思ふ維新以來二十三年、政治家といふ語の觀念が、屢々變遷を經たるが如し。是れ頗る世態の推移を觀るに足る者あり。試みに其沿革を述べて余輩が感慨を寓せんか。

封建の制度、土崩瓦解して、維新の政府新たに建つに當りてや、政府の方針、すべて從前武治の遺風に反し、割據の結習を破り、全國の力ある者を網羅して、内治の一致を謀るにあらざるなし。是れ創業の際、路に當る者、天下の危疑を避けて、務めて公平を示さんと欲し、故らに人材を拾收するの略なきにあらざりしも、全國一統の氣運、方に漸く純熟して、天涯地角、四方八面の力、皆中心點に向て動來るの勢、實に逆《さから》ふべからざる者ありしなり。此時に當り高材疾足の者、必ず之を羅致せんことを期し、唯其或は及ばざらんことを恐れたり。苟くも以て材を致すべくんば、人の爲めに官を設くるも、亦輙ち爲すべかりし。爾時經費の大部分は、以て事業を起さんが爲に之を費すよりは、寧ろ人に給せんが爲にのみ之を用ゐたり。唯だ舊弊陋習を破るに急に、新奇の事業を企圖するに鋭に、稍々新異喜ぶべきの理論あれば、其施設の艱、遂成の望、必ずしも問ふ所、慮る所にあらず。而して直ちに之を實行せんとするの風あり。新論異策、建つる者相踵《つ》ぎ、之を試みること頻繁にして厭《いと》はざりき。租税は云々すべし、鑛山は云々すべし、貿易通商の法は云々すべし、畫策粗々成れば、直ちに之を施行し、企業の資、保護の金、陸續支出して、曾て惜む色なし。故を以て功名を希ふ者、才氣を恃む者は、皆政府に入らんことを望み、以爲《おもえ》らく政府に入るは卽ち所謂政治家となる者と。而して政府も亦た自ら群政治家の集まる所たるの觀あり、曾て理論と實際とを別ち、晝策する者と實行する者とを分つの状あることなく、政廳に座して思量籌畫する所直ちに之を其手に行ひ、直ちに以て世務を經營し得べきの望は、當時の氣を負ふ吏人が皆懷く所たりしなり。夫の中心を望で聚り來る者は限りなし。是に於て之を統轄する要路各大官の間、意向感情必ずしも一致すること能はずして、紛紜動《やや》もすれば生じ易く、稍々黨類相頼り相排するの傾向を見《あら》はせり。征韓論の違卻、内閣の分裂を致し、加ふるに事情の錯雜纏糾するあるを以てす。次で民選議院の説起り、創業の功臣互に相敵視するの風を爲し、廷を去る者は專ら留る者を彈擊するを務め、在朝在野、情意阻格し、首を一堂に聚めて談笑歡治、長短相補ふことを得ば、政治の思想が朝野の間に劃然岐分するは實に此の時よりして漸く盛なり。野に在る者は必ず要路を攻擊し、曰く斯の如く事務を處理するは國家の長計にあらず、文明國の恥辱たりと。之に對ふる者は、必ず謂ふ、實際斯の如くせざるを得ず、局外の理論、之を聽けば則ち高し、美なり、唯其の之を實際に行ふべからざるを奈何んと。各々其の見る所を主持して、地を易へて相推諒することを爲さず。故に在野必ずしも理論に長せず、而して在廷必ずしも實際に長せず。但其處《お》る所異なるを以て、其見る所、亦た斯の如く相岐するに至るのみ。刀筆を執り、牙籌を操り、照會書を往復廻送す。操り人形も亦能く爲すの事を謂て實際となし、而して施政法令の果して實際に人民に適應するや否は問ふ所にあらず。是れ在廷の所謂實際なり。官吏胥屬が椅に倚り卓に向ひ、實際に事務を處辨するの實際にして國家人民の慶福禍患に實際何如に關係すといふの實際あらざるなり。是を以て在野人士は野傍觀するに忍びずして、之をもどかしとし、齒痒《はがゆ》しとし、躁急に之を變更せんと欲し、多く政法の理論を泰西より輸入し、或は自から述作し、論辯し、以て政府を非議攻擊するに汲々たり。是時に當りて所謂政治家なる語の意味を繹《たず》ねば、漠として捕捉すべからず。下に在ては唯々口を酸くして論辯し、筆を禿して述作するあるのみ。而して上に在ては唯々齪々として簿書堆中に周旋するあるのみ。朝野人士、亦た各々暗に政略を施すことありしも、世人は反て冷淡に之を視て、大に心を傾け眼を注ぐ者あらず。唯だ曰く國會開かざるべからず。曰く秩序保たざるべからず。果しなき口實を執りて、相爭ふて下らざりしなり。蓋し爭ふ所實に地位に在り。野に在て躁急非議し、論議紛々たるも、彼れ實は機を相《み》て政府に入り、一淸官を得て饗飲せんと欲し、而して政府に在りて事務鞅掌、循々然として實際を唱說せし者も、一たび意を失ふて野に下れば、直に變じて過激の理論を主張す。實を刻すれば唯一意政府に地位を占めんことを欲して、之が爲に斯の如く紛擾相攻むるに至りしのみ。

制度漸く整ひ、文官登用規則の如き出るあり。其學問經歷、必ず試驗を經るにあらざれば、一微官だも得べからず。曩の野に在て喧噪非議する者も、因て以て登龍の方便と作《な》すこと能はず。吏たらんと欲すれば、繁雜の試驗、其の能く堪ふる所にあらず。故に中心地位を得るの望を以て運動する者も、今や決然之を斷念せざるを得ず。既に意を仕途に斷つ、望なきの事に熱中して、徒らに政府を攻擊するも詮なし。會々憲章煥發帝國議會の開くに遭逢し、在野の士、皆若干の權力を得ると共に、責任の負擔又輕からざるを致す。是に於て仕途の顧みるに足らず、官吏の希ふに足らざること益々決す。曰く望み難き俗吏の間に立て、覺束《おぼつか》なきの短長を較せんよりは、寧ろ望むべきの地位を取り、彼等と壘を對し角逐するの敵國として之と技倆を較せんには如かずと。是に至り理論を高談して、官吏の齪々たる實務を攻擊するの必要は去れり。而して實務に就て自ら官吏と競爭せざるべからざるを悟り、飜然として舊態を更め、實務の調査を主張せり。曰く理論は或は然らん、實際の不可なるを奈何んと。在朝官吏が嘗て民間の攻擊を防ぎし所を以て、倒《さか》さに自ら取用し、語々實際を尙び、無責任の言論を深恥とし、所謂政務調査を口にして、綱目を條擧し、統計を箝入し、以て得々として實際に曉通すとなすに至る。其爲す所を視るに、嘗て俗吏の務として之を賤み之を蔑《ないがしろ》にせし所、今は則ち自ら爲して自ら以て明達に誇れり。之に反して朝に在ては、漸次に理論を包容し、歐米諸國の實例を據《よりどころ》として、其論議を根抵あらしめんとし、法律命令、新創雨の如く下り、實際に適せずと謂て之を非議排難すれば、答ふるに歐米の理論を以てし、旁證博引、其說明を完ふし、衆議を排して、之れを斷行するを憚らず。蓋し今日に在て理論に明通する者は、反て多く朝に在らん。事勢總て顚倒すること此の如く、在朝在野、其意向情念に大差異なく、皆其畫策理論の緻密周到にして、之を實行すべからしめんことを望むに至り、其磊落たる者は漸く以て齷齪し、其齷齪たる者は漸く以て軒昂するを致すと雖も、かの所謂政治家といふ者を覔《もとめ》るに、殆んど得べからず。偶々稍々位地資格に庶幾する者あれば、徒らに無益の口舌を叩き、以て得意とすることあるに過ぎざるなり。

彼の政務調査を口にし、項目を條擧し、統計を敷陳して得意とする者、彼れ自ら以て政治家となせり。されど是れ何ぞかの齪々自ら誇り、沾々自ら喜ぶ者の上に卓然として超越し、彼等を發縱指使して、政略を施す者を特稱して、政治家となすの切當なるに如かんや。且政府に在て之を視よ、大臣以下樞要の清官に居る者をこそ名《なづ》けて政治家とはいふべけれ。奏任判任事務を分掌して、營々奉承する者、之をしも政治家といふべきか。野に在て獨り然らざらんや。政務調査といひ、法律條例を討究し、豫算會計を審査する者、是れ豈に政治家と名くるの價値あらんや。固より討究の精細にして、審査の緻密ならんことは願はしからざるにあらず。其の精益々精に、緻益々緻ならんこと寧ろ望むべきも、之を政治家といふべくば、政府の吏胥、盡く以て政治家と稱すべし。故に今日の以て在野政治家と稱すべきは、かの調査に局促する者の上に立ち、暗に之を統轄支配し、政略を施して内閣を争はんとする者の謂なり。國務大臣は其地位境遇の必ず迫る所、固より國家の安危に痛心苦慮することあらん。然れど其の實際燃眉の急に迫り、骨身に應《こた》ふるは、其の自らの地位に在らん。租税の成るべく多くして、而も人民の不平なからんこと、其第一の目的たり。之を實行するには、人民の感情を慰め、且つ機密費を增して其政敵の心を収攬し、以て己れを援けしむるに在り。要するに因て以て内閣の鞏固を致し、地位の安全を希ふに在らん。政黨の首領たり、及び力ある者は、其施爲方便多岐なりと雖も、竟《つい》に内閣を奪ふて代り立たんとするに外ならず。政黨の合同を企て、百種の權略を施す、皆此目的を貫かんと欲するの方便のみ。之を總《す》ぶるに今日の所謂政治家は内閣を目的として之を奪はんが爲に、之を保持せんが爲に、大に政略を施すの謂にして、攻守勢異なりと雖も、其中心は則ち此に在り。内閣の地位も亦榮なり。一國の鈞衡、皆此に握り、天下の仰膽する所、之を攻め之を守るも亦何ぞ英雄の事にあらずとせん。我絶東の島國に在ては、之より快活にして壯大なるの事、固より多からず。今日の政治家、亦た何ぞ一島國裏の英傑として視るに價《あたい》せざらんや。

然りと雖も余輩は茲《ここ》に切問せん、大政治家として視るべきの人、今日果して之あるか。只管内閣を目的とし、内閣の攻守に畢生の力を消費する、果して之に與ふるに大政治家の名を以てすべきか。何をか大政治家といふ。彼れは一國の大經綸に注目せざるべからず。彼れの思想は終始、一國政治の大段に恰當せざるべからず。彼れは所謂理論家にあらず。されども國家の既往に鑑み、現在を觀、而して將來を察し、能く其運命に就て確乎たる理想を形くる者ならざるべからず。彼れは所謂實際家にあらず。されども廟堂の上に坐して、一國の大事を裁理處辨し、流れず滯らず、各其處を得せしむるの能あらざるべからず。彼れは所謂政略家にあらず。されども其の理想する所を達し、其の畫策せる實務を擧げん爲には、之を完うし、之を遂ぐるの方便として施すの略あらざるべからず。大政治家たる、豈に容易ならんや。今日に當て豈に一國に通じて、國民の重望を負ひ、自ら任じて家國民人の大經綸に當るの人あるか。今日を如何に處すべき、將來を如何に導くべき、國を富ますこと如何、兵を强うすること如何、成竹胸に在りて、着々として事に施すを得る者、果して之あるか。曰く樹木茂らず、青草氈《もうせん》の如きの山、之に畜ふに異邦山野の間に生育し、嚴烈の風土に慣熟せる家畜を以てせんか。曰く燐酸肥料其他の肥料を、廉價に製するの方を建て、之れを田畝に利用して、同じき面積の地より收むるに、倍せる果穀を以てし、剩餘の地は以て更に新穀を培殖せん乎。是れ國を富ますの道なり。既に富む。富を利用して、更に何の事業を起さん。更に何の消費を償はん。更に何の設備を完うせん。斯の如く秩序整然として、首尾謬《あやま》らず、國家の命運を發達し、揚揮するの手段方向を定め、全國多數の民人をして、適從する所を知りて、共に倶に將來國家人民の福祉榮譽を増すの途に上らしめ、列國對峙の間に介在して、日本が何如に其地位を保ち何如に其勢力を馳騁縱横すべきか。這箇《しゃこ》の大經綸、大政略、一定の見ありて泰然として之を施す、是れ皆大政治家たる者の有せざるべからざる資質なり。大政治家は猶ほ艦長が兼て一等運轉手となれるが如きか。機關手は機關を司どり、水夫火夫、甲板上の諸手、各々其職分を分て掌どる所あり。而して一艦の全體を支配し、其方向を定めて望む所の港津に到らしむるは、艦長なり、一等運轉手なり。大政治家も亦此の如し。大政治家は實に一國の方向を定めて、之をして望む所の洞天福地に至らしめんと期する者なり。世漸く進み、事毎に緻密を尚び、物皆瑣屑に渉る、所謂大政治家といふ者、極めて出で難きが如し。かの維新創業の際に當りては、頗る疎豪の政略を取り、大段に明にして一國の運命を決せんことを望みし者あり。此時に於て所謂大政治家の技倆に於て觀る可べき所ありし者、其人猶現存す。而して今日に至りて乃ち反て頭角の露はるゝなく、碌々として終らんとする者、其人の前に虎にして後に鼠なるにあらず。時勢の變遷之を然らしむる者あるか。然れども時は今なり。帝國議會の開設は、直接に有形上の變更を致すこと多からざるも、間接には全國の氣運を一變するの力あらん。譬喩上にのみ第二の維新たるにあらずして、實際に第二の維新たらん。今よりして後、氣運の變態に乘じて、雲蒸龍變するの材あらば、大政治家の再び現はれんこと、豈其の時にあらずや。政治に狂奔熱中する者、盍《なん》ぞ其の齷齪たる事務に拘束して、俗吏の爲に傚《なら》ふを止め、一國の運命を決すべき大方針に就て潛心考察する所あらざる。聊か二十年來、所謂政治家の變遷に感ずるあり。敍述して以て今の政治家に問ふと云ふ。

『日本人』第六四号「精神」　明治23年12月30日

歳晩に際し天を仰で絶叫す

窓打つ風栗烈として霜を挾み、天地蕭森、歳云《ここ》に晩れなんとす。嗟吁明治二十三年は去らんとするなり。維れ是れ胡の年ぞや。年々歳々過ぎて往けども、何等の歳か此去らんとする年の如く、十年一日、各種各様の人が希望と憂慮とを一様に齎《もた》らし來れるあらんや。明治十四年國會開設の大詔一たび降りてより、新年の賀狀には、巡査の職を奉ぜし者すら國會開設に先《さきだ》つ幾年の一月と書して得色を顯はしにき。三島警視總監が一網都門の志士を打盡するの豪擧も夢と共に消えて、五十餘歲の生命風前の燈に似たるとき、連呼して口を絕たざりしは、唯此の二十三年の一語なりしとぞ。國會果して開けなば世の狀情は如何にあるべき、我身の幸不幸は如何にやあらん。特に定れる見識とてあるに非ざるも、二十三年といひ、二十三年といひ、之を呼ぶが中には自から雄大なる企圖を懷ける心地し、而して省みて悚然として畏懼する有るが若くなりしなり。然れども明治二十三年は啻《ただ》に贖々一輩が巫覡に好運を說聞かされ固く憑信して吉夢を見るに類するのみならずして、實に日本建國以來に未曾有なる、東洋諸國に毫末の例なき立憲政體の建設せらるべき年たれば、心ある人も之を佇望してユトピヤの懽《よろこび》を盡さんとせしこと無理なりとせず。試みに之を歐西に視よ、此の二十三年は實に彼の紀元千八百九十年なり。百年の前に溯るに、千七百九十年は佛國に在て君臣の軋轢、其頂點に達し、暴民が食を與よと叫つゝ吶喊《とっかん》してヴェルサイユの宮殿に闖入したる年なり。更に百年を溯るに、千六百九十年は英國に在てヂェームス二世愛蘭《アイルランド》に蒙塵し、最後の決戰に敗北して遂に佛國に逃れたる年なり。此不祥なる百年期、二百年期の紀念歲に於て、東洋の大日本國が日麗《うららか》に波穩に、天地淸明、玆に帝國議會の開くを見たりしは、洵《まこと》に慶賀すべき事なりとす。十年一日、心ある心なき、共に待設けし望に露負《そむ》かざりき。

此の如く滿幅の希望をかけし明治二十三年の來れるは、幾數月前の夢なりき。而して此の慶ぶべきの年はあへなく今將に去らんとするを見る。畢竟何等の感慨かある。滿足に迎へし二十三年、之を滿足に送り得るか。想へば幾多の懊惱、不平煩悶、憤懣、余輩は天を仰で絕叫す。帝國議會は現に開院中なり。人の皆視る所の如し。事を好みて強く言ふが如く、思はぬことにも發言し、言葉を咎め、舌鋒を鬪はして、日を送るにあらずや。熱心に事を處し、情に迫られて口を衝くの言ならずして、寧ろ滑稽に類する愉快に浮れ出でゝ讙噪し、態度の快活なるも、只遊び興ずるが爲の快活たるにあらずや。議會の必要は更に見るべきなくして、徒らに年俸八百圓の奏任御用係數百人を一時に作りし觀あり。要路大臣或は顰蹙して國會尙早かりしと言ひし者ありと傳ふるにあらずや。而も以て之を屈すべきの辭なきを奈何せん。然れども是れ獨り議員其人を責むべからざるなり。數百の議員彼れ皆陋劣取る莫《な》きの徒にあらず。其中固より才幹器識、國事に任ずべきの人なきにあらず。而して近日の擧動浮躁輕率、安じて其業を執る能はざるは、未だ慣れざるの事に當ればなり。彼れ才幹器識の士をして其慣れざるが爲に斯の如く浮躁輕率ならしめし者、寧ろ渠《か》れ政府の失にあらずや。維新の鴻業は專ら當時四民の主たる士族の力によれるが、士族は啻に政治を執行するの任に當るのみならずして、兼て自餘の民庶を教導するの務を行へり。其人民の上に立て政治を執行する、亦自から之を教ふるの責を帶びたり。故に政府從來の施政、先づ唱へて而して人民をして從て和せしむ。自由説なり、工藝なり、會社商業なり、之を起す者皆政府に在り。其老婆親切、寧ろ過るありて及ばざるなし。而して彼れ獨り議會の開設に於て之に反せる也。既に開設の年を限り、而も之をして代議會合の事に漸浸慣熟せしむるの路を開かずして、却て嚴密なる集會條例を設けて之を檢束せり。集會條例は實に國民が相集て事を議するの習を得るに最大の妨害たりしなり。在野不平の徒が功名を追ふて猥に良民を攪擾するの弊は、之を檢束するの必要固より之あらん。但《ただ》々議會の開設眼前に迫れば、之を施すに緩急宜しきを得ば、志ある者相集り事を議するの習を得るの道なからしむるに及ばじ。然るに嚴刻なる條例を行ふに更に嚴刻なる手段を以てし、且《かつ》巨額の機密費を散じて、大に探偵間細の徒を放ち、人々相猜して、直情快活、事を處するに顧慮なきを得る能はざらしめ、やゝ政黨の資格を具するの黨派を組織せんとするも成すべからざりしなり。政府の施政斯の如くにして而して渠れ今乃ち議會の喧々囂々として其の實なきを嘲《あざけ》り、以て顧みるに足らずと曰ふ、不德も亦甚し矣。然れども事、諧謔に渉り、熱心任に當らざる、是れ獨り議會のみ然りとせんや。國を擧げ世を擧て、些事末節に拘々し、齷齪として日を送る、滔々たる者皆然るなり。

かの議會を嘲るの政府、其自ら爲すは則ち何如。一官職一事業、之を置き、之を廢し、又置て又廢す。一人一法令案を草す。他の者其全體を通覽して其の神理を融會せず、意を恣にして其一部を刪改し、更に他の者は又更に他の一部を刪改し刪改已に完うして法案に完膚なし。衆智を闘はし衆慮を集め而して成る所は支離滅裂據るなきの法たり。皆自ら其能を衒《てら》へば也。事なければ功著はれず。乃ち故なきに改正を唱へ、故なきに案を建て、以て榮進を幾《き》す。其陋劣寧ろ口舌に汲々たる代議士の比ならんや。曰く軍備を擴張せんと。其爲す所は則ち數々服制を改めて御用達の紳商を利し、官有地を賣却して新たに兵營其他の官舍を新築し、或は軍器を購入せんが爲に莫大の金を糜《ついや》し、而して支出する所實用の上に浮ぶ。故に其の外面は則ち事務整頓、着々として遺漏なきに似たり。而して其實は金額と時間とに比例して結果極めて少きなり。更に飜て宗教の現狀を見よ。一言之を蔽《おお》へば則ち曰はん、あはれなるさまなりと。佛教の衰敗、僧侶の腐敗、彼等自らも之を知る。知りて而して悛《あらた》めず、會々才略あり、やゝ當世の務に通ずる者は、他の愚を奇貨として居て以て私利を營み、其の貴重にして、史上に關係ある什寶の潰散、啻に十數年の前排佛毀釋の議行はれし日に止まらず、詐僞の擧漸く露はるれば、大伽藍既に其の有にあらざるが如き、今に至りて未だ已まず、偶々之を振ふの志あるも、或は徒《いたずら》に枯燥の理論を主張して却て信仰の情念を薄うし、世潮と浮沈して曾て定見なく、仍ほ且つ其の宿弊除くべからざる本山に資《と》りて、以て改革の業を擧げんとす、言ふに足らざるのみ。其舊なる者の朽敗は怪むに足らざるも、かの新來の基督教、殊に其信徒が專ら實行を標準とすと宣言する者に在て、徒らに西洋皮相の弊習を模倣し、其の會堂に出るや、敬虔謙遜の風を裝ひ、格外に席を婦人外邦人に譲り、椅上に伏して祈禱し、涙をも流さんほど悲しき聲を發し、觀る者にさへ悚然たらしめながら、一たび會堂を出れば、陰忍、猥瑣、陋劣、至らざる所なし。牧師と稱し、長老と稱ふる者其の實に聖經を解得し、之を實行に表はするは果して幾人かある。更に文學に見ん。瑣屑の實態を穿ち、文字の末枝に巧を弄し、片々として月々に出る小說、春夏の交、陽氣の促す所、蛆蟲の紛生するが如く、卓然として人性の品質を評隲する者は、指屈すべきなきにあらずや。去て農業を見よ、又工業を見よ。間々工學に達し、實際工事に從ふ者はあり、而も其の學術に於て通ぜざる所なければ、乃ち茲に自ら滿足し、自ら誇負し、建築、架橋、若くは鐵路を敷き、艦船を造るも、徒らに外邦の爲す所に摸し、依樣葫蘆、以て得々たるに過ぎず。かの內地に相應して而も尤も偉麗なる者を造るは奈何すべき、將た其材料は安くより之を得べき、如何して其費用を最も僅少にすべき、此の如きは實に意に經せざる所たり。況んや其業を擴張して由て國の財富を殖するが如きは、彼等固より曾て一念此に及ばず。噫《あ》噫《あ》國を擧て世を擧て、眼前の小事に齷齪し、小失敗に顰蹙し、小成果に滿悅し、以て一世の事業此に盡《つ》くとなす。かの議會の整はず、小節に局促するは、政府が集會條例の撿束過嚴にして議事の習慣を得せしめざる、實に與《より》て罪ありと雖も、抑も滿天下矮人國の現狀、陶《ただ》して而して之を治するあり、氣運の日に下る此に至る、嗚呼其れ誰をか罪し誰をか咎めん。

火輪の堅艦長さ百丈、大は卽ち大なり。炭烟滾々として浪を截《きっ》て馳す、誠に抑ふべからざるが如し。而も一丈の舵動かすに一輪の車を以てすれば、看る〳〵船體は意の如く方向を轉ずるなり。方向既に轉ず、船中の人、其境遇の變ぜざらんを欲するも得べからず。北を指さんか、北辰漸く高く氷塊山の如く屹立す。則ち毛衣十襲、火を圍《かこん》で暖を取らざるを得ず。南に向はんか、太陽直ちに頭上に燃え、一領の襯衣重きに堪へず、水に浴し風を希ふて已まざるを致すべし。國家は大なり。時勢に乘じて行くの力、人の能く抑ふる所にあらざるが如しと雖も、苟くも操縱其機に中《あた》れば、忽然として其方向を變じ、能く一國人民をして之に乘じて往くの已むなきに至らしめ、之に逆らはんとする者あるも、船中の人、船に逆て行くも其足百歩の外に局するが如く、復た其方向を返す能はざることあるなり。

既往を回想すれば遺憾窮りなき者あり。夫れ維新の改革は島國裏《うち》の小人物蓋し詫して絶大の事となさん。然れども是れ殊に幕府三百年來積重の勢、漸く移て此に發せしのみ。德川氏たとひ傾倒せざるも、階級の制、鎖國の律、竟に持續すべからず、而して今日の政體は竟に起らざるべからざりし也。德川氏は國を開て外邦に交際せり。而して攘夷を唱へて德川氏を攻擊せし者、其舊條約によりて交際せるにあらずや。德川氏の末路外様大名の妻孥江戸に質たるを放還し、議を諸藩に徵して大事を擧ぐ。而して維新創業の際徵士を貢ぜしめ、及び今日代議制の開くる、勢の自ら至るにあらずや。三兵隊の設、德川氏に起り、而して今日兵制の基たるにあらずや。德川氏若し倒れずば、三條公の名布告に署せられずして、而して德川公の名代て之に署せられたらん。其國勢制度の變態今日に至る者は、曾て異ならざるべきのみ。故に維新以來、今日の狀勢を形《かたちづ》くりし者、深く稱道するに足らず。庸衆人をして位に在らしむるも、亦能く爲さん。但々時なる者あり、機なる者あり。數十百歳にして而して一たび至る。以て人に假して絶大の事業を成さしむ。其の之を得ると失ふと、間髪を容れず大事に明かなる者獨り之を認む。促々たる者彼れ固より知らず、或は知る者あり之を指示するも、猶且つ信ぜざるなり。維新の時貴重すべき所以は、かの制度習俗の革新にあらず。而して此得難きの時機に際せるが爲のみ。三百年鎖國の陋習は一槌に破碎せられたり。絶海の一小島國、坤輿の大局面に通ぜず、夜郎自ら大として、旦夕に局促せるの氣風、一旦更新、劍光礮響の勇ましさに鼓舞せられて、殺伐豪快の象未だ全く消せず。是れ時なり、機なり。大なる危險なくして、威を海外に耀かし、國民をして皆な曠世の氣を振作せしむべきの策あらば、之れを行ふ實に此時に在り。かの征韓論の如き、實に此に見るありし也。夫れ維新の改革、事甚だ小に過ぐ。其謂ゆる戰爭、亦兒戲の類のみ。此時に當りて人心の興奮、抑ふべからざるあり。以て此の小事業、小革新に饜飫せずして、將さに道を覓《もと》めて大に發暢せんとす。唯だ大事に明かなる者之を知る。故に之を征韓に發せんとす。此時に當りて其の兵備を言はゞ、我には薄弱なりと雖も、幾隻の軍艦あり瀛船あり。戊辰の餘勇未だ盡ざるの士卒、一令して海を渡るべし。而して支那は則ち曾て半隻の艦、一隊の精兵なし。且つ朝鮮の事の如き、遲緩なる支那人の未だ意を經ざる所たり。岩倉公は朝鮮の役、露西亞に累及せんことを唱へて盛に之を沮《はば》みしも、當時日本海沿岸、露艦の泊すべき一の港壘もあらず。露人未だ朝鮮に朶頤するの念慮あらざりしといふ。若し此會に乘じて一擧して朝鮮に入らば、八道崩角して全半島旦夕の間に奄有するを得ん。或は力足らずして遂に之を守る能はざらん。或は義兵の貪らざるを示して、其獨立を許容し、全く干渉を絶つことあらん。然れども既に偏師海を超えて八道を蹂躪す。日本國旗の榮光、八荒に延及して、東洋西洋、目を拭《ぬぐ》ふて之を仰がん。然る後岩倉大使以下歐米に遍遊して、其緒にだも就かざりし條約改正、坐ながらにして其の權利を復すべし。何ぞ復た舞踏宴會、追従輕薄、以て之を成さんとする卑劣の情念を萌す者を生ぜんや。且一たび力を海外に伸ぶれば、人心奮興して寰宇の大局に心を措き、島國内地の小成敗に屑々たらざるに至り、假令征韓の役、騎虎の勢となり、露や、清や、英や、獨や、關係益々繁く、纏糾紛紜して容易に斷ずべからざるも、之が爲に女々しく苦慮煩悶することなく、大段既に決すれば、破竹の勢、節々刀を迎へて解け、よく氣風の振興、宏壯偉大の能力を呈《あら》はすを得たらん。國家の大勢已に然り。政治、宗教、文學、技藝、社會百般の現象、随て皆かの宏壯偉大の感化を受け、計畫施設、大に觀るべき者あるを得たらん。かの偸安の徒は則ち此の大勢に昧《うと》く、此の絶大必須の事を爲すを敢てせず、乃ち却て蕞爾たる臺灣の一島を征して千萬圓を糜《ついや》し、鹿兒島の内亂を釀生せしめて、四千萬圓を糜し、幾萬の死士を浪死せしめたり。加ふるに佐賀、熊本、萩自餘の爭亂一揆、費す所貲《はか》られざるものあり。之を終ふるに今日の矮人國、瑣事に齷齪して、偉大の志、挺發の氣、再び興らんこと、千年河清を待つ想あらしむるを致せり。慨嘆するに堪ふべけんや。嗚呼之を奈何にすべき。今日當路大臣と稱し、樞密要官と稱し、政を執る者、彼れ多くは夫の國家の方針を誤れる者の後を繼ぎ、其流を汲み其風に傚《なら》ふ者なり。宜なり、其屢々小刀細工を海外に試み、却て自ら傷けしこと。之を國勢の盛衰、百年の大計より見れば、之を始むる者、之に繼ぐ者、皆斷じて國家の罪人と言ふべきのみ。

嗚呼事皆去れり。去る者は咎むべからず、來る者は猶追ふべし。爲すべきは猶來時に在り。唯だ恐る、帝國議會の開院ありて第二の維新方さに緒に就けり、此よりの後、一國の公是を正當の方針に向はしむること、輒《たやす》く爲し得べきか、國民の氣勢を振作し、國力を發揚して海宇に馳騁縱横すること、果して能くすべきか。時は至れり、機は會せり。能く大局に通曉して、此の得難きの時機を利用する者ありて、方向を一轉するに非ずば、歳月人を待たず、時會乃ち去らん。嗚呼明治二十三年は去らんとす。誰か能く時に乘ずる者ぞ。誰か能く乘ずるべきの機を認むる者ぞ。國勢既に一頓す。今又再頓せば、終古興るべきの望なし。聞かずや、埃及《エジプト》の郊に三角狀の大石塔あり、過る者由て當時の暴政を想像すと。然れども埃《エジ》及《プト》往時の繁盛を徵すべきは只此ピラミッドによるのみにして、此にして或は沕せば何處にか更に埃及ありと言ふを得ん。日本帝國にして若し永遠に隆興發揚の望みなく、其をして史上の偉觀を留むべき事業決して期すべからざる者ならば、余輩は寧ろ之に勸むるに、一國の財力を竭《つく》し、一大ピラミッドを八州の曠野に築き、刻するに日本今古沿革の蹟を以てし、萬世の後、日本國民の族滅して遺類なきに至るも、猶ほ景を愛し古を吊《とむら》ふの客をして、是れ當年の日本國民が自ら競爭世界に立つの策なくして、自暴の極、此の無謀の建築に賴りて自ら世に傳へんことを期したる者ぞと曰はしめんことを以てせん。猶ほ千古萬古の史上、一の功業なく、一の記事なきに終るに優ること萬々ならずや。余輩厭世の徒にあらず。而して此の不快無聊《むりょう》の語を放つ者、豈に已むを得んや。不快、無聊、鬱悶、憂愁、慨歎、痛恨、輩は天を仰いで絶叫す。

『日本人』第六五号「精神」　明治24年1月6日

新年に際し日本人の地位を論ず

明治廿四年は來れり。膚を斫《き》るの朔風、袖ひぢて掬《むす》びし水の氷れるを解くべくも見えねど、歳立つといふばかりに筑波根も霞みて見ゆる心地するなり。新年は何故にめでたきか、但看る僅か數時間の前までは、街行きかふ人の忙しきさま、見るから心も心ならねど、一夜明くれば人々の長閑なる面もち、昨日と同じ人とも覺えず、さればこそめでたき新年にはあれ。余輩は此めでたき新年に於て、將た何を以て滿天下の志士に告ぐべき。世道の爲に、國家の爲に、昨日までは天を仰ぎ地に俯して號呼し、吁嗟《くさ》し、大息し、絶叫せる余輩ながら、藹々として罪もなく笑ひさゞめく人々に向て、さすがに不平不滿の聲を聞かすには忍びず、せめて此一回だけも日本人が當さに到るべき茫漠たる前途に於ける、一點好望の光を指示して、相偕に理想の黄金世界に樂まんとする也。

夫れ「日本人」と稱する此の册子に於て、余輩が從來滿天下の志士と相語りし所の者は如何。嚮《さき》には國粹保存といひ、更めて國粹顯彰といふ。皆日本人が特有せる性格稟質を發揚して、謂ゆる日本人をして自から知るの明を具《そな》へしめ、全世界の文明に於て負擔すべき一職分を盡さしめんとするなり。試に問はん日本人渠《か》れ果して何物ぞ。渠れが生存競爭の人類社會に立てる、果して如何なる結果をか生ずべき。渠れ若し生來劣等にして、竟《つい》に烈しき生存競爭に堪へ得ざらん者ならば、謂ゆる日本人と云ふものも唯々是れ夢の世に果敢《はか》なき影の暫《しば》しが間留れるに過ずして、來るべき運命に於て些かも希望なきものたらん。かくては世の爲め國の爲め心を盡し身を竭さんも詮なし。屠蘇一盞の醉に、五十年の塵の世を幻に笑ふて暮さんに如かじ《し》。されど此の日本人、若し決して劣れる人民にあらず、夫の長ずる所の若き、大に他民族に加ふることあり、儼乎として全世界各國民の間に立て、其品位を保ち得べきものならんには、日本人の絶望するは自ら天を棄るの咎を逃れず、宜しく顧慮なく、畏怖なく、其規模を宏にして進で自から現實の黄金世界に致すべきなり。日本人が能力を研究するは、今日に於て必ずしも無用迂濶の事とせんや。

今日の日本人、其の歐化の夢に魘《おそ》はるゝ困睡漢は論なし、其の内の尊むべく外の卑しむべき、自からも唱へ人にも諭す一流の見識家に在ても、渠れ等が信念の底を叩かば、歐米人の優等人種にして我の輒《たやす》く企及し難きを危《あやぶ》まざるは尠からん。故に其交際に於て、毎《つね》に一着を彼に讓り、彼の前をかねて自から戒飭するが如き卑しき情念の胸にまつはるを免れず。獨り此の二十餘年來、工藝學術、制度文物多くは彼に學び彼に採りしが爲めといふのみならず、其根底に於て、其天分に於て我固より彼に讓らざるべからずとの迷信、心眼の表に横はりて、外人崇拜の念は實に此處に萌芽し來れば、民性の發揚を圖る者の尤も先づ注意せざるべからざる所なり。

且《しばら》く看よ、日本人が彼の歐米人に及ばざるが如き、一見して先づ感ずるは其體格に在らん。アリアン種族の特徵として、彼れ皆骨格偉大、肢體の均衡宜しきに適《かな》ふ。而して日本人は則ち體軀矮小、やゝ俯屈し、歩態矯直ならず。此に於て差違あるは明確爭ふべからず。生物學者は既に人類競爭の結果、優者が體格偉大にして肢體度に合べきを論じ、ハルバルト《ハーバート》、スペンサル《スペンサー》も其社會學に於て、未開族種の孱弱にして、歐米開化の國民の偉大强壯なる所以を極論したり。されども今の開明國民が體格の偉大なる、何ぞ必ずしも體格が開化に關する所以を證するに足らんや。蓋し腕力競爭の風久しく存せるの民に在ては、體軀長大、棍を執りて格闘するに便なるもの毎に勝て生存し、以てかの偉大なる種族を形くるに至る。水草を趁《お》ひて轉徙し、猛獸と馳逐して山谷を跋渉し、群居相資くるの法に拙なき民族が、概ね偉大なる體格を具するは實に此が爲めなり。かの市邑を成し、耕耨を知り、各々其業に安じ、昔に在て邦土社會の早く平和の結合を成せる民族の若きは、其戰ふや亦隊を作し伍を成し、勇者獨り進まず、怯者獨り退かず、曾て個々にして力を角《ため》し技を競ふことを爲さず。故に軀幹の長大、筋骨の弩張、必ずしも要せず。而して小弱なる者も亦偕に存活するを得て、隨て民族全體の體格大に發達せざるを致す。故に軀幹の大小、肢體の均否は、唯其の民族が從前處する所の境遇に關す。アリアン種の彼が如き、日本人の此の如き、亦唯其個人競爭の風、其社會に行はるゝこと久かりしと否とに由る。其開化が此異同に職由すといふが如きは妄の甚しき者のみ。且つ時代の推移して、機巧技術の漸く精なるより、筋を勞し體を動かすこと隨て少きを致せば、體格の倔強は益々用ゐる所なきに至らん。戰に看よ、刃を振ひ槍を使ひ、短兵急接するの日に於ては、力の強き體の大なるは極めて必要なりしも、銃砲射擊の世となりては、鼎を扛《あ》ぐるの力、雲衝く大の丈夫も、大なる用を爲さゞるにあらずや。斯に知る、開化に直接に關係するは、軀幹肢體の偉大倔强にあらずして、寧ろ智力に在て存するを。抑も智力は腦髓の作用なり。アリアン種族の頭蓋廓大にして、前額の秀出せるは、以て其容るゝ所の腦量の大を示すべく、更に以て其の智力の强大を證《あか》すべしといふか。かの鷹の眼光深々として、凹陷せるを見ずや。北海道土人が前額の秀出せるを見ずや。蓋し往古アリアン族が遊牧定居なきの民として山野を跋涉するに當り、雨灑《そそ》ぎ日曝すの際に往來し、瞳を定めて前路を凝視するの習、竟に眉頭の突出を來せるのみ。以て其腦量の大を證すべしといはゞ、是れ北海道土人の智、亦日本人に過ぐといふべきか。抑も加ふるに頭蓋の廓大を以てすれば、其腦量の大なる欺くべからずといふ乎。かの象を見ずや。其頭顱の大なる、隨て其腦量の大なるは人類に優ること若干、而も以て運らすべき所の體軀の龐大更に數倍の大を加ふるが故に、象の智は人類に下ること甚しきにあらずや。體軀の龐大は亦腦髓の大なる量を要す。其の本を問はずして徒らに其末を較せば、數寸の梃《つえ》も百尺の竿より長からしむべき也。則ち其外貌を瞥過して、直ちに日本人の智力、アリアン族に及ばずと斷じ去るは、輕率の至りなり。要するに日本人が他の種族に於ける優劣を評定せんには、精《くわ》しく智力其物に就て比較討究するより捷なるはあらじ。

智力、其處《お》るや度以て其大小を知るべからず。其動くや數以て其遲速を記すべからず。之を比較すること極めて難し。而して日本人の智力を證明すること尤も難き也。功業事蹟之を量らんか。彼れ二千年來の成就する所域を出づる千里なる能はず、琑尾の極といふべし。顧ふに時勢あり、地位あり。功業の偉大は以て智力の强大を證し、事蹟の繁多は以て智力の敏活を認むるに足らば、成敗の英雄を論ずべきや久しからん。ソクラテス、アリストートルの知らざる所にして、今日小學の生徒が知る所何ぞ限らん。球を環りて五大洲の存する、地球の太陽を周轉する、古人の夢想及ばざる所、而して今日茶話笑談して以て珍異となさず。而るを是に由て古人の今人に及ばざるを斷じ、ソクラテス、アリストートルの智、小學生徒に如かずと斷ぜば果して如何。ペリクレスの治むる所は希臘《ギリシャ》の一小半島に過ぎず。而も其の爲政の技能ビスマルクが獨逸大帝國を統轄せしに劣れりと言ふことを得んや。智力の優劣を斷ずる、固と當さに表面有形の結果を以てすべからず。而して其內に蘊する力量の强弱多少是れ視るべき也。豐臣秀吉が西海を征して十五萬人を擧げ、關東を討して二十五萬人を擧げ、其の他十數萬兵を擧ぐる一再に止らず、而して發縱指使、具さに矩度あり。且つ巧みに諸侯の藩封を配置して、盡く屈從せしむるを得る、是れ得易きの才ならんや。餘力更に能く十五萬兵をして海を絕て朝鮮を伐たしめ、八道風靡して燕京震動す。其技倆大に觀るべき者あり。看よ歐米史乘、十萬の大兵を艦致して海を渡せる者能く幾人をか留むる。德川家康の封建制度は上下數千載、恐らくは全世界に比倫なからん。譜代親藩、之を舊家大藩の間に列植し、權衡宜《よろしき》を得て劫持相制し、兼併呑噬の患なく、以て數百年の昌平を致せり。時勢の然らしむる所といふと雖も、着眼夙《つと》に機宜に中《あた》り、能く百代の後を洞看し、以て後世子孫繼ぐべきの業を建つ。其の智力の非凡なるを見るべき也。歐米の史乘、後世を洞看するの明、家康の如き爲政家能く幾人をか留むる。其襟度の宏豁ガリバルヂーの如く、而して公明之に過ぎ、其心胸の公明ハムデンの如く、而して宏豁之に過ぐ。加ふるに俠義篤摯、經國の大略を抱懷せる、彼の西鄕南洲の如き、歐米の史乘、果して幾人かある。獨力日本全海岸を測量し、製圖精細、差謬の指摘すべきなきこと伊能忠敬の如き、古今東西何人か之に匹敵すべき。曲亭馬琴の如き、任他其思想の豐富ならざるは一大瑕瑾なるにもせよ、著はす所三百餘部、一部の多き者は數十卷を累《かさ》ぬ。之を横文に譯するも驚くべきの大部たらん。其構思狹隘に失するの嫌あるも詞源混々として縱横に流出する、凡そ文學あるの國、著作の家多しと雖も、之を比肩するの力あるは果して幾人かある。更に女流に見るに紫式部が源氏五十餘帖を著はせる如き、秀拔特異の趣味あるにあらざるも、國土の開化僅《わずか》に近畿以西に局《かぎ》れるの世に在りて、彼が如きの著作あるは頗る驚くべきの能力といふべし。閨秀の才情、他邦其人に乏しからずと雖も、式部と幷び馳すべき者果して幾人かある。更に徧究周討せば、強大なる能力を表示せる人物、極めて其人少しとせず。日本人智力の劣下、未だ遽《にわか》に證し易からざるなり。但々其島國自から桃源とし、鎖閉自から局促すること日久しきを以て、大作用を倣《な》し、大能力を示すの機あらず、其の力全世界に於て幾許大の功業事蹟を爲し得べきか、彼れ未だ曾て自ら知らざる也。歐米人の今日、坤輿到る處に縱横し、傲然として世界史を以て單にアリアン種族の歴史なりと稱するに至る。而して日本人は卽ち數百千年を經て常に一小島國に生息せり。其の直接に世界に於て成就せる事業を比較し、以て其能力を量るを得ざるは、固より其所なり。然れども間接に比較する所を視ば、我豈に輒《たやす》く歐米人の下に出でんや。

日本人は所謂蒙古人種なり。言語の系統を察するに、滿洲韃靼と其類を同じくす。支那とは全く異なれりと說き來りしも、語原の相類似せること近日に至りて證跡數々擧らるゝに至る。要するに其の蒙古種中に入るべきは疑なきなり。既に蒙古種たり。日本人が蒙古種中に在て占むるの地位は如何。

其多く他に下らず。たとひ直ちに最高の地に居るを得ざるも、第二流より下る者にあらざるは又疑なきなり。則ち諸々他の蒙古種民族が成就し得たる功業は、日本人も力能く之を爲すに堪ふと謂ふも不可なけん。蒙古種族の發達、之をアリアン種に比するに、何れの處にか其劣れるを見る。彼れ希臘ありといふか、蒙古種の黄河近傍に其開化を拓きし者、亦夏后商周の三代あるなり。ペリクレスの才は周公に何如、齊桓公の略遽に歴山《アレキサンダー》に譲らんや。孔丘はソクラテスと殆んど時を同じうし、セノフオン《クセノフオン》は恰も左丘明に應ず。彼れ羅馬《ローマ》ありといふか、此に秦漢の開化あるなり。六國を混一し、威北胡に加ふ。始皇の運は猶該撒《カエサル》の運の如し。陳勝の難に首たるカツシユスに彷彿す。儒教の漢武以下に興るは、基督教の擴張に均しく、王莽の周官を行ふはヒルデブランドの政教を合併するに類す。三國以下唐宋に至るは、正に泰西近世史の首より今日に至るに對す。晋武と訶露《カール》五世、魏武と伯得《ピョートル》大帝、隋煬帝と路易《ルイ》十四世、李世民と奈破崙《ナポレオン》、亦正に相應ずるを見る。但々此の相對する一連の時代に於けるアリアンの開化は、遙に蒙古種の上に出づるが如し。是亦由あり。蒙古種が處る所の邦、土壤千里、唯々山あり野あるを見る。河流の其間に通ずるは黄河、揚子江一、二に過ぎず。而してアリアン種の邦、海入り陸出で、河流數十、四走奔注す。交通往來の利、複雜頻繁の生を營むに於て狀勢の甚だ同じからざるあり。且つ蒙古種の開化は千有餘年の上に始まる。而してアリアン種は則ち後るゝこと數百年、故に他種族の成就せる開化、皆集めて大成するの利を享くるを得。歐洲今日の開化は亞剌比亞《アラビア》の人、卽ち所謂セミチク種に採る所多し。亞剌比亞人のアルケミイは支那の仙術と關係あり。蓋し支那の方士仙人と稱する者は、皆技術に長じ、而して漢時張騫の西域に至るに先て早くより之と交通し、以て支那開化の西漸を致せるなり。亞剌比亞の開化、加ふるに印度埃及《エジプト》の開化を以てし、渾融して一となす。歐洲の開化が完全に發達して極めて勢力あるは、先づ此三つの者に學ぶが爲なり。此等諸民種の開化が獨り西歐洲に入りて、東支那に至らざるは、亦地勢然らしむ。印度よりして陸に由れば則ち東北葱嶺を超え、海によれば則ちマラッカ半島を繞《めぐ》る。之を歐洲に出るに視れば、難易懸絶す。況んや亞剌比亞の如き、埃及の如き、壤地歐洲に接近せるをや。歐洲は實に幸福なる開化を享くる者、其今日あるは當然のみ。之を以て發達をアリアン種の特性と誇るは僭越の至りなり。且つ近世歐洲の開化を以てアリアン種の能力に出づると爲すも、蒙古種は猶實蹟に於て彼れと頡頏するを得るなり。彼れ近世の初めに於て米洲を發見す。坤輿の圓球にして西より一周して反て東方に出で得るの理は亞剌比亞人の唱ふる所、之を歐人の智に歸するを得ずと雖も、其の能く此理を實證して米洲を發見せるは、歐人が絶大の偉業と許すも不可なし。曷《なん》ぞ知らん蒙古種族は更に早きこと數百年、既に絶海の東に扶桑と稱するの邦土あるを認め、南宋の時に至りて其事情已に詳に知られたるは、實に今日の米洲にありしを。かの祕魯《ペルー》の開化の如きは、多く蒙古種より移せる所、之を考古の學に徵して歴々見るべし。今日の歐洲、鐵路の縱横せる、頗る驚歎するに足る。然れども夫の歴世黃河の水を治むるの技倆、隋時運河の開鑿に比すれば、何ぞ必ずしも多く稱道せん。夫の萬里の長城の如き、頑大にして無用に似たりと雖も、冥々の裡、北狄を威服し、單于が南下して馬に飲《みずか》ふを得ざるもの數十百年、其延長五百里、山を跋し溪を涉り、巍然として二千年の後に現存す。其規畫の大、其忍耐力の强き、眞に舌を卷くべきなり。此の能力を以て、此の氣力を以て、猶ほ東に於て交通頻繁、事情複雜、他國の開化に資りて自ら利するを得たらんも、機器の功利、物資の文明歐人よりも大なるを得じといはゞ、誣妄の論なり。成吉思汗《ジンギスカン》漠北に起り、亞細亞全土を席卷し、歐土を視ること彈丸黑子の如し。土を拓く數萬里、國を併する數百、規模の大なること實に曠古一人と稱す。是れアリアン種の望むで而して卽《つ》く可らざる所にあらずや。思ふに胡元既に志を得て、一たび華夏を覆へせしより、進步停滯して、今日に至るも萎靡振はざるが如し。只知れ、一盛一衰は世態の常、宋代の言論自由にして、理論に熱中し、學士書生、黨を樹て派を分ち、以て相排擠す。餘風中ごろ絶えて又興り、明に至りて益々昌《さかん》なり。而して忽然として胡元に併せられ、滿淸に亡ぼさる。印度の開化、世界に先ちて而して其宗社の覆へりしこと幾回ぞ。物極れば變あり。反動の必至、人力の支ふる所にあらず。卽ち歐洲開化の邦國一朝忽然としてスラブ人に蹂躪せらるゝなきを保すべからざるを。スラヴ蓬勃の氣象、歐洲列國を蔽ひ、コサックの馬蹄、靡麗なる數十の都府に遍《あまね》きの日、彼等は猶ほ能く今日の如く智を競ひ巧を爭ひ、駸々として日に進むを得んや。盛衰は常理、隆替は常勢、古今一轍、東西一揆、何ぞ獨り蒙古種に於て之を怪まんや。

夫れ今日蒙古種の人口六億に上る。而してアリアン種は四億に過ぎず。卽ち過去幾千年間、生存競爭の大勢に於て、我固より既にアリアン種に克てること多し。況んや其世界の開化を催すの能力、彼が如く雄偉宏大なり。たとひ時勢の推移、一旦蹉跌、振はざること久しきに亙《わた》ると雖も、其實力の蘊蓄一たび暢達せば、世界史の再び蒙古種の紀事に充されんこと、決して疑を容るべからず。日本人にして既に蒙古種中の優等者たらば、其の能力優に坤輿の大局を斡旋して、偉大の功業を建つるに足らん。猶何のアリアン種の强盛に辟易し、頭を縮めて自ら屈するの爲すべきあらんや。十九世紀は將さに終らんとす。而してアリアンの盛運も亦窮れり。彼れ今方さに東洋の問題に矻々《こつこつ》す。東洋の問題に矻々するは正さに是れ蒙古人種を困睡より醒起して、それをして再びアリアンに代りて世界の大勢を支配せしむるのみ。二十世紀より後は蓋し蒙古種に取りて好望の世なり。而して日本人に取りて亦尤も好望の世なり。人自ら知らざるに苦む。苟くも自ら其能力の在る所を詳知せば、山を抜き海を倒すも亦爲すべし。天地を位せしめ、萬物を育《やしな》ふも亦爲すべし。區々たるアリアン種の競争、關心すべき所以に非ざるなり。明治廿四年は來れり。祝すべき新年は又一年を進めたり。滿天下の志士に來るべき好運を指示し、其堂々として進で天職を盡し、且つ其小島國内の得失に齪々たらざらんことを勸む。余輩豈に偶然にして之を言はんや。

『日本人』第六七号「精神」　明治24年1月20日

立憲改進黨に過を貳《ふたたび》せざらんことを望む

帝國議會の開けしより以來、政黨政派の運動、立憲改進黨より目醒《めざま》しきはあらじ。彼れ前に進歩黨大合同を計畫して成らず。更に思ふ所あり。以て大に其黨を振ふ所以を求む。其の結果として議會一たび開くるや否や、早已に其の寡數なるにも拘はらず、一致敏速の進退、向ふ所に投じて意の如くならざるなく、隱然一敵國を爲すの狀あり。夫の豫算案に關する意見の如きは最も嚴急に減額を主張し、所謂硬派の中堅として指目さるゝに至れり。嘗て之と相提携するの約ありし立憲自由黨は内自ら相鬩《せめ》ぎて多數の實なく、且つ其中に在りては收賄の嫌疑を蒙る者頻々として生出せしに、改進黨は曾て斯の如きの醜評を受けず。若し此の情勢を以て持續せんには、當初結黨の志を貫き、衆議院を動かすこと臂《ひじ》の指を使ふが如く、政府に向背する唯其意の欲する所のまゝたらんも亦知るべからず。偉と謂はざらんや。但々余輩は此の進運の際に於て改進黨が其の過を貳せざらんことを望まんとするものあるなり。

概するに改進黨の長ずる處は其の之を始むるの際に在り。而して其の短處は之を終ふる能はざるに在り。彼れ性弱、故に成功を速《いそ》ぐ。其の企圖の初に當りて事稍々意の如く、奏功の期すべきを見るや、忽ちに得意滿志、未だ成らざるを見ること既に成るが如く、興奮の情に鼓勵せられて一時に其の成果を收めんとするの態あり。改進黨の歴史に看よ。彼れ其の起るや、自由黨既に先づ起り、而して疎暴過激の目あり。彼れ之に鑑みる所あり。乃ち當時財務に老練にして、且つ急に國會を開くの議、朝廷に容れられずして引退すと稱説されたる大隈伯を戴《いただき》て、一政黨を組織し、智識あり、名望あり、財産ある者の團結なりと自ら稱し自ら裝ひ、而して又能く之を以て咄嗟《とっさ》の間、勢力を博得したり。其の初の成果は斯の如く美なり。然れども既に自ら稱して智識あり、名望あり、財産ある者の團結といふ。而して又之を以て頭角を露はせり。勢の極まる所、智識、名望、財産を以て其の黨の專有たるの觀を装はんことを欲し、則ち遂に此三者を以て自ら其の黨を畫せざるべからざるを致せり。既に自ら畫し、而して自ら小にせざるを得ず。則ち云ふ、我黨は妄りに多數を求めず、唯々確實純良の人を得れば足ると。自ら畫すること益々狹く、隨て他を排すること益々多く、遂に必ずしも敵視せざるの徒を驅て盡く之を敵視し、前後左右、敵に堪へざるに至る。夫の始めて起るの日、勃焉として測るべからざる勢力ありしに比すれば極めて頭大尾小、前後相副はざるの觀あり。其の首領も僅かに一年の後名を其の黨籍に削り、而して忽焉として熸《きえんと》す。一熸《せん》して燃えず、長く萎薾せり。されども是れ猶ほ辭あり。獨り改進黨が事を處するの拙に歸すべからず。實に明治十七、八年の交は、政黨の厄運に際し、自由黨は自ら解き、其の志士は獄に繫がれ、流離顚沛、其の困難を極めたれば、縱《たと》ひ改進黨の處措に當を失せる者ありて、助けて其衰運を促がすことありしにもせよ、今且つ其失を恕して之を當然の厄運と視做さん。抑もかの條約改正の擧に於ける失策の若きは、余輩斷じて彼れ自ら求むるの失と稱せざるを得ず。此時に當り大隈伯新に朝に立ち、必ず速に効績を擧ぐる所あり。以て民望に答へざるべからず。而して野に在ては停滯不振、進まず退かざるの改進黨は、必ず一鼓して瀕死の衰態を振はざるべからざるは、勢の迫る所殆んど已むを得ざる者ありき。伯乃ち方さに井上伯の敗後を承けて、頗る前案を更革し、敏捷に國別の談判を開きて、進捗顯著なり。加ふるに歐洲の强國獨逸の如きは調印既に濟みたりと傳ふ。井上伯が宴遊舞踏、交際國の歡心を買ふこと數年にして、且ほ成《な》す能はざりしもの、大隈伯乃ち斯の如き短日月を以てし、强硬の政策を以てし、而して着々として進歩し、成功の期指すべしと聞くや、擧世驚歎して其技倆を感稱せり。改進黨は則ち得々然として、以爲《おもえ》らく機會熟す、以て黨勢を一振張するに足る、一振張せざるべからずと。其の成功を擧て盡く其の黨に歸收せんと欲し、其の首領の政策巧妙機宜に中《あた》りしの故を以て、國威乃ち揚《あが》り、國權乃ち張れりと云はん許《ばか》りに誇耀衒示、至らざる所なく、少しく異議を挾む者あれば、劈頭直下、突進して攻擊し、辨駁せり。其の氣勢の花々しく、其の狀態の儼然たりしこと實に觀るべき者あり。然れども彼れ實に此の花々しく儼然たるの際に於て自ら敗りしなり。彼れ其の功績を獨り其の首領に歸し、延て其の黨の專有となさんとしたれば、天下群起して之を攻め、彼れ卽ち孤立して救なきの地に陷れり。かの大隈伯の條約案は固より不完全の箇條多かりしならん。然れども決して之を修善し之を匡救するに於て道なきに非ず。若し其にして一人の私譽を効し、一黨の私盛を致すべきの跡なからんには、かの條約案の少しく修正せられて成効せんこと或は期すべかりし。唯だ改進黨は之を以て一の大隈伯の功績とし、一の改進黨の事業とし、天下を斥けて其成功を俱にするを拒みしが故に、天下輿論は容赦なく其の失點を攻撃するを得、而して伯と共に政府に立つ者も亦其の攻撃を以て當然とし、暗に之を助成するに至り、斯の如くにして遂に改進黨の首領は其の肢體を傷けられ、其の辛苦經營せる條約談判の業は壓抑排倒せられて止む。其の失敗の及ぶ所、彼黨が多年の望を繫けし撰擧の結果も、實に憐むべきの狀を呈し、其の豫期の半數にだも達せざりき。若し非條約派にして彼れ皆誠心誠意、國家の爲に改進黨を排撃せるのみにして、かの忌むべき一種の私情の爲に陰險の手段を用ゐることなかりしならんには、改進黨撰擧の失敗唯々彼が如きにして止まず。其の議會に全く勢力なきに至りしやも亦未だ知るべからざりしなり。思ふにかの獨逸調印の報一たび達せしの當時、改進黨が期望滿志の狀を以て、今日の結果に比較せば、彼れ豈に悵然として今昔の感に堪へざるなからんや。是れ實に改進黨が大失敗として永く記臆せざるべからざる所なり、而して今日の情狀を視るに、改進黨又將さに此の前轍を履まんとする者なき歟。

改進黨近日の勢、赫奕として日の方さに升《のぼ》るが如き者あり。而してかの前日失敗の覆轍は實に近く其の足下に横はれり。彼素より智識、名望、財産を誇耀して以て他黨に抽《ぬきん》でんことを務むる者、其の性格必ず些々たる末節に於てさへも、何がな人に先じて顧眄自ら誇らんとするを免れず。今日の爲す所を看るに、自ら其の稍々勢力を得るを認むるや、得々として手の舞ひ足の踏むを知らず。此の案彼の案、必ず其の黨員若くは其徒與《う》たる者の姓名を掲げて之を議院に出し、以て其の黨の名を售らんとする者の如し。是れ余輩が改進黨に熟慮を促さんとする所、成敗の機は實に此に在るなり。昔し家康の秀吉と兵を交ふるや、長湫《ながくて》の一戰に大勝を得、敵の兩將池田森を殺し、兵氣奮興して皆將さに一擧敵を鏖《みなごろし》するの志あり。然れども家康は直ちに兵を戢《おさ》めて小幡に入り、又直ちに小牧に歸り、以て秀吉の鋒鋭を避けたり。若し家康にして一戰の勝を恃み、進撃して新鋭の軍に當らば、全軍覆沒して復た救ふべからざりしならん。家康の機を視るに長ずる、大軍の進退掛引に明なる、乃ち秀吉をして華も實もある者と歎稱せしめたり。佐久間玄蕃の如き猪突にして機に暗し、僅に賤岳《しずがたけ》の一寨を陷れば則ち傲然として舅氏の言を用ゐず、徒らに大局の敗衄を貽《のこ》して終れり。政略の機會も亦斯の如し。改進黨今方さに好地位を占め來るが如きも、全局の成敗は未だ決せず、其力を用ゐるの地は猶ほ將來に在るなり。豫算案に於て嚴急に減額を主張するは、其の斷然たる決心頗る觀るべきあり。其の力量の程思ひ知られて感稱に堪へずと雖も、滿志得意の日は猶ほ遠し。今日の勢改進黨を贊する者多數を制するの望あるが如きも、前途の未だ測るべからざる、たとひ衆議院を通過するも、猶ほ貴族院あるなり。必ず之と協議せざるを得ず。更に猶ほ政府あるなり。必ず之が同意を經ざるを得ず。而して萬一不幸政府と議合せずして解散せらるゝに至らば、更に全國民あるなり。必ず之が贊助推援を得ざるべからざるなり。然るに衆議院に於てたとひ勝を制せりとするも、其勝や唯々僅かに半數を超えたるの多數にて、院内の敵黨全く力なきにあらずとせん歟。貴族院は固より急激の減額を好まざる者、而して衆議院の議決が太《はなは》だしき勢力なきを見ては大に恐るゝ所なく、且つ某の黨派が主として斡旋する所なるを見ば、猜忌の情念に動かされて猶豫なく之を否決し、排斥することなしといふべからず。政府も亦かの大隈伯、黒田伯が將さに云々する所あらんとするの風説既に喧しきに當り、改進黨の若き實に主として議院を動かすを見ば、危懼妬猜の念、加ふるに國民公共の意思にあらずして、黨派偏私の意見なりとの口實を揚げ、慮る所なく之を否認するを得べし。斯の如くして若し一旦議會解散せらるれば、天下輿論の之を視るや、亦國家の利福の爲めに已むを得ずして之を爲せるに非ず。唯々黨派の野心より此の不當の議を建つると爲し、議會の處措を非難し、而して其極前に自ら其の功績を誇耀せる改進黨の好事輕擧を咎むるに至り、改進黨は則ち大に得る所なく却て再び禍を買て止まん。是れ改進黨が既に嘗て經驗せるの失敗、豈に其の好んで貳《ふた》たびする所ならんや。改進黨の爲に謀るに、其黨の地歩既に立ち、其の前途の進運亦豫知するに難からざるに於ては、則ち姑らく自から韜晦し、改進黨の名を以て、敵味方の標目とせられざる樣に爲すに如くはなし。改進黨の勢力にして大に張らば、其の花々しきだけに其敵も亦益々多からんのみ。故に若し豫算案にして十分に勝を制するを得ば、其成功を以て獨り之を其黨に收めず、之を立憲自由黨の一部の如き、共に倶に運動する者に歸し、自ら視ること歉然たる、是れ其の成功を全うすべき第一良策なり。夫の小問題にすらも、汲々として唯々其の名譽を已れに集めんとし、些末の議案にも其の黨員の名を以て提出せんとするが如きは、皆自から傷《きずつけ》るの道のみ。窒林登《ウェリントン》の拿破崙《ナポレオン》に克つや、其の敵兵を追擊するの任は、自ら去りて之をブルーケルの率ゐし獨逸軍隊に讓れり。窒林登は木强にして略に乏しきの人、猶ほ且つ機を相て事を處するの方を知る。改進黨は則ち智識を以て自《みずから》衒《てら》ふの徒、知らず能く此の事機を察するの明を具するや否。

思ふに此事にして獨り一の改進黨の盛衰に關して止むのみならば、余輩は固よりかの黨と痛痒相關せざる者、何ぞ事々しく論ずるに足らんや。但々此の一擧は實に衆議院勢力の消長に係る。夫れ九百萬圓を減するは、其の事情行掛りの如何は姑らく置き、議會の力をして大に振暢せしめんとするに恰當必須の事たる也。且つ政府大臣、既に明言して斯の如き査定案は到底同意するを得ざる所なりといへり。衆議院が能く政府の決心を破りて斷然として其の決議を遂行するを得ば、是れ實に衆議院の勢力果して如何の度に及ぶべきかを試みるの機たるなり。是れ直ちに人民が政府に對して伸ぶるの勢力如何を試みるの機たるなり。衆議院が深慮熟思して全力を盡さゞるべからざるは實に此機に在り。而るを其の勢力を伸ぶるの機眼前に在り。而して僅かに一黨派が主張斡旋せることの爲めに、局面皆變じて衆議院の一大事看《み》す〳〵煙散霧消に歸するが如きあらば、豈に終天の大恨事ならずや。是故に余輩は衆議院の一大事の爲めに、將た人民一般の福利の爲に、改進黨に及ぶべきだけ其の多く些末の事に施爲せざらんことを希望せざるを得ず。若し改進黨の天性、徒らに小成に得々として、僅かに成功の緒を得て卽ち誇耀衒示し、大謀を成すに足らざること、決して改むべからざる者ならば、誠に奈何ともすべきなし。余輩は彼黨の爲めに惆悵することなきも、天下の爲に此の得難きの機を空過するを痛歎するのみ。然れども彼黨の弊習にして少しくも改むるを得べき者ならば、其の名士が今に於て深思熟慮して、悔を貽《のこ》さゞらんことを望むに堪へざるなり。

『日本人』第六八号「精神」　明治24年1月27日

衆議院の豪傑奚《なん》ぞ軍人の心を收攬せざる

人心の同じからざること其の面の如しとかや。均しく三百の卓子に倚り、三百の椅子に憑《よ》れりとも、三百の衆議院議員が望は己がさま〴〵ならん。小成に得々たる卑き者は名譽ある其の地位に滿足して、顧眄自から身邊の光彩を生ぜしかを思ひ惑ひ、知友妻妾、戚族鄉曲に誇りて無上の樂事ともなさん。されども其ゝ鷹揚なる者、打ち擧れる者など稱せらるゝは必ずしも此に止まらず。內閣を乘取りて自から代り、素より政治上に抱懷せる意想を實行せんこと、思ふに其の願ならんか。善し、夫れ既に政治家を以て自ら任じ、而して衆議院議員たるを得たる上は、每事人後に落ち、循々として老猾なる有司に鼻を穿たれんよりは、自ら進み自ら爲さんことを望むは殊勝とこそ言ふべけれ。顧ふにそれ之を成す所以は果して如何。試みに之が爲に二策を畫せんか。曰く全國民多數の望を收め、其力に據りて內閣を推排するに在り。曰く勢力ある在朝政治家に結托し、その推挽に依りて共に內閣に立つに在り。試みに又其の策の成否を較量せんか。夫れ時に臨み會に投じ、彼の惡を暴し此の美を揚げ、百方之を試みば、其の一世の論議を動かし、一時の口耳に上り、籍甚の聲名を買ふは敢て難しとせず。然れども事功虛しく擧ぐべからず。人心虛しく攬《と》るべからず。全國民多數の望を得、嵎《ぐう》として以て之を負ひ、因て政府を睥睨し來りて、一搏して之を擠《お》すは、事必ず已むを得ざるに出で、名必ず已むを得ざるに立たざるべからず。思ふに今の政府、其の大なる勢力なきを以て、大なる功業の稱すべきあらざると共に亦是はと、咎むべき大なる過失を顯はさず。可は無論に無けれども不可とても少く、逶迤たり陵遲たるのみ。たとひ急言竭論、危急存亡を鳴らして因循なる政府の一日存立すべからず、新組織の一日遷延すべからざるを說くも、所謂天下の患尤も爲すべからざる者、名の治平無事たるにありて、國民も亦偸安に慣れて敢て吾を信ぜず、死力を盡し、焦頭爛髮、以て之を鼓舞し、激勵すと雖も、多くは晏然として應ぜず、坐して其の變移を見、嘻笑の間に之を批評するに過ぎざらん。然らば則ち今日に在て牢《かた》く政府に抗議し、解散の運に逢ふが若きあるも、之に乘じて國民をして氣力を奮興せしめ、之を後楯と賴みて政府を攻擊し、擠排するは、殆んど爲すべからざるなり。第一策既に不可、且つ其の在朝有力の徒と結托するの策は如何。結合の薄弱なる現政府なれば、其の中材を負て逞うし得ざるの輩、不測の意想を懷き、雲氣一たび惡しきを待て、龍驤虎騰せんと圖る者少からず、時機若し會すれば、此輩と結托して自餘の當路大臣を排斥し、一蹴して內閣に入るも亦爲し難きにあらざらん。されども地位固より同じからず。かの政府にありて勢力名望あるものと結托して、聯轡竝駕、相後れざらんと欲せば、吾が素より有する勢力名望の甚だ相副はざるを奈何せん。天下無事にて麒麟凌煙、畫くべきの功名なし、處すべきの囊なきの日、何を以て錐末の見《あら》はるゝを望まん。奇材異能ありと雖も、用ゐるに處なければ、自ら其の地位を昂《あ》げて、直ちに廟堂の大臣と相結ぶに足る所以を見すは、極めて難しとす。三百の議員、其の實力の程は人の知る所、此間に在りて縱橫排奡、嶄然として頭角を露はすも、以て內閣の一席を占めて、經歷ある聲望ある先輩の間に重を爲する足るべしとは、人の遽《にわ》かに許さゞる所たらん。其の名望を以てすれば維新の功臣たり。而して今の內閣諸大臣の若きは直々當さに小兒蓄すべき所、勃如として蹶起し、天下に遊說して大同團結を唱へ、乃ち其の勢力を利して、一躍內閣に入る。誠に思ふとして爲すべからざるなく、爲すとして成るべからざる無きが若くなるべきに、其の爲す所、成る所、抑《そもそ》も何如と爲す。而して其の內閣に持するの勢力抑も亦何如と爲すや。況んや世の重を爲すに足らざる衆議院に在りて、少しく頭角の露はるゝあるも、籍《かり》て內閣に入るの地を爲すは實に至難たり。幸にして一旦其の一席を占むるも、既に舊輩に相結托して共に立てば、其の處措施設、自から前轍に循《したが》はざるを得ず。厭惡して循はざらんと欲せば依託の策先づ破れ、而して舊にして根蔕牢固なる者は留まり易く、新にして推援媒助少なき者は去らざるを得ず。其の素より懷抱する所を攄《の》べて、心のまゝに更革改置するが如きは決して望むべからずして、成就する所はやゝ一身の地望を高うし、泛々たる榮華に飽飫して止むに過ぎず。第二策も亦斷じて成功の望なし。則ち之を爲すこと將《は》た奈何すべき。試みに更に第三策を畫す。可ならんか。

余輩は云はん、今日に當りて政府を乘取り、自ら内閣の席を占めんと欲せば、先づ海陸軍人の心を收攬するに如くはなしと。蓋し軍人は特に一種の階級を形くる者なり。我が軍人は十數年來事情の夤緣する所、行政官が内治を輔くる一裝飾たるに似たりしと雖ども、其の實自から相離隔し、敢て唯々として行政官の命を之れ奉ぜず、反て隱然其實權を以て内閣を動かすの力を蓄ふるなり。固より直接に政務に預からず。自ら進で内閣を組織せんと欲するに非ざれば、必ずしも彼を排して此を推すとはなけれど、内閣大臣は冥々裏に其の喜怒恩怨の情感を候伺し、兢々として惟愼み、敢て之に忤《さから》はざるを務むること屢々之れあり。武人は概するに朴素にして、政治に關するが如きはやゝ遲鈍の傾あるを免れざれども是れ適々事に臨で精力强大なるの徵證たりとす。且つ康平日久しく頗る無事に苦しむの態あり。兵を練るに怠らずして、演習を擧ぐる頻々なるも、兒戲の擬戰、以て其の磊磈たる軍人固有の情感を發洩するに足る莫《な》く、徒らに髀肉を撫して長歎するもの決して少しとせざるなり。是に於て功名に急なる者は勉めて手を政治に下さんとするあり。現に身將官に在りて縱橫政治を談じ、聊《いささ》か自ら遺慰する者頗る多し。然れども更に多數の將校は鬱抑自ら禁《た》へず、花々しく目醒《めざま》しきの事業を爲して軍備を發揚せんことを冀《こいねが》はざるなく、卽ち專ら軍備擴張に傾注するを致すなり。今日の狀を觀れば、所謂軍備の擴張、砲臺を築き、軍艦を造り、銃砲を改良するが如き、皆巨額の費を要するの事たり。而して廢すべからざる者は、聊か以て兵力の强大を示し、軍人の望に副《そ》ふ所なかるべからざればなり。若し更に進むこと一層、巨額の費を投じて兵員を增加し、隨て士官の數を增殖せば、士官の昇進遞次に相繼ぎ、尉は進で佐たり、佐は昇て將たるを得ん。若し天下長《とこし》へに無事にして、軍人が功名を立つるの地なくんば、姑《しば》らく斯の如き昇進に遣慰し、滿足するの已むなきものあらん。卽ち所謂軍備の擴張、以て軍人の望に副ふべきの事は、皆巨萬の費を要するを見る。而して今日の政府、果して能く供給して贍《た》らざるなき歟。行政府の長官は實に軍部より出でゝ之を攝せり。其の軍備擴張に熱中盡力し、敢て費用を吝《おし》まざらんことを欲するは明々なり。奈何せん、此等の大臣、猶且つ果然決行して、軍人の冀望を滿たす能はず、軍人の鬱抑をして終古伸び難きの觀あらしむるを。何となれば行政府の積弊年久しく、國民の信任甚だ薄きを致し、曾て昭々たる過失の指すべきなきも、其の施設する所動《やや》もすれば輿情に諧《かな》はず、軍備擴張の要は世論も亦萬々之を認むるも、一朝政府の口に上れば、疑猜して爲にするあらんことを慮り、故なく忌々《いまいま》しさに之を拒斥せんとす。延《ひい》てかの海外の形勢に曉通し、軍備擴張の已むべからざるを熟知する者の若きも、公然として之を議會に唱へ、之を世論に訴ふるを憚るに至る。故に軍備擴張の爲すべからざるに非ずして、政府之を爲すが故に爲すべからざるる也。卽ち軍務に從事して大に爲すあるの志を懷く者、何ぞ成るべきの道を求めて之に就かざる。亦直ちに立法部と相結で支障なく力を展《の》ぶるの捷《すみやか》なるに如くはあらざる也。坤輿大局の形勢、切迫日に甚しければ、苟くも國を建つる者以て備なかるべからず。百方之を辭し之を逃れんとするも、形勢の必至、軍備の擴張は早晚避くべからざるなり。則ち衆議院の若き財務を管理する者に在ては、必要の迫る所已むなくして費を給するは、寧ろ必要の未だ迫らざるに當り、先づ給して餘裕を示すに如かざること數の見易き所、矧《いわ》んや其の將さに軍人の心を收攬せんとするあるに於てをや。軍備の擴張、果して早晚避くべからざる所に在らば、機先に謀を定め、行政府の議未だ發せざるに先ち、自ら進んで軍備の擴張を主張すべし。則ち軍人の議會を視るや、其の私情の之《ゆ》く所に任せて責なきの言を放つにあらずして、國家の大計の爲には、巨萬の費も慳吝する所なきを見て、之れを信ずること漸く厚く、政府に抗議して痛く攻擊するあるも、其必ず正義公道に出づるを知りて、敢て政府を贊《たす》くることなきに至らん。且つ夫れ今日の租稅、之を民力の度に比して固より輕しといふべからずと雖も、而も國家緩急、一朝已むべからさるの日は、更に二千萬圓を增出するの餘地は、綽々として之あるにあらずや。二千萬の巨額、當さに緩急事あるの日に之を徵すべく、之れを平日に徵すべからずとする歟。然らば何ぞかの政費を節減して剩《あま》し得る所、九百萬若くは七百萬若くは五百萬を以て盡く之を陸海軍に投ぜざる。旣に一世に明示するに、世界形勢の迫る所にして已むなければ、巨額の政費吝まざる所に在るを以てせば、たとひ其の政略たるの迹《あと》歷々見るべきも、熟思果決、此の大事を斷ずるを見ては、誰れか能く之を憑信するの念を生ぜざらん。之を憑信せば、則ちたとひ他事を以て猛烈に政府を攻擊するも、人以て其の徒らに私情の陋劣に發するを疑はず。其の極内閣の交迭を主張するに至るも、海陸軍に對し、國家の爲にするの誠意旣に諒とせられ、其の將官は寧ろ議會の議を容れて、政府の成敗に心を置くことなきに至らん。是に於てか嚮者の希望方さに伸び、內閣を取て之に代ること輒《たやす》く爲すべく、其の素より懷抱せるの意見も亦質礙なく施設實行するを得べき也。

或は疑はん、海陸軍は天皇陛下の親しく統轄あらせ給ふ所なり。若し立法部が之に容喙して、變更を加ふるが如き事あらば、國家統治の大權に妨礙するに嫌《うたが》はしからずやと。但思へ從來の海陸軍は果して何人の左右する所ぞ。徒らに行政府の使役に供し、其の機械となれるの觀ありて、爲に國民未だ曾て軍備擴張の急務を知らざるに非ざるも、日頃驕傲なる行政府の機關に向て修繕を加ふるの忌々しさに堪へずして、敢て爲さゞりしにあらずや。今若し立法部が挺進して軍備擴張を絶叫し、遽然として海陸軍を行政府の關繋より解き去らば、軍部獨立の傾向始めて見るべく、行政府の機關たらずして一國民の用たるを示し、而して國民も亦之が擴張を以て其責任とせざるべからずして、國家防護の必要より、之を等閑に附すること能はざるに至らん。則ち行政府の機關として一國の嫌忌を受け、其力を展べ、其用を盡す能はざるに優ること萬々ならずや。或は又云はん、耕は奴、織は婢、人各々其職とする所に長ず。故に軍職に在らずして、喙《くちばし》を軍事に容れ、手を兵略に下すは危險之より甚しきはなし。馬服君の子が能く談じて而して長平に四十萬の生命を委棄し、惡左府が長袖の身を以て八郎の戰略を掣肘す。古よりして然り。今衆議院中軍事に通ずる者幾何《いくばく》ぞ。而して其の徒らに捷給の口辯を弄して軍備に干渉す、能く長計を誤らざらんやと。然れども山に入りて路を求め、某の谿が何方に開く、某の水が何方に注ぐ、某の林が何方に在るかを知るは、行旅の人固より山に住するの樵夫に之れ若かず。抑も山脈の大勢、溪水の終歸を察し、其の隣接山脈河流に於ける關係の如何を觀るは、四里五里の外に在りて遙かに望む者却て能く大體を領するを得べし。各師團を統轄し、各鎭守府を整理し、軍艦兵器等些末の點に關する取舍進退を決するは軍人の專職、他人の與り知るべからざる所なりと雖も、軍備全體の趨向を定め、兵制國防の方針を操るは、傍觀する者の明、或は却て當務者に軼過することあり。二十年來兵制の改革も亦一再にして止まらず、其の改むるや局外の者或は之が不急無用を感じ、改革の故を疑ひしもの、再變三變の後、果して舊制に復せしが如き往々にして之ありき。且つ國防の手段として、砲臺の建築、軍艦の製造、果して孰れをか可とする。兵器の撰擇、兵員の增減、凡そ此等の問題は局外者の議論する所、何ぞ遽《にわか》に當局の下にあらんや。見ずや、英國に在てトラファルガルの戰勝、一たび海上に雄飛せるの後、心驕り志滿ちて久しく海軍の更新を怠りしに、一朝クリミヤの戰、佛國の海軍非常の進歩に喫驚し、國民皆深く其の時世に遲れしを悟りて、輿論の傾向急に海軍の擴張を促し、全國民の醵金を以て進で之を實行せり。軍備兵制の大體の如き、所謂局に當る者は迷ひて、傍觀する者は明に、終始軍務に從事する者の却て大に遺忘して暗昧なること多し。立法部が之に容喙し、之を支配するの嫌あるも、何ぞ患ふべしとせんや。且つ天下の朴素なる者武人より甚しきはなからん、而して天下の奸猾なる者亦武人より甚しきはなからん。蓋し武人固より朴素を以て世に信ぜらる。故に其の間奸譎の徒、其の朴素を售《う》り、其強桀に驕り、其外人の知り難きを利して而して非常の私を營むことあり。我が軍人中にも此類の徒輩尠少なりとせず。是れ立法部の如き之に干渉するは、其弊を掃攘するに於て、意外の成功あるべきなり。夫れ衆議院中の野心者流が軍事に容喙干渉するは、當局を掣肘するの患害を増すに似たらん。されども既に國民の代表を口に藉《し》くに於ては、たとひ口に藉くのみなるも、以て國民の勢力を伸ぶるの功効を表せざる能はざるべし。苟くも國民の勢力を表示するに足らば、一、二野心の徒が一時の跋扈、患ふるに遑あらざる者あらん。更に又之を思ふに、些々たる末節、平時師團の處措、軍艦の進退の類、衆議院議員の能く干渉し得る所にもあらず。又此の如き些事にさへ人の指揮を待つが如き、軍人の愚も此に至らざる也。議員の技倆、細大皆辨じ、些事末節、楊子の重箱を掃《はら》ふが如くに鋭利なるあらば、彼れ豈に今日の如き議會の遲鈍濫雜を惹起することあらんや。既に議會の現狀此の如きを了知せば、議員の技倆は測るべきなり。其をして及ぶ限りの力を盡して軍事に干渉せしむるも、成就する所は知るべきにあらずや。其の大體を領するだも至難にして、軍部を掣肘するの能くすべからざるは明々亮々なり。之を總《す》ぶるに立法部が軍部を收攬して、相結託するは、啻《ただ》に立法部の利たるのみならずして、又軍部の利たり。實に國家百年の長計たらん。立法部の諸豪奚《なん》ぞ軍人の心を收攬するを務めざる。而して軍人も亦奚ぞ之を迎へて、其の無事に苦むの不平を慰するの道を求めざる。

『日本人』（第2次）第八号「明窓淨几」　明治27年2月3日

見るがまゝ

落人後子

卿の俳人蕗谷、松浦武四郎が手簡を藏す。嘗て送り示さる。

尚々江戸着次第に書狀仕出申候間萬縷申略候義は御用捨奉願候謹言

秋冷之砌に御座候得者、彌御家内様御機嫌能御座候、奉恐慶候然者拙子去十五日仙府に罷在候、今に滯留仕候、明日江戸表へ出立仕候筈に御座候、何ケ取込居候間、萬縷書殘し置候間、不惡御思召可被成下候、尚々此度上野之俳人甫石と申て仙府には累年滯留仕候若年に而者御座候得共、存外之逸物には御座候、御地等にも暦遊心懸居候間、添書仕候間、何卒寄宿之程宜敷奉願候、尚道中愚吟も少御座候得共江戸より御見せ申上候、先早々取急に御座候者同人義のみ申上候謹言

雲津

修齋先生

御坐右中

山深樹色知秋早　針月穿林影昧朧　破鑛聲興天欲曉
煉銅場上焔焦空

鐵杵硅々繞翠微　蒼嚴洞上彩雲飛　頓占今日潛金石
屢瞰山丁負礦歸

銅山五首節二

古是將軍酣戰邊　麾風枯芒日飜翩　亂山憶起當年事
水氣挾腥斯廚川

廚川

修齋先生とは余が外祖父泉澤恭助翁の號なり。この以前家嚴十二、三の頃嶺田楓江翁北遊の次《ついで》、我が鄕にも過《よぎ》りし由にて、武四郎はこの時楓江門下と稱して蝦夷の歸途詩と印刻と俳諧とを以て修齋翁の家に久しく客寓せしとなり。當時は唯流落書生と見えたれども、獨り松前地方の繪圖數百葉を製し、且同地探檢の筆記數巻を見て、皆人感じ合へりしとぞ。初め雲津と號せしは、伊勢雲津の人なればなるべし。後に北海と號したり。蕗谷は更に武四郎が短冊一葉を藏す。

蕗谷主と袖を別ち

幾度かふりかへり見る花野かな　　雲津

詩は固より語を成さず。俳句も巧《たくみ》とは見えねども、武四郎が偉男子なるにめでゝ一通を謄寫して筺裏に留む。

○去年十一月の初め鄕友十數輩と近郊を逍遙して目黑に到る。不動を拜み瀧に水垢離取る人の信仰に感じ栗飯を食ひ、有名の比翼塚に詣づ。塚上どうだんの樹黃ばみて落葉地に在り。傍らに卒堵婆形したる板に

わきも子とたつさはりきて苔の下の
きみに見せんとおもひしものを

明治二十四年四月十九日　　通泰

裏に中澤正信、井上通泰建之とあり。凄惋切至近きわたりに蛸藥師堂あり。堂の納額に鳥居家の名匠清長が畫ける三升が矢の根五郎あり。

○藹々居士が書齊張交屏風に

大かたは捨かぬる世を春風の
ふくにまかせてちる櫻かな　　千廣

伊達千廣は大政三遷史の著者、今の外務大臣陸奥君の父なり。聞說陸奥君の謀反氣多きは乃父の遺風なりと。君果して又此の風懷を遺傳するや否。

○同じ人の藏に菊池容齋が墨畫、花山僧正の一幅あり。贊は行誡上人なり。

たてながら見よとときつる花山の
いける佛のすがたならずや
行　誠

上人の歌多くは矢口章を爲し、彫琢を加へず。此等も亦その類なり。

○女學雜誌の近刊に「ゆく春の記」あり。悲慘なる物語なり。よみもて行くに、よそ事とは思はれぬ節ありて、覺えず涙を落しぬ。たゞ細川をして喪心せしめたるは過ぎたりあれば、その作者の名こそ知らまほしけれ。同じ雜誌「春花に似たる婦人、秋草に似たる婦人」といふ一篇、巖本氏の筆と覺しいも、麗はしき筆ながら取分けて柔婉の辭、婦人に同情を表したる、めでたしともめでたし

○去冬秋田なる松の庵が信

近況如何。東照宮前の紅葉見頃ならん。向島の枯野も床しからん。第一の故郷辛き爲、第二の故郷頻りに懷かしく相成候。小生も大根葉と共に朽果つる譯なり。されども吾我を教へて「春を待つ分別寢るの外はなし」と發せしむ。逃げても奔しつても生延びる覺悟に御座候。兄の自愛を祈る所以も亦在り候。郷里の諸英不相變聲をも嗄《から》さず吹き居候哉。猛虎をして山野に嘯《うそぶ》かしむ、誠に時世の罪に御座候。御鳳聲宜しく賴入候匆々。

十一月十五日　松の庵

湖南樓主人
格下

世話體

孫に手を曳かれて戻る十夜かな
皓《しろ》い齒を眉深に隱す頭巾哉
下駄をもて酒屋を起す吹雪哉

御評

又春の賀狀の末に

一しきり松に聲して初日の出
柳から落て廣がる水輪かな
鶯の聲聞乍らいねながら

松の庵、俗物に白眼まれてそが奉養の爲にせる微俸をも保ちかねて、寢ねて春待つ境遇となりぬ。世の我が同人に讓することと至らぬくまもなし。されど寐ねて春待つことさへも能くせで青波郎に湘南にさすらひたるわがありさまを聞かば松の庵定めて若爲《いかん》の情ぞ。

『日本人』（第3次）第九二号　明治32年6月5日

沈醉時期來らんとす

日清戰役の終るや、既に沈醉の時期、尋《つい》で來るべきを逆睹《げきと》

し、嘗て竊《ひそ》かに論ぜしことあり。蓋し十數年の前、丁丑一役、不平黨が其力を伸ぶるに、干戈を以てするの道、斯に一段落を了せしより、政論の沸騰は、三、四年間、其の頂點に達し、而して國會開設の大詔を贏得せり。此より時勢一轉、破壞の氣焰、日に鎖歇に就き、而して建設の事業は、實權なき政論家の能すべき所に非ざるを以て、政黨の組織、成りて而して倏《たちま》ちに敗れ、一、二年間にして、政界の驚濤、帖然として熨《の》するが若く、餘波の起伏、國事犯者の獄を生じて、稍や其の怫鬱を洩す所ありしも、竟に力の以て頽勢を挽《ひ》くことなかりき。爾後數年間は、政府聲勢の張大を極めたる時代にして、伊藤某が内閣組織の一變、行政整軍の方鍼書は、一時の耳目を聳動し、萎靡せる反對黨をして、往々此に向て渴仰せしむるに至れり。此れ實に近年に於ける第一回の沈醉時期たり。沈醉時期は亦必ず一代人心をして、其の活潑々たる精力を耗せしむるに足る幻惑の目的物を有す。是故に社會改良の名は、歐西の皮相、浮華の俗を輸來し、麻醉の空氣は、往々民間黨をして、同じく其間に翺翔して、頗る得色あらしめたるは、當時交際社會の狀態に徴して之を知るべく、淪湮の極、兩度の朝鮮事件は、天津條約に其の局を結で、我が隣邦扶植の政策、一時中絕の實ありしも、世人は之が爲に激昂せしを聞かず。大井氏一派の大獄も、一代同情の冷淡極めて甚しかりき。井上の條約案は、國民の鬱結せる不平に、暢發の路を啓きて、國粹旨義の政論此に於て勃如として其れ起り、大隈條約案は更に其の進行を激して、百卉をして怒生せしめたり。議會の開設は、世人をして多少弊事の更革に望を屬せしめ、不平の暢發に、人爲の鼻口を穿ちしの狀あるを以て、潮の若き國論の進運に、一時緩和を與へ、頓挫を致さしめ、第二回の沈醉時期を形成したるも、其の沈醉や人心の倦憊と、元氣の銷沈とより來れるに非らざるを以て、貽禍も亦大ならざりき。三、四回以往、世人が議會を珍異し、議會を重視するの念稍已に薄らぎ、而して對外問題の爛燦たる標榜、幾たびか議會をして解散の否運に際會せしめて、而かも爲めに挫折せず、竟に日清戰役に馴致して、乃ち政府國民竝びに此の一大渦中に沒入せられ、國民の元氣をして、異論の興起に賴りて昂張せしむるの必要は、一時全く存せざるに至れり。日清戰役の終るや、沈醉の萌芽は爭ふべからざる者ありしを見たることなきに非ず。遼東還附の責任問題は、一派の人士之を唱へて、而して和する者誰ぞ。自由黨、國民協會は、政府に羈靡せられて、復た當年の氣力なく、政府が務めて鼓舞せし祝捷熱は到る處奏効して、地方人は殆ど一時政治問題に耳を傾くる者なきに至れり。吾等は竊かに以て憂と爲し、第三回の沈醉時期の禍患必ず大なるべきを想ひ、聊か之を論ずることありし也。

若し伊藤内閣をして、此時に於て其の財政に於て大破綻なからしめんには、沈醉時期は三十年前後に於て必ず來りしなるべく、而して伊藤内閣は十八年前後の榮華を再びするに難からざりし也。然るに戰後經營の膨脹政策は、先づ其の財政より破綻を見《あら》はし、加ふるに戰役の大渦中に轉ぜられし故を以て、其の不平の暢發を忘却せる者、漸やく夢寐より覺め來れば、國家の光榮と稱する大戰捷の惠澤は、僅かに官吏、一部軍人、御用商人等に壟斷せられて、之に浴せざる者極めて衆きを發明し、開戰の主動たりし功勞は、少しも報酬せらるゝ所なきの迂闊を悔恨するなき能はず。是を以て伊藤内閣の土崩は、意外に容易にして、而してかの報酬未だ逮《およ》ばざる者は、自ら其の惠澤を享受すべき運命を作ることを得たり。松隈内閣、伊井内閣、憲政内閣、短期内閣の遞起遞滅は、議會開設以來、未だ有らざりし政界の激動を來して、人をして目眩《めまい》せしめんとする者ありき。意《おも》ふに此れ大勢が將さに日清戰役前よりして繼續せる政界激動の大團圓を爲さんが爲めに、此の如き急轉直下の變化を生ぜしめたる者にあらざるか。かの戰役前に在りて、專ら外交の上より立論せし標榜は、戰役以後に至ては、責任問題は以て政府の根柢を動かすに足らず。而して反て財政則ち内治の上より問題を生ずるに至れり。外交問題は、人の公義心に訴へ易く、而して内治問題は人の私利心を誘ひ易し。私利心の擴張は、常に政界活動の靜止を意味す。戰役以後、宜しく沈醉すべくして、而して未だ沈醉せざる者、已に三、四年、嗚呼大沈醉はそれ將さに來らんとするか。

かの明治十五、六年以後の沈醉は、主として政府が政論の壓抑に勉めたること、卽ち他力の作用に因し、而して人心が結果なき激動に厭倦して、聊か國會開設の大詔に滿足するの念を生じたる者、之を助成したる也。その他力作用に因るを以てや、苟くも之を作興せんと欲すれば、未だ其道なきに非ず。但だ當時人士の識見稚弱なる、世態の動機に通ずる者あらず、故に必ず伊井内閣が其の榮華を極むるを待て、單に社會の公憤に激せられて、而して後に纔《わず》かに起れり。今や進步黨の人士の若きは、頗る眼光の世態の表裏に透徹する者あり。鵜の目鷹の目、苟くも起つべきの動機は之を把握せんことを思はざるなきも、而かも沈醉の遏《とど》むべからざらんとする者、是れ亦故あり。近日の沈醉は憲政黨内閣が其の爲すなきを世人に示したるに因り、其の十數年の苦節、國事に奔走すと稱せる者、一旦途に當れば、則ち藩閥の徒と異なるなく、甚しきは藩閥の爲さゞる所さへ、之を爲す者たるを世人に示したるに因り、戰役の惠澤は之を享受することを避けずして、潛勢力の蘊蓄は、少しも力を用ひざるに因り、凡そ民間政派の衰頽を招くべき原因は、自ら之を作れる者多し。是を以て衰頽の勢に際して、世人の同情を買ふに不便なること、かの第一回沈醉期に比すれば、更に甚し。且つ第一回に當りては、餘憤の激して國事犯者を出すに至るなりしも、今の沈醉時期は、能く此の如き義憤に驅られて生命を犠牲にすべき者を出すことを得るか。極めて覺束なきことならずや。是れ今回の沈醉が、更に前時に比して大なるべきを豫想する所以なり。

山縣内閣の爲す有るに足らざるや、何人も始めより之を認めり。則ち其の今日に至りて、財政に外交に、其の能く爲すなかりしを怪しむるに足らざる也。内閣大臣、盡く現時に於る第二流以下の人物を以て組織し、其の爲す所の人心を飫《あ》かしめざること已に彼が若く、而して其の容易に動搖の狀なきは何ぞや。豈に守る者の餘りあるに非ずして、而して攻むる者の已に倦《う》めるに非ずといはんや。此を之れ察せずして徒らに力を無用の地に費すは効なきなり。減租問題の狂呼が大なる反響なきも此が爲め也。外交不振の議、以て世人を動かすに足らざるも此が爲め也。沈醉の時期は怖るべき時期なり。酒を被りて臥すの人、猛火の膚を燒くも、爲めに醒覺せざることあり。黑甜一覺、乃ち四面の火焔、身を繞《めぐ》るを見て、而して驚恨すとも及ぶなき也。沈醉の時期を利用するの大奸あらば、此時に於て國を蠹し民を罔《あみ》するも亦爲すべし。山縣内閣の諸氏は固より之を辨ずるに足る者にあらざるも、山縣内閣を指使して之を辨ずるを得せしむる者、豈に絶無と謂ふべけんや。識者志士は、固より之が醒覺を圖らざるべからず。則ち醒覺の能すべからざるも、其の沈醉の間に襲來すべき災害豫防の術を講ずるなかるべからず。嗚呼何人か吾等と此の杞憂を同じうし、而して此時期に應ずるの道を講究する者ぞ。苟くも之あらば、願はくは鞭を執て而して之に從はん。

讀書餘錄

『日本人』第一五四号　明治35年1月1日

崑崙

坱圠生

崑崙《こんろん》とは何の山なりや。此の研究は古來支那人の屢々試みたる處なるが、漢の武帝は于闐《うてん》の南山を以て之に當て、唐の時には悶磨黎山となり、元の時には朶甘思の西鄙に在ることゝなりしが、清朝に至りては西藏《チベット》西偏の阿里に於ける岡底斯《カイラス》山を之に當てることになれり。然るに魏源は釋崑崙一篇を著はして葱嶺卽ち今のパミールを崑崙なりとせり。此れ以て定案と爲すべし。然るに更に難題たりしは釋氏の阿耨達池《あのくだっち》を以て崑崙山に在りとするより起る疑問なり。こは崑崙より四水出づるといふ山海經竝に水經等の誤が須彌山《しゅみせん》の阿耨達《あのくだ》より四河出づるといふ釋氏の所傳と類せるより之を歸一せんとせる結果なるが、從來輿地家にして此の牽合の爲に困《くる》しめられ、又之が爲に興味を有せざるはなかりし也。然るに近時に及び黃懋材の説出でゝ、此の疑問始めて釋《と》けたり。即ち崑崙を以て葱嶺とし須彌を以て岡底斯山とし、兩々分立せしむることとなり、さればカノラクル池は阿耨達池にあらずして、而して瑪珀穆達頼池を以て阿耨達とし、崑崙の四水は搭里木《タリム》川の諸源流アムダリヤ、シルダリヤ等にして、而して須彌の四河は印度河、安日河、雅爾藏布江（ブラマプートラ河の上流）等となるなり。此の久しく釋けざりし疑問と共に生ぜる古來地理家、道家、釋家の牽合説は頗る興味ある者にて、支那印度に於ける人種始原の説とも大關係あることとなるが、こは別に論ずべき機會あるを以て今こゝには及ぶに遑あらず。

友人松岡素俠嘗て曰く、昆侖とは混沌の義、豈に指して定處あるを得んやと。此説極めて奇、其後文芸閣の來游するや、亦昆侖の義を釋すること素俠の説の若し。而かも其の處は以て今の帕迷爾《パミール》なりとせり。余因て芸閣に語て曰く、昆侖の事古書に出づる者皆な昆侖之丘といひ、昆侖之虚といふ虚丘古へ通ず。即ち人種の棲息せし故址の意、虚の字は、丘に從ふ。丘は原と二人に從ひ、一に從ふ。人の棲息する地を意味するなり。昆侖之丘、昆侖の虚とは皆原人の棲息せし處を指す也と。芸閣之を頷《うなず》きし。

水道提綱の誤

瑪珀木達頼池の事に就て更に言ふべきは、水道提綱の誤りなり。水道提綱は乾隆中齊召南の著にして支那河川の事を記せる書にて最も精確と稱せらるゝ者なるが、安日、印度の二水源に就ては全く誤れり。水道提綱は岡底斯山の東南狼干喀巴布山より出で、馬品木達頼池に入りて又出づる狼楚河、岡底斯山の北、僧格喀巴布山より出づる拉楚河、達克剌城の西北、麻布佳喀巴布山より出づる麻楚河を以て合流して岡噶仁即ち安日河となる者とすれども、實に安日河の支源たる者は麻楚河のみにして、他の二河は皆印度河の源と爲る者なり。此の誤に就ては黄懋材も頗る詳細に辯じたれども、猶ほ印度河源を以て拉楚一水とし狼楚、麻楚は安日河源なりとせるは同じく誤れり。

長嘯と劍器

去年の一月に本誌にて長嘯に關する書を紹介せしことあり。其後汪啓淑の水曹清暇錄を讀みしに云ふあり。

古來失傳之技。擊壤、長嘯、劍器舞、彈棋。惜無博雅攷據明晰而興起之。

とあり。長嘯も曾て紹介せし嘯旨だけにては之を再興するの資料とはならねど、猶ほ其の髣髴を得るに足る。擊壤、彈棋は今知るに緣なし。只だ劍器渾脫は其の舞こそ傳はらねども、其の聲曲は猶ほ我邦の雅樂中に存せり。若し其の聲曲より推して其の體勢を想像せば、或は興復し難からず。然れども隋唐古樂の聲調をすら全く失ひたる支那人には、固より此事思ひもよらざる所なるべし。

佚書

我邦に存せる漢籍には格別珍書とも思はれざる者にても、往々かの邦にて佚脱せる篇章を傳ふることあり。心すべきことなり。其一は宋の陳舜兪が廬山記なり。こは五卷七篇ありて第一卷には總敍山水篇第一、敍山北篇第二を收め、第二卷には敍山南篇第三を收め、第三卷には山行易覽篇第四、十八賢傳第五を收め、第四卷には古人留題篇第六を收め、第五卷には古碑目第七を收めたる者にて、我が元祿十年の刊本は全部完足せるに、四庫全書提要には三卷のみ存して二卷は闕けたりとあれども、其の目を按ずれば存せるは初めの三篇二卷のみにて後の四篇三卷を佚せるを、提要は私に斷じて三篇を三卷と思ひ違ひしなり。永樂大典本も同じく後半を佚せりと提要に記せるに、幸にして我邦刊本は完足せるなり。又此頃京都にて馬令の南唐書鈔本を得たるが、こは花山院家の舊藏にて延享戊辰（即寛延元年）從一位常雅收藏の奥書あり。此書の馬令が自序は四庫全書提要には佚せるよし見えたるに、この鈔本には完存せり。又本邦刻本に李文叔の洛陽名園記あり。此書の紹興年中張琰序も四庫提要に佚せるよし見えたる者、本邦刻本には完存せり。又前數年、赤松連城師等が刊刻せる李屏山の鳴道集説には耶律楚材の序文あることなるが、之を近年清國にて刊行せし耶律楚材の湛然居士集に收むる所の鳴道集説序に對校するに、頗《すこ》ぶる字句の異同ありて、かれに脱せしと覺ゆる字句のこれに存せる者あり。若し讀書の次、常に注意を怠らずば此種の發見は必ず多かるべし。古佚叢書、佚存叢書若くは群書拾補の後を續ぐことも爲し得べからざるに非ず。敢て世の讀書家に警告す。

『亞細亞』第一卷第一号「批評」

明治24年6月29日

日本海難救助法（ペ、マイエット氏著）

賞鑑之菩薩

著者の云ふ如く、ノルマントン號の紀洋に遭難するや、端なく海難救助の必要を認むる者を生じて、救助會の設立をさへ見るに至りたれば、此著の如き各國の類例を調査して、精密に其の方法を設明せるの書が世人の注意を惹くに價あることは言ふ迄もなきことなり。其の日本海難救助會に就て、官設民設の可否を述べ、東京を中央點と定むべき意見の如きは、尤も當局の參考とすべき所なり。終りに日本沿海十ヶ年間難船圖を插入す。紅點斑々として全海岸に洽《あまね》きを見れば、人をして悚然たらしむ。

史海第壹卷（經濟雜誌社發行）

仝

出色の文字は田口氏の武内宿禰傳なり。此の上古草昧の一人傑に關する、世人の朦朧たる觀念をして、亮々として現時の人に對するの思あらしむ。亦た好史筆といふべし。或は其の年壽の説に於て輕々筆を拂ひ去りしを惜む。然れども氏の筆意は反て筆墨の外に躍然たらずや。アントニー傳亦面白し。唯々間々鼎を扛《あげ》て臏を絶つが若き處あるを憾《うら》む。ソクラテス、ヴオルテール傳稍々見劣りす。日露交通事略は異聞を廣むるに於て亦た裨益少しとせず。要するに近日雜誌中、尤も質實にして有用なる者と稱するに不足はなきなり。

校訂神皇正統記（飯田・久米兩氏校訂）

仝

北畠准后が正統記は其の史筆市に定價あること久し。今贅《ぜい》せざるなり。飯田、久米兩氏は方今國學者中の翹楚、其校訂の當れるは勿論ならん。而して此の印刻は實に國文流行の時世に促されて成りしものならん。此等の書が輕便に世人に讀まれ易くなるは兎に角喜ばしき事なり。

東邦協會報告第一

仝

東邦問題といふこと近頃の言草なれど、東方に關する智識は實に甚しく現時に缺乏せり。東邦協會は此の缺乏を補はんが爲に興り、而して報告書を發行するに至る。此れ極めて喫緊の事たり。日南氏の南洋兵備提要は記載詳備、遺憾なしといふべし。濠洲航海記事、東南洋地誌、東邦最近時事概要中には間々蛇足と思はるる節のなきにあらず。されど今日の邦人には此位の事にても讀て益する價なしといふべからず。又亞細亞大陸に關する記事の割合に乏しき心地すれど、逐號發刊の書、固より之を其初號に於て備を求むべからず。概するに統計周密、圖表精緻、苟くも東邦に注目する者の必らず一讀せざるべからざる者。

舊事諮問錄第壹編

仝

大學内及び其他の有志諸氏の企てにて、幕府の遺老に、當年の事蹟を諮問し、之を印行する者なり。第壹編には御小姓たりし坪内、松浦兩氏が將軍の動作に關する話尤も霸朝奥向の風趣を想起せしむ。語々盡く是れ詩材なり。鈴木重嶺氏の勘定所の話、小俣景德氏の評定所の話、當年財政司法の模樣を見るべし。遺老の生存、漸やく寥々たり。今に及んで此の諮問の擧あるは、史料、政制、詩材、共に大裨補なくんばあらず。好事一輩として等閑看過すべからず。

出版月評第三十八號

仝

昨年來久しく休刊せる出版月評は、其三十八號より體裁をかへて、再び世に出でたり。體裁は替りたれど、優雅より古樸に移りしのみ。日本振なるは同じ。編中羯南氏の三宅氏日本人批評、日本人の能力に關して、考證の直接適實ならざりしを咎めしが若き、從來評家中、此の窾に中《あた》りしは只此一評。張陽氏の濟世危言の評、亦た觀るべし。かの如盆島、日本經國策を評するが如きは、梅坡氏が如盆島の一節を評して、牛刀鷄を割くといふこと、評者豈に此の嫌なきか。今日著書の出つるもの、此二書より先んずべきなしといふは信ぜざるなり。アーノルドの新著「世界の光」の若きは、モ少し丁寧に紹介されたかりし。

『亞細亞』第一巻第一七号「網」　明治24年10月19日

衆議院議員ならぬ政黨員

洴澼絖子

今のまゝなる政府の有樣、今のまゝなる民間黨の模樣にては、萬々年を經んも、所謂更新の行はれんこと、覺束なさの至りなり。其れ或は自然力の運行、何時何處より如何なる事變の突如として大刺衝を與へ、已むなく更新の機運に際會せしめんやも知れず。但々是れ坐して天の明命を待つ覺悟ならば可ならん。國の存亡、民の利害、一に來らん大勢の指揮に任せん覺悟ならば可ならん。さもなくて聊か己が心血を以て國家の爲に注ぎ、因て以て大勢の運行を左右して、國と民との覆沒を濟《すく》はん志あらば、今のまゝにては其の可なるを知らざるなり。

政府は某の條例、某の行政處分といふ如き、兒戲らしき手段もて、民間黨の行動を一日半日の間に紓《ゆる》べんと欲す。是れ其の行動を紓ぶるにあらずして、唯だ其の見ゆる處に於ての行動を移して、見えぬ處にて行動させんとするのみ。嬰孩が其顏を自ら掩ふて、居ぬ〳〵といふと擇ぶなきのみ。顧ふに政府の手にて、更新の行はるべきことの望みは疾くに絶果たり。十數年來、因循日に加はり、姑息月に長じ、凡そ以て更新の道行に在るの物は、皆之を腐爛したれば、たとひ内閣の交迭は、一年半年、間なく隙《ひま》なく行はれて、其の間には新らしき樣の人物の入り來ることなきにしもあらねど、恰も麹室の如き政府、之に入り來るの飯粒は、一々麹化せられて、新らしき人物も數月ならずして、政府臭の鼻を衝くばかりになるなり。故に政府が官制の改革冗員の淘汰に、内閣及び各省大臣官房の燈油幾升を餘計に費したる結果も、潮の進退するが如く、究竟何の効も見ずして終りたる既往、咎めんも詮なし。今方さに三百人の愚俗漢が歡心を求めんとて夜を日に繼ぎて揉み壞す最中なる改革も、到頭大なる望は繫げざるなり。猶ほ是れ多少の注文をなすに慣するは、民間黨なり。

民間黨とても其の内部の腐爛は追々膏肓に入たれば、若し代りて自ら地位を得ん日には、其の因循姑息、今の政府に異らぬやも知れず。然れども兎に角今日は政府に對する抵抗力に自から勵まされて、氣力の稍々充實せる觀なきにあらず。抑も何ぞ彼等が政府に對するの手段、極めて拙劣なるや。十數年來、政府に向つて放てるの矢丸、幾百發ぞ。而して其の命中せしは果して幾發ぞ。形に於ての制度は改革されたり。而も政府は依然たる藩閥政府なり。其の神を替へずして、徒らに爲に其の衣、其の冠を改むるも、白癡は永《とこし》なへに白癡なり。瘋癲は永なへに瘋癲なるべし。況んや議會は既に開けたり。其の形に於て、民間黨の勢力を伸ばすの領地は大いに取り擴げられたるが如し。而も民間黨が自ら其の勢力を伸ばすの領地取り擴げられたりと思惟する丈、其の神髓に於ける勢力は自ら屈し、自ら縮められてありと知らざるなり。用ゐ處なき六百五十萬圓を剩し得たる殊功は過去の夢として説くを須《もち》ひず。辭職の勸告に始末を着けずして止みしも、已むなきことならん。第二の議會に於ける信用投票の豫備、是れ將た幾十日間の草臥《くたびれ》儲けをせんが爲めにするの覺悟なるか。演説は中止され、機關新聞は停止され、其の當座のみ悱々憤々として、一日も此の政府を戴くに堪へざるが如く身搔《もが》けど、行動に自ら草臥るれば、矢張り氣樂にアテもなき大希望を放談するなり。小さき行動の節々に、妙な工夫を籠めて、自から以て謀ありとなせども、其の實是れ無謀の甚だしきたるを知ざるなり。民間黨にして此の如き無謀の手段にて更新を望まば、萬々年を經とも能くすべからざるなり。

道二つ、爲すと爲さゞるとのみ。されど絲によられたる如き世のさま、實理實情は表面を見て知るべからず。實動實作は表面を以てのみ爲すべきにあらず。是に於てか爲すが如くして爲さゞる者あり。爲さゞるが如くして爲す者あり。其の拙き者は他よりす。故に勞して功なし。その巧なる者は己れよりす。故に逸して果多し。何をか他よりすといふ。營々して筋を勞し骨を勞し、額に汗して奔走す。卒爾《そつじ》にして之を覗れば、其の爲すこと至らざるなきが若し。然れども彼れが爲す所は塞《ふさ》がれる河、滴々にして之を汲み、而して之を乾かすの類のみ。滴々にして之を酌む、我の水に於けるや直接に作用せるなり。彼れは知らんや、かの爲さゞるが如き者が、土を掘り閘《ひのくち》を放ち、唯だ間接の作用に從ひ、而して天に滔《はびこ》るの水、一夜忽然として去て痕だにも留めざるの術あるを。

丁丑の役、神州の劍氣茲に銷盡して、凡そ爲すあらんとする者、皆力を筆と舌とに假りし以來、民間黨が爲す所ありしこと、それ幾何《いくばく》ぞ。人の耳目に在る者歴々として説くを須ゐず。其の結果として帝國議會を得たるは、さぞかし滿足の事ならん。帝國議會の價値は、第一期に於て大いに人をして失望せしめし傾きなきにあらず。而して之を非難する者、囂然として興り、さては代議士といふ者をも、榮譽ある地位として之を視んこと、忌々しさに堪へざるの觀あり。顧ふに是れ果して多數の輿論なるか。觀察する者は其の内部を透觀せざるべからず。其の言を聽て其人を信ずるは、仲尼も宰我に誤るを免れず。實を刻すれば、現社會の勢力たる多數は未だ帝國議會に未練を殘すこと頗る厚きを免がれざるなり。而して代議士を以てさまでに榮譽なき地位とも思はざるなり。蓋し近日の風潮、東洋的豪傑を氣取るの風を再燃し、閒居して自ら高ぶり、而して竊かに天下の重きに任ずといふの虚飾、人皆之を尙び、語、政事家といふに及べは、冷然として之れを笑ふ。是を以て屑々として代議士たらんことを求るは、自ら愧づべしと爲すが如く、代議士を視ること亦殆んど議會開けざるの前、官吏を視るに異ならず。加ふるに競爭の費用、其の能く辨ずる所にあらざれば、爭はずして自ら高ふするの利に如かずといふを以てす。遂に代議士を輕視し、聊か以て自ら遣るを致せり。既に代議士を輕視す、而して代議の制、竟《つい》に全くかの輕視すべき代議士を驅りて、理想上に完美なる組織を成就するを許すべからざるを見るや、忿々の情解く能はず。而して併せて帝國議會を非難するに至れるのみ。未だ曾て東洋の一國、其の國民の特性、果して何等の政體に適するかを知悉して、玆に帝國議會を非難するにあらざるなり。未だ實に代議士の職分を了得して、之を輕視するにあらざるなり。故に若し彼の自ら高ぶるの徒をして、其の財力以て競爭するに足らしめば、能く其の自ら高ぶるの氣象を保持せんや否や未だ知るべからざるなり。而して帝國議會、彼れ復《ま》た以て爾《か》く價値なきものと爲さずして、循々として之に由て拔くべからざるの積弊を革めんとするならん。

嗚呼彼等は議會といふ者の聲によりて、世の聽覺を聳動せんとするか。政黨の運動は、叫ぶより外に術なき者とせんや。叫ぶことの價値は、蓋し知るべきなり。彼等は或は謂はん、聲の緩き、低き者、叫ぶが故に、其の價値は爾く少きのみ、我等にして叫ばんには、豈に斯くばかりにて已なんやと。然れども叫ぶことの價値は究竟知るべきのみ。若し有形を以て帝國議會を價ぶみすべくば、用ゐ處なき六百五十萬圓は實に其價にこそあらめ、議會が此丈の價値を出すには、政黨員の奔走、豈に大方の事にてありけんや。彼等は今になりて冷然として他人の事にてもあるかの如く、其のマヅキ手際を衆議院議員にのみ塗り付くれど、硬派軟派、紛々たる揉合ひの最中には、政黨全體を擧げて、此の小得失に汲々たりき。剩《あまつ》さへ政黨員の餘り汲々たるが爲に、議員の運動が每々掣肘されて、不平に得堪へぬ程なりき。されど其の結果は只是れ用ゐ處なき六百五十萬圓なりき。政黨員にても、人竝の理解力あるものには、此れ位の結果は、あれ程までに熱中狂奔せでも出來さうなるものなりき。軟派ばかりに任せ置きても、此よりマヅキ結果の出來んやうなきが如くなりき。民間黨ともいふものが、力の限りに運動して博得したる結果とは、恥かしくて言ひかぬることのやうにもありきと心付かざるはなかりけん。是に於てか議員のフガヒなさのみ痛く責められて、政黨の眞正結果にはあらずとこそ言ひふらしたれ。是に於てか第二議會には、花々しく信用投票なりとして、世の耳目を奪はんとこそは思ひ立ちたらめ。是に於てか七州風雲蓊勃の氣を假藉し來りて、中原を吹き靡《わ》けんとこそは計りたれ。思へ、世の耳目を奪ふ、畢竟何の成る所ぞ。信用投票、畢竟何の益する所ぞ。而して七州風雲の氣、渙散半歳を出でずば、彼等は果して何の得る所ぞ。叫ぶことの價値、豈に知るべからざらんや。叫ぶことの道具なる帝國議會に由るの功も、亦た豈に知るべからざらんや。

兎に角に議會に由りて爲さんとするも、猶ほ三年の間は、今迄の衆議院議員を取て除けて自ら代らんよしもあるまじければ、其の行動は間接ならざるを得ざるべく、始終靴を隔てゝ痒《かき》を搔くの思あるべし。寧ろ如かんや、斷々乎として議會によりて爲すの望を絶ちて、別に爲さゞるが如くして爲すの途を求めんには。幸ひにも議員なる、議員ならざる政黨員が、互に面白からぬ感じあるは掩ふに掩はれぬ事實なれば、怨を匿して其の人を友とせんよりは、道同じき者のみ、相爲に謀るの爲し易きに如かざるなり。且つ夫れ帝國議會の事は、議員に一任するも、爾今而後かの六百五十萬圓といふ價値よりも低らん事は之あらざるべし。軟派議員反覆議員なりとて、彼れ固より軟心腸なるが故にこそ思ひ切て政府に反抗しかねたるなれば、又思ひ切て人民にも反對はし得べくも思はれず、彼等にして若し醜穢なる事を爲すも、そは人の耳目を欺くべき程以上の醜穢をば爲し得ざるなり。彼等に任せ置くも、所謂平和に開けたる議會をば、平和に保續し得べきを疑がはず。何を苦しむで、民間黨の全力を無用の地に費すの愚を爲すを須《もち》ゐんや。政黨員にして無事に苦しみ、必らず爲すことあらんと欲せば、何ぞ議會の他に求むべきの道なきを患へん。固より中止さるゝことの知れ切たる演説會、人の耳目を鈍くする機關新聞、壯士の煽動、此の如き有りふれたる手段にて爲すあれと勸むるにもあらず。勸むる所は、爲さざるが如くして爲すの道是のみ。嗚呼政黨の能方、叫ぶことのみには止まるまじ。彼れには口のみあるにあらじ。古へよりして一代の改革者と稱せらるゝ者は、彼れ皆如何に爲せしかを看よ。

然りと雖も吾等は實に民間黨の終に吾等が言に用ゐるあるに足らざるを知るなり。今後眞正の改革者は、恐らくは今人に注意せられざるの邊より起らん。勝廣の起るや、項氏叔姪の起るや、赤帝の子は彼れ實に自ら大丈夫此の如くならざるべからざるの地位に登らんことの思ひもよらざりしならん。ハムデン、ビムの赫々たるや、クロムヱルは猶ほ已むなくば他國に移住して餘生を樂しまんとする人なりき。

『亞細亞』第一巻第一八号「論説」　明治24年10月26日

革新の氣運

無名人

久亂の世の變じて治休に入り、久治の世の變じて亂離に入る、若しくは此の制度習俗の世の化して彼の制度習俗の世となる、一朝一夕にして輒《すなわ》ち能くすべきにあらざるなり。思ふ、かの童稚期より進で少弱期に入る、其間亦た齠齔《ちょうしん》期の小過渡を要す。而して少弱期の壯盛期に入るも、亦た骨格の完備、聲音の變化等、一兩年の過渡期を其の間に插《さしはさ》むなり。唯だ夫れ五尺の小動物、五、六十年の短生命を以てすら、其間に於て變遷期の過渡に費消する日月は斯の如く長ければ、かの超絶有機物、石器期以て童稚とし、靑銅器期以て少弱とし、鐵器期以て强盛期とする長生命の大靈體に在りては、其過渡期の甚だ長き、殆んど人をして其の命運の始終を認むるに苦しましむる者、決して偶爾にあらざるなり。若し夫れ全人類の大生命より看來らば、吾等が知識せる既往の歴史は、猶ほ是れ嬰孩期の一部分なるやも知れず。されど是れ今ま吾等の論じ得べき所にあらず。吾等はかの既往の歴史に於て盛衰興廢せる國家を以て、姑《しば》らく看て一生命を終始せる有機體となし、而して現在の吾等が郷國の命運を考察せんとするのみ。而して斯に吾等が郷國の今方さに一過渡期に際せるを見、而して斯に吾等が維新の改革に命運を定められずして、定めらるべき命運の將さに繼で來るべきを見る。戰國の漢に遷るや、祖龍其前門を開き、而して漢高其後門を閉ぢぬ。六朝の唐に遷るや、隋氏其前門を開き、而して唐宗其の後門を閉ぢぬ。羅馬の前後三傑あるも亦然り。平氏の源氏あるも亦然り。織豐氏の徳川氏あるも亦然り。嗚呼薩長氏の未だ知られざる誰某氏ある、獨り然らざるを得んや。治世には治世の民あり。治に飽きて、已むなくして驅られて亂離に趨くと雖も、治に慣るの心神軀體は、一頓して亂に習ふこと能はず。必らず累《かさ》ぬるに數十年の歳月を以てし、其の筋骨を强うし、其の心性を鈍らし、庶《ねがわ》くは以て亂世の用に應ずるを得ん。亂世の以て治休に趨くも亦此の如し。而して此の過渡の歳月に際する邦國は、實に歴史中尤も方針に迷へる邦國なり。現在の吾が郷國、殆ど是なるに非ずや。

明治の維新は、歴史中尤も急激なる、而して尤も錯雜なる變遷期に際せるの更新なり。內政の更革、其の勢漸やく成る。たとひ黒舶の天の一方より飛來するなきも、武門の久治は將さに冀《こいねが》ふべからざらんとし、文恭氏の盛世は實に其の家の福運を此に集め盡せり。乃ち幾《いくばく》ならずして、外交の變事を加ふ。焚えつゝある薪に油を濺ぐに異ならず。夫れ變遷の動機をして單に内治の一端に止まらしめば、其の結果や、維新初政の如く水府流、平田流の經綸策を以て、大寶令的政府を再興して、一變再變の後、王朝武家、混淆融和の制度習俗を見て此に止むべかりしならん。然れども外交の分子は加はれり。而して是れ邦國の獨立に關する大思想を國民に起さしめたり。是に於て其の維新の更革に及ぼす結果は、實にかの内政改革を以て結局と心得たる者の意外に出でたり。攘夷を以て徳川氏を覆《くつがえ》せども、開國は新政府の霸府よりも熱中する所となれり。王政の復古は封建の制度を破れども、民權の議論は遂に立憲政治を建立したり。當時の局面に周旋せる諸老をして、前後の矛盾を回想せしめば、彼れ實に茫然として自失する者あらん。其の眞相を觀る者は則ち駭《おどろ》かざるのみ。何となれば内政の變遷、其の機已に熟して、外交の刺衝、又以て之に乘ず。二重の原因は二重の結果を生ずること、必然怪しむに足らざればなり。特に研究すべきは、かゝる二重の結果が、永遠に二重の結果として、前朝霸政の習俗氣風を移易し得べきか、將た霸政の遺習、かの二重の結果と混合融和して、一新時世、一新國民を構成すべきかに在るなり。

涇、渭を以て濁る、涇と渭とは則ち清濁各々自ら立つる所あらん。而も細流を擇ばざるの滔々たる河水は、則ち涇と渭とに擇ぶなく、以て自ら河水を成就して其の一味を致すなり。霸政の遺習、王政の復古、泰西の新文物、彼は此に異なり、此は彼に同じからず。以て相排し相斥する所あらん。而も來るべき新時世、新國民は調和融合して、盡く之を其の形を成すの分子と做《な》し了《おわ》らん。而して二重三重の結果は、此に合して一大結果を生ぜんこと、疑ふべからさるなり。

新時世には新人物を要す。かの二重三重の結果にして合して一大結果を生ずべき氣運には、かの二重三重の結果に別々に用立ちたる人物は、四時の序、功を成す者去らざるを得ず。而して一大結果を運用すべきの人物、此に繼て來らざるを得ざるなり。是れ現在諸公が功名を全うすべきの日にして、勳閥政府の解體すべきは、それ此日に在らん。然れども諸公の功名を全うすべきと否とは、亦た未だ明らめ易からざるの問題なり。諸公にして功名を全うするの意厚からば、所謂革新の平和に行はれんことは極めて容易にして、或る意味より言へば國家の慶福ともいふべからん。然れども此れ至難行ふべからざるの事なり。此にして行ふべくは、革新の事々しく論ずるに足らざるなり。論ぜざるべからざるは、此の行ふべからざるを以てなり。嗚呼時勢の偪迫は必らず人を艱難に擠陷せずんば已まず。前知して言ふ者ありと雖も、個々たる一人の力、以て大有機體の全部を支配するに足らず。賈生の治安を策するや、文帝の明にして行ふ能はず。七國の變に及では、則ち復た救ふべからず。老蘇が審敵を論ずるや、仁宗の明にして行ふこと能はず。徽欽の際に至ては、則ち復た回すべからず。故に曰く、人を殺さず、財を糜《ついや》せず、小にして喧嘩暗撃の煩《わずらい》なく、大にして礮聲劍氣の慘なし。一夜の心を苦しめ、半日のつらさを忍ぶ。斯に辨ずべし。而して以て難しと爲して行はざるなり。黎庶糜亂、財帑耗費、慘雲悽雨、天地昏晦、敵味方其の良を喪ひ、玉石倶に灰す。而して以て易しと爲さゞるも、必ず行はざるべからざる也と。是れ舊人物が新人物に其の席を讓るに於て免るべからざるの經過なるか、亦た歎ずべきか、抑《そもそ》も慶すべきか。

夫れ新時世の新人物を要する、固より怪むべきなし。唯だ所謂新人物なる者は、渠《かれ》亦た來るに順序あり。過渡期の前門既に開けて、破壞の大勢、滔々として氾濫す。而して此時に當りて、破壞の濁浪驚濤中に漂蕩する者は、かの前代の遺習に慣れて、來るべき時代の方針に彷徨する者なり。彼れ其の心身、皆前代の遺體、以て新時代の模型に適すべけんや。新時代の模型に適する者は、必ずや趨勢定まらんとして、迷途の方針を得、舊時代遺習の浸染牽制を免がれたる者が之を能くせん。現在勳閥諸老、現在黨人、思ふに彼れ皆舊時代の遺習に心身を拘牽され、而して破壞期の潮流に方針を錯迷せられし者、其の輕浮なる者が、泛々として昨日は東、今日は西、定在なく、功名利祿の途に奔走し、其の梗頑なる者が、全く舊時の陋習を執守し、硜々乎として小人の時に合せざる、皆自然の成行、咎むべきにあらざるなり。但だ彼等も亦た其の時代に際遇して、今方さに二十年、三十年、夢の間の勢力利福に有付きたれば、其の過渡期に出で來る一小機能なりと自ら知らずして、自ら爲すあるを信じ、其の根抵なき、冀望なき勢力を濫用するの已むべからざるは、固より憐むべきの至りなりと雖も、之が爲に同一様の輕浮梗頑の徒と同氣相求めて、蜉蝣の榮華を得るは夢の間ながら多幸は多幸ならん。然れども其の多幸は則ち彼等をして功名を全うするを知らざらしむる大不幸の原因にして、其の遂に革新の痛き衝擊を免れざらんとするも、亦た定命とは云へ、悲しむべき哉。

之を戒めよ、之を戒めよ。氣運の循環は人力の能く回し難きものあり。翼々たる小心、猶ほ其の免がれざらんことを恐る。況んや若き爲を以て、若き勢に處す、薪を抱て火に投ずるよりも甚しき者あり。我れ寧ろ邦國の爲に之を慶するなくばあらずと雖も、彼等が一代の富貴功名、槿露一朝の命を計らんことの痛はしさに、聊《いさ》さか其をして遂に行く道とかねて聞知らしめ、昨日今日と狼狽せしめざらんとこそは慮るなれ。若し夫れ氣運の現實に鬱結しつゝあり新人物の大任の降下を受けつゝある情狀は、更に他日を待て之を說き出さん。

「網」

試みに取て代るの術を講ぜんか

洴澼絖子

民間黨唯一の希望は何ぞ。取て代る是のみ。夫れ官吏登用の規則あるや、外危言激語を吐て、而して内實は好官美俸を求むる者の野心は自から杜絶せられぬ。其の領袖の若き、一蹴して親任勅任の官となり、國務の樞要に當るものと雖も、廟堂の上、省廳の間、黨を植ること俄に多き能はず。卽ち前後左右、皆其の敵たるの思あり。或は長く其の地位を保つに堪ずして、一挫して乃ち去り、或は兢々として其の位に在るも、勢力伸びず、能く大いに爲すなきのみ。是に於てか帝國議會の開くるや、此の輿論の府を利用する所以、彼等は實に取て代るの術を講ずるに在りとなせり。第一期に於て所謂硬派が必死と査定案を保持して、内閣と衝突を避けざりしもの、或は某の黨派が其の黨略のために私に利する所もありけん。かの全體は内閣を只管に困しめて、取て代るの逕蹊を作らんとせしこと疑ふべからざるなり。固より彼が若《ごと》き手段の疎漏にては、幸ひに反覆派の出づるなく、其の決議が政府を震駭するの力ありしにもせよ、自ら立つの準備も覺束《おぼつか》なかりければ、成功せぬことの必ずしも悔べきにはあらざれど、是よりの後とても民間黨は手をかへ科をかへて取て代るの道を講ぜんことは亦疑ふべからず。辭職勸告に失敗しては信任投票に奮ひ、間なく時なく現内閣を攻め落さんと企てんは、鏡に懸けて見るが若けん。某の俱樂部なる非政社結合が豫《あらか》じめ内閣員の役割を定めたりしが若き、民間黨の或る一派二派が獨力にては、代つて立つの難きを思ひ、大聯合を形成する手段とし見ば、其の準備に於て頗る進歩したりと斷ぜざるべからず。而して彼等は竟に如何なる術を以てか取て代るの事を成就せんとする。

帝國議會なるものも取て代るの事に利用して、効力の全くなきものにはあらじ。されど議會の信用は、以て取て代るの事に任じて、輿望を滿足せしめ得べきか。民間黨の定操なき、一方には信任投票などを試みんとして、議會を利用して其の希望を達せんとしながら、一方には代議士を輕視して自ら高うし、以て議會の信用をして地に墜ちしめんとするにあらずや。よし民間黨にして心を傾けて議會を信用し、一意に之に由りて其の希望を達せんことを求むるも、平和に始まりし議會が中途より際立て靈活せんは覺束なきことなり。議會固より由るべからず。故に吾等は嘗て民間黨の爲に謀りて、議會に由ることの益なきことを忠言したりき。已に由るべからずば、民間黨たるもの、將《は》た何に由りて其の希望を達すべき。彼等が從來の運動や、其の屑々たる手段に於ては蓋し盡さざるなし。演說もしたり新聞紙も發行したり、壯士も使ひたり、建白もしたり、而して究竟何をか得たる。是等は寧ろ議會に由て爲すよりも効力薄かりしなり。彼等が現に由らんとするの最上策なるものは、かの大聯合の勢力を以て、輿論を震動するが如きに在らん。固より内閣も薄弱なる内閣なれば、脳病者が音響に避易するが若く、民間黨の虚聲に耳を掩ひ頞《はなすじ》を蹙《ちぢ》むることを免かれずと雖も、民間黨の運動の斷えつ續きつする間には、猶ほ陣を立直して暫しの凌ぎを付くることを能くす。されば議會に由り、若くは議會に由らず、民間黨が取て代るの手段として、間なく時なく、斷えつ續きつ、現内閣に刺衝を與ふるは、針灸の微痛が却て神經の慢緩を警起して健全を回復するの効あるが若く、現内閣の運命を長めこそすれ、之を縮めんことは萬々望むべからざるが若し。吾等をして爲めに最も捷徑と信ずる所の者を言はしめよ。

夫れ人を殺すも亦た道多し。秋水一閃、心を剸《さ》し頸を絶つ。若くは激毒の藥、以て回復すべからず。凡そ疾撃急突、防遏に遑《いとま》あらず、以て性命を瞬間に決す、是れ一法なり。然らずんば榮華彼を溺らし、逸樂彼を腐らし、眉斧性を斫《き》り、溫柔體を傷る。それをして之く所に縦にせしめて以て其の自ら斃るゝを速かにす。是も亦一法たり。故に力能く一打撃にして之を斃すに足らば則ち力用ゐるべし。然らずんば其の自ら傷《やぶ》り自ら斃るゝを待たん。若し夫れ針砭以て其の感發を鋭にし、灸點以て其の活力を激《はげま》せば、適《ま》さに以て其の健全を増すに足るのみ。蓋し外よりして逆來するの力、大小異なりと雖も、其の身に於ける、害する所あり、傷る所あるは一なり。但だ其の力大にして、全く内力を壓抑消盡するに足れば、内力の壓抑消盡に畢りて斯に已む。而も其の力小にして内力の一部を壓抑し、或は一時の壓抑に止まるや、壅の決するが如く、續て來る内力の反動、沛然として支ふべからざるを致すことあり。此の事や今の民間黨が須らく熟慮精思せざるべからざる所ならん。

嗚呼針砭灸點の以て政府を取るに足らざるや久しかりき。固より政府の老朽も亦た支ふべからざるの數に在らんとすれば、針砭灸點の其の健全に効あるべきも、収めて以て功効を取るに足らずして、日に淪湮に就くの觀なきにあらず。然れども藩閥の名、世に忌まるゝこと十年一日の如く、而して希代の豪俊、其の後を善くするにあらずして、猶ほ餘喘を今日に保ち、たとひ表面其の責を逃るゝことあるも、實地の操縦は矢張り舊人物を易ふることなく、依然として不人望なる内閣を維持する者は、豈に民間黨が大ならず、而して斷えつ續きつする刺衝が、資助する所に非ずといはんや。其の刺衝や、之を形に觀るに決して小なりといふを得ず、十數年來幾多の改革、而して帝國議會なる大機關も亦かの刺衝の力に致さるゝこと十に八、九ならん。されど幾多の改革は、寧ろ其形に於て完備すると共に民間黨が切り込むべき虧隙をも綢繆したり。而して帝國議會によりて取て代るの望みは萬得がたきこと既に屢々之を言へり。則ち民間黨が從來の企畫、大勢より觀じ來れば其間得失相償ふ者は之あらんも、彼等が惟一の目的は盡々く齟齬したり。而して恐らくは此後とてもかくの如く齟齬せんこと當然ならざるを得ず。彼等が大いに決すべきの時それ今日に在らざらんや。

然れども一擧にして取て代る、其の力能くし難きを知る。是に於てか爲す所以の者は知るべきのみ。曰く爲さゞるに在るのみ。民間黨をして其の新聞に於て、演説に於て、建白に於て、壯士使用に於て、間なく時なく小刺衝を政府に與ふること、一切之を廢せしめよ。敵國外患なき者は必ず亡びん。今の政府員、刺衝あるの今日に於てすらも、其の地位に於て、其の財富に於て、及ぶ丈自ら便するに猶豫せざるなり。況んや其の刺衝なきの日をや。貨に敗れ、權に敗れ、内自ら敗壞を取り、而して今日すらも内部の折合毎々六かしき政府は、其の猜忍抗排の勢ひ、日に益々增長せん。失德の人を以て、内相鬩《あいせめ》ぐの已むべからずば、彼れ其れ潰裂四出、收拾すべからざるなり。是に於てか民間黨以て大いに爲すあるべく、取て代るの事、亦た一朝辨ずべし。若し深く今日の計に慮《おもんぱか》るべきものあれば、洴澼絖子の言を以て或は能く越人を敗るの策を畫するの資と爲すことならん。

明治24年11月2日

『亞細亞』第一巻第一九号「批評」

支那現勢論

井手三郎氏著
京都興教書院發行

支那可畏か不足畏か、是れ何人も聽かんことを願ふ所なり。之を決するは過去より現在に、現在より將來に亙《わた》りて、兩極より觀察するを要す。卽ち其政治的勢力に於ては、彼れ外の刺擊を受けて、稍や其勢力を回復するの傾向を生ずるは疑なし。回復の進歩と、刺擊の進歩と、孰れか先ずべき。是れ其の主權の存亡の決する所、著者は現勢より斷然其の亡滅に近きを言へり。其の經濟的勢力に就ては、既發未發天產の豐裕、是れ外人の手を待て利殖するか、抑も内國人の力自ら利殖するに足るか、是れ一問題なり。西人の團結せる勢力、支那人の單立せる勢力、世界の全局に於て竟に何れか克捷すべき、是れ亦一問題なり。著者は頗る此點に於て粗略なるが若く、且つ支那人が太平洋の周岸に播布せる勢力の如き、一切措て問はずと雖も、其の露國との交渉に於ては、商政上に就て支那の不利を斷じたり。其の風俗元氣に於ては、現時の頹廢、果して將來にも爾るべきか、抑も内外の刺衝を受けて一振肅の望あるかは、著者稍微なる朕兆を認めて之を陳述せざるも、其の末段救濟の術を講じて、望を讀書人に屬するより見れば、其の振興の兆なきを斷ぜざるが若し。其の人種に於て、開化に於ては、意力的强項の人種が、智性的敏警の人種と孰《いず》れか竟に勝つべき、現在西歐の開化、將來支那の開化に消化さるゝか、將た過去支那開化が、現在西歐の開化に影響して已むか、是れ皆な其の大局の存亡興衰に於て注意せざるべからざる所、著者は自から此に及ぶに遑《いとま》あらざるを言へり。其の支那改革の動機として、日本人が盡すべき時務を策するは、實際の見贊同すべき者多し。其の變に處するの改革論を説くを避けたれば、痒處に手の届かぬ感あるは咎むべきにあらず。究竟するに著者の論斷、頗る疑を容るべきなきにあらざるも、一篇の支那時務策として、必讀の價あるべきは評者の固く信ずる所なり。

(T.N.)

條約改正之標準

寺師宗德氏編著
國家經濟會出版

近歲兩度の條約改正紛紜は、國民をして頗る國際條約に關する智識の必要を感ぜしめたりと雖も、其望を滿たすの好著なきは擧世遺憾とする所なり。此書は我が條約と諸外邦の條約とを對照して、實際の事狀、剖分縷析、精細遺すなく、而して每項必ず交互參酌して、正當の標準を斷定せり。極めて有用の書。著者云ふ、是れ故吉田清成子の考案にかゝる者と。吉田子の憂心仲々、迄死不已、此の寶典を貽《のこ》す。著者の刻苦編著、皆國家經濟會をして光あらしむる者。

(T.N.)

『亞細亞』第一巻第二号「批評」　明治24年11月16日

閑谷黌史

中野壽吉氏編
岡山森博文堂發賣

夢花生

此冊子を閱過して、新太郎少將の偉なるを知る。閑谷の鄕、長く育英の地たらんことは疑を容れざるのみ。維新の後、或は中ごろ廢絕するも、遂に能く再興を致す。而して公實に之を數百年の上に基《もとい》す。偉といふべし。

『亞細亞』第一巻第三号「危言」　明治24年11月23日

榎本子の殖民政策

無名人

今日の事、到底一掉振を經ざるべからず。一掉振經了するにあらずば、何等の企畫も滿足なる結局を見るべからざるなり。譬ふるに猶ほ素絹を染めんとする者の如し。滿瓶の染液、濃紫湛々、日に素絹を投じて、以て其の漸く淡く而して漸く緋ならんを求むるも、竟に得べけんや。若し必らず其の緋ならんことを求めば、決然として紫液を棄て、代ふるに新染料を以てするあるのみ。

嗚呼流弊二十餘年、紫の朱を奪ふや久しかりき、利口の邦家を誤る、何ぞ底止する所あらん。曰く內閣交迭と。歲々の新聞紙、之が爲に幾月間揣摩臆測を逞うするの料を得て、且つ自ら懊惱し、且つ人を懊惱し、無病呻吟の種子を蒔かざることなし。而も所謂交迭は、竟に是れ朝四暮三を以て朝三暮四に易ふるに過ぎず。かくて屢々憂喜する世間觀察家の智、衆狙と伯仲するを悲み、而して狙公の横着已む時なからんことを憤《いきど》ふる者、果して幾許ぞ。されど明治の新天地は法制の天地なり。固より人の知れぬ處には、網の三面、容易に撤し去られたれば、左する者、右する者、上下する者、垂天の翼、容易に其目を逃るゝことあれど、眞直に進み、退くより外に道なき民間の不平家には、緻密なる經緯の如何にすとも脱れ得べくは見えず。而して一刀兩斷、亂絲立どころに排し去りて、吾が進路を開かん氣力は、丁丑役後、もはや再びと士人の夢にだも入らずなりぬ。是に於てか睡れる天地は愈々管騰として、一棒喝の耳邊に響かん望みは暫らく絶えにき。一棒喝破の欲しからぬにはあらで、何れの處よりか棒を取り將《も》ち來りて、何れの處にか喝破せんことの知り難きなり。今幸に棒のありかはほの見えたり。かしこに喝すべき耳朶も認められつ、是れ豈に太だ慶すべからざらんや。榎本子の殖民政策を是となす。

榎本子の殖民政策、一たび世に傳へられてより、之を是非する者寥々たりといふべからず。或は其の成功完からざらんことを憂へて、同一轍なる明治政府の政策にて終らんことを危ぶむ者あり。是れ誠に杞憂としも言ふべからず。從來明治政府が龍頭蛇尾の事業は數限りもなく、頌揚讃美、鳴りも止まぬ中に、早や失敗の上塗りに汲々たらねばならぬこと、其の家風とも稱すべかりき。而して榎本子の嘗て政府に立ちしや、人に憎まれは決してせざりしかど、當年五稜郭總裁の風采を想望したる人には、大なる失望を與へざりしにあらねば、斯の人を以て斯の政府に立ち、而して斯の事業に當るに於て、さがなき人の口の端にかゝらんこと、是非もなかるべし。されど榎本子とて、恥知らぬ男にはあらじ。其の昔の事を觀るも、品海に奮はず、金華山沖に奮はぬ結局は、大に五稜郭に奮ひて、恥かしからぬ敗軍の將たりき。看よ遞信に大臣として奮はず、文部に大臣として奮はず、而して思ひもかけず、一朝顴骨伯に突き落されしは、遠くもあらぬ昨年の事なり。曾て幾日月ぞ、而して遞信よりも、文部よりも難地位なる、而して條約改正積敗の餘を承《う》け、隣邦嗣皇非常の遭變、外交の危疑、旦夕に迫れる地位なる外務大臣を拜せしは、是れ豈に「小説的好漢」が好事とのみ得いはんや。是れ豈に單に勅諚の默止し難さに口を藉《かり》て營々として進むを求むる者と同一視すべきならんや。意《おも》ふにはそれ榎本子、此に多少の決心を以て、此に最後の奮迅を試みんとする乎。是れ亦證あり。地位の難き已に爾《しか》るに、子の進むや唯だ晏然として其の椅子に腰を据ゑて、安く其の地位を保ちつゝ日月を送了せんとはせで、條約改正の難題、未だ運命の決せられざるに、子は又困難なる殖民事業に手を着けんとするは、子が政策の消極的ならで、大積極的に出で來りしを徵すべからずと謂はんや。嗚呼子の志や知るべし。

言を爲す者は又子の殖民政策を、殖民と名《なづ》けんほど仰々しきものにはあらず、單に移民の取締りすといふめり。然れども子にして最後の奮迅を試みんとすること、全く豫想に違はず。子にして實に前恥を雪《そそ》がんとすること、士らしき心にて子を待望する人々の思ふに全く違はずば、新たに人を任じて專ら此事に鞅掌せしめ、船を派して人を遣して域外の民を移殖するに堪へなん地を探らしめ、汲々として唯だ勉むるは、其の志豈に從來の出稼人を取締るが若き安間たる事に在りといふを得んや。さる安間たる事は、新たに人を任じ、域外に船を派し、人を遣して之を爲すほどの勞を要すべくも思はれず。而して榎本鎌〔釜〕次郎ともいふ人の新進の技倆を試みるべき價値もあるまじきなり。榎本子の政策を以て、さばかりに廉《やす》く價踏《ねぶ》みするは、一不奮、二不奮の後、將に大に自ら奮迅せんとすべき境遇に乘りかゝれる、吾が榎本武揚君を敬する所以《ゆえん》にあらざるなり。且つ夫れ殖民の事業は、其の殖民にもあれ、其の移民にもあれ、かの從來の布哇《ハワイ》出稼の如き、外人の資本に驅使せらるゝのみを以て滿足すべからざる限りは、其の極必らずや外交上の交渉に繁雜を加へ、國民が其の自らの地位を明認して、大に敵愾の念を暢發し、而して其の外交に心を傾くるの結果は、其の意思の實行を當局に要し、其をして其の位に在りては必ず避くべからざる義務を果さしめんと迫るに至らんことは、免るべからざるの數なるべし。比年以來我が國民の思想、漸やく外事に鶩《は》せ、殖民の事業の若き、政府にして之を發せずとも、有志の徒が早晩奮て之に赴かんことは、必至の情勢とこそ見えたれば、今ま榎本子にして之を企畫することなからんも、政府が竟に此の事に心を勞せざるべからざるの日は來るべかりければ、榎本子の政策は、纔かに一着の先を趁《お》ひしものといふべく、而して益々以て子の殖民政策や、之を名けて移民ともいはゞいへ、來るべき情勢を察して豫め備ふる所あり。而して繼ぐに當然の決意を以てすることなくばあらざるを見るべし。

是に於てか言ふ者ありき。殖民の事業は之を海軍省の所管に歸するに如かずと。其の故を辨ずるに、外交上の驅引を以てすること、頗る親切丁寧なるものあり。是も亦不可なし。然れども事業は徒らに動くものにあらず。動かす人を待て而る後由て以て動かさるゝのみ。今は榎本子なるものあり。而して殖民業事は企てられぬ。之を以て移して樺山子の事業となすも、樺山子の心血は榎本子の心血にあらざるを奈何せんや。樺山子の技倆を以て、吾れ必ずしも榎本子に下れりといはざるなり。熊本城の嬰守は五稜郭よりも巧者なりしやも知れず、老南洲の鑑識誤らずは、樺山子の價直《ねうち》は亦貴重すべきものに相違なし。而も樺山子が殖民事業に天火の燃えたること、果して榎本子の如くなるべきか。而して樺山子の循々爾として漸やくに得意なる、其の實傳的なるは、榎本子が失意得意、倏忽變幻、其の經歴の小說的なると孰れか最も今の殖民事業に恰當すとせん。謂ふ勿れ、小說的なる殖民事業の永續すべき理なしと。始むる者あり、成す者あり。之を始むる者にして實傳的ならば、百世豈に新事業あらんや。小說的の忌むべきは守成の際に在り。古往今來、千百傑人英物、其の創業は皆小說的ならざるはあらず。亦小說的ならざるを得ざるなり。且つ榎本子之を始め、而して樺山子以て繼ぐべからざるにしもあらず。榎本子は幸に海軍の將官たり。而して海軍部内に在て、孤立にして援助なき人物にもあらず。少なくとも舊幕出身に緣故ある士官には、子と進退を倶にすることを厭はざるもの少しといふべからず。榎本子の外務に在りて爲す所、萬一國際の大問題に關することゝなり、結局は艦砲の間に事を決せねばならぬに迫促するも、榎本子が方さに勃々たる國民の外征的嗜欲を把拄して、海軍部内の援助を促がすの力は全く之なしといふを得ず。是に於てか持重なる樺山子と雖も、國家の爲に足を擧げざるを得ず。而して反て其持重力を以て、國家を艱難の地に抜て堅く之を九地の下に藏せんこと、寧ろ配劑の甚だ妙なるを見ん。今日の殖民事業、姑らく其の胸膈の間、天火炎々たる其人をして之を始めしむるは、固より其の所なり。

然るときに最後に起るべき問題こそあれ、曰く、現内閣が能く榎本子の奮迅せる決心に相偕にして、國際の强き刺衝に堪へ得べきかと。是れ言ふまでもなく、現内閣の堪へ得べからざるは明々白々の事にして、幾たびか條約改正に見せる手際、近くは今春の大津兇變に際せる手際、決して立國の大權を固持して、國民の援助を後楯に取り、儼然として難局に處して亂れざらんことの萬望むべからざるが若し。其の當局は牙籌の技能を以て、順番の廻りに推し上げられたる相公なり。其の黑幕といふものは、嘗て隣邦老朽の危局に臨むで、之を尊俎應酬しながら、利して而して國力を張ることをばせで、其の嫚侮手段に氣を呑まれて、萬里懸軍の與國に望を失はしめし外交家なり。凡そ難局に際して善く逃るゝは、今日の所謂立憲政治の好大臣なるものにして現内閣諸大臣の多智なる、恐らくは立憲政治の好大臣たる名譽と地位とを棄て肯んぜざるべし。既に然れば榎本子が現内閣の幫助を得て、其の事業の奏効を全うし難きや或は事實たるべく、是に於てか夫の赫々たる政策も、世人の杞憂するが如く、龍頭蛇尾にして終らんこと、一の心配の種なるが若し。然れども是れ榎本子の決心に在るのみ。

嗚呼榎本子にして、果して最後の奮迅を試みんとする乎、渠れ豈に間に合せに組立てたる現内閣の壽命に依賴して爲すべきあらんや。よし榎本子の初心、未だ必ずしも深く此を慮りしに非ず、只何となく現内閣の壽命を己が政策を遂行するまでは安全と思做し、併せて己が地位の壽命をも同様に安全に考想し、而して熱心に前後を忘じて此企畫に取り着きたらんとも、子をして深く遠きに慮らしむべきの時は今至らん。現内閣の壽命は月を以て算せざるべからず。而して殖民事業の壽命は歳を以て、世を以て算せざるべからず。現内閣の壽命終らん時、榎本子の後を繼ぐべきの人にして、子の如く殖民熱の天火炎々たる者ならんには、子が身は去ると雖も、子の精神は去らずして、子の事業は不朽なるを得べし。然れども現内閣の壽命は月を以て算すべく、而して繼で來る内閣も、直に活潑々たる改造組織たるを得ずして、徒らに補修組織たるに止らば、子の後を繼がん人の優遊大臣、縻俸大臣、無爲守成大臣たらんことは免るべからざるが若し。子は斯に何如に處せんとする乎。子は自から其の天火を撲滅して去らんか。抑も不朽の事業の爲めに、不朽の地位を形くり、國民の意向を後楯に賴で、永く自ら立つる所あらんとする乎。あゝかの大言荘語、甫生の希望は總理の椅子なる利奔名走の竪子だに、其の目的の爲には、幾多の内閣交迭を閲《けみ》しつゝ其の椅子に嚙り付ても今の地位を失はじと決意せるにあらずや。若し一旦國際の事、難澁に陷いり、現内閣若くは繼で來るべき現内閣流の内閣にして難を避け安を偸《ぬす》まんが爲に、榎本子と違郤を生じ、子が決心を廻さんとし、若くは子が地位を危うせんとすることあらば、子は又不朽の事業を抛棄して、去て自ら潔よくすべきか。當年の五稜郭總裁の技倆を見るべきは實に此際に在るなり。而して天下の大勢を挽て一大革新の機運を作り、朱を奪ふ紫を排却して、燦爛たる新光彩を磨出すべきも、實に此際に在らんとす。榎本子は恐らくは期せざるの大革新に魁首として、期せざるの大動を成就することあるべし。榎本子にして、難局に當て斷然心を決し、遺郤せる内閣員と敢然として抗爭せば、天下人心の寧ろ子を贊翼して、かの立憲政治の好大臣に趨歸せざるは明々了々なり。而して事若し干戈艦砲の上に鬭するの已むなからんには、かの海軍部内に在て無事に苦しむの好丈夫等は、子の緣故を忘れて傍觀せん程卑怯ならざらんも亦決す。榎本子たる者、是に於て此の勢力ある後楯に依賴して、大に最後の奮迅を逞しうせば、天下の革新を望む者、決して少きにあらざるの今日、之を機として二十年來、蘊《つ》みに蘊《つ》みたる流弊を一洗せんこと、蓋し一反掌の間に在り。是に於て老朽諸公を揖《しゅう》して而して之に老を請ひ、遽然として明治の新々天地を形くる、鎌次郎君も亦た好漢ならずといはんや。

心ゆくまゝに書付くること滔々數千言、興未だつきねど、腕は抜けんとし、氣は疲れぬ。筆を擲つこと戛然。評する者笑つて曰く、一幅の幻想、描き來て茫漠の極、所謂鎌次郎君、竟に是れ想中の一幻影たるなきかと。嗚呼それ然るか。

『亞細亞』第一巻第二五号「批評」　明治24年12月14日

經國策　齋藤新一郎氏著

夢花生

齋藤新一郎君の名は天下に高し。日本帝國の壯士あるや、君兩三輩と實に之が嚆矢たり。而して壯士論の著あり。日本國民の排外熱に逆上するや、君英人サンマースを威嚇し、偵吏に尾せられて身を容るゝに地なく、去て故山に臥せり。而して經國策の著あり。君の壯士自ら居るを以て、人其の魁岸特偉を疑ふ。而して君の容淸痩輕洒、君殆んど子房の亞か。君の六萬餘言（君の自ら計る所に據る）、天空海濶、端倪すべからざる者あり。「御淸閑の折り一讀の榮を賜はり候はゞ獨り小生の幸福のみならず實に國家の大慶に御座候」といふと雖も、所謂十九世紀の世界に在りて、陳龍川集に枕藉して、陸放翁の夢をくりかへす者に非ざるよりは、誰れか君が自薦の妙味を知らんや。然れども君憂ふる勿れ、天下知己無きを。活機靈勢、此の字面を目にて解するの豪傑、如今豈乏しからんや。朝に在ては先づ機外劍客を干せ。而して野に在ては蒼龍窟諸君と伍せよ。唾壺擊碎、興決して少からざるべし。

『亞細亞』第一巻第二六号「批評」　明治24年12月21日

油地獄　齋藤綠雨著　春陽堂發行

賞鑑之菩薩

一寸の錬鐵、骨に徹し髓を刔《きざ》み、縱橫無盡、而も芒刃頓《にぶ》らざるは此作なり。初心客が藝妓に對する戀着を正面に寫したれど、慧捷なる藝妓の初心客に對するとりなし、反面より映し出されて躍々活きんと欲す。著者嘗て「かくれんぼ」の作あり。人其の藝妓社會の情實に通ずるに驚く。彼は率筆鬆墨、文字の間に姿態を取る、此は着色精緻、眞を寫すを以て妙とす。若し必傳の價を言はゞ此れ寧ろ彼に超乘せんか。思ふ、筆を弄し思を騖《は》するは、亦た作家の一病、殊に場數を多く踏まぬ作家を然りとす。今世の作家にして之を免るゝは斷じて之なしといふも可なり。故に獨り之を綠雨氏に責むるは過酷なり。且つ綠雨氏は尤も過ち少き者の一なれど、此篇の（四）の末二章（十一）の末章、殊に篇名の由來たる寫眞の油煮の段の如きは、矢張り此過に陷いりしにはあるまじきかと思はる。

附錄犬蓼　一種弄筆墨の文字、始より弄筆墨を旨とす。故に弄を以て咎むべからず。犬蓼の作意は、或は道《い》ふ、現在某紳商の實事を參互して構成する所と。此の如き諷刺的文字が故さらに弄筆墨を做すは、亦た自から一流の趣味を具ふ。

小説評註は、著書が一流の批評家として、正直正太夫の名を以て作す所、妙は自負高き世の作者をして、形容しがたき苦笑の中に、言ふべからざる煩悶を感ぜしむるに在り。

誰れか現代に革命の機なしと謂ふ乎

『亜細亜』第一巻第二八号「日本刀」　明治25年1月4日

大政一新、二十五年、國勢の變態、未だ此際より甚しきはあらざるなり。其の昨新今陳、代謝の速かなる、怳忽幻詭、殆んど端倪すべからず。試みに戊辰以前に人と成りし者をして、其の少時の光景を戊辰以後に生れし者の前に語らしめば、恍として神仙譚を聽くの想あらん。是非の見を挾で、彼を彼とし我を我とする者は、其の變する所、移る所、或は褒し、或は貶し、而して自ら懊惱せん、抑も外に大釁なく、内に大亂なく、大官晏《おそ》く朝するを得、議士節省を倡ふるを得、泰平象あり、紅燈影は明なり美人家、畏し聖仁の德澤、何ぞ輒《たやす》く之を口にすべけん、以て薩長侯伯の力とするに至りては、其の諸或は然る也。而して明治二十五年の新春を迎ふ、九天の閶闔宮殿を開き、萬國の衣冠冕旒を拜す、劍佩の聲は玉墀の歩に隨ひ、衣冠の身は御爐の香を惹く、禁城の春色、悉く草莽の知るを許さゞるも、筑波根のかすみて見ゆるに、一陽來復の恩、布衣を舍てざるを慶す、一週の前、風慘霜淒、斷鴻聲中、蕭々たる三百議士の車を新シ橋々頭に目送せしも、はや隔世の夢にこそ見め。聊か言說する所ありて、一代士人の耳目を新にし、以て此の新春に負《そむ》かざらんことを庶幾す、將た何を以て責を塞がんか。

嗚呼大政一新、其れ亦た二十五年なり、礮火劍氣、皇州に沸鬱たるの日、呱々として地に墜るの英物も、もはや細ズボン流行服、金縁の鐶鏈鏡、流水の如き車を驅り、年禮廻りに高門を駛過して、圓庭越しに玄關を望むの際、顧眄態を生じて、羽根着く淑女群の星眸を牽着することを解するほどにはなりぬ、而して四時の序、功を爲す者は、其れ頽然として老いぬ。九陌の曙光、誰が爲にか紫なる、御溝の楊柳、誰が爲にか綠なる、屠蘇一盞の醉、猶ほ老者の先づ取るを許さゞれば、少年の天地、其れ鬢絲齒谿の人に與せんや。少しく想像を騖《は》せて、少年天地の黃金世界を描出し、「おたから」の餘聲嫋嫋として、未來の好境を初夢に見せたく思へど、吾れに詩才なし、七寶莊嚴の淨土、寫して華門圭竇と做す、極めて殺風景ならんことを恐る。少年天地の牆は數仞、其の門を得て入らずんば、宗廟の美、百官の富、得て見るべからず、其の門を得る者は寡し、已むなくば、由りて其の門に達するの路を指示せんか。蕪穢治まらざること二十五年、其の間或は曲徑鳥道の此に通じ彼に拓かるゝなきに非ず、過る者幾《いくば》くもなし、由るを欲せざる者、由る能はざる者、計數すべからず、絲の如き大道、荆棘林と爲る。既に進む者は、深く叢中に陷りて悵望して忿悶、狂躍して自ら傷り、未だ進まざる者は、漫々たる荆叢を望て、畫頭の淨土、徒らに空想として懷疑す、由るべきの路を指示する、豈に喫緊にあらずと謂はんや。革命の論、是に於てか作る。

三千年の桃源、賴《さいわい》に天壤無窮の皇系を奉ずるを以て、革命の義、其の素より味ふるなき所、而して一概に惡で異邦所産の酖毒と爲す。知らず、革命も亦類多し、力あるもの起りて國の重器を移し、君の位號を簒《うば》ふ、固より革命なり、民衆激昂、心を王家に離し、傾けて而して姓を替ふ、固より革命なり、邦土糜爛して、制度法憲、政體禮文、悉く舊慣を破棄す、亦革命なり、其時を以て之を觀れば、古の革命は多く少數傑人の勢力に原《みなもと》し、近今の革命は概ね多數國民の行動に因る。其の地を以て之を觀れば、東の革命は毎に一統王者を終極とし、西の革命はなべて普及權利を目的とす、其の急變激動、以て時に勢あるの地、權あるの位を占むる者を打壞するは則ち皆其の揆を一にするも、かの形に於けるや萬不同あり、以て各々其の邦に適し、其の俗に宜しく、或は極めて喜ぶべく、而して必ずしも憂ふべからざるあるなり。夫れ物の變ずるは物の情、曾て刻《とき》も停まらず、而して刹那も息せざるなり。其の變ぜざる者を談ずる、輒ち河嶽と曰ふ、然れども巖々たる維れ石、風之を摩し、雨之を泐《ろく》し、碎けて礫となり、磷して沙と爲る、歳月の累する所、微なるが如くして實は洪、峯稍低く、隄稍薄く、流れ稍淺く、而してデルタ稍々生ず、象潟や、雨に西施が合歡の花、眠永へにして既に骸し八百八島の松洲、漣漪渚を嚙《かん》で、日に以て淪湮す、桑田碧海、百歳倏忽、仍ほ是れ變の漸なる者のみ。其の遽なるや、磐梯の山、一旦に噴壞し、尾濃の野、一朝に龜裂し、萬命立ろに消え、村里沼となる、變の驚くべき、夫れ亦た由なからんや。夫れ日以て之を磨し、月以て之を泐し、厚き者漸く薄く、淺き者漸く深く、强弱の力地を易へ、而して强弱の形は依然たり、權衡既に失ひ、變して其平を求めんとす、是を一因とす。勢力の内に蘊する、既に充ちて且つ增す、而して發洩處なく、竟に破る所ありて突出す、亦一因とす。而して二因の相待て竝び發する、例最も多しとす、蓋し權衡既に失ふ、必ず破るに易き處あり、而して内に蘊する勢力、由りて而して急奔突出す、地層脆弱の處、傍ら蒸氣の積むあり、壓力堪へず、則ち坤軸を撼《うご》かし、陵谷を夷し、島嶼を噴き、田土を陷れ以て止む。惟だ革命の象《かたち》も然りと爲す、聚《あつめ》て民族社會を成す、階級の斯に生ずる、免れざるのみ。但だ其の實力、以て永へに其の形くる所の階級を保つに足るあるにあらず、而して恬然として其の階級の利益を享受するあらば、是れ粃糠前に在り、而して渣滓上に在る者、進退其の地を易へずんば、以て安んずべからず。且つ民人の元氣は、常に一起一伏、波動して進行す、猶ほ個人の寤寐動息するがことし、社會實力の蘊積、以て之を發すべきなければ、必ず組織脆弱の地を求めて此に潰決す、是に於て非材の上位忽焉として、而して勃如たる者は則ちかの非位の實力なり。

上下五千載、何れの國か革命なからん。其の支那に在ては、革命の頻促、自ら史上の定跡たり、但だ漢高明祖の畎畝の間に起りて亂を撥し正に反す、胡元滿淸の外より侵して奄有するの外、大抵權臣の主に震ひ、以て天王家を傾くる、授受の際、曖昧にして、所謂人の孤兒寡婦を紿《あざむ》いて天下を得る者に過ぎざるも、要するに王家の更姓、慣れて俗となすの國民、漸やく國情の沈滯に倦み、加ふるに路に當る者會々其の政に失ひ、因緣相依りて一場の紛亂を致すと爲るは則ち往くとして然らざるなき也。其の印度に在ては、階級の制、頑固拔くべからず、種姓の區畫、千古にして鴻溝、而も猶ほ革命の免るべからざる、内訌外襲、社會の變態を刺衝せること幾度ぞ、かの悉達多《シッダルタ》太子が無上正等覺の法も、四姓出家して、同じく釋子と稱する、以て婆羅門獨貴の制を破り、社交革命に與りて力あること、其の大効果たり、其の盛なるや殆んど舊貴故習、掃蕩して孑遺《けつい》なからんとするの勢ありき。西歐米の邦、革命の數更に多く、其の類も亦一にあらず、英に在て王統の更姓、唯だ一の惹迷斯《ジェームズ》二世を放伐して、而も權利の法典、民産民命の安固、全然觀を改むるが若き有り、米國の獨立、干戈數周星、流るゝ血杵を漂して、而かも法律制度、一に舊例に依るが若き有り、佛國の革命其の君主を弑し、其の貴族を夷し、其の僧侶を虐し、凡そ社會の階級、社交の情態、一切之を打碎し、變壞せんとするが若き有り、而して千八百四十八年の革命の若きは、流行の勢、全歐に氾濫して、施て米洲の大部分に及び、呼ぶ者あり、曰く人民には革命の權利ありと、是も亦一類例とす。我が日本の邦たる、一姓の統御、自ら不易の國體を成し、亂臣賊子、代或《よよ》は之有りと雖も、天日嗣を覬覦するは避けて敢てせざる所、兵を抗《あ》げて、公然王師と戰ふ者、獨り北條氏、而も三帝を流謫するの威に藉《か》るも、簒竊の念曾て心に動かず、蓋し踰ゆべからざるの一級、萬古踰ゆべからず、而して其の取與爭奪を容るべき所は、一級の下、亦屢々革命あり。霰《あられ》たばしる那須の篠原に、矢竝つくらふ阪東武士が、朱を拖《ひ》き紫を帶び、涅齒點眉の公家を擠倒して、武斷の治、天下を制せる、一大革命に非ずや。花御所の榮華、夢短うして、天下麻の如く亂れ、豪傑蜂の如く起り、遞して上なる者遞して微へ、遞して下なるもの遞して興り、門葉品流、拘執に之れ暇あらず、之を修るに芟除統一の功、最卑の種族に出づるや、亦一大革命に非ずや。昔しは豐公、源右將の塑像を鶴岡に撫して志を異世の友に語り、好箇の知己、渠等は實に日本に於ける革命の最大標的たり。其他百年二百年、天下の情勢、毎に多少の波折あり、亦小革命に非ずと謂ふべからず、抑も國家今日の情勢は則ち如何。

源家康は天下の大經綸家なり、其の封建の制、組織緻密、殆んと滲漏なし、以て昌平三百年、匹《たぐい》無きの隆治を致す、亦た應仁以還二百年の擾亂、乃ち之を反動する所以に非ざる無からんか。其の文學技藝、凡そ社交の進歩に至るまで、自から一元を終始し、東半世界、文化思想の趣味、傾瀉して將《ひきい》んと盡く。是れ大亂の將《ま》さに至らんとする、早晩免るべからず、王室の式微、前代に加ふるにあらず、民生の需用、夐《はる》かに往古より優なるも、而かも治體の運既に索《つ》くる、智者ありと雖も之を如何ともするなく、是に於て外交の刺衝、忽ちに尊王攘夷の論を生じ、先づ根帶朽枯せる霸府を摧《くだ》き、以て其の鬱蒸を發洩するあり。然れど明治維新の創業は、其の擧や太だ小に、而して其の成るや太だ易く、以て三百年沈鬱の掉尾となすに足らず、以て邦を萬國の交りに投ずる新時世の劈頭となすに足らざるなり。是に於てか大に外征の師を起し、方さに醒むるの昏睡をして再び萌さしめず、方さに伸ぶるの元氣をして内に局するなからしめんとする者あり、而も偸安の惰性、暫らく興奮の氣力を壓して、達識の議行はれず、寒熱内攻して、疾數々肺腑を侵せり。丁丑の前は之を兵力に發して、三五年の間、烽火幾たびか驚き、丁丑の後は之を言論に訴へて、十餘年、帝國議會乃ち開けりと雖も、究竟内に抑ふるの方益々長じて、其の洵《まこと》に逞しうせざる者は依然として尚ほ在る有るが如く、大に興らんとするの元氣、大に革まらんとするの動力、鬱勃として未だ發せず、機會一たび觸れば、轟壞決裂、咆哮四迸するや、疑ふべからざる者あるなり。夫れ武人權を專にするは平氏に始まる、而も平氏の權を執は、猶ほ藤原氏の跡を襲ふ、是に於て公家の治に飽くの國情は三平の吉兆を終始せず、春の夜の夢、風の前の燈、はかなく消えて、大任竟に蛭小島の流人に降る。蓋し保元平治の二役、京巷の小戰、以て社會の一大斡旋をなすに足らずして、而して關東八州、地氣斯に集まり、必ず壽永文治に至りて、發暢して餘蘊なし。而して薩長氏の德川氏に代る、以て久しうすべからざるの勢は昭かなり、顧ふに滿を持するの弩、機發せざれば箭飛ばず、論ずべきは其れ機なる乎。

惟みるに武臣の專制、萬乘手を拱して成を仰き給ひしこと七百歳、一旦復古、陰霖方さに霽《は》れて、天日再び明かなるの觀あり、億兆唯だ其の奉崇の或は薄からんことを是れ恐る、而して今上聖明、夙に民憂を之れ憂ひさせ給ふ、四海奉戴、曾て怨嗟の聲なし、國有りしより明君代々に出づと雖も、其の治績著明、而して内嗜慾の累なきこと、誠に今上の若きは罕《ま》れなり、頌して明天子と曰ふ、其の浮辭に非ざるは、直筆の史、亦筆削入らざる所にあらん。かの華族の若き、其の富裕は寧ろ封建有土の日に加へ、而して頑として世用たらず、獨り華奢侈靡を擅にして、哀々たる流氓、坐睨して恤《うれ》へず、甚だ不當なる者ありと雖も、かの其の形勢の振はざる、聲望の揚らざる、懷舊の情に敦き者が惻隱の心を動かすに足り、而して我より民人に害するの力なきを以て、尊貴なる寄食者として、曾て世論に上らざるなり。其の執政者に見んか、其の迹に就て之を稽《かんが》ふれば、其施政の巧、頗る歎賞すべき者あり。版籍奉還の策、數百年封建の制、一朝刃に衄《ちじま》らずして擧げしより、囂々の徒、政論に狂奔すれば府縣會を餌し、更に帝國議會を餌し以て饕餮《とうてつ》の資に供し、官職人を得るには、則ち文官登庸の法あり、士官養成の法あり、商工の壟斷を防ぐは、則ち入札の法、商法會議の法あり、民心の嚮ふ所、隨て而して之を利導し、着々事を行ふ、敏捷ならずと謂ふべけんや、嗚呼是れ以て百年治休にして事なかるべからざるか。

天下の憂、名は治平無事たり、而して其の實不測の患あり、昔し嘗て之を聞く、今將た同じきなからんや。夫れ革命も亦類多し、國情等しからざれば、革命の象或は異なるあり、何ぞ必ずしも其の君を弑し、其の貴族を夷《ころ》すと云爾《しかいわ》んや。鎖國の習俗、骨に浸し髓に入り、一種の國情、革命の象も亦之に伴ふ、神聖の一級動くことなくして、其の下執政當路の者、必ず其の衝に當るは、前史の然る所、今豈に然らざらんや、王室貴族に對するの革命にあらずして、官吏に對するの革命豈に生ぜざらんや。夫れ今日の官吏は、維新創業の勳臣、自ら樞中として組織せる所、維新の勳業、固より少小とせず、然れども今日享くる所、爵號官位、凡そ名譽と利益と、果して以て其功に副ひ、而して其の勞に酬いて餘あらざる乎。浮浪據るなく、困苦零丁、以て東西に奔走し、生命を擲て、纔かに成功ありしは、其の自から誇る所なるか、十餘年來、所謂有志者が、經營時の忌諱に觸れて、囚獄に終り、刑臺の露と消えし者と相距ること幾計ぞ。所謂有志者は野心橫《よこし》まにして誠意乏しく、浮躁輕擧の態多しといふか、安政以還、國事に奔走せる少壯、劫掠して兵を抗《あ》げ、敗殘離散せる者、亦何ぞ大なる逕庭あらんや。自知の明ある勳臣諸公にして、若し半夜枕上、三十年の心事、歷々として省み來らば、其の創業の功、既に大に誇るに足らざる者あらん、而るを況んや守成二十五年、萬難を透過して國脈を維持せるを以て、疾呼して薩長人士の功に歸するをや。官署に坐して事務を執る者、彼れ特に簿册の間に蠢動し、能く其の事を整理するも、固より機械的運動、前腦の精漿を消糜して、能力を竭盡するを須《もち》ゐず、張三の能くする所、李四も亦辨ぜん、其の職司の重輕必ずしも材能學識の高低を要するなき、以て證すべき耳、屬官雇吏の能、以て遞進して次官たるを得るも、怪しむに足らず。是れ知る、政府の務、必ずしも能士を收攬するに在らず、以て國家の機務を執行して闕くるなければ足れり、豈に今日官吏の俗物たり、無能漢たるを咎めんや。但だ其の執る所の務、既に以て輕重の數に與らず、則ち其の勞とする所、亦奇策材力の譽、賢を招き能を進め、巖穴の士を顯はし、若くは行伍に備はりて攻城野戰、將を斬り旗を搴《と》るの功と比するを得じ。彼れ徒らに累日積勞の故を以て、尊官厚俸、榮爵貴位、薈《あつ》めて之を私し、一省の長官、其の位は則ち二位、其の勳は則ち一等、間々大勳位を受くる者あり、紈袴乳臭の態未だ去らず、翩々として交際社會に出入し、捷給の辨巧に操り、庇蔭の恩加ふるあれば、則ち四位五位、勳三、四等、博取難きにあらず。寧ろ唯だ其の位といひ勳と云はんや、官職あれば、官職に伴ふの利益あり、位勳あれば位勳に伴ふの名譽あり、門庭に趨走するの紳商、歳時の贈賚薄きに非ず、集會燕飲の席、座必ず上位を占む、所謂社會の上流、壟斷して避けず、高明の家、鬼物の伺ふ所とならざるなからんや。昔し源右將六十六國の總追捕使として、兵食の權、皆其の手に在り、而して二位に過ぎず、舊時侯伯、一國の生殺與奪を專にする者、其の高き三位を出てず、且つ現在諸公の先輩、南洲の異數を以て、正三位を忝うせるのみ、其餘皆從三位以下、四位五位に止まる、滿て溢れず高うして危からず、明哲且つ身を保つに恐懼す、能く戒愼するなからんや。思ふ階級を立て、以て之を庶民の上に彰はす者は、必ずや名門右族、久しく輿望を繫げ若くは勳功拔群、聲一代を壓する是れのみ。今封建の時に在りて、足輕たり、輕士たること、世の擧て熟知する所にして、偉勳大功の稱すべきあるに非ず、高き者だも四年五年、櫛風沐雨、兵力を藉りて内地の反對黨を鎭壓すといふに過ぎず、下れる者は則ち簿書の勞、縄墨の務、晨《あした》に衙《やくしょ》に上り、夕に衙を退く、操り人形も亦能する所、此等の徒を以て社會の中心となり、貴榮の階級を形らんとす、あゝ粃糠の後に鎭し、而して渣滓の上達せんとす、一振盪の後、其の哀れむへき運命の爾を宥さゞるを覺らざる歟。世皆其の勞の其の爵位に當らざるを知る、而して僥倖にして終を令するを得ば、誠に恐る、常經の守るに足らざる、人心の懷疑を長し、自ら殘暴して併せて世の大患を釀すもの、踵を接して至るあらんことを。

其の功にあらずして、其の位置に當る、官吏の地位過高なること、公然之を難ずる者あらざるのみ。然れども情念の積漸、奪ふべからざる者あり、官吏を厭嫌するの風、士人の間に洽《あま》ねく、證徵數々見《あら》はる、語官吏に及べば、鼻頭之を待し、官吏の爲す所、故なきにいま〳〵しきの感を生じ、事の是非を問はず、必ず之を折きて自ら慰せんとするに至る、然らざる者は、官吏に因りて利する所ある者と、自ら官吏たらんことを望む者のみ。是れ平生社交の瑣事に止まらざる也、而して國家の大事に至りて、亦此避くべからざるの習弊を見る。夫れ帝國議會の開くること僅かに二回、其の初期は僅かに翫覆子の力に藉りて其の衝突を避け、而して其の第二期は、開會一周月、竟に衆議院の解散に局を結ぶ。事を喜び名を好む者は、半夜鷄鳴、惡聲に非ずと言ひ、髀を拊《なで》て踊躍せんのみ、然れども輔翼の大臣、國民の代議士と、義氣相投ぜず、反目疾視して、竟に解散の已むなきを致す、是れ國家昌平の象と謂ふべけんや。且つ政府の要求、盡く理なきに非ざるなり、其の產業の發達を促し、國防の嚴整を加ふる所以、議會が一切斥けて容れざる所、頗る其の常を得ざる者あり、而して盛氣抗衡、心を屈して相謀らず、必ず政府を窘《くる》しめて已まんと欲す、曰く政府大臣は、我が信用せざる所、故に興すべきの業も、亦現在大臣に任じて之を興すを危ぶむと。爾《し》か云ふ者は、彼れ皆誠實國を憂へ、積弊を洗刷して、富强を致さんと願ふ者ならんや、野心非望、取て代るを以て、一生の能事畢れりとする者、大拭〔抵カ〕皆是れ、而て擧世甚だ咎めず、猶ほ之を憐れむこと、政府大臣に加ふるあり。嗚呼邦を爲す者、何ぞ必ず節と云ひ儉と云ふのみなるべけんや、開國の天地、鎖國の天地に非ず、守備一たび失せば、岸を環るの海、皆敵國なり、寧ろ盛んに稅源を探究して、政務の速かに擧り、富强の基、速かに建たんことを求むるの急務たるなからんや。今乃ち議士たる者、必ず節省を倡ふるを以て職分とし、節省を倡へざる者は、目するに爲にする所あるを以てするに至る、是れ何ぞ之を致せる。且つ一國の憲法は國民の寶典、宜しく之を視ること生命の如く、之を重ずること神明の如くすべき所、而して憲法の我が國民の腦漿に印象せるや、其の莊嚴なる典式、國儀の鹵簿、無前の繁華、無前の雜沓とを以てするに過ぎず、其の章句を視ること、殆んど尋常新聞紙の論文を視るに異ならず、而して議會が奉持の念に薄くして、其の解義を移易するを憚からざるが如き、藐視輕待、駭《おどろ》くべく慨するに堪へたり。彼れ謂はずや、名は欽定憲法たり、而も其の實は數輩の吏人、歐洲の粉本を點竄して作る所、彼れ因りて而して大勳位の榮を享く、亦多からずや、乃ち更に其の手澤を奉戴し、敬重して神聖とせよと强ゆ、那箇の病癡子か敢て此の言を爲すと。國家の存立を維持するの政費、一國の秩序を定むるの大憲、尙ほ視ること此の如くなれば、是れより細なる者に至りては、將《は》た何の底止する所かあらん。政府は既に心を決して議會を解散せり、騎虎の勢、中止すべき難し、而して軍部が大權を名として、喙を政治に容れ、議會を威嚇蹂躙するの端、亦た開くるなしと謂ふを得ざれば、再撰三撰の結果、皆政府に利あらざる時、政府は將さに何を以て之に處せんとするか、而して國民は何を以て之に應ぜんとするか。强弩の末と雖も、薩長氏の勢力は未だ魯縞を穿《うが》たざるまでに微ならざるなり、冬月水涸《こお》る、黃濁の河水、以て壅《ふさ》ぐべからざるに非ず、而も之を壅ぐは則ち之を洪にする所以、一たび決するや、則ち神禹も手を措《お》く能はず。

草長じて且つ乾く、農夫一喫煙の灰火、食頃にして百里の野を焼くべし、遠因の鬱積既に彼が如く、輓近の事情、若し近因たるあらば、剰す所は一點火、岌々乎として其れ殆《あやう》からずや。嗚呼誰れか熙々たる春日、駘蕩たる春風、乃ち現代に革命の機なしと謂ふ乎。

勢は遏《とど》むべからず、而も之を制するは仍ほ人間の責任なり。局に當る者、若し猛省して先を制し、力能すべくば、自ら大責任を負て、偉勳を三十年逞しうせざるの外交に策し、以て國威を揚げ、國利を殖せんか、而して恬退謙虚、位勳の尊榮、勉めて之を避け、其の利益を斥け、其の名譽を辭し、堂々として正路を履まば、歳月を積むの後、或は嫌忌を鎖却して、國民と無窮の治體に相樂むを得んか。抑も是れ輒《たやす》く望べけんや、望むべからずば、則ち積勢の極まる所、必ず其の至る所を窮めて而して已まん。少年天地、去路歴々たり、我れ蓬莱織女にあらざるも、虚無を指點すること、勉めずと謂ふべからず。嗚呼大政一新、二十五年、花は劍佩を迎え、柳は旌旗を拂ふ、鵷斑鷺位、賜餔顔酡たり、是れ昌平の象とするか、雲萬峯を裹《つつ》み、雪は關山を埋む、散歸の征人、雙袖龍鐘たり、是れ變訌の兆なるか。我屠蘇に醉ふ、擇ぶこと其人に在り。

「危言」

僻論派の史家

自恃庵主人※

史を修するは三長を要す。曰く才、學、識、是れ固より千古にして易ふる無かるべし。然れども所謂才學識豈に道《い》ひ易からんや、而して識の最も道ひ難き也。識なき者の自ら以て卓識となす所、庸詎《なん》ぞ其の卑陋狹見にあらざるを知らん。乃ち妄斷自信して、從前の史書を紛亂せんことを謀る。蚊虻の山を負ふ、力量を揆《はか》らざるは方さに其の愚を見《あらわ》すに足ると雖も、世間亦た無識の徒に匱《とぼ》しからず、聵《がい》々たる者は每に其の獺祭の魚に眩《み》せられて、漫然として其の識に憑信するを免がれず。而して新奇の談、屢々人の耳を驚かせば、輕浮の徒、雷同して附和す。衆口の金を爍する、邪慝の説、一時に榮ふるを致す、古其の例なしとせず、今胡《なん》ぞ忽ちにすべけん。修史局の設けられてより、帝國大學編年史編纂係に馴致して、重野、星野諸人の職に在ること二十許年、何の成就する所ぞ。兒島三郎を以て烏有先生とし、大野九郎兵衞、高田軍兵衞を治世の能臣と賞揚し、塵汚煤染の斷簡零墨に憑據して、容易に古人の成書を罵り、信僞を顚倒し、正邪を混淆し、故なきに國民德性の標準を壞滅せんとす。史臣の務にして此の如くして可ならば、刀筆の吏、亦た能く辨ずべきなり。猶ほ何の識といひ、見といふを之れ問ふを須《もち》ゐんや。若き人を以て而して得々として學識を口にするを見れば、信なる予仲尼の宰我に過てるや。試みに其の一を擧げて、かの識と云ひ、識と云ふ者の識、果して若何《いかん》を見ん。星野氏、嘗て「義經の話」を公演す、蓋し世に傳ふる所、義經高館に死せず、而して蝦夷に逃れ、更に韃靼に航するの說を駁し、斷じて虛妄なりとなすなり。其の憑據する所、而して陳說する所を見るに、特に童子見のみ、之を以て史家の吻頭に發すとなさば、愕然たらざる者幾《ほとん》ど稀れなり。之と短長を較せんとするは、寧ろ狂人を追ふて走る者の同じく狂人と見ゆるの愚あらん。但だ世間聵《がい》々の徒の其の耳を師として妄信せんことを恐れ、已むを得ずして之を爲すのみ。

夫れ古今東西の史、屢々千古不釋の疑案あり、燭影斧聲、趙祖の終焉知り易からざるあり。建文の敗、燕王乃ち成王自から死すと稱す、而して數十年にして老佛出づ、則ち星野氏擧ぐる所、源義親、高倉宮、安德天皇、大塔宮、豐臣秀頼の蹟、傳奇小說に類すと雖も亦何ぞ一概に抹殺すべけん。若し其の事の奇を以てすれば、程嬰、杵臼の遺孤を存せし昔より、賊囚の判官たりし今に至るまで、傳奇小說よりも甚しき者あり、若し當時の事情にして、かの傳說を作《な》すの餘地あらざらしめば、後世何ぞ疑を容るゝ所あらん。傳說の行はるゝ者、事情の以て斯く見るを得べき者あればなり、中世の歐洲、迹を寺院に韜《かく》す者あり、故にハロルドの死、人の之を疑ふを致す。故に識ある者は、史を讀むや必ずしも其の形を讀まずして、而して其の神を讀む。況んや史を修むる、何ぞ拘々として一人一事の形迹に全力を盡し、益なくして損あるの妄語を陳《つら》ぬることを爲さんや。星野氏口を開けば輒《すなわ》ち曰く、信據すべきは吾妻鏡のみと、直筆の難きや古へ實に今よりも甚しきにあらずや。星野氏の如き史家をして、明治年間の事を紀せしめ、而して其の書にして信ずべしと爲す、世寧ろ之を許さんや。星野氏庸詎《なん》ぞ獨り吾妻鏡の筆者が星野氏其人の若くならざるを知りて、而して之を憑信せんや。凡そ隱諱の事實は、當時に在りては極めて不明なるは固より其の所、而して世の相距《へだた》ること益々遠くして、情僞の呈露益々明かなるは、勢或は然らざるを得ず。則ち、庸詎ぞ又數百年の後に公然發表せる傳說の、必ず當時の記錄よりも信を措き難きを斷ぜんや。大丈夫世に在りて、坎坷迍邅、其人にして善く自から安ずる者あるも、議論する者の其の幽を顯にするは、亦た世情の其人の爲に慰遣するある所なり、是に於てかは、百世公論を待つの說あり。今必ず當時の記錄に徵して、一切傳說を斥けば、千古萬古、英雄の魂魄、地下に瞑せざらんとする者、計數すべからざるなり。俗論の是非を殽亂すること往々此の如し。

夫れ大日本史の疑はしきを疑ひて、敢て妄斷せざりしは、識ある史家が必ず取るべきの方法にあらずといはんや。一ノ谷、八島等の役、義經常に寡を以て衆に克つ、星野氏の其の捷を衆に歸し、而して義經の寡、泰衡の衆に敵せざるは當然といふ、是れ堀河第襲撃の一事をも遺忘せるものにあらずや。(一) 義經の覇業に拙く、秀衡の死後、一年有半、成す所なしといひ、頼朝の細作、奥の情僞を悉知すといふ、星野氏將た何に據りて斯の如く斷言せる。成敗を以て人を評する、是れ俗論の好で爲す所なるのみ。成康に王者の德あり、鍾會李密に雄圖なしといふ、已なん〳〵。(二) 院宣幕命を恐る、故に敢て僞首を以て責を塞がず、是れ眞首あらば固より然らん。若し義經逃竄せば、何ぞ欺かざるを保せん、何となれば已に院宣幕命を恐るればなり。(三) 吾妻鏡已に明かに首を函して美酒に浸すこと日久しきに彌《わた》り、實撿の延滯するを述ぶ。疑を此に插《さしはさ》まざるは、星野氏一派の善く疑ふ家法に似ず、亦た其の說の自ら情を矯めて、故らに成史に中傷せんとするを見るべし。且つ美酒の說、亞爾箇兒《アルコール》の成分、誰れか意《おも》はん。今事新らしく之を星野博士に聽かんとは、唯だ當さに其の膽大を感じて已むべきのみ。(四、五) 生顏と死顏と相好が變る、星野博士に菅原傳授手習鑑の一句を奉じて、其の熱中して相好を辨ずるを醒却一番せん、且つ僞首を獻ずる者何ぞ故さらに其の肖《に》ざる者を擇ぶの愚をなさんや。(六、七) 頼朝が義經の死せざるを知らば、之を口實として泰衡を討するは其の宜しき所なるか。義經の始めて兄の歡心を失ふや、頼朝直ちに之を討ぜんとす。而して諸將義經の罪なきを諒し、且つ其の武を憚り敢て應ずる者なかりき、其の死せずして平泉の遺圖を翼くるを傳へば、出師の士氣に關すること、何ぞ少小なりとせん。朝廷の泰衡を討ずるを許さざる、若し穿鑿して之を論ぜば、亦た焉ぞ義經の必ず死せざるを料るありて、奥を引て鎌倉の强横を制するにあらざるを知らんや。(八、九、十、十一、十二) 大河次郎の義經の名を冒す、以て其人の已に死せるの證となし、扶蘇、項燕、戾太子等を以て之を例す。是れ事後より見るの說のみ。當時に在りては、則ち世の多く其人の死を怪しむ者あるにあらずんば、斯の如き流言、何ぞ人を動かすに足らん、是れ適《ま》さに當時已に義經の死は一の疑似たりしを徵するに足らざらんや。(十三) 大日本史の筆法、竟に俗史家の解する所にあらざるなり。其の蝦夷に渡るの說、たとひ太田道灌自記を僞書とするも、星野氏が道灌自筆の書類にして今に傳らん程ならば、史家の心を苦しむるを須《もち》ゐざる所といふに至りては、無意味の放言のみ。道灌の時今を距る幾許年ぞ、數十年前の斷簡零墨は則ち之を信ず。而して道灌自筆の必ず存すべき理なきを斷ずるは、何の定見かある。道灌の書を僞作とするも、其の僞作する者にして道灌の世を距ること遠からず、而して其言ふ所、亦た無識史家の如きにあらざれば、其の傳說の因る所舊《ひさ》しきや、適《ま》さに以て之を確實にするに足るなからんや。白石の蝦夷志載する所、蝦夷謠物の傳ふる所、歴々として義經の傳説に符號するあるを以て、猶ほ且つ先づ義經の必死を信ずるが故に、其の必ず義經一輩にあらずして、而して必ず羽黒山伏の假托なるべきを斷ずるは、是れ二十餘年、史職を忝《はずか》しむる、識ある史家の論なりといふ。治承四年の暦書は義經死する前九年なるを以て、早きに過ぐと輕々拂ひ去り、年代相近似し、而して交通極めて少きの世より存せる古物の由來を繹ぬることなしに、さる古物が偶然此家に傳へてありしにて、實は義經の事に關せずと速斷す。近世の歸納法に準據せる史家は、蓋し星野氏の如き英斷には乏しかるべきなり。韃靼渡航の説の若き、かの地の事情未だ明かならざるの今日、簡疎の史書に據りて輙《たや》すく論議するは、愼重を缺くの恐あり、故に敢て辨ぜざるのみ。然れども義經の死生、蝦夷逃鼠の跡に於ては、星野氏の擧證は寧ろ反對の結果を示す者、眞に其の識に驚いて、我邦の所謂史家なる者の價値に悲しまざるを得ず。

星野氏は其の師の敎を奉じ、聖賢君子の著を讀で、其の識を立てしと自ら道ふ。意ふには所謂聖賢君子の著、史に就て之を言ふか、斷簡零墨の筆者は聖賢君子にして、大日本史の筆者の若き、白石の若きは則ち聖賢君子の徒に非ざるなるか。所謂聖賢君子、堯、舜、禹、湯、文武、周公と云ひ、孔子と云ひ、曾子と云ひ、子思、孟軻と云ふを謂ふか、焚書以上は邈たり矣。尙書、孝經の古今文、簡擇易かりしに非ず、論語に三論あり、大學、中庸、果して曾子、子思の手に成らんや、星野氏何を以て確實として之を標準とせるか。自ら欺くなくして、靜かに其の心に問へ。凡そ舊より信ずる所の者、一旦自から其全信し難きを見るや、疑念の蔓衍、遏《とど》むべからざる者あり。而して事若し已れの功績を誇燿するの料たるあれば、欲望の助けて之を長ずるあり、俄かに舊信を擧げて全く之を壞滅せんとす、亦常情なり。嗚呼我が所謂識ある史家も亦竟に此に免れず。而して兒島高德を烏有となし、義經を殺し、逃節の徒を能士とし、横流已まざる勢ある者、此の情が釀せる病なるのみ。(因みに云ふ、嘗て重野博士の口演せる所、赤穗義士實話といふもの、事々しく假名手本忠臣藏の不敬を咎め、大野九郎兵衛の如き、高田軍兵衛の如きを以て、治世の能士、必ずしも歳寒の先凋に咎むべからずとするを讀み、其の無識にして世を誤るの甚しきを慨す。夫れ事實を以て戯曲を咎む、固より不倫の甚しき者既に文學の曲徑邪路たり、況んや其の論斷邪慝を回護して、逃節を恕するが若き、是れ豈に人心ある者の言ならんや。)

誠に實に舊史家諸老輩に告ぐ、諸老所謂才學識を口にするを解するも、果して心に之を知らんや。何ぞ之に望むに近世修史、歸納法的方法を以てすべけんや。偶々其の識を見せば、則ち成就する所は彼が如し、如かず其の聊か長ずる所に據りて、自ら其の分を守り、特に資料の蒐集に全力を盡し、以て繼起の史家、其の器に堪ふるの人に惠を貽すの勝れるには。獺祭の魚、太倉の粟、多きを以て人目を眩し、以て世間無識の輩を蠱惑するは、反て其の營々辛劬の勞を憐まるゝの餘地をも忘失して、贏《あま》す所は放言妄斷の譏、無識狹陋の辱、爲すなき哉、爲すなき哉。

※筆名「自恃庵主人」は高橋健三であるが、『内藤湖南・十湾書簡集』六四頁によれば、湖南は父親あての手紙で『僻論派の史家』は高橋健三氏に代りて兒が作る所」とあるため、採録した。

「明窓淨几」

平山行藏氏が幕府に上る書

落人後子　虎

曩に日本新聞に幕代の偉人平山行藏の逸事を載せ、併せて其の上執政相公閣下書を錄するを讀みて、鄕里なる家翁の許より左の如く言ひ贈られき。

かの新聞に記せる外に予のきゝし逸事は、平山先生家室中、疊を敷かず、皆板の間にて、隆冬と雖も、先生は勿論、門弟來客ともに其上に端坐せし由、又寒中にても每晨盥嗽は都て冷水を用ゐしとぞ。先生はかの下斗米大作には兵學の師にて、長沼流の兵家なり。凡ての武術に達し、又書史に渉りて、實行を重じたれば、大作も薰陶を受けしこと少なからざるべし。日本新聞には上執政書のみ載せたれど、別に將軍家へも上書せり、其寫しは所藏しあれば贈りて示すなり。先生は此等の上書の爲め、嚴罰を受けたり。先生六十餘歲にて二十五貫目筒を膝抱に打たりといふ。予等の及ぶ所にあらざれども、予も此の弱質にて壯時修行の際には、十二貫目砲を膝抱にせしなり。藝事は習慣なり。一人（近内一人氏は家翁の弟にて、虎には叔父なり、近内氏を嗣げり）などは其以上の者も打てる力なれども、舊藩には抱砲にて其以上のものなかりき。勝又氏に下斗米の帶びし大刀あり。人は謂ふ、下斗米の短身にして、此刀の實用は疑はしと。予因て下斗米が此刀を使ふは各等が箸を把るよりも易かるべしと云ひしことありき。從來は士大夫にして、一の武藝を修めざるものなし。故に大いに膽略の養はありしものなり云々。

上北闕書

傳曰、堯有敢諫之鼓、舜有誹謗之木、所以然者何也。蓋堯舜不自以聖、唯恐朝政有闕失。是以不問貧賤惷愚、欲使人盡所思、而不遺餘力、指斥其非、告訴其過也。嗚呼古聖帝王、公平盛大之心、泰山河海之量、於是乎可見也。抑有闕政、而議其非於後、與及其未發而救其非於前、孰是孰非、不待智者而後知之也。然廟堂處置、人間之所不得聞也。安得察其機微、圖其朕兆、而救之於其未發邪。果如此、則雖有諫鼓謗木、而亦唯爲文具耳。竊按雖唐虞之世、而至如流言浮說、蓋在所不免焉。若徒使因流言浮說而獻言、則雖以唐虞之聖、四岳十二牧之賢、而猶可使匹夫匹婦、鳴諫鼓、擊謗木、而得述所欲言也。臣恭惟、雖當今平清之世、政令休明、決無可議者、而使因流言浮說之不實者而獻言、則或有可議其萬一者也。猶唐虞之世、使匹夫匹婦、鳴諫鼓、擊謗木、此臣所以擧唐虞堯舜之治、而望于 當今清平之世也。頃嘗聞之於流言、縣官有准醜虜通商之請。臣愚竊謂、縣官必無有此失策、而至愚之情、信疑相半、胸中交戰、未能自安、竊尋其說之所由起。六月十九日邊報云、醜虜歸所抄掠之我吏士、附之於書曰、其國聽我通商、則收軍而退。若不聽通商、則再連戰艦數百、以兵力決可否、信斯言也、其所以要我者尤甚矣。玩悔輕慢、其謂之何。

我邦開闢以來所未嘗聞也。夫人誰無羞惡之心。聞之者眦裂髮衝、扼腕慷慨、無不欲揮戈北向、與虜一戰而死者矣。往者 縣官以通商不便于國、斥其貢物、絶其通信焉。可謂廟堂之略、深得其道矣。是以天下智計之士、未曾不同口而嘆稱也。今也以醜虜豕突、北陲沸騰、遽許其通商矣。何前日得計之如彼、而今日失計之如此也。是示之以弱而自取其侮也。雖其利害得喪、懸絶如天地、而唯如國體何。廟謨果出于此、外議必謂、 朝廷無人、恐怖醜虜、不翅虎狼、倉皇錯愕、拱手無策。或適有所建白、而惴悸傷膽、委靡不振、皆出于誤計左畫也。此臣所不忍聞矣。夫匹夫匹婦賤而愚者也、雖死而不受如此輕侮矣。況我 邦以神武立國、勇威冠于宇宙。安有如此堂々方五千有餘里之國、而受此輕侮、聽命于醜虜者乎。臣雖賤陋、呈露肺腸、嘔盡心血、敢于不測之誅、竊爲 明主論處置醜虜之大計、幷擧大義之不可安于隱忍、國恥之不可置于度外。質之天地鬼神而獻之闕下、伏冀 明主照鑑、夫夷狄者非人類也。何者不知古聖帝王所立之道者。雖形狀類人而亦禽獸也。故其心貪殘無恥、可以威服、而不可以德懷也。宋儒胡致堂曰、人主以二帝三王孔子爲法、修吾德政、内安中國、而外固邊圉、不與交通、息其謀夏之心、又安有結親之辱、和好之恥乎。此特爲資重于夷、求援于虜者、而言之也。然非後世人主、處置夷狄者之所當深察乎、願 君上内安中國、外固邊圉、而審知爲結親之辱、和好之恥、與異類殘族、斷絶交通、則正以二帝三王孔子、爲法也。誠如斯則國是立、人極定、天下方向不惑、而上自王侯卿士、下至愚夫愚婦、斷然知犬羊之不可交、腥羶之不可親矣。其浸潤之所及、浹洽之所極、普天之下、率土之濱、莫不往而然也。蓋守禦之要、以人和爲本也、蕞爾城堡、雖如彈丸、而人心一和、則其守必固。環而攻者智勇共困、解圍而去者往々有焉。而況於我　神州六十有餘國、方五千有餘里、上下一德、貴賤同心乎。四夷八蠻、復追忽必烈之蹤、引連天之舶、而犯我四裔、亦何畏之有。如夫魯西亞、彼哉々々。陳亮有言曰、一日之苟安、數百年之大患也。豈非知言乎。若諉言於不傷人不殺民、而姑息以自處、則輕侮我者豈唯魯西亞而已哉。四方夷賊、朶頤於我者、接武而起矣。雖有智者、不能善其後。加之我　邦州牧侯伯、輕侮　國家之意、自此而生、至其所極、將有不可言者焉、蓋勢之所必至也。不可不愼其機于此矣。夫成湯之放桀於南巢、平定天下者、如疾風拂枯葉、何其容易、不知其所基安在、其能以爲一童子復讐、而得四海之心也。若無此義擧、則雖以成湯之聖、而未能遽至于此矣。小吏戸田某者、爲醜虜所害、雖微賤如彼、而我吏士也、孰與以黍肉餉之童子也。若無復讐之義、則國體不立、威權沮喪。況於聽通商容要約乎。所謂以神武立國、勇威冠于宇宙者、索然而无餘矣。然則大義泯沒、人心解體、而土崩之勢、胚胎于其間焉。竊爲　明主憂之、伏冀　君上赫然震怒、堅持前議、不惑輿論、籍選一英將、威望素著、謀略優異者、而專任之以殺生之權、使之無縻軍牽制之患矣。熊羆數萬、旌旗掩天、鼓行長驅、我武以張、電擊夷舟、風摧虜氛、誅其害我吏士擄我赤子者、梟其首於蝦夷北陲而後巳。臣不堪慷慨、壯志所激、欲飢餐戎肉、渴飮虜血、而不能自止、亦不自知其開口觸諱也。忽忘其賤、敢獻其愚、此亦微塵增嶽、涓流益海之義也。干冒天威、罪當萬死。

文化四年丁卯秋七月　　小臣平山潛誠惶誠恐頓首謹言

［批評］

漢城之殘夢　井上角五郎著　春陽堂發行

賞鑑之菩薩

明治十七年朝鮮京城の變は、著者の親しく經歷せる所、本書の價値、固より他人の一辭を贊するを得ざる所なり。況や著者は當時の當路其人に於て、今已に關係あるにあらず、其の筆を曲げしやの疑は、之あらざるべきをや。著者自から篇尾に附して云ふ、

予は此記事を草し畢《おわ》り筆を投ぜんとするに臨み、一言すべきことあり。予の帝國議會に於て朝鮮事件に付質問する所あるや、或は質問の事實相違せりとて、各社の新聞喋々し、外務大臣も亦其相違せる由を、議會に於て指摘せり。嗟呼有を無とし無を有とする、是れ實に當世の流行、予亦何をか云はん。顧ふに此記事を見て猶且其相違せる由を指摘せる者、世或は其類少なからざる可し。予は唯識者の判

斷を望むに過ぎざるのみ。但し予自ら誤謬を發見したる場合に在ては、更に校正して之を謝するに吝ならざる可し、と。但だ著者が當時當路竝に朝鮮の日本黨との關係、及び此の事變の起因に於ける自己の來歷を一々直書せば、更に妙なるものあらん。然れども是れ著者も且つ難ずる所、而して日本の法律は、出版の自由をさほど迄與へざるべきか。

大坂文藝　大阪文藝社發行　全

其の三四五號を贈られたり。數十人の作を載せたれば、盡く見て一々に其の長短を言はんに暇なし。其論文は鷗外を學べるかと思はるゝ節あり。其の小說には浪華向の御家騷動もあれば、硯友派に似たる新趣向の者も見ゆ。詩歌俳句までも載せられたるは、東京にて此種のもの稀れなり。猶ほ歲末歲首に閑を偸《ぬすん》で詳閱し、更に言ふ所あるべし。「なにはがた」青年文學に就ても其の折一處に言ふつもりなり。

印度佛蹟 佛陀伽耶《ブッダガヤ》靈塔圖記　東海玄虎氏編輯 印度佛蹟興復會發行　全

巻首靈塔圖、靈蹟圖は見事に出來たり。慾には印度全體の略圖に四個道場所在地を略示して添へられたかりし。佛蹟の由來を說明して、現在の情狀に及び、興復の趣意を述べしは、遺憾なし。唯だ興復會には、曾て快《こころよ》からぬ評判をも耳にしたり。末世の僧俗、靈蹟興復をも其の利慾の資とすることあらば、其の歎息すべきこと、何ぞ靈蹟湮沒の比ならんや。南條博士の跋文は、會員贊成者の三復すべき所か。

摸古美術木版繪三幅　青木嵩山堂發行

其一は應擧の雙鷄圖。其一は同じ人の紫式部圖。贊は本居大平。其一は土佐光起の美人舞踏圖。印刻精緻、髣髴として原圖の妙を想見す。其の廣告に「古畫の風神を失はず」と云ふ、浮誇の言に非ざるを知る。

(X.Y.Z.)

『亞細亞』第一巻第三一号「批評」　明治25年1月25日

新佛教論　中西牛郎氏著 京都興教書院發行　落人後子

中西氏は所謂新佛教軍の勇將、斯人にして自ら叫で、

知我者其惟新佛教論乎。罪我者其惟新佛教論乎。

と曰ふ。是れ豈に尋常片々たる小著作と同一に視るべけんや。宗教革命論と、組織佛教論とを以て之を金聲し、而して此書を以て之を玉振すといふ。氏が佛教に於ける懷抱、蓋し此の著に傾注して遺すなかるべし。其の書僅かに百餘頁に過

ぎずと雖も、評者は實に此の故を以て反覆之を精讀せり。而して其の所論の大綱に至りては、評者大に之を贊す。評者も亦二、三年前「大同新報」に於て、此の書と殆んど同一の議を陳じたりき。かの新報二十〔二十七〕號に於ける「佛教の前途」、二十八、九、三十の三號に於ける「青年の佛教徒」と題する諸篇は、實に氏が所論と其の歸趣を一にすべし。唯だ評者は、頗る冷かなる批評眼を以て之を觀察し、自ら其の任に當るが如きは、大に畏れて謹で避くる所たりしを以て、氏が自任の氣象、浩々として、其の論踔厲風發するが如き能はず。又其の詳細精緻に於て、深く氏に愧づるあるなり。其の言へば則ち中《あた》ることあり。以て今日に於て氏の著を見て、五百歳の知己の感あるは、かくいふことの甚だ氏に點ずあるを知ると雖も、而も衷心悅《よろこん》で自ら禁《た》へざるなり。顧ふに氏は今方さに新佛教徒中の立役、其の教界に在りて具瞻の地位たるは勿論なり。成名の士は其の言人を動かし易く、亦た人の嫌忌を招き易し。爲に枉《ま》ぐる所あるを免れざるは、今古同轍、氏豈に此の患なかりしか。氏云く、

分離よりも寧ろ統一にあり。鬪爭よりも寧ろ調和にあり。故に各宗以外に自ら赤幟を樹立し、異議を主張して、他と軋轢を試るが如きは、新佛教の敢て取らざる所なり。（中略）從來各宗の弊習を滌蕩するは新佛教の目的とする所也。從來各宗の教會制度を革新するは新佛教の目的とする所也。從來各宗の布教方法を改良するは新佛教の目的とする所也。その將さに仆《たお》れんとするものを起し、その既に替れたるものを隆んにして、以て現時日進の世界に運動するものは、亦た新佛教の目的とする所也。

意ふ、氏の嘗て同志社に在りしを以て、氏が感性の傾向、基督に受けしもの多きこと。亦た猶ほ基督が佛陀に受くる所ありしが如し（若し此說を信とすれば）とせんに、氏が此等の言は、基督が所謂、律法を壞《やぶ》るに非ず、律法を維せんが爲めと言ふに似たらんか。新佛教にして改革の精神ある以上は、此の如き調和手段に滿足する能はざるや必す。果せる哉、氏之に繼で自ら上の言を抹殺して曰く、

新佛教の目的は斯の如く卑近にして淺薄なるものにあらず。蓋し其現象の由りて發するや、永久の源因に基くものにして、一時の源因に基くものにあらず、必然の源因に基くものにして、偶然の源因に基くものにあらず。故に其旨趣とする所は、事業的よりも寧ろ思想的なり、施設的よりも寧ろ感化的なり、形體的よりも寧ろ精神的なり。

更に此意を舖張して、從來佛徒の見解よりも一層大なる見解を以て佛教を解釋すべきを言へり。果して此の如き、能く其の分離を避けて統一に就き、鬪爭を避けて調和に就くの志を全うし得べきか。基督は地に平和を出さんが爲めに我れ來れりと思ふ勿《なか》れ、刃を出さんが爲めに來れりと言て、其決意を

示せり。中西氏何ぞ亦た此段《かり》の決意に慢なるや。こは評者が前日の論、其の自ら任ずるの責なきが爲に、明かに謀反人の必要を説ける處、竊かに謂ふ、氏の論よりも明快なりと。氏も亦た「新舊兩佛教の衝突點」に於て、階級的と國民的、厭世的と樂世的、理論的と經驗的の三衝突點を論ずと雖も、若し改革の果して實行せらるゝに至らば、此等の三點衝突の狀勢は單に氏が論述せるが如きに止まらずして、氾濫横溢、改革者を試みに逢はしむること限りなき者あらんか。氏が青年を開導せる、明かに此の危險を豫示せずして、其をして一敗地に塗るゝなからしめんこと、蓋し急務にあらずといふべからず。且つ其の調和と云ひ、統一と云ふ、氏の希望といはば則ち可、改革の結果必ず此の希望の如くなるべしといはば、評者謂ふ、氏が崇敬する聖法然、聖日蓮、聖親鸞の迹を氏に示さんか。此の數聖人皆統一と調和とを之れ望まざらんや。而も闘爭は大に起り、統一は遂げられず。而して一宗派の教祖に終りき。氏既に佛教の永遠悠久に開發すべきを信ず。永遠悠久の開發は、何の日か其の全眞理を盡さん。而して氏が手に於て調和と統一とを望むべけんや。誠に是れ今日世界的佛教の興るべき氣運も氏が言ふ如く永遠悠久の開發に於ける一小波瀾たりと知らば、謙遜して一切智者の足下に俯服跪拜すること、其の處なる哉。評者は是に於て中西氏の志を憐れみ、而して其の世俗の足下に跪拜すること、一切智者に於けるが如くならざらんことを切望す。所謂世俗は怒我懼我疑我の一輩のみならずして、浮靡新を喜び、新佛教を生呑活剝する青年にも亦た之あり。我を寵し我を衣食する耆宿有力者にも亦た之あることを忘るべからざるなり。且つ評者前日の論、今の氏が所論と契合する所に於て、頗る亦變ずることあり。自ら以て前日より進めりとなす。暇あれば則ち又論述して篋底に藏め、以て更に他日の知己、氏が前日の我が論に於ける如き者を待たんとするなり。

細評を加へば、枝葉の議すべき者猶少からざるも、憾《うら》むらくは今及ぶに遑あらず。深く氏が恕を請ふ所なり。終りに臨で一言す。氏は文字の末に至りては、意を用ゐざる所たるを謙辭すと雖も、全篇格調高朗、かの氏の前著、革命論、組織論に視て寧ろ加ふるあり。彼は理窟を言ひ、而して此は情感より流露せるの故に由るか。

『亞細亞』第一巻第三四号「批評」　明治25年2月15日

心の露　井上瑞枝女史著　目黒書店發行

賞鑑之菩薩

此書は其の亡友瀧川壽子女史が紀念の爲にとて、その生前互ひに語らひし事を基として、眞宗の教義を平易に説明せる者なるよし。全篇あまりよく條理立ちたれば、亡友の紀念として讀みては、興薄けれど、之を女流の宗教に關する一著書として、感賞の價あるものと見えたり。書中の精神、何となく雨田上人の説教聽く思ひするは、兩女史共に其の薫陶を受けしこと深きが故にや。佛教の爲めに厭世の嫌を辯ずること勉めたりとは見ゆれど、何故厭世と目さるゝことさまでにイヤなるべきか。兎に角眞宗信徒には一本を購ふて、自らも讀み、妻子にも讀ますに、平易にして便多かるべし。

三經宗體

小栗栖香頂師著
名古屋眞宗講話會發行
仝

眞宗所依の三經、卽ち大無量壽經、觀無量壽經、阿彌陀經の宗旨を略説し、其の讀法を示したる者にて、著者は眞宗の碩學小栗栖師なれば、其の宗徒に利益あること言を待たざるべし。

災害救濟論

マエツト氏著
博聞社印行
仝

マエツト博士の農業保險論は、人の皆知る所、氏更に前には水難救助法を著はし、今又災害救濟論を著はす。其の用意の厚き、日本人民の氏に感謝すべき所なり。此書は尾張の震災に感を興して、かゝる災厄の救濟は、之を慈善家の事業に一任すべからずして、國家の義務として一定の方法を立つべしと云ふに在り。經世濟民に志ある者は、一讀して資する所蓋少からじ。

『亞細亞』第一巻第三八号「明窓淨几」　明治25年5月9日

又別天樓に與ふ

不癡不慧子

近日多厄、「亞細亞」停止せらるゝこと七週日、今先輩は逝き、罔兩窩は火し、而して呂泣方さに不測の罪に臨む。同人の瘠知るべし。安《いずくん》ぞ別天が肥を健羨せざるを得んや。

此地前月までは寒烈しく、陰曆三月二日雪ふる、掃部頭沒するの三十三年なるが故と人は道《い》ふ。但だ其の一日を誤るを以てか櫻田門外の雪白きがまゝに消えにしこそ芽出たかりしか。此月に入る來、乃ち遽に暄燠東臺向島の花ははや雪とや降りなまし。小金井は方さに雲なるべし。前土曜日東臺より向島に遊で白鬚祠前に至り、橋場の渡を渡りて金龍山に上りて歸る。同行數人其人は南八皆徒步す。餘勇猶小金井に遊ぶの企あり。瘠と雖も猶能く此の如し。安焉。

別天が絕壁亭金門園等に遊ぶの記、僕をして神往かしむると同じく、僕輩が漫記中に點出せるこゝかしこの地名は、別天が懷鄉の情を呼起す種とやならん。別天が境を想ふて別天ならぬ吾も亦黯然たるを免れず。

僕は三崎座をだも觀る能はず。況や歌舞伎をや。深く別天がハムレットに愧づ。僕は今年歸省の餘裕を得るや否だも自ら保せず。深く別天が洛機《ロッキー》を超えんとするに愧づ。別天若し洛機を超えばその韻語にまれ散文にまれ詩なかるべからず。且《しば》らく此に因て別天が櫻花國を望みしさまを讀まんとす。僕が望を空しうする莫れ。

雪嶺翁歸る。其航中讀む所の中にはLooking Backwardもあるなり。Caesar's Columnもあるなり。別天往く時吾れベラミイを語りき。往く後ベラミイに就て聞く所ありや否。ヘンリー、ジョルジは何如。

近日文界俄に生氣あり。仍ほ是れ翩々たる者多くして不朽の價輒《たや》すく求むべからず。伏惟爲斯文自重四月十九日。

小金井の遊南八之を三たびす。而して僕は則ち果さずして止む。「亞細亞」の解停に會し、呂泣の公判に會し、匇忙此を致す其の瘠なるの故にあらざるなり。特に此に附記して豫め嘲を防ぐ。五月四日記。

「批評」

井筒女之助

ちぬの浦浪六著
春陽堂發行

浪六、三日月に著はれ、而して井筒女之助は方さに其の極盛ならんか。繪草紙屋の言ふ所によれば、當時此ほどよく賣れる小説はなしといふ。之を閲して、先づ例の春陽堂ものとはいへど、表紙口繪のこつたること、美麗なること、一倍なるに驚き、而して之を讀むに及では則ち頗る失望せざるを得ず。思ふ、浪六は奇矯の人物を寫すに長ず。そも奇矯の境遇を寫すを好むと云ふ方寧ろ妥當ならんか。かの三日月の治郎吉は檢束なき階級に生れて、存分に其の奇矯性を暢發するを得たれば、作者の筆端、頗る活動の自在を得るの利あり。たとひ其の「骨ありと見ゆるは、皮の硬きにはあらじや」との警評、肯綮に中《あた》るあり。弩張太だ過るは、其の病處なりとするも、「武士の太刀先見せん花の陰彌生半ばの眠けさましに」の概あるを以て、一時を聳動するに足るものありしが、此の作に至ては、境遇を戰國に置きしは、亦檢束なき社會を利用せりと雖も、女之助は士流の子にして、浪六が戰國士人の狀態を視ること、元祿以後のごとくして、其の貴族的態度を寫さんとして寫し徹せず、却て自から其の筆尖の纏縛を求めしが爲め、大に三日月よりも見劣りするを免れず。浪六の筆蹟を見る者は、亦其の作の意匠の傾向と大に類するあるを見るべし。浪六の字、結體に於て、點畫使轉に於て未だ純熟せざるあるも、強て其の偏頗せる嗜好に任せて、筆を運らして自ら快うするの跡あり、其の作も亦然り。其の結構、其の措辭、皆純熟せざるにも臆せずして、才に任せてなぐりちらすなり。故に其の意を了する者は其の意の到る處を察して、又其筆の到らざる所を察するも、批評眼なき讀者には、汽車の旅に山水の勝景を觀て、悤忙に禁《た》へざるの感あるべし。是等の病處は三日月に於ても之を見るも、此作に於て尤も甚しとす。一の境遇、十分に迫促せずして、直ちに他の境遇を生み出す。博忠卿と意氣相投ぜしより船路に移り、船路より松永對面、京都出奔、芳江變死、諸國流浪、狂女絕命とつぎ〳〵に移りかはる處、あまり偶然の因果のみにて、更に人間運命の關鍵に着目したりと見えざるは極めて物足らぬ心地す。又主人公の假名を女之助といふより見るも、其の女裝は全篇の趣向に大關係あらざるべからざる筈なるに、只だ世をはかなみしといふ說明と、作者が主人公の演技を描き出す每に華麗を悉すべき資料たるとのみにて、主人公が運命には甚の影響もなく、其の諸國遊說の際、女裝に因て引き出すべく思はるゝ許多の好趣向に、一も顧念を費さざりしが若きは、作者の甚だ思ひ切りよきに驚かざるを得ず。浪六は新出の腕のよき作家、書肆にはなられしを口實として杜撰の作意を構ふることなく、沈潛反覆して完作を出さんこそ然るべけれ。小成に安んじて、遽かに大家となり畢《おわ》らんこと、竊かに作者の爲に悲しむ。若し其の瑕疵を抉摘せば、評言固より此に止まらず、是れ遑あらざるなり。請恕。

（夢花生評）

はゞかりながら再版　故江帾梧樓氏著　金港堂發兌

評者の父は業を梧樓先生に受けし者、故に評者も幼よりして先生の學風を承け、感化を被りし者少からず。今此の近世東北の偉人が、一世の景仰する所となり、其の半日走筆の雜著も亦た當世名士の贊稱口を措かざる所なるを見ては、喜で禁《た》へられざる者あるなり。序跋評贊、まゝ蛇足に屬する者あるも、評者が私情は則ち以て病と爲さゞるのみ。其の言今時を益するとは固より讀む人の何如に在り。

附錄詩選は、草卒の際になりしものと見えて、亂雜極めて甚し。歲月の次序も、少しく注意せば、かほど顚倒には至らじ。且つ選中、先生の傑作ともいふべきものにして、世人も亦略ぼ知る所に於て載せざる者あり。選者の汰する所か、抑も輯者始めより知らざりしものか。評者が記する所にても、山陽の日本樂府にも劣らじといはれたる、「天祖以鏡賜天孫」の什、「瓊矛露滴凝爲國」の什の若き、尤も選錄に價ある者と覺ふ。此類猶多からん。敢て輯者選者に鄙意を致す。

（落人後子）

中等教育 國語漢文講義錄第一號　吉川半七發行

國語漢文の講義錄は、近時の流行物なり。此も亦その一。講ずる所は徒然草（林甕臣）、日本文典（落合直文）、土佐日記（石田道三郎）、文章軌範（堀捨二郎）、日本政記論文（深井鑑一郎）、今泉定介氏の作文作例批評等大梗此の如し。中等教育の料として隨分好きものなるべし。

（ア、イ、ウ、）

『亞細亞』第一巻第三九号「批評」　明治25年5月16日

宇宙之光　大内青巒氏著 哲學書院發行

賞鑑之菩薩

アーノルド氏、釋迦の傳を詩にして、亞細亞之光といひ、基督の傳を詩にして世界の光といふ。大内氏此に慨するか、亦釋迦の傳を歌にして、之を宇宙之光といふ。宇宙之光と亞細亞の光と、其の詩たる所以に於て、吾れ固よりアーノルド氏の著を取らざるを得ず。唯だ宇宙之光の詩たる、之を我が邦文學の現狀に視れば、亦希有《けう》の大作と稱せざるを得ず。豈に其の篇章の長大を之れ云はんや。其の措辭の穩當にして、且つ巧に佛語を用ゐて、頗る和讚の臭味を脱したる、今の所謂新體詩家にして、能く此ほどの作を辨ずる者あらんは、覺束《おぼつか》なきことなり。只だ其の作の時日に迫られしと見ゆる痕跡は、總べて事を敍するに急忙にして、一般の詩境に就て十分に鋪張して、其の能事を盡くすの遑あらず。略譜の詩にされたる如きは、此作をして詩趣に缺乏せしめたる第一の因由ならん。思ふ、這箇の大詩題、我が詩人が伎倆を伸ぶるに於て、恰好の題目たり。大内氏既に之を始む。繼で起る者あらば、豈にアーノルド氏を凌駕する者來るなきを保せんや。是れ詩界の大觀、獨り宗教界の事とし視るべからず。

大聖釋迦牟尼佛靈蹟眞圖　東京造畫館發行

サンチ古墳、佛陀伽耶寶塔、鹿野園、黄金寺、比馬拉山下釋尊苦學の舊蹟ダジリン、コンバコナム殿堂六靈蹟を石版摺にして、圖解を附し、原坦山、南條文雄二高僧の題辭あり。刷法精明洵に珍とすべきなり。

（ア、イ、ウ）

『亞細亞』第一巻第四四号「批評」　明治25年6月20日

史記列傳講義　稻垣衣白講義 興文社出版

少年叢書の一として出版すと聞けば、其の體裁の頗る適せるを見る。講義の方法に至ては、間然すべきこと少からず。弊は村學究が學博を衒《てら》ひ、用なき語を插《さしはさん》で原義を殽亂し、原文に適切ならざるに在り。文を解する、只だ原文の意味を、原文の勢のまゝに解し去るを難しとす。何ぞ無用の冗語を插さむの暇あらんや。且つ少年を教ふる、尤も此の冗語を省かざるべからざるの要あり。是れ一般講文者の爲に道《い》ふ。獨り此書の爲にせず。解釋と講義と文法とを分ち、丁寧反覆、勉めたりと謂つべし。植字訓點の誤多きは、此類の書に在て、闕典の大なる者、注意せざるべからず。

（壺乾坤生）

『亞細亞』第一巻第四六号「批評」　明治25年7月4日

哲學雜誌　哲學雜誌社發行

哲學會雜誌を擴張して、其紙面を大きくし、其記事を豐かにしたるなり。新設欄、批評、解題の如き、警利精核、皆觀るべきなり。記事半ばは飜譯に係るは、吾國哲學の爲めに慨すべしと雖も、若し哲學にして將來に進歩を見《あらわ》すべき者ならば、此の雜誌の如き、與りて力ある者たるべし。自ら言ふ、吾が哲學雜誌に在りては啻《ただ》に各自の創見に係る哲學上の論説を載すべき而已《のみ》ならず、又東洋の哲學、宗教、文學、史學等に關する研究の結果をも載せて西人探撿の及ばざる所をも發揮するものあらん。果して然らば東西各種の哲學が相接し相軋《きし》り、遂に同化して一つの新趨向を生ずべきの徴候は後來我が哲學雜誌に於て發表せんとするなり。と。我實に之を望む。

（賞鑑之菩薩）

『亞細亞』第一巻第四七号「批評」　明治25年7月11日

教育哲論　尾原亮太郎氏著　哲學書院發行

著者はヘルバルト氏を祖述して、之に新意を加へたりと見ゆ。其の歸趨は、完全物を作るを以て教育の目的とし、倫理を重じて、知性の習練を以て之に係屬するに在り。故に從來一般に心酔せられし英米教育學と歸趣を異にし、近日德育問題の盛なる時に當ては、尤も受け好かるべき著述とす。且つ其の思想整頓して、論述明晰、大に獨逸風の腦髓を以て之を行《や》りし處、粗鹵の譯著と比數すべからず。唯其の簡潔に過ぎて、やゝ枯燥の感あらしむる者、恐らくは世俗讀者に困難にして、敬して遠けらるゝの患ある者ならん。其の和漢學者の語を引用して論述を助けしは、著者が儒學研究の餘波此に及びし者ならんも、或は大に必要ならざるやに思ふ所少からず。此等は寧ろ和漢從來の教育主義を論ずる別種の著述として完成せしむる方、其の當を得たる者ならんか。

（賞鑑之菩薩）

經世論策　越村茂氏著

發行所は大日本義勇艦隊創立事務所といふ。著者は蓋し此の創立者の重なる者ならん。近日殖民熱勃興して、苟くも當世に豪俊らしく見えんと欲する者は、皆殖民論を口にす。義勇艦隊の創立、此書の著作、此の世運と關係あるは疑ふべからず。其の殖民の政策を説くは曰く、政略的の殖民を取れ、經濟的の殖民は今日我國の事情に適せずと。其の奬勵策を説くは曰く、探見會を起すべし、殖民艦隊を組織すべし、航海學校を起すべし。其殖民地を撰定するは、先づ南方に於て新幾《ニュー》内亞《ギニア》、比律賓《フイリピン》群島を取る。是を以て觀れば、著者が精神の傾向は知るべし。殖民圈地理等を錄する所、新流行の問題大意を知了せんと欲する者には、便利なるべし。（仝）

あいぬ風俗略志
村尾元長氏著
北海道同盟著譯館

あいぬ族に關する著書にして、能く一般風俗沿革に渡りし者、久しく缺乏せるを恨む。其の一部に關する者すらも、外人の著に依りて之を知らざるべからざるは、甚だ慊《あきた》らぬ心地すなり。今此編類を分つこと十六、人種、法制、言語、衣服、住宅、家具、飲食、農漁、手工、教育、音樂、宗教、典禮、儀式、貿易其他を記すること、固より詳密遺憾なしといふを得ず。又學理的に論述せるにもあらざれども、たとひ疎略ながらも、一般の大綱に關する智識を與へ、是に因りてあいぬ族に關する研究の門戸を啓《ひら》きしは、著者の恵と云はざるべからず。而して更に此民族が類滅の運に向ふを哀しんで、之が保護撫育に盡力する者を出さば、著者の功多からん。北海道の問題に就て學者研究すべきとは、殖民拓地といふのみならざるなり。（ア、イ、ウ生）

『亞細亞』第一巻第四八号「批評」　明治25年7月18日

國家社會制
光吉元次郎氏譯
哲學書院發兌

今日に在て、政治の事に思を致す者、國家社會主義なる新理論は、亦大に商量する所なかるべからざる者なり。其の自から道《い》ふや、歴史的研究に根據すといふにも拘らず、其の結論は寧ろ大理想を實行せんとするに近づくが若き、其經濟學を以て倫理學と相離るべからずといふも、德義の根本が經濟上の消長に變移せらるゝこと甚だ多きを信ずるが若き、其の疑問に屬する者、猶ほ多きを免かれざるも、君政の威重莊嚴、未だ世情の仰慕を脱せず、而して代議民政の勢力、漸やく恆《つね》ならざる富の所有者に歸趨して、細民の不幸に沈淪せんとする時に當り、此の主義の若き者の講究は、亦た必要ならずといふべけんや。殊に我邦の若き、勢力ある中級の横暴、毎々上下兩極の制抑によりて太甚を致さず。又因て革新の業を成したる者に在ては、武力の中級、今や變じて財力の占領する所となれりと雖も、何れにしても其の勢力の過張する患《うれい》ある現況、國家社會主義の講明、決して裨益少しとせず。本書元《も》と英人ドーソン氏の著に係り、ビスマルク及國家社會主義と題せる者、國家社會主義の要領を説明し、而してビスマルクが此主義を實際に遂行したるの跡を記せる者、以て獨逸に於ける此の主義の實行せられたる狀況と、ビスマルクが其の目するに専權者を以てせらるゝに拘はらず、下民の幸福に力を用ゐしこと如何なりしかを知るを得べし。近日功勳ビスマルクの百一を望まず。而して其の心を措く、儉奢樸侈、華實眞僞、霄壤啻ならずして、生呑活剥其の皮相を學ぶ者、蓋し少しとせず。此書を讀まば、彼れ或は瞿然として反省する所あらんか。譯書冠するに伊藤伯の題辭、渡邊洪基氏、青萍博士の序を以てす。譯者の意は、則ち評者の意の如きや否、知るべからざるも、讀者の益を得る所、評者の如くならんは、大に願ふ所也。

（賞鑑之菩薩）

經子講義

根本通明氏講述
根本義塾出版部發行

明治の世央《なかば》にして、儒道の耆宿碩學、凋落略ぼ盡き、存する者亦或は釃《し》を歠《すす》り波を揚げ、世と浮沈す。老て而して惓々怠らず、介然孤立、其の道とする所を固信して、苟くも曲げて世に阿《おもね》らず、清貧憂へざる、根本通明先生の如き者寡《すくな》し。先生彊記比なく、該博精通、又當今諸儒の及ばざる所とす。乃ち其の經子講義に於て、易、莊子を講ずる、後進の敢て漫りに差謬を指斥すべき所ならんや。思ふ其の講述體裁、先生に在ては、勉めて簡明にして、後進に解し易からしめんことを期せる者の若きも、漢學の講ぜられざる今日、此の若きも亦猶ほ俗に通じ難きの患なきにあらず。又讀者に告ぐ、凡そ今日に在りて、舊時宿儒の講を聽く、直ちに其の説く所の近代科學的ならんことを求むるは無理の注文とす。只だ平心其の言を夷考して、古支那の理學の傾向を察する、卽ち裨益する所極めて多からん。聽者にして果して此の覺悟あらば、かの飛上り漢學者が、生聞の西洋理窟を附會して、支那理學の神理を滅裂せしめたる者よりは、純然たる舊説を純然たる老儒者に就て聽くこと、更に大に裨益あるべし。經子講義を評するの序、聊《いささ》か爲に之を發す。

（落人後子）

『亞細亞』第一巻第四九号「批評」　明治25年7月25日

明治政史第壹册

指原安三輯
富山房發兌

是れ著者が徳川慶喜大政奉還より、帝國議會開設に至る二十餘年間、政治上の出來事を輯錄したる者の第壹册、卽ち大政奉還より維新功臣頒賞に至るまでを收む。記事體裁、編年に據り、記する所専ら政局の大事を採り、戰爭等瑣末は之を略す。從來編史者の收むるに及ばざる新材料亦少しとせず。討幕の密勅、妃殯への告文、殊に財政の始末の如き、之を詳にしたるは、著者の勞を見るべし。其の專ら顯はれたる文書によりて、敢て論斷推測を用ざりしが爲に、猶ほ考察を要すべき曲折に於て、隔靴掻痒の憾ありと雖も、以て政治史の材料となして珍重なるべきは疑を容れざるなり。其の詳細の如きは、更に次編の出るを待て之を評せん。（壺乾坤生）

『亞細亞』第一巻第五一号「明窓淨几」　明治25年8月8日

坐右記　十二

落人後子

下斗米大作の行事世俗にもてはやされて、都下にては講釋師が虛實雜糅の傳を述ぶるよしなれど、未だ劇部に上りしといふことを聞かず。かほどの奇聞その道の者の見逃すべくもあらずと思ひしに、或人の說にては、先年果して此の企てありしに、津輕家より賴みて止めさせしとも云へり。誠にさることのありしにや。

大作の傳を作りし儒生文士少からぬが中に、茲に芳野金陵のものせるをかゝげて、未だ見ざりし人に示す。

下斗米秀之進。後改稱相馬大作。世仕盛岡。住福岡。父名總兵衞。有子。妻卒。繼室以一條氏。生大作。大作爲人沈毅有志氣。夙怒津輕氏之祖爲信、以詭計侵古藩之提封、爲一方雄藩、與主家相軋。他日欲以有報。因攻刀槍。讀韜鈐。父愛將以爲嗣。大作察之。竊去鄉至江戶。室町有美濃屋作兵衞者、以賣盛岡之產爲業。投以爲主。語將事良師以畢業。作介之仕麾下槍師夏目長右衞門。大作自立課。日刺一萬。夏目氏感其精力超儔。盡授之祕訣。後託之平山子龍。子龍文武兼備。藝攻十八般。名震爆大都。登門者二千餘人。其特異者爲吉田畝齊、小田武右衞門、杉村伊三郎。後併大作、稱之四傑。大作在都已久。門人頗多。及今之藩侯。以新襲對。班于津輕氏之下。憤怨彌甚。日思所爲。憂顯色。妻怪問。佯曰。有信。親罹疾。而汝娩期已逼。所以憂耳。妻曰。是何傷。請緊縛胎從行。以共看護。乃上程。未幾。生秀藏。已而平山氏之訃到。卽日走喪。師之徒弟、皆欲以所事于師事之。以志有在。固辭歸。自製六十錢紙銃三把。試以蓄之。且屢陟降矢立嶺。審其地形。明年爲津輕氏就封之期。乃携關良助、一條小太郎、及弟龍之助、族莊藏、僕德平、及大吉。託澡浴、到鹿角。語以心事。皆大喜。插血盟、因約襲之矢立嶺。歸福岡。及春。遺德探問。曰以四月廿八日發軔。乃提諸人。埋碩于嶺腹。置龍及德。使莊把紙銃、伏于嶺下深林。自携小及市。往來大館六鄕川之間。匿二銃干川畔。以爲若或嶺上誤事。則襲之河溢焉。各鎖衣短套、行滕芒鞋。奮躍曰。洩二百餘歳之蓄怨。散二十餘郡之積怒者。在于此之一擧矣。嶺之爲地。連巒疊嶂。蜿蜒起伏。其最高頂爲矢立嶺也。松柏翳鬱。僅漏日光。細逕盤斜。騎不得駢鑣。人降轎而歩。誠爲絕險矣。先是大作嘗遣大吉。候憩宿之狀。大吉仙臺之鄙、巖屋堂劍工也。久在福岡。窮鋒入髓。大作憫焉。衣之食之。大吉感激。必矢以死報之。至此忽變志。馳至弘前洩實。闔藩大駭。謂南部氏之切齒於我久矣。匆寧南部氏之所使乎。速差七百人赴嶺。駕及至大館。嚮所遣七百名。迎之白其狀。甚畏怕。使人撿之。時大道寺氏之衆、指愛野而進。大作遙視之曰。衆來自弘前甚怪。是豈莫吉奴乖盟漏事乎。乃授策于良留。馳到河溢。時大道寺氏已至。良蔵途誰何。命擊之。火自地中發。山谷震動。炎迸焰飛。草木皆火。衆亂潰。五人者乘以遁。嚮所遣者反報。皆震疊喪魄。侯徒歩投田澤民舍。夜間微行達于港。別盛石于轎。備儀衞以過。大作已登樹。充二丸于手銃竣之。懸火護轎而行。乃發之。丸洞轎而走。因知虛轎無人。切齒大息而去。津輕氏請兵佐竹氏。以入弘前城。遣人多方探訪捕大作。大作恐累藩。提妻子及良興龍抵江戶。大作事已不成。然而猶且欲以達所志焉。津輕氏貨幕府捕使長長井某謀之。某使屬捕之。大作以勇武聞。且門徒多護之。病難下手矣。聞初大作之來江戶。始脫鞋美濃屋。以故恆相往來。因作其管店之書召之。報曰以明日往。於是捕手十數人。異樣裝扮。相續而來。各欲有所佐。大作至。謝來書。作異曰。無有。大作疑。一人遽奪刀其側面走。其徒踴躍上席。各手鐵楇。呼曰。官命也。就縛。大作神峻氣到。擧止自如。曰折東召之廷。伏罪而後奪刀。是禮也。今欺騙作帖。且盜刀。何無禮之甚也。踢而殺。投而殯。不須寸鐵。雖然校官非吾志。請來縛。遂捕之送寄倉。作遽報其家。良忿怒星馳。既已入監。嚙齒而還。會有人致大作之言。曰予已就縛。未入監。亟來。欲有所囑。苟後不得相見。良喜。插刀。其人曰。在法不得佩刀入門。乃投而走出。此至一橋門外。十數人突然環遶曰。官有命。就縛。良勃然忿怒。髮指眦裂。曰咄。鼠輩。捕士有法。何敢然。吏逡巡不近。已而曰。師已不抗入監。吾何不然。遂受縲就獄。推鞫二人。大作曰。津輕氏之祖石井右京。與吾祖某倶世爲盛岡老。豐臣氏東伐。藩祖在小田原城。右京欺吾祖。曰國危。赴以謀安靖。到則以詭謀干豐臣氏。遂割奪津輕。祖大怒。將討之。會族九戶正實叛。於是先征之。已而屬建櫜。藩祖含恨而薨。臣民痛忿。至今不止也。且邇年結婚親藩。敍四位進侍從。吾公新襲封。屈立其下。彼苟追念往時君臣之分。宜改圖矣。因竊謂。傴而說之以吾心事。則庶幾自老而避班。足少慰臣民之心乎。若或不聽。一礮粉虀。以洩二百餘歳之蓄忿。散二十餘郡臣民之積怒。而後刲腹以報之于溟漠而已矣。召大吉對理。言皆符矣。臣子之情。雖則然。以其不畏官。梟首骨原。是爲文政五年八月二十九日。大作年三十四。良亦被刑。年二十。船町魚估重兵衞者、請二人屍。窆之法場墳寺。豎石表之。重家號三河。於大作非有半面之知。感其志氣者然。大作子姪皆幼。津輕氏索之甚急。僧日脫救之以避噬毒。或曰。大作此擧誤矣。及在都。瞷其出。晩間刺之橋上而逸。一刀可辨。而興衆謀。所以敗也。或曰否。其志惟在於却而取約。使之老而避班。吁是荊軻之所以學曹沫耳。以齋桓之賢。猶欲反約。幸有管仲得成之。秦廷有所謂管仲者否。大作之於事。予不敢議其得失也。抑後世之事君者。不知誰追愾二百年前之忿怨。悲憤目前主之幽念。捐命不顧者有否。亦足以鼓義氣、振忠志。嗟乎是估兒之所以感憐、收其屍。方外徒之所以憫其遺孤、而救之虎口蛇頷也夫。

王民叔の句

ゆたんして日にさゝるゝな蚊屋の内
三日月の落て明るし冬の山
ともしひをかゝげてまつや納豆汁

天道とかいふ雑誌に孔子四十九表の説を載せたるが、こはもと祖庭廣記といふ書にあるにて、其目は左の如し

先聖生有異質、凡四十九表、反首、洼面、月角、日準、河目、海口、龍顙、斗唇、昌顔、均頤、輔喉、駢齒、龍形、龜脊、虎掌、胼脇、脩肱、參膺、圩頂、山臍、林背、翼臂、注頭、阜脥、堤眉、地足、谷竅、雷聲、澤腹、脩上趍下、末僂、後耳、面如蒙倛、手垂過膝、耳垂珠庭、眉有一十二彩、目有六十四理、立如鳳峙、坐似龍蹲、手握天文、足履度字、望之如仆、就之如升、視若營一四海、躬履謙讓、胸有文曰制作、定世符身、長九尺六寸、腰大十圍、

『亞細亞』第一巻第五九号「明窓淨几」　明治25年10月3日

坐右記　十三

落人後子

那珂梧樓先生の詠古樂府體二首「はゞかりながら」に洩れたる者左に錄す。

　欽古歌

天祖以鏡賜天孫。安之正殿儼乎尊。臣連助祭來駿奔。手末弓弰無私貢。肉可登俎酒湛甕。顒若有孚足觀衆。孝以移君卽是忠。忠孝之歸將無同。我道存在不言中。

　春濤評　爲賴翁纉斷緒。插之日本樂府中。雖明眼者。亦不能辨。

古事記竟宴。分題賦得天御柱。

瓊予露滴凝成國。八尋殿高何翼々。汝自右。吾自左。有餘不足皆天則。生斯土。土可稷。生斯民。民不億。一柱永建萬世極。

雲沼評　正々堂々。詠古得體。賴翁有知。瞠若地下。

此頃よしもなき物好してくさ〳〵の畫談など翻閲の序、中根香亭氏の校訂して百萬塔に載せられし文晁畫談を見しに中に論國畫と題せる一節あり云く、

男龍氏遐矣、莫可得考者、河成氏邈矣、其跡不存。當宇多帝時、有巨勢金岡者。當後小松帝時、有僧明兆者、天縱之才、生知之聖、筆如鬼神、妙合天成。此二君者爲國畫之最矣。古今論者、往々如此、固非過論也。余性好畫、又不輒許人、只知有二家、而不知它也。巨勢氏所作蘭葉描、落筆雄勁、傳𥿻簡淡、如接口訣于吳玄者也。豈後世丘垤學泰山之類乎。吉山氏者行筆鐵、線毛毫髮、如受衣鉢于龍眠者也。何有荆棘接梅枝之陋也。從此而降、世非無能者、然視之古、不及遠矣。近世學二家而興起者、從規據矩而已。所謂形貌似而精神離、何異括讀父書乎、又何言焉。或曰、如吳玄龍眠者、海外所神、不待辯論也。如子所言、則二家既逼眞矣。然彼評我畫、則云無皴法、或云設色太重、妄用金朱、未聞有所稱揚也。子之於巨勢氏、何推尊之甚耶。恐世人以爲過言矣。余曰、然、豈其然乎、彼評我國畫云々者、未知覩何人畫也。如二家畫、則其氣韻風𥿻、彼亦所希有、而豈有所指言之弊乎。想因彼不及觀之耳。凡天地間、物之美惡佳醜、固有公論。何遽以彼一言爲徵乎。問者曰、子稱二家之善、何以徵焉。余曰、取徵于天下之耳目、夫師曠之音者、天下知其美。子都之姣、天下知其姣。不知師曠之音子都之姣者、爲無耳目之人。天下耳目相似也、至於畫猶無所同然乎。試使彼觀二家眞蹟、吾知必不以前言評之也。是之謂公論也。問者唯々而退。卒記附論尾。辛未夏四月中村錫具草

香亭氏付記して蘭葉描及び行筆鐵の句脫字たるに似たりと云はれしも、さにもあらざるべき歟。蘭葉描等は畫家の筆法と聞けば、二家の用筆を論ぜじと見ば原文のまゝにて差支あるまじく見ゆるなり。文中彼土の人の我畫を評せし言、宋徽宗の宣和畫譜に見ゆる所にて

日本國有畫、不知姓名、傳寫其國風物山水小景、設色甚重、多用金碧、考之未必眞、此苐欲綵繪、其有粲然以取觀美耳

とあるよし、佩文齋書畫譜にも本朝畫史にも載せたり。今は畫史に據りて此に出す其の無皴法云々は未だ考へず。

又晉其角が類柑集を讀むに、晉子さすがに畫を解せれば、畫に係る文字の處々に散見するなり。

其一

あけぼの

探幽が能事その世にきこえければ、或時女院の御所へめし、曙の氣色を書て奉らしめよとありされば、おもひかけざる風情をいかに筆にはこらし侍るべきや。彼野渡無人舟自横ときこえし無聲の詩は、むなしき船に鷺をのせて及第したり。亦一片の雲といふ畫の題にその心を得て、金殿のうへに白雲をたなびかせたりけんためし、いにしへの奇術なりとかや傳へたるに、我國人の名折なればと思ひあはするに、後冷泉院天喜四年閏三月に畫工の櫻を感じ給ふて新成櫻花の題を獻らしめたりし例も此曙の時にあへる手ぎはをいかにも書まさりせんとのみ、睡醒現夢の精神をこらして工夫せしかは、其の妙をのづから筆頭にあらはれて、もとより丹青の彩りをからず、おぼつかなくうす墨を引はえて、やがて院中にみそなはし奉る家の面目を法印にとゞめたりし。其頃花のもと貞室が風情あまねく都鄙にうつしもてはやし侍りければ、堂上の若公家北面の武士つらなる雜掌までもすいたるとちはかしらつとへて當時の宗匠とし、とものみやつこ、いとまあれやといひふらしほのめかしける。いつとなく叡慮に聞えたてまつりしことありて、さすがに一體を得たりと御感のあまりにかの明ぼのゝ御かけものを下し給はりぬ。門人等此ことをむべことふける賀會の時

明ぼのゝゑいりよかしこし春の山　　貞室

亦ためしなき事にこそ和漢其例をひとしくおもひなさるゝにやこゝに曙の言葉をつゞり侍る。

其二

王維畫山水之賦　遠人無目　亦曰丈山尺樹寸馬豆人とあるを雨中の花

此雨に花見ぬ人や家の豆　　晉子

晉子が芭蕉翁終焉の記は、世に傳へて其の至文に感ぜざるはなし。類柑集に載せたる青流がものせる晉子終焉記は情摯切到はさきのに及ばねど、其の間遠の韻致すてがたき味あり。今左に錄す。

晉子終焉記

李白鯨に乘て汗漫の風にあそびしは、醉中に水中の月をとつて豪放の氣を殘すものなり。いまや晉子三年の病根なを俳情に富て新をあらはし奇をはき頤《おとがい》をとき人口に膾炙する句々みな志る所也。ことし二月三十日はからずももとの泉にかへる。倦情よる事なく、夢のうちのゆめのごとし。まさに俳燈の光をうしなふ。余多年莫逆のちなみをなす。この月廿三日寶晉齋に膝をいだき兩吟もよほしけるに

春暖閑爐に坐の吟とて　其角
鶯の曉寒しきり〳〵す　仝
筧の野老髭むすぶ儘　青流
若草に普請の御諚哉やらん
　淺黄志らへの匂ひかくれて　同
月も經ぬひかり拵《こしら》へはつかしき　角
　風のかけたる留の番よふ　流
雁の道大草臥に立やらて　角
　泪さま〳〵剃はそつたが　流
こりすまのまた水にあふ九條島　角

一席亥の刻に晉子ねぶたきけしきにてわかれぬ。これぞ生前おさめの吟なり。いま思ひあはすれば春興にかなしひかな。秋の氣を感じ、末の句に龍溪禪師の九條島の水難に身まかりたまひし水中の天の一句、古今符節の愁をつなぐ屋梁落月のひかりさらに石友の契りを思ひ出してこゝに志るすものなり。

『亞細亞』第一巻第六〇号「明窓淨几」　明治25年10月10日

坐右記　十四

落人後子

此頃文覺上人を論ずる者をり〳〵見ゆ。左に錄するは上人が高雄山神護寺再建の事に付て後白河法皇に奉る文案にして、高雄山中興記に載せられたるを元祿癸酉の春佐々宗淳京都に於て新に寫し取りし者とぞ、論者達の參考にもなるべきかと此に出す。○は觸字なるべし。

院へまゐらする文案

文覺申上候申文事　君の御事をば佛の如く餘におそろしく思ひまゐらせ候を、世間の者は文覺が不敵にて君に違まゐらする樣に申候が謂れなき事にて候なり。文覺は無上菩提の爲めに身命を惜しと思ひしより後は、弓矢も太刀も地獄も怖しくも候はず。獄卒めとも取あいつべく覺え候へ共、佛法興隆を思ひ候へば、君の御事をば只佛の御事の如くに怖く思ひ候也。怖しく思ひまゐらせ候へばこそ御勘當を蒙りても構て命生て誤候はぬ由を君にきかれまゐらせ候ばやと思ひ候て打はられたゝかれ蹈れて繩つき候に、腹をも立候はで、搆て死候はで御勘當をゆり《ママ》候て猶ほ君に絲惜《いとおし》と思はれまゐらせ候ばやとは思ひ候へ。打聞候者の三十日まで物たへ候はぬと思候がいともさにては候はぬ也。事の心候定の物は親にをくれ子に後候事、常の習ひにて候にだにも物をばたへ候はでこそまして申候はん。文覺が佛法興隆し一切衆生を利益し候はんとて身命をも惜候はぬ者の御勘當を蒙り候はんに、何故に物のほしく候べき。君善王にておはしまして萬の物を憐みさせ玉ふに、何なる果報にて文覺獨り惡まゐらせ候はんとかなしくも君の御心をはたらかしまゐらせ候事を歎かしく、文覺が大願を遂げざらん事も歎かしく候はんに、何事に心の定候てか物のたへられ候べき。

君にまゐりて候し時、何に候とも罷出しと申し候し事は、君に違まゐらせて罷出しと申候しには候はず。三世諸佛も知見せさせ玉ひ候はむ君に捨られまゐらせて罷出候なば、一切衆生を利益せんと思ひ候願を永く退し候なん事の哀れさに、玄奘三藏は西に向て死とも東に向ひては生じと誓てこそ佛法をば傳へん爲めに天竺へは渡り玉ひしか。大施太子は一切衆生を利益せんが爲に大海の水をば汲干してこそ玉をば取り返し玉ひしかと思ひ候て、極妙精進の業首太子を教化せしが如く命の候はんを限りにて君の御前に候て、眞の心をも見えまゐらせて無惜と思はれ進せて大願を遂候はんと存候しに、御助させ候玉へ、無惜と思召せらればうれしと思ひまゐらせ候はん。

文覺ばかり心潔く君の御事を思ひ進候者は候はぬに候。其故は辻子堂なんど建てせまからんと云ふ思も候はず、高雄を興隆して僧達に仰がれ候はんを名聞にせんとも思ひ候はず。只存し候處は高雄を思ひ候へば、八幡大菩薩の御願の地、弘法大師の舊跡なり。又佛法の興廢はおほやけの御心と僧徒の心とによるべき事にて候へば、萬の所の陵遲し候に付けても、高雄興隆し候て、正法の時の如く住僧に佛道をも修行せさせ、帝王の御祈をも仕て、天下の萬民をも助け一切衆生をも濟度し候はんと存し候。故に君力を加へて住僧の依怙を寄せたまひ御座しまして候はゞ、文覺が存じ候功徳を君に讓り進《まいら》せんと思ひ候は、よく君を思ひ進らせたるに候はぬや。かく程の大願を發し候文覺が是を遂候はで止候なば、萬の者に欲にて君に物を申て候、誹謗せられ候。君にもふてきの者ぞと思はれ進せて、一切衆生の者に利益し候はてやまん事の哀しく候事は、唯推量せおはしますべきに候。かくの如く意趣をも左右なく參り候て申し開くべく候へども參りて候物ならば、謀叛の存して參りたるなと申候てぞさ○のなく○○なむとも追出され候。捕搦られも仕候ひなば闇に迷たるが如くして彌々なき科にのみうづもれておもひ候意趣をも君にしられ進らせ候はて止め候なんずと思ひ候て、え參り候はぬに候。助けさせ御座せ君たひしく御座て見進せ候はぬも、侘しく候、うれしと思進せ候はん。とう參りて見進せよと仰たびおはしませ參りて見まゐらせ候はん。住僧に依怙よせたひおはしまして、當來世々までの廣大の功徳を得させおはしませ。かう申候事、經者もなき程におそろしく候へども、君もまことの御功徳を得おはしませと思候。一切衆生もいたくいとおしく候て申候なり。時時參りて拜進せ候はんな、あしくおはしまし候ぞな打はらせおはしまし候ぞ。君の打はらせおはしましせば彌々《いよいよ》もたいなきものと人の中も堪がたく候。たすけさせたまへ。

治承三年三月日　　　　文覺上

友なる無言樓中秋の夜故郷を懐ひてよめる

いつくにて今は見らんとふる里の
月見る人は我をかたらん

安倍仲麿が五言排律は人も知る如く

銜命將辭國。非才忝侍臣。天中戀明主。海外憶慈親。
伏奏違金闕。騑驂去玉律。蓬萊鄕路遠。若木故園隣。
西望懷恩日。東歸感義辰。平生一寶劍。留贈結交人。

といふなり。其の人の履歴に就きては世傳誤多く詳ならねど、曾てある書より抄出せし一節を掲げてその眞に近き者を示さん。

後漢の李氏が詩の一、二句に仰望天涯情。月傍鄕山明。禁祕御抄に阿部仲麿笠山の歌あり。李氏江州に公事につき行けるときの詩。仲丸は西國に公事につき行しときよみけると同情也。李氏も仲丸も故鄕之老母疾あり。皆古里に還りたき心なり。仲丸在唐僅に一年に過ぎず。唐にてよみしと云は誤なり。文苑英華續篇に唐の包佶が仲丸歸帆の時東陽まで送りし時に作れる詩に、文園旋車終一年と云り。其時の句玉文一歳載別軻と云あり。唐にあること一年の證とすべし。同篇翰林學士が鄕官無論崇卑。長爲吾國之才。表以祕書監など云を世人誤て祕書の官に成り唐に久しく居と思ひ、年代記及び俗書等に記す。大なる誤なり。

孔高按續日本紀三十五光仁帝寶龜元年前學生阿部仲麿在唐亡、家口偏乏葬禮有闕、勅賜東絁一百匹白綿三百屯云々。古今榮雅抄には仲麿は中務太輔船守が子なり。元明帝和銅元年生る。元正帝靈龜二年八月遣唐使大津之山守同船して十六歳にて入唐せり。名を朝衡と改む。日本へ歸り聖武帝御宇從三位に至る孝謙帝天平勝寶五年、再遣唐使、是唐の玄宗天寶十二年と云々。榮雅は寶龜元年は天寶十二年に當ると云。季吟按に天平勝寶と云。

○包佶送仲麿詩、上才生下國東海、是西隣九譯蓄長、使千年聖主臣野、情偏得情、木姓本舍眞、以下略之、以可參考。

加茂眞淵の初學に云、安倍朝臣は（昔は阿閇とかきたるを元明天皇の御名をさけて字をかへたるか）新撰姓氏錄に孝元天皇の太子大彦命の後也といへり。仲麿ぬしの父祖は志るよしなし。此ぬし留學生として唐につかはされしは靈龜二年八月、多治美眞人縣守等遣唐使の時なりし（續日本紀に此時學生と志るさゞれど其後の史唐書等によるに此年月なること志られたり。或説に船守の子又は此人と同船せしと云は推量の説にて據なし。此外ひがごと多し、次下にいふべし）。さて唐に在しとは舊唐書東夷傳に開元初又遣唐使來朝、因請儒士授經云々、就鴻臚寺敎之、乃遣玄默濶幅布以爲束脩之禮、題云、白龜元年調布云々、其偏使朝臣仲滿（仲滿卽なかまろといふ意なり。古へ滿の字をまろに用ひたり。さて後には姓名を朝衡と云しなるべし）慕中國之風、因留不去云々留京師五十年云々、上元中擢衡爲左散騎常侍鎮南都護といへり。右に白龜とあるは靈龜のことなり（紀に靈龜と年號に稱せるは龜の左眼白右眼赤又腹に赤白兩點ありと見へ、又た其後神龜とせるは白龜なり。然れども唐書をかける人誤て白龜とかけるなるべし）。二年なれば元年の調布をもてゆきしもの也。且唐の開元三年は皇朝の靈龜元年にあたり、靈龜二年より唐の上元二年まで凡四十六年ばかりなれば、五十年とかけるも違とせず。さて皇朝へ歸らんとして明州の津に出て三笠山の歌をよみて船出しつれども、風に逢て又かしこへ吹返され、其後祿山が亂に遭て、年を經て後更に仕へて官位を進み、終に唐にて身まかりし也（或説に日本へ歸りしこと土佐日記古今注などにみゆると云は誤也。右の文には歸らんとして船出せし津に到りし事はあれど、こゝへ着たるとはなし。又歸りて後天平勝寶四年に遣唐にてまた唐へゆきしと云もひがことぞ、其度の大使は藤原清河朝臣にして副使以下留學生まで續日本紀に載て缺たることなし。歸らんとせしときは其清河朝臣にともなへりけんと、此朝臣も風に逢てかしこへ吹もどされ終に唐にて身まかられたり）。さて其唐を別るゝとき三笠山の歌のみならず文苑英華に朝衡作銜命將辭國非才忝侍臣中略平生一寶劍留贈結交人てふ留別の詩もあり是は唐にての事也。又包佶送日本國聘賀使晁臣卿東歸（皇朝にては留學生として遣されたれどかしこにては其事をばいはず同使と思へるなるべし故に舊唐書の文にも皇朝の史と違へることあり）、又王維が排律序等にても知べし。さて風波に逢て溺死したりと唐にては聞へしにや。李白が詩に

哭晁臣卿衡とて

日本晁卿辭帝都、征帆一片繞蓬壺、明月不歸沈碧海、白雲秋色滿蒼梧

と作れり。然るに海に溺れたるにはあらで吹返されて終にかしこにて身まかりし也。其事は續日本紀に前學生阿倍朝臣仲麻呂在唐而亡、家口偏乏、葬禮有闕、勅賜東絁百匹綿三百屯。その後に續日本後紀に便附聘唐使贈遣往歳銜本朝命入唐弁留學等、在彼身沒者八人位、記以慰幽魂、其語に曰云々。故留學問贈從二位安倍朝臣仲滿大唐光祿大夫右散騎常侍兼御史中丞北海郡開國公潞州大都督朝衡、可贈正二位、身涉鯨波、業成麟角詞峯聳峻學海揚漪顯位斯昇、英聲

已播如何、不愍莫遂言歸、唯有掞天之章長傳擲地之響云々（右の諸書をむかへて見て志るべし、此人の傳には甚だ誤説あるゆゑにくわしくいへり）。

祭天古俗説辯義

宮地嚴夫氏著
國光社發兌

明治25年10月10日

「批評」

久米邦武氏の祭天古俗説出で、古史に關する議論の沸騰よりは、寧ろ國體に關する悲憤説の湧出せしは、奇怪の思を爲さしむる者あり。久米氏は是を以て其職を失ひ、且つ其の説を取消したれども、一たび出たる疑問は、恐くは之が爲に澌滅せざるべし。是れ有力なる反證を待つこと、かの徒らに國體論に囂々たる者よりも殷ならざるを得ず。宮地氏の辨義は、それ頗る此の待望を充たすに足らんか。其の擧證に於ける、誠に勤めたる者あり。雜ふるに國體の説を以てし、且つ此を以て久米氏を嘲罵せるは、却て學説の辨斥に於て至當を失ふの嫌なしとせざるも、かの久米氏の説を讀みし人には、此の書も亦精讀一過せざるべからざるは、勿論の事なり。

佛教策

澁谷文英著
新潟雨華書院發兌

其の論旨は僧風、僧職に關する意見に歸す。其の僧風の革新を説くや、曰く僧の諸事を營作すること、俗人と異ならざらしめよ、之を演《の》べて曰く、戒法を撤去せん、曰く衆僧を淘汰せん、曰く濫度を禁ぜんと。其の僧職を説くや、曰く讀經の常行を廢せんと。其の所論、過快捷利、之を實地に行ふは、其の利弊未だ遽かに知るべからずと雖も、其の世論の趨向在る所を知るに於て、亦一助なくばあらず。文字の爽利、其の論旨に稱ふ。

關東人

上州前橋より發行す。かの地新田左將起れり。高山彦九郎生れたり。國定忠次蔓《はびこ》れり。上州無宿の名、社會の反面に一大勢力たり。關東人を代表する者、彼れ蓋し其の半ばを占めたり。而して今又生絲の產地として、日本貿易の主要を占む。上州の地、何ぞ其の人の偉なるや。赤城、榛名、妙義、三山鼎立して、坂東太郎、源を此間に發す。山水の靈、それ之を致すあるか。今此の「關東人」、生れて啼くの聲呱々たるを聞くに、頗る粗濵の氣あり。亦上州見たるに負かず、其の長を發達せば、異日に偉大ならざるを患へず。旃《これ》を勉めよ。

（以上賞鑑之菩薩）

『亞細亞』第一巻第六二号「罔兩」　明治25年10月24日

挨拶

秋の半ばより寒さに堪へかねて、綿入着て日向にのみ居たがる男、生ヌルキ氣候いとはしといひし息氣も消磨して、日景に徘徊すてふ罔兩の仲間入せん程の勇氣は、さら〳〵なき奴なれど、あの世に片足ふみかけし病呂泣が呼聲のあまりげふ〳〵しきに、度を失て罷ん出ぬ。

さても我を多藝なりとて竝べたる數々、悉くうそなるは申すも迄もなし。鄙事に多能なるは、聖人も恥ぢ給ひけん。能したりとて誇るべきことにはあらぬを、能くせぬを揚げらるゝこと、心苦しさ堪へがたし。文章は幼より學ぶ所にて、外に能くすることもなき身の、世に立つべき功もなければ、せめては文人と認めらるゝ程にならんものと勉めざるにはあらねど、天稟限りあり、學殖の淺ければ、今に文人といはるゝことの愧《はず》かしきは、かの豪傑諸君の自ら樹立する所あるが爲に之を恥るとは、科《しな》かはれり。何時にても能く死し得る者なりとや、此を讀で身の毛よだちぬ。

獅子庵の識見、雲井龍雄に優ると、何時いひにけん、忘れ果てたり。龍雄が古詩作る、獅子庵が律絕に巧なる、蕪雜と精整との別は、今も志か思ふ所なり。筆跡も龍雄は拙く、獅子庵はうるはし。

寧齋君の事も覺えず、寧齋君の自ら許さるゝ所は、甌北第三人の論にて、此頃人々も許し合ふ所なれど、我れ君を知らず。又他の詞宗にも知人なく、多く人々の詩を見しこともなければ、輕しく言ふべきにもあらず。寧齋君が銳利の才もて、苦心經營の功をも積まるゝことは、文字の表に歷々たれど、君自らも其の作には、心に滿たぬふしの多きを歎ぜらるゝなるべしと、思ふもあたらぬ臆測なるべし。

「この下露」の第一稿成りて後、呂泣が手紙の端に、緋甲白馬、節に花かざして、あまりに田舍びたり、甲は白絲縅《おどし》にやせん、水干は何色よけんと言ひ越しぬ。此れ丈にて言ふべきこと盡きたれど、用事のみとは、實利主義に過ぎたり。

さてはとて、

香《にお》ひは木犀の人を狂せしむる、花は萩の蕾重げなる、此頃はこれに醉はされて、少しは憂き世の憂さをも忘れしを、端なく病呂泣に引出されて、彼れ此れ言譯を費やさせられしこそ、かへすぐ〳〵も口惜しかりしか。之を時候の挨拶と添へて、病體切に保攝游ばされと、呂泣に告ぐ。さらば。

『亞細亞』第一巻第六四号「批評」　明治25年11月7日

青年と教育　民友社發行

「國民之友」に載せられたる青年教育に關する諸論文を輯錄したるものなり。其の所謂御用教育なる者に反對するは、終始一轍に出づるを見る、甚だ痛快なりとす。學閥を非難する者あり。又實に此と意を同じうす。然れども民友子自から一種の傾向あり。それをして教育に當らしめば、又自ら一種の類似御用教育を爲さゞるべきか。此の著其の傾向を知るに於て餘師あり。

（賞鑑之菩薩）

『亞細亞』第一巻第六七号「江湖」　明治25年11月28日

繪畫

青年繪畫共進會を觀し者、其の技の概して大に進めるを感歎す、是れ喜ぶべき也。顧ふに、共進會、展覽會、毎々四條派の畫手多きを見るは、喜ぶべきに非ざる也。四條派は意氣な畫風なり。されど其の工力を費すこと少くして、一片の器用もて、容易に運し去るべきを以て、爭ふて之に趨向し、而して修練の積むべき者を忌で就かずんば、美術は玩具の一種と做《な》り了せん。此の時に當りて、土佐の溫醇、狩野の蒼勁に力を效《いた》す者あらば、たとひ大なる新意を出すに足らざるも、其の時に入らざるを能くする、已に偉なり。

（夢花生）

『亞細亞』第一巻第七一号「江湖」　明治25年12月26日

僧侶と利慾

德川幕府、其政略の結果として、僧侶を腐敗すること極まれり。權を以てし富を以てし、逸居暖飽、以て人の上たらしむ。何ぞ其の禽となり獸となりしを怪しまんや。一旦明治維新、其の權を奪ひ、其富を剝ぎしと雖ども、奪ふ者剝ぐ者の志や、固より彼れ自から爲にするに在り。僧侶の爲にせざるに在り。而して僧侶を愛護するの意は毫髮も存せずして以て之が爲に善後の方を授けて、利して一國風教を維持するの道は曾て講ぜられざりき。夫れ僧侶の腐敗するや三百年、獨立の心銷磨し盡せしや既に久し。僅かに制度の蔭に庇《おお》はれて活く。而して一旦放棄せらる、幾何《いくばく》ぞ爲に度を失はざらん。前已に人に賴りて立つ、今又人に賴らずして立つを得んや。二十年來の頽勢、滔々日に下りて復た支ふべからず。一、二耆老英俊、之を淨土、日蓮の門に見ると雖も、所謂智者ありと雖も之を奈何んともするなき者、況んや宿德凋喪略盡んとするの今日、其の敗れに敗れ行く、固より其所ならんのみ。嗚呼膏肓に入るの病毒、潰決して癰となり疽となる、尋常藥餌の能く救ふ所ならんや。必ずや一大切斷の術、以て其生命を存亡の轉瞬に決せんか。切斷の術は庸醫の難かる所なり。宗教の弊患、斷じて之を革むる、豈に現在僧侶の能く辯ずる所ならんや。是れ固より生るゝの人を待つべし。而して強ゐて之を作りて以て大任を托すべからざるなり。看來れば宗教の潰敗は、日一日より甚し。腐爛沸々として蛆蟲尸より出づ。其人の生るゝを待て、百年救はず、亦た志士仁人の忍びざる所なるかな。是に於てか宗教興復の策を講ずるもの、今世實に其の人に匱《とぼ》しかざるを觀る。理論を發揮して、中人庸士の歡心に投ぜんとする者あり。西教の衣裳を以て之れに被らしめて、信念の基を建てんとする者あり。外國の例證を引て、政府の保護に托せんとする者あり。皆な頽勢を暫且《ざんしょ》に紓べんと欲して、大患の姑息を以て杜絶すべからざるを慮らず、其の成就する所、知るべきのみ。更に卑なる者が名を佛教の興復に托して、往來奔走の間、私を營み利を貪り、益々之を沈淪に擠《お》して顧みざるが如きは、言ふに足らざるのみ。夫れ鮑魚の肆《みせ》に入りて、久しうして其の臭を知らず。腐爛の宗教界に在りて、事を企て業を建てんとする者、彼れ亦た腐爛の身に及ぶを省するに暇あらず、歎ずべき哉。今世の腐爛、全社會を擧て同一軌、專ら之を僧侶に責むることを得ざるのみ。

而して僧侶の殊に多く責めらるゝ者は、世人猶ほ僧侶の職分を高しとするを忘れざる者、西人が宣教師を以て一箇の商賣とするに視るに却て優る者あり。是れ寧ろ僧侶の爲に有難きことなりと謂はん。且つ今世の腐爛は實に泰西功利の風潮に激せられ、而して無力なる僧侶も亦其の回流狂濤に捲き去られし者。泰西功利の風潮は、近代の流行にして、西教の與り知らざる所、寧ろ痛く拒斥する所なりといふと雖も、之を我に傳輸するに於ては、かの西教の宣傳者が實行、大に鼓吹の方に助くるなくばあらず。則ち我が僧侶は受動者として、不能の罪は免るべからず。而も其の我より毒を世間に流すは、請ふ、之を西教の宣傳者に問へ。思ふ不能の罪は、童稚無知の時に在て、獨り恕せらるべし、其の長じ而して壯なるに及では則ち辭すべからざるなり。二十年來の事、其の既往は世人も亦た之を恕せん。然れども其の將來を恕せんほど世人も亦寛大ならざるべきのみ。功利の風潮、今に於て之を改めずんば、將た何れの日をか待たん。固より生るゝの人は待つべからず。而して理論、假裝、保護の上に於て力を得るも、或は却て宗教の眞價値を減ずるに足り、或は却て薪を抱て火に投ずるの愚を學ぶに過ぎず。今の時に於て、今の人の力を量り、而して能くすべきの策は、惟だ外部の制裁を以て、功利の病弊を割除するに在らんか。斷じて云ふ、僧侶の私産を治するの禁を設くべしと、豈に過激の言とせんや。（冬涉子）

『二十六世紀』第七号「雜爼」　明治27年8月25日

朝鮮の經營

北洋艦隊撃碎せざるべからず、威海、旅順、太沽破壞せざるべからず、天津攻陷せざるべからざる也。淸兵掃蕩せざるべからず、鴨綠江鞭を投じて絶たざるべからず、遼東蹂躪せざるべからず、燕京城下の盟結ばざるべからざる也。而して朝鮮の經營、尤も忽略にすべからざる也。海に一戰、陸に一戰、而して後戰報中ごろ絶え、節初秋に入りて、大軍未だ鋒を交へず、夫れ漢城よりして山海關に至る、大率三百里なり。行旅の客、程を急ぐ者と雖も三十日を費やすべし。而して後天津、而して後北京、鐵路舟楫の便ありと雖も、師行又旬月程にあらず。英佛聯合軍の太沽を陷れしより圓明園を燒くに至る。亦周月に逾《こ》えたり。たとひ我兵精鋭前なく、向ふ所破竹の如きも、霜雪遼東の野を沒し、堅氷白河の口を閉ぢざるの前に當り、長驅して北京を衝かんこと、必期すべからず。若し師出でゝ年を彌《わた》るも、朝鮮の經營をして遺算なからしめんには、駐屯行軍此を以て根據とす。猶ほ其の故鄕に在るが若きのみ。地理の便に據り、天時の宜しきを候し勢を蓄て奉天吉林に臨み、彼の東北邊をして日夜寧處せざらしむ。北京衝かざるも、彼已に奔命に疲れん。且つ萬々一、師をして敵地に功なからしむとも、朝鮮の經營、果して遺算なくば、一軍を留めて義州を警衛し、而して鴨綠江の南、民皆堵に安ずることを得、而して隣邦扶植の目的已に大半を成し、東洋經綸の事業、亦其の緒に就ける也。

歴山《アレキサンダー》馬基頓《マケドニア》に起り、希臘《ギリシャ》を統一し、波斯《ペルシャ》を亡し、懸軍遠征、東の方印度河《インダス》に至る。人の國を亡すこと無數、過ぐる所震慴す。而して一逝して鴻業も亦廢す、節々立脚の地を定めざればなり。項羽秦兵を鉅鹿に破り、西の方咸陽を指す。勢風雨の如し。而して衣錦夜行、悵然として鄕を思へば、關中早く已に他人の手に入る、險要の地を得て、而かも據守して人心を攬《と》る所以を知らざればなり。上杉謙信金麾八州の大小名を指揮して、兩毛武相の野、草の疾風に伏すが如し。小田原陷らず、馬首北嚮すれば、屠城拔營の功一朝雲烟の如し。徒らに戰勝の快を貪りて、綏撫の圖を務めざればなり。文祿征韓、前後七年、猛將勁卒、八道を蹂躪し、而して一撮土我が版籍に入らず。太閤の雄圖、明土を奄有するに在りて、眼中區々たる朝鮮なきに由ることあらん。而かも亦我が將帥一治國の材、以て既に占むる所の地を經略するなきが爲なり。今回の擧、豐島牙山海陸の戰、彼我の技倆已に明なり。更に一戰再戰の後、齊燕遼東の野、蓋し無人の境を過るが如くならん。而かも一日朝鮮の經營に於て懈怠あらんか。かの國民淸を大とするの念未だ去らず、而して數萬の大軍、長く磽确の地に留まるべからざれば、日章の旗影、龍山の巓《いただき》に消して、延意民心共に動かば、千里轉闘、我が良を喪ひ、我が國帑を糜《ついや》せる者、竟に是れ何の爲にかせる。忽略すべからざる者は、實に朝鮮の經營也。是故に日夕報を閲して、韓廷の釐革、何の狀を爲せるかを聞かんと欲すること至て切なり。而して傳ふる所は、徒らに制度法令の末節、率ね範を我が邦に取り、備はらんことを文爲に求めて、數百年衰弱の國家瞿然之を一號令の下に起す所以を省知せず。此の屑々たる者、將た何の効をか爲さん。其の韓廷大官の方寸に出ると、我が在韓使臣の指導に由ると、未だ之を詳かにすることを得ずと雖も、韓廷未だ日本の必勝と、其の竟に庇護に依るべきや否に疑懼する所あるを免かれず。加ふるに大半斗筲《としょう》小人時務に通ぜざるを以てす。其の優柔不斷と、國是不定を以て、所謂小田原評議に時日を遷延するは異しむに足らざる也。然りと雖も韓廷亦大官の頭腦を以てするに、我が法文の煩瑣官制組織の繁縟、其の脈絡を繹出して之を其の國に規倣するも亦自ら之を能くせしに疑なき能はず。或は我が在韓使臣の指導に出でんも、未だ知るべからず。且つ内政改革案我嘗て具して之が實行を促せし所、而して韓廷亦委任する所ありしと傳ふれば、此の事必ず無しと謂ふべからざる也。朝鮮貧弱と雖も、我之を遇するに儼然たる一獨立國を以てす。人の社稷を存する、義之より高きは莫く、名之より美《ほめ》るはなく、事之より重きは莫し。列國環睹或は嘲り或は妬む。而して其の結局、果して何の成熟する所なるかを見んとす。猶ほ花形の優人、始めて名題に上りて技を演ずる、其の一生の價直、半ばゝ此に於て評定されんとするがごとき也。今日の事にして、其の終を克する能はざれば、我の列國に於ける面目、全く壞了せん。デーリー、テレグラフ其の好む所に於て百萬回護せんと欲すと雖も、之を奈何ともするなき也。朝鮮今日の形勢、之を我が維新の時に比するに、爲し難きこと百倍す。維新三十年の歴史、多半は失錯なり。而して幸に大なる衰色なき者は、我邦の美質、萬邦の匹罕なる所なればなり。今其の失錯の跡、朝鮮をして之を履《ふ》ましむる、其の滅亡日を指すべし。かの煩碎の法文、繁縟の官制、盡く之を亡滅に導くの道なり。時務を知るは、俊傑に在り。日本の多士濟々を以て、たとひ近十數年歐米心醉に傷る者皆是と曰ふと雖も、其の間豈に一、二の技倆識見、國家を創建するに足る者なからん。誠に任ずること專らにして、其の肘を掣せず、多少の國帑を籍して、十年若くは二十年、事に此に從はしめば、恐くは民をして義方を知らしめ、已むべからざる史上の胎患を承くることなくして、無比の新國家を成すこと、難からじ。然れども其の人を得ること、古より之を難ず。堯四岳に咨《はかっ》て、舜を側陋に擧げ、高寶夢賚に因て、説を傅巖に得、古聖帝王の勉むるや此の如し。況んや人の國を興す、義己の國よりも重し。

人を得る所以に於て、宜しく閥閲勲勞に拘はりて、良材異能を遺すべからざるなり。司馬徳操三十歳に滿たざる少年を畎畝の中に識《し》る。曰はく此間伏龍鳳雛ありと。彼れ實に大耳兒を輔けて益州を定め三分の計を成し、之を流離顚沛に拔て炎漢の火を吹くこと四十年、天下未だ嘗て材無くんばあらず。求めざるのみ。或は曰く、後藤伯將さに進で韓廷更革の事に任ぜんとす、方さに其の下僚を老成人に求むと。嗚呼彼をさへや、彼をさへや。

受動的外交

『二十六世紀』第一六号「二十六世紀」　明治28年8月11日

外交の事、盡く受動に出で、事至りて方さに之が處置を思ふが如き、是れ卽ち其の源を治めずして、其の流を澄まさんとするもの、徒に奔命に疲るゝありて、百年其の功の擧がるを見ざる也、國此の如くにして能く其の體面を保つ者未だ之あらず。夫れ二、三十年來、東洋の事態、漸やく繁雜を加ふ。然れども近日に至るまで、專ら歐州の所謂一、二强大國が、騎虎の勢、互に其の鋒を進めて、共に歩々禍機に接し來り、以て所謂西力東侵の度を高むるに過ぎざりき。未だ此を以て外交の中原として互に縱橫の智巧を角する局面たるに至らざりし也。朝鮮が日清英露の間に介し、暹羅《シャム》が英佛清の間に介する、頗る縱橫の場たらんとするの勢を具すと雖も、かの歐州中土の外交策の影響をして、大に此間に被らしむるが若きは、猶ほ未だ較著の形跡あらざりき。

一局部に於ける戰爭の破裂は、動もすれば坤輿全局の形勢を變ずることあり。近日一戰の結果は、實に歐州中土勢力劫持の状態をして、東洋の局面と密に相影響せしむるに至る。然らば則ち今よりの後、國家の務は、宜しく單に瑟縮自衞の策に屑々として、蝸牛の其の殼を恃《たの》むが如くなるべからず。亦宜しく東西兩中心の相昂低する所以の故を考へ、卷舒我よりする所ありて、以て均衡を取らざるべからず。此の如くにして而る後、或は當面の强敵も恐れざる所あり、目下の安穩も恃まざる所あり、能く危難の間に體面を存し、荊棘を披《ひらい》て國歩を進むるなり。但だ此の道は以て凡庸以下の政治家に强ゆべからず。其の明以て現状の因緣を探るに足り、其の力以て操縱の必効を事局の裏面に期する者にあらざれば、誠に之を奈何ともするなきのみ。

事に當りて克成する所なく、人をして國家の體面の爲めに國力の進張の爲めに、千古の遺憾を止めしむる者、概ねかの凡庸にして而も自ら用ゐることを好むの政治家なり。假に進運方さに、際會せる一國ありて、而して其の東洋に國すとせん、歐州列國の東洋に關係ある者、其の俄に强盛なるを畏れ且つ嫉みて、其の進路を攔阻せんとし、而して列國の最大なる者も、一國の力を以てかの方鋭の鋒を挫くべからざるを憂へ、是に於て其の他の國を聯ねて、之を要することあらんに、凡庸政治家をして、かの方盛の國に當らしめば、新進の力、能く同盟强大國に當るの難かるべき當面の情勢に危懼して、數目の輸贏を以て實際の活機を抹却し、而して蕭然として氣沮《はば》む。かの明識力量ある政治家に在りては、固より必らず此際に於て、其の現狀の由來せる因緣を覷破し、其の同盟結合力の堅脆を計り、其の歐州中土勢力の均衡と相關する者、我が一擧措によりて其の昂低を變化するに足るを知り、其の遠くしては諸國各々兵備に勞憊して、早晩一大變態あらざれば、相共に戰はざるに斃れんとすること、列國の政治家、盡く之を憂へざるなく、而して其の騎虎の勢は之を進退共に不可なるの地に措けるの勢の若き、其の近くしては歐州中央同盟の氣力漸やく餒《う》えて、離散日を指さすべく、三晉各々自ら計を爲すに忙しくして、動《やや》もすれば秦の歡心を迎へんとするの情あるが若き、而して歐州の局面は、寸隙の投じて以て機巧を作《な》すべきなく、一たび作せば十目具に瞻《み》て、其の隱微を發摘するを以て、之を絶束の地、痛く世の注意を惹かざるの事態に移して、辭を換へて言はゞ西洋の禍を東洋に嫁して、潛運の漸を成さんとするが若き、故に列國の同盟は、實に其の中一國の利益に徇ふの結果たるべくして、苟も尊俎の間に局を了すべくば、同盟の効は固より收めんことを辭せざるも、若し戰爭の避くべからずして、時月を費すあらんには、其の同盟は旦夕睽離せんとするが若き、一々方寸に了々とし、而して儼然なる應酬、能く一國の力を以て、世界最强國の聯盟を屈するの觀あらしめんとす。然る後受動の地位、變じて原動となり、東洋の中心を動かして、以て歐州の中心に波及せしめ、國家の體面、勃然として其れ起り、國力の進張、前に障礙なきことを得、復何ぞ得喪飜手其の國民に向て辯疏禁塞に遑なきの失態を見《あら》はすことを要せんや。

吾人はゴルチヤコフを輕んずるものに非ざるも、其の失策が當時露國民の憤悒する所となりしは掩ふべからざるを知る。東洋に國して新進の名あり。露國の威望久しく歐州に加ふるが若きに至らざる者、最も當さに氏の失態を炳鑑として、其の圖謀を誤り、悔恨を百年に貽さゞらんことを期せざるべからず。我が邦の將來の若き、亦深く此等の情勢に注意せざるべからざる者あるを知る。故に空言を結撰して、之を其の任に堪ふるの政治家に期せんとす。

『二十六世紀』第一九号「時務」　明治29年2月11日

伊藤侯は出使の任に適せず

伏見宮殿下が將さに露帝卽位式の賀使として差遣せられんとするや、隨員の大臣は伊藤侯たるべしと傳ふ。果して信か、吾人敢て言はざるべ可らざる者あり。

夫れ露は何等の國ぞ、伊藤侯は何人ぞ。遼東還附の國家面目を傷りたるや、蓋し足利義滿以來絕て無くして僅かに有る所と稱す。其の大義の係る所を論ずれば、又失體義滿の上に浮ぶ者あり。而して之を威迫したる者は、所謂三國同盟なり。而して同盟の主たる者は露國なり。其威迫を受けて之を應諾したる當事者は、伊藤侯爵なり。伊藤侯は此際の勳功を以て、侯爵に陞敍し、大勳位を賜へり。伊藤侯は當時敢て當らずとして之を辭して大磯に避けたり。人は其の僞飾に出づるを疑へども、其の宜しく辭讓せざるべからざるを知る者は、侯の眼中、未だ全く道理なくんばあらざるに近し。夫れ侯爵大勳位の辭讓せざるべからざるを知りて、而して露國出使の事は、好で自ら之に當らんと欲す。其の矛盾や侯自ら知らざらんや。而かも侯は其の辭讓を終へずして、榮爵を受けたれば、則ち今日出使の事、亦異とするに足らざるか。吾人は敢て侯の之を欲するを咎めず。而かも敢て向はん。侯露國に之く、果して何をか爲さんと欲する。

侯は曹沬刺客の流にあらず。齊桓を劫《おど》して侵地を還さしむるが若きは、侯の文明政治家を以て固より能くすべきにあらず。侯猶ほ或は其の傷つけられたる國家の體面を、尊俎の間に回復する所あるを期するか。而かも卽位式の賀使は、國際の交涉に與かるべきに非ず。侯にして其の現職を卸し、單に一全權公使として露京に駐劄せんことを望むとならば之に歲月を假して、其の黽勉努力、前過の萬一を補償せしめんこと、吾人も又其の志の殊勝に感じて、其の材力の不足を恕し、其の願を遂げしめんことを可とせざるにあらず。然るに侯の出使や、果して此の如きに非ず。其の遼東還付の餘に得たる侯爵大勳位を冠して、而して責任なくして、榮譽ある賀卽位式の使命を奉ず。侯其れ何の爲にか好で自ら之に當らんと欲せる。

傳ふる者は、侯が其の現職を辭することなくして、而して兼ねて出使の命を奉ぜんことを欲すと云ふ。侯豈に强隣に向て國に人なきを見《あらわ》さんと欲するか。露人は蓋しゴルチヤコフを記せん。ゴルチヤコフは其の使命を辱しめたるに憤死したり。而して侯は其の失敗に因りて其の榮爵を荷ひ、今又榮譽ある使命を托するに、必ず此の失敗大臣を以てせざるべからず。而かも其の現職を解かずして之を托せざるべからずとし、其人は則ち揚々として嘗て威迫を蒙りし國の朝廷に、全歐州の使臣と同じく翺翔す。露人をして正直なる擧動に出でしめば、其の我が國を視るや、乃ち人無きの與《くみ》し易きを悟り、其の侯を視るや、乃ち恥無きの醜を唾罵せんとす。若し機微の間にして其の意嚮《さき》の會同の際に發せしめば、侯は其れ何を以て其の重ねて國家を汚辱するの咎を濟《すく》はんとするか。抑も露人素より交際に長ず。侯の出使、或は意外の優遇を受くることなしと謂ふべからず。德川家康が中ごろ大阪と和するや、大野治長の來り使するに當りて、之を激賞し、本多上野を顧みて、汝が將軍に事ふるも、亦此の如くならんことを欲すとまで言へり。秦檜の金に在るや、金人大に之を優遇したり。伊藤侯の出使、或は亦此の事あらんか。侯爵なり、大勳位なり。而して其の之を得たる所以は、則ち露人の威迫に應ぜるに因る。露人或は侯を德とし、而して大に侯を優待せんか。侯の蟲のよき人物、おめでたき人物なるを以てするも、豈に其の歸朝するや、其の優遇を以て、自ら國家の體面を回復し得たりと信じ、揚々として國民に臨み、得々として、陛下に復命し奉るを得んや。必ずや當さに冷汗背に浹《あまね》く、天地に跼蹐するの思あらざるべからず。而るに侯は則ち此の煩悶を求めんが爲に出使の命を奉ぜんと欲するか。

侯が出使や、其の露人に薄待せらるゝ既に不可、其の優遇せらるゝ亦不可、兩不可ありて而して猶ほ之を爲さんと欲し、喜で之を爲さんと欲す。吾人は侯の好人物なるに驚かずんばあらず。侯近日國内の紛囂に困しみ、一日枕を高うする能はず。而かも亦決然として其の責任を負ふて職を辭するを欲せず。故に出使の事あるを幸として、姑らく躱避の策を爲し、以て其の嚮ひ邇《ちか》づくべからざるの氣焰を避け、數月の間、民間反對黨をして、賊なきに矢を放つの間の拔けたるにあぐみて、其の歸朝する比ほひ、議會の既に閉ぢ、且つ形勢の或は變ぜんことを庶機し、而して此の計に出づるか。鼻先の考としては、或は妙ならん。而かも其の出使の後、煩累の益々重ならんことは、或は未だ思ひ及はざる也。癡漢あり、米を舂《つ》く者を視て曰く、若し一臼を逆に上に設け、兩杵を用ひて上下共に舂《つ》かば、豈に功倍せざらんやと。人之を譏りて、其の逆臼の米を容れざるを奈何せんと曰へば、則ち歎じて曰く、嗚呼吾未だ此に思ひ及ばざりきと。侯の思慮其れ之に類するなきか。吾人は侯が一身の故より言ふも既に其の得策にあらざるを信ず。況んや國家の面目といふ者あり、又一伊藤博文が禍福の以て替ふべきにあらざるをや。故に吾人は斷じて曰はん、出使の任は伊藤侯其人に適せずと。

『二十六世紀』第二〇号「時務」　明治29年5月11日

日露協定條約恃むべき乎

苟くも東洋の形勢に心を用ふる者、皆其の危局益々迫り、早晩必らず一大破裂なかるべからざるを見る也。朝鮮現今の位地、之を戰役前に比するに、惡しきこと實に數等の上に在り。日露共同保護の約、若し幸いにして協定せらるゝことを得んも、其の權力の均平、殆ど望むべからず。況んや露國將さに清國を援て、共同の一地位を占めしめんとすを聞く。果して此議にして行はれば、事態の紛糾此より更に滋からんとす。當局が日露協定の案を提出するや、此を以て紛議の結を斷ち、其の厭惡堪へ難き外交の政をして、姑らく安逸を偸《ぬす》み、肩背を息《いこ》ふを得せしめんとするに在り。知らず國ある者の外交に於ける、一日以て苟安すべからざるや、英國の富强、天下に敵なきを以てすら、其の外政に荒《すさ》めること十數年なるの結果、方に今孤立援なく、事毎に露佛に先ぜられて、其の富强も用ふる所なからんとする。殷鑑炳焉、目前に在り。而して伊太利の興るに當て、其の兵を用ふれば、積衰の墺國にすら敵する能はず。唯だ外交の略を恃《たの》んで、以て統一の業を成す。事も亦三、四拾年前に在りて、我が當路の親しく睹《み》る所なるを。夫れ英國の孤立、既に自ら懲創して、日夕其の勢力を恢復せんとするに之れ暇給せず。又トランス、ヴァールの事あり。而して伊太利のアビシニヤに敗るゝや、三國同盟の運命、世論之を疑ひ、其の二等國たる西班牙《スペイン》の若きも、又キュバの亂、殆ど其の國力を竭さんとす。露佛が其の忌憚なき政策を行て、土耳其《トルコ》を嗾《そその》かし、支那を騙《だま》かす。綽として餘裕ある所以の者、此が爲なり。此の如くなれば、歐洲の無事は、實に露佛に劫《おびや》かされて之を保つ者、故に露佛が其の餘力を用ひて、之を東洋に施し、我が當路が偏に瑟縮政策を執りて、戰勝の餘威を塗泥に委するに乘じて、盡く其の欲する所を得んと欲するは怪しむに足らず。況んや又我が軍備の擴張と、露が東西比利亞《シベリア》の防備を修むると、遲速の相及ばざるは、露も亦已に之を恐る。其の今日に及で全力を東洋に注ぐ者、誠に形勢を視るに敏なる也。近日露艦の强鋭なる者、大牛東嚮し、殆ど歐洲方面の防備を顧みざるの狀あり。此の如きの狀態、決して之を永久に保つべからざるは、露も亦自ら知らん。故に此を以て露國の意、專ら今日の時を利として、急に其の功を收めんとするを料《はか》るべし。日露協定條約にして成らしむとも、一、二年間、紛糾の滅すべからざるは、益々明かなり。

隣國をして壤《ち》を割き金を償はしむるの功を收むる者、其の報として、列國の妬猜、外交の紛糾あらんことは、亦宜しく豫期すべき所にあらざらんや。列國の妬猜、外交の紛糾、此れ實に國家の地位、大に舊時より進で、其の勢力を認めらるゝの徵たれば、國家大臣たる者に在りて、固より當さに喜で其の心力を効し、妬猜の間に處して、益々其の國權を張り、紛糾の際を利して、益々其國利を增さんことを勉むべし。此れ實に丈夫の快事にして、又藎臣の忠節なり。今に於て難を逭《のが》れ患を避くるは、是れ前功を廢滅して、近憂を招徠する者、非計是より甚しとするは莫し。然るに遼東還付以後、當局の爲す所、一として此の非計を取らざるなし。彼れ豈に其の當らざるの爵位を保ち、多くなきの餘生を樂しみ、深憂大患ありと雖も、其の身に及で之を見ざれば、則ち以て足れりと爲す乎。

日露協定の議は、朝鮮の獨立扶植の前功を廢する者なり。征清大戰役の結果を滅する者なり。此れ眞の非計たるは言ふを待たず、たとひ勢の便とする所ありて、協定の議、宜しく取るべしとするも、其の權力の平均を保ち、我が地位の減退を支へんには、必ず絶えず紛糾に處して厭はず、時會を利して長策を行ふの決心なかるべからず。苟安姑息の念、一日之を心に萌すべからざる也。かの軍備擴張の若きも、眞の處措の方法、海陸の權衡等に於て、實に人心を厭かしめざる者あり。其の露國の嫌疑を避けし跡、掩ふべからざる者ありと云ふ。又其の國民の言議に對するが若き、每々新聞紙等の論、外交に渉る者を拘束して、一辭も露佛等の歡心を失はざらしめんこと期す。夫れ露國の新聞紙等が、漫言放論して、我を罵り、我を誣《し》ひ、以て其の國民を激昂せしむるの策を取ること、日も亦給《た》らず。然るに我は則ち口を箝して、一たび之が爲めに辯を措く能はず。亦冤ならずや。且つ我が國民の露を仇とする心ありと否とは、露國使臣等、久しく已に其の情を探知する所、當路が掩蔽の拙策に昧《くら》まさるゝ者に非ざる也。且つ蔽ふ者は疑を長ず。寧ろ公々然其の所思を陳ぜしめ、辨難攻撃、詬罵惡言、其の之く所を縱にするの明白快心なるに如かんや。海陸防備の若き、百計平和を裝ふも、我の備ある、其の英露諸强國に當るを以て標的と爲さゞるべからざるは、諱むことを得る所に非ず。かの日夜堅艦を東向せしめて、以て我に威迫するの勢を示すに對し、我も亦將さに收受せんとする賠償金を資とし、歐洲造船處に就て、不日成功すべき堅艦數隻を購得し、相與に朝鮮海上に周旋して、抗禮相下らず、加ふるに外交の事、倦まず怕《おそ》れず、堅忍にして精敏なるを以てす。而して後庶幾《こいねがわ》くは以て其の舊地位を保つべし。然らずんば日退月蹙、協定の條約は、適さに以て彼が陰謀を施すの地と爲りて、朝鮮の事、復た救ふべからざるに至り、西邊の警、永く國家萬世の禍を招かんとす。豈に危からずや。

『臺灣日報』「社説」　明治30年7月2日

移風易俗の期（下）

本年五月八日は臺民定籍の期として、其の耳目爲めに一新する所ありとせんか、此時を以て、百事更始の端を啓て、以て物情を定めんは、亦應時の宜を得たる者といふべし。吾輩は以爲らく、此時を以て、斷然として斷髮の令を下し、又嗣後の女兒、纏足の惡習に染むことを得ざらしむ、庶幾《こいねがわ》くは亦其當を得んと。然るに當路何の見る所ありてか、竟に復た此時を空過して決行するに及ばざりき。故に今の計を爲す者、唯だ宜しく五月八日以後に於て生誕せる本島人の子女をして其の辮髮纏足の俗に從ふことを廢せしめて可也。

蓋し現在臺民、自から斯俗の間に生長して、かの胡樣惡習を以て常と爲し、又其の株守の天性、俄かに改めて内地の俗に從ふを便とせざる者あらん。且つ纏足の若きは、其の已に之を施せる者、復た之を改めしむること能はず、自から當さに斟酌して事に從はざるべからず。故に急に嚴命を下して、以て其の視聽を駭《おどろ》かすことなきは、猶ほ辭を撫民安堵の一方便といふに籍《し》くことを得べし。然るに定籍の後に生誕せる臺民の子女をして、竝びに習俗に從はしむるに至ては、當局が國民統一の精神に於て用意の如何を疑はざるを得ず。意《おも》ふにかの辮髮の俗の如き、現下臺民、大陸の故國に通商する者に在ては、俄かに改むるを好まざる者あなんも、永く臺民の活計生理をして、大陸故國との交渉、之を内地との交渉より密ならしめんは、極めて冀《こいねが》ふべきの事とすべからず。若し内地の風を移して、言語習俗、之を數十年の間に改めんとせば、臺民が大陸との交通、漸やく疎遠に至るべきは、避くべからざるの勢なり。而して本年以後に生誕すべき子女が長成する比ひは、恰かも其時たるを得んか。

かの民情の嚮背を意とするが若きは、則ち吾輩以て杞憂と爲す。何となれば支那の俗、舊より辮髮たりしにあらず。愛新覺羅氏の北京を得るや、君父の俗、赤子之を同じうせざるは、情理の不可なる者あるを以て義とし、南方未だ定まらざるに、直ちに辮髮令を下す、其の民心の綏服を待て之を爲せしに非ざるは、かの髮匪の猖獗、前朝の衣冠習俗を以て一時を聳動せしを觀て知るべし。況んや臺灣が滿淸の版圖に入ること最も晩《おそ》し、彼豈に其の情に於て必ず辮髮を去ることを厭ふ者ならんや。纏足の俗は、粤南の移住民、今尙ほ之を行はざる者あり。且つ其の戴く所の朝廷、既に疇昔に異なれば、其の風俗の必ず改移せらるべきは、支那民種の視て以て怪しむことを爲さゞる所なり、豈にかの本年以後に生誕せる子女が内俗に從ふことを以て不平と爲す者あるべけんや。

吾輩は更に怪しむ、かの紳章を佩《お》ぶる者、當路將さに憲兵警察官等をして、相當の禮遇を以て之に對せしめんとす。意《おも》ふ、既に加ふるに相當の禮遇なる者を以てすべき人の依然として辮髮胡服、内俗に從はざるの人たるは、奇異の觀たらざらんや。夫れ新朝の士民としてその紳章を受け、其の官職に任ずる者の若きは、宜しく之を慫慂して、先づ内俗に同化せしめ、以て其の嚮《むか》ふ所を示すべし。然らずして徒らに寛裕を以て務と爲し、臺土の士民をして新朝の尊嚴を知らずして、徒らに其の惠恤の忸《はじ》るべきを思はしむ。吾輩は斷じて失計の甚しき者と爲す也。

夫れ愛新覺羅氏が遼東一隅の地を以て禹域を變ずるを能くし、而るを今我れ十倍の地を以て臺灣一島を變ずること能はず。亦威を隣邦に示し、臺民の情を鎭靖する所以に非ざる也。謂ふ所神堯一旅を以て天下を取り、後世子孫天下を以て河北を取ること能はずと云ふ者、豈獨り唐然りとせんや。然るに彼は則ち中世以後の頽勢を以て之を爲し、此は則ち新興の國力を以て之を爲す。吾輩は未だ我が當局が何等の深意ありて此の衰唐の敗政に倣ふかを解すること能はず。

總督府條例改正の議

『臺灣日報』「社説」　明治30年7月4日

我が政府が紛更を好むや、苟くも内閣の更迭あれば、則ち多少の釐革を官制に加へざることなし。而して内閣の生命は平均二年に滿たざれば、我が官制も亦未だ二年以上一定せること有らず。當局は以て其の釐革の効、大に政務に利便すべしと爲す。而かも政務の實情は、實に未だ紛更より生ずる損害を償ふ能はざるに、又復紛更を疊《かさ》ねらる、竟に其の利を享《う》くるの期なし。此れ我が行政に於ける一種の弊患なり。今又此の弊患を以て、輒《すなわ》ち臺灣に施及せんとするなり。總督府官制改正の説の若き是れなり。意《おも》ふに此説の由て來るや、所謂臺灣の失政なる者、大に内地議者を噪《さわ》がし、遂にかの當局の意を動かして、爲めに又罪を官制に歸せしむるに至り、乃ち此の釐革の議を生ずるに至りしならん。其の總督を以て全然たる文官として、專ら民政を掌らしめ、軍務に關する事は、別に軍司令官を置て、守備陸海軍を統率せしむといふが若き、亦かの臺灣文武官の軋轢といふ語、先づ胸中に橫はり、而して此が爲めに救弊の策に急なる者あるを見る。但だ夫れ一事を成さんと欲せば、自から一定の措畫あり、其の間多少の弊患之に伴ふことあるも、大體にして失せざれば、一時の小得喪を略して、其の大成功を待つの決心あらざるべからず。かの定見なき者に在ては、則ち少小蹉跌ある每に、爲めに危懼の念を生じ、輒ち紛更を試みんと欲す。此時に當りては唯だ其の紛更の結果たる一、二利便を偏信して、或は其他の弊害反て前より甚しかるべきを思はず、終に支離散漫、收拾すべからざるに至らしむ。總督を以て文官とするの議の若き、其れ亦此に免かれざるなからんや。夫れ一の總督ありて、文武の大任に膺《あた》り、其下民政、軍務兩局ありて、其の節度を奉行す。而かも猶ほ文武官僚、協和妥議することを得ずとせば、今相統屬せざる文官の總督と、軍司令官とありて、權力相匹せしめんに、其の情意相投合し難きこと、更に今日より甚しき患《うれい》あらざらんや。或は云ふ、民政の事、軍務の事と、必ずしも相交渉せざる者多し。

而るに之を一總督府内に置く、其の動《やや》もすれば衝突を生ずる所以、今全く之を分離して、其の自然の情勢に歸し、相掣肘することなからしめば、以て相支吾するの弊を除くべしと。然れども臺灣の軍務は、内地の如く專ら訓練に從事して、以て封疆有事の日を待つこと能はず。土匪出沒、日夕警あれば、乍《たちま》ちにして起ち乍にして休せざることを得ず。軍務の民政と交渉の緊密なること、内地縣治の師團旅團と相渉らざるが若きにあらず。若し必ず一々中央政府の節制を受けば、長鞭馬腹に及ばざるの恐れあり。若し權力相匹する文官總督の要求に奔走せば、軍司令官の威重を損ずるの感あり。其の不便或は測るべからざる者あらんとす。

且つ文官總督の説、其の出づる所を察するに、かの漫《みだり》に米國流なる文治の政を主張する者と、政黨の徒、所謂人材登用の餘波を臺灣に被及せしめんと圖る者と、各々其の美とする所、利とする所を誇張する也。彼れ固より臺灣の情形を審にせるに非ず、其の俗の狡悍にして、威重に非ざれば鎭し難く、又其の國情に通ぜざるが爲めに、流言蜚語、時として土民の間に行はれざることなく、苟くも官府の間變更あれば、意外の説を流播して以て相蠱惑し、相危懼せしめ、往々不測の變を釀すに至る。故に事の以て督府威重に關すべき者は未だ手を下し易からざる者あり、凡そ此等の實情、内地談政の客の知ることを得ざる所、而して高論空言を以て、遙かに規畫を爲し、其の中《あた》ることあらんを求めんと欲す、亦太《はなは》だ危からずや。

若し夫れ總督の資格を上せて、國務大臣に同じくし、拓殖務省の掣肘を受くること勿《なか》らしめ、用人任官、一に其の手より斷ぜしむべしといふが若きは、頗る機宜に中るの説と爲す。今日の患《うれい》、中央政權の重きに過ぐるに在るは、我が行政組織の弊なり、臺灣總督の若き海中に懸絕して、交通不便なる地に在る者は、最も當さに其の權力の或は輕くして、便宜措置する能はざるを病《うれ》ふべく、決して其の權力の過大に患《うれ》へざる也。要するに臺灣總督府の設、僅かに二周歲、其の功過の由る所、制度の得失に在ると否と、未だ知るべからず。而して早く紛更を試みんとするが若きは、豈に輕躁なる政府の通病に罹れるの譏《そしり》なきを得んや。吾輩は當局が其の始終の利害を察して愼重に之に處せんことを望むこと切なり。

若し法院獨立の議に至りては、吾輩別に説あり、異日の詳論を要すべし。

明治30年7月9日

『臺灣日報』「社説」

第三疑獄又起る

吾輩は此の如き事件を以て屢《しば》ば讀者に報道せざるを得ざるを

悲しむ。臺灣官吏の腐敗、其れ殆ど諱むべからざる也。臺灣の經營、我が國民の拓地殖民事業に於ける最始の經驗なることは、世論の盡く一致する所なり。然るに領臺三年、其の施措の方鍼、一も未だ定まれる者あることを聞かず。而して獨り其の官吏の醜行、連《しき》りに暴露するを見る、苟くも志を家國に存する者、能く忡々の念なきを得んや。

聞く前番疑獄の起るや、法院は既に證人として召狀を水野民政局長、山口財務部長等の東京に在るに發し、而して後故ありて之を取消したりと。今段の疑獄、復た土居通信部長以下數名の高等官が家宅捜索を受くるを見る。夫れ地を晝して獄と爲すも、義入るべからず、木を削りて吏と爲すも、義對すべからず。士の名節を重ずる者、誠に此の如きあり。今堂堂たる高等官、乃ち警察官が匹夫すらも頼で城郭と爲すといふ屋内に闖入し、其の隱祕を發露して忌まざることを被る。而して之を奈何ともすることなし、士人の面目竟《つい》に何の處にか存する。吾輩は臺灣官吏が自ら作るの孽《わざわい》、乃ち此に至れるを見て、人間廉恥の日に消磨せるに長嘆せざる能はず。

或は此を以て法官を病ましむる者あり。亦かの朝廷の寵命せる高官、卒然として其の屋内を捜索し、卒然として之を縲紲に辱しむと謂はずや。是れ固より公論の容るゝ所と爲るべきの議にあらず。而かも官場の消息は、亦一種不可思議の情實あり、公論に在ては一顧を値せざるの議にして、反て非常の勢力を有することあり。吾輩は知る、疑獄の已に臺灣官場を撩亂せしむること三回に及ぶ。積怨深怒の法官に加ふる者、蓋し臆料すべき難からず。其の法度の外、隱祕の間に於て、一種の復讐手段、大に之が爲めに講ぜらるゝ者、或は宜しく有るべきの情なり。今乃ち斷然たる處置、毫も顧慮する所なく、專ら澄清を以て任と爲し、混々たる濁流の中に立ちて、屹として砥柱たらんとす。吾輩は竊かに其の心を執るの堅確を多とす。

夫れ未だ陰雨せざるに、其の牖戸を綢繆するは、固より策此より得たりとするはなし。然れども上に秋毫を察するの明ありて、其の下僚を統率するあるに非ざれば、其の下の蠱惑する所と爲りて自ら知らず。禍機已に熟するに及で、始めて倉皇として之を掩はんとして、而して及ぶことなし、此れ其の常なり。彼は知らんや、禍之を未萌に杜《ふさ》ぐ能はず。而して醜態已に露はる、寧ろ其の弊の根帶を究めて、之を芟《か》り之を剗《けず》り、遺留する所なからしめて已まんには若かず。若し一時の情實に纏糾せられて、稍々寬放する所あれば、外は以て世間識者の惑を釋《と》くに足らず、内は以て腐爛の再兆を塞ぐに足らず。徒らに擾々を釀して、竟に得る所なきを。

今第一第二疑獄已に起り、醜穢已に發せり。宜しく根抵より其の弊患を芟除せんことを期して、一切の醜穢潰裂暴露するを憚《はばかり》ならず。勇往直前、斤を揮ひ斧を回《めぐ》らし、大結簇を截斷すべし、而る後能者代り出ては、庶幾くは臺政の刷新、観るに足るべき者あらん。第三に論なし、乃ち第四第五に及ぶも、固より之を起すを妨げず。此の如くして霹靂一過、陰雲四散せは、青天白日、復た睹難らず。故にかの代り出づべき能者をして、更革の途に於て手を措き易からしむる者、惟だかの法官の力を澄清に効すある耳。高等官を逮捕するの苛酷を以て之を議し、醜態を外人に示すの不可を以て之を撓《た》めんとするが若きは、宜しく今の顧念すべき所にあらざる也。且つ執法の職、天下萬世の爲めに直道を維持するを以て任と爲す。一時政界の小得失を胸中に横へて、以て意を擒縦に用ゐるが若きは、大謬の見なり。吾輩は法官が臺灣官吏中に在りて、獨り異彩を放つを美とす。故に其の一意職分に盡さんことを望で、而して漫に流俗の情實に動かされんことを望まざるなり。

臺灣の地方行政（一）

『臺灣日報』「社說」　明治30年7月15日

臺灣の地方政務、嚮《さき》には三縣十二市廳を置て之を治す。而して當局は其の以て新政を遍布し、下級行政の周密を期するに足らざるを以てや、今年に及で、更に三縣三廳を增置し、且つ支廳を全廢して、廳治を以て縣治と別置し、而して縣及び廳の下に七十八の辨務署を置き、以て下級行政の遍及を圖る。是れ現在に於ける地方行政の梗概なり。吾輩は臺灣縣治の議に關しては、根柢の大疑問あり、故に將さに以て大に當局に質《ただ》さんと欲す。然るに現制の始終を綜べて其の得失を論斷することなくして、驀地に私議を開陳するは、未だ太《はなは》だ唐突を免れず。且つ現制にして、其の規畫せる所、盡く之を實行して以て其の目的を達すべくば、たとひ其の根柢に於て、吾輩の所見と同じからざらしむとも、亦一策として存するを得べく、當局は則ち其の畫策せる責任に於て、亦能く之を全うせる者と謂ふことを得べし。吾輩が先づ現制の方鍼に遵て、之を內地地方制度の現狀に參贊し、其の規畫進行の途次、必然遭遇すべき情形を推斷し、以て其の得失を備論せんと欲するも此が爲め也。

夫れ臺灣の地方政務、今方さに創業の際に在り、六縣三廳已に設くと雖も、縣治事務、未だ盡く開始せらるゝに至らず、其の得失已成の跡を以て、之を內地府縣に對照すべきなし。但だかの內地府縣の設置、沿革の跡を回顧する者は、其の三府七十二縣の當時より已來、屢《しばしば》分合ありと雖も、要するに合する者多くして、分つ者少く、現に沖繩縣を除て、三府四十五縣とするに至り、政府の方鍼は、其の治域太だ細分して、行政機關の繁雜を致すを欲せず。かの封建分藩の餘習、地方感情の互に投合し難きあるすらも、一たび合しては復た容易に分たしめず。乃ち町村制を布くに及ては、其の町村の自立を維持するに足ると否とを計るが爲に頗る其の沿習をも破壊すべき合村を爲すことを避けざりしを見る。又かの北海道の若き、其の拓殖の事情、大に臺灣と同じからずと雖も、其の創新の經營に係るは、則ち似たるあり。亦嘗て開拓使を廢して、分ちて三縣と爲せしも、其の利を見る處なく、其の力の小分して、拓殖事業の進張を害すること少からざるを以てや、乃ち復た合して道廳を置けり。今臺灣の縣治廳治は、之を總督府の下に一括す、固より北海三縣と類せず、又其の戸口の繁、墾田の饒、皆同じからざるありと雖も、彼は純乎たる殖民、内地施政の便を思ふ者、此は民情習俗、其の素より受けし政治、皆甚しく逕庭あり、其の小分を患とすること、未だ其の北海道と何如《いかん》を知るべからず。若し夫れ臺土創開の後、未た嘗て藩封分治の習を閲せず、福建、廣東の移住民、其の來歴均しからざるも、裹足不裹女の婦女、比隣を相爲し、同じく一統の治に服すること久しければ、かの民情習俗異同の故を以て、治域を細分せざるべからざること、未だ必ずしも之有らず。吾輩は其の治域の大小、之を内地縣治の現制に對照して議を建つるの決して比倫を失すとすべからざるを知る。

今内地府縣、其の治域最大なる者を岩手縣とし、實に八百九十九方里餘、其の最小なる者を香川縣とし百十三方里餘を轄す。而して其の全國府縣治域の平均は、卽ち四百六方里餘とす、然るに臺灣縣治の域は則ち何如。

	方里		方里
臺北縣	二七三、	新竹縣	三三〇、
臺中縣	三四五、	嘉義縣	四一四、
臺南縣	一二〇、	鳳山縣	三三〇、
宜蘭廳	三二、	臺東廳	一一一六、
澎湖嶋廳	一八二、		

且らく其の六縣に就て之を攷《かんが》ふるに、其の平均三百二方里、内地府縣の平均より少きこと、一百四方里餘とす、其の三廳の地に至りては、則ち或は廣漠未墾の地多く、或は僻遠不便、或は海上懸絶し、倶に未だ縣治の制に入るに足らざる者、以て北海道、小笠原嶋等と對比すべく、未だ以て内地府縣と比擬すべからざるなり。

臺灣の地方行政（二）

明治30年7月17日

次に其の戸口を以て、試に相對比すべし。明治二十七年末の調査に據るに、内地府縣、其の戸數を以てすれば、東京を最も繁多とし、實に三十八萬五千五百五十八戸あり。山梨を最も稀少とし、八萬二千五百四十八戸ありて、平均十七萬九千四百五十二戸とす。而して最近の調査に係る臺灣の戸數は左の如し。

臺北縣　七八、八一二　新竹縣　五三、七六八
臺中縣　一〇三、四二九　嘉義縣　一二〇、七八七
臺南縣　四八、一一九　鳳山縣　七五、〇五三
宜蘭縣　二一、四六四　臺東縣　一四、〇〇〇
澎湖島廳　八、九四五

其の六縣の地に就て平均すれば、七萬九千九百九十八戸とす。則ち内地平均數の二分の一にも足らずして、最少の山梨よりも少きこと二千五百五十戸なり。其の人口を以てすれば、内地府縣の最も蕃多なるを新潟とし、百七十七萬五千二百六十三人あり、最も稀疎なるを鳥取とし、四十萬七千五百四十四人あり、平均八十九萬九千七百八十二人に當る、而して臺灣の人口は則ち左の如し。

臺北縣　四九六、四六八　新竹縣　二七一、五〇五
臺中縣　四九〇、四六五　嘉義縣　五三五、一六三
臺南縣　一九六、一六九　鳳山縣　四〇五、八〇〇
宜蘭縣　一一四、〇九五　臺東縣　七〇、〇〇〇
澎湖島廳　四九、四五〇

其の六縣の地に就て平均すれば、三十九萬九千二百六十二人にして、亦内地平均數の二分の一に足らず、其の最少なる鳥取よりも少きこと八千二百八十二人なり。若し三廳の戸口を併せて之を平均せば、更に其の稀疎の度を増を見るべし。前時三縣の制を以てするも、戸平均十七萬四千七百八十二、口八十七萬六千三百七十一にして、猶ほ稍々内地平均數に劣るを免かれず。其の治域を以てするも、三縣平均の八百四十四方里なるは、之を東北七縣の地平均七百廿五方里なるに比して、大差あるにあらざるなり。今乃ち強《しい》て三縣三廳を増し、人口二十萬に足らず、殆ど東京市中の一區と相比擬すべき縣治あることを致す、若し臺灣の經營が我邦未有の事業たるが故に、其の措畫も亦未有の創案あることを要すとせば、豈に此等の措畫乃ち總督府が以て創案と爲す所たるか。然れども此の如き創案は、寧ろ太だ新奇に過ぎたりとすべからざらんや。

抑も國家が民人を保護する所以、一は其の生命と云ひ、一は其の財産と云はずや、政務の繁簡、主として此の二者に攷《かんが》へて而して之を決す。臺灣の富度、其の實際は未だ遽《にわ》かに明らめ知るべからず。故に其の明らめ知るべき者に就て、之を内地に對照せんに、其の田園なる者は、蓋し内地の田畑に當るが故に、先づ内地田畑反別を査するに、明治二十八年に於て、府縣平均、田反別六萬千〇六十一町〇三畝歩、畑反別五萬〇八百四十八町一反八畝歩、合計十一萬千九百〇九町二反一畝歩あり、而して臺灣田園は則ち左の如し。

甲　　甲

臺北縣	四一、五八八・四	新竹縣	四三、四八六・八
臺中縣	九四、七九三・八	嘉義縣	一一九、六一一・七
臺南縣	三三、九三五・〇	鳳山縣	七一、一〇〇・二
宜蘭縣	二一、六七三・四	臺東澎湖は未調	

其の六縣の地に就て之を平均するに、六萬七千四百十九甲奇零五を得、一甲を八反五畝に換算すれば、則ち凡そ五萬七千四百〇六町六反歩弱に當る、亦内地平均の殆ど半數に過ぎず。更に其の租額を以て之を計れば、左の如き結果を得べし。

	圓		圓
臺北縣	一二四、〇七〇、三一八	新竹縣	一二四、四三四、七九三
臺中縣	一九六、四二四、〇七六	嘉義縣	一九〇、四六六、四二四
臺南縣	九二、六〇七、二四〇	鳳山縣	一七〇、九一九、八八五
宜蘭縣	七一、四九〇、三九六	臺東澎湖は未調	

是れ清國の時の正租と、其の副税たる平餘税、補水税とを合計したる者なり。今宜蘭廳を除き、六縣の地に就て之を平均するに、十四萬九千八百二十圓四十五錢六厘を得、然るに内地府縣の地租平均は、明治二十八年に於て、八十四萬一千二百三十一圓十三錢とす、加ふるに内地府縣に在りては、此外更に地方税、町村費の地租割あり、而して臺灣には之なし。意ふに臺灣の富力、内地に比して此の如く其れ劣れるに非ず、若し内地人民と同様に負擔せしめば、猶數倍の納税力あることは、明白疑を容れずと雖も、當局の方鍼は、專ら新附を懷くるに在りて、急に増税を爲さゞるに在るが若くなれば、則ち今後數年間、臺灣の納税力は、大に現下に加ふるあるを望むべからざる也。

臺灣の地方行政（三）

明治30年7月20日

其他の諸税に至りては、未だ確實なる收入の豫算を規畫すべきにあらず、現に民政局が規畫せる今年度の豫算は、非常の差違を生じて、當局殆ど手を措く所を知らず、匆皇として各部機關の縮小、及び經費の削減を圖るに之れ急なるは、目下の狀勢なり。加ふるに現時當局が頼で一大税源とせる阿片税の如きは、之を經常歲入とすること、全く發布の精神と相背馳すれば、他日能者位に當らば、此の如き不當なる歲計の編制は、必ず更革を經ざるべからざる者とす。蓋し今年度の總督府歲入豫算は、八百十一萬二千二百六十四圓九十一錢にして、其中内地税は、百九十九萬八千七百十四圓餘とし、其中に製茶、地租、砂糖、樟腦、船舶、鑛業、登記諸税を包有し、海關税五十八萬二千八百九十八圓餘とし、合計二百五十八萬餘圓に過ぎず。其五百四十五萬餘圓は、官業官有財産收入に屬し、而して其の大部分卽ち四百二十三萬九千餘圓は阿片税とす。今此の最大税目は、非常の違算を生じて、其の實際收入半額に過ぎざらんとし、又且つ其の性質宜しく經常歲入に編入すべからずとせば、臺灣の歲計、將來知るべし。國庫補助、將さに幾年か之を仰がんとする、人口二百六十餘萬の新版圖にして、永遠に國庫の補助に賴らざるべからずとせば、是れ版圖の擴張を以て、本國の累を增すに過ぎず、豈に臺灣割取の本謀此の如しといふことを得んや。

更に下級行政の機關たる辨務署に就て觀察せんか、全嶋の辨務署七十八、則ち一署の平均轄地は三十二方里奇零五とす、若し六縣の地を以てすれば、則ち二十八方里奇零五に過ぎず、而して內地に在ては、沖繩北海道を除きて、平均一郡役所の轄地は、二十四方里奇零八とす稍々臺灣より密なるに似たり。然るに舊奧羽地方の若きに在ては、一郡役所の平均轄地、五十方里奇零六とす、奧羽の地は一方里內の平均人口一千八十四人にして、臺灣は一方里平均一千三十八人とす、則ち人口の疎密より算し來るも、臺灣の行政區と人口の比例は、實に奧羽と逆比を爲せるなり。

之を綜《す》ぶるに、面積戶口、竝びに其の納稅力より推斷し去れば、臺灣の行政が之を內地に比して過密なりとするは、寸毫の疑を容るべからざるが若し。現に澎湖嶋の若き、前に嶋司を置きて治めし地、改正官制には特に一廳を此に設けたり。其の人口を問へば、五萬に足らず、其の土地瘠薄にして、僅かに漁業生と爲すの民、納稅力の若きは殆ど言ふべきなし。而して廳長あり、書記官あり、財務長あり、凡そ奢侈なる行政ありと雖も、世聞未だ澎湖嶋の若く太甚《はなはだ》しき者あるを聞かざるなり。

但だ夫れ當局の辭を爲す所以は、自から亦存するあらん。曰く其の創業に屬するを以て過密なるを厭はずして行政の速かに遍及せんことを期すと。夫れ內地風の行政、直ちに之を新版圖の人民に施して、畫一制度の下に置くの得失、是れ實に吾輩が根柢の疑問を免かれざる所、只當《まさ》に後章に至りて、詳かに開陳するを待つべし。果して畫一の制度にして行ふべしとせんに、其歲計の大要目たる諸稅は、已に急に增加せざらんことを人民に告示し、生民の深患大毒たる阿片は、令を發して漸次禁止の方策を取り、加ふるに中央政府の補助は、漸次之を仰ぐことなくして、一嶋の經營を成就せんが爲に、特別會計の法に由れり、此の如くして出入の相償はざる者、將さに何の手段を以て之を補はんとかする。現に六縣三廳七十八辨務署の設、督府の方鍼を以てすれば、宜しく急に其の實施を期せざるべからざるに、歲計の違算は、之を奈何ともすること能はずして、其の辨務署の若き、名は速かに之を開かんことを欲すと爲して、而して實は一日も其の後れ開かんことを望まんとし、三十人の警視、其の半數だも任命すること能はず。其の措畫の矛盾、此の如き者あり。

新版圖の政務は、拓地殖民、以て利益ある新事業を發揮するを之を急とすべし、此に非ずんば版圖の增加は、煩累の增加たるに過ぎざればなり。今一嶋の收入、國庫の補助を竝せて、以て過密奢侈なる行政費を支ふるに足らず。而して殖產興業の大目的も、爲めに閑却に付せらるゝを免かれず。督府の方鍼、果して始めより此に在らずんば、其の措畫當を得ざる大失計たるの責は、決して避くるを得べからず。

臺灣の地方行政（四）

明治30年7月22日

今や民政の當局交迭の報あり。更任者が今日の敗跌に鑑みて、財政を整理することあらんには、來年度以往、歳計の違算、今年の太甚しきに至らざらんことは、或は期すべしとせんも、阿片稅の宜しく經常歳入より控除せざるべからざるあり。又且つ發令の精神を守りて、其偸買を嚴禁し、密輸入の患を防ぎ、又其の烟膏賣下の額、免許吸食者の數と相當らずして、動もすれば之に超過する等、不可思議の現象を遏塞せば、一、二年間、其の施行の全嶋に遍及せし時、僅かに其の收入の增加を見るのみにして、爾後歳々減耗に就くべきは、理勢の明白なる者、此の如くにして臺灣の歳計、能者ありと雖も、其れ將た曷《なに》をか爲さんや。

以上の情形は、臺灣の地方行政が太《はなは》だ贅澤なるを證明して餘あるべき者、たとひ總督府の方鍼、到頭內地風の行政を臺灣に布くに在りとせんも、此の如き無謀なる施措は、宜しく大に顧慮を費さゞるべからざる者とす。吾輩は其の組織の過密なること、內地の上に在る地方行政が、何が故に極めて系統的觀念に乏しく、整齊せる動作に不適當なる臺民に急施せざるべからざるかを解すること能はざる也。故に更任者が前轍に鑑みあるや、必ず當さに地方行政に於て一番の刷新あるべきを信じ、其の刷新の方案、果して吾輩の所見と合するあるや否やを知ること能はざるも、其の過密にして贅澤なる現制を變じて、簡易儉朴に從ふの一事は、則ち必ず一致するあらんことを信ず。

吾輩は又謂へらく、抽稅徵租、諸《これ》を前政府の時に比して、毫も重きを加へずとは、本年二月、水野民政局長の諭辭に之れ有り。而かも更任者が果して之を株守し、餘ある臺民の財囊を寛假して、永く內地人民の膏血を此土に注入することを得べきと否と、吾輩も亦料《はか》り知ること能はざる所なり。夫れ前清國の時、稱して租稅と爲す者、必ずしも重からず。然るに一切の徵稅費より官吏衙庄の長が增課して誅求する所に至るまで、盡く租稅以外に在りて、別に民人の負擔たり。加ふるに地方公共の爲めに辨ずべき所、道路橋梁等繕修の費、往々富豪を强誘して、資を捐して之を爲さしむ。凡そ此等の費用、總計して之を算するに、民人の負擔、決して輕しといふべからず。是れ其故獨り汚吏の私營、以て之を致すのみといふべからず。亦其の名けて租稅と爲す者太だ少く、以て政費を支ふるに足らざるを以て、補ふに此等の手段を用ゐることなきを得ざる也。

乃ち官吏の私營に至りても、清國官吏の俸給極めて寡く、添ふるに養廉銀なる者ありと雖も、竟に其の半生刻苦して、進士擧人に第するを得し勞と費とを償ふに足らざれば、即ち其の私課の弊、獨り人物の汚に由るのみとすべからず。街庄の長、一定の俸給なき者が、其の權勢を利して、暴貪の毒を流すことを怪しむべからず。究竟する所、定額の租税が以てかの放慢弛緩なる行政の費用をすら支ふるに足らざりしは、以て明らかに知ることを得べし。而るを況んや緻密精詳なる文明國の行政をや。意ふに吾輩の所見は、臺灣の行政、一時に更改して、内地と畫一の制に歸せしむるに在らずと雖も、苟くも其の地に就て利益ある新事業を興し、漸やく其の風俗習慣を移易し、其の治務を整理せんと欲すれば、固より先づ多額の資本を投入し、多額の府帑を糜《つい》せんことは、已むを得べからず。豈に已に鹽税釐金を廢して、其の徵税額清國の時より減じ、又其の租税以外の賦課を撤去し、而して能く治務を支ふべきあらんや。聞く臺中地方、前に檳榔の税あり。版圖に入るに及で、人民舊例に因りて税金を持して官に納《い》るゝ者あり。當時官吏、其の法に明文なきを以て、受けずして持ち歸らしむと、法を守るの美は誠に之れ有り。然れども其の徵すべき税目を遺忘して、之を豫算に編入せざりし愚は、則ち亦此に由て自ら彰《あら》はるゝに非ずや。而して前清國の時、人民が税金を納るゝに、剩餘金を交付せざりし者、今乃ち一々精算して之を交付せるを以て、美政として之を誇るが若き、輕重を知らざるも亦甚し。

吾輩は茲に斷言す、增税方案は今後當局の宜しく攷究を要すべき一要件なりと。何となれば其の名の當を得ざる重大の賦課は、乃ち租税の輕しと雖も、以て煩累に堪ふべからず。而して一定税率の增加は、寧ろ此の晦昧なる負擔に愈《まさ》ること大なればなり。たとひ其の習制の慣はざる、一時の紛紜あるも、其の利便は數年ならずして、一般民人の認むる所と爲るべきは、疑を容れず、姑息なる綏撫手段は、實に百年の大患なり。


『臺灣日報』「社說」　明治30年10月9日

臺灣鐵道を如何にすべき

臺灣鐵道會社が果して遂に成立するを得べきと否と必ずしも論究せず。其の一副官の宴席に於ける演說に狼狽して、種々醜態、一時に呈露するが若き、有眼者は久しく已に其の情僞を洞見せり。鐵道會社は其の暴露を忿るに兼ねて、威嚇を以て破綻を補繕し、敗局を轉捩せんと欲し、要求條件を具へて、之を政府に稟申する等、奔走周旋、頗る亦勉めたり。然るに其の要求條件なる者は、到底責任ある政府の漫然應諾し得べき者にあらず、固より此によりて鐵道會社の敗闕を濟《すく》ふに縁なき也。

意《おも》ふに臺灣の經營、交通機關の整備より急なるはなし。鐵道の敷設、其の最も急務たることは、世論の一致する所、此にして成らざること一年なるは、實に十年の經營を遅うする者なり。今其の必成期すべからざる會社の手に放任して、總督府は之を督責することなく、袖手傍觀、胡越の若き者は何ぞや。嚮者《さき》の副官の演説は、總督の意見を受けしと否とは、必ずしも問ふ所にあらざるも、鐵道敷設の成否は、則ち總督府豈に大に之を監視すべきの責任あらずといふことを得んや。今や來年度豫算編成、期漸やく迫れり、若し鐵道會社の運命にして、之を逆睹するに難からずば、今に於て早く後計を定め、以て交通機關整備を數年の間に期して愆《あやま》らざらしむべし。總督府にして眞に臺灣の經營に忠實ならば、這般の措置、斷然として之を行ふは、職分の宜しく爾らざるべからざる所なり。

聞く民政局通信部は本月を以て鐵道事業を會社に引渡す豫算なりしを以て、其の經費は以て本年度全分を支ふに足らざるの患ありと。是れ鐵道會社の失態は、實に目前に於て臺灣交通機關に障害を與ふる者、若し會社をして其の非計を悔いずして、强辨して直ちに事業の引繼を受けんことを要求せしむとも、責任ある總督府は、未成立の會社に此の如き大事業を輕々しく付與すべきにあらず。且つ通信部にして若し一時を彌縫し、以て會社の成立を待たしむとも、臺灣現在の狀況、鐵道會社の性質、湊合して熟察せば、獨り現在會社のみといはずして、凡そ民業の鐵道敷設が成功の望あるべきと否と、容易に斷じ難からず。何を以て晏然として坐がら交通機關の廢替に歸するを待つべきあらんや。吾輩は謂ふ、鐵道會社の發起人が速かに自ら處理して其の成否を決せざるは、固より大に咎責せざるべからず。而かも總督府が一會社の苦情に避易して、速かに之が處分を講ぜざるは、亦其の職分に忠ならざるの議を免れ難しと。

凡そ臺土の現狀に通悉して、心實に將來を憂慮する者は、交通機關の整備宜しく拉雜たる行政よりも先せざるべからず。而して其の施設は利益を主とする民業に委《まか》して、其の漸次發達を待つに遑あらず。宜しく官府の力を以て二年若くは三年を期し、迅速遂行せざるべからざるを道《い》はざるあらず。總督府たる者亦何ぞ此の如き公論に援据して、而して之を中央政府に申請し、公々然之を國民に訴へて、其の經費を要求せざる。近日政客の此地に來る者、稍亦人に乏しからず。而して其の交通の不便が、經營の一大障礙たるは、人々之を感ぜざるはなし。吾輩は今後に於ける臺灣鐵道官設の議が、寧ろ國民の耳に入り易くして、其の成功の意外に容易ならんことを信じ、總督府が速かに之を斷ぜんことを望む。

臺灣鐵道を官設にすべし（上）

『臺灣日報』「社説」　明治30年10月24日

臺灣に於ける縱貫鐵道の急務と、現在鐵道會社の處分とに就きては、吾輩が既に屢々論究せる所、近日に至りて、鐵道會社の創立委員長たる安場、岡部二氏は、前後にして去て官海に入り、而して會社の運命は、依然として疑問中に在り。回議する者は以て其の鐵道業に諳熟せざる諸人の去て、而して代るに當業練達の人を以てせば、反て其の成立を速かにすべしといふ。然れども會社は猶ほ其の資本金の三分の一を減じて、一千萬圓を以て速成を望まんとするを觀れば、以て好望を此に屬すべからざるに似たり。且つ臺灣鐵道が究竟一千萬圓、若くは一千五百萬圓の私設會社の能く敷設し了すべき所にあらざるは、想像の空言にあらずして、實際の數理、明らかに之を證す。吾輩は現存基隆新竹間鐵道の收支と、竝に其の改築概算とを照して、之を左に論述せん。

聞く基隆臺北間の既成鐵道改築費は、實に百六十萬圓を要し、而して未だ全く其の功を奏せずと。其の哩《マイル》數を計れば、則ち二十哩に過ぎず、是れ一哩の工事、實に八萬圓を要するなり。或は以て軍制時代の規畫、疎大にして綿密を缺く者あるが爲めに、如許の鉅費を要せしを疑ふ者あらん。吾輩は更に臺北新竹間の改築工事の豫算を掲げて以て其の費用の更らに巨なるを示さんとす。臺北新竹間の哩數は四十三哩にして、改築費の概算は四百萬圓を要し、而かも其の十分なるを期すべからずと聞く。蓋し此間には淡水橋の長さ二千六百呎《フィート》なるあり、其の架設費は六十萬圓以上を要し、紅毛田の橋梁、延長二千三百呎なるあり。其の架設費は四十五萬以上を要すべく、龜崙の三隧道は、總延長三千二百呎にして、單線の計畫を以てするも、八十萬圓を要せざるべからず。之に加ふるに鳳山溪の橋梁六百七十呎、工費十六萬圓を要するより下りて、大小四十餘所の橋梁あり。此れ其の鉅費を要する所以にして、若し臺灣鐵道會社に下付せし命令書に從ひ、複線計畫とせば、到底四百萬圓の能く成功する所にあらず。且つ命令書に從へば基隆臺北間の線路に、六十一磅《ポンド》の鐵軌布設し三十五噸《トン》以上の機關車を用ゐざるべからず、此の如くは二十五噸の機關車を用ゐるに適せしめたる六肚橋梁以南臺北に至る十五呎以上の木橋は、盡く之を鐵桁に改めざるを得ず。然らば則ち臺灣鐵道會社が果して基隆新竹間、既成鐵道を無代償下付せらるゝを得るとも、猶ほ其改築費として支出する所、既に四、五百萬圓を費し、而して剩す所の五、六百萬圓は、何を以て能く新竹打狗間百八十五哩の鐵道を敷設し了すべけんや。新竹以南には大甲溪、大肚溪、獨水溪、曾文溪等の諸水流、大抵皆河身定まらす、洪水の害、歲々にして之有り。其の漲溢するや、動もすれば滔々數里の間に瀰る。其の橋梁の設計、至て困難なるや知るべし。之を專門家に聞く新竹より打狗に至る鐵道は、一哩十七、八萬圓を投ずるに非ざれば、決して成功すべからずと。之を要するに臺灣縱貫鐵道の敷設は、三千萬圓以上を費やすに非ざれば、不可なりとす。今乃ち千五百萬圓の資本を減縮して、以て千萬圓と爲さんとするの會社何を以て此の大事業に任ずべしとせんや。

若し夫れ既成鐵道收支の現狀を精査せば、更に人をして氣萎し膽沮ましむる者あらん。本年九月中の支出は四萬六百餘圓にして、其の收入は二萬二千四百六十圓なり、是れ一日一哩に對する費用は實に二十餘圓にして、其の收入は十二圓に足らず。今内地鐵道の若きは一日一哩の費用、少きは五圓五十錢より、多きも十五圓を超ゆる者なく、其の收入は少きも十五圓より下らず、多きは五十圓に上る者あり。今日の資本家にしてたとひ國家に報効するを以て之を勸奬するも此の如く收支相償はざる鐵道會社の株主たることに堪へんことは、殆ど望なしといふべし。

意《おも》ふに一千萬圓の資本を以て、會社を成立せしめんには、新竹以南、一歩を伸すを得べからざるは、數理の見易き者、則ち鐵道の延長に因て收入の漸やく增すべき希望も、固より之を絕たざるべからず。故に會社の成立を圖らんには、唯だ其の支出に於て之を減縮するの一途あるのみ。試みに其の費用を半減するを得せしむるも、僅かに收支相償ふに過ぎず。其の進で資本家を鼓舞して、新線路敷設に從事せしむるが若きは、到底能し難きの事と斷ずるを憚らず。

高野問題の一段落

『臺灣日報』「社説」　明治30年10月30日

高野孟矩《たけのり》氏が非職の辭令を返上し、司法權の擁護を唱へて、歸りて其の高等法院長の席に就きしより、總督府と往復數次の後、總督府は遂に一昨日を以て、警察官を派し、公力を施行して之に退院を命じたること、既に詳らかに報ぜるが若し。是れ吾輩の逆《あらか》じめ期せる所にして、高野氏が一意主張と、總督府が内閣の命令を奉行すると、兩者衝突、此の結果に至らずんば已まざるは、理勢の睹易き者たればなり。夫れ高野氏非職の當否、今や實に天下の公論に上り、識者皆内閣の違憲を咎めて、而して高野氏に同情を表せざるなし。吾輩も亦別に詳細なる所見を述べて、以て此間の曲直を辨ぜんとす。但だかの臺灣總督府が高野氏に對する處置は、たとひ現乃木總督と高野氏との間に於て何等の關係せる事情ありとも、その公表せる手段としては、亦内閣の命令を行ふの外、他に道あるべからず、是れ其の今日あるを致せる所以にして、乃木總督其人の私德より視ば、吾輩將《は》た何をか言はん。總督府の處置としては、今回の事、亦萬已むを得ざる者と謂ふべき耳。蓋し高野氏の行路に於ては、一昨日の事、正に其の一段落を告げたる者、高野氏は身を以て其の神聖なる司法官たる總督府高等法院長の椅子を擁護し、而して行政府の命令は、手を警察に藉りて、氏を其の椅子より離れしめたり。氏が其の現任と認むる職責に對して爲すべきの事は茲に畢《お》へたり。氏が臺灣總督府に對せる交渉は、茲に決了せり。此より以往、氏が當に訴ふべきの地は、夫れ天下の公論と、憲法の精神とか。聞く氏は將さに近日を以て、上京の途に就き、更に爲す所あらんとすと。氏が主張の前程は猶遠しといふべし。吾輩は誠に悲しむ。臺灣の施政、既に多く世の非議を被り、而して今又其の高等法院長の非職、之を實行するに警察力を用ゐるに至り、其の由る所も亦世間に公言すべからざる隱微の關係に屬し、淸白にして世人の同情を惹き易き、乃木總督の德義をすら議せざるべからざるを致せしことを。要するに政府の方針措畫一定せずして、自ら處するに惑ひ、人をして適從する所に迷はしむる者、以て之を致すにあらずや。臺灣の施政、政府初心、或は殖民地を以て之を遇せんとす。

既にして實際に行ふ所の蹟は則ち内地の模型に依りて、一種の縮圖的日本を形成するにあらざるなし。兩義中に自ら決する所なし。其の齟齬衝突を生ずるも、亦宜ならずや。吾輩は恐る、臺政の根本にして立たずんば、たとひ司法權問題一たび收まるも、諸多の難義、相踵《あいつい》で叢生し、局に臺灣に當る者をして殆ど手を措くに苦しましめんことを。此れ官制改正等の能く其の弊を掃除するを得べき所にあらざるなり。

若し夫れ當日命令執行の任に當れる磯部警部長が處措の穩當なる、高野氏が其の頗る激昂せるにも關らず、擧止極めて愼重に、態度極めて靜肅なりしは、日本士人として稱揚に値すべき者ありき。聞く總督府は此件に關して、用意丁寧を極め、訓令再三して、其の處分の穩和を圖り、當局者は之が爲めに寧ろ緩慢の謗を受くるも辭せずと言へりといふ。其の公力を用ゐて、而かも高野氏をして紳士たるの體面を損せしざるを得たる者、亦其力に非ずといふべからず。其間書記某氏等が警官と小衝突を致せしが若きは、固より以て兩者を疾ましむるに足らず。吾輩は寧ろ此の如き際に在てすら、高野氏が毅然として其の常度を失はざりしを多とす。之瑣事に屬するが若きも、而かも近日士人の存養なきや、和して軟柔に流れ、激して禮儀を失する者、動《やや》もすれば之あることを免がれず。吾輩が特に之を錄して以て鑑を垂るゝ所以なり。

『臺灣日報』「社説」

政治の變革と風俗の移易

明治31年4月14日

吾輩が俗論黨と意見を異にするは、彼は其の政法施治の變革を急にして、而して其の風俗敎化の移易を緩にせんとし、我は其の風俗敎化の移易を急にして、而して其の政法施治の變革を緩にせんとするに在り。

夫れ政法施治は實際の問題なり、人民の生命財產の安危、皆之に係る、支那人種の若き、苟くも生命財產にして、安固なるを得べき所には、乃ち英、佛、獨、露いづれの邦の臣民たるも厭はざる者に在ては、政法施治の變革、納稅の增加、手續の煩雜等、凡て其の從來未だ慣賭習聞せざる所、其の利殖潤屋の計を害する所の事は、最も嫌忌恐懼する所たり。當初我が臺灣を獲るや、對岸福建地方の人民は、寧ろ臺民の幸福を健羨して其の必ず生命財產の安固を增加すべきを想像し、心を我邦に傾くる者少からざりしも、治臺三年、固より帝國臣民たる諸種の利益に於て、頗る詳かに認むる所なきにあらざるも、而かも其の心を我邦に歸すること前日の殷なるが若きに至らざる者は、實に我が革變的施治が、臺民の意向に投ぜず、動もすれば不平の聲を揚ぐる者、施て之を對岸に傳播せるあるに由らずんばあらず。若し主として其の舊慣に仍りて、耳目を聳動するの擧を爲さず、單に其の弊事を除きて、以て其の堵に安じ業に勤めしめ、五年十年、土情習俗の漸やく明らかにして、形勢富力の悉知せられ、而して交通の便宜、遍く全島に開くるを待ち、徐ろに革變を行はんには、勞少くして功多きの結果を見ん。意《おも》ふに總督府の施政、未だ民心をして全く睽背せしむるに至れるにあらず。而して當局も亦現に其の失錯を補て、弊事を救ふに急なるの意あるが若くなれば、吾輩の持論も亦之を實際に見ることを得るの日なしとせざらんか。

かの移風易俗の事に至りては、俗論黨の議、動もすれば虛名を以て民心を綏帖せんと欲し、辮髮纏足の若き習俗も之を改むることを要せずとの趣旨を以て、故さらに訓示を發するに至れり。夫れ現在土人が辮髮纏足の俗に綣戀の情あるは事實なり。而かも長髮賊が一時淸國天下の過半に横溢し、今に至りて我が邦服の濶袖にして、衣裝兩ながら具はるを觀て之を羨む者あるは、以て其の猶ほ胡俗に安ぜざるの意を窺ふべし。加ふるに其の實際的なる性情は、苟くも其の生命財產の安固に害せざる限り、其の習俗の若き、之を改むるに難かる者に非ざるも亦明けし。牧師マカイの若き、始めや嘗て總督府に勸めて、其の辮髮の俗を改むる等、須《すべか》らく輕擧すべからざるを道《い》ひし者も、近日に至りては斷髮令下らば、土人の必ずしも之を嫌忌せざるべきを斷言するに至れり。況んや纏足の若き、天性を戕賊し、實際に不便なるの俗をや。吾輩は嘗て昨年五月八日國民定籍の日を期として、易俗の擧を斷行し、現に已に長成せる土人は姑《しば》らく置くも、彼時以往、帝國惠澤の下に生誕せる子女をして、斷じて國俗に從はしむべきを主張せしも、當局の些かも耳を傾くる所と爲らざりき。臺灣の地、土壤本國と毘連し、英國の印度に於けるが若き比にあらず。一時宜しく殖民地として、度外の處分を用ゐるべきも、百年の計は、亦□〔努力〕めて之を同化するの策を取らざるべからず。内地人民の遷來も、亦歳月ともに滋殖の勢あれば、土人をして之と相親依せしめ、情意の阻隔なからんことを求めば、其の習俗を改むるの必要、論を待たず。而して此れ實に土人の寧ろ現今に難ぜざる所なるを明らめ知らば、何を憚かりてかの不體裁なる辮髮、天性を戕賊する纏足の俗を保存せしむるの必要あらんや。其の長成せる者の俗を易ふるの道は、又嘗て略ぼ其一端を陳せしことあり。意《おも》ふに此等は宜しくかの土人登庸の法、竝びに文明的施治地域の說と相表裏するを要す、他日當さに別に論述すべし。要するに其の急にするを難ぜざる所は、當局が斷じて之に急にせんことを望むと云ふ。

『臺灣日報』　明治31年4月17日

武夫信水君に答ふ

あまの子

曹孟德が曰く寧我負人、勿人負我と是れ英雄の言なるべし。然れども意氣地なきあまの子は固より英雄のまね事をせん野心あるにあらざれば、寧ろ臺灣の我に負《そむ》かんことを甘受せんも我より臺灣に負かんや。但だ此世第一の知友が新墳北郊雪の若き落花に埋もれて百日の吊祭誰人か之に任ぜんと思へば、紅塵百丈の帝都も我が魂夢を累はさゞらんや。老親六十七猶ほ古奥故山の堂に在し近ごろ將さに王父が五十年祭を行はんとすと告げらる。廿九年の前に沒して其の音容だもさだかには辨へぬ亡母の墓も苔や蒸すらん。故山に至らざること八年、童時庭隅に植ゑにし一株の櫻樹も拱抱の大をや成すらん、雲の如き花をや着くらん。たとひ天涯流落滿面の風塵依然たる故我顏の以て花に對するなしと雖も、吾が歸心の油然として動くこと已むを得べしとせんや、信水君これをば諒としたまはずや。

されど臺灣のなつかしきは淡水河の蘆間にやどる三日の月影僑寓の露井の側に匂ふ木犀の香のみかは、交は淺くして數ならぬ姓名をも記臆に存し知ることは新にして、而かも拙き水莖の跡にも心を留むる君が若き人あるを思へば、たとひ是れ一箇半箇なりとも南荒に窮死せし蘇長公が奇絶、吾れ寧ろ其蹤を追ふことを恐るゝ者ならんや。況んや臺灣の前途は好望の曙光今漏れたり。新邦の村市に一廛を得て之が編氓たり。罐を拊《う》ちて節と爲し、歌呼吁々として我が皇の惠澤に浴せんことも願はしからざるに非ず。我は望む數月汗漫の遊を畢へん。曉斯土の社會は若し猶ほ淸時の樗材たる吾を容れん餘地もあらば、復た淡水河の月にうかれ、君と鮮を撃て痛飮快談せんかな。人生幾何ぞ、暫離も亦惜むべきに足る。吾は君が厚情を荷す。浩蕩たる風濤に舟搖かん時、蹭蹬たる阪路に車軋《きし》らん頃、君が馬上戎服して臺北の廣衢に吾と戲晤せしさまは折々幻にや見えぬらん。自重して瘴氣に侵さるゝこと勿れ。

進歩黨と提携するは伊藤内閣の利益なり

『萬朝報』「論壇」　明治31年5月12日

潛夫

自由黨が現内閣と遠ざかれば、進歩黨が之と近づくべきは、勢の自ら至る也。進歩黨が多少正論を主持するが若く、一般世俗に認めらるゝは、其の組織が雜駁にして、黨派臭味少かりし人士の之に入る者多かりしと、自由黨が逸早く藩閥政府に降參したるが爲めに、勢ひ後れて失意の地に在りし効力と、一は其の新聞紙等世論を蠱惑すべき利器を有すること極めて多きとに由れり。

其實進歩黨が藩閥の惠澤を受けんことに熱中するは、自由黨と毫髮の差あるに非ず。惟だ自由黨に比して、割合に慧黠に、利害を計較すること頗る密なるが爲めに、醜態を暴露すること較《やや》少しとするのみ。自由黨が現内閣に疎遠なるを窺伺せば、之と聯合して民間黨大聯合を形成するが若き、成功の遠くして覺束なき策を取らんよりは、喜で其の嘗て漫罵せし伊藤内閣と手を握るの欲望を滿たし易きを取らんこと、少しも怪しむに足らざる也。

伊藤内閣の爲めに謀らんには、今の時進歩黨の降參を容れんこと、最も得策なりと思ふ。臺灣土匪の若き烏合の小醜すらも、其の降を總督府に乞ふ時は、猶ほ多少の條件を提出すれば、進歩黨が内閣と提携せんと欲せば、申譯の條件を提出せんことは、不思議とすべきことにもあらず。伊藤内閣の爲めに謀るに、須らく安請合に、一々條件を承諾するに若かず。かの獵官の條件の若きは、就中大安請合するを以て上策とす。

板垣は入閣の場合の若き、條件に難題多けれども、一旦入閣後は相談の付き易く、大隈は之に反すとは、伊藤の言なりしかと記憶す。然れども是れ大隈も年と境遇とにて變化する者なることを忘れたる者なり。明治廿二年條約改正の際に於ける大隈は、改進黨を全く奴隷として、子分として使役したり。明治三十年に於ける大隈は、進歩黨を使役すること前の改進黨の若くすること能はざるのみならず、時としては進歩黨に使役さるゝこと、板垣の自由黨に於けるに異ならざる者ありき。是れ大隈の畏るべきこと、決して前日の若きに非ざるを知るべく、而してかの進歩黨なる者の畏るべき程度果して何似《いかん》と看よ。獵官の手際に至りては、確かに自由黨に比して凄き技倆を示したり。然れども進歩黨が一定の把持なきことは、自由黨よりも甚し。板垣が内務大臣たれば、其の効果の何如なるべきやは姑らく問はざるも、兔に角栗原が宿論にかゝる社會問題など實行に試みんとする意志を示す迄の殊勝なる處は之有るなり。進歩黨は平生大抱負を虚飾する自稱名士多き者、而かも一人の栗原なきに非ずや。自由黨には三崎等の若く、反覆する者あるも、進歩黨には之なしといふ乎。高橋神鞭已に去り、大隈已に斥けられて、而かも大隈に殉死するの理なしと、二の足を踏みし者、進歩黨に之あらざりし乎。若し高嶋等が懲戒免職の愚策を取らずして甘言を以て之に啗《くら》はさんには、進歩黨員の去就未だ知るべからざる者ありしなり。

伊藤内閣の爲に謀るに、進歩黨が提出の條件、一も二もなく承諾すべし。先づ大に其の獵官慾を縱《ほしいまま》にせしむべし。而る後其の無形的條件をば實行を澁るべし。大隈若し辭職を以て恐嚇せば、直ちに之を逐出《おいだ》すべし。而して一方に於て獵官慾に飽飫せる進歩黨員に甘言を啗《くら》はして之を繋留すべし。彼れ必ず喜んで進歩黨を見限り、而して伊藤内閣に忠義を盡さんこと疑ひなく、進歩黨の勢力は大に削弱せられて能く爲すことなきに至るべし。此れ豈に伊藤内閣永久安全の妙計にあらずや。而して刻下の若く、議會を眼前に控へて進歩黨が盛りの付きし狗の若く、提携熱に浮かさるゝは、伊藤内閣の爲め復《また》と得難き好機會に非ずや。伊藤内閣は何を苦んで早く此妙計を行はざる。

清國警察顧問の聘用

『萬朝報』「論壇」　明治31年5月27日

潛夫

近日上海《シャンハイ》道臺が警察顧問の請聘あるや、某警視は將さに之に應じて而して彼地に赴かんとすと傳ふ。夫れ請聘已に上海道臺たれば、其の施設の效、及ぶ所固より一隅に限らる。かの清國全體の警察制度を創立すと云ふが若き大業に非ざるや知るべし。然れども上海は清國海口の最樞區、大陸都邑の標準ともなるべき地たれば、此に在て施設の奏効、果して昭著なるを得んには、一國の準を取る所と爲り、漸やくに延《ひい》て全國波及の源と爲らんも、亦未だ知るべからず。

且つ其之を歐人に求めずして、而して之を我邦に求むる者、彼も亦泰西美法良制、我邦に於て略《ほ》ぼ有らざる所なく、遠く西人を聘して、鉅額の俸費を糜せんよりは、近く邦人に頼るの便にして且つ費少きを擇ぶの利たるを知れるに由る歟。若し此の一擧にして効あらば、其の我に求むる者、獨り警察一端に止らずして、一國經綸の大、兵備の要より、以て百工技藝に至るまで、盡く我に資《とっ》て以て彼間近日の所論たる變法の英斷に出でんも、亦空望とすべからず。是れ一警視の應聘として、輕々しく之を視るべからざる者あり。

顧《おも》ふに邦人が清國政治の實務を商略するに於て、最も戒愼せざるべからざる者は、其の習俗土情の頗る逕庭あり、而して警察制度の若きに在りて、就中力を爲し難きは、清人の貪汚、殆ど天性の若く、決して邦人の若く廉潔にして恆心あること能はざるに在《あ》らん。嘗て韓國に於ける變法の擧は、其の國人の頽隳《たいき》委靡、自ら奮て義に赴くの志なき者を律するに、邦人維新の際、慷慨鬱勃の風を以てせしが爲に、徒らに勞して竟に寸効なきを致せり。かの支那人民の若きも、之を評して未開の人民といはんよりは、寧ろ稱して墮落せる人といふことを以て切當とする者なり。策勵督率の道、意《おも》ふに必らず邦人と同日にして語るべかざる者あらん。

且つ警察制度の不備と、其の創立の必要とに至ては、彼間識者、已に言及せる者なきに非ず。陳次亮なる者あり、巡捕を論じて云ふあり。

周官一書を讀で、而して古聖人の天下の計を爲す者、至纖至悉なるを知る。泰西巡捕の報、略ぼ古の虞衡、今の快役の如しと雖も、而かも災を禦ぎ患を捍《ふせ》ぐ。意美に法良し、街衢を清潔にし、盗賊を逐捕す。永朝永夕、途間に植立し、號令嚴命に、規摸整肅に、風清く弊絶ち、井然秩然、之が董率を爲す者は數西人、十數印度人のみ。而して華捕千人、皆循循然として謹で範圍を守り、敢て踰越するなし。徒《た》だ事に瞻庇なく、俸に盈餘あるを以て、賞罰の法行はれ、身象の念重く、貪饕《たんとう》の性、悉く廉能に化す。然らば則ち華人の果して西人に如かずと謂ふ者は妄なり。況んや租界夷場と曰ふと雖も、本《も》と天朝の土地に屬す。乃ち包探西服を穿《うが》つに任せ、領事復た民情を理《おさ》む。國體寖《よう》やくに以て陵夷し、華人屢ば屈辱に遭ふ。彼の東洋の小國だも、尙ほ能く自ら其の人を治む（此は我邦を指す）。南臺一隅（福州の地）亦獨り其意を行ふことを得、而るに滬漢（上海漢口なり）通商諸大埠、顧《おも》ふに因循苟且、久しく外人に讓りて其の事權に竊踞し、魁柄倒持す。觀瞻の係る所殆ど之を細故と謂ふを得ず。京都に至りては、輦轂の重地、萬方起化の原、近ごろ乃ち劫掠横行し、道途汚穢、西人諸《これ》を日報に登せて、天下の至て不潔なる者、中國の京城より甚しきは莫《な》し。卽ち此の一端は、萬邦の首と爲すべしと謂ふに至る。遠人笑を騰《あ》げ、國を辱しむる已に深し。

此を以て之を觀れば、俸給を厚くせば、清人の用ふべからざるにあらざること一、居留地の警察を外人の手裏に歸すること二、日本警察制度の整理に刺激せらるゝこと三、北京警察の弛廢四、凡そ陳次亮が擧げたる此等の原因は、卽ち亦上海道臺をして邦人聘用の意を起さしめたる所以ならずとせんや。顧問の職に在る者の宜しく意を致すべき所、其れ亦此に在るか。陳次亮は亦其の警察制度弛廢の故を擧げて云ふ。

承平の時、街道に歩營するに、歳正に國帑數十萬金を糜《ついや》す。領するに提督總兵を以てし、管するに御史部屬を以てし、重ぬるに、府尹京縣正副指揮諸官を以てし、棊布星羅、十羊に九牧、其の責重からずと謂ふべからず。其の慮周《あま》ねからずと謂ふべからず。而して百弊叢生し、徒《いたず》らに帑項を糜し、一も能く其の職を擧る者なきは、則ち事に專屬なく、廢弛已に久しく、經理の其人を得ざれば也。同治の初元、五城練勇を增募し、餉糈較《や》や厚く、訓練較や嚴に、捕盜精能、頗る其力を得、救火の事、尤も奮往直前せり。政は人を得るに在り。成効已に彰々是の若し。惜むらくは人數尚少し。敷布周《あまね》くし難き耳。

更に其の制度の振張を策しては、則ち云ふ。

絃を改めて之を更張するは、請ふ先づ京師より始め、練勇名數を酌增し巡捕章程を參仿し、番役の疲羸《ひるい》なるは、急に宜しく裁革すべく、街道の費用は、力《つと》めて侵漁を杜《ふせ》ぎ、（中略）門牌を編立し、渠道を疏通し、街衢必ず潔《き》よく、警察必ず嚴に、愼んで賢能を選び、務めて冗濫を除き、互に相糾正して、瞻徇を許すことなく、偶《たまた》ま弊端有れば、其の主者を罪し、官款足らざれば、民捐を量取し、涓滴も公に歸し敷用して而して止む。之を行ふこと一歳政令大に行はれ、然る後詳らかに規條を定めて、天下に頒行し、通商の各埠も、亦皆華人を易用し、其偵察非常を跡《たず》ねん。

其の施設、既に北京より創立せずして、而して所謂通商の大埠たる上海よりすれば、其の練勇を用ふるの計の若き、或は必ずしも泥《なず》まず。而かも其費用の官款民捐竝び收むるの說の若きは、隨時便宜の策たらざるに非ざらん。宜しく參酌すべきの言とす。

之を要するに彼間已に自ら其弊を知り、而して我に賴りて其制を設けんとすれば、我が之が爲に力を出す。機會や誠に熟す。而して情形は大に審かにして敗闕なきを期せざるべからず。特に其便宜を考へて、邦人を徵用し、以て清人を董率するの事の若き、或は其必要を見るべくして、而して之を實行するの方法は、頗る用意を愼重にせざるべからざる者あらん。一警視の應聘として輕視すべからざる所以、猶信ならずや。呶呶《どうどう》を費す者、亦已むを得るに非ざる也。

『萬朝報』「論壇」

臺灣の鐵道に就て

明治31年5月31日

潜夫

臺灣經營の最大急務は、築港と鐵道とに在ることは、苟くも親しく其の地を踏む者の萬口一辭、之を唱ふる所なり。築港の事は、今姑《しば》らく言はず、縱貫鐵道の計畫、一たび之を民設に委せられて、臺灣鐵道會社の發企ありしより、世人をして屢《しばし》ば其の成立を危ぶましめたる限りなき困難を經過して、近日に至り、乃ち英國ピーコック會社より百五十萬磅《ポンド》借入の約成り、此に由りて纔《わず》かに其の成立を見んとするは、前に報ずる所の若く、而して千五百萬圓の資本を以て成立すべく、加ふるに未だ一回の拂込をも了せざる會社が、臺灣總督府が嘗て會社に下せる、拂込資本金額十分の五を超過せる負債をのこすこと得ず、といへる命令を變更することなくして、此の若き奇怪の社債を興すを得べからざるも、亦已に之を道《い》へり。試みに政府が臺灣鐵道の成功を求むるに急にして而して更に現在の狀況に於て、公債を以て之を辨ずるの能《よ》くすべからざるを思ひ、其の命令を變更して、臺灣鐵道會社の奇怪なる成立を許すべしとせんに、會社は果して其の奇怪なる成立によりて、其の目的を遂行し得べきか。

臺灣鐵道會社の計畫は、臺北を起點とし、新竹、苗栗、臺中、嘉義、揚厝、鳳山を經て、打狗に至る縱貫、竝に揚厝より臺南を經て、安平に至る支線、合計二百二十八哩《マイル》の鐵道を敷設するに至り、其工費一哩平均六萬六千圓に過ぎず。是れ其線路を橫絕する河川の傷害、歲々にして貲《はか》るべからず。殆ど橋梁だも架し難く、而して炎熱瘴癘の土、工夫の半數は、必ず疾患に苦しむべき臺疆に在りて、果して成功すべきの豫算とするか。請ふ臺灣の鐵道工事に於ける既往の實績と、或る地點に對する確實なる豫算とを擧げて、審《つまび》らかに之を商略せん。臺北基隆間の既成鐵道改築は、總督府の事業として略ぼ成功を告げたるが、其里程は二十哩にして、而して工費は實に百七、八十萬圓に上れり。且つ其改築は大抵前軌を存して單線とし、二十五噸《トン》の機關車を用ふべからしめたる者なり。若し臺灣總督府が鐵道會社に下せる命令書に從て、六十一磅《ポンド》の鐵軌《レール》を布設し、三十五噸以上の機關車を用ひ、複線計畫に改めんには、其費用決して此に止らざるなり。既往の實績、實に此の如し。臺北新竹間の既成鐵道里程は四十三哩にして、單線改築費の豫算は四百萬圓を要するも、猶ほ足らざるを患ふべしとは、總督府當事者の明言する所なりといふ。蓋し此間には淡水橋の長さ二千六百呎《フィート》なるあり。其架設費は六十萬圓以上を要し、紅毛田新竹間の橋梁二千二百七十八呎《フィート》なるありて、架設費四十四萬圓餘を要し、又鳳山溪の橋梁六百七十呎、架設費十六萬圓を要する外、大小四十餘の橋梁あり。龜崙三所の隧道、延長三千二百呎にして、工費八十萬圓を要するあり。以て此の如き鉅額の工費を要するに至る。若し之を複線とせば、其費用更に貲《はか》られざる者あるべし。之を總《す》ぶるに、臺灣鐵道會社が、其無代價拂下を得べき、基隆新竹間の線路に於て、既に五、六百萬圓の改築費を投ぜざるべからずとせば、剰《あま》す所八、九百萬圓は、果して以て新竹以南百八十五哩の鐵道を完成するに足るべき歟。是れ極めて疑ふべきの計畫といふべし。

臺灣總督府は嘗て鐵道の民設を以て成功すべからざるを慮《おもんぱか》り、一たび官設の計畫を爲せしことあり。當時の豫算は、總額三千萬圓とし、八個年を以て完成せんといふに在りき。意《おも》ふに新竹以南の線路は一哩十七、八萬圓に非ざれば成功すべからずとは、専門家の說く所なれば、此豫算は寧ろ根據ありと謂ふを得べし。今乃ち千四百八十餘萬圓の外資を以て、之を既定の計畫に從へば、五箇年間に竣功せしめざるべからず。亦太《はなは》だ危險なる計畫たらずや。

且つ既成鐵道の收支を査するに、凡そ一個年の收入二十四、五萬圓に過ぎず。而して其支出は五十萬圓に近かるべし。今後二、三年間は、其線路の延長するに從て、其損害の益《ますま》す増加せんことは、覺悟せざるべからざる者の若し。一面に於ては、臺灣總督府が會社に對する利子の補給は六朱にして、而して會社がピーコック會社に支拂ふべき利子は五朱なりといふ。則ち會社が實際補給の利益に浴すべき額は僅かに一朱のみ。其資本額に照すに、蓋し一年の所得額十五萬圓を過ぐる能はず。現在の狀況にてすら、一個年二十餘萬圓の損失ある鐵道、其延長すると共に、當分の間、損失額の増加する者とせんには、補給利子の之を支え得べきに非ざるや明白なり。知らず臺灣鐵道會社は何を以て其損失を補はんとすか。

臺灣鐵道會社の外資移入策が、極めて危險なること此の如し。政府若し此の實情を察するの明なくして、漫然其危險なる計畫を許可せば、啻に臺疆經營の第一急務、永く阻廢するの患《うれい》あるのみならずして、而して外資の處分に於て、又言ふべからざるの害毒を貽《のこ》すことあらん。故に聊《いささ》か之を論じて其注意を促す。

『萬朝報』「論壇」　明治31年7月9日

人氣維持の手段、非律賓問題

潛夫

藩閥内閣は一蹶以往、或は再興の望なからん。乃ち死灰を燼餘に吹く者あるも、其能く燎原の勢を成さんことは、蓋し難し。而も政黨内閣は根基未だ固からず。大勢の趨く所と云ふと雖も、梅花の料峭たる春寒の裏に開くが如く、能く護持を爲すに非ずんば、恐らくは風雪の爲に狼藉の厄を逭《のが》れ難し。

藩閥内閣の末路は、徳川幕府の末路の若く、敗蹶の最大原因は、財政の絀竭と、外交の蹉跌とに在り。薩長氏は其力を以て、徳川氏を推倒し、政權の取豫、截然として局面を劃斷し、一代人心を威服せるを以て、新政府の外交は、振はざること舊政府の若く、財政の基礎、動《やや》もすれば動搖の患ありしこと、數年を經て已まざりしも、而も不平者は芟刈せられ、怨望者は屏息し、能く一時の小康を保ちて、新時代經綸の緒を啓くことを得たり。今政黨内閣の藩閥内閣に代るや、其中堅たる二相は、嘗て藩閥の諸人と並びて朝に立ちし人なり。其力は未だ陸海軍を以て藩閥餘孽の手中に存することを免かれず。政權の取豫、前時の若く截然たること能はざれば、則ち其一代人心を服する所以の者、固より威力に頼るべからずして、而して必ず藩閥内閣の敗蹶を補修するに足るの快擧一番なきを得ず。吾輩は謂ふ、財政と外交とに於て、一の眉目を洗新するの手段あるに非ざれば、則ち新内閣の前途未だ知るべからずと。

財政の事は姑らく舍《お》く、其の外交の技倆の若き、明治二十二年に於ける條約改正の失敗は、世人をして正面に於て、大隈伯の不好處を認めしむるよりは、寧ろ裏面に於て他の好處を認めしむること多く、竟に松方内閣に於ける伯の地位は彼が如く其の專《もつぱら》なることを得せしめたり。然るに其の任專らに寄《き》重きに及で、而して成就する所は、かの一代が想望せし所に副《そ》ふに足らざるの嫌あり。今者の總理より外務を兼ねて而して朝に立つや、世人の之を待つこと、復た去去年の若く情殷《さかん》なるを得ず。其の新たに成れる憲政黨内閣に取て、居然として中流の砥柱たるに足るは、則ち未だ能せざる者ある也。新内閣の分任を瞻《み》るに、板垣の内務、松田の大藏、尾崎の文部、皆其の底績の美を逆想し難き者あり。大東の司法は、早く已に世人の笑話に値し、大石の農商務、林の遞信の如きは、陸海二相の留任が、新内閣の命運に於て當さに來るべき敗蹶の外因たると共に、腐蝕の内因たらんことを恐れしむるに過ぎざる耳《のみ》。而して大隈が自ら任じて當れる外交の技倆をして、其の世間に於ける信任、此の如く其れ薄弱ならしめんには、新内閣の頼て以て國民に訴ふる所、亦甚だ幺《よう》微《び》ならずとせんや。

新内閣の刻下甚だ景氣よき概觀あるは、國民が積怨深怒の燒點たりし藩閥内閣が一旦瓦解して、二十年顚沛流離の艱苦を閲《けみ》し來れる政黨が、其の困竭の餘りに成功せるを喜ぶの情に出づ。猶ほ角觝《すもう》を觀る者が、幕下の贔屓角力が、横綱に克ちしに喝采するがごとし。政治の土俵は角觝の土俵と同じからず。當局者と傍觀者と、時としては交互に之を爲す。故に一時傍觀の熱情冷却すれば、妬猜の朧交々生ずることなきを保せず。而して外交の技倆の若き、其の先づ指斥非難を被るべき部面たらんには、先づ新内閣の防禦、最も此の部面に厚きを要すといふこと、其れ信ならずや。大隈伯の爲めに、竝に新内閣の爲に謀るに、其の外交に於ける第一着手に、一の視聽を竦動し、眉目を洗新する手段あらんことを要す。而して其恰かも手を下すに宜しき問題、眼前に現存す。何ぞや。非律賓《フィリピン》群嶋の未來是れなり。

夫れ前内閣が支那問題の失敗は、今日之を語るだも、中心意鬱たるを覺ゆ。偶《たまた》ま非議を紓《の》ぶべきあるも、固より什一を千百に得る耳。而して非律賓問題の如きは、曾て一顧だも之に酬《むく》ゐざりき。衆議院の之に對する質問は、質問者の極めて笨拙なるが爲め徒らに當局の冷嘲を沽《か》ひ得たるに過ぎざりしも、而かも問題の輕重は、之が爲めに易ふべからず。且つ非律賓の形勢は、爾來益す切迫せり。獨逸の野心は、形跡已に認むべく、其の膠州灣派遣の軍艦は、皆其の舳《へさき》を南嚮して、マニラ灣頭に集まる者、已に五隻に及ぶ。日清戰役に際して、露國の東洋艦隊が日月其の勢力を加へ、而して馬關約後、數日にして三國干涉の事ありしを例せば、米國がマニラを占領し、其の陸海兩軍皆な罷弊に際せん比《ころあ》ひ、獨逸が逞しうする所あらんとするは、疑ふ可らざる者に似たり。英米同盟の議ありと雖も、英國の志望は戰はざるに在り。與國の力を我に利用するに在りて、我が力を與國に假して攻守の實責に任ずるに在らざること、露佛同盟の偏利と異なることなし。若し外交の技倆を較せば、米人は到底獨帝の敵にあらず。非律賓の危急は、今や米國に克《か》たるゝに在らず。而して米國に克つことを終へられざるに在り。此の如き兀々《こつこつ》不定の形勢は、豈に我が外交家が利用して以て國家の光榮と利益と幷取兩得すべき機會にあらずや。況や非律賓の未來を決定するは、亦實に國家百年邊徼の安危に關すること至大なる者あるをや。

大隈伯の外交にして、此一着に成功せば、其の一代の視聽を驚竦すること、決して小ならず。而して新内閣の爲めに威重を加へ、其の行路の轇轕を披拂すること、諸《これ》を掌に睹《み》るが若し。大隈伯盍《なん》ぞ此の極便利の手段を取て、而して方《まさ》に引立ちたる政黨内閣の人氣を數年間に沮喪せしめざらんことを務めざる。

『萬朝報』「論壇」　明治31年7月14日

布哇《ハワイ》問題の善後策

潛夫

禍《わざわい》も三年といへる一語は、外交術の祕訣として取用することを得べし。故に利害の切急ならざる問題は、其未了を患《うれ》ひず、而してかの未了問題を留めて、異日一指頭の點化、鐵を將《もっ》て金と做して乃ち了々せんことを待つは、巧妙なる外交家が每《つね》に用ふるの手段なり。米布合併の抗議を留め將《もっ》て、將《まさ》に來らんとする非律賓《フィリピン》問題の紛難なる結局を待つべしといふ者は、洵《まこと》に此が爲なり。

吾輩の所見を覆藏なく表白せんには、米布合併の抗議は、終に撤回せざるべからざる者なるを意《おも》ふ。又其撤回にして方を得んには、撤回の寧ろ我が利益たるべきを意ふ。吾輩は此抗議の須《すべか》らく光榮なる撤回を爲さざるべからざるを信じ、而して又之を爲すことを得べきを疑はざる者なり。夫れ紛難なる非律賓問題の收局は、要するに米國が勞劬の結果を、傍《かたわら》より横奪せんとする狼子野心の邦國をして、其覬覦を絶たしめ、土着の革命黨をして、安全に其獨立の志望を達せしむるに在るべし。米國の戰勝熱に浮かされたる一派詭激論者は、恰も征清戰役の當時、我が一派の人士が倡道したる若く、其占領地域を擧げて、其領土と爲さんと欲する者なきに非ざるも、是れ極めて思慮なきの論、米國の輿論は、蓋し此に存せじ。米國をして非律賓を領有し、新たに外交の中心となれる東洋諸國の國際圈中に入らしむるの大患たるは、米國の輿論も、亦之を熟悉すべし。乃ち我邦の若きは、唯當に東洋の平和の爲に、列國の均勢に變態を來すことなからんを之れ務むべく、群嶋にして或强國の佔據する所と爲らんことは極力之を防ぐべきも、苟も然らずば革命黨が獨立の計の若きは、寧ろ務《つとめ》て之を護視するの機宜に當れるを見るべく、而して自ら手を下して煩累を滋《ま》すが若きは、今日の尤も當に避べき所とする也、是米國も亦決して拒否せざる所なるべく、意《おもう》に其兵備の懸軍萬里、衡を他の强國に爭ふに適せざる現狀を以てすれば其非律賓に對する處分は、光榮なる戰勝の結果をして、不面目なる他國の横奪に遭遇せしめざらんことを急とすべくして、復其他を望むに遑《いとま》あらざるべし。故に非律賓問題に於ては、我の米國と反對の態度を取るに至らん患は現に之あらず。而して寧ろ之を他强國の野心より防護せんことを望まるべき地位に在るが若し。たとひ此に至らざるも、非律賓に關する我が利益を主張せんが爲に、布哇《ハワイ》問題を抛棄せざるべからざる急迫の事態は、決して之あらざるべし。若し我にして布哇問題の再燃に意あらば、目前の形勢は尤も宜しく利用するに足るべき者ならん。而して其の多少の成功あらんも、亦疑ひを容れざる也。

但だ夫れ米布合併の抗議を固執して、必ず其の貫徹を期せんことは、聰慧なる爲政家の意を致すべき處ならん。若し其の名に於て太平洋上の微弱なる邦國を存立するの策に專《もっぱ》らならずして、而して其の實に於て太平洋上の移民地に、永遠の權力を定めんことを思はば、非律賓問題の利用は米布合併の抗議に一點化を與へて、光榮且つ利益ある讓與を爲すべきに足らん。只だ此の一髮の機會の利用、乃ち以て布哇二萬有餘の移民が權利の獲得を確固にすることを得べく或は延て米國の太平洋岸に於ける移民事業に便宜を占得するを得べし。布哇移民の參政權獲得は、數年前より往々之を唱ふる者あり。我が渡航者が近年漸やく米國埠頭に薄遇せらるゝことも、亦邦人の頗る不快とせる處なりき。而して此等諸問題の排解は、今の時か、唯だ以て之を決することを得べし。果して此等の條件を以て、米布合併を承認せば、則ち前日の抗議、其名は之を撤回すと云ふと雖も、實は撤回せる者よりも大なる利益に換へられたる也。其形は讓與に似たりと雖も、實は大なる權利の獲得たる也。知らず大隈伯が布哇問題の善後策、果して何の手段に出でんとするか。

言志四錄（七月十日紹介東京圖書出版會社版）

『萬朝報』「新書略評」　明治31年7月23日

鴻儒佐藤一齋が言志錄、言志後錄、言志晩錄、言志耋錄を合して一巻とし、活刷に付したる也。由來一齋は陽明を衷《うち》にして紫陽の衣を着たる者、學殖文章一時の冠冕たるも其の世に處する已に信ずる所に徇《とな》ふる能はず。故に同時同じく王學を奉ぜる大鹽後素の洗心洞劄記に比ぶるに溫粹精醇は之あり、嶄絶峻厲は之なし。然れども其の造語雅馴は之を宋明間學者の間に間《まじ》ふるも毫も遜色なし。又其の齢と共に造詣の進歩せる跡の若き、竝びに後學をして讀で深省を發せしむる者あり。惜むらくは校註者鹵莽を極め例言小傳の若き殆ど文字を成さず。佛頭糞を塗るといふべし。

（潛夫）

再たび軍政釐革に就て

『萬朝報』「論壇」　明治31年8月11日

潛夫

前に軍政釐革を言ふや、主として陸軍に就て之を説けり。今試みに少しく海軍に就て之を言はんか。

意ふに海軍の擴張の若きは、世論の久しく其の急務たるを認むる所、二十五萬噸の現在計畫は、二、三年前の英露諸國、東洋艦隊の形勢に觀て、而して定むる所に係れば、露國が更に大に東洋艦隊を增大せんとし、而して英國も亦之に備ふる所あらんとすれば、我が擴張施設の完了する比《ころあ》ひには、則ち再び擴張規畫の必要を生ぜんも、亦未だ知るべからず。東洋の形勢と國防の必要よりして、此等の擴張あるは、洵《まこと》に避くべからざる者あらんとすれば、則ち國力の許す所に於て、固より宜しく其の修備を圖らざるべからず。或は增して三十萬噸、四十萬噸に至るも、亦已むべからざる者あらん。要は其の利用を擴め、其の冗漫を節し、其の効力の收用をして完全に近からしむるに在る耳。

我が海軍が平時に於て、極めて贅澤なる裝飾物たるの觀あるは、豈に利用の道、其の當を得ざるに坐するにあらずや。大陸諸口に繋泊する警備艦が、何事を以て日課とするかは、一問の價ある者なり。間々測量に従事することもあらん。然れども其の多半は無事に苦しみ、其の繫泊稍や期を愆《あやま》るや、則ち泥沙に謬し、結氷に閉じらるゝの滑稽なる不面目を貽《のこ》すが若きことあるに過ず。其の艦員をして諸雄邦の艦員と饗燕相徵逐せしめ、以て國際の輯睦に補ふ所あらしめんには、亦道《い》ふに足るべきなしとせず。然るに諸雄邦の東洋艦隊が其の最も雄強なる艦員を擇《えら》んで、大陸沿岸に航行せしむるを例とするに、我が警備艦は卽ち大抵微弱の砲艇、舊式の老艦を以て之に充て、其の将校の俸給、交際費の資給、兩ながら以て此等の需要に應ずるに足らず。乃ち臺灣の警備艦の若きに至ては、終歳埠頭に繫駐して、艦底一面の介殼を贏得するのみ。土匪の猖獗、對岸の無頼徒と相呼應し、暮夜濱海の地、ジャンクの匪類兇器を輸來するの疑あるも、食に饜《あ》ける猫兒《ねこ》が黠鼠の跳梁を坐視して、爲に氣を動かさゞるが若く、未だ嘗て一たび手を下して、其の禍根を芟刈せず。若し以て一旦緩急報知艦に充つとせんか、駑駘の奔走は、適さに虎狼の禽となる耳。

其他常備艦隊の若きは、精鋭を抽出して、一種の大裝飾を形《かたちづ》くり、以て國寶の持腐りを爲すに過ぎず。夫れ此の若くば、寧ろ斷然として無用の警備を廢撤して、冗費を節約せんか、抑も奮然として更に至當の經費を增し、以て其の利用を擴めんか、二者必ず其の一を擇ばざるべからざる也。

且つ海軍の現制、之を諸他の雄邦海軍に比するに、其の諸種の勤務が獨り將校を充用すること、甚だ贅澤なるのみならずして、而して軍艦乗組定員の若きも亦甚だ多數なるを見る。一方に於ては、下士の職務待遇の若き、殆ど全く兵卒と擇ぶことなく、以て將校の職務を代理するに足る者も、其任に當らしめざる等の實情あり。若し痛く此等の情弊を革除し、人物の利用に注意せば、現在人員の三分の二を以て、現在の成績を擧ぐるに難からざるは、其の圈套中に在る者の明言せる所なり。故に將來海軍擴張の必要よりして現在の人員、其の總額に於て、增すべきありて、決して減ずべきなしとするも、而かも現在の不經濟なる制度は、大に釐革を加へて、以て最も便捷なる方案を規畫施設し、漫然たる兵員の增加を恃《たの》むで、而して高價なる艦船の操縱を未熟者の手に任せんことを戒めざるべからざる也。

且つ海軍士官の俸給はやゝ陸軍士官より裕《ゆたか》なりと雖も、其の窮乏自ら濟《すく》ふ能はざるに苦しむは、則ち異なるなく、其の中少尉の若き、下級士官が、最も困迫を極むるも亦同じ。其の多く海上に勤務して、定住なきを以て、家計の浪費、必らず少からざるを致すべし。而して衣食生活の資、艦長と中少尉と大差あるに非ず。加ふるに其の上陸の際、大尉以上の平服を許して、中少尉には之を許さゞるが若き、經濟眼を以て之を窺伺すれば、頗る顚倒の情なきにあらず。

嘗て浪速號に搭乘して布哇《ハワイ》に在りし少年士官あり。當時米國も亦艦を派して此に在りしが、彼は薄晩輕艇を下し嚠喨たる樂聲、水面に響き渡りて、舟中必らず數箇の美人あり、相送り相邀《むか》へて、海陸往來、夜々絶えざるに、我は卽ち寂然として聲なく、一週一、二回、偶《たまた》ま上陸することあるも、曾て陸上に信宿し得る者あらず。稱して規律嚴正といふも、實は窮乏已むを得ざるの餘に出でたりと。意《おも》ふに軍政の釐革にして、軍人生活狀態の改善に及ぶの要あらんには海軍士官の生活も、亦大に考慮せられざるべからざる者、せめては其の外國派遣の際に於ける特例なりとも、必らず規畫せざるべからざるを信ずる也。

新内閣が能く軍政釐革を決行すると否とは以て其の鼎の輕重を知るべき者、故に重ねて軍政の缺陷を論じて、以て其の採擇に備ふ。

清國政治と皇帝の安否（上）

『萬朝報』「言論」　明治31年10月12日

我が文久元治の交に當り、草莽の議、大《おおい》に朝廷を動かして、三條實美等公卿の亦大に上下の情を通ずるに務むるあり。幕府が攘夷の朝旨を奉じて、而かも之を實行するに意なきを憤り、遂に畝傍陵行幸、攘夷親征の議を建て、事行はるゝ日あり。忽ちにして中旨の卒《にわ》かに變ずるに會ひ、三條氏以下の參朝を停められ、當時攘夷派の淵藪たる長藩の宿衞を免じ、形勢一變、誚《そし》る者以て飜覆綸旨と爲す。此よりして激して元治甲子、長藩士の犯闕と爲り、施て兩度の長州征伐と爲り、幕府の威、遽然として地に墮ち、以て明治維新を馴致せり。今清國改革の一頓挫は、豈に此の形勢の變態に類する所あらざるか。但だ夫れ我が皇室は、攘夷佐幕兩派の上に超越して、其の孰《いず》れの奉ずる所と爲るも、爲めに甚だしく尊嚴と安全とを損するの患ひなし。而して清國の帝室は、滿洲より出で、其の滿漢爭權の間に立つや、舊習に從て、滿人の力によりて自ら保んとすれば、則ち髮逆戡定以來、潮の如く漲溢し來れる漢人の大潛勢力を利用する能はず。而して衰颯の運に傾ける滿人の竟に恃《たの》で其の威力を回復するに由なきを奈何ともするなし。若し大いに宏謨を開いて、成敗の見を度外に置き、王者垂統創業の英斷に出でんとすれば、固より滿漢の鴻溝を泯滅し、唯だ其の勢力の歸宿する所に依賴せざるべからず。則ち漢人の大に用いられんことは、必至の情勢、而して顧みて羽翮摧殘、孤單援なきの虞に堪へざるは、亦沿習の已むを得ざる也。故に我邦に在つては、兩派の迭《たがい》に興廢あるも、皇室は常に其の崇奉の最大標的たり。佐幕派が全盛を極めし際に當りて、而かも征夷府が詔を奉じて屢ば上洛すること、僕々爾として唯だ謹み、供御を増加し、山陵を修理し、一たび其の寵遇を失はんことを之れ懼《おそ》れたるを觀て、其の然るを知るべし。然るに淸國の帝室は、一たび滿人の私有たる情形を露はせば、則ち漢人盡く其心を離し、昔し其力に賴りて天下を得たる從僕と情死せざるべからざるの患あり。苟くも公正宏達にして、其家を撫《うれ》ひずして、眞に人君の天職を全うせんとするの君主あるに非ざれば、此際の轉機、朝家存亡の繫《かか》る所たり。君主個體の明暗が重大なる關係を帝室國情に有すること、我邦に比すれば更に甚だしき者あり。

光緒皇帝が乾剛雄斷の君たるや否は、吾輩未だ之を知らず。而も其の聰睿英俊の君たるは、吾輩竊かに之を認めたり。而して其の偏隅猜疑の念を棄て、一家譜代臣僕の盛衰を度外に置き、國家生民の爲めに、言路を洞開し、積習を破除して、格外に南人に聽用したるに至ては、企及すべからざる人君の度ありしといふを難《はばか》らず。滿人自ら局《かぎ》るの見よりすれば、極めて無謀の輕擧に類するの嫌あり。此れ今回の政變を激成せし所、然れども國勢の轉機に際して、深猷宏謨を開張し幷せて朝家の存立を圖る者蓋し亦必然此途に出でざるを得ず。今や皇帝の安危は、大なる疑問と爲り、而して西太后の垂簾政府の擧措は、稱して單に無謀の輕擧を斥け、自强開進の必要は依然之を認むと曰ふと雖も、是れ猶ほ七卿西奔の後、我が朝廷攘夷の大方鍼は改めざるも、無謀の攘夷は聖旨に背くと稱せるの類なるのみ。其の自强一派を誅戮し、貶竄するの酷なるは、更に我が攘夷派が迫害せられしよりも甚し、當時攘夷派の殘滅に就きしは、大抵憤激の餘、自ら干戈を稱《あ》げて、敗死刑辟を取りしに過ぎず。而かも垂簾政府の株蔓累及、開進派を黜斥殘戮するは、政府自ら其の禍を廣むるなり。意ふに我が攘夷一派は先帝崩御の後に於てすら、能く其の勢力を回復し、幕府を推倒して新時代の氣運を開けりと雖も、是れ皇室の深く人心を結べる者、旦夕の故にあらざるの國情、以て之を致すことあり。吾輩は恐る、光緒帝にして若《も》しくは不諱の事あり、若くは廢立の變に遭はんには、愛新覺羅氏の朝廷、猶ほ能く潛勢力鬱勃として、將來の實權を握るべき漢人の心を繫住し、而して新氣運の開發に伴ひて永く存立の計を立つるを得べきや否。吾輩が隣國の政變に關して、特に皇帝玉體の安否に重きを置く所以の者、此れが爲なり。

『萬朝報』　明治31年10月13日

淸國政治と皇帝の安否（下）

政變以來の諸報に徵するに、此の如く淸國の現勢に重大の關係を有する皇帝玉體の安否、極めて擔憂すべき者あるが若《ごと》し。西太后訓政の上諭出づるや、康有爲及び其の羽黨嚴捕の命降ると同時に、皇帝病勢甚だ重く、群臣措《ふるまい》を失すとの報あり。各國公使も亦親しく總理衙門に赴きて、皇帝の病由を問へりといふ。是れ清曆八月七、八日（九月廿二、三日）間の事に係る。亦九月二十三日別電にも、皇帝病勢沈重、恐くは起たざるを致さんとの語あり。然るに翌日は則ち昨日西太后訓政、皇帝は諸王公大臣を率領して、勤政殿に在りて朝賀せり、皇帝は平安なり、外間の謠言は、康黨の致す所に係るとの報あり。別電には西太后皇帝と同じく大臣を召見せるに聖躬恙《つつが》なし、若くは西太后各大臣を召見せる時、皇帝は側に端坐す、竝に不豫なし等の報を傳ふ。均しく是れ私報に係ると雖も、何ぞ其れ前後相矛盾するの此に至るや、適々《たまたま》以て北京に於ける皇帝玉體の安否、大に外間の窺伺し難き事情あるを見《あらわ》す者に非ずや。若し夫れ其の公報とも看るべきは、清曆八月十日（九月二十五日）の上諭に、明らかに

　朕が躬《み》四月より以來、屢ば不適あり、調治日久しきも尙ほ大効なし、京外に如し醫理に精通するの人あらば、卽ち內外臣工をして切實保薦して旨を候《うかがわ》せしめよ、其の現に外省に在らば、卽日馳送して京に來らしめよ、稍や延緩する勿れ、

とあり。而して十二日私報にも、皇帝の近ごろ安を缺き、久しく事を視る能はざるを以て、皇太后は簾を垂れて政を聽くとあり、又李鴻章が廣東の總督巡撫に致せる書にも皇帝近日病勢甚だ重し、若し名醫生あらば、之を延請して卽刻上京せしむべきの事あり、現に廣東督撫は某國手を選定して汽船富順號に搭じて上京せしめたりといへば玉體違和の一事は終に掩ふべからざる者あり。而して別に駭《おどろ》くべき一報の歐字新聞に由て傳へらるゝあり。云ふ穆宗毅皇帝（同治帝）の嫡嗣は、西太后の頒諭せらるゝありて、封册して親王とせられ、儀制一に宗室各親王の如しと。此に由りて更に此の同治帝の遺子は現に宮中に在りて西太后が諭して踐祚せしむべきの豫備たるべしとの訛傳をさへ敷播するに至れり。要するに此等の報道は、皇帝に已に不諱の事あるか、若くは西太后に廢立の企圖あるかを推知せしむべき者なり。吾輩が主權所在の確定を以て、清國に對する一問題と算し做さんと欲する者、決して漫《みだり》に臆測を逞しうするにあらざるを知るべし。意《おも》ふに各國公使が已に政變の當初に於て、皇帝の病由を問ふの事あり。而して此の疑ふべく怪しむべき爾來の現象に就て、更に問ふ所あらざるは、豈に其の急とする所別に存するありて、必ずしも重きを皇帝の安否に措《お》かざるか。

夫れ支那の保全を以て念と爲さゞるの邦國に在りては、固より皇帝の安否に大に關心すべき理なし。而して其の土崩の日をトして豫め之が地を爲さんが爲めに、公署護衞を名とし

て、兵士を北京に進め、以て勢力を牢固にせんことに孜々たるも、亦其の所なり。現に某國の如きは、久駐の目的を以て、兵舎の建築に着手せりといへり。其の情僞明らめ難からざる也。但だ支那の保全を希望する我邦の若き者は、皇帝の安否を以て單に燕京廷内の出來事として、之を藐視するを得べからざる者あり。是れ豈に獨り皇帝の玉體が滿漢の大連鎖たりしを以てのみ爾《しか》云はんや。卽ち漢人をして自ら國家を建てしむるを可とするも、列强の覬覦、彼が如く切迫し、苟くも一たび釁隙の乘ずべきあれば、割裂分取の計、踵を回《めぐ》らさずして、生ぜんとするの日、前朝後朝、交替混亂、多少の歲月を其間に費さんには吾輩は將さに後朝の成らん比《ころお》ひに、尨大なる軀體、殆ど完膚なきを見んとす。朱明の社稷を覆せし者は、其の始め清朝にあらずして、流賊李自成なり、流賊天子と爲る、明祖に於て例あり。李自成たる者、何ぞ成らざるに必せんや、其の終に成らざりしは、其の基礎未だ立たざるに乘じ、清軍の關を排して奄視せるが爲にあらずや。而して支那の國土は盡く滿人の有と爲り、其の人民は其の服を胡にし、其髮を辮にせり。今日變あらば、關を排して奄至する者何ぞ限らん。支那國民たる者亦太だ殆《あやう》からずや、獨り清朝と云はざる也。

其れ此の如し、吾輩が支那保全の爲めに、清朝の摧殘を恐れ、清朝存立の爲めに、光緒皇帝の安否に關心する者、偶然の故に非ざる也。而して皇帝の安否は、現に北京宮廷に於ける最大疑問たり。吾輩は事變に驚覺されて、卒然として歸任せる矢野公使が、我が天皇陛下の使臣として、其の深厚なる友情を寄せさせ給ふ清國皇帝の安否は、宜しく最先に咭問を要すべき事なりと信ず。況んや新たに賜暇よりして任に歸る、其の賜謁を奉請するに於て、亦最好の機會なるをや。此れ實に陰霾晦冥なる北京の政界に、一道の光明を導きて、其の疑問を列國の前に解釋する者なり。吾輩は固より此等の機宜に處するに就て、極めて矢野公使の手腕を危ぶむ者なりと雖も、而かも其の職に在るを以ての故に、其の當然なる任務は之を責むることを輟《や》むるを得ざる也。

明治31年10月17日

『萬朝報』「八面鏡」

張之洞の地位

一坏の土未だ乾かざるに、六尺の孤何《いず》くにか在るの檄を草する駱賓王は、今果して有無を知らず。然れども徐敬業の義を倡へて、五王の事を成すは、中外義士、豈に竊かに之を張之洞に望む者なからんや。今逡巡の間、君側を淸むるの聲は、之を張の口より聞かずして、之を廣西匪徒の口より聞き、而して湖南不靖の口實は北京朝廷をして其陷穽の前に張を召さしむるに至る。張の人望を以てすと雖も、一歩武漢を離れば、虎の嵎《くま》を失ふに異ならず。呂后一婦人を以て、能く絕代の英雄淮陰を擒《とりこ》にす。張たる者苟くも純臣の義に據らば、呉三桂、耿精忠一輩を學ばんとするも得べからず。四億生靈の禍、起て之を濟《すく》はん者は誰ぞ。

憲政黨に失望す

『萬朝報』「言論」　明治31年10月21日

潛夫

憲政黨の成立して、其の内閣を組織せる當初、其の大數は必らず興情の妬猜に在るべき事、已に之を言へり。果然其の得意の地に立ちしより、外聞の報ずる所は、毎《つね》に其の分崩の徵候にあらざるなく、而して其の實際の形跡も、亦名は一黨といふと雖も、其中《そのうち》諸派、各別に團體を爲して、全黨の脈絡相係屬せざるの傾向あり。籍を黨中に係る者も、此の如き情勢を以て憂《うれい》と爲さずして、反て之を快とする者多きが若し。況んや傍觀して其の全盛の勢を妬《ねた》むの情ある者をや。

然れども猶ほ得喪の制する所、分離の傾向を抑止する者あり。何となれば其の獵官の目的を達せずして、少しも大合同の惠澤に浴せざるの徒は、寧ろ破壞の擬勢を示して、分利の己れに至らんことを強迫するか、然らずして分利の到底其手に歸すべき見込なければ、其の破壞の手段によりて、其の不平の念を慰するも亦た可なるを以て、種々なる條件を提出し、賭するに分離を以てするも、亦一種の術數たりと雖も、已に獵官の目的を達したる徒は、成るべく現況を維持せんことの其の地位を安全にすべきを思ふが故に、かの提出條件の若きも從來の行掛りより一應之を容るゝの態を爲すも、其實故なきに紛紜を滋《ま》して、將さに暖かならんとする席を去るの危險を冒すことを欲せず。是れ外聞連《しき》りに其の今明日中にも分離の危機に迫れるが若き風說を播《ちら》すにも係はらず、内閣は反て晏然として、寧ろ自進兩派の大臣が相與に苦慮する所は、其の歸を同一にし、未獵官連が躍起運動の五月蠅《うるさ》きに堪へずとせる所以なり。

但だ夫れ黨内各派の合同を望む者も、其の分離を希《こいねが》ふ者も、均しく一己の利害より打算し、國家の長計、經綸の抱負に論なく、黨の利害をさへ其の眼中に入れず。故に其の結合力の薄弱なることは論を待たず。苟くも利害の問題にして現在在官者の感情を動搖すべきあれば、則ち世論の是非を問はず、黨内の協和を害するをも憚からず、互に其の貪鄙の根性を呈露するは、亦勢の必至なり。近日に至り均勢問題の自進兩派首領の間に應酬せらるゝことゝなれるも、決して怪しむに足らず。問題の根柢たる星一派が難題は、勿論溫和なる自由派の困しむ所なるも、而かも均勢の一語は、自由派全體の利害と相關係して、其の行掛り上之れを打ち棄て置くを得ざるを以て、現在の情勢、進歩派と衝突を生ぜんことは、其の一己の地位より視て、極めて欲せざる所なるも、一應の應酬を爲すことの已むべからざるなり。進歩派の首領は、明らかに其の内情を窺破す。故に極めてすげなき挨拶を爲すことを恐れず。自由派の大臣をして其の提議を撤すれば、黨内の不平を慰するに術なく、之を遂行せんとすれば、不利益なる分離を賭せざるべからざるに迫らしむ。兩派が醜穢なる根性は、吾輩兩つながら之を鄙《いや》しむ。而して自由派の手段の拙劣に至りては、更に之を愍《あわれ》むに禁へず。

内閣組織以來の形跡を夷考するに、財政の策は、議會の開期に迫りて、未だ確立するあらず。行政整理の結果は、未だ發表せられざるも、其の軍部に對して平等の談判を開くこと能はざるを觀ば、自餘小刀細工の結果、巧なりと雖も、益する所幾何《いくばく》ぞ。文官任用令廢止の説の如きは、寧ろ藩閥政府の所爲に對しても恥づべき者。而して外交の能否は、現在支那問題に關して、方さに重大なる試驗に臨み、其の成功は極めて覺束《おぼつか》なきが若し。吾輩は已に藩閥政府に懲《こ》ること二十餘年なり。如何なる事情ありと雖も、今更之を謳歌せんことは思ひも寄らず。而して今又黨派政府に懲りんとす。現在の政黨に、十全なる注文を爲すことの到底望むべからざるは、吾輩固より之を前知せりと雖も、現在の若き情勢にして數年、若くは十數年間繼續せざるべからずとせば、吾輩は時運の自然なる純熟を待て、眞正なる新時代の政治家を迎へんこと、豈に甚だ心細き次第ならずや。憲政黨たる者、若し此の掩ふべからざる不能を自認せば、たとひ其の不能は到底之を鞭撻して改むべきにあらずとするも、抑《そもそ》も至當なる方法によりて、早く其の後繼者の路を啓くことは、之を講ぜざるべからざる義務あるに非ずや。

邈佶烈《ばくきつれつ》は天に祈りて聖主の降下を望み、而して趙藝祖祈に應じて生ぜりと稱せらる。憲政黨にして此の至誠あらば、天に祈るを要せず、神に禱るを須《もち》ひず。唯だ黨派の門戸を打破して、人材を取るに宏量なるに在るのみ。則ち區々たる割據の弊も亦決して起ることなけん。然れども之を憲政黨に望むは、猶ほ千年河淸を待が若くならんか。噫。

明治31年11月9日

『萬朝報』「新書略評」

小田原征討史を讀む

評者は近來に於て未だ此書の若き拙劣なる著述に接したることあらず。材料の蒐集及び其の選擇は固より史家に取て重大なるには相違なし。然れども是れ敍次剪裁其他史筆に要する才能を具して、而る後に言ふべし。始めより其能力なき者が單に蒐集を事としたればとて、固より此を以て信史を結選するに足るべきに非ず。今著者は此の史才に於て全然缺乏せる者なり。其の資料蒐集の若きは、身大學に在りて編年史編纂掛に山積せる切張より寫字の勞を取れば、如何なる愚物と雖もこれ位の豐富は衒《てら》ひ得べく、其の極めて自負せる實地踏査の効果も、徒らに著者をして前後の文脈にも釣合はざる感慨談を列べしめたるに過ぎず。若し今少し明晰なる頭腦を有せる人をして此丈《これだけ》の材料を有せしめば、史として更に考徴に効ある文として更に光焰ある著述を成就したるべきや疑を容れず。其の剪裁の能力なき實證はあまり夥多にして一々指摘せんは煩雜の至なれども、第五十八頁竝に第六十一頁に於ける三月十九、廿三日兩日の記事が重複せる、第六章の一、二兩項は殆ど數へきれざる重複の記事を以て充されたる、其一、二を言へば第一〇一頁の七日の項を、第一二九頁の同一記事と、第一〇六頁の廿六日の項と、第一三三頁の同一記事と、第一一五頁の六月八日の項と、第一四一頁の同一記事と、第一一八頁の六月五日の記事と、第一三一頁の同日記事と、第一二四頁以下の北條氏降服の記事と、第一四四頁の同一記事との若き、全く不消化なる切張記事の陋態を呈露せる者、且つ其の極めて零碎にして概括なき日次の記事が折々前後の次序を得ずして、煩瑣厭ふべき筆路は第六章の第二項に於て最も甚だしきを見る。其の折々插《さしはさ》める論斷に至りては無識にして且つ前後撞着せること、著者が果して病狂人にあらざるかを怪しましむる者あり。第一一六頁及び一一九頁に政宗の來るを論ずるが若き、其の無識を見るべし。第七章の結論に至ては、之を自序と第六章第一項の結文とに參照して其の歸趣を求むるに、或時は北條氏にして謀の宜しきを得たらんには秀吉も亦之を滅し得ざるべしとするが若く、或時は秀吉の大計已に定まる、北條氏竟に之を防ぐを得べからずとするが若く、更に何の意義を做さず。而して其の文中にさへも序文の太閤の霸圖云々の句を重複せる、結論の使册云々を重複せる、凡そ文章に拙劣なる者評者殆ど此の如く甚しき者を見しことあらず。其の屢ば用ひたる感慨の辭の若きも徒らに平板粗俗なる形容詞を排列して全く文字を成さず。著者の若きは殆ど未だ著作家の間に頭を出すべき資格なき者なり。而して其の書末に附せる出版者の「謹告」に曰く、

本書は著者中村文學士が仁意上弘く斯研究の士に示されむが爲に、特に本社に寄せられたるものにして、本社は初版一千部を限りて出版し、再版以後を印刷に附せざる者とす。故に世上普通の出版物と全然其性質を異にする者なり。敢て著者に謝し併せて江湖に謹告す。

と。人をして覺えず失笑せしむ。切張屋は須らく其本分を守りて切張を爲すべし。ゆめ〳〵著述の野心など起すべからず。

（潛夫）

『萬朝報』「言論」　明治31年11月16日

政黨の最盛期

潜夫

占星術に通ぜず、幹枝學を學ばざる吾輩と雖も、山縣内閣の運命の若きは、敢て之を豫言することを躊躇する者にあらず。故に今日に於て、藩閥政府が再興し、政黨内閣が瓦解せる目前の小事變に重を置くこと太だ過ぎて、而して抑ふべからざる趨勢の自然を疑ふは、薄志の至なり。憲政黨内閣の失敗は、洵に醜の極なりと雖も、其の失敗は、政黨内閣に必要の資格たる聯帶責任の大法を蔑如したるの過《あやまち》、之が最大要因たれば、是れ憲政黨が眞成の政黨たらざるより生ぜる失敗にして、其の政黨たる資格を具せる一面より生ぜる効果は、反て着々として成功するを見る。山縣内閣が政黨を無視して、單に人材として自由黨に内閣の一、二席を與へんとせるを拒絶せる結果は、新内閣をして成立の始に於て、既に大なる不安を感ぜしめたるにあらずや。大合同の利益は、分裂の今日に於ても、猶ほ明らかに認められて、小黨散布の損失を感ぜしめ、憲政兩黨の勢力は、居然として天下を兩分するに非ずや。平家の末路と雖も、水嶋灘の一捷あり。三十年の藩閥が、其の末路に於て、豈に偶々一掉尾の擧あるを怪しまんや。抑も此を以て去るべき藩閥の運命と、來るべき政黨の天數とを疑ふべからざる耳。

議會開設の當初に在て、能く百名の代議士を有せる政黨は、一自由黨ありしのみ。其の他改進黨の若き、尋《つい》で起れる革新黨の若き、皆其の半に至らず。今は則ち自由進歩の兩派、皆百名以上の議席を有し、而して一時藩閥が政略の結果より傍生して、眞正の根基を國民の同情に建てざる國民協會の若きは、其の勢力の一選擧を更《へ》る毎に朘削せらるゝを見る。憲政黨の大合同は、散漫せる小勢力が、一大勢力を中心として、凝集せられしに非ずして、反撥し易き二大勢力を强て結合せしめしを以て、數月にして其の反撥の本性を露はせりと雖も、而も自今以後、かの二大勢力にして各々自重して、内は相鬩《せめ》ぐも、其の藩閥に當たるに於て、能く步趨を一にせば、則ち藩閥の日ならずして漸盡灰滅せんとき、二大勢力が眞成に天下を兩分して、一進一退、堂々として政黨内閣の授受を成すを得んこと、之れを掌に指すが若けん。故にかの憲政黨内閣の蹉跌あるも、政黨の勢力、之を議會開設の當初に比するに、猶ほ增せることあり。而して減ぜることなし。況んや新自由黨、河野派等の若き、大政黨より派分せる小團體は、選擧の結果に於て、每に大政黨に侵蝕せらるゝの實ありて、到底孤單の獨立に堪へざるを驗せしむるをや。此時に當りて、陰祕の勢力を利用して、一時に詭遇せる藩閥の餘黨が、超然内閣の陳腐なる標榜を掲げ來るの迂愚は言ふに足らず、若し一時の權宜と利益とを顧念して、其の宜しく自重すべきを思はず、輒《たやす》く藩閥に力を假して、一同其の政黨の勢力を以て、天下を兩分すべき好運を遲くする政黨あらんには、是れ自ら其の勢力を認知するの明だも之れなきものなり。

吾輩は斷言す、其の形に於けるや、今日を以て政黨の隆盛期に達せりと爲すと。蓋し數年來の趨勢は、社會に於ける總ての勢力を驅りて、政黨に集注せしむ。既に嘗て論ぜるが若く、かの社會の元氣たる思潮勢力をすら化して、現實勢力たる政黨に混和せしむるに至る。政黨の勢力と、政黨に由りて事功を成さんと欲する人との爲めには賀すべし。抑も政黨の勢力、獨り形以上の者を要せざるか。形以上の者を顧慮せざる政黨の勢力が國家生民の大利害と關係何如に至ては更に大に議せざるべからざる者あり。吾輩は亦政黨近日の主張に攷《かんが》へて歴々として其の實跡に表徴する者あることを見る。當に別に之を細論すべし。

明治31年12月10日

『萬朝報』「新書略評」

國防政策

著者中尾駒之助氏は自から其結論に於て全篇を概括して云く、余輩の主義は到底軍備擴張主義也、地租增加主義也、三國（日清英）同盟主義也、攻勢防禦主義也、勢力反撃主義也と。著者は全く我が現時當局者就中陸軍部が執れる國防主義を贊揚して之が爲に演義せる也。故に當局が忽略せる國費の總額と軍費との權衡、軍備擴張と軍政緊肅竝びに組織改革との關係の若きは均しく忽略に付せり。國防の研究者は毎々國防論の圈套に陷入して、立論國防以外を顧慮せざること多し。是れ一は國力に關する空想は形勢揣摩の談を兼ねて人の彌次馬的情緒を鼓舞し、覺えず神旺し眉昂《あが》らしめ、思想を專注せしむべき特質あるに由る。著者も亦此弊を免れざる者、若し夫れ此著の美なる側面は志賀重昂氏の序文に簡明に摘出され權衡分釐を失せず。故に更に贅し及ばず。（潛夫）

明治31年12月14日

『萬朝報』「新書略評」

明治人物評論

現今特出の記者、三宅雪嶺、德富蘇峰、朝比奈知泉、竹越三叉の若き、往々同時人物の月旦に於て、其の警利なる才鋒を表示せざるにあらず。顧《おも》ふに未だ此を以て專家たる者あらず。鳥谷部春汀乃ち後進文士を以て一家の法門を人物月旦に開き、其の明治評論に筆を執りしより、以て太陽の記者たるに迄《いた》るまで、連篇累牘、益《ますま》す出でゝ益す新たに裒然として帙を成し、今は蒐めて一册子と爲すに至る。亦其の勉《つとめ》たるを見る也。大凡評論家、各々其の家法あり。或は時勢の運行せる側面より、人物が時勢と觸接せる點に於て、其の特徴を觀、或は人道の串流せる側面より、人物が人道と繫鏈せる點に於て其の立脚を察す。此等は大抵、評家たる自身を同時代の地平線外に置き、其上下四方、表裏内外より觀察せんと試みる者、唯だ其の才識信念の高下に由りて、造詣に深淺あるのみ。今春汀の家法は、必ずしも此の二者にあらざるが若《ごと》し。若《も》し其の家法を繹《たず》ねば、其の評論の目的たる人物と同一地平に立て、其の前後左右より觀察し、其人の若く其人を寫すに在りと謂ふべき歟。其の評論が目的たる人物と關係の厚薄を問はずして、極めて破的の警語と、極めて光焰ある啓示とを有すること稍や乏しきが如きの感あるは、豈に亦其家法の彼が若くなるに由らざる歟。然れども百年の後、今日の時代を了解せる史家をして、其の同時代に出でたる人物月旦の最も豐富なる者を求めしめんに、其れ必ず春汀の著に於てか取ることあらん。春汀或は此に由て朽《くち》じ。（潛夫）

『萬朝報』「言論」　明治32年1月14日

清國最近の形勢

潛夫

近日諸報に視るに、支那の國事、日に益す非ならんとする者の若し。夫れ西太后が一切清帝の政に反して、一時改革維新の諸政、盡く之を廢阻し、而して一々之を舊制に復せるを以て、直ちに斷じて頑冥なる守舊主義とし、其後頗る外國使臣等の忠言を容れて、兵備、農工商務等の振作、之を新法に藉《か》り、宣敎師の迫害を禁遏し、種々新政に關する訓令を發することなきに非ざるを觀て、直ちに斷じて溫和なる漸進主義とするが若きは、意《おも》ふに兩つながら其の實情を得ざる者に非ざるなきか。西太后は婦人なり。乃ち聰明の資ありて、又久しく國政に與《あず》かり聞くと雖も、其の意見の標準は竟《つい》に宮廷的方鍼より打算せらるゝを免がれざるべく、其の守舊たり、漸進たるも、國政に於て一定の主義あるに非ずして、西太后が視て以て帝室の安危と爲す所、實は宮廷の安危に關する便宜上、其執る所のいかやうにも變移すべき者に非ざるなきか。故に近日諸報の傳ふるが若く、改革派の打擊を決行せんとする者も、其の改革派たるが爲に非ずして、而して其の帝室卽ち宮廷派にあらざるが爲なるべく、かの政變以來、地方大官の移動は、每《つね》に此の方針より打算せられたるの跡、歷々として指《ゆびさ》すべき者あり。直隸は榮祿、裕祿、其の全權を掌握し、河南、湖北、江蘇、江西の巡撫、直隸、江寧、湖南其他要省の布政使は、皆新たに滿人を排置し、若し傳ふる所の若く、鄂、江兩督、齊、晉、皖三撫を以て、其人を易置せば、則ち是れ京畿附近行省、數千里の地皆其の黨人たる也。其の能く外國に對して折衝禦侮するに足ると否とを問はずして、單に宮廷の安全より言へば、此の政策は、必ず急に行はるべき者、而して未だ遽《にわ》かに發せざりしは、鄂、江二督の若《ごと》く、重望ある封疆大吏を輕《かるがる》しく動かして、爲めに人心を動搖せしめんことを慮《おもんぱか》りし耳《のみ》。若し其の之を動かすも、必ずしも敢然として兵を稱《あ》げざるを察せば、何すれぞ其の親信する所を以て之に替へざらんや。政變以來、鄂督張之洞と、江督劉坤一との擧動、一致に出でざりしは、頗る宮廷をして南方の與《くみ》し易きを覺らしめたり。近日の傳ふる所をして信ならしめば、殆ど此の釁隙《きんげき》に乘じて、大に其の宿謀を行はんとする者か。劉坤一が機を見て、遲疑する所なく、開缺を請ふに及んでは、則ち亦速かに之を准《ゆる》さゞる者、其の擧動の決然として猶ほ測るべからざる者ありとするを以てに非ずや。

且つ近日北洋に在りて、新たに募兵の擧あるも、亦注意を要する者、餉需の困難をも顧みず、外敵の急に備ふべきあるに非ず。而して榮祿は從來の甘軍、毅軍、武毅軍、新建軍等の外に在て、更に增募の擧あり。之を疆吏移動の說と竝《あわ》せ攷《かんが》へて、宮廷の大變、機漸く熟せんとするに非ざるかを疑ふは、決して無稽といふべからざるに似たり。內は重兵を備へ、外は地方大吏を威して、其の終《つい》に必ず避くべからざる最後の大變事を成就せんとす。是れ或は有るべきの事なり。必ずしも維新、守舊といふ主義に之れ由るに非ざる也。然らずんば張之洞の若き、其の政治上の意見を以てすれば、康有爲等と差異幾許《いくばく》ぞ。而して其忌まるゝ劉坤一より甚だしからざるが若き者は、何ぞや。

宮廷の大變、廢立の擧、果して斷行せられば、義を倡《とな》へて兵を稱《あ》げ、內向して罪を問ふ。有力の重臣あるべきや否やは、未だ決すべからざる問題なり。但だ其の地方匪類に最大なる口實を與へて、變亂の機を速かにすべきは、萬々疑ふべからず。是に至て支那保全を言はば、已に晚《おそ》し。支那分割を言はば、長い者に卷《まか》るゝ覺悟なかるべからず。今の時豈に一日も清國の形勢に注意を怠るべけんや。

『萬朝報』「言論」　明治32年1月28日

支那の現勢と我が外務の方鍼

潜夫

極めて冷やかなる眼孔を以て觀察するも、支那の現勢は趣味ある研究に値すべき者なり。顧ふに我が維新の局面は、外交の刺激によりて促されたるも、其の局面の轉化を急にしたるは、宜しく開國論者に在るべきが如くして、而かも實は頑固なる鎖港說の徒なりき。阿部正弘を憂死せしめ、井伊直弼を殺し、安藤對州を擊ち、佐久間象山を刺し、而して舊物の破壞、舊政府の顚覆を速かにしたるは、皆かの頑固黨なり。固よりかゝる頑固黨の中心には、新氣運の必至を領悟して、故《こと》さらに舊政府の顚覆を目的として、頑固黨を煽動したる者少からずと雖も、要するに其の發現せる勢力は、全く鎖港攘夷の名を以て運行したりし也。舊物已に破壞し了《おわ》り、舊政府已に顚覆し了りて、かの頑固黨の人望を收めて成立せる新政府新文爲は、忽焉《こつえん》として開國の方鍼を執り、鋭意力行、素より其の主持せし所を施行する者の若く、遲疑躊躇する所だも之なかりしは、豈に甚だ奇異の現象ならずや。今支那の現勢を觀るに、殆ど復た同一徑路を進行せんとする者たるを意《おも》はしむる者あり。吾輩が以て趣味あり研究を値すといふ者は此が爲なり。

夫れ頑陋にして自尊なる支那人の多數が、其の數回の敗蹶と、諸國との侵削とを以てするも、自ら其の所由を悟らずして、反て益す外人嫌惡の念を滋《ま》せるに加ふるに、かの新政の主義は、文武の科學に應ぜんことを望む數十萬子弟、冗官、額兵の裁汰より生ずる幾十萬不平徒をして、觀て深讐と爲すに足らしむべき者たり。乃ち滿人の嫉媢なしと雖も、新政の首唱者が、衆怨の府として、事業の蹉跌を來さんことは、應《ま》さに有るべきの勢なり。是を以て康有爲一派の徒、已に跡を要路に絕ちて、而かも守舊黨の新政人士を排擊する者、今に已まず、近日に至り、乃ち御史楊崇伊等が江督劉坤一及び其の部下の官吏を彈劾し、又湖南は嘗て新政黨の淵叢たりしを以て、言官は其の要路の新政を辨ぜし者十八人を彈劾せしといひ、廣東布政使岑春煊が、甘肅荒遠の地に轉任せしめられしも、亦此れ等の事情ある者の若し。故に西太后の訓政一擧は、其の善類を掃盡せる一面より言へば、猶ほ井伊直弼のクーデターのごとくなるも、若し其の開國鎖港の方鍼に關する一面より言へば、反つて一橋越前兩家が幕政改革に況《なぞら》へつべき者あり。且つ其の匪徒の蜂起を觀るに、皆排外を以て主義とするがごとし。四川の余蠻子が、佛國宣敎使を劫虜し、敎徒を危害するが若きは論なし。近日湖北宜昌の匪徒が長樂縣を攻陷し、知縣を擄にせるが若きも、亦排外主義の徒に出といひ、安徽の潁州、河南の歸德に新に起りし匪徒は、總督（劉坤一）巡撫（鄧華熙、裕長）等が撫育を疎略にせしに由《よる》といふ者は、恐くは北京朝廷が、劉坤一等に中《あて》んとするの口實にして、其の勢必ず亦排外主義に歸する者たるや疑を容れず。此等の匪徒は、今に於て尙熸火《しゃくか》の患ふべきなきに似たりと雖も、其の或は燎原の勢を成さんことは、朽枯せる支那の現狀に在ては、測るべからざるの事に屬すれば、かの浪人の跋扈が幕府の衰亡を速かにしたるが若く、遂に淸廷の大患たらずといふべからず。吾輩は寧ろ支那の革命なり、維新なり、孰《いず》れにせよ、此等の擾亂に由りて促されんとするを見るなり。但だ支那保全の眞成に行はれて、革新の際、隙に投じて襲來する外患を防遏するを得べきや否やは、未決の問題なりとす。我が維新の際、東西各々力を英佛に假るの議あり。幸にして行はれず。當時英佛も亦猶ほ長鞭馬腹に及ばざるの勢いあり。今や然らず。一日間あらば、數萬の勁兵、境を壓して到らん。嗚呼支那保全、果して何の術を以て之を確實にせんとする乎。

外務大臣青木子は云へり。支那の保全にして能すべからず、分割の避くべからざる時機には吾決して人後に落ちる者に非ずと。青木子の技倆を以て、かゝる廣言を吐くとも、人をして齒冷やかならしむるに足るのみ。吾輩はかかるガラにもなき言を出さんより、其の支那保全に關する實際準備の一端なりとも、之を企畫せんことを望む。吾輩は此の如き對岸の現狀に向て、研究すべき問題、實行すべき手段の極めて多きを信ずる者なり。ベレスフォート卿が愛嬌ある演說は、幾許《いくばく》の利益をか外務當局に與へたる。而かも四國同盟、支那保全の手段としては、徒らに亡命の志士を外國に放逐せんとして、その屬僚に運動せしめて、北京朝廷の歡心を買はんとするが如き拙策を取るべからざること勿論なり。

『萬朝報』「言論」　明治32年4月30日

東亞同文會の淸國派遣員

潛夫

夫れ清國の我と、所謂唇齒輔車の關係、誰か得て而して之を言はざらん。然れども其の之を實にし、兩國士民をして皆其の痛痒相感ぜしむる所以に至つては、吾輩不肖、未だ之を講ずること親切著明なる者あるを聞かざる也。戰役以前は、彼に我を玩侮するの意あり。情意款洽なるを得ざりしは、勢已むを得ざる者ありとせんも、天は痛創に由りて、大に其衷を誘《いざな》ひき、相仇怨すべきの事は、反て相信賴するの端を啓《ひら》き、同洲同種同文の誼《よしみ》、始めて眞誠に彼間人士に理會せらるゝに至る。此時に當て、其の萌芽を長成し、其の動機を擴充し、以て其の關係をして益《ますま》す密接せしめ、其の痛痒相感ずるに至らしむるは、誠に先覺士人の責任に非ずや。

國家の交際は外交官ありて、以て其局に當る。然れども所謂唇齒輔車の關係の如きに至ては、固より公然たる國交の形式に賴りてのみ之を敦《あつ》うすべきに非ず。寧ろ公然の國交は、其の形式の苟くも弛慢すべからざるが爲に、義勝て而して情を損ずべき傾嚮少からず。若し外交官其人を得て、秋霜烈日、嚴然たる應酬の際、自ら一道の和風、暖煦春の若きの感あらしむるを得ば、則ち以て其の缺を補ふことを得べきも、而かも是れ現在に於て、極めて望み少き事に屬す。我が清國に於ける貿易の暢旺なる、能く英國の若きを得て、其の資本の融治、自然に離るべからざるの關係を生じ、利を嗜《たしな》む命の若き清民をして、得失の繫《かか》る所、相棄捐するを得ざらしめば、是も亦可なり。而かも我が貿易の振はざる、戰役に因て得る所の權利は、徒に他人の爲に嫁衣を作るの觀ありて、到る處の租界、草離々たるを見る。然らば則ち剩す所は、獨り先覺の士が、相往來游處して、以てかの正式國交の缺くる所を補ひ、以てかの貿易暢旺の款を導き、兩國士民交通の便宜を增すの一法ある耳。

近日に至り、清國有力者が、我に信賴して、其の智能の啓導を求むること頗る殷《さかん》なるを見る。南北洋大臣、湖廣總督が送り來る所の學生、既に六十名に上り、其他の學生を幷せんには、數百名の大數を得べし。其の兵隊の若きも、我が將校の訓練を欲する意あり。若し又彼間に游宦して、其の顧問に備ふる者あらんには、彼必ず歡《よろこ》んで之に聽容せんとす。特に北京政府の意嚮未だ定まらず。而して列强の同一强請に遭はんことを恐れて、未だ敢て斷行せざる耳。彼の我に對するは、其情悉さずといふべからず。而して先進自ら居る我の彼に對するは、較《や》や疏《うと》きの狀あるを免かれざるは何ぞや。

吾輩は意《おも》ふ、閒散の元老、略ぼ清國の事局に通ずる者をして、彼間の事情に精《くわ》しき記室を伴ひ、彼間に往き、其の名公鉅卿と游處せしむるが若きは、國費を以て之を爲すも可なり。彼の聘招を待て始めて顧問の職に就き、其の俸資を受くるが若きは、其の地位の輕重より言ふも、其の列强の指目を招くより言ふも、兩《ふた》つながら可ならざる者あり。寧ろ我より進で、其の顧問を待つの法を講ずるに如かず。其の言ふ所をして、重を彼間大官の間に爲さしめ、又其が爲めに我邦に求めんと欲する所に就て、便宜介紹するを得せしめば、則ち外交官の無能も、稍や此に由りて濟《すく》ふを得べく、清國の形勢を現下に救ふに於て、効ある、決して尠からじ。吾輩は此法の宜しく南京・漢口の間に施すべきを意ふ。何となれば長江沿岸は、實際の狀態に於て、將來の形勢に於て、殆ど北京に對して一種獨立の地位を有つべき者たり。而して新文明の輸入、同文同種思想の發達、皆此に於て實力を蘊蓄すべければなり。

此計や必ずしも行ひ難からず。而して我が士論の未だ大局に傾注せざる、此を以て議を建つる者あるを聞かず。其次は則ち彼間情勢に熟する人士を派して、其の士流と交游し、我が國語の傳播を務め、年少子弟をして我は游學せんとする者の爲めに、諸般の便宜を與へ、以て効を他日に期す、是れなり。清國形勢の日に迫るは、能くかの子弟の成業して、其の能力を奮ひ、以て國民を提醒するを待つに足るや否やを知らざるも、而かも之を爲すは猶ほ已むに愈《まさ》れり。而して此の計や今東亞同文會に由りて實行せられんとするを見る。吾輩は其の任の輕からずして、東亞百年の氣運に關するを以て、事に當る諸人が克く其事を就《な》し、其任を辱《はずか》しむることなからんを望むに禁へず。

『萬朝報』　明治32年5月5日

清國西徼の侵佔

潛夫

露國は其の東に於て、既に英國との協商を經て、各々權力區域を定め、相侵犯せざるを約し、滿洲を以て其の握中に收めたり。是れ以て暫く無事を保つべし、乃ち其の西に於て巴密爾《パミール》より喀什噶爾《カシュガル》を窺伺《きし》するは、蓋し豫め定めたる方略なるべし。北清日報の說に據れば、其の一たび葱嶺《そうれい》を踰えて英吉沙爾《イェンギサール》に嚮《むか》へるコサック兵は、清兵に擊攘されたるが若し、而かも露國は一挫敗の故を以て其の功を中廢する者に非ず、且つ喀什噶爾の地方は、所謂回部にして、動もすれば擾亂し易し、若し隙に乘じて心を生ぜば、則ち西邊此より多事にして、而して其地遂に清國の有に非ざらんとす。

露國は嘗て淸國の內亂に乘じて、伊犂《イリ》の地を侵占し、曾紀澤の力によりて、纔かに之を索回することを得たりき、昔は天山の北路よりし、今は其の南路よりす、蓋し喀什噶爾は回語、喀什は各色の義、噶爾は磚屋の義、地方富庶にして磚屋多きを謂ふ。漢の時に疏勒國たり、大抵南路諸國、民皆古より土着、城郭を爲す。北路烏孫の舊地、行國游牧の民の若きに非ず。然るに近歲に及では、伊犂屯田の制大に開け、兩路の總滙重地たり、將軍を置き、領隊大臣五人を置く。而して喀什噶爾、英吉沙爾の若きは、僅かに領隊大臣一人を置く。露國が兩路の根據たる伊犂を舍《す》てゝ、而して喀什噶爾に入る者、或は單に探檢を主として、侵地の計を急にするに非ず。而して偶然に接戰に至れるか。

然れども探檢に次ぐに侵佔を以てするは、亦勢の必ず至る所、則ち其の必ず喀什噶爾に出でし所以は、猶ほ注意を要すべき者たらざるか。案ずるに喀什噶爾の地、東南葉爾羌《ヤルカンド》と接し、而して和闐《ホータン》に延《ひ》き、東北は烏什《ウジャ》に接し、而して阿克蘇《アクス》、庫車《クチャ》に及ぶ。葱嶺、天山、岡底斯《ガンディス》山等、大山蔟の間に斗入す。故に巴密爾より俯して此地に臨めば、獨り北の方北路を控制して、戈壁《ゴビ》より西北の地を鞭撻するに足るのみならず、葉爾羌より五十一驛にして喀什噶爾に達し、九十四驛にして溫都斯坦《ヒンドスタン》に達すべく、三十九站にして圖伯特《チベット》に達すべし。然らば則ち露國にして亞細亞の中樞に踞して、他日淸英二國を威さんと欲せば、計喀什噶爾、葉爾羌を占有するに出たるを怪しむことなき也。

新疆の回敎あるは明末よりす。摩哈麥《ムハンマド》二十六世瑪木特《イマームド》、其兄弟と分つて各國に適《ゆ》く、己れは則ち喀什噶爾に遷る。曾孫瑪罕木得〔特〕衆心を得、其の二子は所謂大小和卓《ホージャ》木、雍正五年、共に噶爾丹《ガルダン》の策零《ツォリン》に囚はる。乾隆二十年噶爾丹平定せられし時、定北将軍班第二子の囚を釋《ゆ》るし、長子波羅泥都《ブラニドゥン》をして喀什噶爾《カシュガル》に歸らしめ、次子霍集占《ホジジャン》を留めて軍に從はしむ。阿睦撒納《アマサンナ》の反するに及び、霍集占逃れて葉爾羌に回《かえ》り、回部を煽動して城に據りて反《そむ》く。將軍雅爾哈善《ヤルハゼン》之を撃て而して逸せるを以て誅せられ、將軍兆惠之を葉爾羌に討じて而して反て兩和卓木に圍まるゝこと三月に及ぶ。援兵至り、撃て之を平ぐるを得たり。道光六年、張格爾《ジャハンギル》の亂に喀什噶爾、葉爾羌竝び陥いり、翌年に至りて楊威將軍長齡之を回復す。其後林則徐又嘗て一たび道光の末に其亂を擧げ、左宗棠又嘗て一たび光緒の初めに其亂を平ぐ。回教が清國政府の患たること久し。張格爾の亂に、喀什噶爾城を收復せし時の若きは、焚掠して噍類無からしむるに至りしも、固より此を以て其の患を芟除し盡すべきに非ず。露國は則ち此の難治の境に入りて、回民を煽動せば、計を得ざる者希《ま》れなり。

滿洲は事實に於て露の版圖たらんとす、北京其れ居るべけんや。而して屢ば遷都の説を傳へられし陝西の肘腋、又露人の侵入を被る。黄河沿岸、崑崙の墟より渤海に至るまで、以て都を奠《さだ》むべきなくば、則ち其の當さに之《ゆ》くべき所は長江流域に非ずや。而かも是れ所謂英國の權力區域に屬する者、清國たる者將た何《いず》くに據りて其國を立てんとするか。

『萬朝報』

英露協商と清國保全

明治32年5月7日

英露協商の條款が、清國の運命に關して、何等の解釋を與ふるかは、意を大局に留むる者の皆知らんと欲する所なりき。而して傳ふる所を以てすれば、兩國の意見、清國の統一と獨立とを保持するに協合せることを序言に明記せりといふ。此れ必ずしも意外の事に非ず。然れども此の明文は、果して賴て清國を保全すべしと謂ふは、則ち吾輩之を知らず。何となれば兩國が權力區域を劃定するや、將さに清國瓜分の實を得んとする者、胡爲《なんすれ》ぞ姑《しば》らく其の名を避けて、而して他國の妬忌と清國の不安とを減ずるの得策たるを思はざらんや。故に英露協商の約款にして、果して永く實行せらるべくば、是れ聽て清國獨立の輓歌と爲すべき者、而して獨、佛、米、伊及び我が日本の若き、卽ち其の分利に與かるあるも、竟に兩國の唾餘を拾ふに過ぎざらんとす。獨逸の近日に於て、故なくして事端を山東に滋《ま》し、其の爲す無くして已まざるを見《あらわ》せる所以、佛國が余蠻子の損害に、百數十萬金を要求し、更に長江流域の重慶に於て、四十方里の土地租與を索《もと》めんとする所以、亦豈に此際の機微に關係する者無らんや。

我邦が福建不割讓の約を得、而して更に福建鐵道敷設の前に知照協諾を要する口約を得てより、已に一周年、列强が清國に對するの擧措には、著しき變化あり。而して我獨り依然として進む所無し、可ならんや。且つ機會の決して爲すべからざるに非ざるは、當局の强辯を容《ゆる》さず。清國人心の我に傾注するは、日に以て殷を加へたり。獨り南洋湖廣の大官、所謂漢人の意見を代表する者のみに非ざる也。卽ち北京政府と雖も、露の爪牙漸やく露はれ、刃を肩背に擬するの勢あるは、近日に至りて粗ぼ會する所あれば、則ち西太后の睦東政策も、亦遂に皇帝と同軌に出でざるを得ざらんとす。若し外務の方鍼にして、確乎たる定案あり、駐清公使をして有力の人たらしめば、緩頰して之に説き、以て清國政府をして變法の大計を決し、滿漢の妬忌を泯《ほろぼ》し、新黨の竄逐を紓《の》べしむるに於て、何の難きことか之れ有らん。然るに獨逸の沂州を侵すや、徒に援軍約成るの浮名を立てられて、而かも一擧手の其の愛慕者に報ゆるあるなし、往年韓國獨立扶植の爲といふを以て、清國に抗抵するや、彼が如く强硬なりき。今は清國獨立の扶植、其の事體の大小、韓國に孰《いず》れ、而して一言を出して列强の前に之を防護するだも能くせず、歐羅巴人のさまでに恐ろしきか。

且つ清國の保全は、之を列强の前に聲言し難き問題に非ず。又其の態度に於て、列强と全然相背馳するを要するに非ず。清國の運命を危殆にすること、此より甚しきはなき。英露協商すらも、猶ほ且つ其の獨立統一の保持を口にするに非ずや。何等の措置か保全の名に於て爲すべからざらん。列强にして鐵道政略を取らば、我も亦かの福州九江間、及び福州杭州間、福州厦門間等の線路を要求し、以て他國の權力區域と參差交錯すべし。列强にして鑛山採掘權を擴張せば我も亦福建に同樣の權利を得、既に約せる大冶鐵鑛の約を擴張すべし。今日に於て清國を保全するの策は、諸列國の勢力をして、成るべく清國內地に參差交錯せしむるに在り。英露協商暫らく成れりと雖も、牛荘鐵道の權利、其の露國勢力區域內に在るを以て、英國之を放棄せじ、蘆漢鐵道の關係、其の英國勢力區域內に在るを以て、露國之を斷絕せじ。然らば則ち協商の効力は事々にして紛爭するを避くるに過ぎずして、其の劫持の勢を變じて、輯睦の情を敦《あつ》うするに至るを得ざるは明かなり、而して清國が劫持の間に自存の計を講ずるを得るの利は、未だ全く喪はれず。清國が自存の計に便宜を與へて、而して其の瓜分を支ふるは、則ち諸他强國が、各々其の利權を伸べて、英露の間に交錯し、其をして諸國に顧慮して敢て專斷せざらしむるに在り。吾輩が嘗て獨逸の暴擧、惡《にく》むべからざるを説きし者、此が爲なり。自今而後亦計の出づる所此等の處より着眼するを要し、而してかの長（江）流域に於て、英露勢力の交會點たる武漢の地に力を用ふるは、最も急にせざるべからずして、又最も爲し難からざるを知る。當さに稿を更めて重ねて論ずべし。

『萬朝報』「言論」　明治32年5月18日

海牙《ハーグ》に於る平和會議

潜夫

海牙《ハーグ》に於ける軍備休止會議は、今日よりして開會せらるべし。其の効力に就ては、初めより各國の有力なる議者の同じく疑ふ所たれば、許大の宣言も、其の終局に於て、極めて枝葉の一、二條項を議定して止むに至らざるべきか。且つ此の會議の發言者たる露國が、第一回の回章を各國に發せし後に於て、陸海軍備を擴張せる形跡あり。獨逸の議會に於て、軍備擴張案を討論せる際、一議員が各國が軍備を同一の比例に於て減殺するに至らば、最大數の兵員を有する國は、減殺の後も同じく最大兵數を有する國たるべしと言て、之を賛成せるが若き、事甚だ兒戲に類する若くなるも、其實各國心情の弱點を表白せること、此より適切なるはあらず。

且つ此の會議の目的をして、單に歐洲諸國の國際に應用せしめば、猶大なる疑問なくして事を了するを得べし。歐洲諸國の勢力を除却して、他の勢力あらざる殖民地間に應用せしめば、猶ほ可なり。東洋諸國の若きに至ては、亡ぶるに垂《なんな》んとして未だ亡びず、將さに興らんとして未だ興らざる者あり。此等の諸國は一定の範疇を以て之を律すること、歐洲諸國の若くするを得ざるを奈何せんや。我が日本の若きも、其の陸軍を以てすれば、歐洲大陸諸國に比して、其の海軍を以てすれば、英國に比して、竝に猶ほ多く擴張の餘地を存せる者と謂はざるべからず。乃ち清、韓二國の若きに至ては、其の國家の體面を維持し、民衆の公安を保護するに足る兵備すらも、實際未だ之を有せりと謂ふべからず。而して今日以往劃然として其の兵額、竝に軍事費を制限せられば、よし列强にして東亞の現狀保持を認諾せしむとも、彼れ未だ以て國を爲すことを得べからず。英露二國の清國鐵道に關する協商は、二國が東亞に於ける將來の野心を認むべきは、誠に之有り。而かも二國が現在の實力は、未だ清國四億の生靈を安全に統治するに足るべき者に非ず。蓋し此等の問題は、提議者が務めて避けたる國家政治上の關係、條約に基づく事物、現在の秩序に牴觸すべき者に非ずして、此の會議の大目的に、永續する平和の確保に關係する所至大なり。故に東洋諸國の兵備問題は、實際此會議に提出せらるべきと否とを問はず、此會議の目的に對して、究竟一大疑問たるを免かれざるべし。

戰爭の慘害を輕減する諸項目は、露國の回章に於て、主要の目的たる部分にはあらじ。然るに此等の諸項目すら、新奇精妙の發明を軍事に應用するに、最も便好の地に在る强國は、遽《にわ》かに同意することを欲せざる者の若し。夫れ怖るべき精鋭の兵器は、果して昔の刀劍弓箭に比して、人を殺すこと多少なるかは、事實に於て猶ほ精核なる調査を經ざるべからず。然れども其目的に於ては、恐怖すべき慘毒を以て、敵軍の氣力を挫折するに在るや、疑を容るべき所なし。若し適當の方法を發見せば、人類が其の最大榮譽たる科學の發明を以て、公然之を殺人の器具に應用して怪しまざる蠻習を除去し得んことは、正當の希望たるべし。但だ各國が兵備の減殺に於て、猶ほ兒戲に類するの權數を存し、最大兇器たる砲銃火藥の利用に於て、未だ斷然割愛することを得ざる今日、新式の爆發物等、凡そ此等枝葉に渉れる禁制を遂行せんとするも、補ふ所果して幾許《いくばく》ぞ。而して此すらも猶ほ諸强國の欲せざる所たるを觀れば、歐洲文明の進歩は未だ人類平和の希望を滿足せしむべき程度に達せざる者と謂ふべきのみ。

戰爭殊に戰勝の最も苦き經驗を嘗試せしこと、近日に在て、我が日本の若きはあらざれば、平和の希望は日本の最も殷《さかん》なる所なり。然れども今回の會議によりて、之を充足すべき見込は、殆んど未だ有らざるが若し。「先づ陛下の軍備を休止したまふべし」と、トルストイが露帝に對《こた》へしと實《まこと》らしく傳へらるゝ一語は、眞に切に時病に中《あた》る者。ムラヴィヱフが所謂、此の如き平和事業の端緒が、最大陸軍力を有し、而して其の陸軍力の增大するの資源は憲法及び議院の制限を受くることなき君主よりして發せる事實は、文明世界の最大部分の心情及び智力に訴ふべき者といへる、自畫自贊は、幾許の程度まで實行によりて、其の光輝を發すべきかは、之を數週の後に發見するを得べし。

附記　去冬余が非戰論一篇を掲載するや一の趣味ある出來事に遭遇せり、根岸の書家にして、速成書法の發明を以て有名なる成瀬大城氏は、其の十五年前の草稿に係る萬國廢砲會規則案並に其の解說印本を寄せ、こは廿餘年來の宿論にして、嘗て廢砲の急又廢刀より急なるを論ぜしことあり。後《のち》萬國講和協會の趣旨を聞くに及で、乃ち遂に此案を立てたりと。而して其の各國互に約を守る手段として、各國皇族、若くは貴種の人を相質するの例を取らんとする者の若し。管仲が九合一匡、葵丘の會、强楚が威すに兵事の力を以てせず。氏豈に此を期するか。其の本論と渉りて、頗ぶる趣味あるを以て此に附記す。有心の人は須らく氏に就て質《ただ》す所あるべき也。

『萬朝報』「言論」　明治32年5月21日

非律賓《フィリピン》獨立に就て米國派基督敎徒に望む

潜夫

非律賓《フィリピン》の戰報は、信を措き難き者多し。米軍より發せられたらんと想像さるゝ者は、米軍の連捷して、既に非軍の根據を覆沒せしめ、非軍は手を束ねて降を乞ふ外、復た爲す有るに足らずと傳へ、非軍よりする者は、其の倔強善く戰ひ、甘言厚利の誘惑も、以て之を動かすに足らずして、能く出沒自在、米軍を窘困せしむと傳ふ。義徒運命の泰否は、今や兇器の利鈍に係りて、既に義理の曲直に由らず。故に此に論ずるを要せず。而かも米國がかの非嶋霖雨の時、瘴癘の氣をも侵して、多く其良を喪失するを顧みず、必ず其の占領の目的を達せんとするは、事實なり。米國にして人衆《おお》くして天に勝つの勢に據り、其帑を悋《おし》まず、其人を愛せず、一國民が獨立自主の志望を敬重せず、以て力征に從はしめば、其の一時非嶋民を壓伏せんことは、決して能《よく》し難き所に非らず。意ふに社會の腐敗、漸やく外部に表見して、自由の鄕國、帝國主義の下に趨拜するの現狀あるを以てすれば、內外數多義人の提醒、終に其効なくして、彼が立國の精神を塗泥にして顧みざらんことも、有るべからざるの事とせざる也。

非律賓人は種族に於て、頗ぶる我に似たる處あり。其の數百年間、西班牙《スペイン》の感化を受けたるを以て、思想、言語、文明の性質、皆西に似て東に類せずと雖も、而かも其の我と歷史上に於ても、關係淺からざる者あり。而して其の我を慕ひ我に賴るの敦《あつ》く且つ殷《さかん》なること寧ろ淸國の上に出でたれば、吾輩は私情を以てするも、其の獨立の成功を望むこと極めて切なり。但だ世の十八世紀の人心猶詩趣饒《おお》きが若くならず、劍に仗《よ》りて萬里人國の難に赴くラフエット、其れ之を何處にか求る。抑も米人は我が開國の先進にして、我が世界强國の間に一頭地を出だす歷史に於て、誘導の惠寔《まこと》に多く、我に自由の眞理を誨《おし》ふるに於て、感化の効極めて深し。タウンセンド、ハリスが我邦の爲に盡せる國際の信義は、國民の永く諠《わす》るる能はざる所、而して米國宣敎師、竝に我が基督敎徒の米國に學べる者が、我が社會の轉化に效《いた》せる芳蹤は、殆ど指僂《ゆびさ》するに勝《た》へざらんとす。今やかの先進國民が戰捷熱に麻醉せらるゝこと、猶ほ我が三、四年前の若く、同一轍を履まんとし、而して其の沈醉より醒むるは、他の切實なる忠言に賴るに非ざれば、徒らに數年の後、過を悔ひて而して自ら悟るを待たざるべからざらんとするを觀ば、今に於て之を匡救することは寧ろ我が國民の義務とすべからざらんや。而して是れ一兵を勞せず、一丸を放たずして、亦其義天下に伸ぶべき者なり。

但だ夫れ我が近日の地位は、復た一小弱邦、大局の勝負に關係なき者として待遇せられたるの當初と異なり、其の一擧手一投足は、動もすれば人の指目を招きて、强國の猜妬を滋《ま》すの患あり。今我が南隣の新立國に、滿腔の同情を表せば、其の野心を疑はるゝや、亦避け難きの勢なり。故にかの匡救の義務を盡し、切實の忠言を進むる者は、國民中に在て、此等の猜疑を受くること最も薄かるべき者たるを要す。吾輩は其の最も適任者として、米國派宣教の下に養成せられたる士女、殊に青年を推選せんと欲す。

米國派宣教の感化を受けたる士女中には、社會に於て有力なる地位を占むる人に乏しからず。而して其の米人と至て親密にして、相互の感情に、城府の隔離なき者、大抵皆是れなり。且つ其の青年中には、英文に妙なる才人もあり。若し此等士女が、其の嘗て米國人より受けたる高尚なる精神上の感化を發揮し、及ぶべくば我邦に在留する米國宣教師をも一致せしめ、帝國主義の迷妄と、他國侵略の罪惡とを警告し、一國民が獨立自主の志望を敬重することの人類の最大義務、最大美德たることを啓發すべき一篇の趣意書を作り、更に及ぶべくば、適當の人物を選任し、此の趣意書を奉じて、米國に渡航し、米國民の天良に訴ふべき所有《あらゆる》手段を盡さしめば、彼等が直接米國先輩より受けたる至大の恩惠に報ずる所以に於ても、其の國民に代りて米國啓發の德に答ふる所以に於ても、將た南隣の一國民が尊重すべき希望を贊襄する所以に於ても、盡く此に盡すことを得べしとせざらんや。

敢て此の人道の大義に關する一大事の任を以て、米國派基督教の士女、特に其の青年に屬望し、之を推選す。希《こいねがわ》くは少しく意を留むるあらんことを。

『萬朝報』「言論」　明治32年6月1日

沈醉時期

潜夫

山縣侯首輔樞要の任を以て、尊俎折衝、應酬倥偬の日に處し、賜暇保攝、舊都山水の間に汗漫悠游すること數十日、世固より其の曠職を議する者なきに非ず。而かもかの紛々の議、嗷々の聲、以て侯が臥榻の安隱を害するに足らず。擧世帖然、進步派の演說會、會する者幾千人と注し、非增租派の運動、焦唇燥舌、人心の煽揚に汲々たるも、未だ曾て響應雲集、環《めぐ》りて而して當路を攻め、其をして怵然として懼《おそ》れ、霍然として覺《さ》めしむる者あらざるは何ぞや。夫れ增租の地方人民に於ける、其の痛痒相涉る者、誰れか此より甚しきあらん。今此議を以て一世に呼號する者あり。宜しく之を迎へて唯だ後れんことを懼るゝが若き者あるべし。而して其の實は則ち彼が如し。かの外交問題の國民に於けるや、條約改正の得失、條約厲行の主張、皆能く一代人心を動かして、天下を奔走せしめて餘ありし者なり。而して今は卽ち當局の外交に無能なる、擧世之を認めざるなくして、而して在野黨は則ち之を操《と》りて以て政府を攻むるの利器と爲すに足らず。竊かに其故を思ふに、人心の沈醉、期それ至れるか。

激動の後には、必ず沈靜を要す。一日の勞働、斯に一夜の睡眠あり。吾輩は日清戰役の後に於て、必ず一時沈醉の時期來ることあるべきを豫想したりき。然るに戰役の惠澤及ぶ所は、當事の官吏、軍人、及び夤緣《いんえん》して利を網する商賈に過ぎず。かの平生民間に在り、窮苦に忍耐し、自ら國事に奔走すと稱し、而して其の戰役の日に當りては、能く國家の大事を顧念し其の鋒鋭を斂《おさめ》て、政府をして蹉跌少からしめんことを期せる徒は、則ち勞未だ酬いられず、利未だ分たれざりし也。是れ其戰役の大勞働を經、戰後經營の膨張政策に麻醉せしめられ、殆ど他顧に遑あらずして、而も猶一脈不平の氣は能く人心の沈醉を防で、昏迷に至しめざりし所以。既にして財政の蹉跌は、全盛比なかりし伊藤内閣をして、土崩を免るゝ能はざらしめ、而して松隈内閣の組織は、已にかの未だ分利に預からず、未だ惠澤に浴せざりし民間人士をして、頗る其の欲する所に厭飫せしむるの路を啓き、伊井内閣之に繼ぎて、而かも一たび開きし人材不次登庸の門は、復た之を杜《と》づること能はず、憲政内閣の成るに及で、乃ち十數年來、勢利に饑渴せる民間人士を縱《はなち》て、其の饕餮を逞しうせしめ、而して戰役の惠澤をして、苟くも社會に勢力ある諸種の階級に波及せざることなきを致せり。此時に當りて、嚮者の最も先に最も厚く分利に預かりし商工業者流は既に膨張政策の流毒に困《くる》しめりと雖も、是れ當然の數のみ。乃ちかの農民の若きも、今日增租の困苦は、寧ろかの政策の結果として、昂騰せる米價に、過分の利澤を被りし報償にあらずといふことを得んや。然らば則ち今日の商工業者、今日の農民、今日の士人が、其の今日の寂寞ある者は、皆多少一時繁華の反動たり。且つかの農工商の若きは、其の惠澤を受くると、困苦を嘗《な》むると、兩つながら受動に出づる者多し。獨り士流に至りては、其の嘗て志を得ざるや、皆行々焉、一たび其位を得ば、家國興すべく、生民拯《すく》ふべしと謂ふ也。而して其の局に當るや、内自ら訌擾して、擠《お》さずして自ら陷いるを致す。其の位を失ふや、則ち再び狂呼して、財政と云ひ、外交と云ひ、之が匡救の手段を説くも、世に信ぜられ人に孚《ふ》する能はざる者、不幸に非ざる也。

社會の各階級は、此の如くにして皆戰役の影響に因れる振盪を受け、而して皆其の惠澤を被ぶれり。惠澤は索《つ》くるなき能はず。振盪は休歇するなき能はず。一代人心、各種の階級は、既に戰役以來の勞働に痛倦して、方さに休息を思はんとす。沈醉の遏《や》むべからざるは睡眠の方さに催して抑へ難きに似たり。是故に山縣侯を以て首相とし、松方伯を以て財政當局と爲し、青木子を以て外務當局と爲し、議會の開期に於て全力を自由黨の買收に用ひし外、議會已に閉づれば、則ち一事の擧ぐるなく、臥して恬熙を貪り、西隣の警報、褭として充耳の若く、而かも在野黨の氣力已に餒《う》ゑて、之を攻むるに足らず。官吏任用の關塞、一時大に開けし不次登庸の路を杜ぢて、而して政府黨すらも、之を窮詰するの意なき者の若し。蓋し此れ所謂委裘を朝して、而して天下動搖せざる者、山縣内閣は、不思議なる遭遇に因りて、恰かも其の無能を用ふるの好機に際せる也。古より庸人劣才が其の富貴安樂を享受せる、乏しからざるの例たる沈醉時期に會せる也。

睡《ねむ》れる者は醒めざるべからず。沈醉時期は決して恃むべからず。如何にして醒むべき、何人か之を醒ますべき。請ふ更に稿を改めて讀者と之を商量せんか。

沈醉時期の提醒者

『萬朝報』「言論」　明治32年6月4日

潛夫

勢は窮まらざれば變ぜず。勢の未だ窮まらざるに當りて、之を變ぜんとすれば、焦頭爛額、其力を用盡し、其勞を極盡すと雖も、竟に功なくして而して往々反て禍を招くことあり。故に吾輩は沈醉時期の將さに來らんとするに當りて、赤手之を障《ささ》ふるの得べからざるを知る。夫れ社會勢力の中心は、五年若くは十年、必ず移動するなきを得ず。唯だ夫れ移動す。故に每事鮮新にして、臭腐の患なきことを得、其の移動せざること久しければ、則ち沈醉の時期、斯に奄至す。明治十七、八年を央《なか》ばとして、前後數年間、伊藤井上の中心たる時期ありき。卽ち沈醉の時期なり。自由、改進兩黨已に解散して、板垣は鄉里に蟄し、大隈は黨籍を去り、往々仕へて官吏たりし者あり。吾は恐る、反覆することを好む歷史は、將さに復た同一轍を履まんとすることを。自由黨が藩閥政治に盲從せるは、現に山縣と相表裏すと雖も、實は仰ぐ所は伊藤に在り。而してかの伊藤と宿仇たる進步黨すらも、近日に至りて、其の伊藤を牽聯せんとするの意極めて殷《さかん》なるを見る。意ふに山縣内閣は、單に伊藤の驅除たるに過ぎずして、來るべき沈醉時期は、復た伊藤中心の時期たることなきを得んや。且つ山縣は決して時期の中心たるに足る人物に非ず。其の活動力なきは、卽ち其の方さに處せる時期をして、全く之を沈醉に傾嚮せしむるに足らざる所以、必ずや伊藤の若く、苟くも勢の利なるに乘ずれば、則ち得意滿志、其の極まる所に致して已むの活動力ある者にして、斯に以て時期の中心たり。數年間其地位を維持して、以てかの沈醉の勢を窮極せしむるに足る。意外の變あらざるよりは、吾輩は伊藤中心時期の遠からずして來り、而して社會の沈醉、斯に大成を告ぐべきを豫言することを憚らざる者なり。

沈醉時期は社會に取て、生民に取て、決して喜ぶべきの現象に非ず。猶ほかの醉中の處事、大抵適當を失するが若く、國計を誤り、民福を損ずる者、大抵此等時期の妄爲より萌《きざ》す。故に縱令其の全く提醒すべからず、強て之を提醒せんとすれば、反て禍を招て事に益なからしむるも、而かも時々に鍼砭して、其の處事の失當より、百年の貽禍たらんことを防ぐは、亦識者志士の任とすべき所。且つ兵の將さに進まんとするに當りて、之が先鋒たるは、何人も能《よく》すべし。其の將さに退《しりぞ》かんとするに當りて、之が殿後たるは、大勇に非ざれば能はず、沈醉時期に當りて、其の勢に逆《さから》つて而して之が鍼砭を試みるは、それ猶ほ此の大勇者の如き乎。但だ社會が漸やく其の沈醉に厭きて、再び活動すべき時は、則ち其の提醒の主題は、必ず前日と同じきことを得ざれは、則ちかの大勇者が、必ずしも新時代の功臣たることを得ざるは亦已を得ざる者と謂うべし。

民權論活動の後に來れる、伊藤中心の沈醉時期を提醒せる者は民權論に非ずして、而して國權、國粹の主義なりき。其の時に活動せる人物も、亦新主義を唱導せし者、多くは新人物にして、而して民權の遺老は、則ち國權、國粹の新主義、一世を風靡せる後、徐《しず》かに窟穴を出でゝ、其の活動を再びせるに過ぎざりし也。來るべき沈醉時代に繼ぐべき活動時代も、亦豈に然らざらんや。國粹、國權の主義を以て始めたる活動時期は、財政問題を以て其の終を告げたれば、來るべき活動時代の問題は、意ふに其れ此より以外のものたらんか。而して其の唱導者は、亦必ず現在黨派以外の人物たらんか。即ち現在黨派内の人物をして、亦必ず此に與かること無き能はざらしむるも、而かも其の時代の中心たらん者は、必ずや新人物に須《ま》つことあらんとす。

夫れ當世の最も缺亡を感ずる所の者は何ぞ。今の時代に於て缺亡を感ずること最も殷《さかん》なる者を知らば、則はち來るべき時代に於て拈出《ねんしゅつ》すべき第一問題を知る。財政か、財政の問題は、其の負擔の輕重に在らずして、而して安排《あんばい》の巧拙に在り。其の手腕を要するは、固より論なしと雖も、而かも此を以て沈醉の時期を變じて、活動の時期と爲すに足るの大手腕を要すべからざる也。外交か、外交家は詩人の若し。生るべくして、作るべからず。且つ國家の體面と利益とを傷損せし舊條約は已に改まりたれば、此より以往、特に其の巧拙の問はるべきあるのみ。大に横屈せらるゝ所あるに非ざる也。個人主義、國家主義の論難も亦陳《ふ》りたり。歐化主義、國粹主義の爭辯も、固より一時立言の體にして、永續すべき性質の者に非ず。吾輩は諸君と之を顯言せんことを悋《おし》むに非ず。而かも諸君が吾輩の顯言を待たずして、來るべき時期の救濟問題と、救世主とを求むべきは、寧ろ其の職分に非ずや。

『萬朝報』「言論」　明治32年6月8日

臺灣當局の地位安全策

潛夫

臺灣當局の土匪招降策は、吾輩の豫想せるが若く、世人の危ぶみしが若く、漸次に破綻を露はし來り、臺北の簡大獅先づ叛《そむ》き去り、臺中の柯鐵は未だ一たびも山を出で來らず。而して最も忠順にして、道路開鑿の業に從ふと稱せる宜蘭の林火旺も、亦去て山に入り、陳秋菊等の督府に款待せらるゝ猶ほ大賓貴客のごとくして、反て良民の怨嗟を滋《ま》せば、其の竟《つい》に無事を保たんこと、殆んど望むべからず。若し臺灣をして、數代の總督、民政長官、皆世間の誹議に失敗し、敢て進で之に當る者なきに至り、乃ち今の當局あるを得たる者ならざらしめば、只此一事、亦以て一代の誹議を買て、而して其地位を危くするに足らん者なり。

惟《た》だ其れ臺灣當局の地位は、貧乏寺の住持の若し。先代の住職も、先々代の住職も、維持の困難と、檀家の苦情とに堪ふる能はずして逃げ去れり。今の住職の横着にしてや〻才覺ある、本山の補助をも强請し、檀家の苦情にも驚かざる度胸あればこそ、夷然として屋頽《くず》れ雨漏る宇下に、酒肉を縱喫することをも得れ、この横着頭陀《う づだ》にして、一旦住職を罷《や》めんには、其の後住たらんことを望む者なきこと、十に八、九ならず。其の苦情決して少からずして、而して地位の猶ほ安全なる者、亦實に此が爲なり。臺灣當局の地位も、亦復此の如し。

且つ彼は其の維持の困難なるは、適々《たまたま》以て其の地位を安全にするの資たるべきことを發見せり。是に於て彼は益《ますま》す其手を擴げたり。從來寺院反對派の檀家を籠罩《ろうとう》して、寺の用達としたり。寺有の財産を以て、種々の投機事業の資と爲したり。かの事業の成行に就ては、其の緒を開ける彼すらも、殆ど其屆《いた》り極まる所を知る能はず。而してかの籠罩せる檀家の恣睢、亦支へ難きを見れば、則ち彼にして苟くも其住職を棄てしむとも、誰れか此等他人の殘緒たる苦情多き、理《おさ》むるに由なき寺務を引繼ぐことを望む者あらんや。臺灣當局が頑獷なる土匪を招降して、授產の金を下賜し、又鐵道公債案を通過せしめ、樟腦專賣法、食鹽專賣法を計畫し、土地調査に着手する等、有《あら》ゆる事業を興すも、亦復爾《しか》り。かの興起せる現當局すら、其の成功の期すべきや否やを豫定すること能はざる者、況んや之に代る者ありとも、其の頭腦より抽繹せられざる、而かも紛糾限なき事業の、果して何の處よりか手を下すべきを知る能はざるをや。

鐵道公債の無理算段を命ぜられたる臺灣銀行は、果して希望ある事業たるか、是れ已に疑ふべし。而して臺灣鐵道の敷設なり、完成後の利益なり、皆覺束《おぼつか》なきを以て、誰れが好で其の必敗の局に當る者あらん。樟腦專賣法の施行に關しては、定めて外國資本家との衝突より、大煩累を來すことなきを得じ。食鹽專賣法の施行に就ては、三百萬の土民より、幾多の嗟聲を聞き、土匪に口實を與ふるの禍患を胚胎せざるを得じ。土地調査に就ても亦然り。夫れ阿片專賣の實効すら、未だ十分なることを得ずして、其の善後の方法は、當局の苦心經營を要すべき者なるに、今又此の數多の紛雜なる新事業を加ふ。苟くも其の立法の旨意を認眞施行せんと欲する者の一日も職に堪ふべき所に非ず。然れども此の如きは、實に現當局の企畫圖に中《あた》りたる者にして、其の地位の安全は、蓋し此に由て益す加はる也。彼は此の困難紛糾の諸事業を金城鐵壁として人の攻め得ざる所に潛める也。孫子の兵法に據れば、攻めざる所を守るより固きはなしといへり。臺灣現當局は頗る兵法に通ずと見えたり。其の取て代らんといふ勇氣も便宜もなくして、金鼓嘈雜、徒らに虚聲を以て之に臨む。前代失敗の當局、及び世間新聞紙などの恐るゝに足らざるは、彼れさすがに見くびつたり。

彼が結べる網羅は、彼自らをして之に罹《かか》らしむるに若かず。臺灣の事業は、寧ろ姑らく彼等が自ら其計畫の始末に根氣を竭了するまで、彼等に縱《まか》せ置かんも可ならずや。いかに横着なればとて、其のヤリクリの利くべき時日には、大抵程度あり。彼等が自ら結べる羅網に纒縛されて、始めて恢々たる者の懼《おそ》るべき、横着の恃むに足らざるを自ら教へらるゝを觀《み》んも亦可ならずや。

然れども吾輩は亦彼等をして自ら教へられしめんが爲には、一億餘萬の戰費、一億餘萬の公債、加ふるに戰時、竝に守備隊が亡失せる數千の同胞の血肉を拂ふを要するの覺悟なかるべからざる也。噫。

韓國に對する手段

『萬朝報』「言論」　明治32年6月16日

潛夫

當局者と局外者とを問はず、心を東亞の情形に留め之が爲に力を效《いた》さんと欲する者須らく先づ其の清國の現狀如何を察せざるべからず。今日の清韓は、十年前の清韓に非ざる也。其の變態の由て來る所、果して外よりせるか、内よりせるかに簡《えら》ぶことなき耳。其の四圍の情勢に對し、内部の治務より看て、自衞の地位、自存の能力、兩《ふた》つながら之を十年の前と後とに撿するに、決して同じこと能はざるを知らば、則ち之が爲に力を效《いた》し手を下さんとする者、膠柱刻舟、些の應變手段なくして可ならんや。

十年前の韓國、其の自衞の地位、自存の能力、今日に加ふるに非ず。而かも其の四圍の情勢は今日の迫れるが若くならず。而して其の内部の治務、亦今日の濫なるが若くならず。意《おも》ふに韓國を誤るの最大責任者は、豈に吾邦に非ずと謂ふことを得んや。蓋し我の清國と戰ふに當り、所謂獨立の扶植、我全く之に任じたり。其の外部の防護、唯だ我に頼りて而して安きを得、固より韓國に自ら衛《まも》るに足るの兵力あるに非ざる也。其の内政の更革、唯だ我に縦《まか》せて而して整ふことを待つ。固より韓國に自ら存するの財力あるに非ざる也。苟くも我にして一日之が支持に任ぜざれば、則ち韓國一日亡あるのみ。然るに我は露國との交渉、漸やく轇轕を滋《ま》すを憚り、日に以て其の支持の任を抛棄し、韓國は則ち日に以て其の生機を消亡し、今日に至りては、形骸僅かに存するも、其の實は則ち蕭然として亡國なり。我は一戰の効、露國の兵力をして、其の西隣たる滿洲に充牣せしめ、而して之が防衛の責に任ぜず、内政の紛更をして、收拾すべからざるに至らしめ、而して之が整理の責に任ぜず、人の國を扶植する者、果して此の如き乎。但だ往事は追咎するも益なし。抑《そもそ》も我邦が韓國に與へたる扶植事業の結果其國勢をして十年の前と同じからしめたるに至ては、豈自ら知らずして可ならんや。

吾輩は我が當局幷に局外者の爲す所に觀て、而して彼れ皆此の情勢の變態を知ると言ふを得ざるを意ふ。戰役以前に在て、外部の壓迫、今日の若く急ならず。其の政府は暗昧と雖も、猶ほ事を斷ずるに己れよりし、人の頤使を受けず。猶ほ獨立の體面を維持するの日、是れ固より其の宮廷の歡心を得、其の貴戚大臣に結托し、由て以て自ら便利を計るの要あるべし。一たび戰役を經、而して韓國の政、一切我邦の左右するに任せて、韓人手を拱して成を仰ぐの例、已に開けたり。韓人は人に依るの痼習を深うし、外國は干渉の前例を得たり。我邦一日之を棄てば、則ち他國一日之を攫《つか》まんこと、逆《あらか》じめ知り難きに非ず。ウヱーベル、ハヾロフら絶人の技倆あるに非ざるも、固より以て優に此際に乘ずるに足るべし。韓國なる者は、今や氣息已に絶つの骸、僅かに電氣作用に因りて伸縮を爲すが若きに過ぎず。其の宮廷も、貴戚大臣も、皆自ら其國事を左右するの能力あるにあらざる也。然るに此時に於て、力を韓國に効《いた》す者が、猶ほ宮廷の勢力、貴戚大臣の黨援に藉りて事を爲さんとし、金朴諸人と十五年前にクーデターを企てたる故智に傚《なら》ふことあらば、唯だ効なきのみならず、又將さに事を僨《やぶ》らんとす。乃ち當局の若きも、其の韓國に對する、自存の能力ある邦國に對する若く、其の言ふ所を信じ、據りて以て自ら安《やすん》ぜば則ち敗を招かざる者寡し。何となれば死人に言ある、妖魔の爲に非ざるよりは、決して此理なければなり。

韓國に力を効《いた》すの道、局外志士に在ては、須らく其の血肉已に冷かなる形骸に向て、個々の細胞、絲々の脈管に、熱あり生氣ある血液を注入するの外あらず。宮廷の若き、貴戚大臣の若き、已に死せる頭腦を回《めぐら》して之を活動せしめんとするも得べからざる也。若し夫れ當局に在ては、唯だ直接に之を壓迫し、痛く之に鍼砭し、其の死せるが若き肢體を把《とつ》て、己が意ふまゝに動作せしめ、瞿然として驚起せしむるある耳。以てかの志士が細胞、脈管より血液を注入する者と相應ずるあるのみ。若し乘ずるに糜爛潰決せざるに及ぶことを得ば、庶幾《こいねがわ》くは再び之を蘇生せしむるを得べし。衰弱せる人に向て滋養溫補を勸むるが若く、其の嗜好を動かすに足る腦髓作用に待つの餘裕あるべきに非ざる也。苟くも此の如くせずんば、則ち此の一大臠、決然として之を割棄し、以て豺狼に飽かしむるあるのみ。又之を恡《おしん》で而して豺狼をして幷せて我が手を噬ましむるの愚を爲すべからず。

若し夫れ清國に至りては、卽ち半死の國、之に處するの方、稍や亦韓國と異なり、是れ別論を要す。

『萬朝報』「言論」　明治32年6月18日

支那の主陸軍策

潜夫

英露二國、一大獨立國の域内に於ける鐵道布設の權利を協商すること、かの國に主權あるを知らざる者の若く、其の恣橫を極め英國は嘗て楊子江流域を以て權力區域と公稱せる者、今は附會して江の支源流域を包括すと聲明し、露は又牛莊より北京に至る鐵道敷設を要求し、轉眴の頃、之を棄て而して長城以外に於ける其の權力の牢固を以て之に代へ、獨逸も亦た英の顰《ひそみ》に效《なら》ひ、黃河下流の旁出水域をも幷せて、其の權力區域を擴大せんことを企つと云ふ。其他覬覦《きゆ》の邦國、一にして足らず。清人慨然として之が爲に切齒すと雖も能く侮《あなどり》を禦ぐの術あるを得ず。是れ近日陸軍精練の論漸やく世に喧しきを致せる所以。

始めベレスフォード卿が支那要路に忠告するや、實に各省沿海礮臺防營を撤して、專ら陸軍を練るを以てす。當時支那要路甚だ其の言を重視せざりき。意ふにベレスフォード卿が英國士官をして陸兵の訓練を主《つかさど》らしむるを欲するは、卿自ら張之洞に說ける所を以て之を證するを得、故に卿の目的は、實に清國の爲めに謀ると否とは、姑らく問ふことなき耳、其の言の清國の時宜に切中せるに至りては、則ち易ふべからざる者あり。清國當路、未だ緩急の義に明らかならず。海軍復興の議、沿海防備の論、猶ほ重を朝廷に爲す。是に於て其の醒覺する者、頗ぶる下より之を發す。云ふあり、

夫れ甲午に撓敗せしより、中國是に於てか海軍なし。旅順、大連、威海、膠州の割棄せしより、中國是に於てか海口なし。今悉く斂賦を索《もと》め、戰艦を造り、勝兵を募り、洪濤を凌《しの》ぎ、以て列强と從事せんと欲す。迫りて待つに及ばざるに論なき也。卽ち歲月寬閑ならしむるも、此の民窮し財匱《とぼ》しく、要害全く失ふに當り、費を籌すれば則ち出づることなく、足を託するには則ち所なし。城を背いて一を借らんと欲すと雖も、豈に得べけんや。故に今日中國には所

謂海軍なき也、陸軍を練るのみ。

又論ずるあり。宜しく沿海各砲臺防營、徒らに金錢を無用に糜費する者に於て、一律に裁撤し、凡そ口岸にして未だ外人に據《よ》られざる者は、各國の通商を聽し、一國獨據の地と爲すを得ず。卽ち裁節の費を以て、陸軍を精練すべし。其重鎭を建立すべきは、直隷山東適中の地に於て一處、以て京師を拱輔す。漢口に一大隊、是れベレスフォードの成策、其餘陝甘、雲南、四川、各々精兵數萬を練る。河南は天下の中、亦兵一支を練る。綠營額兵、宜しく一切裁撤すべく、湘淮諸軍も暮氣恃むに足らず。而して淮軍尤も甚し。嚴に淘汰を加へ、營制を改設して、悉く洋將を用ひて訓練すべしと。吾輩は謂ふ、此の如きは其望む所猶ほ侈《おご》るを免かれず。若し嚴正なり新式の訓練を經たる十萬の兵ありて、直隷江南の要地に屯據せしめば則ち列强決して之を輕ぜじ。然る後徐ろに內政の更革を圖り、財務を整頓せば、貧しと雖も、以て列强の衝を折《くじ》き侮を禦ぐに於ては、其必ず餘あるべきを信ず。兵を募るの難きに非ず。費を籌するの難き也。彼間論者は、沿海礮臺防營を撤して、其の費を以て之に充つといふも、舊物已に撤して、新軍未だ集まらざるの前、何に由て其の撤せられたる怨望者の禍心を鎭壓し以て新兵の精練を待たん。蓋し支那改革の一大障礙は、毎に此種の怨望者を虞るに在り。其實將校が所謂控餉の私を行ふにより、額兵練勇の實數は、往々十一に滿たず。故に將の撤せらるべくして、兵の裁せらるべきに非ず。怨望者の數も、意外に少かるべきも、而かも交替過渡の際、一日防備なきの國家あらしむべからずとせば、則ち姑く籌費を他の途に求め、基礎已に立ちて、而して後斷乎として釐革を行ひ、裁汰を決するに若かず。聞く、湖北にて新たに二千人の兵を召募し、其費は之を官鹽に求め、毎斤價錢二文を加へ、而して其の銷售の爲に影響なかるべしと。是れ彼間新聞紙の道《い》ふ所なり。此等便宜手段、猶ほ以て一年間數萬兵の餉を支ふべし。一年訓練せば、其の威に藉りて、額兵撤すべく、河漕諸散官撤すべく、域內帖然として、改革の業成るべし。陸軍精練の支那自衞に必須なること、近日同業者も亦頗ぶる注目する者あり。加ふるに英國が其の權力區域の商業防護を淸國に迫るの事あるを以てす。支那陸軍の訓練は其の自衞と改革とに關係あること少ならざるを以て、西人支那人の同一論旨に涉る者を敍列し、聊《いささ》か私見を加へ、以て吾が當局の此を以て友邦に忠言するの資と爲す。吾輩は惟だ當局が之を用ふるに足らざるを恐るゝのみ。

『萬朝報』「言論」　明治32年6月22日

大隈伯を支那に遊ばしむべし（上）

潛夫

一閒散にして重望ある大員をして、支那に游び、其の名公鉅卿と杯酒徵逐の間に、暗に其の顧問に備はらしめ、以て其の風氣の開發を贊襄し、其の變法の利益を理會せしむべしとの策は、嘗て略ぼ之を倡へたり。

其後清國に大使を差遣するの說を傳ふる者あり。已に大使を差遣すとせば、則ち其任に當る者、必ず第一流の人物を待たざるべからず。固より現任公使を陞任せしめて、單に其名稱を偉にするのみなるべからず。其の重望ある大員を簡ぶや、則ち吾輩が前策は、寧ろ蛇足に屬するを以て、姑《しば》らく之を再議せざりしも、大使差遣說は、已に泡消して跡なく、而して東洋の經綸、日に淪湮に趨かんとす。たとひ近日外交官の交迭、果して其効を奏し、其の缺陷を半嶋一隅に補はしむるの夢想をして成就せしむとも、此等は寧ろ東洋の大計に於て、枝葉たるに過ぎず。清國に於ける我が開導の地步、一日定まらずんば、則ち保全の談も徒爲のみ。未だ以て東亞大局を口にす可らざる也。然らば則ち嘗て倡導せる閒地大員差遣の議は、復た今日に申《かさ》ぬるの必要なしといふべからざるに似たり。唯此議の現當局に容られて、而して閒散大員の簡派せらるべき時、果して何人をか最も適當となすべき。

或は曰く、副嶋伯可なり。但だ伯は少しく老たり。其の北京に於ける、各國公使が力を校《くら》べ才を競ふ際を縫て、能く赫々の名に居らずして、而して潛入浸潤の功あることを得んは、望むべからざる也。且つ其の內國に勢力あるに非ざれば、其の言ふ所我が當局をして、輒《すなわ》ち之に聽從せしむるに足らず。或は曰く、伊藤侯を請ふべし。吾輩も亦頗る之に贊成す。侯が去年清國に遊ぶや、其の上下の傾倒款待至らざる無かりき。今日に於て其の聲望、副嶋伯の上に在るも、決して其下に在らず。其の短處は、則ち其の敎ふる所を幕賓とするを好で、而して其の敎を受くる所を幕賓とするを好まざるに在り。內國の事は彼も亦多少の經驗あり。苟くも從前の逕路より跳脫して、高く一隻眼を着くるの手段あらざる以上、彼自ら其の半吐半呑の技倆を以て、一代の黨人を奔走せしむるに足る者なきに非ず。而して伊東、末松の徒、亦之が爲に輔翼たるに足る。今夫れ清國の事情は、其の素より諳熟せる所に非ず。其の變法を成就して、因て以て東洋の大局を定むるの地と爲すに至ては、其の何處より手を下すべきかは、胸中一も成竹あるを得ず。而して其の素より撫循せる子弟も、亦一人此種の大段に通ずる者なし。則ち其の幕賓を請て自ら從へざるべからざるは、論を待たず。此際に於て其敎を受くる所を幕賓とするを好まざるの性は、甚しき罣礙《かいがい》たり。若し其の妄意自ら用ふるは、則ち去年游歷の日、康有爲が謁を求めて談論せし語、往々輕侮の意味あり。乃ち再游の事もあるも、能く其の後を議せん者、必ず將さに少からざらんとす。

吾輩が最も此任に適せりと爲す所は、實は大隈伯に在る也。

若し近日の風説の若く、伊藤侯にして外務大臣たるに至ることあらんには、配剤更に妙なりとす。然れども世人は必ず此言を以て惡謔に幾《ちか》しとし、恐らくは之を信聴せざらん。夫れ大隈伯は一大政黨の大首領なり。現政府の敵國なり。其の乾兒《こぶん》の係累甚だ煩はしき身なり。其の取て代るの野心勃々として、明日にも冠を彈《はじい》て起つべき人なり。地租問題の旗幟も故なく卷き去るべきに非ざる也。其の勢力を養ふ所や、早稲田の窟穴に據りて、四方より風を聞て至る者を操縦して而して之を得《え》、自ら起て東奔西走して成せるに非ず。此の數者は、皆其の技倆の内國的、安坐的なるを見るべき者、今之を誘て外游して周旋するの任に當らしめんとす。何を以て之を惡謔と許する者に辭せん。曰く大に然《しか》らず。

大隈伯を支那に遊ばしむべし（下）

明治32年6月25日

潜夫

大隈伯は伊藤侯の若く、慢心强からず。固より自ら許して人に讓らざる所なきに非ざるも、而かも其の自ら許すや、實に技倆の上に在て存す。區々たる學識を以て、人と短長を較するは、蓋し大隈伯が以て小丈夫の事たりとすべき所、伊藤侯が鼻頭、常に其の學識を懸くるの厭ふべきが若くならず。大隈伯の談話は（記者未だ曾て親しく之を聽きしことあらざるも）、人を看て法を説き、物に應じて形を賦し、圓轉滑脱、手段自在なり。伊藤侯、板垣伯が動もすれば自己の經歷をさも場所に説き、人の聽くを好むと否とを顧みずして、己れが言はんと欲する所を言ひ、以て快心を取り、雄辯に誇るが若くならず。大隈伯は着眼に敏に、記性に健に、其の頭脳に創造の才あること、伊藤侯に愈《まさ》るも、劣ることあらずと雖も、亦善く其の幕賓に聽き、其の意見を採り、而して之を稠人廣座中に再演すること、殆ど之を己れより出せるが若し。故に必ずしも其の教えを受くる所を幕賓とする能はざるが若きことあらず。且つ支那問題の若きは、恐らくは伯が必ずしも其の野心を飫《あ》かしむるの料とするのみならずして、亦多少親切に處理せんと欲する所ならん。果して然らば、則ち其の實効ある方法を擇《えらん》で、其の任を伯に託するに於て、伯それ終に之を辭すべけんや。大隈伯は固より技倆自慢の人なれば、たとひ從前其の縱談に成功せしは、早稲田の窟穴に據る者、實に虎の嵎《くま》を負ふが若きありて、此を離れんことは、地の利に於て多少の損失ありとするも、伯は我慢にも其技倆僅かに窟穴に因りて保たると辭するを得べからず。況んや近日地租問題の爲にせる游説は、其窟穴を離れて之を爲し、而して其の成功は姑らく舍き、其技倆は强《あなが》ち此が爲めに色を減ずと謂ふべからざる者あるをや。

若し夫れ政黨の便宜より言はんに、沈酔期に嚮《むか》へる政界、進歩黨一派の乘ずべき機會、容易に生ぜざるは、大隈伯も亦略《ほ》ぼ之を察するならん。地租問題の若きも、地方人民の稍《や》や眼識ある者は、五年以内に於て、之を復舊せんことの難かるべきを想ひ、且つ進歩黨が他日局に當らん時、其の能く減税の實を擧げ得べきやを危ぶみ、又自由黨と雖も、五年以後に於て、更に衆怨を沽て增《かい》税を續行する能はざらんを恃むを以て、其の挑撥手段、意外に成功少かりし者の若く、さりとて今更之を撤去せんこと、甚だ體面にも關すれば、苟くも此の徒勞なる問題にして、大に體面を損せずして捲き去るべき機會あらんには、寧ろ喜で投ずる所たらんも知るべからず。且つ進歩黨が取て代るべき機會、當分來り難しとせば、其をして窮苦の餘、接踵して墮落せしむるの危險を冒さんよりは、伯にして一たび支那に游び、其の名公鉅卿と相得るに及ばんには、人材を我邦に求むるの途、必ず將さに大に開けんとす。則ち進歩黨の豪傑、其の技倆は泰西的秩序の吏務に適せずして、多く創業の際に効あるべき者、大に其志を支那に得せしめば、亦以て少しく其の野心を滿足せしむるを得べく、其の萬一成功するが若きことあらば、其の夸負するに足るは寧ろ狹隘なる日本國内に於ける成功よりも大なりとせざらんや。グラッドストンは保守黨政府の當時、東歐クリート問題の處理を託されて、之が爲に力を効《いた》せしことあり。其の成功と否とは姑らく問はず、現政府の敵國たる大隈伯にして、之が爲めに外國問題に力を効《いた》さるは、必ずしも不可なるに非ず。而して現政府に取ては、此が爲に一時を偸安して、其攻擊を紓ぶることを得、蓋し策の現政府と進歩黨との利害を衝突せしめずして、兩ながら便宜を得べき者、未だ此の如く妙なるはあらざる也。此の如き智慧の吾輩の頭腦より出づるは、寧ろ天の東亞を眷し、日本を眷し、幷せて現政府と進歩黨とを眷する所以に非ざらんや。敢て之を恷《おし》まずして、東亞の爲め、日本の爲め、其餘の爲めに之を傾倒し盡す所以。

戰利艦還付の議

『萬朝報』「言論」　明治32年7月21日

潛夫

日清戰役に收容せる戰利軍艦を淸國に還付せんとの說一たび世に行はれしより、世人は其の說の由來する所、何處に在るを明らかにせざるも、而かも轉傳の間、自から此事の或は應《ま》さに有るべきを意《おも》ひ、絕えて其の無根の虛傳たるを信ぜざる者の若し。吾輩は此說の海軍々人にも之を唱ふる者ありて、而して代議士の之を贊する者も、亦た往々之有るを聞けば、其の無根の訛傳に非ざるは、固より疑を容れず。其の世人の亦此事の應さに有るべきを意ふが若きは、豈に亦輿情の赴く所、實に之を可とするの徵にあらざらんや。軍艦還付は、以て斷じて行ふべき也。

淸國より得たる戰利艦は、其の二、三隻、猶警備の用に充つべからざるにあらず。然れども不日にして二十六萬噸の海軍を整頓すべき我邦に在ては一萬五、六千噸の老艦なしと雖も、以て衡を强國に抗し難からず、苟くも其抗衡するに足らざる者あらんか。必ずや一萬五、六千噸の老艦の故にはあらじ。且つ十年の前、無事の日に在て、雄を東洋に稱して、淸國の誇たりし鎭遠等の老艦が、前日は仇敵、今日は兄弟たる我邦の手に存するは、其の嘗て以て無上の醜辱と爲し、今に以て懷に釋然たる能はざる所の者に非ざらんや。今日決然として之を其の手に還さんに、淸國が此を以て非常の高義と爲し、其の朝に野に民心を徹底せんこと、かの二千萬圓の公債に應ぜしよりも、其の國人の内地雜居を許さんよりも、効力更に大に顯著なるべし。看ずや此間稍や此説を傳へしより、淸國新聞の之を記し、之を論ずるや、殆ど議全く諧《かな》へる者の若く、欣々然として其説を播布せしことを。吾輩は彼が若き大國にして、此の如き瑣事に臨で、無邪氣に欣悦せざるべからざる境遇に瀕せるを思へば、爲に惻然として之を憫まざるを得ず。今に及で其をして糠喜《ぬかよろこ》びたらしめんことは殆ど忍びざるの感なくんばあらず。而るを況んや我が大陸に於る經略に於て、此一事決して失着の策とすべきに非ざるをや。

外交の術は虛與實得に在り。淸國人に雜居を許して、其の好感情を迎ふるが若きは、實與にして虛得なり。戰利艦を還付して、他の條件に交換する若きは、虛與にして實得なり。淸國が我に依賴するの情は、近日に至りて益す殷《さか》んなり。西太后の政府は、初め露國に依りて、我に遠ざかるの狀ありしも、窘蹙の實情は、竟に虎狼の口を脫して兄弟の庇に賴らざるを得ざらしめ、久しからずしてかの少壯皇帝の手に敗れたる改革の事業は、反て西太后の手に成されんとするの勢を馴致し、隨つて力を我に藉《か》らんとする者一端に非ざるを致すべし。乃ち其の擧の歲月の間に迫らざらしむるも、今や文武の留學生は、旣に數十人に上り、將さに纔で至らんとする者、日に益す多し。此等少壯の子弟が、其の國に歸りて用を得るの日は、我と淸國との盟、溫むるを待たずして自からに熱せんとす。恨む所はかの武學生の此間に來る者は、皆陸軍の生員にして、未だ一人の海軍學生あるを聞かざる也。此れ彿を刻して開眼せざるが若くならずや。吾輩は戰利艦の還付にして、其の方法を得せしめば、淸國海軍に對して、我が感化を及ぼすに足らざるを信ずる能はざる也。必ずしも留學生の派遣と云はず、或は此より更に簡捷にして利益多き方法あらんことを知る。意《おも》ふに我が海軍下士の若き、其の熟練の技倆は、將校に下らずして、而かも資格の限る所、鬱抑して伸ぶる能はざるの恨ある者なしとせず。彼等をして其所を得せしむるの道、寧ろ亦此より啓くべからざるを患ひんや。戰利の諸艦、我に在りては、無きも必ずしも足らざるを患ひず。而かも清國に在りては、有るは實に人意を強うするを得べし。我が清國との交情日に厚きを以てすれば、今我之を還すと雖も、猶ほ外府の若き也。嗚呼我が當局は何を憚りて、早く此の如き損失なき高義の擧に出でざる。

『萬朝報』「言論」　明治32年7月29日

清國の公武一致時期竝に此際に於る我邦の用意

潛夫

支那が方さに我が維新前の歴史と同一の經路を行くは、既に論ぜし所の若し。而して今又事實に於て、其の確證を見んとす。蓋し井伊直弼が大黨獄を起せる後に、次で來りしは則ち公武一致の論なりき。其の首唱者たる長井雅樂等が技倆は、以て沸騰せる衆論を鎭靖して、數百年來、鬱抑せる尊王の氣焰、一時に激發するを融和するに足らざりしも、未だ幾《いくばく》ならずして、皇妹釐降、幕府の改革に伴て、數年間の小康、以て當局をして稍や對外の手段を定むるを得、識者をして開港の已むべからざるを悟るを得せしめたる者は、かの公武一致論の暫らく實行せられたる効なりき。今北京朝廷の上、亦同一様の議論に支配せられんとするを見るは、滿洲帝室の果して存續するを得べきと否とを問はず、決して慶すべからざる徵候と謂ふことを得ず。

傳ふる所の若くば、西太后は其の深く依賴せる露國の野心測るべからざるに危懼して乃ち改革の已むべからざるを思ひ、多く歐西の新文明に關し、變法に關する書籍を購《あがな》ひ、亦康有爲等が從前の奏疏、數萬言、盡く之を讀過して、其の說く所句々錯《あやま》らずと稱し、皇帝との御間柄も、大に前日の反目に似ずして、頗る融和に向はれ、且つ慶親王は頗る之を翼贊輔成せしめらるゝ傾嚮ありて、閒地に在りし李鴻章の言は稍や耳を傾けらるゝに至り、榮祿の地位は未だ明らかならざるも、北京朝廷第一の頑固守舊派たる剛毅は、敬して遠けらるゝ者に似たり。流言に巧なること支那人の若くなる者は、未だ嘗て之あらず。漫然として信を措き難きも、而かも去年クーデター以後、實際政治の經驗は、西太后を啓發する所少からざりしや、疑を容れざる也。康有爲をして金蓮燭底に慟哭せしむるの時あるや否やは且つ設想するを要せず。要するに變法の努力に數年の內訌を絕つを得んことは、必ずしも望むべからざるに非ず。

西太后の變法を思ふは、既に歐洲强國の信義なきを悟れるよりして由來すれば、則ちかの近ごろ來れる欽派使臣が密旨を帶ぶるの說を信ぜざるも、其の依賴せんと欲する所は、我邦を除きて、他に之あらざるを知る。清國の保全開發は、我邦の固より宜しく執るべき方鍼たり。矧《いわ》んや其の五年前の深怨を釋《とき》て、心を披《ひら》きて我に依頼するをや。其の塗人として之を遇するを得ざるや明らかなり。但だ改革の助力は、利益の壟斷に便宜なるを以て、其の占むべき地歩に於て、之を占めて剰《あま》さず、以て徒らに外國の妬猜を招かんことは、策の得たる者に非ず。意ふに勢力の歸宿たる軍事の若き、かの留學生にして、果して其効を奏するに足るべくんば、我の感化五年の後、大陸の要會に遍及せざるを患ひず。海軍の留學生は、果して其の我が兵學校に習學するを許すや否やを知らざるも、若し吾が宿論にして行はれ、戰利艦還付の議行はるゝが若きあらば、清國の諸港灣は、皆我が用なり。我邦の清國に對する、其の好意を利用して、更に歐洲强國の要求に倣ふの必要を見ざるべし。我が清國に對する關係に於て、更に擴張すべき所は、强國の妬猜を招き易き勢力の擴張に在らずして、商工業の擴張に在り。卽ち、清國と經濟上の鴻溝を泯滅して、利益の共通を圖るに在り。其の改革に力を添《そう》るも、亦財政の整理を以て、最も急務とすべし。

總稅務司ロバート、ハートが清國關稅の事務に功效あるは、我が清國の改革に助力するに於て、宜しく鑑とすべき所なり。清國の富實を以て、若し其の稅法を整理し、所謂る涓滴も公に歸して、中飽の弊を絕たしめば、其の十億以上の歲入を得る、難しとせんや。ジェーミソンが清國財政論、其他清人の改革意見を讀めば、清國の財政は、其の官吏あるが爲に支絀に憂ふるなり。清國改革の第一着は、須らく財政よりすべし。西太后の改革をして、皇帝の覆轍を履《ふ》み、徒らに紙上の空文に終らざらしめんことを勸告するは、我が其依頼に答ふる所以也。

招商局汽船會社の賣却、及び近ごろ其の成行を聞かざる漢陽鐵廠の資本供給の若きは、決して放過すべからざる者。招商局が漕糧の運費、他國の商船をして之に當らしめば、現在の四分の一にして足るとは、ジェーミソンの意見にして、此に因りて少くとも每年百萬兩《テール》を節減すべしといふ。若し邦人が招商局を買收せるに因りて、同樣の利益を清國政府に與ふるを得べくば、是れ我と清國との經濟共通は自然に清國財政の整理を導くべき最便法たるに非ずや。

漢陽、江南の諸機器局、更に進で鹽課、釐金の若き、之を邦人の管理に歸するの道を講ぜば、清國をして變法の大根本たる新式の兵餉を供給するを得せしめんこと、甚しき難事に非ざるが若し。我が朝野人士の意を用ふべき所の者、其れ此に在らざる乎。

我が維新前、公武一致時代に當りて、米國公使ハリスが忠言啓導して、今に至りて米國に對する我が感情に、極めて深き親好の念を留めしめたるの跡、今我之を清國の公武一致期に轉用して、更に其の規模を恢弘し得べからざる乎。果して然らば是れ當局の無能、難値難遇の好機を誤る者なり。

山川君に謝す

余が「戰利艦還付の議」に於て、清國の海軍留學に關する不撿の過誤を訂されたるは、多幸する所なり。其他君が報道せられたる、清國留學生の現狀は、皆雜報欄内に掲載して、以て好意に酬いたり。重ねて君が煩を厭はず、丁寧に報道の勞を取られたるを深謝す。

『萬朝報』「言論」　明治32年8月7日

劉慶二氏の使命　上海新聞の訛言

潛夫

劉學詢、慶寛諸氏が西太后の密旨を帶て、我邦に渡來せりとの説、一たび傳へられしより、二氏が門地に係る惡聲、先づ世間に傳播せしが、日を經るに從ひ、惡聲は漸やくに薄らぎ、而して外務當局にも會見し、遂に天皇陛下にも謁見を賜はるを得、是に於て、朝野の人士も亦頗る之を款待して、嚮者の惡聲、闃《げき》として聞ゆるなきに至れり。此の不思議なる現象に伴へる二氏以下の使命は、始めより外人の猜視を招きしが、其の縁由として先づ傳説せられたる、侯爵伊藤に向ひ、西太后の名を以て、北京に至りて、其の老熟せる經驗を以て、清廷の頑陋無識なる大臣を訓戒せんことを請《こえ》るなりとの條件以外に、更に喫緊の條件ありとは、北清日報等の揣摩する所と爲れり。彼等は謂らく、清廷は吾が天皇陛下に攻守同盟の約を締ばんことを請ひ、若《もし》議諾《かなわ》ずば伊太利若《もしく》は他の强國の侵襲に對して浙江、福建二省の防禦に援助せんことの承諾なりとも之を得んとす。之が報酬としては、右の二省に於ける鑛山開採、鐵道敷設の特權を准《ゆる》さるべく、又日本は清國陸海軍の訓練を擔任すべく、之が報酬としては、威海衞に於て補獲したる艦隊を還付すべく、其他に猶ほ漏洩せざる一、二の條件あり。日本政府が康有爲、王照、宋伯魯、文廷式及び其他の亡命改革家を境外に放逐して、西太后及び其腹心の嫌惡を祛《のぞ》かんとせるは、此祕密なる協商を實行せんとの準備なりと。且之を證するに、劉慶二氏以下が東京に達せる時、公然たる皇帝の上諭をも帶《おび》ざるに、我外務大臣は之に接し、遂に天皇陛下に内謁見を賜はるを得せしめたりといふを以てし、之が爲に何事の生ぜしやは、言までもなく未だ知るべからざるも、間もなく、日本の海軍將官は、電報にて訓令を受け、前の北洋艦隊還付の件を名として、楊子江に進たれども、實は然らずして、兩江地方の一省に於ける鑛山開採、鐵道敷設の特權を得べき爲なり。要するに其の何等の名を以てするも、楊子江岸に於ける英國の利益は、全く清國に無視せられたるなりといひ、太甚《はなはだし》き猜忌の眼を以て、我と清國との交態に疑を挾めり。

但だ此等の猜忌は、架空の想像に出でたるを以て、甚だ事實の眞相を失へること多し。かの亡命改革家の事に關する記述の如き、尤も然りと爲す。宋伯魯、文廷式は始めより我が域内に入り來らず。康有爲が米國を經て英國に赴きしは、本年三月に在り、劉慶諸氏の使命と、些も相關すべきに非ず。海軍將官の楊子江に赴きしといふも捕風捉影の說たり。且つ北洋艦隊の還付、何の楊子江に關する所ありてか、之を名として江を溯《さかのぼ》るべきあらんや。其の鑛山開採、鐵道敷設の特權に於けるも、或は浙江、福建二省といひ、或は兩江地方の一省といふ。既に相齟齬す。以て其の揑造の說たるを證すべく、且つ之が爲に海軍將官を遣《つかわ》し、其の地も亦北京を舍《す》て、楊子江に進むべき理は、萬之あるべからざるに非ずや。此の如く一も根據なき想像を基礎として自ら構造せる訛聞を斷ずるに、英國の楊子江岸の利益が清國に無視せられたりといふを以てするに至ては、何ぞ夫れ太《はなはだ》早計にして、且つ皇急の甚だしきや。

劉慶二氏にして果して的確なる使命を帶ぶるや否やは、吾輩未だ聞く所あらず。果して之を帶びしむるも、攻守同盟の若きは、今日に於て、何等の必要あるに非ず。又伊太利の若き已に其の港灣の要求に斷念せし今日、之が防禦に助力すべき必要をも看出すべからず。清國の請ふ所あるは、我が之に應ずる所ありと、兩《ふた》つながら應《ま》さに有るべからざるの事たり。若し夫れ閩浙に於ける鑛山開採、鐵道敷設の若きは、之を諸强國の前例に照すに、必ずしも我に代償すべき條件あるを要せずして、清國の同意を求め難からざる者、軍隊訓練の若きも、北洋及び湖廣等に獨式の新兵あるの例を以てすれば、戰利艦の還附の若き報酬と相關《かか》るには非ず。且つ戰利艦還附の議は、東洋平和の擔保と、清國自强の基礎を建つるとより見を起す者、屑々たる賈販貿易の事と一例に視るべきに非ず。英國にして苟くも楊子江岸に於ける各國共通の利益を妨害するの意思あるに非ざる以上は、固より此等一、二訛聞に恐慌して、其の利益を無視せられたりと狂呼することを須《もち》ひざる也。

英國の沈重なる、此の如き訛言に誤られて、輕率に事を處する者に非るを知ると雖も、捕風捉影の談も、一時人心を動搖して、往々意外の結果を生ずることなしといふべからず。故に聊か爲に之を辯ずと云ふ。

明治32年8月10日

『萬朝報』「言論」

東方問題の研究に就て

二、三協會合併の得策

潛　夫

現今有力の一政客、嘗て人に語て曰く、清國の亡滅は當さに

二、三年内に在るべし。是れ實に東洋大動亂の機にして、我邦の安危存亡、皆係りて此際に在り。故に我邦現時の急務は、極力支那を扶持して、其の保全を圖り、以て其の大動亂を防杜するに在り。蓋し政黨の紛爭は、國内の瑣事、此等大問題は、願はくは黨派見を去りて、而して赤誠の志士と、事に此に從はんと、其の辭氣慘澹、人を動かすに足る者ありしと云ふ。吾輩が清國治亂の關鍵に於けるや、意見或は同じきを得ざる者あり。政治上の支那は、苟くも其の事情に通ずる强國が、宜しく手を措くを難ずべき所たり。是れ其の緣由極めて滋《おお》く、數行の文字、能く說き盡す所に非ざるを以て、今之を詳述する能はずと雖も、然れども勢力範圍を定めて、長江流域を擧て之を自己の勢力及ぶ所と看做《みな》せる英國の若きすら、未だ一の政治上施設に手を下すべき徵候あるを認めず。而して其の占領せる地方稅務に干涉せる露國は、徒らに、民怨を買ひ、地方を擾動するに過ぎざるを觀て、以て其得失を判斷すべく、加ふるに議者が望を屬する改革論者は、其の讀書人に在ては、固より以て生命を賭して、進で大事を擧ぐるに足るあらず。所謂會匪の若きも、其の氣力決して世人の設想せる所の若きに非ず。其の倏《たちま》ち起り忽ちに滅する流賊の徒も、今や怯恇と雖も、猶ほ新式兵器を携帶せる官兵に敵する能はずして、復た髮匪の横張を夢想すべからざるに似たり。分割已に易からず、而して革命も亦太だ難し。故に支那の現狀は、形骸支解の禍を二、三年内に見るべきの徵、殆ど之無しと謂ふも可なり。是を吾輩がかの政客一派の人と意見を一にする能はざる所以とす。而かも其の東洋動亂の大問題を以て、政黨紛爭と同一視せず、志士と事に從はんと云ふ者は、吾輩實に有識の政客が、皆此の如く平正の見を持せんことを望むこと久しかりし也。

且つ此れ行はれ難きの事に非ず。前數年、東邦協會の起るや、實に能く當時紛糾激甚なりし黨爭を外にして、能く朝野の鴻溝を泯滅し、黨派の異同を撥無することを得たりき。而して今春、東亞同文會の事業を恢張するや、亦能く同一の結果を見ることを得たり。吾輩の今日に於て望む所の者は、獨り其の一時偶發の事態に於て、朝野黨派の別を祛《のぞ》くを得べからしむるのみならずして、此の如き大問題に對しては、其の意見の事々にして、或は同じく或は異なるを避けしめんが爲に、常時研究の方法を立るに在り。現時政客の支那竝に東洋諸國の事情に昧《くら》きは、回護すべからざる事實にして、其の意見の動もすれば衝突を免かれざる者は、皆無識の結果たらずんばあらず。亞細亞協會、東邦協會、東亞同文會の若き、皆此等問題の研究を目的として起れる者、而かも其の起ること早き者は、已に漸やく沈滯して、復た活動せず。而して之に激して後れ出づる者は、往々目前の事業に急にして、研究に專《もっぱら》なり難きが若し。是れ東方問題の研究、形を以てすれば其機關儼として存するを以てして、而して其實は則ち暗昧なる世論を曉喩するに足る者、未だ一も之あらざる所以、其の大問題の判斷をして、政黨紛爭に左右せられざらしむ能はざるに異《あや》しむなき也。

夫れ、東方問題に關係せる二、三協會、其の目的同一なるを以て、而かも各々其の存立を異にするが若きは、其間情實の已むを得ざる者ありとするも、此の如くにして能く世間黨派見の紛爭を遏《とど》めんことは、決して望むべからず。況んや此會彼會、其の有力者と稱する者、往々同一人の相渉る者あるをや。吾輩は謂ふ、此等二、三協會、宜しく先づ之を合併して一と爲し、其の研究に熱心なること、東邦協會興起の當時の若く、而して加ふるに現在東亞同文會の事業に矻矻たる狀態を失はざるを以てし、時々會員の有力者たる各政黨の領袖を一堂に會して其の研究を與《とも》に倶にせしめば、相互の間、城府の自然に撤し去られて、黨爭を外にし、力を此の大問題に協《あわ》せんこと難からず。顧ふに東邦協會の沈滯せしは、一は日清戰爭が、會員志士の持論に疏通の路を與へて、全く其の鬱勃たる意氣を洩し去りしに由ると雖も、亦新事業の迭《かたみ》に起りて、常に其の視聽を聳動することなかりしに由らずんばあらず。今や東亞同文會は、清韓諸國に向て、已に實際問題に手を下せり。其の効ある効なき、皆多少有志の注意を惹き難からず。加ふるに東邦協會興起の際に於て、專ら主時せし學術研究の一路を以てして、更に會員の倦怠を防ぐは、此大問題をして、常に活氣あらしむるに於て、寧ろ甚だ必要の事とせざらんや。吾輩は、かの政客の若く、平正の意見を持する人士が、能く此等の事情に注目し、東方問題の研究をして、最も有効なる方法を擇《えら》ばしめんことに力を用ひんことを望むに禁《た》へず。

青年の僥倖心

『萬朝報』「言論」　明治32年8月18日

潛夫

人材登庸の名を以て、政黨の徒が、一たび政府を襲取せしより、後進青年の僥倖心を蕩搖せしこと勝げて測るべからざる者あり。或は半途にして學を廢し、或は業を卒へて官に嚮《むか》ふことを舎《や》め、而して直に政黨の門に立たんとす。其官に嚮ふを舎るは善し、而かも學を廢するは已に過《あや》まてり。況んや其の僥倖心を抱いて、而して政黨に投ずるをや。かの政黨人士、其の數幾許《いくばく》ぞ。而して其の好官を獵取せる者其人數幾許ぞ。彼等が十年二十年、其の產を傾け資を蕩し、妻子をして饑寒に瀕せしめ、兄弟をして流離顚沛せしめ、毛髮種々、以て往々心を忍び辱を含み、政黨の嚮背する所に從ふ。而して所謂好官、或は得或は得ず。且つかの中途にして不遇に激し、公憤に燃え、勃然として法度の外に廢せし徒の若きは、則ち一死以往、或は鬼餒《う》えて祀らず。其同志の志を得るあるも、薩長氏が椎埋屠狗、盡く招魂社中の神と爲せるが若く、斷然として之に報ゆる能はず。則ちかの官游浮沈の人、巧みに權勢の間を游泳し、歳月の功を以て、偶《たまた》ま勅任に昇るあり、昇らざるあり、亦大なる逕庭なき也。且つ大學を卒《お》へ、文官試驗に第し、而して高等官七等たるより、以て勅任に及ぶの歳月を以て、黨閥と情實とに由りて、勢力の消長を爲す政黨に費して、同一の効果を收めんことは、寧ろ難きの患あらざらんや。

又之を現在の事情に照すに、今日の政黨なる者、若し其の主義なる者を問へば、盡く大差あるに非ず。其の黨派の別を爲す所以の者は、全く感情と利害との一致せざるに之れ由る。故に主義を擇で、而して此黨に嚮《むか》ひ、彼黨に背かざるべからざるの理は、一も存することなし。或は租稅の增減、軍備の張弛を以て、旗幟を分つ者あるも、其の得意失意、若し地を易へしめば、安《いずくん》ぞ昨の排する所、亦今の倡ふる所たらざるを知らんや。且つ大隈の若き、伊藤の若き、現在勢力の中心たる者の健康も、亦一考を要すべき者なり。意《おも》ふにかの老輩より少きこと十年、十五年なる者、十年の前、皆以爲《おもえ》らく、更に十年を待たば、前輩の齒、已に頽然として傾き、而して已れ等は則ち方壯の齡を以て、代りて一代の勢力たるべしと。而る後十年、彼等は猶ほ大隈伊藤の驥尾に附し、龍鱗を攀《よ》ぢて、而して其の地位を進めざる能はず。或は身に疾病あれば、則ち一生人の廡下に生息して已む耳。彼等にして一身の功名を揆《はか》らず、必ず之を後進青年と共にし、後進の爲めに一身を犧牲にして、其の壅塞せる進路を開くに、志あらしめば、亦能く同年以下の後進が、奔競してかの老輩の足下に趨就するを攔遮し、老輩の勢力をして、源泉日に涸れ、而して已れ等は則ち滿天下後進の潛勢力に乘じて、河を決するが若く、老輩を推倒して之に代らんこと、難きにあらざる也。彼等が失計は、後進の須らく鑑戒すべき所、後進の取るべき方鍼は、則ち現在腐敗混濁の風潮に汚染せらるることを避け、其の同年輩の純淸堅確なる有志を結合し、進取と保守とを問はず、其の主義を明白にして、敢て摸稜の態度に倣ふことなく、以て一代の同年輩以下の後進が、一時の小利害に眩して、奔競して腐敗せる前輩の足下に投ずるの風を阻抑し、以て徐《しず》かに前輩の源泉日に涸れて、而して同志の潛勢力日に蘊するを待たんに、伊藤大隈の齡も、亦前輩が其の老を待ちしより、已に十年を加へたりし。斷々乎として人の牙慧を拾はず、已が志を枉げずして、而して巍然成功せん日は、蓋し遠からじ。亦何を苦しむでか、其の僥倖心を蕩搖して、而して必すべからざるの偶中に望を繫くることをせんや。

『萬朝報』「言論」

黨籍を廢すべし

明治32年8月22日

潛夫

政黨の靡爛、已に其の骨髓に達せるは、固より大勢の其の一大刷新を催《うな》がせるを卜すべき時にして、洵に亦此に非ざれば、以て今日の政黨を救ふに足らざる也。醫の瀉下を患ふる者を治するを見るに、先づ甘汞の若き下劑を投じて、更に其の瀉下を激甚ならしめ、以て盡く其の靡爛分子を掃除して而る後徐《しず》かに溫補を試むることあり。今日に於ける政黨の靡爛を救ふ者、亦此種の手段なきを得ざるを知る。吾輩は進歩黨諸人の意を此に留めんことを欲す。

夫れ進歩黨は、從來最も多く當路者と戰ひし政黨なり。最も官府夤緣の腐敗を感染せること少き政黨なり。其の黨員の個々に就て之を察するに其の好で機智を用ひ、術數自ら喜ぶの弊、容易に脱することなく、最も人の嫌厭を招くべき者多くして、而かも其の政黨としては輿衆の同情、殊には言論社會の同情を繫ぐこと最も牢《かた》きの實あるは、豈に其の毎《つね》に失意の地位に立つの日多くして、幸にして其の言議は能く世の公憤を伸ぶるの會に中《あた》るを以てせざるか。然るに近日に至り、乃ち其間敗節の徒を出し、而して進歩黨の術數を好むや、亦此を以て反間の計と爲さんと欲して、嚴に其の靡爛分子を淘汰するを事とせざる者の若し。是れ甚だ巧《たくみ》に似て、而して實は失計の大なる者なり。他日進歩黨をして愈やすべからざるの創痍を負はしめん者は、必ず此の認容の策なり。何となれば進歩黨の主義綱領、自由黨、帝國黨と大差あるに非ず。其趨炎附勢の根性とても、必ずしも他黨より淺きに非ず。而して能く人民の味方たる地位より離れざるを得る者は、境遇然らしむる也。

我邦の政黨、名簿を備え、之を案して其の嚮背を明かにすること、昔の連判帳の若くにして、而かも其の制裁の之に伴ふ者あらず。乃ち其の敗節者を出すが若きあるも、一紙の通知書之を了するに足る。梵天帝釋、別しては伊勢石淸水八百萬の神々に至るまで、以て之れを訴ふべき所の者あらざるを奈何せんや。且つ政黨の本義、豈に屑々として其の與黨を名簿の間に求むるに在らんや。吾輩は斷然としてかの黨籍なる者を廢し、黨員をして區々たる嚮背を以て、世間の評判に罹《かか》るを免れしめ、其の罪惡をも自由に行ひ易からしめんことを主張す。而して先づ之を實行せん者は、進歩黨よりせんことを慫慂《しょうゆ》せざるを得ず。蓋し其の稍や得意の地に在りて、濁福の分配に與《あず》かるに足るの望ある者は、決して此の斷然の處置に出づる能はず。而して之を爲すに足らん者は、現に失意の地に在るの進歩黨より善きはなければなり。進歩黨が之を爲すは、瀉下の始めて發するに、甘汞を投ずるの類なり。他黨は則ち然らず。彼れ其の糜爛に慣れ、身も亦甚だしき疲勞を覺えず、以て滋味を取て溫補するに足ると爲す。而して其の益す糜爛を長ずる所以たるを悟ざる也。

政黨刷新の機は熟せり。進步黨は幸にして此時を以て失意の地位に在り。先づ其の刷新を斷行し易し。是れ其の運命猶ほ上天の寵眷を荷ふこと厚き也。而かも若し之を順用する所以を知らざれば、則ち亦自由黨、帝國黨の儔《たぐい》のみ、是に於て其の勝敗は單に其の糜爛の大小を視るのみ。糜爛大なる者勝ち、小なる者敗る。既にして其の澌盡灰滅に歸せんは則ち同じ。吾輩は此を以て進步黨の運命を卜せんとす。

明治32年12月29日

『萬朝報』「言論」

劉坤一の晉京に就て（上）

潛夫

兩江總督劉坤一の北上を命ぜられしは、或は其の開缺を准《ゆる》さるゝの漸か。劉は湘省の宿將を以て、久しく邊疆の大任に膺《あた》り、能く改革の必要を知りて、維新黨人の望たり。江南新事業の勃興は、皆劉が善く大局を洞觀して、之に應ずるの策を用ひしに由る。今其の人一たび去らば、清國の通弊として、其の幾多事業は、皆廢せん恐なきに非ず。特に劉が近日、江南人心の傾向に從つて、我邦に親善するの方鍼を取りしを以て（劉が近衛公に對して、日本に親しむの宿論たるを言ひしは、外賓に對する一時の辭令と視るべき者なり）、其の開缺は、大に我邦人士の惜む所たらずんばあらず。意ふに武人の出身を以て、時務の眼識あり。其の硬直果斷は、寧ろ張之洞に過ぐ。是れ實に得難きの人物、其の西太后の寵を得る能はず、中央政府の勢家に逢迎する能はずして、以て連疏開缺を請ふの已むを得ざるに至りしは、太だ遺憾と爲すべし。然れども是れ亦北京に在ては、決して已むを得ずの事といふべからず。我邦の親密なる關係に至ては、其の操縱の方如何と視る耳。劉が一去に因て、事業皆休すと爲すが如きは、亦實に過慮に屬する者なり。

近日滬上の新聞紙は、大抵劉若しくは其の幕僚等と親善ならざるなし。故に苟くも劉に不利益なる事は、一切之を非議するの傾向なきに非ず。かの剛毅南下の事の若き、其最も甚しき者なり。我邦人士は已に此等の議論に動かされ、加ふるに其の江南に在て、交游する所は、又盡く劉に同情せるの人たるを以てす。其の判斷の往々偏頗を免かれざるは、先入の主と爲るが爲め也。其實劉の事業、決して北京政府の容喙を得せしめざる程善美を盡せるに非ざるは、某學堂の生員を養うこと僅かに四十人、而して一歲經費數十萬兩を要せる等を以ても、之を知ることを得べし。江南諸種の學堂が、一切廢撤に遭ひしは、其の不幸のみには非ざる也。亦自ら招く所以の者ありて存す。蓋し清國の通弊、苟くも一新事業の興るあれば、則ち此に夤緣して生を計る幾多の冗員あり。故に經費の多半は、必要の事業よりも、此等冗員の蠹する所と爲る。新事業興起に熱心なるは、江南と湖北との總督なり。而して江南を以て其の弊最も甚しとするは、北京政府も亦之を耳にせし也。是れ劉が人物大體を存して、張之洞の若く瑣屑に渉らざるが爲にして、其の弊は寧ろ其の長を見るに足るべき者たりしも、其の釁隙の以て乘ぜられ易きを致せしは、亦已むを得ざる所、必ずしも張が常に巧に西太后に媚び、中央勢家の歡心を繫ぎて、而して劉は則ち敢てせざるの招く所のみとはすべからざる也。

且つ支那改革の大計より言ふも、苟しくも北京政府に在りて、局に當り事を處せしめんには其の第一着に下手すべきは、豈に財政の統一と、權力の統一とに非ずや。滿漢親疎の談は、姑らく之を舍《お》く、今日の若く、邊疆の大吏、各々自から一小政府を形くるは、亦猶ほ我邦廢藩前の形勢のごとく、一國の大維新と決して兩立するを得べからざる者なり。北京政府が果して此等維新の眞意義を會得せると否とを問はず、其の尾大の形勢は、自然に權力を收むるの必要を感ぜしめたるや疑なし。何となれば是れ決して一朝一夕の故に非ずして、髮賊戡定以後江南湖廣は每に曾氏兄弟、左文襄、駱文忠、李鴻章諸人の鎭する所と爲り、其の勳名を以て一代の重《おもき》を爲せしより、居然として別に一藩國の觀あり。乃ち今日劉張二氏が其後を襲《つ》ぐに及ぶも、舊規墜さゞれば、則ち勢力去らず。加ふるに李鴻章が直隷に總督たる二十年、外交兵權、一手に掌握せるも、亦實に江南の根本に藉《よ》るを以てす。此時に當りて、勢力の偏重尾大、太甚《はなはだ》しといふべし。日清の役、李鴻章一たび其の權力を失つて而して反動の機始めて動く。劉張諸人、其の任地に在りて、北京政府の畏憚する所と爲らざるに非ず。而かも去年政變の一打擊は、維新黨の力能く爲すなきを見《あら》はし、随つて江南の輕重、始めて問はるゝの漸を開けり。剛毅の南下するや、江南の百僚、俛首帖耳して、敢て之に逆ふなし。劉坤一が遂に北上を命ぜらるゝに至るは、其の命の敢て拒まれざるべきを審らかにせられし餘に出づ。聞く、剛毅は決して一意頑陋の人に非ず。滿人中有爲の資を論ずれば、蓋し鐵中の錚々たる者なりと。但だかの江南廣東に得る所、三百萬兩《テール》、之を練兵の費に供すといふ者、彼間の人、猶ほ今日百萬の兵、勝負の數に益なきを嗤《わら》へども、而かも江南の兵權を中央政府の直轄に歸するの策は、北京政府の當局者の意見として、豈に計を失せる者と爲すべけんや。

劉坤一の晉京に就て（下）

明治32年12月30日
潜夫

夫れ清廷の到底支那の統治に任ずるに足らざる、北京の到底王畿の地と爲すに足らざる、而して江南半壁の據て以て新帝國を建つるに足る、凡そ此等の問題は、東洋將來の運命をトする上に於て、亦攷察を要せざるを得ざる所たるも、而も此に對する手段は、今日の坐談するを得べき所に非ず。若し今日に在りて、現在北京政府の地位に居て眼を着くれば、則ち江南の豐富、收めて其用と爲すの急務たるは、論を須《ま》たず。劉坤一の聲望は、已に北京政府をして、之を度外に措《おか》しむるの過大なるに至らず。而して其頤使に供して、惟だ命之れ奉ずるの過小なるに至らず。則ち其の一、二之に攖《ふ》る後、能く反噬の力なきを見るや、之を動かすの難からざるを思ふは、北京政府の或は出づる所たらずんばあらず。是れ獨り劉坤一のみ然りと爲すに非ず。張之洞の若きと雖も、其の朝廷の寵眷をして、彼が若く厚からざらしめば、則ち其れ或は同一運命に免がれざらんとす。是れ決して北京政府が漢人の大吏を排斥するの意に出づるに非ずして、而して中央集權の必要は、目今の情勢に於て最も喫緊とする所たればなり。其人亡《な》ければ、其政息《や》む。是れ支那政治の常、而して劉張諸人の事業も、亦かの人をして繼で成さしむるの道に於て全からざるあり。故にかの江南新事業の劉が開缺に影響せらるゝや、決して小にあらざる者あらんは、逆《あらか》じめ睹《み》難からずと雖も、而かも凡百新政の盡く廢撤に歸せんといふ若きは、未だ信憑するに足らざる者あり。其の我邦と親善なる關係の或は全く變ぜんことを慮るも亦必然の事にはあらざる也。

近日の北京政府、特に西太后は、前年政變の時に比すれば、其の知見の開發、殆ど全く同じからざる者あり。歐洲强國に依賴するの危險を覺りて、轉《うた》た隣邦の親しむべきを思ふに至りては、蓋し上下を通じ、黨派の別を泯《なく》して、一致する所なるが若し。故に剛毅が一たび裁撤せる南京武備學堂を再興するの説あり。其他施設も財政の許す限り、決して之を廢撤するに終らざるべく、而して我邦と親善なる關係に至ては、依然改まらず、或は急に倍する者あらんとす。若我邦當局の交渉にして機敏なるを得ば、かの剛毅が籌款に因て新たに徵募すべき兵員は、或は我が將校の手に訓練するを得んも、亦未だ料るべからざる也。且つ其の施設をして、北京政府の直轄に歸せしめば、則ち我が之に處する所以も、亦安じて事に從ふを得るの利あり。張之洞が動もすれば諸强國に憚りて、十分に我が邦人を用ふるを得ざる若き不便は、反て之を除くを得べし。若し果して風説の若く李秉衡をして其の任を襲《つ》がしめんに、李秉衡は嘗て山東に在て錢糧を整頓して、吏務頗る卓《ぬきん》でたり。彼其局に江南に當る、豈に亦治績の觀るべき者なからんや。特に未だ其の我邦に對して、如何なる感情を懷抱するかを知らざる耳。

之を要するに、江南尾大の勢は、北京政府をして人あらしめば、必ず變ずるを免かれざる所、是れ決して現狀を維持するの意味における支那保全と齟齬すべき者にあらずして、寧ろ其手段の進一歩たるを稱すべき者、而して其の我邦に對する關係に至りては、其の親善の必要、大勢の已むを得ざるに出で、一、二英俊の進退によりて變ずべきに非ざるを以て、我が朝野人士の此等變動を視ること、亦かの滬上諸新聞の偏見に詿誤〔計カ〕せらるゝことなく、一歩々々に我が支那に對する地位を進め、以て其の唇齒輔車の關係を敦《あつ》うし、我が勢力の樹立を務むべし。若し徒らに好惡に從て是非を爲し、我よりして其の我に嚮《むか》ふ者に背き去らば、其の失計も亦甚し。是れ偏《ひと》へにかの支那事業に實際の運動を爲せる東亞同文會の若きに望む所たらずんばあらず。

但だ夫れ劉坤一が耄耋は、決して兩廣總督譚鐘麟が若きに非ず。其の忠直の性は、或は召見に因りて、益す明らかに明敏なる西太后に認められ、剛毅が裁撤せる諸學堂の復興すら允准せられんとするの今日、意外にも優渥の眷遇を受けて、委任の益す重きを致さんも、亦未だ測るべからず。果して此の如くば、劉が其の從來の施設を繼續して、益す我が文武の人材を聘するや、期して待つべし。蓋し我が人材の淸國の用たるは、其の眞正に彼國に盡すの誠意と、其の俸給の多きを貪らずして、技倆の反て歐人より優る點に於て、爭ふべからざる天職を賦與せられたる者、唯だ當さに機に應じて其の用を盡すべし。漫に彼間人士の黨派心に附和して、自ら其の力を效《いた》すの途を狹隘ならしむべからざる也。

馬山浦問題

『萬朝報』「言論」　明治33年1月8日

潛夫

當局者以外の人が殆ど眼底に置かざる問題にして、而かも其の實最も注意を怠るべからざるは、其れ馬山浦事件か。若し一代の公論にして、嚴に當局者の所爲を監視することを愆《あやま》らんか、陰暗の間、恐らくは國家の爲め、甚だしき危險、回《めぐ》らすべからざる損害を貽《のこ》して已むの恐れあらんとす。何事ぞ、兩院開會中なるにも係はらず、未だ此問題に關する政府の決心を問し者あらず、漠然として其事と相涉《かかわ》らざるが若きや。ハヾロフが來朝して當局と議せる所は未だ審《つまびらか》ならず。露國は將に本邦駐劄の公使をも交迭して、此事件を處理せんとする者の如し。而して此風聲鶴唳に早も心悸して定らざるは、固より恐露病に襲はるゝ山縣首相にして、伊藤も亦其病勢を煽《あおい》で之を大ならしめんとする者の若し。是故に林駐韓公使が此問題に對する勤勞は、或は全く錄せられずして、而して反て卸任の已むべからざるあらんとす。技倆ある外交官をして、其の爲すありしが爲に、毎《つね》に無能なる外務省の犧牲たらしむるの習慣を作らば、自然何人か爲めに力を國際の難局に効《いた》す者あるべき。然れども是れ猶ほ一個人の上の事に屬す。此の問題にして、故なく讓步に終らば、民間なる軍備縮少論者は且つ問はず、軍備擴張を以て、立國策の基址とせる政府、及び之に贊助せる黨派は、其の平生の主張を奈何せんとするか。

露國は已に釜山の絕影島に志を得ず。鬱陵島に稍や懷を暢《の》べたるの觀あるも、馬山浦問題にして失敗せんか。是れ其の我邦と對州海峽を劫持するの策、全く成らざる也。彼は當初嘗て對州をすら之を橫領せんと欲せる者なり。今や一面には東三省の經營、其の意の若くなるを得て、旅大の良港を占めたりと雖も、此の二港をして、其の多年心力を竭盡せる浦鹽《ウラジオ》港の窟穴と、聯絡せしむるを得ずんば、則ち其の海上の權力、決して安全に伸暢するを得難しとおもへり。是れ其の全力を竭《つく》して、我と爭はんと欲する所以にして、日露協商の際、朝鮮に於ける日本商業の勢力は、露國の認むる所と公言して、而かも對州海峽に斷念する能はざる者は、之が爲め也。我邦の有識は實に大陸戰爭の利益なくして、損害多きことを知れり。而かも現在の日本の軍備は、以て兵を大陸に用ふるに足る者にして、其の門戶は實に對州海峽よりすべし。對州海峽の海上權にしても、日本の全有たらんには、日本にして百口大陸用兵の意なきを保すと雖も、露國たる者、以て一日も其の滿洲の新領土に枕を高うすべからざる也。露國の對州海峽を爭ふ、亦宜《むべ》ならずや。

若し夫れ日本の地位に在て之を思ふ。朝鮮に於ける貿易は、殆ど我と頡頏するの邦なければ、則ち是れ我が勢力範圍と稱すべき者、對州海峽をして、野心ある邦國の海軍力が其間に交錯するを許さしめんこと、是れ自ら其の勢力範圍を破壞する者と謂ふべく、今の列國、誰が此の如き迂策を取る者あらん。且つ軍備擴張は縱令拔かぬ太刀の功名を收むるを本意とするも、苟くも拔くの已むを得ざるあらば、之を域內に揮《ふるっ》て餘りある、亦豈に之を大陸に揮ふの已むことを得んや。然らば則ち之を揮ふの餘地は、決して之を喪失せしむべからず。是れ寧ろ政府當局及び其の隨從者の最も明らかに了知すべき所たるに非ずや。若し一旦の恐露病に措を失して、其の平昔の豫圖、盡く之を遺忘せんには、彼等は許大の陸軍を何れの地に用ひんとするか。三間槍は利器と雖も、之を雪隱の中に揮ふべからざるを奈何せんや。

山縣首相は、蓋し英國がトランスバールの事件ありて、東方の問題に遑暇せざるを觀て、其の與國を失へりと爲し、益す露國を怖るゝの念を長ぜる也。然るに英國の恃むべからざるは、トランスバール事件の有無に關せざることを知らざる也。英國諸新聞が馬山浦問題を事々しく記載せるは、日本の爲めに憂を擔《にな》ふに非ずして、此に因て自ら其の東方の憂を減ぜんとする者なるを知らざる也。朝鮮の得失は、日露何れに在らしむとも、今日英國の實際意とする所にあらざる也。今日の英國は巨文嶋に據りて露國に威迫せる當時の政略を株守する者にあらざる也。我が山縣首相等が英國の有事と否とを以て、自ら喜憂と爲すは、愚と謂ふべし。而して其の平生の主張をも枉《まげ》て、露國と衝突するを避けんとするは殆ど其の心を措く所以を知るに苦しむ也。此の如き恆心なき政治家に托するに一國の大事を以てする國民と、其の代表者とは、豈に一日も其の監視を愆《あやま》るべき者ならんや。吾輩は新春の議會が、政府當局に問ふに馬山浦問題に對する決心を問ふの義務あるを信ず。

明治33年1月19日

『萬朝報』「言論」

宗教法問題局外觀

潛夫

宗教法案の當否に關しては、已に葛天民の評論あり。復た吾が蛇足を加ふるを要せず。吾は唯だ少しく其論に側面より爲せる片々たる局外觀を陳べんと欲す。

意ふに公認教運動は、宗教法案の提出以前よりして開始せられ、巣鴨監獄教誨師免職事件、尾崎氏共和演說事件等と相關聯し、主として石川舜臺が指使より發せる所多ければ、東本願寺が自然に其の中心たるの勢ひあるは、偶然の故に非ず。加ふるに其の資力に於て、人材に於て、運動を與に倶にせる各宗派、能く東本願寺に若《し》く者なければ、姑《しば》らく之を目して政府と東本願寺との力試しとせんも、必ずしも不可とせず。東西兩本願寺は、固より今世佛教勢力の代表者と視らるべき者たりしも、維新以來、其の勢力の表彰は、每々政府の模倣者、隨順者たる上に存して、未だ政府の反對者として、地位を占めたることあらず。而して今乃ち其の一たる東本願寺、西本願寺に比しては、更に信徒の狂熱に富めりと稱せらるる東本願寺が、佛教各宗派を統率して、政府反對の地位に立てり。是れ頗る面白き現象と謂ふべし。且つ政府の宗教法案は、かの野心を包藏して、佛教徒の歡心を買ひ、若くは歡心を失はじとする一派人士の外は宗教に冷淡なるを常とする我が政治界の人士に、一般に贊成せらるべき傾向を有する者たれば、則ち是れ今回の現象は、啻に政府對東本願寺の力試したるのみならずして、我邦政治界と宗教界との對戰とするも、必ずしも不可とせず。吾は此の問題の結果に因りて、東本願寺の狂熱的信仰が、政府に對して幾何《いくばく》の抵抗力を現じ得るかを試驗するを得べく、又因りて現に衰頽に傾向せる佛教が、政治界に對して猶ほ幾何の影響を與へ得るかを試驗し得べし。是れ佛教徒に取りては、或は藪を攪《かく》して蛇を出すの妄擧たり。其の從前僅かに彌縫し來りし破綻をして、全く收拾すべからざるに終らしめんも知るべからずと雖も、苟くも世道人心の維持、宗教信念の厚薄に心を留むる人士に取りては、偶然にも國民道念依憑の根柢を發見すべき絶好機會を得たる者なり。

宗教法案が與ふべき影響を逆想するに、東西本願寺の若く、信仰の中心、世系的の個人體に係る宗派に在ては、其の患害を受くべき恐れなかるべく、西本願寺が政府案に對して反抗するの意なき者、獨り其の宗派内の人材が、多く新知識の感化を受け、青年佛教徒の意見を採用せる結果たるのみならずして、亦實に此に因りて來るべき影響を恐怖するの要なきが爲ならん。此の觀察點よりせば、東本願寺が熱中せる運動は、實に無用の徒勞と稱すべき者なり。何となれば、宗教法案成立の結果、各宗派の自由競爭にして起らんには、兩本願寺の如きは、固より容易に基督教徒に侵蝕せらるべき患なくして、反て佛教内の他宗派を蠶食するに於て、大なる成功あるべければなり。且つ公認教主義の貫徹と否とは、本願寺の若き資力ある宗派の恃むに足らざる所なり。

然らば則ち東本願寺、今回の運動は、其の意向に於ては、單に政府に對する意氣地の刺激する所となり、而して其の結果に於ては、自己の勢力を以て、佛教各派の屏蔽となる者と謂ふべし。蓋し吾が最初に想像せし若く、加能越諸州の狂熱的愚信者が擾動を生ずるの情形だも之なく、殆ど礦毒事件の田中正造にも及ばざるの思あり。而して先づ宗内の反對派が隙に乘じて覬覦するに慮《おもんぱか》らざるべからざるを致せる者、亦豈に其の宗派土崩の決定問題たるに足らざるが爲めか。

其他の各宗派に至ては、宗教法案は實に其脆弱なる組織に對する一大鐵棒たるべし。現に眞宗以外に於ける一大宗派たる曹洞宗の若きは、之が爲めに被るべき創痍は、決して尋常ならざる者あらん。近日分離の傾向を呈せる眞言宗、又は日蓮宗の若きも、亦其の傾覆を催進せられんとす。然れども吾が見る所を以てすれば、臺密諸寺の若きは、現に教化の實なく、其の建築と什寶とは、寧ろ國家の手に付托して保存せらるべきを便とする者にして、單に宗派の彌縫的組織に縻せられて、未だ純然たる見せ物たるを得ず。爲めに僧侶が信仰なき觀覽者に對して、觀覽料を要求せざるべからざる若き失體を生ずるに至る。若し宗教法の辣手腕により、此等の古物的寺院を、信仰より成立する寺院、教會より嚴に簡別汰去するを得せしめば、信仰の狀態、古社寺保存の狀態、兩ながら精明なるを得て、其の便利なること、今日の混亂の比にあらざるべし。或は教祖、高僧の勝躅、其の兒孫の保守する能はざるを慨す。然れども今日の僧侶、豈にかの教祖、高僧の兒孫たるに堪ふる者ならんや。是れ惜むに遑《いとま》あらざるなり。是れ吾が宗教法案に關して局外より觀察せる者の一、二なり。其の遺漏ある若きは、更に他日の補説に付すべし。知らず佛教徒は、此の如き吾が冷淡にして無責任なる觀察に對して、果して如何の感をか爲す。

宗教法問題局外觀（再び）

明治33年1月24日
潜夫

佛教徒が積衰の餘を以て、今世に通有なる利益の問題にもあらざるに、能く數千人を都下に集合して、示威運動を爲せるは、近頃出來過ぎたる擧動と謂ふべきか、加ふるに運動の中心點たる東本願寺の意見は、竟に强硬なる政府案反對に決定せりといへば今後の運動は、更に多少の狂熱を帶び來らん。比叡の山法師が向ふ鉢卷にて、神輿を洛中に舁《か》き込みしは、史上の苦《にが》々しき事蹟とはいへ、沈滯陰鬱せる藤原時代を刺激して、多少の活氣を與へたるは、朝野を睡眠より提醒する効なしといふべからず、寂寥たる今期の議會に沈み切たる社會に對しては、圓顱方袍の狂奔も、折柄に取て興なきわざにも非ざれば、吾輩は此等の現象に對して、獨り其の嘻笑すべきを見て、而して其の憤慨すべきを見ざる也。固より此次の問題は、信仰に影響あるに非ず、佛教徒の私便を望む主張より出で、鄉曲に於ける舊家の子弟が、新興の家に向て其の家格を誇耀し、町村會の席にてすら必ず其右に坐せんとするが若く、甚だ理なきの要求に屬すと雖も、凡そ何事にもあれ、義理が成功の要素たらざる今世に於て、每に腐敗と墮落との惡口を今世人より受くる佛教徒が、かばかりの事に狂奔するは、亦恰好の事と謂はざるべからず、吾輩は唯だ今世の政治界には、相應なる今日の宗教家の運動として之を恕するの已むべからざるを見、而して世道人心の日に淪胥《りんしょ》に趨《おもむ》くに駭《おどろ》くの外あらざる也。

但だ内務當局が寺院本末の關係を存し、宗派教派を以て法人とするの弊害を患ひ、此次の法案を務めて此弊を杜《ふせ》ぐの方針を取りたる所以を説明して、羅馬《ローマ》法王が教權の神聖を濫用したるを證例とせる若きは、蓋し愚の甚しき者、我が十三宗三十三派、其の一、二派を除く外は、惟だ自ら瓦解を患ふるの遑あらざる者、豈に能く其教權を用ひて政治界を擾動するの恐あるものならんや。政府當局が其の精神に於ては、大なる缺點なき法案を立てながら、多少舊慣を參酌するの餘裕を存せず、從來宗派の運命に一大危險を賦與して、反て窮鼠猫を嚙むの勇を生ぜしめ、僧侶をして其の痼疾ともいふべかりし政府を朝廷と同一視して之に盲從する習慣を破らしめたりしは、極めて策の得たる者にあらざりし也。然れども佛教徒、就中僧侶が其の個人の生存より視るも、宗派の經濟より視るも、寧ろ厄介にして格別の効能なき名藍の保持を以て、全く政府の手に歸し、教法弘布に向て、其の財力と能力とを專注するの得策たるを思はずして、窮屈なる本末組織を存せんことを以て政府に迫らんとするは、吾亦何の意なるを知らざるなり。抑も是れ尙ほ其の教祖に對して孝順を失はざらんが爲めと云はゞ、誠に殊勝の至とすべきか、吾輩は此の如き孝順の念ある教徒が、何が故に公認教運動の若き鄙劣の擧措に出づるかを怪むに堪へず。

之を要するに佛教徒の希望は、俗世間に於ける地位を保持して、俯して外教徒を視んと欲する、淺薄なる、幼稚なる希望たるに過ぎず、然らば茲に一策あり、以て佛教徒の虚榮心を充たすに足るべくして、而して彼等の祖宗列聖が尊崇せる佛教を蔑視せりとの口實を奪ふべし。何んぞや、曰はく朝廷が舊時尊崇を加へて、特別の資格を與へたる寺院に限り、其の住職たる僧侶に學德の制限を嚴にせしめ、而して之に宮廷に於ける特別の待遇を准《ゆる》すこと是れなり。是れ政府が宗教を取締るに於て、些の偏頗を存するの弊なく、而して佛教徒が公認教運動の若き五月蠅《うるさ》き要求を防遏するにも、極めて便利なるべし。且つ此の如くすれば、神道諸派の如き、其の特別待遇の列に洩るゝこと、耶蘇教徒に異ならざるを以て、外來の宗教を薄遇せりとの嫌なく、外國人に對して遠慮がちなる政府當局も、自ら其の施措に安心することを得べし。維新以來、政府が宗教に對する措置の謬計は、第一神道を右にして、佛教を左にせる傾向ありしに在り。今日は以て其の過謬を濟ふべき好時機なり。或は神官は猶ほ僧侶のごとくすべき者にあらずやと疑ふ、然れども神社は決して宗教の機關に非ず。但だ事の爭執に入る以上、義理は單に意地の强弱と運動の巧拙との利用する所と爲るに過ぎず。吾輩の淡泊にして滋味なき調停説は、恐らくは政府にも佛教徒にも、耳を傾けられざるべし。且つ鎭靜の早きに過ぐるは、寂寥なる社會を、更に死せるが若く陰鬱ならしむべければ、當分は兩者の喧嘩に縦《まか》せたらんを、寧ろ興ありとすべきのみ。

茲に最も愚なるは、耶蘇教徒の多數が、宗教法案に贊成の色あることなり、彼等は人の妾媵《しょうよう》が本妻と同資格にせらるるが若き鄙劣の根性を以て、かの法案を歡迎し、而して其の從來享有したりし諸種の便宜と權利とを、此の實益なき資格の犧牲に供せざるべからざるを省せざる也。

清國事變の眞相

『萬朝報』「言論」　明治33年2月4日

潛夫

吾輩は之を事變と謂ふことすら、或は其の當を失するあらざるかを恐るゝ者なり。而して姑《しば》らく此字を用ふる者は、世俗の稱ふる所に從ふ耳。夫れ吾輩が之を稱して事變と謂ふことすら恐るゝ所にして、而して世俗の論者は、相驚擾して以て流言の淵叢たる上海電報に信を措き、甚だしきは此を以て、衆議院内に在て政府に質問するに至る。何ぞ其の輕率の太甚《はなはだ》しきや。

英人の猜露心が、東方に於ける流言の大根柢たるよしは、吾輩嘗て之を道《い》へり。加ふるに歐人の支那を視ること、猶ほ好奇の眼孔を以てすることを免かれず。動もすれば波斯《ペルシャ》、亞羅《アラ》比亞《ビア》の古物語一般の看を爲す者あり。而して歐人が由て採訪する支那人なる者は、又尤とも謠言を好む人種たり。上海新聞に事實少なく、而して此に據りて發する電報の信を措くに足らざること、以て知るべし。苟しくも平生心を東方の時局に留むると稱する者、豈に此の見易きの蒙蔽を破ること能はずして、而して徒に欺罔を受くべけんや。意《おも》ふに邦人の支那視察に、最も通有なる弊は、支那人の記述を讀で、文の若き事實ありとすること、是れなり。百五、六十年前、富永仲基は已に、支那人の弊、文に在ることを看破し、邦人やゝもすれば支那人の文辭虚飾に過ぐることを説きながら、乃ち眼前の事に至ては、猶ほその文飾を信じて、以て實に此事ありと爲す。惑へるの甚しき者ならずや。吾輩は此等の病弊に關しては、更に精細に其の原因する所を知り、將さに別に詳論する所あらんとす。蓋し此の病祛《のぞ》かざれば、則ち邦人の東方に於ける措置に於て、關係する所小にあらず。若し露兵入京等の報を信ずる若き政治家をして、一旦局に當らしめんか、啻《ただ》に歐人が此に因りて、我が外交の鼎の輕重を問はんとするのみならず、又其の輕躁なる擧動によりて大なる失措を來さん患なしといふべからず。但だ事變の眞相を説くに於ては、且《しば》らく此を論ずることを舍《や》めて、而して直ちに諸報の信否を批判するを以て足れりとすべし。今左に吾輩の所見を以て批判せる所を條列す。

一、立太子といへるは、實は溥儁をたてて穆宗毅皇帝（同治帝）の皇嗣とせる者なること。但し今帝も醇親王の子を以て、文宗顯皇帝（咸豐帝）の嗣に立てられ、同治帝の後を承けたれば、今回の立皇嗣も、繼統の地を爲すに在るべきは、無論の事たるべし。

一、榮祿の軍機大臣を免ぜられしといふは、上諭なければ、謠言に過ぎざるべきこと。但しこは榮祿が近來袁世凱、盛宣懷等の言を用ひて、頗る維新主義に傾向し、且つ慶親王と不和なることも事實なれば、此邊より臆測して、慶親王と、守舊派の張本と目せらるゝ剛毅とを、今回の事件の首謀者と風說し、隨て榮祿の免官を傳ふるに至りたるべきこと。

一、張之洞が今回事件の贊成者にして、劉坤一が星夜北上すべしといひ、或は北上を見合すべしといふも、風說に過ぎざるべきこと。

一、佛國が兵を北京に入れしといふは、全く訛傳なること疑なく、露國が兵を送るの說、及び露佛兩國が今回の事件に與り知れりといふは、いづれも英人の猜露心より出でたる揑造說なるべきこと。

一、地方愛國者二千人が、檄を飛して今回の事件に反對すといふは、上海に於ける電報委員、經元善外千二百三十餘名が、劉坤一の手許、及び香港、新嘉坡《シンガポール》、盤谷《バンコク》等の支那人に長文の電報を發し、又別に總理衙門各大臣にも簡單なる電報を發せし事實を、夸大に報道せし者なること。

一、康有爲が新嘉坡に逃れしといふは、實否を論ぜず。かの南洋の商民が、屢ば皇上の復位を電請せる事實、李鴻章の南下する時、康有爲捕拿の密旨を西太后より受たりといふ風說の結果なるべきこと。

一、西太后が皇帝三十年萬壽節擧行の懿旨を下し、而して皇帝が上諭を以て之を取消したるは、多少清國の宮廷に不穩の規畫あるを徵すべき者にして、其の皇帝が新年の賀を受けられしは、人心鎭撫の手段たるべきこと。

要するに清廷の內情は、決して平靜なりといふを得ず。而かも其の報道の太《はなは》だ夸大にして、聞く者の斟酌を要するは、亦疑を容れざる所、今回の件に關する新聞紙の議論は東京朝日の鞅鞅子の論ずる所のみ、獨り吾輩の意を得たる者とす。噫日本政客の支那論も亦危き哉。

『萬朝報』「言論」　明治33年2月14日

社會陋俗の犧牲（婦人の不幸）

潛夫

汪容甫が女子嫁を許して而して婿死し、從つて死し、及び志を守る議を著はすや、支那習俗の古禮に遵はずして、而して反て之に過ぐるを非とし、女子の許嫁して未だ適《ゆ》かざるに、婿死し、從つて之に死すると、婿の家に適て其の父母に事《つか》へ、之が爲に後を立てゝ而して嫁せざるとは、兩つながら禮に非ずとし、以て宋學流行以來、小學等の俗書が教とする所の陋習を破除せんことを期せり。且つ附記して曰く、

錢塘の袁庶吉士の妹、幼にして高に許嫁す。秀水の鄭贊善の婢、幼にして郭に許嫁す。既にして二氏の子、皆不肖にして流蕩轉徙、更に十餘年、婿及び女の父母咸《ことごと》く□を改めんことを願ふ。而かも二女は志を執て移らず。袁の女は嫁すること數年、備《つぶ》さに箠楚を受く。後竟に之を賣る。其の兄之を官に訟へて、而して迎へて以て歸り、遂に家に終る。鄭の婢は郭の窘《くるし》むる所と爲り、毒を服して死せり。傳に曰く、仁を好で學を好まざれば、其の蔽や愚、二女の若き者、愚と謂ふべし。本と禮を知らずして、而して自ら禮を守ると謂ひ、以て其の生を隕《おと》す。良《まこと》に哀しむべき也。

汪容甫の二女の愚を哀しむは、實に支那習俗の陋を慨する所以にして、其の禮を以て、之を議せし者、方さに此弊を救はんとするに在るか。嗚呼二女の愚は哀しむべし。而して二女をして此に至らしむる、社會の習俗は、豈恐て而して戒めざ

るべけんや。

吾輩は、近日、江澤某の妻が死を汽車に圖《はか》り、玉井某の妻が亡《に》げて其の恥を掩はんとせる二事を觀て、又我が社會習俗の致す所に懼《おそ》るゝなきを得ず。意ふに婚姻を輕視すること我邦の若きは、蓋し亦他邦の甚だ罕《まれ》なりとする所なり。惟だ夫れ婚姻に輕んず、故に又離婚に輕んず。歐人支那人の若き、之に語るに我邦離婚の多きを以てするも、殆ど以て信と爲す能はずと云ふ。我が俚諺に云く、合せ物は離れ物と。此故に離婚の女子が再嫁三嫁する者あるも、以て異と爲さず。獨り其の夫婿死する後、節を守る者の極めて、寡きのみならず。是れ女子の教なきが爲に然るのみにはあらず。夫婿の其の婦を視ること、毎に婢妾の若く、加ふるに婦姑勃蹊の弊は、動《やや》もすれば舅姑をして其の婦を進退するの全權を操《と》らしめ、女子をして節を守るに堪へず、自暴自棄するの已むことを得ざらしめ、習て俗と爲れば、自然に失節を重視するの念を鎖磨せしむ。是を以て夫婿已に妻を逐ふに果し、女子も亦再三改嫁するに恥ぢず。乃ち適々之を恥て陋俗に從ふ能はざる者あれば、則ち死と亡とある、近日の二女子の如くならんのみ。かの袁の妹、鄭の婢の若き、支那の女子に在ては、則ち其の陋俗に從ふが爲にして、禮の宜しく止まるべき所を知らず、近日の二女子の若きは、則ち其の陋俗に從はざらんが爲めにして、議の宜しく斷ずべき所を思ふに遑あらず。其の情を枉げずして而して陋俗の犧牲と爲るに至ては、則ち一なり。習俗の弊、乃ち能く人を殺すこと、此の如き者あり。法律の漫然離婚を許さゞるありと雖も、曾て寸効あることなく、其の寃を呑で死する者を救ふに足らず。懼れて而して戒しめざるべけんや。

女子の地位に關しては、先覺の士、屢ば論議せる者あり。然れども習俗の弊は、牢として鐵壁の如し。法律の制裁あるすら、以て之に克つに足らず。況んや徒論をや。惟だ人の父母たる者、其の子女の爲に婚姻に輕ぜざるの愼戒あらば、以て之を防ぐべし。婚姻に輕ぜざるは、實に女子の改嫁再醮を豫期して而して之を嫁せざるの用意より生ぜざるべからず。女子の教育は進み、羞惡の念は進み、而して此の陋俗は改めずんば、是れ女子の教育なる者は、實に其の危險を滋《ま》すに過ぎず。尙ほ何の地位の論ずべきあらんや。意《おも》ふにかの二女子の事は、其の危險の世間に發表せられたる者のみ。若し夫れ其の公表せられずして、而かも其の實際に於て陋俗に犧牲にせらるゝ者に至ては、今世の極めて多き所なるを知る。心を社會問題に留むるの士は、亦此の一種極めて緊急の倫理問題あることを遺《わす》るべからず。

人心腐敗の新事實

『萬朝報』「言論」　明治33年2月21日

潜夫

日清戰役を結ぶに三國干渉を以てするや、一時朝野、竝びに口にせる所は、臥薪嘗膽の語なりき。然るに戰役の影響する所は、軍人は則ち功を論じ賞を行はれて、富榮復た前日の比に非ず。一般士民は則ち軍事公債に繼ぐに、償金の市場に落ち來れるを以てし、經濟界の膨脹は、戰後經營の名と共に、人心をして恆を守り素に居るの度を失せしめ、是に於て臥薪嘗膽の語は何時しか響を斂めて、而して一國を擧げて盡く虛榮虛富に醉へり。識者は固より已に此際に於て、人心の腐敗に深憂を抱けり。而かも世は方に嬉々として、所謂積極的政策を謳歌せり。未だ幾《いくば》くならざるに、經濟界の反動は、忽然として至り、嚮《さき》の膨脹を喜びし者、今は方さに其の膨脹の底止する所なきに苦しみ、之を收斂せんとすれば、則ち破綻百出、殆ど彌縫すべからず。かの膨脹の勢に乘じて、虛富の利用を縱《ほしいまま》にせし者は、往々倒産の危殆に瀕し、一時の恐慌、實に名狀すべからざる者あり。然るに此の危機を救ふの術としては、曾て其の膨脹過度なる者を漸次收斂して、其の實質□《[に]》復せしむるの手段を求めずして、而して反て外資輸入を唱へ、益す其の膨脹の至る所に縱《まか》せんとす。但だ是れ相場師一輩の欲望に係るとすれば、猶ほ恕すべきあり。何となれば我が商人の德義の念なきや久し。彼等は戰役の際に在てすら、腐敗せる罐詰を以て、有司を欺き、士卒を困しむるを以て意とせざりし者なり。何ぞ其の外資輸入を以て其の私を濟《な》さんとするに異《あや》しまんや。意ふにかの軍人なる者も、亦一旦戰役の影響として、物價の騰貴するに遭へば、則ち叫喊して俸給の不足を訴ふ。抑も何の心ぞや。經濟界の恐慌は、救を外資輸入に求め、生活の困難は、救を俸給の増加に求む。一國の軍民、盡く皆此の如くなれば、則ち所謂臥薪嘗膽、竟に何の意義をか成さん。人心の腐敗此に至る。而かも其の徵候の事實表現するなければ、則ち世人は猶ほ未だ覺らざる也。

近日に至りては、則ち顯然事實に表現するの腐敗徵候あり。而して人も亦甚だ意を留めざるは何ぞや。衆議院に於ける秋保代議士の兵卒待遇に關する質問は、是れ何の徵候ぞ。且つ此質問の出るや、各地の兵營より氏に對して感謝の意を表せる賞狀の續々到達するありとは、果して是れ何の徵候ぞや。下士上等兵の新募兵に對する驕慢の狀を觀ば、以て將校の下士兵卒に對する驕慢の狀、更に太甚《はなはだ》しき者あるを思ふべし。古今東西、將驕《おご》りて而して卒惰《おこ》らざる者未だ之れあらず。何となれば將は以て驕慢の對手たる士卒あるも、士卒に至ては則ち以て其の驕慢を洩す所以の對手なし。是に於て之を惰《だ》に發すの已を得ざるあり。吾輩は恐る、他日不幸、此等將卒の用に頼らざるを得ざるの日、其の用ふるに足ること、決して日清戰役當時の若きを得ざらんことを。是れ實に不祥の語なり。然れども吾が軍人の實情は、其の不祥の徵候を現はすこと、更に吾輩の言よりも甚しき者あるを奈何せんや。

過ぐる日尾崎行雄氏は、書を某新聞に寄せて、郵便配達の不確實なる事例を擧たり。此等の弊は、我輩も亦往々目擊し、竝び耳聞する所にして、近日に至りて、其の甚しきを加ふるを覺ゆ。官府公共事業の不忠實は、最も社會人心の墮落を表せる者、邦人は常に支那人、朝鮮人の公德に缺乏せるを嗤笑せる者、今乃ち之を國内に實見す。寒心を爲さゞるべけんや。請負事業の信用すべからざるは、久しき以前より已に然り。然るに其の最も此弊を感染せざりし官府公共の事業すら、漸やく將さに其の信用を墜さんとするに至ては、蓋し腐敗の益々深く、復た醫すべからざるを見はす者、支那朝鮮の鑑其れ遠からじ。吾輩は遂に我が國民の果して立憲政體を受用するに堪へて、西人の侮を禦ぐに足る者たるや否やを疑はざるを得ざる也。

立憲政體は獨り議會のみを以て成立する者に非ず。苟くも國民根柢の公德にして腐敗せずば、猶ほ以て其の疾患を醫すべきの望あり。然るに公德頽墮の徵候、歴々として事實に表見するに至ては、眞に警懼すべきに足る者、吾輩は邦人が將さに支那朝鮮を憫笑するに遑あらざるの日、將さに遠からずして來らんとするを深く恐るゝ者なり。

中橋氏の大坂遷都論を許す（上）

『萬朝報』「言論」　明治33年3月24日

潛夫

日清戰役の終りて、臺灣の我が版圖に歸するや、皇上會々《たまたま》蹕を平安に駐《とど》めさせ給ふこと久しかりしかば、往々言を爲す者あり。曰く、平安其れ復た首善たらんかと。之に繼ぐに其の解を以てして曰く、維新の初、國家方さに北海の開拓に急なるを以てすれば、則ち平安は西に偏せり。今臺灣を收めたり。南進の計、是より殷《さかん》ならざるを得ざれば、則ち東京は東に偏せり。而して嚮者の西に偏せる者は、今適さに中すと。然れども遷都の計は朝夕の談に非ず。中偏の説は算を立つる太だ粗なり。未だ以て世論を動かすに足らず。幾《いくば》くもなくして帖然、復た言の此に及ぶ者あらざりし也。近日に迄《およ》んで、中橋德五郎氏、連《しき》りに『大坂遷都論』、及び『大坂自由港論』の二篇を公にし、頗る亦世の耳目を竦動したり。氏は前に東京に在て、官途達せずと謂可らず。一時英物の目あり。現に大坂商船會社に長として、聲名日に隆に、居然として將さに關西實業界の大立物たらんとす。加ふるに其の所論も、亦古今を徵引し、情勢を揣摩し、之を十年、二十年に期して、其の自信の極めて篤きを見《あらわ》せるを以て、啻に以て學識なく、歎美し易き大坂商賈をして隨喜渇仰せしむるに足るのみならずして、又以て世の有識をして爲めに耳を傾けしむるに足れり。惟だ吾輩は猶ほ氏の見を以て然りと爲さゞる者あり。竊かに其の根柢の薄弱なるを疑ふ。夫れ遷都の計は朝夕の談に非ざれば、則ち其の之を論ずる宜しく丁寧反覆、詳《つまびら》かに其の得失を講究せざるべからず。氏の論は未だ大に世の贊同を得ずと雖も、而かも吾輩の之を批評するは、適《ま》さに其の重大問題たるを見はす所以、斥して無用の言と爲すを得ざる也。抑も氏は遷都の議と、自由港の論とを以て、其の軌を一にする者と爲し、大坂に無税市區を設置し、太平洋上の商權を收攬し、更に進で開國進取の國是に基き、宜しく帝都を商業中樞の地に移すべしと爲せども、吾輩を以て之を見れば、此の兩議の聯絡は、決して十分なりと謂ふを得ず。帝都の地、果して商業中樞の區たるを要するや否との疑問を除く外、全く別論として之を看ることを得べし。而して吾輩の然りと爲さゞる所は、特に氏の遷都論に在りて、其の大坂無税市區論に在らず。吾輩の獨り前者を評して、後者に及ばさゞる所以、實に此に存す。若し夫れ帝都の商業中樞の區たるを要すると否とは、自から後面評論の中に明晰なるを得んとす。

氏は其の論據を確實にせんが爲に、先づ現在諸强國、首都の位置に就て、其得失を議せり。而して其の所論と合せざる者少からざるを發見せる者の若く、即ち北米合衆國、獨逸聯邦が、必ずしも適當せざるの位置に首都を設くるは、自から事情の存するありて、以て準的と爲すに足らざるを斷じ、而して露國の彼得《ペートル》大帝が聖彼得斯堡《セントピータースブルグ》の基礎を確立せるを引て、其の正證となせり。夫れ米、獨二國は舍《おい》て論ぜず。乃ち露國の若きも、當時の事情を究めば、亦瑞典《スエーデン》の查爾斯《チャールス》十二世と霸を爭ふに際し、バルチック海岸に瀕せる要地に根據を牢《かた》うするの必要ありて、東南に土を拓くの計と必ずしも相關らざる者あらん。最も此を以て商業中樞の區に帝都を奠《さだ》むるの說を證す可らざるに似たり。吾輩は氏が更に歐洲最富の邦たる英佛二國の若きを以て、之が徵證と爲すに及ばざりしを惜む。氏は又東亞大陸に於ける證徵として、元明淸三朝の帝都を援引せり。然るに元、氏が北京に都せるを以て單に大帝國の中央に位せるに由ると爲すは、漠然に過ぎたり。且つ燕京は當時商業中樞の區と謂ふことを得べからず。其の地の斥鹵なる、京師上下の食、盡く之を江南の轉運に仰げり。此が爲に海運の端緒を開きしと雖も、此れ已むを得ざるの餘に出でし策たるに過ぎざるのみ。氏は又明祖が鼎を中央の地たる南京に定めたるを以て、時の宜しきに適せりと爲し、成祖をして舊章に率由し、燕京を首都とせざらしめば、明社の屋する、未だ彼が如く速かならざりしならんと謂ふ。抑も南京は信《まこと》に中央の地たり。而かも決して之を商業中樞と謂ふことを得ず。長江と大運河との交叉點としては、東に鎭江あり。江漢洞庭の匯注點としては、西に夏口あり。江水と鄱陽湖との會合點としては、又九江あり。金陵は此の三者の外に孤立し、其の帝都たらざるや、其の繁華は、運河一路の蘇杭揚州にだも若かざりしこと、今古の實例之を證して餘あり。且つ朱明をして其の舊都を遷さゞらしめば、或は將さに倭寇に亡びんとす。倭寇の江蘇を蹂躙する火の原を燎《や》くが若し。南京の禍に及ばざりしは、力の足らざりしが故に非ず。鄭成功が金陵を侵すこと彼が若く容易なりしを以ても、亦以て徴すべき也。且つ我が豐公の軍、豈に亦迂回して韓の地に轉戰せんや、是れ南京の都たるの利は、纔かに以て土木の變を免かれたるべくして、而して其の害は恐らくは崇禎を待たざらんとす。未だ其の利の其の害を掩ふべきを見ざる也。清朝の例は氏の輕々に掃ひ去りし所、必ずしも言はず。要するに氏が援引せる所は、一も未だ以て其の論據を固うすべき者あらざるが若し。請ふ更に試みに其の本論を評せんか。

中橋氏の大坂遷都論を評す（下）

明治33年3月25日

潜夫

氏は本論に入りて、粗ぼ我邦首都の沿革を敍したりと雖も、源氏、徳川氏が幕府を開けるの位置當を得、而して足利氏の之を失せりといへる常套の論と、王政復古の時、都を江戸に遷せしの時宜に適せるを言へるとの外、別に異常の見あることなし。而して逶邐して其の主張を陳べて云く、

今や封建の歴史習慣共に破壞し盡し、中央集權の基礎確立し、不軌を圖るの輩其跡を絶ち、國勢は駸々として進み、萬民各事功を擧るに急なり。然らば則ち維新の宏謨に基き開國進取の國是に據り、東亞南洋に向て國威を闡揚するの秋に際しては、東京の地たる、以て大船巨船を容る可らず。横濱の地たる、輸出港にして輸入港に非ず。於是獨り大坂の地たる、北西比利亞の鐵道貫通し、東パナマの運河開鑿其功を竣り、東亞南洋の各國と南北亞米利加各邦との間に介立して、優に太平洋上の商權を掌握するの勢を有するものなり。故に今の時に方り徐ろに計を定めて帝都を大坂の平原に遷すは、最も現今の急務なるべし。

氏の之を言ふや、内外の大勢に據り、滉瀁廣汎を極めたりと雖も、今之を一箇の疑問の下に概括するを得べし。曰く、帝都は果して必ず商業中樞の區たるを要すべきか。

帝都の位置に關しては、列國封疆相守り、狼虎相窺ふの今日、猶ほ兵謀攻守の談に據る所あることを免かるべからず。然るに此の一面の觀察已に數日の備論を費すに足る。故に今一切之に説及ぼさず。且《しば》らく道《い》へ、譬を取る遠きを要せず。隣邦の支那に就て之を察せんか。上海なる者は現在商業中樞

の地たり。然れども此地を以て一國の首善とすること、萬能すべきか。只此の一問、氏が百千言に對して餘あることを覺ふ。矧《いわん》や其地形を以てすれば、山川偪促、大坂の規摸は又上海に下ること、數等なる者をや。

氏は又現在の情弊を論じて、遷都に因りて之を救ひ得べしと謂ふ。其言に曰く、

奠都の攻究は議論に巧にして實行に疎く、論争に是れ熱中して對外の志に乏し。反之關西の商賈は、事功に急にして遠大の志なく、利是れ顧みて公共の志に薄し。假令大坂の築港竣成を告げ、東亞と南北亞米利加を制するの勢を爲すと雖も、依然政治上の中心を關東に置き、商業上の中心を大坂に置き、一國の勢を二分するときは其好果を収むること央にも及ばざらん。此故に若し帝都を大坂に遷すときは、此議論巧みなるの政客と事功に急なるの商賈とを打て一丸と爲し、玆《ここ》に初めて一國を擧げて開國進取の國是を遂行することを得るに至るに庶幾《ちか》からんか。

論は誠に妙を極めたり。然れども是豈に其の利の一面を見て、而して全く弊の一面を遺せる者に非ざらんや。由來大坂經濟界の發達は、其の能く政治上の中心外に獨立したるより生ず。往昔に在りて江戸の商賈が、將軍家の御用と、八萬騎の麾下、三百諸侯の留守居とを顧客として、坐《い》ながら甘美を占め、曾て些の機關を用ひ着せざるの日に當り、大坂商人は能く海陸の要樞を扼し、物資の集散を相《み》て、廢著交易、奇利を博得するの技倆を揮ひ、豐公の遺圖、空しく殘墟を留めて、而して後百四、五十年、居然として天下の利權を占め、天下諸侯の家をして盡く就て而して其の勝手向を支持せざるべからざるに至らしめたる者、豈に一毫政治上の中心に力を藉《か》る所あらんや。天下諸侯假貸の府と爲りて、政治上の團體と結合の勢成りし時は、實に大坂商業の寧ろ沈滞に傾きし日なりき。而かも大坂文明の風化は、遙かに江戸文明よりも範圍廣く、尾參以東、關八州を除く外、飲食宮室の若き、二、三百年以來文明の能く移す所にあらざるよりは、衣服、調度、歌謠等、流行の勢力に靡從すべき種類は、百餘年來、大坂の風化を被らざる地方、殆ど之あらざる者、一に其の根柢の政治上の勢力を藉らずして興れるに由る也。乃ち明治以來の事を以て之を證するも、亦豈に然らずや。若し大坂をして維新當初よりして、帝都の地たらしめば、其の經濟上の發達、今日あるを得たるや否や、未だ知るべからざる也。何となれば政治上の中心は、商業家をして官府に夤緣して成功を僥倖せしめ易し。而かも夤緣の効は、亦能く三菱大倉等を生ずるに足れば、商業の獨立發達の爲としては、政治上の中心に近きは、寧ろ蠹毒の源と爲るに足りて、培養の素と爲るに足らず。大坂の政治上の中心たらざりしは、實に大坂經濟界の幸福にして、亦日本經濟の幸福なり。金貨制施行の際に於

て、一時大坂經濟界が闇愚なる財政家に利用せらるゝや、繼で至る者は、即ち無前の大恐慌なりき。吾輩は日本商業の中樞たる大坂の若き地方をして、永く政治上の中心に擾亂せられざらんことこそ、宜しく今日に講究すべき所にして、其の此を以て政治上の中心と爲す若きは、愼で避けざるべからざる所なりとする者なり。

且つ政治の一面より觀察するも、其の中心を以て商業の中心たる大坂の若き地方に一致せしむるは、計の得たる者に非ざる也。政治家の腐敗、現に已に目睹する所の若し。而して大坂商賈は、亦最も人心を腐敗せしむるに妙に、貨を以て人の意志を買ふことを不德とするの感念、天然に存せざる者なり。現在の朝野政治家を以て、一同此の如き地に置く、其の至り極まる所、其れ測るべけんや。姑らく目前の談を舍《お》くも、立憲政治なる者は、要中等種族の心識に依據して而して立つべき者、商業の中心たり、富豪勢力の府たる地方の意向を以て、政治の方鍼に影響せしむるは、決して希《こいねが》ふべき所にあらず。社會組織の老熟に過ぎず、小地主、小資本を代表する意見の猶勢力ある、關東地方の若きは、恰かも立憲政治の中心たるに適當せる者、社會問題の制裁未だ立たざるの日に當りて、大坂の若き、純然たる商工業地を以て、政治上の中心たらしむるは、吾輩は以て立憲政治の危險を促がす者と爲す。此等睹《み》易きの弊害は、決してかの議論に巧みなる政客と、事功に急なる商賈とを打て一丸と爲すといふが若き、其の利の漠然として捕捉し難き者と相償ふを得べき者に非ず。氏が此に思ひ及ばざりしは、本論の根據を薄弱ならしめたる最大原因と謂ふべし。吾輩は更に氏が之に對する意見を聞かんことを欲す。

以上の疑問にして決せずば、氏の遷都論は猶ほ甚だ力のあるを得べからず。故に此論の結果たる東京大坂築港建都の計畫の若きは今評するに及ばずと云ふ。

大任を受くるの覺悟

『大阪朝日新聞』　明治27年10月2日

天未だ嘗て試みずして、大任を斯人斯邦に降さゞるなり、其の最も多く試みられ、而して試に跌《つまず》かざる者、其の任を受くること最も大なり。

其の間亦運命遇合に限られて、大に成るべきの資ありて、而して中道廢絶する者あり、天智の英邁を以て、咄嗟内釁を芟除し、志三韓の舊圖を復するに在り、其才又高宗の比にあらず、輔《たす》くるに一將の能く李世勣《りせいせき》に敵するに足るあらしめば、方興の唐室と衡を大陸に争ふ、難しとせず、桓武の田村麿を得る、以て其の千載一時なるを見るべし。柴周世宗の討伐、豐太閤の征韓、其の壽に屈せられ、後光明の剛健、政宗の遠圖、其の境に局せらる、テベスの雅典《アテネ》、斯巴爾達《スパルタ》に代興する能はざる、瑞典《スエーデン》の霸業を成就する能《あた》はざるは、エパミノンダスの死、査爾斯《チャールズ》十二世の殂《そ》、之を挫《くじ》く也。

是《かく》の若きは人力の能《よく》する所に非ざる也、其の人力能くすべき者、又或は試みらるゝ少くして、而して氣驕ること甚だ過ぎ、以て興るの暴にして、而して亡ぶるの忽たるを致し、或は自ら足ること甚だ速かに、而して重ねて試に値《あ》はんことを憚り、以て宜しく興るべくして、而して竟に振はざるを致す、鋸〔鉅〕鹿一捷、自ら諸侯の上將軍と稱し、戰を賀する者をして膝行して仰ぎ視ること能はざらしめ、懷王は我家の立つる所と曰ふ、故に睢水《すいすい》に大勝して、而して翫手の間、垓下に殞尾たり、公孫述、袁紹が輩は更に言ふに足らず、乃ち姦雄曹瞞と雖も、黃巾の征、董卓の討より、眼に天下の英雄なく、反て乳臭の孫仲謀に敗られ、兒孫を更《か》へて統一の業を成すこと能はず、是れ前者の例なり、漢文の盛德、三代聖主に軼《す》ぐ、而して自ら謙すること甚だ過ぎ、內は藩國の制を改めず、外は北胡の患を絕たず、景帝七國の難、明らかに此に徵し、武帝窮兵の禍《わざわい》、亦之が反動たるなくばあらず、宋眞仁の際、內の艾安《がいあん》を賴で、外と構難するを難《はば》かり、徽欽北狩の災、神宗富强の計を左《あや》まるに由ると曰ふと雖も、亦仁柔の積弊此に至るなり、是を後者の例とす。

故に勢試みられざるを得ざる者は、彊勉して跌《つまず》かざれば、則ち成功期すべし、試みられざるを得べき者、自ら進で利器を試みるにあらざれば、鏽腐《しゅうふ》して用に中《あた》らざるに至らんことを恐る、然れども自ら試みるは、操縱我に在り、易きが若くして實は試に値《あ》ふの難きより難し。故に山濤吳を舍《おき》て外懼と爲すの說あり、羅馬統一の後、敗頹內より萌す、德川氏港を鎖して、士氣の世と遞降すること、支ふべからざる也。

日本東洋の表に國して、印度と支那との文明、千餘年來、其の精粹を吸收して略ぼ盡く、今又歐西文明の英を含み華を咀《くら》ふこと、破竹の勢の若し、天將さに以て斯邦に命ずるあらんとする、明々疑ふべからず。其の生口を以てすれば、歐土强國と伯仲す、蓋し其の文化の成熟に於て、亦恰好の位置に在る也。師父は威嚴あらざるを得ず、故に天職を行ふ者は、威力以て之を行はざるべからず、是を以て其の化を敷かんと欲せば、之に先つに兵力を觀《しめ》すの已むべからざるあり、日清の交戰は、天我に與ふるに威嚴を以てする也。

光武昆陽の大捷あり、而る後悤卒蕪蔞亭の豆粥、滹沱河《こだか》の麥飯、猶ほ天下の定むるに足らざるに疑ふ、フリードリヒ大王の中ごろクネスドルフに挫衄《ざじく》するや、行くに必ず毒藥を懷にするに至る、然れども七年戰爭の結果は、竟に孛國《はいこく》强盛の基を定めたり、成功者の屢試みらるゝこと此の如し。近世の戰は、其の兵を擧ぐるの困難、大に往昔に加ふるが爲め、其の一戰の成功、更に往昔よりも饒《おお》し、然れども獨逸帝國の再興は、ソルフェリノの一戰に定らず、必ずセダン、巴里の攻下に待て、帝冠維廉《ウィルヘルム》の白頭に加はること、猶ほ山崎の戰勝あるも、豐氏の覇業、賤ヶ嶽の再戰に待たざるべからざるが若き也。關ヶ原の一戰は、此の例に違ふが若きも、天下の群雄を集めて、中原の野に勝敗を決す、其の事情も亦已に希有なれば也。今日本も亦必ず一たび日清事件に試みられて、已むべからざる者あらん。東洋の勢力は、土着の厖大國のみに非ざる也、天若し日本に降すに坤輿新文明の大任を以てせんと欲する、又必ず其をして坤輿の强大國と角逐せしめんとす、則ち日清事件の成功、他紛糾なくして終るを得るも、二十年ならずして、大に試みらるゝの時必ず至らんことを期せざるべからず。

萬一歐西の均勢、日本の勃興の故を以て、東に屈して大に其の本土に破裂し、東洋幸に百年の昌平を保つことあらば、是は則ち自ら試みるの機、操縱我に在る者、尤も當さに戒愼恐懼して、逸樂に陥り、其の鋒を頓《にぶ》らさゞらんことを勉めざるべからず。之を成すの端、今日の事件を結ぶの方如何に在り、三韓の我に内附する、固より累世の患たり、然れども我が國民の絶海を視ること坦途の若く、内富榮に佚するの憂は、則ち此の時の無き所、西海を杜絶して奈良朝の繁華、腐敗も亦之に伴へり。吾人が世の論者と同じく、厚く外交當局に望むことあるは、實に此に在り。

『大阪朝日新聞』　明治35年8月4日

銷夏錄

答問一則、鬼谷子

ことし二月の頃と覺えたり。在舞子の後進生といふ人より、鬼谷子に就て下問を受けたり。後進生はこの書を愛讀して、大阪青木の發行なる唐の尹知章註本を藏すれども、魯魚の訛多きのみならず評註もいかゞはしくて、古人の旨を誤るもの定めて多からんと思ひ、他の善本を心がくれども、未だ其便を得ず。因て内外刊本に就て、その種類幷に註家氏名、及びその善本を示されたしといふに在りき。其後機會を得ずして之に答へざりければ、後進生といふ人の尙舞子に在りや否やすらも明らかならざれども、世間は長夏無事、この種の書を商量するに恰好の時と思へば、聊か知れる限りを記すべし。

鬼谷の善本は、秦恩復の石研齋刊書八種（嘉慶中の刻本）中に在る、道藏本に據りて刊刻せし本を第一とすべし。明刻《みんこく》二十子本、その他には註あるもあり、なきもありて、いづれも校勘精しからず。石研齋本は梁の陶宏景註とあり、但し鬼谷子は古來、樂壹、皇甫謐、陶宏景、尹知章諸註ありと傳ふれ

ども、前の二註は傳はらず。陶註尹註とに就ては、晁公武の衢州本郡齋讀書志に、

梁陶宏景註。隋志以爲蘇秦書。唐志以爲尹知章註。未知孰是。

とあり。但だ余も亦未だ石研齋本を藏せざるが故に其の詳細に至りては、答ふる能はず。

元祕史李文田註

頃《このご》ろ京都文求堂より、元祕史李文田註を得たり。曩《さき》にこの書の市村瓚次郎氏の藏に歸せしを聞く。今余も亦之を得。此等の書の多く渡來するは、史學の爲に賀せざるべからず。嘗て蒙文元祕史の事を述べし時、其序文一首撰者を詳らかにせざることを記せり。今その書によれば、卽ち顧廣圻の撰する所にして、思適齋集中に在り、元朝祕史跋と題せる者なり。李文田の註は永樂大典本の十五巻に從ひ、影元槧本十二巻に從はず。たゞ註間に於て、元槧本分巻の處を註記するのみなり。證引極めて博く、異聞を資《たす》くる者多しと雖も、而かも史實の攷徵は、未だ必ずしも精確といふべからざるに似たり。陸潤庠は元史譯文證補に序して、李氏蒙文を得て、祕史註を作ると稱すれども、李註には往々影元槧蒙文を比校せざりしが若く見ゆる處あり。史學上の價値は、未だ洪氏の書に及ばざるに似たり。欄外なる文芸閣の案語は、頗る肯綮に中《あた》り、原註の缺漏を補ふべき者多し。文氏嘗て余に語て曰く、李若農は輿地學、專家に非ずと。今此書を讀で、其の言の誤らざるを知る。

元祕史山川地名攷は施世杰の撰する所、本邦にも頗る傳本あり。其巻次は影元槧本により、單に地名を考證したる者なれども、反て李註よりも要領を得たる處なきにあらず。祕史を讀む者、幷せ讀むを可とす。

蒙古語

文芸閣が序中には、蒙古語の參考書として、書史會要、事林廣記を擧げたり。意《おも》ふに武備志も亦最も有力なる參考書なり。其の北虜考中に蒙古語を擧ぐること、其の數事林廣記の至元譯語よりも遙に多し。又書史會要は寫本多く、善き板本を得難ければ、蒙古字の參考としては、元史類編の八思巴《パスパ》傳を參照すべし。又嘗て述べたる華夷譯語は現に北京內閣東大庫書目中に在り。山本北山の日本外志（松下見林の異稱日本傳に續て作りし者）引用書目中にも、この書名あれば、本邦にも渡來せしことありと見えたり。只だ今其の何處に在ることを知らざる耳。

『太陽』第一巻第一二号「地理」　明治28年12月5日

北京城の沿革

臥遊生

北京は直隷省順天府に在り。清帝の現に都する所にして遼金以來の故都なり。順天の地は、蓋し禹貢《うこう》九州に在ては冀州《きしゅう》の地とす。是より先き顓頊《せんぎょく》の時には幽陵と曰ひ、帝堯の時には幽都といひ、帝舜の時には幽州とす。夏商には冀州とし、周には復た幽州とせり。春秋戰國の時には燕國の境にして、秦の時には上谷、漁陽二郡の地たり。漢の初めに、燕人の爲めに涿郡《たくぐん》を分置せしが、元鳳の初孝昭の時燕國を改めて廣陽郡とし、本始の初孝宣の時更に廣陽國とせり。東漢には廣陽を省《はぶい》て上谷に入れしが、永平八年明帝の時復廣陽郡を置けり。郡治は薊《けい》に在り。幽州も亦此に治す。魏晉皆之に因れり。三國に魏は燕郡とし、晉は燕國とす。愍帝《びんてい》の建興二年、石勒薊《せきろくけい》に入り幽州都督王浚を執《とら》へ、故《もと》の尚書劉翰を以て幽州刺史を行はしむ。翰幽州を以て段匹磾《だんひってい》に歸す。其後復石勒に幷《あは》せられたり。燕王慕容儁《ぼようしゅん》嘗て此に都し、其后苻堅、慕容垂代る〱其地を有せり。后魏《こうぎ》も亦燕郡とし、兼ねて幽州を置けり。北齊は幽州に東北道行臺を置き、后周も亦燕郡を置き、兼ねて總管府を幽州に立てたり。隋の初、郡は廢せしも仍《な》ほ幽州といひ總管府を置きしが、煬帝大業の初に至りて府を廢し、改めて涿郡と曰ふ。唐の初め又復《またまた》幽州とし、初めに總管府を置き、尋《つい》で大都督府と爲せり。玄宗天寶の初、改めて范陽郡といひ、范陽節度使此に治せり。肅宗乾元の初、復幽州と爲す。軍を盧《ろ》龍《りゅう》と曰ひ、盧龍節度使の治たり。上元中賊史朝義史思明の子改めて燕京《えんけい》とす。蓋し京の名此時に至て始めて之あり。後强藩に據《よ》らるゝことを歷《へ》て唐末に至り、劉仁恭大號を此に僭したれば、宮殿の名も既に此頃よりありしなるべく、後來遼の都を建つるや、意《おも》ふに此等の舊構に仍《よ》りし者ならん。后唐にも亦幽州と曰《い》ひしが、晉王石敬塘《せきけいとう》、趙瑩を遣《つかわ》し幽、薊、瀛、莫、涿、檀、順、嬀、儒、新、武、雲、應、朔、寰、蔚十六州を以て遼に獻ず。時に遼の太宗耶律德光會同元年、晉の天福二年なり。乃ち詔して幽州を以て南京幽都府《なんけいゆうとふ》といふ。此れ實に燕京が帝者の都城たりし始也。

會同三年三月太宗南京に至り、法駕を備へて拱振門《こうしんもん》より入り、元和殿に御《ぎょ》して入閤の禮を行ひ、又昭慶殿に御して南京の群臣を宴す。夫れ石晉《せきしん》の地を獻じて、太宗の駕到るや卽ち拱辰元和昭慶等の名あれば、是れ必ず遼の建てし所には非ざるべく、是年冬に至りて始めて、詔《みことのり》して燕京に涼殿を建てしめ、乃ち西南堞《ちょう》に於て一涼殿を建てたるよし、本紀に特書せるを見るに、太宗初めて入りし時、未だ別に改築せる有るには非ず。從前僭僞の主等が建てし宮殿の舊構に仍りて、之を用ゐしこと明かなり。顧祖禹の方輿紀要に遼都城を改築すとあり今趙翼の劄記に據りて之を正す其地は今の城の西南に在り、内を皇城と爲す。周七里一百三步、都城の西南隅に在り、皇城内の宮門を宣教と曰ふ。城門五あり、正南を南端門と曰ひ、左を左掖門《さえきもん》とし、右を右掖門とし、西は顯西門と曰ふ。此は設けたれども開かざる也。北を子北門と曰ふ。都城は方三十六里、崇《たか》さ三丈、衡廣一丈五尺、八門あり。東を安東、迎春と曰ひ、南を開陽、丹鳳と曰ひ、西を顯西、淸晉と曰ひ、北を通天、拱辰と曰ふ。太宗の始めて入りしは卽ち此の拱辰門也聖宗の統和二十四年、南京宣敎門を改めて元和門とし、左掖を萬春門とし、右掖を千齡門一に千秋門に作るとす。開泰元年又南京幽都府を改めて燕京析津府とし、幽都縣を宛平縣とす。

太平五年蹕を南京に駐め、南果園に幸して宴す時に千齡節に値ふ。燕民年穀豐熟して車駕適々至れるを以て爭て土物を以て來り獻ず。上《しょう》、高年を禮し鰥寡を惠み餔飲を賜うて夕に至る。六街の燈火晝の如し。士庶嬉遊す。上も亦微行して之を觀る。蓋し遼の時猶北方夷族の故習を存し、巡幸を以て主とし、東西南北四樓あり、捺鉢と曰ふ。又春水秋山あり、歳時遊獵す。從より未だ久しく燕京に駐まりしことあらず。是年偶々年を此に度りしが故に以て僅事と爲せる也

宋の宣和四年徽宗の時其地を得て、改めて燕山府と爲せしが、地金に入りて仍《な》ほ燕京析津府と稱せり。金の太祖太宗の時は其の都を建《た》つる上京に在りしかば、燕京には至らざりき。熙宗《きそう》始めて盧彥倫に詔して、燕京の宮室を營造せしむ。廢主亮海陵王に至りて都を燕に遷さんと欲し、天德三年詔して燕城を廣め宮室を建つ。宋の汴京の制度に依る。蓋し遼の故城の東南二面に於て大に增廣を爲したり。丞相張浩張通古等を遣《つか》はし諸路の夫匠を調して修築せしむ。有司圖を以て來り上り、竝に陰陽五性の宜しき所を白《もう》す。海陵曰く、吉凶は德に在りて地に在らず。桀紂をして之に居らしめば、善地と雖も何ぞ益せん。堯舜之に居らば、何ぞトを以てせんと。是時張浩、蘇保衡を擧げて工役を分督し、又景州の刺史李石皇城を護役す。一木を運ぶの費二十萬に至り、一車を擧ぐるの力五百人に至る。宮殿皆飾るに黃金五彩を以てし、一殿の成る億萬を以て計る。貞元元年來りて之に都し、遷都を以て中外に詔し、燕京を改めて中都と爲し、府を大興と曰ふ。其內城は周九里三步南門を通天門と曰ふ。大定五年に改めて應天門と曰ふ。羅郭に門十三あり。東を施仁と曰ひ、宣曜《せんよう》と曰ひ、陽春と曰ひ、南を景風と曰ひ、豐宜と曰ひ、端禮《たんれい》と曰ひ、西を麗澤と曰ひ、顯華と曰ひ、彰義と曰ひ、北を會城と曰ひ、通玄と曰ひ、金の大定三年蒙古の遊兵都城の下に至る金主朮虎高琪に命じて通玄門に屯す卽ち此門なり崇智と曰ひ、光泰と曰ふ。又廣陽門あり。金の大安二年將に命じて彰義廣陽二門に分屯せしむと。或は云ふ、廣陽門は卽ち陽春門なりと。京城の隙地を以て朝官に賜ひ、尋《つい》で又其錢を徵す。營建せる夫匠に帛《はく》を賜ふ。

海陵の燕京を廣むるや宋の汴宮の制度に依る。因て此に汴京の梗概を附記す

汴京は河南の開封府に在り。五代梁に東都とし、石晉に東京とし、宋は柴周の舊に因りて都と爲し、建隆三年皇城の東北隅を廣め、命ずるに未だ畫かざる洛陽宮殿の圖あれば、圖を按じて之を修めしむ。皇居始めて壯麗なり。雍熙三年宮城を廣めんと

欲す。民居多きを以て遂に罷む。宮城は周廻五里南の三門中を乾元と曰ひ、東を左掖と曰ひ、西を右掖と曰ふ。東西兩二門を東華西華と曰ふ。北の一門を拱宸と曰ふ。乾元門内の正南門を大慶と曰ふ。熙寧中端禮と改む。東西横門を左右昇龍と曰ふ。左右北門内各二門を左右長慶左右銀臺と曰ふ。東華門内の一門を左承天祥符と曰ふ。西華門内の一門を右承天と曰ふ。左承天門内道北の門を宣和と曰ふ。都城は舊城周廻二十里一百五十歩、東に二門、北を望門と曰ひ、宋初に和政と曰ふ。南を麗景と曰ふ。南面三門、中を朱雀と曰ひ、東を保康と曰ひ、西を崇明と曰ふ。西に二門、南を宜秋と曰ひ、北を閶闔と曰ふ。北三門、中を景龍と曰ひ、東を安遠と曰ひ、西を天波と曰ふ。已上各門は宋初皆梁晉の舊名に因り、太平興國四年始めて今の名に改む。惟だ保康一門のみは、大中祥符五年に始めて創せし也。新城は周廻五十里一百六十五歩、周の顯德三年始めて築き、宋の大中祥符九年に增築し、元豐元年に重修す。政和六年、有司に詔して國の南を度り京城を展築して百官軍營を移置せしむ。南の三門、中を南薫と曰ひ、東を宣化と曰ひ、西を安上と曰ふ。東二門、南を朝陽と曰ひ、北を含輝大宗政寅賓〔含輝、大宗改めて寅賓〕と曰ふ。西二門、南を順天と曰ひ、北を金輝と曰ふ。北四門、中を通天と曰ひ、天聖中、寧德と改む。東を長景と曰ひ、次の東を永泰と曰ひ、西を安肅と曰ふ。此れ皆周の舊名に因りしを宋の太平興國四年に今の名に改めし也。地金に入りて南京となる。後金蒙古に蹙《ちぢ》めらるゝや、遷りて此に都せり。開封府は明以降の置く所なり。故宮は府治の正北に在り。明此に就て親王府を建つ。古より苑池游賞の地と爲す也。

元の太宗十年に已に燕京を取りしも、今だ嘗て蹕を駐《とど》めず。世祖位に卽《つ》きしも尙開平即ち上都に在り。中統二年始めて命じて燕京の舊城を修む。蓋し金の宣宗汴に遷りしより後、燕京蒙古に入り、宮室亂兵の焚《や》く所となり、火月餘まで滅せず。是に至りて四十餘年、朝を班し治を出すの所復《ま》た存する者なし。故に中統元年に車駕燕に來るも、只だ近郊に駐まりしのみ。宮闕未だ定まらず、凡そ朝賀に遇へば臣庶帳殿前に雜至し、喧擾して禁ずること能はざりしと見えたり。至元元年劉秉忠《りゅうへいちゅう》の請に因りて都を燕に定め、詔して燕京を改めて中都と爲し、府を大興と曰ひ、始めて宗廟宮室を建つ。四年金の舊城北の東に於て改めて都城を築き、亦皇城を其中に建つ。八年中都、眞定、順天、河間、平灤の民二萬八千人を發す。宮城を築くの役《えき》に充《あ》つる也。又勅して修築の費は悉く官より給し、幷せて伐木夫役稅賦を免ず。是年初めて東西華及び左右掖門を建つ。九年中都を改めて大都と爲《な》す。而して大興府は仍ほ存す。十年初めて正殿、寢殿、香閣、周廡、兩翼室を建つ。十一年正月宮殿成るを告ぐ。帝始めて正殿に御して朝賀を受く。時に詔すらく、舊城居民の京城に遷る者、貲《し》高き及び官ある者を以て先と爲し、仍ほ制を定めて八畝《ほ》を以て一分と爲し、其の或は地八畝に過ぎ、及び力、室を築くこと能はざる者は、皆冒據することを得ずして他人の營築を聽《ゆる》すと。是に於て金の燕城は遂に廢せり。二十年侍衛親軍萬人を以て大都城を修む。二十一年始めて改めて大都路と爲す。此年群臣尊號を上《たてま》つる。二十六年又宮城を修め、乃ち武衛を立て丶繕理す。留守段天祐を以て指揮使を兼ねしめて之に治す。大概元の遷築は宮城を先にして、而る後に都城に及べり。都城は方六十里門十一あり。正南を麗正と曰《い》ひ、南の右を順承と曰ひ、南の左を文明と曰ひ、北の東を安貞と曰ひ、北の西を健德と曰ひ、正東を崇仁と曰ひ、東の右を齊化《せいか》と曰ひ、（明初徐達の軍元都を取るや、齊化門より入り、元の監國淮王帖木兒不花左丞相慶童等夜半健德門を開て北に奔る）東の左を光熙と曰ひ、（順帝の至正二十四年孛羅帖兒大同より兵を遣して闕を犯す。太子愛猷識理達臘迎へ戰て克たず。光熙門を出で丶東の方古北口に走る）正西を和義と曰ひ、西の右を肅清と曰ひ、西の左を平則と曰ふ。順帝至正十九年十六門皆甕門を築き吊橋を造り、以て守禦と爲す。此れ元時都城の大略なり。

遼金の故都は今順帝府治の西南に在り。元の故都健德門は今の德勝門外（下に出づ）八里に在り。其の故宮は今の西苑の四宣武門以内に在りしならんと云。

明の太祖は、金陵に都を奠《さだ》め、之を南京とし、汴京を北京とし、濠州を中都とす。洪武元年徐達元大都に克ち二年薊北悉く平ぎ、元都を廢して其地を縮め、舊都の西北一帶を城外に割《さ》き、改めて北平府と爲し、布政使司を置く。蕭雲龍北平に鎭し、燕邸を建て北平城を改築す。（劉侗の帝京景物略に云ふ、徐達雲龍に命じて新たに城垣を築き南北に徑を取ると。即ち是れ城郭も亦別に築く也）成祖の燕に封ぜらる丶、其の邸は元の故宮に因る。（即ち今の四苑にして朝門を開けり）永樂登極《えいらくとうきょく》の後も、故宮に卽《つい》て朝を受く。元年二月北平を以て北京と爲し、留守及び行部官を設け、改めて順天府と爲す。（方輿紀要に府名を改むるを以て七年の事とす）五年（或は云く四年）始めて宮殿を營建す。七年元の故城を拓て京城を築く。九年譚廣大寧都指揮使を以て北京を建つることを董《ただ》す。十四年北京營建の事を以て群臣に下して會議せしむ。群臣議して奏すらく、北京は聖上龍興の地、北の方居庸《きょよう》に枕《のぞ》み、西には太行峙《そばだ》ち、東は山海に連り、南中原に俯す、山川の形勝以て四夷を控へ天下を制するに足る。誠に帝王の都なり。比年車駕巡狩し、四海會同し、人心協和し漕運日に廣まり、商賈《しょうこ》輻湊し、財貨充盈し、良木巨材已に京都に集まり、天下軍民事《こと》に趨《おもむ》くに樂む。伏して乞ふ、上は天心に順《したが》ひ、下は民望に從ひ、早く所司に勅して工を興して營建し、以て子孫萬世の計と爲さば、天下幸甚と。十五年十二月に至りて改めて皇城を東に築く。舊宮を去ること里許《ばかり》、悉く金陵制の如くす。此年薛祿後軍都督を以て北京の營造を董《ただ》す。宦官阮安巧思あり、命を奉じて北京の城池宮殿及び百官の府舍を董す。目量意《い》揣《し》悉く規制に中《あた》り、工部は成を受くるのみ。此《かく》の如く役を董す者も前後數人あり。鄺埜北京執役者鉅萬なるを以て、命を奉じて病者を稽省す。葉宗人錢唐の令たり。工匠を督して往て北京を營せしむ。此の如く工匠の役も亦各省に及びたり。鄒緝の上疏に言ふ、北京を建造すること幾《ほとん》ど二十年、工大《おおい》に費繁く調度甚だ廣し、工作の大、動《やや》もすれば百萬を以てす。終歲役に供して耕作するを得ず。工匠小人又威勢に假托し、民を逼りて移徙《いし》せしめ、移徙して甫《はじ》めて定まれば又他に徙《うつ》らしむ。三、四たび徙る者あるに至ると。以て當時の大工大役、民を勞し衆を動かせる狀を想見すべし。十八年九月北京宮殿始めて成る。十九年春正月帝乃ち奉天殿に御して、朝賀を受け大赦す。詔に云く、頼に天下臣民心力を殫竭し寒暑を冒《おか》し風霜を涉り、事に趨き功に赴く、勤勞懈《おこた》らずと。四月奉天謹身華蓋三殿災す。詔して直言を求む。是れ永樂建造の梗概なり。宮城周六里十六步、亦紫禁城と曰ふ。南を午門と曰ひ、亦承天門と曰ふ。東を東華門と曰ひ、西を西華門と曰《い》ひ、北を玄武門と曰ふ。宮城の外を皇城と爲し、周一十八里有奇南を大明門と曰ひ、長安左右門と曰ひ、東西を東安西安門と曰ひ、北を北安門と曰ふ。京城周圍四十里、九門と爲す。南を麗正門と曰ふ。英宗正統の初、改めて正陽門と曰ふ。南の左を文明門と曰ふ。後崇文門と改む。右を順成門と曰ふ。後宣武門と改む。東の南を齊化門と曰ふ。後朝陽門と改む。東の北を東直門と曰ふ。西の南を平則門と曰ふ。後阜城門と改む。倶に正統の初めに改む。餘の四門は舊に仍る 西の北を西直門と曰ひ、舊名彰義門 北の東を安定門と曰ひ、北の西を德勝門と曰ふ。永樂十五年三月漢王高煦罪有り、之を四華門内に繫ふ○正統の末瓦剌の也先都城に薄る。于謙德勝門を闔ぢて城外に軍す。石亨也先を彰義門に破る○景泰元年英宗回鑾す。廷臣に詔して次を以て龍虎臺居庸關に迎ふ。尋て安定門に入る。上自から東安門に迎ふ。○神宗の三十七年正月京民訛傳す、北敵至ると。街市喧動す、安定德勝二門の百姓爭て城に入り難を避く。○毅宗崇禎十七年三月流賊李自成京師を攻め夜に乘じて沙河より進み、直ちに平則彰義等小門を攻め、竟夜焚掠す。曹化淳王化成彰義門を啓て賊に降る。内城乃ち陷り、帝萬歲山に自經す。李自成承天門より入り皇極殿に登る。○仝年四月吳三桂入援す。李自成興に戰て大敗し、彰義門を出で丶西に走る。○神宗萬曆中、西洋の利瑪竇天主堂を宣武門に建つ。世宗嘉靖三十二年給事中朱伯辰言す、京師四面宜しく外城を築くべしと。大學士呂本請ふ、先づ南面を築かん、庶《こいねがわ》くは力を併すること完うし易からん。此れ天下貨財湊集の處、亦以て非覬を杜《ふせ》ぐに足らんと。因て重城を築て京城の南面を包み、轉《うた》た東西角樓を施す。長さ二十八里、七門と爲す。南を永定門、左安門、右安門と曰ひ、東を廣渠門、東便門と曰ひ、西を廣寧門、西便門と曰ふ。四十二年又各門の甕城を增修す。蓋し此に至りて北京の規模大に定まり、清明に代るに及ぶも亦甚だしく變更する所なき也。

清の入て北京に都するや、明の宮殿頗る流賊李自成の燬《や》く所と爲る。順治元年即ち崇禎十七年也五月、攝政王多爾袞《ドルゴン》僅に武英殿に登りて朝賀を受く。後次第に修葺し康熙八年十一月に至りて太和殿乾清宮成るを告ぐ。大抵都城は明の舊構に仍《よ》り大興秦に薊縣を置く、漢以後之に因り、州都皆此に治す。遼改めて薊北縣と曰ひ、尋で又改めて析津縣と爲す。金の貞元二年改めて大興と曰ふ。府城の東北隅に在り。宛平城内の西北隅に在り、本と薊縣の地、唐の建中二年析って幽都を置く。遼の開泰二年改めて宛平と曰ふ。二縣に跨り、周圍十里十町、我が里程を以て計る。下之に效ふ。壁高さ三丈五尺を超ゆ。人口二百萬と稱す。分ちて内外二城とす。内城は一に包城と曰《い》ひ、皇城を包み外城に接す。即ち永樂の遺構なり。六方里樓門九あり。其の名は皆明の舊に仍《よ》る。一々金字の題額を揭ぐ。城門の三面には各一角樓あり、覆《おお》ふに綠玻璃瓦を以てし、光彩陸離たり。城内分ちて八區とし八旗を布列して皇城を護衞す。正陽門内の棋盤街は百物雲集の通衢にして、其西北に都察院、大常寺、大理寺、刑部等の各署あり。東北には宗人府及び吏戸禮兵工の各部署翰林院あり。其他會同館、堂子、文廟、辟雍宮、順天府署等、皆城内屈指の建築にして、各國公使館も亦内城中に在り。我が日本公使館は正陽門内東交民巷に在り外城は内城の南面に接す。卽ち嘉靖の遺構、長さ四里七門の名稱皆舊名を襲《おそ》ひ、正陽門より永定門に至る街路を正陽大街と爲す。頗る壯大にして外城中第一繁盛の區とし、商戸殷賑熱閙《ねっとう》を極む。東西に通するを廣寧大街と曰ふ。天壇、地壇、祈年壇等は永定門内の兩側に在り、皇城は内城中に在りて、更に方形に畫《かく》し、一面長さ十一町餘、其の墻《かき》は甎《かわら》を以て之を甃《しゅう》し、塗りて赤色とし、覆《おお》ふに黃玻璃瓦を以てす。四面城門其の東西は明の舊名を襲ひ、南を天安と曰ひ、北を地安と曰ふ。天安門の東北に太廟を置き、其の西に社稷壇あり。城西の苑池を西苑と曰ひ、太液池と曰ふ。古の西海子なり。元の郭守敬白浮泉の水を引て積水潭に匯す。署を置て以て通州の米を運す。世祖上都より還り、積水潭舳艫水を蔽ふを見て大に悦ぶ。積水潭は卽ち西海子元時未だ禁地たらざるなり。南北半里東西二百歩許《ばかり》、池中に小島あり、其南に瀛臺あり、池に石橋を架す。九竅あり、東西に華表あり、北に五龍亭あり、蕉園紫光閣東西相對す。岸を夾《はさ》める楡柳古槐は皆數百年の物なり。小假山あり景山と曰ふ、神武門外女墻の内にして、本と煤炭を以て築造し、山五峰に岐《わか》れ、高さ百五十尺、各峰頂に亭榭を設け、玻璃瓦を以て覆ひ、中に珍禽奇獸を養ひ、衆庶の縱覽を許す。皇居は亦紫禁城と稱し、皇城の中央を劃《かく》して之を定む。東西八町南北六町、壁は赤瓦を覆ひ、四面の門東西南三門は舊名に仍《よ》る。北を神武門と曰ふ。城門四維に角樓あり。南面の午門は三闕にして上に重樓を架す。左右に鐘鼓の門廊あり。西嚮して午門内に通ずるを左掖門と曰ひ、東嚮するを右掖門と曰ふ。中に宮殿あり。太和、中和、保和三殿を外朝とし、乾淸、交泰、坤寧三殿を内廷とす。御花苑、寧壽宮、景陽宮、西華苑、慈寧宮、内務府、武英殿、文華殿、文淵閣、内閣等皆此の中に在り。郊近に在ては外城永定門、門南三里に南苑あり。皇帝大閱の地とす。廣寧門外に天寧寺の高塔あり、西便門外に白雲觀あり、其北に暢春園、圓明園あり。圓明園は文宗の咸豐十年、英佛同盟軍の燬《や》く所と爲れり。

明の顧祖禹《こそう》其の形勝を論じて曰く、府は關山嶮峻に川澤流通し、天下の脊《せき》に據り夷夏の防を控へ、鉅勢強形號して天府と稱す。召公初め此に封ぜられ、祚《そ》を享《う》くること八百年、國を闢《ひら》くこと千餘里、漢より以後幽燕皆巨鎭たり。光武其兵力に資《よ》て漢祚を克復す。其後慕容儁《ぼようしゅん》竊かに此に據り遂に河北を兼ぬ。唐の中葉漁陽亂を倡《とな》へ、藩鎭の患《うれい》實に唐室と相終始す。石晉燕雲を以て契丹に入る。出帝の禍踵《くびす》を旋《めぐ》らさず。宋燕山を爭て而して立《たちどこ》ろに保つこと能はざるや、靖康の辱復た石晉の轍《てつ》を踏めり。契丹女眞より以て蒙古に及ぶまで、相繼で燕に都す。而して中原其毒を受くる者數百年に垂《なんな》んとす。金の梁裏言ふ、燕都は地雄要に處り、北山險に倚り、南區夏を壓し、堂奥に坐して庭宇を俯視するが若き也。又居庸、古北、松亭の諸關東西千里、險峻相連り近く都圻に在り、據守尤も易しと。元の木華黎《ムハリ》曰く、幽燕の地、龍蟠虎踞形勢雄偉、南の方江淮を控へ北は沙漠に連り、駐蹕の所燕に非ざれば不可なりと。國初成祖分ちて燕に藩たり。遂に以て九服を奄有す。或は曰く、燕都北邊塞に倚《よ》り南齊趙に通ず。誠に武を用ゐるの地、但飛芻挽粟必ず命を數千里の外に寄するは完策に非ざるに似たり。元の虞集嘗て言ふ、京師の東濱海數千里、北は遼海を極め、南は青齊に連なる、萑葦の場なり。而して海潮日に至り、淤《お》して沃壤となる。宜しく南人の法を用ゐて堤を築き、水を扞《ふせ》ぎて田と爲し、富民を召して耕種すること三年にして、而して其稅を征すべし。以て京師を衞《まも》るべく、以て島夷を防ぐべく、以て海運を省く可しと。至正十二年脫々相國と爲り、其說を宗とするに因りて議して司農司を立て、西は西山より南は保定河間《かかん》に至り、北旅順に抵《いた》り東遷民鎭《ちん》に及ぶまで、皆耕屯を設く。未だ幾《いくば》くならずして復た罷《や》む。國朝の徐貞明言ふ、京東諸州邑皆山を負ひ海を控《ひか》ふ、山を負へば則ち泉深くして土澤なり。海を控ふれば則ち潮淤して壤沃なり。密雲より以東、薊州永平の境に至る、河泉流注し、渠を疏《そ》し田に漑《そそ》ぐ力を爲すこと甚だ易し。而して境内濱海の田を豊潤にすること凡そ二百里、吳越の沃區と相埒《あいひと》しからん。國家上游に據るは六合を控ふる所以、而して還《かえっ》て東南數千里繼ぎ難きの餉を資《と》り、近く耕すべきの田を棄てゝ汙萊《うさい》の沮澤《そたく》と爲す。豈に計の得たる者ならんやと。

臺灣新條約實施に就て

『改正條約實施內地雜居準備會雜誌』第五号　明治31年8月

臺灣を新條約實施の範圍に包括すべきと否とは、世論の疑ふ所と爲りしが、臺灣總督府は七月十六日、法典施行の當日に至り、遽《にわか》に律令を發布して、島民及淸國人の外に關係者なき民事及商事に關する事項並に島民及淸國人の刑事に關する事項の外、新法典を施行することゝなれり。是れ或は現在の狀態に於て、最も便宜なる方法とすべきに近からんか。何となれば、臺灣弊政の更革は、今春總督の交迭以來、銳意施行せらるゝ所と雖も、而かも一島行政の組織は、猶ほ攻究中に在るが若く、草創の際、妄意施設せし現政を釐革せず、特に其の組織を縮少せるのみ、其の性質は依然たり。而して今遽に法典實施の期日切迫するに遭遇す、如上の方法に出づることの已むを得ざるは、論を待たざる也。然れども此の方法の極めて繁雜にして、其の施行の際、毎々蹉跌を免れざるべく、動もすれば外國人との紛糾を來して、總督府將來の一大患害たるべきは、今より豫知し難からず。臺灣産業の興起は、土人と内地人、竝に外國人との交渉をして滋々《ますます》繁からしむべければ、則ち此等紛糾の歳々に増すありて減ずることなかるべきも亦明かなり、總督府は果して之に對する善後の策あるか。

吾が臺灣施政に對する宿論にして、若し既に行はれたらんには、此等の患害は、皆之を未然に避くるを得べかりしを信ずる者なり。蓋し臺灣は風俗習慣の同じからず、發達の度に等差ある内外國人及土人の雜處せる地たれば、此の若き事情に相應せる一種の施政を要すべきは、當然の事なり。數月の前、臺灣の行政司法に關する意見を發表せる際に論ぜることあり、試みに其の數節を左に抄せんか。

(前略)此時に於て移民と土人とは、同一街市、同一地域に住居せしめ、同一行政、同一司法の下に管轄すべきや否や等は宜しく早く其方鍼を定めざるべからず。

夫れ下級行政の如き、務めて舊慣に仍るを可とする吾輩が上來の主張に從へば、規律ある行政、整理せる社會に慣れたる内地人が、土人と混處して、かの未開にして簡樸なる土風行政の下に支配せられ、紛雜にして汚穢なる土俗社會の中に生活せんことは、頗る堪へ難き所とすべきのみならず、混處の結果は、進歩せる内地人をして、枉げて未開の土風に徇ずるの已むを得ざらしむるに至らんことを恐る、是れ決して希ふべきの事に非ず。さりとて少數なる内地人に徇《とな》へて、強て擬文明的行政を新領土に敷きしは、從前失敗の基因たることは、前已に論ずるが若し。吾輩は此に於て、内地人居住地域劃定の必要を主張す、但だ吾輩はかの劃定せられたる内地人居住地域外に於ては、内地人の居住を許すべからずといふにあらず、請少しく下に説く所を聽かんか。

其の市街地に於ては、宜しく地域を區劃して、排水、道路、百般衛生上、社會上の施設を備へたる市街地を定め、其地域内に居住すべき商民には、建築の制限を設けて、現在臺北等の地に於けるが若く、薄弱隘小なる店屋の濫造を禁じ、成るべくは内地人竝に土紳の富豪を勸誘して壯麗なる貸家を建てしめ、當時の金融に照して、一定の厝《そ》税を立て、過當の弊なからしめ、其地域内には町内事務所の若き者を置きて、協議の結果に成れる市街行政を執らしめ、勸解裁判等、低級なる裁判權を之に與へて、專ら其の自治に任じ、其他百種施設は大抵内地の進歩したる模範を取り、而して此の地域内に居住すべきは、主として内地商民とし、若し土人にして凡そ内地人同樣の生活、社會上の狀態、(願くばかの辮髮胡服等の風習をも改め)、行政上の施設を承受するに堪ふる者は、亦均しく居住を許し、此を以て模範行政區と定めて、此の地域内の住民は、殆ど内地同様、憲法、法律、其他國家が人民に與ふることを得べき恵澤に浴することを得、併せて將來に於ける外人雜居地と爲すことを得せしめ、先づ清國時代に於ける縣治所在地たる大市街にして、内地人の最も多く入込める地より始め、若し其他方地にして漸次に視て而して之に規倣し、同様の文明的施設を希望し、實行する者あらば、便ち亦其をして同様の恵澤に浴せしめ、百年の後を期して、此の制の全國に行はれんことを豫圖す、此れ行政の漸化策なり。

かの工業家が雇使する勞働者の若きは、必ず此の地域内に圍《かき》することを得ざる者あらん、此等は亦一定の條規を設け、工業主をして其の居住の廬舍より、生活上の狀態に至るまで、盡く監督の責に任ぜしめ、其の市街に遠き地方に在る者は、之を附近辨務署（警察を兼ねたる者としての）に係屬して、一種特様の管理に歸せしむるも可なり。若し夫れ醜業者等の若き、成るべく其の減少を圖るべきは論なし、其の湫隘汚穢の土人市街の間に居住する者は、其の行政上社會上の待遇も亦土人と一様にし、之をしてかの文明的施設の恵澤に浴することを得ざらしむべき耳。

其の村落地は則ち農民の移住を主とすべく、布哇《ハワイ》、濠州、南米等移民の奬勵せらるゝ今日、近く我が領土たる臺灣を度外視すべきの理なければ、たとひ臺灣土地の墾開、戸口の繁密、内地の東北地方に下らず、土人の勞銀、内地より低く、其の情勢外國移民と同日に論ずべからざる者ありと雖も、苟くも其の方法にして宜しきを得んに、豈に全く望なきの地と爲すことを得んや。吾輩はかの無限の富源たる生蕃界の墾拓を以て必行の事業とし、而して之が方策は則ち屯田組織より善きはなきことを信ず、夫れ怯恇なる支那種土人すらも、猶ほ銃を備へて而して耒耜に從事することを能《よく》するに非ずや、由來精悍にして兵を好む邦人が、屯田組織によりて蕃界の墾拓を遂行し得ざるの理なし。東海岸二廳の地に於ける、民夷雜處の地は勿論、西北六縣の地、山谷阻絶の處の若きも、内地の剩餘戸口を移して、かの樟腦業者と相羽翼し、以て墾拓に從事せば、啻《ただ》に利源の開發に益するのみならず、一は以て蕃人の侵害を杜絶し、一は以て附近匪賊の跳梁を禁壓し、加ふるに有事の日、數萬の兵士を得て、全島の捍禦に充つるの便あらん、其の細目の若きは、施設の得失により、多少の斟酌を須ゐざれば、弊害の伴生することなしといふべからず、而かも其の大綱は則ち此の若きに過ぎざらんのみ。

（未完）

『東洋戰爭實記 3』「清韓事情」　明治33年7月23日

支那と西洋諸國との關係

余は本誌に湖廣總督張之洞の傳をものすべき約をなせしが、故ありて本號には間に合はずなりたれば、之を次號に譲りて、且らく此編を以て責を塞ぐことゝしたり。こは主としてコルクホーンの著書に據りて、間々私意を加ふる者なり。

上古に於ける支那と外國との關係は、たゞ近世に於ける關係を讀者の會得せしむるに足るを目的として、成《なる》べく簡略に記すべし。若し更に精細なる智識を得んと欲せば、須らくジエスイット諸神父、デヴイズ、ユール、リヒトホーフエン、及び其他諸人の著書を讀むべき也。

コロテル、ユールは其の著書『カセイ』に於て支那と西洋諸國との交通を、左の如き諸項目に區分したり。

一、上古交通の遺蹤。支那に關する希臘《ギリシャ》及び羅馬《ローマ》人の智識。

二、羅馬帝國に關する支那人の智識。

三、印度との交通。

四、亞刺伯《アラビア》との交通。

五、アルメニヤ、波斯《ペルシャ》、其他諸國との交通。

六、支那に於ける子ストリアン教（即ち景教）。

七、蒙古時代以前支那に關する記録。

八、カセイの名を以て知られたる蒙古朝の治下に於ける支那。

九、カセイの名より支那の名に移る過渡。結論。

蓋し尙古に在ては、支那は種々なる名稱を負はせられたりし也。ユールは云へらく、亞細亞の大半島、及群島の沿岸をつたひて、南方海路の極端として看《み》られたる際と、亞細亞大陸の經線を横絶する北方陸路の極端として看られたる際との別ありて、前者の觀察に於て用ゐられたる名稱は、殆ど常に Sin, Chin, Sina, China なり、名の中《うち》いずれか一種ならざることなく、後者の觀察點に於ては、其の地方は古代には Seres の國として知られ、中世には Cathay 帝國として知られたり。

ユールのカセイに云く、セレスの地は、廣大にして住民衆《おお》き國なり。東は海に接し、住民ある世界の最極限たり。西は殆どイマウス及びバクトリアの境に延袤せり。其人民は性質溫和、公正にして儉約に、開化せる人種たり。隣國と衝突することを避け、之と親交することさへも狐疑すれども、必ずしも其の產物を分與することを厭はず。所謂《いわゆる》產物は生絹絲を主として、又絹織物、毛皮、及び品質優良なる鐵をも包有せり。支那と印度との間には、上代より關係存在せしが若《ごと》く、支那とカルデヤとも、亦恐らくは然りしならんと思はる。豫言者イザヤの所謂 Sinim は支那を指せりとの說多く、トーレミーの所謂シ子ーは一般に支那人を謂《い》へる者なりと解せらる、なり。

トーレミーの外にも、ブライニーはセレスに就て記する所あり。其地を亞細亞の極端なる東方の洋上に位置せしめたり。此の二大家の著書に包有せる支那に關する知識は、下りてジユスチニアンの時代に至るまで、全く効力ある者たり。其の説明は甚だ十分なる性質の者と謂ふを得ざるも、當時の支那に關する記述は、ユールが論ぜる若く、今日に至るまで適用すべき者なり。セレス人が古代よりして誠實なりとの聲聞は、ユールが屢次指示せし所にして、實にマルコがキンセイ即ち杭州の條下に於て此の人民に就て下せる十分なる説明は、其のセレスに關する羅甸《ラテン》語の備忘録中、「一大章節を費《ついや》すに足りき」といひ、又支那人が老實にして公正なりとの聲聞は、頗る之に反對して論ぜる者なきにあらざりしも、要するに牢固なる依據なくんばあらず。何となれば其の隣國たる亞細亞の種々なる部分は、皆起源遼遠なる者なるに、支那は其間に在て、今日に至るまで之に超越したればなりと云へり。

支那の古書には、屢々大秦國と稱する邦と貿易せしことを記せり。而して大秦國は即ち羅馬なりと信せらるゝ者にして、兩國の間には時々密使の往來ありき。支那國及印度の産物豐富なるより、其の交易は冒險なる商業を試みしむべき重要なる刺激となり、其の漸次に興隆するや、子《ネ》ストリアンの僧徒を導て、第七世紀に於て、波斯より支那の北西地方を經て此等の地方に侵入せしむるに至れり。子ストリアンの事跡は、史上に見えざれども、近時まで西安府の一寺院の境内に存せし、紀元後七百八十一年に造られたる有名なる一石碑に明らかなり。此の碑は千六百二十五年に發掘されしものにして、一部は支那文を以て、一部はシリヤ文を以て記され、基督教が往古支那に流播せしことを證明するに足る者にして、阿羅本といへる聖者が耶蘇紀元六百三十六年に、大秦國より支那に赴き、時の皇帝に善遇され、一寺院を勅建せしめらるゝに至りしとの説話は、ヴォルテーヤは斥けて以て最も單純なる小説に過ぎずと爲せり。

子ストリアンの事跡は、支那の記録には貞元釋教録、僧史略等之を載する者乏しからず。本文は單に西洋の史乘に局して云ふのみ。紀元六百三十六年は唐の太宗貞觀十年に當る。碑文には貞觀九年とあり、これ誤りて一年を違へたり。七百八十一年は德宗の建中二年にして碑文と合す。

第九世紀に支那に來りし阿刺伯《アラブ》人あり。ユール云く、その一人はアブ、ゼイドと名け、其祖先の若く、支那の整肅《せいしゅく》にして、公平なる行政の下に住居せり。實に此の如きことは、恆久に亞細亞の他の諸國民に強き印象をなせるが若し。吾人は其の咒文中に存する説明に由りて、此の印象を跡ぬることを得、而して更に數世紀前に涉《わた》りてセレス人の、公正を稱讚せる根原を知るべし。ジエスイトの史家、ジャリックは以為《おもえ》らく、若しプラトを九原に起さば彼が理想とする共和制が支那に在て實行せらりたりと告白するならんと。

佛教の巡禮者、即ち其の有名なる者は、晉の法顯（三百九十九年より四百四年に至る）、唐の玄奘（六百二十八年より六百四十五年に至る）、及び魏の慧生（五百十八年）等の旅行は、中央及び西部亞細亞の諸國民に關して、多くの知識を傳ふ。而して西藏《チベット》特に拉薩の佛寺の圖書館には、更に多數の記録あるべきことは、信ずべきに近し。紀元前三百年より、紀元後九百年に至る官撰の史は、シリヤ、波斯《ペルシヤ》、希臘《ギリシヤ》、パルチャに關して、有用なる智識を與ふ。但だユールが論ぜる如く、其の智識が零碎なる斷片にして不確定なる地點の位置と、不正確にして證據なき、空漠たる境域より概括せる所者たるとを遺憾とするのみ。パウジアは千〇九十一年に數人の大使が差遣せられしことを發見し、而して露人ブレットシュナイデルは阿刺伯《アラブ》人が唐宋の時に於て、屢々支那に抵《いた》りしことを論決せり。彼は千二百二十年より千二百六十年に至るまでの間、西域諸國に赴きし、支那の中世旅行者に關する多くの趣味ある知識を與へたり。

法顯の事迹は佛國記に詳らかに、玄奘は大唐西域記及び玄奘傳に詳らかなり。慧生は宋雲と同じく行きし者にて、楊衒之の洛陽伽藍記に出《い》でたり。官撰の史とは、即ち史記・漢書以下歴代の正史、阿刺伯が唐宋の時支那と交通せしは舊唐書大食傳等に出でたり。大食國は即ち阿刺伯なり。千二百二十年、千二百六十年の間、西域に赴きし者には邱長春、耶律楚材、劉郁等あり。

（未完）

明治33年10月18日

『日本之文華』第二〇号

英文學史

英語成立以前の時期

第一章　書籍製造の起源

翠扇をかざし刀を植ゑたる如き棕櫚《しゅろ》樹及び紫條錯綜せるバナナの巨莖等、其影蔭森たる亞細亞森林の奥深く筋骨逞しき蠻人が住なせる太古に在ては、其獵獲《かりとり》たる獸類又は其射放ちたる弓箭《ゆみや》なんどにかゝる粗野なる想像をぼ、其身邊に生茂れる灌木より剝取りたる厚硬き葉面に、芒刺もて蝕刻して表出したるが、是ぞ即書籍製造の行路に向て踏出したる第一歩にてありける。

しかせしより已來無數の歩を進めたり、されどかの樹木が書籍の父母たりし舊き事實は今猶ほ人の熟知せる多くの語辭に遺存し、今時に於ては作者の腦髓、印刷者の墨汁、麻布の爛片なぞ奇異にして且無數なる混合物に與ふべき名辭たる書籍といふもの丶最も古き祖先はかの蓊鬱として香もなつかしき森林地方に生せしことを吾等に指示すなり。試にliber《リベル》といふ羅甸《ラテン》語とbook《ブック》（書籍）及びleaf《リーフ》（紙の一葉）といふ英語を以て例せん。誰れかリベルといふ語が其昔し樹木の内皮《うちかわ》の義なりしことを知らざらんや。ブックは單にbeech《ビーチ》（山毛欅《ぶな》）なる語の形を變して扮裝したるに過ぎず、k《ク》の字を柔音のch《チ》と響かすときは輙《たやす》く之を原音に變することを得べし、而して吾薩克遜《サクソン》の祖先が其故土なる日耳曼尼《ゼルマン》の深林に在るに當り、此愛すべき樹木より剝取れる滑澤にして銀の如き樹皮にも增して、何物が其疎野なる記錄を爲すに適したる者を覓《もと》め得んや。リーフといふ語は卽ち其自からの來歴を物語るなり。吾等が通常紙と呼做す所、卽ち或は絲もて縫ひ綴り、或は膠にてつぎ合すべき正方形の片々たる者は、前にも述べたる如き、森林の樹枝より鮮澤嫩綠なるを抽出して、之に小芒《ぼう》刺《し》の尖端もて印刻したる綠色の小簡が、其最古の模型たるを認め得るなり。而してかの纖小なる葉片を綴ぢ合せざる小芒刺は蓋し筆の用に兼るに綴鍼の用を以てせしなるべし。

されど樹葉は凋喪する者なれば、僅に古代に於ける書籍といふもの丶觀念を人に與ふるに止まり、其實物は皆銷却して今に現存すること能はず。故に更に久きに耐ふべき物質を撰で、戰爭、蒐獵、陣營の移轉、酋長の死歿等、淳朴なる古代生活の狀態を潤色せる諸般の事實を、後の世の紀念として傳へざるべからざるに至れり。是に於て竝木を栽ゑ、祭壇を起し、石塚を積み、之に由て悲しき歡ばしき樣々の物語を傳へんとせり。されど幾《いくばく》ならずして、此等の紀念を起せる人々の裔孫は、既に其索莫たる樹木、灰色じみて苔むせる石堆の何が故にしかく存せるやを怪訝する程になれり。何となればかの蠻族の祖先が相踵《つい》で永眠すると共に、其の物語も亦銷滅したればなり。

最古の記錄には結繩を用ゐたる民族も間々あり。白露《ペルー》族の土民史は、大小各種の結節ありて、種々に整頓せる、異色の絲繩を以て記したり。支那人及び涅具洛《ニグロ》族中にも之と同じき繩索を用ゐし者あり。

されど造物主より榮譽ある道理の能力と談論の能力とを賦與されたる人に在ては大事の記念を後の世に傳へんが爲に、右の如き不完全なる方法に滿足して止むべくもあらず。綠葉より成れる古時の書籍は、直ちに硬剛なる木皮の書籍と取替へられ、而して此も亦薄き木製の小簡と取替へられぬ。人が其保存に苦心したる記錄は、石盤に彫し、又は金屬製の板に刻すること丶なれり。各種の獸皮は精製して柔革となし、古代人の爲に其證券及び書籍として久しきに耐ふべき物質を給したり。右の種類の外に記述の材料には猶ほ羊皮紙及ヴエラム紙を出せり、此等の紙は永く持續くべき功力にては他に比類なきを以て、今に狀師の役所にては之が用を廢せざるなり。

羊皮紙の名は小亞細亞なるパルガモスの古都より之を取れり。此古都の王は文學上の爭嫉よりして埃及《エジプト》人の爲にパピルス蘆の類にて製したる紙也の供給を停められしかば、其臣民をして羊皮に書かしめたりしより、之をパーガメナ卽ち羊皮紙《パーチメント》と呼びしなり。ヴェラム紙は更に精美なる材料にて、犢皮より製する所たり。此等の外にも希臘《ギリシャ》・羅馬《ローマ》時代に於ける通常書籍の形或は木製、象牙製、又は金屬製の小簡を以て組立て、之に薄く蠟を塗り、著者は其上に靑銅又は銕《てつ》もて造りたる錐《きり》やうの物もて、己が思想の表識をば爬却したり。今代の鐵筆及び墨汁の代りに、古代には木炭の粉末、又は樹脂の煤《すす》もて色付たる護膜《ごむ》水に葭葦の截片を浸して用ゐし也。往時埃及、希臘・羅馬の諸學士は、此の如き用器にて羊皮紙又はパピラスの卷物に其著作を筆したり、而して此パピラスといふ名高き蘆の皮こそは實に吾等が簡牘をも認《したた》め、書籍をも印行する者にてありふれたる者乍ら洵《まこと》に美好なる材料に下せる名を吾等に與へたる者にそありけれ(英語にて紙をペーパーといふ此名は。即ちパピラスより來るといふ義也)

『日本』(新聞)　明治34年1月4日

讀書偶筆(承前)

明末清初の大文字最も淸の攝政睿親王が、明の兵部尙書史可法に致すの書と、竝に史可法が答書とを愛誦す。睿親王の書に曰く、

向在瀋陽。卽知燕京物望。咸推司馬。後入關破賊。得與都人士相接。識介弟於淸班。曾託其手勒平安。拳致衷緒。未審以何時得達。比聞道路。紛紛多謂金陵有自立者。夫君父之讐。不共戴天。春秋之義。有賊不討。則君不得葬。新君不得書卽位。所以防亂臣賊子。法至嚴也。闖賊李自成稱兵犯闕。手毒君親。中國臣民不聞加遺一矢。平西王吳三桂介在東陲。獨效包胥之哭。朝建感其忠義。念累世之宿好。棄近日之小嫌。爰整貔貅。驅除狗鼠。入京之日。首崇懷宗帝后謚號。卜葬山陵。悉如典禮。親郡王將軍以下。一仍故封。不加改削。勳戚文武諸臣。咸在朝列。恩禮有加。耕市不驚。秋毫無擾。方擬秋高氣爽。遣將西征。傳檄江南。聯兵河朔。陳師鞠旅。戮力同志。報乃君國之讐。彰我朝廷之德。豈意南州諸君子。苟安旦夕。弗審事機。聊慕虛名。頓忘實害。予甚惑之。國家之撫定燕都。乃得之於闖賊。非取之於明朝也。賊毀明朝之廟主。辱及先人。我國家不憚征繕之勞。悉索敝賦。代爲雪恥。孝子仁人。當如何感恩圖報。茲乃乘逆寇稽誅。王師暫息。遂欲雄據江南。坐享漁人之利。揆諸情理。豈可謂平。將以爲天塹不能飛渡。投鞭不足斷流耶。夫闖賊但爲明朝崇耳。未嘗得罪於我國家也。徒以薄海同讐。特伸大義。今若擁號稱尊。便是天有二日。儼爲

勍敵。予將簡西行之鋭。轉旆東征。且擬釋彼重誅。命爲前導。夫以中華全力。受制潢池。而欲以江左一隅。兼支大國。勝負之數。無待蓍龜矣。予聞君子之愛人也以德。細人則以姑息。諸君子果識時知命。篤念故主。厚愛賢王。宜勸令削號歸藩。永綏福祿。朝廷當待以虞賓。統承禮物。帶礪山河。位在諸王侯上。庶不負朝廷伸義討賊。興滅繼絶之初心。至南州羣賢。翩然來儀。則爾公爾侯。列爵分土。有平西之典例在。惟執事實圖利之。晩近士大夫。好高樹名義。而不顧國家之急。每有大事。輒同築舍。昔宋人議論未定。兵已渡河。可爲殷鑑。先生領袖名流。主持至計。必能深維終始。寧忍隨俗浮沈。取舍從違。應早審定。兵行在卽。可西可東。南國安危。在此一擧。願諸君子同以討賊爲心。毋貪一身瞬息之榮。而重故國無窮之禍。爲亂臣賊子所笑。予實有厚望焉。記有之。惟善人能受盡言。敬布腹心。佇聞明敎。江天在望。延跂爲勞。書不宣意。

史可法の答書に云く、

南中向接好音。法隨遣使問訊吳大將軍。未敢遽通左右。非委隆誼于草莽也。誠以大夫無私交。春秋之義。今倥傯之際。忽捧□〔琬カ〕琰之章。眞不啻從天而降也。循讀再三。殷殷至意。若以逆賊尙稽天討。煩貴國憂。法且感且愧。懼左右不察。謂南中臣民。媮安江左。竟忘君父之怨。敬爲貴國一詳陳之。我大行皇帝。敬天法祖。勤政愛民。眞堯舜之主也。以庸臣誤國。致有三月十九日之事。法待罪南樞。救援無及。師次淮上。凶問遂來。地坼天崩。山枯海泣。嗟乎人孰無君。雖肆法于市朝。以爲泄泄者之戒。亦奚足謝先皇帝于地下哉。爾時南中。君臣哀慟。如喪考妣。無不拊膺切齒。欲悉東南之甲。立翦兇讐。而二三老臣謂。國破君亡。宗社爲重。相與迎立今上。以繫中外之心。今上非他。神宗之孫。光宗猶子。而大行皇帝之兄也。名正言順。天與人歸。五月朔日。駕臨南都。萬姓來道歡呼。聲聞數里。羣臣勸進。今上悲不自勝。讓再讓三。僅允監國。迨臣民伏闕屢請。始以十五日。正位南都。從前鳳集河清。瑞應非一。卽告廟之日。紫雲如蓋。祝文升霄。萬目共瞻。欣傳盛事。大江湧出栴梓數十萬章。助修宮殿。豈非天意也哉。越數日。遂命法視師江北。刻日西征。忽傳我大將吳三桂。借兵貴國。破走逆賊。爲我先皇帝后發喪成禮。掃清宮闕。撫輯羣黎。且罷薙髮之令。示不忘本朝。此等擧動。振古鑠今。凡爲大明臣子。無不長跽北向。頂禮加額。豈但如明諭所云感恩圖報已乎。謹于八月。薄治筐篚。遣使犒師。兼欲請命鴻裁。連兵西討。是以王師既發。復次江淮。乃辱明誨。引春秋大義。來相詰責。善哉乎推言之。然此乃爲列國君薨。世子應立。有賊未討。不忍死其君者立說耳。若夫天下共主。身殉社稷。青宮皇子。慘變非常。而猶拘牽不卽位之文。坐昧大一統之義。中原鼎沸。倉猝出師。將何以維繫人心。號召忠義。紫陽綱目。踵事春秋。其間特書。如莽移漢鼎。光武中興。丕廢山陽。昭烈踐祚。懷愍亡國。晉元嗣基。徽欽蒙塵。宋高纘統。是皆于國讐未剪之日。丞正位號。綱目未嘗斥爲自立。率以正統與之。甚至如玄宗幸蜀。太子卽位靈武。議者疵之。亦未嘗不許以行權。幸其光復舊物也。本朝傳世十六。正統相承。自治冠帶之族。繼絶存亡。仁恩遐被。貴國昔在先朝。夙膺封號。載在盟府。寧不聞乎。今痛心本朝之難。驅亂除逆。可謂大義復著于春秋矣。昔契丹和宋。止歳輸以金繒。回紇助唐。原不利其土地。況貴國篤念世好。兵以義動。萬代瞻仰。在此一擧。若乃乘我蒙難。棄好崇讐。規此幅□(員カ)。爲德不卒。是以義始。而以利終。爲賊人所竊笑也。貴國豈其然。往先帝軫念潢池。不忍盡戮。剿撫互用貽誤至今。今上天縱英明。刻刻以復讐爲念。廟堂之上。和衷體國。今冑之士。飲泣枕戈。忠義民兵。願爲國死。竊以爲天亡逆闖。當不越于斯時矣。語曰。樹德務滋。除惡務盡。今逆賊未服天誅。諜知捲土西秦。方圖報復。此不獨本朝不共戴天之恨。抑亦貴國除惡未盡之憂。伏乞堅同讐之誼。全始終之德。合師進討。問罪秦中。共梟逆賊之頭。以洩敷天之憤。則貴國義聞。炤燿千秋。本朝圖報。惟力是視。從此兩國世通盟好。傳之無窮。不亦休乎。至于牛耳之盟。則本朝使臣。久已在道。不日抵燕。奉盤盂從事矣。法北望陵廟。無涕可揮。身踏大戮。罪應萬死。所以不卽從先帝者。實爲社稷之故。傳曰。竭股肱之力。繼之以忠貞。法處今日。鞠躬致命。克盡臣節。所以報也。惟殿下實昭鑑之。

乾隆帝嘗て云く、幼年より卽ち我が攝政睿親王が書を明の臣史可法に致せる事を羨聞して、而かも未だ其文を見ざりしが、昨宗室王公績表傳を輯めて、乃ち其文を讀むを得たり。大義を掲げて而して正理を示し、春秋の法を引て、偏安の非を斥くることを爲す所、旨正しく辭嚴なり。心實にこれを嘉す。而して可法が人を遣して報書す、語多く屈せずと云ふ所は、固より未だ嘗て其の書語を載せざる也。因て儒臣に命じて、之を書市及び藏書家に物色するも、亦得べからず。復た命じて之を内閣の册庫に索《もと》め、乃ち始めて得たり。卒讀一再、可法の孤忠を惜み、福王の不慧を嘆ずとて、遂に之を以て睿忠王傳に補入せり。此の兩書の作者は、從來人の傳ふる者なかりしが、嘯亭雜錄に從へば、法時帆の言に、忠王の致書は、乃ち李舒章雯の捉刀にかゝり、史閣部の答書は、侯朝宗方域の筆なりと。平心に之を評すれば、忠王の致書は、其の氣魄洪大、辭藻煒煌、鬱然として興國の氣象あり。閣部の答書、能く婉辭の間に、犯すべからざるの義を含むと雖も、而かも稍や衰颯の風あるを免かれず。國勢の競はざる、侯、雪苑の臣手を以てすと雖も、之を辭句の間に掩ふこと能はざる歟。

近時に於ては馮桂芬が師を曾國藩に乞ふの書、亦其の誦すべきこと、夐《はる》かに國藩が討賊檄文の上に在り。國藩曾て桂芬に謂て曰く、其後東南の大局、君が一書に出でずと。文長きを以て今抄するに遑あらず。

王鳴盛が十七史商榷の自序に、校史の興味を寫して曰く、

暗砌蛩吟。曉窓雞唱。細書飲格。夾注跳行。每當目輪火爆。肩山石壓。猶且吮殘墨而凝神。搦禿毫而忘倦。時復默坐而翫之。緩步而繹之。仰眠牀上。而尋其曲折。忽然有得。躍起書之。鳥入雲。魚縱淵。不足喩其疾也。顧視案上。有黎羹一盃。糲飯一盂。於是乎引飯進羹。登春臺。饗太牢。不足喩其適也。

吾輩新聞紙に從事する者、每に作ること多くして、讀むこと少きに苦しむ。是を以て刻苦夜讀、往々雞鳴き窓白して、而して猶輟まず。食膳の旁に、猶書卷を繙《ひもと》き、且つ食ひ且つ看、味の美惡を辨ぜざることあり。何の暇ありてか精讀細校、能く讀書の適を享受すること、西莊先生の爲す所の若くならんや。齡三十を過ぎて而して一藝の以て自ら立つに足るなく、學術空疎、實用に補なく、得る所を以て澤を人に及ぼし、古人と尙友するに足らず。歲云に暮れんとし、而して偶々督促を受けて、此稿を作る。西莊の語を憶起して、感慨自ら禁《た》へず。因て鈔して此稿に殿し、異日或は能く此の如きの適を受くるあらんことを望むと云ふ。

明治34年8月14日

『秋田魁新報』

内藤湖南氏の支那談〔上〕

（秋田縣青年會に於て）

私は縣地を去てから十五年振りで歸りましたので、萬事變化の甚しきには實に驚きました。此度は歸省の途中でありまして、お話しするに就ても何の仕度もござりませぬで、見物旁々秋田に參りましたが、縣の青年會が此方でお開きになつたと云ふので、御邪魔を致しました次第で、お話しもサゾお聽き苦しからふと思はれます。

私は一昨年支那に遊ひましたに就て、支那のお話しをする様にとの御請求かありましたけれども、僅かに三ヶ月位で、而も馬で驅ける様な旅行を爲しました故、實はお話しする程の事もござりませぬが、此節は支那問題が隨分八釜しくなりましたから、少しく私の考へました所を御參考までに申し上げ様と思ひますが、私の調査致した事や又現今の問題などよりは、此節は東亞同文會で留學生を出して居りまして、本縣からも幾人か出て居る様でござりますゆゑ、此事に就て私の考へた事を一言します。

支那に留學生を出しましたのは水野遵氏や死んだ楢原陳政氏等が早くから致したもので、一時に多數の生徒を派遣しましたのは、故荒尾精氏の貿易研究所が初めてゞありますが、

其所《そこ》の出來榮はどうかと云ふと、無論日清兩國間に多少有益なことを爲したに相違なからふが、二十七、八年戰役に於きましては、著しき功を現はしました。

併しながら一利一害は數の免れぬ所で、戰爭の際には有益なることをしましたが、又弊害をも釀したのは明かであります。元來維新後の風習として、歐米に留學する者は随分ありましたけれども、支那へ留學致しましたのは極々好奇心の連中でありまして、荒尾がアレ丈けの生徒を連れ出したけれども、其生徒は悉く殊更に逆境に身を投じて困難と鬪はんと云ふ變物でありまして、又荒尾も此種の人物のみを選抜したのであります。去れば青年として立派な覺悟の人間でござりました故、其御し方の困難も甚しかつたさうでござります。のみならず嘗て熊本の人に聞きましたが、生徒間には黨派か出來て困まつたと云ふことであります。

當時の留學生は、所謂燕趙悲歌の士的の慷慨家で、一擧して支那全土を蹂躙しやうと云ふ様な大きな考へを持て居りまして、貿易の研究などよりは支那乘取策を講じて居たものでありまして、日清戰役の際には通辨となつて奇効を奏し立派に成功した者も多くござります。

其後日清兩國の貿易は一時に進みまして、夫れに對する人物が必要となりましたが、外《ほか》に支那語を解してる者は荒尾の育てました人々のみでござりまして、其養成しました人は前にも申した通りの慷慨家で、四百餘州丸取りにする様な考への人々でござりますから、貿易の様な緻密な頭腦を以て商賣をするには、這《こん》な連中では何等の効を奏し得ないのみでなく、却つて害毒を流すに至つたのは事實であります。

内藤湖南氏の支那談（中）

明治34年8月15日

北清地方に於ける貿易は頗る有望でありますけれども、日清兩國交際の方より云ふときは、未だ新らしいのでございまして、其地方には留學生甚だ少なき爲め、今其利害を研究することが出來ませぬけれども、上海から漢江一帶の地方には九州人が其勢力を張て居ります。而して九州人中でも熊本人は最も勢力があつて、長崎人は小商人のみが多く、少しく文字でも解して勢力を振つて居るのは、今云ふ熊本人であります。故に此地方で仕事を爲さうとすればドウしても熊本人の勢力に依らなければならぬ有様で、若し其人々と相反目する様では、何事も出來ぬ様であります。熊本人が斯く勢を得たるのも、詰り日清役後は固より、其以前に於ても、多數の留學生を清國に出しました結果で、少しも不思議な所はないのであります。

日本國民中で九州人程貿易商に不適當な人はありませぬ。貿易は固より商人たるもの數學的の頭を持たねばならぬが、九州人は只だ慷慨義烈なるのみが其長所で、所謂戰國的の意氣に富で居るのであれば、此種の人々が勢力ある以上は、外の人々の邪魔になるは當然のことでありまして、九州が清國に近い爲めに日清貿易上に大なる不幸を與ふるものであると斷言しても憚らぬのであります。近來は能く知りませぬが、一昨年迄は確かに斯の如き有様でございました。故に同地方在留の教師などでも熊本人の氣嫌を損じまするときは大變な難義をせねはならぬと云ふことであります。是れ私が荒尾氏の留學生が日清貿易に害ありと云ふ所以であります。併しながら私は荒尾氏の事業を絶對的に悪いと云ふのではありませぬ。

支那貿易の今日を十年前に比較しまするときは、實に十倍に達し居りまする故、荒尾的の留學生は益々不適當なる人間となつたのであります。東亞同文會で昨春留學生を遣《や》つたときも、是に飛び込んだ連中は、所謂悲歌慷慨の人が多かつた爲め、私は或時新聞紙上で之を非難したことがありました。其新聞を讀だとかで荒尾氏の門下生で一面識のない人でしたが、白岩（?）と云ふ人が、尤もな議論だと云ふて寄越しましたことがありました。その後會つて聽きまするると、其人も實に支那留學生には弱はつたと言ふて居りました。夫れで同文會の方でも方針を一變しまして、政治科と商業科の二科とし、其生徒は七、八十名もありまして、其内商業科の生徒が多數を占めて居りますが、然れども中々險呑であります。昨年の事でございましたが、農商務省の生徒が十名程派遣されたが、毎日酒を飲んで謀叛をする様なら己れへ賴め抔と云う連中でありましたさうでございましたが、東亞同文會でも其方針を更《か》へると同時に、留學生の募集も全國からすることゝなりましたゆゑ、今後は九州藩閥などの弊害がなくなるだらふと思ひます。

内藤湖南氏の支那談（下）　明治34年8月16日

政治科の生徒におきましても支那蹂躙策を講ずる様では、實に困りまするとであります。留學生中でも感心なのは小村壽太郎氏の甥で、北京に居らるる人は專ら支那の財政に關する事を調査して居りましたが、此後とても支那の政治を研究しまするには矢張り是等の事を調べるが最も必要なことで、小村氏は好い所に氣が付いたと私は思ひます。

世間では支那保全とか又は支那分轄などを口にして居る者が多いが、是れは實に大きな問題で、支那改革などは到底《とて》も容易になし得るものではありませぬ。形式のみ立派な空文の法律が如何に好く出來ても、決して今日の清國には行はるゝ道理はない。租税の様なものでも各地方人民から餘程出て居るけれども、其多くは中途で役人共の懷中に這入つて仕舞ふけれども、政府でも租税が幾何《いくら》あるやら一向調べがないので、現に釐金税は千二百萬兩あるけれども、或は其五倍あると云ふもあれば、二倍だと云ふ者もある。斯《こん》な風で支那では己れの國の税が幾らあるやを知つた者は一人もいないのであります。故に今日では先づ租税を判然と調べて、税法を改正して、財政を整理するのでなければ政治の改革などは思ひも寄らぬことであります。

廣東に居る支那人でパリストルの肩書を持つて種々な書物を著した男がありまして、支那人では珍しくも財政に目を付けて其議論を書きましたが、其書を讀みましたら、支那には四億の人口あるから一人に付き幾何《いくら》づゝの税を取れば總計幾千萬兩になる譯ゆゑ、是を以て財政を整理するには何も六ヶ敷《し》いことはないとの趣意を書いたものでありました。人口は四億と稱するけれども、誰れも實際計算した者はない。三億あるやら五億あるやら一向譯らぬのであります。這《そん》な漠然とした事を根據として租税の賦課を推算しても何の役に立つものでなく、財政の整理などは出來るものではありませぬ。又日本人でも未《ま》だ〳〵粗大な議論を以て改革を試みやうとする者もある様だが、其實行は誠に覺束ないことであります。政治上の事も是れと同じで、先づ其弊害を杜絶するの策を講ぜねばなりませぬと考へます。

要するに清國貿易を志して算盤《そろばん》を彈かんには、悲歌慷慨的の留學生では到底《とて》も出來得ぬものでありますから、同文會へ當縣からも生徒を出して居る様でありますゆゑ、頭腦が緻密で事務の才のある者を留學せしむることが肝要であります。

私は大坂に居りますが、其地に居る同縣人で商工業を爲しているのが多いが、其人々の事務の才に乏しきは、誠に遺憾とする所であります。當縣の人々は人の上に立つべき性質はある様だけれども、下に使はれて事務を取ることには間に合はぬ者が多い様に考えます。大坂で事業家の成功すると否とは、全く事務的才能を有すると否とにあるのであります。人の上に立ちまするには、或は大資本があるとか特殊の技術を持つて居るとかでなければ出來ぬもので、是等の利器を持たぬ者ならば、人の下たるの順序を以てしなければならぬものであります。私は大坂に居ります内にも、何かに使はれ度《た》いとの相談を受けまして困まつたことがありました。

秋田は商業と云ふても僅かに小賣り商で、眞正に商業の性質を有しては居らぬ。工業に於ても一つも見聞したことはありませぬ。商工業は這《そん》な風でござりまして、隨て縣人も朴訥な百姓を對手に成人した者でありますから、秋田人を打ち直ほすは隨分困難でありますけれども、教育の仕様に依ては頭腦の改良を爲すことが出來るだらうと考えます。兎も角、將來事業を成さんとするには緻密なる頭を拵へる事と事務的才能を發達せしむることが必要だらうと思ひます。是れで御免を蒙ります。

『秋田魁新報』

支那改革に就て（一）〔講話〕

明治34年8月16日

○序言　余は一寸支那へ参りしのみに過ぎざるも、何《いず》れへ行くも支那の談話を促さるゝが、三ヶ月斗《ばか》りの旅行にて格別觀察したる處なく、殆んど申上ることはない。只多少考究したる事にて既に一、二ヶ所にて談話したることあり。動《やや》もすれば重複の恐れあらんも多少異なる點をも述べ御參考に供したいと思ふのである。

○改革論の先達　團匪の騷動も殆ど治まり、談判極まり條約成るに及ばゞ、尋いで起るべき問題は、支那の改革である。日清戰爭後にも此問題起り、歴史は繰返すものである。尤支那改革の議は、此以前に全くないではない。一時李鴻章の幕賓で李氏よりも先輩で學識優秀なる進士馮桂芬《ふうけいふん》といふがあつた。蘇州の產で同治十三年に死し、今より二十七、八年前の人であるが、改革論者の先達である。彼に珍とすべきは、洋數學を研究し、著書も數種ある事である。長髪賊の時、支那改革の必要を感じ、之を論述した書籍があり、校邠廬抗議《こうひんろこうぎ》と題されてあり、外に文集もあつた。

○改革案　此の書籍は當時發行せられず、日清戰役後に出版せられた。最も大綱領を論じたるものにて、重もなる細目は、科擧を廢する事、官吏の給料を增す事、財政を整理する事、兵制を改革する事に過ぎない。御存じの如く、支那は祖宗の法を以て萬世不易と信ずるを以て、此の抗議は日本維新の改革談などに比すべきにあらざるも、當時非常に激烈なる議論と思はれた。曾國藩に示した時にも、曾氏は可否の意見を付せず、書狀中に其凱切なること宋朝の葉水心に比すべくも、我々當局者は才低く力足らずして之を行ふこと能はずと、善い加減な挨拶をした。之を見ても當時に於ては隨分激烈な論なる事が解かる。斯く激烈なる議論であつたから、最も甚しき點のみを除き、他は僅かに寫本となつて傳はつた。

○改革の不結果　然るに近年北京の孫家鼐《そんかだい》が天子に奏上し、支那を改革するには校邠廬抗議に依るべしと言つた。此の機會を得、該書も漸く上海邊にて出版になり、廣く世に傳播するに至つた。左宗棠、李鴻章も之に依つて改革を行つたが、僅かに外國語學校創立、兵制改革に過ぎなかつた。最も此改革も、當時の如く魯英が東洋に羽翼を延ばさず、關係の薄き場合は、効力あつたであらう。卽ち當時英國の海軍は僅か四萬噸《トン》に過ぎないのに、支那は八萬噸を有し、又新式兵十萬以上であつた故に、一時は外人をして支那侮るべからずと思惟せしめた。然るに日清戰爭の砌《みぎ》り日本の爲め海軍を微塵《みじん》にされ、陸軍を破壊せられ、李氏、左氏が改革の効力も案外不結果であつたことを證明した。偶《たまた》ま馮氏の意見を行ひしも、根本に溯《さかのぼ》り救治せぬ故である。

○保全分割　故に支那を改革せんとすれば、獨り軍上のみならず根本的より改革せねばならない。日本は滿洲問題に助力した縁故もあるから、改革問題にも亦助力せねばならぬ義務があると思ふ。偖《さ》て支那改革に對しては從來保全論と分割論とあり。而して何れも大綱領に過ぎなかつた。且つ現下は既に保全の姿となりしゆゑ、今後は改革問題に對し大いに研究すべきである。而して改革の書面には、別に根抵の有するあり。兵制の如きは寧ろ容易であらうと思ふ。現に團匪の蜂起せし際、之に向ひし各國兵に對し非常の抵抗力あつたさうである。勿論支那兵は最初に强勢なるも、一敗すれば反對に弱勢となり、遂に全敗したが、日清役後の改良に依り、非常に進歩せしは事實である。故に兵制の改革は大いに望みがある。併し支那現時の景勢より按ずれば、徒《いたず》らに兵力のみ優勢なるは支那の爲め利なきのみならず、大に害があることゝ思ふ。

支那改革に就て（二）

明治34年8月17日

○三門灣の例　現に今回團匪の亂の前に、伊太利が山門《ママ》灣を請求せしが、此時は西太后が攝政中にて、手強く刎《はね》付けしも、伊太利は案外に强迫もせず、手を引きたるを以て、遂に支那政府をして外人は決して恐るゝに足らずと自信せしめた。是れ伊太利が支那を恐れたるにはあらず。英國其他の同意なきが爲であつたのである。假令《たとえ》張之洞や劉坤一等が何程抗議するも、少しにても自國の優勢を認めば、直ちに自惚《うぬぼれ》心を起し、内部の改革に着手せず、忽ち攘夷の思想を起し、却て自國の進歩を遲々たらしむるものである。尤《もっとも》兵制の改革は絶對的に利益のないではない。伊犁事件に對し、魯國に金を輸《おく》り、土地を取戻せしは、全く李氏や左氏が訓練せし洋式兵の結果に外ならざるも、全體の上よりして兵制のみの改革は、徒らに自覺心を起して事を外國に醸し、且つ内政の改革成らず、支那の開化を遲々たらしむるもので、最も不利益なるものである。

○胥吏の弊　而して支那改革は何れより着手すべきやと云ふに、先づ政治上、産業上、社會上よりするより外はない。政治上の改革に付き、世人は一般に新智識ある官吏を得んことを論道すれども、政治上の弊害は世人の想像すること能はざる處に存し、此の弊害を除去せざる中《うち》は、決して改革の實を擧ぐることが出來ぬ。支那に於て官吏を擧ぐるに、擧人に及第すれば知縣、進士に及第すれば知府以上になり得、四年毎に一回の試驗あり。一回の試驗に凡そ二百人の候補者が出來る。此外に金錢を以て此資格を得るものがあり、此方は寧ろ捷徑である。而して試驗の方法は第一、八股文（四書の文句中より出題するもの）、第二、詩賦、第三、論策にて、論策も支那の制度に就き意見を吐露せしむるものにて、誠に迂遠極まるものである。斯くの如く實務には何等の關係なき試驗を經、且つ實務の練習をも經ず、知縣又は知府に任ぜらるゝを以て實際の政務を取扱ふことが出來ぬ。然るに支那には官吏と人民との間に經承又は胥吏《しょり》と稱する一種の小役人あり。日本の等外吏雇員又は小使同様の資格なれども、政務其他書類の取扱は一に胥吏の手を以て行ひ、官吏は盲判をなし、成《たいらき》を仰ぐに過ぎない。而して此胥吏は別に試驗を要せず。幕府の御家人同様株を以て成り、賣買をもせられて居る。此の胥吏なるものが實際の勢力となり、而して政治の弊害となり居るものである。

○給料は賄賂　而して胥吏には給料なく、然らば何を以て生活するやといふに、地位も卑賤に廉恥も知らざるを以て、口錢又は賄賂を以て生活をなしつゝある。此の胥吏は中央政府のみにても何千人を有し、其勢力は實に驚くべき程である。一體支那官吏は薄給にして日本の大臣に當る内閣大學士さへ一年米二百五十石（我が百五十石程）、金百八十兩（我が二百四十五圓）、此外多少の養廉銀を下附せらるゝも僅少のものである。大臣さへ斯くの如くゆゑ、下級の官吏は實に憐れむべき狀態である。爾《し》かく自家の地位を維持し生活すること能はざるゆゑ、財產あるものは自ら損失をなし、門下生ある學者は其の仕送りを以て生活するも、其他は悉く賄賂に依り生活して居る。而して賄賂を得るの手段は、無論中央政府が直接に之を行ふにあらず。地方官を强迫するのである。地方官の往復文中には、多少の缺點なきを保せぬから、胥吏が之を發見すると同時に難題を申掛《もうしか》け强迫の上賄賂を得、自家の懷中を溫め、且つ上官にも配分するものである。勿論氣の利きし地方官は、早くも胥吏に夤緣し、此の難題を免《まぬが》るゝの方法を講じ居るものである。斯の如く胥吏は三文の給料をも受けず、賄賂を以て生活し、而して其の勢力は實に隆々たるものにて、是卽ち世人が餘り注意せざる政治上に於ける弊害の根抵である。

支那改革に就て（三）

明治34年8月18日

○改革案の撞着　康有爲が登用せられ改革を施すに當り、主として六部九卿衙門の廢合を實行した。然るに之に對し高官者は、他に轉補せられしを以て何等の異議を挾《はさ》まざるも、胥吏は大に苦情を唱へた。卽ち五千餘人が職業生活を失ふを以て非常の大運動をなし、遂に政府は固より西太后をも動かすに至り、康氏の改革も水泡に屬した。世人は之を以て滿漢の撞突と云ふも、事實の眞相を得たものでない。而して此弊害は支那人に於ても知得せざるにあらず。明代よりの遺弊にして清朝の經世文篇を繙《ひもと》けば、之に對する論策が澤山あるも、未だ確乎たる匡救の方法が立たぬのである。今回團匪の戰亂善後策として西安朝に於ては上諭を發し、改革案を示されたる中にも、胥吏の弊害を除かんと欲し、各所に散在せる舊例古格の書類帳簿を悉く燒燬せしめた。蓋し胥吏の唯一機關は此の舊例古格にて之に違反するものを恐迫し賄賂を得るものゆゑ、之れが根本機關を滅盡せんとしたものである。最も此等の書類帳簿は、大略前後の兵燹《せん》に燒失せしも多少の殘留なきではない。兎も角も此の妙案を出《いだ》せしは非常の英斷と言はざるを得ない。而して同一の上諭中に、更に胥吏の一時に職を失ふは憐愍に堪えざるを以て、取調の上、功勞者は元の如く採用すべしと命じた。一方には改革を行ひ、他方には彌縫をなす。前後撞突の甚しきに似たれども、未だ容易に胥吏の弊を除くこと能はず。否又其弊に餘儀なくせられたのである。支那の政治には斯くの如き弊害の隱伏するを以て、多くの租税を徴收するも改革の實効を見ること能はざる所以にして、果斷勇決此の根本的弊害を絶滅し、此難關を破碎するに非らざれば、百千の改革案も到底徒勞に屬せざるを得ざることである。

○産業上の弊害　に就ては、支那人は世人の思惟する如く、商業は巧妙に又根氣能く勞働することは他國人の及ばざる處なれども、文明的産業の人としては、一の疑問たらざるを得ない。言を換へれば勞働者として可ならんもインダストリアルの職工として成功すべきや疑《うたがい》ないではない。一例を擧ぐれば、余が臺灣に在りし時、活版職工を使用せし中、重要なる部分の受持は日本人にして、支那人を雇入れしは、僅かに開版位の小事に過ぎざるも、亦其の氣習を知るに足るべきである。一體日本人は始めより給料を望まず、辨當持參、生徒として研究し、其他の職工も自ら費用小遣錢を自辨し、五、七年も練習の上一人前の職工たらんことを欲するも、支那人は之に反し、始めより給料を支拂はざれば勞働せぬ。而して假りに三圓を給すれば三圓丈けの勞働をなし、如何に天稟あるも、練修の上五圓以上に昇給せんとするの傾向はない。而して他に五圓の給料を與ふるものあれば、如何に職業の種類を殊にするも、忽ちこれに赴き、且つ此迄練習せし業務を放棄するを意に介せず、奮勵以て一人前の職工にならんとするの意思を缺くものである。支那の工作品にも此傾向を有し、織物器具模様等の新意匠に富めるも、仕上法に注意せず、勿論左甚五郎等の精巧に及ぶべくもあらざるも、日本の普通職工の成し得ることをも爲さぬのである。故に今日の支那人は、文明國の器械にて出來得ることを爲し得る劣等なる勞働者にして、器械の代用に過ぎず、即ち器械を使用するの能力ある職工としては不適當である。故に支那の工業を改良せんとするには、先づ此の根本より改革せねばならぬことである。

支那改革に就て（四）

明治34年8月20日

○社會上の弊害　支那人が社會上の組織は、一身の衞生に就き之を推測することが出來る。歐米諸國及日本人の衞生法は、身體の周圍に對し注意をなし、又之に關する機關も具備し、卽ち成るべく外部より病毒を受けざることに注意すれども、支那人は之に反し、單に食物に注意するのみにて、外部の衞生法には一向頓着せぬ。水は煮沸したる上にあらざれば飮用に供せず。食物も亦斯くの如く注意すれども、空氣とか居所とか、又は身體の清潔法には留意せず。詰り皮一枚以内の衞生に過ぎない。故に内地雜居論のあつた時、世間にては支那贔屓の余は無論之に贊成するだらうと云ひしも、余は正反對であつた。何となれば、茲《ここ》に述ぶる如く、支那人の雜居はバチルスの雜居と同一なればである。此一事は如何に日本の官吏が督勵すればとて國民に附帶したる習慣なれば、頓に革むることを得ず、甚だ危險なるものなればである。

○巡査は泥棒　社會上の組織も同一で、支那は自國を中華と稱し、周圍は夷狄と信じ居り、世界の狀態が解《わ》からぬ。而して官吏は殆ど賄賂を得る道具の如くなり居り、訴訟の如きも金力に依り、數回控訴上告を經、原被が斃而後已《たおれてのちや》むの有樣で、毫も正義なるものがない。警察制度に於ても、日本の巡査と同一の巡捕は、泥棒よりコッミッションを取り、或は自ら泥棒をなし、防衞上甚だ不信用なるものである。故に支那人の性命財產は、警察機關に依賴せず、一族一鄕にて防衞をして居る。支那の一鄕は、大抵一族一姓である。卽ち一鄕には土塀を築き、或は兵器を具へ、防衞するのである。支那の都會に圍繞せしめし城壁の如きも、此の習慣から出《い》でたのであらう。

○愛國心より愛家心　斯くの如く支那にて一家一鄕の防衞をなすも、國家の防衞には無頓着にして、假令《たとい》外國人は國内の兵亂を興すも、直接自家に損害を與へざれば之を恐れず、亦惡《にく》まず、卽ち愛國心がないのである。北淸の役起りし時、廣東人に向ひ貴國に戰亂が起り氣の毒であると云ひしものありしに、イエ、アレは北淸の亂でコチラには關係ありませんとスマして言つたさうである。斯くの如く一國共通の防衞法立たず、愛國心なきに於ては、到底文明的の進歩が出來ぬ事である。

○自ら良法と信ず　社會組織が斯くの如く不可思議に、外國人は奇異に感ずる處なれども、支那人自身に在りては毫も之を怪まず、寧ろ良法と信じ居るであらう。故に之を改革するには實に容易ならざる事にて、縱《よ》し其の端緒を得るも永年月を要することであらう。而して此等改良策は、彼の保全論よりも分割論よりも、最も研究の價値あること丶信ずる。

○租税の制度　而して改革論を立つるには、先づ財政を知らねばならぬが、支那の財政は、迚《とて》も明確に知得することが出來ぬ。支那の租税制度は、乾隆帝の時代に何千何百萬兩《テール》と一定せし以來、百二、三十年を經、其後人口の繁殖もあり、產業の進步もあらうが、租税額は一向增減せぬ。而して事實の上に於て水旱あり。今回揚子江の氾濫の如きは、五千方里に及び、其他前年江河に沿へし七、八縣が沈沒せしことありしが、此等は何れも未進又は免租となるゝのである。此の如く年々土地に變化あり、東崖崩壞し西岸突出するも之が加除をして居らぬ。故に年々租額に多少の減額あるも、決して增收を見ぬ、實に不可思議なる財政である。而して官員錄中にも窮乏なる際には「衝繁疲難」の文字を附し、知縣に赴く事を避くるのである。是は冥加金の收入がなき故である。

支那改革に就て（五）

明治34年8月21日

○富を吏に藏す　而して清朝は北方の野蠻より起りて國を成し、卽ち貧者の富家になりたる如き觀あるゆゑ、明朝に比し、政費も多額を要せず。故に乾隆帝は仁政と稱し、治世間に十回の免租をした。又從來五年每に戶口調查を行ひ、夫役の代りに徵税せしを廢止するに至つた。其後道光に阿片の亂あり、又長髮賊の起るありて國用足らず、遂に厘金税を設け、通過税を取ることになつた。一體清朝には「富を民に藏す」の語あり。上諭中にも屢々之を用ゐ、自慢の語である。然るに一方には年々民富を增し、厘金税實收額も巨額に上《のぼ》れども、國庫に入るものは當初の額に止まるのみである。此の超過額は卽ち地方の胥吏や地方官の所得となり、卽ち「富を民に藏す」の語は、「富を吏に藏す」の事實となつて居る。支那には「三年知縣たれば一生食するに足る」の諺あるに就ても其眞相を知るに足る。

○厘金税　殊に厘金税は地租等に比し甚だ弊害のある税目にして、此税を起せし時は、長髮賊の擾亂中に屬し、商工諸業も衰頽せし際ゆゑ、其結果も不良にして僅少の收入より得ず、而して其後商工業は大に發達せしも、當初の定額より政府に納入せず、殘餘は官吏の懷中に私せられ、李鴻章等が種々なる整理改革を加へ、十數年間の年數を經るも未だ千二、三百萬兩を昇降するに過ぎない。地租に比し手加減の餘地を有し、人民を苛虐すること之より甚しきはない。

○海關税　之に反し支那に於て税法の立ち財政の助けをなし居るものは海關税である。海關税は支那人の手に委せず、英人ロバートハート之を擔任せし以來、年々增收を見、目下二千何百萬兩以上に上《のぼ》り、厘金税よりも超過して居る。而して海關税は獨りロバートハートのみならず悉く外人を使用し、米國人もあり、獨逸人もあり、日本人もあり、又滿洲には秋田人も居る筈である。外國人等は給料の外貪る處なきゆゑ、種々の弊害をも醸生せず、税額も年々增收する所以にして最も結果の善良なるものである。行政事務の方にても郵便電信の如きは、外國に比し不信用を免れざるも、他の行政に比し大に信用あるは、外國人を使用する故である。

○政治上の改革　此等の實蹟に徴するも、政治上の改革を施さんとするには、支那人の手に委《い》すれば百年河淸を待つて一般なりと雖も、外人の手に假れば決して見込ないではない。支那人にても同樣の意見を抱くものあり、我國人にして上海邊に遊ぶものあれば、彼等は異口同音に我國の改革は到底官吏に任すべきにあらず、必らずや外人の手を假らざるべからず、殊に貴國人に待つ處多からざるべからず抔《など》言つて居る。此れはお世辭に相違ないが、兎に角、日本人なり、自餘の外人なり、要處〳〵に入りて行政事務の例規を作り、標準を遺《のこ》さば、始めて支那も文明の境域に歩武《ほぶ》を移すことを得べきである。殊に給料の如きも相當に支給すれば、決して賄賂を貪ることもなく、又は好んで彈劾せらるゝの愚を學ぶものなきに至るであらう。政治上の改革は此より外に妙策がないと思ふ。

支那改革に就て（六）

明治34年8月22日

○産業上の改革　は政治上の改革に比し非常に困難なるものにて、如何なる妙法ありとて、直ちに文明的の組織となすこと能はず。社會の易俗より、教育上の訓練より、數十年數百年の星霜を要せざるべからずと思ふ。殊に支那人の商業に巧なることは、世人の知悉する處にして、東洋の商業は支那人の實權にありと云ふも差支ない事である。英人の如きは、隨分東洋に羽翼を延ばしつゝあるも、直接需要者と取引をなし、其の嗜好に依り物品を製造して供給するの途《みち》なく、一に支那の手を要することである。卽ち支那人には一種の鞏固なる團體ありて、買辨と稱し、外國人の商業は必らず此手を經るものにして、決して直接に消費者と取引することが出來ぬ。而して之を打破し、嗜好を導き、又は從來の産業制度を改革すること實に困難である。若し支那を分割して各國各自に工業を起さば、成功すべしと雖も、先づは絶望のものである。

○生徒より役員多し　支那にも文明的の工業なきにあらず。張之洞等が企畫に係る紡績會社の如き、政府事業として經營して居る。而して日本等にては、始めは多少の損失あるも後には收利を期するに、支那の官業は然らず。始終二、三百萬圓の補助を永續しつゝある。是は必竟官吏の弊害である。或學校の如きは、生徒僅かに三、四十人なるに、役員は二、三百人にして、四、五萬テールを要するあり。詮ずるに官業も日本の如き有利事業の模範となすにあらず。官吏養育所の如きゆゑ、文明的事業たること能はず。到底改革の望《のぞみ》ないのである。而して支那の産業が改革せらるれば、日本産業の不利益ゆゑ、此の改革法に對しては餘りに念を入れて研究するものがない。

○社會上の改革　は決して見込ないではない。清朝の兵制は、北京の二十四旗と各省の綠營兵三、四萬とあり、滿蒙漢八旗の二、三萬は之を監督するものである。然るに乾隆の際より已に實用を成さず、殊に嘉慶中湖北河南陝西四川に民亂起りし際、之を派遣せしに、綠營兵は勿論滿洲族人も一向役に立たなかつた。夫れも其の筈である。派遣せられたる將官は贅澤を行ひ、妾媵を蓄《たくわ》ひ、田地を買ふと云ふ狀態であつたからである。各省の常備兵の如きは三、四萬宛《ずつ》なるが、常に五百人を養ふべき處に、二百人を養ひ、差引三百人は將士の懷中を溫めて居るのである。而して檢閱の際人足を雇ひ來りて僅《わずか》に頭數を揃へるゆゑ、實戰に効なきこと無論である。斯くの如く祖宗の制定せし兵備は、實用をなさゞるゆゑ、更に鄕勇を募りて兵となし、而して滿洲兵及常備兵は戰爭の際鄕勇兵の逃亡するを斬殺するの役目を帶《お》はしめた。長髮賊の起りし際、曾國藩も亦た湖南・湖北・安徽の農兵を募りて之を戡定《かんてい》し、大に功績を奏した。尤も此等應募兵は、率《おおむ》ね浮浪の徒にして、國家無事の今日には、非常の弊害が顯はれ、政府も所置に困難して居る。然れども袁世凱の如く規律を設け待遇を優にし、外人を以て之を訓練すれば、禍《わざわい》を轉じて福となし、立派なる國家の防衛となり且つ名譽ある職となるであらう。或は之を各省の道路修繕又は文明事業に使用するも亦不可ならずと思ふ。

○改革上の實例　又支那の官吏の腐敗して裁判が信用ならず、警察も共に倚賴するに足らざるも決して改革の見込ないではない。我が日本にて北京の占領區に於て始めて五百人の警察官を募りしに、始めは何品の官位の人や又は巡查の資格だもなき者もあり、任用に困難を感ぜしも、智能により黜《ちゅつ》陟《ちょく》せしに、大に功績擧り、且つ最初は警官を不名譽と思ひ、又は盜賊の逮捕に躊躇せしも漸次職務の名譽たるを感じ、又爭うて盜賊を逮捕するに至り、成績好良にして區域の安全になりしゆゑ、戶口日々に增殖して二十五萬人以上に達した事實がある。上海の如きも、裁判は支那人及外人の立會裁判にして、生命財産の保險が安全なるゆゑ、蘇州に戰亂のありし時、人民は爭うて此處に逃避し、今日の繁榮を來したのである。社會上の改革は政治上に比し年月を要するも、決して困難の事ではなからうと思ふ。

○結尾　支那の改革を實行するには大體以上の三大綱にて、

從來の積弊を救濟し得ると信ずるものである。其他の細目の如きは追て余が關係の新聞紙上に論評する積りなれば、其際瀏覽に供する機會があるだらうと思う。

（完結）

内藤湖南氏滿洲實業談（一）

明治39年5月19日

『秋田魁新報』

奈良縣奈良倶樂部に於ける談話要領如左

自分が從來滿洲を巡歴せしは前後二回、第三回は去る三十五年にて當時は未だ露國占領中なりしを以て調査事項に依つては隨分面倒なりしが、第二次の視察は昨年の五月より十一月に渉《わた》る六ケ月間外務省の囑托に依り專らとして行政、財政事項の調査に從事せしも、調査の歩を進むるに隨ひ愈々面倒となり未だ充分調ぶるに至らず、半途にして歸國したれど、何《いず》れは更らに發途して調査する積り、隨つて實業上に就ては畢竟見聞に觸れし所を記憶せんとて書留めたるに過ぎざるも、特に御招待に依つて御話することゝせん。元來滿洲と云ふは盛京省、吉林、黑龍江を總稱したるものにて、明の時代に流罪人を送りたる所にして、其の流罪人等が勝手に開墾して種々の產物を作りたるが今日の滿洲となる抑《そもそ》もにして、清帝興立以前（今より三百年前）漸次支那人も入込み、益々開拓せしを爲政者が發見し、一時は其の開發を禁制せんとせしも開拓せば收益あるを覺り、茲《ここ》に始めて其の開發を許して之れが取締上地方官廳を設くるに至れり。而して開發の第一者は遼河沿岸にて夫の流罪人を送りたるニグタ、則ち牡丹江の下流の地なり。續いて開拓せるは松花江沿岸の地、其れより後嘉慶五年（今より九十年前）には進んで蒙古の地に侵入して、增々開拓せしには百年以前の支那地誌に見れば分明なり。尤も其の當時三、四十年間は殆んど此の地方に戰爭の絕《たえ》間《ま》なく、今の撫順、滿洲の敗北に歸し、滿洲土人が勝利を占め一時支那の人口は非常に減少せし位《くら》ひ、然れば清帝が明を亡ぼし北京に入るや、所謂る旗元何二十何萬の兵と其の家族幾十萬の一族を北京に移らしめたるは人口の補充策を爲したるに外ならず。而して清朝乾隆六年に於ける滿洲の人口を古書に依つて調べ見るに、奉天地方戶數三萬千五百四十戶、人口十三萬餘、錦州地方戶數二萬八千五百五十七戶、人口二十二萬千四百三十二人にして、其後四十年を經たる乾隆四十六年の調査に依れば、奉天の戶數五萬五千四百九十九戶、人口三十五萬九千五百四十人、錦州の戶數五萬四千五百七十九戶、人口三十五萬八千八十九人、卽ち奉天は約三倍、錦州は約二倍增加し、吉林の如きも又同じく二倍の增殖を爲せり。

内藤湖南氏滿洲實業談（二）

明治39年5月20日

爾來滿洲は大ひに開發され終には蒙古地方に迄及ぼし、近年は蒙古ホンランテンに新に知縣二ヶ所を設くるに至れり。當時滿洲に於ける行政の一班は先づ租稅の如き旗地、民人、官租の三種に區別され、表面の名分は較《や》や制整せるも旗地則ち淸帝の旗本の所有地に對する徵租は極て低く、官租則ち官有地は無論徵稅されず、民人の地租は年粟二升と錢百六十文なり。其他一般の訴訟なども旗地と民人とは別派に扱はれたれば、所謂旗本なる旗地の跋扈は實に甚々敷《はなはだしき》ものにて、爲めに民人が壓伏を受ること亦非常なり。然るに旗本は次第に貧乏して所有の旗地を民人側に抵當質入れなどして借財せる結果は追々と質流れとなり、今や土地の實權は多く民人に移り居る有樣なるが、政府に於ても此等の弊害を看破し、目下特に官吏を督勵して大刷新を行ひつゝあり。而して近年に至り山稅といふを課せるが、开《そ》は山繭、人參等野生の産物に對する公租にて、此等公定の收稅以外にも種々の名目にて徵稅するものは皆支那官吏の着服する所となる。此の山繭の産額に就き最近露國側の調査せる所を聞くに、四萬七千フード（一フード我四貫三百六十匁）價格を日本貨に換算せば百六十四萬圓となる。而かも此等の産物は從前芝罘《チーフ》を經て各地の市場に上れるものなるが、今や大連、安東地方より直ちに日本に輸送するの便あれば、機業家は安き原料を得る上に於て確かに一考するの價値あるべし。其他滿洲の生産物には粟、稗、麥、大豆、麻、藍、綿ありて、米も陸稻の外間々水稻の作らるゝを見る。殊に近年阿片の原料則ち芥子《けし》を栽培せらる事夥しくして一年の收穫八十萬斤に上り、其の收穫期には女子子供に至るまで相當の賃錢を儲《もう》く。而して此等阿片は總て支那人を範客として營口に輸出せられ居る。生産地の價格一斤三兩七匁（日本の價格に換算するには一四を掛《かけ》る）、營口にては六兩の相場なり。但し營口の關稅は入關稅百斤に六十兩、出關稅二十兩の重稅を課せる尙ほも商況盛んなり。是れ又我商人の着目すべき重要物産の一たるべし。且つ今や我帝國の勢力範圍となれる南滿洲地方に産出する綿の如き、決して鮮少ならざれば、當業者は大ひに注意せられんことを切望す。此の外天然産物に人參あり、日本にては不向なれど支那にては中々大切に扱かはれある品にて盛京省最も盛んに産出し、往々栽培せる所もあれど天然野生の物が値段も高く且つ尊重せられ、彼の名高き長白山森林に續く木材は鴨綠江の水流を利用し、其の價格又少なしとせず、此等は誰も能く知る所なるべし。

内藤湖南氏滿洲實業談（三）

明治39年5月21日

加ふるに此地方には貂《てん》、狐多く棲息し、此等の毛皮及びシャートルの皮も得べく、一面川岸の水産物には眞珠等の收益あり。一方松花江の漁業に至りては頗る有望のものなり、殊に南滿洲の製鹽事業は慥《たし》かに注目に値すべく、現今における不完全なる製法にても其産額少なからず。即ち營口付近而已《のみ》に十萬石を產し、日本の租借地なる貔子窩付近にても優に七萬石を產す。我國の如く食鹽の大半を他國の輸入に待つの土地にありては遼東の鹽業は決して輕視すべき者にあらず。進んで北部滿洲には多くの金鐵鑛山を有すれども、悲しきかな其大部分は露國の勢力範圍に屬し、日本の版圖中金鑛の如きは殆んどなしと云ふも不可なし。されば彼れ清國が年々輸入超過を示し居れるに拘らず金貨の缺乏を見ざる所以のものは、北部滿洲より年々三千萬兩の金の產出あるが爲なりとは歐州人の等しく認め居る所にして、其の尤も多く產出するの地は吉林省北方と蒙古に屬す。併し石炭鑛は夫の有名なる撫順炭坑あり、世間にては幾億圓の價値を有せりと云へるごとく、隨分有望の炭鑛に相違なかるべく、專門技師の語る所に依るも前途大ひに有望のものと云。其他滿洲には酒及び油も製造すべく、殊に麥粉の製造は甚だ有望なる事業にて、米人の如き滿洲の麥粉製造には自家の强敵と見て常に恐れ居る有樣にて、愈々此地の製造にして盛大とならんには米國製粉上少なからざる影響を受くべし。されば清人と共同事業にて一大製粉會社を起すも妙なるべく、若し遊び半分に滿洲に行商を試みんには、貴金屬の細工物・時計類を持ち行かば旅費を要せず滿洲漫遊を爲すを得べし。但し時計の如きは日本人の眼には厭《いや》らしき程種々の細工を施したるが向口《むきぐち》好く、戰爭以前にても此等の品は賣行《うれゆき》好かりし所へ戰爭の爲め日露兩國が滿洲に撒きたる金少なからず、彼の地清人の懷中も溫まり居れる折柄といひ、清人は金さへあれば貴金屬類を喜んで買ふの風あるを以て、此種の行商は最も見込みあり。而して稅源の上より云へば家畜賣買稅なども有望ならん。現時に在つては書籍に依て滿洲を研究するは愚に近く、書册としては僅かに滿洲通史、滿洲要覽、滿洲の實業等二、三種あるのみ。昨年我國より利源調査として七十餘名の學者派遣されたれば、多少有益なる報告を齎《もたら》したるやも知るべからざるも、時寒天に向つて發足せしを以て、足跡の至らざりし所もあるべく、又調査の時日も極めて短かりしを以て充分精細なる調査も出來居らざるべし云々。

（完）

第Ⅲ部

明治四〇（一九〇七）年一月～昭和九（一九三四）年二月

『大阪朝日新聞』

大正4年1月1日

支那問題の第一義（上）

膠州灣も思ひの外早く片付いて、是からは外交の時期であるが、歐羅巴の方の戰爭が中々片付かぬので、眞の外交時期に入るのは何時のことであるか、しかし一體政府は歐羅巴の戰爭が片付くまでは、膠州灣の事に就いてどうして暮らす積りであるか、先方の喧嘩が片付かぬからと云うて懷手をして待つて居る積りであらうか、膠州灣の問題は固より日本の外交上非常な好時機であるには相違ないけれども、日本の支那問題と云ふものゝ全體から云ふと、膠州灣問題が有る無しに拘はらず、支那問題が其の爲に斷續すべき筈のものではない。支那問題は、日本の生存と重大な關係を有つた所の、永久に繼續して居る問題である。唯膠州灣と云ふ最近の出來事に就て、何事かをすると云ふ一時の引つ掛りを得たに過ぎないのである。其の引つ掛りたるや日本に不利益なものであれば已むを得ないけれども、今の所で格別不利益だとも考へられない。それで膠州灣問題が支那問題の全體でないことは勿論であるから、全體の問題と膠州灣問題とは離して考へなければならぬものであるが、此の一部分の問題を適當に全體の問題に利用すると云ふことは差支はない。是は當局者に於ても勿論全く油斷をして居ると云ふ譯ではないのであらうけれども、どうかすると膠州灣問題と全體の問題との關係を、間違つた方面に傾けると云ふ處がある。支那問題は日本の生存に取つては重大なものであるから、是れが適當な解決をすべき時機に際會した以上は、其の方法として大局から考へて膠州灣問題は膠州灣だけの事として、大局と關係なしに處分する方が宜いと思ふ。それで此の小さな問題をいろ〳〵に振り廻して、轉んでも唯は起きないと云ふやうなやり方で、小さな報酬を得る事にコセ〳〵するといふと、支那人の感情をも害し、世界の同情をも得ない。さうして自分の國の重大問題に取つては、邪魔にこそなれ利益になることはないのである。膠州灣を返す筈とか返さぬ筈とか云ふやうな事を、神經過敏になつて居る隣國などの問題にさせるやうなことは、詰らないことである。

つまり膠州灣の問題に就ては、日本は返すと云ふ誓言をしたかどうかは分らないけれども、支那も返されるものと思ひ、他の國も返すものと思ふやうな順序を履《ふ》んで來たのを、今更そんな約束が有つたとか無かつたとか云ふやうな小理屈を言ふ必要はないと思ふ。それから又膠州灣を或る他の問題に利用する、例へば關東の租借地の期限延長とか何とか云ふやうな問題に利用すると云ふことも好ましいことではないと思ふ。關東の租借地は、期限が有るにしても無いにしても、そんな事は關東だけの問題として別に差支はないのである。あれだけの大戰爭を經て露西亞の手から受取り、其の後でも莫大な資金を投じて經營して居るものを、期限が來たからと云うて、唯返さるべき筈のものでもなし、唯返されないとする以上は、支那でもそれを受取るだけの資力と能力とがあるかどうかと云ふことが、第一の條件で、期限などは顧慮すべき程の者ではないので、膠州灣の問題などを之れに引つ懸《か》けるのは不得策の至りだと思ふ。

それから又膠州灣の價値も、關東州租借地のやうに、租借をして居る上に於て日本に價値があるか、租借をせぬでも經濟上の優先權などを得る點等に於ての外利益があるか、十分な調査を要することであつて、恐らく租借をすると云ふやうなことは今日の狀態では費用倒れになるに過ぎないかも知れぬと思ふ。何でも取つたものは放さないと云ふやうな、ケチな根性を出すには當らない譯だと思ふ。それで無論是は政府も國民も皆覺悟の上のことであらうから、隨分之に對して幾千萬の金を入れて、さうして二箇月でも三箇月でも戰爭をしたのであるから、其の價値を安く見積る必要はないけれども、それよりも大なる問題があれば、其の方を十分に注意した方が宜くはないかと思ふ。其の大なる問題と云ふのは、卽ち矢張り支那の全體の問題であつて、今日の所では支那自身の問題と云ふものは餘程悲觀すべき境遇に在るのである。併し此の膠州灣事件に就て、袁世凱の執つた態度に對しては、隨分稱讚すべきものがあると思ふ。兎に角極めて危險な亡國の機會から支那を救ひ出したのは、此の度だけは袁世凱の支那に對する大功と云つてよい。參政院あたりのやかましい生意氣な愚物等が言ふやうな議論に委せて、役にも立たない强がりを言うて、萬が一にも支那兵が我軍と衝突でもしたならば、モウ今日既に北京政府と云ふやうなものは成立つて居たかどうかは疑はしい。流石《さすが》にそれだけの事は袁世凱は十分に呑込んだのである。國を亡ぼすか存するかと云ふことは、今の機會だと云ふことを知つたものと見える。それで有らゆる手段を盡して日本と衝突を避けたのである。併し袁世凱の今日の考へは、日本の力と云ふものを認める點に於ては、確に誤らないが、併し夫れ以上の日本の能力と、それから日本と關係する上に就て、どう云ふ方法が最も適當であるか、つまり支那の爲にもどう云ふ方法が最も利益であるかと云ふ事までは、まだ考へて居るかどうか分らない。日本のする事は癪に障るけれども、兎に角日本の威力には敵《かな》はないからと云ふので、夫れだけの手段を執つたに過ぎないかも知れぬ。併し唯それでも普通の支那人の如く、自存するだけの力も無い癖に不貞腐《ふてくさ》れた女が男に對して首でも縊《つ》つて困らせてやらうと云ふやうに、何の效力も無い慷慨悲憤をしなかつたと云ふ事だけは、見上げたものと謂つても宜い。今日では支那の死骸を片付ける位のことは、格別日本に取つて恐ろしい問題[illegible]ないのである。又支那の死骸を片付けるだけの力と便宜とを有つて居るものは、今日では日本の外にはないのである。それに對して首を縊《つ》つて困らせてやらうと云ふやうなことを以て恐喝したからと云うて、何の役にも立たぬ譯である。それは袁世凱も承知して居るのである。それで首を縊《つ》ることだけは思ひ止まつた譯であるが、此の後どうすれば支那が生存を續けて行けるかと云ふ問題に就ては、まだ何も考へて居らぬやうである。そこら中から借金をして、それで兎に角三箇月なり半年なりの命脈を延ばさうと云ふ位のことに過ぎない。今日日本に支那の處分と云ふことが念頭に起らないからこそ宜いけれども、ヒョッと氣まぐれにさういふ念慮が起つたらどうする積りであるか。勿論日本は支那を處分したいと云ふ譯でも何でもない。政府にもそんな考《かんがえ》は無いし、國民も別に考へて居らぬと思ふ。

日本の植民政策のやうなやり方では、此の上大きな領土が殖えたところが、始末が付かないかも知れない。大きな死骸を引受けても、葬式を出す費用が嵩むばかりといふやうな有様では、どうにも仕方がない。それでどうかすると對支同盟會とか云ふやうな種類の人々は、人の死骸の爲に自分が破産をしても葬式をしたら宜からうと云ふ考へを有つて居るかも知れぬけれども、責任ある政治家はそんな考へにもなれまいと思ふ。併しそれは日本に支那の死骸を引受けさ[illegible]ふ[illegible]問題が起るのであつて、支那自身に一日でも脈があつて[illegible]して何か命を繼ぐ藥とか、療治の方法とかはないものかと云うて[illegible]をすれば、其相談には應ぜられぬと云ふことはない筈と思ふ。唯[illegible]人が醫者に對しては、十分それを信じて服藥もし、其の勸告にも服從しなければ、病氣が癒《なお》るものではない。自分の息の根を止めるだけの力があつて、怖いものだとは信じて居るけれども、どうかして自分の病氣を癒す方法を相談すると云ふ氣にならない所の病人に對しては、醫者も投藥すると云ふ方法がない譯である。それで今日では東洋の問題と云ふものは、第一に支那の自覺を促すことが勿論必要である。

支那問題の第一義（下）

大正4年1月2日

是は支那が日清戰爭以後始めて覺醒して、まだ眞面目であつた時代はモッと致し方があつたのである。其の時分李鴻章の如き人は早く其の自存の能力のないことを知つた。勿論其の爲に日本に頼らうとはしなかつたが、併し支那の命脈、或は東洋の霸權と云ふか、その利を自由にするだけの力の有るものに頼つて、さうして兎に角維持しやうと云ふ考へはあつた。李鴻章はそれを露西亞に頼むが宜《よ》いと考へたのが間違であつたけれども、兎に角自存力の無いと云ふことを認めた點だけは間違つて居らなかつた。所が李鴻章の考へは、つまり頼む相手を誤認した爲に失敗をしたが、それから後支那は自ら覺醒をしたと稱して、外國に留學などを澤山出して、外國の制度文物を採用すると云ふ考へになつたのである。併し支那と云ふ國の程度、程度と云ふたからとて支那の國の文化が遲れて居ると云ふのではないが、寧ろ社會の根柢に文化の染込んで居る程度が、餘り行き過ぎて居る其の程度、それが歐羅巴の文物をどう云ふ風に應用すれば宜いかと云ふ、其の方法が誰れも見込が立たない。日本が歐羅巴の眞似をしたから、日本が眞似をした如く眞似をすれば宜いのだと云ふので、いろ〳〵やつて見たが、つまり今日まで不成功で、さうして革命も起り、支那の人民などには思ひも付かない共和政などゝ云ふものになつて居るのである。支那は阿片の爲に非常な弊害を受けた國であるから、譬をこれに取るが、一個人の阿片を吸んで癮《くせ》になつたものが、他の健康體でさうして一時身體に異狀のあつたものと同様に運動もしたり、それから營養物も取つたり、普通の人と同じ養生法をすれば癒るものと思つても、それは誤りである。特別な病者は矢張り特別な方法を執らなければならない。それで特別な方法と云うても、自分で手足などの機關の不隨なのは、初めは人の手を借りて動かして貰つて、或は電氣を掛けるとか云ふことで動かして貰つて、さうしてそれから段々動ける習慣が附いたところで、運動でも何でもするが宜いのである。つまりまだそれだけの養生の段階を履まないで、さうして健康體の者が一時の病氣で弱つたものと同様の方法を執ると、却て其の爲に身體に故障が起る。支那の現在の狀態と云ふものは夫れと同じことである。自治制が立憲國の基礎を成すのだからと云うて、むやみに自治制を行つて居る。つまり支那人の根性と云ふものゝ癒らない所に自治制を行ふのだから、自治制としての運用を爲さないことは當り前である。自治制の運用が出來なければ、自治制と云ふものは詰らないものだと云うて之を捨てると云ふことになる。總て根本から間違つて居る。

是は十數年前に我々が交際した支那の有識の人々にも、其の當時は誤らない考へを懷いて居る人もあつた。自分の知つて居る或る一人は、例へて言へば稅關制度に外國人を利用するが如く、政治の有らゆる機關に外國人、例へば日本人なら日本人を傭《やと》つて、さうして單に明文に於て規程を立てるのみならず、更に實地の執務上、成例と習慣を作つて貰ふ。さうして其の外國人の廉潔公明な心持で執務をする習慣を其處へ殘して、それから後支那人がそれに從つて行つてゆけば、政治の改革が出來るであらうと思ふ。唯過渡期に於ける中心、卽ち中央政府と云ふものゝ維持がむつかしいのであると言つたことがある。夫れは極めて徹底した考へであつて、今日既に其の中央政府と云ふものが、清朝では持切れずに政體まで變つたのであるが、今日でも袁世凱と云ふ人に非常な覺悟があり、或る國に十分の信頼を置いて、さうして文明政治と云ふものを、具文の上ばかりでなしに出來るだけ外國人を利用し、少しも猜疑の念を挾まずに、十年なり十五年なりの間に於て、實際の成例模範を確立する丈に政治を委せると云ふことであれば、支那の國家の建て直しが出來ないとも限らぬ。北京に長く居つて某親王に親炙した人が其親王の意見として傳へて居る所なども、矢張りそれと同樣である。それは日本が眞實に支那に對して好意を以て支那をもり立てゝ行かうと云ふ考であるならば、支那人の機嫌も取らず、如何に支那人が一時恨んでも怒つても構はず、良いと信じた所を壓迫して斷行して、さうして支那人と云ふものゝ根性を根柢から矯め直し、それで新しく支那の國家を造り替へて吳れる覺悟で、一時國を預かる位な非常な決心でやつてさへ吳れゝば出來るのである。支那人の機嫌も損ぜず、あやふやな所で仕事をしやうと云ふのでは、到底其の見込みは立たないと云ふ事を言つたと云ふことである。是れも徹底した意見である。今日にあつて支那の如く是から發達すると云ふのではなくして、寧ろ老朽に近づいて來た國を、若返らせて、さうして建て直さうと云ふには、どうしても其の血液の掃除からしなければならぬのである。それでつまり外國人と云ふものが支那の内面にまで這入り込んで、さうして支那政治の血管の中を支那人と共に歩き、支那人を寧ろ統率して巡つて歩いて、さうして根柢から建て直すより外に仕方がないのである。それを日本人が支那の國を取るのだなどゝ云うて疑ふのは愚である。又日本人もそれに就て支那の國などを取ると云ふやうな、詰らない思想を起しては何にもならぬ。支那の發達と云ふことは、日本の貿易經濟の上に一番大切な事であつて、支那人の根性を造り直して、さうして日本と共同して行くと云ふ覺悟にして、さうして支那の國勢を盛返せば、自然に日本の經濟の基礎と云ふものも立ち、それから日本の國防の基礎も立ち東洋の平和などゝ云ふ事は、心配するに及ばないことになるのである。

已に言ふ如く、袁世凱は威力の方から考へて居るかも知れぬが、中には威力のみならず、支那自身の利益から考へ、全く自覺をした思想の基礎に立つて考へて見ても、それが一番利益であると云ふことを考へるものも生じて來るべき目下の機會に於て、其の事を實行すると云ふことは、必ずしも難くないことかも知れぬと思ふ。袁世凱は天子になると云ふやうな事は、自分の毛頭考へない所だと云ふことを屢《しばしば》言明して居るが、併し袁世凱が今日大總統だからと云うて、亞米利加とか或は佛蘭西の大統領の如く、其地位を去つても、安全に暮らして行けると云ふ見込は殆ど無いのである。若し一日でも袁世凱が其の地位を去つたならば、其仇敵が皆それに乘じて、袁世凱の一身一家の滅亡を來すことは、今日明白なことである。其の點は帝王と少しも異らないのである。寧ろ歐羅巴あたりの帝王などよりか遙に危險なのである。それだから袁世凱の政府でも、徐世昌や其外の重要な人物は、何時でも逃げる覺悟を有つて、支那の國が亡びても一身一家の安全を保つ用意をして居るだらうが、袁世凱だけは其の用意が出來ない地位に在るのである。袁世凱だけはどうしても自分が生きて居る間と云ふか、兎に角支那の國を相當な秩序に盛り返すまでの間と云ふものは、大總統の地位を離れることは出來ないのである。だから自分の地位を考へる上からでも、袁世凱は外の人よりかは支那の國と云ふものに對して親切でなければならぬ筈である。自分の一身一家の滅亡は支那の滅亡をも伴ふ。それで其の地位を保たうとするには、袁世凱も日本などに對して、單に一時の威力に對して凹《へこ》んで居るばかりでなしに、眞實に根柢から考へて見たら宜からうと思ふ。兎に角世界に何か變つた事があれば、卽ち自分の國或は自分の一身一家を活かしも殺しもすることの出來る國は何處かと云ふことを考へたら宜からうと思ふ。さうして其の上でつまり支那の國を建て直すと云ふ方法は、どう云ふ手段が一番良いかと云ふことも考へて見たら宜からうと思ふ。是は卽ち支那の自覺を促すと云ふ大なる主意であるが、支那の自覺を促す爲には、つまり日本も自覺をしなければならぬ。それで日本でも他人行儀にチク〳〵と片隅の方から日本の利益になるやうな問題で支那をこづき廻すよりは、矢張り日本の國の存亡を賭して、さうして東洋の處分をして、永く國が安全になるか、それとも何時までも危險を感じつゝ、發達をするかせぬかと云ふことを心配して行くか、どちらかと云ふ事を今日眞實に考へて見たら宜からうと思ふ。

是は膠州灣問題などゝは何の關係も無い、日本に取つても支那に取つても、何十年の後までも繼續する所の大問題であるが、併し膠州灣の事件の爲に、多少支那に自覺の端緒を開いたと云ふことは事實であるから、其の端緒を手繰《たぐ》つて行つて、眞の自覺に達することは、兩方ともに宜いことゝ思ふ。併し是は勿論責任の無い者の空言であつて、そんな風に思ふやうには世の中はいかぬもので、日本の内で政黨を操縱して、解散するとかせぬとか云ふやうな風に、政府を維持するのでさへも隨分いろ〳〵な手段が要るのに、支那の國に日本と肝膽相照して東洋の大問題を處決させやうなどゝ云うても、そんな馬鹿げたことは出來るものでないと云へばそれまでの話である。それまでの話だと覺悟をするならば、日本などは一等國などゝ云ふやうな夢を見ないで、好い加減な程度の所にしか發達しないものと思ひ、的《あて》にもならない天佑などを頼まずに、小さく細かく勉强をして、獨逸が近年までやつたやうなコセ〳〵したやり方で一歩々々發達をして行くと云ふことを考へるより外に仕方があるまいと思ふ。

『大阪朝日新聞』　大正4年1月14日

死んだ楊守敬氏〔談〕

楊守敬は支那の學者の中で割合日本人に知られ、殊に學者で書家として最も認められて居るが、斯く知らるゝに至つた因縁は氏が支那公使館の隨員として我國に駐在し、此間に公使黎庶昌に助けられて古逸叢書を出版したからである。氏は初め日本に來て宋元版の古書竝に唐以來の日本の古寫本で支那に無きものを多く發見し、之を出版しやうとして居たものを公使が助けたものである。此頃日本では書法の學が幼穉であつて、六朝の遺像石碑等の研究が少しも出來て居なかつた。楊守敬は夫れ等のものを多く本國から持つて來て居た。夫れが日本で尊重され、望む人が多かつたので夫れを割合に良い値段で讓渡した。このために古寫古版の本が日本で安く手に入るやうになつたので一般に喜ばれ、又此の拓本を賣つた金で又買込んだのが古逸叢書の材料となつた。古逸叢書は從來古い本で彫刻をした叢書の中では最も良く出來たものゝ一となつて居る。楊守敬は古逸叢書材料以外に尙多くの珍書を集め、日本在勤中數萬卷の藏書家となつた。日本に居たのは明治十三年から十七年までの四箇年間で、其頃は支那の學者が日本に來て居ることなどは珍らしかつたので、廣く日本人と交際し、隨つて楊守敬の拓本をば廣く分けられたと云ふことが日本の書法の上に記念すべきことであつた。然し楊守敬自身は六朝の書風を學ばず、日本に來る前から唐の書法を學んだが、日本に來て後多くの寫經若くは古寫本を見て書法を一變した。楊守敬が我國の歷朝書法の元祖のやうに考へられて居るが、之は間違ひで本人の書風とは全く干係がなかつたのである。楊守敬の學歷は日本に來る以前に已に擧人になつて居た。日本より歸つて後進士になつた。金石集帖の學問は日本に來る前からやつて居つたので已に著述もあつたが、之は潘存と云ふ人から傳へられたと云ふことである。其他楊守敬の得意なのは地理學で、日本に來る前に之に關する著述もあり、日本より歸國してからも日本で得た古本で隨分金儲けをして居たから、專ら著述に從事することが出來た。氏の大著述は地理書で水經注疏は一代の精力を集中したもので、殆ど脫稿せんとしつゝあるがまだ淨書がしてないさうだ。但し一部分の肝要の所は精密の地圖と共に印行されて居る。其他歷代の地理沿革圖は數十卷に達し頗る有益のものとなつて居る。金石學の如きは日本より歸つて後は力を用ひなかつたが、端方の藏品等を見て之に關する著述をして居る。日本から持ち歸つた書籍に關し、日本訪書志と云ふものを著はし、又古書の見本を纏めて一册にした留眞譜を作つて居る。つまり楊守敬の學問は日本で得た材料に依つて進んだことが少くないので、此點が日本人に興味を持たせるのである。著述の中でまだ出來上らないものが大分あるが、這《こ》は其の婿の熊會《ゆうかい》正《せい》と云ふ人が其の草稿を整理して居るので散布する憂ひはないと云ふことだ。氏は本年七十七だと思ふ。兎に角地理古書、金石に關する學問は支那人の間でも第一流の學者として許され、不朽であるに違ひない。併し其の人物は頗る金錢に執着して日本に居た時から兎角の批評があつた。之は氏の一の缺點であつたと思ふ云々。

『大阪朝日新聞』　大正4年9月12日

近時支那人の謬想（一）

近頃支那に籌安會《ちゅうあん》と云ふものが起つて、國體を論じ、帝王政治を主張して居るので、是は袁世凱が帝王になる準備だとして、非常に人々の注意を惹いた。是れ其の根本は外國人が支那は君主政治でなければ治らないと云ふ事を主張したことから起つたので、問題が世間に少からず反響を生じて居る。支那の内でも勿論或る者は之に反對して居る。共和政治を主張した元の革命黨系統の一部分は勿論、君主政治を主張するにしても、元の宗社黨、即ち清朝を追慕して居る人々などが籌安會《ちゅうあん》の主張に快い筈はないのであらうが、兎に角斯う云ふ主張を以て世の中を動かすことの出來るのは、一面には支那人の思想が君主政治に傾いて居ることを見《あら》はす者であつて、單に袁世凱其外之を取巻いて居る者の野心から來て居るとばかりは云はれない。勿論支那は長い間君主政治が行はれて居つて、共和政治殊に最新の西洋の共和政治と云ふやうな性質のものは、一度も行はれた事がない。それが突然今日の支那に適するや否やは初めから危《あやぶ》まれた所であるが、それは又相當の歴史上の根據もある事で、强《あなが》ち共和政治が突然木に竹を接いだやうに從來の支那人に思想の根柢のない所へ出て來たとも云はれない。兎に角今日支那の國體が、議論の種になつて來た以上は、支那の爲にも、或は東洋の平和の爲にも此の議論に多少の注意を拂つて、殊に日本人は支那に對して、外國人よりかも遙《はるか》に其の歴史と民族の性質とを知つて居る所から、日本人の意見を茲《ここ》に定めて置くと云ふ事も必要であらうかと思ふ。

　支那が共和國になるが宜いか惡いかは、自分も嘗《かつ》てそれに就て論じた事があつて、既に世間に其意見を發表してあるが、是は勿論單に自分が新しく考へ出したのでも何でもない。支那の有識の學者は古來君主政治に就て非常に痛切なる議論を有つて居つた所へ近頃の如き國運に際會したので、其支那の學者の議論を根據として論じたのであつて、自分は支那の人民の幸福の爲には、矢張り共和政治が宜《よ》からうと思つたのである。支那は勿論二千餘年來專制の君主政治が相續して居つたのであるけれども、支那の有識の學者の議論に依つても、支那人民の幸福は君主政治に依つて段々增加せずして、益《ますます》減じて行く傾があるのである。明が亡びる時に、黃宗羲、王夫之の若き學者は皆痛切に其の事を感じて、支那の不幸は君主專制政治の餘りに極端になつた爲であると云つて居る。淸朝になつてからは明朝に比すれば專制君主政治が益完全になつて、其代り人民が享《う》くべき幸福は益減じて來た歷史上、支那は君主政治を以て支配されて來たには違ひないが、其爲に支那の人民が幸福なる方に導かれて來たのでなくして、益不幸なる方に導かれて來たのである。何れの國でもさう云ふ風に政治上の弊害が極端に走つて、到底之を救濟する事の出來ない時には、國體が一變することは常にあることで、歐羅巴に於ても近年長い君主政治の國が、屢《しばしば》其の爲に共和政治に變る事がある。それらの國は又長い歷史上の惰力からして、新に建てた共和政治が轉覆して、元の君主政治になる事があるけれども、矢張り其の長い間の弊害は、舊來の國體に依つては之を救濟する事が出來ないので、新しい共和政治の方が結局利益だとなつて、又採用されて居るやうな傾があある。卽ち佛蘭西などの如きは是れである。支那は佛蘭西などに比すれば、政治上の弊害の永く續き且つ多い事は遙に優つて居るので、今日に至つて共和政治を採用したのであるから、之が又一時其の新らしい政治に馴れない所からして、元の君主政治を思ひ出してそれに還る事があつても、到底それが永續することとなくして、矢張り結局共和政治に歸着すべきものではあるまいか。佛蘭西でも共和政治になつて居る結果、其の國力を外に張ると云ふ事に就いては、非常なる不便を感ぜざるを得ない。今日の如き大戰爭に際しても、佛蘭西全體の軍隊を支配する所の將軍は、之を他の君主國の將軍などに比すると、極めて權力の小さい、位地の低い人であつて、其の位地が才能に伴はないかを疑はれる位のことであるが、併し佛蘭西に於ては其の不便よりかも寧ろ國民の君主政體に對する危險を慮《おもんぱか》る度が強いので、其の不便を忍んでも、依然として共和政治に對する疑惑を有《も》たないのである。佛蘭西は今日では段々衰へる傾きがあると云はれて居るけれども、其の國體に關する經驗に就ては、國民の智識の進步の豪《えら》い所があつて、支那人の如く一時の國の强弱などに依つて、遽《にわか》に其の國體に對する意見を變更するやうな蒙昧な事はない。支那人も十分に此の內外の歷史に鑑《かんが》みて、其の國體に對する疑問を除き去るが至當であるけれども、悲しい事には其人民の政治上の智識は非常に暗く、讀書人と云はれて居る階級でも、自國の歴史なり、世界の君主國、共和國の歴史に昧《くら》い所からして、其の國體論に對しても、斷乎たる意見を立てる事が出來ないのである。

近時支那人の謬想（二）

大正4年9月13日

支那人の經世に關する意見は、隨分古い時からあつたので、其の外國の智識にかぶれない時は、自國の弊害は自國の救濟法でやるものと考へて居つたので、自國の事情に時々拘束された偏見もあるとは云ひながら、寧ろ其國に取つては剴《がい》切なる意見が多かつたのである。尤も凱切な政治上の意見は、いつでも全局の腐敗を見んとした一朝の末期に出て來るのであるが、明末なり、又清末に於ても、此等の卓見ある人が少くなかつた。それ等の意見は今日でも尊重すべきものである。所が日清戰爭に引續いて北清事變あり、それから目の前日露戰爭を見て、日本の如き小國が露西亞の如き大國を破つたのを見、支那人は非常な感動を與へられた。其結果として、以後に於ける支那人の經世の意見は、どうしても外國にかぶれる事を免《まぬが》れない。殊に日本が西洋の制度を採用して僅《わずか》に四、五十年間に强國になつたのを見て、何でも日本が西洋の眞似《まね》をした如く、支那も西洋の眞似をすれば强國になるものと考へて、清朝の末年に於て、立憲政治を採用することを以て、國の亡ぶるを拯《すく》ふ所以《ゆえん》だと考へ、殆ど迷信的に立憲政治を有難く思つたのである。其の當時よりして自分等は、日本の立憲政治採用は、日本にも西洋諸國と共通すべき立憲政治の基礎があつた爲であつて、單に西洋の眞似をしたと云ふ許りではない。それのみならず日本の立憲政治もどう云ふ方法にして行けば十分完全になるかと云ふ事は、尙試驗の時代であつて、立憲政治には疑問がないけれども、立憲政治の實行の方法には、尙色々の問題があると云ふ事を、支那人に云うて聞かしても中々分らない位であつた。

そこで清朝では立憲政治の採用を以て國勢を挽回《ばんかい》せんとしたが、國勢の立直らない前に、其の朝廷が倒れて仕舞つた。今日でも此の國體論が支那の問題になるのは、矢張り何かに感動する所があるに相違ないので、北京通信員の神田君の意見に見ても、獨逸の軍國主義にかぶれて、君主政體で、軍國主義を實行すれば國が强くなると云ふ事を迷信的に考へる結果、國體論が世間を動かすやうになつて來て、それに袁世凱其の人に野心ありや否やは疑問とした所で、袁世凱を取卷いて居る者共が、各《おのおの》利する所があらうとする結果、其の支那人の迷信的な希望に合ふやうな國體論を考出して來たものと思はれるのである。斯う云ふ無智蒙昧なる感動の結果は、果してどうなるか。清朝も立憲政治の如き世界中弊害のない結構な政治に對してさへも、單に迷信的に希望し、實際の利害得失を考へずに採用せんとした結果、其の朝廷を亡すといふ報酬を得るに過ぎなかつたでのある。袁氏竝《ならび》にそれを取巻いて居る一派の者共が獨逸の軍國主義に對する迷信の結果も、矢張りそれと同様な報酬を得るやうな事がなからうか、是は支那人の目下大に考ふべき事である。

獨逸の軍國主義と云ふやうなものも、單に獨逸が三、四十年間其の主義に依つて國を建てたので、今日あるを致したのではない。獨逸人の素質、西洋に於て古く一方に羅馬の如き先進文明國があるのに對して、まだ未開であつた時代からして、獨逸人がそれに對してどれ丈《だけ》の力を有つて居つたかと云ふ、其の獨逸の國民的の素質、それから今日の獨逸帝國が出來る起源としても、其の主たる普魯士《プロシヤ》の勃興と云ふものも、ホーヘンツオレルン家が二百年の長い努力に依つて、今日の基礎をなしたのである。支那人に獨逸國民の如き、軍國主義に適當な要素が古來あつたらうか、それから此の二、三百年來支那が國民として勃興すべき準備が果して何處《どこ》に行はれてあつたらうか、と云ふ事を十分に考へなければならぬ。

近時支那人の謬想（三）

大正4年9月14日

支那は隨分昔から外國に對して、色色な關係を持つた國で、支那が統一されると同時に、卽ち秦の始皇帝の時以來既に有力な外敵を持つて居つたのであるが、其の外敵は有力とは云ひながら、今日の外敵とは餘程性質が違ふもので、支那に較べると文化の遙に低い今日の諸外國と支那との文化の比較程度の差のやうなものでは決してなかつたのである。例へば秦から引續き漢の時になつて匈奴と云ふ外敵を持つて居つたが、之に對しても支那は非常に苦んだのである。其の當時も勿論支那が匈奴に對して決して弱くないと云ふ事を議論する者があつたので、兵器其の他を比較すれば、支那に長所が多くて匈奴には長所が少いと云ふ事などで對照して、匈奴の怖れるに足らぬと云ふ事を主張した人もあつた。勿論機械の上などで比較すれば、當時の支那の文明は遙に匈奴に勝れて居つたから、長所が多かつたのであるけれども、それに拘らず詰り人民の素質の違ふ所から其の野蠻國なる匈奴の爲に常に苦められて居つたのである。

支那は其の統一される前に於て、戰國時代を經過して來たので、列國共に兵を強くし國を富す事を主として居つた。長い間戰爭に訓練された國民は、決して弱いと云ふべき筈でなかつたのであるが、それでさへも、其の訓練を經た世から一統の世に移つたばかりの支那人は、匈奴に對して矢張り強いと云ふ事が出來なかつたのである。それ位戰爭の訓練を經ても、支那人の平和を愛するは其の天性に具つて居るので一度太平の世に入ると、總て其の戰爭に依り得た訓練を忘れて、専ら平和の生活にのみ傾く。それが支那人の素質と云つても宜いのである。

支那が強くならぬもう一つの原因は、支那が其の周圍の野蠻國に對して餘りに豐富であつた事である。金持喧嘩せずで、小さくて強い國に對しては、之を自分の富で以て壓伏する、富の利用によつて禍《わざわい》を避けると云ふ方が主になるので、中には漢の武帝の如く天下の力を極めて、匈奴を征伐した君主もあるけれども、其の當時からして既に戰爭をして敵國を壓迫すると云ふ事は甚だ不利益で、匈奴の土地を得ても、支那の僅に一州縣の富だけしかない。其の土地は利益にもならず、少しも支那人民の爲に得にもならぬといふ平和論が多かつた。此の小さき瘠《せき》地を征伐する爲に、巨億の費用をつかふよりは少しばかり賄賂をやつて、其の侵略を防ぐ方が宜いと云ふ方に、一般の意見は傾いた。此の二の原因が長い間附纏《つきまと》つて來て、支那人は外國に對して二千年來弱くしつけられて來たのである。

時としては小さいと思つた野蠻國が大きくなつて、支那を半分以上も侵略し、又時としては蒙古の如き全部侵略する事にもなつたのであるが、それに對してどれ丈の反抗心が起つたかと云ふに、多少の反抗心はない事はないが、其の反抗心も何方かと云ふと、段々減る傾になつて、蒙古に統一された後に、もう一度外國に統一されると云ふやうな苦《に》がき經驗を嘗《な》めないやう用意をするかと云ふと、矢張り其の用意が出來ずして、又清朝に統一されるやうになつて居る。尤も支那人もさう云ふ時には敵愾心《てきがいしん》を起して居る。宋の時、金に對する敵愾心は非常なものであつて、吾々が童時に文章軌範などで讀んだ胡澹菴《こたんあん》の封事などは、最も敵愾心を代表したもので、日本人は此文章の爲に非常に愛國心を養成されたのであるが、併し趙翼の如き、支那の有力なる歷史家が論ずる所では、さう云ふ敵愾心を支那人が起しても、支那人は外國に對して和議を主とした時の方が利益があつたか、戰爭をした方が利益があつたかと云ふと、實際和議をした方が利益であつたので、決して戰爭の爲に利益を得たことは殆どないと云つて宜いのである。金持喧嘩せず、出來る丈和議をして居る方が利益なので、偶《たま》に自分で國力を振ひ起さうとすると、其の爲に何時でも大失敗をするのである。

近時支那人の謬想（四）

大正4年9月15日

強國たらんとして失敗せる例は、宋の時に屢次《しばしば》經驗されて居る。宋は初め西夏を防禦するのに苦んで、有名な韓琦《かんき》、范《はん》仲淹《ちゅうえん》などゝ云ふ人物さへも、之には奏効しなかつた。それで神宗と云ふ天子は之を討ち平げやうと云ふ考へからして、王安石を用ひて兵を強くするのには、先づ國を富ます必要があると云ふ所から、新法を行つた。其の結果兵は強くならずに、却《かえ》て政治上に大なる弊害を遺して、是から宋の國力が弱つた。宋が金に對して和議をしたり戰爭をしたりした事は、誰でも知つて居る事であるが、宋も一旦金に破られて徽宗《きそう》、欽宗が捕虜となつてから後、南方に避けて、一時國勢を盛返さうとした時に有名な岳飛《がくひ》、韓世忠《かんせいちゅう》などの名將が出で、此の時は誰でも宋が和議を主としたことを失策だとして、戰爭をしなかつた事を惜《おし》んで居る。併し是等の名將の金に對する戰爭でも皆一々勝利を得て居ると云ふ譯ではない。

　中にも有名な岳飛は多く勝利を得たけれども、河南の朱仙鎭まで進んで行つた時に、高宗から兵を班《かえ》せと云ふ詔を受けて、戰を罷《や》めて歸つた。是が多く論者の惜む所であるが、其の實大將たる岳飛其の人は何處までも戰爭をしたい考へであつたけれども、既に其の部下の兵は皆故郷へ歸りたくなつて、それで詔を受けて師を班《かえ》すと云ふ事になつた時に、兵隊が大喜びで我れ先にと崩《くず》れ立つて歸路に就て、流石《さすが》の岳飛も之に對しては、迚《とて》も大勢を挽回することの難かしいと云ふ事を覺つて長大息をしたと云ふ事である。況や其の外の大將は敗ける方が多くて勝つ方が少かつたのである。併し兎に角それ丈の國勢を盛返してから後和議をしたので、和議も比較的長い効力を有つたのであつたが、宋の何時でも失敗したのは其の弱勢を有つて居りながら強い國に對して不信を働く結果であつた。金と共に遼を夾討《はさみ》ちをして亡した時でも、宋の大將が約束を守らずに過分な利得を得やうとしたので、金の怒を招いて到頭金に壓迫されるやうになつた。

　殊に蒙古と共に金を夾討《はさみ》ちをした時などは、蒙古人は餘程信義を守つて、宋には與へる丈の土地は與へて和議をしやうと云ふ考へであつた。然るに宋の方ではそれに對して蒙古人の居ない間に金の土地を取返さうと思つて、それから又戰爭が開けて、宋の勢力が益狹《せば》められる事になつた。それに又戰爭が始まつてから宋の富源である所の蜀の地方を蒙古に取られ、大變な打擊になつたのであるが、併しそれでも蒙古の忽必烈《クビライ》汗は兄なる蒙哥《モンケ》汗が本國で死んだ事を聞いて、宋の宰相賈似道《かじどう》と和睦の約束をして兵を引揚げて歸つた。其の時に宋の方では年々蒙古に贈物をする約束であつた所が、賈似道の此の和約は朝廷に對しては内證であつた所から、幸ひに蒙古の兵が引揚げて歸つたので、朝廷には敵を追卻《しりぞ》けたやうな事を云つて、全く僞《いつわ》つて自分の功として居つた。蒙古からは其の和議の約束を確める爲に使者を宋に遣《や》ると、其の使者を二十年間も拘留すると云ふやうな不都合な事をした。それで謂はば宰相たる賈似道一人の面目の爲に蒙古に對して不信を働いて、到頭蒙古が我慢がしきれずに宋を征伐して、それが忽《たちま》ち國を亡す本となつたのである。

　明末に於ても滿洲に對して執つた政策は、殆ど和戰兩樣共に確な準備がなかつたのである。偶《たま》さか袁崇煥《えんすうかん》が兎に角滿洲兵に對する作戰を考へて、野戰では勝てないから要塞戰で防がうと云ふので、幾らか効を奏した。所が結局何處までも戰爭を續ける事の不利益な事を知つて、そこで戰ふ力があると云ふ所で和議をした方が宜いと云ふ考へになつて、使者の往復をした處が、朝廷では袁崇煥を疑つて、到頭之を欺《だま》し討《うち》同樣にして處刑した。それは朝廷の黨派などの關係で、兎も角和戰兩樣の準備を以て敵に臨む政策を採つた人を故なく殺して仕舞つた。それからして到頭滿洲兵を防ぐべき人物が出ないで、明も亡びるやうになつたのである。詰り古來支那では兵を窮《きわ》め武を黷《けが》すと云ふ事を非常に戒しめとして居るのであるが、是は矢張り支那人の素質、長い間の歴史上の經歴からして戰爭をしないのが一番利益と云ふ事を深く考へたからである。どんなに戰爭で成功しても、支那の如き周圍の土地は皆自國よりかも貧乏な土地であつて、それを得ても支那の富を增すに足らない、それを得るが爲に却て非常に自國の富を浪費する、或は其の爲に内亂を來すことがあると云ふ經驗を積んで、それで第一は戰はないに限ると云ふ長い間に一定の政策が定まつたのである。君主でも宰相でも功を好み事を起すと云ふ事を、最も惡い事としてあるのが皆其の爲である。

近時支那人の謬想（五）

大正4年9月16日

それで縱令《たとい》今日の世の中が變つて支那も外國の文明を採つて、其の政治の仕方を輸入すると云ふ事になつても、此の二千年間の經歴と云ふものは、一朝一夕にして改める事が出來ないのである。殊に新政を布《し》くと云ふ事さへ支那に取つては餘程の考《かんがえ》物であつて外國は皆自治制を採つて居る。日本でも自治制を採つて成功して居る。支那も自治制を布かなければならぬといふので、清朝の末年、地方に自治制を布いたが、さうなつて見ると云ふと、日本なども幾らか類似した事があるが、何《ど》の國でも政治の根柢は自治制であつて、又多少特殊の自治制がない處はない。其の特殊の自治制は、新らしく法律の明文で作られた自治制以外に、矢張り一種の勢力を何時までも有《も》つて居る。日本などでも、氏神を中心として、鄕村の習慣を基礎とするやうな歴史的の自治制の外に、今の市町村制を附加へた三種の自治制が行はれる傾きがあつて、是は果して國の爲に利益であるかどうかと云ふ事は考へ物であるが、支那に於ては數百年來政府が民政に對して極めて冷淡であつた結果、殊に蒙古などのような外敵から壓迫されて、支那人がどうしても自治で以て其の生命を繫ぐより外《ほか》仕方がないと云ふ經驗を得た結果、政府と民間とは全く別物になつて、民間の自治制は餘程深い根柢を持つ事になつて來て居る。其の深い根柢ある自治制の外に、明文上の自治制を布くと云ふ事になつて、二種の自治制が忽《たちま》ち衝突して、外國風の自治制は一向効力が現れずに弊害のみ目に立つて來る。さうなると新自治制は取るに足らぬと云ふ説が起つて、忽ち其の外の新しい政治までも、悉く排斥すると云ふ傾を能く見る。それは勿論支那の政治家の薄志弱行にもよることで、此の支那政治家の薄志弱行は是も隨分由來の深い事で、王安石の新法を行つた時に、新法は勿論弊害が多かつたけれども、又善い事もあつたのである。

有名な司馬溫公の如き政治家は、何《なに》も彼《か》も新法を廢して、元の制度に復すと云ふので、却て味方からも反對を招いたやうな事もある。支那人と云ふものは眞正に政治の得失を考へて、斷行する勇氣はなくして、何となしに唯世間の評判に左右される傾があるので、政治家としては頗る薄志弱行の人が多いのである。其癖は矢張り今日でも殘つて居つて、近來の日本若くは西洋の制度を採用する點に於ても、採つて見たり棄てゝ見たり、グラ〳〵して薄志弱行たる事を免れない傾きがある。さう云ふ處から政治の改革に對する眞正の見込が立たないので、外國の制度の採用が結局不成功に終る事になつて居る。それに又支那は法治國として頗る不適當な經歷を有つて居る。昔から支那では政《まつりごと》は其人に依つて行はれるので法があつても人がなければ徒法だと云ふ事を屢次言つて居る。外國の法治國では、人は善惡共にあつて、當てにならぬものであるから、法を根本にして政治の基礎を樹《た》つて居るのに、支那の政治上の理想は之に反對をして居る。さう云ふ點からも外國の制度採用に極めて不適當な處があるのである。又もう一つは其の法治國たる點の不適當なる結果として理想上善い政治が實際上非常な弊害を貽《のこ》す事があるのである。前にも屢次言ふ王安石の新法は、政治上非常な失敗をしたのであるけれども、併し是は根柢より惡政と云ふべきものではない。王安石以前にも既に此法を唐あたりから行つた人があつて、宋の時には矢張り同じ法を一地方に行つた時には、見事に効を奏した事がある。然るに之を天下に行ふと云うと非常に弊害を流す。詰り其の人あつてさうして或る地方で注意が行屆いて、官吏が又相當に廉潔を保つてやると、極めて效能のある王安石の新法も、之を支那の如き全體の紀綱が弛《ゆる》んで居つて、法を以て之を取締る事の出來ない國に於て、一般に行ふと云ふ事になると、其の善い法も悉く、皆弊害を貽《のこ》す丈になるのである。

近時支那人の謬想（六）

大正4年9月17日

それで支那人が見事に立憲政治を行はうとした處で、恐らく歐羅巴とか日本の如く効能を收める事が出來るかどうかと云ふ事は疑問である。詰り支那人民の素質に、一種特別の點があるので、其點に注意しないと、どんな良法でも其効果を奏しないと云ふ結果になるのであるが、況や獨逸の軍國主義の如き、獨逸人の素質に根柢を有つて居り、それから獨逸人が最も發揮して居るところの科學の効能の結果と、又上は君主より下は一般人民に至るまで悉く努力の結果とで、初めて實効を奏すべき軍國主義が、支那の如く上下共に努力と云ふものゝ味を知らない、總ての事が惰力でばかり行はれて居る國に於て、軍國主義などを行つたならば其の効能が更にないのみならず、却て其の爲に官吏が軍國主義に口を藉《か》りて自分の私をなすやうな結果を得るのであつて、支那の人民は今日以上の虐政に苦み、非常な不幸を來すであらうと思はれる。軍國主義を實行した所が、其の國が盛んにならないのみならず、寧《むし》ろ今までの平和なる人民の素質さへも、非常に壞亂して、根柢から拯《すく》ふべからざる結果になるかも知れない。

今日に於て支那が若し外國に學ぶ必要がありとすれば、亞米利加などに學ぶのが寧ろ必要であろう。亞米利加の如く常備兵も十萬内外に過ぎず、殆ど歐羅巴の强國に對する軍備は出來て居らぬとしても、其の立國の位地と、其他經濟などに於ける國力の旺盛な所からして、一つの侵略すべからざる大國を形造つて居ると云ふやうな事は、寧ろ支那に取つて學ぶべき事であつて、支那は亞米利加の如く敵國の侵害を受けないほど好い地勢に居ると云ふ譯には行かぬけれども、幸に近時諸外國の均勢の爲に、自然侵害を受けぬでも宜しいやうになつて居る國に於ては、矢張り何處《どこ》までも平和の政策を執つて、其の國内の政治も亞米利加の如く、中央集權を主としないで、地方に各其の民俗に適當した政治を布き、地方の根柢から段々改革をして行つて、强大を主とせずして、平和に文明に進歩する事を主とする政策を採つたならば、數十年の間には面目を一新して、亞細亞大陸にも亞米利加の如く極めて平和な大國を現出する事が出來るかも知れないのである。

自國人民の素質をも考へずに、學ぶべき國に學ばずに、唯一時の謬想に驅《か》られて獨逸の軍國主義を學ぶやうな事があると、結局は取返すべからざる非常な失敗を來すかも知れないのである。若し籌安《ちゅうあん》會の言ふが如く、國體論の根柢を、此の强國主義の政策の上に置くと云ふ事になつたならば、籌安會の如き空言を專らとする學者には責任の問ひやうもないのであるけれども、其の責任が結局は籌安會を土臺にして起つた君主其の人に歸するのである。恐らくそれ等の君主は自分の一身一家は勿論非常な慘害を受くるのみならず、其自分の本國をも拯《すく》ふべからざる慘害に陷れるやうな事があるかも知れぬと思ふ。是は最も重大なることで一、二の人が野心を充すとか充さないと云ふやうな小なる問題ではない。支那の所謂四億萬の人民の幸福と不幸との岐《わか》れ目の大問題である。

吾々は國體論としての君主共和の議論に對しては、餘り注意を拂ふ必要がないと思ふけれども、支那が自國の人民の素質を辨別せずして、古來の歴史上の由來を顧みずして、不適當なる政策を採らうとする事に就ては、是は隣國の數億の人民の幸不幸の繫《かか》る問題でもあり、自然是が又東洋の永遠の平和を殆《あやう》くする問題でもあるから、十分講究をして今日無謀なる計畫をしやうとして居る支那人に對して十分に警告したいと思ふ。（完）

『大阪朝日新聞』　大正5年6月7日

死は功罪共に帳消〔談〕

袁世凱の死が愈《いよいよ》事實だとすると、今の時局で皆袁を中心として局に當るものも傍觀して居るものも、力瘤を入れて居つたのが何やら張合が抜けた樣な心地がする。併し支那の爲には非常な幸福と云はねばならぬ。本人には氣の毒であるけれども、袁が若し生きて居るとすると、假令《たとい》退位をしたとしても其の後へ引續く紛糾が容易に除かれないで清朝が退位したよりも尙始末が難かしかつたらう。兎も角茲で袁が亡くなると其の方で將來袁を中心として起るべき困難だけが自然失くなる。其の人の功と罪とより云へば兎も角清朝退位して今日迄の時局を維持して來たことは功であり、折角又治まらんとする國政を再び紛擾に陷らしめたのは罪であつて、此等は總べて一死と共に今帳消になつたものと云うて宜しい。帳消にならずに殘るのは今日迄紛亂を極めた時局の收拾であるが、是は袁に對して今の種々なる黨派が奮起した當時の初志に立歸つて、專ら支那の國政を維持すると云ふことを主として各自の私情を全く去り、其の後時局の進むに從つて起つた枝葉の事柄を全く除き去つたならば、之を收拾することは必ずしも困難でない。卽ち當面の敵であつた南方の四將は勿論、其の外南京の馮國璋、北京の段祺瑞にして、時局救濟の目的を主として相互の間の感情に關らずして一の政府を組織したならば、現在の財政の困難の如きは或は我日本に謀つても切拔けることは困難であるまいと思ふし、各省が一致する積りであるならば各省からの收入も舊に歸るのであらうし、外國人の管理に關する鹽稅等も收入に加はることになつて、近年の支那人の謬見たる兵力を强勢にして外國に當る等と云ふことを無法にも實行するやうなことを思はない以上、內政の整理をすることは必ずしも困難でない。其で中心の地位に据《すわ》るべき人、卽ち袁に續いて大總統となるべき人も一身の權力を謀ることを考へずして、中央政府を國相當の勢力で維持する積りでやりさへすれば、外國の野心を疑つたり其の他種々なる誤つた考へから一國の基礎に困難を感ずる如きことはあるべき道理がない。此の際外國と云つても分けて日本の如き國に信賴して故なく其と衝突すること、近頃の山東問題に於て起つた様な態度を以て却て得意として居る様なことは愼んで、極めて平穩に時局の收拾に盡力すると云ふことは支那に取りて急務であり、又さう云ふ考へならんことを望むのである。勿論我日本も此の際に於ては最も其の態度を愼重にして誠實に支那の政府の整理を援助してやるが至當であると思ふ。其は必ずしも内政干涉でもないから外國から苦情の出る譯もなく、隣國から衷に警告を與へた關係ある我國として適當な態度であらうと思ふ。

支那の近狀（一）

『大阪朝日新聞』　大正6年6月10日

支那は年中行事の一つとして名物の電報戰爭を又始めて居る。我國の明治初年の事を回顧すると、支那の民國の出來て以來六年目に當る今日は、征韓論の破裂があり、さうして佐賀の亂も、熊本、山口の亂も、鹿兒島の亂もまだ起らない前に當つて居る。當時は日本に於ても政府の基礎は確立しないで、屢《しばしば》變動して居つたが、就中《なかんずく》征韓論の破裂は、其の後引續き數年間の騷動の原因を爲したので、若し之を今日の支那の參戰問題から生じた破裂に比すると、之が爲に尙數年間の騷動の原因になるかも知れない。是れ位の騷亂は少しも怪しむに足らない。唯だ今日の支那が當時の日本に異る所は、各省督軍が兵力を擁して政府の統一力の弱いことは、明治四年以前に於て、まだ廢藩置縣の行はれなかつたと同じやうな形勢であるが、我國でも、廢藩置縣が行はれたと云つても、尙佐賀、熊本、山口、鹿兒島の騷亂が起るだけの力は地方に存在したのであるから、今日の支那が統一せられぬと云ふことは、尙更不思議のないことである。日本に於ては征韓論の破裂以後に始めて民選議院論が起つたのであるが、支那は第一の革命からして、既に民主主義らしきものが重大な國論の要素になつて居つたから、其の外形だけは日本の當時よりかも早く進んで居つたらしくも見える。それで大體から言へば、支那の革命はまだ完成しない。慘酷な言ひやうではあるが、完成するには人間の殺しやうが足りないのであつて、革命の完成迄には、望むことではないが、尙幾多の騷亂に依つて多數の生命を失はなければならぬのかも知れない。明治の維新當時は列國の形勢もそれ程切迫して居らなかつたのであるが、支那の革命は列國の力が東方に及んでから後に起つたのであるけれども、是も亦不思議に歐羅巴の大戰亂に依つて、列國が東方に手を伸ばす餘裕の無い時機に當つて、ゆるゆると内訌を續けて居ることが出來るやうな場合になつて居るので、何れ列國の壓力が再び東方に及び、支那が尙痛切な自覺をしない間は、斯の如き騷亂は引續き起ることであらうと思ふ。斯の如く支那の今日と、日本の明治の初年とは、大分類似した點が多いのであるけれども、それでも日本の情勢を以て支那を判斷すると、屢《しばしば》誤謬に陷ることがある。所が世間では啻《ただ》に明治の初年の事を以て支那の今日に比較して、判斷すると云ふやうな事をしないのみならず、時としては日本の今日の情勢を以て支那を判斷せんとする傾きがあるので、最も誤謬に陷り易いのである。

支那の國情は一種異樣なものであつて、一つは其の國民性に於て、日本などと異る點もあり、又一つは若し國家に年齡と云ふものがあれば、其の年齡の相違に依つて、日本と同一に見られないことが多い。是等の點を熟慮しなければ、支那の形勢を判斷することはむづかしい。それで日本と支那との同異の點に就いて、少しく論じて見たいと思ふ。支那の近頃の騷動は、黎《れい》總統と段國務總理との間に行違ひが生じたとは云ふけれども、大體は國會と督軍團との衝突である。其の督軍團と云ふものも、南方に在つて國民黨の根據地と言はれて居る地方の督軍は、之に加はらないのであるが、併《しか》し是は事情が二重に混雜して居るから一種の變態な結果を生ずるので、大體は國會と督軍團と云ふものとは、衝突すべき確かな素因を有つて居るに違ひない。我が明治の初年に於ても、各藩が悉く兵力を擁して居れば、中央政府に於て、所謂「廣く會議を起し萬機公論に決すべし」と云ふ有名な御誓文があつても、なか〳〵統一が容易に行はれない譯であつたが、是は當時の局に當つた人々の愛國心の旺盛な所からして、其の有力な兵を擁した各藩が自ら藩籍を奉還したが爲に、其の統一は首尾能く行はれたのであるが、支那の督軍等が北方派と云はず南方派と云はず、自ら兵權を解いて之を中央政府の手に委ねると云ふことは、今日の所では餘程困難である。日本に於ては德川幕府の旗本は、政權奉還の後も、大いなる兵力を擁して居つたのであるけれども、當時日本人の愛國心が旺盛な處から德川の家の主たる慶喜公其他それを輔佐する人々までも、一國の統一の爲には、一家の存亡を殆ど度外視した。今日支那の南方派竝びに北方派に、一國の統一の爲に、自己の黨派の存亡を度外に措《お》く程の意氣のある人物がありや否やと云ふことは、將來支那の統一に取つて、重大な問題であつて、それだけの愛國心があれば、支那の統一は自發的に完成されるのであるけれども、若しそれが無いとすれば、結局外國の干涉でも招かなければ統一すべき機會が無いと思はれる。併《しか》し此の愛國心は必ずしも支那人にも起り得べからざるものではない。若し果して傳ふるが如く、黎總統が其の地位を抛《なげう》つこと弊《やぶ》れたる屣《くつ》を棄つるが如くするの雅量があり、それから又天津《てんしん》に集まつた督軍團の總參謀處が、傳ふるが如く妥協の精神を有つて居ると云ふのであれば、幾らか自發的に統一を促すかも知れない。

支那の近状（二）

大正6年6月11日

南方の雲南、貴州、兩廣、湖南地方などが、團結すると云ふ報があるけれども、是は寧ろ袁世凱に對して、反對運動をした時ほど、今日に在つては形勢が有利でない。若《も》し斯《こ》の如き運動を長く續けると、國家の分裂の責任を自黨に負ふことになり、恰《あたか》も鹿兒島戰爭に於ける西鄉一派の如くなる虞《おそれ》があるので、是は十分に注意しなければならぬ所である。若し自發的に統一を促さうと云ふことで、其の精神が國民黨一派にもあるとするならば、此の際に於ては成敗を自然の成行に委せて、兎も角北方派と妥協して國事に當るの精神が無くてはならぬ。元來昨年袁世凱が斃《たお》れて、新しい政府が出來た時に、南方派の人々が進んで自ら國務を擔任しないで、權力の得失に狐疑心を懷《いだ》いて居つたのが大なる誤りであつたので、若し國民黨の人々が、明治八年頃の大阪會議に於ける大久保、木戶、板垣諸氏の如き精神があつたならば、統一を促す點に於て、遙かに利益が多かつたに相違ない。支那の國民に果して眞に共和政體を組織するだけの能力があるものとすれば、縱令《たとい》政權の得失が一時自分の思ふやうにならない事があつても、尙日本の鹿兒島戰爭以後征韓論の劣敗者等が國會請願運動の魁《さきがけ》となつて、立憲政治の基礎を開いた如き活動が、決して出來得べからざるものでない。今日に於て支那の南北有力者に望む所は、總ての障碍《しょうがい》を排して、再び妥協の精神に立戾ることであつて、それ以上は各其の實力に依りて成敗を運命に委すべきものである。それで南方派の有力者も決して督軍團の團結があるからと云うて、それを顧慮するには及ばない。袁世凱が試みた如き不法な統一策は、既に其の失敗の經驗を示して居るのであるから、北方派に於ても其の歷史を回顧したならば、南方派に對して讓步をすると云ふことの得策であることを覺り得ない譯はない。併《しか》し若しも兩派とも此の互讓の精神が到底出來ないものとすれば、何れは國家を救ふべからざる騷亂に陷れて、外國の干涉を招くに至るであらう。どちらにしても、自發的にしても、或は外國の干涉を招くにしても、支那は統一さるべきものであると云ふ事だけは明かであつて、南北分立論などは決して成立ち得べきものではない。若しそれが成立つやうであれば、寧《むし》ろ支那と云ふものは外國に分割される事をも出來得べきものと考へなければならぬ。是は恐らく支那人の望む所ではあるまい。之に關聯して兵力の問題があるが、今日の狀態に於ては兵制を統一すると云ふことは、餘程困難と考へられる。併し南北兩派とも國家の事を第一に考へると云ふことになつたならば、少くとも現在に於ては兵力が過剩であると云ふ事だけは、何れも認めるであらう。此の兵力の過剩なる結果としては、人民の負擔も淸朝時代より增し、少しも支那に取つて幸福な點はない。支那人は屢《しばしば》國防と云ふ事を言ひ、國家の獨立を維持する兵力の必要を考へるけれども、是は我々が常に言ふが如く、先づ内治の整頓後の事であつて、今日に於ては絶對に外國を相手として計畫した國防の必要は無いのである。我明治の初年に於ても、六鎭臺《ちんだい》の制度は、單に内地鎭撫の必要に止まつて、決して外國を目的としたものではなかつた。支那は今日に於て尙内地鎭撫以上の兵力の必要を考へ得られる時機ではない。此の點から兵制の統一に先だつて、先づ各兵力の減殺《げんさい》を必要とする事だけは疑ひはなからうと思ふ。今日に於て兵備の第一の問題は兵數減殺であつて、それに依つて人民の負擔をも緩《ゆる》め、さうして督軍等も相互に騷亂を起すべき資本を自ら消却するのが第一の必要である。それが後に發達して國防の目的を達するまでには、尙三十年以上の日月を要するものと思はなければならない。

支那の近状（三）

大正6年6月12日

我國の征韓論の破裂なるものは、内治主義と對外主義との衝突と謂つても宜かつた。其の結果として内治主義が勝利を占めたので、其の後幾多の變遷はあつたけれども、日清戰爭まで二十年間は殆ど其の方針が變らなかつた。其の間には外國に對して極端な抑遜《よくそん》主義になり、其の爲に日清戰爭以前に於ても、民間の議論は對外硬を主とするやうになつたのであつたが、併し此の抑遜主義が幸ひにして外國との面倒な關係を少くして、其の間に靜かに内治を整頓することが出來て、有《あ》らゆる制度文物を外國から採用し、外國人の教育に對して十分な尊敬を拂つて、其の間に制度を悉く確立したのである。

今日の支那が、參戰問題に依つて衝突を來したやうに見えるのは、其の實問題の眞意は外にあつて、必ずしも對外關係には存しない。其の點に於て國論に誠意の無いことは、日本の當時とは非常な相違であるが、併し今日の參戰問題は暫《しばら》く措いて、支那の現在の狀態に於て、内治主義對外主義と云ふやうなものが、存在するや否やと云ふに、殆ど存在しないと云つても宜い。支那人は全體に於て對外主義者であり、外國排斥論者であつて、殊に日本に對しては種々の歷史から之を排斥する意向が餘程猛烈で、一昨年日支協商の際、最後通牒が交付された五月九日を國恥記念日として、學校を休んで居る位である。今日に於て黎總統の政府が米國の助言を聞いて居ると云ふこともあるけれども、是は日本に對する牽制策の上から考へたのであつて、又一つは米國人は他國の内政に就いて從來無干渉の態度を執つて居るから、其の點に於て支那人の嫌ふ所に觸れないが爲に、幾らか日本などゝ立場を異にして居るに過ぎないのである。將來に於て若し產業上の發展をしやうと云ふやうな事になり、支那に事業を起し、資本を投下すると云ふことになれば、其の立場は全く日本と相類したものになるべきものである。其の時に於ては支那人は米國だからと云うて之を排斥しないとは限らない。兎も角支那には今日、明治の初年に日本に行はれた如き、外國に對する態度、卽ちどこまでも抑遜して、さうして其の教育なり助言なりに對して、十分の敬意を拂ひ、外國人の能力に依つて自國の内政を整頓し、其間は暫く外に對する問題を度外視しやうと云ふやうな、思ひ切つた内治論者は無いと云つて宜い。自分の考へでは、此の分目《わけめ》が支那の自覺の存する所である。

日本に於ても維新前に外國の事情を知らなかつた當時、卽ち自國の立場は、世界の列國の間に於て、如何なる狀態に在るかと云ふことを自覺しなかつた時代は、攘夷論が非常にやかましくつて、外に對して事を起すことを何とも思はなかつた。それが明治になつて、殊に條約改正の目的を以て、岩倉大使の一行が外國を巡廻してから、非常に外國の文化と自國の文化との程度に差異のあることを覺つて、暫く條約改正などは抛《なげう》つて、さうして内治改革に全力を盡さうと云ふ考へになつた。勿論日本に於ても、外國崇拜時代のみを稱して、全くの自覺と云ふ譯にもいかぬので、其の後になつて國粹論が反動として起り、對外硬を主張するやうになつた時に、茲《ここ》に眞の自覺を生じたのであるけれども、其の自覺は兎も角一度自國の缺點を十分に知つて、外國の長所を採用すると決心した後に發生した所の自覺であつて、初めから外國の長所を十分に咀嚼《そしゃく》しない間に、盲目的に發生した自尊心は、其の外貌の理論にこそ拳匪の主張と差があるにしても、其精神は依然として義和團の徒と大差が無いと云つても宜い。それで此の所謂外國の長所なるものに就いては、政治上にも經濟上にも無論種々ある事であるが、政治上に於いては、近年支那人と雖も自國の弊制を改革して、外國の制度を採用すると云ふ事に異論はない。寧ろ此點に於ては、今の留學生上りの政治家は、多く自國の歷史を知らず、自國に於て從來政治上の弊害とせられて居る點が、如何なる處に存するかを十分に了解せずして其の弊害に對して、外國の制度を如何に適用すれば救治が出來るかと云ふことを、十分に講究せずして、濫《みだ》りに外國制度を生呑活剝《せいどんかっぱく》して採り用ひんとする傾きがあつて、それが爲に却て從來の弊政をも除き得ざる上に、新しき外國制度の濫用から生じた弊害を加へるやうな傾きがある。

經濟の點に於ては最も理解が乏しくて、一時は外國人の獲得した利權に對して、所謂利權回收論なるものが盛んに生じて、何でも利權を自己の手で持つて居れば、國の富を保持することが出來ると云ふ風に考へて居つたので、今日に至つても大體に於てさう云ふ謬見を除き得ない。卽ち支那の保有して居る所のものは、支那人が保有して居るのではなくして、支那の土地が保有して居るに過ぎない。卽ち支那の富なるものは、富の原料たる天產あるのみであるといふ事を十分に理解しない。近世の經濟狀態に於ては、單に原料のみあつても、決して之を富として活用することは出來ない。之に資本を加へ、さうして尙經驗ある工業上の能力を加へなければ、決して實用すべき富にはならないと云ふことを、支那人はまだ十分に理解しない。其の結果は現に今日の如き歐羅巴の大戰爭に於て、其の誤つた結果を現はして居るので、米國の如き日本の如きは、此戰爭に依つて實に空前の大利得をして居るにも拘らず、支那は戰爭の爲に正貨の缺乏を來して、物價が騰貴し、工業上不利益な地位に立つことの外、殆ど何の利得する所もない。偶《たまたま》日本人が制錢を買込んで、それを製錬して交戰國に賣つて、巨大な利益を得ると、それを妨ぐるが爲に、制錢の輸出を禁止するやうな手段を執る。此の制錢輸出の禁止と云ふことは、日本人の利益を妨ぐるだけの結果は生ずるけれども、それに依つて支那人が利益する結果は少しも生じない。支那人には其の制錢に依つて利益を得るだけの資本も無ければ、製錬の方法も知つて居らぬ。

支那の近狀（四）

大正6年6月14日

さう云ふやうな事で、支那人の經濟上に對する理解は、甚だ幼稚であつて、十分にまだ外國の長所を採用し、自ら懷《ふところ》を披《ひら》いて外國人を迎へて、日本が明治六、七年以後二十年頃に至るまでの間、盛んに外國を崇拜したやうな、眞の抑遜したる態度には少しもならぬのである。此の抑遜の態度を一度經過しなければ、支那の自覺なるものは決して急には來ないのであつて、其の間には工業に依つて自國の天產を富《ゆたか》にする前に、政治上の借財に依つて、自國の財政の權利を悉く外國人に占有されるに至る虞《おそれ》がある。支那人が果して覺醒すべきものとすれば、今日に於て最も覺醒せざるべからざるは、此の政治上經濟上に於ける抑遜の態度であつて、日本の三十年前に經過した狀態を、是から經過しなければならぬのである。是は內國の政治經濟の改革に就てゞあるが、日本が其の當時條約改正の問題をも暫く抛《なげう》つて、成るべく外國との交涉を少くし、朝鮮に於ける支那との關係にも、互讓の態度を執つて居つたやうな精神は、今日の支那には見られない。勿論支那は自國の兵力の不十分は今日に於ても承知して居るが、併し自國の兵力の不十分を補《おぎな》ふが爲に、外國に對して牽制手段を行ふことに於ては、特別な技倆を有つて居る。或る者は之を遠交近攻の策と謂うて居るが、是が亦一つの謬見である。昔遠交近攻と云ふ言葉の起つたのは、支那の戰國の時代に於て、秦が他の六國に對して執つた所の政策であるが、是は秦が强勢を保持して、他の列國を侵略するが爲に執つた所の策であつて、若し今日の支那の如き弱勢の國が、强隣に對して近攻策を執つたならば、忽《たちま》ち自ら滅亡を招くに過ぎないのである。近頃に於ても支那人は米國の勢力に依つて、日本を牽制しやうと試みて居るが、是は著しき謬見であつて、米國は從來五國財團にも加はらず、支那と經濟上の關係が甚だ薄かつたから、それで支那問題に對しては十分なる理窟を言ふだけの餘裕があつたのである。近頃では段々支那に對して資本を投下する方に傾いて居り、殊に歐羅巴戰爭の爲に莫大なる資本を懷《いだ》いて居る國となつたので、將來に於ても益支那に資本を投下しなければならぬやうになるのであらうが、若し支那に大いなる資本を投下した後に、支那に内亂があつた時に、米國に於て之を自ら保護するだけの力があるや否やと云ふことは、米國と雖も近來は大分之を考慮に置くやうになつた。米國は自分の隣國である墨西哥《メキシコ》の内亂さへも十分に之を鎭定するだけの力を有つて居らぬのである。それに自分が資本を投下して居る支那の隣りに於て、日本の如き勢力を有《も》つた國を控へて居つて、其の勢力に依らずして、自己の力で支那に於ける利益を自ら保護すべき見込は、決して有り得べからざる事である。今日でも米國人は支那の政府に向つて、德義上の助言を與へることは、是は出來るであらうけれども、それより以上の有力なる保護をすると云ふことは、殆ど望むべからざる事である。若し支那が斯の如き地位に在る米國に依頼心を有つて、それに依つて日本との關係に特別な利益を得やうとするならば、それは大なる誤りである。斯の如き事は啻に從來袁世凱の時代などに局に當つた者が、誤つて居るのみならず、袁世凱に反對する時に、日本の助力を得た所の民黨側の政治家も、屢《しばしば》同一の誤りに陷らんとして居る。是は支那人の常なき一種の國民性と謂つても宜《よ》いのであつて、是等の病はなか〳〵治らないことであらうが、併し之に就いて十分な自覺を有しないと、其の爲に却つて國の運命を危くすることが出來ないとも限らない。我々は今日に於ても、支那の政治なり教育なり、其の他の點に於て、常に此の誤つたる方針が漲《みなぎ》つて居ることを十分に認めるのである。是は我が當局も注意を怠らず、其の點に於ては日本の利益を防護する上からも、支那の政治家に十分な注意を與ふべき事であるが、支那人も亦此の事に對して十分な考慮を費さなければならぬ所のものである。以上は單に我が明治の初年の狀態と、今日の支那とを比較した上に就て考へた所であるが、それでさへも支那の前途に取つては當時の日本よりかも却つて望みの少い點が以上の如くに著るしく見えるのである。若し更に其の國民性から來る所の深い根柢を有つた政治經濟の組織に就て論じて見たならば、支那の國家と云ふものが、今日の國家組織に於て甚だ不適當なる點が尙少くないのであつて、屢我々をして支那は到底國家と云ふ形を十分に成し得るものであるかどうかと云ふことを疑はしめるのである。勿論支那人も道光の阿片戰爭以來、從來の自國の狀態が國家組織として甚だ不適當なることを多少覺悟して、それを幾らか國家らしき形に直さうと思つて、數十年の努力を費したのであるけれども、近年になつて二度三度騷亂を經る度每に、寧ろ其の努力が徒勞でないかと云ふことを恐れしむる傾きがある。其の點から言へば尙進んで國家組織に關する方法を十分に練習するまで、外國人の經驗なり智識なりに依賴すべきものであると云ふことは、我等の宿論であるが、斯の如き親切なる宿論に對しては、屢支那人が反感を以て之を迎へる傾きがある。併し眞に支那の國情を憂ふる者は、決して我等の斯の如き觀察を輕視すべきものではないと思ふ。それで其の點に於ては他日又支那の國民性として更に論じて見たいと思ふ。

要するに今日の程度に於ては、支那國民の自覺なるものは、先づ外國に對して十分に抑遜が出來るかどうかと云ふ事が問題であるので、南北兩派の如く互ひに鎬《しのぎ》を削つて爭つて居る所のものは、何れもまだ國民自覺の發動であるとは言はれないと思ふ。特に近日の騷亂の度每《たびごと》に、出て來る復辟《ふくへき》運動などは淸室そのものが明かに自己の地位を知覺して居るが如く、決して支那國論を動搖すべき有力な者ではない。今度の騷動によりて、頑冥なる督軍等にも、此の點は啓發せしめた處があるやうであるが、日本人に督軍よりも更に頑冥なる一團の絕えず存することは、笑止千萬と云はねばならぬ。我國の支那論なる者も、誠に殆《あやう》いかなといふべきである。（完）

大正7年11月9日

『大阪朝日新聞』

經濟的日支結合〔談〕

講和と同時に考へらるゝは極東の形勢である。殊に西伯利《シベリア》出兵の今日、日本と西伯利の關係は喫緊の事であらねばならぬ。諸新聞紙の記事によつて見るに、目下の西伯利は日本と米國とが互に勢力發展の競爭をやつてゐる樣に思はるゝが、米國も目下非常事變の際、極東に出兵して兎や角と騷いでゐるものゝ、一端歐亂が終熄するとなれば果して今日の如き狀態に於て極東に手を延ばし得るか何うか、彼の資本と勞力はこれを本國又は歐洲諸國に運用するのヨリ以上に利益たるやは論をまたない。露國内政の統一が早急に實現しないとすれば、投資の危險は當分永續すると見るべきであらう。米國がかかる危險を冒してまでも、極東に投資して富源の壟斷に努めやうとは思はれない。

米國が戰後極東に於て日本と爭はないとすれば、日本人は從來の如く漸進的に發展の步武を進めるであらうし、黑龍鐵道の守備によつて極東西伯利の死命を制し得る位な今日としては、いよ〳〵國民發展に都合がよろしい。假りに戰後も米國が、西伯利發展の競爭的態度を改めぬとすれば、日本は到底資本的にこれと爭ふ事はできない。が然し勞力の供給に於ては依然として地の利を占め、且つ素質に於いて優勝の地位にある日本人としては云はゞ中間的に食ひ込む餘地ができて來る。從來邦人の西伯利發展は決して資本的でなかつた。もし米國の活動によつて西伯利の內狀がヨリ以上の勞力を要求するとなれば、邦人は現在の狀態のまゝで向上する事ができるから、これとて左して悲觀すべき狀態を招來しないと思ふ。また米國の資本的活動は平和時代に至つて露國上流社會の反感を喚起する時があるかも知れない。英國と雖も歐亞二洲を橫斷する西伯利鐵道の獨占を米國にのみ許すべき道理もあるまじく、旁《かたがた》もつて日本が米國の活動について杞憂を懷く必要はなからうと思ふ。一部露人の對日反感の如きは領土を近接せる兩國の常として互に侵略を惧《おそ》るゝ處から出發したもの、深い根據はないものである。平和時代ですらもかゝる誤解は存在したがるもので、況んや戰亂中の今日、この種の誤解が反感を生むのは怪しむに足りない。次に日本の對支關係なるが、今もし平和克復に至つて米國が西伯利の利權を壟斷するやうの事ありとすれば、日本は當然支那に對する日本の關係について確實なる保證を得なければならない。元來日本は支那に對して特別の關係に立つてゐる。換言すれば歐洲諸國は特種の事業に限り支那と密接な關係にあるが、日本は殆ど全國民的な廣く且つ深き意味に於いての關係が繫がつてゐる。具體的に說明すれば日本の商人、事業家の種類は悉く自家の利害關係に立脚して個別的に支那に活動してゐる。利害の深甚なる到底列國の比ではない。これがために却て統一を失ひ各自擠排《せいはい》を事にする狀態で、その結果甚だ悲觀すべきものがあると思ふ。幸ひにして彼の滿洲發展の如きは南滿鐵道の如きがあり、各種の事業を經營して資本運用を統一的に指導してゐるので非常に都合がよろしい。同じい形式に於いて將來全支那に對して統一的な活動をすると甚だ都合がよろしい。今日前內閣のなせる事は悉く秕政の名の下に葬らるゝ傾向があるが鐵道や製鐵所に對する借款の如きものは、決して批難すべきでなからうと思ふ。但し戰後に至つても依然政府相手の借款契約をやる樣な事では列國の嫉視を招くから、事業對事業、國民對國民の關係に立てる經濟的な結合を希《こいねが》はざるを得ない。而して現今この理想に適《かな》ひつゝあるものが長江流域の大冶鐵山、日淸汽船位のものとすれば、頗る內容の貧弱なるを悲しまねばならない。今や日本は空前の大資本を懷いてゐる。この資本を綜合して人才を網羅し、まづ支那に向つて統一的に運用する事はまことに急務であると思ふ。日本の識者論客の通弊として擧げたいのは政治的方面にのみ傾倒して支那問題を解決せんとする事である。今日にして言へば南北妥協を策して直に日支親善の實が擧がると盲信するが如き即ちこれで、由來支那人の向背ほど信憑すべからざるものはない。朝に左袒し夕に右袒す、一時の變態を認めて恆久性のものと做さば百年の悔をのこさむ。況んや寺内内閣が北方に味方し、武斷政策によつて對支關係を確立せんとしたのも失策である。今日の日本は何う考へても經濟的結合を基礎として對支關係を定むるにあらずんば斷じて曙光を認むる事ができないと思ふ。平和到來の準備として努むべきはまづ以て此の點であらう。

『大阪朝日新聞』　大正7年12月19日

北京の天文機〔談〕
獨逸に奪ひ去られし國寶を
講和談判で支那に還附の議

天文機といふよりは天文觀測機といふべきであらうが、支那の天文學は元代に至り亞列比亞《アラビア》の天文學を輸入して其發達を遂げたが、其殊功者としては耶律楚材と郭守敬の二人を擧ぐべきである。問題の天文機は郭守敬に依つて作製せられたもの、支那の天文學史の至寶である。その當時の作品は二種ありて歴朝之れを傳へ來つたが、清朝に至り西洋人南懷仁（元名セルビスト）が康熙年間新に天文機を製作し、之を北京の觀測臺に置いたので件《くだん》の二機は其の傍《かたわら》に抛《ほうり》つ放しの形であつた。右は共に青銅によつて作られ、獨り天文學史の至寶たるのみならず、美術工藝の上でも一方ならぬ名品と目されて居たもので、北京へ來る内外人の鑑賞するところであつた。然るに團匪事件に際して佛獨兩軍の分捕品《ぶんどりひん》となり本國に送附したが、佛國はかゝる至寶を分捕る事の無法なるを知り、支那に還附した。然るに獨逸は依然之れを保有し居り、曾て醇親王が謝罪使として獨逸に赴いた時に如才なきカイゼルはお返ししやうかといつたが、後の無理難題が恐ろしいので、親王は「どうかその儘に」といつて引取つたといふ話がある。蓋し北京に在るゲッテレルの牌樓と共に支那に取つては國辱の記念物であつた。今之れを返還するは國際合法の處置であり、今日の獨逸としては德義問題としても當然といふべきであらう。

『大阪朝日新聞』　大正8年1月2日

戰後の支那問題

日本の政治家や論客が、支那問題に關して、戰時中と戰後を區別して觀察することに重大なる意味ありとしたことは事實であつて、歐洲戰亂が終結すれば、列強の手が支那に對して悉く延びて來るに相違ないと云ふことは、我有識者の注意を惹《ひ》ける問題である。尤も中には、歐米諸國の經濟力は戰爭の爲めに疲弊せる故、支那に手を延す餘力は到底あるまいと考へた當局もあつたが、其の謬見たるは明瞭であつて、戰時中に訓練された歐米諸國の工業上の能力が、戰後支那に向つて大擧して寄せて來ると云ふ意見は全く正しい。

我國の如き戰爭中に經濟力が著しく發展したとは云ふものゝ、之を歐米諸國の經濟力に比較すると遙に劣るところの國にあつては、戰時中に何とかして支那に對し鞏固なる勢力を扶植したいと云ふのは必ずしも無理なる願ひではないが、余輩は其の効力なきことを知り、支那と日本との關係は戰爭中と戰後とに就て各特別の政策を用ふべきものでないことを主張するものであつたが、既に今日は戰爭は終結を告げたのに、日本が支那に對する經營の基礎は未だ確然定まつて居らぬ。余輩に取つては別に不思議とは思はないけれども、戰爭中に支那經營の基礎を定めやうとした論者には餘程失望の種となつたであらう。

苟《いやしく》も近時の支那の事情を知らんとするには政治上、經濟上及び文化各方面より觀察せなければならぬ。輓近の支那は戰爭の有無如何に拘らず外國の勢力の影響を受けつゝある。歐米諸國の如く戰亂の渦中に入つた國は、無論戰爭に由つて國家社會の成立の上に著しき變化を受けて居るが、日本の如く交戰國ではあるが、事實上中立國と大差なき事情の下にある國に於ても亦尠《すくな》からざる影響を受けて居るから、支那と雖も多少の影響は勿論あるが、其の影響の結果は、日本若《も》しくは印度とは全く正反對の傾きを有するのである。日本は勿論印度の如き國でさへ、今次の大戰亂に因つて、工業上非常の發達を促し、巨額の資本を吸收することになり、著しく國内の狀態を革《あらた》めたが、支那は是と正に反對に、歐洲戰亂の爲めに、支那人自身の產業上の衰微を來たし、多額の正貨を海外に流出するのみならず、多くの勞働者をも外國に送つて居る。尤も此の趨勢は戰爭に由つて新に生じた現象でなくして、戰前既に數十年間に於て、是と同一の傾向を有して居たのであるが、今次の戰爭によつて益其の傾きを激しくしたのである。日本の如きは從來輸入超過の國であつたが、戰爭に由つて遽《にわか》に輸出超過國と變じ、世界の正貨と原料を吸收するに至つたが、支那は其の點に於て全然反對の地位に在る。今次の戰爭で經濟上に於て利益を得なかつたものは、世界中に於て恐らく支那一國であらうと云はれて居る。支那の立國策から見ても斯の現象は最も注意を要する所であつて、從來支那は政治上では腐敗を極めて居るも、經濟上の能力は侮《あなど》るべからざるものがあり、日本等の如く貿易商人が不信用の國とは大いに異ると稱されて居たのであるが、今次の戰爭の結果に由つて、結局支那は經濟上に於ても亦、將《まさ》に劣敗者の地位に立たんとするものであり、新しき工業組織卽ち資本とか職工の訓練とか云ふ資源を有たないものは、到底世界の經濟界に於いて優勝者たるべき資格なきものと云ふことを證據立てたものである。實際、戰爭以來支那に於て原料輸出の爲めに多少正貨を輸入したことは事實であるも、其の原料を戰爭用の工業の資料として利用し、其れより生ずる利益を得たものは、大抵日本人若くは英米國人である。例へば、日本人が一厘錢を支那より輸出した如き、是は國法上反則の行爲であるにも拘らず、殆んど防ぐべからざる勢ひを以て、一時盛んに行はれ、其れを簡單なる工業によつて軍需品の原料たらしめたのは日本人である。又食料品として肉類を蒐集し、之を海外に輸出したのは多く英人であつて、此等は皆絶大なる利益を得たのであるが、支那人は此の利益には與《あず》つて居らぬ。尤も支那人が此等外人の利益を防止しやうと試みたけれども目的を達するを得ない狀態であつた。

元來、英人等が初めて支那に貿易を開いた當時は、支那人は巧妙に外人と自國人との中間に一種の防禦壁を設け、外人の商業をして其の防禦壁を越ゆることを不可能ならしめ、支那の貿易は到底内部に立ち入り難きものとせられたのである。所が、日本人の如き新しき經濟組織を理解する點に於て歐米人と比肩する程に發達し、一個人としても亦勞働其の他低級なる商業に從事する點に於ては、支那人と競爭し得る國民が、漸次に發展して來た以上は、支那の貿易上の防壁は漸次打ち壞され、早晩支那の經濟に革命を來すことは明かであるも、唯其の進步が比較的遲々として居たのであるが、自國の政治上の革命に由り内部の秩序を破壞し、以來繼續して幾度も起つては止む騷亂によつて、支那人に特有なる商業上の耐久力を漸次に失ひつゝある所へ歐洲の戰亂勃發し、一時に莫大なる原料の注文を受くるに至り、各種の原因が綜合せられて支那の防禦壁は殆ど其の用を爲さなくなつてしまつた。此の事は支那の實際の情勢を觀るものゝ明かに諒解する所であるが、日本政府當局が果して之を知つて居るかは頗る疑問である。兎も角目下支那の經濟上の實情は以上の如き地位にある。

支那人に取つて從來最も賴み甲斐のあるとせられた經濟上の實情が斯くの如きであり、其の他の事は更に悲觀すべき位置にあるは云ふまでもない。政治上の紛亂は革命以來殆ど絶ゆる暇もないことは、何人も熟知する所である。最近に於て、支那南北の紛爭を治めやうとして所謂和平會議なるものを開かうとし、又他の列國も之に對し種種勸告を與へて居る次第であるも、支那の政治上の弊害は南北の妥協に依つて、決して除かるべきものではない。淸朝の末年に於て、立憲政治の豫備行動を執り、銳意外國の文物を採用した際にあつては、表面上は著しく改善の狀態を示した。例へば、北京其の他の都會に於ける市街の狀況、警察の狀態、司法制度等は改善されたけれども、併し、其れが爲めに國政の根本たる財政に大打擊を生じ、其れを補ふべき方法として執つた政策の誤りから、到頭淸朝は顚覆《てんぷく》し了《おわ》つたのである。されば、數年間位に於ける表面上の狀態の改善に由つて、國政の眞の弊害は決して除かれて居なかつた。殊に革命後、民國になつて以來、過去數十年間有《あら》ゆる努力に依つて支那の有識の先達が引揚げんとした綱が途中切斷された如き態で、急速に其の狀態が自然の惰力に委《まか》すより致し方なく、今日にては政治上の凡《あら》ゆる狀態は淸朝の末年よりも廢頽し、之を淸朝末年の狀態まで引戾すには今後少くとも十數年の努力を要すると思ふ位である。其の努力も動《やや》もすれば、力盡きて、一尺進みしものが、時に五、六尺も退步するといふ例があり、此の根柢深き弊害は南北妥協の如き單に外部の體面に關した問題位により到底救濟せらるべきものでない。根本より言へば、支那國民が政治に對する理解の程度――現に支那の政治を實際上支配せる職業的政治家が抱《いだ》ける政治的道德の眞の改善が行はれなければ到底見込みないものであつて、要するに今日五國の勸告に依りて內部の統一を促されると云ふのは、支那の凡ゆる政治上の指導が漸次外國人に依つて爲されなければならぬことになると云ふ前兆を暗示するものと見るべきであらう。其れで日本の當局若くは民間の政治家なども、支那人、殊に其の新智識、新思想を有つたと稱《も》せられる所謂南方人士の意見等を聽きて、南方人士は支那の覺醒したる人民の代表者である、支那の國民は着々覺醒しつゝあると云ふ風に考へて、日本が支那に對する政策の基礎を立てやうとする者があるけれども、斯かる見地より支那の情勢を觀測する時は、甚だしき失敗に了《おわ》るを免《まぬが》れないと思はなければならぬ。

殊に其の文化に關することは、勿論前述の如き政治上の公德の墮落等も、其の中に含まれて考察すべきものであるが、民國以來到る所爭亂の停止する時なき爲め、淸朝の末年、努力して振興した教育が悉く逆戾《ぎゃくもどり》し、今日北京には大學が存しても、其の豫備教育を施すべき高等、中等の教育は、各地方に於て、殆ど悉く停止された狀態になつて居るから、數年の後は、大學教育も亦殆ど基礎なきものとなり、同時に各地に企畫さるゝ外人の學校、外人の指導に依る靑年會、童子軍等の如きものが、益支那の初等、中等教育程度の少年を外國化して國民教育の基礎が全く成立する見込みがないやうになつて居る。又各地の貿易市場の如きも數十年前に比較すると著るしく繁盛を來せるも、其等は悉く外國人の力に依つて築きあげられたものであり、凡ての支那人の思想、信賴が殆ど皆、外人に向つて集まりつゝあるのである。故に支那を一つの國家として考察せずして、單に一大民族の集合場であり而して資本及び工業上に於て種々の計畫を抱ける外人の自由に活動すべき場所と考へ、其の經濟上の勢力に牽《ひき》付けられ、自然に治まり行く一種の社會と見たならば是非もないが、或は支那人の眞の心中を叩けば其れで滿足するかも知れないが、之を國家として考ふる時は洵《まこと》に困つたものであるから、今日、支那を國家として之に對應する方策を立てんとする日本人は、速く其の考察點を變更せなければならぬ。

此の政治上、文化上のことは、歐洲の戰爭に由つて、特別に影響は受けて居らぬ。唯、職業的政治家が各自の位置を定める爲めに、戰爭中ならば、主に日本を賴みとするが、戰後は日本の如きは眼中に措《お》かず、歐米諸國を信賴して其の間に便宜を得ることをのみ計る位の差はあるも、其れに依つて政治上の進歩をも來さなければ、又文化の上に於て前途の希望を發見すると云ふこともない。依然として革命以來益墮落に傾きつゝある趨勢を繼續して居るのみである。

前述の如く支那は歐洲戰爭竝に其の終結によつて、少しも光明のある方に向ふの狀は認められない。其の國家を形成する上より云へば、唯益《ますます》墮落の淵《ふち》に沈みつゝあるから、今次の戰爭に依つて受けた影響も、其自然の趨勢を助長するのみで、戰爭が終結したことに依つて受くる影響も亦、愈《いよいよ》他國の勢力に指導さるゝ傾きを增すのみである。此の秋に當り余輩が日本朝野の政治家や有識なる論客に望む所は、支那の革命に就ても其の眞の趨勢を理解して、之が爲めに世界各國が如何に處して行くであらうかと云ふことを考へて、其の間に立ちて日本が如何なる方針を採るべきかと云ふことを考慮せんことを希望するのである。彼の戰爭中に日本にのみ特別なる便宜を得んとして、而も遂に何等の成功をも收め得なかつたことの前轍に鑑み、將來に於て單に一時の政策又は機會を利用すると云ふが如き考へを排除して、眞に日本國民の發展と、支那の現在及び將來の趨勢との關係如何と云ふことを深く考慮せられたいものである。

『大阪朝日新聞』　大正8月3月14日

支那鐵道の國際管理（一）

支那に於て最近起る問題は、總て對日本と云ふことを重要なる根柢として居る。支那鐵道の國際管理問題の如きも亦、其の根柢に於ては、對日本と云ふ意味の潛めることは勿論である。支那の對日本問題の中には、支那人の對日本もあり、歐米人の對日本もあるが、此の鐵道の國際管理問題は其の兩樣を併《あわ》せ含んで居る。支那人の對日本と云ふものには、一般に近年日本の支那に於ける發展に對して反感を有《も》つて居る點もあるが、其の他に日本を後援とせる支那の一部の者が勢力を得るに對する反感もある。日本を後援にした支那人の一部に對する他の部分の反感は、現に段祺瑞《だんきずい》一派に對する狀態に於ても明瞭であるが、鐵道問題は交通系に對する問題である。

其の交通系にも種々の歷史ありて、袁世凱時代に於ては梁士《りょうし》詒《い》等に依つて代表され、袁の帝政を成功せしむべき準備の費用は、所謂梁財神《りょうざいしん》によつて供給さるゝことになつて居た。

元來、政治上に於て交通系と云ふが如き一種の團體を形成せるは、支那に於てのみの特殊の現象であるが、之は革命以來、支那の中央政府の財源は、種々の租稅が悉く收入不確實となり、而して單《ひと》り交通系が管理せる鐵道電信等の收入のみが確實である所から、交通系に立て籠《こも》れる一派が、實際上財政の最大勢力を有することから、斯くの如き團體を生じたのであるが、袁世凱の失敗に次ぐに其の死亡を以てした爲めに、梁士詒氏は暫時《しばし》韜晦《とうかい》せねばならぬやうになり、而して其の後へ、日本留學生出身の先輩たる曹汝霖《そうじょりん》氏等が推《おし》立てられたのである。時は歐洲戰爭の爲めに歐米諸國は支那を顧みる暇もなく、日本では遊金を多く抱いて居つた時代であつたから、日本よりの借款により、支那の當局者が種々の事を企てたる中に、支那に於て財政の權力を有せる交通系一派中殊に、日本に關係ある曹汝霖氏等が中心となり、新交通系と云ふものを形成するやうになり、其れが段祺瑞の武力と相表裏して中央の權力を握つて居たので、一方には交通系以外竝《ならび》に交通系中に於ても、日本に關係を有せざる人々より總て反感を買ふことになり、啻《ただ》に南方よりして反對を受くるのみならず、北方中の一部分よりも亦反對さることになつて來た。一方に於ては又歐洲戰爭中、日本の行動を猜疑《さいぎ》の眼を以て視て居た英米人よりも同樣の反感を抱かれるやうになつた。

昨年の中頃から、支那に於て最も炯眼《けいがん》なる政治家と稱されて居る梁啓超氏一派より或種類の主張が仄《ほの》めかされて來た。其れは直接に日本に反對する意味も無く、又新交通系に對して特別に觸れた意味も顯《あらわ》さなかつたけれども、支那人が久しく主張して來た所の、支那人に依つての支那と云ふ主義を一轉して、支那人は政治の改革を完成する爲めには、猶ほ外國人の力に俟《ま》つこと多しと云ふ意味であつた。そして、歐洲戰爭の了《おわ》ると共に對日本の行動が著しく顯はれて來て、初めより支那の中央政府から歐洲の講和會議に派遣される陸徵祥《りくちょうしょう》氏なぞも、なるべく日本との關係をつけずに巴里《パリー》に於て自由の運動を爲さんとの考へは、日本通過の當時より現に知られて居たのである。唯、日本の外務省だけが之を知らなかつたのか、又は知つても明言するを避けて居たのか、支那の斯かる意嚮《いこう》を隱蔽してゐた。況《いわん》や南方から派遣された者も北方派遣の者と共に支那の代表と云ふことになり、其れ等は皆極端なる反日本の感情を顯はして居た。故に巴里に於ける彼等の行動は既に世人の耳目に存せるが如きものであるが、其れと殆ど氣脈を通じたるかのやうに支那に於て、支那鐵道の國際管理論が起つて來たのである。

支那鐵道の國際管理（二）　大正8月3月15日

此の計畫は、一面に於ては日本に對する打擊にして、日露の如き特別の權力を有せる鐵道に對し、他の借款鐵道と同樣なる條件を以て、國際管理の中に置き、而も英米兩國よりは多數の國際管理委員を派し、日本よりは極めて少數の委員を出して、一擧にして鐵道に關する日本の勢力を全滅せしめんとする意見である。そして、一面に於ては、現在支那の鐵道の權力を握れる交通系より、其の最も重要なる收入の根源を奪取して、之を國際委員竝に是れと關係ある一派の支那人の手に收めやうと云ふのである。此計畫が巧《うま》く實行さるれば、反交通系派竝に英米人にとつては興味ある芝居であるも、果して實行せらるべきや否や。交通系の立場殊に新交通系の立場より云へば、此の問題は死活の問題であるが、然し反對派竝に外國人が支那問題を斯かる極端なる主張にまで進めて來たのは、寧ろ交通系に取つて有利なるものであると吾輩は思ふ。日本を後援とした支那の一派は、日本より借款を爲し、而して其れに依つて彼等の位置をも優勝ならしめたので、殆んど反對派から賣國奴と云はれるまでに罵《ののし》られて居た。彼等が斯く烈《はげ》しき反對を忍びて日本に依賴したのは、彼等の實力上の位置を固《かた》める爲めに外ならぬが、近來は日本の態度が一變し、此等一派をして日本の政策が從來の如く依賴するに足らぬことを知らしめた。反對派竝に英米人等が若《も》し愼重の態度を以て直接に自己の利益を圖らず、支那の自主權を尊重するが如き方法に依つて漸次壓迫し來つたならば、交通系の人人は其の立場に殆ど苦しまんとして居たのである。然るに、支那人の癖として稍《やや》順調になると全力を盡して自己の利益を計るので、反日本派は直に、親日派の根據まで覆《くつがえ》さんと焦《あせ》つて來た。元來支那人の自主權を暫く犧牲にして、而して外國人の能力を利用し、根柢より改革を圖ると云ふ議論は吾輩も久しく唱道し、梁啓超等に依つても前述の如き魂膽にて近來提唱されつゝあるも、實は支那人全體の感情を正しく代表したものではない。支那人全體の感情は、矢張支那人に依つての支那にあるので、支那の鐵道を國際管理にして多數の外國人が、其の權力を握り、支那政府は殆《ほとん》ど之に指を觸れしめないやうにするは、決して支那人の悅《よろこ》ぶところでない。支那の個人個人の利便より云へば、寧ろ之を悅ぶに相違ないけれども、支那人が輿論を形成する上には全く反對の意見を有するのである。

然るに、反日本派竝に英米人等は、支那人の最も厭嫌《えんけん》する主張に觸れて、現在に於ては却て日本派と目さるゝ人々をして逆襲的に、此等支那人を賣國奴として罵《ののし》り、且此の計畫に參與する外國人を極力排斥すべき口實を有せしむることになつたのである。

されば、交通系中に於て、新交通系に對しては必ずしも、好感を有《も》つて居らない梁士詒《りょうしい》氏等でも、此の鐵道の國際管理には大に反對する傾向を示し、反日本派竝に英米人等の運動が進捗して來れば、其れ丈け新交通系の人々にとつては有利の位置に立ち得るのである。故に此の問題が支那側に於て如何に決定するか、今日では逆睹《げきと》し難いのである。現に支那政府は此の問題を巴里の會議に附議することさへも、躊躇して居る。況《いわん》や此の他にも近時支那の和平會議に關して唐紹儀《とうしょうぎ》等が、些《すこ》しの苦情でも外國人に依賴して、之れを以て北方派を威脅せんとする形勢を示して來た。此の運動が有効になれば、又却て支那人の輿論に一種の反感を有たせ得るであらう。自國の内爭を外國人の力に賴つて治めんとする卑劣なる心底は、鐵道を國際管理として反對派の勢力を殺《そ》がうとするのと同一筆法であり、反日本の感情の爲めに、一時觀察の明を失つて居た支那人も、此の際限なき外國依賴の政策、即ち教民が外國宣教師によつて自己の位置を本國の官吏に向つて維持せんとすると全く同一なる亡國民の性情を暴露したものであると云ふことに早晩氣がつくに相違ない。

支那鐵道の國際管理（三）

大正8月3月16日

日本の立場より考へると支那鐵道の國際管理の如きは、勿論其れが爲めに特別なる便利があると云ふことはない。然し考へ方によつては、斯《か》かる議論の起ることに對し、日本は格別心を惱ます必要はないと思ふ。吾輩の見を以てすれば、勿論支那の政治上の宿弊、經濟上の不振を矯正する爲めには、梁啓超氏の言う如く、支那人の狹隘《きょうあい》なる自主心を暫く自制して、外國人の能力を利用することを最も必要と考へて居る。我が政府の政策として屢《しばしば》故なく態度を變じ、南方とも北方ともつかぬ空論家の意見を漫《みだ》りに容れ、兎も角日本に賴つて仕事をせんと力《つと》めて居る支那人に全く失望させ、其れを以て對支政策の革新と考へる如きは迂愚《うぐ》の至りであるが、然し一般の斯の傾嚮《けいこう》は兎も角、特に支那鐵道の問題に關しては國際管理を日本が促進せしめても宜い位である。

尤も現在英米人等の企つる如き委員の割當は無意味のものにして、鐵道を國際管理にせんとする場合には、從來各國が支那の鐵道に對し下せる資本額をも考へ、既に完成し或は將來完成すべき鐵道を如何なる國が最も利用するか、即ち各國が支那との間に何《ど》れだけの貿易額を有するかによつて、其の利用の程度及び、各國人が支那に居留し、又支那を旅行する者の數によつて、更に鐵道利用の程度をも考究すると云ふやうに、總て公平に比較した上で委員の割當を爲すべきである。此の事は巴里の國際會議に提出されても、又何處に於て會議されるにしても、當然主張すべき正當なる理由であり、然も其の中各國が支那鐵道に下せる資本は、若《も》し新なる資本を作つて其の資本を國際の資本團より仰ぐのであつて、從來下して居た資本額は全て其れに關係せないと云ふことは理由になるかも知れぬ。しかし、後の二箇條卽ち支那に對する貿易額及び居留民旅行者を基礎として國際管理の委員を割當つることは、動かすべからざる標準であつて、それ以外何等他に方法はない。若し支那の輿論が鐵道管理の自主權をも拋棄することを厭《いと》わずして、之を國際管理にすることを歡迎すると云ふならば、日本は以上の正當なる理由を基礎として國際管理を促進しても毫も差支《さしつかえ》ないものと思ふ。勿論吾輩は袁世凱の帝政を企つる頃からして、既に支那は一歩々々亡國に近づき、列國の共同統治と云ふことに進みつゝある。支那に於て權力を得んと焦慮《しょうりょ》する有力者、卽ち袁世凱の如き人々でも、唯支那を共同統治に導く手引を爲せるに過ぎずとして支那人を警醒したが、當時の支那人は之に對してさへも非常の反感を以て、支那は支那人に依つて管理されなければならぬとの意見を立てゝ居つた。然るに、其の後支那人殊に反日本派の支那人は、日本に對する猜疑心、其の猜疑より發生する復讐心を滿足させやうとする爲めに、兎角歐米人に依賴し、而して日本の勢力を排斥せんとするので、其の度每に吾人の豫想せる共同統治に自ら引き入れつゝある。今回の狀態を以て見れば、最も進步せりと自任せる支那人、及び外國の力を巧みに利用するを賢明なりとする支那人等は、此の共同統治に向つて支那を引込まんとしつゝある。鐵道國際管理の如きも偶然に支那人が不知不識《しらずしらず》の間に、吾輩の豫想せる道筋に踏入りつゝあるに過ぎぬ。支那人に依つての支那といふが、果して其の衷心からの主張であつたならば、斯くの如きは支那人が自ら見限つて居ると云ふことを證したものと云ふべきであらう。

附記　最近の北京電報は、一通信者の報道として、交通系及び外交委員が協定せる鐵道統一案なる者を傳へ、外國の政治的性質を含む鐵道卽ち日、露、佛諸國關係線を外國資本團よりの借款を以て回收することゝしたとある。但し回收した鐵道の管理は、國際委員の手に渡すか、それとも自主的に、支那政府が管理するかは、明かでない。單に回收だけの問題ならば、講和會議に提出して、自ら好んで國際的の拘束を受ける必要もない筈である。要するに國際管理論者が、種々に其主張を變形して、其の賣國的精神を隱蔽せんと務め、交通系と或る點までは折合はんとする努力が窺はれる。勿論其間に斷へざる暗鬪を續けつゝ權力爭奪の祕術を盡すことは、此等の論者も、交通系も豫期する所であらう。斯の如くして結局は、共同統治に踏入ることに於

ては、どちらにしても同様な譯である。　（完）

『大阪朝日新聞』　大正8年5月11日

痛快なる除外例　山東問題解決は〔談〕

山東問題に關する條約本文の新聞紙上に掲げられたのに依ると、殆ど日本の希望は達せられて解決し、別に何等の除外條件を附して居らぬのは、我が國民の大《おおい》に滿足する所にして、全權委員の努力を感謝せざるを得ない。又日支間の諸協約は、依然有效なことを規定したとの電報あり。是も當然のことであるけれども、隨分今日までウイルソン氏の所謂十四箇條を以て世界の有らゆる條約を蹂躪せんとした遣り方に對して明白なる除外の實例を開けるものであつて、日本のみならず將來發達すべき運命を有する各國に取つては、大いに痛快に堪へない次第である。元來國際關係の歴史は、或る場合には强者の横暴に依つて弱國が不當の壓迫を受くると云ふ場合もあれど、大體に於て各民族の自然發展の經路を有りの儘《まま》に現すものであつて、人工的に作らんとする國際聯盟よりも遙かに各國民に對し公平なる裁決を與へて居るものである。殊に日本の如き發達する運命を有する國家が、支那の如き衰運に向かひつゝある國家に隣れる場合に於て、世界の人類に罪惡の歴史を殘し、而して有餘る程包容せる天物を暴殄《ぼうてん》して居る國家が、人類の幸福を增進し、天物を最も適切に利用するを妨害されることを以て、民族自決の目的、世界平和の維持と云ふが如き謬つた議論に支配されるやうでは、甚だ不自然なる結果を來すもので、決してこれは五十年と繼續すべきものでない。過去の歴史は、將來を束縛する程大なる力はなきも、其の代り自然の發達の經路は、將來の行くべき道を明かに示すものである故に、支那人の云ふ如く、本を均《ひと》しくせずして末のみを均しくすると云ふ公平主義は、決して眞の公平ではない。日本より云へば山東問題の成功は、其五十年間の努力の歴史の結果を有效にしたのであるが、世界全體より云つても、努力するものに天惠があると云ふ原則を證據立てたもので、國際聯盟の如き似而非《えせ》公平論を一部分なりとも打破する點に於て大に慶《よろこ》ぶべきである。山東の一局部のことは、獨逸が之を占領して居た時代より、獨逸の投じた資金の利益を得た大部分は日本の商人であつた。支那が之を日本の手を經ず直接に奪還するとしても、爲に日本の自然發展に一時的頓挫を來すのみで、永久に障害を與へることは出來ない。が併《しか》し何れかと云へば、支那の一部分なども眞に能力ある者の經營が早く施《ほどこ》されると云ふ事は、其地方人民に取つて莫大なる幸福であるから、其解決は支那に取ても非常の利益である。支那人が近頃、此問題の爲に詰らぬ騷ぎをなせるは、煽動者に誘惑されて居るのであるから、やがて平靜に歸するであらう。殊に支那人が、天物は能力ありて眞に努力する者に授けらるゝものにして、能力なく努力せざる者が他の能力と努力との結果を紊《みだ》りに奪はんとする事は不都合であると云ふ事を、之に依つて發見するを得るは一大教訓となるであらう。

『大阪朝日新聞』　大正8年6月13日

錢内閣の瓦壞に就て〔談〕

錢内閣の辭職は從來屢《しばしば》問題となつたけれど、今度は餘程重大なる意味があると云はねばならぬ、山東問題の失態其他種々の原因が存するとしても、最も重大なる原因は、矢張り支那今日の時局收拾の力を缺いて居ることにあるのは云ふまでもない。元來錢内閣と云ふものは、錢氏其人に大した能力のあるのではなくして、徐總統の名代として起つて居るのであるから、結局徐總統の直接組織した内閣と云ふ意味である。故に眞に錢内閣が時局收拾に力なしとせば、徐總統の鼎《かなえ》の輕重を問はれることになるのは當然のことである。

徐總統は、支那南北和平問題に就いては幾多の困難に堪へ、南方派の種々なる陰謀に對しても巧く處理をなし、今日の和平が停頓しても、尙時局の進展する希望を一般に持たして居る。其點に於ては自國を理解した支那の政治家として立派な能力ありと云ふことが出來る。併し世界の大勢には暗きを免れず、山東問題に於て特派講和委員の主張を支持した如きは、大なる失敗であり、殊に最近野心を藏し外國と關係を有する連中の排日運動に對しては如何に處置すべきかと云ふことに就ては、必ずや徐總統には成算を懷《いだ》いて居ないことであらう。尤も排日運動が變化して各地の罷業《ひぎょう》となり、脅迫竝に煽動に依つて排日よりも寧ろ支那の社會的基礎を危殆《きたい》に陥らしめつゝあるは、從來に見ざるところである。夫《それ》で之を過激派化せりと傳へて居る者もあるが、支那の政治家に直に過激派の如き思想を理解せるや否やは問題であるけれど、假令《たとい》過激派の思想を理解せずとするも、過激派の如き最も簡單なる破壞運動は、支那の人民の如く脅迫と煽動に動かされ易き者には感染するのは頗る容易である。此過激派運動の感染が急に一般の支那人に波及し、露西亞の如き狀態に陥るものとは今俄《にわか》に豫想されぬけれども、徐總統の如き太平時代の支那政治家の標本とも云ふべき微溫的人物に取つて、手に餘るやうな狀態にならないとも限らない。我々は、從來支那の統一を和平會議の如き微溫的手段によつては成功しないといふ事を信じて居たものであるが、事實和平會議に限らず、凡て一般混亂狀態に陥つた國家を統一する手段として、微溫的方法の無意味であるといふ事を證明して居る。而して今日の支那の暴動は益擴大すれば、單に日本人のみならず他の外人も均しく危險を感じ、外國貿易をも脅かす事になるから、外人團體も今日微溫的方法の無意味であるといふ事を知るに至り、最後には是非强力の統一といふやうな事を要求することになるであらう。

『大阪朝日新聞』　大正8年6月26日

淺薄なる孫氏の意見〔談〕

日支關係に關する孫逸仙氏の意見が紙上に掲載せられ、それに對し論說欄に批評もあつたが、余輩の考へでは、孫氏は支那に於て既に過去の政治家に屬するを以て、殊更其の意見を徵して新聞紙上に發表するも格別問題とならぬと思ふ。今日の支那に於て、如何なる人を叩《たた》かば公平なる意見を聽くことを得べきかといふことを考へずに、徒《いたず》らに過去の名士を捉へ、日支兩國の爲利益なき意見を吐かすのは考へものである。併《しか》しそれでも其の意見が何等か特別の長所ありて、一般の支那人の考へと異なる點でもあるならば又格別であるが、普通の支那人より寧ろ事實を誤解し曲解して、而も唯目下の自國の愆《あやま》れる輿論に媚びるに過ぎざるものならば、何等採るに足らないではないか。孫氏が事實を誤解し曲解せる點は、既に論說欄の批評に於て指摘せられてあるから改めて陳《の》ぶる必要はない。兎に角今次の山東問題の起因は、單に山東問題を藉《か》りて發したものである。縱《よ》し山東問題がなくても何等かの口實を藉りて發すべき筈である。今日の日支關係の根柢に橫はるものは、山東問題にあらず。故に山東問題に就いて我國は一々辯論するの必要はなく、唯日支關係の今日を來せる根柢を知れば足るのである。日本の軍閥が支那の官僚を扶けて民黨を厭迫したといふ議論の如きは、動もすれば日本に於ても贊成者あるも、支那の官僚とか民黨とか云ふものは、日本の官僚民黨の謂とは全く別個のものである。孫氏は我國の維新時代の例を引いて居るが、若《も》し其の例を擧ぐれば、維新當時佛國が幕府の殘黨を扶けんとし、英國が薩長政府を助ける傾があつたのと同じ事情にして、支那には現在民黨と稱すべき種類のものは一も有しないのである。又日本の軍閥は、必ずしも北方派のみを援けたものではない。大隈內閣時代の如き、一方では南方派を援けて、他の一方で宗社黨を助けた例もある。故に若し我軍閥の罪を問ふならば、何れを助けた事をも同じく問ふべきであつて、支那の官僚を助けたから不正であり、民黨を助けたから正しいといふが如き淺薄の判斷では不可である。近來の日支關係の評論は、支那人の偏見取るに足らざるのみならず、日本の多數論者の謬見も亦之を正さなければならぬ。支那の自稱民黨なるものゝ歡心を迎へることなどを以て政策の當を得たるものとするが如きは、其の誤りなるに於ては支那の論者と大差なしと謂ふべきである。予輩は、今日孫氏始め支那人の見當違ひの昂奮した議論に耳を傾け、爲に屢《しばしば》我國の政策に動搖を來すことの極めて愚なるを認める。又眞の日支兩國の利益と云ふものは、我國の淺薄なる論者の考ふるが如き政策などゝ云ふ小刀細工に依つて生ずるものでなく、更に根柢を十分に考へる必要があると思ふ。

『大阪朝日新聞』　大正8年7月2日

俗論に誤らるゝ支那〔談〕

講和條約に對し支那委員が調印を拒絶したとすれば、山東問題を保留して調印しやうと云ふ條件が、強國の承認を得ることが出來なかつたことゝ見なければならぬ。勿論斯かる態度は、山東問題に就き日本の主張が通過した時から已に分り切つたことである。然るにも拘らず、支那政府が通過する見込のない主張を續けたのは、近頃支那政府が學生の俗論に支配せらるゝこと、日本の維新前の徳川幕府の狀態よりモツと激しい證據である。徐總統の如きは、世界の大勢に通じないとは云へ、常識の發達した政治家だから、それ位のことは分つて居る筈だが、倘俗論に媚びることを免れない。で支那を段々危地に陷れるものは政治家の俗論に支配され過ぎることである。一方から見て又支那の調印しないことは、世界の大勢に何等かの影響を及ぼすかと云ふと、決して何事もない。支那と獨逸との關係は、主なことは山東問題だから、之が解決し終つた今日に於て、今回の如き支那の態度は問題にならない。尤も支那が調印しないからと云つて、日本が國際信義上山東を支那に還附しないと云ふやうな態度を取る筈はない。日本の態度は、支那の調印如何に拘らず、最初よりの主張通り實行すべきである。併し若し日本が、支那の如く俗論に支配される國であつたら、斯かる際に復讐的に支那を苦しむべき機會がないではない。併し日本がさう言ふ機會主義を取ることは、吾人は斷じて望まないが、他の國には何う云ふ態度を取るかと云ふことは、未だ知るべからざることである。恐らくは支那は、此の常軌を逸した氣狂染みた態度によつて、最初より反日本の主張を續けた過失を悔ゆる時が來るであらう。

『大阪朝日新聞』　大正9年1月1日

朝鮮統治の方針（上）

朝鮮に於ては、陰謀事件頻發して以來、其の統治は一大問題になつて居る。予輩の觀る所を以てすれば、今日斯くの如き事を大問題とするの必要なく、人口一千萬以上を有する國家を併合して、三十年や五十年の間は、之に對する反動の起ることは最初より覺悟すべきである。況んや併合せられてより約十年の間に、陰謀事件の勃發した位は決して不可思議のことではない。印度に於けるセポイの兵亂に比較すれば、このたびの陰謀事件の如きは、極めて輕微であつて問題とするに足らぬ。然《さ》れば、今次の陰謀爆發の爲めに、統治政策の方針を變更すると云ふが如きは、初めの併合の精神を忘れたものであつて、我政府の無方針であることを示すに過ぎない。今日改めて此の事を論ずるは、甚だ迂濶《うかつ》の沙汰のやうであるけれども、我國朝野共に之に對する論議が當を失せる際であるから、兎に角、最初の併合の精神に立戻つて述べて見やう。尤も朝鮮併合の時機は問題であつて、吾人は必ずしも桂内閣が當時併合を斷行したことを上策であると思はなかつた。然《しか》し、早晩と云ふことは單に時機の問題であつて、併合することの已むを得ざる事は皆認めて居た。屢《しばしば》我政治家の議論した如く、朝鮮に對する我國の態度は、自衞を第一とするにある。我國が自衞の爲めには支那と戰ひ、更に露西亞とも戰ひ、次で朝鮮併合を斷行したのである。我邦と支那若《も》くは露西亞との間に朝鮮と云ふ國が儼存せるに拘らず、我國が自衞の爲に朝鮮併合を必要としたことは、卽ち朝鮮國民が獨立自治の能力を有たないと云ふことを最も明白に表したのである。一國が獨立自治の能力を失ふことは、一朝一夕の原因に由るものではない。元來朝鮮の國民は、獨立自治を自分の理想として其心裡に描けることだもなかつた國民である。日支の衝突が朝鮮問題で起る以前、長い歴史があるが、其の間朝鮮國民は一度たりとも獨立と云ふことを名譽と考へたことがない。最近の清朝に對しては初め若干の反抗心があつた。しかし、其の反抗心は獨立思想より來たものでなくして、明朝に對する服從心を毀《きずつ》けらるゝから來たのであり、一つの國號を有《たも》ち、一定の領土を占むる國民思想としては、全く類例を缺く所の卑劣なる思想を有する國民であつた。今日に於ても、朝鮮人のある部分には依然として此の思想がある。所謂兩班《ヤンバン》階級、殊に朝鮮の政治上一種の系統を牽《ひ》ける老論派なるものの思想は全く其れである。我國が兎も角之を援《つ》けて、一時は獨立國と爲し、其の國王を皇帝の位に卽けるまで引立てたが、其れ以來の教育を受けた極めて少數の新思想の者は、或は自國歷史を全く知らず、盲國《ママ》的に獨立を希望せる者も現れて來た。然し長き間、國民思想の根柢となつた精神は卽ち所謂事大であつて、今の新思想の者でも、其精神の根柢には矢張事大思想を殘して居ることを免れない。今次の陰謀でも亞米利加と云ふ目標がなければ決して起らぬ。單に支那に對する事大の目標を米國に變じたのみであつて、文化の程度の低い國では免れ難いことである。現に琉球人は、其の血統言語から徴して日本人と同種であることは争はれないのに拘らず、此の事大思想の結果、沖縄縣を設けて後も支那に對する崇拜の思想は容易に消失せず、日清戰争に於て我國が勝利を博しても猶全く消滅せず、日清戰争の頃に沖縄縣から出た兵士が、支那領土で大戰争を行つた上、日本の前で支那人の頭の上らぬのを實見して初めて古來の夢を覺破《かくは》したと云ふ位である。臺灣人は比較的鋭敏の頭脳を有つて居るけれども、我國力の進歩の程度を理解するには、現に頭上にありて統治せる日本人との接觸によつて之を理解するを得ずして、一時支那に於て改革論者が日本の態度に倣ふ議論の旺《さか》んであつた時に、先づ我國の進歩を認めたものは支那で、最も文化の進んだ上海を中心とした地方である。其の感化が漸く福建地方に及び、福建人が日本人を雇うて學校を設け改革を企つるに至り、福建人より臺灣人が日本の進歩の勝れたのを聞き、初めて我國の偉大であるを知り、後に至つては我國の國籍にあるを誇りとして、屢《しばしば》福建人に對して感情を害すべきやうな擧動を爲し、近頃の福州排日運動の遠因ともなつたのである。朝鮮人は開闢以來、何《いず》れかと云へば能力の低い國民である。我國の歴史家までも時としては擧《こぞ》つて古代日本文化は朝鮮人の啓發に負ふ所が多いと考へたりする人があるけれども、實は朝鮮人は支那の文化を我國に取次いだのみの事であり、他國に感化を及ぼす程の優秀なる自國文化を嘗《かつ》て有《も》つたことは無い。而も其の進歩も高麗朝の末期、凡そ六、七百年前から全く停滯し、我國竝に支那に於て其の後幾多の變遷を經たるにも拘らず、朝鮮國民のみは依然として、六、七百年前と同一の生活を營みつゝある。我國力の優秀、我國民の能力と云ふことを感受するだけの理解力さへも大部分は有たない所の人民である。謂はゞ其無能力なのが亡國の最大原因であつて、一時の政治上の失敗とか、兵力の薄弱とか云ふ如き原因より來たのではない。

朝鮮統治の方針（中）

大正9年1月4日

我國人が朝鮮の内地に於て活動するに至るまでは、朝鮮人は自己が經營した方法に依つては全く其の政治を麻痺せしめ、其の經濟力を涸渇《こかつ》させ、殆ど搾《しぼ》つても膏氣《あぶらけ》を出し得ない位の狀態になつて居た。最近朝鮮の貿易も發達し、財政が殆ど獨立すると云ふ狀態になつたのは、全く日本人の活動に因《よ》るものであつて、之を今朝鮮人に全然返戻《へんれい》したならば、復舊《またもと》の如く國力をまで涸渇せしむる結果を來すに過ぎないのは明かである。故に日本人の活動は、一時は朝鮮の或る階級を壓迫するには相違ない。卽ち兩班《ヤンバン》等が日本に對して敵意を含めるは其の爲めであるが、是は積衰積弱の國民に對する一時の荒療治として已むを得ざる所である。其の最も日本に敵意を有せる兩班階級は、從來朝鮮の國力をまで涸渇せしめた階級であつて、彼等は、勿論其れ自身麻痺せるから、多數は其の事を自覺せざるに相違なきも、朝鮮に於ても最初より併合を主張した人々は、勿論朝鮮の王室をも兩班階級をも犧牲として國民の救濟を目的としたのである。現に今次の陰謀でも、多數は皆兩班階級、之に加ふるに亡國史の眞原因を知らざる新知識の輩《やから》にして、一農民階級の如き、日本人の活動に依つて自己の生活を向上させ、生命財産の安全を增加したるもの、卽ち多數朝鮮人は決して此の陰謀を賛成して居らぬ。

我國は、固より自衞の爲めに朝鮮を併合したとは云ふもの丶、一面には朝鮮國民多數の救濟となるのである。其の精神を、過去十年の間に、我が朝野の朝鮮を論ずる人々の忘却したのは、餘程不可思議であると云はねばならぬ。勿論、近年は我國朝野共に、自己の誤認せる一種の世界の大勢に麻醉せしめられて居る。其れと同時に我國も公衆が政治に參與した歴史の淺い爲めに、政論の根柢の薄弱な國でもつて、屢《しばしば》一時の風潮の爲めに動かされ煽動者の議論に動搖される國柄である。自國の位置に對する觀察さへも全然誤るのであるから、日本の位置を、程度の遙に異る朝鮮の如き國と同一に考へると云ふが如き謬見を有せる者が多少あるやうである。近時、我國の政治は法治國とは云ふもの丶、其の組織された法理の結果を受用すると云ふよりか、寧ろ人氣に依つて動かされる傾きがあり、自國の政治にも屢此の人氣利用の弊に陷つて居るが、此の自國に於ける人氣を、何等關係無き朝鮮人民にまで應用せんとするに至つては、其方針の誤れるは云ふまでもない。殊に最近に於て誤れる方針を採らんとする痕《あと》が歴歴として看取せられるのである。斯くの如きは、今日の朝鮮統治に於いて大に警戒を要するものであつて、近來朝鮮に對して屢自治論を爲す論者あるが、此等の論者は自治と云ふことに對し、朝鮮人が受用するを得るか否を十分に考察せず、自治を與へると云ふことで朝鮮人が滿足するや否やをも考へて居らぬ。我國に對する朝鮮人の陰謀は、現に見る如く、自治と云ふが如き微溫《なまぬる》い程度を通過し、既に上海に於ては獨立政府まで組織して居るではないか。獨立を許すことも、我國の併合の精神を無視するものである。自治を許すことも殆ど實質に於ては何等の差異がない。朝鮮の如き歴史を有せる國が、我國が施した十年內外の開發の結果、自治を許すべき程度まで變化せるや否やは、何人が考へても解《わか》ることである。其れは、勿論近頃の朝鮮統治の當局者でも理解せないことはないのであるが、一方に於て我國に於ける人氣を顧慮しつ丶、朝鮮を統治せんとするのが、最も誤つた方針を生ずる所以である。今日の當局が赴任の際、大阪に於て新聞記者を饗應して、出發したことを聞いて居る。其の當局者が京城の停車場《ステーション》に降りると忽ち陰謀の爆彈に見舞はれた。日本に於ける人氣と朝鮮人の意嚮との關係は、此《この》對照に於て極めて皮肉に眞理を現して居る。

今日、日本人が朝鮮人民に對する最大の親切は、依然として之に嚴肅なる政治を施《ほどこ》し、數百年來の廢頽せる人心を一新せしむることである。不良少年を感化する者は、決して之を甘やかしてばかり居ては成功するものでない。必ず先づ之に嚴格なる躾《しつけ》を要する。爲めに一時は少年の怨みを買つても、少年の長き前途の爲めには、其れが眞の幸福となるものである。一時の陰謀に驚き、日本の人氣に顧慮して、不良少年を甘く育つるは、養育するものは無論、育てられる者の爲めにもならぬのである。善政を布くとか、從來の過失を改むるに吝《やぶさか》ならずとか云ふが如きことは、親切心なき父兄の口實たるに過ぎぬ。殊に、近來は當局者が日本の人氣を顧慮するのみならず、外國人の人氣まで考へる。朝鮮に於ける宣教師の團體は、我國の朝鮮統治の監視者の如き態度を執り、當局の或る者に公然と、朝鮮の統治には宣教師といへる批評團あることを忘れてはならぬなど丶言つたと新聞に傳へられて居る。我國は、我國竝に朝鮮に對して關係の薄き傍觀者より監視を受くるの理由は毫もない。不良少年を育つる爲めに鞭打つことを苦情を持出す傍觀者があつても、夫《それ》に取合ふべき理由は毫もないのと同樣である。しかも、其の傍觀者の眞の要求は何であるかと云ふに、不良少年が意識の無かつた時代に、傍觀者に對して將來自己に不利益の結果を來すとも知らず、種々の利權を約束せることを繼續したいと云ふ、洵《まこと》に不親切極まる欲望である。若《も》し其れほどの希望があるならば、我國が初め併合した時に、其の希望を述ぶるならまだしもであるが、不良少年が既に保護者の手に渡つてから反古《ほご》に等しき希望を述ぶるは心得違ひである。是は朝鮮のみならず、臺灣に於ても我國が領有した時、土人に聲望ある宣教師の爲めに、是れと同一の經驗を經たことがある。然し、當時我國の政策が確立し、兒玉總督の如き斷乎たる決心ある政治家が之に臨むと、自然外國宣教師の苦情は滅した。今日外國宣教師の彼是《かれこれ》苦情を云ふのは、現當局を甘く見て、其の斷乎たる決心なきを侮《あなど》つて居るのである。現に朝鮮に於ても、寺内總督の時に、外國人の宣教學校を取締ることになつたが、格別苦情もなかつた。今日の如き外人の苦情は、全く其れ以後の當局の無能力の爲めに外ならぬ。

朝鮮統治の方針（下）

大正9年1月5日

尤《もつと》も予輩は朝鮮を統治するに、只管《ひたすら》苛酷なる方法を以てするを可と云ふのではない。朝鮮國民を救濟するは勿論、從來其の國を亡滅に導ける兩班《ヤンバン》階級を目的とせず、多數人民を目的とすべきであるも、兩班階級を一時に窮迫に陷らしむるは政策の得たる者と言ひ難い。我國に於ても維新の際に、士族の特權を奪つたのは、比較的急激の方法のやうに見られるけれども、矢張其の歷史をば顧慮して、漸次に階級的觀念を自滅せしめた。朝鮮の兩班を取扱ふにも、其等の手加減をする必要あり、朝鮮人の熱望する獵官心なぞは或點までは顧慮して、急激に日本人に依つて其の業務を奪はれたと云ふ觀念を起させないやうにするのが、策の得たものである。一面には新《あらた》に覺醒しつゝある多くの人民も腐敗せる其の歷史の影響を受け、教育の普及は卽ち官吏となる階梯と心得て居る傾きあり、之を全く壓《おさ》へつけることは不得策であり、幾等《いくら》か宛《ずつ》獵官熱を斟酌《しんしやく》して、大なる害なき名譽心を滿足せしむると云ふ方法を採る必要がある。其の點は、從來の政策は餘りに不用意である。朝鮮の從來の官吏の弊害も、行政と司法との權力を官吏が一手に握れると云ふことが、大なる原因であつた。今日の如く之を分離された官制は、獵官者に向つて名譽心を滿足させても甚だしき弊害を來さずに之を取締る方法が有る。其れを適宜に利用すると云ふことは、從來の統治方針に考へられなかつた。例へば、阿片の癮《いん》者とか、飮酒の中毒者とかを治療するに、一時に其好む者を廢せしむるの不可であるが如く、最初から全禁せずに、徐々に廢止せしむる方針を採り、朝鮮人が格別希望せざる方面に於て日本人が活躍して、自然に其の元氣を回復する方法は十分に存する。卽ち、朝鮮人が名譽とも考へない農工業の方面の如き、日本人が大に能力を揮《ふる》ひ、朝鮮人をも自然に、其れに感化せしめ、見習《みなら》はしめて、健全なる國民の基礎を造つて行くといふ方針を採るべきである。

かくの如く統治者は、其の革新の手段に於ては十分に顧慮するも可《よ》いが、單に兩班の如き古き政治階級、若《も》しくは自國の歷史を知らざる新思想者の無謀の主張を聽き方針を改むると云ふことは、斷乎として之を排斥せなければならぬ。殊に近頃聞く所に依れば、朝鮮人の人氣を緩和する爲めに、教育の方針までも改めて、特に歷史教育と云ふことを加味して、教科書中に朝鮮に關する歷史事項を加へんとして、既に其の調査に着手して居ると云ふ。此等は最も方針を誤つたものと云ふべきである。これは元來朝鮮人の教育歷史を全く知らぬから起つたもので、日本人は自國の教育方針を基礎として他の國を同一視する傾きがあるが、これが抑《そもそも》の誤りで、朝鮮のみならず、支那に於ても、道德教育に關して歷史を教科に利用することは不必要である。支那には古來道德の標準たる經典があつて、教育の基礎となつて居り、歷史はその經典の原則に合致せない變態を多く含み、道德教育の標準とはならぬ。我國には特別の經典がないから、古來歷史の一部分たる日本紀神代巻、若くは古事記が一種の經典の形を爲し、明治に至りて教育勅語を煥發されたので、其が經典となつて居る。我國は右の如き來歴で歴史を道徳教育に多く用ひた。朝鮮の如きは我國とも支那とも異りて居る。支那の經典を教育の標準とせるは、支那と同様であるも、自國の歴史は毫も國民の誇りになる程のものが存在せぬから歴史教育は絶對になかつたもので、歴史の著述者はあり、史料の編纂保存の方法は、支那の古い制度を學び、近來までもその方法を踏襲して居る。然し、其れは教育に利用さるべきものではない。朝鮮人には從來歴史教育の必要がなかつた。今日でも朝鮮人の新しき我國民としての自覺を生ずるまでは痛ましき亡國史を以て、其の定まらぬ頭腦を攪亂する必要は更に無い。

今日、我國の輿論が、誤れる觀察に基ける世界の大勢に麻醉され、又我國の教育方針を妄《みだり》に朝鮮に利用せんと云ふ無識の考へも混在する。然し、是は麻醉せる議論であるから、久しからずして醒むるであらう。故に今日の麻醉せる議論で編された教科書の完成せらるる頃には、輿論の麻醉が醒める頃であるから、全く無用の仕事となる譯である。吾人は實に近時の朝鮮統治方針の動搖に就て非常に憂ふる者であるが、朝鮮の陰謀は寧ろ當分は當然來るべきもので、毫も心配するには及ばない。要するに陰謀の續くか否やは、我國の國力如何にあるから、之を憂ふるの要なきも、寧ろ憂ふべきは其の統治方針の動搖である。（完）

日英同盟と支那〔談〕

『大阪朝日新聞』　大正9年5月30日

日英同盟を繼續すべきものとすれば、其の必要は寧ろ將來の國際間の危險を豫防すると云ふよりも、過去の同盟に由つて生じた光輝ある効果を記念する爲めと云ふやうな意義の方が勝つて居ることは、今日も何人も疑ふ所あるまい。此の同盟の繼續に就いて、最も反對の意見を有せるは在支の英人及び濠洲人であるが、是等は日英同盟を繼續するの必要を認めず、若し繼續すべきものとすれば、大に改訂を要すると考へて居る。彼等の考ふる同盟繼續の不必要には一部分の眞理は在る。則ち東洋に於ける露西亞の脅威が全く存在せないと云ふことゝ、印度は其の平和を保障するに就ても、日本が内亂にまで立ち入ることは日英兩國に取つて果して便利であるや否や疑問であるし、又米國に對しては未だ成立せざるも、一般的仲裁條約の成立つた國は同盟の効果から除外されると云ふことを、前に英國から提議してやつた事等、時代の變化に由つて日英同盟の大部分の必要は消滅して居ると云ふ在支英人等の主張は、必ずしも誤つては居らぬ。然し、夫れと同時に、世界大戰爭中に日本が同盟國として盡力した結果を寡少に見積り、日英同盟が何等の効績を世界戰爭に致さなかつたと云ふが如き議論は甚だしき曲論であつて、日本が東洋に於ける獨逸の勢力を絶滅しなければ、支那が果して參戰したか否やも知り難い。又世界戰爭の結果も豫測し難いのであつたが、其の點は在支英人等が如何に詭辯を弄《ろう》しても、寧ろ英本國の政治家は十分に諒解して居ることで、在支米人が日英同盟の繼續にあらゆる妨碍を試むるに拘らず、英本國が今日まで之に動かされた形跡なきは、其の爲に外ならぬ。又、在支英人は、此の妨碍運動の手段として現在の支那人の排日感情に訴ふるの傾きがあつて、支那人も亦日英同盟の目的の中に支那の獨立及び領土保全、竝に支那に於ける列國の商工業の機會均等主義を確實にすると云ふことに對して、殊に獨立國の體面を汚すとか云ふやうなことを騒ぎ立てゝ居るが、是等は全く無意味のことである。支那は、日英同盟の最初締結した時に、既に獨立國であつて、近頃新に獨立した國ではなく、前に日英同盟の成立した當時、支那は何等抗議を申込まなかつた。一體日英兩國が其の共同利益を保護する爲めに設ける條約は、支那の獨立國であると否とに何等關係はないのである。尤も支那が日英同盟が成立した後に、其國情が大に改善せられて、日英兩國が其の領土保全に就て憂慮するの要が無くなる位進歩して居るならば、夫は又別問題である。日英同盟の成立した時の方が、支那は今日よりも安全なる狀態にあつたので、今日の支那は其の時に比べて遙かに惡化して居る。

支那の現狀は領土保全どころではなく、内部の統一さへも出來ず、外國人の生命財產の安全をさへ保障するを得ざる狀態にあるが、斯かる時に、日英同盟が最も支那にとつて効果を奏すべきであつて、日英同盟の初めて成立した時よりも遙に今日に於て此同盟の必要があるのである。前に抗議を申出なかつた支那が、今日に於て尙更抗議を申出づべき理由は毫も有たぬ。日英兩國も亦、斯かる支那人の苦情に對して耳を傾くるの要は無いのである。滿洲其他に於ける日本の特殊利益に對しても、在支英人は米國人と協同して又支那人の感情を煽《あお》り、日英同盟改訂の條件とするやうなことを言觸《いいふ》らして居るが、夫等のことは既に他の幾多の協約、國際聯盟なぞに於ても之を承認し、若《もし》くは異議を差挾《さしはさ》まなかつたもので、日英同盟の條件として彼是《あれこれ》云ふべき筈のものではない。要するに、今回の日英同盟の繼續に反對し、或は改訂の條件として種々妨碍を試むる運動は、世界戰爭中在支英米人、竝に支那人の感情の結晶したものと云つても可《よ》いのであつて、日英同盟の必要といふやうなことに取つて何等の價値あるものではない。今日繼續せらるべき日英同盟は、單に大體の上から過去の効果を保持すると云ふ所に存在するのであつて、些細なる條件の改訂等を必要とする程複雜なる關係のあるものではない。然し、其の過去の効果を保持すると云ふ同盟が、又何時將來の必要を生じないとも限らないのは、一般に不安を感じて居る世界の大勢であるから、此の同盟が從來のまゝで繼續されると云ふことは、恐らく日英兩國の合致せる希望であらう。

『大阪朝日新聞』　大正9年10月14日

荷が勝ち過ぎた爲か　李純自殺の眞因〔談〕

李純氏の自殺は、其の原因が詳報せられて居らぬので、何故の自殺であるか明かでないが、新聞の報道に據《よ》ると、支那に於ては、近來各省共に自治を主張し、廣東の如きは「廣東人の廣東」を唱ふるものが多きを加へて來たので、江蘇省にも亦其の思想は波及して、省長の任命も江蘇人でなければならぬと云ふやうな議論が唱へられ、李純氏が直隷の人であるから、江蘇省を支配するのはいけないと云ふやうな事が、或は原因したのであるかも知れないが、併《しか》し自殺せなければならぬ程に形勢の切迫したやうにも思はれない。尤も支那の赤化の傾向は、上海邊を中心とするが故に、其の影響を早く受けるのは江蘇省であるから、江蘇省が赤化にかぶれた結果とも見られるけれども、呉佩孚《ごはいふ》氏も李純氏と共に直隷派に屬するのだから、此の赤化が李純氏の地位を俄《にわか》に危くしたとも見られない。

元來李純と云ふ人物は、今日迄世間に於て考へられて居るよりは、其の地位の役が勝ち過ぎて居た。勿論曹錕《そうこん》氏でも三省巡閲使であるのだから、李純氏が三省巡閲使として不足であると云ふのではないが、南京が南方の中心地であるだけに、其處に鎭座して居る人物としては、痩馬《やせうま》に重荷たるを免れない。支那に遊んだ人で李純氏を將來有爲の大人物であるものゝ如く言ふ者あるも、予はさうは思はない。李純氏は先任者の馮國璋《ふうこくしょう》氏等よりは、比較的正直者であつて老獪《ろうかい》ではない。其の主張の多くは幕僚等に動かされる傾きがあつた。最近の原因が何であらうとも、自殺に至る迄の眞原因は此の荷の勝ち過ぎたと云ふ點にあつたのであらう。

李純氏の死は直隷派に取つては、勿論大打擊であつて、其の後任を直隷派から出し得るか否かは一の問題であり、若《も》し出し得るとしても何人を据ゑるかゞ第二の問題であらう。近頃呉佩孚氏等が頗る跋扈せるも、是れは李純よりも人物劣り、南京の如き重要な土地に入れると、却て事を破壞するに至る因《もと》であらう。さればと云つて張作霖氏の手を急に此處《ここ》に伸ばす譯にも行くまい。其の上に各省自治論等が勢力を得て來たならば、此の危險の局面を如何にして治めるかと云ふ事が餘程難問題である。さうして之に依つて尚歩一歩亂脈に導き、速かに統一を來す動機を作るは疑ない事である。

社會老衰の傾向〔談〕

『大阪朝日新聞』　大正10年5月16日

思想上の病的傾向は、いつの世に於ても在ることで、古代にあつては、夫れが普通のことゝせられて居たのであるが、文化の進に伴《つ》れ、其の範圍は狹められて居るのであるけれども、折々は其の反動として大本敎の如き迷信の出現するのは、別に不思議では無い。

支那では白蓮敎と云ふのがあつて數百年來繼續して居るが、夫れが時々盛んとなつて騷動を起すことがあるので、近世になつても乾隆の末から嘉慶の初めの間に八、九年間、支那の四省に亙る大動亂を勃發したことがある。更に又、嘉慶年間には、此の信仰が宮廷に入り込んで來て、宮廷内で騷動を惹起《じゃっき》し、折柄嘉慶帝は熱河に避暑中であつたから、其の時皇子であつた道光帝自ら鐵砲を放ち亂徒を斃《たお》し騷動を鎭壓したと云ふことがある。大本敎の如きも、速く取締らぬと上流の人々の中に勢力を扶殖し、由々しき大事を來さんとも限らなかつたのであるが、大事に至るまでに檢擧せられたのは、大に好都合であつたことゝ思ふ。

從來、我國で禁制になつた宗教もあるけれども、佛敎から來たものは、多くは理論が整うて居るので、廣く迷信を傳播《でんぱ》する傾きは無く、神道から來たものでも、大本敎の如く、著しく陰謀的の性質を帶びたものは稀であつたが、今日大本敎が出現するのは、矢張日本の社會も支那の如く老衰の傾向を呈して來て、思想が著しく病的になつて來たと云ふことを示して居るものである。勿論斯かる際には從來執り來つたやうに嚴重に取締るのが良法であつて、徒《いたず》らに神祕的思想に囚はれたりして取締の手を弛《ゆる》めると、害毒を後日に遺すことになる。故に將來も警察の取締は勿論、裁判の如きも最も嚴肅ならんことを希望する。

新舊日本の限界線として
意義ある應仁時代（上）〔述〕

『大阪朝日新聞』京都附錄　大正10年9月3日

應仁時代は、長き年月の戰爭の爲めに、京都の街や社寺が燒棄《しょうき》せられたと云ふ事以外に、我歴史に於て重大なる意義があると思ふ。凡て歴史は下級にある庶民が向上發達する一種の記録であると云ふことが出來るが、殊に應仁の亂は其の意味に於て、我國邦最大の記録であると云はねばならぬ。兵戰の災害の如きは、極めて一小部分の事柄に過ぎないのである。

今日華族に列する家柄の中、大名華族の多數は應仁亂以後に於て起つて居る。今試みに應仁亂以前から存する大名華族を擧げてみるならば、九州地方では島津、細川、伊東の二、三氏、東北地方では伊達、南部、上杉、佐竹等の數氏を算するに過ぎなく、實に德川二百六十餘藩の指を屈する程しかないのであつて、縱《よ》し土着の大名と雖も皆應仁以後に崛起《くつき》したものであつて、應仁以前の家柄は大抵元龜・天正の頃までに滅亡したのである。尤も古來神官の家柄であつて長く繼續したものには、出雲の千家だとか、肥後の阿蘇だとかはあるも、源平時代前後に起つた大名の多數は、其の頃に於て壞滅したのである。斯樣に應仁時代を限界として新しく大名が起つて今日まで繼續したと云ふ點から觀て、應仁の亂は、日本の改造を行つたものであると見るべきであらう。故に近代日本の眞相を知るには、應仁亂以後の歴史を研究すれば可《よ》いと思ふ。

私は應仁時代の狀態を語る一例として、當時關白であつた一條禪閤兼良の書いたものに據《よ》らうと思ふ。兼良の學才は單《ひと》り當時のみならず、歴代の關白中にあつても一頭地を拔いて居たほどの博識家で、支那の事柄にも熟《よ》く通じて居た。兼良の著書に「樵談治要」と云ふのがある。此の書物は、將軍義尙の爲めに治國の要道を説いたものであるが、私は兼良の經綸が偉いと云ふのではない。いづれかと云へば彼は博識ではあるが、新思想を缺き、當時の勢力ある者に阿《おもね》るの傾きがあつて、自己の意見を卒直に述べかねるやうな人物である。例へば、彼が簾中より政務を行ふことに就て贊意を表し、其の人さへ適任であれば宜しいと曖昧にお茶を濁して居るが如きは、將軍義政夫人が政治に干與して活動して居た際のことであるから、之に迎合したものではあるまいかと想《おも》はれる。其の他、彼は舊來の習慣を維持すると云ふ保守思想を抱き、當時の實情をよく表現して居る。要するに彼の經綸なるものは北畠親房の公民一致の大經綸には到底比較にならぬのである。

「樵談治要」の中に、彼は足輕が亂暴を働くことを憤慨して居る。足輕のことは從來の記録には、餘り見かけぬやうであるけれども「源平盛衰記」や「太平記」の中に其の名が記されてあるさうだ。足輕とは士分には達しない步卒のことである。應仁の亂に洛中洛外の諸寺諸社公卿門跡が悉く燒き拂はれたが、其れは皆此の足輕の所業《しわざ》であり、其の亂暴は晝強盜の行爲であると彼は記して居るが、貴族階級が見た痛切なる感じを書き記したものと云ふべきである。

一體足利時代は亂世であるも、個人の能力が勝れた者、卽ち天才が出現せなかつた。其のことは既に當時の人も自覺して居たやうである。其れで修養がなくとも單に腕節の强い者が勢力を得て跋扈するやうになつて來た。そして前後一百年間に亙つて騒いだと云ふのは、能力の勝れた者の無い證據であつて、恰度《ちょうど》現時の支那の情勢に似て居る。今日の支那は、天才も出でず、勝れた能力者も出でない爲めに國は治まらぬといふ狀態にある。然し我國では最後に勝れた者が出現したから、兼良の憂ひを所謂下剋上たる足輕の亂暴も、元龜・天正に至つて統一せられたのである。

天文若くは永祿年間の作とせられる「塵塚物語」と題する書物に、山名宗全が或る大臣家を訪ねて種々物語りしたことが載せてある。それに據ると、大臣は古い例を牽《ひ》き、さま〲かしこく申されけるに、宗全は、一應は聞え申すも、例は境遇に應じて變つて來る、時世と諦《あきら》められたいと云つて居る。前例と云ふことよりも其の時、其の時に相應のものが必要で、今日では時世、卽ち時勢と云ふことを知らねばならぬと云ふことを宗全は議論をして居る。此の記事が果して事實を書いたものか否やは姑《しばら》く措くとして、斯ういふ思想が當時の人にあつたと云ふことは知り得られる。たゞ「塵塚物語」の作者が山名宗全に斯ういふことを語らしめたのが面白いと思ふ。物語の中に宗全は曰つて居る、「自分の如き卑しい身分の者が今日參候して、貴方とお話が出來るのは例にないことであるが、其れが出來ると云ふのが時世である」と。此の「塵塚物語」に現れた思想は、「樵談治要」の保守思想に對する一方の新思想を代表したものであると云ひ得らる。（未完）

新舊日本の限界線として
意義ある應仁時代（下）

大正10年9月4日

又「塵塚物語」に、足利時代に賭博の流行したことを記して居る。當時德政と云ふことがあつて、貸借の帳消しが行はれたことは勿論、武士が甲冑を質入れしたことも珍らしくなく、應仁の亂にも鎧を質に入れて兜だけ着けて戰場に出かけた者もあつた位で、更に他人の財產を擅《ほしいまま》に賭けて博奕《ばくち》をすると云つた、恰《あたか》も共產主義者の行《や》りさうなことをやつたと云ふことだ。此の時代は實に下剋上と共に共產思想まであつたものと見える。

如上の狀態は當時の文化と如何なる關係があつたかと云ふに、兼良は、多くの建物の燒棄せられるのは文化の滅亡であるとして悲しんだ。彼も自邸を燒かれるので、立ち退くに當つて、倉庫だけは番人を附けて置いた。ところが倉庫には何があるであらうと云ふので、足輕達が扉を開けて持ち出した爲めに、保存せられた多くの書物は悉く失つてしまつた。彼が古い文化を後世に傳へたい希望も水泡に歸したのである。彼は後年「小夜の寢覺」の中に、舊來の文化時代に如何にして修業したかと云ふことを記し、古き文化を慕うて居る。又當時書かれた「體原抄」と云ふ書物は、樂人《がくじん》の祕傳を記したものであるけれども、何でも思ひついたものを書き込み、隨分雜駁であるが、舊儀復興卽ち古代の文化を遺《のこ》さうと努めて居ることがわかる。

政治に勢力のあつた貴族階級の特權が、當時一般庶民の上に普及して來たと云ふのは、自然の傾向であつて、一例を擧ぐるならば、伊勢大廟の維持法の如きである。「延曆記」に據ると、古來伊勢大廟は一般庶民の參拜を許されなかつたやうであるが、鎌倉以來朝廷が衰微して大廟の維持費を缺くやうになり、應仁の亂前後に於て益甚だしく、京都の吉田に大神宮が天降つたと唱導したのも此の時であつて、爲めに朝廷でも伊勢への負擔を免れた。夫れで伊勢大廟は困つた結果、講中を組織し日本全國に之を擴めて、朝廷から受ける費用を、國內一般から徵收したのであつて、遂には講中の賣買が行はれたりしたと云ふことが「神宮文庫」中に載つて居る。曆の如きも亦伊勢大廟の副業としてつくられたもので、元來曆は京都の土御門家が掌《つかさど》つて貴族に配布したものであるが、伊勢では假名で書き平民的の曆とした。此の朝廷から保護される代りに一般庶民から維持されると云ふことを考へたのは、單り伊勢のみでなく高野の如きも夫れで、高野聖の奔走によつて夫の衰微を支へたのである。斯く貴族から平民へと云ふのが當時の氣風であつた。

尊王心が一般人民に浸み込んで來たのは、敬神思想に因るものであつて、朝廷の衰微するに當つて、尊王の思想は、貴族の占有とせずして一般人民の間に普及した。そして當時の信仰の目的――日本の道德の經典が定まりかけて來た。平安朝以來文藝が旺《さか》んとなり、一人前となるには總ての學藝を修養せなければならなかつたが、亂世に入つてからは夫れが出來ず、書籍は一部分に固まつて來る傾きがあつたけれども、一般の信仰の目標は「日本書紀」の神代の卷であつた。彼の蒙古襲來に當つて國難を免れたのは、神の力でありとし、南北朝時代から我國は神國であると云ふ風に信ぜられた。後年林道春も其の著「神社考」の初めに神國と云ふことを書いて居る。此の「日本書紀」神代の卷が經典であると云ふ思想は、如何なる爭亂があつても、皇室は一定不變のものであるとの經典となり、信仰狀態も一定したから、亂世と雖も思想を統一したのは應仁時代である。皇室の衰微に伴ひ、一方では公卿が家業で生活する道を考へる必要が起り、傳授と云ふことが行はれて來た。冷泉、二條兩家の和歌の傳授の如きは歷史上著名なるもので、つまり夫れが知識階級の維持法であつたのである。

また尊王の經典としての「神代卷」と竝んで、「源氏物語」が人情を知ることに於ける經典として尊重せられた。古今傳授で名高い彼の細川幽齋の如きも、「世間のたよりになるものは源氏物語である」と記して居る。世態を知り、世の中を經綸する第一の經典が源氏物語であつたのである。漢學の方面に就て觀て見るならば、當時貴族間では、五經の學問は凡て漢唐以來の古註を用ひたが、德川時代からは一般に新註を用ひるやうになつた。そして此の移り代りは足利時代にある。尤も新註は南北朝時代から現れたのであるが、夫れは古來の習慣を打破しやうとせられた後醍醐天皇の御心持ちが足利時代に現れて、應仁の亂に實現せられて來たのである。古註を尊重した貴族階級にあつても、時勢は遂に清原家に於て「大學」と「中庸」とは新註を採用するやうになつたのである。其の他思想上總ての點に於て、貴族階級に占有せられたものが、一般に擴まつて來たのであつて、應仁の亂は、學問信仰其他凡ての變り目であつたのだ。殊に佛教に於て其の傾向は甚しく、門徒宗の如き平民宗教の當時に於ける立派な危險思想が起つた。門徒宗では、蓮如上人が山科御坊を創《はじ》めた時代であつて、一向門徒の一揆の爲めに、加賀の富樫氏の如き大名が滅された。門徒一揆は農民の集團であつて、ただ信仰の力で動いたのである。

要する貴族主義から平民主義へ移つて元龜・天正の統一が行はれた素因は、此の應仁の亂にあつたのであるから、歴史上大に意義ありと云ふべきである。（完）

最近の支那　奉直をして戰はしめよ

『大阪朝日新聞』　大正11年4月24日

一

支那は、華府《ワシントン》會議に於て分外なる利益を占め得た。若し支那に其の利益を利用して國政の恢復を圖るやうな準備があつたならば、最も適當の時機であるのだが、支那本國では斯《かか》る事には全然無關心の態度であつて、昨今は奉直戰爭が問題となり、今にも戰端が開かれやうと云ふ場合になつて居る。旁《かたがた》大總統の地位なども、殆ど風前の燈火《ともしび》とも云ふべき狀態に瀕して居る。一體、支那の戰爭は上方の喧嘩と同樣であつて、本當に戰爭になるか否やは、本人自身でも解《わか》りかねるのであるから、或は戰爭らしい戰爭をするに至らずして終結するかも知れない。しかし、予輩は、豫《かね》ての持論の如く、戰爭に依つて勝敗を決し、勢力が一方に集中する方が、支那の統一を速める事と思ふ。

二

元來、外國の關係さへなければ、袁世凱の時代に於て、既に統一して居たのであつた。然るに、其の當時支那に對する唯一の外力であつた日本が、統一の邪魔をした爲に今に至つて統一が出來ない。徐世昌《じょせいしょう》が、南北の會議で統一を計らうとした事もあつたが、斯かる微温《なまぬる》き手段で以て統一の事業が完成すべき筈がない。或人が其の當時徐世昌は如何なる人物であるかと予輩に尋ねたから、三國時代の荆州の劉表位のもので、袁紹までにも行かぬと答へたのであつたが、今日では其れさへ少し買被《かいかぶ》りであつて、精々《せいぜい》朝鮮の李太王の拙《まず》いくらゐにしか考へられなくなつた。渠《かれ》は到底支那を統一する能力は有つて居らぬ。其れに李太王式に種々の小細工を爲し、奉直兩派を巧に操らうとしたのが、今日の危急存亡の機會を來たした所以となつた。

今日は、奉直何れにしても實力で戰ふ勇氣があり、戰つて敵を打破する力あるものが、實際の勢力を占めることになつて來て居るので、其の中間に彷徨せる者は、徐世昌のみならず、直隷派の曹錕でも同樣、問題にならない。張作霖と吳佩孚の兩人中、其の何れが殘るかと云ふことが問題になる。張作霖が勝てば、曹錕は勿論之に服從しなければならぬやうになり、張氏の勢力は陝西、河南から長江一帶にまで延び、北京は全く其の勢力圈内にて、西南地方を除くの外は殆ど自然に統一され、西南との統一も亦迅速に運ぶやうになるに違ひない。吳佩孚が勝つたとしても、張氏の滿蒙勢力を驅逐するまでになるか否やは問題であるけれども、直隷に於ける曹氏の勢力は全く吳氏に移り、矢張陝西、河南、山東及び長江の大部分までも其の勢力圈内に入り、統一に步を進むるであらう。併《しか》して、外國人が常に心配せる裁兵問題も、此の兩者の何れが勝つにしても、反對派の大部分の武裝解除を行ふことが出來、其れだけの兵力は全く無條件で裁減する事を得るから、最も經濟的なる裁兵を行ふことが出來るのである。

三

斯かる場合に常に邪魔を爲すのは外國の勢力であつて、外國人は、單に其の居留して居る地方の安全の爲に、一時の苦痛を忍んで徹底的の勝敗を決すると云ふことに反對するの傾きがある。しかし、其の實英米人等は、形勢の傾向を巧《うま》く察し、勝利を占めさうにあるものに對しては、速く聯絡を執り、之を擁護することを考へるけれども、馬鹿正直に中立を維持するのは我日本である。日本が又中立を實行する實力を有するところから最も邪魔になる。尤も今次の奉直の衝突には、居留地が侵害されると云ふやうな場合を除く外は、日本は此の爲めに兵力を動かすと云ふことは、華府會議の手前遠慮するであらう。他の外國人は、言論では多少喧《やかま》しくとも、前述の如く機敏に勢力の歸着點を察し、其れと聯絡を附けることを考へるであらうから、張にしても吳にしても、此の際思ひ切り自由なる活動をして、北京城内でも公使館區域に觸れない限り、徹底的に戰つた方が、却て結果を善くする所以であらうと思ふ。

四

斯くの如くして、中央政府の權力が何れかに全く歸すると云ふことになり、今日の支那政府の如く、北京城内のみの支配に止まらずして、多數の督軍に對して威力を有つたものが現れるやうになるならば、其處で政治の改革をして、實際に於ては國際管理と同様、外國人の力に依つて政治の機關を整理することも出來、財政をも改善することを得るやうになるので、國際管理論等は自然に消滅し、支那改造の端緒が茲《ここ》に初めて開かれるやうになるのである。故に奉直戰爭は寧ろ速く破裂し、且つ徹底的に勝敗を決して十分の結果を奏せんことを希望する。

五

日本の對支關係に就ても種々の議論があつて、日支の同盟關係を結ぶと善いとの議論もあるが、現在の狀態では全く空論である。北京城内の支配だけでも覺束《おぼつか》なく考へられて居る現政府に對して、如何なる條約上の關係を結んだ處が、夫は無効である。國民外交と云ふやうな事も屢《しばしば》聞くが、支那の現在の政治は、國民に依つて行はれて居るのではなく、職業的の政客《せいかく》が自分等の便宜上種々畫策して居るのであつて、しかも其れに色々派別があり、何れと結べば完全なる同盟の効力を奏するかは、何人でも豫斷し得ざるのである。經濟上から云ふも、今日の支那の狀態では、日本と同盟をせなければならぬ必要は格別見出し難いから、不人氣なる日本が如何に同盟を希望しても其れは困難である。要するに、多少威力ある中央政府が組織出來れば、其の上で親善關係に導かれるか、又は排斥されるかは問題であるが、兎も角、日本の方針の立てやうは考へ得られるのである。其れまでは、我慢して戰爭の破裂を待つた方が宜しいのである。

六

以上の大體の形勢の外に、近頃外國人の神經を鋭からしめて居る一つの問題は、北京大學の連中が反基督教を起したことであるが、第二の義和團が起るか等と杞憂する者もあるやうだが、是は大問題となるべき性質のものではない。そして、單に基督教のみに關係した問題でもない。勿論、北京大學の連中は、佛蘭西の教育を受けた無政府主義者であるとのことであるが、其れ等の中には佛教の思想の注入せられて居ると云ふことも多少考へられるのである。

近年支那に於ける新思想の中で著しき傾向のあるは、孔子排斥論であつて、孔子の教義、殊に孝行を中心とした教へは、奴隷主義の道德であると云ふ議論が盛んで、陳獨秀、吳虞等の人々が之を唱へて居るが、陳獨秀の議論は一時上海邊で盛んにならうとしたけれども今は下火になつて居て、現に北京の反基督教運動にも呼應するだけの勢力を有つて居らぬ。尤も是は、陳は共產主義で、北京大學連が無政府主義である所の差異にも關係して居る。吳虞は現に北京大學に居るが、是等は老莊墨子等の思想を主張するのであるけれども、其の根底が甚だ淺薄で、學術的にも實際的にも大した影響を來たすべき性質のものではない。然し兎も角も、孔子の如き古い傳統的の思想を破壞すると云ふ事が、一つの流行になつて居るから、其れが基督教にも波及すると云ふことは、早晩必ず來たるべきことであつたので、怪しむに足りない。たゞ、英米兩國の教會の協同事業は、斯くの如き流行思想の爲に、不意打ちを喰《く》はされたので非常に狼狽して居るが、西洋人が想像する程の結果を來たすやうな事は斷じてないと思ふ。

七

然しながら、支那に中央の勢力が出來て、國立大學等も整頓されて來ると共に、反基督教思想がなくなるかと云ふに、其れは又決して期待されない。のみならず學術的に支那人が覺醒することは、政治的に覺醒するよりは速く來るに相違なく、學術的に覺醒すれば、元來基督教徒とは緣故なき歷史を有せる支那が、西洋の文化を輸入すればする程、基督教に關する憧憬心が減ずるだけであることは疑ひない。日本でも明治の初年、西洋文化の啓蒙時代だけには、基督教教育の勢力はあつたが、國立大學其の他一般の教育が進歩すると共に、基督教教育は、其れに伴《つ》れて進まずして却て宗教を通さずに、別の方面から西洋文化を採用する方法が益盛んになる傾きになつて來た。支那も之と同一の徑路を現に辿《たど》りつゝあるのである。故に英米諸國でも、眞に西洋文化に依つて支那を改造せんとの考へがあるならば、支那の國民に眞に效果あるべき教育法を考案せねばならぬので、從來の如く宗教教育に依つて導かうと云ふことは、益效果の薄いことなるに相違ない。之は支那人が覺醒すると同時に、外國人も覺醒すべき時機である。

『大阪朝日新聞』　大正11年5月30日

支那時局の一段落

奉直戰爭も奉天軍が一敗して滿洲まで逃込んでしまつたので、一段落がついたらしい形勢であるが、其の代り勝敗が徹底せず、支那の爲に眞に統一を希望して、此の戰爭に大に期待するところのあつた我々には、甚だもの足らぬのみならず、又之によつて支那の狀態は陰鬱なる元の姿に還《かえ》つたやうで、何時統一が出來るかと云ふ見込も立ち難くなつたのは、殘念である。たゞ、此の戰爭が、孰《いず》れが勝つにしても、又負くるにしても、現今の大總統の爲めに、毫も都合好くならぬと云ふ見込みだけは、當つたやうである。そして、近頃は呉佩孚と孫文の聯合說さへ傳へられるやうになつて來たのである。勿論此の噂は、策士連の宣傳が七、八分通りを占めて居るので、孫、呉兩氏の間の實際關係は其處《そこ》まで進捗して居ないことは確であると思はれるけれども、少くとも舊國會の恢復、總統の選擧等の事が、北京、天津の間で立派に問題となつて居る以上は、徐世昌氏の前途は、餘りに長いものと思はれない。事實徐世昌氏は、就任早々統一に就ても種々なる方法を講じたけれども、何等の成功もしなかつたのであるが、兎も角、氏が大總統に就任してからの四、五年間は無事であつたと云ふのは、實は何等其の力に依つたわけではなくして、支那人民が革命以來動亂續きの時局に疲勞を感じたので、氏の如き明快なる解決をするのは不可能なる人物の方が、一時休息を希望する時局にとつては、却《かえ》つて好都合であつたのである。其の間、中央政府の勢力は益《ますます》減ずる一方であつて、全國に對する統一力を全く失つたが、大總統の體面を維持する生活位は、單に北京の都市經濟に依つてゞも支持せられるので、今日迄無事に繼續するを得たのである。然し、今日に至つては、北京の都市經濟では到底諸般の政治機關を維持するわけに行かず、愈《いよいよ》何とか方法を講じ、面目を改めなければならぬことになつて來たから、少くとも新に總統の位置に据《す》わる人は、之を擁する地方督軍から財政上の保障を得なければならぬであらう。當分の間は中央集權政治を斷行する――袁世凱ほどの人物も出現しさうに思はれないから、生温《なまぬる》い聯省自治論等も時にとつて相應な政策であらうが、しかし滿洲邊で唱へて居るような聯省自治論では、自治は自治であるけれども、聯省になりさうにもないから、矢張中央政府としては、今少し鞏固なる背景を有たなければ成立するわけはない。

諸強國の和平勸告の噂あるも、從來の經驗に依れば、和平勸告なぞは、統一を遷延させる効はあつても、之を促進するの効は毫もなかつた。現在の政局は結局、職業的政治家の利用を脫し得る見込みはないけれども、職業的政治家の間になりとも中央と地方との聯絡が成り、例へば、舊國會と地方政客《せいかく》との間に聯絡を取つて、微弱なる中央政府なりとも維持するやうにならなければ、實際支那の政治は、全く土崩瓦解を見るのみである。中央と地方との政客の聯合と云ふ位の仕事は、梁啓超とか、孫洪伊とかの人々の手にでも企て得らるゝ事であつて、又夫れ等の人々も、此の時局に當つて其れ位の事でも企てなければ、支那に於て名士と謂はれる資格がないではないかと思ふ。幸ひに中心人物たらんとする呉佩孚氏は、政治に恬淡であり、統一に關する希望は從來の督軍等に比べると、幾分眞面目であらうと思はれるから、此等の政客の意見でも、時局の急を救ふに足るべき策さへ成立すれば、恐らく之を容れる度量位はあるであらう。之をしも若《も》し能はずとすれば、中央政府なるものが、結局關稅鹽稅等の權利を掌握せる外國人に依賴して、收入の途を確實にするより他に方法はあるまい。しかし其れは事實國際管理論の復活であるから、梁氏などの最も好まぬところであらう。好まないとすれば、此の際に、支那の所謂名士達は何等かの努力をせなければならぬと思ふ。一體、從來から何か事變の起る每《ごと》に、此の名士達は必ず其れに干與して相當な力を致して居るやうであるが、今回の事變だけは、名士達が全く傍觀の態度を執つて居るかの如くに見えるのは不思議である。之は名士達の方より進んで運動をせないか、吳氏等の方から彼等の運動を豫防して居るのかは知らないけれども、支那にあつては少しく變則に思はれる。支那の時局は、今日の狀態では、三年や五年で以て安定を見る事は殆ど望み得ないとは謂へ、當面の問題に就てなりとも何等かの力を致さないと云ふことは、名士達の信用の末路を示すやうにも思はれる。有體《ありてい》に云へば、時局の安定は、所謂名士達の活動の餘地がなくなつた時に始めて生ずべきものであつて、昔の五代の時でも馮道《ふうどう》の如き人物が役立つて居る間は時局は安定せずして、馮道の見込が外《はず》れて、靑二才と見縊《みくび》られた周の世宗《せいそう》の如き人物が向ふ見ずに、戰爭に依つてのみ時局の解決を斷行しやうと決心した時に、始めて統一の曙光が見えたのである。其の點から考へれば、現代の名士達が手の出しやうがなくなつたと云ふ事は、支那の爲に悅ばしき事かも知れないが、ただ、吳氏に期待するに、周の世宗を以てするのは聊か早計であらうが、其の間には、尙名士達が自己の信用をへらすべき運動でも爲すべき餘地があるのであるから、出來るだけ智慧を絞つて働かないことを頗る不思議に思ふのである。イヤそんな事を言つている内に、拔目《ぬけめ》なき名士達は既に暗中飛躍をやつて居ることであらう。益平和的に物騷になるのが今後の支那政局である。

大正11年8月17日

支那の頽廢的現象（上）

『大阪朝日新聞』

奉直戰爭といふ飯事《ままごと》の如き戰爭があつても、大總統の椅子を覆す位の効力はあつた。今少し戰爭が繼續すると、も少し支那の現狀に徹底した變化を與へ得るものと期待してゐたに拘らず、戰端を開くや直に休戰となり、雙方共再戰の氣力もないやうであるのは、畢竟支那人民と云ふものが内亂を持續し得るだけの氣力なきことを示すもので、これが民族としての老衰を表すものである。其後大總統となつた黎氏の如きは、その背景となるべき勢力は、徐氏が初めて大總統となつた時よりも猶薄弱であるから、其の位置が永續すると云ふことは、何人も考へてゐない。舊國會が北京で開かれるなど〻云ふことは、要するに爭亂の因をつくるところの職業的政客を自己の屋内に引入れただけであつて、何時《いつ》、これから爆發しないとも限らないから、何の賴みにもなる筈のものでない。尤も是も今は其の爆發力が、線香煙火《はなび》的になつて居るかも知れない。

勿論、支那全體の輿論と稱すべきものは存するので、彼の聯省自治の如きは卽ちそれである。然し、今日所謂聯省の自治の如く、督軍を離せないで、或は督軍の名を去つたと云つても、實際、軍の司令は元の督軍の手を離れない狀態で、聯省自治の成立すべき筈がない。聯省自治を完全に實行する爲には、督軍廢止を伴はねばならぬ。黎總統も、督軍廢止を條件にして職に就いたと云はれるけれども、其れを實行すべき實力を毫も有しない。聯省自治を理想的に實行するのには、軍事の權力が中央政府にあつて、地方卽ち省の政府は軍事と全く關係なきものでなければならぬ。今日の所では、斯かる政策の實行は到底空論であると云はねばならぬ。故に現在の狀態は、事實に於て何れの點からも統一を速めるに足る原動力と稱すべきものが見當らない。

中央政府の財政は益窮乏し、殊に從來中央の收入となつてゐた鐵道收入等も屢《しばしば》戰爭などの爲に其收入を不確實にされ、外國人の官吏の爲に最も確實に入ることになつてゐた鹽稅も、前から既に中央政府に送るべきものを抑留せる地方があつたが、最近には、東三省の鹽稅も之を地方に抑留せんとする傾向が頗る強くなつて來てゐる。關稅のみは未だ斯かる禍にはかからないけれども、內地關稅等の收入は、將來に於て從前通り確實に維持されるや否や頗る疑問である。

斯くの如き地方督軍等の橫暴に對して、中央政府が之を如何とも爲し能《あた》はないのみならず、外國人の抗議と云ふことが、近來は、督軍等に對して從前の如き威力を感ぜしめない。多くの外國人は、戰後本國の疲弊によつて、先づ自己の抵抗力を減じてゐるばかりでなく、支那に對して威力の最も大なる日本の膨脹を怖《おそ》れるので、なるべく支那に威力を加へない政策を採ること〻してゐるので、督軍の橫暴に對しても、能ふ限り妥協點を發見して解決をつけやうとする意嚮が、外交感の銳い支那人には既に感じられてゐるので、或る程度までは督軍の橫暴が時の効力によつて權利となることを吞《のみ》込んでゐる。か〻る點から、支那全體を外部より引締める効力が、甚しく減退してゐる。其れが爲に益《ますます》督軍等の地方に於ける勢力を增長せしめてゐるので、此方から視ても、統一の前途は甚だ遠いと考へなければならぬ。但し統一をしないからと云つて必ずしも爭亂とはならないのは、前述の如く、支那民族の老衰狀態から來てゐるので、此の儘《まま》にして數年間は徐々に惡化しつゝ、現状が維持されるかも知れない。たゞそれによつて世界全體に影響を來すのは、貿易の減退であり、又内部としては支那復興の要素たるべき教育の衰退であらう。

支那の頽廢的現象（下）

大正11年8月18日

其の他の方面に於ても、亦支那の復興の氣力を減退せしむべき狀態が近來頻《しきり》に起りつゝあることを看取せられる。其れは華府《ワシントン》會議の如き際に於て、支那が何等の内政上努力の結果にも非ずして、想はざる利得を爲しつゝあることに基く。現に其の内の一つの現象としては、外國郵便局の撤廢であるが、之は支那の郵便が整理されたる結果と云ふのでもなく、外國の郵便局が支那の郵便收入を侵害すると云ふ結果を生じてゐる爲でもなく、ただ支那の體面の問題として考へられたので、殊に支那に最も郵便局の必要を感じない米國人の頭腦から出て來たところの考案である。

實際は、日本の如き最も多數の郵便局を有つてゐる國は、單に自國人民の便利となつてゐたばかりでなく、他の外國人も最も確實を要する小包郵便等に於ては、日本の郵便局に依賴する者多く、普通の郵便でも、その仕事の敏速なる點から日本の郵便に託することは決して珍らしくなかつた。其れだけ日本人の發展を來たすと云ふ點が外國人の嫉妬を招いたので、斯かる結果を生じて來たのである。而して其の結果を日本人として謳歌する者は、支那には足を踏込まぬ内地の空論家のみである。支那に於ける外國郵便の撤廢が、結局如何なる結果を齎《もたら》すかと云ふことには毫も親切に考慮せず、たゞ問題の解決が切迫して來たので、或者は、此の際支那人が外國人の便利を尊重し、當該外國人を支那郵便局に使用して、外國郵便撤廢から來る不便を救濟したならば如何等と說くも、現在の支那人の鼻息で斯かる着實なる考慮を用ふるや否やは、頗る疑問である。しかし、其れ等の考慮を有たずして、郵便の全權を支那人が握つたとして、將來多くの不便を外國人に與へるやうなれば、恐らく居留外國人間には、支那の郵便局にも依らず、自國政府にも賴らざる一種の私設郵便組織が發生するやうにもならぬとも限らない。

從來、日本のみに就て觀ても、正金銀行の爲替料が不法に高いと云ふので、三菱の如きは、各地の物產會社の支店の間に自用の爲替組織を有し、時としては好意上他の依賴者の爲替をも取扱つたことがある。不便なる境遇の下には自然に斯かる新しき考案が出來るものである。若《も》し私設郵便組織が發達したとするならば、却て外國政府の郵便局よりも根強き勢力を保持し、支那の郵便收入に喰《く》い入る迄の地盤を有するに至るかも知れない。其の時に、支那が統一してゐれば、之に對して十分なる抗議を爲し、權利の回復も出來るかも知れないが、督軍割據の狀態に於て、地方督軍は固より、其れ以下の官吏に至るまで、此の私設郵便局組織を便利として、之に依賴し、若《もし》くは特別の約束等を爲すに於ては、遂に挽回し能はぬ權利を生ずるかも知れない。

斯れは行政上の協同管理ではないけれども、實際に於て、支那を經濟的社會的に協同管理に導く重大原因となるべきである。此の豫想は、恐らく今日支那人も考へてゐないであらう。日本人でも餘り注意をしてゐる者もないやうである。自分は斷言するが、數年ならずして斯かる事が出來るものと思ふ。此の他のことに就ても、近來支那が自己の努力に依らざる不時の利得より生ずる弊害は非常に多いので、米國人等の考へるところの支那を開放し支那人の權利を回復する政策は、寧ろ支那を墮落せしめ、協同管理に導く原因となるに過ぎないのである。

（完）

『大阪朝日新聞』 大正15年4月2日

學問の向上と
コレージュ・ド・フランスの特徵（一）

文化を有してをる國民には、學問の普及といふことが必要であると同時に、學問の向上といふこともまた尤も必要である。我邦は新らしい教育制度を採用してから、この兩方面に向つて、當局者が盡力したことは勿論であるが、しかし實際現在の狀態から見ると、學問の普及に非常な努力と莫大な資金をかけてをると同じ程度に、學問の向上にも果して盡力をしてをるかといふことは疑問である。殊に近年において、高等學校ならびに專門學校等の增設を決行してから、高等教育の普及は、これを歐洲の文明國に比してもその設備において必ずしも遜色はないといふことが出來る。勿論その內容の充實するまでは、今後更に數年もしくは十數年を要するであらうけれども、何れその目的を達せられる時は遠からず來るものと考へることが出來る。また民間においても段段近年になつて富の程度が高くなり、特殊の富豪なども多くなるに從つて、獎學資金が到るところに企てられて、高等教育を修める學生、生徒に向つて學資を補助することなどが非常に數多くなつた。但しそれと同時に學問の程度を高め、新研究を獎勵する機關として、新たに企てられたといふやうな施設は、殆ど幾許も數へられない。

獎學資金の出資者も、學問の研究に向つて資金を投ずる人は、學生の學資供給者の如く多いことはない。勿論研究費を出す人も存在しないことはないが、それさへも多くは醫學とか工學とかいふ如き實用の學科に向つて供給する人が多くて、その實用學科の基礎になる學科であるところの、哲學、文學、理學のやうな種類に供給する人は最も稀である。これは單に國民の不注意からばかり起るといふことは出來ないので、一つは學問の向上をはかるのに適當した機關がないために、これを奬勵する意思ある人も、どういふ方法で資金を供給したらよいかといふことに迷ふためであるかも知れない。自分は一昨年から昨年にかけて、短い時間をもつて歐洲の旅行をした際に、このことについていさゝか感じたことがある。さうしてフランスにおけるコレージユ・ド・フランスの組織について大なる興味を持つたのである。この大學のことは、もとより前から多少聞いてをつたのであるけれども、その地に到つて親しくその教授のある人々と交際し、その實際の模樣を知るやうになつて、その組織がフランスの學問の向上、文化の進歩に取つて非常に大なる貢獻をしたといふことを知つたので、その年報なども閲覽し、その組織の大體を呑み込むやうになつたので、これを我國の教育に注意してをる人々に紹介し、その精神を我國に應用する方法如何といふことを問題にすることが必要であると考へた。よつてそのことを少しく述べて見たいと思ふ。

コレージユ・ド・フランスの起源は十六世紀からである。元來フランスでは各地方に大學があつて、その中で今日でもパリ大學といふやうなものは、立派なものであるが、この大學はその管轄區内の教育の獨占權を持つ組織になつてをつた。これは中世から相續したところの組織であるので、その精神は中世のスコラ哲學の窮屈な型にはまつてをり、大學の學科といふものは、大體神學、法學、醫學、藝術の四つに分れ、科學といふやうなものは、やはり中世以來最も必要とせられた算術、音樂、幾何學、天文學といふやうなものに限られ、このきまつた學科であらゆる知識を包括してゐると考へられ、この知識の中にたてこもつて、あらゆる事柄を判斷し、從來學問の權威と認められてをるところの根本の學科に背反したことは、すべて不必要でかつ有害なものと認められて排斥された。これを當時の知識階級の中心である大學が握つてをつたので、他のあらゆる新思想に對しては極めて嫉妬深くこれを取扱つた。それゆゑ長い間學問の方法はたゞ煩瑣になるばかりで、更に進歩といふものがなかつた。然るにいはゆる文藝復活といふ新らしい精神が起る時代が出て來て、その新精神は新たに起つた印刷術によつて擴まり、多數の人々に從來無關係であつた學問に注意を向けさせるやうになつて來た。

コレージユ・ド・フランスの起源もやはりこの精神によつて起つたので、當時ヨーロッパの各國の王侯が教權に反對する考へを持つと同時に、新らしい知識を要求し、從來の大學で壟斷《ろうだん》してをる學問に滿足しない傾きを生じて來たので、佛國においても國王フランシス一世が大學以外に勅任の講師を設けやうといふ考へを起し、直に六人の碩學を任命した。それゆゑこの大學の成り立ちはその當初からして既に學問の革新と向上とを目的として起つたので、從來の學問の型に囚はれずに、新らしい研究を導くやうにつくられた。

學問の向上とコレージユ・ド・フランスの特徵（二）

大正15年4月3日

最初はほとんど學校といふべきものもなく、たゞ國王の學問所の顧問の如き形のものであつて、教育の方法といふものも一定しなかつた。しかしその講師たる人々は多くは博學でかつ獨創家である人が多かつた。十七、八世紀に至つてその講座數が段々增加して、そこに組織の發達を見、學長のやうなものも出來るやうになつたが、ただ元來が王朝に屬したものであるがために、王朝の全盛とともに、かへつて最初の革新の意氣が減退したやうな傾きがあつた。それでもその教授たちの中には博識の人あり、造詣深い人もあり、著作家もあり、あらゆる種類の優秀の大家があつたが、たゞ獨創の精神、學問の新らしき方面の開拓といふやうなことが乏しくなつて來た。フランス革命の前ごろには、その講座數が既に二十に達して、文學、法學、歷史、數學、物理學、自然科學が大體完備した。さうしてこれ等が革命大學を經たけれども、この組織だけはフランスの舊制度の中で、革命の手を免れた唯一のものであるといはれてゐた。ナポレオン帝政時代からその以後までも依然として存續し、その組織が漸次完成に近づいて來て、十九世紀に至つて著るしき發展をなした。それでこの大學の外觀は、別に大した變化はなく、從前のまゝであるけれども、その組織がよいために、外部に新たに生ずる總ての事情に調和して、新らしき途を開拓し、また發展することにおいて、內容の進步を來した。

その發展は不思議にも先づ東洋學において現はれた。ナポレオン帝政のころからして、既に梵語學が起り、古代および近世支那の言語、歷史等の研究は、殊に有名なアベル・レミユザー、スタニスラス・ジユリアノ、エルベー・ド・サンドニー、エドワード・シャバンヌなどの人々が相次いでこれを發展せしめた。エヂプト學、アツシリアの言語學、考古學なども起り、十六世紀以來既に絕えずこの大學において教授されたヘブライ語學、文學は有名なルナンにより、キリストの傳記に關する新研究となつて現はれた。その他の東方語卽ちアラビア・トルコ・ペルシャ・アラミア語、中央アジアの言語、歷史、考古學、印度支那の歷史、言語學、金石文學などが段々に起り、今日に至るまで繼續して、フランスの東洋學をして、ヨーロッパにおいて特別優秀なる位置を占めさせるまでに發達した。

　それから歐洲の古代學も盛んになつた。即ちギリシャ・ラテンの語學、文學に關する研究、ギリシャ・ローマの金石文學、考古學、中世考古學および古錢學、比較文法學（後に言語學）、聲音學などが段々に起つて來た。フランス語學、文學の研究も段々中世に溯《さかのぼ》るやうになつて來た。外國語學、文學、すなはちスラヴおよび南歐、古代ゲルマンの語學、文學の研究が起つた。史學、地理學も盛んになり、史學方法論、フランスの歴史地理學、考古學、北アフリカの史學、人文地理學、アメリカ考古學、フランス植民史なども段々に起り、哲學、經濟學、政治學の新講座も出來、その中には比較法制史、經濟學史、社會哲學、勞働史、理學、美術史、宗教史、科學史などの新講座が殖えた。これ等と同樣に數學、物理學、自然科學なども段々に進歩し、醫學の講座も加はつた。

　かくの如く、今日では全體で四十以上の講座を持つてをつて、各科の學問を網羅してをるが、大體このコレージユ・ド・フランスの特長は、その最初の創立の趣旨に從つて、他の大學などにおいてはまだ一つの學科として講座を與へられない新らしい學科のために力を盡して來たことである。前にもいつた有名なエルネスト・ルナンは、このコレージユは成立の途上にある學問のために存在するといつたくらゐである。尤もこれはこの大學が發展の或る時期には、最も適當した言葉であつたが、現在のコレージユとしては、單にこの趣意ばかりで出來てをるとはいはれない。もしルナンのやうにいふならば、學科が既に認められて、他の大學などに存在してをるときは、このコレージユではそれを存して置くことが出來ないはずであるけれども、事實はさうでなくして、コレージユの眞の職分は二つの重要な事柄を持つてゐる。第一にはこのコレージユには地位階級の制限なしに人を入れるといふこと、從つてプロフエツサーといふやうな人でなくとも、或は特別な發見により、或はその人の學識により、或は獨創的な研究によつて、名ある學者は何人でもこれを招聘することが出來る。第二にはこのコレージユは何等の試驗の準備をもなすところではない、それゆゑ授業は何等のプログラムにも拘束されない。それで學術研究の方法としては、かくの如く廣汎な獨立を持つてゐるところは他にどこにもない。これが即ちこのコレージユの存在の理由で、またコレージユの掟になつたのである。コレージユには教授がある。しかしその講座は一定の學科の課程に拘束されないから、原則としては永久的の講座といふものがない。

學問の向上と
コレージユ・ド・フランスの特徴（三）

大正15年4月4日

學問が變化するに從ひ、また學問を進步さす人が現はれて來るに從ひ、昔からあつた或る學科の授業を廢し、または改正し、新らしい學科の授業を始めることが出來る。教授が退職し、死亡しなどして缺員が生じたときに、そのために餘つて來た經費を新たに使ふためには教授會が開かれて、その意見を文部大臣に提議する。それで教授會の考へ次第で、その經費を前と同一の授業のために繼續することを申出ることも出來、また新たに適當と考へられた異なつた授業をもつてこれに代へることを提議することも出來る。提議が容れられると教授會は第一第二の二人の候補者を指定する。その場合に、前にもいふ如く何等の階級にも地位にも束縛されない。またアカデミーの側からも、その定められた授業の學問に相當する二人の候補者を提出する。その候補者の中から教授を選定する權は、大臣に屬して、國の元首卽ち大統領によつて教授は任命される。勿論このコレージユには國費で設けられた講座の外に特殊の基金で存立する講座も多數あるが、その特殊講座の教授の任命も、前と同一な形式で行はれる。

以上の如く、大體においてコレージユは講座の改正が自由であるのが原則とされてをるけれども、或る場合には多少の拘束を受けることもある。卽ちコレージユに現在して居る授業が、他の大學などに全くない場合、その授業を保存する必要があると判斷されたときには、これを改廢するといふことは出來ない。また特殊の基金で出來てをる講座は、その基金の寄附者などの申出た條件に拘束されることがある。かういふことは勿論例外であつて、この例外は現在では段々減つて行く傾きになつてをる。今日以上あまり例外の出來るといふことは、大體いかぬことゝせられてをる。

この大學の仕事としては、授業、教授派遣、研究といふやうなことであるが、授業はやはり自由を原則としてをつて、各教授は年々講義の題目を、その持前の學問の領域の中から、現に研究しつゝあることにおいて選擇する。その時間の豫定をもきめて、教授會の承認を求める。時間の定め方も自由であつて、その題目によつて多くも少くもすることが出來る。しかし幾らか慣例が出來てをつて、非常な異例なことは起らない。授業の題目も一樣ではなく、總ての素養のある公衆に多少とも理解し得られる題目もあり、また聽講者が深い學力を有しなければ分らないやうな特殊な講義もある。許可を受けた學生の研究のために使用に供する研究室の講義もある。學術旅行もある。その他いろ〳〵ある。それで何かこれ等の授業の中に形式があるとすれば、總て學問の發達を目的とすべきことゝいふやうなことが共通の原則になつてをつて、單純な通俗化といふことは斷然排斥されてをる。教授の講義はすでに知れ渡つた學問上の事實を出發點とすることは一樣であるが、それに常に何等か新要素を加へなければならぬ。實驗の結果まだ知られなかつた說明を加へるとか、獨得の意見または解釋を加へるとか、更に嚴密な分析をするとか、更に暗示的な綜合をなすとか、兎も角その人の努力として新たなことが加へられなければならぬ。その授業された題目は、それを世の中に公表する上について、學術的出版をするとかいふやうなことで、學術の進歩を助けるやうに企てられる。またその授業以外に各種の研究室で、個々の研究について指導を與へるといふことがある。教授の下にあつて研究をなす人々には、眞に學問的な研究をすることを許すので、大學の試驗の準備などには關しない。その研究は何かきまつたことに從事するので、コレージユの碩學の助言を求め、その暗示もしくはその集めた特殊の資料を利用するのである。かういふことは自然科學などのみならず、言語學、歷史學、地理學、哲學、經濟學、社會學などに關するものでも、同樣に研究者に對して親切な待遇をすることになつてをる。

學問の向上と
コレージユ・ド・フランスの特徴（四）

大正15年4月5日

コレージユの聽講は總ての人に開放されてゐるから、何人でも教室に出入することは自由である。聽講者の希望によつては、聽講の證明書を貰ふことが出來る。その證明書には聽講のをはつたときに、教授および學長ともいふべき人の署名ある精勤證といふものをやる。このコレージユは例年十二月一日から翌年の六月三十日まで開かれるので、講義のプログラム、時間、各講義の開講日は、十月に出る一般の掲示で廣告され、その他年々そのころに發行される年報に、講義の要目、教授の住所氏名などを掲載してをる。

　このコレージユはパリにある有名なソルボンヌ大學と道を隔てたところにあつて、十八世紀時代の本館と、十九世紀建築の建物附屬物等があるが、しかしソルボンヌ大學とは全く關係のないもので、直接に文部大臣に屬してゐる。コレージユの總ての決議は教授會が掌《つかさど》つてをつて、その決議の執行および庶務は學長に委任されてある。學長は教授の中から任命される。同僚から推されて大臣の申請によつて大統領から任命される。コレージユには附屬圖書館もあつて、二萬册の共通圖書を持つてゐるが、その他に各研究室に所屬の特殊の圖書がある。現在の設備では、書籍は教授にさへも十分に使用が出來ないくらゐの不便さであつて、整理もよく出來てをらぬ。總ての費用も十分でなく、建物その他の擴張の計畫も、大戰爭以來財政の困難から停滯して行はれずにをるが、兎も角これが四、五世紀以來フランスの進歩を助けたといふことは一般に認められてをるところである。

以上はコレージユ・ド・フランスの組織の大體であるが、この組織を一覽したところで、すでに高等の教育に注意してゐる人々には、その如何なる點を日本に應用してよいかといふことに氣が着くであらうと思はれる。ヨーロッパにおける各大學が、多くは皆各々その發達の歷史を持つてをつて、樹木などの段々に成長した如く、アメリカなどで新たに建設される大學とはその狀態を異にしてをるのであるが、このコレージユ・ド・フランスも同樣で、たゞその發達が最初から學問の眞研究と因緣を持つて來たといふところから、極めて都合よく發達をしたのである。それゆゑその歷史を顧慮しないで、その組織の外形をそのまゝ我邦に摸倣しようといふやうなことは、これは無謀なことであるけれども、その發達の精神を考へて、これを日本における或る種の機關に應用するとか、或はまたそのために特別な機關を造るとかいふやうなことは出來得ないことではない。日本においてこのコレージユ・ド・フランスと多少共通し得るやうな精神で、從來設立されてをるのは帝國學士院であるけれども、それさへもこのコレージユの組織全體を應用するといふことは無理かも知れぬ。しかし學士院にこのコレージユ・ド・フランスの如き精神を注ぎ込んで、その仕事に新し味《み》を與へるといふことは、必ずしもなし得られないことではない。またさうでなくして、新たにかくの如き機關を設けるといふことも、全く出來得ないことではない。その費用からいつても、フランスにおいて四十餘人の教授を有してゐるコレージユの費用は決して大きなものではない。しかしこれによつて學問の自由な研究を奬勵して、常に從來の學問に何か新しい仕事、新しい意味を加へるといふことを繼續させるのは、その僅かの費用に比しては、遙に大きな成功をもたらすものと豫期してもよからうと思ふ。尤も我邦も最近になつて國立の大學も段々增加され、綜合、單科ともに十幾つかを數へるに至り、その競爭からして學問の進步を促すといふことは出來るやうになつてはゐるが、しかし普通の大學は、大體は學生の教育、一定の學科の講座、授業の周期等に拘束されて、自由な研究をし難い點が多い。コレージユ・ド・フランスの如き、その點においては極めて自由な大學が存在するといふことは、學問の向上においては極めて必要なことであると思ふ。聊か自分の見るところを述べるゆゑんである。

（完）

『大阪朝日新聞』　昭和2年4月1日

康有爲氏　支那の學風に變化を與えた學者として有名〔談〕

私は康有爲に初めて逢つたのは明治三十一年戊戌政變のの

ち、日本に逃げて來た時で、そののち一度京都帝大で會つたことがある。熱心な君主立憲論者で光緒帝の信任があつた。張勳が復辟運動を企てた時、彼はその主な參謀であつた。元來實際政治家といふよりは學者として有名である。その教學《ママ》に關する說などは實に四川の廖平の說を踏襲したものであるが、康有爲の方がかへつて有名で近年の支那の學風に一大變化を與へ、今までその風が殘つてゐる。然し餘り深みはなかつた。書論は一家をなしてゐたが、藝術に關する眼識は殆んど零で所藏の繪畫などは僞物ばかりであつた。學問もやゝさういふ風があつたが、兎に角支那の學界に大きな影響を與へたことだけは認めなければならぬ。

『大阪朝日新聞』　昭和2年5月21日

伊藤蘭嵎先生　百五十年忌に際して〔談〕

伊藤蘭嵎《らんぐう》先生の沒後、今年が百五十年に當るので、そのお祭りと記念講演會とを、仕官した土地の和歌山では二十二日、出生地の京都では二十九日に擧行する。和歌山は蘭嵎先生の菩提寺である法蓮寺、京都の分は二ケ所に分つて、お祭りは堀川通下立賣上る伊藤氏の本家で午前中に執行し、講演會は午後京大の樂友《らくゆう》會館で支那學會主催のもとに、駿河の學者山梨稲川《とうせん》先生の百年記念會と併せ行ふことになつてゐる。

蘭嵎先生は仁齋先生の末子、すなはち第五子で、元祿七年、仁齋先生六十八歲の時に生れた。晩年の子だから仁齋先生が寛永二年長逝した時に僅か十二歲だつたが、若いころから潁悟《えいご》の譽《ほまれ》が高かつた。五人の兄弟中殊に才氣煥發の風があり、若いころには隨分放縱の傾きがあり、よく夜遊びをしたと傳へられてゐる。ある夜締出しを食ひ、ドンナに門を敲《たた》いても開けてくれぬので、蘭嵎先生「火事だッ」と大聲に怒鳴つた。そして東涯先生が火の見へ登つてゐる隙にコツソリ内へ入つた、といはれてゐる。堀川の家では「東涯先生が自分で門を開けておかれた。それと知つて蘭嵎先生も恐縮し、爾後夜遊びを止めた」と傳へられてゐる。

仁齋の五男のうち長子東涯は、どこへも仕へず、堀川の古義塾を守つたが、他はみな仕官し、いづれも三十人扶持すなはち大凡百五十石ほどであつた。蘭嵎の諱は長堅といひ、紀州侯に仕へたのは享保十六年、三十八歲の時である。

元文元年東涯先生が六十七歲で沒した時には、その子東所は僅か七歲だつたので、古義堂の塾は維持頗る困難になつた。蘭嵎先生は宗家のために紀州侯に暇《いとま》を乞《こ》うて一旦堀川に歸り、爾後十年間、古義堂の後見役として甥の東所を守《もり》立てた。古義堂が中絶せず續いたのは、全く蘭嵎先生の功だといはれてゐる。

蘭嵎先生は、安永七年三月二十六日、八十五歳でこの世を去り、和歌山の法蓮寺に葬つたが、その學才は少年のころから認められてゐた。古義堂にゐたころ書いた文の草稿に兄の東涯先生が評を加へたものが現存してゐる。そのころからなか〳〵よくできたものらしい。經學は若い頃は勿論父兄の説を教へ込まれたが、中年すなはち東涯先生の沒するころから、別に一家の見識を持つたらしく、詩經及び書經に關する研究がそのころから初まつてゐる。その外に易、春秋などについても、新説が多く、殊に大學、中庸に關しては、父の仁齋先生の説とも全く異つた考をもち、敢て父の説に盲從しなかつた。

大體において、その學問の方法が、ある點では、清朝の考證學者の説と一致してゐる。すなはち、訓詁から經書の本旨を研究するといふ點が最も達見であつて、またその經書のいろ〳〵なものをお互に照し合せて、その間から新らしい見方をするといふ點は、最も長所であつた。殊にこれ等の點について同じやうな事を考へた清朝の學者よりも、常に三、四十年前に考へてゐたことの如きは、まことに驚くべき事である。

蘭嵎先生は、主として父兄の手をつけなかつた經書に十分な研究をしようとしたやうである。「詩古言」「書返正」「易憲章」（易本旨ともいふ）「春秋聖旨」「讀禮記」はその著述であるが、そのうち書返正の一部分、すなはち二冊が版になつたゞけで、他は一も刻されない。讀禮記は、全體ができたわけでなく、大學、中庸ができたのみである。それ等經學の出來榮《できばえ》は、その讀書眼の鋭さの點においては、清朝の學者といへども多くその比を見ぬ所で、勿論當時の日本の學者にはこれに比較すべきほどの人はなかつたらうと思ふ。これを父兄に比べると、やはり深く廣い點では劣るが、その鋭い點では、或はこれに優る所があるかと思ふほどである。

その遺著の稿本は、初稿、二稿、三稿までは悉く堀川の伊藤家にあるが、最後の稿本らしいものは、紀州の伊藤家に傳はつてゐたが、近年に至つて久原文庫に買入れられ、京大の書庫に保存されてゐる。その他蘭嵎先生の詩文集には「紹衣稿」といふものがあつて、伊藤家には蘭嵎自筆の未完本と、東所が集めた完本とがある。その文集のうちで最も世間にひゞいてゐるのは、老子の研究に關したもので、蘭嵎先生は「老子は元來實在しない人だ、その本は戰國のころに造られたもので、反つて莊子の意を襲ひ、その言葉を盜んで成したものだ」と主張し、當時既に世間の學者を驚倒させたと見え、大阪の町人學者山片蟠桃（中井竹山、履軒の門下）の「夢の代」にも早くから引かれてゐる。

とにかく蘭嵎先生は、日本の經學者のうちでは、仁齋、東涯、徂徠などの大家を除けば、殆ど比類のない奇拔な見識をもつた人であるが、惜いかなその稿本が世間に傳はらぬため、世の學者も多くその卓越したことを知らぬ。こんどの機會に多少發表したいと思ひ、私は和歌山で講演し、狩野博士は京都で講演せられることになつた。堀川の伊藤家では、蘭嵎先生の遺稿、すなはち「紹衣稿」のうちから學問に關係ある文章十數篇竝にその詩を拔き出し、これを出版することにした。經學に關する文はまだ殘つてゐるが、大體蘭嵎先生の學力は、今度の印刷もので見ることができると思ふ。

序《ついで》ながら、こんど支那學會で蘭嵎先生と同時に發表する山梨稻川といふ人は、說文の研究家で、その點では德川時代第一の人である。やはり淸朝の經學家と竝んで遜色のない人だから、この二大學者を同時に紹介することとしたのである。

『大阪朝日新聞』　昭和8年11月26日

純情・英斷の人
書畫一つ買ふにもこの心意氣※
悲しみ深き内藤湖南博士

私は明治二十七年から二十九年までと三十三年から三十七年までの二回、朝日新聞に働いてゐました。第二回目は恰度《ちょうど》日露の風雲急をつげたときで、村山さんは大英斷をもつて戰爭前私を滿洲に特派し事情を調査させました。當時新聞記者が滿洲に行くなんてはじめてのことで他の新聞社なんか吃驚《びっくり》してゐましたけれど戰爭になつたとき事情に詳しい私の記事が評判となり外務省でも大阪、東京兩朝日新聞の記事を參考にしたくらゐです。

あの當時は村山さんも血氣盛りで、ドン〳〵仕事を進めまし人材も集めてあり、他の新聞社なんか眼中にありませんでした。またそのころ某新聞のやり方が惡いといふので朝日新聞紙上で攻擊したことから喧嘩となり、約四ヶ月間ほどは村山さんの命令で私が喧嘩係となつて大いにやつたものです。村山さんは昔から有名な書畫骨董好きでそれを買込むにもあの人の性格がよく現はれてゐました。現在國寶となつてゐる梁楷筆の「踊り布袋」の軸を商人が四千圓で賣りに來たとき、東京のある金持が五百圓負けろと値切つてゐたのを村山さんはその場で一文も値切らず四千圓投出して買込みました。村山さんは果斷で、よいと信じたらどこまでもつき進む人で、また一面非常に情誼に厚い人でよく社員なんかも泣かされました。村山さんのこの精神が今日の大朝日新聞を築き上げたもので高齢とはいへ、あの人を失つたことは新聞界のみならずあらゆる方面の大なる損失です。

※村山龍平の死に際しての文章。

『大阪朝日新聞』京都附録　昭和9年2月23日

鐵齋翁尙生きる？　本田蔭軒博士の作畫

鐵齋翁の門人と稱するものが能く世間にあるが、大抵如何《いかが》はしいものばかりで、一體鐵齋翁に門人と稱するものは全く外になかつたのである。本田君だけは間違ひのないたゞ一人の門人で、翁の衣鉢を襲《つ》ぐものは君より外にない。殊に「文學博士」といふ肩書まで持つてゐるのであるから、翁の畫風を繼ぐとしても恥かしくないのである。併《しか》し本田君は鐵齋翁に學ぶ前から既に書畫共に下地があつたのであり、また學問も翁に劣らずあるから、君の個性も働くは勿論で、たゞ能くある鐵齋翁の贋物書きのやうに翁の癖ばかり眞似るのと違ふやうだ。多分鐵齋翁の到着した所から、更に研究して行かうとするらしい。そこが面白いと思ふ。一體日本の南畫といふものは、大雅《たいが》、蕪村《ぶそん》の二人から創《はじ》められて、品の高い作も出來たが、何分未だ純粹の域に至らず、狩野派の臭氣を脱することが出來なかつた。文政、天保の際に竹田《ちくでん》、半江《はんこう》、崋山、椿山などが出て、漸く明清の名家に匹敵するやうなものが出來た。しかし、それ以後は只「樣によつて胡蘆を畫く」甘つたるいものばかりで、見るに足るものがない。たゞ明治、大正に富岡鐵齋翁が出て、美術界に巨大なものを齎《もたら》した。山水、人物、花卉ともに明清の大家に匹敵して少しも遜色がない。山水は石濤《せきとう》、石溪の逸格《いつかく》に似てをり、人物は陳老蓮に、花卉は惲南田《うんなんでん》の韻に近いものである。まづ近代第一人といふべきである。本田君は翁も大に望を屬してをつたが、惜しいことに君の大成を見るに至らずに世を去つたのである。今日の本田君の畫を見たら、翁も恐らく破顔するであらうと思ふ。（今度京都に君の知人たちから、君を後援する會が出來て、大に君に筆を揮《ふる》はせるといふことである）

『大阪毎日新聞』　大正5年6月7日

袁總統歿後の支那　當分亂脈は免れず〔談〕

袁總統が逝去したのは甚だ誂《あつら》へ向きで、結果は退位したよりも簡單に出來たわけとなる。袁氏本人には甚だ氣の毒ではあるが、支那將來の爲めには、大に結構な事であるといふより外はない。若《も》し袁氏が生きて居つて、退位したとすれば、退位した後においても自分の勢力の無くならない方法を講じたに違ひない。河南に割據するとしても、よしそれは出來なくとも、或は外國に遁《のが》れるにしても、袁を中心として居つたものは、全く其方の希望を斷念すまいから、頗る研究を要すべき事であらうが、死んで仕舞つた以上ソウいふ心配は入らない。袁克定に望みを屬する物好きもあるまいから、此點において誠に簡單に解決された事になるのである。勿論袁世凱沒後は、當分支那は亂脈であらう。何となれば、一歩々々形勢が變化するところを急激に變化を來したのだから、中心勢力がなくなつて途方に暮れる樣な譯であらう。けれども、此際南方諸將の方でも、袁さへ退位する事になつたなら、戰爭をすると云ふ口實もなし、勿論さなくとも、好むで戰爭をして居るのではないのだから、何れの方面からも、割據してまで平和を破るといふ虞《おそれ》は、全く拂はれた譯である。袁の後に、北京に殘つて政務を採るべきは黎元洪であらうが、實際に職務を採るべきは段祺瑞にしても、此際胸襟を披《ひら》いて馮國璋なり南方諸將を迎へて、共に國事を計り、第一に最も内外に不信用を流して居る財政を回復したならば、各省共に中央政府に對してその收入の金をも送らないといふ口實もなくなり、外國の管理して居る鹽稅なども續々入つて來るであらう。さすれば、案外始末が早く出來るかも知れない。然し、これと同時に最も愼むべき事は、外國に對する態度、即ち今では隱然として支那の平和の保障者となつて居る日本に對する態度を改めさせる必要がある。此頃の山東事件の如く捨鉢《すてばち》の擧動をせぬやうにする事が大切である、云々。

『大阪毎日新聞』

支那の參戰は不可〔談〕

大正6年2月9日

支那を聯合國側に引入るゝの議は、一昨年頃に起り間もなく立消えとなつたが、今度米獨の國交斷絶より延《ひ》いて、支那の參戰如何が又新しい問題として湧いて來た。獨逸の優勢であつた青島戰役當時に於て、支那が斷乎として聯合國と外交上の歩調を一にし、其結果同國と獨逸側との國交斷絶に至つたのであれば、少しは意義をなすのであるが、現時の戰局に於て、國防上にも經濟上にも直接の關係のなき位置にある支那が、偶々《たまたま》獨逸が南風競はざるを看取し從來の中立態度を豹變して、英、佛、米各國の勸說に應じ、聯合國側に加入し、米國の顰《ひそみ》に倣ひて國交斷絶の幕を演ぜんとするが如きは、同國外政上の無主義無定見や嗤《わら》ふべしである。シカモ、之が支那の新智識階級の輿論であると云ふに至つては、頗る眉唾《まゆつば》もので、參戰論者が自說に勿體《もったい》をつけんが爲めに、智識階級といふ樣な漠然たる美名を藉りて居るものに過ぎない。英、佛、米等の聯合國側が、此際頻《しき》りに支那を引入れんとするは、之に依りて何の利益を得んとするのであるか。支那にして參戰せば、獨逸をして支那までも汝を敵とせるを見よと威嚇《いかく》し、一面支那に於ける獨逸竝に同國側の經濟的根柢を一掃するの利益はあるであらうが、聯合國の支那引入に力瘤《ちからこぶ》を入れるのは、決して斯様な表面上の利益を當《あて》にして居るのではなく、眞の目的は却つて他にあるのだ。我外交界の戒愼すべき點は此處である。支那の參戰論者も、亦之に應じて聯合國側に馳《はせ》參《さん》ぜんとするのも、決して米國の如き國際の危機に迫られてのことでもなければ、世界平和の促進といふ様な高遠な理想からでもなく、全く其眞意は外にあるのである。例のシンプソン氏一派が「此際支那は、日本を過度に恐怖するの必要なし。聯合國側に參加せば、英國其他の協力を得べければなり」といつた様な煽動をして居るのは、抑も何を意味せるか。蓋し思《おもい》半ばに過ぎるのである。遠交近攻の非を悟れる支那の眞の思慮ある政治家は、斷じて斯る言説に動かされざるを信ずるものであるが、此際支那にして、苟くも日支親善の大義に反し、兩國關係の乖離を來すが如き行動に出づるに於ては、我帝國は巍《ぎ》然として反對せねばならぬ。是は帝國をして敢て支那の内政に干渉せしめよといふのではない。日本政府も亦聯合國の有力なる一員である以上は、日本が聯合國側にありて占め居《お》る所の、一個の立場より反對すればいゝのである。支那自身の利害問題として見るも、自國の過れる政策よりして各聯合國及び米國竝に西班牙《スペイン》其他中立國の如き、當面の交渉なき獨逸に對して參戰の理由を設け、皮相なる御都合主義に依り、タトヒ疲弊せるも尙儼たる世界の一强國と深《しん》讐《しゅう》を構ふるが如きは、斷じて採らざる所である。況《ま》して之が日本の意思に背馳するに至りては、支那參戰の無暴や、亦甚だしといふべしである、云々。

『大阪每日新聞』　大正6年6月1日

大變動は起るまい　支那通弊の利己的政争〔談〕

段祺瑞の失脚以來、支那の政變は一波萬波を呼んで、倪嗣沖《げいしちゅう》の獨立となり、更に奉天、湖北、山東、陝西四省の獨立となり、張勳の態度も怪しくなり、漸次騷亂は擴大し、怒濤萬丈の狀を呈せんとしつゝある。この勢ひでは、江西、福建、河南、山西、吉林、黑龍江等の各省も亦獨立を圖るだらうから、容易に鎭定するまいと思ふ。倪嗣沖の獨立は、段との關係上止むを得ざるもので、段の免職後自己も晏如たる能はざる情勢をトし、積極的に自衞の態度を明かにしたのであつて、北方軍人派に相當の脈絡あるべく各省に呼應するものが續出し、北京政府を脅威すれば、倪の目的は最早達したわけだが、併《しか》し督軍連が片つ端から獨立したところが、必ずしも段祺瑞の爲めでもなければ、倪嗣沖と提携したものと見ることは出來ぬ。民黨に好意を有し、北京政府に善感を有する省でも恁《こ》ういふ際は、獨立せねば獨立した隣省から攻撃せられる虞《おそれ》があるのみならず、獨立すれば北京政府へ送るべき鹽税、關税其他の納附金等が、盡く自分の懐《ふところ》に入る勘定となるから一擧兩得で、獨立せねば損だからである。張作霖の如きは、馮麟閣《ふうりんかく》に對して自己の威力を張る手段と見ればいゝ。恁うして倪其他獨立せる督軍は、自家に有利な仲裁者の現れて來るのを待つのみで、こが爲めに戰亂が起るの革命を行ふのと云ふやうな大變動は、今日の支那には斷じて實現されまい。外國が積極的手段を取つて騷亂に臨めば、また意外に局面の展開を見ることなきを保せぬが、列强盡く戰爭に忙殺されてゐる折柄だから、先づ斯様な呑氣《のんき》な喧嘩が出來るといふものである。第三次革命の如きは、蔡鍔は到底袁と兩立すべからざる死地にありしを以て、彼《あ》れだけの戰鬪を遣り遂げたものであるが、今回の倪一派の獨立は、左様に深刻な理由から出たものでなく、唯軍人派の地位を安固にし、近來益々高くなつて來た民黨南方派の鼻を叩き折ればそれで可《よい》のである。且黎元洪は其施設、其人格ともに圓滿な不偏不黨の總統で、頑固な北方派でさへ無暗に食つて掛る必要はないのだから、今回の騷亂に依つて其地位を動搖するやうなことはまづ無からう。要するに、結局は商務總會あたりの有力な名望家が、いつまでも獨立騷ぎが續けば困るといふので動き出し、馮國璋などが仲裁役となつて周旋すれば段落《かた》が付くだらう。併し夫れには時間が掛る。卽ち戰爭にはならないで騷動は長引く一方、宗社黨なり清朝復辟論者などは必死に運動する。獨立督軍連は之に好辭柄《こうじへい》を得て、北京政府威嚇の道具に使ふだらうが、之も物にはならぬ。元來恁うした騷動は支那のみでない。袁一派の軍人派は、我國の藩閥の如く、國民黨其他の政派は、所謂政黨者流で、我國でも兩者の勢力爭ひが絕えぬが如く、支那にはそれが大袈裟に蠻《ばん》的に行はれるまでゞ、容易にこれは根絕出來ない。當面の問題としては、折角出來かけた李經羲内閣も、淸浦内閣同様、これでは流產の外はないのである、云々。

『大阪毎日新聞』　大正6年6月10日

支那の覺醒とは何ぞ（上）〔述〕

京都市公會堂の落成記念講演は八日夜催された。當夜内藤博士の講述された講演を紹介する

最近支那では、又々動亂が始まつて居る。動亂は支那年中行事の一つで、戰爭といふのも、畢竟雙方から電報を打ち合つての戰爭であるから、非常に景氣が好い。相撲に贔屓《ひいき》がある如く、支那の動亂にもソレ〴〵敵味方に同情者があつて、

電報の戰爭を更に贔屓付で我國に報道せられるので、傍觀者に取つては興味津々たるものがあるが、併し事實は果して怎麼《どんな》であらうか。動亂後、吾輩が受取つた北京の實業家からの書信に據ると、北京では銀行家も實業家も平氣でソノ業を營んでゐるとある。恁《こ》ういふ現狀では、恰も日本人の牛は、支那政治家に利用せられて騷いでゐるとしか見えぬ。騷ぐのは面白いが、眞に日本の利益の點から云へば、斷じて好ましからぬ事である。

動亂に對する觀察　斯くの如き動亂に對して、我國では種々の觀察が行はれてゐる。而して支那の動亂は支那が覺醒せる結果なりとの說が、最も多數の所謂支那通の口にする處で、此說に據れば、今日の動亂は、支那に於ける官僚派と民本主義との衝突であり、段祺瑞一派の官僚に對し、國民黨其他の民黨が戰を宣しつゝあるものと解釋されるから、支那は動亂每に覺醒して行くといふ事になる。併しながら、之れは今日の支那を觀察するに、日本の現狀を以てしたものであつて、これにはまづ支那は果してそれ程迄に覺醒せるか否かを檢せねばならぬ。

覺醒後六年　第一、支那が自ら僭して中華と言ひ、外國を盡く劣等視せる、謬れる所謂中華思想が打破せられたのは、今より七、八十年前、彼の阿片戰爭に起因したものであつて、それから以後、英佛聯合軍の爲めに北京を衝《つ》かれ、漸く支那は其謬想を棄つるに至つたが、而も眞に支那が自國も亦世界に於ける單なる一國に過ぎざることを覺醒し、この覺醒の事實上現れたのは、今より六年前の大革命である。我國にては、嘉永年間ペルリの來朝よりして自國の對外關係が明かとなり、竟《つい》に維新の大業をなしたのであるが、我國は、維新後既に今日に至るまで五十年を閱《けみ》してゐるに係らず、支那は革命後未だ僅に六年しか經過して居ない。之を以て見るも、今日の日支兩國を同一標準により比較せんとするは、謬れるの甚だしきものと云はねばならぬ。我國維新後の六年と云へば、將に征韓論沸騰のため、政府內に分裂を來たし、佐賀の亂に次ぐに熊本、山口の動亂あり、更に鹿兒島の戰爭となり、續いて明治十四年頃の國會戰となり、漸く憲法發布の基《もとい》を築いたのである。

宛《さなが》ら征韓論　現在支那に於ける參戰問題は、其態度に於いて眞摯《まじめ》不眞摯の相違こそあれ、正しく我國當年の征韓論に匹敵するものであつて、支那が眞に今日の日本までに發達するには、まだ〳〵年中行事が續かねばならぬ。現在の支那は各省督軍割據で、まだ我國の所謂廢藩置縣さへ行はれて居らぬ。その動亂每に我國が無數の彌次《やじ》に騷ぎたてられて、其都度恐慌を起して居ては際限がない。誠に氣の毒な次第である。

支那の覺醒とは何ぞ（下）〔述〕大正6年6月11日

前號に述べし如く、等しく覺醒と云ふにも斯く階段があるが、第二に、ソノ覺醒の方面に於て、「内治」と「外交」との二つに分けて考へて見る。

支那に於ける外交上の自覺は、前述の如く、阿片戰争竝に英佛聯合戰、降つて日淸戰争、北淸事變に至つては、支那は世界の中華より急轉直下世界の弱國たる自覺を得たが、コレと同時に、引續き如何にもして此屈辱を雪《すす》がんものと努力してゐる。而も其方法たるや、我國が列强に對し爲したるが如き眞摯の努力に據るにあらずして、專ら老獪なる外交的手段にのみ依頼し、遠交近攻策の如き愚策を取り、夷を以て夷を制すとなし、利權回收熱に浮されて居る。シカモ現在支那の經濟上の實力では、如何に利權を回收したところで結局寳の持腐れに過ぎぬことに氣が付かない。殊に近年親米熱とか稱して、當にならぬ亞米利加を賴りに、我國を敵とせんとするが如き態度に出づるを以て支那の覺醒呼《よば》はりもないものである。斯様な外交は、巧緻《うま》ければ巧緻いほど、支那は結局自ら亡國の悲運を招くのみである。

次は内治上の自覺である。支那に於て政治上の弊害を矯革するの策、竝に如何にすれば善政を布くを得んかといふことは、二千年以前既に考究せられたるものに拘らず、現今にては支那政治家は、唯々外國の制度を丸呑みに輸入し、之を飜譯通りにさへすれば、政治上諸般の弊害は除却せらるるものと考へてゐる。自國の歴史を知らず、隣邦たる日本が立憲政治を採用するに至れるまで如何に苦心考究を重ねたるかを思はずして、立憲政治どころでなく一足飛に共和政治を斷行するに至つた。其結果近來では、復辟論者多き北方は官僚派にして、南方派は民本派であり、共和主義である等と唱してゐる。斯く見來れば、コレ盡く外國の書籍を飜譯した現象であつて、斯くの如きことが覺醒であるなれば、天下に覺醒ほど恐るべきものが無いのである。

之から二百年　要するに我國の支那通なるものは、以上の如き支那の狀態を覺醒なりと觀察して、無暗《むやみ》に騒いで居るに過ぎぬ。ペルリ來朝以來、我國の維新まで十有八年を要したるを、支那は阿片戰争より革命に至るまで七十有餘年を費してゐる。大國であるだけに、其間我國の四倍以上の時間が掛つてゐる。此調子で行けば、維新後五十年なる我國の現狀に到達するまでには、支那は尙コノ上今後百五十年乃至二百年を要する勘定とならねばならぬ。コレは餘りに極端ではあるが、支那の覺醒如何は、結局斯くの如きものである。然れば今日の支那に要するは、我國が往年執りたるが如き謙讓の態度を以て外國の文明を學び、更に國力の充實を期し、然る後、國民的長所を發揮することである。其他、支那の國民性竝に支那が國家としての年齡の上からも覺醒問題を見る必要はあるが、今假に之等を除外するも、尚支那が眞に覺醒するまでには、右の如き道程を經ねばならぬ。然らずして支那の覺醒を語るが如きは、所謂贔屓の引倒したるに過ぎぬ。自他を災ひせずんば幸である。

我石器時代は新らしい〔談〕

大正6年11月1日

『大阪毎日新聞』

前後十三回に亙つた國府衣縫《こういぬい》遺蹟發掘調査の記事に於て、其の發掘調査の經過、發見人骨、遺物の種類形狀出土の狀態等の概要、事實有りの儘に報告した筈であるが、今度發掘結果に對し、京大教授內藤博士は、渡支の前一日、斯ういふ意見を語られた。

今次、河內國府の石器時代の遺蹟や發掘の結果、各種の發見品は、いづれも珍貴のもので、學術界に向つて殆ど破天荒の事實を寄與したものといつてよい。人骨の事は、自分の專門でないし、又一々實見したわけでないから、茲《ここ》に明言は出來ないが、十餘體の人骨のすべてが平均に異常に大きいといふことは、亞細亞民族としては、先づ女眞民族に近い樣に思はれる。然しこれは斷言するわけではない。唯感じをいふたわけで、必ずしもこれで發掘人骨の人種を決定して見やうとするのではない。

發見品中の耳飾、銅鏃に至つては、勿論支那品であることゝ、それが支那漢代のものであることは斷じて疑はぬ。耳飾に使用した一種の玉は、支那では古來玦《けつ》と稱して帶飾りに使用して居つたもので、耳輪として使用したものではない。恐らく支那から此の玦が國府遺跡を殘した民族に舶來して、其の用途が不明であるところから、耳飾りとして使用したものであろう。

銅鏃の發見によつて、我石器時代の一時期には、金屬器と石器併用の時代があつたことは、最早疑ふ餘地がない。そればかりでなく、支那との交通があつたことも慥《たしか》に事實である。

元來、日本と支那との交通は古くからあるが、交通らしい交通が開けたのは漢代からである。由來支那から日本に交通の開けたのは、山東と滿洲及朝鮮地方の交通が開けてから後の事であつて、夏殷周三代の頃には殆ど其交通すら開けて居らぬのだから、日本支那の交通は、先づ漢代と見るべきである。まして玦とか銅鏃とかいふものゝ傳來は、什麼《どう》しても漢代以後に需《もと》めなければならぬ。ソシテ我石器時代は、某々學者が言ふが如く、三千年以前に限るといふ樣な、悠遠な昔に需むべきものではなく、一千數百年前までに、我國は石器時代の住民の存して居つた事を承認せなければならぬわけである。

彌生式土器に就いて見るも、其の文様には、明かに漢代の文様の影響を受けて居ることを認める。此の點からいつても、我石器時代は、漢に交通の開けた頃まで引續いて居つたものであることを推定し得られる。

兎にも角にも、國府の遺蹟は學界貴重の遺蹟であつて、これが十分なる研究調査の續行は、やがて我石器時代を闡明し得ることになるであらう。

支那を巡歷して〔談〕

『大阪毎日新聞』　大正6年12月23日

支那巡遊を終へたる京大文科教授内藤湖南博士は、高橋代議士、稻葉君山氏と共に二十二日午前九時十七分京都驛に着し、知友等の出迎へを受けて、博士は自邸に、稻葉氏は小川亭に入り、高橋代議士は、同列車にて歸東せり。博士の視察談左の如し。

巡歷約三箇月、南支那より始めて北支那、滿洲及び朝鮮を經て昨今歸つたばかりである。その間親く支那の人士と會見し、又は實地に臨んで調査した所も少くない。自分が會見した人々には、無論政治家も勢力者もあつたけれども、多くは老儒達であつた。それらの老先生達は、何時もながら義理固くして衷心愉快を禁じ得なかつたが、所謂青年者流に至つては、全く我維新當時の横濱や神戸あたりの商館の才取《さいとり》に彷彿たるもので、唯不愉快を感ずるばかりであつた。自分の部分的見聞談は既に幾度も紹介されて居るから、極めて大つかみな觀察談を述べてみやう。

先づ第一に、支那國民一般の日本に對する感情は果して如何かといふに、自分の觀察する所に於ては、世間に喧傳せらるゝが如く、寺内内閣の對支方針が排日氣勢を煽つて居る様には思はれない。支那人は、常に日本人の如く感じが鋭敏でないから、我國現政府の對支政策が直《じき》に支那の人心に影響するものではない。干渉不干渉いづれにしても影響があるとすれば、それはまだ〱後の事であつて、今日支那に反日的傾向のあるのは、寧ろ大隈内閣當時の日支協約二十六條が祟りをなしたものであつて、此の思想が、容易に支那の人心から除去されない堅い根柢を作り、内閣更迭後年一ツを經た今日に於てすら尙日本反對の累を爲して居る。いふまでもなく、今日我國に報道される日支關係の消息は、主として上海に於て製造されるものであつて、信用すべきものは一としてないといつてよい。上海は、支那にありて全く支那とは別世界で、支那から獨立した一小國の感がある。同行の高橋代議士は、上海を目して、東洋のモナコ共和國と言つたが、確に名言で、上海は支那に於ける凡ゆる陰謀の策源地で、而も夫れは悉く破壊を意味する陰謀であつた。段祺瑞、一度中央政府に據れば、反對黨は直に上海に集合し、段政府が覆へれば、國民黨が上海に割據するといふ樣な狀態で、此處から反對の報道が常に諸外國に致されるのであるから、常に支那中央と反對の消息のみが傳へらるゝ譯である。それ故に日本内地に居つて支那の狀態を想像するは、誠に片手落ちの感があり、多くの支那漫遊客が、常に上海に於て觀察の正鵠を誤れるのである。過般の南京會議の如きも、其の眞の火元は、上海と北京との兩地に在る段反對派の策する所であつて、次で天津會議となり、今日では、段が再び勢力を恢復するところとなつた。

馮と段との間柄は、兩者共に今日では努めて感情の圓滿を計つて居る樣であるが、其の意見は常に阻隔して居る樣である。北京にある諸新聞記者の觀察が果して誤りなしとするなれば、段が復活するのは今後四箇月を要するといつて居る。段が馮に取つて代るといふのか、或は單に段の意見が悉く馮の容るゝ所となつて再び總理に復活するのか、其邊は容易に判斷は付き難いが、明年は大總統の選擧期でもあるから、形勢が如何樣に變轉するか、其邊は支那の事であるから豫知し得ないまでも、段果して復活するとせば、今日の支那の制度に於ては、總統よりも國務總理として働く方が手腕を揮ふことが出來得るであらう。

又一方孫逸仙の勢力如何と見るに、御氣毒にも、北京側では殆ど其の勢力を認めて居らぬ。南方では、唯陸榮廷を認めて居るばかりであるから、孫逸仙が果してどれだけの事を爲し得るかは、頗る疑問である。孫にして、若《も》し上海に在住するなれば、或は今少しく其の勢力を認められたかも知れない。南北の爭といつても到底大戰爭とはならず、結果は既に言つた通り、金力を有するものゝ勝となることは、今日より見て明かに推測が出來る。

飜つて日本人が實際に支那内地に扶植した勢力を見ると、幾分末頼《すえたの》もしくも感ぜられる。これは、勿論大隈内閣の御蔭でもなければ、又寺内内閣の爲せる所でもない。唯日本人個々の努力によつて爲し得た實力であつて、各地に各種の事業が勃興し、鑛山の如きも未だ事業には着手せないまでも、既に調査された箇所は餘程多數である。けれども元來日本人の遣《やり》方《かた》が、常に支那人の感情を害して居る。現に鑛山採掘の如き農商部の監督に屬するも、其の甘汁《うましる》は陸軍側が吸ひ取るといふが如き統一なき支那政府の現狀にありては、政府と政府との交渉に依つて爲すよりも、個人と個人との間に十分約束をしてからするといふ方が事實に於て成功の見込がある。斯ういふ失敗は、我某々實業者間に於ても現に繰返されつゝある事實である。余は今回の視察に依つて更に此種の感を深ふしたわけである。

歐州の戰亂が支那人の思想に及ぼして居る影響を見るに、國際關係などを念として居るのは、唯官吏ばかりで、其他は、僅に苦力《クリー》の供給、肉の輸出位で、幾分戰爭の利益を受けて居るといふばかりで、それも苦力の募集の如きは、山東に於ては、日本人の手によつてなされて居るので、其の利益は日本人の占むるところとなつて居る様な次第であつて、我國の如き戰爭成金は一人として居ない。一般人にありては、歐州戰亂或は戰後の支那などゝいふ遠き問題よりは、目前の騷動を怖ろしく思つて居る。現に自分が長沙に客となつたのは、匆論騷動の後であつたが、曩《さき》に北軍の侵入によりて掠奪され、其後南軍の爲めに軍費の徴發を強られて居た。漢口の如きも軍隊の掠奪徴發を最も恐れて居るので、長江沿岸の都會を支配して居る商人の意見としては、南北の調停――ソンナ問題は什麼《どう》でもよい、唯騷動が治まればよいといふに歸着し居る様である、云々。

大正7年3月10日

『大阪毎日新聞』

總統辭職は例の狂言〔談〕

馮總統が辭意を通告し、或は各督軍の意嚮を問ふたといふが、頃來《けいらい》の支那電報は、殆ど悉く爲めにするための報道で信ぜられないこと夥《おびただ》しいが、何れにしても、眞面目に事の推移を考へるのは愚で、どんな態度に出やうともそれは全く自分の信任を問ふ爲めであつて、辭職は決して其の本心でないことは明瞭である。段祺瑞との關係も、馮國璋が南方より乘り出して來た當時こそ其の間極めて平らかならんと努め意志の疎通を裝つて居つたけれども、此の頃になつては、お互に其の勢力を張らんとするに汲々たる有様で、馮總統今回の擧も、張作霖の出兵に起因して居るもので、張作霖の態度は、段祺瑞の意を受けた徐樹錚《じょじゅそう》の細工に相違ない。嘗て段が内閣組織を依囑された時、國務總理の權限を確立するといふ條件を馮國璋に提出したといふ様な噂を聞いたけれども、近頃の馮段兩氏の間には、そんな交渉を容るゝ餘地があつたとは信ぜられない。馮國璋にしても段に内閣を委《まか》すとすれば其の實勢力は段に移るといふことは、百も承知だから、ウツかり交渉等に應ずる筈はない。而して南方にある督軍例へば王占元や李純などが放つた報道によれば、段の勢力は督軍間に悉く失墜し、馮國璋全盛の様に見えるけれども、之れ亦爲めにする電報で、段の勢力は、依然として各地に扶植されて居る。コウいふ狀態で全く將來の見當はつかぬが、先づ結果は前々通りに治まると推測するのが、一番事實に近い様である。此の頃になつて急にいろんな態度に出るのは、何れも來るべき選擧に當つて其の勢力を扶植せんとする策略に外ならない。勿論選擧の結果が什麼《どう》なるかは豫測がつき兼ねるが、馮が失脚して段が勢力を得れば、尚更の事、現狀と何等の變化がないとしても、南北妥協の如きは、到底近い將來には求められない問題である、云々。

大正7年3月14日

『大阪毎日新聞』

横穴より發見の繪畫と文字〔談〕

河内國中河内郡高井田なる藤田男爵家墓地域より發見したる繪畫、模様、文字等を施せる横穴式古墳に就きては、既記の如くなるが、京大教授内藤湖南博士は、右寫眞（省略）拓影を一覽し、天下の逸品なりとして語る。

入側壁の繪によりて見、或は壙内に竈《かまど》形土器等があつたと聞いて見ると、此の古墳群は、必ずや此の地方に蟠踞して居た當時歸化漢人の墳墓だと思はれる。此の高井田の横穴群の前面、大和川を距《へだ》てた南には、彼の有名な船の史《おびと》王後の墓志を發見した古墳群の所在地である點から推しても、是等漢人の裔《すえ》の古墳であると推考して誤りがあるまい。殊に船の史といへば、船の運上をとるべきいろんな記録を作らなければならぬ關係から、當時に於ては、此等の人々が文字を知つて居る唯一のものであつたに違ひない。それに、丁度此の兩岸の場所は、大和川が河内の平野に流れる咽喉首《のどくび》で、船の役人が居つた所とすると全く適當な場所である。

發見の文字について見ると、平假名であるか片假名であるか判然せないが、「大家乃ツカ」と讀むべきもので、其の書體から見て、我奈良朝より大分以前のものであることは疑ひない。當時に假名が有つたらうかと疑ふ學者もあるが、余輩は奈良朝の頃には既に假名のあつた事を認める者で、此の「大家乃ツカ」の字を以て愈々當時に假名のあつた事を證據立てられた譯で、貴重な資料である。其の他入側の壁の繪の如きも、全く古い形であつて、其の古雅なるは勿論、船の下には女の像が見える。其の服裝の如きも、裾《すそ》の廣い袴《はかま》を穿《は》いて、袖も廣い長いのが見えて居る。恰《あたか》も朝鮮古墳の壁畫や漢の畫像石を見る樣で、之れも漢代あたりの樣式を持つて居る。彼の今一つの寶相華文の模樣の如きも、六朝時代あたりの模樣に見るが如きもので、必ずしも佛教的の蓮華とのみ見る必要もない。兎も角、内地で此の種の繪畫のある古墳は、初めて發見されたものであることはいふまでもない。それが藤田家といふ名家の所有地から發見された以上は、永久保存されるべきことは疑ひない事實で、安心して我々は、十分研究を遂げたい、云々。

『大阪毎日新聞』

考古學上の大問題〔談〕

天火を採る爲めの鏡＝大和吐田郷より發見

大正7年9月10日

大和南葛城郡吐田郷《はんだごう》村字長柄に於て、去る五月五日、耕地整理に際し、溜池築堤中、同所より一銅鐸と古銅鏡とを發見し、本紙の逸早《いちはや》き報道によりて、我が考古學界の耳目を引き、京都大學喜田博士及富岡講師の如きは、急遽發掘地に就き、實物を徵して調査研究するところあり。この銅鐸と古鏡との伴出《はんしゅつ》の事實は、從前稀有の事實にして、學界の注意は、此二小物件に集注し、去八月發行の喜田博士の宰する雜誌「歷史地理」は、その全部を割愛して此の研究に委したる程にて、喜田博士の如きは、此の古鏡を以て鏡鑑中最古のものに屬し、先秦時代のものにあらずやと論じ、京大濱田教授一派の如きは、古鏡と併出したる銅鐸の製作樣式技巧より、或は他の類例より推して、此の古鏡も比較的新しき時代のものにして、而も日本製品ならずやと論じ、甲論乙駁殆ど歸一する所を知らざる程に、此の發見品が、考古學上の大問題となり居れるが、右發掘當初、本社岩井記者と共に、實物を調査したる青年考古家田澤金吾氏は、慧眼にも、右徑僅に五寸强の小鏡が、其の鏡面中心に於て周緣より約五厘の中凹《なかくぼみ》あるの事實を發見せり。普通鏡鑑といへば、鏡面平面なるか、或は反《そ》りありて、その中心凸出《とっしゅつ》せるものにして殊に所謂漢式鏡の如きは、主として鏡心に於て外方に凸出せるものなり。然るに該古鏡の如く、全く普通の鏡鑑と反對に内方に凹《くぼ》める學問上重要なる事實を、當時調査せし多數の人々がいづれも全く注意せざりしが、田澤氏によつて、此の中凹み古鏡の實測圖を得たる京都文科大學教授内藤湖南博士は、種々研究の結果、近頃考古學上の大發見なりとて語る。

一般考古學者などゝいふものは、品物ばかりヒネクリ廻して書物を讀まぬから、コンナ重要な鏡面の中凹《なかくぼ》みの事實を知らない。今少しく實物の調査と同樣に書物を讀んで貰ひたい。「周禮の考工記」によれば、鑑燧《かんすい》といふものがあつて、之れによると、元來當時の鏡鑑といふものは、物を映《うつ》す爲めのものではなくて、太陽の光を採る、卽ち天火《てんぴ》を採る爲めに使用したものである。天火を採る爲に鏡を作るとするなれば、鏡面を平面にするよりは、その中心になるに從つて凹みのあることが必要で、之《こ》の斜面の反射がなくては、火を採ることが出來ないわけで、大和長柄で發見された一銅鏡のが中凹みになつて居る事は、卽ち此の周禮の所謂鑑燧であつて、此の種の鏡鑑は、未だ嘗て發見された事のない世界無比のものであると同時に、世界最古の鏡であるといふことが出來る。尙他から更に一、二面でも此の種の鏡鑑が發見されたなれば、一層此の事實を確實にすることが出來るのであるが、唯此一面でも學界、實に貴重の資料である。此の點に於て吾輩は、喜田君の此の鏡を古いものであるとする意見に贊成するものであるが、之が先秦のものであるか什麼《どう》かは疑問である。其鏡背の紋様で以て未だ何ともいへないが、よく支那の西域諸國の紋様に鋭三角模様があるから、此鏡背の紋様とは何等か關係がなからうか。果して關係があるとすれば、鏡鑑の研究上面白い事實を示すものであるが、尙研究を重ねなければ斷定は出來ない。今度發見の鏡は、今尙實見せないが、聞く如くんば、其の所謂古色といふものが黑味が勝つて居る美麗なものといふから、多分錫を混ぜた量が多いのであらう。銅器の成分々析上、錫の分量が多い程時代が古いといふ事であるから、今度長柄發見の鏡鑑は、書物の上からも、又實物の上からも、古いものであることを推定することが出來る。而して後世の鏡が中凸《なかでこ》になつて來た理由は、此の天火を採る必要がなくなつて、鏡は遂に物を映す用に供さるゝ事になり、此面が凹《へこ》んで居れば、其の形を小さく映す。それで平面にし、更に大きく映さんが爲めに、中凸にしたものと解せられる。かくの如く、未だ嘗て世界に類品のない、而も最古の鏡鑑を發見したことは、學術上何處までも慶賀に堪へない、云々。

『大阪毎日新聞』　大正7年9月11日

支那一流の狂言
徐世昌及び段祺瑞の態度〔談〕

徐世昌は、豫定の通り大總統に當選したが、その就任期までには尙時日がある。既に當選した今日、尙辭退を申出て居る樣であるが、是は支那一流の狂言に過ぎない。或は何か條件を提出して、それが容れられたら就任するといふやうなことを傳へらるゝが、そんな馬鹿々々しいことがあるものか。言ふ迄もなく大總統は、元首として選擧せらるゝものであつて、任命せらるゝものではない。自分の主義政策を實行する位置に立つものが何人に向つて條件を提出するのか、その對手がない筈である。恐らく曹汝霖や陸宗輿などから「閣下にして就任せらるゝならば南北の妥協は實に尋常茶飯事だ」位の煽動《おだて》に乘つて第一に南北妥協を策せんとしたのであらうが、妥協はそんな易々たるものではない。現に副總統選擧の延期は、一面に於て南方懷柔策のやうにも見えるが、他の一面に於ては南北の妥協が容易に成立しなかつたことを證するものである。

今日の支那は、何人が大總統になつても、北方より起つ以上、如何にしても段祺瑞の勢力圏を脫することは出來まい。偖《さて》又、段祺瑞は果して前言通り辭職を敢行するであらうか。現に各方面で留任運動や副總統推薦運動が起つて居るやうであるが、段としては、徐世昌が何處までも南北妥協を敢行せんとするに於ては、無論辭職せなければなるまいが、若し徐世昌が妥協を不可能なりとして南方討伐方針を執ることになれば、段も辭職する必要がない。それでは前言を食《は》むなどいふのは日本式で、支那では食言など何でもない。若し段がドウしても辭職せねばならぬといふやうな立場となれば、例の徐樹錚一派の猛烈なる運動となつて、茲《ここ》に又候《またぞろ》面白い演劇が見られるのである、云々。

大正7年10月18日

『大阪毎日新聞』

滿洲を巡歷して〔談〕

去一日、渡滿せる京都帝國大學教授内藤湖南博士は、十六日夕刻歸洛したるが、其談に曰く、

巡歷僅に二週間、シカモ其見聞する處、北長春より滿鐵沿線に過ないので、何等話の種がない。只驚くべきは、滿洲に於て日本人が占め得た地歩が餘程根強くなつて、此狀態ならば最早如何なる敵が現れやうとも、到底動かすべからざるものになつた事である。殊に滿鐵沿線の支那人民が、此發展によつて霑《うるお》うて居ることは夥《おびただ》しく、何れも日本の恩惠に感謝して居るやうである。撫順炭坑の如きも、支那人三萬を使役し、其他の諸工業に於ても盛に支那人を使用して、彼等をして滿洲が日本の治下にある事を衷心より感謝せしめて居るやうで、凡ての對支政策が此程度まで行かねば本統《ママ》の地歩を占むることは出來まい。鑛業の方面に於ても、撫順炭坑の如きは、東鄕坑内九百尺の所に大道路を作り、更に其下二千尺の處まで採掘して、今後二、三十年間は石炭が盡きる事がないといふ。立山の鐵鋼も、其製鋼所の經營も益々進捗し、大倉組の本溪湖製鐵所と共に、將來我鐵の自給自足を全からしめて遺憾なしとの見込である。又都督府では、綿羊の飼育を奬勵して相當の成績を擧げて居るやうであるが、委《くわ》しくは見聞する事が出來なかつた。

張作霖とも一夕歡談を交換したが、彼地の新聞には、兎角の記事を見るも、彼自身は日本政府――現内閣には好感情とは言はないまでも、少くとも惡感情は持つて居らぬやうであつた。彼に初對面の印象は自分としては世間の評判とは全く反對で、何處となく利かぬ氣のある、シカモ淡白な處があつて、丁度生粹の江戸ツ子のやうな點が、頗る我意を得た處であつた。

長春に入込んで居る米國人の數は非常に多く、彼等は殆ど爲す事なく、只有るに委せて金を撒《ま》いて居る。其間に、例の懷柔手段を以て或地歩を得る事であらう。殊に米國は、荐《しきり》に東淸鐵道を狙つて居るやうであるから、斯かる手段方法は、今後も更に甚しきを加へるであらう。ホルワト將軍の態度が、或は日本贔屓《ひいき》となり、或は米國贔屓となる等と傳へられるが、今日における彼の立場としては、強くて自分の方に都合

が好い方につく事は敢て不思議はない。之を責むる方が寧ろ無理かも知れない。何でも日本軍が黒龍江鐵道を占領したと云ふが、平和克復後に於て、米國と或交換をなす必要上、今日に於て何者かを得て置く必要はあるまいか。シカシ日本が西伯利《シベリア》鐵道全體を支配しやうとするやうな考へがありとすれば、夫れは大なる間違ひで、何れにしても、一國の力を以て之を得る事は、頗る困難であらう。又世間傳ふる如く、米國の西伯利政策が今後如何に利權を獲得し地歩を占めたとするも、予は夫程《それほど》の大問題ではないと信じて居る。何となれば、米國は將來において何處《どこ》迄も植民を吸收する國であるとすれば、西伯利の土地等には到底植民を送る事は出來まい。一方我國は滿洲の例から推すも、知らず識らずの間に地歩を占めるやうになる事、敢て困難な事ではあるまい。

米國が徐總統に對して手早く祝電を送つたといふ事だが、又《また》候《ぞろ》日本は米國に先手を打たれた形である。米國が支那南方軍政府を承認するやうな事は、此際ドウしてもあらう筈がない。サウ云ふ目先が見えずに我政府が未だ祝電も送らぬやうな事であるとすれば、將來の對支外交も案じられる。章士釗《しょうししょう》來朝の眞意は何處にあるか、南方政府承認運動の口吻は一切洩さぬと云ふ事だが、勿論都合がよいと見れば切り出すに違ひない。

副總統選擧の流會は當然の成行である。梁士詒《りょうしい》一派が、陸榮廷或は岑春煊《しんしゅんけん》を昇《かつ》がうと企み、徐樹錚一派が、曹錕を副總統として段祺瑞との關係を繫がうとして居るので、其關係が圓滿に解決される譯のものではない。南方派から云《いわ》しむれば、今度程《ほど》妥協する好機會はない筈で、當分とは云ひながら、段祺瑞が失脚し、錢能訓の如き凡庸が總理代理をして居るのだから、大抵の言分は通るであらうし、世間傳ふる所では、徐總統が南方誘致の意頗る盛なりと云へば、斯る機會は復《また》とない筈である。勿論、陸榮廷や岑春煊には其意があるかも知れないが、其周圍の者が護法論の手前妥協の理窟が立たぬと云ふので、ドウしても妥協を成立せしめぬものらしい。果して妥協が見込なしとすれば、徐世昌も南方討伐方針に出るであらう。サウすれば、愈々曹錕が副總統となる事となりはしまいか。シカシ例の亂好みの張作霖邊《あた》りが打出すやうな事があらば、又候《またぞろ》其處に面白い芝居が見られる。張作霖は表面段祺瑞の一派であるが、實は大なる復辟派である。支那の事は容易に見當が付かぬが、現内閣が果して巧く舵を取つて行く事が出來るかうドウかは、疑問であると、云々。

『大阪毎日新聞』　大正7年10月30日

支那に對する方針　南方緩和劑〔談〕

林前公使の辭任は、前内閣當時より略《ほぼ》既定の事實であつたにしても、今回の更迭は、前内閣より持越し來つたものではなし、現内閣が新に執つた處置である。現内閣少くとも原首相の對支意見中には、來朝中の唐紹儀の意見が大部分を占めて居る筈であるから、其結果として今度の更迭があつたのではあるまいか。然しながら、之を以て直に現内閣の對支方針が變更したものとは云へない。前内閣の對支方針がドンナものであつたか一向明瞭ではないにしても、寺内伯なり後藤男なりが外交調査會に殘り、其他の委員も居据《いすわ》つて居る以上は、輕々に變更する譯には行くまい。兎にも角にも、更迭といふことは、彼我共に氣分を新しくするといふ點に於て、何等かの効果を齎《もたら》すべく、又其新しい氣分といふことが、實行の問題は第二段としても、南方派に向つて何物か緩和せしむる處があるであらう。小幡新任公使には一面識もない余は何等批評の限りでないが、氏は永く駐支外交官たりし關係上、支那の事情に通じて居る筈である。氏は駐支當時は南方派にも關係なく、又今日の所謂北方派とも關係がなかつたやうであるが、夫れは何れにしても氏が今後の對支方針はドウセ新規蒔直しであらう。日本政府が南北調停を勸告したとの風說は、恐らく事實ではあるまい。英米兩國が曩《さき》に調停勸告をやるといふので泡を喰つたといふが、英米が今日ソンナ態度に出ない事は明かであり、若し又我が勸告に應じない場合がありとすれば、其時はドウいふ態度に出るのか。まさか支那と戰爭するといふ譯にも行くまいぢやないか。吾人は切に斯《かか》る勸告をしたといふ說が事實無根な事を祈るものである、云々。

『大阪每日新聞』　大正8年1月13日

支那に對する智識
南方一派に利用せられざれ

日本政治家の多數——其の中には現首相原敬君をも含んで居るが——は、支那に對する政策として、歐洲戰爭中に於ける日本の用意といふことに、特別重きを置いたらしかつた。其の主意は、歐洲戰爭が濟めば、列國皆其勢力を支那に集注して來て、日本の思ふ樣にならなくなるから戰爭の濟まざる以前に、日本の政策を確立したいといふ考へであつた樣だ。かくの如く考へた人々は、今日になつて見ると、まるで見終《は》てない夢の醒めた樣なものであつて、什麼《どう》いふ處に新しい考へを立てるか、途方に暮れて居るであらう。近頃現内閣になつてから、だんく支那に對して内閣自身が考へる結果として、支那の國民が慿《こ》うもすれば定めし喜ぶだらうと思ふ政策をとつて居るらしいが、然し其の政策の基礎になる考へ、觀察が前言つた樣な——即ち戰爭中に日本の政策を立てなければならぬ——といふ如き意見の引繼ぎであるとすれば極めて心細いものである。元來日本にとつて支那の問題といふものは、戰爭中とか戰爭後とかいふ樣な時期を劃して、特別な案を立つべき性質のものではないといふのが自分等の考へである。日本の國民の潛勢力の發展、卽ち經濟力の膨脹といふものは、政府の政策に賴つて居るものではない。政府の政策の有無にかゝはらず、現に膨脹し、其潛勢力は絕えず發展して居る。唯其の進路を政策によつて便利を與へるか、どうかといふことで、其の進步に三年か五年かの差は生ずるが、然し大體に於ては近年日本の國民の經濟上の發展は、如何なる困難に遭遇しても、それを易々と切り拔けて、絕間《たえま》なく支那に向つて這《は》入り込んで居るのである。一時の政策の爲めに、支那に於ける我居留民に恐慌を起さして、其の業務を捨てゝ歸國させた大隈內閣の日支協約の時の如き愚な事をせない以上、日本人は絕えず發展して居る。たとへ歐洲戰爭が終息したとて、特別に日本政府が支那に對してなすべき政策は無い筈である。日本國民の發展に便利を與へ、彼我國民の阻隔を成るべく排除するといふ事に注意すればそれでよい。それには、第一支那國民の秩序といふものを正確に知る必要がある。支那國民の眞相を知るといふ事は、何でもない事であるが、日本の政治家の多數、何時の內閣のときでも、當局の官僚に其の實情は正確に理會されて居ない。これは極めて容易な樣な事で、なか〳〵困難なことである。例へば支那から來る新聞に揭載さるゝ電報を讀むにも、餘程の注意を要する。近來日本の有力な新聞紙は、現下の支那の狀態を日々電報で取寄せて居るのであるが、其の種を得る根本が如何であるかといふことは、新聞當事者にも、讀者にも殆ど注意が拂はれて居ないといつてよい。支那では新聞電報の利用といふものは、最も多く實力のないものによつて巧に用ひられる。實力のない者は、其の新聞電報によつて、自分の位置を幾らか良くしようといふので、其の方に全力を傾けて居る。今日の實際を明《あ》からさまに言つて見ても、支那の各黨派の中で新聞電報を最も巧に利用して居るものは、上海に於ける孫洪伊《そんこうい》一派である。これは上海に新聞の種の製造機關を有して居り、殆ど上海から來る電報の種の全部は、其の機關から供給されるといつてもよろしい。現に日本の通信員で、其の事を承知せんではないが、北京から日本に出す電報の多くは、北方の政府に都合のよい種を出すに相違ないから、南方では態《わざ》と南方に都合のよい電報を出すのだといつて居る人がある。然し之等の電報は、新聞を讀む人がよく注意して居れば、直ぐ揑造なる事を發見し得るものである。例へば北方に於ける出來事に向つて、直ぐ解釋を下した電報が上海から來る。それから北方の內情で、外間に知れるべき筈でない事が、上海から其の眞相だといふものが電報されるといふ樣なものは、皆揑造にかゝつたものである。併し日本の新聞讀者に、さういふ用意を以て上海電報に對するものは殆ど無いといつてよろしい。であるから、上海から來る電報の大部分は、すべて日本では事實として受取られる。其他又孫洪伊一派のものは、北京にも此れと相呼應するところの報道捏造機關を有して居る。通信員の多くは、いづれの國でも政府の官僚から種を得ることは困難で、民間の下馬評から種を得ることは比較的容易《たや》すい故に、北方の内情に關しても、當局たる官僚から得るよりは、其の反對者たる報道機關から得る方が多い。北京から來る電報の半分通りは、矢張り南方關係の機關から來てゐる。其の他にも是等の一派は、日本の東京にも一つの機關を有していて、支那から何か電報がある毎に、それに對して南方に有利な解釋を施して、之を通信社に渡してゐる。恐らく今の内閣當局者の對支那政策の意見の根柢も、矢張り右同樣な材料を基礎としてゐるのに過ぎないではないかと思ふ。

左様《そう》いふ點から考へて見るというと、日本人全體の支那に對する觀察といふものゝ甚だ賴りなき事が判る。其の上に立つた政策といふものが、殆ど執るに足らざるものなることが自然に判るわけであつて、かくの如き誤つた意見の上に立つ政策は、寧ろ全く無い方がよい位である。

近日の模樣を見ると、米國はさういふ點に於て、餘程確な觀察の上に立つて、いろんな意見を出して居る如く考へられる。そして支那に居る外交官、領事館等にも、統一された働きを持つて居つて、日本の如く北方に居るものは北方、南方に居るものは南方贔屓の觀察をして、自分の感情と贔屓とによつて、隣國の問題を勝手に判斷するものはない。近年に於て、米國の支那に對する仕事といふものが、殆ど政策といふものを超越して、大所より觀察して着々として成功を擧げて居るのは此爲めであらう。

自分は戰爭中、或は戰爭後ということによつて、支那政策を論ずる必要はないと思う。何時の時代に於ても支那の事情を正しく觀察し其の正しき觀察の上に立つて判斷するという事を、政府當局者及び有識者に望む次第である。

『大阪毎日新聞』 大正8年4月3日

聖徳太子の外交

大人格者には、又時として大誤解を招く事あり。近代に於て國學者竝に漢學者の徒は、此大人格者たる聖徳太子を誤解し、甚だしきは曲解せるものすらあり。從前の歷史家は、太子が神祇崇敬の事實の如きすら甚しき曲解をなせり。彼等は太子を曲解して、國學なり漢學なりの目的を達したるが如く思惟せり。太子敬神の事實は儼として存す。又太子の外交の如きも曲解あり。我國をして自主國として對等或はより以上の外交の起源を作られたるは、如何にしても聖德太子の外交なり。此點最も公平なる史眼を以て觀察せざる可らず。太子以前の支那外交に於ては、多く日本より支那に向つて上表せりといふ意味に於て取扱はれ、對等國の待遇に非ずして恰も屬國の如き感ありしなり。然るに聖德太子が使節を隋の煬帝に使すや、卽ち國書に「日出處の天子書を日沒國に致す」とありて對等の交際をなし、而も彼の文化を取入れることに努められたり。而して從前の外交は通譯任せの外交なりしも、太子に至りては、外交の權を朝廷に復し、而して自主的國家なるの態度を發揚されたり。此の一事は、我日本が東洋に於ける立脚地よりいへば破天荒の一大事蹟なり。かゝる大事實を曲解せるが如き歴史家は、頑冥者流にして聖德太子の大人格を批判する資格なし。而して太子以後の外交は、太子の此外交が國策となれるものゝ如く、以後一切上表の例を採らず、彼の尊大自尊なる支那に於てすら、之を默過せることを見るも知るべき也。

『大阪毎日新聞』　大正8年4月27日

支那をして頼らしむべし〔談〕

山東問題　何國が日本の提議に好意を持ち或は持たぬなど區々たる報道は、素より根據とするに足るものではないが、巴里《パリー》會議に於ける山東問題は、或は日本に不利益なる意味に於て審議を延期せらるゝといふ今日迄の會議の經過及び各種の報道によつて推測さるゝ所は、同問題は圓滿完全に解決さるべきものであるが如く信ぜらるゝが、果して近頃の報道の如き意味に於て延期さるゝとすれば、我國委員は人種案以上の努力を以て抗議し、若し容れられずんば、巴里會議脫退を賭しても相爭ふ底《てい》の覺悟がなくてはならぬ。勿論、列國が獨逸の山東に於ける租借地の權利を認めて、之れを日本に讓渡すといふことを承認した上で、之を延期するものとすれば、暫らく默するも可いが、列國が獨逸の膠州灣租借の權利をも認めず、隨つて日本の占領をも認めずして、列强會議の結果として之を支那に還付するといふが如き形勢となれば、我國の威信は全く丸潰《まるつぶ》れで、人種案以上に不面目の極《きわみ》である。我日本が此際巴里會議より脫退するとも、世間が心配する程の大損失を招くものではない。國際聯盟と雖も、將來何等の權威を齎《もたら》すものではない。高々獨逸から一億か二億の賠償を得るか得ぬかといふ位の程度に止まるものである以上、脫退を辭せざる覺悟を以て山東問題の解決に努力すべきである。尤も山東租借權を獨逸から讓受け樣とも、日本に於ては永久領有する意志はない。大隈內閣以來各內閣が聲明するが如く、支那に還付することは勿論であるが、支那側に於て之を國際聯盟の下に置かんとするが如き愚論を持するもの丶ある以上、之を軍事的に占領した我國の面目上、如何にしても日本から支那に還付するといふ手續を採る事にせねばならぬ。此還付の順序は、我對支關係から見ても頗る必要な事であつて、斯くして支那をして如何にしても日本に頼らなければ何事も出來ないといふ信念を喚起せしめねばならぬ。

和平會議　南北和平會議の如きも、遷延を重ねて居る様であるが、之を以て和平を期せんとは、百年河清を待つが如きものである。唐紹儀の小策は、南方派に於てすら既に看破《みやぶ》られたといふではないか。それは兎も角として、南方にしても或は北方にしても、いづれもその代表者は、最初から誠實に和平を需《もと》めて集まつて居るものではない。各督軍は、一日も早く和平によりて北京政府から解兵の費用を需めん爲めに和平會議の開催を欲し、唐紹儀一派の如き文治派にありては、成るべく會議を引伸ばして其の間に自己の地位を得んと焦慮しつ丶あるのである。故に若し和平會議が遷延すればする程、彼等督軍等は、唐紹儀一派から離れんとするものであつて、終に和平會議は收拾すべからざるものとなるべきものである。これが和平會議の開催を見るに至つた根本の事情である。必ずしも南方のみといはず、北方の朱啓鈐《しゆけいきん》にしても、之によつて自己の地位を開かんとして、現に此匆忙《そうぼう》の間に總理推擧說を持ち上げしめて居るではないか。眞相斯の如しとすれば、なまじつかの勸告や干渉を避け、袖手《しゆうしゆ》傍觀するに如かぬ。而して將來の對支關係は、邦人個々が、自ら彼の地に經濟力を扶植するといふ方針を採るより外に途がない、云々。

『大阪毎日新聞』　大正8年5月6日

日支關係の將來〔談〕

山東問題に對する我主張の殆ど全部が、何等の修正讓歩を見ずして通過したことは、帝國の利權の上より見ても、亦支那に對する帝國の威信の上より見ても、頗る結構なことで、勿論警察權に就ては幾分の讓歩があつたといふことだが、重要案件さへ承認さるれば、警察權の如き末節の案件は、何《ど》うならうとも殆ど問題ではない。余輩が豫《かね》て言明して置いた通り、山東問題の如きは既定の問題で、英米にして見れば、其平生の主張上、或は支那委員の暗中飛躍の顏を立てる爲にも、一應は論議を重ねはしやうが、元來山東は、彼の國としては利害關係のない所だから、帝國の主張を承認するとも、何等の痛苦損失はない筈である。此關係からして、日本の主張の殆ど全部は、承認されること丶なつた譯である。而して對獨講和條約調印の曉は、獨逸が領有して居つた利權は、直接日本に於て繼承する事は言ふ迄もない。其後に於て日支兩國政府に於いて、正式に山東問題に關する商議を開始する事になるので、青島は、無論之を支那政府に還附するも山東鐵道の經營、濟順、高徐兩鐵道の敷設、青島の開墾《ママ》、山東に於ける獨逸官有財産の處分等の問題が、商議に上る譯である。けれども是等諸問題に對する帝國の要求は、支那政府に於ても豫め了知してゐることで、山東鐵道の處分に就ても、當然日支合辦で經營する外はない。勿論支那側では單獨で經營したいと云ふであらうが、現今は勿論、近い將來に於いても、支那政府に金が出來やう筈がないのみならず、日支合辦といふことは、必ずしも日本獨りが利益を壟斷する譯ではないのだから、結局我が主張通りに承認するに違ひない。萬一承認を肯《がえん》ぜざる場合は、合辦經營を承諾する迄還附しないと迫れば、支那としては一言の返す言葉もないのだから、交渉はヨシ永びくとも、結局は合辦經營にすることになる。濟順、高徐兩鐵道敷設の如きも、金の無い支那としては、如何にしても日本に頼るより外はない。青島開港《マママ》の如きも、元來支那の福利增進の爲に計畫されたことであるからして、之に對して支那側よりは何等の抗議を差し挾む餘地はあるまい。山東問題解決の爲めに北京に暴動が起つてゐると云ふが、之は各地方に蜂起した騷動でないだけに、間も無く鎭靜に歸するだらう。夫れに暴徒が日本公使館等に眞先に火を付けない所を見ると、此騷動は了解を有つた學生等が加はつて居るからであつて、之が若し各地方に蜂起したものとすれば、容易に鎭定することは出來ないだらう。徐總統の如きも、日支の關係に鑑みて如何にしても早く鎭定すべく努力するに違ひないのみならず、騷動が盛になるとすれば、此の間に段祺瑞の勢力が復活する虞《おそれ》がある。余輩は是等の情勢を綜合して、此度の騷動は程無く鎭定するものと信ずる。日本側から云へば、今度の騷動が盛になればなる程、日本の爲めには有利な結果を齎すかも知れない、云々。

『大阪毎日新聞』　大正8年5月31日

拒絕は不得策〔談〕

對支新借款團なるもの丶要項を尚仔細に點検せざる今日にありて、其加入の可否に就て明答を與ふることは出來ないが、如何にしても此際我國が借款團を離れて孤立の地位に立つことは頗る不得策である。勿論從前の借款なり、特殊地位なり、優先權なりが、新借款團に加入することに依りて帳消になるといふならば、其加入に就ては餘程考慮を要すべきものであるが、米國には何等の關係はなくとも、他の二箇國に於ては關係する所が多いから、到底從前の借款なり地位なりを帳消にするといふことは承諾すまい。結局は從前の關係は之を別として、新借款團組織といふことになると考へらるゝ以上、我國も當然之に加入して、權利及び利益を共同にするがよい。どうせ借款團に加入するとも、支那では決して日本などから金を借りやうとは思つて居ないから、何等の心配はない筈である。滿蒙に於ける我特殊地に對しては、或は米國あたりから幾分妨害があるかも知れないが、元來米國は滿蒙には何等利害の關係がないから、只單に妨害といふに止まつて、結局は我特殊地位は認められるに相違ない。米國の提案にかゝる新借款團の要綱の如きも、幾度か折衝を重ねた結果、國際聯盟案の如く骨抜となつて、形式なり内容なりが全く變つたものとなるのだから、初めから其要綱といふものを重要視する必要はあるまい、云々。

『大阪毎日新聞』　大正8年6月10日

支那は復活し得べきか〔談〕

支那の現状は、諸種の問題紛糾し居れば、一々之を研究する餘裕もなく、而も近來の支那は何回語るも同様なるが、最近世人の注目を惹き居れるは、山東問題なり。此問題は、日支の關係のみならず支那と世界列國との關係をも現し、且過去に於る支那の文化を示し、將來に於る支那の運命をも説明し居れるものと言ふべく、更に日本國民の發展より考ふるも參考となる事多し。其他南北和平問題もあれど、是は有ゆる支那政治家の醜態を暴露するものといふべし。支那は早晩亡ぶならんといふものあれど、余は既に亡べる支那を如何に復活すべきかを研究するの重要なるを思ふものなり。余は一個人としては支那人に知己も多く、學問上の能力に敬服し、全體より見て支那文化の貴き事を承認すれども、國の存立と一個人の豪《えら》い豪くないとは別個の問題であり、支那の文化は、國民の運命全體を支配するものにはあらず。文化ありても天才ありても國は亡びる事あり。全體よりいへば、支那は既に亡びたりと稱するも強《あなが》ち支那人を侮辱するものにはあらず。

山東問題

今山東問題を稽《かんが》ふるに、支那人は非常に憤激し居るものゝ如く、學生等が賣國奴と稱して日本との借款に調印せし大臣等を毆打するが如き亂暴なる考へは別として、日本を十分に理解せる人物にても、此問題を誤解せる者あり。林長民は、早稻田大學出身にて一時司法總長にも成りし程の人物なるが、彼は北京にありて山東問題反對の鼓吹者なり。其著述「日本人に警告す」なる小册子は、偶《たまたま》支那の識者の日本觀を知る材料となるべし。今彼の所論を反駁せんに、第一、日本にては山東條約は既に調印せられたるものなれば、今更變更すべからず云々――初め支那に還附を聲明したる時には何等の條件なかりき。然るに民國四年（加藤高明子の外相時代）の條約には條件附加され居れり。

第二、日本は青島は獨逸より取りしものにて支那より取りしものにあらずといへど、獨逸に取られし廿年間は、暴力政治時代なりき。若し今日の如く正義を主張すべき時代なりしならば、支那の獨逸に對する態度は、今日支那の日本に對すると同様なりしならん云々――是等は、餘程窮したる言分というべし。又「支那は獨逸に宣戰したるものなれば、支獨の條約は消失したるものなり。随つて青島は獨逸より直接還付すべきものなり」とは、支那人のよく言ふ所なれど、若し日本が青島を陥れし當時直に之を支那に還付せんとすれば、支那は恐らく之を受取らざりしならん。當時支那は中立國にて、然も獨逸を最後の勝利者と認め、大に恐獨病に悩み居たればなり。是れ予の推測にあらで支那人自ら告白し居れり。卽ち昨年有名なる政治家梁啓超は、段祺瑞の宣戰決定事情を發表したるが、彼は「南方政治家は全部之に反對し、北京にても反對したるものありしを、予が段に勸めて宣戰せしめたり。さればこそ今日支那は世界に顔出しが出來しなり」とて南方政治家を罵詈《ばり》し居れり。

第三、日本にては日獨宣戰に犠牲を拂ひ居れば、其報酬を得ざるべからずと爲し、青島に對する利權を要求し居れり云々――是恐らく支那人が自らの心を以て他を律せしものにして、日本において苟くも一廉《ひとかど》の政治家を以て任ずる者にて、斯くの如き說を爲す者ありとは未だ聽かざる所なり。

第四、國際關係複雜と成れる今日、斯の如きは自衞上止むを得ざる事なりと日本人はいへど、自衞にも境界なかるべからず。領土小なりとて隣國のものを奪ふは怪《け》しからず云々――法律論より言へば一應尤《もつと》もなり。然し今日世界の人道問題乃至社會問題等は決して法律問題のみより出で居らず、支那の如き大國が完全に自國を統治する能力なしとすれば、勃興せんとしつゝある小國が、大國より其材料を取ればとて決して不正義にはあらず。現に支那共和國にても清朝のものをとり居れり。名義は共和と稱へ居れど、事實夫れが行はれ居る譯にもあらず。西藏《チベット》の如き支那が領有し居れば、更に開發されざれど、英國の所有となれば大に開拓せられて、卽ち法律論は今日其儘に聽かるゝものにあらず。

眞の日支親善

要するに、支那は、日本が最近世界的に優越となり來れるが心外千萬なる譯なり。元來支那人は、國が大なる丈け感じも鈍きものと見え、民國四年の日支條約が漸く此頃次第に浸み込みたる所に講和條約成立せんとし、然も歴史を持たざる米國の歴史を無視するウキルソンが無責任の言辭を弄する時に當り、更に騒ぎ出せるものなり。山東問題勃發に關しては、日本政府の不用意、無智識、日本人の不用意、無理解も關係あり。日貨排斥は、商人自身に苦痛を及ぼすものなれば、商人は却《なか》々動かず、今回のボイコットは主として學生にて、夫に上海あたりの無頼漢が加はり居れるに過ぎざれば、彼の民國四年のボイコットに比すれば遙に薄弱なり。日本商人の發展は卽ち支那に利益なりとの理由を自覺する時において、初めて日支親善の實現を見るに至るべし。現に滿洲にては到る所此考へが浸潤し居れり。日本人があればこそ滿洲は發達したるものにて、滿洲の支那人は、日本人の退去を喜び居らず。支那は一朝にして工業國とは成り得ざるを以て、先づ農產國として數十年を送りし後、工業國となる順序なり。此期間は日貨に對し斷《た》へずボイコツトも起らん。然しコハ兩者の發展の途中を證明するものにして、日本人が特に大騷ぎする程の大事にはあらず。恐らく支那にては、現代の職業的政治家よりも商人が先づ日本を理解し、次に農民が理解せん。日支親善も夫れを待つより外仕方なし。亡びんとする職業的政治家の叫びを國民の叫びなりと解釋するには及ばず。支那は或は現に政治上亡びんとしつゝあらんも、民族としては決して亡ぶるものに非ず。政治は兎も角、支那固有の文化は永續すべき素質あり。然れども支那人の經濟上の能力につきては、日本人は大分買被《かいかぶ》り居たれど、今日にては是亦全然日本人の方が上位にある事確實となれり。されば此際支那人は政治上の野心を捨て日本人の能力に信賴するが、支那としては最も賢明の策といふべし。

總統と總理　共に時局收拾の手腕なし〔談〕

大正8年6月13日
『大阪每日新聞』

徐總統は、舊式政治家型の圓滿溫厚なる君子人で、南北和平會議の樣な微溫的統一を策すべき手腕はあつても、今回の如き國內の紛亂に當り、時局を收拾すべき實力と敢行力とを有する人ではない。加ふるに錢國務總理も、恰《あたか》も徐總統の代人の如き人物で、大經綸大手腕を有する人でないから、現下の時局を收拾する事は絕對に不可能である。從つて錢總理が自ら覺りて其內閣を投出さんとする時は、徐總統に於ても亦其地位を保つ能はざることを悟た時であるとも見られる。此點に於て徐總統及び錢內閣の辭職が行はれるものと見るは、事實に近き觀察ではあるまいか。支那に於ける排日暴動も、此頃では唯單なる排日の目的ではなく、過激思想の浸染と見る人もあるやうであるが、吾輩には、必ずしもさうばかりとは思へぬ理由がある。シカシ兎も角、暴動は同盟罷業の形式を帶びて來て形勢頗る重大となつて來てゐる。南北和平會議の如き微温的政策に依て統一を計畫して居るやうな現時の政府では、到底之を鎭定し能はざる事は明白である。今後此紛亂が長引くならば、團匪の騷動を繰返すやうなことがあるだろう。其時に於て何人か或力を有するものが出現するにあらずんば、時局を收拾する事は出來ぬ。其場合乗出して難局に處し得るものは、恐らく現代の支那に於いては見出されぬといつてよい。段祺瑞の復活は、尙時機が早い。勿論新國會に於て大總統を選擧するとなれば、新國會には安福派が多數を占めて居る今日だから、段祺瑞の如きも當選するかも知れない。が實際の狀勢は爾《しか》く簡單に行くまい。斯して國務總理又は總統の後任も定まらず、紛亂に紛亂を重ぬるとすれば、茲《ここ》に初めて支那自身も亦南北統一を勸告した四列強も、實力あるものを求めて之に國政を委ぬるの方法を執るべき態度に出づるに違ひない。南方にありては、唐紹儀の如き勿論問題に上るべき人望を有せないから、陸榮廷の如き實勢力を有するものが現れるであらうし、北方に於ても、勿論何人かを求めることが出來るだらう。或は段祺瑞又はモツと若手の徐樹錚等の舞臺となるかも知れないし、列強としても、今日では南北和平を求めて居る關係から、南北何れへも金も貸さねば兵器も送らぬことになつて居るけれども、何れか一方の實力あるものに依らずんば時局を收拾し得ざるとすれば、それに向つて援助を吝《おし》まぬ事は、自他の利害關係上に見ても明白な事である。そこで始めて支那も小康を保つ事になるであらう。何れにしても茲《ここ》暫らくは紛亂の狀態を持續して、何人か打つて出る迄には尙少し時間の距離がある。支那の形勢の今日あるは必ずしも今日に始まつたものではない。南北和平の勸告をなすが如き在北京各國公使等も、目先の見えなかつたことを今日漸く悟つて居るであらう、云々。

『大阪毎日新聞』　大正8年8月8日

支那の諸問題〔談〕

山東還附問題

内田外相の山東還附に關する聲明は、必ずしも無意味なのではない。この聲明に依つて米國上院の感情を緩和せしめ講和條約を批准せしむる事が出來るとすれば、相當の效果あるものといはねばならぬ。專管居留地を各國共同居留地に變更することは、政友會側のいふが如き利益のあるものでは無論ないが、さりとて憲政會側の言ふやうに大なる損失でもない。要するに青島の居留地は、專管でも共同でも何等實益の上に異なる處はない。獨逸が經營して居る時ですら、此の地に實勢力を有したるものは日本人であつた位だから、今日では如何なることがあつても外國人は青島に於て殆ど手も足も出せないだらう。米國人などは、或は割込を望むかも知れないが、それとて大した力を伸ばすことは出來まいし、英國人の如きは到底發展の望みがない。左れば名義は共同居留地でも、實勢力を有する日本人に取りては專管居留地と同じ結果となるから、共同居留地としても何等の影響はない。駐屯軍撤退の事も、陸軍側からいへば不平もあらうが、當然撤兵は行はねばならぬことであり、殊に漢口の如き土地なれば軍隊駐屯の必要もあらうけれども、山東方面は事實上軍隊の駐屯を必要とせない。加之《しかのみならず》日本人の實力が濟南方面にまで及ぶとすれば、少くとも山東地方に於ける排日其他の騷動を止めることが出來やう。尤も外相の聲明によつて支那側がドレだけ感情を融和し、如何にして追加調印の手段を講ずるかは問題であるが、此頃唱へられて居る樣な對獨軍事終了の宣言をすれば、山東問題が解決されるが如く思惟して居るのは、甚だしき謬見である。矢張り追調印でもして聯合國の仲間に入らねば、山東問題の解決は、出來得べきものではない。日本が如何に再度還附を聲明するとも、それは自由發表である。支那が當然還附を受くる迄に手續が纏《まとま》らねば、依然日本は獨逸の權利を繼承し之を把持するのである。

寛城子事件　寛城子問題の如き我國としては要求すべき事項もあらうが、實際に行はれない要求は何等の効果を奏しない。此頃の支那は恰も醉漢《よつぱら》ひの狀態で、醉漢に毆られたら毆られた方が結局馬鹿を見るのと同じ結果である。

支那の將來　龔《きょう》代理總理辭職の噂の如きも知れたものではない。龔は畢竟傀儡師で、事實は徐世昌と安福倶樂部と睨《にら》み合ひの結果に外ならぬ。支那の將來はドウなるか或はドウするか、容易に判斷がつかないけれども、從來の樣に單に日本と支那とでは如何なる問題でも解決はつかぬ。今後は世界一般の調子に依つて解決される事になることは疑ひないが、その世界一般の調子といつても、現在では僅に形式的なりとも獨逸の處決が決定したのみで、大露國の處置に就いては、未だ何等見當さへつきかねる狀態であるから、支那の諸問題も其解決を見るは前途尙遼遠であらう、云々。

『大阪毎日新聞』　大正8年9月3日

暗殺は鮮人の國民性か

利慾に淺い鮮人は時々思ひ切つた事をやる
伊藤公すら拳銃の露と消えたではないか〔談〕

新總督に爆彈を投げたといふことは、朝鮮人のやりさうなことだ。アノ評判のよかつた伊藤公だつて安重根にピストルで打たれて悲愴の最期をとげたのだ。コレが朝鮮人の國民性であるかも知れぬ。支那人にして見ると、何でもかでも慾といふものが付きまとつて居るから、先づ利害得失から打算してかゝるから、メッタに暗殺するといふ様な事はないが、朝鮮人は支那人よりは慾が少い爲か、時々思ひ切つた事をやる。今度の事件も不祥事には相違ないが、見方によつては新總督の着任に對する恰好の餞《はなむけ》で、コレによつて幾分なりとも朝鮮人の國民性を了解したとするなれば、結局統治方針に對する幾何《いくばく》かの參考ともならう。齋藤男でも水野君でも判つて居るだらうとは思ふが、總督府では、元來日本人の言分ばかりを聞いて朝鮮人の言分を少しも聞かぬ嫌がある。今度の事件で朝鮮人の言分を聞くといふことを覺ることが出來るとすれば、却つて無意味な事件でもないかも知れぬ。

大正8年9月28日

支那今後の政局〔談〕

『大阪毎日新聞』

靳雲鵬《きんうんほう》が總理代理の任に就いたといふ事に就いては思ひ當る節がある。頃來《けいらい》靳が頻に徐總統と聲息を通じ其關係頗る密接となつたといふ事だから、恐らく徐總統が何事か思ふ所があつて襲を追拂ひ靳を任用したのであらう。然し同じ段派の徐樹錚と靳との關係は大分縺《もつ》れ出して居るといふことだが、徐樹錚との關係が如何《どう》であらうとも、靳雲鵬が段祺瑞の乾兒《こぶん》の錚々《そうそう》たるものであることには今以て渝《かわ》りはない筈だ。段は徐といひ靳といひ良い乾兒を持て居るから、どちらへ轉んでもその勢力は依然として維持され、機會ある毎に其勢力を増大して行くのである。然し靳今回の就任を以て段一派の徐世昌驅逐策だと見るのはまだ早い。それよりも靳の背景には張作霖の居ることを忘れてはならぬ。殊に近頃張作霖と靳雲鵬との間に姻戚關係が出來たといふことだから、今後張の行動は注目に値する。

王揖唐《おういっとう》の南下も注意すべきものであるが、彼の手腕では思つた程の事も出來まい。けれども南方の所謂實力派にしても軍政府にしても、今日では唐紹儀のみを當にして居ては駄目だといふ位の事は判つて來て居る様だから、何等かのお土産はあらう。馮國璋の北京入も近頃の問題だが、これにはいろ〳〵の噂もあるが、大體は段と馮とを握手させようといふのが主眼であるらしい。此頃では馮國璋の力も殆ど失墜して、李純の如きですら反對の態度を示して居るといふが、我輩はまだ〳〵馮にも相當の勢力のあることを信ずるものである。

此の支那の情勢に鑑みて我對支方針も近く變更を見る様だが、相も變らぬ小刀細工はよすがよい。今日の處では支那に對しては實勢力を扶植するといふ以外に殆ど道はない。親日派などゝいつても道心堅固なのは段祺瑞のみで、其他は全くヌラクラ黨、風向次第でドウにでも變る。ソレに日本の對支政策は、何時でも勢力が現れて來た時に初めて方針を定める。唐紹儀の羽振りのよくなつたといつては之を援け、段祺瑞の威勢がよいといつては之を援助せんとする。然し其勢力が現れた事が我外交官あたりに知れて來る時は、既に其の勢力が去らんとしつゝある時である。故に支那に對して何等かの政策を實行せんとするには、先づ大勢の趨く處を事前に洞察して、勢力の潛在して居る時から既に適當の策を執らねばならぬが、現内閣の外交ではそんな事が判《わか》らうとも思はれぬ、云々。

『大阪毎日新聞』　大正9年9月11日

支那を支配する者〔談〕

支那の騒動は相變らず混沌として、將來如何に形勢が推移するかさへ想像がつかぬ狀態に在る。然しながら、今度の騒動を以て段祺瑞一派卽ち親日派が、再び起《た》つ能はざる迄に根柢から覆へされたとするのは早計である。言ふ迄もなく靳雲鵬《きんうんほう》は段祺瑞の乾兒《こぶん》であることに今日と雖も變りはない。今日の場合、表面の關係は如何樣であつても、靳の如き凡庸人は、何事か大事業をなさんとして其背景を要する場合は、何時《なんどき》段祺瑞を舁《かつ》ぎ上げないとも限らない。又更に徐世昌と雖も必ずしも直隷系の推薦によつて大總統の任に就いたものではない。今尚安福系に或る種の好意と了解を持つて居ることは想像に難くない。

近頃男を上げた張作霖の如きも、段の系統であること勿論で、同じ系統の徐樹錚とは犬猿啻《ただ》ならざる間柄ではあるが、段に對してどれだけの反感を持つて居るか知れたものではない。現に入京に際しても、張は直に段を訪ねて段に都合のよい樣な事を言つて居る事實に徵しても、必ずしも敵意を持つて居るものではない事は明かである。張作霖といへば直にその馬賊出身の故を以て之を誹謗するけれども、彼の頭腦と手腕と識見は決して曹錕の如き比ではない。而も彼れは心底《しんそこ》からの排日派ではない。その任の滿洲に在るが故に、日本との交渉に於て或は排日派の如き態度を示す場合なきにあらねど、彼の心底は今後支那のすべての問題は日本を俟《ま》つにあらずんば解決し得るものでないといふ考へを持つて居る。我政治家にしても無暗に張作霖を貶《けな》すものがあるが、人を見ざるの甚だしい事である。而も彼れは今日成功の道程にある。此の際無暗に彼の人物とその態度を誹謗するが如きは、對支外交の上にも面白くない結果を招致しはすまいか。張作霖が聲望隆々たるものあるに對し、近頃遽《にわか》に焦慮《あせ》り出したのは例の呉佩孚である。曹錕の如き何等採るに足らぬ。張作霖は今日の場合之に對してよい加減にあしらつて居る樣であるが、此の兩者の關係が果して將來如何に進展して行くか、吳佩孚が焦れば焦せる程直隷系の運命をして憂ふべき結果を招きはすまいか、斯くの如く直隷系の將來は必ずしも順風に帆を上げる様なわけには行かない。現に李純をして長江巡閲使たらしめんとすれば、湖北の督軍王占元の阻《はば》む處となり、到底目的を達することは出來まい。のみならず南支那に於ける狀態は直隷系に決して有利ではない。彼の廣東軍總司令たる陳炯《か》明が福建の段派の督軍李厚基を征して、福建の境にあつたものが今日では却つて廣東督軍莫榮新を伐つことになつて居る。莫榮新が岑春煊《しんしゅんけん》の後繼者であることは言ふ迄もなく、岑の背後には陸榮廷のある事も勿論である。かくの如く奇妙な形勢を來して居るばかりでなく、陝西の段派の督軍陳樹藩は、南方の于右任との爭ひを止めて雲南の要害にある唐繼堯と聯合して莫榮新を討たんとする、かくの如き形勢を作すに至つたは、全く孫逸仙と段派との妥協の結果に基くものであつて、段派は北京に於てこそ倒壞されたりとはいへ、地方に於ては段、孫兩派が相合して直隷派及之に妥協せんとするものに反對して居るわけである。之を以て見るも、段派或は親日派が全く根柢より覆へされたとは斷言することは出來ない。而して今後張作霖が中央に於て名を成すに於ては、必ずしも段派の隆盛を喜ぶものでもあるまいけれども、直隷系の李純等と相容れず、故に彼は直隷系と一致せずして段派の後繼者となつて直隷系に對抗することとなるものではあるまいか。但し吳佩孚の意見が北京の大學生間に行はるゝ様になつた場合、如何なる結果を產むかといふことも考へねばならぬ。然しながら、以上の事柄は全支那問題から見れば唯局部的一些事であり、相も變らず、繰り返して居る事柄で、支那の全局には何等の問題となるものはない。支那は依然として亡ばんとする道を歩んで歩一歩死の境に近づきつゝあるのみである。倫敦《ロンドン》タイムス紙上に、去る六月二十四日より載せられたブラントの支那論は、近來に於ける徹底した明快な議論である。ブ氏は支那は亡ばんとする國なりと明言し、彼國民に國家を組織する能力なしとし、民族自決と國民發展との衝突する場合は、民族自決は國民發展の力に敗けるものであるといひ、支那はロバートハートが稅關を引取つて以來外國に政治を委《ゆだ》ねて居る、而も支那としては外國に政治を委ぬるが最上策であると極言して、米國が支那青年團に見込をつけて居ることを誤れる策なりといひ、支那本土に於ては萬國が機會均等を認めて、滿蒙の利權或は特殊優越權は今よりも明確に日本に讓渡すべしとなし、さすれば山東問題の如きは些々たる問題として直に解決さるべきものなりとの意味を述べ、若し日本をして滿蒙の利權を否認せんとすれば、日本人口五千七百萬、年々七十萬の人口が殖える、之を以て日本が米英に「ドウして吳れる」と投げ出された場合、果して英米に解決の道ありやと詰《なじ》り、而して斯くするには日本の軍閥政治は不評判なるが故に、不信用なるが故に、速に之を撤廢すべし、然れどもソハ普通選擧の實行によつてのみ軍閥政治の撤廢は望むべきものにあらず、議會の權限を增さずして普通選擧を行ふも何等の効果なしと論結して居る。日本政府が全く外に對して言ふべき事を外國人によつて教へられた形である。余輩今より十年前之と略同様の意見を發表して、當時國内よりは勿論袁世凱よりも猛烈な反對を蒙つたが、今日の支那では此のブラント氏の意見に對して反對するだけの氣力さへない。支那は當然の事として日本政府は如何。其の執る所の對支外交は依然として舊阿蒙《あもう》たるの憾《うらみ》を免れぬ。英國にして既に此の意見を有するものがある。我外交の無爲無策、コレでよく亡びんとする隣邦を善導し開發し得るであらうか。現に排日問題の如き、今日では最早その運動に疲勞して實際上何等の影響を受けるものではない。唯僅に人氣の問題に過ぎぬが、之に對しては我政府の態度と誠意一つで譯もなく解決されて得べきものである。にもかゝはらず我政府は唯手を束《つか》ねて傍觀の態度である。我政府に果して支那の現狀を了解し知悉して居るものがあるかを疑ふものである。

『大阪毎日新聞』　大正9年12月29日

聯省主義と省人省治
現代支那を支配する思想〔談〕

此の頃の支那に瀰曼《びまん》する三つの空氣は、過激化と、聯省主義と省人省治主義とである。過激派の宣傳は漸く濃厚となつて廣東方面から長江一帶に向つて行はれて居る様であるが、廣東や福建方面の如き所謂家族閥卽ち大家族主義の所を果して赤化し得るや否やは極めて疑問であるが、唯長江一帶の軍隊には幾分其の効果があるであらう。それとても例の支那軍隊の事であるからどれだけの勢力を持つて居るか遽《にわか》に測り知ることが出來ぬ。廣東軍政府の唱へる聯省主義の如きも、過渡時代の支那の今日では行はれ得る可能を持つて居る様であるが、それとても第一廣東、廣西や、福建、浙江等の各省が統一するや否やさへ頗る疑問であるのと、廣東政府が各省に向つて之に要する經費を仕送る能力のない以上、之が實行を見るは甚だ覺束ない。それよりも寧ろ省人省治、卽ち各省自治の方が最もより多く實施の可能を有て居る。自分は、數年前拙著支那論に於て、過渡時代に於ける支那に於ては、此の主義を行うて、然る後統一の緒につくべきものであらうと推測したことがあつたが、當時に於ては支那の如き外國の影響を切實に受くる國に於ては、外國の關係如何によつて何時如何様に變らぬとも限らぬことゝ思つて居たが、今日の如く諸外國が支那の将來は支那自身の成行きに委すより外に如何ともすることが出來ぬといふ考へで、何等手を出さなくなつた今日に於ては、支那が其の自身の成行によつて進展して行くとすれば、各省自治が最も時勢に適應した行はれ易い主義である。現今の督軍は唐代の節度使に髣髴《ほうふつ》たるものであり、支那の現代は恰も唐末の狀態と相似て居る。歴史は繰り返さないまでもその事件の性質と境遇が繰り返すものとすれば、恰も唐の末世が五代十國（後には九國になつたが）に統一された如く、今の支那が各省自治によつて統一されるのが最も可能性のある經路であるかも知れない。尤も唐末の支那と現在の支那とは其區域に於て、其省の數の上に於て大差があるけれども、現に湖南、江西、貴州の如く一省として獨立し、自治し得ざる所がある以上は、五代の時代と同じく、十省位で纏《まと》まることが出來るであらう。果して各省が自治獨立し得たとすれば、各省として外國との交際が開始され、從つて省を對手に金を貸すことゝもなり、省の自治或は省の事業が盛んに起ることゝなる。勿論省として自治獨立し得れば金を要することがないかも知れないが、かくの如く各省の自治によつて一番困難を感ずるものは中央政府であるが、窮乏の間困難の裡《うち》に人材が生み出される例もある。本當の人物が出て支那を統一することが出來まいとも限らぬ。が然し省人省治と雖も、支那統一の第一歩に入つたのみであつて、國家組織の能力のない支那にして、その統一を見るは百年河清を俟つに等しい。

『大阪毎日新聞』京都滋賀附錄　大正10年1月6日

誤まれる京都の都市計畫〔談〕
當事者は十分の考察を遂げ確乎たる計畫を樹てねばならぬ

元來京都の都市が出來たのは、奈良のそれと同じく唐の制度に倣《なら》つたものである。唐の首都長安の規模は、支那に於ける都市の自然發達の狀態に應じて作られたもので、禁城は其の最北部、卽ち後面に位し、大市街を前面に控へた作り方であつた。京都も之に倣つて作られたものであるが、其の後世を距て年を經るに從ひ、種々の盛衰と變化とを辿つて、其の西半部卽ち右京は全部廢滅に歸し、都市の中心は、次第に東山の方に移動し來つた。蓋し之は本來の首都たる性質が、皇室の衰微と共に次第に其の意味を失ふに至り、名所としての都市と變化し來つた爲である。維新以後となつても其の傾向は益々甚だしくなつたが、之は疏水が東部に拓《ひら》け、大學其の他の專門學校が同じく東部に設置された事等其の因を爲したもので、凡て自然發達の狀況に司配《ママ》された結果である。近來京都にも次第に生產工業の如きが興りかけては來たが、大體に於て未だ工業都市となつて居るとはいへぬ。近代に於ける都市生產業の特色としては、鐵工業が其主たるものであつて、京都に於ける西陣の機業、五條阪一帶の陶器等の如きは、幾分世界的性質を持つものではあるが、未だ彼の鐵工業の之が爲に都市の規模を變化せしむるが如き大工業とはなつて居らぬ。近來都市計畫といふものが、一の流行の如くになるに至り、無暗に其の宣傳の聲に誘惑せられて京都市の如きも都市計畫なるものを立てゝ居るが如くであるけれども、自分は最初より此の現在の都市計畫、殊に京都、大阪のそれが、非常な誤謬に陷つて居る事を考へて居たものである。京都の都市計畫を見るに、大體遊覽道路の設置位の事であつて、其の間大した目的もなきものゝ如くであるが、元來それ位のつまらぬ目的の爲に多くの障碍を冒してまで京都の舊都としての內部にまで立入りたる變更を加ふる事は、甚だしき愚策である。蓋し京都の土地をして眞に工業都市として成立せしめんとならば、今一層遠大の理想の下に、今一層大規模の都市計畫を立て、工場區域の如き京都、伏見、淀等一帶の地に之を計畫すべく、住宅區域として新に拓くべき土地は、之を西山の邊に作り、此の舊都市を勝手にいぢくりまわすが如き愚を避けて、其の儘に存置すれば、單に費用の點に於て巨額の費を省くのみならず、殊に京都の如き都市に於ては、名所古跡等の保存に支障の生ずる少きの利があるではないか。又若し京都が到底大工業を興すべき土地に非ずとせば、初めより都市計畫は全然不必要の事である。遊覽道路位は曲つてもくねつても只通つて居ればそれでよいものである。其の爲に京都を破壞するの必要は毫もない。今一つは經濟上の問題であつて、大阪の如き工業都市は、大資本を投じて計畫しても夫だけの上り高は優にあるが、高が遊覽道路の設置位の京都の都市計畫に幾千萬圓の巨資を投ずるが如きは、思はざるの甚だしきものである。大阪に於てさへ、自分は都市計畫の爲に舊都市に變更を加へんとする事の寧ろ愚なるを思ふものである。都市計畫を立てゝ舊都市の變更を爲すよりも、却つて市外に新區域を拔くを策の得たるものだと思つて居る。尙此の計畫に要する費用の點に就ても、自分は最初より疑問を持つて居たもので、彼の大阪築港が日清戰後の好景氣に際して計畫され、途中不景氣に遭遇して築港公債募集に困難を來したのを知つて居る。其の結果築港といふ大仕掛の釣場所が出來たに過ぎなかつた。今回の都市計畫も好景氣熱に浮かされて計畫を始めたもので、自分は之が若し中途にして不景氣に遭遇せば、進退谷《きわ》まるべきを思うたが、幸にして不景氣が早く至つた爲、都市計畫なるものがおぢやんになり相《そう》であるのは、京都、大阪の爲眞に喜ぶべき事で大助かりである。局に當る者は、此の間に都市の規模に對する考察を十分練り、都市の自然發達と將來の規模を渾然融和せしむるが如く、確乎たる計畫を樹てなければならぬ。

『大阪毎日新聞』　大正10年7月5日

國語調査會に對する註文（二）
略字の使用と活字の改良

國語調査會委員の顔觸《かおぶれ》を見ると、いづれも珍妙なものである。アノ顔觸れでこそ初めて何でも彼でも同會の幹事側の言ひなりになつて、甚だ都合のよい便利な機關とならうが、それは兎も角として、漢字の整理といふことは主義として惡いことではないかも知れぬが、漢字整理の第一着手は略字の採用である。先年文部省は大層な手數をかけて調査し、略字の標式の樣なものを小册子として配布したことがあるが、アンナ手數をかけなくても、文字の本家本元の支那へ行けば略字の見本はいくらでもある。手近なところでは、支那商人の帳簿は悉く略字俗字で認《したた》められて居り、支那芝居の歌などゝいふものはいづれも略字のみで書かれて居る。先年京都大學から出版した「元曲三十種」を見れば、略字は幾らでも殆ど際限なく見出し得ることが出來る。支那では古く六朝頃から正字に對して俗字、通用字などが盛に用ひられる樣になつた結果として、唐の頃には「干祿字書」なるものが出來て、俗字や通用字の使用に便ずる樣になり、又南宋頃には一般的、民衆的、普遍的の性質の書物には多く略字を用ふることゝなつた。一例を擧げれば「京本通俗小説」の如き略字を以て滿されて居る。淸の時代にも「臨文便覽」などは、又略字俗字使用の便に備へた書物である。以上はいづれも手近な一、二例に過ぎぬが、稍穿鑿の暇があるならば、此の種の實例を擧ぐるに何等の手數を要せぬ。今日一般の樣に書けといつたとて正字を書き得ない時代には略字を書くに限るし、其の略字の使用は、煩雜な漢字に對する苦情や小言を除くことが出來る點に於ても、自然に煩はしい漢字を制限し整理し得ることになるわけであつて、私は略字の使用を奬《すす》むるものである。ところが我國では、今日に於て既に忘れられ一般が殆ど使用しない樣な難しい漢字が書物や雜誌や甚だしきは一般的民衆的な新聞紙に迄使用されて居ることを見受ける。これは今日の所謂活字といふものが我國に出來て以來、その形に於てこそ多少の改良はあつたにしても、文字そのものが世間の進歩に伴つて改良されない結果である。我國に所謂活字なるものが出來た當時は、「康熙字典」にある文字のみを標準として字母を作つたものであつて、之が今日迄少しも改良されない結果である。此の點からいうて、略字使用の一方に於いては活字の改良といふことが相伴つて非常に必要なことゝなつて來る。せんじつめれば、漢字の整理は活字の改良に出發すべきものであると思ふ。

次ぎに、近頃は口語文流行の時代である。現代文が口語文であるとするならば、私は口語文の採用と其の發達を奬《すす》むるに躊躇するものではないが、口語だからとて文法を無視するわけには行かぬことは今更いふ迄もない。然るに此の頃の口語文なるものは甚だ惡文であつて、教科書を見ても雜誌や新聞を見ても、殆ど文法にかなつた趣味ある文を見ないといつてよい。文法の正確不正確といふことは論理にも關係し、延《ひ》いて頭の善し惡しといふことにも關係することであるから、口語文の發達を計ると同時に文法の正確といふことにも努力し、奬勵することを忘れてはならぬ。殊に人の師表となるもの、文を以て職とし文を以て直接間接に世間を指導し開發せんとするものは、此の點に十分の考慮を拂はねばならぬ。外國の様に言文一致の國でも決して文法を閑却して居るものではない。今日でも思ひ出すことは、彼の「ブリンクリーの會話篇」や「インブリーの會話篇」や「イーストレーキの辭典」の如きは、數十年前のものであるにもかゝはらず、よく日本の國文典をも了解して一點誤りのない文法を使つてゐることである。殊にイーストレーキの如きは、混りけのない純粹な、而も氣のきいた東京語（江戸言葉といふのが適當かも知れぬが）さへ知つて居つた程である。

ところが今日の國定教科書や其他の教科書に在る口語文を見ると、文法の誤りは勿論、編纂員が田舍者であるといふ關係からか、標準語であるべき東京語を而も自由に誤らず使つて居るものは尠ない。由來方言といふものは自由に發達したもので、言葉そのものに頗る趣味のあるものであるが、口語文を盛に用ふることゝなれば、各地の方言が出て來て、その雜多な方言を解するだけでも非常に煩はしくなるものであるから、之にも整理制限の必要が起つてくる。此點に於て文部省は先年標準語として東京言葉を撰んだことは、政治上の中心、文化の中心である東京として正に然るべきことであるが、教科書には其の標準語である東京語さへ誤つて居る。幸田露伴君や死んだ尾崎紅葉などは、最も正しい東京言葉を使ひ得た人であることを此處に思ひ出す。要は口語文は文法の正確と標準語を自由に使用し得るといふことによつて發達し得るものであると思ふ。

以上は國語調査會委員諸君の考究を煩はしたい一、二の點である。

『大阪毎日新聞』

大した價値は認めぬが 此際國論を統一して誤解を釋くには 絶好の機會〔談〕

大正10年7月25日

所謂華盛頓《ワシントン》會議開催の通告に對して、我政府が其の内容について再三伺ひをたてたり探《さぐ》りを入れた後、我態度や出所進退を決しやうとした事などは、決して巧妙な外交的手腕とは言へないが、それでも大略態度を定め其の對策迄考究したといふことは、何事に拘らず、我政府の無爲無策の例に似氣《にげ》ない事であると言ひ得る。而も傳ふる處が事實であるとするならば、事の前に當つて西伯利《シベリア》撤兵、山東問題、ヤツプ島の對案などを定めたことは、米國は勿論各參加國に向つて好感情を與へることゝ信じて疑はない。薩哈嗹《サハリン》州占領の如きは、如何に贔屓《ひいき》目に見ても、餘りに侵略的で領土慾を持つて居ることを示すもので、米國等から猜疑の眼を以て見られるのも蓋し當然である。かゝる問題を會議の前に解決せんとするは、我が國に誠意の存在を知らしむる上に慥《たしか》に効果がある。さればこそ、米國の新聞紙等に稍同情的の記事が現はれることゝなつたものであると思ふ。爲すべき事を爲すにあらずんば、畢竟言ふべき事が言へない譯である。堂々と論議をなさんとするならば、後に疚《や》ましい事があつてはならぬことは言ふ迄もない。此意味に於て、我政府が事前に腹をきめて、決然たる態度を示したことは、見るべき點であると思ふ。

世間では華盛頓會議に日本が參加する必要なしといふ極端な論者もある。純理論からいふならば、太平洋に關する諸問題は、日米兩國の交渉によつて決せられ、對支問題は、日支の間に於て解決せらるべき問題であつて、他國の干渉を許すべき性質のものではない。之を楯にとつて日本が參加を拒めば、或は華盛頓會議開催を見ないで終る樣な事になるかも知れない。然しながら會議の開催を見ずして終つた其の後の形勢に想到するならば、我國の立場は、今日以上に世界の惡《にく》まれ者として全く孤立無援の悲境に陥るべきを覺悟しなければならぬ。何としても米國や英國は我國のお得意先である。經濟的に壓迫され政治的に虐められては我國の存在は甚だしく危殆に陥るわけである。かくの如くして迄何を好んで世界の惡まれ者となる要はない。而も其の會議の結果は如何程の價値を齎らすかは疑問であるとするも、言ふべきを言ひ、爲すべきを爲す機會を與へられた以上は、我國にして決心と覺悟さへあれば、參加に何の躊躇も要せない。

支那にしても、理論からいへば、或は參加の權利を有せないかもしれない。がソコは例の米國の常用手段で、支那を喜ばせる策であるが、支那でも、此頃では、案外々交上の事には敏感になつて居る。現に支那に於ける外國新聞の如きは、極めて参加に歡喜して居る様に傳へられて居るが、肝腎の支那新聞は歡迎せざるのみか、寧ろ参加に反對の氣勢を示して居る。畢竟これは理解ある支那政治家や實業家は、米國に頼るとも殆ど何等の效果のないことを知り出して來た結果である。ヨシ又米國が如何に支那の歡心を得て支那をして自國の生產品の市場となすべく努力しやうとも、米國にして必要である以上に我國に取ては生產品の市場として必要な所である。今度の會議等に於て、如何に米國が此の點に努力しても、左様に簡單に解決し得べき問題ではない。支那参加の可否は別問題としても、和蘭《オランダ》の如きは参加の希望を有し居ると傳へられる。和蘭にして参加するものとすれば、墨西哥《メキシコ》も祕露《ペルー》も智利《チリ》も亞爾然丁《アルゼンチン》も参加せしむべきであつて、かくの如くして参加國が多くなればなる程、結局は五大國會議によつて決せられることになつて、其の會議の性質や目的は違つても、巴里に於ける國際聯盟會議の如き結果となるべく想像される。會議の議題や其他內容については尙未定で一切窺知することが出來ないが、思ふに米國の底意は、國家聯合を以て國際聯盟を打ち破らんとするもの丶如く察せられる。前例のない此種會議の歸結は、先例を無視し歷史を破壞することによつて初めて纏め得られるものであるが、英國や佛國の如き、先例を尙び歷史を生かさんとする政治家や外交家が集まつて論議せられる會議の結果は、ウヰルソンが極力主張した國際聯盟が豫期した程の效果を齎らさなかつたと略同様な結果を見ることとなりはすまいか。國家聯合の如きは、議題に上つたならばそれだけでも米國側の非常な成功であるが、恐らく議に上らずに終ること丶思ふ。軍備制限の如き如何なる協定をなすとも、今日以上に擴張をせないといふ程度に止まるであらう。又問題の石井、ランシング協約の如きに至つては、或は實際上の破棄の運命に遭遇せぬとも限らぬ。勿論、後に生れた約束が前の約束に迄遡つて打ち破る效力があるか無いかは別として、實際上の問題として、後の協定が前の協定を無效にせしむる實例は少なくはない。又極東平和の維持や、支那に於る機會均等、門戶開放等の原則からいふならば、石井、ランシング協約の如きは破棄さるべき性質のものであるかも知れぬ。兎も角今度の華盛頓會議は、結局石井、ランシング協約破棄位で落《おち》となるのではなからうか。何としても今度の會議は、國際聯盟以上に我國にとつては重大なる關係を持つものである。此の際大いに國論を統一して外に當る必要がある。此の意味によつて、自分は臨時議會を召集して國論を定めて、諸外國に對して日本の意のある所を示し、探り合ひの様な戲れ事でない誠意を以て参加するものであることを示すと同時に、一方に於ては輿論を指導し、統一する必要上、我各新聞社の同盟を作つて、擧國一致を以て百年の大計をあやまらぬ様にすべきであると信ずる。

『大阪毎日新聞』

大正10年8月26日

共同管理と支那の内紛〔談〕

支那の國際共同管理説の出所を、今更日本に塗りつけやうとしたとて、如何に附和雷同好きな支那人でも本當にはすまい。勿論其の説の出所も誠に怪しいが、米國あたりでは共同管理説を抱持して居るものは、平素から必ずしも無い譯ではない。

彼の四國借款團を提議するなどは、米國に共同管理の意志の存することを裏書するものであつて、四國借款團は、無論政治的の共同管理ではないとしても、經濟的の共同管理であつて、支那が此の四國團から借款を提起すれば、其時こそ共同管理の第一歩に入ることゝなるわけである。

此の借款團成立以來、支那は其の意あつてか否かは別問題として、未だ一文の借款も起さぬから、支那は今尚形式的にも實際の上にも共同管理を受けて居らぬけれども、今度の共同管理説は借款團の如き手緩《てぬる》いものではなく、支那が金を借ると借らざるとに關せず、各國が進んで共同的に管理せうといふのだから、いくらお人好しの支那だつて手を束《つか》ねて默視するに忍びないだらう。

此の間には、米國の如何なる態度を以て支那に對して居るかといふことが、北京政府は勿論、廣東政府にも知れて來た様で、昔日の迷夢が醒めんとしつゝあることは、我對支關係にとつては誠に好都合である。頃來の支那は言ふ迄もなく南北の紛爭を繰り返して居る。此の際、之れ迄通りの夢現《ゆめうつつ》の様な考へで出所進退を決するならば、悔を百年の後に迄貽《のこ》すことにならう。

尤も今度の華盛頓《ワシントン》會議に於ては、今迄の成行を考へて見れば、共同管理説などは提出されまいとは思ふが、支那の出方によつては、日本も言はず、米國も提起せず、英佛も亦何等進んで提議せぬとしても、議論百出の結果として形の異つた體のよい共同管理案の様な案件が現出される様に形勢が馴致されないとも限らない。此の點は、支那は勿論、日本も十分考へを定めてかゝらねばならぬわけである。

英國の如きは、日米の係爭を緩和し、之を根絶せしむる様努力するのが英國の執るべき務めの様に云つて居るが、之は英國流の巧妙な宣傳であつて、其の實は、日米係爭の結果いづれに勝敗があつても、英國は之によつて蒙むる損害を恐るゝ爲めに斯かる巧言を用ふるものであるといふ點に、注意を要する。

呉佩孚は傑物　あれだけ果斷なものは支那には無い

支那の南北紛爭に就て某所着電として吳佩孚の形勢非なりと傳へて居るが、直隷の援兵が繰り出したといふ報道がない限り、本當だとは受取り難《に》くい。例の爲めにする爲めの虛報であるまいか。今度の戰ひは、寧ろ吳佩孚自身の手の廻り樣如何によつては、吳佩孚に勝目があるのではないかと思はれる。優柔不斷揃ひの大官中に吳佩孚程の果斷なものは絕無といつてよい。殊に今度の如き戰爭をなすにあらずんば事態を收拾すべからずとして、自ら兵を進めるが如き態度は、甚だ健氣《けなげ》なもので、其の勢望は一時支那第一の人氣者であつた張作霖の上に出て居るといふことも、蓋し所以なきにあらずである。若し幸にして吳佩孚が勝利を博するとすれば、長江一帶の地――湖南は勿論、江蘇、安徽、江西邊迄を統一し、絕大なる勢力を有することとなり、事によると直隷系から獨立することゝなるかも知れない。斯くては廣東政府は言ふ迄もなく、北京政府の如きも、吳佩孚の一擧手一投足によつてドウにでもなる樣な事にならう。

若し又趙恆惕《ちょうこうてき》にして勝つたとしても、孫文の勢力は、到底長江に及ぶまじく、いづれも各省自治によつて割據の狀態を現出するに過ぎないであらう。茲暫くは徐《おもむ》ろに形勢を觀望して居るがよい。

『大阪每日新聞』日曜附錄　大正10年10月23日

支那の「正史二十四」に更に一つを加へた
柯氏の新元史
博士論文として日本の大學に提出された

現支那學一代の碩學として支那史學、特に元史の權威である柯《か》劭忞《しょうびん》氏が、畢生の精力を傾倒して完成した恰かも等身六十册の大著『新元史』を、今度東京帝國大學に提出して學位を請求したといふことは、本紙の報道によつてまだ記憶の新らたな所であるが、氏は山東膠州の人で、齡既に喜壽に近く、今尙矍《かく》鑠《しゃく》として專ら野にあつて尙元史の研究に沒入して居る由である。氏が學者として其の名をなしたのは專ら前淸時代であつて、若かくして進士となり、京師大學堂の經科の教官であつたこともある。民國になつては一時野に下つて閑を賦して居たが、民國三年五月に參政院兼約法會議々員に擧げられたこともあるといふ。氏と交友ある京都大學教授內藤湖南博士は、氏の學問や大著新元史について稱讚しつつ語る。

苟くも支那史學の研究に志あるものは、何人と雖も、柯劭忞の名を知らぬものはあるまい。氏の風貌は、南畫に見る典型人物そつくりで、溫厚篤實の性格が眉宇《びう》の間にあらはれ、隱逸高士の風があつて誠に親み深い。而も崇高な感じのある人である。柯氏は若くして非常に顯はれた人で、淸朝の時分には人材として推擧され、而も大總統徐世昌氏とは同年（同時に擧人になつたことを支那では單に同年と言つて居る）で、彼の元史研究者として有名な盛昱《せいいく》（明治廿五年に死去）の流を汲んで專ら元史の研究に其の餘生を費さんとした人である。氏の風貌性格や學問の系統は、先づざつと右の通りであるが、今度博士論文として提出したといふ「新元史」は、四、五年前に完成した著作であつて、その出版には大總統の後援が與つて力あつたといふことであるが、之が完成すると、大總統は直ちに支那の正史に列し、從來の正史二十四史を二十五史としたものである。それ故に元代の正史には舊の元史と此の新元史とが出來たわけで、自分の著作が正史に列せられたといふことは、支那では非常な名譽の事で、前にも例がないではないが、柯氏が一代の碩學であることは確かに裏書された譯である。此の名著正史「新元史」はまだ繙讀の暇がなく、又之を通讀するさへ可成りな長時日を要するが、先年同僚桑原教授は、此の一部分元の帖木兒《チムール》傳を讀んで批評紹介された事がある位で、我國にも前年來學者仲間には知られて居つて、翁の造詣と該博な智識は傳承されて居たものである。勿論自分は通讀さへして居らないが、親たしく翁の語る所と此の大著のほんの片鱗ではあるが其の知見とを綜合して見れば、此「新元史」の内容と價値は最早多くを言ふまでもない。我支那史、特に元朝史を學ぶものの權威とする「蒙文元朝祕史」の如きは、柯翁にしては朝食前の資料である。元來元の歷史——史料としては「經世大典」といふものがあつて、元八百數十卷の大部なものであつたが、それが明の「永樂大典」の中に殘つて居る。其の殘本は翰林院にあるが、清朝になつて乾隆頃に元に關するものを拔きとつたものがある。それも散逸して居るが、大部分は支那にある。お恥かしい次第であるが、我々は唯其の一、二册を見ただけであるけれども、此の「新元史」には其の大部分を見て資料として引用して居る。又近代元史の研究家として有名な洪鈞の著はした「元史譯文證補」といふのがある。柯氏の「新元史」に引かれた元代に於ける外國との關係史料は、此の「譯文證補」から得た材料で、柯氏としては比較的不得手な外國の材料は之によつて其の缺陷を補つて居る。その他に元史としては、屠寄《とき》の著した「蒙兀兒《モンゴル》史記」といふものがある。之を以て元史の金科玉條と心得て居る學者もある樣であるが、柯劭忞氏の「新元史」に比ぶれば、其の價値は「蒙兀兒史記」の遙かに「新元史」に及ばないことは「新元史」を通讀せない以前に於ても斷言することが出來る。世間には柯翁の學問は古いものではあるまいかと言ふ人がないとも限らないと思ふが、大體支那では既に清の乾隆頃から以後は、史學といはず經學に於ても、西洋の學者がやると同じ研究方法を用ひて居るものであつて、史學に於ては、我明治の初年に設けられた修史局の如き、遲れた研究方法は用ひて居ない。此の意味に於て、柯翁の如きも、其の研究の對象物は翁の齡と共に古い所であるけれども、其の研究の方法に至つては、翁の頭腦と共に極めて新らしいものであるといふを憚らぬ。

「新元史」は六十册三百巻に近い厖大なる著作である。而かも博引傍證、元史に關する史料は普く引用網羅して居る。而るに一つも其の出典を擧げて居らず、毫も出據を示して居ない。若し博士論文として之を精細綿密に審査せんとするならば、丁度柯氏が費やした時間と、傾倒した努力と、見ただけの史料と、全く同じだけのものを以てするにあらずんば成し能はぬものであることを言ひ添へて置きたい。（完）

『大阪毎日新聞』　大正10年11月8日

原氏は流石に統御力では當代隨一〔談〕

此の點では後繼者が無い

故伊藤公の遭難は、公が政治的に行き詰つて後がないとなつてからであつたが、原敬氏のこの度の兇變は、まだその前途があるやうに何人も認めて居る最中に突如として行はれたので、一層その人物を大きく見せしめる。併し確に偉い所があつたに相違ない。それは理想とか政策とかいふ方面よりも、統御力において伊藤公を凌《しの》ぎ、順境に處しても逆境にあつても、一大政黨を率ゐて一絲亂れざらしめぬ所は、眞に稀覯《きこう》の材であつた。而して氏の手腕と專橫振りは、故星亨氏と併稱されつゝあるが、同じ專橫振でも、原敬氏には合理的な長所があるので、相手方も能く納得して居た。氏の統率力には我國現代の政治家中一人の比肩し得るものはなく、支那でも亦一人として氏に匹敵する者を有たぬ。この點に於て氏は政界有數の人物たるに恥ぢない。今回の兇變は國家の大損失で、政局の前途は逆睹出來ぬが、內閣は既に總辭職をなすべく辭表を奉呈し、而も聖旨によつて暫く現職のまゝ國務を見る事に決定したと傳へられる。恐らくこゝ暫くは二、三の閣僚の顏觸位が改まつても大なる變動はあるまいと思ふ。何しろ華盛頓《ワシントン》會議といふ邦家の大問題を控へてゐる今日、これが濟むまでは濫《みだ》りに政局を紛糾せしめる事は宜しくないと云ふ事を朝野ともに知りぬいてゐるから、模樣によつては、議會が濟むまでは政友會內閣で切り拔けて行くだらう。首班として黨では西園寺公を戴く事を切望してゐるさうだが、さもあるべき事だ。

公が一肌脫がるれば、公自ら首相たらずとも、牧野子なり、齋藤男なり、後藤男なりを引入れる事も出來、難關は切りぬけられるが、公が政友會のために立たれるとしても、それは極く短時日に過ぎないから、議會後は愈々政局は混亂を見やう。加藤子との説もあるが、現下の政局に於て、殊に對外的に例の二十一箇條のほとぼりが未だ醒ず、米國邊りの思惑は左程にないとして、第一對支交渉に種々の支障があるから、子が問題となるのは、恐らく華盛頓會議が濟んでからであらう。刻下の形勢では、聯立内閣のやうなものは到底出現するの餘地なく、先づ以て政友會で多少の改造を施した内閣でゆく位の事で落《おち》となるであらう。

梁啓超氏の疆域論

『大阪毎日新聞』　大正11年1月4日

梁啓超氏は客臘《かくろう》支那の疆域と國際管理との二問題に關してその意見を上海の新聞紙に掲げた。其意見は甚だ杜撰且つ淺薄なものであつて殆ど取るに足らない。併し議論の方法としては史實を引用し頗る學者らしき態度を裝うて居る。わが國人などは梁氏を支那の學者であると心得て居る者が多いから或ひは氏の議論に史實の根柢があるものと思ふかも知れない。故に試みに予はこゝに眞の史實を擧げて氏の議論の誤れるものなる事を少しく證明しよう。尤も以上の二問題をともに論ずれば聊か長きに渉るから今は先づ疆域問題のみを論じ追つてまた國際管理論に及ぶつもりである。

梁氏の所謂疆域論は、主として滿洲に關して發したのであつて、氏は日本が滿洲を併合する野心ありとの疑念を抱き而して滿洲が五千年以來支那の領土であつたといふことを歴史上より證明せんとしたのである。此問題を研究する爲めには疆域の定義からして一般的に先づ考へる必要がある。支那人は數千年來疆域なるものゝ定義を明確に理解して居らぬ。最近にも華盛頓《ワシントン》會議に於いて支那とは何ぞやといふ問題が起つたと傳へられて居る。支那の全權はこれに對して民國憲法の定むるところに依つて領土と宣言せられてあるところのものをいふと答へたが、米國全權はこれに對しそれは國内的の解釋である。國際的にはなほ更に討究せなければならぬところのものであると云つたとの事である。支那人は古來この意義を理解せぬが爲めに屢々《しばしば》外國との間に問題を釀《かも》しその度ごとに手を燒いて居るに拘らず、今日外國で教育を受けた支那全權及び支那の最も先覺者と稱せられる梁氏の如きさへも、此點に關して明確な知識を有たないのである。

從來朝鮮竝に安南に關しても支那人は、この兩國は支那の封冊をうけて居るから屬國であるとの考へをもつて居た。然るに事實支那の屬國なるものは、單に宗主權を有つて居るに過ぎない。統治權と稱すべきは有つて居ないことが明かとなつて、日本が朝鮮を獨立國として取扱ひ、佛蘭西が安南を獨立國として取扱ふことの、國際關係上理由あることを認められたのである。西藏《チベット》などに關しても之と類似した關係にある。卽ち西藏の統治權は支那が有して居るのではなくして西藏法王等がこれを有つて居たのである。勿論現在では英國は西藏との關係に就いて其の本土の統治權を支那と爭ふ如き考へは毫もない。英に於いては本土は支那の統治に入らないものと信じて居るのである。從つてちかごろ英支間の問題となつて居るのは、支那の四川省の西部西藏民族の居住地に就いて之が支那に屬すべきや、西藏に屬すべきやに對してに外ならない。これは行政區域からいへばこの土地は支那では四川省卽ち支那の十八省中の一部分と認めるで有らうけれども、民族の關係からいへば土地の住民は全く支那人ではないのである。斯樣な複雜な關係のところは疆域問題も單に十八省の一部分卽ち支那の行政區域內に在るからといふのみで其領土が確定して居るとは謂はれないのである。古來の支那人の如く其の國の地誌には交聘國と朝貢國との區別も判然とせず、朝貢國と眞の屬領地との區別も判明せないやうな記載の致方《しかた》によつて歷史的に領土であつた事實を定めようなどといふ事は、今日の國際關係上竝に學問上決して許さるべき事ではない。

梁氏の滿洲に關する意見は、殆ど斯くの如き近代の國際關係竝に學問を無視した見方である。梁氏は黃帝の首都竝に堯舜時代の幽州營州等をあげてこの時代のことは多く湮沒《いんぼつ》して居るから引用する必要がないと云つて居るが、第一黃帝堯舜時代のことを歷史的事實のうちに數へるすら、既に謬つて居る。歷史と傳說若しくは神話との差別をも知らないから起るところの謬見である。梁氏はまた正史上確實な證據として戰國時代以後奉天全省及び朝鮮は燕國の領土であつたと云つて居るが、それは幾部分は事實である。併し斯くの如き領土は恰も西藏が支那の領土であるといふと同じい意味のものに過ぎない。卽ち少數の官吏が當該地方に支那人として駐劄して居たゞけで、人民は土着の異民族であつた事實は、漢書の地理志に據つても知るを得る。これは戰國時代のみならず秦の始皇が郡を置き、漢の武帝が四郡を置いたときでも同樣の關係である。王莽時代からして高句麗國が興り後漢のなかごろよりして朝鮮南部に三韓七十餘國が興つたが、それらは皆漢の郡縣の中に興つたのであつて、漢からいへば明白な自領土內の行政區域の中の不逞の士族であると云ふのであるが、土着民族の方では事實漢の統治をうけざる獨立の者と考へて居たのである。恁《こ》ういふ事實が若し今日の國際關係によつて批判される場合に、是が果して支那の領土であつたと言ひ得らるゝであらうか。漢末に到つて遼東に公孫氏が興り公孫氏が亡んで所謂三國中の魏の領土に併合された時に、やはり高句麗も三韓も依然として滿洲朝鮮地方に國をなして居た。その後遼東は時としては慕容氏に侵略され引續き拓跋魏に奪《と》られたが、梁氏はこれに對し慕容氏竝に拓跋氏が何等の民族たるかを言明しないが、これらは全く固有の支那人とは異種族であつて拓跋氏の如きは其言語文字も全く特別なものを所有し、拓跋の國書と稱するものがあつたことは、支那の學者の何人も知つて居るべき筈である。

其後遼東より朝鮮の大部分が唐に支配されたことがあるが、一體唐の太宗の先祖が支那人であるか怎麼《どう》かも人種上よほどの疑問に屬して居る。併し唐は約二百年の久しき支那人と同樣の形式で支那を支配したのであるから、假に支那人の建てた國家としても可《よ》いけれども、唐が興つて百年も經たないうちに、既に遼東には土着民族たる渤海國が興り、渤海國と唐との間に契丹が割據して居たので、それ以後、金元に到るまでの長年月遼東が支那人の土地となつたことは無い。梁氏は遼金元をも支那人の建てた國家と考へるのであるか。若しこれをも支那人の國家なりとするならば、假に日本若くは他の國が支那の大部分を統治するやうな事があつても、矢張支那の國家として差支がないのでは無いか。その後明代のみは天子が南方より起つたがその代り遼東地方でも奉天省の半ばほどしか其領土に入らないので其他の東三省の大部分は滿洲民族がこれに據つて居て事實明の統治をうけない。この事は支那の官書にも明かに證據立てられて居るところのものである。實際は滿洲民族は支那人と貿易關係があつて名義上支那内地と異つた特別の官爵だけを受けて居たのに過ぎない。清朝に至つては滿洲人が支那を平定して領土としたのであつて支那人が滿洲を領土としたのではないのである。

以上の如き歴史の事實を、支那の學者が知らない筈はない。梁氏が之を若し知らないとすれば、氏は支那歴史に於て甚だしき無知識であることを示すものである。若しまた以上の歴史を支那に都合よく解釋して元代竝に清代の如き異種族であつても支那に君臨して居たから、これは支那人の建設した國家と同樣であるとしても、なほ東三省が支那の領土に入らない時代の方が遙かに支那に入つたところの時代よりも長いのである。殊に經濟上から考へると清朝が滿洲を領有して居た時代でも、その地方を封禁してその開發を望まない政策を長く執つて居た。いまの間島地方などはこれを空虛にして居たのでいつの間にか朝鮮人が其の地方に入つて開墾するといふやうな現象を惹起した。であるから今日の國際關係上から考へれば政治的にもその土地の統治を行はず經濟的にもその土地を開發せずして、唯名義上の領土權を主張してもそれは殆ど無益なことであるのみならず、實際は世界文明の進歩を妨碍するの行動と謂はれるのである。

殊に滿洲の最近の開發は日本に負ふところが頗る多い。日本がこの地に多數の人命を捨て巨額の資本を投じて其開發に從事せざりし以前の滿洲の富と、今日のそれとを比較して見たならば直に了解し得る事である。日露戰爭前に於ては滿洲の開港場たるの營口の如きは、支那の各開港場中、極めて下級に屬するものに過ぎなかつた。然るに現在の大連は支那第二の大貿易港となつたではないか。梁氏は日本の過剩人口が滿洲に赴かずして亞米利加、濠洲などに行くといつて英米人に對《むか》つて日本を中傷せうと試みて居るが、その土地の開發は、必ずしも人口のみの問題ではない。今日の經濟上の問題は寧ろ資本の方面を重しとするのであつて、滿洲の如き日本の資本に依り日本人の經濟的能力によつて開發され、世界文化に貢獻した地方に對して單に名義上の領土權からして、日本人の特殊の利益を無視せうといふことが、世界列國に認めらるべきものと思つて居るのであるか。況んや其領土權の歴史すらも眞の事實を擧げれば以上述べしが如くであつて、梁氏のいふやうな歴史的根據は粗漏杜撰なるものである。されば我國人は勿論支那人も此の歴史此の現在の事實を了解して、日本が滿洲に於ける特權を雙方から認めるといふ事は必要であらうと思ふ。況んや日本の意見は極めて寛大であつて滿洲の主權卽ち領土權を承認するに躊躇しないのである。而して日本は唯その人命と資本と努力とによつて今日の進歩を來したといふ實際上の權利を認めさせることだけを主張して居るのでは無いか。今日の國際關係は梁氏竝にその一派の支那人が考へて居る如き謬見によつて動かし得べきもので無いといふ事を、早く理解するのが支那の永遠の利益である。

大正11年5月12日

『大阪毎日新聞』

灤州《らんしゅう》の一戰で萬事解決か〔談〕

長辛店に於ける奉天軍の大敗は、同軍をして稍致命傷に近からしめた觀があるが、奉直の戰爭は之で終結を告げたといふわけではない。長辛店の敗因は、直隷軍に寢返りを打つたものがあるといふことがその主なる原因であつたといふが、支那戰爭の常として、その一勝一敗が必ずしも大局を制するとは言へない。殊に奉天軍は、今や灤州《らんしゅう》に勢を集注して直隷軍の來るを邀《むか》へ撃たんとしつゝあるといふからには、今後如何に局面が轉換するか全く想像がつきかねる。張作霖と氣脈《きみやく》を通ずる人々、例へば青島にある馬良の如きが、今後如何に動き出すか、その出方によつては反つて直隷軍が非常な不利に陷らぬとも限らぬ。一方、吳佩孚は、如何にも張に比して戰爭上手ではあらうけれども、その軍が長驅してその鄕關である直隷を去るに從つて、果して昔日の優勢を持續するや疑問である。由來支那軍隊はその鄕關を離れると弱くなるものであつて、之は奉天軍も同樣で、長辛店の敗戰は、慥《たし》かに之が一つの原因をなして居ると見られる。依つて吳佩孚にしても、兵を山海關以外に進める考へを持たないであらうし、張作霖にしても、この灤州で勝敗を決せんとするものであるらしいから、恐らく灤州會戰が天下分け目の戰であると同時に、之が最後の戰爭になるであらうと思はれる。
若し此の戰にして直隷軍の敗戰とならば、再び勢ひを盛返す事が出來ず、屛息を餘儀なくせしめられ、或は奉天に内紛を生じて、收拾すべからざる事態を釀成する事になるであらう。勝敗の數果していづれにありや、今俄かに逆睹し難いが、勝ち誇つた吳佩孚が、奉天督軍をして張作霖の配下である孫烈臣を擬してゐるのは、その眞意がいづこにあるか了解に苦しむものであるが、今日の處では尙徹底的に張作霖の勢力を東三省から驅逐する事が出來得ないと思惟して居る證據と見ることが出來る。尙梁士詒《りょうしい》の逮捕令や其の亡命等は、現今の大勢に何等の影響を與へないものであると信ずる。何は兎もあれ、灤州の會戰を以て萬事は解決されるものと見て間違ひなからう。

『大阪毎日新聞』　大正12年9月13日

遷都は斷じて不可〔談〕

横濱と東京を合併して繁榮策を講ずるが第一案

京濱大震災の爲めに今更《いまさら》らしく遷都論を唱ふるが如きは、私共の贊成し難い事である。今の東京は江戸時代から、日本の首府といふことのみによつて發達し、その繁華と殷盛を維持し來つたものであつて、若し江戸――東京といふものが首府或は帝都でなかつたならば、今日の繁華は到底見得べからざるものであつたのみならず、果して江戸――東京が出現したか否かも不明である。かるが故に、若し今日の場合、遷都を行ふならば、東京は決して復舊し得ないものとしなければならぬ。首府として帝都として相當の歴史と完備とを持つた東京を何故に復舊せしめずに之を他に遷さねばならぬか。それには今日唱へられて居るが如き薄弱なる根據に立つた理由は、一顧の價値なきものであると同時に、今日の場合遷都論を爲すが如きは、徒らに東京市民の激昂を買ふもので、さなきだに不安と焦燥にかられて居る民心を益々不安ならしめるもので、心ある政治家は確かにかゝる遷都論には耳をかさない事と信ずる。然らば如何に東京を復舊すべきか、といふ問題になると、專門家にあらざる私共の如きは、茲に具體的の方案を提示することは出來ないが、今度の震災の如く根こそぎ破壞し去つた以上は却つて思ひ殘りといふものがなく、根本的の改造、都市計畫の立て直しを敢行することが出來る點に寧ろ幸である。それについて第一に考へることは、横濱と東京との合併といふことである。甚だ遺憾ではあるが、私見としては横濱は到底復舊し難いものとして居るが、元來横濱は港として適當な位置ではない。その開港當時、西洋人の眼に映じた港として適當な場所は、寧ろ神奈川であつて、これが開港を迫つたわけであつたが、當時幕府としては、神奈川は東海道の往還に當り諸侯の往來するもの多く、其の場所に外人の在住するは何かにつけて面倒な事件を惹起する恐れありとの懸念から、今の横濱を神奈川の一部とゴマかして、此處を開港したものであるから、其當初からして神奈川から東京方面に及ぶ海岸を、港としての適地とせられて居たのである。かゝる關係からしても、東京の復舊は、神奈川以北羽田沖と東京とを一つのものとして考へる必要があるので、羽田沖に一大築港を完成し、これを東京の海路を扼《やく》する咽喉とし、第二に、東京下町方面の濕地を築《つ》き上げることである。焼丘《やけおか》となつた駿河臺の高地の土を以てしても、相當大規模に下町を埋立てし得るであらうから、恰も今の大連が露人の手によつて地均《じなら》された如くになし得たならば、今の下町はかなりな高さを有することになる。勿論これで耐震的の施設をなし得るとは言ひ難いが、現在の如く荷車やトラックが通つても動搖を感ずるが如き脆弱な地盤を稍鞏固にすることが出來得る。天災地變の事であるから果して今度以上の大震がないとは限らないであらうが、今度の禍害の大なるものが、必ずしも地震其のもので無いとするなれば、今度の震害にさへ堪へ得た地盤より幾分でも堅牢なる地盤は、より以上の震害にも堪へ得るわけである。

第三には、地區を定めるにある。私見としては、本所深川方面は如何にしても人の住むべき適地ではない。それ故に此の地域は當然工業地帶としなければならぬ。それと同時に羽田沖を港とするならば、これに交通連絡を保つべく下町一帶に運河を開鑿することであつて、之によつて、貨物或は工業用材料の運搬をよくすると同時に、排水の便を得、更にその運河の流通によつて防火の施設ともなるわけである。而して次に地均をして高くした下町は商業區域とし、現在の山の手方面は住宅地區とする。之に通ずる電車、鐵道は、悉く高架線とすることであつて、此の高架線の貫通は、間接に防火壁の用をもし得るものと思ふ。其他多くの方法もあらう。けれども私見としては、此の方法を最も手近な、而も東京をして更に繁華ならしめる復舊案だと信ずる。

『大阪毎日新聞』　大正12年10月13日

曹大總統を承認するが得策〔談〕

曹錕が大總統に就任したことは支那の時局には勿論外國に對しても幾分の安定を寄與したことは慥《たし》かである。列國が此の新大總統の就任を喜ばない様に見えるのは臨城事件その他纏《てん》綿《めん》せる事情に原因することであつて、我國の如きも一層列國と歩調を一つにする位なら、此の際排日騷動等を持出してその解決を迫るもよいが、今更ら大總統を承認しないといつて見たつて何等の効果を齎らさない。兎や角とイヤがらせを言ふよりは率先してその就任を承認する方がよい。かりそめにも曹錕が大總統に就任した以上は、直隷は勿論、山東、安徽、江蘇、河南、陝西、甘粛、江西、湖北各省及び湖南、福建の一部にはその命令が通ずるであらうから、タトヒ一時たりとも小康を保つは當然である。

次いで起るべきは副總統の選任問題であるが、例の政策的に行はれて張作霖が果して後援することを辭せないならば、お鉢は張に廻るか或は孫文あたりに持つて行かないものでもない。若し兩氏とも承諾することにならねば或は副總統を置かずに其儘でやつて行くかも知れぬが、いづれにしても支那の官人の常として幕僚の意見に左右される惧れがあり、徐世昌の如き相當自分の意見を持つて居る人ですら幕僚の勢力に左右せられたのだから、況んや曹錕の如き政治に何の理解を有せない人としては最後には此の幕僚の意見に左右せられ、延いては呉佩孚、天津派などといふ幕僚の勢力爭ひに累《わずらわ》せられて、遂には內輪揉めの醜體を暴露するに相違ない。何としても支那の政爭は走馬燈の如く根本的の革新を敢行せざる以上、その安定は六ヶ敷い事である。

盧永祥の北伐宣言の如きも最初より戰爭する意志のないことは明瞭であつて、畢竟所謂民黨の爲めに氣焰を揚げるべく利用されたもので、例の支那流の芝居に過ぎない。上海方面に於て戰爭をさけるといふことは南京の督軍齊燮元《せいしょうげん》と外國人側との間に約束がある位であるから、若し戰爭が開始されるとすれば、外國人側からの抗議によつて戰爭を開始し得べきものでないといふことを先きに見越して、唯單に所謂民黨の氣焰を揚げたに過ぎないもので、之が大勢に何の波動を與へるべきものでない。

『大阪毎日新聞』　大正14年12月16日

出兵に對する批評
至當の處置〔談〕

出兵が事實とすれば、至極適當の措置といはねばならぬ。日本が滿鐵の沿線に戰禍の波及を許すといふことは將來の惡例となるので、どんなことがあつてもこれを防禦せねばならぬと思ふ。尤も從來の支那人の如く外國の權利を重んじ、國內の戰禍を外國人に及ぼさないといふ義務を自覺して居れば、張郭兩軍の行動も、觀望して居つても差支ないけれども、近年は支那の軍人は外國人に對する考へも態度も變化して來て、やゝもするとその權利を踏みにじることを意としないやうになつてゐる。今度の國民軍と李景林軍との戰爭に於て、國際列車の通過を妨害して顧みないやうなことが眼前の著しい例である。遼河附近で行はるべく豫想される戰鬪が、その地方の混亂を來すものとすれば、或は張軍の敗兵が鐵道附屬地に流れ込み、郭軍も亦武裝のまゝ侵入して來ないとはいへない。その時に兩軍の混亂を制してその武裝を解除させるには、それだけの實力ある守衛兵を必要とする。この際、迅速に出兵して附屬地の治安を維持し、併せて滿洲在留のわが人民に安堵させるといふことは極めて適當な處置であり、滿洲において特殊の位地にある我國に取つて當然のことであつて、支那の主權等に何等の關係を及ぼさない事柄である。若し機會を逸して滿洲在留民に迷惑をかけるやうなことがあつては、現內閣の運命にも關すると思つて、斯の如き處置を取つたのであらう。今の所直隷方面では、國際列車事件の外はまだ格別な事變を生じないやうであるけれども、之に對しても政府は相當の注意と手當とを早くなすべき必要があると思ふ。

昭和元年12月29日

國家の大本に關する有難き思召
昨日賜つた勅語を拜して

『大阪毎日新聞』

今度煥發された詔勅は、御趣意なり、文章なり、大變に見事なもので、吾々臣民が謹んで守らねばならぬことと思ふ。第一段は、新たに天子の祚《くらい》を踐《ふ》まれたるを述べられ、舊來の制度、典章に從はれて、御先祖以來の德を御收めになり、引續き御傳へになつて居る大業を墜《おと》されないやうにとの御趣意である。

第二段は、先づ明治天皇が非常に優れられた御性質を以て天業を大いに弘め給ひ、內には敎化を盛んにせられ、外は武威を耀かし、長く後世に傳へらるべき憲法を御制定になり、萬國に比類なき國體をかたくせられたといふことに始まり、先帝陛下が更にその業を積まれて、明治天皇の高德を益々盛んにせられるといふ意味で、養正といふ文字は易の蒙の卦に蒙以養正とある言葉をとられ、繼明の文字は易の離の卦から採られて尙くすとあるは、たかくすと讀まれるのであらう。所が不幸にして中頃から御病氣になられたので、今上陛下が皇太子の位にをられて攝政をせられてをつたが、俄に先帝が崩御になつたので哀痛限りないといふことを述べられ、皇位は一日も空しくすべからず、萬機は一日も廢すべからざるがゆゑに、哀を銜《ふく》み痛を懷いて天日嗣を嗣がせられた、朕が德が薄いから只兢《きょう》々業々卽ち非常に心配をして大任を荷ふ事の重きに堪へない事を恐れるといふ御趣意である。

第三段は、近頃世の中の有様が變つて、人民の思想はやゝもすれば各《おのおの》の向ふ所が異つて居る事があり、經濟の上では資本家と勞働者とは利害の同じからざる事もあるが、全體から考へれば、國民が共に眼を國家の大局につけ、擧國一體共存共榮を計《はか》つて、國家の根本を何時までも變る事なきやう培《つちか》ひ、我日本民族を末の末まで繁榮させ、明治天皇以來の維新の大いなる謀を顯揚せんことを努めなければならぬとの御趣意である。

第四段は、今日の時局は正に會通の運に際しとあるが、會通の言葉は易の繋辭傳にあるので、變化融通する意味である。つまり時局が變る場合であるといふ意味である。人文卽ち文化は恰もこれを大いに盛んにせねばならぬ時期に當たつて居る。卽ち我國の國是は日々に進み日々に新たにするにあるから、博く中外の歴史に考へ詳かに得失の跡を鑑み、進むにも秩序に從ひ、新たにするにも中を執つて極端に流れぬやうにする事が深く心を用ふべき所であるとの御趣意である。

第五段は、以上の御趣意を結んで、浮華卽ち浮調子に派手な事を斥け、質實を尙び、單に外國の眞似ばかりする事をいましめて、何事でも自分から新たに根本から考へ且つ造《つくり》出すことを努め、日進以て變化の機運に乘じ、日新以て大いに事業を盛んにする時期を開き、一國の人心皆同じく人民の風氣が互に和ぎ押し弘めて、一視同仁卽ち人民に階級などの考へなく、同じく仁澤を受けるやうに敎化を弘め、長く四海同胞の誼《よし》みを厚くせられる事が、卽ち今上陛下の最も大御心にかけさせられる所であつて、大いに顯かなる明治天皇の殘された御敎へを事實に表はし、大いに先業を繼がれたる先帝の御意思を述べられる事が卽ち今上の御考へである。丕顯《ひけん》および丕《ひ》承《しょう》の文字は、孟子の中に逸したる書經を引用した言葉である。それで百官有司は今上の御趣意を體して明治天皇ならびに先帝に對し奉り御盡《つ》くし申せし通りに、今上の御身を匡《ただ》し弼《たす》け奉り、今上の御事業を進め、御意思に從ひ、億兆臣民、卽ち全國八千萬の臣民と共に天照大神の仰せられた天地と共に限なき天子の御位を弼けよといふ御趣旨を述べられてある。誠に時勢にも適合し、國家の大本にも關係し、極めて行き屆かせられた有難き思召であるやうに拜し奉る。

『大阪毎日新聞』附録　京都毎日　昭和6年1月5日

一九三一年の大京都市へ　名物の廢滅を防げ

現在の京都を何ゆゑに大きくし、何ゆゑに、住宅區、工業區等、地區地帶を設定せなければならぬか、その理由の發見に苦しむが、こゝにはこれを問題とはしない。廣がり行く京都、この趨勢に對して京都府市當路者竝に京都府民の注意を喚起すべく一、二の問題を提唱したい。

それは京都竝に其近郊が蔬菜の名所であるといふことである。蔬菜の品目、その名物たる所以など說明するには餘りに有名過ぎる。往年パリに遊んで郊外を散策したときに眼についたのは野菜畑の多いことであつた。そしてパリの野菜料理が世界の名物である所以もこゝにあると思つた。同時に京都の野菜を想ひ出した。私は今でもさうかたく信じてゐる。それは生菜のまゝ食つて甘い野菜の世界的本場はパリ竝にその郊外、煮て食ふ甘い野菜の本場は世界を通じて京都竝にその近郊が第一であると。

市域を擴張するはよい。擴張するが最後、編入區域内の田畑は直に地均《じなら》しされて住宅地の棒杭が立つ。折角野菜の本場は住宅地棒杭化されてしまふ。田畑に耕作せずに遊ばしておいてもその値上りを待つた方が利潤が多いからである。

このやうにして世界一の名物野菜畑が滅んで行く事は都市發展の免れ難い趨勢ではあるが、近代都市發展の結果として免れ難い風致の破壞を未然に防ぐ風致地區の指定があるやうに、これら名物の廢滅を防ぐ何等かの方法が當然あつて然るべきである。

殊に都市生活者にとつてより新鮮なる野菜を必要とすることは風致と同樣或はより現當の問題であるからでもある。隣接町村編入に際してあらかじめ野菜保護の計畫を立てておくこと、今一つは、京都繁榮策の一としては、加茂川沿岸を現狀のまゝに保存するといふことである。市域を擴大しようとも加茂川は依然京都風致の大動脈である。無論現狀といつても近時唱へられつつある京阪電車を現狀のまゝ保存せよなどゝの愚を强ふるのではない。

一時好景氣時代には、木屋町一帶は、今にも別莊地帶化せんとする勢を示したことがある。有體にいふならば、京都の風土氣候は別莊には適さない。成金が別莊を營む心理には相應《ふさわ》しくない土地である。成金の別莊は多少とも人の眼につく場所であることを必要とする。木屋町が別莊化せんとしたのもこゝに基づくわけであるが、別莊を營むほどの成金には京都の幽邃《ゆうすい》を解する趣味はない。若しその趣味を解するものがあるなら、それには或る特定の地區を設けなくとも京都到る所悉く別莊地區といつてもよい。せめて加茂川兩岸は京都の風致からも繁榮策からも今のまゝの姿であらしめたく、慾をいふなら京都らしき加茂川たるべく相當の改善を望みたい。鐘紡その他兩岸の工場は當然移轉するが、將來自他共に便益が多い。

それのみならず鴨川兩岸一帶はもとより、京都御所を中心に、その周圍部、いはゞキヤピタル部からは一本の煙突をも無くしたい。外部に溢《あふ》れ出さんとする勢の持主は、溢れ出ると同時に内部の整備に遺漏なきを期すること當然といはねばならぬ。

『大阪毎日新聞』　昭和9年1月21日

國家創立當時から事實上既に皇帝
今日のこの結果は寧ろ當然　親み深い執政の人徳

滿洲國もいよ〳〵帝政を布くことになつたが、これは滿洲國の出來たときから自然に芽生えてゐる事實であつて、自分はその當時暫くは帝政でない方がよいといふ意見を發表して置いたが、それは現在の若い執政が國務を習練するため、またもとの清朝以來の混雜した關係を振りきるため、さらにまた最少の帝室費で元首の生活を維持するため、卽ち清朝時代の如く帝室の經濟が國家の經濟に比して過大になることの弊害を再びせざらんため、といふような種々の杞憂から出たものであるが、その後二年間の經過を見ると、それらの杞憂がだん〳〵とあり得ないことがわかつて來てをり、殊に滿洲國が成立たしてゐる三千萬の民衆を、大部分は漢人であるにも拘らず案外昔の清朝に對して敬慕心を有してゐることが明瞭となつたようだ。

自分は昨年秋新京まで行つた。國情とか民論とかいふものについては何ら視察する暇がなかつたが、一部有識者からはしば〳〵帝政問題についての意見を聞く機會があつた。それによると大體において中央政府の大官その他國家中樞をなすところの人々には帝政の希望が熾《さか》んなようにも見えたから、今日の形勢を來すのは當然であるかも知れぬ。帝政になると、第一は、周圍の事情がどうかといふことになるが、これは昨年秋に行つた時も事實は帝政になつてゐるといつてもよい。滿洲國の大官たちもお互いの間で話をするには勿論執政皇上として話をする、われ〳〵に對して話すときでも改まつた挨拶のほかは、みんな皇上といつてゐる。ただ通譯する人が皇上を執政と飜譯して話すのだが、こちらで聞いてゐるとちよつと滑稽なほどであつた。これが中央政府の實情である。そのほか最も肝要なことは皇上たるべきその人である。これは妙に一種の人徳を備へられた方で、大體にいふと人懷《ひとなつ》こい人で、謁見した誰でもが單に尊嚴などといふ意味でなくして一種の親しみを感ずる。他人に對するにいかにも心から出た接待ぶりで、改まつて客に對するために親切に見せるといふ風ではない。その點は非常に評判がよい。そして學問好きといふことが一の特徴といつてもよい。

我々は文化事業のことで滿洲へ行つたのだが、さういふことについても大變同情を持つてをられ、日滿文化協會を組織したのだからその總裁に仰ぐと申し上げたら心から喜ばれた。我々の一行は皆學者だが、學者に對する話として無理にとつてつけたような話でなく、眞に學問好きな話しぶりであつた。日常の生活は大變に規則正しく、毎日運動のためにテニスをしたりされる。自分は以前に寫眞などで拜見したときは、如何にも身體の弱い方ではないかと思つたが、實際に謁見するとさうではなく、血色もよく、いかにも壯健らしく、しかもそれが御自身の理想らしく見受けられ、また學問の方では「書經」を愛好され、なかにも無逸篇を好まれて自ら無逸齋と稱してをられるといふことである。その政治を親ら裁かれる態度、さういふことは我々はよく聞く暇もなく、また傳手《つて》もなかつたが、滿洲國の大官中に建國以來多數有能な日本人が含まれ指導の任に當つてゐるが、執政の日本人官吏を信用される態度も眞に誠意から出てゐるらしい。執政に一番接觸してゐる人は、侍衛官をしてゐる工藤忠といふ人で、元來青森縣の人だが、清朝末年の第一の忠臣たる升允《しょういん》に從つて袁世凱と盛んに戰つた經歷のある人で、肝心の升允はまことに惜しいことに九月十八日事變の三ヶ月ほど前に亡くなつたけれども、工藤氏は恐らくは升允の推擧であらうか、執政の親近の臣下となつてゐる。勿論この人は誠實なよい人であるが、これを非常に信用してをられる。そのほかでも、執政の通譯をしてをる人などすべて日本人を信用してをられる。さういふ點は本當の誠意から出た信用で少しも權略などといふ意味はない。それらの點でも新らしい國家の元首としては極めて適當な德をそなへてをられる。

支那でも歷代の君主の中に國家を中興した有名な天子は數多い。その中で中興の名主といはれるのは後漢の光武帝であるが、執政は光武帝に類似した性情を大分もつてをられる。學問好きな優雅な點、よく人を信任する點、そのほかにも功勞のある人を勞《いた》はる點などが皆類似してゐるのである。光武帝はその境遇上自ら非常に難儀な戰爭をして、しばしば危い目に遇つて功業をとげたのであるが、執政はまだ大きな戰爭をされたことがない。これが違つてゐるだけだが、しば〳〵危難に瀕されたことは多少類似の點がある。北京におゐでの時宮中から日本公使館へ逃げこまれたり、北京から微行して天津へ落ちられたり、天津からさらに轉じて滿洲國創立に當つても容易ならぬ御心勞があり、さういふことで相當に危難を經驗されるなど人生の艱難辛苦を嘗《な》めてをられる。新らしい國家の事實上の創業の君主としても、恐らく不適當なことは少しもないであらう。執政は本年廿九歲でまだお若い。清朝歷代君主の中で若くして君主たるの天才を發揮した人には康熙帝のごときがあるが、しかも康熙帝は歷代の清朝皇帝中最

『太陽』第二二巻第一一号　大正5年9月1日

戰後に於ける日本の地位

近年の戰爭は、屢々其の結果の豫想外に出づる事を吾人に教ふる。日露戰爭に於ても慥《たしか》に然《そ》うであつた。其の豫想外に出でた事實を擧げて見ると、日露戰爭に於ては、第一に、兩國が出し得る兵數竝びに交通機關の利用財政の耐久力等、孰《いず》れも豫想外に出でざるはなかつた。戰爭の始まる頃には、日本が出し得る軍隊は凡そ二十五萬、露西亞が極東に運び得る軍隊も大抵同じ位と豫想されて居つた。日露兩國の出兵は、交通機關の利用に依るわけであるが、其の豫想された使用力は、平時の最大限度を標準として居た。財政に於ても、日本では凡そ七、八億の國債を募り得るのが極度と思はれて居た。併し兵力に於ては各其の倍數以上を戰地に出し、交通機關は總べて平時の組織と異りたる方法に依りて有らゆる臨時の利用法が考へられ、財政も日本に於て既に其の二倍からの耐久力を示して、尙其以上にも耐ふる力があると思はるゝ位であつた。かく豫想外に出でたことは、總べて世界の其の以後の發展に大なる關係を持つ所の教訓を與ふるわけであるが、特に國際關係に於ても、それと同樣の意外なる教訓を與へらるゝやうになつて來た。日露兩國共に六十萬、七十萬の軍隊を戰場に驅使し、其の結果は、各自國の民力の負擔を増して、戰後の疲弊を來たすと云ふ事になつた。それで當時から既に有識者の間には、若し日露兩國が互に戰爭をしない方法で、此の問題を解決したならば、どれだけの利益が有つたかと云ふ事を思ひ浮ぶる樣になつた。是は死んだ兒の年を算ふる樣なものであつて取り返しの付かないことであるけれども、併し斯の如く考へて見る事は決して無益でないのみならず、それが又將來の國際關係に重要なる教訓を與ふる事になるのである。若し日露兩國が互に戰爭の爲に出した兵力の三分の一づつでも之を共同して用ひて、假に之を以つて支那の樣な國に向つたとする。さうすると半年を出でずして支那一國を平定し得たかも知れぬ。勿論戰爭前にありては、日露兩國各々の間に誤解があつて、さう云ふ事の成り立ち得べきものでは無かつたらうけれども、戰爭後互に理解し合うて、其處に平和親善を主とした協約生じ、其の協約の効果が今日の世界の大戰爭にまで影響すると云ふ事は、此の復《かえ》らない事を繰り返して居るところの結果に負ふ所があると云うても宜しいのである。今日では日露の國交親善は、殆んど日本の輿論となつて怪しむを要しないけれども、それは日露戰爭の最中に考へられない事はなかつたのである。

過去の日露戰爭に於ては、既にさう云ふ教訓を得て居るのであるが、今日の世界の大戰爭に就て考へても同一の事であ我々は文化事業のことで滿洲へ行つたのだが、さういふことについても大變同情を持つてをられ、日滿文化協會を組織したのだからその總裁に仰ぐと申し上げたら心から喜ばれた。我々の一行は皆學者だが、學者に對する話として無理にとつてつけたような話でなく、眞に學問好きな話しぶりであつた。日常の生活は大變に規則正しく、毎日運動のためにテニスをしたりされる。自分は以前に寫眞などで拜見したときは、如何にも身體の弱い方ではないかと思つたが、實際に謁見するとさうではなく、血色もよく、いかにも壯健らしく、しかもそれが御自身の理想らしく見受けられ、また學問の方では「書經」を愛好され、なかにも無逸篇を好まれて自ら無逸齋と稱してをられるといふことである。その政治を親ら裁かれる態度、さういふことは我々はよく聞く暇もなく、また傳手《つて》もなかつたが、滿洲國の大官中に建國以來多數有能な日本人が含まれ指導の任に當つてゐるが、執政の日本人官吏を信用される態度も眞に誠意から出てゐるらしい。執政に一番接觸してゐる人は、侍衞官をしてゐる工藤忠といふ人で、元來青森縣の人だが、清朝末年の第一の忠臣たる升允《しよういん》に從つて袁世凱と盛んに戰つた經歷のある人で、肝心の升允はまことに惜しいことに九月十八日事變の三ヶ月ほど前に亡くなつたけれども、工藤氏は恐らくは升允の推擧であらうか、執政の親近の臣下となつてゐる。勿論この人は誠實なよい人であるが、これを非常に信用してをられる。そのほかでも、執政の通譯をしてをる人などすべて日本人を信用してをられる。さういふ點は本當の誠意から出た信用で少しも權略などといふ意味はない。それらの點でも新らしい國家の元首としては極めて適當な德をそなへてをられる。

支那でも歷代の君主の中に國家を中興した有名な天子は數多い。その中で中興の名主といはれるのは後漢の光武帝であるが、執政は光武帝に類似した性情を大分もつてをられる。學問好きな優雅な點、よく人を信任する點、そのほかにも功勞のある人を勞《いた》はる點などが皆類似してゐるのである。光武帝はその境遇上自ら非常に難儀な戰爭をして、しばしば危い目に遇つて功業をとげたのであるが、執政はまだ大きな戰爭をされたことがない。これが違つてゐるだけだが、しば〳〵危難に瀕されたことは多少類似の點がある。北京におゐでの時宮中から日本公使館へ逃げこまれたり、北京から微行して天津へ落ちられたり、天津からさらに轉じて滿洲國創立に當つても容易ならぬ御心勞があり、さういふことで相當に危難を經驗されるなど人生の艱難辛苦を嘗《な》めてをられる。新らしい國家の事實上の創業の君主としても、恐らく不適當なことは少しもないであらう。執政は本年廿九歲でまだお若い。清朝歷代君主の中で若くして君主たるの天才を發揮した人には康熙帝のごときがあるが、しかも康熙帝は歷代の清朝皇帝中最も廣く世界の事情を研究し、自國の學問と歐洲その他の學問をも研究し、學者としても相當な識見を具へられてゐる上に、君主として三藩の亂を平らげ、外敵噶爾丹《ガルダン》のごときを平らげる際にもすべて非常な天才を現してをられる。もし新國家の皇帝として康熙帝のごとく、自分の身をも修め、その才能をも發揮せられたなら、滿洲國の將來は實に洋々たる希望を持ち得るものといつてよからう。

滿洲特殊の事情を考慮せよ 我國の老政治家の招聘は最も適當な方法

今回帝政が布かれるについて種々行政上の改革もあり、考慮に入れるべきことが多いであらうと思ふが、まづ第一に、元首たる人が適任であらうということが最大の希望を繫ぐところであるから、その點については自分は最も將來の成功を望み確信してゐるわけである。この際にまた日本などから政治上の經驗のある人物を師傅《しふ》とか顧問とかの名義で招聘するといふことも極めてよいことであるに違ひないと私は確信する。わが國の維新以來の政治の發達を熟知してゐる人物を新國家の顧問に具へるといふのは、最も賢明な仕方であるといつてよい。たゞしこれはわが國の維新以來の政治のすべてが成功したからといふわけではない。成功もあり失敗もあつたらうが、それを眞に熟知してゐる人といふものはなかなかないからだ。伊藤公の如き大政治家でもだんだん自分が當つてゐた政局に關する意見が變りつゝあつた。伊藤公はその變化に處して自らも省み一代をも指導する能力を持つてゐた人であるが、それでもなしたことが全部成功してゐるとはいはれぬ。さういふ風な特別の識見を持つた人物があれば、その人に教へをうけるといふことは非常に利益のあることだが、第一には、日本と滿洲との國情の根本の相違、人民の知識の程度、さうした點に十分な顧慮がなければ、單に今十年か十五年の間に滿洲を、維新以來六、七十年間の日本の進歩と同じ經路を歩ませようとしても、それは不可能の話である。現に自分が秘かに聞くところでも、滿洲における教育の施設などが日本の現狀を標準とするがために、あまりに滿洲國の人民にとつては進み過ぎてゐるのではないかといふようなことを申すものもある。それは教育に限らず萬事にさうである。日本は維新の當時であつても、永い德川時代の太平の間に學問も、社會事情も相當に進歩してをつたし、その教育がある一種の方針を持つてゐたから、明治時代以後の急速な進歩をなしとげる根底があつたのである。滿洲、蒙古のように、その大多數が極めて浮浪性をもつた移民から成立つた國家に對し、それと同じような考へで施設をするといふことは困難である。その點は日本から維新當時のことを知つた老政治家を聘することができたら、現在の如き壯年の行政官をむやみに招聘して日本の現状を標準とした制度を作るよりは、大きに有効であらうと思ふ。ただし滿洲國の如き今創立されたばかりの國家で、殊にそれが從來かつてあまり見ざる事情のもとに急に組織された國家としては、そのほかにもしありとすれば、眞に滿洲國としての最も適當な政治を作りあげる天才を見つけ出す必要があるかも知れぬ。そんな人はどこにゐるかわからぬといへばそれまでだが、求める人の熱心でその人がなくてもそれに近い仕方を研究的にやり得ないものでもない。前にも申す通り、後藤伯が臺灣の產業の調査を新渡戶博士に賴んだように、求めると得るところあるわけだ。それは必ずしも老政治家とは限らぬのだ。

『太陽』第一六巻第四号「雜纂」　明治43年3月1日

韋庵會（故岡本監輔翁遺德表彰會）

故正五位、韋庵岡本監輔翁の故舊門人相謀りて、韋庵會を組織し、毎年十一月九日相集りて、永く翁の遺德を追慕し記念碑の建設、遺著遺稿の整理、第二の韋庵養成等の目的を以つて頃日其の成立を告げたり。韋庵翁は、實に天保十年、阿波國美馬郡三谷村に生れ、齡尙ほ弱冠にして、既に心を北蝦夷に傾け、京都に上り、清水谷中將の邸え寓し、更らに江戶に出で、愈北門の鎖鑰《さやく》の忽にすべからざるを絶叫し、要路の士に說き、進んで樺太に渡り、全島を周遊精査し、最北端ガオト岬にて「日本領、岡本文平建之」の標を建て、更らに北門社を結び、坂本龍馬、雲井龍雄等と大に北地を談じ、終にに徵士に任ぜられ、樺太全島一切事務委任を仰せ付けられ、明治二年開拓判官に任ぜられ、其の抱負を實行して名聲あり。後黑田長官と見を異にして辭し、或は斯文學會の創設に與かり、或は、千島義會を起し、東京大學、第一高等中學校、德島中學校、臺灣國語學校、北京警務學堂等にて、專ら子弟を教育し、淸國に渡航すること前後四回、著書四十餘部、就中東洋新報、萬國史記、萬國通典の如きに、實に當時の淸國開發に資せしこと多大なりき。其稜々たる風骨と高邁なる識見は、敢て權勢の俗塵界に入るを欲せず、一片耿々たる至誠は深く北地に專念して、流離困阨死して而して毫も悔いず、以て一代の士氣を激勵せしことは世人の夙に熟知する所なり。寄附金は本年七月卅一日迄に、東京麻布材木町松岡康毅、京都帝國大學法科大學岡村司、德島市德島町曾我部道夫の三氏中に、便宜送附せらるべく、事務所は德島市富田浦町坂本章三方也。

（贊助員の一人なる在京都內藤湖南氏寄）

『太陽』第二二巻第一一号

大正5年9月1日

戦後に於ける日本の地位

近年の戰爭は、屢々其の結果の豫想外に出づる事を吾人に敎ふる。日露戰爭に於ても慥《たしか》に然《そ》うであつた。其の豫想外に出でた事實を擧げて見ると、日露戰爭に於ては、第一に、兩國が出し得る兵數竝びに交通機關の利用財政の耐久力等、孰《いず》れも豫想外に出でざるはなかつた。戰爭の始まる頃には、日本が出し得る軍隊は凡そ二十五萬、露西亞が極東に運び得る軍隊も大抵同じ位と豫想されて居つた。日露兩國の出兵は、交通機關の利用に依るわけであるが、其の豫想された使用力は、平時の最大限度を標準として居た。財政に於ても、日本では凡そ七、八億の國債を募り得るのが極度と思はれて居た。併し兵力に於ては各其の倍數以上を戰地に出し、交通機關は總べて平時の組織と異りたる方法に依りて有らゆる臨時の利用法が考へられ、財政も日本に於て既に其の二倍からの耐久力を示して、尙其以上にも耐ふる力があると思はるゝ位であつた。かく豫想外に出でたことは、總べて世界の其の以後の發展に大なる關係を持つ所の敎訓を與ふるわけであるが、特に國際關係に於ても、それと同樣の意外なる敎訓を與へらるゝやうになつて來た。日露兩國共に六十萬、七十萬の軍隊を戰場に驅使し、其の結果は、各自國の民力の負擔を増して、戰後の疲弊を來たすと云ふ事になつた。それで當時から既に有識者の間には、若し日露兩國が互に戰爭をしない方法で、此の問題を解決したならば、どれだけの利益が有つたかと云ふ事を思ひ浮ぶる樣になつた。是は死んだ兒の年を算ふる樣なものであつて取り返しの付かないことであるけれども、併し斯の如く考へて見る事は決して無益でないのみならず、それが又將來の國際關係に重要なる敎訓を與ふる事になるのである。若し日露兩國が互に戰爭の爲に出した兵力の三分の一づつでも之を共同して用ひて、假に之を以つて支那の樣な國に向つたとする。さうすると半年を出でずして支那一國を平定し得たかも知れぬ。勿論戰爭前にありては、日露兩國各々の間に誤解があつて、さう云ふ事の成り立ち得べきものでは無かつたらうけれども、戰爭後互に理解し合うて、其處に平和親善を主とした協約生じ、其の協約の效果が今日の世界の大戰爭にまで影響すると云ふ事は、此の復《かえ》らない事を繰り返して居るところの結果に負ふ所があると云うても宜しいのである。今日では日露の國交親善は、殆んど日本の輿論となつて怪しむを要しないけれども、それは日露戰爭の最中に考へられない事はなかつたのである。

過去の日露戰爭に於ては、既にさう云ふ敎訓を得て居るのであるが、今日の世界の大戰爭に就て考へても同一の事であらうと思ふ。從來の論者の考へでは、世界の戰亂は半年も持續するものではない。其の兵器の猛烈なる程度の進步、又世界の經濟上の組織からして、とても戰爭の永續はむづかしいと考へて居た。併し戰爭が愈々始まつて見ると、第一線に用ひる精銳なる軍隊が全部竭《つ》きてしまつても、仍且《なおかつ》戰爭が繼續して居る。軍器の供給は、有らゆる方法に依りて臨時に行はれて居る。一日に一億圓以上も用ふる軍費も、ともかくも供給せられて居る。總べての事は平時に豫定したのとは全く意外の結果を來たして居る。それであるから日露戰爭から得た教訓を基礎として、國際關係に於ても、現在の國際關係以外の事を今日から考へらるゝ餘地があるものと見てもよいかと思ふ。特に我が日本の位置から云へば、尙其の點について現狀に拘束せられない考をして見る事が必要で無いかと思ふ。歐羅巴に於ては、旣に國際關係は餘程平時の狀態とは變りて、伊太利の如き國が自己の同盟國に對して宣戰し、同盟でない國の味方になると云ふ樣な變態を來たして居る。今日では聯合諸國と獨墺の同盟國との相互の戰爭であるけれども、是も今日の戰局を戢《おさ》める上から云うても、其の現在の關係を一變したならば果して徳《ど》うかと云ふ事も考へられぬ事はない。又其の變態が現在の戰爭中には行はれ難いとしても、戰爭が濟んだ後を豫想して見ると、豫想した狀態が或は現實の國際關係にならないともいはれまい。例へば獨逸の如き、佛蘭西の如きは、其の境を接して居て、言はゞ日露の關係の如く必死の戰爭をしなければならぬ有樣になつて居るけれども、今日の大戰爭と云ふものは、此の最も強い軍隊を有する兩國を中心として行くので、是が互に強い點に於て理解し合うて、それが一致した力を他に向つて用ひた時には、世界の狀態は徳うなるかと云ふ事に兩國民が氣が付いたらどうであらうか。それは今日に行はれずとも戰後かゝる事に氣づかぬとも言はれない。猶日露戰爭後の日露兩國の如くである。歐羅巴に於てもさう云ふ風に考へらるゝ餘地があるのであるが、特に日本に於ても日本が忠實に同盟の義務を守りて、餘り東洋に關係のない戰局に自ら進んでは入《い》つたのは今日の現狀であるが、併し同盟義務を盡すにしても日本は外の方法を取らんとすれば取り得ない事はなかつた。卽ち獨逸の東洋に於ける危險の根據地を擊ち碎《くだ》いて東洋が安全になつた以上、歐羅巴の戰局に對しては中立の態度を取る事をなし得ない事はなかつた。若しさう云ふ風な方法を取つたとすれば、日本が軍器其の他を賣り込む經濟上の關係に於て、米國と同じ樣な狀態にあり得るのである。それが經濟上果して利益であつたか損失であつたかと云ふ事も考へらるゝ。若し又日本が、伊太利等の如く全然同盟國に對する義務を無視して居たとなれば、如何なる結果を來したであらうか。勿論國際關係に於て不信義な處置を採る事は決して望む可き事では無い。乃《そこ》で日本が今日に於て、同盟義務を守りて東洋に關係せない事にまでも忠實なる態度を取りたりと云ふ事は非難するには當らないけれども、さう云ふ風に色々に考へ得らるゝ場合が、戰局の戢《おさ》まつた後に一つの勢力として現はれて來ないであらうか。世界の國際關係などと云ふものはどうしても其の國の存續、又は其の國の地位の安全と云ふ樣な事が根柢となりて考へらるゝのであるから、今日に於て現狀以外の場合を考へ得らるゝとし、其が實際各其の國の存續の問題、位置の安全の問題について最も有効なる事ある場合には、其の大勢が自然に此の點に傾くと云ふ事は免る可からざる事ではあるまいか。さうして見ると、日本が戰爭中に於て忠實に同盟の義務を守つたと云ふことは、何の非難す可き事でないにしても、此國際の形勢が何時までも同じ樣に有り得るかどうかと云ふ事は、豫め定むる事が出來ない。勿論今次の戰爭に依りて敎へられたる事は、歐羅巴の現に交戰しつゝある諸國の實力の非常に根柢の深い事である。併し又世界の强國と云ふものが互に二つに分れて雌雄を爭ふ時には、其を決するものは必ずしも非常に大きな力がなくても出來ると云ふ事も考へられる。それから亦、平時は經濟上の勢力が非常な重要な事であつて、諸强國は皆經濟上の勢力を維持するために兵力の準備をも怠らないけれども、實際兵力を用ひる場合は餘程少ない。爲に兵力の準備の及ばざる危險を冒かしても經濟の發展を試みらるゝ場合があるのである。獨逸の如きは最も其の適切なる例を示したものであつて、獨逸が膠州灣を占領して居ると云ふ樣な事は、平時に於ては容易に其の地位を動かすの危險を冒して見やうなどとするものはない。併し今日の大戰爭の場合の如きに至りなば、日本の兵力の一小部分を用ひても打ち拂ふ事が出來る。獨逸領の南洋の如き、アフリカの如きも皆同樣である。是は將來の國際關係に餘程の適切な敎訓を與ふるものであると思はれるので、此の點を云ふと佛蘭西の安南に於ける、英吉利の全世界各地に於ける植民地の如きも皆同樣に之を考へる事が出來る。今日の如き大戰爭に當りては、是等の植民地は皆日本の向背一つで其の運命が定まるのである。是が戰爭が終局して平常に復した時に、又其の前の平時と同樣の狀態に立ち歸つて、兵力の準備が無くして植民地の經營をすると云ふ危險を冒すものも、無論あるには違ない。其の代り、それが危險だと云ふ事を知つた以上、他の國から其の植民地を威嚇すると云ふ經驗も亦、之を再びする事が出來るわけである。さう云ふ事になりて、世界中の强國が各其の實力に對する自覺を生じ、而して其の自覺は又各他の國の懸値《かけね》を許さない程度にまで明かに見え透いて來た時に、世界の國際關係が恁《ど》う云ふ風になるか、日本はどう云ふ處置を取ればよいかと云ふ事が、餘程興味ある問題で、又頗る大事な問題である。

勿論、今日の如き大戰爭が一旦平和に終局した時には、世界中其の創痍を回復する事に忙しい爲に、各國とも自重して再び戰爭の危險を冒す樣なことはせぬわけであるが、併し此の實力の自覺によりて國際關係をどう云ふ風にすれば各自國が安全であるかと云ふ事は、十分に考へらるゝに違ない。日露兩國の如き數十年の不和なる歴史を持つた國でも、其の感情を一掃して互に同盟を求めんとするまでに變化するのである。差し向き日本などが、此の戰爭中に現在取りつゝあるところの他の位置を持つて見たならば、世界の局面が恁《ど》う變つたかと云ふ事を考への根柢として、而して新しい平和の時代に新しい國際關係に入りたるならば、只日本一國の向背が變つても其のために世界中の國際の權衡が一變するかも知れない。

勿論、此の戰爭の狀態からして、平和に復《かえ》るを得る時は、其の財政上の狀態は、各從來の富力の如何に依りて、必ずしも同一の結果を來たさない。併しともかく財政上の創痍比較的少ない國でも戰爭が濟んで平和になつてから、其の創痍の多き國に向ひて、も一遍戰爭の危險を冒すだけの威嚇をなし得るか恁うかと云ふ事は、餘程むづかしい事である。日露戰爭に於ても其の創痍の回復は、日本は露西亞よりも遙に遲かつた。併し戰爭後の形勢から云へば、日本は國際上餘り不利益な地位に立たなかつたが、露西亞は之が爲め却りて巴爾幹《バルカン》半島に於て獨墺二國に侮蔑せらるゝ樣な憐れな境遇になつたのである。今度の戰爭の終局に於ても、若し日露戰爭以後の日露兩國の地位について十分に徹底した觀察をなす政治家が今後の諸强國にあるとすれば、其の内國の創痍の回復は勿論であるけれども、其の以外にもどう云ふ方法で國際關係の地位を落さない樣にしやうかと云ふ事は、必ず考ふ可きところである。其の時に日本の如く、此の戰爭に由りて却りて國力の充實を來たした國を度外視すると云ふ事は、有る可からざる事である。只最も大切なる事は、日本の政治家が自國の地位を自覺するや否やの問題である。戰爭後の日本の問題としては、勿論此の戰爭中に亞米利加の經濟狀態の膨脹が日本などよりも遙に大きいと云ふ事も考へなければならぬ事であるけれども、併し世界の大局は歐羅巴に對する日本の地位を定むるのであつて、それに比すれば亞米利加の問題は實に小さな問題である。我が政治家も國民も此の點に於ける注意を深く望む次第である。

『太陽』第二三巻第八号　大正6年7月1日

支那の統一と安定

一

戰爭中と云はず、戰爭後と云はず、支那と列國との關係を觀察するには、列國の側から見るの必要と丶もに、亦支那の方から見ることも必要である。數年以來、支那は國體を一變して共和國と成り、殊に昨年に於て帝政復興の有力なる議論をも壓倒したるについては、支那國民が自覺を生じたと考へて居る論者もありて、支那の政治は支那國民自身が之を經紀施爲《しい》し得るものと謂うて居る。併し其が果して事の眞相を得て居るか否かは疑問である。

支那國民の自覺と云ふことにも種々の意味がある。

第一、今から八、九十年前までの支那國民は、殆んど自國が世界列國中の一國であると云ふことをも自覺せなかつた。而して非常なる自尊心を有して居たのであるが、此の自尊心は道光の阿片戰爭咸豐の英佛聯合軍との戰爭に依りて先づ破られた。支那は世界列國の一つであると云ふことの自覺ならば、此の時に既に出來て居るのである。而して列國中の一國なるがために自國の獨立を維持するには國防の必要がある。而して其の國防には新しき兵器を持つた軍隊竝びに海軍を必要とすると云ふことも、粗ぼその時に自覺して居る。然るに其の時には國防さへ新式の陸海軍に依つて充實せらる丶に於ては、其の他のことは、支那の舊來の政治道德で少しも不便を感じないと考へて居たのであるが、其の後、日清戰爭のために、又引き續き北清事變があつたので、從來の制度を改め、根柢から政治の改革をすると云ふ議論が喧しくなつた。其の結果は、清朝が倒れて共和國になつたのであるが、革命の初には、殆んど自國の道德にまで疑問を懷く樣に、有らゆる方面に改革論が盛に行はれた。是は、勿論、日清戰爭前に比して迥《はる》かに自國の缺點を多く識つたわけであるから、自覺の度を高めたと云ふことが出來る。併し其が眞に支那國民の自覺と云ふことが出來るかどうかは、尙疑問に屬するのである。此の自覺の程度に對する疑問は、種々の方面から研究せられねばならぬ。

二

第二は、政治の改革の方法が果して徹底して居るかどうかと云ふことである。それは、從來からして、支那には外國の文明の輸入を俟たずして、夙に自國で生み出した改革論があつた。それは數百年來政治上の宿題となつて居たものである。從來は其の宿題に向つて如何に解決するかと云ふことを、從來の弊政に對する救濟の方面から自ら案出しやうとしたのである。然るに外國文明の輸入に依りて新たに生じたる改革論は、從來の弊政を改革するのに自ら案出したる救濟手段に由らずして、他國の良法を取りて是に代へやうといふ主意になつて來た。清朝の未だ存在して居る間は、從來の弊政は新來の良法と竝立して行ふ心算であつたが、共和國になつたので、從來の弊政を未練なく捨てると云ふことだけは出來る様になつたけれども、しかし新來の良法が、果して如何に支那國民に適用せられたらば成功するであらうかと云ふことの研究が徹底せない。それがために、外國では良法であるものも支那に適用すると却つて弊政となるものも往々ある。これが徹底して研究せられなければ、政治の改革に依りて成功を擧ぐると云ふことはよほど困難である。

第三には、支那國民の病弊として改め難き自尊心が一種の變形をして現はれて來ることである。日清戰爭竝びに北清事變以後、支那人が痛切に國力の不振を感じた時は、外國から顧問及び教師をも招聘し、外國に留學生をも送り、幾らか誠實に外國人の忠言を聽かんと云ふ念慮があつた。然るに其の留學生が段々本國に歸り、又外國教師に育てられた新しき人物が世に出る様になると、直ちに自分等の手に由りて國政を料理しやうと云ふ考へになり、外國教師の排斥ともなり、或は利權回收論ともなりて、一種の自尊心を發揮する様になり、其の自分等が採用するところの外國文明は、外國人の侵略竝びに侮蔑に對する防禦手段として之を用ふることが多くて、眞に外國人の長所を採りて自國の弊害を根柢から改めんとする考へは甚だ薄くなつて來た。

第四には、日清戰爭以來の改革論者の方針は、中央集權を主義として數百年來の弊害たる尾大掉《ふる》はざる國勢を改めんとするのであつたが、共和國になりて中心勢力が清朝の時よりかも弱小になりてから、統一力を回復しやうと云ふ考へは全く失はれたのは止むを得ざる事としても、其に代るべき調和の精神さへも新に生じないので、各地方が中央の節制を受けない上に、各黨派も一致することの困難なる傾を生じて來て、有らゆる國務を犧牲にして政爭に熱中することになつた。而して此等の弊害は、渾《す》べて政治を職業とする或る一種の階級にのみ行はれて、所謂國民なるものは全く是と沒交渉である。

斯くの如き弊害が存在して居る支那の狀態を視て、果して國民の自覺たる現象と言ふことが出來るであらうか。今日の支那は、之を日本の明治の初年に比すれば、廢藩置縣が未だ行はれざる所に民選議院創設建白の勃發したやうなもので、其にまた一國の運命を自己の肩上に荷《にな》うて一身の生死だに眼中に置かない明治初年の日本の政治家の如き決心のものも未だ見ない。どの點から見ても支那國民の自覺と云ふものが生じたと云ふことは出來ない。であるから今日支那を相手にする國交が、其の政府を目的とすると民間黨の妨礙《ぼうがい》に由つて失敗し、民間黨を目的としたところが何等の實權も無いから効力が生じないと云ふ様なことで、殆んど手の付け様が無い。其の點は、徳川の末年に於ける日本の狀態と酷《はなは》だ似通うて居ると云うて宜しい。

三

今日は歐洲の大戰爭中で、列强共に支那の問題を幾《ほと》んど度外に措いて居るから、此の支那の現狀に對しても何等の不便を感ぜない。只其に付き最も不便を感ずるものは日本のみでないと雖も、將來戰爭熄《や》みて支那問題と云ふことに列强が心を傾ける樣になるといふと、第一に不便を感ずるのが、此の不安定なる支那の國勢でありて、其の時になると、支那國民の自覺せると否とに拘らず、列國が要求するのは先づ鞏固なる中央政府であるに違ひない。列國政府は、曩《さき》に袁世凱の政府に對してさへも其の統一力ある點に付いて寧ろ同情を持つたのである。今後に於ても、苟くも統一力を生ずべき内閣が成立つ希望のあるものなれば、如何なる内閣でも必ず之を援助して成り立たゝすことを希望するに違ひない。日本の或る新聞紙などの論調の如く、支那の内政に對し、或る黨派には同情を持ちて其黨の言ふ所は國民の輿論であるかの如く考へ、そして或る黨派の爲す所は、務めて之をあしざまに記し、自己が支那の某黨派員であるかの如く無分別に深入する態度は果して可なりや否や、疑はざるを得ない。尤もかく偏頗なる一種の感情的な態度によつて、首尾よく支那の統一を促すことが出來れば尙可なるも、此の如き方針は、支那の内政を攪亂するの効ある外、何の用にも立たぬ。其の内、愈《いよいよ》列國が支那の統一を要求すると云ふことに成つた時に、日本の方針だけが依然として孤立する樣な種を蒔くことは、今日に於て得策なりや否や、愼重な考慮を要することである。列國が支那の統一と安定とを要求することは、支那國民の自覺するまで、悠長に待つて居るべくも思はれない。支那の情態は今後十年乃至二十年、暫く混亂不統一の形で繼續するものと思はなければならぬが、列國は此の如き支那の狀態に對して、之を宥恕《ゆうじょ》して自ら不利益を甘受すると云ふことは無い。勿論此の戰爭後は、暫くは列國も戰爭前の如く支那に對して全力を傾倒するわけに行かぬかも知れぬが、其は政治上の事でありて經濟上のことはさうばかりでは無い。支那の方では此の列國の壓迫の少ない狀態に偸安《とうあん》して、倍々《ますます》其の自覺せざる誤りたる政策を施すことになるであらう。列國の壓迫が少なければ、新に殊更に感ずるのが日本の强大なる壓力である。それに對して支那人の考へは、屢々所謂遠交近攻の策に傾いて居る。今後も亦多分其の政策を執るのであらうが、是が卽ち大なる誤りである。元來遠交近攻と云ふことは、强者が多數の弱者に對して施したる政策で、弱者が强者に對して施せば必ず失敗する策である。昔六國の時に、秦は最大强國であつたから、それで遠方の國とは交はりを結び、而して弱い近い國を征して其の領土を擴めたのである。若し弱者が遠方の國と結びて近い强國に當らんとすれば、先づ打擊を受くるのは弱い自國である。戰後に列國の勢力が減ずるとすれば、支那の幾らか頼む可き國は亞米利加ぐらゐなものである。併し亞米利加が日本と支那に於て其の力を較ぶるだけの餘裕ありや無しやと云ふことは、形勢上非常に明瞭なる問題である。況や潜航艇の効力が大西洋を荒して居る實狀を見て、戰後に日本の潜航艇が活動す可き範圍たる支那海を、外國の勢力が之を侵犯することが出來るかどうかと云ふことが、米國と雖もよく判つて居るに相違なきにおいてをや。で、今日に於て、支那が遠交近攻の政策に依りて日本に衝《あた》らんとするならば、これ滅亡を招く所以であるに過ぎない。併し是は最後の狀態を云ふのでありて、形勢が其處まで切迫せずして、列國の勢力が尙可なり支那に及ぶものとすれば、支那はともかく其の統一を强ひらるゝと云ふことが重要な問題になるから、支那の方から考へても、やはり自ら覺悟して其の統一に向ひて歩武を進め、而して又最後に於ける列國形勢の打算を誤らぬ樣にすることが必要である。

四

以上は、支那側より見て考へたのである。之を列國の方から見ると、露西亞は内部の革命のために統一力を缺いて居ることは支那と異らない。佛蘭西も戰爭後の回復のために餘り手を東方に伸ばすことは出來まい。英吉利は露西亞の如く、佛蘭西の如く、内政に打擊を受けることはあるまいけれども、これとても今日までの支那に對する地位を維持するより以上の策に出で得ると云ふことはむづかしい。で、最も疑問なのは亞米利加である。亞米利加が、今日では獨逸と開戰の狀態になつたけれども、其の實開戰に由りて準備したる實力を用ふ可き場所は別に無いのであるから、單に軍備を充實すると云ふ結果を生じて戰爭が濟んだ後は、日本に對する恐怖心を前よりは減ずるかも知れない。併し前にも言へる如く、今日の戰爭の實驗上、支那海に於ける日本の勢力を打ち拂ふことの困難をば益々明白に知覺する以上、日本と衝突すると云ふことの不利益を滋々《ますます》痛切に感ずることになる。亞米利加も開戰によつて戰爭のために非常に蓄積した財力を幾らか減殺せらるゝに違ひ無いけれども、ともかく歐羅巴諸國に對して資本國たる地位を得たと云ふことは慥かであるから、戰爭後に於て、支那に對して經濟力を發展して資本國と成り得る國は、亞米利加であると云はなければならぬ。殊に支那人は、今日に於ては日本人よりも亞米利加人に親しむ傾を持つて居るので、資本を投下する事も比較的容易である。併し、今日までは米國は列國の協力財團にも加はらず、多く資本を支那に投下しないから、支那の内國の形勢、外國との關係に對しても少しも危險を感ぜなかつたのであるけれども、若し支那に多額の資本を投ずることになれば、内國の混亂竝びに日本との關係については、今までとは非常なる危險を感じ、恐怖心を生ずる樣にならねばならぬ。

五

此の點から考ふると、政治上より見ても經濟上より見ても、將來支那に對する亞米利加は、日本と親和する必要が競爭する必要よりも多くなつて來るに相違ない。近頃亞米利加人中にも日本人と協同經營をする考への者が生じて來たが、其の傾向は戰後に於て益々度を高むるものと考へなければならぬ。日本の新聞などの論調を見ると、亞米利加が支那に資本を投下するのは日本の利權を侵害せらるかの如き思をなし、之を嫌ふ傾を持つが、是は寧ろ日本の支那に於ける權力を確實にするものと見る可きである。日本の財力は、亞米利加と競爭する程大ではない。亞米利加と協心戮力《りくりょく》して行《や》れば、寧ろ其の方が日本に取つて利益の方でも確かであり、又亞米利加の利益に對して日本が一種の保護者の地位に立てば、是に依りて日米の國交を敦睦ならしむることが出來るかも知れない。

亞米利加と日本との支那に對する關係は、多少類似して居て、孰《いず》れも支那に對して利益を擴張するが主である。其の點は英吉利が從來の地位を維持するを主とすると、大變に相違して居る。この點からも日米二國が協同して同じ方向に立つと云ふことになれば、支那に於ける利益は、眞に世界に於ける關係國に均等になるのである。亞米利加に於ても、日本と競爭するよりも他に利益を擴張する餘地あることを知る樣になれば、それより日米の協同を確實にすることも決して困難なことではない。是は列國の側から見て、又それに對する日本の地位から見て、考へ得る所のものである。

六

以上の觀察と基礎とで、其の實行策を考ふることになれば、其方法も多いことで、其の點に於ても十分の注意をせねばならぬ。近頃起つて居る關税增加問題の如きは、當業者は單に自分の業務の事だけ考へて、それが動《やや》もすれば輒《すなわ》ち政治上の野心家のために利用せらるゝことを顧みない樣なことがある。過日紡績業者其の他が、大阪に於て政府反對の運動をしたことなども實に滑稽のやり方に過ぎない。支那に於ては、今日の關税增加問題と參戰問題とは、必ずしも關繫を持つて居ない。然るにも拘はらず、日本の紡績業者は、單に關税增加反對に關する無謀な運動をした。日本政府が果して關税增加を贊成したとすれば、固より得策でないが、併し、日本の工業の發展は、關税の增加ありても無くても、既に日本の工業製造品を支那に賣り込むと云ふ狀態に滿足せずして、更に大に支那內地に於て日本の資本に依る工業を興す必要に迫られてあることは知れきつたことである。紡績業者の如きは、日本の工業が何日までも內地に局促して居るべき者といふを前提として立論する謬見を今に脫しない。關税增加反對運動は、當業者として自己防衛上已を得ざることゝしても、一方に此の新しき發展策を伴はない運動は實に取るに足らないと云ふことを省みなければならぬ。今日に於ける日本の經濟上の地位は、先づ如何にして支那に資本を投ず可きかと云ふことを研究するに在るので、其から伴《つ》れて日本の工業の原料を支那に取ると云ふことをも研究する必要がある。日本は從來支那に對して輸出國であるから、屢々ボイコットなどのために苦痛を蒙つたのであるが、支那の原料を本國に輸入する有力な國と云ふことに成れば、ボイコットなどの虞は消滅するわけである。其と同時に、支那人をして十分に覺醒せしめなければならぬことは支那の豐富な天產も、必ずしも日本と云はないまでも、外國の資本、外國の工業的經驗を藉《か》るにあらざれば、決して獨立して發達し得るものにあらずと云ふ事である。支那は例の利權回收熱起りて以來、天產さへ保持して居れば、無限の富を藏して居るものと思うて居る。此が抑も一つの謬論である。今日の經濟社會では、單に原料のみを以て生產力とすることは出來ない。必ず其處に巨大なる資本と廉《やす》い人力とを持たなければ成らぬ。而して其の謂はゆる人力も、單に勞働力と云ふのみでなく、經驗ある經營力を持たなければならぬ。支那が自ら資本と經驗とを得る迄は、どうしても外國人の力に須《ま》たなければ成らぬ。支那人一般、此點に就て、殆んど全く覺醒するに至らないが、支那の當業者は此の事を少からず感じて居るのである。併し前に云ふ政治を職業とする一種の階級の無謀なる壓迫のために、思ふやうに發展することが出來ないのである。此の事を當業者に提誨指導して、其の利益を適當に政治上に代表する力を與へ、職業的政治家に其の謬論を改めしむると云ふことは、資本を擁して居る日本竝に外國人のためのみならず、翻りて支那のためにも頗る必要な事である。

七

其に就きては、先づ支那の經濟發見の妨礙に成る種々の事情を排除せねば成らぬが、今日に於て戰後の經綸の準備としては、先づ、支那をして金貨國たらしむる事を最も重要な事と思ふ。是も從來數々《しばしば》考へられた事で、外國人も支那人も之に關する議論は少く無いのであるが、支那は今日では銀を通貨として居るけれども、必ずしも銀を產する國で無い。何方《どちら》かと云へば、幾らか金を產して居る。今日の如く、支那に於ける銀が騰貴するのは、列國が戰爭のために支那に對する資本を投下しない、支那人は戰爭に依りて日本又は亞米利加の如く何等經濟上の利益を受けない、それで支那の銀の在高《ありだか》を減じたのが今日の狀態を來たしたので、支那に於ても銀を以つて通貨とすることを安全とせないのは明白で、其の永き前途の爲には、世界共通の金貨本位を執るが宜しい。世界中支那と貿易關係あるものは、是に依りて不慮の損害を免かるゝことが出來る。特に今日の如く支那が銀の缺乏に苦しみ、列國の或もの、例へば日米の如き金の過剰に苦しみ居る時に當りて、最も改正を實行し易いのである。日本が金貨本位制を執りたる時は、日本には殆んど金貨は無かつた。それにも拘らず支那に於ける金爲替本位と云ふが如きむづかしい議論の制を執らずに、直ちに金本位制を實行して何等の差支を見なかつた。支那に於ても、日本より特別困難であると云ふことは無い。是は支那に於ける列强の關係如何に拘らず、何の國でも不同意のある可からざることであるから、之を手始めとして實行すれば、日本其の他の邦國も資本を投下し易くする。支那人も外資を利用し易くすると云ふことが最も必要であると思ふ。

支那の經濟力

『太陽』第二三巻第一二号　大正6年10月1日

（一）

支那の經濟力に就いては、從來屢次誤解せられて居た。其の誤解たる、惟《ひと》り支那人ばかりで無く、日本其の他の外國人の間にも全く誤解せられて居たのである。今より十數年前までは、支那に正金が潤澤であると云ふ誤解が、一般に行はれて居た。日本が明治の初年に當り不換紙幣に依りて、纔に窮乏せる財政を支撐《しとう》して居た時に、支那に遊歴した日本の有力者の多くは、支那が銀貨と銅錢との外は通貨とせず、紙幣の如きは全く之を用ゐて居らぬところを睹《み》て、其の正金の豐富なる事に打ち驚き、支那の經濟力の根柢の頗る深固なる證據としたものであつた。其の後、日本の貨幣制度が整理せられて兌換制が出來上り、進みて金貨本位に更革せられた頃でも、依然として日本の内地に於ては紙幣のみ多く通用せられて居た。それが支那に行くと、銀貨が其の儘通用せられて居るので、やはり支那は正金が潤澤であるものであると解釋せられて居た。日本の正金銀行などが支那に支店を設けて幾らか其の經濟事情を知るやうに成りて、始めて支那には正金の極めて乏しき事を發見した。併しながら、此の事が日本の一般社會に理解せらるゝに至る迄は、隨分年月が經つてから後であつたのである。是は日本人が支那の經濟の來歷に關する知識が無いからの事であつて、支那は元來、銀の產出する國でない。三百年來、支那に銀の漸々增加して來たと云ふのは、多くは貿易に由りて之を獲たものであつて、一時、支那に行はれて居る外國銀貨の種類が非常に多かつたのであるが、其の後メキシコ銀に統一せられたのであるが、抑も此のメキシコ銀なるものは、支那の通貨とするがために、特に製して輸入せられて來た一種の貿易品と云つても可《よ》い。支那人が阿片を澤山に需用するやうに成つてから、從來、外國から吸收した銀を漸を逐《お》うて吐き出し、其が支那の財政經濟に著しき影響を及ぼすところから、夫《か》の有名なる阿片戰爭を惹き起すに至つたのであるが、此の戰爭の敗績に因りて、支那は亦多くの商港を開いて外國貿易を増進したために、復た銀を吸收することが出來るやうに成り、以て近代に到つた次第であるが、併し大體は農産國で原料の輸出は有るけれども、工業品と來ては少しも産出せないところからして、數十年來、支那の貿易は非常なる輸入超過に成つて居る。また其の上に輓近に及び、外國と數度兵戈を構へ其のたび敗れたために多くの償金を取らるゝやうに成り、益銀を吐き出す事が増加し來つたのであるが、唯近年に及び支那の國勢の積弱なことが世界に暴露せられたから、外國が競うて利權を支那に獲得して之に向つて續々資本を投下する。其の金高が大分鉅額に上ぼつた結果、お蔭で支那は通貨の不足に苦しまずに居たのであるが、併し通貨の大部分は開港場に積集して居て、內地に於ける正金の缺乏は非常なものである。特に滿洲地方の如きは從來、銀貨さへも、はいらなかつたので、外《ほか》の地方は大銀貨、小銀貨、共に行はれて居るけれども、滿洲に於ては大銀貨は通用せないので、日露戰爭後に支那が官立銀行で紙幣を發行した時に、小銀貨本位の紙幣を發行した。卽ち一圓の紙幣が無くして、十錢銀貨十枚の紙幣があると云ふやうな奇觀を呈露したものだ。更に滿洲の奧である吉林、黑龍江に至りては、古くから銀貨も銅貨も缺乏して居るを以て殆んど兌換準備無しの紙幣を發行し、之を通用せしめて居る。

此等の事情は近年に及び日本人も外國人も大分知つて來たので、此の支那人に正金多しとの誤解は除《と》れたやうであるが、併し尙その誤解の除れない一事は、支那は天然の富源を深く藏して居るから、經濟力が根强い、又支那人が商賣上手であるから經濟力が强いと云ふ、此の二箇の誤解である。此は支那人自身が最も多く誤解して居る所であつて、淸朝末年以來、外國人が濫《みだ》りに支那の利權を獲得した事に憤慨し、悉く之を回收せんと企てた。勿論それによつて回收せられた利權も可なり有つたのであるが、さりとて之がために支那の生産力は少しも増加せない。乃《そこ》で袁世凱の大總統たりし初期の頃などは、熊希齡《ゆうきれい》などの財政家は多少こゝに覺醒した點もあり、外國人が支那に資本を投下すれば、此に由りて生ずる利益の二、三部分は外國人が自國に持ち歸るけれども、殘餘の大部分は支那に落つるのである。であるから、支那に於ける外國人の企業は決して排斥す可きものでないと言ひ出した。しかし支那人一般の輿論は、依然として利權回收主義で、何にせよ天然の富を有して居れば、支那の經濟力は大丈夫だと思うて居る。

（二）

然るに今次の大戰爭のために、其の謬見たることが追ひ追ひに證明せらるゝに至つた。今次の大戰爭で中立國は悉く莫大な經濟上の利益を得て居る。日本の如き、名義だけは交戰國であつても、殆んど中立國同樣の地位に在るものは、莫大の利益を握つて居る。然るに支那の如く無限の天產を抱いて居る國でありながら、些《ち》つとも利益を得る事が無いと云ふ事が、取りも直さず、其の確實な證據であつて、支那人――或種の日本人――なども、此の現象に驚きの眼を瞬《みは》り、不思議に考へて居るやうであるが、是は何も不思議な事象では無いのである。近世の經濟では、單に天產物が在つても之を實際の富に變成せしむる所の資本が無くては駄目である。又これを變成させる所の工業上の訓練が無ければ成らぬ。日本は幸にもこゝ三十年來の工業上の訓練があつたために、今回の利益を得た所以で、支那から產出する所のものは一たび日本の手を潛《くゞ》らなければ交戰國に賣り出す事は出來ないやうな狀態に成つて居る。支那で此の大戰爭のために一種の奇異なる產出物を出した。それは何かと云へば支那從來の通用貨幣で、孔方の有る銅錢の輸出である。此は一旦、日本に運んで來て、之を銅と亞鉛とに分解して交戰國に賣り出すのであるが、開戰以來、今日までに餘程の鉅額に上り、山東一省でも一億圓に近いでないかと思はるゝのである。此も支那には有力なる精錬場が無いばかりに、利益の大部分は日本に歸してしまふのである。之がために又もや支那人の利權回收熱を刺激して、銅錢としては日本に輸出することを禁ずるやうに成つたけれども、縱令それを輸出せないからと云うて、精錬場を所有せない支那人は、此に由りて利益を得る方法は更に之を知らないのである。やはり今日でも其の輸出は日本人の手を潛つて居る。此等は適切なる例であつて、其の外の天產物でも日本人の手を潛らなければ利益ある生產品たる價値を生じない。是が大戰爭以來、日本が大に利する所が有つて、支那人が何等益する所なき重大な理由である。かくの如く日本は莫大の資本を抱いて、幾らでも支那に投下せんとする勢であり、支那は益《ますます》、正金に窮し、今日は銀の相場が意外に昂騰し日本から支那に物を賣り出すには最も順潮なる時機であるのに、支那に正金が乏しいからして十分なる購買力を生じない。卽ち支那は戰爭以來自國に持つて居た所の銀を吐き出して今日では正金の缺乏に痛苦を覺えて居る。其原因は主として印度が大戰爭以來、輸出超過を來し、銀を吸收するやうになつた所から、支那の銀貨が間接に吸收せらるゝ事に成つて來て居るが、一は戰爭開始以來、今日まで支那に投資して來た國々が、皆之を控へるやうに成つて來たからであつて、近日に至り支那は纔《わずか》に參戰の條件として賠償金の支拂を延期すると云ふやうな事で、以て其の缺乏を補はんとして居るのであるが、併し此は單に支那政府が財政上から考へた結果に過ぎないので、支那の經濟現象の全般については、依然として正當の理解をして居らない。

　又從來支那人は商賣上手で日本人は商賣下手と云ふやうに考へられて居た。勿論箇々獨立、もしくは合名組織位までの商賣としては、支那人が上手で日本人が下手であることは爭はれぬ。併し支那の商賣には經濟機關が總べて不完全で荷爲替等も十分でないし、又低利資本の融通なども出來ない。單に昔からの習慣に依りて、取引の決算が甚だ緩慢なのに慣れて居るのと、多く正金を用ゐずして、取引をすます習慣があるので、正貨の需用が切迫しないにすぎないので、今日の如く商工業が大規模に成つて來ると、箇々の商人の商賣の巧拙など云ふことは、決して大なる問題とは成らない。寧ろ其の國の經濟組織そのものが經濟力の根本と成るのである。日本に於ては夙に戰前から經濟組織が整頓して來て居る所から、已に一億圓以上の資本を擁して居る資本家を有して居たのであるが、支那の資本家は此に比較すれば孰れも微々たるものであつて、其の十數年來、發達したものは、日本又は其の他の外國に於て商賣したものに多いので、支那自國に於ては殆んど大きな資本家を生ずるほどの發達をして居ない。まして今次の大戰爭に於て、日本に多數の資本家を生じたやうな現象は、到底支那の如き經濟組織の不完全な國では及びも無いことであると思ふ。此の原因を理會すれば支那の富力に關する正當なる見解が出て來るのであつて、此は啻に戰爭の影響に關する問題なるのみならず、將來に於ける支那の經濟力の發展するや否やの問題も此の中に蘊蓄せられて居るのである。

　日本人は今日では勿論、支那を目するに資本を投下す可き土地と考ふるやうに成つて來ただけ、それだけ經濟力が發展したのであるが、支那人も亦此の日本人の資本を歡迎する方が、自國の富力を增進し、追ひ〳〵自國に資本なり工業の訓練なりを得しむる所以であることを理解せなければ、支那は單に政治上の亡國たるのみならず、施《ひ》いて又經濟上の亡國たるを免れないのである。此については前回にも述べた如く、金貨本位制を採用して貨幣制度を整理することを始むる必要があるのである。

　今日の如く、支那が政治借款を主として外國の資本を取り入れてばかり居るやうでは、譬へば下痢患者に向ひ、漫《みだ》りに固形食物を與ふるやうなもので、皆が皆これを其の儘に排出し去るに過ぎない。若し此の際大英斷を以て一億圓乃至二億圓の金貨を輸入して、其を以て中央銀行の準備金として、爰《ここ》に貨幣制度を確立したならば、其だけの資本は政治借款の如く右から左と消えて行くと云ふことはない。勿論、支那人は本國政府が財政經濟を處分する能力に就いて餘り信用を措いて居ない。寧ろ此は外國の有力なる援助あると云ふ事、外國人に依りて金庫を握られて居ると云ふ事を知らしめた方が銀行の信用は確實である。此に由りて財政の基礎を樹立すれば、そこで始めて支那の經濟能力……眞の資源が生ずるのである。

(三)

是に就き日本の有力者などでも、或は支那の如き經濟上の思想の極めて幼稚な國では、直ちに中央銀行から準備金を引き出してしまひはせぬかと云ふ憂慮もあるやうであるが、此は全く杞憂に屬すると云はねばならぬ。從來、外國銀行に十分の信用を措いて急激なる引換の擧に出でなかつたこと、又日露戰爭の際、日本が發行した軍票を、通用期限の過ぎて居るに拘はらず、往々之を用ゐて居ると云ふやうなことは、餘程、不思議なことであるが、支那の貨幣としては、何等價値の無い日本紙幣を日本の銀行が存在する開港場と開港場との間の聯絡のために使用して、確實なる爲替券と同様な効力を認めて居る點などは、苟も紙幣の準備と云ふものに信用があれば漫りに正貨と引換ふるものでないと云ふことを支那人が十分に理解して居る事を示して餘りありと云はねばならぬ。中央銀行の信用さへ、外國の援助に依りて確實であれば、決して引換を憂ふるに足らぬ。それのみならず、從來支那が補助貨幣の性質を無視して、地金の價格でのみ通用する惡習慣も、之に由りて一掃する事が出來、更に亦各市場に於て常に相違の有る銀の相場に因りて大變に複雜な關係を有して居り、極めて不便な取引をせなければならぬやうな惡習慣をも、此に由りて一掃し盡すことを得るわけであるが、唯この各市場の相場の差に依りて一種の商賣を營み居るものに取りては、此の進歩したる貨幣制度が不便であり、それよりも尚一層苦痛を感ずるものは、支那の官吏が受入、拂出《はらいだし》の際に、銅錢との相場を變へて、其の間に私腹を肥やす習慣があるので、幣制改革の結果、此の惡習の除去《とりさ》られるのは、支那官吏の最も大なる苦痛とする所であるかも知れないけれども、此等の惡習慣は、成る可く、此の際に一掃するのが支那永遠の經濟のために有利なことであるから、旁々《かたがた》この際、金貨本位制を採る必要が十分に在り、而して特に利權回收と云ふが如き實際に行へない空論を撤去して支那を經濟上の亡國から拯《すく》ひ上ぐる必要があるのである。

『太陽』第二四巻第三号　大正7年3月1日

瞥見せる支那

(一)

予が昨年秋冬の間に、支那の視察に出かけたのは、全く一定の調査事項有つての事ではなく、單に支那近情の一般的觀察を目的とした次第であつた。最初、青島から山東の濟南に至り、濟南から南京へ、南京から上海へ行き、上海滯在中に杭州、蘇州にも游覽を試み、上海から長江を泝《さかのぼ》りて漢口に到り、漢口から湖南の長沙に赴き、長沙より漢口へ引き返へし直ちに北京に上り、滿洲朝鮮を經て歸朝の途に就いたのである。其で丁度二箇月餘を費したのであつた。昨年十一月の初旬に南京で督軍李純氏に面晤した頃は、氏は將さに南北調和の運動を起さんとする前であつた。十一月中旬に至りて上海を後に見んとする時に、段祺瑞氏の内閣が今や既に危いと云ふ事を聞いたが、長江の船中で、九江に着た頃、果して湖南討伐に向つて居る傅良佐《ふりょうさ》が失敗し、段總理が辭職を申し出たと云ふことを知つた。予が湖南の長沙に着いたのは、丁度傅良佐が逃げて南軍が長沙を占領した僅か一週日程の後であつたのである。而して北京に行つた時には、段内閣の既に倒れて今の王士珍氏が代理國務總理と成つたばかりであつた。

一體、何時如何なる場合でも、政變の際中には、其の眞相を尋ぬることが頗る困難である。殊に支那の如く陰謀に對するに陰謀を以てし、權詐詭譎《けんそきけつ》を事とする國に於て、予等の如き旅行者が一順通り拔ける際に容易に事の眞相を捕捉せらるるものでないことは、今こゝに言ふまでない。併し唯極めて冷靜なる見方で、南北二派を最も公平に觀察した結果としては、日本の新聞雜報などに揭《の》つて居る所とは支那の近情が幾らか違つて居ることを認むるに躊躇しない。

北洋派……殊に安徽派……の中心人物として鳴つて居る段祺瑞氏は元來質直精悍な男で、支那人の常習たる金錢に汚い點も無く、且比較的決斷力が有りて、自己の責任を回避するやうな卑劣な行動を執らない。夫の復辟事件の時に際し、咄嗟の間に決斷して張勳の兵を打ち破り、直ちに共和政體を復興したのは、誰が目に見ても動かすべからざる功勞があるから、從來保有し來たつたところの北洋派に於ける地位は、之がために一層鞏固を加へたことは掩ふべからざる事實たることを認めなければ成らぬ。併しながら約法に循《したが》ふ限り、大總統としては馮國璋氏を南京から迎ふることは當然の成り行きであるから、段祺瑞氏も一旦これを迎ふる以上は馮國璋氏と十分に妥協的に政機を運ぶ考へがあつたに違ひなく、馮國璋氏も亦進んで北京に向ふ以上は段祺瑞氏と圓滿に調和する見込があつたものであるらしく、元來馮國璋氏は八方美人主義であるところから旨《うま》く段祺瑞氏と調和をすれば、勿論南方とも調和する見込が立つであらうし、間もなく支那の政府は妥協に由りて小康を保つことに成るであらうと考へられた。然るに馮國璋氏が北京に入りて以來、北方の各督軍の意見に束縛せられて湖南の獨立軍を討伐せんがために傅良佐を派遣することに同意したのは、如何にも不可思議だと見られたのであるが、馮國璋氏は果して傅良佐の許に師團長として、湖南に赴いたものに妥協の内意を含ませてやつたので、傅良佐は敵に破ぶれずして寧ろ味方のために破ぶれたのであつた。此に到りて段總理も、初めて馮總統の行動を了解したらしく、直ちに内閣を投げ出した。余は、幸に上海、湖南、北京と三つの主要な土地を遊歴し、南方の李純氏の外、湖北の督軍王占元氏にも面會したので、支那の政界の消息はそれとはなしに自然と了解し得たのである。

（二）

南北兩派共に態度の鮮明なのは、北方では段派で、此は飽くまでも南方の國民黨に反對する、武力を以て南北の葛藤を解決する、南方の主張たる舊國會の恢復は絕對に之を拒絕して新たに召集したる參議院に依りて國政を行ふと云ふのである。此と意見を同じうする各督軍は、直隸、山東、安徽、奉天を主なるものとして、河南、陝西、浙江、福建も大體に於て同意見で、又江蘇の中、上海に居る護軍使だけは是亦同意見である。而して四川は南北と對峙して爭奪中である。之に對する南方の各省は、勢力の上から云へば、廣西の陸榮廷氏が最も強く、已に廣東にも力を延ばし、湖南の長沙を取り、岳州に向ひ進みてあつたので、此の一派だけは、南方でともかく天下の大勢を動かすだけの實力を有して居る。然るに其の主張は、南方の意見として世に知られて居る所の舊國會の恢復を固執するにありやなしやは疑はしいのである。雲南、貴州は唐繼堯、劉顯世等が四川に向つて、活動して居るが、是も亦果して南方の主張を、固持するや否やも疑はしい。且四川の爭奪は湖南と異つて、假令《たとい》成功しても直ちに大局に關係することはない。併しともかく南方では以上二派は實力を有する所のものである。其の外に孫逸仙の大元帥府と稱するものが、廣東に在るが、之が海軍を部下に有して居ると云ふことの外は、實際廣東に於ても兵力と稱するほどのものを持つて居らない。併し其の主張は、各派中一番固執せられて居て、所謂南方の主張と云ふものは、卽ち此の一派の意見を代表して居る。馮總統の位置は、其の中間に在りて、本人は北に在りて北洋派に取り捲かれて居るけれども、其の眞實の意見を叩けば、江蘇督軍たる李純氏の口を借りて、調停論と成りて世に見《あら》はれ、江西の督軍陳光遠も此に附隨して居る。湖北の王占元氏は長江の三督軍と竝び稱せられて、其の調停意見は李純氏と同一なりと見られて居たけれども、實際その眞意を探れば、專ら湖北の安全を維持するに在りて存し、余等に對しても、調停論は何處までも主張するが、南軍が岳州を占領すると云ふ事は決して許さないと揚言して居た。卽ち湖北の安全だに保持せらるれば、主張の上には南北共に偏せず、黨せずといふ態度を取つて居るものである。

其の外こゝに一つの奇怪なる勢力のあるのは、上海に於ける孫洪伊氏等の一團で、此は兵力は無いけれども居留地内に一つの陰謀團を形づくつて居て、主張から云へば孫逸仙氏の別働隊であり、實際の行動から云へば、北京の馮總統と聯絡を有して、其の公然發表する意見は、多く岑春煊《しんしゅんけん》氏を通じて現はれ、其の隱微なる意見は、往々にして李純氏を通じて形はれて居る。時としては李純氏の意見が、馮總統の希望する以上に南方の意志を代表するやうなことが有りて、馮總統をして意外の感を生ぜしむることのあるのは、實に孫洪伊氏一派の影響である。其の上に、馮總統は、北京に於て段祺瑞氏が失脚して後に王士珍氏を中心として内閣を組織したけれども、是も亦不思議な内閣組織の仕方であつて、馮總統も王士珍氏も北京に於て内閣を組織するだけの人材を自分の部下に有して居ないところから、徐世昌氏に倚頼《いらい》して其の部下を借用に及び、ともかくも一時其の組織を仕上げたのは、即ち今の内閣で、其の閣員は殆んど徐世昌の聲掛りであるから、暫らく其の地位を引き受けはしたものゝ、一人として自ら進んで時局を解決しやうと云ふ考慮と決心とを有して居るものは無い。もつとも偶《たま》には何等かの考へを發表することもあるやうであるが、其は北洋派系統の意見を代表して武力解決論に傾くのである。馮總統の考へでは、段祺瑞氏が失脚し、之に代りて王士珍氏が内閣を組織することに成つたら、必ず南方は妥協を承認するであらうと多寡を括《くゝ》つた考へを藏して居たのであつたが、其の考へは當らなかつたのである。恰も洪水に際し、少しばかり堤防を決潰して水勢を緩和せしめやうとしたら、水勢は決潰した堤防の間だけを素直に疏《とお》つて居らずに、更に此處、彼處を隤《くず》しかけると同樣に、馮總統は段祺瑞氏の失脚に由りて南方の主張が益々鞏固に成つたのに驚いて、段祺瑞氏を參戰事宜督辦とし、段芝貴を陸軍總長として一時北洋系に傾く態度を示したのであるが、其の後に至り、又停戰命令に由りて南北妥協の基礎を作らんとしたところが、湖北に於ける石星川、黎天才の獨立が失敗して、南方の景氣が衰へ行くのを棄て置くわけにいかないところから、南軍は竟に停戰命令を無視して岳州を奪取するに至つた次第である。乃《そこ》で馮總統は、亦一時其の態度を豹變せざるべからざる必要に迫られて、天津、濟南、蚌阜《ぼうふ》にまで三日間の巡回を遂げ、忽然として武力解決論に一變した。それが即ち現下の支那政界の實情である。馮總統の目下の主張とも云ふ可きものは、湖南を恢復して南方の勢力を殺いで置き、然るのちに徐ろに妥協の策を講ぜんとするに在るのだと唱へられて居るのである。

（三）

如上の支那の狀態を基礎として將來を揣測《しそく》し、事の成り行きを精確に判斷せんとするは、蓋し容易の事であるまい。馮總統の如き中心人物が、一定動かす可からざる主張を堅く持するならば、其に依りて幾らか結果の如何を豫斷することも或は難くはあるまい。けれども馮總統の主張は、場合に依りては幾たびでも變轉するのである。現在に於ける馮總統と北洋派との一致點は、武力解決に在るのであるけれども、馮總統の武力解決は、妥協に至るまでの前提に過ぎないので、之に對する段派の主張は、更に徹底したる武力解決を要求するのである。北洋軍の南方討伐が湖南恢復で成功しても、其から先きには馮、段二派の見解が分離するかも知れない。馮總統の眞意は、人の想像する如く、恐らく次の大總統選擧に潜んで居るので、其迄に自己の勢力を擴張して、段祺瑞氏の上に在らしむるは、南方の勢力を餘り縮小せしめずして其と長江沿岸の督軍連とを結び着けるに在るけれども、馮總統が北洋派の意見に一時たりとも、盲從して武力解決に傾いたのは、此の次回に於ける大總統選擧の希望を達するためには何の役にも立たない。併し馮總統は今更その希望を擲下《ちゃくか》し去るものではない。之が取も直さず支那の政局に困難の禍根を貽《のこ》す一の原因である。陸榮廷氏一派の主張に至りては、孫逸仙氏、孫洪伊氏等の主張の如く鮮明で無いから、如何なる時機に於て北方と妥協の態度に出づるやも測られないのであるが、實力ある南北各派の妥協が若し成立した曉には、其の際に於て獨り失意の團體として取り殘さるゝものは、言ふまでもなく孫逸仙、孫洪伊二氏の派であらねば成らぬ。此等は初めから兵力を有して居ないのではあるが、兵力の代りに言論と陰謀との武器を極端にまで利用して支那の政界を攪亂し、以て自己の位置を作らむとするに決まつて居る。故に此等の一派を支那の政界から葬り去らざる以上は、支那の時局の混亂は終に熄《や》む時が無い。是が卽ち將來永く支那四百餘州を紛爭の巷と化せしむる禍因を貽す第二のものである。內部竝に外部から此の二つの禍因が終始活動を續けて居る以上は、一時或は局面が收拾せらるゝやうな事があつても、元來支那の如き陰謀と權勢爭奪とに餘念なき政治家揃ひの國では、何時乘ず可き隙を與ふるかも知れぬので、其處まで思ひ廻はすと、當分支那の時局は完全に收拾せられて統一に歸することが出來ないと云ふ事が結論に成らなければならぬと思ふ。併し若し眞に實力あるものだけ、卽ち北方派の大部分を代表する段派と南方の最大勢力たる陸派と、有らゆる誘惑を排斥して互に手を握る機會が到來したならば、或は統一の形勢を現出せまいものでもなからう。併し奈何せん、支那に此の二つの實力ある中心を妥協せしめるほどの卓出した偉大なる人物が無いのが殘念である。であるから支那人に由りて此の二大勢力の妥協が行はるゝと云ふことはとても見込はつかない。一時段祺瑞氏の失脚に失望した東京の政界に南北妥協促進論が勢力を得んとした傾きがあつたと云ふ事を漏れ聞いたが、余は、其の事は決して實行せられ得べきものでないことを豫期して居たのである。日本人は率《おおむ》ね支那を見縊《みくび》つて居るから、日本が口でも利けば妥協が出來上るもののやうに手輕に考へて居るけれども、さて其の實際に就いて考ふる時に、南北で誰々が代表者と成りて妥協を進むるか、斯う云ふ時に成れば、寧ろ南方には岑春煊氏の如き人物がありて、孰れの派の勢力にも格別の關係が無く、妥協が縱《よ》し不成功に畢《おわ》りても、其の爲めに孰れの派の勢力消長にも關係せないと云ふ重寶な人物があるけれども、北方にて斯くの如き便利な代表者が無い。馮段二派を代表するやうな人物は北方には斷じて見えぬ。徐世昌ならば善からうと云ふものがあらうが、斯くの如き場合にノコノコ出かけて來る徐君で無いのは眼を具するものゝ共に知る所である。

今假りに兩方共代表的大人物が有りとして、日本が之を斡旋するとして、若し其が不調に終つた時に日本の面目を如何にして立てる所存であるか。兩方とも妥協の意見に從はぬのが不都合だからと云うて、日本が兵力を用ゐて兩派を壓伏すると云ふ劣策もまさか執れまいではないか。日本で一時行はれんとした妥協促進論も、今は早や煙の如く消え失せたのであらうが、日本が眞に支那の國民の幸福の爲めに考へ、又日本の支那に於ける利益を保護する上から考へても、眞に支那の統一を促すだけの方法と決心とは、亦自ら別に存するのであると思ふ。又統一と不統一とに拘はらず、相當な手段を執らうとすれば、其も決して無い事は無いと信ずる。我が政府當局者は茲に深謀遠慮を要するものがあるのである。（二月十三日夜稿）

支那時局眞相の難解

『太陽』第二四巻第一一号　大正7年9月1日

（一）

現今我が國に於ける支那事情の知識は、政府若しくは陸海軍の如くに、特別なる報道機關を有し居るものゝ外は、多く新聞雜誌によりて之を得るのであるが、その新聞雜誌に由りて事情の眞相を知ることは非常に困難である。從來と雖も内國の政治上の眞相を新聞雜誌に依りて知ることは頗る困難であつた。卽ち多くの新聞雜誌は、何れかの黨派の機關であるので、其の記事は事實の報道に非ずして、その所屬黨派の魂膽の報道たるに止るのである。もつとも中には眞に嚴正中立の新聞雜誌もあつたけれども、現今に至りては、内國の事情に於て嚴正中立の態度を執りて居る新聞雜誌が殆んど絶無であると謂つてよいばかりでなく、從來は外國の事情に就いては割合に黨派的關係がなかつたものが、近年に於いては支那事情などの報道に關して、何れの新聞雜誌も著しく黨派的色彩を濃くして來た。併し昨年頃までは支那事情に關する黨派的色彩は、尙ほ贔屓の關係位にとゞまつてゐたもので、余は曾て今の新聞雜誌に依りて支那事情の報道を見るのは、尙ほ贔屓客の口から角力の勝負を聞くやうなものであるといふたことであつたが、現今に於いては、それ位の關係に止まらずして、日本の新聞雜誌は悉く支那黨派の機關と成つてしまつた有様である。さう成ると、最も多く新聞雜誌を利用するものが、取りも直さず尤も實力の無い黨派であつて、現在の日本の新聞雜誌で支那の北京政府の爲めに報道するものは一つもない。而して悉く支那の南方側の報道機關と成つて居るのである。南方では、從來支那内地に於いても已に新聞利用策は充分に講ぜられてあつたので、北京に於て全く政治上の實力無きにも拘はらず、其地にも南方の報道、卽ち虛僞若くは魂膽の報道を製造する機關を有し、上海に於ては尙ほ一層是を完備した機關を有してゐたのである。然も日本の通信員の多くは其の材料を得る事の便宜よりして、其の南方の機關と密接の關係を有するやうになり、終には全く其の機關に囚はれて、自分も南方の報道機關に化してしまふやうに成つて居る。近年に及んで南方の人士は、此の機關を日本にまで擴張し、殊に一、二有力なる人士が東京大阪の大新聞を手に入れて、殆んど自分の報道機關たらしめ、それから又政界の名士を歴訪して南方の主張を吹き込み、東京には特に一種の報道機關を作りて各新聞に材料を供給し、以て自分等の主張の宣傳に勉めた。東京で新聞を見ると、其の機關から出す材料は割合に目立たないけれども、關西に在りて大新聞を見るものは著く目に着く。支那に何か新しい事件が生じ、若くは生ぜんとする時、東京電話として大阪の新聞に其の事件に關する說明の如きものが出るのは、十中八、九までは其の機關から出た所の報道であつて、何時でもそれに因りて南方派の魂膽を知る事が出來る。能く注意して南方の報道機關から出す北京上海竝に東京に於ける材料を讀む者には、卻《かえ》りて南方の魂膽を讀む事が出來、其の反面に眞の事情の伏在する事をも知ることが出來るのであつて、頗る便利であるけれども、多くの讀者……政治上の知識を持つてゐると謂はれて居る讀者でも、此の報道を眞實と認めてこれに誤られない者が極めて少い。時としては、是を取扱ふ新聞雜誌記者までも、其の報道を眞實と認めて居る者が決して少くはないのである。多くの日本人は、斯の如き事に關する支那人の陰謀の巧妙なる事を顧るだけの思慮がなく、其の誤りたる知識に依りて支那の政局を判斷するのである。之が爲に、日本の國論を非常なる錯誤に導く事は決して珍しくない事であつて、過般の議會の如き支那問題に關する議論は、多くは、右の如き錯誤から來た判斷によりて充たされた位であつた。時としては特別の報道機關を有する政府若くは陸海軍さへも、其の居る所の地位に由りて、やはり此の種の支那事情の報道に誤まらるゝことがある。卽ち外交官、陸海軍の駐在武官などでも、南方に居る者は、多く南方人の云ふ事を信用してそれに依りて判斷する傾向がある。而して大部分の論者は、支那の政府筋の事情に全く耳を傾けない。勿論支那政府筋の事情は、日本の新聞雜誌によりて報道せらるゝ便宜が殆んど絶えてなく、政府筋の報道を妄信する傾ある公使館員などのみに頼りて知らるゝ外はないので、日本の政府の一部分だけは是に依りて多少の知識を得るけれども、他の大部分はさういふ便宜がない。殊に新聞雜誌の如きは、現内閣が援助して居る支那政府だからというて、其の方面から出る事情は、一も二もなく之を無視することになつて居る。日本の支那事情を判斷する事の偏頗錯誤に陷る所以は、一に爰《ここ》に起因するのである。

（二）

更に日本の新聞雜誌の報道の、近年に於て甚だ惡傾向を見《あら》はして居るのは、日本の内政の爭論を外國關係にまで利用し、それに依りて現當局者を失敗せしめんとすることにばかり熱中して、當局者の失敗が即ち同時に國家の失敗であることを顧慮するだけの良心を喪うて居ることである。例へば、林公使が南方を巡遊した時に、南方の主なる人士に面會せんとして刎《はね》つけられたといふやうな報道の如きは、事の眞僞だに甚だ不確かであるのに、それが虚僞だといふ事を充分に理解してゐても、故意に斯の如き報道を播布して、寧ろ公使の失敗を快しとし、林公使といふものは日本國の代表者であつて、それが南方人士から侮辱を受けたといふ事は、即ち日本國の恥に成ることを毫も念頭に置かないのである。寺内首相が外國雜誌の記者に會談して、獨逸と同盟する事があるかも知れぬといつたといふ假説を捉へて、單に其の失言を責むるのみならず、聯合與國に電報して、其の假説の言葉が日本の政府の意志であるが如く外人に誤解せしめ、日本の地位を險惡に導かうとまでした。若しそれ從來の良心ある日本の新聞雜誌記者であつたならば、他人がさういふ事をするに於ては、必ず非國民呼ばはりをして此を排撃したに相違ない。然るに今日では、自らかゝる事をして居る。もつとも聯合國では、日本の新聞なり雜誌なりの政府との關係が如何なるものであるかを了解して居たので、折角に日本の新聞雜誌が火を點けた火事は、燃えきらなかつたばかりでなく、怪我の巧妙とでも云ふか、寺内首相の假説の言葉が新聞に發表をせらるゝや、上海に在る税關の英國人の、日本商人に對する待遇が却つてよくなつたといふ噂さへある。日本は勿論、英國の奴隷でも何でもないから、日本の中に日獨同盟論者があつたところで何も不思議はない。現在の戰局に利害を及ぼすやうな間諜的所行なき限りは、政治論として色色の主張ある事を認めなければならぬ。今の新聞雜誌は、苟くも自分の反對する所のものであれば、此の自由なる主張をも容れないやうな、固有の島國根性を遺憾なく發揮して居る。

斯ういふ悪傾向が甚だしいので、支那の段内閣の攻撃といふやうな事も、實は寺内内閣に對する面當《つらあて》にするのであつて、若し新聞雜誌の多數が味方をして居る所の大隈侯若くは加藤子の内閣が、段内閣を援助するのであつたら、どういふ議論をするかも知れぬ。卽ち日本の國家の大事であると謂はれて、總べての有識者が眞に研究をし、善導して行かうと考へて居る支那問題でさへも、單に内政の紛爭の犧牲として判斷し、其の結果が何うなるかといふ事を顧慮せない。是も支那の事情に就いて大なる虛僞の報道、甚だしき錯誤の判斷を世界に擴ぐる所の原因である。

(三)

以上の二原因は、餘程其の根柢が深いので、今日に於て在朝在野を問はず、如何なる政治家に向つても、支那の事情に關する眞實の判斷に依りて之を覺醒し、正しき方針に歸せしむる事は非常なる困難である。今年になりて以來、民間政治家は勿論、政府、外交調査會、參謀本部といふ方面でさへも、支那に關する觀察は、重大な錯誤に陷つてゐはしなかつたかと思ふ。其の當局者の錯誤は、民間政治家の主張とも一致するものであるから、比較的目立たずに濟んで居るけれども、若し之が當局者だけの錯誤であつたなら、民間から如何なる反對を受けるかも知れない。或は延いて政府の地位を維持することが出來ないやうにならぬとも保し難い。既往は姑く措くとしても、將來に於て民間の論者は勿論、政府當局者と雖も、正當なる判斷をして愆《あやま》らざる政策を執るやうに成るかといふことは、殆んど保證の出來ない事である。丁度目下は、日本の方に出兵問題の如き人の耳目を眩惑する問題があつて、支那の時局の如きは、姑く忘却せられて居るのであるが、是は寧ろ忘却せられて居る方が支那の爲めには勿論、日本の爲めにも何程幸福であるかも知れぬ。併し其の間にも、例の南方の報道機關の手から出づる魂膽の記事が屢々閃いてゐる。例へば、英米諸國が南方政府承認の事を考慮して居ると云ふが如き虛僞の報道が見ゆるが、此等も其の一つである。且つ支那の南北の妥協に對しては、政府も外交調査會も總べて手を燒いて居るから、又日本の政治家などの自ら信ずる位の腕前では、支那の職業的政治家の複雜なる心理を理解し、其の二重にも三重にも有する人格を看破するといふ事はとても出來得べき事でないが爲めに、調停運動の如きは、決して成功す可きものでないにも拘はらず、今日に於ても尙ほ依然として調停を以て對支政策とせんと主張する者が絕えない。勿論、目下の我が國の狀況では、暫くその樣な事に顧慮する遑もなく、支那の時局は、自然の成り行きのままに推移るであらうけれども、日本の政局が少し暇になりて、政府が又支那の方面に考へを向けるやうに成つても、今のところ政府が執る可き政策といふやうなものに就いて、特別な名案のありさうにも思へない。日本の政治家は、朝野共に動もすれば輒ち歐洲戰亂のドサクサ紛れの間に、支那の問題をかたづけるといふ事を唱ふるけれども、今の様な状態では、歐洲戰亂が何時まで續くかわからないとしても、日本政治家の手で支那問題がかたづく見込みは殆んど絶無といつても宜しい。故に余は常に謂うて居る、支那の時局は政治家が行ふ一時の政策に由りて決す可きものでないと。（八月十一日稿）

支那の亡兆

『太陽』第二五巻第七号　大正8年6月1日

（一）

支那の竟に滅亡に歸すべき兆候としては、種々なる事があるが、長い間の問題と成つて居る事では、賄賂、賭博、阿片と云ふやうなことが、風紀問題として國民道德の日々に低下することを見《あら》はして居り、其の由來も久しく、其の根柢の深いものである。今、其の賄賂の一事に就いて見ても、最近益々劣惡の兆候を見はして居る。賄賂が、支那に於ける政治上の弊害たることは、寔《まこと》に久しい者であるが、併し、又その久しいと云ふ事のために、賄賂の中にも自然に何となく一種の秩序が立ちて來て居たものである。賄賂又は監守盜と謂はず、他に一種の名辭が出來て居る有様である。清朝時代には、漏規或は陋規と稱して居る。道光、咸豐の頃、穆精阿《ムチンガ》と稱する有名な賄賂取りの宰相が在つたが、或る低い地位に在る官吏が、過分に大きな進物を持參した。處が穆精阿は、此の進物はお前の身分に過ぎて居ると言つて、之を受け取らなかつた。是は、若し其が身分相當のものであつたならば、勿論是を受け取つたに違ひ無い。支那人も、其の頃に賄賂を取るにも相當の秩序が有り、自然に規定せられたやうな姿に成つて居たものであるが、革命以來の状況を聞くに、其の秩序が全く紊亂して、賄賂を取る事に殆んど制限檢束が無く成つて居る。勿論、清朝時代の官吏は、漏規を當然の收入であると心得る傾きがあつたのが、最近に於ては、其が不正當のものであるとの感想を懷くやうに成つて居ると云ふ事であるが、其の代りに、どうで不正當のものであるからには、取れるだけ取らうと云ふ毒皿主義のやりかたに成つて來て居る。支那の如き國情の下に於ては、事の合理であり不合理であると云ふ考を有しつゝ紊亂して居るよりは、縱《よ》し惡事であるにもせよ、秩序が立ちて餘りに紊亂せない方が、多數人民の幸福である。故に、今日の狀態では、清朝時代よりも夐《はる》かに人民のために不幸なる境遇に成つて居るのである。

　賭博の如き、阿片の如き、亦今日支那の官吏と云ふ官吏は、殆んど此に溺れないものは無い。清朝時代では、賭博は皇族の元締に由りて北京などでは殆んど公と云はんばかりに行はれた。其の結果として、終に帝室があはれ亡滅の惨を見るに至つた。今日は、官吏と云ふ官吏が賭博をするのであるが、其の結果如何は、推して知る可しである。阿片に至りては、今日の官吏は啻《ただ》に之れを吸飲すると云ふ悪風に襲はれて居るのみならず、更らに進みて官吏の地位を利用して、事實上阿片の仲買を行ひ、以て自己の私腹を肥やしつゝあるのである。南方の雲南地方の如きは、阿片の収入が軍費を支辨する財源と成り、此に由りて北方に對抗したと云ふ事がある。兎に角、公私共に此の弊害を根絶しやうと云ふよりも、寧ろ之を利用して現在の窮境を凌《しの》がうとして居るのである。

斯かる状態であるから、今日の支那は、表面こそ阿片禁制であれ、其の裏面では、無制限の阿片公行である。支那では、昔から家を破る三つの要素として、嫖、賭、烟を擧ぐることに成つて居るが、今日支那の國を破るものは、賄、賭、烟の三つであると謂はねば成らぬ。

之を要するに、清朝時代に於ては、支那の政治上の弊害は固より多々なりしも、其の弊害に秩序が存して居たが、革命後は、其の弊害に秩序が無く成つてしまつて、竟に底止する所を知らざらしむるに至つた。實は、これだけで國家滅亡の兆候は、最早不足は無いわけである。だが、政治上其の他に於て、最近問題に成つて居る事柄から、更に亡國の兆の較著なるものを擧ぐれば、其の第一は、南北和平問題である。

(二)

南北和平問題に就いては、日本の當局、竝に民間政治家の多數の如く、支那の實狀に正當の理解を持たぬものは、實に世界を通じて希に觀る所である。彼等は、概して北方は軍閥で、南方は民主的であり、又北方は因襲的政治を繼續せんとし、南方は理想的政治を樹立せんとするのであると云ふ風に、極めて幼稚の觀察を下すものさへ居る。而も其が日本の當局の重要なる部分に存して居るに至つては、實に沙汰の限りではあるまいか。又其ほど買ひ被《かぶ》つて居ないまでも、支那が南北に分れて争亂相踵ぐやうでは、日本は商業上尠からず影響を來たすから、之を和平統一に歸せしむるは、支那の爲めであり、東亞のためであるから、最も要緊の事に屬する。そこで北方も和平を希望するであらうが、南方に於ては勿論切に之を希望して居るから、日本が指導者と成りて啓誘提撕《ていせい》するは、支那國民の齊しく歡迎する所であると云ふ位の事は、如何なる政治家と雖も、然う考へないものは無かつた。然るに謂はゆる和平會議なるものゝ結果は果して如何ぞや。今日に於ては、餘程の低能なる政治家ならざる限りは、支那和平の目的……特に南方各省の和平の目的を見誤るものはあるまい。卽ち南方各省が第一に欲求して已まない所のものは、支那の統一にもあらず。約法の擁護にもあらず。畢竟するに、名を和平統一に藉りて軍隊解散費の名の下に、中央政府に國家を擧げて質入してでも莫大の借款を調達せしむる事に在る。勿論、この解散費を受けとればとて、其が爲めに眞の軍隊が解散するでもなく、又その莫大なる金額を以て解散せねば成らぬ程の軍隊も無い。併し兎も角も、南北對抗以來、各省共に罷蔽して、殆んど政治上及び軍事上の資源に苦しむやうに成つて居るから、此の際、和平解決の結果として、解散費の名の下に金錢を得ることは、假如《たと》へ國家の運命に換へても成し遂げさせむとして居る所である。

倘聞く處に據れば、舊國會議員等は、盛に其の恢復を主張し、之を以て講和會議の緊要事項の一として居た。最近に於ても、其が爲めに、和平會議が停頓したとまで言はれて居るが、併し其の本音は、やはり國會解散費の欲求に在りて、有らゆる南北の代表の衝突も、歸する所は此の最後の欲求に到着する途中の段取りたるに過ぎないのである。南北の和平が、金錢の欲求に由りて出來るとすれば、其の爲めに立場を失ふものは、上海に居る孫洪伊氏一派、卽ち南北の間に介在して兩方の衝突を利用して地位を占めて居る政客、卽ち職業政治家に在るので、此等一派は、極力和平會議の成立を阻礙《そがい》して居る。尤も成立の阻礙者は、此の一派あるに過ぎない。其の他は、南北の各督軍、各代表、皆實は和平希望者でありて、度々の停頓は、最後の讓步に對して世間の非難を緩和する段取りたるに止まるのである。故に、或時期が來れば、勿論和平は成立する。和平が成立したればとて、支那の統一が出來ると云ふ事は、決して有り得べからざる事である。和平會議の結末は、適々《たまたま》各督軍に其の勢力支持の資源を與へて、却つて支那の統一を遲延せしむるだけの事であるから、其の資源を以て養はれた各省督軍等は、資源の存續する間は和平であるけれども、資源が枯渴に及べば、直ちに再び騷擾の原因を作るに決まつて居る。而して其の際に寄生蟲として生活することを得るものは、卽ち支那の職業的政治家、例へば孫洪伊氏一派の徒である。支那の現在の問題は、斯くの如き驕兵と職業的政客とを養ふ資源を得らるゝか否かに在るので、支那人が中央政府の財政を自ら支配し、支那人が行政の中心勢力を自ら有して居る間は、此の騷擾原因は、決して無く成る氣遣ひはない。結局は、行政財政の眞の勢力が外人の手に歸して、支那人の自由に成らない時期に遭逢すれば、茲に始めて支那の根本的整理に着手せらるゝ事に成るのである。併し、其の時は、取りも直さず、支那人の自決に據る政治は存在せないわけである。政治そのものが、多數人民の幸福を圖る事が眞の目的であるとすれば、此の結末の時期こそ、支那人に取りて眞の幸福の時期である。

（三）

第二は、巴里講和會議に於ける盲動である。一體支那の國民性として最も著しいことは、其の克己心に乏しく、努力が無く、依頼心に富み、機會の利用を唯一の目的とすることである。最近の巴里講和會議に於ける盲動は、此の特長を遺憾無く暴露したものである。支那が、阿片戰爭の頃より、頻々として其の利權を喪ひ、領土を削られ、漸次に勢力の沈下して行くと云ふのは、外國の壓迫と云へば云ふもの丶、實は皆國民自ら努力せない當然の歸結である。支那は、日本との關係に就きて、日清戰爭以來、常に日本の侵略を蒙り侮辱を受けて居ると憤慨するのであるが、支那人からすれば、然《そ》う感ずるのは、決して無理とは云はない。日本人の支那人に仕向け來たつた事の中には、勿論、不當な事斷じて無いとは云はない。併し、支那ばかりでなく世界いづれの國でも、其の勢力の微々たる時に、外國の侵迫を受くることは、國際間の常態とも云ふ可きものでありて、日本の如き、外國交際に對して無經驗な國が、始めて國際關係に這入つたときに、幾許の侮辱と侵迫とを受けて居たであらうか。今日支那人が不當として訴ふる領事裁判權、關税自主權等の事は、總べて日本も支那と同様に苦き經驗を嘗め來つた所である。然るに日本は、是に對して、他の孰れの國にも依頼すること無く、三十有餘年間の隱忍と努力とを以て、自ら其の權利を恢復したのである。其が爲めには、政治上の改革の如き非常に眞摯な態度を以て之を行ひ、今日に至るまで撓《たゆ》み無く其の努力を持續して、兔に角五大國の一に成り濟まし、或點までは其の主張が歐米列强の間に傾聽せらる丶迄に漕ぎ附けたのである。支那が國際關係に入つたのは、寧ろ日本よりは古い。而も尙今日に至りても、其の權利を恢復すること能はず、纔に歐米列强の前に苦情を竝ぶるに止まると云ふ慘めな境遇に在るのは、一に國民の克己心に乏しく、努力無くして、他に依頼する報いである。最近の山東問題の如きも、支那が世界に對して日本と較べて幾許の力を有し得るかと云ふ事を證明する者である。自ら努力すること無く、唯他人の作りたる機會を利用して、憐む可き依頼心を以て、日本が數十年間の克己努力の結果を抹消し去る可しと思ふのは、惟《ひと》り世界の大勢に暗きばかりでなく、亦實に國民道德の觀念に大に缺乏して居る點あることを證據立つるものである。今日に及び、有らゆる失敗の結果に依りて、自己の罪過を想ひ知る可き筈であるのに、仍且《なおかつ》毫も覺醒の曙光を認むるに由なく、國際聯盟から脱退するなど云ふやうな愚論を持して悔いない。支那が講和條約に調印せず、聯盟を脱退したればとて、其が聯合國に何の損がある。又支那に何の利する所がある。

要するに、民族自決など云ふ如き、歴史的基礎を缺いて居る空論を揮《ふ》り廻はして、自己の罪過に因りて正當の報を自ら受けて居る所の弱國民に、あらぬ非望を抱かしめた世界の煽動者も、慥《たし》かに大なる罪があるけれども、元來、民族自決と云ふ事は、自決の能力有る國民に在りて始めて有効なもので、其の能力無き國民は、却つて此の主義に由りて、自ら滅亡を速めることこそあれ、何等利する所が無い。支那人の如き其の最も著しきものである。支那にして毫も覺醒する所無く、今後ます〳〵數箇月以來の盲動と同一の方針を執りて妄進するならば、是れ正に自ら其の滅亡を速めるものである。

（四）

最近問題と成つて居る以上の事柄は、最も露はに支那の亡兆を主としたものであるが、併しながら、此の二箇の問題は孰れも一時的のものであつて、之を救濟する途なきにあらず。其は言ふまでもなく、支那人の自覺に由る外は無い。支那人が果して之を自覺して、其の誤謬に陷れる方針を改め得るか如何と云ふ事は、要するに、支那に能力有る大政治家が存して居るや否やの問題に歸するのである。翻つて現在の大總統たる徐世昌氏や將來の副總統、若くは國務總理の衆望と野心とを併せ有する唐紹儀氏や其の他の濟々たる多士を數へ來たつて、轉《うた》た索莫の感無きを得ないのである。即ち支那には、輿論を利用する政治家は存在するけれども、毅然として自信の上に立ち輿論を畏るる事無く大節を持し、大計を決する政治家の、絶えて無い事が最大の弱點である。然るに前に述べた通り、一時の問題である上掲三箇の風紀上の問題は、更に一層恐る可き亡國の兆であるが、今日に於ては、支那人に依りて之を救濟す可き途が見出せない。現在に於て支那を國家的に成立して居ると見ることさへも、既に誤つて居るかも知れぬ。

山東問題と排日論の根柢

『太陽』第二五巻第九号　大正8年7月1日

一

最近に於て、支那に關し、尤も邦人の注意を惹いて居るものは、山東問題である。抑々山東還附の問題たる、啻《ただ》に日本と支那との間に纏聯《てんれん》せる關係たるのみならず、最近の支那と世界との關係に就いても、亦重大なる事情が繫がつて居る。又他の一面から觀れば、支那の昔から今までの成り行きと、將來の運命とを二つながら併せて、最も能く説明して居るのである。故に、事は誠に山東の一角に止まつて居るけれども、此の問題は支那民族の運命を考ふる上にも、又日本國民の發展を考ふる上にも、甚だ重大なる者であることは、言ふまでもない。山東問題の外に、南北和平問題が、我が國民の視聽に値ひするやうにも思はるゝが、併し是は全く支那政治家の有りと有らゆる醜態陋狀を、餘蘊なく暴露したと云ふ以外には、餘り議論する程の事でもない。切に言へば、今日の支那は、何日亡ぶるであらうかと云ふ事は、最早問題には成らぬ。支那は、今日既に已に亡びて、其の殘骸が蠢《うご》めいて居るに過ぎぬ。南北和平の如き、實に其の殘骸の蠢動を物語つて居るものであると思ふ。支那には、個人としては、學問と云はず、識見と云はず、性格も、能力も、實に立派で敬服す可き人士が朝にも野にも決して少くはない。殊に其の悠々四千載の長き經歴を持ち來つて居る炳蔚《へいい》たる文化に至りては、世界に誇るに足るもの無しとせぬ。然れども、凡そ國の興亡盛衰は必しも個人の智愚、賢不肖や、文化の優劣ばかりで支配するわけには參らぬ。固より天才や、文化が國家の運命に多少の關係ある事は、論を待たないのではあるが、此等が國家の盛衰興亡に全體の關係を持ちて居るものではない。支那の天才や、文化が支那の運命の總べてを荷うて居るものではない。支那に天才があり、文化がありても、支那の滅亡は免るゝことは出來ない。縱《よ》し支那の國が亡びたからとて、深く悲歎する筋合のものでもなからうと思ふ。支那の民族全體と云ふ大局から大觀すれば、支那が亡びたと言つても、少しも支那を侮辱した言葉で無いと思ふ。政治や經濟やで國が亡滅に瀕した處で、他に其よりも世界人類と云ふ大處高處から見下して、尊敬するに足る文化的大功業の郁々乎たるを思はゞ、國家の亡滅位は何でも無いではないかと思ふ。寧ろ其の文化は洽《あまね》く世界に光輝を放つ事に成り、支那民族の名譽は、天地と共に無窮に傳はるに相違無い。之を個人に譬ふれば、我が國に元老など云ふ勳業勢位共に赫々たる人々が居られるが、此等の人々は、多くは老人であるから、我輩より早く死ぬだらうと云つたとして、是が何も元老を侮辱した言葉であるとは、受け取れまい。元老や准元老やが死なれると云ふ事は、寧ろ名譽の臨終で、大往生の素懷を遂げられたのであるとして、永く後人の追懷する所と成りこそすれ、決して元老の威尊を冒瀆した申條に成らぬのである。其と同樣で、支那も悠々四千載の文化的大功業を成し遂げた民族の偉大なる名譽は、縱令國は亡びても決して消滅す可きものでは無い。さりとて誰しも死を喜ぶものは無い。如何に功成り名遂げて世に盡して世を去る元老でも、身を此の世から退けたくはあるまい。臨終際には、元老は元老らしい世迷言《よまいごと》を云ふであらう。さりとて元老の一生の功業を帳消しにするわけには行かない。支那が將さに亡びんとするに當りて、少々世迷言を竝べ立つるのも當然で、大に恕すべき點があると思ふ。

二

さて山東問題については、支那人は頻りに大奮發をやつて居る。而かも教育あり、地位あり日本に對し正當の理解ある人士までが、大奮發の仲間入りをして、敵愾心を起して居るやうである。先般かの林長民氏から「敬んで日本人に告ぐ」と題した一小册子を送つて來た。氏は早稲田大學出身で、歸國後、袁世凱時代に司法總長と成つた程の支那有數の政治家であるが、氏が北京に於ける有力なる排日思想の鼓吹者であり、宣傳者であると云ふに至りては、驚かざるを得ない。氏が日本人と談論した事柄を、反覆申言して、日本の一般人士に見せると云ふのが、此の小册子を發刊した主意である。中に重なるものを擧げて見たい。

氏は、第一に、日本人は支那が條約の尊嚴と、國際の信義とを無視して居ると主張して居る。是は一應もつともの事である。山東の條約は、已に調印して居る以上、今更之を變更するは不可なりとするのであるが、併し日本は最初青島を占領した時に、支那に還附する旨を聲明したが、其は無條件であつた。然るに民國四年、卽ち我が大正四年に、我が外相加藤高明氏との談判が出來た時、元來無條件還附の約束であつたものが、忽ち有條件還附と云ふ事に成つた。此の如きは、夫れ何處に國際の信義が有りと云ふのであらうか。又日本が、青島を攻擊せんとする際は、支那は中立國であつたから、兵を動かす區域を定めた。然るに日本兵は之を無視して、無遠慮に支那の領土を通り拔けて戰爭したのは不都合だと議論して居る。此の主張は、まんざら無理とは云はれないのである。

第二は、山東の權利を主張するに、山東は二十餘年間、獨逸に取られて居たのであるが、其の時代は、暴力時代であつた。故に若し當時已に正義を主張する世界であつたならば、支那は當然、今日日本に對すると同樣であつたに相違ない。日本は獨逸と戰ふは、正義の爲めであり、人道の爲めであると颺言して居る。卽ち今や方さに暴力の世界は去つて、正義の世界が特に生じて來た曉であるから、支那は此の世界の大勢に準じて正義人道に率して行動するのである。乃ち日本の手を經ずに、直接に獨逸の手から還附を受けるのが論理當然の歸結であると云ふのである。併し此の議論は、隨分窮したものたるを免れない。

支那は獨逸に對し、宣戰したのであるから、獨逸との條約は、自然消滅に歸したものである。故に日本と支那との山東に於ける條約關係も自ら帳消しに成るわけであるから、支那は獨逸から直接に還附を受けると云ふのが、支那の主張であるが、併し日本が獨逸と戰つて、青島を占領した當時、宣戰の折り聲明した通りに還附するから、受取れと云つたら、支那は直ぐに之を受取ることが出來たであらうか。恐らく受取れなかつたらうと思ふ。其は事實が何よりの證據である。當時支那は獨逸に對し、非常に畏怖の念に驅られて居たものである。其の後に及んで、獨逸に宣戰する時でも、猶ほ依然として獨逸を恐れて居たのである。唯日本が非常なる勸誘をしたのと、段祺瑞氏が、英斷果決を以て猛然として輿論を一蹴し、宣戰の一擧に出でたのとで寖《ようや》く參加の態度を決めたに過際、もはや二箇年も經つたことであるから、今時分は定めて忘れて居るであらうと思うて行つて見ると、其頃やう〳〵、内地では條約の影響を感じて來て居ると云ふ風であつた。其の後また二、三年たつた今日に、其の感じが行き亙つたかと思ふ時に講和に成つた。歴史を持たない國に生れたウヰルソン氏が、歴史を無視した國際聯盟の宣言を爲した時に、平和の幕が切つて下されたのである。そこで此の折りこそ、大に爲す所なくては成らぬと、支那人が奮發し出した。此には我が政府も人民も、共に不用意の誚《そし》りを免るゝことを得ない。支那に在る日本人は、往々にして其の支那事情の知識欿乏から生ずる失敗がある。日本人が支那のさる地方に於て、何か權利を獲得せんとするに當り、其の地方には歴史があり、又之に關した文書があるのに、夫をば何の顧みる處がなく、慾張り一方で仕事を企てる。さうして我が官憲の承認を求めて確定する。支那の方では、文書を調べて交渉する。日本人は其の調査を無視して直ちに既得の權利を主張すると云ふ風であるから、支那人の方では堪まらない。かうなると、領事なども日本人の非理を承認したと云ふ、自己の不用意を告白したくは無いので、其の過を怙《たの》んで日本人を庇護する。此等は官民共に不用意に出づるのであるが、實を云へば當分の間、日本人がいかに務めて、支那人の機嫌を損ぜないやうにして居ても、やはり嫌はれる。それは外ではない、日本は益々發展の氣運の隆々たるものあるに反し、支那は漸々崩落衰退の兆候を呈するからである。自分は先年支那を旅行して、日本人と支那人との間の經濟上の關係を理解することが出來た。たとへば山東地方には落花生が產出する。日本人も西洋人も支那仲買人の手を經て之を買ひ取つたのであるが、山東鐵道で自由に交通することが出來るやうになると、日本人は深く内地に入り込んで、支那商の手を經ずに、直接に荷主から買ひ取ると云ふ風に成つたのが、支那の内地で買ふ時は、支那の仲買人の手から買ふのよりも却つて高いのであるが、日本の市場と電報で相場の引合が敏活に出來ると云ふ關係上、平氣で高い金を出して、支那仲買人の手を拔きにして居る。直接に荷主と談判して買ふのは高い金を出さねば成らぬ。如何にも莫迦氣《ばかげ》たことをするやうであるが、日本人はそれにも係らず益々盛にやつて居る。漢口邊でも、支那革命以來、外國人と支那荷主との直接關係が開始せられて居るが、日本人の商賣が、支那内地に於て發展することは、田舍の荷主には利益を與ふるが、開市場の支那商人には不便である。

日本の立憲政治は、德川時代の商賣制度を破壞した揚句に出來たので、新たに出來たのは、精々御用商人ばかりで政府に對して少しも勢力が無い。大部分は農民であるが、農民の勢力さへ占むれば、日本の政治は、どうでも出來る有樣であつた。

國後、袁世凱時代に司法總長と成つた程の支那有數の政治家であるが、氏が北京に於ける有力なる排日思想の鼓吹者であり、宣傳者であると云ふに至りては、驚かざるを得ない。氏が日本人と談論した事柄を、反覆申言して、日本の一般人士に見せると云ふのが、此の小册子を發刊した主意である。中に重なるものを擧げて見たい。

氏は、第一に、日本人は支那が條約の尊嚴と、國際の信義とを無視して居ると主張して居る。是は一應もつともの事である。山東の條約は、已に調印して居る以上、今更之を變更するは不可なりとするのであるが、併し日本は最初青島を占領した時に、支那に還附する旨を聲明したが、其は無條件であつた。然るに民國四年、即ち我が大正四年に、我が外相加藤高明氏との談判が出來た時、元來無條件還附の約束であつたものが、忽ち有條件還附と云ふ事に成つた。此の如きは、夫れ何處に國際の信義が有りと云ふのであらうか。又日本が、青島を攻撃せんとする際は、支那は中立國であつたから、兵を動かす區域を定めた。然るに日本兵は之を無視して、無遠慮に支那の領土を通り抜けて戰爭したのは不都合だと議論して居る。此の主張は、まんざら無理とは云はれないのである。

第二は、山東の權利を主張するに、山東は二十餘年間、獨逸に取られて居たのであるが、其の時代は、暴力時代であつた。故に若し當時已に正義を主張する世界であつたならば、支那は當然、今日日本に對すると同様であつたに相違ない。日本は獨逸と戰ふは、正義の爲めであり、人道の爲めであると颺言して居る。即ち今や方さに暴力の世界は去つて、正義の世界が特に生じて來た曉であるから、支那は此の世界の大勢に準じて正義人道に率して行動するのである。乃ち日本の手を經ずに、直接に獨逸の手から還附を受けるのが論理當然の歸結であると云ふのである。併し此の議論は、隨分窮したものたるを免れない。

支那は獨逸に對し、宣戰したのであるから、獨逸との條約は、自然消滅に歸したものである。故に日本と支那との山東に於ける條約關係も自ら帳消しに成るわけであるから、支那は獨逸から直接に還附を受けると云ふのが、支那の主張であるが、併し日本が獨逸と戰つて、青島を占領した當時、宣戰の折り聲明した通りに還附するから、受取れと云つたら、支那は直ぐに之を受取ることが出來たであらうか。恐らく受取れなかつたらうと思ふ。其は事實が何よりの證據である。當時支那は獨逸に對し、非常に畏怖の念に驅られて居たものである。其の後に及んで、獨逸に宣戰する時でも、猶ほ依然として獨逸を恐れて居たのである。唯日本が非常なる勸誘をしたのと、段祺瑞氏が、英斷果決を以て猛然として輿論を一蹴し、宣戰の一擧に出でたのとで寖《ようや》く參加の態度を決めたに過ぎない。當時、北京に居た政客、又は南方人士は、大に反對の氣勢を擧げたものである。斯う云ふ事情であるから、支那が未だ對獨逸宣戰をせない前に、日本が青島を渡すと云つたところで、支那が之をおいそれと受取ることをせなかつたに相違ないのである。此の事たる、決して吾輩の强辯でも何でもない。支那人自ら暴露して居るのである。それは、公表された文書が儼存して居る。有名な梁啓超氏などは、兎に角、支那の政治家中、比較的、眼光の犀利を以て許さるゝ人であるが、氏は、段祺瑞氏が對獨宣戰を決する事情を詳述した文書を發表して居る。其の言ふ所に據れば、南方人士は勿論、北京の政客なども、多くは段祺瑞氏の對獨宣戰に反對して居たものである。梁啓超氏は、固より贊成論者の一人であつたので、其の發表した文書の中に、「當時若し段祺瑞氏が、輿論に阿附して、對獨宣戰の一擧に出でなかつたならば、今日支那は如何なる運命の手に委せられて居るであらうか。反對の氣勢を擧げた南方人士は、今日そも何の面目あつて天下に見ゆるぞ」とまで痛詆《つうてい》を加へて居る。寔《まこと》に正直に告白したものである。さういふ次第であるから、支那人が山東問題を主張する議論には、大に割引して考へなければならぬ。日本の手を經て山東の還附を受けることは、決して支那の不幸では無い。若し夫れ、之が不幸であるとするならば、全く支那が自ら招く不幸であると諦むる外は無いのである。

第三には、日本は、青島攻擊のために非常な犧牲を拂つたのであるから、其の報償を受くる必要があると主張するのである。之が寔に宜しくないと云ふ議論であるが、併し日本の政治家に今頃そんな事を云ふ人はあるまい。顧ふにそんなことを云ふだらう位の當て推量をしたものであらう。

第四には、日本は、日露戰爭以後に於て、朝鮮の併合を行つたのは、自衞上萬已むを得ざるに出でたのだと云ふのであるが、これが無理なことである。何ぜなれば、其の所謂、自衞には制限の存することを知らねば成らぬ。自國の版圖が、狹くて困るから、人の國を奪はねば成らぬと云ふ日には、小弱國の存在は世界に許されない事に成らねば成らぬではないか、常に大國の蠶食を忍受せなければ成らぬ事に成るではないか。そんな不條理が國際間に容れらるゝ道理があるものかと叫ぶのである。此の叫びも亦、一應もつともの事である。法律論から言ふ日には、强が弱を制し、大が小を壓するは、固より不正義とせねば成らぬ。氏は正義は「力なり」と云ふ事に歸せなければ成らぬと力むで居る。併し是等は、最近の世界の大勢に暗い論である。何となれば、今日の人道問題や社會問題は、複雜なる内容を藏して居るものであるから、簡單な結果を以て判斷を下すわけにはいかぬ。譬へて言はゞ、今日の金持連が、自分の財產は法律の保護する所であるからと云つて、貧民の飢餓に瀕するのをも顧みず、之が救濟を拒絶すると云ふ事に成つたならば、社會問題も勞働問題も無意味であると云はねば成らぬ。箇人にまれ、國家にまれ、潑剌たる生氣を以て發達して來るものがあつたならば、其の發達すべき道を開いてやらねば成らぬのが至當である。其處に人道が在り、正義が存するのである。支那の如き、尨大なる境土を所有して完全に自ら統治するの能力が無く、自ら封じて居る國に對しては、土地狹く、人口は增殖し、工業は發達し、文化の進歩著しい國は、其の人口を移殖し、其の工業を起し、其の文化を布くと云ふことは、世界人類と云ふ大局の上から見下して、正義であり、人道であるとせねば成らぬ。今日の支那政府は、清國時代の領土を、其の儘に保持せんとして、五族共和と云ふ事を唱道して居るのであるが、然う云ふ問題は、已に過去に屬する事で、今の支那人が贊成せんとする民族自決主義から論じても、成り立つことの出來ぬ主張である。

　最近に及び、西藏問題が起つたのであるが、若し民族自決主義が正義であるとするならば、久しい前からして、西藏人が異民族たる支那人に支配せらるゝのは、正義でないことであるまいか。勿論、今回の西藏問題の裏面には、英吉利が尻押して、支那の手から引き離し、後で略奪する準備行爲であるかも知れぬのであるが、それにしても、西藏人が民族自決主義の爲の分離獨立を企つるのは、支那が反對すべき筋合のものではないではなからうか。支那が西藏を支配して居たところで、少しも開發することが出來ない。然るに英吉利が併有すれば、能く開發を遂げ、西藏人の爲に幸福であり、利益でありとするならば、西藏問題の如きも、單純なる法律論で、宗主權の空名に律し去るわけにはいかぬ。支那人の考へでは、自分が壯年の頃は日本などは未だ小兒であつたものが、自國が老人に成つた今日、日本が壯年に成り居つた。猪口才《ちよこざい》千萬であると云ふやうなものである。老人が壯者と伍して出娑婆《でしやば》つたり、頑張つたりするのは、箇人間にも通用せないやうに、世界人類の向上發達のためには、大の禁物たる事を自覺せなければ、支那の前途も亦險《けわし》い哉と云はねば成らぬ。

三

　林氏の主張に對する鄙見は、これ位に止めて、更に山東問題に關聯して起つたボイコツトに就て少しく論じて見たい。

　是は、必しも山東問題が原因と成つたのではない。世界大戰爭の數年間に、支那に於ける日本の地位は、益々優越に成り、世界の列強も亦之を認むることに成つた。そこで支那人は、此の日本の發展が氣に喰はないのである。加藤氏の日支條約の効果などでも、支那人は流石に總身に智慧の廻らぬ大陸的氣風ありて、條約の出來たのは、民國四年であつたが、自分は、民國六年の秋から冬にかけて支那の内地を旅行した際、もはや二箇年も經つたことであるから、今時分は定めて忘れて居るであらうと思うて行つて見ると、其頃やう〳〵内地では條約の影響を感じて來て居ると云ふ風であつた。其の後また二、三年たつた今日に、其の感じが行き亙つたかと思ふ時に講和に成つた。歴史を持たない國に生れたウヰルソン氏が、歴史を無視した國際聯盟の宣言を爲した時に、平和の幕が切つて下されたのである。そこで此の折りこそ、大に爲す所なくては成らぬと、支那人が奮發し出した。此には我が政府も人民も、共に不用意の誚《そし》りを免るゝことを得ない。

支那に在る日本人は、往々にして其の支那事情の知識歓乏から生ずる失敗がある。日本人が支那のさる地方に於て、何か權利を獲得せんとするに當り、其の地方には歴史があり、又之に關した文書があるのに、夫をば何の顧みる處がなく、慾張り一方で仕事を企てる。さうして我が官憲の承認を求めて確定する。支那の方では、文書を調べて交渉する。日本人は其の調査を無視して直ちに既得の權利を主張すると云ふ風であるから、支那人の方では堪まらない。かうなると、領事などもも日本人の非理を承認したと云ふ、自己の不用意を告白したくは無いので、其の過を怙《たの》んで日本人を庇護する。此等は官民共に不用意に出づるのであるが、實を云へば當分の間、日本人がいかに務めて、支那人の機嫌を損ぜないやうにして居ても、やはり嫌はれる。それは外ではない、日本は益々發展の氣運の隆々たるものあるに反し、支那は漸々崩落衰退の兆候を呈するからである。自分は先年支那を旅行して、日本人と支那人との間の經濟上の關係を理解することが出來た。たとへば山東地方には落花生が產出する。日本人も西洋人も支那仲買人の手を經て之を買ひ取つたのであるが、山東鐵道で自由に交通することが出來るやうになると、日本人は深く内地に入り込んで、支那商の手を經ずに、直接に荷主から買ひ取ると云ふ風に成つたのが、支那の内地で買ふ時は、支那の仲買人の手から買ふのよりも却つて高いのであるが、日本の市場と電報で相場の引合が敏活に出來ると云ふ關係上、平氣で高い金を出して、支那仲買人の手を抜きにして居る。直接に荷主と談判して買ふのは高い金を出さねば成らぬ。如何にも莫迦《ばかげ》氣たことをするやうであるが、日本人はそれにも係らず益々盛にやつて居る。漢口邊でも、支那革命以來、外國人と支那荷主との直接關係が開始せられて居るが、日本人の商賣が、支那内地に於て發展することは、田舎の荷主には利益を與ふるが、開市場の支那商人には不便である。

日本の立憲政治は、德川時代の商賣制度を破壞した揚句に出來たので、新たに出來たのは、精々御用商人ばかりで政府に對して少しも勢力が無い。大部分は農民であるが、農民の勢力さへ占むれば、日本の政治は、どうでも出來る有様であつた。

之に反して支那の政治は、商人の勢力を度外視することが出來ぬ。立憲政治が出來ても、農民には、商人ほどに政治上の勢力は實に無い。今日の支那では、商人の反對を招くが最後、何事も出來無く成る。加藤高明氏も、其の投げ足を喰つたに外ならぬ。併し商賣人は、又加藤條約の經驗によつて、ボイコツトは結局支那の商賣人自身の苦痛に成ると云ふことを深く感じて居るから、從つて今度のボイコツトは、學生が騷ぎ出し、其に市井無頼の徒が馳せ參じて、盲目騷ぎをして居るに過ぎないのである。其の基礎の薄弱なことは言ふまでもないが、日本商工業の發展と共に、益々支那內地の荷主と關係を深くする日本商人が、支那の商賣人を壓倒する事實は益々增大するばかりである。而して支那の中心勢力が商賣人を離れない以上は、商賣人の利益を侵害する事實に逢着すれば、やはりボイコツトを行ふことは將來と雖も絕えないことは、日本商人の覺悟せざるべからざる所である。要は、堅忍不拔で以て日本人の支那內地發展は、結局支那の國民に利益であると云ふ事が內地の荷主に發見せらるゝことを待つの外はない。さう成れば、眞の日支親善が出來るのである。それは已に滿洲に於て實現せられて居る處である。

四

滿洲にては、日露戰爭前と、東淸、南滿兩鐵道完成後との貿易額を對比すると、今日幾百倍に成つて居る。滿洲貿易は實に世界に對する貿易と成りて、之を占有する日本人の商賣が却りて滿洲土人の利益と成つて居ることは、非常なものである。今日に於て、日本が滿洲を引き拂ふやうなことは、決して滿洲土人の擇ぶ所では無いのである。滿洲地方は、日露戰役後、支那政府が其の第一流人材を行政官として送つた處であるが、其の多くは、南方人士で、日本に正當の理解を持たず、依然として排日行動が絕止するに至らないけれども、日本の經濟上の勢力が盛大に成つてから、其の爲めに支那の利益して居ることは莫大なものである。將來と雖も、差し當り支那の地主は、日本人の發展に由りて益々盛に成るのである。

然らば、支那人自身で、日本人の爲す所を爲すに於ては、更に一通り盛大に成るわけではないかと云ふかも知れぬが、それがさうはいかぬから仕方がない。日本は、工業の發達のためには三、四十年の努力を積集し來つて居る。其の結果が大戰爭中に報いられて、非常な利益を獲たのであるが、支那は、大戰爭中何等利益する所が無かつた。世界中、中立の位置に在りて利益する所の無かつたのは、唯支那あるのみである。資源が潤澤で、材料が豐富であるばかりでは儲からない。必ずや之には工業の訓練が伴はなければ、寶の持ち腐りに成つて仕舞ふ。工業上で日本人と衡を爭ふなど云ふことは、現在の支那人に思ひも寄らぬ。長江沿岸に於ては、英吉利人が大に利益を得た。支那人には、工業的訓練が闕如して居るから、将來これに鋭意努力する事に成つたところで、其の前途や洵《まこと》に遼遠である。

であるから、支那の爲めに謀れば、尙數十年間は原料國として、原料を潤澤に產出して、堅固なる基礎を作るが上乘の策である。其の茲に達する迄の徑路には、ボイコツトが有りても差支無い。ボイコツトは一面から見れば、日本の發展竝に支那の發展の途中であることを表はす者である。今日のボイコツトで日本の貨物を買はない事の、甚だ不利益なるを感じて來て居るから、支那人の自覺のために、日本人の發展のためにボイコツトは吾輩の大に歡迎する所である。斯かる事情は、今日の支那に於ける職業的政治家には理解が出來ないが、支那の商賣人や農民には、遠からず此の理解が出來るのである。要は、支那國民の覺醒を待つのである。支那人の中にも、將さに亡びんとして居る職業的政治家の叫びを聽いて、直ちに支那國民の聲でもあるかのやう周章狼狽するにも當らないことを氣付いて居るものも無いことは無い。故に重ねて云ふ、支那のボイコツトは、支那人の自覺を促し、日本人の發展を成すための徑路であるから、決して悲觀するに足らぬのであると。

惟《ひと》りボイコツトばかりでない。一體、支那は、國が亡びたからとて、支那自身何も悲觀する必要はない。國は亡びても四千年來の光輝ある文化がある、歷史がある。支那の天才と、歷史と、文化とは、永久に世界に忘れらるゝものでない。寧ろ却りて國の亡びたるために、其の文化が益々世界に普遍的に成る動機を起すかも知れぬ。同一民族にして、四千載の久しき歷史と文化とを持續した民族は、殆んど世界を通じて類例を見ないのである。支那民族は、之を以て他民族に矜持するに足るのである。持久力ある文明は、支那の誇る可き長所である。經濟とか、政治とか云ふことは、日本の方が勝つて居るから、此に任して居たら宜しいと思ふ。此等の野心を擲下《てきか》一番して、眞に文化的大功業と云ふ民族の長所を益發揮して、燦然たる文化光輝を世界に赫奕《かくえき》たらしめんとする高尙な理想と遠大なる抱負とを以てすれば、區々たる國家の滅亡などは、大事の前の小事として、平然と構へ込んで居る方が、大陸的氣象の濶大なるを示すに足るのである。日本人が政治や經濟やで、支那を凌ぐほどの發展をしたからとて、それは若い奴等が元氣で、戰場に飛び出して鐵砲を擊つ位に見て居れば可い。老人は老人らしう、鐵砲の聲を聞きながら、茶の湯でも味うて賞心樂事に悠々自適するのが、天を知り命を知ると云ふものではあるまいか。國家の運命よりも文化の運命が重い。支那人のために運命を語るには、如何にして國家を維持するかと云ふ事よりも、如何にして民族的長所たる文化を發揮して行くかと云ふ事に在るのである。是が眞に重大なる問題である。

『太陽』第二七巻第一一号　大正10年9月1日

支那の國際管理

太平洋會議が問題に成つてから、我が國にても朝野に頗る多大の感興を與へ、一時は仰々しくも國難來《きたる》とまで叫ぶものがあつた。我が政府の注意に依りて、其會議に於ける問題の如何なるものなるかを探る態度に出でたのは、言論界からは却て之を無用の沙汰であると非難せられたが、成程、此の非難も必ずしも不可なりと斷ずべきでは無いが、併し實際に於ては、此の探りを入るゝと云ふ政府の執つた手段が多少の効果を奏して、米國政府の腹案の範圍と方針とを略ぼ世界に知らしむる様に成つて來た。勿論、米國が太平洋會議を開かんとする主意は、日本の發展を如何に局限し、又如何なる方嚮に向けるかと云ふことに在るのが、唯一の目的且最大の問題であつて、其他色々附隨した問題が有つても、其は最後まで米國が維持せんとする所のものでは無い。乃ち日本人が一時大に氣にした山東問題の如きが、其の一つである。山東問題は、巴里の講和會議に於て、米國が支那を煽動して、日本に反抗する態度に出でしめた條件の一で、それが盡く米國の思ふやうには運ばなくて、最後は日本の主張の大部分を通《と》ほしてしまつたので、米國が支那に對する面目の問題としては、勿論重要のものである。けれどもそれは、米國が太平洋に就て考慮して居る問題の中では、實質上それ程重要のものではない。米國の眞に意を注ぐ問題は、「日本の發展」であつて、其の問題を十分に處理するためには、山東問題の如き枝葉の事項は、其結果が如何であらうとも必ずしも論ずる所では無いのである。此の日本の發展と云ふ一事と聯關して尤も重大な事は、即ち支那の處分法であつて、最近に及んで米國から來る電報も、漸々支那問題に觸れて來て、終に支那の國際管理と云ふ大問題にまで及ぶやうに成つたのは、全く其の爲である。

元來、支那の國際管理問題は、米國人の發案と云ふ所のものではない。此に關する議論は、主として英國人の方から先づ發せられたのであらうが、併し世上に發表せられたものの中で最も早かつたのは、恐らく自分が大正三年に著はした『支那論』の序文の一節である。勿論、自分は當時決して支那の爲めに其の國際管理を望むで唱へたので無くして、寧ろ支那が自ら克《よ》く其の位置に就き覺醒して、以て自ら處理する能力が無ければ、竟《つい》に國際管理に到着するであらうと云ふ警告の意味であつた。併し其後の支那の形勢は、益々國際管理に關する論據を强むるばかりであつたが、大正四年に自分は、支那が外人に統治せらるゝの必ずしも不幸では無いと云ふ一事を發表したので、當時は、支那人は言ふまでもなく、日本人と雖も、是に對して非常に攻撃の論鋒を向くるものが少くはなかつた。併し其頃既に業《すで》に英國のブランド氏などは、やはり同様の意見を發表して居たのである。但し、世界の大戰爭の際は、支那に關する事に歐米人は注意を向ける遑《いとま》がなかつたのであるが、戰爭一たび局を結んだ後、英國人は、先づ戰爭中に支那に於て失つた貿易上の位置を恢復する考へからして、支那に關する研究を始めて見た處が、支那は單に舊來の官僚が毫も賴むに足らぬばかりでなく、支那の靑年も亦全く望みの無い事を發見するに至つたので、復た例のブランド氏が最も剴切《がいせつ》なる意見を述べて、支那の政治は外國人を背景とせなければ到底統一整理すべき見込の無いと云ふことを發表したのは、實に昨年の事であつた。當時米國人の多くは、尙ほ支那の靑年に希望を囑《しよく》していたが、米國の學者や識者などが逐次支那を研究するに從つて、此の希望が甚だ薄弱であると云ふことを漸く發見するやうに成つたらしい。近頃米國から來る電報は、其の政治家が已に支那の國際管理に關する意見を發表するに至つたと云ふことである。

此の支那の國際管理と云ふことは、一方に於ては、支那の安全を保障すると同時に、一方に於ては、日本を牽掣する手段と成ると云ふ事が、英米人に取りて最も興味ある問題ではあるが、ブランド氏の如きは、支那の國際管理に就いては、日本の同意を必要とすると云ふ事を考へ、日本の同意を得るためには、日本の過剩人口の發展地として滿蒙を提供する必要ありと考へ、併し滿蒙を提供するがためには、日本の軍閥の勢力を除き去て、もつと自由主義が旺盛にならんことを希望するといつたのは、頗着實な意見といふべきである。米國人の意見は、更に日本を拘束する態度に出でたい考へであるので、詰り日本及支那を白人の領土から拒斥して、之を亞細亞の一局部に封じ込めようと云ふのが其の目的である。併し其の封じ込むべき亞細亞の一局部に對しても、白人の商業發展卽ち其の過剩生產の所有地としては依然これを保留しようとする意見であつて、亞細亞から生ずる利益には、白人も日本人も均霑《きんてん》すべきものであるが、白人の占領して居る地方の利益には、日本人及び支那人を均霑せしめないと云ふ蟲のいゝ考へを持つて居るのである。斯くの如くして、英國人の意見は、幾許《いくばく》か日本に對して遠慮した態度に出でて居る。米國人は、稍露骨に其の意見を吐露して居るが、大體に於て一致して居るのであるから、何かの形式に於て、其の意見が太平洋會議に問題と成つて表はれるであらうといふことは、殆んど今日から豫期すべきものであると謂つても可い。

太平洋會議に招待せられた參加國の中で、佛蘭西とか伊太利とか云ふ國は、殆んど以上の問題には何等の干繫《かんけい》の無い所のものであるから、其の資本に頼りて歐羅巴を救濟す可き實力を有して居る米國の機嫌を損じない限りに於て、中立の態度に出づ可き事は、更に疑ひ無い。勿論、この參加國の中には、日本が重要な地位を占めて居る。如何なる問題でも、日本の贊否は、殆んど會議全體の成敗に關係あることであるから、決して輕々しく考ふる事の出來ないものである。支那は、從來に於て日英同盟に對してさへも、却々《なかなか》その輿論が喧《けん》囂《ごう》を極めたものであり、支那の領土保全と云ふことが獨立國たる體面に關するといふので、日英同盟に支那に關する字句があつたならば、渾《す》べて反對すると云ふ位の意氣であつた。眞の論理を推して考へると、支那の國際管理論などは勿論、非常に憤慨すべき所であつて、さういふ問題が若し會議に上るとすれば、支那は殆んど參加を拒むべき性質のものであある。併しながら、支那の事情は却々《なかなか》尋常一樣の考へを以て判斷すべからざる事が多いので、今日に於ける支那の實際の形勢は、北京政府の勢力と云ふものが北京の外に出でないと云はれる位、無勢力なるものであつて、最近兩湖戰爭などに於ても、益々其の統一の困難なる事を現して居る時であるが、米國が斯程無勢力なる支那政府の參加を希望して居ると云ふ事が、既に不可思議千萬な事である上に、支那の政府も亦之に參加しようと云ふ考へがあるのみならず——其使節として擬せられて居る人々の中には、巴里會議に懲《こ》りて、之を辭退して居る向きもあるけれども——北京政府の命令を物の數ともしない各督軍等の間には、北京政府が太平洋會議に參加することに就いても、別に何等の不滿も不服も認められず、日本に對する事などに就いては、微細な問題までも隨分喧しく騷ぐ所の新聞、及び學生、竝に商人などの團體が、此支那の興亡に關すべき事に關して全く沈默して、此れといふ意見をも出さないと云ふほど、事々不可思議な國柄である。もつとも曩《さ》きにも四國借款團などについては、支那の輿論が動いたことがあつたから、未だ此の太平洋會議の問題たる可き自國の存在と云ふ事が徹底して居らぬかも知らない。併し其は縱《よ》し徹底したところが、今日の支那政府から云へば、其の全く無力なる地位を一日でも持續するためには、寧ろ國際理事會の如きものがあつて、其の背景と成ることは、之を希望こそすれ、決して排擯すべき性質のものではないかも知れぬ。それ故、支那の政府から派遣せしめられた代表者が、若し支那の將來といふことを顧慮せずに、又眞に支那の輿論と云ふものに耳を傾むけなければ、或は英米の如き國々の無遠慮な希望、卽ち其の結局に於ては日本を支那と一樣に亞細亞の一隅に封じ込めようといふ計畫が、案外支那人に歡迎せらるゝかも知れない。

支那人の態度に因つて太平洋會議に重大な意味を附くると云ふ事は、今日殆んど望みが無い。唯夙にブランド氏なども云つて居る如く、支那の國際管理問題は、日本を度外視して之を考ふる事が至難の事である。米國人などは、それ迄支那の内情に通曉して居るかどうか知らぬが、若し日本が反對して歐米の國々だけで支那の國際管理が行はれたものと思惟して居るならば、其は大きな誤りであらねばならぬ。ブランド氏などは支那の改革は外國人の後援を要すと云ふけれども、其の後援は之を要すると否とに拘はらず、畢竟するに、武力の問題たるに過ぎない。愈々武力を要すると云ふ事に成れば、日本を度外視して、其を他の國々だけで支那を平定することが出來るかどうかと云ふ事は、餘程大いなる問題であると云はねばならぬ。もつとも、前には阿片戰爭の如く、踵《つ》いでは英佛同盟軍の時の如く、極少數の兵で以て竟に支那政府をして屈服せしめた例は無いでは無い。併し、是は、幸か不幸か當時支那に統一した政府があつて、其の統一した政府を屈服させることが卽ち支那全體を屈服させる意味に成る都合の宜い時代であつたからである。今日の如く、支那が四分五裂して統一せない時代に於て、北京政府を屈服せしめ、若《も》しくは之が同意を得たと云ふ事は、支那全體に取つては、極めて微細の影響をしか與へ得ない。今日の如く、四分五裂して居る支那に徹底的に國際的威力を發揮するためには、日本を度外視することが果して策の得たものであるかどうかと云ふ事は、英國人などの十分に之を諒解して居る所のものである。

然るに日本は、支那と共に亞細亞の一隅に封じ込めらるべき支那國際管理に關して、懌《よろこ》んで此れに應ずると云ふことは、至難の問題でなくてはならぬ。太平洋會議が、其の最後の成立が日本の意見に繫る所あることが、最も大なるものである。それに因て、日本を故なく壓迫し得べきかどうかと云ふ事も、餘程難かしい問題である。さういふ際に立ち至るも、中立の態度に在る國々は、支那の國際管理に依つて何等利益する所無くして、煩累だけを受くるやうに成る。特に日本が贊成せない所の支那の國際管理は、中立態度に在る國々に煩累だけを貽《のこ》す所のものである。

以上、論じ來たことを顧みると、太平洋會議の問題が、支那の國際管理に歸着すると云ふ事は、殆んど豫期すべきことであるが、其と同時に、支那の國際管理が米國などの書いた筋書の如く都合好く局を結び得るや否やと云ふことも、大なる疑問たるを免れない。第一に、其の衝に當る支那は勿論、又日本も此の際に於ても十分之に對する態度を決定すべき時であると思ふ。

『中外日報』　大正14年11月13日

最近日支佛教の傾向（上）

東亞佛教大會を日本で開催するに當つて、多數の支那僧侶竝に居士連が來會された。この事は佛教あつて以來空前の擧といふべきものであつて首尾よく大會が結了したのは慶《よろこば》しいことである。尤も東亞佛教大會とはいひながら、主に日本と支那の佛教徒の會合であつて、日本では朝鮮、臺灣等の僧侶も參加したといふが、支那ではまたラマ教は之に加はらず、シャムとかビルマとか印度等の佛教徒の參加せなかつたことは遺憾であるとの意見を有する人もあるやうだが、大體今日の日本及び支那の佛教といふものは、漢譯佛典に據つて弘まり、且つ研究せられたところのものであつて、ラマ教とか印度その他の佛教とは系統を異にしてゐるのであるから、今回の如く、日本と支那の佛教で一つの會合を催すといふことは、狹いながらも系統立つた上から見て、却つて意味のあることであつて、種々雜多の佛教徒を集めるよりも有意義である。

殊に自分の知るところでは、唐宋以後日本、支那の佛教は大體に於て同じ道程を踏んでゐる。日本の佛教は、今日でも唐宋以來起つた各宗、それに日本に新に出來た宗派をも加へて昔八宗といひ、今は事實十三宗といふものが皆それ〴〵に獨立してゐて、恰も支那に於ける宋の頃までの狀態を見るが如く、支那の方は却つて一旦種々に分裂した宗派が、漸次混融する傾きを生じて來て、宗派の別が嚴に無くなつてゐるが、しかし此の支那の混融したところの佛教の意義は、日本の分立してゐる佛教にも德川の初期以來影響を及してゐる。

支那の佛教が宗派を混融し、その上儒教、道教共なるべく混融する傾向を生じたのは、明代以來非常に著しくなつて、明末淸初の紫柏、憨山、雲棲、藕益等の諸師に至つて、その傾きが非常に盛になり、就中雲棲、藕益の二師は殆どそれより以前の支那佛教を統一し、更に僧侶以外の居士に向かつても、その法を弘めたので、之が今日の支那、日本の佛教に大なる影響を來たしてゐるのである。

日本でも德川時代に新しく出來た黃檗宗の如きは、禪宗と稱してゐるも、實は雲棲の宗旨で、禪と淨土を合一した如きものである。また雲棲は、明末の儒者袁了凡等と同じやうな通俗道德の規定を設けて、功過表をつくり善行を勸めることを唱へだして、それが日本にも行はれ、殊に民間道德たる心學などの基礎を爲した。

最近日支佛教の傾向（下）

大正14年11月14日

此の道德の敎へは、實際に於ても古來の儒家道家等の如き高尙な理論を離れて、一般民衆の道德觀念を維持する點に於て最も効のあつたもので、雲棲を近代の普通道德の創立者と仰いでも差支へない位である。また雲棲の支那に於ける影響は、居士の佛法を起したことで、清朝に入つて以來乾隆頃の彭尺木、羅臺山、降つて道光咸豐頃の龔定庵、魏默深、それから最近の居士連の佛教研究は、寧ろ僧侶以上と謂つてもよいので、支那の佛教は、現代では居士の方に重きを置かるゝやうになつて來たが、それは悉く雲棲に淵源してゐる。また、藕益は佛教の解釋に於て新しき發明が多く、德川初期以來日本の佛教がその研究に於て非常の發達を爲したのは、此の雲棲と藕益とに負ふところが多い。

たゞ、支那の佛教徒は、ラマ教の他に梵學の根本に溯ることをしなかつたに拘らず、日本の佛教徒は特別にその點に於て新しき發明を爲し、淨嚴、寂嚴、慈雲等の諸人家を出したことだけは、支那佛教に對して更に一つの復古主義の研究を加へたと謂つてもよい。それ故、大體に於て支那の佛教の統一主義は、漢譯佛典によつて發達した各宗の混融にすぎないのに、日本の佛教に興つた統一主義に釋尊の本旨に溯つた復古的意義を有してゐるだけの差がある。その代り通俗なることゝ佛教以外の儒道二教をも混融する點に於ては、支那の如く融通が利いてゐない。

しかし、兎も角兩國近來の佛教には共通なる點もあり、特異なる點もあつて、此の二つは、共に佛教が發展すべき萌芽を自然に有つてゐる。此の萌芽は非常に貴重なもので、彼の明治以來耶蘇教などの布教を模倣して種々の事業、現在最も佛教徒に好んで唱へらるゝ社會事業などの如き皮相的のものではなくして、眞に佛教思想の根本的發達を爲すものである。だから日支兩國の佛教徒が、よく此の點に注意したならば、佛教を眞に發達せしむる所以に於て悟るところがあるであらうと思ふ。

（完）

日本人の心理も解せずに馬鹿騒ぎをするな

神社問題に反對の内藤湖南博士

『中外日報』　大正15年7月23日

自分は宗教法案に就ては全くの素人であるが然し調査會で僧侶委員が神社問題を得意になつて論議してゐるのをみて怪しからぬ事だと思つてゐる。

神社の宗敎行爲がよいの惡いの、神體がどうだ斯うだといはれてゐる樣だが一體この宗敎行爲と云ふ事からしてをかしなもので、理窟はともかく第一日本人の心理を考へてみなければならぬ。寺院のやつてゐる事だから宗敎行爲だと獨斷的にきめられるものではない。日本人本來の宗敎性はこの神社によつて發達し來つたもので、それがたま〳〵佛教によつて培養され佛教の信仰形式だと云ふ風に解されて來たものに外ならぬ。又神體がどうのこうのと云へば佛體だつて隨分奇々怪々なものが少くはあるまい。それはひとり社寺ばかりの事ではない、何れの方面にだつて随分矛盾はあるものだ。そんなに綺麗薩《さつ》張《ぱ》りと洗濯した様な風になるものではない。

又神職が葬式をするのがいけないと云つてゐる相だがそんなら寺院とか僧侶とかゞ葬式をしてよい理由がドコにあるか。嚴密にいへば釋尊は僧侶の葬儀に關係する事を禁じて居り、寺院は本來葬祭をする場所とは違ふ。

境内地の無償讓與にした所が還附でなくてはいけないと云つてゐる相だが、やると云ふものなら難有く頂戴して置くがよい。文句があるなら政府は還附する必要もなければ讓與する必要もない。歴史の觀念から云ふならば寺院境内地は恐らく神社のものであつて寺のものではないであろう。一例をあげると比叡山は延暦寺のものではなく日吉神社のものであり、高野山は丹生神社のものでなくてはならぬ。先には先があるのだ。佛教徒必ずしも寺院ばかりを中心にものを考へるから全體としてのものを正視する事ができないのである。神社問題にしても境内地問題にしても、佛教徒がいふが如き事は不可能な問題であつて只云つてみるに過ぎないであらう。若し飽くまでそんな愚にもつかぬ主張をするならば自分達は大に起つてその非を鳴らさねばならぬと考へてゐる。この事は大谷昭道氏にあふ機會があるから注意してをきたいと考へてゐる。どうも眞宗は基督教と同じ様な宗風で雜行雜修自力のふるまいをふりすて……と云ふ所から神社問題に大變力こぶを入れてゐるらしいが、これこそ馬鹿騒ぎで何も所詮もある筈がない。

幾ら政府が神社を整理してみた所で、後から後から一層所謂對神社的の宗教行爲が續出して決して整理されるものでないと云ふ事を語るのみであらう。餘り馬鹿騒ぎをしてゐると終ひには日本人の共通心理で尊王論でも擡頭し、先年基督教に對して放たれた矢の如く、本願寺は國賊なりと云ふ様な聲が大きくなつて來たら始末のつかぬ事になりはせぬかと思ふ。

由來本願寺の連中はハラがないから色々な事を云つてみるが突つ込まれると直ぐタジ〳〵になつて終ふから、宗の連中がその尻馬にのつてゆくと全くの馬鹿をみる事になる云々。

『中外日報』　大正15年8月6日

亞細亞民族聯盟〔評〕

長崎で開かれた亞細亞民族聯盟は、ツマラヌものである。殊に支那代表の二十一ヶ條協約撤廢問題の如き、支那人のいつもやる手であるが、劈頭に彼の騒ぎで、各國代表の感情を害するのも無理ないと思ふ。各國代表は、日本を信頼して來てゐるのに、恐らく支那人のために迷惑したことであらう。

『中外日報』　　大正15年8月13日

神社問題その他（上）
特に青年眞宗門徒の反省を促す

予が曩に佛教家の宗教法案に對する態度に就いて、貴社員に談話した其の筆記が紙上に掲載されたのに對し、之に反對したやうな社說が發表されたり、本願寺門徒らしい者が予を罵倒した手紙を寄來したりする。元來彼の談話は多少筆記の誤りもあるのであるが（例へば大谷昭道氏の名を出してあるが予は其の人を知らないから、あゝ云ふわけがない）、然し大體に於て趣意は間違つてゐない。今一度是に關して少し詳細に述べてみやうかと思つたのであつたが、其の後野々村梅所氏の意見が發表せられ大體予と同意見であるから重ねて同樣な事を云ふ必要がなくなつた。

たゞ、予の考へは野々村氏の如く、此の際に眞宗が國家に對する態度を明白にするといふ事を要求もしなければ勸告もしない。一體政府の出す法案といふものは、國家の組織から考へて必要なことだけを規定するのであつて、宗教の內容がどうあらうとも國家組織に牴觸せない以上、必ずしも內容に立ち入つて穿鑿をしやうとはしないはづのものである。それを宗教家が强ひて明白にしなくてもよい態度を自ら明白にせんとして國家組織に牴觸するやうなことを求めて行ひ、自由發達の餘裕ある宗教をして自ら狹くするのが愚の至りであると考へるのである。

現に眞宗各派の法主には華族が幾人もあるやうだが、若し事によつて宮中賢所參拜を仰付けられるやうの事のあつた場合に、その儀式が神社若くは神道と同樣だからと云つて之を拒絕するやうな愚なことをもしないだらうが、やかましく眞宗の宗義より云へば、そうした事に問題が起つて來る。昔は天皇陛下の御肖像に拜禮をするとかしないとかで高等學校の教員に問題が起つたことがある。今日の佛教徒が昔の基督教徒の執つたやうな態度を改めて採らうとするのであるか、斯かることは强ひて問題にしなければ自然に國の習慣のまゝに都合よく行はれてゐるのであるものを、殊更に問題にまでして自分等の世界を狹くする必要はないではないか。

一體宗教といふものは酒のやうなもので、飮んで腹のふくれるものではないが、好きな人には之を飮んだ心持が非常に佳い氣分になるのである。酒が昔ドブロクから發達したやうに、元始の宗教は種々な混りものが入つてあつて、純粹のアルコールではない。或る時代にそれを酒の本質たるアルコール性のものに仕上げたのであつた。その代り其の時は酒が衞生上有害である如く宗教も亦社會組織上有害な分子を含むことになる。それが久しい時代を經過すると漸次此の魔醉性を減じ大した害のない飲物になることがある。葡萄酒の古いのや、支那の老酒やらが卽ちそれである。然るに酒の性質はアルコール性のものであるべき筈だから、アルコール性を復活せしむるが好いと云つて、因襲を離れた宗義を復活する事になると又有害なる分子が多くなつて來て、國家組織の上などからは取締りを要することになつて來る。國家社會の組織の間にある總ての事情は、政治でも宗教でも或る程度までは因襲と關係を有つもので、卽ちその有毒分子を去つて免疫性たらしむる所以であつて、それによつて適度に種々な他の事情と融合して行くのである。

『中外日報』　大正15年8月14日

神社問題その他（下）
特に青年眞宗門徒の反省を促す

近頃の佛教徒は動もすれば酒をアルコール性にし、宗義を有害性にしやうとし、それが卽ち宗教の復活だと心得てゐるのではないか、今少し寡くとも自己の宗派に關する歴史なりとも十分に調べ、しかも宗派の内部から觀ずに、客觀的に之を觀てみる必要があると思ふ。日本に佛教あつて以來、古い宗派卽ち天臺、眞言などを始め、後に興つたものでも日蓮宗などは皆其の點に於て都合のよい解釋法を採つてゐたのである。今度の神社問題の事でも眞宗の或る種類の人々の外は、他の宗派は今度の如き問題を惹き起す必要は更に無いのであるが、それが皆眞宗の尻馬に乘つて騷ぎまはつてゐるのは正氣の沙汰とは思はれない。

野々村君は葬儀問題には餘り觸れられなかつたけれど、それでも親鸞が葬儀を希望しなかつたことを擧げて、眞宗の本旨は葬儀を必要としないと云つてゐる。單《ひと》り眞宗のみならず佛教に於ける葬儀の歴史は、支那日本の國俗に隨つて止むを得ず方便的に出來たもので元來佛教の本旨ではない。葬儀を自分等の商賣の如く考へて他に之を行ふものを商賣敵として取扱ふのは佛教徒の墮落を示すものに外ならぬ。昔、水戸家では儒葬を爲し、その他でも儒家で之と同じ事をしたものが多くあつて、今日でも之を爲し得るのである。儒葬でなくても葬儀は政府が宗教と認めない他の信仰方式によつて行ふことも出來る筈である。それを一々宗教法案で取締らうとするのは到底不可能である。

それにまた神符護符の頒布を禁ずるといふのは、之を禁じても拔け道はいくらでも出來る。繪葉書其の他の印刷物を神社でも寺院でも自由に賣り捌いてゐるが、若し其の形式が神符護符の用を爲すやうになつた時に、神社には之を禁じ寺院には之を許すといふわけには行かぬ。寺院でも繪葉書は信仰の對象とはせずに、一種の無税の商品のやうに取扱つてゐる。時としては遠忌などゝ云つて、それで莫大な金儲をしたりする。種々複雜な事情で必ずしも取締る必要のないものゝあることを、自分の宗派などのする事に鑑みて考慮したがよからう。

佛教殊に眞宗などの今日の根本の問題は、宗教法案などにあるのではない。その宗義を復活するといふことを屢々《しばしば》標榜するが、宗義を復活すると同時に、全く宗義の精神が變化しないかといふことを考へたがよからう。今の眞宗の青年門徒などには、極樂とか淨土とかいふ事の代りに天國といふ字が三部經に書いてないのを遺憾とし往生といふ字の代りに救ひといふ字の書いてないのを遺憾とし、更に經文が英語で書いてないのを遺憾とするのが、その輕薄なる本性ではないか。和讃の代りに讃美歌が唄ひたく、凡ゆる形式から精神まで皆基督敎らしくするのを希んでゐる。名目は佛教徒といふけれども、その心持は大多數基督敎徒にならうとしてゐる。それが眞宗の宗義の復活だと考へてゐるのである。神社の問題などを穿鑿する前に先づ自己の宗派の精神を問題にしたがよからう。

『日本及日本人』第四五〇号　明治40年1月1日

滿洲發達の三大時期

此篇は原《も》と十一月廿三日大連に於て講演せる者にして、同行の稲葉君山君は當時其の要領を筆記したるに、歸京の後、其の論緖の大綱により、節目を補綴し、以て之を完成せるなり。後予が訂正を求められたるも、君の補綴は予が逮《およ》ばざる所をも充足して遺憾なきを以て、遂に其稿に從ふことゝせり。されば文章の全部と、考據の大部分は、主として君の勞力によれり。玆に記して讀者に告ぐ。（十二月廿二日）

滿洲と稱する語は、一般に奉天、吉林、黑龍江の三省を統括せる地名なるに似たれども、此語の起原に遡りて考察するに、敢て淸國の行政區劃を意味するにも非ず。又た元來の地名にも非ず。種族の名稱にも非ず。一種族長の尊稱なる固有名詞の自然に轉化し來りたる者と看るを得。所謂滿洲の境界は、時に大に變じ、絕えず移動しつゝあり。人種の如きも、時と共に異動あり。唯だ隣境蒙古との截然たる區劃と視るを得るは、此れは從來の居國にして、彼は依然たる行國なり。居國は一に城郭之國といふ。其種族は常に一定の廬舍を經營す。渤海、女眞、契丹等の如き卽ち是れ也。行國は一に游牧之國と云ひ、隨處に帳幙を建て、專ら水草の肥美を逐ふて轉徙す。蒙古種族の若き、卽ち是れ也。滿洲と蒙古とは、土地の境界に於ては、每々多少の伸縮出入を免れざれども、行居兩様の差別は古來變異ある無し。

　滿洲の發達は、有史以來頗る窵遠《ちょうえん》なる者あり。然も最近經濟上の新時期と看るを得るは、端を明朝の初めに啓き、今を距る大約五百年前後に在りてその事實は擧げて之を史蹟に徵するを得。明以前の歷史は、單に其梗概を測知するに過ぎず。其間に知られたる經濟的事實は、或は支那人種が滿洲の西南より侵入して開墾に力め、或は滿洲の土人が其土地を襲擊せる等に止まり、高句麗の發達、唐、渤海の盛衰、遼、金の興亡等千有餘年に亙りたる歷史は、現時の發達に甚だしき痕迹を留めず。故に這般の得失は、寧ろ政治史に於て講究するを可とす。

　明の太祖、洪武の初、元の殘將にて太尉納哈出《ナハチーユ》といふ者、成吉思汗の重臣たる木華黎の裔孫にして太平路萬戶たりしが、元亡びてより、今の吉林地方に割據し、連《しき》りに其部兵を遼東に出して、明の軍民を襲擊せるを以て、明太祖は、塞外に退居せる元廷に致書して、納哈出の邊患を緩うせんとせしも、納哈出容易に改めず。明は遂に洪武二十年を以て、有名なる馮勝を征虜大將軍とし、傅友德、藍玉を副將とし、全師二十餘萬を率ゐて、大小金山を壓す。納哈出力屈し、所部二十餘萬人、牛羊駝輜重十數萬を以て降りしことあり。想ふに其交戰の地方は、今の伊通州、長春府の附近ならん。此征討の結果として、明は、元の遼陽行中書省を廢して、同滿洲の地に新制度を建設せり。其要領は首衙門を都指揮使司となし、別に内省の如く布政使按察使等の官を置かず。地方には衞、萬戶、千戶等を置きて、所在の軍民を統括せり。都指揮使司の駐在地は今の遼陽に在り。衞は海州衞、蓋州衞、鐵嶺衞、三萬衞等にて、各地に城鎭を建造して、守望相連接し、開原には、別に内附の熟女眞を懷柔せんが爲めに安樂州、遼陽には自在州、東北には外附の土酋を扞掣せんが爲めに建州、毛憐、諸衞を置きたり。

　明は此れと同時に長柵を滿洲土人との間に築造せり。卽ち今の柳條邊牆にして其制大約六尺の距離每に、楊柳一株を植え、外に幅三間强の邊壕を挖掘《あっくつ》して塞の内外を劃し、專ら戎馬の足を限らんとせり。而して該邊牆以外の地には、所謂羈縻の衞所を設けたり。其數書史の傳ふる所にては、衞三百八十四、站七、地面七、寨一を置き、今の黑龍江省呼蘭《ホーラン》附近には奴兒干《ヌルカン》都司を設け、其行政の方法としては、專ら土民の舊族に一任し、其酋長族目をして明の官爵を受用せしめたり。唯だ此に明一代の政策と視るを得べきは、明が彼等土酋をして可成割據睽離せしめ、力めて統一的勢力の發達を碍げたる事にて、此政策は少くも明の中葉迄は完全に成効したる者の如し。清朝の欽定諸書には、該政略の空名に過ぎざりしを極言すれども、明末清初に於て葉赫、哈達の二國が、終始明の遼東經略と歩武を一にして清太祖に抗敵し、竟に國を滅するに及ぶまで忠順を失はざりしを視れば、明の全朝を通じて、蒙古兀良哈の邊患を幾分牽制せるの効果ありしを疑はず。

明遼東都指揮使司の轄境と滿洲土人との交界は、今の開原縣の東北三十餘清里に威遠堡門あり、邊門を極北とすべし。盛京通志に徴すれば開原の東廿五里に塔山あり、此れ明塔山右衞のありし所にして所謂北關なり。此地葉赫部に屬せり、又た左衞は哈達部に屬し所謂南關なりとあり。而して其東南に亙り、廣順、撫順の二關あり。撫順關の位置は、今の撫順城より尙幾分東南の方、渾河以南に在りしなるべし。尙ほ南進して、鴉鶻、靉《あい》陽、鹻《かん》場（卽ち堿廠）等の邊關あり、此れ東南邊境の大略なり。遼西は洪氏の初、寧王の封地なりしが、永樂靖難の時より所謂朶《だ》顏、福餘、泰寧の三衞を置き、蒙古の土酋に官爵を授けたり。該土酋は始は明に服屬せしも、往々にして遼東を侵略せしことあり。現在尙ほ新民府より昌圖府地方の蒙地なるが如く、明に於ても同じく蒙地なりき。要するに、明の直轄區域と滿洲土人との交界は、東北關原の威遠堡より、南迤《い》して撫順、清河、靉陽、寬甸の一線を劃《かぎ》り、遼西は同じく威遠堡より遼河の東岸を下りて、今の奉天、新民屯の途上に在る老邊に至り。更に南下して遼陽の三岔口に繞出し、轉じて今の廣寧の北、醫巫閭山西北方を廻抱して、山海關に至り、一の凹字形をなせり。而して遼東一帶の地は、大率ね山東等外來の客民の殖民地にして、所謂滿洲の境域に非ず。其耕作狀態の如きも亦た內地と同一なりき。

滿洲人は居國の民也。五百年前の明時代に於ては、主として畋獵《でんりょう》を業とせしも、明邊塞に近き地方に於ては、耕獵兼營せりと見ゆ。其大部分は天產物に豐富なる森林を覔《もと》め、專ら射獵を業とせしこと、尙ほ今日吉林、黑龍江の東北、又は奉天の東邊に於けるが如く、毛皮、人參、松子等を第一の天產とし、之に次ぎて松花江、黑龍江より產出する眞珠等にて、間々松花石なる一種の寶石を出だせり。斯くして彼等滿洲土酋は、明の邊關撫順、清河等の地に赴きて、明の貨物と貿易し、又は明より得たる官爵を頂きて遠く北京に進貢し、緞調等の織物を得て歸れり。彼の清太祖努爾哈赤《ヌルハチ》が、今の興京老城より崛起せるや、其軍用金の擧げて天產物に依りたるは事實也。卽ち人參、貂皮、松子、海東青の如き種類にて、此等は一見賤價なるに似たれども、海東青（一種の鷹なり）は銀四、五百兩を上下し、人參は一兩每に銀四、五十兩、眞珠の良き者は銀三、四百兩に値せり。奉天省の旗人間には、汗王《ハンワン》爺《エー》（太祖をかく呼べり）の親ら山に在りて挖參に從事し、因りて以て軍資を調給せし小傳說あるを聞きたり。後日明清交戰の際に至り、明は緞子の輸出を禁じて滿洲を窘《くる》しめたるを以て、清は朝鮮丁卯役の報償として、李朝より緞子の供給を得んと經畫せし事あり。要するに此時期は射獵時代、天產物時代に屬し、實に滿洲發達史の第一行程なり。

滿洲が天產物に饒多なる事實は、此時既に遼東は勿論、遠く直隸、山東の人民に傳知せられ、漸く邊外に侵入して偸採せる者多し。盛京省にても今の興京を距る數十里の地方まで朝鮮人の國境を越えて人參を偸挖せしことあり。同時に明よりも清河を越え、今の東遼に入りて盜採せしことあり。此等は共に清朝の古記錄に現存せり。清朝の太宗既に崩じ、世祖代りて北京に遷都せり。茲に於て從來滿洲に對せる政策に多少の變改を來たせしも、森林に於ける天產は、專ら滿人に時期と制限とを附して許容せしのみにて、未だ全く漢人の採取を聽さず。かの燒酎製造業者が所有せる蔭票は、實に人參採取に關する規程を明示せる遺物なるべき歟。眞珠、松花石等の如きも、官の採取に限りて私採を許さず。今假に此政策を名けて封禁制度といふ。清朝は此の如く終始一貫して封禁制度を持續せんと期せしに、滿洲發達の第二時期は、全く意外の方向より現出して此の政策を破壞せり。

滿洲發達の第二時期は封禁制度の破綻を意味す。清政府は東三省内に一切漢人の移殖を禁斷し、特に盛京省内は、陪都の重地となし、八旗駐防の約束又た嚴密なる者ありしが爲めに、容易に山東人の侵入を許さゞりき。然るに事は意外の邊より破綻せり。即ち東三省に毘連せる蒙古地面より破綻し來れり。今の長春府即ち寬城子の開墾は、實に滿洲發達の第二起點と視るを得べきか。抑も長春は元と蒙古科爾沁の内郭爾羅公の旗界なりしに、今を距る約百年、即ち清の嘉慶初年に、郭爾羅斯公、私かに山東の游民を招致して開墾を試み、開土の大數二十六萬畝、居民二千餘戶を計上するに至りしが、後清廷の知る所となり、吉林將軍秀林をして查辦せしめたるも政府は今更ら之を停廢せしむる能はず。次で行政官を置きて其の開墾を聽許せり。該地面は勿論蒙地なるを以て、吉林將軍より蒙王に會商して、之を吉林の管轄に歸することゝしたり。斯くして第二期たる開墾時代の曙光は放たれたり。同時に開墾を利便とするの論、中央及び地方大官の間に喧傳し、京中旗人の貧苦を救ふは開土興屯に若かずとなし、國帑を利し、邊備を利し、輯綏を利し、生聚を利する等は墾政に若かずとし、吉林省内にては將軍、富俊等前後上奏して、嘉慶の季年より道光初年までの間に松花江沿岸の地、伯都納、雙城堡の開墾に從ひ、始めは專ら旗人の爲に謀りしも旗人は生計に疎にして朝廷の優遇も其効なく、漸次は民墾に歸するに至れり。盛京省内に於ては、蒙古旗地の法庫門附近に毘連せる地方は、既に嘉慶年間より蒙王の招懇に因りて大遼河上游の沃土を開拓せるあり。道光年間より遞次縣治の設置を見しが、光緒の初年には昌圖廳を升格して府となせり。意ふに道光咸豐以後は、内寇海氛頻りに至り、中央政府は十分の監督を東三省に注ぐを得ず。爲めに滿洲の綱紀は全く弛廢し、馬賊橫行、匪類跡を絶たず。山東の客民は、此間を利し、爭て私墾を企てたり。

柳條邊牆は明に於て華夷の限界たりしが、清朝は更らに前朝の遺制に依りて疆域を展開せり。卽ち威遠堡門より東南、英額門に至り、更に旺淸門より高麗門に繞走し、此等邊以外の地は名けて封禁の地といひ、政府は之れを以て採參の領地となし、邊以内の地には八旗を要衝に衝防せしめ、土地耕作の權は專ら旗人に附與せられ、漢人には其の佃戸となり、菜園房園墳園の三園を聽許せられたりしに過ぎず。但だ年月を經るにつれ、旗人は貧困の結果、祖宗傳來の土地を漢人に典賣するの便法を覺知し、其一度典出せるは、竟に再び贖還する能はず。此を以て地方州縣の土地臺帳とも視るべき紅册には、現に旗地として錄せらるゝも、其實際に就て視るに既に轉じて民地に入る者鮮少ならず。然も尙今日民旗兩地の比較は大率四と六との割合に近かる可きか。曾て開縣署に就て聞知せるに、縣屬地民有九萬畝に對して旗有三十二萬畝なりといへり。又以て盛京省内に於ける民旗兩地の比例を察知するに足らん。

鴨綠江の溪谷、卽ち邊外の定地は、道光年間既に開拓の議ありしも遂に行はれざりしが、咸豐年間より漸く山東客民の侵入甚しきを致し、同治年間には拓殖の土、大に開けたり。當初は拓殖の事實を隱蔽せるも、竟には已むを得ずして政府に稟請し、以て陞科の土地となさんとせり。光緒初年盛京將軍崇實の奏疏に據れば、此時既に私墾の地三百餘萬畝を發見せりといふ。此の事實は長春等蒙古地の開拓が後日に至りて發見せられたると情を一にし、政府は今更ら私墾の土民を刷去するに忍びず、直に通化、懷仁等の縣を設置したり。而して此上の拓殖たる亦た全く山東客民の力に依りて成功せりと視るを得、但だ鴨綠江の溪谷と邊牆の間地は朝鮮人の所謂西間島に屬し、曾て兩國の中立地帶たりしを以て、兩國會哨の制度は近年迄續行せられ、現に該會哨に關しては、盛京兵部の應辦事宜に左の一節を明示せり。曰く、

毎年四季に内外城の城守尉、防守尉、協領内より、季を按じて一員を派し、官兵を帶領して邊の内外卡倫境界を統巡し、木植を偸砍し、人蔘を私挖し、鹿茸を偸打するの賊犯を査拏す。該巡官は毎季鹽菜銀二百兩を關領す。道光二十六年朝鮮國王の咨報に因れば靉陽江兩岸に山賊結舍墾田の事あり。具奏して上諭を奏し、欽差大臣は將軍に會同して親臨査辦して章程を定擬し、匪民邊を出で春種秋收するを以て正に焚舍毀田すべし。統巡官を改めて春秋兩季と爲し、各四個月を査し、朝鮮國員と會哨し、差畢れば結報具

報す。（下略）

と。如此く西間島に於ける一切の權利は、二國對等の位置に在りし者にて、道光年間に發見せられたる私懇の淸人は朝鮮よりの抗議に依り竟に焚舍毀田せらるゝに到り、該制度は尙ほ續行して光緒年間に及べるも、當時は既に一片の形式具文たるに過ぎざりし也。而して目下朝鮮人民の所謂越境私懇せる者も亦た逐年多きを致し、其數既に數萬を下らず。此れ亦た地方開發に於ける一種の情形也。

同治の末年より光緒の初年に亙りては、髮賊戡定の結果、中興の影響自ら東三省に波及し來り、前には武備を以て卓越せる都興阿、來任して盛京省内の馬賊を勦討し、次いで吏治變通を以て著名なる文勤公崇實來任し、當時鴨綠江に瀰漫せる東溝の馬賊を平定して、先づ安東以下の諸縣を設置し、同時に蒙古方面の通江口を經營して遼河水利の經營を進め、奉化、懷德の二地を縣となし、昌圖を廳に進めし等、崇文勤が東西兩邊に對せる政略は、頗る卓異なる者あり。此時に於て滿洲の境域は確實に蒙古方面に展開せるも、未だ以て咸豐年間に於ける愛琿北京條約割地の失體を墊《てん》補するに足らず。同時に吉林には將軍銘安あり、曾て李鴻章の幕僚たりし吳大澂あり。共に鋭意して吉林全土の開拓に力め、先づ敦化縣の屯田を興し、進で北間嶋の地に着手せんとせり。此れ實に對露疆域の經營上、東北邊防に腐心せる結果なるも、端なく玆に朝鮮人の居住民と衝突し、所謂間島問題を惹起せり。斯問題の端は光緒六、七年の間に啓かれたり。圖們江の開拓は、斯くして今尙ほ紛議の内に在り。黑龍江省にても、咸豐同治間に呼蘭城の私懇あり、將軍特普欽は遂に奏請して行政官を置けり。之を要するに、滿洲發達の第二期は第一に遼河と松花江との分水線より創まり、第二に松花江の開墾起り、第三に鴨綠江の開墾起り、之に次で圖們江の開墾起れり。一般の輿論は、尙ほ熱心に開墾を督勵し、近數年間奉天吉林の懇務局は、最も招懇の方法に努力せし結果、陶麓、大疙疸《ぎっそ》、大肚川、磨盤山等の地方は既に縣治あり。一昨年に至りては昌圖の西北洮兒河の地方には開通靖安の二縣起りて洮南府之を總轄し、鴨綠江上流の地と松花江の分水線に近き海龍廳は、升りて府治と成り、柳河鎭は進みて縣治と成り、北山城、八家子等の豐富なる市鎭を形成するに及べり。此れ實に最近百年以來の一大傾向にして、所謂蒙荒、圓荒、農耕發達の大要なり。

農耕時代の發達は、明かに射獵生活の土人を衰退せしめたり。從つて烏喇三姓地方の天產は著しく市場に減少せるが、此れ將た自然の順序たるに過ぎず。而して淸政府の開墾政策も、漸く終期に近づき、唯だ蒙古の滿洲に毘連せる地方が、今後幾何程まで侵蝕せらるゝかは、逆《あからじ》め覩易からざる耳。要するに、滿洲の今日は、農耕時代の盛期に屬し、將に一轉して第三期工業時代に入らんとする者の如し。

第三期たる工業時代には異常なる外來の刺激之れに加はれり。卽ち露國の鐵道敷設に次ぎて、日露戰爭となり、今や從來の土人、漢人、韓人の外に、日露兩國人の加はるありて、其の發展史の重大なる主人たらんとす。但だ露人の工業的傾向は、徹頭徹尾武裝的にして、日本人の工業的傾向は、毎に平和的なり。現在世界の形勢に於て、其の終局の勝利が此兩者の孰れに存すべきやは、必ずしも言はず。究竟滿洲の工業時代に傾ける現勢の利用は、我國民の最も注意し、講究せざるべからざる所に屬し、而して滿洲の門戸たる大連市に居住する人士の責任、實に此に存せずや。關東州の若き掌大の地に、雲の如き行政官の集まりて紛如紜如たるは、滿洲工業の時代の利用に、果して幾何の關係かある。擇ぶ所を愼しまざるべからざるなり。

乾隆帝の肖像（巻首寫眞版說明）

盛京宮殿の敬典閣に乾隆帝の行樂圖十三通を藏せり。其一なる甲冑を御せる着色の像は、帝が少壯の際に成れる者の如く、清秀なる眉目宛然として生けるが若し。而して其の最も興味あるは圖中の御用甲冑鞍具が、同じく宮殿内の飛龍閣に現存せることにして、巻首の甲冑及び此に插《さしはさ》める鞍鞊《あんちょう》卽ち是なり。甲冑鞍鞊の製作は、實に清朝工藝の最高潮期を代表せる者にして、冑の鉢は漆製なるも極めて纖細なる雕金の裝飾及び高價なる眞珠其の他の寶石を嵌し、其の錣《しころ》及び甲の全部は、一樣なる五彩密繡の黄緞子《どんす》より成れり。此種の甲を棉甲と稱し、之を實用を主とせる鐵甲と區分せり。鞍も亦全部眞珠を以て掩ひ、間々珊瑚、松花石等を嵌して紅翠燦爛人目を奪ひ、鐙《あぶみ》は鍍金せる鐵製にして、鞊《ちょう》は西洋より輸入せしと覺ゆる精良なる天鵞絨《ビロード》なり。又巻首に出せる弓矢及び櫜鞬《こうけん》も、同じく飛龍閣の所藏にして、後者も亦洋布を用ゐて製せる者なり。

『秋田魁新報』　明治41年10月24日

内藤湖南氏の間島地形談

北韓より北滿洲の山地地方に於ける歷史上地理上の研究を終へ、十六日歸京したる内藤湖南氏は、在京の某氏に對し、八月十三日渡韓の途に就きたる予は、同十九日北韓清津《しんしん》に上陸し、鏡城を過《よぎ》り會寧を經て間嶋に入りしは二十五日にてありき。間嶋は歷史上の古蹟に富める地にして上は渤海國、金國の時代より下は近代に至る迄の史蹟儼然として存在せるを以て、之が探檢の爲十日間淹留し古墳古城址を探りて古瓦其他の珍品を蒐集し、又加藤清正が兀良哈《オランカイ》に入りしことありとの傳説の眞僞を確むべく、地理上の實蹟と朝鮮の記錄とに據り清正の足跡の及びたる最終地點まで踏査したる後、統監府派出所より支那の延吉廳の在る局子街に出で吉林に向つて出發したるが、其の距離八百清里にして平常ならば十日の行程に過ぎざるも、時偶々雨期に際し屢々大雨に遭遇し道路險惡なりし爲十八日を費せり。其の間豆們江・松花江の分水嶺たる哈兒巴嶺を越へ、松花江の支流たる牡丹江の流域と松花江の本流の流域とを分つ張廣才嶺・老爺嶺に躋《のぼ》り、迂路を執り牡丹江の流域に當る敦化《とんか》縣に立ち寄りたる。張廣才・老爺の二嶺は有名なる大森林にして針葉樹、濶葉樹鬱茂し天日を見るを得ざるの地あり。今日に於ては多少開墾せられたるも昔時は廣袤《こうぼう》二十里に渉れる深山大林なりしは想像するに餘りあるが、該處は馬賊の出沒地にして、昨年日本の特別任務を帶べる官人が捕虜となり、四、五日間拘禁せられたることある危險界なり。敦化縣域の付近に俄朶里城あり、清朝發祥の地として有名なるが、支那官憲は歷史上尊敬すべき地たるを知らざりしは實に滑稽なりき。吉林に到着したるは九月二十五日なりしが、露國汽船に搭じ松花江を下り陶賴昭に出で長春より南滿鐵道に依りて大連を經て歸朝したるなり。

間嶋問題に關係ある地は豆們江の對岸より哈兒巴の間に在り、清國延吉廳の管轄に屬せるも、地形上より之を謂へば間嶋の農產地は豆們江に入る海蘭河、布爾哈通《ブルハトン》河との流域に在りて農產物は悉く北韓に輸出して生計を維持し吉林、敦化の方面に向つての輸出は毫も之れあるなし。昔時野蠻人の棲息せし時代より北韓との關係は連綿として持續せるに徵すれば、其の管轄權の韓國に歸すべきは當然の事なりと觀察せらる。然りと雖も這次《しゃじ》の旅行は間嶋問題の研究の爲めにあらずして、歷史上、地理上の調査に過ぎざれば該問題の解決に就て有力なる材料を世人に提供するを得ず。是れ予の任務の然らしむる處なり。若し夫れ予に一、二の材料の有すとせば、幵《そ》は皆統監府派出所より得たる者なり、

と語れり。

『秋田魁新報』　明治45年5月29日

内藤湖南博士談　―奉天の古文書―

今回の用向　予は京大の文科大學富岡講師及び羽田延次郎兩氏と共に奉天に赴き、予が去る三十九年奉天に於て發見したる世界稀なる文書と太宗高皇帝、太祖文皇帝兩帝の「滿洲日記」一萬册《ママ》を寫本すべき目的にて約二ケ月間奉天に滯在し、親しく之れが撮影に從事したり。滿洲日記の撮影には宮殿内にて之を行ひ、臨時に暗室を宮殿内に設け、一日四百枚

乃至五百枚を寫し約二十日間にて全部撮影を終りたるが、其原板はカピネ形四千四百枚以上にて原本二頁を原板一枚に撮影したり。

「滿洲日記」の價値　此滿洲日記は太宗皇帝の一代を八十三册に、太祖皇帝の約十年間のものを九十九册になし、全部滿洲語にて書きたるものなるが、天命年間より以前に溯り十年以前よりの實錄を記しありて、太宗、太祖兩帝の實傳とも云ふべく滿洲の歴史を内部より研究する世界上唯一の材料なれば、之れに對し清廷の實錄と朝鮮に於ける實錄を引證せんか、滿洲の歴史を研究する上に於て其効果極めて偉大なるべきものあるを以て、歸途二日間京城に立寄り朝鮮の實錄材料を調査したり。

朝鮮の古文寶　朝鮮には約五百年間に亙る實錄あり。往古江華道、全羅道、慶尙道、江原道の各山間に倉庫を設け、同一の記錄四通を作成し右四ケ所の倉庫に分ちて保管し來りたる由にて、全羅道の分のみは今總督府に引繼ぎありて頗ぶる有益なるものなるが、今日より數百年前のものなるに拘はらず保存宜しく其紙質亦見事にして一々朧引となり居れり。又「承政院日記」なるものあり。是れは文祿征韓後迄毎日の出來事を記錄したる純漢文體のものにして三百年間に亙る大册なり。此等は我日本國など徳川家康の實錄及び豊臣秀吉の如き後世に至りて造りたるものゝ比にあらず。誠に慚愧の至に堪へず。

五體清文鑑　滿洲日記の外吾人の最も尊重すべきものは「五體清文鑑」なる大著述にして、其册數三十六册なるが第一に滿洲語を書き其次に蒙古語、西藏語、土耳古語を書き、最後に漢字を書して五個の國語を對譯し、各發音の方法を滿洲語にて示し約二萬の語數あり。乾隆皇帝親ら著述せるものなりと世に傳へられ滿、蒙、藏、漢の四體語卽ち土耳古語を除きたるものは世に飜刻せられつゝありしも、五體のものは絶對に飜刻され居らず、實に世界唯一の文寶なり。然るに佛蘭西人が清佛戰爭の當時一部を巴里に持歸り目下保管しありと傳へられつゝあるも其眞僞甚だ怪しむべし。而て此文は原本を借出して宮殿外の四軒の寫眞屋に別ち撮影せしめたるが、其數五千五百枚許りのカピネ形種板に收めたり。故に右二册の古文書を撮影したるもの合計實に一萬枚の寫眞となれり。

其他の古文書　此外「四庫全書」の内、歴史、文學、藝術に屬する六、七種の六十八册は支那寫字生十三人を傭ひて寫し了りたるが、其製本は體裁及び衣裝の模樣竝に其等を收めたる本箱の寸法迄詳細に調査し來りたれば、他日四庫全書其儘の者を作りて世人の參考に供せんと欲せり。尙此等に關聯して歴代皇帝の御璽を寫眞に撮りたるが、特に乾隆皇帝御寶の印なるものは實物大として寫眞に撮影し來りたり。

奉天宮内の御寶　此外奉天宮殿内にある貴重の文書・書畫・寶物等、燦然として人目を眩せしむるもの其數實に幾萬たるを知らず。予の見たる書畫は四百九十點許りなるが、其内にて最も珍らしく感じたるは蘇東坡の書翰と趙子昂の畫なり、其筆致色彩の精巧なる愼密なるものにて世界の珍物と謂ふべし。

賣却は風説か　此等奉天の寶物は外人に賣却せられ、滿洲の資源に供せられたりと一時世間に傳へられしが、予が今回親しく見る處に據れば一物も賣却され居られざるが如し。尙寶物の中には幾多の僞物もありて是宮廷姦賊の徒輩が本物と入替へたりと言ふものあれど、恐らくは然らざるべく固より僞物を手に入れたるものと信ぜられたり。

趙都督の好意　奉天趙都督及び孫交渉使とは予が三十九年前遊の時よりの親友にして、今回の目的を達するに非常の便益を得極めて好都合なりき。特に趙都督が絶大の好意を以て歡迎し呉れしは予の深く感謝する所なり云々。

『現代思潮　二十一家講話』宮崎三郎編　明治41年10月28日

日韓古史研究〔述〕

本題下においては、日韓兩國の歴史が偶然に暗合してゐるところ、および東洋史研究者に對する我輩研究の結果による戒心の點を繹《たず》ねて見やうとおもひます。

さて我帝國の歴史中に、天智天皇が藤原鎌足と相謀られて、暴戻《ぼうれい》な入鹿を誅せられましたのは有名な咄ですが、天皇が未だ中大兄皇子と申されてゐた頃、鎌足は夙に皇子の雄々しい御性行を敬慕するにつれ、如何にもして皇子に接近せんことで腐心しつゝある折柄、偶《たまた》ま槻《つき》の樹の下で蹴鞠《けまり》の御催しがあつて、その時皇子の沓《くつ》が鞠を蹴る途端に脱げたのを、鎌足がサッソクに皇子に捧呈したので、皇子も虔《つつし》んでこれを受けられたのが縁となり、爾來肝膽相照され、遂に入鹿誅戮《ちゅうりく》の大事を果されたのです。それからこれも有名なことですが、源頼朝が源氏再興の企《くわだて》があつて、北條時政の娘政子と通じた。卽ち時政には二人の娘があつて、その姉は非常な美人なるに反し、妹は大變醜い方でしたが、頼朝の考では、姉は美人でも先妻の娘だから時政の愛はさなくとも、その後妻に出來た妹に多いことは、世間によくある例だから、自分が姉と通ずるのは不利益だといふので、文使《ふみづかい》をしてその醜い妹の方に通ぜんと致しました。トコロがその文使は頼朝と反對の考を懷き、偕老の契《ちぎり》を結ばんには須《すべか》らく美人でなければならぬ、醜女だつたらスグ厭氣が來るに相違ないといふので、頼朝の意に負《そむ》いて、その姉政子の許に屆けたのである。然るにその前夜、妹は不圖《ふと》鳩が金の文箱を持つて來た夢を見たので、何氣なしに姉に咄《はな》すと、姉は大變羨《うらや》んで、どうかその夢を妾《わたし》に賣つて呉れ、その代りには妾の鏡を上げませうといふので、とう〳〵その夢を姉が買たといふことである。これは我國の歷史上の事實として認べきものであります。

然るに、そのことは、偶然にも、韓國の歷史中にも相似《あいに》た事柄となつて現はれてゐます。卽ち同國歷史中で丁度我國の日本書紀などゝ同樣、最も信憑すべき三國史記および三國遺事によりまするに、高麗、百濟に對し新羅を勃興させた太宗金春秋《きんしゆんじゆう》に、金庾信《きんゆしん》といふ忠臣があつて、金春秋を輔けて霸を鷄林の野に爭はんと期してゐても、金春秋に接近の機會なきに苦んでゐましたが、或時金春秋がその邸前で鞠蹴中圖《はか》らずもその裾を踏んで衣服を綻《ほころ》ばせたので、金庾信は直ぐに金春秋を自分の家に請じ、その衣の裾の綻を二人の妹の内姉の寶姫《ほうき》に命じて縫はせやうとしたけれども、姉は故なくして婦人が貴公子に近づくは非禮なりとてそれに應じなかつたから、更に妹の文姫《ぶんき》に吩咐《いひつけ》ますると、妹は喜んでこれに應じましたが、それが妙な縁となりまして、遂に妹を金春秋が娶ることゝなりました。而もこのことがある十日前、寶姫は夢に西岳に上り、尿を放ちしにその尿水都に滿ちたといふことを見ましたので、そのことを文姫に咄しますと、妹はその夢は奇妙だから妾に賣つて下さい、その代りには妾の一番大事にしてゐる錦裙《きんくん》を上げませうとあつたので、姉も快くそれを承知し、妹の胸を啓《ひら》いて自分の見た夢を移したといふことがある。

右申しました日韓兩國史上の筋が相似てゐますのは、頗る珍奇なことでありまするが、然らばこの事實の相似を以て、いづれか一方の史家が捏造したのではあるまいかとおもはれるけれども、元來三國史記編纂の年は、我が近衞天皇の久安二年で、賴朝の生れる百年前に當る時代に日本に渡る理由もなく、又日本から傳說して朝鮮に入つたこともないのであるから、全く兩國歷史上の偶然の暗合といはねばなりませぬ。

更に支那の歷史と日本との相似たところを咄しませうなれば、毛利元就が臨終の折り、その子供を集めて一本の箭《や》を一人宛《ずつ》に折らすと、皆折ることが出來ましたけれども、五本一束にして折らせると、誰も折ることが出來ませなんだといふのは、これ亦有名なことですが、蒙古にも成吉思汗《ジンギスカン》よりズットト以前の祖先にボドンチャールといふ仁《ひと》がありましたが、その母のアランゴアといふのが、矢張り或時五人の子供を召し出し、一筋の箭《や》は折れても五本になれば折れない、卽ち兄弟一致の力でなければ事業を成就することが覺束ないといふ實語教を示したことがある。而もこの兩事實發生の時代を稽《かんが》へますると、アランゴアの時代が元就時代より古いといふことは、何人もスグ判ることです。しかし元就が蒙古の出來事を知る道理はないのである。

これによつて見ますると、日韓又は支那の歴史が、互いに相似た點があるのは、その確的の事實なりしや否やは、姑く疑を插《さしはさ》み置かんも、一方の傳説が直ちに一方に傳つたのではなくして、固有の事實が何時の間にか歴史に入つてゐること、卽ち雙互に連絡はなくとも、その時代々々において傳説されることが事實として記されたことがあるのを、忖度《そんたく》することが出來ます。

けれども兩國歴史の相似せることであつて、確的の事實と認むべきものもあります。それは、新羅から日本に人質に來た微叱許智《ミシコチ》が遁走する時の咄が三國史記に載せてありますが、日本の歴史と異なるところは、たゞその名を史記には微斯欣《ミシコシ》としてある外、殆んど同じことが書いてありますから、これなどは偶然の暗合でなくて、確的の事實をそのまゝ雙方の歴史に記したものといはねばなりませぬ。故に相似の事實中でも傳説によるもの、または確的の事實によるものと二者の區別を詮索するのは、歴史家の最とも注意すべきところであつて、大に興味を感ずる點なのであります。

それから日韓兩國歴史上の事實が相似してゐることを咄すと、勢ひ進んで兩國歴史家の相似たところを述べねばならぬとおもひます。それは卽ち韓國の歴史家が古來その自國を小國視する癖があることで、日本の史家も亦その顰《ひそみ》に傚う風があることであります。今その一、二の例を擧げませうならば、渤海國との境界について唐書渤海傳には「泥河を以て境とす」とあり、又大韓疆域考には、江原道の江陵、襄陽にありとありますけれども、それより以北だつたことは、賈耽郡《こたんぐん》國志《こくし》といふ書物に、新羅の泉井《せんせい》郡から渤海の柵城府まで凡そ三十九驛もあつたとしてあつて、泉井郡は實に今の咸鏡道の德源に當るから、泉井郡より以南にある襄陽がその國境でなかつたことは、明かな譯であります。更に眞興大王の世、戊子の年、大王が國境を巡視した時に樹てられてゐる紀念碑は咸鏡道の咸興の黃子嶺にありますが、黃子嶺は卽ち德源より餘程以北にあるから、當時の國境が襄陽よりも泉井郡よりもズット以北にあつたことが推知せられるのであります。

尙一つの證據と申しますのは、高麗の尹瓘《いんかん》が十七萬の大軍を率ゐて女眞（今の滿洲人）を征伐した時、その行きつめた最終の地點が豆滿江の遙《はる》か向ふにあつたことが、地誌によつて推知せらるゝに拘らず、境域考には尹瓘は吉州から一歩も向ふへ進まなかつたとしてあるけれども、その豆滿江以北に進んだことは、その地誌以外豆滿江の沿岸から會寧附近までの間に古い瓦が出て、それに尹瓘征服の年號が入つてゐるところから見れば、益《ますます》尹瓘が豆滿江を渡つたことが推せられるのであります。

右述べましたところは、韓國の歴史家が自國を小國視する癖があることについて一言したのですが、その癖は日本の史家にもあります。其《そ》は加藤清正が三韓征伐の時、會寧で二王子を虜《とりこ》にし、更に進んで豆滿江以北の兀良哈《オランカイ》まで攻略したといふことにつきまして、近頃事新しく異說を插んで、清正の攻略地域は決して兀良哈まで達してゐない、その證跡としては、北關大捷碑を發見し、その碑文によつて富寧までより進擊しなかつたことが判るといふものがありますけれども、我輩はこの異說に對し、第一、北關大捷碑の建立時代確かならず、第二、朝鮮の古史を涉獵しても碑文の事實正確なりと斷ずるを得ず、との二理由を以て否定してゐたのですが、果然この頃在韓中の知友から、豫て渴仰《かつごう》してゐた北關誌といふ古書を送つて吳れたが、それによりますと、同書の鏡城の章に、「壬辰六月、清正が吉州、明川《みんせん》、鏡城、富寧より會寧に入り、王子を虜《とりこ》とし豆滿江を渡り、老土部落を掠《かす》め、更に江を渡り、穩城、慶原、慶興を經て海岸に沿ふて鏡城に歸る」とありまするが、この道筋は實に我が清正記にあるものと符節を合するが如く同一になつてゐます。而してこの北關誌は餘程の古書だから、大捷碑建立以前に著述されたやうにおもはれる許りか、この書は事實を最も正確に記載されたといふことが、比較研究の末稔知されるのですから、清正が豆滿江以北を攻略したのは爭ふべからざる事實であることが判り、こゝに我輩の主張が貫徹されて這《こ》んな愉快なことはありません。兎に角、これはその一例に過ぎないけれども、事實を否定してまで國威の揮《ふる》ふたこと、換言すれば、縱《よ》し一時的なものにせよ國境を輕視し、延いて自國を小國視するの風あるは嘆ずべきことであります。

以上、日韓兩國歷史家の自國を小國視する風あるは、啻に後進の研究者を迷はしむるのみならず、一朝國境問題に紛議が起つた際に、想はざる不利益を見ることゝなるから、史家の最も心すべき點だとおもひます。現に間島問題の如き、これ等紛爭の責任の一半が慥《たしか》に韓國史家にあることゝ信じます。

終りに莅《のぞ》み、日本の史家中、特に古代史研究家が、日本のことを日本の古書に徵せずしてその淵源するところを清、韓いづれかに覓《もと》めんとする風あることは、これ亦日本史家の缺點ならずやと信ず。然るに日本書紀の如きは、その記年に多少の杜撰あるを除き、その記事はいづれも頗る正鵠に近く、特にその著述時代が百濟滅亡後間もなかつたのだから、韓國の古代の歷史上の事實を參考した點が隨分發見せらるゝ以上は、日本史家が韓國の三國史記などを根據とするのは、冠履《かんり》轉倒の太《はなは》しきものといふべく、却て日本の歷史によつて韓國の古代史を補ふ必要があらうとおもふのであります。

『實業之日本』第一五巻第四号　明治45年2月

今上御即位五十年祝典の記念事業答案※

（一）京都に完全なる王朝式の大内裏を建築すべし。

（二）各地郷土史志を編纂すべし。

但し其の凡例は、專門學者の審定を經べし。

（三）一、科學文學上の研究に對する奬勵資金を作るべし。

二、日本の文化、思想の進歩に對して、有益に若くは獨創の價値ありし古人の著作を出版すべき資金を作るべし。

（四）團體の醵集する資金により、研究若くは出版の事業に從ふべし。

但し初等學校は、其の出版物を買入るべき資金を豫備し之を備品とすべきこと。

※照会項目は、国家・地方・団体・学校としての記念事業。

『滿洲日日新聞』明治45年3月20日

内藤博士と語る（一）

圖南生

航海の疲勞もさこそとは思つたが、遂にもたし難くて越後町髙橋本吉氏の宅に湖南氏を訪《と》ふた。氏の服裝は黑木綿の紋付に同じく縞の木綿服、一寸高等學校の生徒と云ふ格である。是が近世支那研究者のオーソリテー、我國操觚者の重鎭であるかと思ふと、特に痛快の感に堪へなかつた。

記者の問に答へらるゝ樣、明日は一寸滿鐵に寄り旅順に往き直ぐ奉天に向ふつもりです。學校のはうでは北京にも往つてよい事になつて居ますが、主に奉天に居る見込。奉天の寶物は嘗て調べましたが、今度は書物のはうを專一に調べる考です。此際ですから往つて見なければ、旨《うま》く見られるかドウかも分りませんが、今後は支那で一體從來の如く奉天の寶物を保存する積りか、又保存する金があるか、或は又讓つて仕舞ふ決心か、若しそんな風に散逸する樣なら他の寶物は私の力及ばないが、書物のはう丈けは、ドウかしたい考へです。

記者は日露戰役當時、露人が奉天から浦鹽に運んだ書物の爲めに、奉天のそれが著しく缺損しては居ませんかと聞くと、浦鹽に持つて往つたのは、多く語學の本、滿洲、蒙古の語學研究のためには何れも必要な本ですが、淸朝内部の歴史を調べるに必要な寫本やら日誌類の樣なのが、まだ幸に奉天に殘つて居ます。こう云ふ文籍と相俟つて居る史料、淸朝代々の皇帝が使用した器具などが皆揃つて居ますから面白い。今回は此種の文籍を悉しく調べたい考へです。明時代の文籍は矢張り北京の方に多くある様です。

滿洲も考古學の材料を得るには矢張り面白い處です。滿鐵調査課の島村君が、其の方を好きで此の近邊の發掘物などを保管して居られる。熊岳城《ゆうがくじょう》や旅順あたりから掘り出したものも中々面白いものがある。先秦以下六朝時代の纏まつた文籍はない様なもの丶、近頃になつて碑文やら竹に刻《ほ》つたのやら段々澤山出て來て、支那古代の研究には大層便利になつて來ました。さうして此等の材料は多く西洋人の手で蒐集された。

支那では、昔から棺を嚴重にしたから、古墳の發掘が最も多く古代研究の材料を得る事が出來る。南清になると濕氣多くて多く腐敗して仕舞つたが、考古學者に取つては、山東、直隷、河南、山西あたりが最も面白い。近頃は、周以前、殷時代の古物も隨分發掘されました。

記者又た問ふ、堯舜は漢人の理想で畫《えが》き出した人物だとは能く言ふことでありますが、先頃山路愛山氏が、孔子は恐らく堯舜を知らなかつたらう、泰伯篇に孔子が堯舜を評して居るのは當てにならぬ、恐らくは孔子と孟子との間に漢人の理想が產み出したもので、孟子時代になつて始めてあの樣に事實の人とされたのだらうと論じたが、私は、泰伯篇の堯舜觀は孔子の樣な大力量の人で始めて評し得られる言だと思ふから、あれは當になると思ひますがどうですと。湖南氏答ふらく、まだ山路氏のそれ丈けの材料では論語の文章を抹殺するわけに參りますまい。私は矢張り孔子は堯舜を無論知つて居たと思ひますと。

記者は是に於て語路を轉じて支那の時事問題を尋ねた。

内藤博士と語る（二）

明治45年3月21日　圖南生

中華民國の承認問題ですが、之れは多分此次の便に着く大阪朝日にも出て來る筈ですが、私は今は承認しないはうがよいと云ふ考です。モツト早く承認して仕舞ふならそれでもよかつたのだが、ドーセ今迄愚圖〱したんだから、却つてモー少し承認しないほうがよいと思ひます。

また金も貸さないほうがよいと思ふ。各國とも貸さないはうがよいと思ふ、そすると倒るべき性質のものは早く倒れて却つて堅固なる地盤が定まるでせう。四億萬圓の借款は、一時成立しても、事實は其の十分一も受け取らないうち、袁内閣は恐らく信用を失ふだらう。

今後の大問題は、誰か眞に大總統の力量あるものが出づるを俟つて始めて解決せられると思ひます。その人の第一着の手腕は、軍隊の整理に揮《ふる》はなければなりますまい。目下諸方に割據して居る兵士を廢すべきは廢し、存すべきは存して、更に強大なる麾下《きか》の勢力を造ること、之れが眞に大總統たる人の當面の責務であり、難關であります。

今は大兵の屯して居る所、北京と武昌と南京である。此軍隊が互に妥協したわけは、お互に獨立では、金の借り様がなく、從つて麾下の兵士に給料を拂ふことも出來ぬと云ふ始末だから、何んでも早く借りたはうから、自分等にも分配させやうと云ふ意に外ならぬ。ですから袁のほうでも借款に夢中だし、南京のほうでも亦借款に夢中である。今の様に妥協して見れば、袁のはうで出來たから武昌や南京に送らぬと云ふわけにも往きますまいし、南京のほうで出來ても亦その通りでせう。そこで僅かに小康を保つて居ますが、こんな事でまだ〳〵支那は定まりません。

こんな煮えきらぬ風をして居るうち、借款等も存外約束通りの金が受けとれぬとなると、茲に又右三ケ所の軍隊が平均を失ふ事になる。その曉にはドチラが最も滅亡すべき運命を持つて居るかと申せば、私は北京の軍隊、卽ち袁の勢力だと思ひます。だから私は、目下はドチラも金を貸さずに見て居るはうがよいと思ふ。目下金を貸すは、入らざる注射をしてツマラヌ生命を引きとめ居るに過ぎません。

前途その様な難關を經て、その中《うち》誰か總統たり得る實力を顯すでせう。それは誰であるか今は分りません。兎に角袁は大總統の實力はありません。近頃任命した閣員の中でも、二、三人は僅かに入閣を肯《がえ》んじない人があります。入閣を肯んぜざる人に命じねばならぬ袁内閣は、高の知れたもの、憫むべきものです。

併し今後の支那は中々帝政にはなりませんよ。色々と猶騒ぐでせうが、それでも帝政にはなりません。袁内閣にも奉天から往つた熊希齡などは、經濟の才丈けは確かなものですが、經濟の才丈けで始末が合ふ筈もないから、袁内閣はツマリ望み少ない内閣です。

明治維新の際は多少戰爭もしましたが、嘉永、安政以後、志士互に往復活動して、何藩では誰がエライと云ふ事は知れ亙つて居た。だから薩長の連合でも、土佐の坂本龍馬が出て行けばすぐそれでキマル。官軍と德川勢との間でも、南洲と海舟と云ふ代表的人物の相談でキマつて居る。今日の支那では、まだ如此《かくのごとき》代表的人物がない。今少しゴタ〳〵して、始めて斯る人物が現はれるでせう。

内藤博士と語る（三）

明治45年3月22日

圖南生

記者は終に地金を現はさゞるを得なかつた。卽ち曰く、日本政府の革黨を見る、輕きに過ぎ、空しく流星光底に長蛇を逸して仕舞つたのみならで、出來得べからざる國體上の干渉などをしたのは、私自身としては最も滑稽に感じました。之れは重ね重ねの外交的失敗と謂はねばなりますまい。ドーモ日本の政治家なり、學者なり、教育家なりが、餘りに我が國體に阿《おも》ねり過ぎて、却つて國家百年の大計を誤る傾がある。之れは實に重大な問題だと思ひます。私の目からは、今回の外交は曲學阿世者流の招いた失敗と思はれますが、その因《よつ》て來たる處深い丈け、それ丈け恐るべき失敗だと思ひます。ドーでせうかと。記者の語勢は自から圭角《けいかく》あるものとなつた。而して博士の答は甚だ簡單であつた。『確かにさう云ふ處もありますなー』と。その簡單サ加減は實に斯の如くであつたが、只だ返答し畢《お》へて心中の憂愁何となく氏の眉宇《びう》に現はれたのは、記者の言に無言の同情を表せられたものと想像して、大に敬意を表した。

僕は語を繼いで曰つた。併し私の如きでも身を擧げて日漢の和衷協同に盡さうと思つて居るのです。從つて支那の文物は、及ばずながら多大の興味を以て研究しつゝあるものであります。私は飽迄も日本と支那とを結び付けやうと云ふ考へですが、さりとて強いて日本國家に阿ねらうと云ふ樣な感情は毛頭ありません。ですが支那は終に日本と携へねばならぬ筈、日本も彼れと和協一致の行動を取らねばならぬ筈と信じて居ります。先生の此邊の御考は如何で御座いますか。

博士曰く、吾々日本人は日本をエライとなし、是非日本に憑《よ》らしめざるべからずなど思ふが、爰《ここ》に翻つて支那人の日本觀をも考へねばなりません。彼等から見たら、日本政府の如く無方針のものと相結ぶは無益だと思ひ込んでるかも知れぬ。現に李鴻章の政略はその通りであつた。日本政府の如き方針の定まらぬものと結ぶよりはと、去つて露國と結んだのである。ツマリ露國に寄つたのでした。今回の動亂に際しても、餘り日本に親まぬのは、猶李鴻章などの考と同一の次第だらうと思ひますと。

記者は言つた。在野の志士は、常に政府當局よりは遙かに進んで居る。大勢の推移に關しては、當局は寧ろ與《あずか》らざるものゝ如く、殆んど後《しり》へに瞠若《どうじゃく》たる有樣である。斯かる點よりしても私共は敢て自ら揣《はか》らず、東洋の大局の爲めに日漢の和協に關心し、翻つて支那文物研究に志して居るもの、願くは此道に於て長く御教導を蒙りたいものです。僕は、ドー考へても袁を第一回の大統領にする事は遺憾ですね。孫の排日主義も、日本政府が從來革黨に冷淡至極であつた事を考へれば無理でもない樣ですが、日本人の祕書などをも使つて居るし、今少し日本の志士の心事を了解する能力がありさうなものと思ひます。黃興は概して評判がよいやうですが、個人としての御交際は御座いませんか。

黃興は存じませんが、宋教仁は知つて居ます。至つて才子です。黃興は慥かに好評判ですね。孫の祕書の池などもドーか分りません。日本に來て何やら演說等をして居るうち、孫からの委任を取消すとか云ふ電報など來たやうでした。彼に對しては日本の支那浪人も革命黨員も餘り喜んで居ないらしい。袁も今の處は假大統領で、六ケ月も過ぎれば退くと稱して居るんだから、まだ第一回の大總統と云ふわけでもありません。こゝ暫く最も面白い處です。其の間に誰か總統の力量あるもの現れるかも知れぬ。

武昌に事起つてから大に失敗した日本の浪人もあるが、又中々能く働いた人もある。茅野氏なども其一人でせう。

談は之より又一轉して、或は政教社のこと、或は雪嶺博士の噂等に移り、歡興雲烟と湧いた。博士曰く、御社に金崎君は居ませんか。さうですか歸りましたか。あの人は法學士だけれど文學の趣味あり、小説なども書いて居た。朝日に居るときは中々役に立つ記者でしたよ。

（終り）

『美乃世界』第五七号　明治45年7月1日

古書畫の變遷に就て

支那奉天には、乾隆帝以下の陶器、銅器約三十萬點と、古書畫類凡そ四百五十餘點とを藏せり。是等の古美術品は何れも著名のものにて、中には世界の珍器逸品と稱するに足るもの少なからず、多くは歴代帝王の遺愛品に屬して、現に清皇室の所藏なるが故に、容易に觀覽を許さず。余の如き、此中の最優秀品百點の寫眞撮影を希望したるも拒絶せられたるは遺憾なりし。

美術史より見たる日本と支那の古書畫の相違を考ふるに、元來日本の美術は概して支那より輸入されたるものにして、隨て支那大陸的の感化を受けたるは勿論なり。我奈良朝時代の遺物は卽ち是れなるが、下《くだ》つて平安朝藤原時代を經て鎌倉時代より足利時代に至りては書畫の風一變し、更に下つて近世德川時代に至りて再變したり。然るに支那は、時代より云へば日本よりズット古きに拘はらず、美術の變化は日本より少なきが如し。而して所謂唐畫と稱する唐時代の古畫は、今日にては殆ど傳はり居らざるなり。

近頃本願寺などに於て、新疆邊で發掘したる古畫の斷片に付て研究するに、唐時代の繪畫は多く著色《ちゃくしょく》畫なること判明せり。而して日本にては奈良朝時代にありて、既に墨繪の兆候あり。唐代著色畫の隆盛を極めたる時代より墨繪に遷る迄、其間凡《およ》そ二、三百年を經たり。我邦にては、奈良朝より平安朝の末迄は書畫の變化も漸次に推移し來りたるが、足利時代になりては急激に一大變化を來せり。而して所謂南畫の一時に勃興したるは、近世德川時代に入りての事なるが、日本に於ける南畫の大家與謝蕪村の如きも、支那純粋の南宗畫を見たる事は恐らく無かりしなるべく、多くは版刻畫に其の粉本を取りたるものならん。

支那時代より幾多の順序を經て元に至りて、南宗の四大家を出せり。日本の南畫は大抵之を學び、却つて出藍の名譽を得たり。北宗は多く足利時代に到來したるが、此時支那にては既に南宗の流行を見たり。宋元時代は專ら北宗畫行はれて古き唐畫は殆ど廢滅せり。日本は足利時代に北宗行はれて、土佐派に傳へ、德川時代に南畫の隆盛を見たる時も、尙狩野派に依りて依然北宗の主權を把持したれば、ズット古きは奈良朝より平安朝土佐派等も殘留して、是等各時代の美術を一堂に集めて展覽するの便利ありたれども、支那は之と異りて、時代變はれば前の畫風は多く廢滅して後の時代に傳はらず。之が爲め其時代々々の畫風は、一時隆盛なるも以前の古畫と比較研究する如き事は全く困難なり。之れ支那が改革的國柄《くにがら》たるの一特徴なり。現代にては、明の宣德、淸朝の乾隆頃の古美術品に就て幾分保護を加へたる事あれども、此時は既に晩《おそ》し。唐宋時代の古書畫は大概散逸廢毀して、到底日本の如き各派の遺物を完全に見る事能はざりしは惜むべし。

德川時代の末に至りて初めて西洋畫の輸入あり。近來日本畫と西洋畫とを折衷して一種の新畫風を爲さんとする傾向あり。之れは固より當然の事なるべし。支那も明末淸初に耶蘇敎傳はりて同時に西洋畫を輸入し、一部の畫家には多少洋畫に指を染めたるもありて、就中人物、動物は油繪の筆法に依りたるも多く見受くるに至りたるが、風景畫卽ち山水花鳥は依然舊法に依れり。現に奉天に在る乾隆帝の肖像の如きは、その當時に出來たるものなるべし。要するに、日本の美術が支那大陸の感化力を受けたる事の多大なるは爭ふべからず云々。

『美乃世界』第六七号　大正2年4月1日

進歩乎。退歩乎

近來の日本畫家が從來の狩野とか土佐とか云ふが如き舊き流派を以て滿足する事能はず。是等の舊き圈内を脫して自由の空氣中に新らしき呼吸を試みんとして奮起せる勇氣は大に稱すべく、文展開始以來此の新らしき試みの筆法は漸次成熟せんとしつゝありたるに、其の筆法が急に一轉して裝飾畫に傾きたるは斯道の爲め果して進歩乎、退歩か俄かに判斷する事能はず。或は之を以て畫風の進歩と爲し此傾向を謳歌するものあり、或は之を以て寧ろ退歩の現象と爲して警告するものあり、其の進退何れなるかは容易に案を下し難しとする所なり。

故人橋本雅邦が近代の名匠なりしは何人も異論無き所なるが、氏が晩年の大成に至る迄には中途種々變化の跡を示せり。氏も亦一時新らしき試みを爲したる時代ありて、人の知る「鹽原の奥」は卽ち其の時代の代表的作物と云ふべく、殆ど西洋の彫刻畫とも思はるゝ迄進みたるが、ヤガテ飜然一轉して其後の水墨を主としたる純日本畫を製作する事となり、更に轉じて光琳風に入りたるが、晩年には撚《より》戻りて北宗専門となり、氏が畫風は此に初めて大成の域に到達せり。之れ卽ち雅邦一代の徑路なるが、今日我國の畫風は恰も之と同一の徑路を辿りつゝあるに非ずやと思はるゝものあり。換言すれば恰も雅邦の徑路を引延ばしたるやの形あり。之を古に考ふるに藤原時代より鎌倉の末迄の繪卷物は何れも人物活動の狀態を主として描寫し、一個の人物には必ず一個の活動あり一人として決して無爲徒然、卽ち有つても無くても可しと云ふが如き無駄な人物無く、一個〳〵に個性的働きを持たせたるものなるが、鎌倉以後南北朝に入るに及んで初めて一種の裝飾風を形成する事となれり。此の傾向は彼の有名なる「六條道場繪卷」を一見すれば明かに認識するを得べく、「春日權現靈驗記」の如きも又少しく裝飾風を帶びたり。

之に由て之を觀れば、畫界の或る時代には必ず一種の裝飾畫の現はるゝは自然の狀態と云ふべきものか、京都の繪畫家は此の七、八年來大に活動し、從來の沈滯せる現狀を打破して極めて新進の路を示したるに、何故か一朝にして專ら裝飾風に移り、近頃ます〳〵此の傾向甚しからんとせり。之れ恰も我國二、三十年間の畫界の變遷の徑路を一時に現出したるものとも見るを得べく、之を前に陳べたる雅邦翁の一代に徵するも尙此時期の到來は免れざるなり。

されば裝飾風の現はるゝ時は寧ろ畫風の沈滯を催ふしたる時期なるが如し。從て之れより更に活躍して新らしき繪畫の大成を見るに至るべきか。我畫風の沈滯の覺醒せらるゝは何時も新らしき畫風の外國より輸入せられて之が刺擊を受けたる時なり。南北朝時代に一度裝飾風に傾きて沈滯したる畫界は、其後東山時代に至りて支那より入りたる新らしき畫風の爲めに刺擊せられて大に活氣を生じ、之が爲め畫界の惰眠を破りたり。德川の末路に至りては獨り畫界のみならず萬事沈滯腐敗に傾き、一世を擧げて社會は昏睡狀態に陷りたるが、恰も此時に當りて西洋の文物新に輸入せられ、之によりて一般の人心全く一新して結局明治維新の鴻業を開きたると同じく、我繪畫界も共に大に覺醒したり。果して然らば此頃の如き裝飾風の沈滯は更に何によりて復活すべきか大に考へざる可らず。今日の繪畫中風俗畫はあるも人物畫は無く、昨秋の文展「宗右衞門町の夕」「鶯」「春雨の夕」等の如きにも綺麗なる人物を畫きある如くなるも、能く見れば之等は悉く人物畫にはあらずして風俗畫なり。何となれば畫面を通じて能く時代の風俗を現はし居れども、肝心人物と風俗との間に繫れて離るべからざる一貫の脈絡を有せざればなり。試に見よ、其の人物の首を他のものとスゲ換る何等の差支へなきにあらずや。是れ獨り文展のみ然るにあらず、從來の日本畫と云へ共殆ど人物畫ある無し。所謂人物は唯或る仕事の目的となり居るのみ。浮世畫は凡て風俗を示すを主としたるが故に其の人物と裝飾との連絡を缺く事彼が如く、文展二等賞「夢殿」も聖德太子を借りたる風俗畫に過ぎず、太子を畫くに阿佐の筆を借り、玉蟲の廚子の繪を根底として古き時代の風俗を畫きたるものにして、云はゞ技巧の末に走りたる風俗畫のみ、要するに近來の裝飾畫に付ては識者の宜敷三思すべきものならんと思ふなり。

『東洋學藝雜誌』第三七二号　大正元年9月5日

京都帝國大學卒業式に於ける臺覽品說明
郎世寧繪畫　三點
―林泉圖　猿猴圖　狩獵圖―

畫者郎世寧は伊太利人（原名 Joseph Castiglione）、清の康熙年間支那に來り、乾隆二十九年（西曆一七六四）に死す。是より先き明の末葉以來ジエスイト派宣教師の支那に來る者多く、往々其畫法を傳へ、吳歷の水墨畫に西洋墨筆畫法を參取し、焦秉貞の耕織圖に透視畫法を應用せるが若き、皆東西畫法の渾融を見る。郎世寧は西洋人を以て反て支那畫法を參用し寫生の長技に加ふるに支那風の山水をも畫くに至れり。乾隆中に如意館を置きて畫人をして館中に供奉せしめたるが、郎世寧及び墺太利人艾啓蒙（原名 Ignatius Siekerparth）等も供奉の中に在り。殊に郎世寧は深く帝の寵遇を受け、其の作れる畫の石渠に著錄せられたる者五十餘種の多きに上れり。又嘗て北京宣武門內の天主堂卽ち南堂の壁畫を作りしを以て有名なりしも、此堂は拳匪の亂に毀たれたるを以て今其畫を存せず。但だ奉天の宮殿內には猶ほ其畫數種を傳ふ。

臺覽に供せる三圖中、林泉圖は全く西洋畫法を用い、猿猴圖は支那畫に西洋畫法を參し、狩獵圖は主として支那畫法を用いたる者にして、之を我邦の山田右衞門作、小田野直武、司馬江漢、亞歐堂田善等、西洋畫法を參用せる諸家の畫と參照するに、東西畫法渾融の由來を知るに於て極めて興味あるを覺ゆ。

三圖中、後の二圖は現に京都に流寓せる前清國學部參事官羅振玉が本大學に寄贈せるものなり。

『雄辯』第四巻第八号　大正2年8月

古の滿洲と今の滿洲

現在の滿洲といつても鐵道が架つて居つたり、日本人が其處中《そこらぢう》に澤山散らばつて居つたりするやうな、深い意味ではない。曖昧である。或は古代の滿洲、近代の滿洲とでも申せば適當かも知れないけれども、近代と云つても、二、三百年も前に上るやうなことではなく、極く近い時といふ所にして置いた。實は滿洲といふ土地は古い時にも近い時にも、極く區別するに都合の好くなつて居る歷史を持つてゐる。而して古い時には、滿洲には隨分いろ〳〵の國が起りもし、又亡びもして永い間いろ〳〵の國があつた。清朝が起つた頃から、今まであつた歷史が一時中絶した。これは餘り他の地方に類例の少いことであるが、滿洲だけは特別の事情でさういふ風になつて居る。丁度清朝が興つて二百七、八十年前からして、百年少し前位までの間、乃至四、五十年前までの間といふものは、滿洲の或る地方が、一時全く歷史が中絶して居つたと見て宜い狀態になつて居つた。それが爲に古の滿洲と今の滿洲といふ題目を採つた譯である。

それで此の滿洲といふことは、古い時から、支那の本部の方に聞えて居つた。今から三千年も前からしてその名前は既に聞えて居つた。それはどう云ふ名前で聞えて居つたかといふと、肅愼といふ名前で聞えて居つた。日本の歷史にも大分後に肅愼といふ文字が現はれて來たが、肅愼の人が渡つて來て、佐渡ヶ島へ來て北海地方にも來たと云ふことが書いてある。併し其頃は、本當の肅愼の方には肅愼がなくなつて居つて、肅愼の本當にあつたのは極く古いのである。それはどう云ふ所にあつたかと云ふと、松花江の沿岸で通常牡丹江といつて居る河がある。其の沿岸地方、牡丹江の上流の所に大きな湖水がある。支那人は之を鏡白と云つて居る。其の湖水の少し北の方に、肅愼の昔の跡がある。勿論それは肅愼の重《おも》なる所で、肅愼種族といふものは、其處を中心として、大分滿洲各地方に擴がつて居つたに違ひない。兎に角、其處が肅愼の根據地である。其の肅愼の盛であつた期間はどの位かハツキリしないが、兎に角、今から三千年前からして、二千年位前までの間に、此の肅愼種族と云ふものは、其肅愼と云ふ名前で、支那に聞えて居つたことは明かである。

それから次に、どう云ふ國が續いて滿洲に起つたかと云ふと、其の次に興つたのは、丁度支那で、漢の末頃、今から千八百年位前まで續いて居つた國であるが、これは日本でも能く知つて居る高句麗といふ國である。日本の古い歷史で高麗と書いてあるのが、此の高句麗である。これは隨分大きな國で、遼河の沿岸地方、奉天に到るまで勢力が擴がつて居つたが、又鴨綠江の沿岸地方も重なる領土として、其の邊まで國を立てて居つた。もう一つ扶餘といふ國がある。これも隨分相當な國であつたが、これは今の長春の附近にノウアン〔農安〕※縣といふ所がある。其處が中心で、それから西遼河口沿岸に擴つて居つた國である。此の二つの國は、兎に角、漢の末頃に於ける滿洲で有名な大きな國であつた。此の歴史は餘程長く續いて居つたもので、扶餘の國は割合に早く亡くなつたが、扶餘が亡くなつた後も、高句麗と云ふ國は愈々大きくなつて、殆んど七百年間も繼續して居つた。最後には朝鮮の方面までだん／＼擴がつて朝鮮を半分も取つて、今の朝鮮の平壤に都を建てゝ、滿洲の方まで手を擴げて居つた。それからどういふ所から第一に興つて來たかと云ふと、矢張り鴨綠江の沿岸を土臺として興つた。亡びたのは支那の唐の興つた初めで、唐から攻められて亡びたのである。其の時に日本とも關係が起つて、日本と支那との關係が、朝鮮、滿洲地方で、初めて直接に交渉を開始したのは、此の時である。其の時分から日本といふものは、滿洲に對して、何事が出來るといふ運命を現して居つた。

　そこで話を繰返すやうであるが、扶餘の國が早く亡くなつて、其の種族の一部分が高句麗にも入り、又支那の方にも入つた。さうして高句麗は唐の天子として三代目の高宗と云ふ天子の時、即ち日本では天智天皇の時に亡ぼされた譯であるが、高句麗が亡びると、又續いて之れに代つて滿洲に大きな國を建てたものである。それは日本とも隨分長い間交通して居つた國であるが、渤海と云ふ國、尤も風俗から言葉から、何から何まで高句麗と少しも變らない、今の滿洲種族である。之も隨分大きな國であつた。どう云ふ譯で唐が一方に盛んであるのに、さう云ふ大きな國を滿洲に於て建てたかと云ふと、唐の高宗の晩年に高宗の皇后で丁度近年の西太后のやうな人が、盛んに我儘をして政治をやつたが、其の時分から既に此の滿洲と支那本部との間に一種の種族が中に入つて來て、其の種族の爲に隔てられて、此の滿洲に起つた渤海の國と、支那との陸路からする直接の交通が絶えて、其の絶えたのが一つの原因となつて、滿洲に一つの大きな國を形成つたのである。其の中間に立つた種族と云ふのは、遼西地方の契丹の方から下つて來た種族である。又契丹が間に入つた爲に、遼西地方から山海關を經て支那の本部に交通する途が殆んど絶えて仕舞つた。夫れが爲めに支那の壓力が滿洲の方に加はることがなくなつた爲に、渤海と云ふ國は、大きな版圖を領することが出來るやうになつた。此の渤海の版圖は、鴨綠江の入口から、今の奉天の邊を掛けて、奉天も其の時の渤海に於ける首府であつて、其の時分から今の奉天は、餘程記念すべき所である。其の奉天を、支那人は明の時から瀋陽と云つて居つたが、これは實は渤海の時から瀋陽と云つて居つたので、今でも渤海の出た所を瀋陽と云つて居る。兎に角、其の邊から掛けて北の方へ――扶餘の昔の領分、長春からノウアン〔農安〕縣附近、松花江の流域までかけて餘程宏大な國を建てた。高句麗などより版圖も大きいし、年數も相當に永く續いて居つた。日本とは餘程親密に交通をして居つた國であつて、斯う云ふ大きな國であるが、日本に對しては餘程恭順の意を表して居つた。高句麗とか新羅とか云ふ朝鮮にある國はチツポケな國であるが、なか〳〵日本に對して無禮なことをしたけれども、渤海はなか〳〵溫順《おと》なしい國で、日本に對して尊敬を表して居つた國である。それは何う云ふ譯か知らぬが、私の考へる所では、其の當時支那とは、直接の交通が絕えて、貿易上で、支那の結構な産物、――支那の結構な産物といふと、其の當時の器物、織物といふやうなものが主でありますが、さう云ふものを直接に輸入することが困難であるが爲めに、日本に向つて貿易をしてそれを輸入しやうと試みたのである。それで日本から夫れを絕えず輸入した。それで渤海の使者が來ると、普通の商工品の外に、いろ〳〵なものを持つて來て交易することを許された。そうして日本の朝廷からも特別に金をやつて、これでお土産を買つて行けと云つて、物を買はせた例などがある。兎に角、貿易上の關係から、日本の天子に對して餘程尊敬を表したものと見える。勿論支那の天子に對するやうに、陛下とか何とか云ふ言葉は餘り使はなかつたが、天皇といふ言葉は使つて居つた。兎に角、此の國は、安心して滿洲の山奥に立籠つて居つて、力めて四方に交通を開いて居つた。さうして日本とは何處から交通をしたかと申しますると、丁度今と同じやうに、浦鹽斯德《ウラジオストク》から敦賀邊へ來たものである。さうして時には山陰に漂着したこともあり、北陸に漂着したこともある。甚だしきは琵琶邊まで舟が漂着したことがあります。日本には十二年目に一遍位來るやうに命令したが、向ふではさう云ふ期間を守つて居らない。屢〻交通を開いて居つた。さうして舟が時々難船をして、死んだ者が多いにも拘らず、絕えず交通をして居つた。これは卽ち日本の交通路であるが、渤海は、其當時其處に東京府と云ふものを置いた。さうして都を五つ拵《こしら》へて居つたが、其内の一つが今申した東京府、さうして後の四つはどれ〴〵かと云ふと、南京府、之は其の位置を考へて見るに、近年朝鮮と支那と交渉の結果有名になりました北韓の間島、その間島地方に支那の管理して居る延吉廳、局子街といふ所がある。其の附近であらうと考へる。此の南京と云ふ所は、何處へ交通する道になつて居るかと云ふと、海岸を傳つて――新羅に交通する道になつて居る。それからもう一つ、鴨綠江の上流に帽兒山と云ふ所がある。此の邊は私が親しく旅行をしないから、ハツキリ知れぬけれ共、其の中腹の邊だと思ふ所に西京府と云ふ所がある。これは朝貢路と書いてある所を見ると支那に對して交通をした場所であらうと思ふ。西京府から鴨綠江を下つて、今の南滿洲の沿岸に沿うて旅順へ出て、旅順から老鐵山の海峽を渡つて山東の登州府へ着いて、登州府から、支那の其當時の都である長安へ行くのに斯う云ふ道筋を通つた。是れが卽ち渤海の支那へ交通する道筋であるが、勿論さう云ふ海を渡つて行くと云ふことは、當時にあつては餘り望ましいことでなかつたに相違ないが、前にも言つた通り、山海關の方の道が契丹に塞がれてから、皆鴨綠江を下つたのである。これは朝貢をする道と云ふことで、其の當時の歷史にも現れて居る。又近年旅順の黃金山と云ふ所の山のあつた跡に、紀念すべき古い石があつて、それに唐から渤海に行つた者が其處を通つて、紀念の文字を彫つてある。其處から考へても、此處に都のあつたことは證據立てられるのであつて、日本の記錄にも此の事は載つて居る。日本でも其の當時唐には屢次交通したが、日本の其の當時の航海術では、大海を橫ぎつて支那へ行くと云ふことは非常なる困難なことで、屢次難船するので、いつそ陸を步いた方が宜いと云ふので、支那に行くには先づ渤海迄行つて、渤海の都を通つて夫れから鴨綠江を下つて、旅順を通つて山東に出る。夫から長安へ行く。今から考へて見ると、非常に廻りクドイ道を通つて居つたのである。尤も其當時でも敦賀から浦鹽斯德へ行つて、夫から鴨綠江へ山越しをして出る、支那へ行くと云ふ道を通つたこともある。夫れは當時渤海と親しく交通をしてをるので、成可《なるべ》く海を通る道を少くしやうと云ふ考へからしたものと見える。夫れから又此處に長嶺府と云ふ所がある。長嶺府と云ふのは、今滿洲鐵道の開原と云ふ停車場がある（鐵嶺の北）。其の開原から東の方に向つて長く分水嶺になる山脈がある。夫れを長嶺と云ふ。長嶺府と云ふのは、ハツキリ何處にあつたかと云ふことは分らぬが、多分其の地方だと云ふことは確かである。それは何處へ通ずる道かと云ふと、頴州《〔營州〕》へ通ずる道だと書いてある。頴州《〔營州〕》と云ふのは錦州府の附近で、モツト西北の方の山を越えて長陽府と云ふ所があるが、其處に頴州《〔營州〕》と云ふ所がある。其處へ出る道であつて、之も唐に交通する道であるけれども、其の道は實際後になつて用ひられない。夫からモウ一つ北に道がある。それは扶餘府から西の方に行くので、契丹に通ずる道と書いてある。其時分には前にも言つた通り、長春の西北のノウアン縣《〔農安〕》と云ふ所に、扶餘と云ふ所があるので、ノウアン《〔農安〕》縣から西の方に向つて、今の東蒙古の眞中の所を橫斷して、契丹へ行く道が附いてあつた。又次に中京と云ふのがまだある。之は地圖では一寸ハツキリ分らぬが、松花江の上の方にある。松花江と云ふ河は、長白山から分れて、西北の方に向ふ河と、夫れから夫れに對流する河で、西南の方から流れて來るホリマ《〔輝發〕》河と云ふ河がある。其の河の沿岸地方に、中京と云ふ所がある。夫れからもう一つ上京と云ふ所がある。之は前に申した肅愼の據つて居つた所である。斯う云ふ風に渤海と云ふ國は、五つの都を立てゝ、さうして今の南滿洲から北滿洲まで掛けて、餘程大きな國を作つて居つた。夫れから其の後に至つて、渤海は契丹のために亡された。一旦は亡ぼされましたが、長い間其の民族を手馴《てな》付けて、之を領有することが出來なかつたので、契丹と云ふものは皆重なる人を自分に近い方の土地に人民を移して、滿洲の土地を殆んど捨てたやうな工合になつて居つた。渤海と云ふものは契丹に亡されたとは云ふ樣なものゝ、其處に殘つて居つた人民は、依然其處に立籠つて契丹の支配を受けずに居つた。其の内に契丹が衰へて、夫れに代つて起つたのが金と云ふ國である。金は丁度今から八百年ばかり前に興つたので、どういふ所から興つたかと云ふと、丁度哈爾賓《ハルビン》の中にアジヤウ〔阿城〕縣と云ふ所があつて、其處にアジハ〔阿什河〕と云ふ所がある。滿洲の言葉でアルピカ〔阿勒楚喀〕と云つて居る。其處に普通白城と云ふ城がある。其處に昔金の都した跡がある。これは私の懇意であるソウテイケツ〔曹廷杰〕と云ふ學者が、其處が金の都であると云ふことを考へて居つたが、其の後になつて方々歩いて、白城の跡に於て一つの石碑を發見して、此處がいよ〳〵白城の跡に相違ないと云ふことが極つた。此の金と云ふものは、元來朝鮮の北方に大體土地を持つて居つたが、其の内に急に大きくなつて、忽ち西の方に侵略して、契丹の後である遼と云ふ國を亡ぼして、それから其の時の支那の本部に宋と云ふ國がありました。其の宋を打破つて、支那の半分を取る位に發展したが、兎に角、起つた所は、アジハ〔阿什河〕の附近である。それで詰り其の時まで色々の國が起つて、それから金が亡びて元になつて、元は蒙古から起つたので、滿洲から起つたのではない。元が亡びて明になつて、それから今の近來亡びた清朝になる譯であるが、清朝の起つたのは、奉天の附近で、此の旅順の側に河がある。其の河の上流の南の所から起つたので、元《もと》の高句麗の起つた土地の一部分の所から起つて來たのである。斯う云ふ風に古代から滿洲に於て起つた國は、ザツと斯う云ふ譯のものであるが、只之をズツと申した所で、何の面白味もない譯であるが、夫れから一時清朝の初めから、今から百年位前までの間の歴史が中絶するのが妙である。どう云ふ譯で中絶するかと申しますと、清朝が滿洲に起つて間もなく、彼の北京に乘込んで、支那を統一することになると、自分の起つた地方の人間を引き率れて行つて、さうして自分の旗本にする關係から、殆んど滿洲の土地を空虚にして居つた。旗本にする關係のみならず、兎に角、滿洲の土地と云ふものは、自分と同じ種族、卽ち滿洲種族の居つた所へ漢人が代りに入つて之を開拓することになると、自分の根據地を失ふことになると云ふ考から漢人の之に入ることを一切禁じたのである。卽ち封禁地として居つたのである。さうして一年の内に何遍か滿洲人だけにそれへ入ることを許したのみならず、政府の要求によつて入らせる。どう云ふ譯で入らせるかと云ふと、滿洲の土地の産物たる人參を取ること、又滿洲人は弓矢を以て武器とするから、其の武器の矢を作る鷹の羽、さう云ふやうな、滿洲の政府の方に要るやうな天產物を採集する爲に、一ケ年に何遍か滿洲に入る必要があるので、其の公用で入る者の外に一切滿洲に行つて開墾することも出來ず、獵をすることも出來ず、何事も許さない。其の政策は丁度百年ほど繼續して居つた。夫れが爲め滿洲の歷史が中斷して、總ての昔のことが分らなくなつた。昔盛りであつた土地も皆荒れて了ひまして、殆んど都會と云ふものがなくなつて、公用で歩く滿洲人も、全く無人の地を歩くと云ふやうなことで餘程困難であつたから、さう云ふ時に歩く爲に、所々に小さな人間の寢るだけの小屋を作つてあつた。支那人は旅行するには、總て食物や何かを持つて歩くから、食物には困らないから、寢るために其の小屋に泊る。其の小屋だけが殘つて仕舞つて、滿洲の歷史といふものは、一寸中絕して了つた。

それで近代になつてどうして其の中絕した歷史が復興して來たかと云ふと、之は矢張り自然の結果である。初めて此の中絕した歷史が復興したのは、清朝の嘉慶四年で、今から百十何年か前である。其の時に初めて滿洲の開發歷史が復興したのである。どう云ふ風に復興したかと云ふと、矢張り長春から始まつた。此處が面白い所である。前にもいつた通り、滿洲は封禁地となつて居つたが、併し肅愼の居つた寧古塔《ニングタ》と云ふ所と肅愼と云ふ所だけは開いて居つた。のみならず、滿洲種族の住居を許して居つた。殊に犯人の流罪に處せられたものは、此の寧古塔にやられる例になつて居つて、詰り其處だけは開けて居つたが、其の他では、昔の一番古い歷史を持つたところの扶餘から、初めて起つて居るから妙である。扶餘の居つた長春附近といふものは、其の當時蒙古のコルロス《〔郭爾羅斯〕》といふ王樣の領地であつて、其のコルロス《〔郭爾羅斯〕》王が其の時分だん〳〵樣子を考へて見ると、自分の國有地として貰つて居つて、羊や何かを飼つて居つたが、尙ほ此上田地を耕作した方が利益だと云ふことを私かに考へたものと見える。之れで內密で山東から百姓を呼んで、私かに耕作をして居つた。所が段々其の耕作が大きくなつて來て、清朝の役人も氣が付かずに居つたが、到頭發見をした。發見をした時に戶數が二千餘戶、田地が二十六萬町步と云ふものが拓けて居つた。今更二千餘戶の人民を追ひ斥けて、折角拓いた田地を潰すと云ふのも全く知恵のない話であるから、之は許して仕舞はうと云ふことになつた。さうして其處で初めて開放されたのが、長春府であります。それで滿洲地方でも耕作をすることが利益であると云ふことを政府でも考へて、考へると云ふと、丁度其際北京の方では滿洲から連れて行つた八旗と云ふものがある。夫れは滿洲人が北京に入つてから卽ち二百年近くにもなるのであるから、段々人が殖えて來て、非常に八旗の數が殖えた。殖えたけれども、祿を宛てがつて居るから、數が殖えたからと云つて祿を餘計宛てがふと云ふ譯には往かない。祿を餘計宛てがふと際限がないのであつて、その時の極つた政府の收入では金をやることも、着物をやることも出來ない。そこで大變八旗が生計と云ふことに困つて居つた所であるから、そこで蒙古及び長春の開墾をして大いに利益があると云ふことである。さうして見たならば、滿洲の或地方を開墾する方が宜からうと云ふことを考へ附いて、其時に初めて開墾されたのが、此の哈爾賓から少し西南の方に當る雙城子と云ふ露西亞の停車場がある、その雙城子に屯田を開いて、松花江の――第二松花江と云ふ所から、モウ少し西北に當る伯都訥と云ふ所がある。其處を開墾した。これが卽ち政府が手を下してやつた開墾の初めである。勿論其時には漢人には開墾を許したのではない。滿洲八旗にだけ開墾を許したのである。是れが餘程妙です。卽ち一番最初に滿洲が開發されたのは長春府で、第二の開墾に着手されたのは、金の起つた所の地方に近いのである。それから前《さ》きは開墾の話もなかつたが、道光の頃から咸豐の年間に至つて、長髮賊の騷動が起つた。其の騷亂の爲に滿洲の方に手を付けやうがなかつたので、抛棄して置いた其の間に、今度は支那人がです、滿洲にモグリ込んで、其の邊開墾を始めて居つた。其の内最も大きかつたのは鴨綠江の沿岸である。鴨綠江の沿岸、特に鴨綠江の支流の輝發〔寬甸〕と云ふ所、夫れから通化、懷仁邊りの土地に開墾をして居つた。其の内に漸く、長髮賊の亂も下火となつて、同治六年今から四十五、六年前に、知らぬ所の田地が大變出來て居ると云ふ騷ぎ、其の時に急に田地を調べると云ふことになつた。所が其處へ行つて開墾をして居つた者は今まで無稅である。皆脫稅で開墾をして居つたけれども、脫稅で叱られるよりも、稅を取つて吳れと云ふことを願つた方が宜いと云ふので、總て稅を賦課して頂きたいと云ふことを願つた。そこで開墾を認めると云ふことになつた。認めた所が、旣に百八十餘萬町步と云ふものが、長春の近い所だけに開墾されて居つた。それで此處に地方官も設けるが宜し、段々滿洲を開發する方針にするが宜いと云ふので、今度は滿洲人に拘らず、漢人でも、何でも引き入れて開墾をさせることになつた。夫れで鴨綠江の地方と云ふものは、丁度昔の高句麗の起つた地方は、夫れが爲に又歷史が新になつて、開墾を始めた。さうして見ると、今度吉林省の方もさう云ふ工合に新しい土地を何處までも開墾して行く方が、朝廷の利益にもなり、自分の收入にもなると云ふことであつて、吉林省の方も段々開墾すると云ふ手順になつて來た。其の時に吉林省の有名なるメイアン〔銘安〕といふ人が――メイアンだから名案を出す譯ではありませぬでせうが、開墾の草程を書いて朝廷に願つた。所が其の名案を採用することになつて、吉林の地方で第一に開墾に着手されたのが寧古塔地方――牡丹江の所で、卽ち昔、肅愼が起つた地方、其處を開墾して見たが、まだモウ一つ山を越えると、モツと向ふに良い土地があると云ふことが段々分つて、行つて見ると、支那人が大分入つて、金などを掘つたり何かして居る。天堡山の金鑛と云ふて喧ましかつたのも矢張その地方である。それは卽ち前に言つた間島地方であるが、其の間島地方に支那の官吏が行つて見ると、支那人の密耕作も行はれて居つたが、夫より尙盛に行はれて居つたのは、朝鮮人の耕作である。役人は非常に驚いた。夫れから間島の問題と云ふものが起つたのであるが、之は明治二十年少し前のことで、明治十三年の頃から此問題は起り掛けて來た。それで間島問題と云ふものは近頃まで喧ましい問題であつて、詰り朝鮮の方から人が行つて、開墾し、支那の方からも開墾しやうと云ふので、手を附けて見た結果として其處に國際問題が出來た譯である。斯う云ふ風になつて夫から段々黑龍江の邊までも開墾したが、兎に角、百十何年前から、最近までの間、滿洲の開發と云ふものはさう云ふやうな順序で、段々封禁地を耕作する方針に變つて來たのである。變つて來たが、其の變つて來て開墾された土地が、どう云ふ所に夫れでは開發されて居るかと云ふことを考へて見ると、矢張り昔一時國が起つて盛であつた所、盛んであつた所と、だん〳〵其の跡を尋ねて行くやうに、其處が段々開けて行くのである。能く歷史は繰返すものだとも云ひますし、又歷史は一向繰返さぬものだと云ふ議論もありますが、夫れは何方《どちら》でも宜いとして、兎に角、滿洲に於ける實際の歷史は、今私の言つた百年此方の開發の歷史と云ふのは、三千年此の方、二、三百年前までの間開發されたと同じ土地が開發されて居る、と云ふことを見ても、矢張り今日と餘り變りがない。浦鹽斯德と日本との聯絡が今日あるが如く、昔渤海と日本との聯絡があつた、鴨綠江の道筋と云ふものも、今日でも上流から材木などを下して大分大切な交通路になつて居る如く、昔の渤海が唐に交通する道であつた。それからして長嶺府と云ふ所の潁州〔営州〕へ行く道と云ふのは、一時は滿洲では鐵嶺と云ふ所に豆の荷物が澤山寄つて來た。ホリマ〔輝發〕河の上流地方から段々豆が出て來たのが、長嶺に寄り集まることになつて居つたが、近頃では鐵道が出來た爲に大連に寄り集まることになつた。此の道筋が卽ち渤海が唐の潁州〔営州〕へ交通する爲に昔歩いた所である。それからモウ一つ長陽府から西の方へ向つて契丹に交通する道と云ふのは、今日でも長陽府から西の方へ向つて行く道があつて、矢張り奉天省の西北に當る鄭家屯と云ふ所、それから交通する道が今日でもある。

それで今日は滿洲が非常に盛なことであつて、日本でも露西亞でも之に手を着けて、鐵道も敷き段々開發をすると云ふことになりましたのは、矢張り百年前の農事の開發の爲であるが、農業の開發された地方は、全く昔の國々の起つた地方の跡を尋ね尋ねて自然に開けて行つたのである。勿論、誰も夫れを開發する人が、之は昔の國跡だ、此處を開いたら定めて宜からうと云ふ目的があつてしたのではない。山東邊りから行つた者が、歴史も何も知らずに開いて居る。其の開いて居るのが、昔の國跡を尋ね尋ねて開くやうな形になつて居る。交通路も勿論さうである。之は渤海の昔の交通路であるから、今日開いたら宜からうと云ふので開いた譯ではありませぬが、矢張り昔の國の交通路とを同じ道筋を歩いて居る。

さうして見ると、詰り三千年前からして古くさい歴史であつて、今日の事と何の關係もないかと思ふと、私はさうでないと思ふ。今の實歴を證據にして考へて見ると、三千年前から、今から三百年前までの歴史と云ふものを、百年前の滿洲開發の歴史に照し合せて見て、何れも生きて居るものと考へるのである。して見ると、今日の滿洲を知つて居ると、自然夫れを遡つて昔の歴史上の滿洲と云ふものをも知ることが出來ると思ふ。さうして、古代の滿洲の歴史を知つて居ると、今日の滿洲が如何なる方面に於て開發されて行くかと云ふことも知ることが出來やうと思ふ。從つて實際今日ある事柄も古代の滿洲に關係があると云ふことを證據立てられるだらうと思ふ。甚だ詰らぬことであるが、私の知つて居る所で、昔の歴史が生きて居ると云ふ所で以て、私の研究して居ることが、餘り無駄でないやうに、自分勝手に理窟を附けて、之で御免を蒙ります。

（文責在記者）

※以下、地名・人名等は『東洋文化史研究』所収の文章によって補った。

大正3年3月

朝鮮平安南道。龍岡郡新出土漢碑釋文

『藝文』第五巻第二号

光和元年四月戊午秥蟬長□□
□建丞屬國會□爲□□□
□□祠刻石辭曰
□平山君。德配代嵩。□□□□
□佑秥蟬。興甘風雨。惠□土田。
□□壽考。五穀豐成。盜賊不起。
□□藏。出入吉利。咸受□光

此の碑は、大正二年九月、文學士今西龍氏が北韓地方旅行の際發見して（或は云ふ今西氏より一箇月ばかり前に白鳥博士も之を見たりと）傳拓せるより世に知られたる者にして、首の年號は、僅に和字の左半を彷彿として見るを得るのみなれども、碑中代嵩の嵩字は、漢の武帝改めて崇字を用ゐしより、後漢の靈帝熹平五年に至り復た嵩字を用ゐたること、後漢書帝紀注に見えたり。熹平以後禾字の全文たる和を用ゐた

る年號は、光和あるのみにして、光和六年の間、四月に戊午あるは、獨り元年のみ。故に定めて光和元年となせり。即ち西暦一七八年にして日本領土中最古の刻石なり。碑中秥蟬（前漢志粘蟬、續漢志粘單に作る）の縣名あるによりて、大同江の列水たることを確定すべき貴重の史料なりとす。

（附拓本一葉）〔省略〕

大正3年6月

『佛教大辭彙』

序

佛家の類書あること、釋氏要覽、飜譯名義集の簡略なるより、以て法苑珠林、義楚六帖の繁富なるに及ぶまで、既に唐宋五代の際より間々撰述あり。以て外典の類書と竝駕せり。其後に逮《およ》び、外典に在りては、永樂大典、圖書集成等、帝王の勅定にかゝる鴻裁鉅製相踵ぎ、特に永樂大典が音韻を以て排編せしは、近日のアルフワベット若くは五十音順を用ゐると同じく、最も進歩せる方法たりしなり。是時に當り佛家の類書は、法數一種に偏して更に發達を見ざりしは遺憾と謂ふべし。我邦明治維新以後、專門學術の發達に隨ひ、西洋の方法を應用せる辭彙の編纂盛んに行はるるを見る。辭彙なる者は、即ち古の類書なり。佛家に在りても此種の編纂を企つる者ありしも、竟《つい》に成功する者なく、依然として缺典を補ふに縁なかりしが、西本願寺が、其の宗祖六百五十回忌の記念として規畫せられたる佛教大辭彙が、獨り此間に於て七年間の努力により始めて印行の實績を擧ぐるを得たるは、多とせざるべからず。其の最新式の編纂法を用ゐ、宏富整備せる大撰述たることは、覽者の共に認むる所たるべく、余は又其事に從ひし禿氏祐祥君を知るを以て、具《つぶ》さに其の苦心を悉《つく》すことを得たり。蓋し、此の編纂事業は、かの弘教書院の縮刷藏、藏經書院の續藏に比して、其數量に於て及ばざるも、其鎔裁の力を要することは之に過ぐべく、併せて明治以來佛家の三大出版と謂ふも不當にあらざるべきを信ず。其の第一册成るに於て、聊か之を書して卷首に辨し、跋して其の全部完成の日を望む。

大正三年六月六日

『京都帝國大學學友會誌』第一〇号　大正3年12月5日

學生に對する希望

余が希望する所を極簡單に言へば、學生は其の卒業後に於て己れの乘り出すべき社會が如何なるものであるかとの考を尚一層切實に持つて貰ひ度い。尤も、近來の學生はあまりに卒業後の事を考へ過ぎて、就職口などあまり早くから騒ぎたてゝ捜し廻る嫌がある、との意見さへ吐く人があるが、余がこゝに望む所は、この就職口等より外の意味から見たのである。世間で大學卒業生を使ふものゝ先づ訴ふる不足は、大學は勿論、すべて高等の學校を卒業した人ほど却つて實際社會に間に合はないといふことであるが、之は或は事實かも知れぬ。否、多分事實であらう。この不足については、使ふ方の人の考も宜敷《よろしく》ないので、大いに改むべき點があるけれども、使はれる人の方でも大いに考ふべき事であらうと思ふ。それについて最も經驗ある人から聞いた事であるが、大學を卒業して來る人は、實際社會に出ても妙に研究本位である。例へば銀行等に勤めても、初めは矢張り金錢の勘定もやらねばならぬし、客の應接の如き事もせねばならぬ。然るに斯樣な仕事は極めて容易で、十日か一ケ月もやれば樂に心得て了《しま》ふ。而もそれ以後は何年やつても一向知識も經驗も増すことがないから、大學出身の人々は、斯樣なことは半月もやれば澤山であると考へて了ふとの事である。抑も世間の仕事といふものは、仕事の爲に人を要求するのであつて、高等教育を受けた人の爲に卽ちその人の研究の爲に仕事して居るものではない。此の外にも、大學出の人が實際社會に出て、自己の考と齟齬《そご》する場合は多々あらうけれども、今の事などは最初に遭遇する事柄であるから、餘程心得べき事であらう。或る人は、學校に居れば指導して昊れる人があるが、世間に出て了へば指導者が無いから進歩が遲いといふ。けれども之も今の日本の社會では已むを得ない事である。文化が急足の進歩をなした國であるから、後人たる者は先人の指導なくとも自分自ら仕事を處し行くべきものであつて、在學中の如く一々指導を仰ぐ樣では仕方ない。學校にある間はなるべく研究的態度に出づるを宜しとするが、一旦實社會へ出ては、實際社會なるものは、學校に於いての如く自由に研究を許さぬから、その研究の出來ぬ社會に出ても尙退屈せぬ樣な修練を要するので、學校時代からその心掛けが肝要である。又先人の指導なくとも自ら指導し行く習慣も、學生時代に修養すべきである。

兎に角、在學中と實社會とは大いに異なるものであつて、大學時代は一生の中最も拘束少なき時期であるが、實際社會は決してかゝるものであるといふことを、在學中より覺悟しなければならぬ。卽ち實社會に入りての準備を今から充分にして置かねばならぬ。其の爲には、ある一小部分の研究に沒頭して一般知識を得る事を顧みないといふ弊を除いて、廣く知識を得る事も固より必要であるけれども、大學なるものは、他の學校と異つて、只先輩の作つた知識をその儘呑み込むのみを以て能とせず、却つて、在學中には研究方法を教へられて、以て卒業後自ら研究をなす力を養成するを必要とするのである。それ故に、先づ第一に、社會に出て自ら研究して自ら指導する爲め準備を充分にすること、第二に、學校の如く自由に研究の出來ぬ社會に於て退屈しない様な一種の研究方法を修養することを常に心掛けて貰ひ度い。大學生に對する希望としては少し横道に這入り過ぎた様に思ふけれど、今感ずる所としては先づ斯《こ》んなものである。

『京都帝國大學學友會誌』第一一号　大正4年3月30日

文展日本畫の批評〔講演大意〕

年々の例に由りまして、文展の日本畫の批評を私にせよといふ御依頼であります。併し、今日此の批評を致すについて極めて本意なく感じますことは、是迄日本畫の大なる辯護者である所の松本博士が今日居られないことでございます。何うも私共は一體どちらかと云ふと惡口の好きな方である。惡口を言ひますに辯護する人があると思へば張合がある。辯護する人が無いと一向張合が拔けるやうな心地が致します。

　今年の文展で大分評判のことは、結構な事であるか、ないかは知らぬが審査員の改選をしたことである。處で其の出品からいふと、皆な文部省の展覽會から脱走した連中の畫の方が好いといふ評判がある。其審査員の改選の事に付ても、鹿子木君は洋畫家の方の改選の批評を段々なさいました。洋畫家の方はあれで御尤もであらうと思ひますが、日本畫の方は何《ど》うであるか。日本畫の方も洋畫のやうに何がし城主とか何とか云ふものがあるか何うか知りませぬが、兎に角文部省の當局者に、至極尤もとして聞き入れられた議論は、批評家なんど云ふものは至つて詰らないものである、一體畫をかけもせぬ者が畫の批評をする資格がない、展覽會の審査員に批評家でも素人を入れるのは不都合なことである、素人を逐出《おいだ》して了《しま》へと云ふことである。文部省では此議論に感服して、成程繪の描けぬ者に畫の見える筈がないと考へたかどうか。とにかく畫家は絹がどうで、繪の具が何うで、とか何とか細かい素人の知らなさうな事をいろ〳〵言ふ。それを聽いて、成程尤もだと思ふと、畫家の方が畫が見えるやうに考え、其説を皆聽いて了つて、素人の批評家が畫家のかいたのをトツ拍子もない批評をするが、其れは間違ひで、何でも畫家に批評をさせなければ間違ひであると考へたものらしい。

　處が生憎日本では然うはいかぬ。日本の畫家と云ふものは、多くは畫工である。提燈屋である。其等は一體昔から畫を批評する資格がなかつた。昔から畫工は日本では繪の批評をしなかつた。おとなしく提燈屋の本分を守つて描いて居れば好かつた。然ういふもので、中に何うかすると時々提燈屋ながらに良い者が出來た。其れが昔から畫工の貴とい所で、即ち眞の天才である。明治になつて從來、河原乞食といはれた俳優が藝術家となつた。昔は團十郎の家でも親方と謂つたものであるが、壯士俳優は皆先生と云ふやうになり、藝術家の資格が好くなつた。提燈屋も皆藝術家である。夫で然うい ふ連中が生意氣に畫の批評などをするやうになつて、文部省の當局者などは其方が尤もだと思つて、畫のかけない素人の批評よりも畫工の批評の方が尤もだと信じて審査員改選を決行した。夫が又文展の畫風に不滿を抱いて居る舊式の鑑賞家の要求に應ずる所もありまして歡迎される點もあると思ふ。

　尤も此の文展といふものが開けて以來、其の審査員には從來批評家でもなし何でもなかつた素人も隨分加はつて居る。未だ曾て昔からの畫を觀たこともない、文部省の展覽會の畫を始めて見て夫から批評をしやうと云ふ先生も加はつて居る。然ういふ先生たちが種々の批評をいふと、畫家の輕蔑を招く、といふことが隨分ある。昔から澤山の繪を見て應擧の繪は斯うであるとか、探幽の繪はあゝだとか云ふやうな批評は、畫をかく人に貴ばれる。併し、今日の畫は多少素人の評判を容れてよいやうに出來て居る。一體近事は仕事に因つては素人の評判を容れて一向差支へないのが殖えて來て居る。政治家などと云ふものは最も其主もなるものゝ一つです。内閣では何んなうまい外交をやつて居るとか拙《ま》づい財政をやつて居るとか云ふ事は、辻待をして居る人力挽《ひき》なども新聞を見ながら評判をして居る。下馬評といふことは昔からある。今日の輿論といふは下馬評でありますから、一向輕んずる程のものでない。藝術に對する批評も其點があります。大分素人の批評を入れて差支へない點があります。描く方も昔からの畫を呑込んで描くのでありませぬから、素人卽ち始めて見る人が、之は感じが好いとか惡いとか、良く出來て居るとか拙く出來て居ると云ても差支へない。素人の中で始めて繪を見た人でも、頭腦の良い人は巧い批評をする。昔から東京の芝居などは大向から最も好い批評がある。素人の批評家の中には大向の如き批評がある。其を文部省が巧く擇り出すか何うかは問題である。今日の素人の批評眼は低級であると、鹿子木君が言はれましたが、今日の日本畫は低級の鑑識でも相當に行けるものと思ひます。私は素人の言ふことに隨分重きを置いて好からうと思ふ。況んや其の低級の鑑識を以てしても、種々の理窟を付て良いとか惡いとか云ふ事を隨分長い講釋をし得る人がある。さういふ講釋には講釋に理窟があつて、其畫の方に的《あた》つても中《あた》らんでも其の講釋を聽いて好い事がある。私は是迄の文部省の展覽會に然ういふ程度の審査員があつたのが最も適當であつたらうと思ふ。文部省は何ういふ所に感じたか知りませぬが、然ういふ審査員を皆逐出して、さうして所謂黑人〔玄人〕といふ畫工と、夫から昔からの畫の講釋をいろ／＼知つて居る、必ずしも見えるといふことでなく、只だ知つて居る人だけを殘したとすれば、たしかに文部省の大失敗である。

夫で審査員を改選したから、出品に變つた物が出來てるかと云ふと、今度の展覽會を御覽になると分りますが、一向變つた物が出て居らぬ。去年よりも一昨年よりも畫らしい畫が出て來るかと云へば、然うでない。夫が審査員が賞與を與へる方法も、少しも此前の審査員の遣つた方針と變つた事はない。寧ろ前の審査員の行つたのをモット擴張して、賞與の安賣りをしたに過ぎない。矢張方針は同じである。出て來る畫も同じで、文部省が審査員を改選した効能が少しも現はれて居ない。其れが今日の展覽會の大體です。

勿論審査員といふものも、最初の間は幾らか畫家に影響したか知りませぬが、既に文展も八回になつて、畫家は審査員の評判を眼中に措かないやうになつた。唯だ誰が見ても喫驚するやうな奇拔な畫を描きさへすれば、一般の評判は夫で好い。それが好ければ、審査員の方は二等賞であらうが、賞狀であらうが、或は無賞であらうが、隨分相當に賣れて居る。彼の賣行を見ると、一向審査の如何に關係しませぬ。其は例を云つても宜しいが、例へば大阪の岡本更園の「秋のうた」、あれは松井須磨子を描いたんだと云て居る人もありますが、然ういふ畫は一寸も賞與が無くても早速賣約濟になつて居る。審査員などの力で之を動かすことは出來なくなつて居る。審査の方針が惡いかといふと、其は審査の方針にも何にも關係しない。前にもいつた通り審査員は黴《かび》の生《は》へたやうな繪を賞玩するやうな者を殘してやつて置いても、審査の結果も同樣であり、世間の展覽會に關する結果も去年と同じであり、少しも審査員の審査といふものは展覽會に効力の無いことを表はして居る。矢張世間に向くやうな畫を描けば、其れが差支へなく賣れて行くやうな事は、今度の展覽會で明らかに證明されて居ります。

それに對して憤慨して居る人もあります。二、三日前の朝日新聞にも憤慨論が出て居りますが、段々畫が裝飾的になつて彩色は刺戟的になつて、何でも人の感情を强ひて引出すやうになつて居る。之が世間の心理上に及す影響は大したものであるといつて居る。

之は隨分惡い傾向かも知れませぬ。私も前からして畫が餘りにも裝飾的になり、畫として獨立したものを描き得ない、何でも只だ室内の裝飾にでもなるやうな物を描くといふことは、昔からさういふ時代は多く畫工の技術の沈滯した時によくある傾きである。あれは餘り好い傾向ではないと云ふ事を感じて一昨年頃申したことがありました。今日では益々其方に傾いて行く。尤もあれだけ多數の出品をして居るから、皆天才ばかりでありませぬ。天才でない人が兎に角何うか斯うか展覽會向きの馬鹿大きい畫面を塞いで行くには、あゝいふ繪を描かなければ收まらない。あれが獨立した立派な繪を描かうとすると、途方もない物が出來るに違ひない。夫があゝいふ裝飾的の畫が澤山出て來る主《お》もなる理由だらうと思ふ。畫家は文展に一年出品せなければ、一年だけ評判が惡くなる。文部省の展覽會に一遍出すと、所謂騎虎《きこ》の勢ひでやらなければならぬ。其れが若し出して落選すると尙評判が惡くなる。先年迄二等賞三等賞を得て飛ぶ鳥を落す程の勢ひのあつた人も、二遍位落選すると、繪の賴み手がないやうになる。然うでなくても近頃は不景氣で、大分繪の價が下つたと云ひますが、兎に角、文部省展覽會に出すことは畫家の運命の分れる所と今日はなつて居る。何でも何うか斯うか見られるやうな物を出さうと、すると、あゝいふ畫が澤山出て來る。これは審査の方法をどういふ風にしても取返へすことは出來まいと思ふ。兎に角もう四年五年してあゝいふ物が行き詰つて、描く人も描けない、觀る人も同じやうな物を每年觀て面白くないと云ふことになると、一轉機を來して變つた畫が出て來るかも知れませぬ。あれに對して審査員が善いとか惡いとか云つても仕方がない。審査員の方で畫界の改良を爲し得るものでないと思ふ。兎に角文展の爲に畫家が行詰るといふことは好い事です。

若し、之が文部省の展覽會のやうなものを開かずに、皆な家に居てコソ〳〵描いて居れば、早く行詰らない。下手な畫も何十年描いても行詰らない。昔の畫工は多くは同じやうな繪を何枚も描いて居る。又人に由ては同じやうな畫を好んで描かせる人もある。併し今日では、文展に出す人は、去年も今年も同じやうな繪を描いたと云ふと評判が惡くなる。それが文展の實際に於ける効果で、審査よりも何よりも其方が多くの効能を與へて居る。然ういふ畫工の行詰るといふ所が大に効果がある。之が行詰ると、眞正の力のある者が拔出たものを描く。其中に描けない者は描けなくなる。今回の畫の數は何枚ありましたか知りませぬが、あれの十分の一位より畫が出ないやうになると結構だらうと思ふ。其位になる迄文部省の展覽會をやらせて見たい。所が文部省では段々畫が少くなるからと云つて、賞與の濫授をするやうな傾があるやうでありますが、それは不可と思ふ。今年は大分濫選した傾きがあると見えます。時としては七、八年前に流行《はや》つたやうな畫が隨分出て居る。然ういふ物まで今年は取入れて展覽會を賑かして居る。京都でも大分味を占めて文展を每年やるやうになつた。今度は大分良い商賣になつたさうであります。今度は名古屋へ行くさうでありますが、中々好い商賣道具になつて來て居る。夫で私共の觀る所では、もう行詰つて居る。大家のやうな顏をして居る人が行詰つて居る。もう四、五年やると大分好い結果を生ずるであらう。畫が裝飾的になるとか、或は刺戟的になると云ふ事は少しも心配になりませぬ。

もう少し經つと、好い効果を擧げると思ひます。それから文部省の展覽會の眞に盛んになることを待もうける次第であります。之が私の總論であります。之から各論に掛ります。

茲でもう一遍松本博士の今日居られない事を非常に遺憾に思ふことは、松本博士が居られたなれば、大に頌德表を奉つて松本博士の御議論の非常に効果のあつた事を茲で推奬いたしたいと思つたんです。其は田園趣味の畫の澤山殖えた事であります。松本博士は一昨年でありましたか、京都畫家の田園趣味に着目したのは非常に好い着眼であると、段々昔からの畫の發達を論ぜられまして、然うして今日京都畫家の田園趣味に手を着けたのは畫の大進歩であると言はれましたが、其の効果が何うか知りませぬが……多分其効果でありませうが、京都の畫の田園趣味の多いことは大變なもので、私は茲に點を附けてありますが、何でもザツト十五、六あります。併し然ういふ田園趣味の畫を描く方法は極めて簡單なものである。餘り邊鄙でない、都の近郊に在る所の籬《まがき》とか樹木とか云ふものを一所懸命に寫生して、其に田舍風の女を配合するとか或は家畜か小鳥かを配合すると、それで田園趣味の畫は出來上るのです。段々見た所では疋田芳沼の「立話し」、人見小華の「日盛り」、水野清亭の「春麗」、「はるうらゝか」ですか何と讀みますか、近頃の畫題は讀めないのが多い。夫から長瀨翠塘の「つゆ」、渡邊百觀の「蠶飼時」、岡藤園「夏の眞晝」、石崎光瑤の「筧」、未だあるかも知れませぬが、夫から「ゆふべ」、菊池契月の「ゆふべ」は其中で擢《ぬき》んでた畫であります。夫から山田耕雲の「鴻」、豐島停雲の「朝かげ」、之は大阪ですけれども矢張京都の中に入れて、夫から勝賀瀨菱洲の「花合歡」、玉舍春暉の「青東風」、三木翠山の「青柿の檐」。所が最も松本君の爲に賀すべきことは、此畫風は東京の方にまで波及したことであります。村上鳳湖の「桑と繭」といふ繪、是等が兎に角皆な田園趣味の繪であります。田園趣味の京都が元となつたのは賀すべきでありますが、併しその方法は極めて簡單であります。ですから日本畫の發達が幾時代を經て今日になつて田園趣味といふ畫に歸着したとすれば、隨分簡單なる方法に歸着が出來ると思ふのであります。其中で一番結構なのは菊池契月といふ人の「ゆうべ」といふ畫であります。あれを觀た或人の話に、何時でも彼の人の描く子供は泣顏をして居るといふ。夫はそれとして、兎に角木の葉などの着色も外の京都の畫家などのやうに薄片《うすつぺら》なものでありませぬ。大ぶん沈着《おちつい》て居る。近來畫家が女を描くと、女を描くよりも着物を描く方が上手であります。近年は益々着物を描く方が上手になつて、着物の爲に人間を描いて居る。菊池契月の女も好く出來て居る。しかし浴衣が非常に好く出來て居る。あれは浴衣の爲に生存している女と見える。其が一つ、さういふ田園趣味の物が盛んになつて來たのが一つ。

夫から相變らず大和繪の摸倣が盛んに行はれ、中には何うしてこんなものが文部省の展覽會に出《で》しや張《ば》らなければならぬかと思ふ物もあります。大和繪を引伸して大きな物を描くのは、昔から此の描方はある。紙鳶繪《たこ》と謂ひますが、此等の畫は紙鳶繪に成りかける傾きが多いのであります。之は何も今日に始まつたことでない。昔大きな物を描こうとすると、多くは神社の繪馬などを描くのが通例であります。今日でも依然として大きな繪を描くと紙鳶繪になる傾きがあります。併し段々それから脱化してもう少し變つた所が描けるやうになつた。數年以來の傾きでは此の大和繪を廓大した、繪にもならない、凧繪のやうなものを描きたかつたが、段々然うでない綿密な、大和繪の中でも舊い名作に屬する繪卷物を引伸したやうな物が出て來ました。三、四年前までは成功しなかつたのは、一つは繪の具を惜む結果でありましたが、近頃は畫工の工面が好くなつて……先刻日本畫の兵糧は豐富になつたと鹿子木君が言はれましたが、之は明らかに大和繪に現れました。紺青《こんじょう》、綠青のやうなものは、今日は四、五年前から見ると惜氣《おしげ》もなく使つて居る。紺青は目方で計ると黄金より高いさうであります。さういふ物を無闇にベタ〳〵使ふやうになつた。なるほど日本畫の兵糧は豐富といふ事が分ります。夫は尤も繪具を惜氣もなく使ふのは今日の畫家ばかりではありませぬ。例へば德川家の御用の畫工などが、今日でも二條離宮邊りに往つて昔の襖の畫などを觀ると、一向良くもない畫に、盛りあげ彩色などで、良い繪の具を濫用した例がある。あれをヒツ剝してモ少し他によい畫をかく爲に使つたら宜からうといふ者がある。　處で今日も其傾きを生じて居る。　是からもう少し進歩して百年も經つて、今日の然うい ふ繪を見ましたならば、矢張あれをヒツ剝して他に用ひたいといふ人が出て來るだらうと思ふ。兎に角繪の具を惜まない其方で大和繪は進歩したと謂つて宜しい。其中に繪として良いか惡いか分りませぬが、「睡魔」といふ畫が五室に在ります。是などは繪の具を惜まず使つた畫であります。之でも三、四年前の繪の具を惜んだ見窄《すぼ》らしい繪から見ますと、先づ心地は惡くない。然ういふ物が出て來ました中には、全くの凧繪《たこ》同様のものがあります。第七室の六十二番の「義平と重盛」、之は全く凧繪を見るやうな心地が致します。かういふのは前に申した通り大和繪を引伸したもので、最も舊派に屬するものである。斯ういふのを今日の文展で出品させなければならぬと云ふは、餘程種子に缺乏して居るやうに感じます。夫からいろ〳〵此種の繪がありますが、此種の繪では、先づ此の文展の方には大した繪は殆ど無いと云つてよい。觀るに値する程の繪は餘り無いと云つてよい。唯だ相當に成功して居る。兎に角摸倣することに於て、引伸すことだけでも成功して居るは、河合英忠の「昔噺」と云ふ畫で、桃太郎、花咲爺《はなさかじじい》、其の花咲爺は昔の繪を摸倣する點に於て餘程成功して居る。唯だあれが自分の畫になつて居るか何うかは問題であるが、兎に角大和繪の引伸繪で、是迄私の觀た者の成功の一人であります。松岡映丘「夏たつ浦」といふ畫があります。今年のは餘り成功しない。此人は年々大和繪の摸倣、殊に一昨年あたりには大きく引伸して好く出來て居つた。今日では其位の摸倣は誰でも仕得るやうになつたが、此人の畫は餘程大和繪の引伸に成功している。今度は大和繪の引伸で、木の茂りを描かうと企て、其は鎌倉の中期からして足利の中期迄の間に行はれました大和繪の山水の描き方を餘程好く摸倣して居る。併し何となしに其繪に落附がなくて其の着色の工合が幾らか疎野であつて、此人が大和繪の摸倣を企てた中に於て今度は不成巧である。併し此人は文展に於て大和繪の摸倣の歷史に於て關係の有る人でありますから、一寸お話をして置きます。

夫から大和繪ではありませぬが、餘程新らしい筆法で大和繪のやうなものを描いたのは西尾廣耕の「弓勢」といふ繪。あれは本人は八幡太郎義家を描いた積りらしいが、八幡太郎義家と見る方が宜いか、鎮西八郎爲朝と看る方が宜いか夫は疑問である。八幡太郎義家は弱い弓を使つて強き射方をする。其處が弓術の非常に進んだ所である。鎮西八郎爲朝は膂《りょ》力《りょく》で射るので、大きな弓で大きな矢を射る。此人の繪では全く義家になつて居らぬと思ふ。斯ういふ風な穿《は》き違へた畫があります。

夫から風俗畫と謂ひますか、浮世繪のやうなものが殖えたことは非常で、之は何うしても年々美人の畫を描くが、之は審査員の方でも大目に見るから段々斯ういふ風になつて來たのでありませう。大變に澤山出て來ます、亦澤山出ると、中には良いのが出て來ることがあるやうで、今年も其が評判でありますが、評判になつてるのでは、矢張婦人の描きましたので、池田蕉園女史の「中幕のあと」、上村松園女史の「舞じたく」、であります。斯ういふ畫は一向私には何處が好いか解りませぬが、池田蕉園の畫も、今度の批評の役目を仰付《おおせつか》つた事を大事と思ひ、態々《わざわざ》比較の爲めに大阪迄往つて高島屋展覽會を觀ましたが、彼方の「おはん」の方が難がなくて好いかと思ふ。今度の文展の方には餘程難があるやうです。

夫から同じやうな畫で大變評判になつて居つて美人畫の有名なのは鏑木清方の「墨田河舟遊」、池田輝方の「兩國」。鏑木清方の從來の繪は矢張當世の美人を描くのが目的であつた。處が少々行詰つたと見えました。夫で今度は古畫の方に足を踏込んで、自分の目的は師宣とか長春とか云ふ所でありませう。師宣とか長春とかの繪は、今日から比べますと、何んなに良い繪でも形などは整《ととの》はなかつた點があります。鏑木の繪は形などは是等から見ると整つて居る。夫がその形の整はない昔の繪に足を踏込まなければならぬと云ふのは、今の美人畫にも行詰りがあると見えます。古畫の方に踏込んで見ると、形は整つて居らぬが一種のうまみがある。今日の美人を描くやり方で古畫の心持をかくと、その所謂一種のうま味も失せて了《う》つて、何となしに氣拔のしたやうな繪になる。之が二等賞であります。別に大した面白い繪でもないやうでありますが、唯だ審査員があゝいふ古い系統の畫を餘程好いと感じたのでありませう。夫よりは思ひ切つて、江戸が、東京になつてからの初期の女を好く表現したのは、池田輝方の「兩國」であります。けれども今は東京にもあゝいふ風な意氣な女があるか何うか知りませぬが、兎に角餘程意氣な女を描いた。之は其點に於ては確かに成功して居るものと思はれる。中々美人畫といふものは存外早く成功するものと見えます。續々成功者が後から追着いて來るやうであります。矢張女の畫家で栗原玉葉の「幼などち」と「噂のぬし」、此の二つの繪。一つは下町の少女を表した事に於ては餘程成功して居るやうであります。兎に角此方は澤山出次來〔出來次第カ〕に段々成功するだらうと思ひます。併し單に之が妙な詰らない所の技術にばかり、骨を折らないやうになる事を希望するのであります。段々人の立話で批評して居る所などを聞きますと、上村松園女史の繪は大變髮の毛を奇麗に描いたのが感心だと云つて居るのがありましたが、成程髮の毛を大變骨を折つて描かれて居る。但し江戸時代に國貞の浮世繪などにはそんなのがありますが、國貞の卽ち二代目豊國の時代に於てあゝいふ風な細かな技巧に走るやうになつたのは、江戸の浮世繪に於きましては、其の最後の墮落期で浮世繪の眞味を失つたものである。その詰らない技巧を二等賞にした譯でもありますまい。外に何か取得があるか何うか分りませぬ。

夫から前にもいふ通り着物を描くことに餘程成功して居る傾きはありますが、松村梅叟の「畫室の花」といふ畫があります。何處の下女ですか奥樣ですか知りませぬが、箒を持つて立つて居る木綿着物などをうまく表はさうとして、而して恐らく先年の竹内栖鳳君の「繪になる最初」などから想ひついたか知りませぬが、あれは着物を巧みに表はせる外に何の取餌《とりえ》がありませぬ。併し着物を描くことは兎に角何れも是も成功して居る。前にも申しましたが、浮世繪の昔の發達の始めは寫生で以て實際世間にある所の着物を寫すといふことが主であつたか知れませぬが、段々浮世繪の技巧が發達して來て、實際世間に無い所の模樣を段々考へつくと、夫から世間は其の浮世繪の技巧の爲に着物の模樣が變つて行くやうな事が出來て來たのであると云たことがある。柳亭種彥の田舍源氏を出した時に、其の表紙に描いてある着物の模樣などが其の當時の江戸の流行を動かしたと云ふやうな事がありましたが、今日は幾らか其方だけは段々發達をして來て、實際さういふ傾きを生じて來たやうであります。文展の模樣を應用した織物などが出て、現に大阪の高島屋に展覽會のある側に文展や美術院の展覽會の繪を應用した織物が出て居ります。乍然《しかしながら》、夫は本當に好い模樣であるが爲に其が出來たか、夫とも文展といふ人氣問題を捉まへて何がなしに新らしがる地方人に賣附る爲めに、低級の鑑識眼の田舍人に賣附る爲にしたか、其は疑問である。併し兎に角文展の發達を申しますと、其中で浮世繪で着物の模樣が發達したことを度外視する譯には行かぬ。之は今日松本君に代つて文展の發達を見た一ヶ條であります。併し模樣の發達するが爲に、畫の主眼が模樣に在つて人間は何うでも宜しい、何ういふ首を以ていつてクッ附ても着物だけが生きて居るといふ畫の傾きが多いのであります。其所だけは用心せなければならぬ事だらうと思ひます。夫は風俗畫の方であります。

夫から山水畫の方であります。山水も段々行詰つて居る傾がある。殊に日本風の昔の仕方を守つて南宗、北宗の風の繪を描くとか、四條派の繪を描くやうな方は全く行詰つた。一昨年も今年も何時でも同じやうな繪を描いて居る。此中に然ういふ種類でなしに幾らか新しいことを描かうと努力して居る方で見て置かなければならぬことは、山元春擧君を中心とした畫派である。恐らく山元君の門人かも知れませぬ。山元春汀といふ人の「奔流」といふ繪があります。山元君の繪は兎に角水を描くといふことに先年成功されたから、門人が無闇に水を描たがる。山元春汀は矢張水を描いて居るが、矢張弟子は弟子だけにしか出來て居りませぬ。夫から川北霞峰の「溪間の秋」といふ大きな繪があります。其水といふものは水の結晶をしたのか皆まるく固くなつて居る。其が二等賞になつて居る。審査員に何ういふ譯か聞きたいと思ひます。其外樹木でも何でも山元式の樹木で、善く云へば近畿地方に在ります樹木を寫生したもので、惡く云へば天鵞絨友仙などに在るものを描いてある。併し其中に中々近來良いのも出て來るやうであります。此一派は山水を描かうといふ事が目的でありますから、餘り田園趣味の如く一寸近郊に出掛けて何か寫生をしやうといふのでなく、少し難儀をしても高い山にでも登つて變つた景色を描かうといふ努力があるやうに見えますが、其中には良いのもあります。川村曼舟の「比叡山三題」といふ繪は眞中の比叡山の繪だけで勘辨して貰へば猶好いが、他のも惡いと云ふではありませぬが、眞中のは殊に好い。之は山水畫としては成功して居る。恐らくお師匠さんでもあの以上に描けまいと思ひます。之は單に近郊の平凡な景色にばかり屈託しないで、變つた景色を見て描かうとした努力の結果であらうと思ふ。其外の山水は多くは小さい、スケッチした繪を引伸して描いたやうな畫が多い。夫で絶壁の繪を描くことが流行です。之も必しも惡といふのではありませぬが、夫も段々澤山になりますと幾らか飽を來します。詰る所今日の山水の繪を最も發達さして、うまくすれば廣重の山水になる。日本では山水といふものは、何でも支那の眞似をして描くといふことが昔からの因習の法則となつて、日本に在りもせぬやうなものを狩野派でも、南畫でも描きましたものです。又四條派などのやうに山水は近畿地方の景色などを寫して居りますけれども、之は極平凡な景色を平凡な考へでやつたのが多くて、應擧のやうな大家の物でも一向山水は面白くないものがあります。何も西洋人が褒めるから良いのではありませぬが、廣重といふものは江戸の末期に興り、實際見た景色を其儘描いた。其がうまく畫になるやうに考へつきました。今お話した川村曼舟などの山水でも詰り廣重の畫を大きくしたやうなもので、今日の山水の繪の趣向としては廣重の畫といふものが歸着點になつて居るやうであります。其を目的にして居るではありませぬが、廣重の山水が歸着點になつて居るやうに見なければならぬ。

少し話が飛びますけれども、日本人で支那人の山水法に依らないで實際の山水を觀て寫生して山水を巧みに描いたのは廣重の外には文晁のやうに思ふ。文晁の大きな懸物などを描く時は多くは支那の法に依つて描いたのでありますが、其實際の努力の表れて居る物には實景を觀て描いたものがあります。富士山其他あらゆる名山を描く時には自分の觀た所を其まゝ描き現はしたものがある。文晁が若い時分に未だ畫の修行中、白河樂翁公の保護を受けて居つたのであります。其爲に日本中を旅行して其時に方々で山水をスケツチしたことがある。廣重の繪は無論日本人の觀た實景で、變つた點を捉へて面白い畫になつて居るが、矢張其れをもう一つ充分に畫に仕上げたのは文晁であつた。文晁の寫生といふものは日本では先づ殆んど竝びないものと云つても好からうと思ふ。今日の畫で文晁の山水の寫生に達して居るやうなものはないやうに思ふ。川合玉堂の繪はもう少し何うかすると其方になるのでありますが、未だ其所《そこ》まで行つて居らぬ。文晁といふやうな人も矢張數十年の間に珍らしく出た天才の一人でありますから、今日の畫家に然ういふ人が出ないでも不都合とは云ひませぬが、段々其所まで達する人が出て來るでせうが、夫を妙に穿《は》き違へたのは寺崎廣業君である。寺崎君は前に瀟湘《しょうしょう》八景といふやうな非常な傑作を出しました。併し餘り自分で新しい繪を描きたいと思ふと途方もない物を描く。今度の「高山清秋」は全く畫になつて居らぬ。何を描くつもりであつたかトント解らない。全體の色の調子は、露西亞更紗《さらさ》のやうなもので、遠山などは少しも山のやうに見えない。或人は日本アルプスを現したのであると云ひました。私も日本アルプスを見ましたが、あゝいふ調子のやうなものでありませぬ。併し、あゝいふものを寫生して、あゝいふ彩色をうまく使ひこなさうとした行方は、拙いけれども文晁に似て居る。文晁はあゝいふものをモツト畫に纒まるやうに描いたのであるが、寺崎君のは全く纒らない。之は今度の展覧會の中で有名な人の大いなる失敗の見本であります。

山水のことも大體其様なものでありますが、序《ついで》に多少有名な人の失敗を擧げますれば、野田九浦の「梅妃、楊貴妃」などは其の一つであります。何を描くつもりであつたか解りませぬ。向つて左が楊貴妃のつもりでありませうが、楊貴妃は何ういふ人であつたかを少しも知らぬと見え、丸で痩こけた狐のやうな顔をして居る。何ういふ譯で梅妃と楊貴妃と同時代の美人に時代の異なつた衣服を着せたのであるか、楊貴妃に漢時代の物を着せて居る。着物も然うであるが、總體畫には成つて居らぬ、之は餘程ひどい。

有名な小堀鞆音氏の「楠正行救敵兵圖」は丸で雑誌の口繪か何かのやうで、成つて居りませぬ。夫から菊池芳文氏は京都の大家でありますが「小雨ふる吉野」といふひどく若返つた畫題であります。併し畫は少しも若返りませぬ。之は別に何といふ缺點もありませぬが、柄にもなく畫題に新らしい語を使つた丈に、何となく失敗のやうな心地がします。

都路華香氏の「閑雲野鶴」、之は審査員の方で最も評判の繪であつたとか云ひますが、何ういふ譯で評判が好かつたか解らない。雲と云ふものが石か雲か判らない。昔は石のことを雲の根と申しましたから、あゝいふのが雲を生ずる根かも知れませぬ。夫から野鶴といふ鶴が、あれは成るほど形は鶴でありますが、勢がえらかつたので何うしてあれが鷲でなかつたかと思ひます。

夫から木島櫻谷氏の「涼意」は何となく趙子昂《ちょうすごう》などの贋物を見るやうである。力のない弱い彩色で、平凡な畫題であつて、意味のチツトモ無い畫である。併し随分畫家といふものは昔の贋物の畫を見てかいたから惡いとは云はれませぬ。昔の贋物を見ても、其れを働し方に依つて随分良い畫が出來ます。日本では德川時代に長崎から支那畫が輸入されるばかりでありますから、ロクな繪はありませぬ。大抵は贋物であります。尤も随分古くから贋物は澤山輸出されたものでありまして、足利時代五山の僧侶などが支那に行つて持つて來たもので豪い名前の附て居るものに多くくだらない物があります。例えば某大寺の寶物賣却の時の畫などを觀ますと、古い時代に仕込みました物で惡作の途方もない物が多い。然ういふ物を從來の日本の畫家は皆見て稽古したものであります。惡い繪を見たから皆其人の畫が惡くなるとは限りませぬ。田《た》能村竹田《のむらちくでん》などの觀た畫も多くは詰らないものでありましたらう。渡邊崋山なども詰らない繪ばかり觀たのである。其の時代には支那の好いものを觀ることは困難であつた。所が其繪の働かせやうで竹田の描いた畫、華山の描いた畫は其當時尊重せられました。自分が見た支那の畫より多くは好い畫を描いて居る。支那にも近代では大分いろ〳〵名家もありますけれども、然ういふ人の贋物が多い。夫でありますから、誰彼の筆意に倣ふと云つて古畫を摸倣するは多くは、詰らない畫を見て居るのでありませうけども、其本人の摸倣の仕方で以て之を描き活すと好い繪になる。櫻谷君の畫はありふれた趣向に依つて少しも描き活さずに摸倣したやうである。彼が摸倣ではなしに自分の頭から出したなれば、其の櫻谷君の着想の價値を疑はざるを得ない。之は餘程失敗の畫である。夫から最も激しいのは小堀鞆音氏の畫です。小堀君の畫は何時でも好いと思つたこともありませぬが、今度の畫は特に好い所がないやうに思ひます。又妙な事に非常に流行になつて居るのは支那人を描くことであります。非常に支那人を畫題にしたのが澤山あります。あゝいふ支那人、日本の畫家は何處で見て居るか、支那人の中でも最も下等な風俗を見て描いてある。多くは臺灣邊りへ行て田舍の支那人を見、夫から田舍の支那人の家族を見て、然うして家も粗末であれば家具も竹細工か何か粗末な物を使つて居る。極平凡な生活のものを見て、甚だ念入に寫生したのが澤山ある。其中で最も畫になつて居らぬ、何ういふ譯であゝいふ物を出したかと思ふのは伊藤琴川の「竹園のねむり」であります。何しろ支那人を描くことが一つの流行である。京都の青年畫家で平井楳仙氏も二つ出してある。一つは「遼河の夏」といふ題で、此人は遠近のチツトモない畫を描くのが得意である。近い舟も遠い舟も同じに描いてある。前に何か源平の軍見たやうなもの「磯づたい」とかいふを描いた時でも遠近のない繪であつた。畫家で遠近といふことを意識しない一つの癖のあるものがあると思ふ。平井君なども其れであります。「遼河の夏」といふ方には三等賞か何かありましたが、大分三等賞の安賣であります。もう一つは「宮苑」とか何とか描いてある。其の方は無賞でありますが、之も好い繪とは思ひませぬ。日本人の觀た支那の庭苑を好く描いてあります。一體同じ支那の景色といふものにしましても日本人の觀た感じと支那人の觀た感じとは時々違ふ。支那人が描きますと支那人の感じが見られる。日本人は支那人の感じで描いたのを丸呑にして描いたのが畫法になつて居る。併し其畫法を何時までも守る必要はありませぬ。平井君の「宮苑」は日本人の感じた支那の庭苑を描いてあります。此の如く支那の景色人物が此度の一つの流行、之も段々畫家が趣向に窮して彼でもない此でもないと云ふので、到頭支那の景色でも描かうといふことになつたんであらうと思ひます。橋本關雪といふ人の「南國」といふ繪がありま す。大きな一雙の屏風であります。之は素人が桃山百雙屏風をかいたやうな心持で、大まかな中に大分人物などの活動もあります。随分山氣《やまつけ》の激しい思ひ切つた繪を描いて居るが、中々好く出來て居る。どうせ實際を離れて描かうといふ勇氣があることだから、船艙に居る女とか子供などはもう少し思ひ切つて美しいものを描いたら、怖いやうな船頭との對照が面白くなつたらうと思ひます。女も船頭も同じやうな不細工な顔に描いてあるのが不可と思ふ。

夫から大正式とも謂ふべき思ひ切つたはでな畫がある、さういふものを今度の審査員達が見逃さずに入選さして居る。河崎蘭香の「廣間へ」といふ畫には洋服を着た美人と日本服の美人が描かれてあります。三越とか白木屋の繪看板といつたやうなものです。早速賣れてありますが、買人は吳服屋であつたかどうかは知りませぬ。あゝいふのは純大正式の畫とでも申しませうか。夫から前にもいひました「秋のうた」なども大正式の繪であります。少し頭が長過ぎるやうでありますが大分評判は好さうな繪であります。

又あまり人の注意を惹かないが一寸よく出來た畫は小猿雪堂の「暮るゝ雪」といふので、之はいかにも寂しく寒い景色を表したもので、泣出しさうな冬の心持がよく表はれて居る。一寸成功して居るかと思ひます。夫から大阪の伊藤溪水の「帆船」といふ畫があります。一兩年前にも小村大雪の「釣日和」といふ畫がありまして、海の色を器用にあらはしたことがありましたが、此畫も大阪灣の水の色を描いたものでよほど其の特色を好く現して居ります。

夫から土田麥僊の「散華」は、例の如く山氣のある畫で大分評判に上つて居るやうであります。之も大して惡くはないと思ひます。近來一部の人が貶《けな》す程惡い畫でないと思ふ。少し天人の舞ひ方が變で、松井須磨子のクレオパトラの舞のやうな處があるが、全體としてはあゝいふ變つた、奈良あたりの寺のごみの中に埋もれて居たやうな畫を描いたとしては惡い畫でないと思ふ。

夫から又妙に近頃他の摸倣に流れる畫風があつて、横山大觀君などが、人の目を惹く刺激的な手法や、彩色などを使ひますと、翌年か翌々年にはそれを眞似た者が出來て來る。磯田長秋の「參籠」などは其であります。此人は前から屢々大和繪のやうなものを描いて成功して居る人であるが、此の「參籠」の中に描いて居る人物の衣服の色などは横山大觀君が曾て山路とかいふ畫をかきましたその着色から思ひ着いたものである。此の刺激色な色が摸倣家の頭を動したものと見えます。高島屋の美術院の展覽會の中にも其れと同じやうな色を使つた畫がありました。「秋趣」といふ畫で大塚鳥月の描いたものであります。其人も矢張同じやうな彩色を施して人の目を惹くやうに出來て居る。之も横山大觀君の着色から想ひ着いたものと思ふ。

兎に角斯ういふ風にして、全體の畫を幾つかに括つて其の代表者を一つか二つで撰んで見れば總て他は無くても好い。例へば田園趣味の畫としては菊池契月君のやうなものを出し、夫から大和繪の摸倣の畫としては文展の方では代表するに足る程のものは無いと云つて宜しい。風俗畫の方では池田輝方とか鏑木淸方などの繪と京都の一、二の畫を出せば他は無くても好い。山水畫では山元春擧とか川村曼舟の畫でも出せば夫で澤山。夫からスケツチを、大きくしたやうな繪を澤山ありますが、其中で審査員の川合玉堂君などの畫で代表させれば夫で濟むのであります。夫に同じやうな詰らない物を澤山出して展覽會を賑はすやうな必要は今日でも無いのでありますが、文部省の商賣としては是だけの繪を列べて置かないでは餘り寂しいといふのであれば、畫家が奮發して描きさうなものと思ふのは、戰爭の畫であります。戰爭の畫は西洋畫にも日本畫にもありませぬ。之は畫家の見識で戰爭などを描かなくても好いといふのでありますか知りませぬが、或は戰爭といふものに興味を有つ程畫家といふものは世の中の事を何も知らぬか知れませぬ。隨分之は描いて宜からうと思ひます。又戰爭畫を描いて貰ひたい軍人などが澤山あると思ふ。新聞を見ましても何某將校が塹壕の中から敵營を望見する處とか、或は敵彈の爆裂を見て居るとか云ふやうな將校が、好んで新聞記者に賴んで寫眞を出して貰つて居る。あゝいふ人は賴めば隨分活動寫眞のフイルムにも這入るかも知れない。況んや畫家のモデル位には喜んで成ると思ふが、其所は畫家の見識で畫にせぬのかも知れませぬ。

夫から序に私は大阪の方へ態々《わざわざ》參りまして美術院の展覽會をも覽ましたから、其方の物も少し許り申して見ます。之は數も少いし、全部覺えて居りますから、全部惡口も言へますが、先づ拔きでゝ佳いのは、前田靑邨の「竹取」の繪卷であります。之は明治時代以來に於て大和繪の摸倣を以て描いた畫の最も傑作であると云つて宜しい。此人は前にも文展で「神輿かき」とか何とかと描きました。其時分は大和繪其儘の摸倣であつて、濱田君は大和繪の舊い繪卷物を、左向を右向にしたり、彼方此方、人物の位置を替へたり、場所を換へたりしたものであると云ふ批評を加えましたが、今年も或部分は同じやうなものを描いて居ると惡口を云つて居る人もあります。乍併《しかしながら》、大部分は大和繪を手本にして描いたのでありますけれども、其趣向も新しく、然うして古い大和繪よりは遙《はる》かに輕い趣味をもつて描いてある。夫は餘り輕過ぎるといふ非難もあるか知れまいが、兎に角非常な腕前と云つて宜い。御覽にならない人に向て、無闇に褒め立てゝも譯の分らことのやうでありますが、私に欺されたと思つて行つて見たら宜からうと思ひます。文展の畫は壹百以上ありませうが、恐らく此畫に對するものは一つも無いと思ふ。全體は繪卷の樣になつてきれ〳〵に何段にも描いて居りますが、其の末尾に至つて赫夜《かぐや》姫が虚空中に昇つて行く處を極めて賑かな描き方をして、赫夜姫を眞中にして、天女が取り巻いて飛んで居る。そして最後の段は全く墨繪の山水のやうなものを以て止めて居る。其等も面白い趣向でありますが、全體が非常に好く出來て居る。大和繪といふものが故實的になつて了つて、德川の末期になつては餘程變化のない働きのないものになつて了つたのであります。纔かに德川の末期になつて復興の機運が促がされて來ました。京都には浮田一蕙とか、田中訥言とかいふ畫家があつて、是等の人が復興を企てましたが、着眼に幾らか遺憾の點があると思ふ。夫は大和繪は足利の中期を界にして、其後は全く沈滯して新しい手法が出てない。何でも繪具をゴテ〳〵使つて描く形式的の者ばかりになつてしまつた。浮田一蕙でも田中訥言でも、大和繪の沈滯期の畫風を離れませぬ。其を離れて描きましたのは冷泉爲泰であつて之が古い大和繪を復興しました。主に近畿に在ります寺院の緣起、その他の古い繪卷物を研究したので、其繪を摸倣したもの殆ど眞の古畫に逼《せま》る。知恩院に在ります爲泰の摸寫した勅修御傳などは其の源本と竝べて國寶にしても好いやうな價値のある畫であります。併し之は古畫の摸倣たるに過ぎなかつた。德川時代に於て全く大和繪の形式から脫して、しかも大和繪の精神で不思議に新しい面白い繪を描いたのは却つて江戶の方に在ります。文晁なども其一人であります。文晁も大和繪を摸倣したのでありますが、其眞物を淩駕して居る。石山緣起の繪卷物などを摸倣して、缺卷を補つたのなどは餘程好い。併し文晁は其を始終續けて居つたのでなくして、今日遺つて居る大和繪は自分の獨得の處は現れて居りませぬ。其の獨得の妙を現はしたのは矢張白川樂翁公の保護を受けた鍬形蕙齋であります。之は一方は浮世繪の方からも發達したものであります。其人の職人盡のやうな繪卷物があります。德川時代の風俗を描いたのであります。其は古い大和繪の長所を取つて描いた。餘程畫に働があつて、先ず德川時代の大和繪の精神をうまく取つて働かして描いたのは此の鍬形蕙齋などが主もなる人である。

明治になつて、美術學校などで古いものゝ摸寫をやつたのは、惡口を言つた小堀鞆音《ともと》君などで、摸寫に成功した。大和繪の精神を取つて其を描現はしたのではありませぬ。竹取の繪卷が大和繪の範圍を脫しない畫題で描いて居ながら、其の趣向なり着想なりが兎に角いろ〳〵に變化して、然うして來て曾て大和繪の畫工が描かないやうな一種の輕い氣分を描いてある。然ういふ所が此人の特色であつて、兎に角明治年間以來大和繪から出た繪で是だけ描いた者は餘り無いと云て好いかと思ふ。今年の繪は世間で云ふ如く文展の畫と美術院の畫と相撲にして見ると、前田靑邨の繪一つに文展の總ての畫が及ばぬと云つて宜いと思ふ。併し外の畫も皆さういふ風に好いかと云ふと必ずしも然うでないが、文展の畫など迚《とて》も畫に成らない、お話にならない。何で斯んな物が出たかと思ふやうな惡い物は美術院の展覽會にはありませぬ。其の割合に好い物ばかり揃つて居るかと云ふと然うではありませぬ。

有名な繪で横山大觀の「游刄有餘地」といふ繪は惡い繪ではありませぬが、何處と云て良い所もない。武陵石鬫の畫家などから思ひ付たらしい人物に、たしかに古意はあるが、其外に之といふ長處もない。下村觀山の「白狐」はズツト前の「木間の秋」と同じで、唯だ白狐をあしらつた丈である。此方でも美人畫は人目を引いて居る。夫は池田蕉園の「おはん」、池田輝方の「お夏」といふ畫、お夏は氣狂になつた女でありますから氣狂といふ意味をうまく現した繪であります。夫から鈴木けんといふ女畫家が描きました「おだやか」は釣の畫であります。妙なものを描いたものです。北野垣富の「願の絲」は人間の顏の色なども變でありますが、併しあれは二十年前までは大阪にあゝいふ娘の子があつたので、眉の所に臙脂《えんじ》を入れてある。臙脂で口唇が黒くなつて變だと云ひますけれども、京都でも大阪でも、もう少し前には眉に臙脂を入れ、口唇を金のやうに光るやうに臙脂を附たりする女の子が随分あつたもので、詰り現代の氣分でないので評判が好くないと思ひます。

今村紫紅の「熱國の卷」といふ繪卷があります。之は何時でも變つた繪を描いて人を驚す人で、前に近江八景を描いて人を驚したが、此度も何か驚さなければならぬやうな要求で描いたもので、印度の熱國の海岸の景色でありますが、吾々が見て一寸感じましたのは、昔徳川時代に日本の漂流民が印度に流れて行つた。其が素人目で觀て來て、船頭が覺束ない手つきで繪に現はした。其の繪を畫家が整理したといふやうな繪であります。惡い繪といふ譯でもありませぬが、兎に角何か變つた所を描いて、之でも感じやないかと云ふやうな意味が致します。文展が支那人を畫題にすると同じやうに、美術院の方では印度を畫題にすることが、流行つているのも不思議です。

大體さういふ風なことでありますが、夫から美術院の山水畫の特色は色の使ひ方に一種の特色を持つて居る。美術院の方でもやゝ舊派に屬する人々に、之が著しく表はれて居ます。東京の方の好みの色は褐色であります。勿論京都にも好む色がありますが、東京では黒ずんだ褐色を好む風がありますが、それが即ち東京の人の感ずる色だと思ふ。今度の美術院の方の山水畫などには一種の東京の人の好むやうな色を現して居る。皆少し黒ずんだ、……綠の色を現はすにしても綠が少し黒ずんで居る。若し夫を薄い弱い色で現しても一種の變つた色で現はして居る。昔から東京の畫工、殊に浮世繪畫工は、一種の江戸風の彩色を用ひたものであります。矢張其風が今日の東京の畫工の頭にあると見えます。夫は京都の方でも無論特色がありませう。夫は其の土地の好に依ることもありますが、或は又其時代に依つて強い色を好む時代と弱い色を好む時代と出來て來ます。又人に依つては其の好む色彩もある。亦其人の技倆のよしあしにも因りませう。菊池契月の現して居る彩色は餘程東京の人の使ふ色に近い色があります。文展のやうな處に出しますと東京の人も京都風に感化され、京都の人も東京風に感化されます。しかし、夫は繪が好くなり惡くなるとは別のことであります。

詰る所いろ〳〵言つてみても別に大した珍しい批評も出來ませぬが、前にも言ひました通り近來畫界の傾きといふものが素人の評に大分重きを置くやうになつて居る。新聞の批評といふものにも大分弊害があるといふ事を先程西洋畫の方で承りましたが、兎に角新聞の批評は大分重きを置かれるやうになつた。政治家と同じやうに下馬評といふやうなもので大分美術家が動くやうになつた。其は賣行にも關係しませう。乍併《しかしながら》、何處までも夫が惡いとも云はれまいと思ふ。

之は批評ばかりでない。私は畫をかく人も素人趣味の發達といふことが將來の問題であると思ふ。今日支那といふ國は詰らない國のやうになつて來たが、美術界の風潮は支那の方が先きへ行つて居りはしないかと思ふ。夫は支那の近代の畫といふものは素人趣味の發達して居ることで、支那でもツイ二百年許前までは矢張大家といふものがありまして、其繪の風といふものが一代を支配して居つた。多くの人は大家の眞似をして描くやうになつて居つた。所が乾隆以來段々然ういふ傾きが變つて來ました。素人も黑人《（玄人）》も畫に大した差はなくなつた。日本でも畫工が祕法とか口傳とか喧しい事を云はずに教えると、詰り手解きが極めて簡單に出來るやうになると、素人の畫家といふものが大變に殖えるだらうと思ふ。元來素人の中には商賣人として描く人よりも時々好い趣向を有つて居る人がある。我々など趣向だけは何時でも有つて居る。唯だ描けないだけである。支那の方では其素人の畫が非常に發達した。大抵詩を作つたり文を作つたりする人は併せて畫を描く。支那の文人の畫は山水か花鳥かに極つて居ります。偶《たま》には人物を描くのもあります。素人の畫が殖えてから、一代を代表する大家は百五十年許り此方無いと云つて宜い。けれども何の繪も相當に出來て居る。好く云へば個性の發達と謂ひませうか。勿論素人も皆、元末の四大家とか、趙子昂、文徵明なりとを摸倣して居りますが、しかし出來上がつた畫は皆個人の特色を現はして居る。さういふ傾向が盛になつた。日本でもゆく〳〵は然うなりはせぬかと思ひます。此間も三脚會の名作の展覽を見ました所が、割りに三脚會の素人の先生達がドチラかと云ふと黑人《（玄人）》のやるやうな行方であるのに感心しなかつた。もう少し思ひ切つて素人趣味が發揮されたいと思つた。西洋畫などは少し混入つて面倒か知れませぬが、日本畫などは一向面倒なことはありませぬ。殊に日本人で美術家に成る人は不思議に餘り頭の良い人間が美術家にならぬ。若し中學で畫も描け、夫から外の學問も出來る人であつたら、決して畫家にならぬ。皆別の方に行く。外の學問が一向出來ないで畫だけ描けるといふやうな人が美術家になる。夫で今日の教育では中學から繪を描く下地がありますから、素人の畫が發達する筈である。其間に非常に違つた畫を描く風が出來ると、其人が發達するか知れない。之は何も文部省の主催で提燈屋を集めたものでなく、素人が、願くは三脚會のやうなものが日本畫を描いて、初めは化物のやうな物が澤山出來ても、其は辛抱して觀ますから、素人繪が旺《さかん》になることを切に希望するのであります。

『慕夏堂集』　大正4年7月

慕夏堂史論

拝啓

慕夏堂文集の件御下問にあづかり小生も曾て一本收藏致候事有之。大凡は閲讀致候。當時の日本人中退軍の際取殘されし等の理由より彼地に殘り降服致候ものは有之候事と存候も、かの文集は全然假託にて多分後人の手に成り候ものと確信致候。實は右の理由にて積極的の僞作證據を擧ぐる程の研究も不致候。但し常識より推し候ても當時の日本人にかくの如き文章等出來可申筈は無之、これ丈は明白無疑ものに付、右甚だ不滿足の御答にて慚愧の至りながら聊か卑見申述候

草々不一

『京都教育』第二七七号　大正4年7月

史記の事ども

史記は支那の歴史として立派なものである

史記は今より二千年前に太史公司馬遷が著したものである。其の大に感服するのは遷が實に支那に於ける歴史の元祖をなしたことである。所謂その創造の天才が後世に於て大に偉とせらるゝ所以である。史記は斯る偉才の著したるものなれば支那の歴史として誠に立派なものであることは申すまでもない。が、不思議にも後代其の眞價を認められない氣味がある。漢書と比較せられて聊か其に劣ると云ふやうに論ぜられたこともある。降つて唐宋に及んで漸く其の眞價を認めらるるに至つたものである。

司馬遷の自序と云ふに、史記編纂の大主意を道破して居

る。自序は實に史記編纂の總論とも云ふ可きものである。尤も此の自序を書くと云ふことは必しも司馬遷に刱《はじ》まつたことではない。論語の堯曰《えつ》の一章などは道統の傳を舒したもので、正しく論語編纂の自序とも云ふ可きものである。孟子などにも之に類似したものがある。孔子以後百年、我こそ道統の傳を得たものであると隱然自ら許して居る氣勢をほのめかして居る。莊子の天下篇などにも諸子百家を詳論して、所謂總論めいたものを書いて居るのである。太史公も此の意味で以て總論を書いたので、之が自序となつて居る次第である。

昔は經も史も區別はない

さて昔は經も史も區別は無い。漢書の藝文志は書籍の目録であるが、史記を春秋の次に揭げて居る。勿論、司馬遷が史記に筆を立つるに當りても此の春秋の大義らしい意味を以てしたものであることは爭ひの無い事である。六家、九流の長を探り短を舍《す》て一家言を立つ可しと云ふ考が史記編纂の動機となつたのである。當時は、春秋が非常に大事なものとせられ、公羊學などが盛に行はれて居た時代である。熟々《つらつら》考ふるに、孔子は春秋の上に褒貶を明かにした。一言一句微妙な意味が寓せられ、之を左氏の傳で更に詳かに現はしたのである。司馬遷の考ふるには、自分は孔子の如き聖人で無いから、天子に代りて褒貶をするのは僭上の沙汰である。上に一統の天子あるからには直ちに孔子を學ぶ可きでない。故に事實のまゝに直書して行くと云ふ事を主眼とした。此の事を自序に精しく書いて居るのである。

本紀に對する俗論

本紀の中で往々にして人の非難を招くのは、秦の始皇を本紀に列するは當然なりとするも、未だ天下を一統せない始皇の祖先を本紀に列するのは 不都合であると云ふのである。是は當時の思想を解せない偏詖な議論と申さねばならぬ。當時の思想に據れば、苟も天下一統の帝業を大成して天子となると云ふことは、其の人の凡物でないことは論無く、シカも決して一世一代で大成し得らる可きものでは無い。祖先からして必ず天命を受けて居るものである、と考へたのである。舜も重瞳子、項羽も亦重瞳子など云ひ、或は殷周の天子が玄鳥の卵をドウだとか、后稷の母が巨人の跡を蹈んでドウしたとか種々神祕な幽玄な事跡が潛むで居た。如何にも神聖な系統でなければ帝王の業を成すことは斷じて出來申さぬと云ふのが當時の思想である。ソコで秦の祖先も殷周と同じく天命を有して居るのであると云ふ思想であつたのである。時代の特性を辨へずしては史論は出來ないのである。

それから呂后本紀を書いた。而して孝惠皇帝の本紀を書かなかつた。是等も皮相の論者の其の體を議する所であるが、畢竟するに、實際の權力を握るものが呂后であつたから呂后を本紀にしたのである。眞に當時の實狀を寫して居るものと謂ふ可しである。後世の正統論の如く、徒《いたず》らに表面の大義名分のみに拘束せられない、實權あり實力あるものを主眼としたのである。斯う云ふ所に大に取る可き點があるので、決して輕々に非難す可き謂はれのものではないのである。次に漢の武帝の時の税法の事など最も力を凝《こ》めて深刻に書いたものである。官府の記録そのまゝのものとは大に其の撰を異にして居るのである。記録は役所に就けば何の造作もないと云ふ見識で以て、直ちに記録の精神を撞《つ》きとめて書いたのである。之を讀めば武帝が重税を課して人民の困弊を極めた慘狀が歷々として紙上に躍如たる觀がある。後代の史家は、惜いかな司馬遷の筆力が無く、かういふ記事になると殆ど役所の記録そのまゝである。從つて其の書き方の法を失つて居る。

世家に對する誤見

世家は諸侯の事を書いたものである。年表を以て一貫する仕組みになつて居るのである。傍行斜上に歷代の變遷の判然とするやうに書いた。其のわからないものは、之を拔いて居るなど、ドコまでも愼重の態度に出でゝ居るのである。

列傳は社會上の變化を基礎として人物の活躍舞臺を寫したものである。諸侯、士大夫その人を得て其の位に在らざれば其の政擧《あ》がらずで天下昏亂の氣味である。かゝる場合に偉人興りて箇人の力が世の中に現はるる時に及んで書いたのである。一箇人の能力が非常に社會上に伸暢しかけたから列傳を書いたのである。要するに社會の變遷に應じて書き方を變じて居るのが面白い。

列傳に對する愚説

列傳の中で一寸不思議に感ぜらるゝのは伯夷傳である。全體が議論で押し通して居る。山陽頼氏などは事迹の記す可きなきに困じて議論を長く引き延ばしたもので、全く無意味であるかのやうに云うて居る。併し是は伯夷傳を讀んで眼光紙背に徹せないのである。伯夷傳は史記列傳の總序とも云ふ可べきものである。一箇人の能力不群のものでも、大聖孔子の如き人の筆に頼らねば名を後代に貽すことが出來ないと云ふ意味を現はして、自家の眞意をほのめかして居るのである。卽ち孔子に代はりて諸人のために傳を立つると云ふの意で總序をし、列傳を書く由來を伯夷傳に於て解説したのである。

列傳には刺客傳があり、遊俠傳があり、貨殖傳がある。此等についても意氣地を立て徹ふす豪快事ではあるが、正道に反して居る。特に貨殖の如きは士大夫の道とす可きでない。之が傳を立つるは、純駁夾雜の嫌がありはすまいかとの非難がある。併しながら、是亦深く社會の事情を探究せぬ常套の議論に過ぎないのである。何となれば、春秋戰國以來、箇人の能力が發達して、而して政治上の統轄力は反對に緩んでしまつた。此の時に當り世の中の秩序を保つためには、刺客も遊俠も必要ならざるを得ない。德川幕府が人民の保護を顧みない。故に俠客が現はれた。俠客の跋扈は厭ふ可き事ではあるが、半面に於ては大に社會を益する事もある。世の缺陷を補うて一時政治上の統轄力の代理をする。漢の初め頃から此が非常に勃興して殆ど缺く可からざる社會の要素となつて居る。此等を缺點があるからと云つて抹殺し去るは宜しくない。

貨殖傳についても、後世の史家は之を以て司馬遷が道德を輕んずるかの如き非難をするのであるが、此も亦大に謬見である。往昔にありて各部落杜塞して往來せない。從つて經濟上の發達がみられないのであるから、貧富の懸隔は無い。商鞅が周の井田を破却して農業を自由競爭に委した。之からして貧富が起るやうになつた。齊の管仲などは鹽と鑛山とで大に國富を增進した。商賣で以て霸業を成したのである。ソコで天產が盛になり之を獨占したものが、富豪の地位を占めて茲に富の獨占が行はれる。之が經濟の變遷である。後に及んで財產稅が起り、人民の富を標準にして徵收することになつたほどである。貨殖傳は實に這般經濟上の變遷を知らしむるものであつて、史家の本分である。史家の優秀なる筆力である。之を察せずして仁義道德を輕んずるなど丶云ふのは淺薄極まつた議論と申さねばならぬ。其他一藝一能の士はいはゆる特別の能力のある人、たとへば醫卜の類に至るまで傳を立て、扁鵲、倉公などの診察の事まで書いてあるのは、太史公の注意の程が察するに餘あるのである。惜い哉、後世の史家、徒に其の形式に泥着して其の精神を學んだものが少い。班固の漢書が史記に優つて居るなど云ふ議論が起るのも、能く其の精神を洞《あきら》かにせないからである。偶々史記が漢書よりも偉いと云ふ人も、多くは文章の優秀なるのに推服した見地からである。韓退之の如き、歐陽修の如きその人である。後に南宋の鄭樵と云ふ傑出した史論家が通志を作つて史記を褒揚推稱したのである。兎に角、史は古今を通じて事實のまゝを敍す可きものであると云ふ見識を以て書いたもので、其の優秀なる筆力は以て史家の本分を完了するに餘りある次第である。

（文責在記者）

『京都教育』第二八〇号　大正4年10月

歷史の起源に就いて

一　倉頡と徂誦

史と云ふものゝ起りは、黃帝の時であるやに傳へられて居る。卜にカク史を記すると云ふことは、支那に於ては往古から有るのである。黃帝の時には旣に史官がある。倉頡《そうけつ》、徂誦《そしょう》の二人である。倉頡は黃帝の時に文字を創始したことで有名な人である。文字を書くことゝ歷史を記すことゝ一時に成つて居たやうに思はれる。徂誦については異な考がある。誦は暗誦の意で、日本で云ふ語部《かたりべ》で、記録の出來る前に語り傳へて居たものである。語も誦も同義で、徂と云ふのは或は誦を成す人の姓ででもあつたのであらう。古の史は話である。荘子に副墨之子、洛誦之孫と云ふことがある。此は即ち史を記すもの……話を傳ふるもの……を指稱したものである。記録の前に物語りをすると云ふ習慣が古くに在つたものであることが今日から推せらるゝのである。要するに字を書く……記録が起る……史が現はれる……と云ふ順序に成るのである。尤も昔の史と云ふ官は、勿論記録に關係はあるが、今日の所謂史の官と異りて、色々の職務を含むで居たものである。大史、小史、内史、外史、御史と周禮に在る。周禮は經書であるが、僞書だと云ふ評がある。併し乍ら周禮を僞書とする見地に立つ學問が、決して史あるを否定するものでは無いのである。いづれにせよ史と名の付く官には色々あつて、周の頃から大分重い官に成つた。彼の歴史の起原を成して居る周公と幷び稱せられて居る史佚と云ふ人は周の史官である。

二　周以前の史官と巫祝

周以前には如何なる官職が重んぜられたかと申すに、殷には巫が重んぜられた。神に仕ふる巫は重い官職に成つて居る。日本などでは太政官の上に神祇官が置かれたほどで、昔は神主と云ふものは尊敬せられ重要視せられたものである。殷人は鬼を尊ぶと云はれて居まして、大に鬼神を崇むる習俗で、時の宰相には巫賢と云ひ、巫咸《ふかん》と云ひ、皆巫であつたものが成つて居たのです。日本でも中臣氏など政治上の權力にたづさはつて居たのである。

時代の進歩に伴はれて巫を尊ぶ習俗は一轉して、史を尙ぶやうになつた。勿論さうなつた曉でもヤハリ巫に似たものがあるのである。周の代に及んで始めて史は巫と別れて其以外に重大な官職となつたのである。史が重要になつたのはトにカク周以來の事である。黄帝の時に史があつたかどうかは、一寸疑はしいふしもなきにあらずで、黄帝など云ふ支那古代の君主が、實は一の傳説に過ぎないやうに思はれる。さりながら話は僞物《にせもの》とも斷じ難いのである。

三　史の字の最古言

所で史と云ふものはドウ云ふ順序で出來たものであらうかと云ふに、此には最初の古言に溯ると面白いことが發見せらるゝ。今より一八〇〇年前の後漢の時代に出來た説文に據ると史の字の説明がある。史の字は本と史の字形である。即ち中は中で又はいつも手の形である。故に史の字の起源は中正を持すると云ふ會意の文字であると云ふ解釋である。史は直言直筆を以て本分とし生命とするのであるから、と云ふのであるが、是の後發掘した銅器について、此の事の研究をした。その結果之に疑問を懐いたものがある。古代文明は原始的である。極めて簡單である。直言直筆など云ふ意味が當時に於て含まれさうな謂はれはあるまい。此は大に疑はしいと考へた人がある。十年ばかり前に物故せられた吳大徵と云ふ人の著書に説文古籀補と云ふがある。それに據ると、手を以て中を持つと云ふのであるが、古は中の字ではないの字である。中は旗の形から出來たものである。そこで中は正なりと云ふのは申分はない。卽ち手を以て簡を執るのである、而して簡とは竹簡あり木簡ありであると解釋した。

此の解釋と別の見地に立ち、中は正なりと云ふ説を舛《あやま》れりと斷じたのは、二百年前の江永である。江永の周禮疑義擧要に官府の簿書を中と云ふとある。卽ち中は記錄を云ふのである。記錄、文書を掌ると云ふ語であると謂うた。旗の形でなく官府の簿書の形であるとのことで、ツマリ中は正なりと云ふのは僞りであるとの説である。要するに吳大徵も江永も共に中は正なりとの解釋は之を取らないので、中が官府の簿書で其の形に象つた文字であると云ふはモハヤ動きの取れない確説と成つたのである。

ところが此の官府の簿書と云ふものも亦「中は正なり」と云ふ語ほどまでは行かないにせよ、いづれ文化の進んだ後に出で來るもので、原始的の產物でないことは申すまでも無い。スルと其以前の書物を溯究せねば本當の詮議は尙未だしと云はねばならぬ。それは例の周禮にも儀禮にもチャンと儼存して居るのである。卽ち弓を射ると云ふ事が古い時代の禮である。

孔子時代に弓の强弱を試めす以外に禮を敎ふるものであるとせられて居たものである。而して此の射禮を史の官が輔けて居た。而して周の時代には史の官は射禮を敎ふる重要の職となつて居たのである。卽ち彼の鄕射禮とか大射禮とか射の禮を行ふ時に關係があるのである。此に據ると中とは弓を射る時に數取りを入るる器を云ふのである。周禮に據ると、射の禮に數を取るに中を置き算を取るのである。之は儀禮の所に在る。此が史の起源を解釋するに一番古くて根本的な眞説であると思ふのである。それで最初の意味は申すまでもなく數取りを手に支へて持つて居ると云ふに在ることは爭へない説である。

支那に限らず凡そ世界文化の發達の跡を見るに、文字を書くよりも弓を彈くことが先である。而して此の弓を彈く必要は之を以て獸類を射るのである。今のやうに家畜の發達せない時には必ず先づ野獸を射ることが生存上急要の事と成るのである。支那人も射獵の國と云ふたことがあるが、射獵は弓に關係がある。射は發達の氣運に達しても未だ記錄の發達せない國は少くない。射が何よりも先立つのは發達の順序とも云ふ可べきであろう。其の射の巧拙を爭ふ。而して之を記するために射禮の數取を掌ることは、裁判や刑罰や所謂刑政敎化の具よりはドウしても先鞭を着くるのが至當の順序であるのである。故に數取りが先きであらねばならぬのである。今日の玉撞きの記錄係やうのものである。文化漸く進み社會が發達するに從い、數を算すると云ふ事が記錄を司る事に轉じたのである。文字以前の結繩など云ふのも其の繩の結び目を數へて之を記錄するのである。洪範の篇などに古代の政治上の事を記するに、五事とか五服とか、六極とか九疇とかゞ根本に成つて居る。斯く數に因りて記憶し、記憶の始めは數である。故に裁判等の記錄の前に數の記錄がある。數の發達が天文に及び、天文の知識が亦發達して太史の官が暦日を掌ることゝ成り、更に發達して裁判其他政治上の事を司るやうに成つたのである。

四　史官の神聖と尊嚴

そこで以て支那では文字言語が神祕的のものとし、尊尙す可きものとせられ、從つて亦史官が神聖の官と成るのである。史官は、君主の事でも、權豪の事でも直言し直筆するので、神聖なる記錄を司ると云ふのである。此の太史公の官は皆世襲の官で、一人一己の官職では無いのである。而して生命をも賭するだけの大決心が無ければ完璧とす可き歴史は出來ないのである。秦の始皇の時などは大臣を彈劾するやうなこともあつたほどで、所謂御史の發達は秦の時に始まるのである。降つて漢代に及びても大に史官を重んじたものである。

五　史字の種々に變化したるもの

其の後種々變化が在つて、史に類似したものが出來た。事と云ふ字などは其である。此の事は使とも同じ字である。次に吏も亦史に類似した字である。形も意も共に互に關係して居る。又更に進んで事と士とも同じ意味である。禮記の中に事とは此の時に當りては裁判などのことを稱したのである。

又此の史が旗の下に立つて居る。使者に行くと旗の下に記錄を司る官が附隨して行くのである。又事を載すと云ふのは、裁判官は原被兩造の言を裁せることが極めて重要の事となつて居たのである。次に吏と云ふのは、現今まで傳はつて居た大理事などは之から起つたもので、理は吏である。使者に行く――裁判をする――之が史から變化したのである。御史は天子の記錄を司るのが本職であつたのであるが、後には彈劾官に化けた。尤も後世の事ではあるが、古くも其の通りに成つたのであると云ふことは正確な說である。

茲に最も面白いのは、射禮の時の數取から進化して數學上の込み入つたものに成つたのが天文である。堯典などにも數の事が書いて在る。トニカク天文學上暦日の事に及び、一年三百六十六日と云ふやうに今日の進歩したる精密なる天文學上の計數と大差なきまでに成つて居るのは驚く可き進歩であつたものと、今更に數學思想の發達や實に歎稱に堪へた次第である。太史は周の時代既に暦算を掌ることになつて居る。

これが史の官最初の職務である。卽ち史の起源である。

史の官職は大事な官で、神聖侵す可からざるものとせられ、天子の尊を以てするも之に干渉を加ふることが出來ない。しかも世襲の官職で其の人は罪せられても其の家の職は消えない。それほど尊重せられたかはりに、太史の家に不都合な人物も現はれなかつたのは何より結構な事である。晉の董狐などは直言直筆の標本と崇められて居る。後世に及んで大に史官が時の顯要の地に在るものから迫害を受けたこともある。齊の崔杼《さいちょ》が其の君を弑《しい》した。南史氏が簡に書した。崔杼が之を殺した。トコロが其の弟が又之を書いた。崔杼亦之を殺した。トコロが其の弟が之を書いたので崔杼も根まけしてそのまゝにして置いた。とは知らずして北史氏は、南史氏皆殺されては直筆直言の史を後代に昭々たらしむことが出來ない。慨然身を挺して之を書くべく出かけた途中に南史氏の末弟が之を書きたりと聞いて忻然《きんぜん》として立ち還つたと云ふことがある。刀鋸鼎鑊《とうきょていかく》の迫害も畏れず史の神聖を維持した證據である。降つて漢の代となりても史は實に重要の官となり、司馬遷などの太史公となつたのであるが、史は正本を太史公に、副本を宰相に上ると云ふやうな有樣であつた。

六　史の一種の起居注

史の一種に起居注と云ふのがあつた。天子の日常の行動を書く役目で、此の起居注の書いたものは天子の威を以てしても之を見ることを許されない。

唐に及んで之を見たいと云ふ天子があつた。嚴然之を拒否したと云ふほどである。文宗の時に之を見せたものがあつたが、他は之を排斥した。北齊の天子、淫佚放恣の醜態を遠慮なく史に殘して居るのは、全く起居注の直筆した賜物であると申さねばならぬのである。

斯の如く史官の神聖は世襲のために維持せられたものである。五代から起居注は無くなり、史の官は時の政治上の記錄に移る事となつた。朝鮮には起居注が殘つて居たが、後には隨分怪しいものになつたのである。此等の關係から歴史が比較的に正當である。我が國の外記、內記、六國史の起源を成したのである。史の官の直言を直筆と云ふ神聖は、史の官の與へられたる特權に因りて維持せられ來つたものである。

（文責在記者）

『九州日日新聞』　大正5年1月18日

文化と古墳
—漢鏡・刀劍・玉類—〔談〕

自分は古墳の專攻家ではない。けれども自分が專門として居る支那史の研究上古墳を調査することは、支那文化と日本文化との交渉關係を知るに就いて有力なる資料なるが爲に、其の意味に於て古墳の研究をも爲しつゝあるのである。

元來日本の古墳から發掘さるゝ、鏡、刀劍、甲冑、玉類等は、何れも大抵支那文化に關係あるものであるが、就中鏡は古墳の時代を知る上に、最も有力な資料である。從來發掘された鏡の多くは漢鏡で、鏡背の文様は主として幾何學的であるが、六朝時代となつては、人類などの繪らしいものも描かれて、繪畫的になり、鳥、花、蝶などの文様が次第に發達して來た。圓鏡、八稜鏡などは、六朝中葉以後のもので、漢鏡の式は漢より六朝の中頃まで繼續して居る。尤も鏡の觀方に就いては、種々議論がある。高橋健白氏の漢鏡の分け方の如きは無意味である。氏は恐らく漢鏡にして年代の分かるものを見た事が無くして極めたらしく思はれるのであるが、今の處、確に年代の標準になるものは、四、五種ある。それで推して行くより外に仕方がない。それ等の種類のものは、是れ迄支那からも出で、日本と共通して居るので、研究の標準になるのである。其他刀劍などは、年代の分るものは極めて僅であつて、熊本縣玉名郡江田村の古墳から出たもので、帝室博物館に保存されて居るもの及大和石上神社に在るものなどは、先づ年代を察せらるゝ。甲冑に至つては全く年代は分り兼ねるのであつて、幸ひに一緒に發掘された鏡などに據つて考ふるより外は無いのである。

甲冑は、これまで支那から或は出たことがあるかも知れないけれど、自分はまだ見た事がない。且つ是迄問題にされた記録も殘つて居らぬから、漢から六朝時代の甲冑、馬具を研究するには、日本の古墳から發掘されたものに憑《よ》らなければならぬのである。次に玉類中に在つては、曲玉の形式は日本特有のものであらう。管玉やうのものなどは、何處の國でも出るのであつて、殊に瑠璃玉などは世界中何處からでも出て居るのである。尤も曲玉でも翡翠琅玕《ろうかん》などの材料は、支那から製造して輸入したらしいのであつて、其點は特に面白く、古代貿易の盛大を見るに足るのである。

文化と古墳

—隼人人種・九州西海岸—

大正5年1月19日

今度は、宮崎の古墳を發掘調査して鹿兒嶋に出で、鹿兒嶋でも二、三の發掘品を見せて貰つた。一體、鹿兒嶋は、往古隼人人種の住んで居た地方として、古墳は無いことに極はめられて居たのであるが、今度の遺物の如きも、古墳の在りさうな處から發掘されたのであつて、最早や鹿兒嶋にも古墳の存在して居ることは疑ふ可からざることである。これに據つて考ふる時は、今容易に斷定は爲し難いけれど、是れ迄信ぜられ來つたやうに、何人種、何人種と、異つた多數の人種が九州に住んで居つたかは甚《はなはだ》疑問に堪へないのである。

鹿兒嶋に發して、熊本に入つた予と今西文學士とは、玉名郡江田村の古墳を見た。此古墳は既に有名のものであつて、或は卑彌呼の墳墓といひ、或は日置部公《へきべのきみ》の墳墓ならむと言はれて居るけれど、此古墳に就いて、年代を考へ得べきものは、發掘物中の一部の物に就いてするのみであつて、其果して誰の墳墓であるかは、未だ容易に斷言し難いのである。尤も年代は、發掘品より推定すれば、支那三國時代の影響を受けて居ることだけは認め得らるゝのであつて、千七百年より八百年位のものであることは言へるのである。尤も此地方には式内神社にして有名なる疋野神社があつて、疋野と日置部とは、國音相近いから、その間に或は何等かの關係があるかも知れないけれど、それ等も素より果して何うか不明であるし、此古墳と日置部公と緣故が有るか無いかも亦疑問である。けれどもそれ等の考證は兎も角、此古墳の構造が、發掘物の年代に比して、一見若いやうに見えるのは、支那大陸に接近して居る九州西海外の古墳が、一體に九州東部の古墳よりは著しい發達をして居ることを認め得るのであつて、筑後の國吉井の若宮八幡の古墳を見るに及んでも、亦同樣の感を懷くのである。これは言ふまでもなく、地理的の關係上支那文化の影響を、東部よりは早く受けたことを證するのであつて、古墳の構造から見ても、發達をして居るし、發掘品から見ても、勝れたものが多いのである。現に若宮八幡の月ノ丘の古墳の遺物の兜の一例に見ても、その見事なる金鍍《めっき》といひ、その夥《おびただ》しい數といひ、寔《まこと》に珍とするに足るのである。

文化と古墳

—配色・文樣・カントヲ—

大正5年1月20日

尙ほ月の丘の墓壙の壁畫は、明白なる漢式文樣と稱してよいのであつて、あの彩色は京大の濱田助教授が旅順の古墳に於て發見した甎《せん》に相似た繪の具があつた。尤ともあのいろ〳〵な文樣の中には、漢鏡の中に在るものと同一のものもあるけれど、濱田助教授が滿洲の古墳から發掘した漆器の中にも、あれに近いものがある。然し色の配合は月の丘のほど明瞭なものは支那から出たものにも無いのであつて、漢代の配色を知る上に就て實に有力なる資料である。且これまで古墳中に發見された文樣の中でも、月の丘ほど古い式のものは、見當らないのであるが、此古墳中に遺物（昨紙月の丘の遺物とあるは日ノ丘の誤植なり）のないのは遺憾である。一體この古墳の彩色は虹彩色とも稱し得べきものであつて、赤、樺、青などさま〴〵の色が鮮かにつけられて居るのであるが、その配合の仕方が、また面白いのである。例へば墓壙後面の同心圓に就いて見ても、青、赤、樺、青、樺、赤、といふやうな順になつて、その終りの色が最初の色に後戻りをして居らぬのである。斯くの如く配合の場合に色の組み合せ方が後戻りせなかつたことは、配色の原則から觀ると極めて興味あることで、奈良正倉院の織物に就いて見てもさうであり、徳川時代の前位までは、色の後戻がないのである。足利末から徳川の初期までに渡つて來たカントヲといふ縞模様なども配色の順が後戻をして居らぬ。近來京都で此カントヲ模樣をやるものがあるけれど、色の順は皆本に戻つて來て居るのである。

又同墓壙の壁畫中、幾何學的のもの丶外に圖※の如く龍とおぼしき形象のものなどもあるが、記者は之を熊本縣上益城《かみましき》郡六嘉及飽託郡松尾の古墳の墓壙の文様と比較して時代關係を察し、之を博士に語ると、博士は更に機を得て熊本縣下に於ける古墳の文様研究を爲す希望を洩らして居つた。（完）

※図は省略した。

『青年之實業』第一〇巻第一号　大正5年5月10日

支那の帝政問題に就て

近頃支那では、帝政問題で爭亂を惹起するに至つたが、現在の支那に對しては、共和が適當であるか、將た帝政が必要であるかに就て論者が多いが、余は最初より帝政の不適當なることを主張せる一人であつて、先年自著の『支那論』にも論じ置きたる通りである。而かし今日では、帝政論の復興に連れて或人は支那と云ふ國は、古來帝政で持切りし國柄故、共和の經驗には乏しいと云ふ者があり、現在の支那人民の程度よりして、共和政治の道理の了解せらる丶譯はないから、一層君主專制の方が適切ならんなど丶と云ふものがある。是れは、支那の歷史と現在の國情をも詳にせざるもの丶議論であつて、取るに足らない議論と云はねばならぬ。

勿論、支那は古來より帝政であると云ふもの丶、皆全體を通じて果して同じ形式で來りしや否やを考究する必要がある。然かして同じ帝政と云ふ内にも、三代の如く封建制もあり、六朝から唐に至る間の如く貴族政治の時もありたりとすれば、常に支那は君主專制であつたとは言はれない譯である。

さは云へ、近世となるに從つて、漸次君主專制が盛んになり來りし事は事實で、此は何れの國でも同じ經驗を有することで、日本でも封建制度は鎌倉以來段々整ひ來りしが、徳川時代に至ると封建制ではあれど、地方の政權を握りしもの丶勢力は漸次强大となり來たのである。然かしながら、五十年前の時代に、今日の如く立憲制度が適用せられると云ふことは考へ得られなかつた事である。

依是觀之、君主專制の次ぎに來るべき政治は、何れの國でも立憲か共和制である。で、支那でもこの例に洩れないものと思ふ。

只支那は革命の國にして、帝王の系統と云ふもの丶勢力が甚だ薄弱である。それで君主專制の次ぎに立憲制を持來らんとして、急轉直下夫れが共和制に代りたのである。

勿論支那の共和制は、西洋諸國の共和制の如く人民の權利などに關する思想の發達した結果ではないが、何れかと云へば君主專制にこり果てたる結果である事丈けは、他の諸國と同一である。君主專制國としての支那は、五百年以來殆んど完全の域に達しておる。そして其制度は、君主一人の外は如何なる官吏も一部分の權利でも完全に有て居ることは勿論なく、完全に委任されることもないと云ふ工合であつて、あらゆる官吏は、只帝王に直屬して居つたことのみに止まるのである。

其代りに官吏の責任も一つも完全のものはなく、如何なる事柄でも、最後の責任は、天子が一人で負ふより外に道はなかつた事實を示して居る。其不完全なる責任でも壓へ得る位の國內及外國の不安は是をおさへる丈けにて、少し大きな動亂あれば、何れの官吏も夫に責任を負はなくなる結果、その動亂は益々大きくなりて、遂には國を亡ぼす迄に至るのである。

明朝の亡びるときは、全く此の道理からして亡び、清朝に於ても、乾隆の末より七、八年續いた民亂、竝びに近年の長髮賊の爭亂には、殆んど政府の官吏に、之を平定すること能はずして、全く民間の義勇兵の力に依りて、之を平定したと云ふ位である。

それで、明以來政治上、眞に安全な時代のなかつたのは、君主の權力はあつても、君主の責任を全ふすべき女房役の宰相が全くない結果であると云はれて居る。全體支那の政治は、近代になるに從ひて、治るのも、亂れるのも、自然の大勢に支配せられて、君主とか、宰相とかの、人物の善惡に關らないことになつて居る傾きがある。

夫れで世に名君ありても、其仁政の結果は、實際に人民に及ぶこともなく、又暴君ありたればとて、ある程度までは格別人民は苦痛を與へない結果に終つて居る。

其例を擧ぐれば、明の亡びしときの天子、卽ち崇禎帝はその頃は珍しき名君であつたが、その名君が明を亡ぼしたのである。清朝に至りては、雍正帝なる人が、非常なる苛酷暴戾なる天子であつたに係らず、甘く政治を取締りて、爭亂にも至らなかつたと云ふ結果を示して居る。

要するに支那の革命などの起る原因を質せば、始め微賤の天子が生活狀態も簡單であり、親族も數多くならず、政府の組織も簡單である間は、支那全體から云へば、中央政府が餘りに大きくなく、且其費用も輕く、人民の負擔も輕いから、人民も爭亂より兎がれて、人口並びに經濟上の生產力も增加して居るから世は治まりて、上下裕かであるが、數代を經て君主の生活が華奢になり、政府の機關も大きくなり、人民の生產力も或る程度に達して、それに支那の風土に於て殆んど不可抗力なる天災などが起ると、それが爲めに、世は爭亂に陷り、遂に革命なども起るのである。

その點より見るも、支那の政治は、政體の如何を問はず、兎も角も中央の組織が小さい程よいのである。で夫等の議論は明の亡びし時に於て、當時の卓見ある學者も、是れを感じたのであつて、皆君主專制に反對する意見を有して居た。而かしその當時は、共和制の思想がなく、封建制の復興若くは貴族政治の勃興を以て、其弊害を救ふの手段を考へたのである。然るに實は封建制は、到底復興の出來ぬものと云ふことは、支那の學者の議論であり、又貴族制も五代以來、根底より壞れて仕舞ふて、とても復興は出來ぬことであり、一方は又人民の平等に關する思想並びに事實が次第々々に現はれて來て居る。殊に民力の發達は、數百年來、段々增進して、人民を基礎にしてやる仕事は、自ら成功する樣になつて來て居る。それが、卽ち、清朝が亡びる時に、共和制の起りし有力の原因であつて、勿論其一方に、海外から歸朝の留學生などが、共和を聞きかぢりて、歸りし結果もあれど、大體は右の如き根底があるから、自然と君主制が倒れたのである。

然かし、支那では、君主制と中央集權とは、相伴ふ關係を有するので、人民の力が伸びるに從つて、中央集權は出來にくゝなつて居る。それで長髮賊の亂には、義勇兵の力あつた爲め、政府側では、從來の威嚴が失はれ、中央集權の政治は弛みを生ずるに至つた。加之外國との交涉が頻繁になつて、著しく地方分權の弊を感じて、清朝の末年には、中央集權に努めたのであるが、その結果としては、却て清朝の亡滅を來たしたのである。

しかし、今日でも、中央集權の熱の醒めぬは、海外との關係より來るのである。帝政問題の起るのも、夫れに依て、中央集權の政治を行ひ、國力を盛んにし、强國の列に入りたき望みがあるからであるが、此は非常に誤れる議論で、支那で中央集權の政治は、五百年來、決してよい結果を齎せしことはない。支那の如き民族に於て、獨逸の眞似をして、軍國主義の實行や、强國にならんなどの考へは、まだ〳〵時期が早い。西洋人の支那に通ぜしものでも、支那を統治するには支那人の手に依りて、尤もよき政府が組織せらるゝものでないと迄云ふて居る。

それゆゑに、近頃の帝政問題が、此の誤れる思想に依る所が多いので、此の誤をさとらねば、支那は到底其秩序と安寧を得ることが出來ぬ。要するに、支那の政治として小さき中央政府を有して、統轄力鈍くとも、人民の幸福を害せない程の政治を行ひ、海外に對して、何處迄も平和でやる、利權などは内外人ともに均一にして、世界に國を開放するが尤もよき方法で、夫れには、共和制を維持するよりよき上策はあるまいと思ふ。

『美術之日本』第八巻第八号　大正5年8月

選定せられたる國寶に就て

今度の古社寺保存會で選定したものは、自分の關係した國寶の中では常の會よりも面白い優等のものが多かつた。勿論大部分は御大典の時に京都府の主催の御宸翰展拜會に出たものであるが、其の外のもので尤も有名なものは、讃岐萩原寺一名地藏院の所藏の弘法大師の筆と稱せらるゝ急就章といふものである。これは自分は既に昨年の夏其寺で一覽したものであるが、五色の絹を繼合せてそれに書いた草書の翰であつて、寺傳では弘法大師となつて居るが、それに就て識者の間に議論もあり、或は唐人の筆ならんとの説もあつたが、自分は矢張大師が在唐の時あちらで何か名筆を臨書して來たものであらうと思ふ。これは古く貫名海屋の摸刻した法帖もあり、近來東京で金屬版に寫したものもあるが、其何れもこの翰の跋〔語〕後を〔脱〕出してゐる。其跋には弘仁六年七月二十日買得了とあつて、後に買得了の三字を寫了と改めんとして甘《うま》く訂《なお》らなかつたので三行になつて居る跋を墨で皆抹殺せんとした跡がある。この跋の筆者が誰れかといふことは判らぬが、自分の考ふる處では或はこれは嵯峨天皇の宸翰で、古來より口傳ひになつて居る天皇と弘法大師との筆法爭ひの話は、或はこの翰に就てゞないかと思ふのである。勿論國寶になつたのは大師であつても或は他の人であつても、其筆跡極めて優秀な爲に選ばれたので、其爲に甲種の三等に品位つけられたのである。其筆書の傍に朱書の釋文は口傳で貫名の筆となつて居るが、夫れに就ても種々の疑問があつたが、今の處では其寺傳を信ずるのである。斯くの如き名筆が國寶に選定されたのは非常に喜ばしい次第である。

其外加賀比咩神社の所藏に係る神皇正統記第二巻に永享十年書寫の奥書があつて、然も其前の方に北畠親房の家來よりの傳來を書き、北朝の諸帝をも加へて居る寫本で、この書の内で最も信用すべき古寫本の一つであるといふことであつた。

先日の御大典に博物館に陳列になつて居た和歌山縣の隅田八幡神社の古銅鏡は、爾來國學《ママ》雜誌等にも載せられて居つて、癸未年八月日意柴砂加官〔意柴沙加宮〕云々といふ銘があつて、紋様は漢鏡の模造である。或は履仲天皇の時代等と考ふる人もあるが、自分は推古天皇以後とする方がよいと思ふ。日本の古鏡中年代を記したものとしては尤も珍らしいもので、尤も學問上益するものである。其他山梨縣の向嶽寺の絹本着色の達磨の像は隆蘭溪の賛があつて、疑ひもなく宋畫である。自分の専門外であるが、長崎縣の龜岡神社の所藏鐶頭大刀は身は所謂天國といふものゝ形を仕《し》たもので、中心の端は鐶形を爲して竹製の鞘を皮に包んだもので、鍔竝に束頭は水牛角を用ひて作りの鐶は柄の外に喰み出して居る餘程異様な拵へであつて、専門家の説によれば高麗劒といふものゝ拵へであらうといふことで、從來の刀劒の中で最も珍なものゝ一つであつた。

支那に於ける風教問題　儒教衰ふ

『世の中』第三巻第五月号　大正6年5月

孔式を國教とするか何うかといふことを大分問題にして云爲してゐるものがあるが、支那に於ける風教の根本は儒教である。けれど實際の信仰の力としては、儒教の勢力は數百年來失くなつてゐる。勿論この儒教の勢力は昔であつても其の實際の功能といふものは、讀書人といふ階級にのみ限られて、其の他は一般に佛教に傾き、支那固有の宗教である道教の如きは、一般下層社會に行はれたのである。然るに近代に至つて、讀書階級にさへも儒教の實行がなくなつて來た。儒教が讀書人の間に勢力のあつたのは、上古は暫くこれを措き、兩漢（前漢、後漢）の時が最も盛んであつて、中頃衰へたが、宋の時再び盛んになつたのである。兩漢の時は士大夫以下の階級、卽ち庶民の階級は社會上眞の勢力がなかつたから、それに對して特別の信仰は明かに形をなさなかつたが、宋の時に至つては既に庶民階級が信仰に於いて明白な形をあらはして來た。而して道書、それも殊に一般に行はれる道書、道家といふ専門家のみでなく一般人向きの道書物が出版され、流布されるやうになつたのは此の時代からである。庶民階級には道教、讀書階級には儒教、それが卽ち道德標準であつた。

然るに宋以來儒教の經典が文官試驗のために利用されるやうになつた。この文官試驗に經書を利用するといふことは、宋より前唐時代にも用ひたのであつたが、之れは暗記を主として義理を主としなかつたのであつたが、宋以來は其の義理を以て試驗するやうになつた。これも要するに政治家の考へから出たことで、彼等の考へから云へば經書の義理に通じなければ、到《と》ても文官として立てゆけないといふにあつた。

明清兩代の間に於いて經書の義理を主として作る論文が盛んに行はれた。然るにこの論文は一種の思想の戯れのやうになつて、何時でも同じ種類のものを利用し、それを以て職業を得るの道具とした爲めに、經書に對する眞の根柢ある信仰は失はれた。終《つい》には經書の文句を洒落の材料に迄用《つか》ふやうになつて、殆んどそれを以て身を修め、家を整へる標準とする者はなくなつた。さうして讀書人の信仰は一變して、昔の庶民と同じやうに道教を信仰するやうになつた。試驗を受ける時の支那人の迷信といふものは實に非常なもので、それを集めた本さへ出版されてゐる位であつたが、事實試驗を受けるに當つては、先づ孔子様よりも道教の神様を信仰する。其の神様の冥助に據つて試驗の無事通過する事を祈る。これが一般の狀態であるが、一方に於いては清朝の學問が考證學に傾いた處から、經書といふものを學問上の研究の對照として用《つか》つて、信仰上の對照として用《つか》はなくなつた。經書に對する學問上の研究は、前古未曾有の進歩をしたのであつたが、その方法も西洋人の學問上の研究の行き方と同じ徑路を執つた爲めに、甚だ精密なものとはなつたが、その反りとして信仰は全然失はれたのである。

今日學者の信仰としては、何うぃふ方に傾いてゐるかといふに、道教に傾いてゐる者もある。中には無宗教の考へを持たものも多くなつて來た。近代以來百五、六十年この方だいぶ佛教に傾く者が多くなつた。それは有名な學者でもだいぶ佛教に傾いて來たものもあるが、併し佛教に對しても熱烈な信仰を持つてゐるものではない。佛教の哲學的の義理が儒教よりも興味が多いといふので、樂み半分に其の方に入つたのである。而してその間に多少信仰上の安心を見出してゐるやうな傾を持つてゐる。云はゞ今日の儒教は事實信仰の上からは、何等の價値もなくなつてゐる。單に孔子といふ人が、支那の教を盛り立てたといふので、たゞ尊敬心を持つてゐるといふ丈けで、殆んど信仰といふものは失くなつてゐる。其の尊敬心から孔式を國教とする議論が出るのであるが、それを以て見て儒教が今日尚ほ信仰されてゐるとは云へないのである。今日支那人の風教に對する考へは、云はゞ幾千年の歴史上からして、一と通りの淡泊な教では感じなくなつて、餘程趣味のある濃厚な意味のものでなくては、到《と》ても感じなくなつてゐる。それが爲めに佛教に走るものがあり、庶民の中には天主教、基督教等に入るものがある。日本人などとは全然その信仰の點を異にしてゐる。日本人の内には論語一巻に據つても、それによつて道德の生きた信仰を呼び起すことが出來るが、支那人には最早それが少しも出來なくなつた。日本人の道德上の考へに對する從來からの經歴を考へて見れば、論語を信仰する程度が解るのであるが、それは他日に讓る。

要するに、大體支那人には日本人と道德に對する考へといふよりは興味の點に於いて遙かに違つてゐるが、これが明白な事實となつた。

『朝鮮彙報』

支那視察談

大正7年3月

私は四年程前に京城に研究したいことがあつて參りましたが夫れ以來參りませぬので、此の二箇月ばかり支那地方を旅行致しますに就て歸りには京城の總督府博物館をまだ拜見して居りませぬから一寸拜見したいと思ふて一晩だけ御當地に泊つた。實は以前に參つた時御世話になつた方も澤山あるので、夫れを一、一お尋ねしなければ義理が濟まぬのであるが、皆樣へ特に參上して居ては到底時間が足りませぬ。一層のこと誰方にも御無沙汰序でに御無沙汰して遁げて歸らうと云ふ存慮であつたが、遂に昨晩發見されて、直ぐに何か話をしろと云ふことであつた。前年のみならず又將來も京城へ研究に參るとお世話にならなければならぬので、お斷りが出來ずお引受は致しましたが、併し今謂つた通り二箇月間ホンの飛脚のやうな旅行をしただけで、纏つて居たのは僅に北京に二週間ばかりである。夫れとても殆ど一日の暇もないことであつたため、お話するやうなことは何んにも考へが纏つて居りませぬ。本來朝鮮へ參つたのであるから朝鮮のお話を申上げる方が宜いかとも思ひましたが、亦段段考へて見ると、近頃は總督府の方でも色色私共の專門たる歷史上のことも調査されて居るので、下手に私共が何か發明らしいことを謂ふと忽ち尻尾を出して酷い目に遭ふやうなことがあるらしい。其處でさう云ふ危險には成るべく立寄らぬ方が宜しいと思ひまして、他の方向のことに就て一寸お話申上たいと思ひます。

東亞の大勢……とか何んとか謂ふと御大層であるが、兎に角日本が今日東亞に於ける段段の遷り變りを見て居ると一種自然に日本の雙肩に擔ふべき色色の運命がある。例へば私は最初青島から上陸して參つたのであるが、青島へ行つて見ると同地で働て居る方の其の多くは滿洲若は朝鮮の孰れかで一度働いた方が居らるるやうで、段段日本の勢力と云ふか、日本の種種な關係が支那の方へ親密になり複雜になる。夫れに隨てさう云ふ風な場合が多くなるやうであつて、一度は何れかの殖民地で經驗をされた方が先へ先へと進んで行かれるやうである。夫れで怎《ど》う云ふ場合に於てか支那が日本人の力を今日よりも以上にモット要求することがないとも謂はれない。私は勿論支那人が日本人乃至其の他外國人の力を今日以上より多く利用することが支那の爲であると云ふことを考へて居る一人であつて、既に先達も北京に於ける日本人團體で何か話をしろと謂はれた際も其のことに就て古來の證據のやうなものを擧げてお話をした次第である。夫れで今日當地で働いて居らるる皆樣が何時亦支那方面へ行つて働くかも知れぬと云ふことは之は議論でも何んでもなく今日までに類例のあることである。夫れに就ては以前から私が多少支那のことを書いたものを見たり又つまらない自分の意見を述べたりして居ることが多少なりとも世間の役に立つて居るものとするならば、今日縱《よ》し二月ばかりであつたにしろ支那を見て參つて考へ浮んだことをお話して、夫れが今日朝鮮でお働きになつて居る方が段段先へ先へと進んで行かれる場合に於て何か亦お爲めにならぬことがないとも限らないと考へましたので、實は單に二箇月ばかり忙しい旅行をして參つただけでまだ考へも纏らず唯見聞したに過ぎないやうなことであるが、茲に其の一端を申上げやうと考へました次第である。然るに只今の御紹介に於て支那の話をするやうに御紹介下さつたのは實に天佑とも謂ふべきで、恰度私が話したいと思つて居たことを要求して下さつたので非常に好都合である。若しさうでなく朝鮮の話でもしろと要求されると大いに困る處であつた。

私が北京へ最近參つたのは今から九年前恰度明治四十三年であつた。滿洲へは其の後の四十五年に一度參つたが南の方へは大變永く行かなかつた。上海の地方へは明治三十五年以來、長江一帶へは同三十二年以來行かなかつたので、到る處の變化は非常に大なるものであつて頗る驚いた。單に見た處を謂ふと總體に非常に賑やかになつて居る。勿論表の上の數字や何かで見ても支那の貿易額は非常に增加して居るやうな譯で、總ての商業貿易と云ふやうなことは近年非常に大きな發達を遂げて居るには相違ありませぬが、併し夫れが爲めに支那其の者が大きな發展をして居るや否やは餘程疑問である。私が北京へ行つたのは恰度支那の宣統二年で革命亂の起る前年であつた。其の當時は清朝の極く末年であるが併し支那が之から立憲政體を實行しやうと云ふ意氣込の旺盛なる秋であつて、所謂各方面に革命を行つて却却《なかなか》一生懸命になつて政治をやつて居つた時期であつた。其の際私共は學問上の特別なる用事があつて參つたので其の外のことは餘りに注意を拂ふて居りませぬ。其の頃恰度資政院と云ふ今の衆議院の前身のやうなものが開かれた時でありましたけれども、私は之まで内地に居ても貴衆兩院等を參觀したことさへない人間であるから、支那へ行つて資政院を見る必要もなからうと云ふので到頭參觀しませぬ。さう云ふ風に政治上のことには餘り注意を致しませぬけれども、兎に角一般に非常に新しい政治を行ふと云ふことに就て意氣込が盛であつた時である。この調子で順調に進んで行つたならば、兎も角も支那は段段新しい政治を實行していくことが出來るだらうと多少は期待された。例へば當時に於ては日本へ留學した曹汝霖とか其の他有力な人人を總長卽ち日本の大臣の地位に推して居るが……當時は次官位のことであつたけれども、さう云ふ風に盛に日本から歸つた留學生なども登用する途の開けたときであつて、餘程支那の政治上頼母しい時期であつた。夫等に依て之ならば支那と云ふものも新しい政治を實行して、さうして効能があるやうになるものかと思つて居りました。併し單に我我は學問のことだけ見ていけば宜しいと云ふ風に考へて居つた。すると翌年卽ち宣統三年の冬革命の幕が切つて落され、次で翌年になつて民國元年と改稱され、以て今日まで六年繼續して居るのであるが、今度私が行つて見ると意外の感に打たれざるを得なかつた。私は今度青島から上陸して濟南から南京へ行き次で上海に參つて杭州、漢口と廻つて騷動の鎭つたばかりの長沙にも行き、さうして北京の方へ引返して來たが、實は北京へ參るまでに諸所を見て居る間も北京へ參つてからもさうであるが、支那の政治上に對して、私の豫想に反して居るのに大なる失望を禁じ得なかつた。勿論私が支那に對する失望は敢て今日に始つたのではなくして、久しい以前から失望して居つたのである。で私は或る時斯う謂つた、「支那の國民は自ら政治をとることを斷念したが宜からう、さうして外國人に賴んだ方が支那人の爲めに寧ろ幸福であらう」と。之には大分支那人の反感を購つたこともあつた。さう云ふ譯であつて前から大に失望はして居つたのであるけれども、特に宣統二年卽ち革命の前年に參つた時から見てあらゆるものが後戻し、其の總ての撚《より》が戻つて居る形勢には實に愕いた。支那と云ふ國は昔から政治上振はぬのは勿論であるが、孰《ど》ちらかと謂ふと古くから虐政に苦しめられた結果として、人民は政府に依賴することの念が薄くなつて、人民自から社會上の團結を固くすると云ふ點に向つて段段固つて來た。隨て日本などよりも社會的自治と云ふことは發達して居るであらうと云ふ風に考へて居つた。處が實際に於て其の點に就ても餘程失望した。二、三の例を擧げて見ると第一に軍隊が著しく惡くなつたことである。支那軍隊と云ふものは昔からつまらないものと相場は決つて居るけれども、恰度私の行きました頃卽ち清朝の末年で袁世凱が勢力を失つた時であつたが、張之洞とか、袁世凱とか云ふ人が日本人などを賴んで新式の軍制を布いた軍隊のあつた時などから見ても、今日の軍隊は其の質が甚だ惡くなつて居るやうである。勿論兵卒の種も惡ければ訓練も惡く、あらゆる點に於て惡くなつて居る。この間も或る支那人と話をしたが、長髮賊の亂の時に方《あた》つて兎も角も支那の今の兵隊と云ふものは更に役に立たなかつたことは勿論であるが、曾國藩が湖南から起つて兵を起し、其の義勇兵で長髮賊の亂を平げた、其の當時よりも尙兵の種類は惡い。今のは鐵砲の良いのこそ持つて居るが兵の種は惡い。當時の湖南兵は百姓から成り立ち、其の將校も軍事上の知識はなかつたと云ふても宜いけれども、皆其の地方の村夫子と云ふやうな人であつて、人民と餘程親みのある人達が統率して居つたので、隨て將卒との間に親みがあつた。夫れが爲め朝廷の命令こそ行はれない時もあつたが、兎に角將卒との間には親みがあり、兵の種も非常に良かつた。今日の軍隊は土匪、苦力等のあらゆる性來の惡い下等な人物を寄せ蒐めて兵隊にしたものである。將校なども日本で訓練を受けたとは云ふが、一旦日本將校の手を離れて支那へ歸り今日の如く數年も經つと、總てに撚《よ》りが戻つて終ひ、規律も何も成して居らぬ。私は偶然のことからして長沙では廣西の陸榮廷の軍卽ち南軍の主力なるものを見、又岳州では北軍の軍勢をも見る機會があつて見たが、孰《ど》れも紀律も何もあつたものでなく、甚しく亂雜なものであつた。つまり兵の種を謂ふと官僚當時より惡いし、兵の訓練紀律を謂ふと張之洞、袁世凱が清朝末年にやつた軍隊よりも惡い。全く總てが後戻りをして居つて、唯良いのは新式の鐵砲を持つて居ることだけである。夫れであるから、假令今日に於て北方の人が武力解決をすると謂ふても、其の兵は戰はずして北《に》げる者もあれば、又南方でも岳州を攻める〳〵と口では强さうなことを謂つて居るが、私共が行つた當時から今日まで經つても攻めたと云ふことも聞かない。北方も亦其の通りで唯孰れも睨《にらみ》合《あ》つてばかり居るのであるが、其の孰れから謂ふても武力解決と云ふが如きは到底出來ないことである。さう云ふやうな譯で軍隊は殆どお話にならぬ。

　次に政治上のことも餘程惡い。私は今度南京に於て近頃評判者である李純督軍に會つたが、其の時に私は支那が、民國になつてから昔の清朝と較べて何か良いことがあるかと訊いて見た。卽ち日本では御維新の時には極く引括めて謂ふても前に較べて二の大きな良いことがある。夫れは今まで四民と云ふものの間に明かに區別があつたのを撤廢し農商工も士族と同權だと云ふことが明確に日本人の頭に入つた。今一は人民の負擔が輕くなつた。日本には二百數十藩があつてさうして夫等の大小名が其の地方地方に於て大分重税を課して居たのが朝廷に統一せられてから……始め人民が理解しない間は餘程人民の間に不平もあつたけれども段段考へて見ると餘程負擔が輕くなつて居るので其の不平もなくなり、特に百姓などは御維新以來急に發達した。兎に角權利の上から謂ふても、利益の上から謂ふても夫れだけの利得がある。支那の民國には清朝の時代に對して何を與へて居るか。權利と云ふものは支那は昔から王侯將相何んぞ種あらむやで士農工商何等權利の上に區別はない……實際には官吏になつて居る者と普通人民になつて居る者とでは勿論區別はあるが、元來の性質としては區別はない。兎に角新しく權利を與へられたことは何處にもない。又負擔は怎《ど》うかと訊いて見ると、前より重くなつて居ると答へた。併し李純督軍は人民は以前は何故税を重く徵《と》れるかと自分で理解しなかつたけれども、今日は徵られる理窟があつて徵られると云ふことを理解して居るだけ宜しいと云ふことを謂つた。果して支那人が喜で出して居るか怎うかは疑問であるが、勿論そんなことはないと思ふが、李純は民國の督軍であるに依て、其の位の辯解はしなければならぬから謂つたのであらうが、實際人民から謂つて何等の利益も受けて居ない。寧ろ反對に何か騒動がある度に餘程の苦痛を受けて居る。現に今度も長沙に行つて見たが、元來長沙と云ふ所は、湖南人が督軍兼省長であつてさうして湖南人で湖南を治めて居つた。其處へ段祺瑞が内閣から傅良佐を遣はした。之も湖南人ではあるけれども、兵は北方から成立て居る。其の兵を率ゐて長沙に這入り込んだ。夫れは宜しいが今謂つた通りの騒が起つて傅良佐は長沙を遁げたが、其の遁げる時も多少惡いことをして遁げたに違ひない。今度は夫れに代つて廣西の陸榮廷の南軍が這入つて來た。支那では昔から糧は敵に據るのが極りであつて、隨て廣西から來る軍隊が態《わざわざ》御苦勞樣に其の土地から糧食を持つて來るやうな間抜けは勿論しない。到る所で徴發する。長沙に著くと長沙と云ふ所は永い間さう云ふ騒亂の憂目を見ない所であつて、既に長髮賊の時も長髮賊に攻込まれたけれども、長沙は遂に陷ちないで其の亂を蒙らなかつた。夫れから近頃の革命の際も長沙は少しも其の影響を受けて居らぬ。今度始めて他のものが這入つて來た。長髮賊の時も廣西から起つた賊軍が湖南を荒して通つて長沙を奪《と》らうとした時は、見事に湖南人で賊軍を防いで奪られなかつた。今度は廣西軍が湖南を援助すると云ふ譯で這入り込んだのであるが、這入ると直ちに長沙の重なる商人に向けて軍費の調達を命じた。之には長沙も餘程困つて居ると云ふことを聞いた。其の結果は怎うなつたか知らぬが、兎に角例の軍資の調達を申付けられたと云ふことを聞いただけで私は歸つた。さう云ふ譯で騒亂があると長沙の如く長く其の影響を受けなかつた所でも遂には影響を受けなければならぬ。況んや漢口などは騒亂の影響には懲懲《こりごり》して居る。今度なども北軍がドン〳〵漢口を通つて遁げる。其の時に漢口では色色議論が沸騰した。之は北軍が來ると必らず南軍と戰爭をする。寧ろ北軍が來さへしなければ宜しいのであると云ふので、漢口は平和論に傾いて北方に對して荐《しき》りに平和を主張して居る。併し若し長沙の如く南軍が漢口に這入つて來て徴發することになつたら、果して平和論で終るか怎うか分らない。兎も角も騒動がある度に、さう云ふ大きな市街は孰《ど》れも害を被らないことはない。夫れが爲め前にもそんな危險のあつた時、日本守備隊の保護を求めたいと云ふ説が漢口の重なる商人の間にあつたと云ふことである。平素は排日主義で日本人に對し種種無禮なことをする支那人にあつて、さう云ふ時になると兎も角も日本人の保護を受けて安全に過したいと云ふ考へになる程であつて、長江一帶は革命亂以來騒動には懲懲して居る。之は勿論一時の現象であると謂へば一時の現象であるけれども、兎も角も民國と云ふものが成立て以來少しも人民に從來より善いことを與へたことのないのは事實である。

夫れならば其の地方の政治をやる者なり何んなりが善くなつて居るかと云ふに決してさうではないのである。支那には色色な事情があつて殆ど我々の想像の付かないことがあるのであるが、北京邊りで見ても時としては大變に日本人を排斥して、さうして日本の資本となつたならば何んでも皆拒絶する。例へば鳳凰山の鐵鑛などもさうである。先達ても夫れが問題になつた爲めに大倉男爵が北京に行かれたやうであるが内閣が更つたので竟に其の望みを達せずに歸られたやうである。さう云ふ工合で日本人の資本が這入るから大變事が八釜敷くなるのである。夫れで絕體に拒絶するのかと思ふとさうでもない。其の一方に於て北京邊りでも日本の資本を無暗に歡迎する人もある。畢竟自分の都合本位で總ての考へが割出されて居るのであつて、決して支那人全體の考へが日本人と日本の資本を排斥する譯ではないのである。現に今謂つた鳳凰山の鐵鑛のやうなことでも、訊て見ると面白い話がある。鳳凰山の鐵鑛採掘は農商工部から許されるのであるが、其の農商工部の方では若し夫れを自分の方で許可する、其の許可したことに依て受けられる利益が自分の方へソックリ這入れば大きに都合も宜しいが、一方には兵器借款と云ふものがあつて、夫れが爲め折角農商工部で許可しても、鳳凰山鐵鑛に就ての利益は全部陸軍部の方に這入つて終ふ。そんなつまらないことに判を捺す奴があるものかと謂ふので、大に之を排斥すると云ふことである。さう云ふやうに北京政界と云ふものは餘程變なものであつて到底我々には想像も付かない。隨て色々現はれて來た總ての根本原因を索《もとめ》ると云ふことは、我々が短かい滯在日數に於て望むべからざることであるが故に、別に何等の注意もしなかつたのである。先達も北京に於て復辟問題が起つた際にも其の事情に通じた日本人に訊いて見るが、三人寄れば三人とも各議論が異ふ。而かも夫れが何んでもない民間の人でも謂ふならばであるが、さうではなくして北京に居る公使館員とか、土地の新聞記者とか立派な人達であつて、夫れが三、四人も一緒に居つたが、銘々話が異ふて、其の人達にも何等判斷が付かない。夫等に依て見ても餘程譯の分らないことが多いので、到底我々がこんなことを研究しても駄目だと思ふ。

さう云ふ風で政治上のことを謂へば甚しく腐敗を極めて居る。或る人の如きは怎うも今は賄賂の取り方なぞも前の清朝頃より酷いと謂つて居る。尤も之は民國になつてからと云ふ譯ではなく既に五、六十年この方支那の賄賂の取り方は一種の經路があつて段段酷くなる。孰《ど》つちかと謂へば取り方が亂脈になる傾きを有つて居る。遠い昔から支那の政治は總てのことが賄賂に依て成立つと云ふことは極りきつたことであるが、今から六、七十年前卽ち道光頃に於て有名な賄賂取りと謂はれた穆彰了《ホチャンラ》と云ふ人がある。後になつて咸豐帝の信用を受けて勢力を振つて居たが、咸豐帝の死後西太后に殺された。次には肅順と云ふ人も大分賄賂を取つたと云ふことである。其の時分には賄賂を取るには一定の極りがあつて、或る時穆彰了の處へ一地方官が大枚の賄賂を持參したら、穆が之はお前の身分不相應である。身分相應の贈り物をすべきであるから、こんなに持つて來ないで宜しいと謂つたさうである。斯樣に昔の人が賄賂を取るには一定の極りがあつて、無暗には取らなかつたと謂つて居る。然るに其の後の光緒頃になると、大分賄賂の取り方が亂脈になつたかと思ふ。併し夫れが清朝末年から今日になつて見ると一層亂脈になつて居る。つまり昔から賄賂で政治を行ふと極つて居つたけれども、兎も角も清朝と云ふものがあつて秩序が立つて居る間は、自然賄賂にも秩序があつたが、清朝が倒れて民國が起ると未だ秩序が立たないので、賄賂の取り方も何等秩序なしに取つて居る。夫れだけが昔と今日との差である。尤も中には一厘の賄賂も取らない清廉潔白な人もあるやうである。夫れで大體を謂へば今日の支那官吏と云ふものは、清朝の時の官吏よりかは餘程給料が多くなつて居て、兎も角も夫れで暮らせるだけの給料は吳れる。昔は都に居る官吏は迚《とて》も吳れるだけの給料では餘りに少額であつて暮らすことが出來ないものと極つて居つた。例へば御史と云ふ者は地方官を彈劾して夫れから口止料を取る。夫れから中央大官たる大學士と云ふ人々は、地方官の間に澤山な門生があつて夫等から年年贈り物をするので夫れに依て暮らして居つたのであつて、給料で暮らして居たものは昔はなかつたのである。併し今では給料で暮らさうと思へば暮せないことはない。夫れで中には賄賂を取らぬ人もあるやうであるが、取る奴は無秩序に無暗に取る。斯樣に餘程混亂したる社會になつて來て居る。で一方から謂つて取らない者のある處は宜しいであらうが、取る者になると前より却て惡くなつて居ると云ふ處もある。以上は政治上のことであるが社會上のことに就ても餘程秩序がなく亂脈になつて居る。夫れはつまり支那傳來の教へに依て維持された道德心と云ふものが餘程弛んで來て、其の教へでは締りをすることが出來なくなつた結果である。夫れで民國が始めて出來た時に民國の方では支那數千年來殆ど易へることの出來ないものとして居つた孔子の教が果して共和國の國體に合するか否やと云ふことを吟味したことがあつた。其の時には私は恐ろしいことをするものだと思つて居たが、其の風潮が今日でも全くなくなつて居らぬ。一時は其の反動として袁世凱時分から孔教會と云ふものが起つて、さうして孔子教を國教とすると云ふ議論もあつたが、其の時は格別勢力なくして兎も角も其の儘になつて今日は孔教會と云ふものも餘りないやうで、何處へ行つてもさう云ふ看板も見ない位である。夫れで其の少少前から外國人の教育が非常に盛になつて來て到る處に外國人が大きな學校を建てて居る。夫れが爲めに或る昔の學者などは竟には形は支那人でも心は外國人になつて終ふとさへ謂つて居つた。夫れは餘り極端であるかも知れないが、基督青年會の勢力が盛になつて居るのは事實である。今日の處では夫れが支那の風俗習慣に孰《ど》れだけ合ふかと云ふことは、まだ支那では問題になつて居らぬ。或る一部分の者は夫れに就て多少考へて居るが、大體に於ては問題になつて居らぬ。勿論基督教の人々も多少自信があり、夫れから亦支那で從來基督教を弘めても餘り効能がなかつたと云ふことをも承知の上で骨を折つて居るのであらうし、弘める人の方には立派な精神があつてやるのであるから、弘げるには少しも惡いことはないけれども、支那人がさう云ふ外國の教へが弘まつて來ることに對して、自分には自分の國の教へが昔からある。其のあつた教を怎《ど》うしやうかと云ふことも考へなければならぬのであるが、まだ考へるの暇がないやうである。さうして實際に於て色色な破壞的な風潮が盛んに行はれて居るのをも、尙少しも取締る考へが付いて居らぬ。私共の愕いたのは杭州の西湖に行つた時……其處には三潭印月と云ふ有名な名所が湖水の眞中にある。昔し私共が行つた時には長髮賊の亂で有名な彭玉麟と云ふ人の祀廟があつて、彭玉麟を祀つてある。今度其處へ行つて見ると彭玉麟の位牌は除り去られて、浙江出身の明末からの色色の偉い人とか清朝に反對した偉い人人とが祀られてあつた。併し彭玉麟は浙江の人でもないし、唯其處に別荘を有つて居たからと云ふだけで祀られてあるのであるから、夫れでも宜しいのであります。次には武昌へ行つた。此處は長髮賊の亂に際しては長髮賊に奪られ或は官軍に獲られして、何遍か取つたり遣《や》つたりした舊跡のある所である。さうして暫く武昌に根據を固め湖北省の安全を維持し、且つ夫れを根據として前後左右七省に亙つて長髮賊討伐の根據を据えて、南方の安全を維持し遂に之を恢復した偉い人物は胡林翼と云ふ人である。當時湖北の總司をして居つたのは范文と云ふ滿洲人である。この人は大した雄才膽略はないけれども、胡林翼と交情善くして胡林翼の謂ふことを肯いたので、兎も角も一致して湖北の安全を維持し長髮賊討伐の大計を樹てたと謂はれて居る。兎も角も范文、胡林翼等は湖北なり武昌なりと云ふものの殆ど救世主と謂つても宜しい位の人で、殊に胡林翼と云ふ人は其の爲めに肺病のやうな病氣になつて、未だ長髮賊討伐の大功を奏しない中に亡くなつた。其の廟が有名な黃鶴樓の處にあつたのであるが、今日でも小ポケな額だけは殘つて居る。境内へ入ると位牌を安置した堂は跡方もなくなつて居て、附近には徒らに寫眞屋や人相見などが彷徨するのみで、殆ど胡林翼の廟所であつたと云ふことを偲ぶよすがもない。胡林翼は湖南の出身であるが、働いたのは湖北の地であるからマア夫れでも致方がない。尙更に愕いたのは曾國藩の廟が滅茶滅茶になつて居たことである。謂ふまでもなく曾國藩は長髮賊の亂に方《あた》つては湖南を濟《すく》ふた人である。其の首府長沙が長髮賊の爲めに蹂躙せられずに濟んだのは一に曾其の人のお蔭である。のみならず曾は湖南の百姓を訓練して長沙を一統し、竟に其の兵は露淸國境まで出て湖南の兵威を天下に輝かしたと謂はれて居る。斯の如く湖南の人民を救濟した點から謂つても、湖南と云ふものの名譽を天下に輝かした點から謂つても、曾國藩は非常に功勞のあつた人である。夫れが近頃革命になつてから曾國藩の立派な廟と共に其の位牌を取つて、さうして革命の際に於ける湖南烈士の靈を祀つて居る。日本から謂ふと親代々して居つたものが、今度は湖南烈士と云ふことになつて夫等が祀られてある。成程湖南の烈士を祀るのは洵《まこと》に結構であるに違ひないが、何も曾國藩の廟を失くして終ふ必要はなからうと思ふ。其の點に就ても長沙に行かない前に督軍の王占元に會つた時、胡林翼のことを質した。すると王督軍は夫れは我々も前から聞いて居ることであるが、胡林翼とか曾國藩とか云ふ人は長髮賊を討伐して淸朝を助け、夫れが爲め支那革命の機運を遲らしたものである。其の點が不都合だからと云ふ風に若い人達の議論がなつて居るので、遂に取り去ることになつたのであるが、併し自分に於てはさうは考へないと應へた。夫れではなぜ、アンナに荒らして置くかと訊くと、近頃は其の經費がないので已むなく其の儘になつて居ると言譯をして居つた。

例へば之を前の淸朝に見るに、淸朝が明を奪つて明と入替つた時でも、明の崇禎帝と云ふ最後の天子が萬歲山で首を縊つて死んだのであるが、夫れを淸朝では禮を厚くして葬むり北京から近い所に山陵を築き、其の樹木を伐り建物を毀つなと云ふ禁令をも出して居る。彼の淸朝の如き夷狄の中から起つた人種でも先代の帝王を保護し、夫れから又淸朝には弩を曳いたのであるが明朝に對しては忠義であつた人人に對してまでも、皆明の忠義の人の中に入れて、さうして諡名のない人には諡名を與へ大に優遇した。謂はば近頃の革命は討滿興漢――滿人を殪して漢人を興すと云ふ大きな觸出しでやつて居る。所謂滿洲は夷狄でつまらぬ奴であるから漢人を興せと云ふことであるが、現在自分が滿朝を殪してやつて居ることは各地方で滿洲人を虐殺し隨分酷いことをして居るのである。さうして淸朝の時に仕へた色色功勞のある人に對してまでも今のやうな殘酷なことをする。私は怎うも支那人の道德心と云ふものが殆ど今日は狂氣染たものになつて居つて、到底お話にならぬものであると思ふ。勿論さう云ふ考へは永續する筈のものでもなからうと思ふ。で今日でも多少北京の中央に居る人でも氣の付かぬことはないやうであるが、氣は付いて居つても未だ夫れを實行すると云ふことは到底出來ぬ。

北京大學堂へ行つて見ても、張之洞時代にあつた經科と云ふものを廢して終つた。經科と云ふものには學問上議論があれば罷めても宜しいが、併し夫れならば支那傳來の學問、夫れから道德を研究する經學と云ふものを何所で研究するかと云ふに、何んにも今日の大學堂にはない。經書などは怎うするかと云ふと哲學、史學、文學等に分けて終ひ、一の經學としてやつて居る所はない。大學堂の校長に夫れが便宜でやつて居るかと云ふと、其の方が便宜かと思つてやつて居ると謂ふ。夫れは誰れでもさう云ふ風に考へて居るのではなくして政治の局に立つた經驗のある人でも夫れには不滿足を表して居る傾きもあるけれども、今日では支那傳來の道德學問を維持しやうと云ふ熱心は一體に缺けて居ると云ふても宜しい。さう云ふやうなことで、謂はば私がこの地を七年程前に見た時と今日とではあらゆることに就て非常に混亂に陷り撚りが戻つて居る。支那と云ふものは遠く阿片戰爭以來外國人から屈辱を受けて、さうして清朝末年までに兎も角も支那と云ふものは國家らしい國にしたいと永い間努力したのであつた。夫れで段々立憲政治をやらうと云ふ處まで漕ぎ付けたのであるが、夫れが其の目的を達したから宜いか知らぬが、兎も角も清朝を打倒して今日の共和國が起つたのであるが、其の遷り變りの際に、餘程以前から續けて來たあらゆる努力と云ふものがスッカリ撚りが戻つて昔の儘なる放漫な支那に立還つたと云つて宜しい。之はさう云ふ目的でしたのではあるまいけれども、革命と云ふ激しい打擊を國民が受けると云ふと、今まで目的にした處の努力をも皆擲つて終つて、さう云ふ風に昔の放漫の狀態に還ると云ふことがあり得ると云ふことを私は考へた。之が卽ち支那の現狀であるが、併し幾ら支那でも何も斯も北京で見たもの聞いたものが總て惡くて取り處がないかと云ふと必ずしもさうでない。大體に於ては餘程失望して居つたのではあるが、實は斯う云ふこともある。私の極く親しい人が北京の大理院長、日本で云ふ大審院長の職務に居る。其の人が支那で新しい法律を施行するに就て色々草案を作つて居ると云ふので、私と同行の稻葉君が支那の風俗習慣の研究をするに熱心である處から、大理院長に話をしてさう云ふ色々な法律改正のことに就て取調べたものを貰ひたいと云ふことを賴んだ。さうして色々質問を發したが、一度大理院に來て見ないかと云ふから行つて見たが、私は支那に於ける他の各部から見ると驚くべき程能く整理して居ると思つた。其の時に相手になつて出た人は、大理院長も出たけれども、民事の日本で云ふ第一部長、支那では廷長と云ふ役をして居る人も出た。この人は日本の留學生であつたが、第一に日本語が非常に旨いのに感心した。他の外交部か何かで毎日〱日本語の必要ある處では日本語を話す支那人も澤山居たけれども、多くは片言の日本語であつてお話にならない。餘程旨いと云はれる人でも矢張り支那訛りがあるけれども、この人は大理院で支那人の裁判をして居るのであるから、毎日日本語の必要はないにも拘らず日本語の達者なること驚くべきものがあつて、文法などもかえつて正確で、謂ふことが何んでも條理が立つて居て何を訊いても速座に答へた。之には非常に感心した。他の處へ行つてから大理院の評判を訊いて見ると非常に良いのみならず、北京の政界に於ても此處だけは特別に良いと云ふことである。一體に司法部だけは北京の各部の中で餘程良いと世間の評判になつて居る。中にも大理院だけは抽《ぬき》んでて良いと云ふことは一般の定評であつたやうである。近頃長崎控訴院検事長が何か視察に行つて居つたが、私は直接に聞いたのではないが其の見た處の話によると、司法部だけは人材が揃つて居るが、殊に大理院は宜しいと餘程褒めて居つたと云ふことである。斯樣に一部分に於ては大變に能く新しい政治の効能を顯はして居る處もある。其の他北京の街を見ても警察署の取扱と云ふものは昔から見ると大分良くなつて居るかと思ふ。夫れであるから何も斯も惡いとは謂はれないのである。前に謂つた大理院長の董康と云ふ人には實に感心した。この人は實に呑氣で處世法などはお構ひなし、自分の家の經濟などは無茶苦茶であるけれども、公務の方は實に立派にやつて居る。私は貴方と長い間交際して居るが、實は貴方のやうな呑氣な人が公務に從事して居やうとは思はないと正直な話をした位である。斯樣に良い處もあるのであるから、支那人でも新しい政治を行つて慥《たしか》に効能がないとは謂はれないと思ふ。このことは董と云ふ人にも話をした。貴方の處は大變良くいつて居るが、他の處にも新しい政治の効能を發揮するだけの方法はないものかと謂つた。處が董康が夫れは自分にも怎う云ふ風に行つて宜しいかと云ふことは分らないと謂ふから、夫れなら怎うして大理院が斯樣に良くなつて居るかと更に質すと、夫れは自分は私人と云ふものを用ゐないと答へた。私人を用ゐると云ふことは支那では昔からのことであるが、今日に於ても之は支那の政治の最も劇しい弊害である。例へば有名な梁啓超が財政總長になつた時、僅かな時期であつたけれども自分の私人を盛に扶植する。夫れが餘程劇しいと見えて日本の或る人なども夫れに對して、さう人を替へないでも宜かりさうなものであると謂つた。處が梁は應えて夫れは良いものを使つて惡いものを罷めるのは當り前であると謂つたさうである。併し一般に公私は相當に立てるなどと偉いことを謂ふて居た人でも實際政治の局に方ると、盛に私人を扶植すると云ふことだけは認められて居る。成程さう謂へば董康が自分は私人を用ゐないからと謂つた言葉は何んでもない言であるやうであるけれども、支那の政治の弊害を矯正する方法を一言にして悉《つく》して居ると云ふことが謂へる。併し夫れは董康の人物に依ることで、さう云ふ人物が十人も百人も支那の中央部に揃つて居つたならば宜いが、夫れは困難で到底望むべくして得べからざることで見込はないのである。現状の如くんば行詰るまで政治は悪くなるものと見て差支へはない。併しさうなつて來た曉に於て重なる例へば軍隊などを良くしやうと謂ふには、昔の袁世凱や張之洞が軍隊を訓練したやうに有爲な日本將校でも用ゐて紀律を嚴重にし、さうして之を良くすると云ふことにしなければならぬ。夫れから又支那の政治の中で大體金の這入る部分は皆惡く腐敗して居る。卽ち農商工部、次に今日で最も能く這入る交通部、夫れから財政部などは最も腐敗して居る。併し財政部などは同じ腐敗して居る關係のある所でありながら、兎も角も段々事務が進んで行つて居るのは、外國人の關係して居る所卽ち海關と云ふて日本の稅關のやうな處、或は鹽稅部などである。之等は餘程事務の成績も良く進歩していく。であるから金の這入る政務の處へは例へば日本人を用ゐるとか或は他の外國人を用うるやうにしたならば、夫れだけの處は支那人より能く成績が擧がるに違ひないから、私の謂つたやうに外國人を利用することは最も必要であることは確である。確ではあるが、さればと謂つて日本人などがお前の國の政治が惡いから俺の國の人を使つたら宜からう、宜しいと謂つて使ふことになつたら、其の使ふ人が色々世話を燒くと、餘計な世話を燒くと云ふことになつて、却て支那人と折合つて政治をやつて行くと云ふことは困難であるが、夫れは矢張り一は支那の國民性から無理からぬことであらうかと思つて居る。で今度は國民性と云ふことになると、支那の國民性を論ずるのは議論が難しいのであるけれども、兎も角も支那人にして見ると古い歷史を有つて居て、自分の國は偉い、自分は偉い國民であると云ふ考へのあることと、夫れから實際或る部分に於て非常に能力のあることに就て餘程自信がある。この自信この自尊心を傷けると云ふことは、支那人を取扱ふ上に於て餘程注意しなければならぬことであらうと思ふ。今日日本の政治は朝鮮に對しても實行されて居るのであるが、夫れは餘程宜しい成績を擧げて居つて、朝鮮の人民の大體に於て非常に幸福になつて居るやうである。支那でも成程外國人に政治を委した方が支那人の爲めに確に幸福であらうと思ふけれども、併し却却《なかなか》外國人に政治を委すと云ふ處までに支那人を考へますと云ふことは餘程難しい。支那人はこの古き文化を有つて居ると云ふことに依つて一種の自尊心を有つて居る。之は殊に近年になつて有名な章炳麟と云ふ學者が日本に居つた時分に日本に居る留學生に大に吹込んだことである。夫等で餘程其の思想が行渡つて居る。例へば夫れは日本人といふものは戰さに勝つたので偉くなつたのである。自分の國から出來た文化は何一つなく、隨て何等偉い處もない。支那人は國勢こそ今日衰へて居るけれども、古來の文化を有つて居る。成程文化は怎うしても支那人から奪ふことの出來ないものである。

洵《まこと》にこの點は間違つて居ない。さう云ふ點に於て支那人は朝鮮人とも亦日本人とも大分違ふのである。朝鮮人と云ふものは日本人と同樣に古い傳來の文化を有たずに支那の文化を傳習して、さうして日本の方は夫れを大分日本風に同化したのであるが、朝鮮の方では夫れを餘り能く同化せずに傳へて來た位に過ぎないのであると思ふ。夫れであるから今日では支那人は政治上不適任である。今の司法部のやうな處もあるが……大體に於て政治上には大に不適任であると云ふことは確であるが、一面に文化と云ふ點に於て優れて居ることは自分は間違ひないと信ずるのである。支那人は其の文化と云ふことにのみ強き自信を有ち、徒らに夢をのみ見て居る。爲めに政治上に於ても今に夢が醒めない。隨て其の政治の實績に對して此方から謂へば餘り反抗する程の口實はないやうである。例へば私は能く支那の南方革命黨の人或は北京に居て相當政治の局に當つて居る人に向つて、我日本は御維新の際に愛國心を以て日本國の統一を見事に完成したけれども、お前の國では愛國心で統一が出來るかと謂ふた。お前の國では極く手近な例を謂ふて見ても、自分の國に何か騷動があると、直ぐ上海とか或は青島、大連に遁げるからして、自分の最期卽ち殺されるまで踏留つて居ないではないか。何も外國人の政府でなければならぬと云ふこともあるまい。又金を有つて居れば外國人の銀行に預ける。或は又軍隊警察にしても外國人のを信賴する。さう云ふ風であつては、到底愛國心で統一の出來さうなことはないと謂ふと、支那人は實際さう云ふことがあるので夫れだけは困ると、隨分痩我慢の強い支那人であるが、別に夫れに對しては愛國心で統一が出來ると云ふ辯解は誰れも能く謂はない。卽ち左樣な點に對しては、自ら非なるを容認して居るのである。

然るに經濟などに對しては自分の國の不可《でき》ぬことを自認して居ない。自分の國は非常に豐富な天產を有ち、世界に類のない富を有つて居る。夫れを後生大事に藏《しま》ひこんでさへ置けば、何時までも支那人は富を有つて居るのであると云ふ風に考へを有つて居る。夫れであるからこの富と云ふものを役に立たせるまでには、夫れを開發するに多大な資本と幾多の知識技能の要ると云ふことに對しては餘り考へて居ない。殊に日本は前から貧乏で金に困つて居る國だとばかり思つて、この數年來日本が大なる資本、相當の工業上の知識と經驗とを有つて居ると云ふことを十分に諒解して居らぬと思ふ。大體を謂ふと支那人は日本の富と云ふことに對しては全然考へて居らぬ。日本の土地は瘠せた極くつまらぬ食物にも影響する國だと云ふ風に考へて居つて、單に日本は貧乏、自分の國は大なる富を有つて居ると自信して居るが、能く考へて見れば、直ちに兩國の富の程度は分るのである。卽ち外國に對する貿易額から考へても、日本は臺灣、朝鮮とを合して六、七千萬の人口を有し、さうして十數億の海外貿易を營んで居るに反し、支那はアレだけの大きな人口、アレだけの土地を有つて居るにも拘はらず、遙に日本よりも小さい海外貿易を營で居る。夫れだけでも日本と支那の富とは餘程違ふと云ふことは考へ得られなければならぬ筈であるけれども、却却《なかなか》さう云ふことは考へない。或は亦日本人自身もさう云ふ點を能く諒解して居らぬかも知れない。支那人は元來商賣が上手であるから大抵の商賣は支那人に負けると謂つて居る。英國人なども上海に行つて商賣して居るが、其處に支那人と外國人との間にコントラクトと云ふものがあつて、夫れが一の城壁を設けて外國人の入るを許さない。隨て外國人は支那の內地へ行つて商賣は出來ぬものと云ふことに考へられて居つたけれども、今度の旅行で色々な處で見たり聞たりしたのであるが、或る說には革命以來一時支那の經濟が非常に困難に陷つたので外國人は支那人のコントラクトのみを相手にして居ては、商賣が出來ないから、或人は進んで支那の商業者と直接に關係するやうになつた。殊に日本は前からコントラクトの手を經ずに支那人の中に立入つて商賣しやうと云ふことに骨を折つて居つた。さう云ふ點は獨逸人も同じであつたらう。夫等の爲めに支那の商習慣も革《かわ》つて來た。すると日本は支那に較べると金利は安く金融の組織も備はり荷爲替も備はつて居る。であるから日本の商人は電報の通ずる處は支那に在る者は大阪の相場を頭に置いて夫れに依て取引をする。夫れで支那人のやうに不廉《たか》い金利と云ふことを心配せずに支拂がゆつくりして居ると云ふことで、極めて呑氣に商賣をして居るから、夫れから見ると日本人の商賣の方が機敏になつて支那人は日本人に追付かないと云ふことを說いて居る人がある。夫れは確に實際のことであらうと思ふ。

さう云ふことで支那人の商賣の力と云ふものに對しては日本人も從來誤解して居り、支那人も自分の國の富に對して誤解して居つた。其の點に就て支那人中での實際經驗のあるものは、日本人相共同して經營した方が宜いと云ふことを考へて居るやうである。けれども一般支那人の考へは、未だ十分に日本の實力を諒解して居ないやうである。隨て夫れを諒解させることは却却《なかなか》容易でない。

この前に東京高等商業學校の講師をして居つた李文權と云ふ人があつた。其の人が日支兩國の新聞などに關係して居らぬ局外の人、卽ち實業家とか學者とかの意見を纏《まと》めて、支那人の意見は日本文にし、日本人の意見は漢文にして、漢文の方が二册、日本文の方は一册出來た。夫れなどを見ても日本の實業家は支那に對して多少の經綸がある。卽ち怎う云ふ風にすれば支那の實業が興せるかと云ふ風に謂つて居るが、之に反して支那人の方の實業家は、日本の惡口ばかり謂つて殆ど何等の經綸もないと謂つて宜しい。卽ち夫れを見ても支那人の實業家の知識が日本人から見ると遙に後れて居ると云ふことが分る。夫れであるから、之からは日本人の方が益支那に於て發展して、支那人は到底日本人に追付くまいと思つて居る。夫れで支那人であつても、支那に居れば餘り大した金持になれないが、日本に來て居る支那人は、日本の政治なり、又經濟組織なりの良いお蔭で、例へば神戸の呉錦堂あたりでも支那に居つたら精々十萬圓か二十萬圓の身上であらうが、日本に居ればこそ何百萬圓と云ふことになり得たのだらうと思ふ。是は畢竟日本の經濟組織が良くなつて居るからであつて、支那人は到底追付けないと私は考へて居る。併しさう云ふことを支那人に納得させるのは容易の業でない。夫れは支那人が今日の政治上なり、經濟上なりの世界の大勢を眞實に理解し得ないで居るからである。之は政治の局面に方《あた》つて居る人すらも勿論理解して居ないのである。

支那の文化の中では藝術と云ふことが餘程偉いものであると自分は考へて居る。實際藝術と云ふことに就ては、日本は到底支那に及ばない。日本は甚だ遺憾ではあるが大きな天才も往昔から出て居ない。この點は日本人の一言もない處である。其處で支那人の文化に對する自信力は餘程强烈なものであることを日本人は能く諒解して大に之を尊重してやらなければならぬ。卽ち其の點に對して日本人は大に支那人を尊敬すると同時に、一面に於ては日本の長所を十分理解させることにしていかなければならぬことだらうと思ふ。併し之までの日本人のやり方は、日本の利益になる點に於ては遠慮なしに支那人と競爭もし喧嘩もして開拓していくが、日本が多大の恩澤を被つた處の支那の文化を尊重する點は餘り重きを措かない。我々の如く支那の學問をして居る者は支那人に敬服して居る點もありますけれども、一般には日清戰爭で日本が支那に勝つて以來、支那人が何となく馬鹿〳〵しく見えて如何にも下劣な人間の如く思はれるので、隨て其の長所を尊敬することも餘程出來惡《にく》くなつて居る。乍併《しかしながら》尊敬すべきは尊敬し、さうして一方日本の長所を先方に試みて能く理解させることが甚だ肝要である。夫れに就ては實際問題に移ると色々細かい注意すべき點があるに違ひないけれども、先づ大體に於ては斯う云ふことが必要ではあるまいかと思ふ。卽ち色々なことに就て支那に日本人の力を益伸べやうとするには、自分の長所を十分理解させ同時に自分の長所でないと思つて居つたことも亦十分に理解しさうして支那人の長所を理解してやると云ふことの一事である。私は其の必要を大に唱へたいと思ひます。

未だ一向旅行談としては纏《まとま》りませぬので、單に見聞したものに就て今日考へられる程度のことをお話致しましただけで、甚だ失禮でありました。

『實業新聞』

都城の規模（一）〔講演〕

大正7年6月18日

於史蹟會臨時講演會場

幹事西村喜一郎君、開會の趣旨を述べ、尋《つい》で内藤博士を紹介す。

諸君、史蹟會の趣旨に副《そ》ふお話をすべく私は考へたのであるが、轉居をした後、未だ書籍が仕舞込んであるので、手近に參考書が見當らぬから、私としては比較上お話の爲し易い、私の專門に屬する、平素から多少、研究をしてゐる支那の都城に就て申し述べる。支那の事ではあるが、併し乍ら、吾國の都城は、奈良、平安兩都とも支那に倣つたのであるから、惹《ひい》ては吾國の都城、即ち平安城などの事にも及ぶと思ふのである。

さて、支那で都城の規模……即ち遣《や》り法《かた》……は如何なる物であつたか、之れを舊記に徵するに、太古は邈《ばく》たり。されど今を距る三千年、周、天下を一統して洛陽に宗廟社稷を祀る。ソコを成周と號した。成周の成の字は、城の字の土篇を撤《とつ》た字であつて、城《じょう》は成《じょう》也、即ち城と云ふ事である。故に此の頃より城と云ふものができたので、其以前に有《あり》しや否は確でない。

されば、周時代の城は如何な物であつたかと云ふと、是れは周禮と云ふ書籍に書いてあるから大體が推測される。此の周禮と云ふ書に就ては、學者間に議論があつて、周の時に作られた書とは云ふが、實は漢時代の僞作である、と云ふ説がある。或は然らん。併《しか》し乍《なが》ら、僞作にした處で漢時代であるから隨分古い時代に作られた書である。先づ諸說中の一番新らしく見た處で、前漢の季時代と云ふのであるから、今を距る事二千年＝約千九百餘年＝周の終りから見ると二百年である。恁《か》くの如く古い書であるから、僞書であると云ふて棄て仕舞ふ事は出來ぬ。確かに一點の信用すべき處はあると信ずる。其信ず可き點は何處であるか、どの邊が實際に附合してゐるかは、今日之れを測知する事は難いが、少くも此の時代の人が城とは恁の如き物であると云ふ理想を有してゐたと云ふ迄の證據には充分なり得る書であると信じてよからうと思ふ。

從つて其周禮に書いてある城の規模は如何なるものであるかと云へば、如左である。

方九里……九里四方であつて……一面毎に三門を明ける。即ち十二の門がある。而して其城内（方九里の内）を國と云ふ。

とあるが、九里四方と云ふとも、支那の一里は日本の三町であつて、倂も周尺は現今吾國の尺度よりは短いから、其實は吾國の里程に合すと、周圍僅に二十七町程しか無いのである。

（記者曰、三十六町歟、暫く講演の儘を記す。）

而して其内容は如何かと云ふと、

竪横に九本の道が交叉されて通つてゐる事、恰も將碁の盤の如し。是れは吾邦でも、奈良の都、平安の都を經營する基礎となつてゐるのである。

さて此道路の巾はどの位あつたか。

周禮には、竪道は、車が九臺竝んで通り得る幅を有してゐる。當時の車は、巾が六尺六寸であるが、是れに車が往來し得る互ひの餘裕を見積もつて、一臺の巾七尺として先づ六十三尺と見てよい。倂し周尺の一尺は吾國現今の尺度の七寸幾分にしか當らぬから、さらに狹いものとなるのである。

竪横の衢路《くろ》は右の如くであるが、さて、王宮と彼の天下を一統して宗廟社稷を祀ると云ふたのは、何《ど》の邊に祀つたか、亦た市は何處であつたか、尋《つい》で之れを說明しよう。（未完）

歌屋※曰、易軒先生中華事始卷一に、黄帝城邑を築き、五城を造る。黄帝内傳に曰、帝既に蚩尤《しゆう》を殺す。是に因て城闕を築く。史記に、方士、漢武帝に言て曰、黄帝五城を造るとあり、然れば城は黄帝より始る。漢書に、神農の敎へ、石城十仞、湯池百步ありといへり、城池の設も黄帝より始る。又呂氏春秋に曰、夏、鯀城《こんじよう》を作る。法に城郭を築き作る也とあり、是れ城郭の始にや云々と記せり。

以上は、古書に註された處であるけれども、其構造は確でないから、博士の言はるゝ如く、周以前に有無は確でないのである。

又曰、黄帝は、支那太古五帝の内で、大昊伏羲氏、炎帝神農氏、黄帝軒轅氏と續く、吾國の神代に當る。夏は大禹の子孫で、殷が之れに尋で起り、殷亡びて周之れに代る。周祖武王は、吾が神武天皇即位紀元を距る百十數年の前である。

又曰、宗廟は天子の祖先を祀る廟で、即ち天を祀る處である。社稷の社は、土神で、稷は百穀の神である。故に宗廟、社稷の二つは、天神地祇を祭る處である。

※この「歌屋」は、恐らく講演を開催した「史蹟会」に属する人で、講演内容の注釈を担当したものと思われる。

都城の規模（二）

大正7年6月19日

却說《さて》、右の成周の城内、何れの處に王宮があつたかといふと、其中央に在つたので、祖廟と社稷とは、前方の左右にあつた。而して市は、王宮の後方に在つたのである。周禮には之れを、左祖右社と云ふてある。即ち左圖の如し。

〔城の圖　省略〕

即ち中央に王居があつて、左に祖廟あり、右に社稷あり、後方に市があるのである。此の、祖廟社稷は、周の時には城内に在つたが、後世は城外に建てた。現今の北京などでは、城外に左祖右社が歴然として建つてゐる。而して王宮は南面して建てられてある。朝に面し社を後にする町方百歩とあるから、市は王宮の後にあつて、之れも百歩である。左祖右社及び王居の位置は、粗々《ほぼ》確然と右の如く解るが、市の位置は何れの邊に在つたかは明確でない。併し王宮の背後に在つた事だけは周禮に據つて窺ひ知られる。王居社祖の大きさ及び市の大きさは、町方百歩とあるから、其兆域も明かに知る事が出來る。

次に王居は如何なる建築であつたか。ソレも周禮によると粗々窺ひ知れる。先づ王居の四方には門があり、中央には王の居住する家が建てゝある。其家の名を

夏世室、殷重屋、周明堂

といふて、夏の時代には、世室と云い、殷の時代には、重屋と云ひ、周に至つて明堂と稱した。

此の明堂の建築構造は、殷に重屋と云ふてある如く、屋を重ねたので、即ち二階建である。

二階建にして、上を丸くし下を四角にする、と云ふのが作法である。重屋の圖は、古代の銅器などに畫かれて今も殘つてゐるから、其形式も推測できるが、上が丸いと云ふても、圓形に建てるのでない。後世の四阿《あずまや》、即ち屋根が四方流れになつた建法《たてかた》で、下は庇《ひさし》を出して方形に建てるのである。即ち圖の如くなるのである。

〔重屋の圖　省略〕

上部を四阿造りにして四方に廻つて屋根あり、庇も亦四面にある。而して窓も亦上は四面に開け放してある。是れが先づ重屋明堂の外形である。

次に其下の内部は、一面に三つ扉が四面とも開けてあつて、各其前に階段が附いてあるから、都合十二の入口と階段があり、室内は中央が五室に區劃されてある。

國王は此の明堂内に住居して、萬機の政治を執れば、神をも祀り、且つ寢食起臥をもしたので、後世の如く多くの宮殿を設けず、甚だ素朴簡短であつた。處が茲に聊か面白いのは、王が政治を執る時の居室が、毎月此の室内で異る處へ移るので、其の移りやうは、東北隅の扉内《いりぐち》を正月の居とし、以て十二の扉の内を毎月遷居して十二ケ月に及び、若し閏のある年には王居の外郭の中央の門下で政治を執る。故に閏、即ち一年が十三月の場合、其餘つた月の字は門の下に王と云ふ字

で、其月の王の執政場を意味したのであると云ふてある。之れを平面圖にして解説すると、

〔王居全體の平面圖　省略〕

圖の如く、外郭四方に門あり。明堂内は五室に區劃し、明堂の入口は一面に三つ宛附け、其入口の這入つた處の東北隅から起つて右旋して毎月王の執政所を易へるのである。（未完）

歌屋曰、國君の居る所を都と云ふ。帝王世紀に、大昊、陳に都し、三代よりこのかた、夏には夏邑と云ひ、商周には、京師と云ふ。京は大也、師は衆也。大衆の居る處なる故に、天子の都を京師と云ふ、と易軒先生中華事始に見ゆ。されば都は大昊のときよりありしと雖、太古邈として傳ふるに足らず。

又曰、宮は易繫辭に曰、上古には穴に居し、野に居る。後世の聖人是れに代ふるに宮室を以てす。棟を上にし、宇《のき》を下にし、以て風雨を待つとあり、是れ黄帝の事を云ふ。

黄帝内傳に云、蚩尤《しゆう》を斬り、因て宮室を建つ。穆天子傳に云ふ、崑崙に登りて、黄帝の宮室を見る。白虎通に云ふ、黄帝室を作り以て寒暑を避く。茲を以て見れば、宮室は黄帝に始る。世本に堯帝禹とをして宮室を造らしめ玉ふとあるは、黄帝の時の制法をひろめ給ひしを云ふ、と中華事始に記いてある。又同書に、堂は當也、正に當り、陽に向ふの屋也。又堂は明也、意《こころ》は禮義を明《あか》す所なりとなん。管子に、軒轅氏始て堂室棟宇ありとあれば、則ち堂の名は黄帝より始る云々、と書いてある。

都城の規模（三）

大正7年6月20日

太古、祭政一致時代には、此の明堂一つで、他に副住居の必要が無かつたが、漸次文化が進むに隨つて、國家も複雜になれば、國王の住居も遂に明堂一つでは便を欠くやうになつた。ソコで周時代（距今約三千年）には、明堂の後《うしろ》に路門を造り、路門の内に寢《しん》と云ふ室を造つた。卽ち明堂では神を祀り政治を執り、寢では國王が居住するので、後世吾國でも、高貴の人々の御殿に寢殿と云ふのは之れが始である。而して周時代のは路門の内にあるから、之れを路寢と稱した。圖の如くである。

〔寢・路門・明堂の圖　省略〕

處が其後に到つて、路寢だけでは、亦た不便を感するやうになつて、寢の傍《そば》に宮と云ふ建物を造り、茲に婦人などを住ました。之れを後宮と云ふ。此の時代に、内城（國王の住居を云ふ、外城は都の全外郭）の他に祖廟社稷のあつたのは勿論であるが、其他に學校が出來た。併し學校の位置も其構造組織等に就ても判明せぬ。また是等の諸設備は理想だけであつて、現實に設置されたのであるかも疑問である。

以上が、支那に於ける後世迄の宮殿建築を支配した骨子である。であるから確實な所、之等の諸設備（明堂路寢宮殿祖廟祖稷學校）は、秦漢時代に到つて理想通りに完成したりと

云へば、之れも未だ疑はしい。實の處を云ふと理想通りの都城が完成されたのは、遙の後世、明清の時代で、就中、清に到つて悉く完成されたのである。

却説《さて》、吾帝國が支那の都城の制を模したのは、周、秦、漢の時代より遙の後の、唐時代を模したので、近世の明清時代との中間時代であるから、是れが歴史上、比較して其の關係を研究し、殊に興味を覺ゆる處である。

されば、漢時代の都城は、如何《どん》な設備であつたかと云ふと、是れを古書に徵すれば、有名なる文選の初に、兩都賦、兩京篇などがあつて、都の容子が書いてあるから、ソレに據つて粗々窺知せられる。

漢の都は、始め長安であるが、其長安の容子は、長安志と云ふ書があつて、是れには、秦、漢の都の容子が書いてあるけれども、是れ以て果して書いてある通りの物であつたか否は確には判らぬ。

漢高祖、始めて長安に都して以來凡八、九十年間を經て、武帝の頃には、段々都が整頓して來たらしい。併し乍ら此の頃、整頓したのは、都全體では無く、王居卽ち宮殿が發達したのであつて、城内市街の如きは如何な容子であつたかは記錄の徵する物が無い。されば前述の諸書を參酌して之れを推測するに、周の時代——曩に述べた、成周、など——とは大分容子を異にしてゐる。

第一、成周の都城は、周圍方九里（周の一里は吾國の三町足らずであることは曩に述べた）の眞つ四角の城内の中央に王居が設けられた事になつてゐるが、漢の時代には、宮殿の大建築が出來ると其周圍に民家も澤山集れば、いろ〳〵の建物も出來る。其事情は恰も吾國の奈良の都を奠鼎《てんてい》せられる迄に、屢々遷都があつて皇室が遷らせ給ふに隨つて、其の附近に民が集つて都を成したのと酷似してゐる。卽ち天子居して而して後都邦成る、のであつた。さらば兩京篇などに書いてある宮殿の經營は、成周當時の如き小さな物では無い。未央宮だの咸陽宮だのと云ふ宮殿の規模は、大した物である。王宮を始として、大官の住居、古官の居る處、後宮（婦人の居）などあるが、是れは前にも云ふ通り、都の設備と云ふよりも、王室及び官吏の住居が盛大に成つたのに過ぎない。殊に此の頃の都城の制を研究するのに一番困るのは街衢《ちまた》であつて、其の容子がさらに判らねば、殊に市と云ふ物の位置などはてんで判らぬ。前漢長安の都には市が九つあつたと書いてあるが、其位置は、兎も角も宮殿の前に大きな街《とおり》があつて、其通筋の左側に六ケ所と右側に三ケ所の市場が設けられたとだけ書いてあるが、其市が宮殿に對して如何なる配置にあつたか、其構造設備なども徵すべき處がない。吾國で唐の都を模した奈良の都や、平安の都では、左右の京の市場の位置、及び設備組織に至る迄、明らかに判明《わかつ》てゐるが、支那では、さらに後漢の都、長安時代に到つても、此の市場の事が、依然として記録に書いてないのである。

（未完）

大正7年6月21日

都城の規模（四）

却說《さて》、漢（前漢）の都は、長安にあつたが、高帝が國を起して以來彼是約二百年も立つたので、支那の制では官職は世襲でないけれども、自づから官吏などにも世々職を官に奉ずる者も出來、亦た商工などにも世襲する家なども出來て、兎も角も長安の都は殷盛であつた。其光景が、兩都賦に云ふてある處に據ると、渭水（南西から東へ流れる河）の南にあつて、東に花〔華〕山と云ふ大きな山があり、西方にも山脈があつた。其の東西の間の距離は、日本の里程で約數十里乃至百里もある。廣い高原地方には、處々に丘陵が散在してあれど、概しては平地である。此の如く所謂沃野千里の地、渭水の兩岸に莅《のぞ》みて開けた都である。

故に前漢長安の都は、渭水の邊りから開けて、廣大になると同時に、河を都の中に取り込み、百里に渉る諸村落が漸次都に編入された村落の厖大したる廣大な都であるから、吾が京都のように始から都の設計をして完全なる市街を通じたとは違ひ、現今の東京乃至大阪の如く自然的に發達した都であつた。

何時の世でも、都へは地方から金持を寄せるが、此の時代にも、長安の都へは各國から金持を奬勵して移住をさしたのである。

長安の附近に五陵と云ふ五つの陵がある。此の地へ南方の豐潤な地の富豪を澤山移住さしたので、五陵は富豪の淵叢となつた。是れを唐詩選などには五陵公子など詠じてある。此の處の青年が贅澤極る生活をして遊び暮らしてゐた態は、詩に據ると中々大袈裟である。但し富豪を都會の地へ官命で移住させる事は、日本でも同樣である。其一例は、豐太閤が大阪に霸府を開いた時には、當時富豪の淵叢であつた泉州堺の津から金持を大阪へ呼び寄せて住居さして、都會の基礎を造つたので、其町の名を今も堺筋と云ふ、などもソレである。

此の五陵の地は、長安から少し隔つた處であつたが、遂には都と一帶に成つて仕舞つた容子である。恁《かく》の如くして小距離から繫つて自然的に厖大なる發達した長安の都は、爾後、洛陽へ遷されたが、其當時の狀態は如何な容子であつたかは記錄の徵すべきものなし。

降つて唐の時代に、長安の都は、大設備を以て經營せられたが、此れは設計的に拵らへたのである。圖もあるが（此の時圖を示さる）全く吾が奈良の都や平安の都は此の唐の長安の都を其儘に模したのである。

即ち中央正面の北部は王宮で、王居の南門を朱雀門と云ひ、其門から一直線に南へ竪に大路が通つて居て、横に九つの大路を通じ、朱雀門前の竪通りから東西に京が分れてゐる等、悉く大内裡時代の平安京其儘である。而して左右の市場も吾が平安京の如く設置されてゐた。故に

唐の長安の都は、吾が平安京の如くである。殊に市場には市の長官があるなど、吾が平安朝の都は、悉く唐制を模したのであるが、市場の位置は、平安京のそれとは少し北方にあるのが聊か異るぐらゐの差である。殊に、宮中の設計も亦同じで、周の時の明堂は、唐で大極殿と云ひ、是れが王城正面の正殿で、大極殿の後に紫宸殿（歌屋曰、シ、イデンと音讀すべし）、其後に後宮がある（歌屋曰、吾が御所では之を女院御所と申し上げた）。而して之れを成周の都城と比較して相違する點は、周では中央に王居があつたのを、唐では中央の北の突當りに遷し、周では後に市があつたが、唐では前に市を設けた、など、其他大に其趣きを異にしてゐる。

此の相違點に就ては、興味ある自然の趨勢を有するのであるから、後段に之れを述べる。請ふ記憶して置いて貰ひたい。

歌屋曰、店員諸君が參考の爲めに簡易に本文述べられた處の、歴史の年代を記るす。

周、三千年程昔に、武王が、殷の帝辛（紂王）を亡ぼして國を立てたので、爾後中程に革命あり、國を東周と改めたが、前後を通じて三十七代八百七十三年にして恵公の時亡びた。周の期末を春秋戰國と云ひ群雄割據大に霸を争たが、遂に秦が天下を一統した。

秦は、今を距る千七百〇八年前に始皇國を立て、位に卽く。二世十九年にして亡ぶ。此の時、漢高帝と楚項羽が天下を争ひ、高帝勝つて天下を一統し、國を漢と改む。

漢、高帝より十三君二百二十年の天下を保ち、長安に都す。王莽の亂あり中斷して、漢二世景帝（高祖の子）六世の孫、文叔が賊（王莽）を討伐して漢の天下を恢復し、立つて王となり、光武皇帝と稱す。之れを東漢と云ふ。洛陽に都す。東漢は、十一君百九十六年にして亡ぶ。東漢の終りに三國あり、劉備（玄德）立つて蜀の成都に都す。之れを蜀漢と云ふ。二世四十三年にして魏の爲に亡ぼさる。

漢、距今二千百三十一年前に起つて千九百十一年前に中斷し、東漢起る。東漢は千七百十五年前に亡び、蜀漢に至り、魏は洛陽に都し、二十餘年にして亡び、晉の武帝天下を一統す。

（未完）

都城の規模（五）

大正7年6月22日

話は前に戻るが、漢の起るや、高帝は長安に都し、其後二百年にして王莽の亂が起り、中斷して、光武皇帝が漢業を恢

復し、東漢を起した時に、都を洛陽に遷し、爾後代々は此の地に居したのであるが、唐の時に至つて、都は再び昔の長安に復された。其理由は、洛陽の地勢、中央に洛水の流れがあるために、建設的の都を經營するのに甚都合が惡い、第一町割りなども河流に障げられて整然たる衢街《くがい》を造る事が出來ぬ、ソコで長安の地へ遷都したのである。吾邦でも、昔は一度久邇都《くにのみやこ》に遷都まし〳〵たが、同地も木津川が中を流れてゐるため町割ができなんだので奈良の地に都を遷されたのなども同じ例である。

此の長安都の跡は、今日でも遺趾が殘つてあつて、記録に記された寺もあれば、町の趾や土塀礎《いしずえ》の跡なども殘つてゐるから、長安故都を研究する人は、同地方にて調査すれば髣《ほう》髴《ふつ》として唐時代の俤《おもかげ》が現れ來ると云ふて居る。私は未だ長安の地を親しく調査せぬから知らぬが、是れは實驗した人の話である。

さて、唐の都で宮殿の骨子は、大極殿（周の明堂）紫宸殿（路寢）であるが、吾が國では、此の紫宸殿の他に、清涼殿があつて御常の御殿とし奉つてゐる。是れが彼我文化の相違點として頗る興味ある處である。

由來、大極殿は國家の典禮を行ふ御殿であつて、紫宸殿は古の路寢の發達したもので、天子が居住せらるゝ御殿である。故に唐の時には紫宸殿一つで、清涼殿の必要は無かつたのである。宮中に於ける紫宸殿の位置は、大極殿の後に當つて南面の御殿であるが、清涼殿は紫宸殿に隣つて、東南隅に三和土《たたき》壇あり、東南の陽氣を受くるやうの御構造である。唐の時の制と比較すれば、此の清涼殿が紫宸殿に當るので、御常の御殿たる清涼殿さへあれば紫宸殿の必要はない筈である。紫宸殿さへあれば清涼殿の用はない筈である。然るに恁《こ》う同じやうな宮殿を吾國では二つ造り奉るのは、當初支那の制を其儘に吾國へ移して紫宸殿を建てた處が、風土習慣の異る吾國では、支那の儘の建築では國風と合致せぬ。ソレ故、さらに二重に同樣の宮殿を造らねばならぬやうに成つたのである。吾國だけでない。滿洲や蒙古地方の風俗にも東南の陽氣を受るを吉としてゐる。其天幕生活には、必ず東南に入口を開ける。滿洲でも正しい建築では、入口を東南に附ける。是れ、東洋諸國にある建築の法である。されば近く清朝に至つても、此れに似た二重建築があるが、ソレは後段に話す。兎に角、吾國には、奈良朝の時に支那の宮殿建築の制を其儘輸入した結果として、紫宸、清涼二殿を竝べ建て奉り、後世に至つては、其他に猶御常御殿ができた。是れを見ても歷史の變遷を研究する資料として頗る趣味あるを臆ゆるではないか。

唐の後に、宋時代は都を河南の開封に遷したが、是れも依然として、市街の制が今日傳つてゐない。蓋し其制は唐の時と大差がなかつたであらう。

元の時代から、今の北京の地へ都が遷されたが、元以來、明、清の數代は、元の通りに北京に都があつたから、宮城の制も實地に就て明らかに解る。元以前に、金、遼、などの都もあるが、夫れ等は荒頽に歸して、殆ど堂趾の徵する物が無い。暫く元以後の都を、現在の北京の實地に據て話そう。


（未完）


歌屋曰、昨紙、本文歷代略譜の續きを述べる。

晉は、（建國、今を距る千六百六十四年前）四世五十二年にして亡びた。都は洛陽。

東晉が起り、十一代百三年（距今千五百年前）にして亡ぶ。東晉以後、宋、齊、梁、陳、南北亂離の裡に傳へて、隋は四君三十八年を過ぎ、唐、天下を定めた。

唐、高祖位に卽き、長安に都す（距今千三百十一年前）。二十一世二百八十九年の天下を保つ。支那歷代中の文化最盛んなる時代である。唐末亂れて、後梁、後唐、後晉、後漢、後周、五代を過ぎ、宋起る。

宋、太祖位に卽き（距今九百六十九年前）、十八世三百二十年の天下を保つ。

元、蒙古人、忽必烈、宋を亡して支那を統一す（距今六百四十九年）。燕（北京）に都す。威を天下に震ひ、其鐵鞭は、吾が帝國を犯さんとして、弘安四年九州を襲し、人口に膾炙す。

十世八十五年にして明起る。

明、太祖位に卽く（距今五百六十四年）。十七世二百七十七年にして、清に亡さる。都は元の後を繼ぎて燕（北京）に在り。

清、太祖、韃靼人にして愛親覺羅と云ふ。燕に都す（距今二百六十七年前）。近世迄支那を統治せり。

又曰、本文、博士は唐が長安に都したのを以て、洛陽は洛水中を流れてゐるから理想の都城が造れぬと云ふ理由を述べられたが、ソレも確かに理由の一であるには相違ないが、今一つ大なる理由は、舊都に在つては人心を新にする事が不可能なると、因襲の宿弊を根柢より匡正するは是非とも新都經營する必要があつたのであらう。本朝の昔、滋賀都、奈良朝、さらに平安都、悉く此の大理由があつたのである。明治維新、車駕東幸も亦た然りである。

都城の規模（六）

大正7年6月23日

元以後の都城は、今の北京（燕京）であるから至つて判り易いが、始め都城を造つた時から、年久しく經る間に、自然の發達が加つて、原形とは今日變つては居るもの丶、元時代の跡も依然として存して居れば、大體に於ての規模は現存してゐる。故に此の都城を研究すると、人爲を以ては自然の趨勢を制すべからざる事が知れて、一層興味を添ふるのである。

抑々、元の祖先は、蒙古から起つた一世の英雄鐵木眞《テムジン》で、遂に四百餘州を併呑し、さらに其驥足を東西に延べ、威烈天下を震駭せしめたゞけの英雄であるから、唐以來の制度は悉く革めて、人心の刷新を圖つたから、此の時、政府は學者を聘して、新都の經營に就ても大に企畫する處あり。支那人の尙古癖に投じたる、太古周時代の都城、卽ち周禮に書いてある成周の理想を基礎として、燕京の都城は經營されたのである。されば周禮當時の理想は、二千數百年の後に至つて實行されたと、蓋し云ふべしであらう。

故に、其規模は中央に王居あり、後に市あり、前に祖廟社稷がある、と云ふ形式になつて居る。但し元の時は此祖社だけが成周とは聊か異る點あつて、前者は城内に置かれたのであるが、後者は城外に置かれてある。其の大體を云ふと先づ都城の南の正門から這入ると一直線にして直ちに（此の間二、三町）宮城の正門である。長方形の大きな建物であるから、此の間の距離は殆ど少く見え、外部の正南門（都城の正門）と宮城の正南門とは殆ど相ひ對し相ひ接してゐるやうに見える。宮城の背後は市街であつて、其の北門前の左右に大きな町がある。是れ、周禮に所謂面朝市後の理想を其儘に現はした物である。而して宮城の左右にも町はあるが、是れは、清朝時代には旗人（官吏）などの住居で、宮城の後の町が市民の住居地である。是が先づ大體の設置であるが、此の理想通りの設置も、自然の大勢は人爲の理想を破壞して、元以後には城外（都城の外郊の外）に市街が勃興したので、恰も都城の外に大なる出瘤《でこぶ》のやうな町が出來てゐる。是れが人爲と自然を研究する材料であつて、且つ、唐時代の、長安城の規模と成周とを比較して歷史上の興味深甚なる點である。

暫く先づ、圖説に據て現今の北京を知るが必要であるから、之れを示そう。

〔北京の圖　省略〕

圖の如く、北京は城内城外の二つに別れてゐるが、昔、元が燕京（北京）を經營した時には、城外は無かつたのである。其の代りに、北方に圖では……を以て描いたる處が城内であつたのである。ソレが何時から失くなつたかと云ふと、始め、元亡びて明の起るや北京を以て都にする考へではなかつたので、明の永樂帝（歌屋曰、明祖洪武帝大祖の第四子、燕に封じられて始は燕王と云ふた、卽ち北京の地を領してゐたのである。此人明の第三世で、治蹟の大に擧つた代である）が燕王の頃に此地を貰つて燕京に住んでゐたが、都が廣過ぎるので、宮城の北の一部（都城の約三分一程）を切つて狹くしたのである（歌屋曰、蓋し此の時、既に自然の趨勢、宮城前に民家が漸次增加したからであらう）。今でも此の北方の郊外を檢すると、元時代の跡が歷然として存してゐる。礎の趾や外郭の趾など、其他舊趾に據て其規模が今猶當時を見る如く明瞭である。

以上の都城發達の經路に徵しても、周禮の成周は理想であるけれども、自然の趨勢は理想の如く行かずして、面朝後市の實は行れず、宮城の後に在つた市街が、何時の間にか漸次、前（南）の方へ移つて城外の市街を爲すやうに成つた事が知れる。

顧ふに、北京當初の規模の如く、城外の正門から直ちに宮城があれば、外國から來た者も直ちに宮城で受け附け、城に入つて、内城（宮城）の背後に市民の居住があるのは、理想としては甚よいが、さて實際商工の人民は、宮城前の使臣大官の來往頻繁なる處に居を占むるが利であり、且つ相互の便利でもあるから、自然に人氣が南へ移つて、宮城前の城外に民が蝟集し、今では最殷賑なる街と成つたのである。

而して、恁《か》くの如く、南面の市街が繁昌するやうになつた現狀は、卽ち、唐の長安都の規模と同じやうに成つたので（長安は本朝平安都や奈良都の如く、宮城は中央北端に在り、前に市街を啓く、と云ふ形勢であるは前に述べた如し）如何に人爲を以て理想の都城を制定しても、自然は何時の間にか推し移ると云ふ現象を示してゐるのである。故に、長安都は自然を本として造つた都であり、元の燕京は、理想を本として造つた都である事が知れるのである。

（未完）

都城の規模（七）

大正7年6月25日

述べ去り述べ來つて、支那の都城の規模は大要を盡したつもりであるが、茲に一つ二重建築に就て、宮殿の事を述べやう。

北京の王宮は、南面の正門を這入ると、唐時代の大極殿に相當すべき宮殿が三つ建てゐる。

中央の四阿《あずまや》造りのが、中和殿で、前に太和殿あり、後は、保和殿である。此の三つの中で、唐時代の大極殿其儘の建物は、中央の中和殿で、是れが正殿である。故に唐の時は一つであつた正殿が、今は補助の宮殿と共に三つになり、さらに、天子の居住せらるゝ、乾清宮、皇后の居住の、坤寧宮、其中央に交泰殿、などがある。卽ち、易の泰の卦から出たので、設計甚深遠なる理由がある。併し乍ら、是れを纏めて見ると、太古の明堂路寢を複雜にしたゞけで、基礎に於ては變りはない。次に祖廟、社稷も明の時に天壇を祖廟に築き、社稷には先農壇、地壇、日壇、月壇まで造つたが、是れ、畢竟舊制に物を足した迄で、敢て其基礎に於ての變りはないが、清朝に至つて宮中に、堂子、と云ふ一種の建物を拵らへた。

堂子と云ふのは、奉天の宮城内にもある純滿洲風の建物である。是れは、成周の明堂と同じ物で、此の堂の内で滿洲の王は神も祀り政治も執つたのである。然るに、愛親覺羅氏が滿洲に起つて支那に侵入し、支那の帝王と成つて百事支那風を採つて、宮殿の如き、前述の周禮其儘を進歩さした宮中に居住したに拘らず、依然として故國の風は撤廢する能はず、此の堂子を建てゝ置くのを見ると、恰も、本朝に唐の長安を其儘模したが、大極殿、紫宸殿の他に清涼殿の必要あるが如く、渠《かれ》にも亦此の堂子の必要があるのである。我は、支那の文化を吾國へ輸入して其中へ我が國粹的の宮殿を建てたので、彼は支那へ入り込んで支那の宮殿の中へ故國の國粹的の堂子を建てたのである。畢竟、自他の相異はあるが、歸する處、固有の國粹は之れを革むる事の

能はざるを、此の一事に徵しても知るに足るでないか。恁《かく》の如き、風俗習慣上の事を云へば、神を祀るに就ても、滿洲風の神社なども澤山あり、一朝にして之れを述べ盡し難いが、要するに、一の建物を見ても、具《つぶさ》に考へると悉く過去數千年の歴史を語つてゐる。如何に興味あり、且つ取つて以て治亂興廢の跡を徵し、之れを箴とし之れを鑑とするに足るではないか。

（完）

歌屋曰、清涼殿は、主上宸居の宮殿にして、晝の御座、夜の御殿、朝餉間《あさがれいのま》あり。其他御二間には御講の御時佛像を置かせられ、鬼の間には白澤王の鬼を斬る畫あり。萩の戸菊の戸あり。御黑戸は玆より北へ渡る廊なり。荒海障子、昆明池障子、布障子、是等は、御弘廂にあり、上の御壺襧《おつぼね》、臺盤所、殿上間、渡殿、御裝物所、石灰壇下侍、長橋、此の殿より、紫宸殿に通ふ。御殿の砌に、吳竹臺と漢竹臺あり。東の御庭には、御溝水《みかわ》の出る所あり、是れを、瀧口と云ふ。清涼の名これより出る。御溝水は大内の名水にして流れには盃を浮べて曲水の御宴ありし處也。

後涼殿は、清涼殿の西にあり、此殿の西の庇を御廚子所《みづしどころ》といふ。弘徽殿、清涼殿の北にあり（京の水）。

又曰、殿、秦始皇、阿房宮の前殿を造る。是れ殿の始め也。廟、黄帝天に昇る時、臣寮追慕し、空中より落したる几杖を取て廟を建つ。是れ廟の始也。宗廟、禮緯元命包に云、唐虞五廟を建つ。然らば卽其前にある事明也。社稷、帝嚳高辛氏の時、其工の子、勾龍氏を以て社とし、烈山氏の子、柱を以て稷とす。是れ社稷の始也（以上中華事始）。

又曰、奈良朝以前は大極殿を大安殿と申し上げた。是れを「みやすみどころ」と云ふ。其他小安殿あり、「こあどの」といふ。後世にも御息所《みやすどころ》（皇妃）と申し奉るも、此の殿の名より來る御稱である。

『歴史と地理』第二巻第一号　大正7年7月

聖德太子の内治外交

聖徳太子の偉績に就ては、若し之を一々列擧する事とせば、頭緒多岐に亙り、限られたる紙上に於て悉く述べ盡すことが出來ぬ。近年に至りては、其偉績が専門學者の間に充分認めらるゝ事となつたが、徳川時代の史家及儒者は總て甚しき誤解をなして居たのである。徳川時代の史家は多く儒者であるから、皆佛教を排斥し、其結果佛教を興隆した太子をば一様に非難し、其後國學盛んとなるに及んでも、其の碩學者も亦佛教に反對したから、遂に太子の功徳を認むることが出來ず、かくて此日本文化の大恩人たる、且日本の内政外交に一大時期を劃せる大政治家をば、全然理解する事が出來ないで終つたやうな次第である。今日と雖も、聖徳太子を以て文化の大恩人となすことには誰しも異論ないであらうが、其内治外交に於ける大政治家たる事に於ては、或は之を見落せる者があるかも知れぬ。殊に今日國學を維持して居る神職連は、最此方面の知識に缺くる所があるやうである。因て内政外交に關する重大なる點丈を簡單に述べて見よう。

先ず外交方面から述べやう。聖徳太子の外交に於ける功績を知る爲には、是非それ以前の外交状態の如何を知らねばならぬ。かくして初めて聖徳太子の外交が日本を獨立國として外國に認めしめし所以を解し得るのである。

日本の海外交通の事實は、我々が日本の古史に於て知り得るより遙か古いものであらう。漢書によれば、漢の武帝は朝鮮を平げ、四郡を置いた時に、既に樂浪の海外に倭人ある事が知られる。勿論山海經《せんがいきょう》にある倭の記事は、或はこれに先だつかも知れぬが、其時代は明瞭でない。日本の各地より出づる遺物中、前漢の時代と認め得らるゝもの往々存し、明かに當時の交通の跡を示すのである。近年の史家の研究せる日本の古代の紀年によると、此時代は決して神武天皇以後ではない。此時代に於て、已に倭人百餘國の中、使譯漢に通ずるもの三十餘國と稱せられて居る。而して後漢の光武帝の建武中元二年には、委奴國より朝貢せし記事あり、引續き後漢安帝の時にも倭面土國王より生口を獻ぜしことあり、三國の時には有名なる卑彌呼の交通あり、晉代より南朝にかけて歴代交通をなして居る。

此等歴代の交通の沿革に就きて、日本は支那と如何の關係にありしかの證據たるは、博多の志賀島より出土したる「漢委奴國王印」及三國志に載せてある魏の卑彌呼に對して下せし詔、宋書南史等に出づる記事である。之に依ると、日本の朝廷が常に支那より國王に封ぜられ、屢支那に對して上表して其官爵を受けたことになる。此事に關しては日本の史家の間に古來多くの異論がある。委奴國王の印は九州から出たので、之は大和朝廷の干與せぬ所であると云ひ、卑彌呼は九州地方の女酋であると云ひ、又南朝時代に「使持節都督倭百濟新羅任那秦韓慕韓六國諸軍事安東大將軍倭國王」などゝ云ふ官爵を受けたのは、多分日本より任那に派遣せられ居る將軍が朝廷の名を濫用したのであらうと解せられて居る。此等の解釋は、日本の爲めに諱みて殊更強いて說をなしたものであつて、明白なる支那の記事から云ふと曲解と云ふの外はない。日本は元より開闢以來の獨立國であつて、決して支那の屬國となつた事はない。故に支那から官爵を受けると云ふ事實の責任をば之を當時日本朝廷を代表した使者の不都合に歸せしむると云ふは當然の說であるが、併し事實その者は、當時の交通狀態の一種特別なる原因から生じて居るのである。日本朝廷が海外と交通を開きしは、朝鮮との交通の場合に於ても、其仲介者としては多分朝鮮の歸化人が用ゐられたであらう。支那に交通を開いた時、卽卑彌呼の時代に於ても、其使者として用ゐられし者は天日槍の末孫と稱せらるゝ新羅の歸化人である。其後陸續支那と交通を開くに至るや、譯語と云ひ、史と云ひ、交通の事を委任せられし者は、皆三韓竝びに支那の歸化人である。此史等の職を考ふるに、河内に於ける船首などは、則其姓の示す如く、外國より來る船の荷物を檢査する職であり、且已に史と呼ばるゝより考ふれば、文學を利用して稅關の帳簿をあづかつて居たのであらう。之れ史の職としての特權であつて、朝廷では外國より來る事件は皆之に委任せられ、別に朝廷にて記錄を作る用がなかつたのであらう。此等の歸化人が朝命によりて海外に派遣せらるゝ際は、日本の朝廷よりは貿易の主旨を承り、海外より珍貨を齎らし來るべき任を帶ぶるのである。かくて此等が支那に到着すると、支那は體面を重んずる國であり、海外より來る國は悉く蠻夷の使者とし、國王の上表なければ通りが惡い。故に譯語、史等は支那にて外交を掌る鴻臚寺の官吏と諜《しめ》し合せ、支那朝廷に通り善き上表を作り、恰も本國より持來れるかの如き體裁として茲に支那の優遇を受け且つ多數の珍貨を得る次第であつて、これ當時の使者及び譯官の祕訣である。

船首の官の置かれし頃は、海外よりの貨物の檢査は、之を河內と大和との境で行つたのであらうが、それ以前は、遙か遠くで行ひしものであつて、かの漢委奴國王印が博多地方の志賀島から出たのも此干係である。三國志の倭人傳によれば、日本より三韓竝びに魏の帶方郡に往來する使者の荷物は、國王の命令として博多附近で檢査せらるゝとある。されば當時海外交通を司れる安曇連等が、支那より受取りし國王の印を自身の所にとり込み、支那と交通する際には勝手に之を押して文書を作つた者であらう。後世、足利時代に山口の大内氏が日本國王印をあづかれると同樣の關係にあつた者と解すべきである。故に上古、殊に太子以前の外交は一言以て掩へば通譯外交であり、朝廷は外交より生ずる物質上の利益は受けらるゝとも、其如何の關係に於て外交が行はれつゝあるかは全く不問に附せられしか、或は明かに承知せられざりしかであつて、兎に角、體面上の問題は重《おもき》を措かれなかつたのであらう。併し時としては、此交通手段の破綻の發覺した事は、傳説にもある。即菟道稚郎子《うじのわきいらつこ》が高麗の上表の無禮を發見して、之を責問したと云ふ傳説などは、其一例である。稚郎子が高麗の無禮を叱責せられた事は、元より其學問上の見識からきて居るのであるが、此は史上偶見の例であり、大體は依然として舊のまゝに外交關係が行はれて居たのである。然るに、聖德太子は學問勝れ、且海外の事情にも通じ給ふたので、通譯外交のいたく國家の體面を毀損せるに氣付き、遂に外交の權を朝廷に收められ、隋の煬帝に對して發せられし使者は、單に之を歸化人の譯官、史等にのみ委任せられず、小野妹子の如き皇別の名家を使節として派遣せられ、而して其國書の如き、恐らくは親ら筆を執られしものなるべく、全然彼と對等の辭を用ゐられ、倨傲なる隋の煬帝をして從來例なき無禮の國書に驚愕せしめたのである。此時、隋よりよこせる返事は、勿論充分なる對等の體裁を備へたものではないが、太子は仲に立てる使者の用ゐし方便を寛恕し、一方には自國の體面を傷けず、且一方には支那との交通を絶たざるやう極めて用意周到なる外交を執られしものゝやうである。兎に角、永き間海外の蠻夷として、支那に對して屬國の禮をとれると思はれし國が、自から嚴然たる獨立國を以て居る事を支那の天子に知らしめたのは、全く太子の功績であり、日本開闢以來、新なる外交上の紀元と云ふべきである。是等の消息は、隋書及日本紀を見れば充分理解し得るのであつて、却つてこれ以後に於て奈良朝若しくは足利時代には、太子より遙かに國の體面を傷くる交通をなした事を考ふる時、益太子の偉大なる所以を理解し得るのである。

次に内政に就て簡單に述べやう。聖德太子の内政に關しては、何人も知れるのは憲法十七條である。此は、勿論今日の憲法の如く法律の體ではなくして、訓令の體で書かれたものであるが、其中には見逃し難い立派な主張を顯はせる點がある。憲法の第十二條に「國司國造、勿歛百姓、國非二君、民無兩主、率土兆民、以王爲主、所任官司、皆是王臣、何敢與公、賦歛百姓」と。之れ當時に於て重大なる意味を有する。之を理解せんが爲めには、是非ともそれ以前の制度の大體を知らねばならぬ。大化改新は日本の制度に於て、非常なる大革命であり、國造政治、氏族政治を一變して、大一統の王室直轄政治となせし者である。改新以前に於ける日本の政治は、日本臣民は多くは氏族に屬し、直接朝廷の公民たるもの至つて少ない。大化改新の時、臣、連、伴造、國造が所有して居る者、竝びに皇族に附屬して居るもので子代、入部、皇子等に屬せる者で御名代、入部等は、悉く取り上げて朝廷に附屬せしむることゝした。此事實は、改新以前に於て朝廷直轄の人民の少なかつた事を證據立つるもので、恰も維新の際の版籍奉還と同一の狀態にあつたのである。此一大改革の實行は、勿論當時の孝德天皇竝びに其實行の任にあたり給へる天智天皇の功績に歸し奉るべきであるが、これ以前に於て、天に二日なく國二王なしと云ふ主義を公表して大統一の基を開き給ふたのは、實に太子の憲法第十二條である。

當時は、已に氏族政治の世である。かゝる時代に於て、十二條にある如き主義を發表せられた事は、其識見の時代に超越して高邁なる規模を有せられし事を知るべく、たゞに大化改新は聖德太子の理想によりて之を事實に顯せると云ふ計りでなく、其大統一の思想は、常に國民の心底に潛み、其後藤原氏が權力を壟斷せば、後三條院、白河院の如き英主出でゝ之を回復し給ひ、武家が權力をとるに及びては、後醍醐天皇の建武中興となり、最近明治維新も、遠く大化改新を模範とせるのであるから、其根本は、實に聖德太子によりて描かれたる政治的理想に發すると云ふべきである。日本の政治を統一に導いた偉績をば太子に歸するに異論あるべき筈がなからう。

以上は、聖德太子の政治上に於ける二大偉績であるが、其外、佛敎の興隆に關する事は勿論、之と共に神祇の尊崇をも唱へられた事など、今一々述ぶる事を略する。歷史の史家、儒者等が太子攻撃の目標とする者は、弑逆の臣馬子を討滅せられなかつた事に存するのであるが、是亦當時の氏族政治の實情より考ふれば總て其當を得ざるものである。太子は、當時に於て馬子一人を誅戮する事よりも、寧ろ政權を朝廷に收めやうとする遠大なる考を以て徐ろに時機を待たれし者であつて、而も其深謀遠慮が、己が一代にて實行するの機なく、却つて其子山背王が蘇我氏の爲めに忌まれ、遂に一族滅亡の厄に會ひ、最後に其理想は英邁なる天智天皇の手によりて實行せらるゝやうになつたので、太子を非難する論者は、日本紀を精讀し、此間の機微を洞察する事をなさず、漫りに輕卒なる判斷を下せる者と云ふべきである。

大正7年7月1日

對支第一の要務（上）〔談〕

『やまと新聞』

南北妥協の機運は、寧ろ日本が近頃其方から手を退《ひ》きかけてる其うちに大分進んで來たやうである。

或る新聞に、政學會の一派が徐世昌を大總統に、陸榮廷若くは岑春煊《しんしゅんけん》を副總統にして妥協を圖らうとして居ると書いて居《お》つたが、是等は餘程實際に近い運動で、從來の如き護法論一點張りの議論は實際問題とは遠くなつて來た。大總統にしやうかと云ふことを妥協論の焦點とするに至つたのは、妥協論の實際に進んで來たことを示すものと思ふ。

併し、日本政府が、之に對して日本の公使なり、若しくは其他の力で世話を焼くと云ふことは、依然不成功に終ると思ふ。支那人の政局に立つて居るもの丶心理は中々複雑で、日本人などの調停を容れ得るやうなものではない。故に其方は寧ろ成行に任す方がよいと思ふ。唯、如何なる人物が結局政局を負擔し得るかと云ふ所に着眼するが、最も肝要である。

日本の主なる政治家中には、日本の支那通は支那人の戸籍調べばかりして居ると惡口する者がある。是は、餘程當つて居るが、併し、つまらぬ戸籍調べは不必要としても、如何なる人が實際支那の政局を負擔し得る力量を有つて居るかに就いて全く知識を缺いて居ると云ふことは、頗る無謀な話と思ふ。此際は特にさう云ふことを十分に考へる必要がある。但し我が當局者がそれを考へて當るか何《ど》うかは、保障の限りでない。

近頃、日本政府の執つた臨時手段のうち、自分等の希望に副つたと思はれる事は、北軍が南軍の引揚げた常德に入つた場合、秩序維持の爲めに日本兵を上陸せしめた件である。支那の政治家は、主權侵害だとか何とか云つて騷ぐけれども、人民は是れが爲めに實際多大の恩惠を受けるのである。何處に騷動が起つても斯う云ふ場合には日本が來て助けて吳れると云ふことが支那人の間に明かになれば、其利益は大したものである。

日本の海軍にも陸軍にも一種の癖がある。海軍は何れかと云へば支那の民黨贔屓《ひいき》である。是れは、ツマリ陸軍が支那の當局者と結び易い傾があるので、それに對する反感から來て居る。過日の陸戰隊の上陸なども、北軍の跋扈《ばっこ》を阻止する爲めだと云ふやうに考へられぬことがないでもない。併し何方《どちら》であつても、其地方は之によつて利益を受けるから構はぬ。

今の後藤外相の如く、外交上の定まつた慣例によつて許《ばか》り仕事をすることを脱して、幾らか特別な方針を立てやうと考へてる人には、陸軍とか海軍とかの運動の外にモ少し領事等を督勵して、斯る騷動でもある毎に、支那の市場幷に人民を保護して日本に依賴させることを十分にやつて貰ひたい。

對支第一の要務（下）

大正7年7月5日

支那の職業的政治家は、何かと云ふと日本が支那を侵略するやうに考へもし、又言ひもして、随分取扱ひにくいのであるが、吾々の所へ訪ねて來て親しく話す支那人の中にも、兎角自分の國の運命に就いては、唯日本が如何なることをするのかと云ふことのみを考へ、自分等自身で國家を何うするかと云ふことに就いては、殆ど何等の考へを持つて居ないと云つてもよい。

寺内首相や後藤外相に會つたものでも、言葉の上で餘り優待しなかつたりすると不滿を感じたりなどして、餘り善くは言はないが、それでも寺内首相は、支那に對してどう考へて居るかと云ふことを最も苦にして居る。

　そして、何うも寺内首相の意見が一定しないで困ると云ふ。自分は之に對して、首相の意見は一定して居るのだが、支那の意見が一定して居ないのだ、其一定しない意見を以て日本の政治家を動かす、日本の政治家も亦この一定しない支那人の意見に動かされるから、それで始終日本の政策が動いてるやうに見えるのである。寺内首相とは全然關係の無いことだと言つて聽かせて居る。

　で、自分の眞の希望は、支那現時の政府を度外視するには及ばないが、夫よりか、差向《さしむき》は商民、日本との貿易上の關係より段々原料を産出する生産者、それ等を力めて保護し、安全にする手段を講ずるのが一番だらうと思ふ。支那に對するに小さい職業政治家を相手にして居ては迚《とて》も埒は明かぬ。それよりか支那商民の救濟に着眼することが重要である。

　民國以來既に七年を經て、地方の商民は戰亂に厭《あ》き且つ困《くるし》んで居る。彼等の苦痛は、南北の統一と分離とに關はらず、日本の政策の如何によりて之を排除し得、又日支兩國政府の關係の如何を論ぜず、全支那人をして日支親善の味を眞實に味はしむることを得るのである。

　今日の問題は、支那商民が日本に救濟されるか、米國に救濟されるかに迫つて居る。一時的の利權獲得や、政府と政府との親善と言ふやうなことは、自分等より見れば、寧ろ第二の問題である。

　具眼の政治家は、浮萍の如き統一論などよりも、我工業家、貿易業者をして支那人民、殊に商民と密接の關係を結ばしめ、支那當局者の政策の如何に拘はらず、恆久的に日支間眞の利福を增進せしむるやうな大方針の確立に意を致して貰ひたい。一體、たゞ一つの政策によつて、紛糾錯雜せる從來の諸問題を悉く帳消しにし得るやうな名政策は、存在するものではないと心得て貰ひたい。

『大阪新報』　大正7年7月13日

段内閣と借款問題〔談〕

現内閣の援段政策と云ふ事が、大方の新聞雜誌の非難攻擊の焦點と成つて居るやうであるが、吾輩の見る所を以てすれば、其議論も或は少しく偏倚した意見ではあるまいかと思ふ。元來、寺内首相は段祺瑞と面識あるのでもなければ、段の性格才幹を稔聞《ねんぶん》熟知して居るでもないので、強《あなが》ち段を援《たす》くると云ふ主義を固持するものでないことは、首相の心事を解するもの丶齊《ひと》しく信じて疑はない所である。但し支那の現在は、如何《どう》しても先づ國家の統一を圖ることが第一義の急務であり、而して今日の處、段を擁する北洋派に勢力の在るものであると見て居るから、勢ひその對支政策なるものが援段主義に傾くのも、或は無理の無い所ではあるまいかとも思はれる。南北の妥協など平和的に仕遂げることは、今日の處とても駄目と見ねばならぬ。果して然らば、武力を以て解決する外はあるまい。要するに支那を統一するには、袁世凱一流の姦雄の更に輪郭の大きな傑物が出て、武斷果決を敢てするにあらずんば出來ないのである。馮國璋や、段祺瑞では、どの途《みち》治まりやうはなしで、南北紛争は當分絶えまいが、とにかく今のところ、勢力の雄を指せば、所謂段一派であらう。現内閣が、此に心を傾くる風の見ゆるのは、這般の消息を物語るものではないか。

借款が南方討伐に使用せらるとか、せられないとか云ふ議論もあるやうだが、世の中に是程の愚な議論は又とあるまいではないか。金を貸し付けた以上、先方が討伐費に使はうが、行政費に使はうが、其使途如何に干渉することの事實に於て出來ないことは、判り切つた話である。只表面の名義のみ、討伐費に充用せないと云ふた所で、其は形式だけに止める事は容易である。この表面の名義そのものが又愚極まつた話ではあるまいか。何ぼ何でも支那にも幾分の收入がある以上、その收入を討伐費に充て、日本よりの借款は行政費に使用したと云へばそれぎりのことである。國家の統一を謀る上に討伐を必要とするから、色々の借款の必要が起る。借りた金を使ふのは、どんな條件をつけたところで、先方の勝手に出來る話だ。金を貸すに使用の途まで條件附にすると云ふのが、抑も何の詮《せん》もないことだし、又形式だけのことなら、どうでも繕《つくろ》はれるし、借款に應ずる以上は、如上の議論は愚の骨頂である。支那に金を貸すのが惡いかと云ふに、有り餘つた金なら、今頃支那に貸して置く方が、日本政府の利益である。内地で貸すよりは、利子だけでも何程の得かも知れぬ。しかも利權か擔保が附隨して居るし、力のある破落戸《ごろつき》が氣の弱い坊ッちゃんに金を貸したやうなもので、何等かの物資が存在する限り取り損《そこな》ひの氣遣ひなしであるから、此際支那に金を貸し付けるのは、財政策上から見ても寔《まこと》に結構な事である。況んや金を貸す他の一方に於て、陸軍側は此に軍器を賣り附けて儲けやうとして居る。借款が討伐費に使用せらる、それが取りも直さず援段の結果と成るから宜しくないなど云ふ議論は、あまりに支那の事情に暗いと評する外はあるまいと思ふ。

『大阪新報』　大正8年6月11日

國亡びて文化在り（一）〔談〕

最近に於て、支那に關し、最も邦人の注意を惹いて居るものは、言ふまでもなく山東問題である。抑も山東還附の問題たる、啻に日本と支那との間の關係に於ける複雑な事情を見《あら》はすのみならず、最近の支那と世界との關係に於ても、亦頗る重大な事情が繫がつて居る。又一面から觀《み》れば、支那の昔からの成行竝に將來の運命を併せて最も能く說明をして居るのである。事は誠に山東の一角に止まつて居るけれども、支那人の運命を考ふるに極めて有益であり、又日本國民の發展を考ふるに就いて、有益であるは言ふを俟たない。

その他の問題で、我が國民の視聽に値するものは、即ち南北和平の問題であるが、是は全く、所謂支那政治家なるものの醜態をば遺憾なく暴露したものである。切に言へば、支那は何日亡ぶるであらうかと云ふのではなくて、既に已に滅びて居ることを天下に示して居るのである。成程支那には個人としては、學殖も深く能力も超絕して、實に敬服に堪へない人士も決して少くはない。殊に其の悠々四千載の長き經歷を持つて居る鬱たる文化に至りては、世界に對して誇るに足るべきものがあることを認むるのである。併し乍ら、凡そ國の興亡盛衰は、個人の善惡や、文化の優劣ばかりで支配するわけにまゐらぬ。固より天才や文化が國家の運命に多少の關係あることは否まれないが、全くは關係せない。支那の天才や文化が、支那の運命の總べてを背負うて居るものではない。天才があり、文化があつても、國は亡ぶる。又亡びたからと云つて、餘り悲しむにも當らないと思ふ。全體の民族の上から云へば、支那が亡ぶると謂うたからとて支那を侮辱した言葉であるとは云へぬ。日本には元老とか云ふ勳業赫々《かくかく》たる人々が居られるが、此等は、皆老人であるから、早く死ぬだらうと云つたからとて、何も威嚴を冒瀆した申條でも何でも無い筈である。近頃ちよい／＼元老格とも申すべき方々が亡くならるゝのであるが、此等は皆名譽ある臨終で、抹香《まつこう》臭く言はゞ大往生の素懷を遂げられた人々で、世に盡すだけ盡して世を去られた立派な人々として追懷せらるゝのである。支那の文化も四千年の文化も其の炳蔚《へいい》たる光輝を世界に放つたもので、國は亡びても、支那民族は、尊いのである。といつて、誰も死を喜ぶものは無い。如何に功成り名遂げた元老でも、身を彼の世に退けたくは無からう。往生際には、大概の人は世迷言《よまいごと》を云ふ者である。支那が將に亡びんとするに際して、世迷言を云ふのは寧ろ當然と云はねば成らぬ。之が爲に立派な四千年の赫々たる文化の大功業を帳消しにするわけにはいかぬ。

それはそれとして、山東問題については、支那人は、大に奮發をして居る。教育あり、地位あり、正當の理解を持つて居る人士が、日本に非常な敵愾心を持つて居るやうである。頃者《このごろ》かの林長民氏から「日本人に告ぐ」と題した小冊子を送つて來た。氏は早稲田大學出身で歸國後袁世凱時代に司法總長に成つた程の有數な政治家の一人であるが、之が北京に於る有力なる排日鼓吹者であるには驚かざるを得ない。氏が直接日本人と談論した事を反覆申言して、日本の一般人士に見せると云ふのが此小册子を發した主意である。中に重《おも》なものを擧げて見ると、第一に、日本人は條約の尊嚴と國際の信義とを無視し居ると主張して居る。是は一應もつともの事である。山東の條約は既に調印して居る以上、今更これを變更することはいかぬと云ふ議論であるが、併し日本は始めて青島を占領した時に支那に還附する旨は、聲明したが、夫には無條件であつた。民國四年卽ち我大正四年に加藤前外相との談判が出來た時に當り、從來無條件還附であつたのが忽ち有條件還附と云ふ事に成つた。斯の如きは、何處に國際の信義有りと謂ふのであらうか。又日本が青島を攻擊せんとする際は支那は中立國であつたから、兵を動かす範域を定めた。然るに日本兵は、之をしも無視して支那の領土を通り拔けて戰爭したと云ふので、此の主張は、まんざら無理とは云はれないのである。

第二には、山東の權利を主張するに、山東は二十餘年間獨逸に取られて居るが、其の時代は、暴力卽ち正義の世界であつた。故に若し當時正義を主張する世界であつたならば、支那は當然今日日本に對すると同樣であつたに相違ない。日本では獨逸と戰ふは正義人道の爲であると揚言して居る。卽ち今や方に正義人道の世界に成つた曉であるから、支那は、世界の大勢に順應して、正義人道に從い行動するのである。そこで日本の手を經ず、獨逸から直接還附を要求するのは當然の事理であると云ふのである。併し是は窮した議論たるを免れない。

國亡びて文化在り（二）

支那の前途抑も如何

大正8年6月12日

支那は獨逸に宣戰したのであるから、獨逸との條約は自然消滅に歸し、日本と支那との關係は帳消しにして、獨逸から受け取ると云ふのであるが、併し日本が青島《チンタオ》を占領した當時、聲明通りに、さあ還附してやるから受け取れと云つたならば、支那は待つて居たと云つて之を受け取つたであらうか。否々決して受け取ることは出來なかつたに相違ない。それは事實が何よりも雄辯に證明し居るのである。當時支那は非常に獨逸に對して畏怖の念を懷いてゐた者である。其後に及び、宣戰する時にも依然として恐れてゐたのであるが、纔《わずか》に非常なる日本の勸誘と、又一つには段祺瑞が英斷果決を以て、猛然として輿論を排し、宣戰の一擧に出でたのである。當時北京に在りし政客及び特に南方人士は大に反對の氣勢を掲げたものである。斯う云ふ事情であるから、支那が未だ對獨宣戰をせない前に、靑島を渡すと云つたからとて、決しておいそれと受け取る事はないのである。此の事たる、決して吾輩一箇の强辯で無い。支那人自ら之を暴露して居る。書いて發表した文書が儼存して居る。有名な梁啓超氏などは、兎に角支那の政客中、比較的眼光犀利《さいり》を以て目しても可《よ》さゝうであるが、氏は段祺瑞が對獨宣戰を決する事情を曲悉した文書を發表して居るのである。其の言ふ所を見れば、南方人士は勿論北京の政客なども多くは反對して居る。梁啓超は贊成の一人で、當時若し輿論に從ひて宣戰せなかつたならば、支那は果して如何なる運命の手に委せられたであらうか、南方人士今日そも何の面目かあると痛抵して居る。寔《まこと》に正直な告白である。さういふ時代であるから、支那人が山東還附問題を主張する議論には、割引して考へなければならぬ。日本の手を經て、山東を還附する事は、決して支那の不幸ではない。若し之が不幸であるとしたならば、是れ全く自ら招く不幸であると諦むる外はないのである。

第三には、日本では靑島攻擊に少からぬ犧牲を拂つたからと云ふのであるが、それはいかぬと云ふのであるが、併し苟くも日本の政治家に、今頃そんな事を云ふ人はあるまい。思ふにそんなことでも云ふだろう位な當て推量をしたものであらう。

國亡びて文化在り（三）

大正8年6月13日

第四には、日本は日露戰爭以後に於いて、韓國の併合を畫したのは日本の自衞上寔《まこと》に已むを得ざる事であると云ふが、其の所謂自衞には、自ら制限のあることを知らねば成らぬ。自國の版圖が狹小で困るから、勢の到る所こゝに人の國を奪はねば成らぬと云ふのであつた日には、小國の存立は無意義に成つてしまはねば成らぬ。常に大國の蠶食を甘受せねばならぬではないか、そんな不條理の事が國際間に許さる可き道理があらうかと、叫ぶのである。

此の叫びは、成程一應もつともである。法律論から云ふならば、强が弱を制し、大が小を壓すると云ふことは、不正義である。正義は力なりと云ふ要諦に歸せなければ相成り申さぬと力むのであるが、併し今日の人口問題や、社會問題は紛糾錯綜した内容を藏して居る。そう簡單な結果を以て判斷を下すわけにはまゐりかねるのである。譬へて言はゞ、今日の金持連が法律が保護して居るからと云つて所有權を楯に饑餓に瀕する貧民を見ても、平然として何等顧みる所無く之が救濟を拒絶するならば、社會問題も勞働問題も、全く無意味であるとせねば成らぬ。個人にまれ、國家にまれ、潑溂たる生氣と活力とを以て發達して來るものがあつたならば、之がために其の發達す可き道を開いてやらねば成らぬのである。其處に人道正義が存するのである。支那は自ら完全に統治する能力無く、之を封じて居る時には、土地は狭く、而かも人口は牛々増殖し、工業は發達し、文化の進歩亦大に著しい國は、曠邈《こうばく》たる領土を持ち腐りにして居る大國に入りて、其の人口を移植し、其の工業を起し、其の文化を布くと云ふ事は、世界人類と云ふ大局の上から見下して、決して不正義でも無く、不人道でも無いのであると思ふ。今日の支那政府は清國時代の政治を其の儘に取りて、五族共和と云ふことを唱道して居るのであるが、さういふ問題は、過去の事で、實際上、彼我の利益に成ることであれば他の國に讓ると云ふ事は、賢い仕方であらうと信ずるのである。此の意味に於て、一蒙古などは讓つても差支無からうと思ふ。最近に及び西藏《チベット》問題が起つたのであるが、若し民族自決主義が正義であるとするならば、久しい以前からして西藏《チベット》人が異民族たる支那人に支配せらるゝのは、面白からぬことであらねば成らぬ。卽ち支那は正義に反した行動を取り來たつたものであると云はねば成らぬではなからうか。勿論今回の西藏《チベット》問題の裏面には、英國が尻押して、支那の手から引き離し、後で略奪するための準備行爲をするのであるかも知れぬのであるが、それにしたところで、西藏《チベット》人の民族自決主義のための分離獨立を企つるのは、支那が攻撃する筋合には當らないではないか。支那が西藏を支配して居たところで、少しも開發が出來ない。其に引きかへて英國人が併有すれば、能く開發を遂げ西藏人のために幸福であるとするならば、何も支那、西藏の分離獨立を妨ぐるわけにも行かぬではなからうか。西藏問題の如きも單純なる法律論で一概に律し去るわけにはいかぬ。支那人の考へでは、自分が既に壯年に及んで居る頃にまだ子供であつたものが、自分が老年に成つたと共に、子供が壯年に達したのが不都合であると小言を竝ぶるやうなもので、是ぞ誠に不都合千萬の話である。老人が壯者と伍して、出娑張つたり、頑張つたりするは、個人間でも通用せないやうに、世界人類の向上發達のためには大の禁物たることを自覺せなければ、支那の前途は危い哉《かな》である。

國亡びて文化在り（四）

大正8年6月15日

近頃またボイコツトを頻りにやりだしたやうであるが、是は必ずしも山東問題が原因と成つたのではない。大戰爭四箇年に、日本の支那に於ける地位は益々優越に成り、世界の列强も亦之を認むる事と成つた。そこで支那人は心外に堪えないのである。處が加藤氏の條約が出來た。支那人は流石《さすが》に大陸的氣風の鷹揚な處が有りて、餘り其に氣が着かずに居たものである。何でも條約の出來たのは、民國四年であつたが、自分が民國六年の秋から冬に掛けて重《おも》なる土地を旅行したのであるが、最早二箇年にも成ることであるから、今時分は定めし忘れて居るであらうと思つて居る頃ほいに、漸くにして田舍の方に條約の傷《いた》みを感じて來たと云ふ風であつた。其後また二、三年經つた今日やつと感じが行き亙つたとか思ふ時に、講和に成つた。史を持たない國に生れたウイルソン氏が歴史を無視した超實世界的宣言を獅子吼《ししく》した時に平和の幕が切つて下《おろ》されたのである。此處で大に爲す所が無くては成らぬと、支那人が奮發し出した。支那人の心では、日本は大分自尊心を發展して居るが、未だ微弱であると見て居た。併し、兎も角も本國に於ては、西洋人に分寸の壓迫をも受けて居ない彼の様に支那もありたいと云ふ考へがあつたのである。日露大戰後日本は更に非常に發展して、歐羅巴が支那から手を引くのに、日本人は益々頑張ると云ふ事に彼等の頭を刺激したものである。

是には我が政府も人民も倶に不用意の過《あやま》りなきを得ない。支那に居る日本人は、往々にして其の無智識から生ずる失敗がある。日本人が支那に於て何か權利を獲得する時に、多少の歴史があり文書があるのに、其をば何の顧みる處も無く、慾張り一方で仕事を企て、以て領事の承認を求めて確定する。支那の方では、文書を取調べて交渉する。日本人は、其の無理なる事を考へずに、直ちに既得の權利だ、動かすべからずと主張するからたまらない。斯う成ると領事も間違ひで承認したと云ふ自己の不用意を告白したくはないので、實際に支那人を壓迫して日本人を保護しやうと出る。此等は個人の不用意であるが、實を云へば、當分の間は、日本人が順直に構へて支那人の感情を損ぜないやうにして居ても、やはり嫌はれることには免れない。と云ふのは外では無い、日本は益々發展伸張の氣勢を加ふるに反し、支那は漸々崩落衰退の兆候を呈するからである。自分は先般支那を旅行して、支那人と日本人との經濟上の關係を理解し得た。山東地方には、落花生が產出する。日本人も外國人も之を買ひ取るには支那人の仲買人の手を經て買ひ取るのであるが、山東鐵道が自由に交通出來るやうに成るやら、其他いろ〳〵の事情で、深く内地に入り込んで直接に荷主から買ひ取ると云ふ風に成つたが支那の内地で買ふ時は、却つて仲買人の手を潜《くぐ》るよりも高い金で買ふ事に成るのであるが、日本の市場と電報往復で問ひ合せが捷活に出來るので、平氣で高い金を出して居る。

國亡びて文化在り（五）

大正8年6月16日

最近支那革命以來、外國人と支那人との直接談判が、又日本人同様始まつた。日本人の商賣が支那の内地に於て發展する事は、市場に在る商賣人に取りては、甚だ不便ならざるを得ない。日本の立憲政治は、徳川の商賣人を破壞した後に出來たのであつて、立憲政治成立後に目星《めぼし》い商賣人と云へば、御用商人位のもので、政府の御機嫌取りが關の山で、政治上殆ど何等の勢力も無いと云ふ有様であつた。大部分は農民で、農民の勢力さへ占むれば、日本の政治は、どうでも出來るのであるが、之に反して支那の立憲政治は、全く之に反對で、商賣人の勢力を占むるでなくては、手も足も出ない。支那の財力は、商賣人に在る。從つて經濟も政治も同じやうに立憲政治が出來ても田舍に居る農民には、勢力が無い。今日支那の輿論は商賣人に依りて出來るのである。商賣人の反對を受けては、政治の運用は澁滯せざるを得ない。そこで加藤氏の對支外交も條約も、其の餘波を浴《あび》せ被《か》けられた。今日に於ても依然として農民の勢力が中心に成るほど進歩して居ない。其の上に前のボイコットで經驗がある。ボイコットは竟《つい》に商賣人自身の苦痛であることを痛く感じて居る。そこで今次のボイコットも肝腎の商賣人は、殆んど與《あずか》つて居なくて、大部分學生の騷動に市井無賴漢が尻馬に乘つて馳參《はせさん》じたに過ぎないのである。つまり學生と無賴漢とのボイコットと云ふも決して過言でないのである。從つて其勢力も薄弱であるから、今日に於ても仍《な》お日本商賣人が支那の商賣人を侵迫する事實は、愈よ滋く成り行くばかりである。政治の中心が農民に移らない限りは、ボイコットは免れないのではあるが、併し前に述べた通り、商賣人は却つて自分等の損にこそ成れ、得することの無いことを經驗上知つて居るから、暫らく辛抱して時を待ちて居れば、日本人の商賣は、支那の國民に利益である事が荷主に發見せらるゝに至れば、進歩した日支親善が出來る。此の事は、滿洲に實現せられて居る。滿洲に於ては、日露戰爭前と、東淸、南滿兩鐵道の出來上つた後の貿易額を比較するに、營口だけでも、殆んど幾百倍と成つて居る。それで今日では、世界に對する商賣と成り濟まして、滿洲人の利益と成つて居ることは、實に非常なものである。日本人が滿洲の地を引き拂つたことは、決して支那人の懌《よろこ》ぶ所でない。勿論滿洲地方には、支那から人材を送るのであるが、多くは南方人士で、正當の理解を我が對支經濟政策に持たない連中が多い。で、依然として排日の氣勢が盛んであるけれども、日本が滿洲に於て經濟上盛んに成つたために、支那人も亦その利益を受けて居ることは非常なものである。將來とても、支那の各地方は、日本人の發展に因りて經濟上益々盛に成ることは、疑ふ餘地が無い。然らば支那人が滿洲その他に於て、日本人同樣活躍したならば、更に一層滿洲人のためにも、支那人のためにも益する所、利する所が多大であるわけではないかと支那人は云ふかも知れぬが、支那の現狀では然《そ》うはまゐらぬ。何となれば、日本が今日の工業狀態に達するには三、四十年間努力して居る、苦痛を忍んで居る、其の結果として今度の戰爭の間には非常な利益を占むる事が出來た。之に引換へ遅れ馳《ばせ》に参戰こそしたれ、殆ど中立の地に立ちて居ながら、大戰爭中遂に何等の利益を獲ることの出來なかつたのは、世界中只支那あるのみだ。是天與の資源があり、材料は豐富でありながら、工業の發達しないばかりに、利益の角逐《かくちく》に手が出せなかつたからである。手近い例で云へば、お手前もの丶穴錢でさへ、日本人が買ひ取つて儲けるのは、怪《け》しからん、我々の手で……と力んで見たところで、支那人にはトント儲からないから妙である。遂々《ついつい》日本人に泣きを入れて其の工場を引き受けてもらふと云ふ風である。

國亡びて文化在り（六）

大正8年6月17日

楊子江沿岸に於ても、支那人は英國人の爲めに、利益を壟斷《ろうだん》せられたのである。夫は仕方が無い。支那には、工業上の訓練が無い。夫で以て三、四十年の訓練を經た日本や百數十年を經た英國の工業と平衡を爭はうと云ふのは無謀であるとせねば成らぬ。今日以後、支那が鋭意努力して工業上の訓練を積むとしても、其の前途や洵《まこと》に遼遠である。工業國に成るには、資源があり、材料があるだけでは、成功は覺束《おぼつか》無い。であるから、こ丶二、三十年の間に、支那が工業に大なる發展を爲す事は出來ない相談である。故に原料國として、原料を多く產出して、其の堅固なる基礎を作るのに在る其の徑路であるのが、卽ち支那のボイコットである。ボイコットは、日本及び支那の發展のための途中であると云ふ當然の歸結に成るのである。今日のボイコットでも日本の貨物を買はないと云ふ不利益を感じて居る。故に支那の自覺のためには、最も慶賀す可き事象であると信ずるのである。支那の職業的政治家に、斯かる事を談じたところで、判《わか》らぬ。商賣人や農民が却《かえ》りて判るのである。畢竟するにボイコットなどの起らぬやうに成るには、支那の國民の覺醒に須《ま》つ外は無いのである。今方《まさ》に落日西山の邊に在る支那の職業的政治家の叫びを、直ちに以て支那國民の叫びとするが如きは、迂謬《うびゅう》の甚しきものであらねばならぬと思ふ。特に支那のために思ふに、是も亦今日の有樣を見て、將來を悲觀する必要はない。國は縱《よ》し亡びたにせよ、世界に誇り輝かす可き長い歷史があり、燦たる文化がある。優なる天才がある。此等光輝ある支那民族の異采は、世界の忘れんと欲して忘るゝ能はざる所のものである。悠々たる四千年と云ふ持久力の超絕した文明の持ち主であるからには、政治の能力や經濟の能力や日本人に遠く及ばなかつたところで、何も愧《は》づ可きことではない。此等の野心は一切擲下《てきか》して眞に民族の長所を維持しやうと思はば決して悲觀すべき筋合で無い。經濟に政治に日本人が發展したからとて、其は若いものが元氣で鐵砲を射つて居るわい位に見て居ればよい。自分は老に及んだから鐵砲さわぎでもあるまい。茶の湯でもやらうかと、若いものゝすることよりも高尚なことに氣を向くる方が餘程賢いであらうと思ふ。支那の長所を棄てゝ、政治や經濟や日本の長所（支那に比しては…）を眞似て發展を競《きそ》はうなどゝは、大人氣無いこと夥しい。一口に運命と云ふても、其は支那の文化を如何にするかと云ふ運命であるべきで、政治や經濟やの手に運命を委せんとするは大なる心得違ひである。

政策以外の眞關係

『外交時報』第三三〇号　大正7年8月1日

日本が支那文化の影響を受けしこと久し。而かも日本文化の健全なる發達は、其土地の支那を周《めぐ》れる他の諸國に比してやゝ隔絶し、殊に海洋に隔てられて、彼此の交通やゝ不便なる爲、支那の内紛に影響せらるゝこと割合に少なく、其吸收する所の文化は、恰も日本に必要とする程度に止る事を得たりしを以て也。朝鮮其他の諸國は、支那との關係密接に過ぎ、爲に殆んど文化の自主力を喪失するに至りしも、日本は常に之を維持するを得たり。近年に及んでは、日本文化が却つて遂に支那に影響するに至りしが、而も支那人が日本文化を吸收するに當りて、彼等が果して自主力を有せるや否やに就ては、未だ問題とする程度に達し居らず。但だ昔に比して交通の非常に便利となれる結果、土地の隔絶は殆んど問題とならず、隨つて兩國相互の文化の影響が昔に比して漸次複雜となり、其間に自主力を用ふべき餘地益々減少し來れるは疑なし。尤も昔より兩國共、互に烈しき刺戟を與へし時に於ては、各其對手國の政治上、經濟上の内情にまで立入りて觀察を下せしことあり。或は其事狀に對して同情せることもあり。足利初期卽南北朝時代に、明より使者を日本に派せしが、其目的は、一に倭寇の患を除くにあり。初め、明は九州にある南朝の征西將軍宮を日本國王と思ひしも、日本の内情の漸く明《あきら》かとなるに及び、征西將軍の外に更に京都に持明院天皇のあるを知り、遂には明の日本に對する外交は、足利氏を主とするに至りて從來の方針を一變せり。文祿の朝鮮役に、明は薩摩の島津氏の日本に於ける一勢力なるを知り、之を利用して豐太閤を牽制せんとする策を立てし事ありしも、勿論成功せざりき。明の亡ぶるに際し、當時支那の事情の日本に傳はるは、多く長崎に來航せる支那商人より長崎奉行を經て幕府に上申せられたる者なりしが、日本の輿論の傾向は皆明に同情し、支那文化の正統なる支持者が、未開の韃靼《だったん》人に亡さるゝを憐み、明が曾て征韓役の時の讐敵なりし事を毫も念頭に置かざりき。一時は、援兵派遣の議さへ公然幕府の討論に上りし事あり。其原因は、日本に來れる商人の多くは、南方人なりし事、日本の讀書人が支那文化に同情を有せる事等にして、此事實は已に當時日本の輿論が幾何《いくばく》か支那人の感情に影響せられしを見《あら》はせる者と云ふべし。其後、德川時代に於ては、學問、藝術等の文化を吸收すること、寧ろ朝鮮よりも其關係深く、且つ其方針に向つて努力せしと雖、政治上の問題なかりし爲めに國論を動かす程の事なかりき。明治の初年以後、日本は寧ろ西洋文明を吸收するに專らにして、支那に對しては常に敵愾心を抱き、遂には日清戰爭を惹起して一時、兩國文化の影響互に中絶せり。後、支那が變じて日本文化吸收の時代となるや、多數の留學生は送られ、革命黨の亡命客は避難し、此兩者の結合せる結果、支那の革命を引起すに至りしも、而も是れ日本文化の影響、若しくは日本國論によりて生ぜしものと云ふ能はず。若し支那革命と日本との關係を云爲《うんい》する時は、僅かに一部少數の任俠者流を擧ぐるを得んのみ。而も革命の勃發後は、日本人は其關係を支那の内紛に迄及ぼし、或は政治上の援助者となり、顧問となり、或は戰士となり、南北共に密接となるに至れり。日本政府に於ても、最初は支那革命に對し、特別なる方針を樹立するの必要なかりしが、後には政府自ら方針をたてゝ、施《くわえ》て支那の政治上の事情をも動かすに至れり。現在支那にて政治の局に當る者、竝びに之に反對なる團體は、皆日本の意向を顧慮す。是れ戰亂の結果と稱すべき者多しと雖、而も兩國の關係が益密接を加ふべきことは、自然の勢と云ふべし。されば、支那の政客も亦日本の政治上の内情を利用するの必要を感じ、日本政府の方針以外に、更に民間の輿論を動かすことに注意し初め、且其實行に於ても若干の成功を得たり。

顧みて古來よりの日支關係を通觀するに、支那に於て日本の内部の事情を顧慮して、之を利用せん事を考ふるの要なかりし時は、其國運の最幸福なる時にして、日本に於ても、たとへ其は文化の點なりとは云へ、支那の影響の餘り密接に過ぎざりし時は、其の自主心を失はざりし時なり。今日に於ては、其幸と不幸とを問はず、兩國の影響は益々密接となり、複雜となり、而して之を昔の單純なる關係に返さんことは到底不可能なるは、自然の趨勢なり。近年迄は、支那人の日本に對して訴ふる苦情の多くは、支那に入り込む日本人の性質雜駁にして、支那の政治上竝に貿易上其に危險を增長せしむる患ありと云ふ點に存せしが、近日に至りては、支那は寧ろ其危險なる分子を利用して却つて日本の國論を攪亂するの利益を會得するに至れり。日本の政治家も亦常に自國の浪人の處分に苦しみ、且支那の亡命者が浪人に賴りて兩國の關係を不良に導く事に苦しみしが、近來は、朝野共に自國の浪人を利用し、それに導かれ來る支那の南北の政客をも利用し、以て自己の政策を實行せんとする方便に供するの傾向盛になれり。

吾人より之を見れば、支那の説客《ぜいかく》が日本の國論を動かし、日本の政治家が彼等に動かさるゝを以て甚しき不見識と考へらる。然れども、支那人よりして之を見れば、亦同様の觀察を自國の說客に就て下すが如し。たとへば唐紹儀の渡來の如き、南方の主張を日本に鼓吹するに幾何か效果ありしやに見らるゝも、而も同じく民黨を標榜する支那人中には、唐に對しては極めて冷眼に之を迎へ、唐の行動は其鄕里に隱居するも、上海にあるも何等異なる影響もなく、寧ろ日本に來ることの彼に取りて利益なるが爲なりと皮肉に觀察する者あり。故に、彼が日本の或方面の勸誘を受けて日本に來り、而も日本當路の意向が豫期に反せるに、彼はいたく失望せりと稱する者、寧ろ彼に口實を與へしと云ふべく、事實は、日本に往くも全く功なきを知りつゝ、猶進んで渡來せし者なりとは、彼等の酷評なり。又、張繼を評して、彼の日本に於ける事業已に完了し、之以上日本にあるは却つて日本人に利用せらるゝのみなりとて、彼が日本の政治家の間に游說して南方の主張を鼓吹せし功を、殆んど全く抹殺せんとする者あり。今日、日本人が日本の政治家に對して其あらゆる勞力を抹殺し、其缺點のみを擧げて酷評するが如く、支那人も亦支那の政客に對して同様の酷評を敢てするなり。畢竟、兩國の關係密接に過ぎ、其事情複雜にして善惡共に微細の點迄も互に影響する結果なり。かゝる事情は、兩國にとりて、從來より危險の分子を增加し、其處置に困難を來すべしと雖、而も之を單純なる往時の關係に返さん事不可能也。されば日本に於て或一、二の定まれる政策により、有ゆる從來の關係を帳消とすべき名案なきと同じく、支那に於ても、亦日本人の活動が支那社會の根底にまで喰ひ込むことを排除すべき名案ある筈なし。然るに、兩國の政治家は皆此事情を無視せり。日本の政治家の對支策を稱するや、恰も萬病感應丸とも云ふべきこの標目せらるゝ政策を以て、あらゆる問題を解決すべき名案を得んとし、時としては援段政策と呼ばれ、時としては南北調停論となり、或は南方援助論となる。而して彼等は、之によりて日支間の問題を解決せんと試み、若しくは主張すと雖、日支間の實際的關係が政治家の標出したる問題以外に絕えず活動しつゝあるを毫も念頭に浮べざるなり。支那も亦、其政府たると民間たるとを問はず、皆日本の援助を恃《たの》み、或は日本の國論に訴へ、或は進んで之を動かさんとすと雖、彼等の最後の本音を吐かしむれば、畢竟、寺内伯が支那に對して如何なる考を有するか、を探らんとするに過ぎず。この兩者は共に誤なり。日支の眞の關係は、政治家の政策以外に、政策とは關係なく、絕えず活動しつゝあり。其最惡しく表現せられし者、たとへば釐錢買、鴉片《あへん》密輸入の如きに於てさへ、其關係は、國と國との關係を超えて直ちに個人間の直接關係によりて進行す。是れ、勿論日本のみならず、英、佛等の冷肉製造、苦力《クーリー》募集事業の如き、其關係が支那社會の内部にまで喰ひ入り、其社會上の常態に變調を與ふ。其善き表現の著しき者は、英米兩國の支那に於ける教育事業近來頗る發展し、又各地に於ける青年會の運動、童子軍の組織等は亦支那の社會の常態に已に變調を與へ、更に益々與へんとしつゝあり。日本に於ては善き方面の取り立てゝ云ふべき者なし。但だ其の發展の著しきは、日本の對支貿易にして、益々支那の内部に喰ひ入らんとす。支那の將來に於ける影響が、日本と諸外國との何れが果して深く且強かるべきか、大なる疑問なるが、政治家にして眞に日支の重大なる關係に着眼せば、今日の日支關係或は日本對諸外國の支那に於ける關係、此等の複雜せる問題は、到底、各國民族の本質の優劣、地理上、歴史上の關係の優劣、政治組織、社會組織等の優劣に依憑《いひょう》し、又此等によりて將來の結果を產出すべき者なる事を了知し、當局者は勿論、民間の有志も、此複雜なる關係を漸次に如何に誘導すべきかに顧慮を費すべく、政治家が功名を博すべき一時の政策の如きは、必しも大なる效果なきを覺知すべき也。

如上の見地よりして、近來政府が常德及汕頭《スワトウ》に陸戰隊を上陸せしめしことを以て支那商民に安堵を與へし點より、最機宜に適せし者と稱するを憚らず。今春以來、議會に於ても問題となりし支那人教育機關設立の如きは、英米兩國の教育感化事業と相竝んで、新支那の建造に大なる勢力となるべき問題にして、政府が摯實に此等の問題につき考察するの意志ありや否やに關し、更に其注意を促す者也。

大正8年3月1日
『外交時報』第三四四号

支那の眞相暴露

近日の支那は、其の南北妥協に於ても、歐洲媾和會議に對する態度に於ても、漸次其眞相を暴露し來り、從つて日本當局が最近支那に對して執れる處置の必しも聰明ならざりし事、明白となれり。

一般に、寺内前内閣は北方援助に傾きたりと稱せらるゝも、其の末期に於ける重《おも》なる目的は、北方援助よりも寧ろ游金の處置に存し、其結果、自ら利權獲得に傾けるなり。之が爲めに、南方の反感を買ひしは、固より事實なり。而も加藤子の日支協約の如く露骨なる要求なかりし丈、支那一般の反感も亦それ程甚しからざりき。たゞ在支英米人は、之が爲めに非常なる嫌惡の念を起せり。此政策の效果は、自然に北方援助の事實を顯はせしかども、段祺瑞内閣は、この援助によりて南北統一の實を擧ぐる能はず。已にして大總統の任期滿ち、形勢一變せり。

元來、日本の軍事當局は、始め段内閣に望を屬し居りしも、一昨年の冬、一時段内閣の倒るゝや、全く意外の感に打たれ、それ以後段一派の勢力を過度に見縊《みくび》るに至れり。かくて此時よりして、彼等は南方人士を引き、局面の一新を目論見つゝありしが、寺内總理が其性質として政策の變更を好まざるにより、遂に新計劃を充分に實行し能はざりき。然るに寺内々閣の交迭するに當り、支那に於ても總統改選せられ、徐總統は方針を一變して妥協政策に轉向するに至りしを以て、我軍事當局も其新らしき方針を實行するの機會を得、加ふるに新内閣に於ても、從來南方人士の意見を注入せられし人多く、是等の人々は、南方の希望する統一、或は妥協の性質に就て深き理解なかりし爲め、妥協勸誘論は一時に勢を得るに至れり。之と共に、前内閣の支那に對する游金處分政策、即借款政策を一變するの宣言を發し、以て南方の希望に副ひ、かくて此新方針を見事に完成させて、其外交手腕を證示せんとするの豫定なりき。勿論、現内閣の人々は一部朝野の人士の考ふるが如く、果して支那の北方を官僚派とし、南方を民主派とし、南方の意見に隨はば完全なる民主國を造り得べしと信ずる程支那の事情に蒙昧なりしや否やは、不確實なり。たゞ支那目下の機運に於て南北妥協を順當なりと考へ、之が爲めには北方をして多少の困難に陷らしむるも、寧ろ南方を滿足させ、以て支那に於ては統一の實擧りて支那人民の感謝を受け、日本に於ては、前内閣の方針を一變せし處に其成功を顯はし得と考へしことは疑なかるべし。

然るに、近時の妥協問題の進行に徴すれば、北方があらゆる不便を忍び、出來得る丈の讓歩をなし、早く平和會議を開かんことを期し、之に對する所謂軍閥一派の不滿足あるにも關はらず、徐總統の人望は種々なる困難に打勝ち、日本竝びに列國の勸告を尊重し、着々其方針を進めつゝあるに反し、南方は却つて瑣細の問題を先決條項となし、平和會議の進行を促すに於て比較的熱心ならざる傾向を示せり。たとへば福建、陝西に於ける兩軍對峙の問題、會議地點の問題等の些事に拘泥するが如き之なり。殊に會議地點の問題の如き、支那の主權の行はれざる上海を選擇するが如きは、寧ろ支那人に取りて不名譽の事と稱すべく、且つ南京に會議を開くとも、列國環視の間に於て、北方派の暴行などは萬之あらざるべきこと明らかなるに、南方の代表者が其身の危害を慮りて此地を避くと云ふに至りては、殆んど解す可からず。然るに北方は遂に此問題にすら讓歩をなせり。又、南方が提出すべき條件として流布せらるゝものを見るに、多くは皆衷心統一を希望し、統一の爲に從前の行懸りを犧牲とする意志に非ずして、寧ろ統一後に於ても、南方各省の利權を保護する手段と考ふべきが如きものゝみなり。岑春煊氏の代表章士釗氏が、日本に於て聲明せし所は、極めて公平にして、虛心坦懷、會議に臨まんとする精神の認められ得るが、此精神は果して總代表たる唐紹儀氏に之あるや否やを疑はざるを得ず。

南方の此の如き態度は、漸次屢々妥協を勸告せる列國の感情に影響し、我内田外相をして猶法律論の末節にかゝはるは列國の希望に非ざることを發言せしむるに至れり。是に於てか、始め北方をして困難に陷らしむべきを豫想して立てし妥協策は、却つて反對の結果を示し、我政府の徐總統に對してあまり同情を有せざりし態度の、決して聰明にあらざりしことを明かに顯はすに至り、又南方が希望する平和統一なるものゝ如何なる性質なるかを、政府は始めて悟る所あるに至れる也。

歐洲媾和會議に對する支那の態度に就ては、支那は其正式派遣員の外に、梁啓超氏亦渡歐せるあり。彼等が之に對して如何に熱心なる注意を拂へるかを見るべし。我當局者は、支那のこの態度に就て、其如何なる意向なるやは定めて豫測する所なきに非るべし。我媾和會議派遣員たる牧野男は、亞細亞の事に關しては、支那と充分なる理解によりて事に處するを聲明せしが、こは勿論日本の希望なるに相違なし。而も支那は同樣の希望を有すや否や。支那の派遣員たる陸徵祥氏は、日本を通過せる際、日本當局と面會を好まざる樣子ありしは、已にやゝ不審に屬す。然るに兎に角會見はなされ、日本當局は之によりて支那との間に充分なる理解を得たるが如く言ひ居るも、近來支那派遣員の希望として巴里に於て發表せらるゝ所によれば、頗る意外に感ぜらるゝものあり。乃ち日支從來の關係を、總て媾和會議に附して整理せんとの考を有せる事之なり。日本は之に對して如何なる態度を取るべき乎。

元來、支那近時の傾向は、南北共に日本を喜ばず。殊に加藤子の日支協約以來、段祺瑞内閣の如く、日本の援助によりて其存立をなし得たりと稱せらるゝ者さへも、其政府部内の一般空氣は皆排日に傾きたり。歐洲戰爭の間こそ、支那は日本に對して如何ともなし能はざりしも、戰爭終熄と共に、何らか爲す所あらんとするは、彼等の已に懷きし考なりき。南方の如きは、日本の北方援助と其段内閣との關係を以て、利權獲得に利すべきを言ひふらし、以て歐米人の感情を動かし、其說客は、又日本に來りて北方援助の手を緩めさせんが爲めには、屢々日本にして北方に偏せんには、國民は米國に依頼せんとするの意向あることを示せり。歐戰の終らんとするに方《あた》り、南方は極力米國に運動し、以て其獨立の位置を承認せしめ、之によりて日本が北方を援助せる從來の態度に酬ゆる所あらんとせしが、意外にも、米國は徐世昌氏の大總統就任を逸早く承認し、南方の派遣員をば拒みて納れざりき。然るに、其頃日本に於ては、却つて反北方の意見一般に行はれ居たれば、從來日本の援助を賴みとせる北方は、頗る日本の態度の意外なるに驚けるが如し。勿論、北方と雖、米國に依頼して日本に對する自國の位置を更改せんと考へしこと、必しも此機會に始まれるに非ず。故に其排日的傾向は、時に近時の日本の態度のみによりて刺戟せられしものと云ふを得ざれども、兎に角、歐洲戰爭既に終り、米國は南方の位置を承認せざりしを看取するや、梁啓超の如き烱眼の政治家は、此際日本の手より離れて、米國に頼り、以て自國の位置を媾和會議に於て承認せしめんと盡力すべきは火を觀るよりも明かなり。總じて支那の政治家は、如何に烱眼の者と雖も、世界の大勢を知る者少なく、たゞ在支英米人が排日感情を有するの故を以て、其本國の政治家亦同様の感情を有せるものと速斷し、かくて此際大々的暗中飛躍を試みんとの希望を抱くに至れるは、彼等にとりて寧ろ當然の事なり。問題とすべきは、之に對する日本の態度に存す。

　日本は、支那の此新らしき希望に就ては、世界に於ける日本の位置の相當に認められ居る以上、必しも格別の考慮を廻らすの要なし。支那人の暗中飛躍は、恐らくは失望の結果を持ち來すべく、支那は、之によりて却つて自國の位置の如何なるかを深刻に知覺し、自國に相當の準備なくして、當然自國の責任たるべき問題をば、國際的勢力に依頼して、解決を計らんとすることの徒らに自國の位置を卑うするに過ぎざるのみならず、更に爲めに自國の政治的能力の缺乏を露呈し、將來不名譽なる國際管理を導く因となるに至らざるべきかを感知するに止まらん。支那人にとりては、此の如き經驗は大なる教訓を齎すべく、是れ日本に取りても、不利益にあらざるは勿論なり。但だ日本の當局者が、此の如き支那人の意向を充分に感知せずして、時としては南方人の甘言に誘はれ、時としては北方人の魂膽に利用せられ、單に機會主義によりて政策を支配せらるゝが如きに於ては、其の當然受くべき結果、亦知り難からず。

　以上論ぜしが如く、南北妥協問題は、支那の暴露せし眞相により、列國をして判斷を誤らしめざるに至れるが、歐洲媾和會議に於ける支那の態度に就ては、其暗中飛躍が如何なる點まで成功し、如何なる點まで失敗すべきかに就ては、事態猶多く未然に屬す。而して日本に於ては、單に前内閣の政策に對する反感よりして、近日僅かに覺醒せんとせる現内閣の對支態度に就てさへも、無意味の非難を加ふる者ある程なれば、歐洲媾和會議に對する支那の暗中飛躍に就ては、殆んど其の危險を感知せる者すらも少なし。議會に於ける質問言論に於ても此傾向は明白なり。若し今日に於て、對支問題によりて日本が失敗することありとせば、其責任は獨り之を現内閣のみに歸すべき者ならんや。（大正八年二月五日）

朝鮮の開國〔講演〕

〔大正7年10月か〕

此の度、滿鐵の社員の讀書會と云ものから、こちらへ出て何か御話しを致すやうにと云ふ御注文を受けまして、本春來、段々御交渉《おはなし》もありましたのですが、とう〳〵此の度出ることになりました。滿鐵の方からは私共始終御世話になり、何か滿洲地方で調べものがありますと毎々御厄介をかけて居りますから、斯ういふ御注文の際にでも其の御報ひをしないと相濟まぬでございますから、喜んで出ましたのでございます。又私共はこれからも色々調べものに付いて御厄介を掛けることがあらうと思ふ。殊に又此の近頃、北滿洲西伯利亞地方に日本の手が伸びて居りますから、アノ地方の鐵道なども滿鐵の管理に歸するやうな場合が出來て來るだらうと思ふ。さう云ふ際には、又私共の研究の手も段々其の方へ擴つて行くことができると思つて居りますから、今後とも色々又御厄介を掛けるだらうと思ふ。

此の度は、其の大塚君の方から、何か此の歷史上の話で、殊に今の此の東洋に於ける國々の興つた時の歷史に關する話をして呉れるやうにと云ふことでありました。それで、五ケ所程で講演を致しますが、到る處、皆其の國の興つた時の御話、國の興つた時の話は凡て景氣のいゝものでありますから、さう云ふことを御話することになつて居ります。所が、此の朝鮮、滿洲のことに於きましては、滿鐵の方でも從來其の歷史調査室の方などで段々御研究になつたものがありまして、さうして世間へ發表にもなつて居ります。其の研究の仕方は、多くは或る問題、或る事件、或る地方のことに付いて部分的に研究せられたものが多い。其の中に非常な出來のいいものが多いのでありまして、先づ東洋で、此の東亞細亞の地方に關する歷史上の研究の成績としては、從來曾つて無かつた立派なものを出來《でか》して居ります。さう云ふ次第でありますから、私がそれを重複した同じやうなことを御話して歩いても詰らぬやうにも思はれますのですが、又其の中には、私共と多少其の調べた人の意見の違ふ所もあります。殊に、此の朝鮮の開け初めのことに付きましては、それが又私共と意見の違ふ多い部分でありますが、中には、又全く一致して居つて申分の無い所もあります。併し、兎も角も其の歷史調査室の出しました成績と云ふものは、大體その部分的研究でありまして、大體にこの纏めたことを成績を現はして居るやり方ではありませぬ。私の今度の講演は、どうせこのさう云ふ部分的の研究に付いて御話をしても、格別な興味がありませぬ譯でありますから、可成《なるべく》大體のことに付いて御話をして、さうしてこの東亞細亞の諸國に於ける國の興つた時の概念を、皆さんに御與へ申すやうにと云ふ考であります。

所で、此の歷史上の研究と申しますものは、一般の人から見ますと何かこの古いものを單にひねくつて居つて、さうして現代の世の中に遺《のこ》つて居る古い話、古い遺物などを探すに過ぎないやうにも見えるのでありますが、歴史は、又其の専門にやります者から考へると其處に色々な苦心がありまして、凡てこの歴史の遺跡と云ふものは、今から千年前、若くは二千年前までも、其の千年前二千年前のものが、其の當時の色々社會の状態がありませうが、其の社會狀態の全部が決して遺つて居るものではなく、其の中の一部分だけが多くは遺つて居る。それで竟《つま》り謂はゞ一つの圓い形のものが其の當時の社會狀態の成形であるとすれば、之が碎けて一部分だけが遺つて居る。其の碎けた一部分からして全體の其の當時の社會狀態を推して考へる所に、其の歴史が學問として値打があるのでありまして、それをやるのに中々判斷の仕方が一寸面倒なんで、それに對して特別な熟練があり、又特別な腦力がなければうまく行かない。それで、兎も角もそれで歴史の研究の仕方も、今日までゝは色々其の或る部分的の事實に付いて、さうして其の事實の正確なることを表はすために色々なものを調べて出す方法もあります。又それを根據として、其の時の全體の狀態を推論する方法もあります。で、竟り其の兩樣を具へなければ、眞當《ほんとう》の歴史と云ふことはできませぬのでありまして、其の兩樣を具へるためには、矢張り歴史家と云ふ者に相當の頭腦を要します。それで、例へば朝鮮なら朝鮮の開け初のことを考へると申しましても、其の考の着けやうに色々な着けやうがあると思ふ。朝鮮と云ふ國も、古來からの歴史と云ふものを矢張り有つて居る。記録された歴史を有つて居つた。朝鮮ならば朝鮮の三國史記とか何とか云ふやうな古い歴史を有つて居るのであります。併し、三國史記に依つて朝鮮の古いことが滿足に分るか、斯う云ふことが一つの問題になります。それから、又支那と云ふやうな古く開けた國に、朝鮮の古い時代のことを書いて居るものもある。さう云ふものから考へて、竟り其の隣りの國から考へて、さうしてどれだけのことを朝鮮の歴史の上に事實を發見し得るかと云ふことを、又一方から考へることもあります。さう云ふ風に色々に考へて見ますと、中々面倒い。朝鮮の歴史だからと言つて、自身で書いた古い歴史をそれを其の儘鵜呑にして信じてよければそれに越した易いことはないのでありますけれども、眞當の歴史家がやる時には、それでは滿足しない。例へば、吾々が子供の時に、三つか四つまでの自身のことは、中々自分で其の幼《ちい》さい時のことを決して記憶はして居らぬ。それで、自分の家に付いて居つた、例へば下女とか祼母《ばあや》とか云ふ者があつて、それが自分の幼さい時のことを記憶して居つて、さうして、それが大きくなつてから、御前さんの幼さい時には斯う云ふ風であつたと云ふので知らすのもありませう。それから、又隣りにまめなお老爺さんが居つて、さうして色々なことを毎日々々日記をつけて居つたと、其のお老爺さんが隣の小僧が隨分腕白な奴だからと言うて、始終何か悪戯でもした時のことをまめに記録をして居つたと云ふこともありませう。大きくなつてから、それから歴史を判斷する時に、これは家の褓母《ばあや》が言つたのだから此の方が間違ない。隣りのお老爺さんの記録したことは隣りの人がやつたんだから間違だらけだと言つてそうして判斷をするか、家の褓母の言つたのは、竟り腦力の低い女が考へて、さうして不確《ふたし》かな記憶で言つたのだから其の事は信用はできぬが、隣りのお老爺さんが書いたのは、兎に角毎日々々日記をつけて居つたんだから其の方が確かだと云ふのでそれに據るか、さう云ふことが大分その斯の歴史の研究の問題となると思ふ。それで多くは、竟りその自分の國の御國自慢から言へば、腦力の低い女の言つたことでも家《うち》の媬母の言つたことを信ずればいゝのでありますが、近來の正確な歴史を研究すると云ふ上から言へば、矢張り隣りのお老爺さんの日記を大分信用しなければならぬことになる。

　ツイ近年——と申しましても私共の近年と云ふと二、三百年位が近年になりますが、其の近代のことでも、例へば此の滿洲、清朝が滿洲から起つた時、今から三百年ばかり前のことであります。其の頃の殊に歴史を、滿洲にも勿論歴史がありまして、滿洲人の話を土臺にして書いた歴史が清朝の實録などに載つて居ります。其の方にも相當な、兎も角筋の通つた話がある。所が又、それに關して支那人の書いたもの、殊に其の極く近い隣りに居つた又朝鮮人が書いた記録と云ふものがある。さう云ふものから段々滿洲のことを推して考へて見ますと云ふと、滿洲人の方では、其の時分に文字も何も知らなかつたので記憶でもつてやつて居つた話であるから、頗る不確かなものでも、朝鮮人とか支那人とか云ふのものゝ書いた記録は其の當時から既に其事を筆に記したのでありますから、それで、其の確かなものがあると云ふやうなことになつて、滿洲の初期の事を知るためには、朝鮮若くは支那人の記録が確かだと、斯う云ふやうになる。それをずつと推して、朝鮮の開け初めた古代に溯りましても、矢張り同樣な事情がありました。朝鮮の開け初めた頃、朝鮮人の言ふ所に據れば、檀君《ダンクン》と云ふ人が妙高山〔妙香山〕とか云ふ山へ天降つて、それから朝鮮が開けたと。それが何時の頃かと云ふと、四千年も前で、北支那の堯、舜と云ふ天子の、堯の頃だと云ふ。斯う云ふ話、さう云ふ古い傳説を言ふ。それは又至極怪しいとしましても、三國史記と云ふものができた。其の三國史記の年代と云ふものが、支那の前漢の時分、堯の時として四千年になるが、前漢の時の時代としますと大抵二千年位前、二千年位前から朝鮮に歴史があると云ふことで、それでまアやつて行くと云ふことになりますが、併し、其の時に、兎も角支那人と云ふものが、既に前からして確かな記録を有つて、さうして幾らか近所の國のことだから段々書いて居つたものがある。それの方を信用することになつて、それの方に據つて朝鮮の古い話を判斷すると云ふことになると、色々其處にその難かしく調べなければならぬ關係ができて來る。此で、第一、朝鮮歷史なら朝鮮歷史、朝鮮歷史に限りませぬ、日本も籠めても宜しいのでありますが、東北亞細亞凡て支那の周圍に在る國々のことを研究すると云ふことに付いて、一つの方法と云ふことを、此に其の研究法と云ふことを一つ考へなければならぬことになる。

支那では、竟り此の東亞細亞では、支那と云ふ國が最も早く開けて、さうして其の國が最も早く記錄を有つて、それからして其の周圍の國々、必ずしも朝鮮とか日本とか滿洲とか云ふ東北の方ばかりに限りませぬ、西の方でも南の方でも皆同樣でありました。周圍の國々と云ふものが、其の支那文化の影響を受けて、さうして段々それに刺戟されて、自分で文化を有つやうになつて來たと。斯う云ふことだけは、これはどうしても東亞細亞全體のことを考へる時に、之をさうでないとは言はれないことであります。で、さう云ふことを考へますと云ふと、其の眞先に文化を有つた國の記錄を信じ、それから眞先に文化を有つた國の其の文化が、段々周圍の國々の文化に影響して、それが、周圍の國々が自ら自分の歷史を自覺するまで段々刺戟して行つたと、斯う云ふことを信じなければならぬことになる。どうも此の早く開けた國と其の周圍の國と云ふことになると、遲く開ける國は最早野蠻人であつて、さうして早く開けた國の文化の刺戟を受けて居る。所が、刺戟を受ける時には、何の謂なしに、刺戟を受けて居る。何にも考へずに刺戟を受けて居る。さうして、例へば日本でも、このアイヌなどが日本人の感化を受けて煙草を喫うやうになつたとか、それから酒を飮むやうになつたとか、云ふやうな惡い方面が感化を受ける。さう云ふやうなこともありますが、或は日本人の着る物を着るやうになり、車に乘ると云ふやうに、衣食住、竟りさう云ふものから知らず識らず刺戟を受けて居りますから、それが長く經ちますと、段々、今度は早く開けた國の生活狀態と云ふものの全體を多少野蠻人が飮み込むことになつて、早く開けた國の方から野蠻の地方に人間と云ふものが入る前に村落を成して居るとか、それから其の上に多少小さい統治上の政府と云ふやうなものを段々戴いて居ると云ふやうなことが、段々野蠻人を刺戟して來まして、野蠻人の方でも、段々それと同じやうな生活狀態を取るやうなことになる。さうして來ると、段々今度は、其處にその歷史上の自覺を生じまして、さうして古い文化の國に歷史がある所から、自分の國にも歷史があるであらうと云ふことを考へて、それから、竟り其の所らしく開けた國が、自分の歷史と云ふものゝ自覺を生ずるやうになつて來ます。それで此の支那の周圍に開けた國々を見ますと、矢張り皆其の順序を逐ふて居る。面白いことは、皆其の支那の周圍に在る國々が、皆其の支那の昔の偉い人を、初めて國を興した時の支那の昔の偉い人を、祖先と考へて居ります。支那が春秋戰國の時代などに於て、春秋戰國時代と云ふものは大變な亂世のやうでありますけれども、文化は段々に其の間に支那で發達して居ります。それで段々まア此の周圍の未だ開けない種族を刺戟して行く。それで、例へば支那で吳の國なら吳の國と云ふ其の方に、この今の蘇州邊の吳の國と云ふものがあつて、其の吳の國と云ふものが、初めて支那中國の文化を受けて開け初めた時に、自分に偉い人の先祖がないと何か肩幅が狹いやうに考へて、それで其頃支那の一番の文化の中心は周の國でありますから、周の國の先祖の家の一番の兄きが、其の家を繼がずに他所へ出ていつたと云ふ人が、自分の先祖だと云ふことを言つて、吳の國の祖先は、吳の太伯《たいはく》と言つて、周の古公亶父《たんぽ》と云ふ人の一番長男と云ふ、其の人の家筋だと云ふことを言ひ出した。それから、其の近く吳の國の隣りの越の、有名な國の越王勾踐と云ふ人がある。其の國の興つた時に、今度越の國ではもつと古い所に先祖を置きまして、自分の國は其の時分の五帝、夏、殷、周、と云ひます三代と申しまして、一番古い夏の、夏后―夏の時分の先祖の末孫だと云ふことを言ひ出した。さう云ふ風に、何でも其の周圍に開けた國と云ふものは、其の中國の、竟り支那なら支那の眞中の文化の擴つた國の、矢張り古い所から系圖を引張つて來るものと見える。それで、其の朝鮮です。實は朝鮮に來る前に、朝鮮と云ふものが開ける前は、朝鮮の開ける時に支那の燕の國、北京附近に國を建てゝ居つた燕の國と云ふものがある。燕の國が、段々戰國の末から大きくなつたので、其の刺戟で朝鮮と云ふものが段々支那の文化を受けるやうになつた。其の時に、まア朝鮮人が幾らか國を戰國の末に成したものと見える。其の時に、朝鮮人が自分の國の先祖が誰かと云ふことを考へた時に、殷の箕氏の末孫だと云ふことを考へた。それで朝鮮人などから考へると、殷の箕子の末孫と云ふことは、如何にも間違無い系圖でもあるやうに言つて居ります。それから支那の方で朝鮮のことを研究する人でも、殷の箕子と云ふ者が殷が亡びた時、朝鮮に逃げて行つて、それを殷の武王の血筋だからと言つて、朝鮮に封じて、それで朝鮮の諸侯とすと。それが今の箕子の末孫が朝鮮に出て來た前で、それから朝鮮が開けたので、今日では平壤に箕子の陵《はか》と云ふものまでも立派に造られて居ります。こうなつて居る。それを一方から考へますと、何時でもさう云ふ話は各所《そこらじゅう》にある。何時でも其の古く開かれた文化の國の周圍にある國が開け初めで、自分の歴史を自覺した時に、必ず中國の古い所の何か偉い人から系圖を引くと云ふことになつて居る。それでまア大抵朝鮮人の、所謂箕子の國を開いたと云ふ、その說の眞價と云ふものが分るのであります。併し、それは兎も角、支那の歴史にも朝鮮の國、朝鮮と云ふ所に箕子の末孫がある、四十何代か末孫が居つて、それが四十何代か後になつて初めて亡びたと云ふことが、其の時代の歴史にも記録されて居ることでありまして、相當の根據があるのであります。朝鮮人は中々それで滿足せずに、其の前に檀君と云ふ妙高山〔妙香山〕に天降つた神仙を持つて來まして、それから支那が堯、舜が元祖なら、俺の國も堯、舜と同じ時代に開けたのだと云ふ痩我慢をしたから、さうして檀君と云ふ天降つた神さまを持つて來てあります。それは又何處の國にも必ずあつて、後から開けた國程古い先祖を持ちたがる。今の吳越の關係で、吳の國と越の國を申しますと、吳は今の蘇州に都があります。越の國と云ふのが今の浙江省の紹興府に都があつた。それで吳の國で國の太伯を先づ先祖としまして、其の又吳の近くで、段々後から開けて來た越の國が、そんな位の古い說は承知しないで、ずつと古い夏の時代から自分の系統を引くやうになる。それから後になつて、漢の時に、北方の匈奴と云ふ有名な夷狄の強い國が起りましたが、其等も矢張り自分を夏の末孫だと言つて、矢張り古い所を言ふ。其の後古い所になると、中々其の位で滿足せずに、段々地方に興つた種族が古い所から系圖を引くやうになつて來る。朝鮮でも、初は箕子末孫位で古いことを滿足したでせうが、段々支那位に比べるので、さうしてまア先祖を引上げて行かうとすれば、其の位で滿足ができぬから、それで今度は檀君《ダンクン》と云ふものまでも先祖を引上げて行つた。何時でもさう云ふことをする。支那自身、支那の國の自身でもさうです。支那の國自身でも、支那の國が、支那の國の如く他國の文化の影響も蒙らず、他國文化の刺戟を受けず、自分で自分の文化を有つて、さうして開けた國でありますけれども、一番最初の歴史を出來した時は、そんな古いことを考へず、夏の禹と云ふ人が、世界中、支那の土地が皆水浸しになつて居つたから、それを治めて乾いた土地を作るやうにして、それで其の處で人民が安堵した。それがまア人間が世の中に住み初めだと考へて、その位で滿足して居る。それから後になると、夏の禹に對して、堯舜と云ふ君子を造らなければ承知しないやうになつた。又堯舜位で滿足せずに、其の前に黃帝と來ました。さう云ふものを造らなければ滿足しない。又其の前へ段々持つて行きまして三皇と云ふやうな、天皇地皇人皇なんと云ふやうな、さう云ふものまでも段々後の時代になる程、自分の開けた時代を古くしないと承知しない。朝鮮でも、矢張り箕子の時代にては滿足せずに、先づ檀君まで引上げた。其の前まで引上げると云ふことは、朝鮮人の力では仕樣がない。できなかつたと見えるので、先づ堯の時代で、四千年前まで一生懸命になつて引上げた。それがまア其の朝鮮の國の開けたと云ふ初めの話であります。

歴史の話でありませぬが、傳說の話の初めであるのです。

さうなつて來た時に、それでは、それはまアお話の初めでありますが、朝鮮の國が眞當《ほんとう》に歷史的に何時頃から開けたか、何時頃から分りかけたか、これが一つの問題であります。これが餘程至當な問題であります。それは私共の方では、今の通り眞中に文化の古い國があるし、段々四方に文化が及んで、其の文化に刺戟されてさうして四方の氏族が段々と歷史的自覺を生ずる。さうして自分の國の歷史と云ふことを言ひ出すやうになつて來たのでありますから、先づ古い文化を有つた國の文化を信じなければならぬ。矢張り隣りのお老爺さんの日記を信ずる流儀で行かなければならぬ。さうなつて來て、朝鮮と云ふものが何時頃から確かに書物に書かれたかと云ふことになりますと、今日で一番確かに書いた時代の分つて居るのは、矢張り史記であります。今から恰度二千百年程前にできました支那の有名な歷史が史記、それに書いてあります。それは、先づ極く其の當時起つた事柄を書いて居りまして、それで餘り古い所へ溯つて書いて居らぬのであります。其の當時、恰度其の史記を書いた司馬遷と云ふ人が居りました時は、漢の武帝の時代で、恰度二千百年程前の時でありますが、其の當時は、其の當時起つて居ります漢の武帝と云ふ人が朝鮮征伐を企てて、朝鮮を自分の領土にして、さうして其處に郡を四つ、四郡と云ふものを置きました。それが先づ確かな記錄の初めであります。併し其の時にです、其の時に史記に書いてあることには、其の時亡ぼされた朝鮮の王と云ふものは、支那から驅落をして逃げて來た衞滿と云ふ者の末孫で、衞滿から三代目程の此の時に、亡ぼされたのであります。

衞滿の末孫であると云ふことで、衞滿と云ふ者が朝鮮にどうして國を建てたかと申しますと、其の段々由來を書いてある所の、其の竟り武帝の朝鮮征伐をした二千數百年程前のことが主なことで、それまでの由來を司馬遷の史記の中に書いてある。それに據りますと云ふと、初め、その竟り、この戰國末です。戰國の末と申しますと戰國の極く末は、恰度今から二千二百年から三百年の間であります。其の頃に、今の北京附近の所の燕の國と云ふものが、それが支那に非常に大きくなりまして、さうして朝鮮まで、朝鮮の或る部分まで燕の國と云ふものは擴《ひろが》りました。それで其の燕の國が擴がつた時にです。朝鮮と云ふものゝ一部分は、其の領土の中に入つた譯でありますが、其の後其の燕が亡びて、さうして燕は秦の始皇、秦の始皇の世になります。秦の始皇の世になつた時に、矢張り燕の領分を段々にそれを取りまして、朝鮮の一部分まで秦の始皇が領分を擴め、さうして朝鮮の一部分、もつと今の燕の時よりかもう少し領土を擴げて、さうして有名な長城を築き、其處を朝鮮の國との境にして、其頃、先の朝鮮の箕氏の末孫と云ふ國でありませうが、其の國との間に空地を置いて、さうして其處から方々から入り込のならぬ防ぎをして居つたのでのであります。さう云ふ風にして、境を作つて居つた所が、秦の始皇の、秦の國の時代と云ふものは、僅かに亡ぼされましたから、其の中漢の時代になつてから、又秦の時の昔の境を修繕して其處に境を置いた、と。所が、其の頃竟り朝鮮と云ふ衞滿の末孫の朝鮮の國で、漢に對して餘り好いことをしなかつた。さうして此の近所の國々が漢に交通をしようとしますと、それを邪魔をしたりなんかするので、とう〳〵漢の武帝が朝鮮を征伐することになつて、さうして朝鮮を討ち破つて、之を四郡にしたのでありますが、其の事を史記に書いてあります。先づ、それと相關係して考ふべきことが他の本にも書いてあります。で、其の史記の箕子に依つて外の事と考へて見ますと云ふと、其の外の當時の本に書いてあることも多少確かなものと考へなければならぬやうなことを書いてある。それは、一つの方は山海經《せんがいきょう》と云ふ本がありまして、恐らく戰國の末位にできた本だらうと思ふ。これは、戰國の末にできたと申しましても、支那の古い本は、初め幾らかの本ができ、それから段々に尻の方へ增補して行く傾きがありまして、それで、今は遺つて居ります古い本が、初め出來たばかりの本と今日の本とは、其の間に、尻の方に增補が付いて居るのであります。山海經などは、其の方の著しい本でありまして、山海經は全體に於て十八編になつて居ります。十八章になつて居るのであります。其の中、確實に其の漢の時代までに書かれたと思ふのが十三編までゞ、他の五編が其の後に附加へられたと云ふことになつて居ります。それは多少さう云ふことは考へられる證據がありまして、十三編の終りの所に、其の前の所にもありますけれども、兎も角十三編の終りの所に、前漢の末に、其の支那の政府の書物を、藏書を悉く管理して、さうして悉く其の藏書を更正をして取調べた劉歆《りゅうきん》と云ふ人があります。其の劉歆と云ふ人は、若い時の名前を劉秀と申しまして、其の劉秀と云ふ人の其の取調べた時の奥書が書いてある。漢の哀帝の建平何年ですか、其の時に書いた奥書が殘つて居る。さうして其の十三編の末までは殘つて居つた。それから以後には無い。それから以後十八編までと云ふものは、それから後から附加へたもので、前漢の末以後に附加へられたものでありませう。前漢の末までに書いたものが十三編までだと云ふことになつて居り、其の十三編の中、第十二の編に、朝鮮に關係したことが書いてある。それに據りますと云ふと、朝鮮と云ふものは、列陽の東、海の北、山の南に在り。列陽は燕に屬すと、斯う云ふことが書いてある。列陽と云ふのは何處かと申しますと、列水と云ふのが、今日の大同江であります。これも、從來は色々と議論があつて決らなかつたのでありますがが、恰度、此の大正二年頃に、あの邊の龍崗郡と云ふ所から漢の時の古碑を發見しまして、其の附近で、あの大同江が列水であると云ふことだけは殆ど疑のないことになりました。それで支那の習慣として、山は、山の南を陽と申し、山の北を陰と申しますが、河は、河の北を陽と申し、河の南を陰と申します。それで列陽と云ふと、列水と云ふ河の北と云ふこと丶なり、列水の北を列陽と云ふことになります。其の東の方と云ふのでありますが、まア朝鮮は東南に伸びた國でありますから、大體東南の方と見てもい丶だらうと思ふ。それからして海の北でありまして、それから山脈のある所の南にあると云ふのでありますから、多分今の開城邊から京城邊までの間と思ひますが、其處に朝鮮と云ふ國が在ると云ふことを山海經に書いてある。列陽は燕に屬すと書いてある。列陽と云ふものは、燕に附いて居ると、斯う云ふことが書いてある。竟り其の時の朝鮮國と云ふものは、謂はゞ開城邊から京城邊までの間に在つたのに違いないと思はれるのであります。それは、何時書いたか瞭《はつき》り分りませぬけれども、漢の、前漢の末以前と云ふことだと云ふことが、今の十三編のお終ひにある奥書で分ります。それからして、燕に屬すと云ふことを書いた所を見ると、燕の國が存在して居る間に之が考へられて、さうして、其事が記録に遺つたと、斯う云ふことになる譯でありますから、戰國の末に考へられたことが何時書かれたか知れませぬが、戰國の末に考へられたことが書かれたものと斯う云ふことになります。其の時に朝鮮と云ふ國が此處に在つたのでありますが、其の朝鮮と云ふ國はどう云ふ國かと申しますと、それは、即ちその所謂箕子の末孫と言はれて居る朝鮮國に違ひない。其の時は、漢の武帝のために亡ぼされた衞滿の朝鮮と云ふものが、未だ其の時に起らない、其の時に、未だ衞滿が此方へ駈落して遁げて來ない時でありますから、箕子の末孫と言はれる朝鮮であると云ふことが分ります。それで又其の時分、恰度漢の末頃の有名な學者で揚雄と云ふ人がありましたが、それが其の方言と云ふ本を書いた。これは、方々の方言のことを書いたのでありまして、それを見ますと、其の時分に矢張り其の燕の地方から、今の北京地方から朝鮮列水の間と、朝鮮列水の間はどう云ふ言葉を使つて居るかと云ふことを屢々書いてある。それに據りますと、大體燕の國から、竟り其の北京附近から滿洲を掛けて朝鮮列水の間までは、同じ言葉を使つて居つたと云ふことが分りますので、其の間は竟り矢張り燕の領分であつたからさう云ふ風になつて居つたのでありませうと。さう云ふ風になつて居るので、それで、大體は戰國の末は、北京附近から大同江附近までは燕の領分、それから列水から此方へ來ますと今のその開城と黄州との間に御承知の如く山脈がありますが、恐らく其の山脈が境で、それから此方が一番最初の朝鮮國であつたと、斯う考へられる。それでは、其の朝鮮國以南、朝鮮國から手前の方、今の三南地方と云ふものはどう云ふものであつたかと、其事は何か書いてないかと云ふと、矢張り其の山海經の終《しま》ひに書いて居る。『蓋國』と。巨燕の南、倭の北に在り、倭は燕に屬すと書いてある。それは、蓋國と云ふ國は、巨燕と云ふのは巨いなる燕で、燕の國が北京附近から朝鮮まで開けた時のことで、巨燕、若くは全燕と、史記などは之を全燕と書いて居りますが、巨燕若くは全燕と申します。其の燕が大きくなつた燕、其の燕の南に在つて倭の北に在る。で、倭は燕に屬すと書いてある。卽ち其の倭と云ふのが日本の倭國の倭で、これは餘程色々議論になることでありますが、其の文章を矢張り正當に解釋しまして、それから、其の後の歴史から段々に考へて見ますと、其の古い時ですね、日本の國が未だ開けたか開けぬか分らぬと云ふ位な、日本人が恐らく未だ歴史的自覺を生じない時代でありますが、其の當時、既に日本人と云ふものは、矢張り朝鮮の南部に居つたので、日本で、此の朝鮮の南部を經略したのは、神功皇后の三韓征伐以後のやうに普通は考へられて居るのでありますけれども、實は日本、朝鮮此の二國外です。開闢と言つて今まで分らなかつたものが、自分の國の歴史と云ふものを自覺したと云ふ時には、既に日本人が朝鮮の南部に居りました。それで其の時の、未だ恐らく歴史的自覺を生じない時分からして、支那人の記錄の方から見ると、倭人と云ふものが朝鮮南部に居つたので、其の朝鮮が、南部の倭人とそれから燕の大きくなつた國と其の間に蓋國と云ふて居つたと申しますから、それは矢張り今の忠清道から全羅道、慶尚道の北部位の土地であつたと思ひますので、其の蓋國は恐らく後になつて散々になつた土地でありまして、さうして、それが矢張り、まア兎も角一種のこの民族が、其處に居住して居つたと云ふことを考へられると思ふ。で、それは恰度矢張りその山海經の第十二編にありますから、兎も角、大抵同じ史實に書かれたものでありますから、戰國末、恐らく二千二百年から三百年までの其の間の狀態を支那人が書いたものと見える。さう云ふ風になるのであります。それは、其の時の王様の名前が誰某《それ》だと云ふことはありませぬけれども、兎も角も、隣りのお老爺さんが自分の腕白小僧の時の名前が何であるかも知らなくても、兎も角、隣りの腕白小僧と云ふだけは承知してそれは書いた日記に當たるのでありまして、それで、私が一番確かなものだと思ふのは、矢張り其の日記だと思ふ、矢張り支那人の書いた日記だと思ふ。

さう云ふ風な狀態であつた所が、秦漢の間です。秦漢の間に、支那の本國で燕が亡びて秦が興り、秦が支那を一統し、秦が亡びて漢が支那を一統すると、其の間に支那では大變方々に爭亂ありましたから、其の爭亂の間に、燕の後の朝鮮です。第二の朝鮮を造りました。衞滿と云ふ奴が、駈落者が出掛けて來て、さうして駈落者がソコら中から自分の本國から逃げて來る奴を皆寄せ集めて、さうして一つの部落を造つた、城を造りましたが、其の竟り部落なり其の城なりと云ふものが、今日の所謂此の土地の、京城なら京城の此の土地の韓城と云ふ名前のやうなものができた抑々の初めである。尤も其の時分に最初韓城と申しましたのは、何方かと申しますと、南漢山の脇を韓城と申しまして、京城の方は、日本の古い記錄に據ると寧ろ今の當時の平壤の、平壤と言つて居ります此の土地にできたから此の方を南方城と申しましたが、兎も角最初韓城と云ふものを造りましたのは、南漢山、今の廣州附近でありまして、其處に自分等と同樣の支那から駈落したものを、駈落者を集めて其處へ城を造つたのでありますけれども、勿論それは、最初から其處へ造つたと云ふのでなくして、今の朝鮮とそれから古《むかし》、秦と云ふものゝ時に長城を造つた境との間の空地、何の邊でありますか、今の開城附近でありませうかと思ふのですが、其處に最初皆駈落者が滔《あつま》つて其處に居つた。さうして其の時の場合は微力なものでありますから、其の箕子の末孫と稱する朝鮮の國主に、まア附屬して國主の下になつて奉令して居つた。其の中、段々段々駈落者を寄せて勢力が強くなると、さうすると箕子の末孫と稱する第一の朝鮮國を逐出して、さうして其の土地を奪つて經營したのが今の廣州附近の南漢山の韓城であらうと、それと共に京城の所へも矢張り其の城を造つたのでないかと思ふ。其の時に、箕子の末孫と稱する其の朝鮮王は、それは今度南の方へ逃げまして、それが所謂三韓の韓王と云ふものになつて、終ひに耽羅へ逃げ込んだとありますが、或は木浦附近の嶋でありますが、兎も角朝鮮の多嶋海の耽羅に逃げ込んだと云ふことであります。それで第二の朝鮮國を、衞滿と云ふ者が此の邊に造つたのであります。それが漢の武帝の頃まで繼續して居つて、さうして段々其處に強くなる所から慢心を生じて漢の命令を奉ぜず、それから又此の近所の國々から漢に交通しようと思ふとそれを邪魔したりする所から、遂《と》う〳〵漢の武帝がそれを征伐することになつて、一面は、陸から兵を送り、一面は、海路から兵を送つて、さうして兩方から征伐して之を亡したのであります。其時に、屢々出て來る名前の浿水《ばいすい》と云ふ河を渡つて居る。此の浿水と云ふ河は、中々問題になつて居りまして、朝鮮人の歷史家も中々其の事を研究して居りまして、お終《しま》ひには分らなくなつて來ると、浿水と云ふのは四つあるなど言ひまして、ソコら中に浿水が出て來る。朝鮮の有名な、吾々も相當に尊敬する、現在は疾くに亡くなつた人でありますが、丁若鏞と云ふ歷史家がありますが、其の人などは、大分其事を研究しましたが、お終ひに浿水四つ說に立つて居りました。それに付いて、今の滿鐵の歷史調査室の方などでは、其の浿水を今日の鴨綠江に宛てゝ居ります。此の說も隨分古くから在る說でありまして、中々鴨綠江說有力な說である。それからして此の隨分大同江が浿水だと云ふ說も盛んにありまして、それは其の大同江に、今の平壤の所に、其の時の衞滿の朝鮮の時の朝鮮の都王險城と云ふものが其處に在つたと云ふ所から浿水と云ふものを其處に置かなければ具合が惡いので、それで大同江が浿水とするのでありますが、其の說の根據は漢書にして、何時でも支那から、漢の武帝の時に何邊も兵隊を送りましたが、其の中にある、兵隊を送るに浿水を渡つて朝鮮に行くと云ふことを記して居る。今の平壤であつたならば支那から來るに大同江を渡らないから平壤にせられて了つたのでは理屈が合はない。併し、これを渡つたとあるし、隨分長く浿水說を繼續して居つたのですが、又鴨綠江の浿水說も中に有力でありまして、それで今日、今の其の說を採る人も相當に少くない。併し、どうしてもそれが平仄が合はないのです。漢が此の朝鮮を、衞滿の朝鮮を亡しまして、之を四郡とした時に、其の後になつてから四郡の中二郡を省きまして、さうして二郡だけ前漢の末まで殘つて居りまして、それが今日の漢書の地理志と云ふものゝ日本の歷史に載つて居ります。最初置きました歷史と云ふものは樂浪《ラクロー》郡、玄菟《ゲント》郡、眞番《シンバ》郡それから臨屯《リントン》の四郡にしたのでありますが、その後眞番と臨屯の二郡が無くなつて、樂浪、玄菟の二郡になつて、それが漢書の地理志に載つて居る。其の地理志に據つて見ますと云ふと、其の時の河筋、それから郡の名前などが皆明かに分るのでありますが、其の河筋の中に鴨綠江に當る河は、鴨綠江と今日でも申しますと渾河と云ふ河と合流でありますが、其の合流であります其の河に當る此處へ、浿水と云ふものと鹽難水と云ふものが二つが合流して行くのでありまして、浿水、鹽難水何方が鴨綠江か何方が渾河かと云ふことは何方も議論がありますが、兎も角、それを省きまして、其の合流する河と云ふものが今日の鴨綠江に當るのであります。さうして、大同江は矢張り其の列水に當る其の方の河を浿水と云ふことを書いてあります。それから漢書の地理志の書方の例則と致しまして、大きな河は大抵長さを書いてあります。それで、其の浿水竝に列水と云ふものは、兩方とも長さを書いて居りますが、浿水と云ふものは長さは書いてない。さうしますと浿水と云ふものは、どうしても鴨綠江、それから大同江より小さい河でなければならぬと云ふことになる。それで其の鴨綠江を浿水と決める方の論から申しますと、漢書の地理志が間違つたのだと、漢書の地理志なんどは信用のできぬもので、それが間違いであつて浿水だ、其の浿水と同じ河を二度書いたのだと、斯う云ふことに申しますけれども、漢書の地理志全體を讀んで見ると分りますが、決してさう云ふアヤフヤなことを書いたものでも、同じものを二度書いたなんと云ふことは決してない。今日でも、其の河筋は研究中でありますが、殆ど其の河筋を索すことのできない程、必要のない程に明確でありますが、比較的正確な記録であります。單に自分の說が違うから、向ふの記錄が同じ河を二度書いたと言つて、判斷結末を省くべきものでないのですが、どうしても、此の漢書の地理志に據ると、鴨綠江、大同江以外に浿水と云ふものがなければならぬ。今日まで竟り之に關する議論が、殆ど未だ全く決つて居らぬと言つても宜しいことでありますが、これは今色々議論があるのでありまして、私共の說でも、誰でも信ずる譯でありませぬが、私は決めて居る。それは、今日の開城の西の方に在る禮成江と云ふ河だと大體信じて居ります。それも全く證據が無く、唯空想で言ふのではありませぬので、幾らか證據がある。三國史記と云ふ、朝鮮の一番古い歷史に、百濟國が興つた時に、百濟國が興つた頃の記事に屢々浿河と云ふ河のことを書いてあります。それで見ますと、百濟國の北の方の境を浿河として居ります。それからして、又高句麗、其の高句麗と境を接した所には浿河と云ふ河が在る。帶水と云ふ河があつて、さうして浿帶二水の間どうの斯うのと云ふことを書いてあります。それで、大體それが浿帶二水と云ふものは何處に在るかと申しますと、此の矢張り京城から北の方に在ると云ふことだけは、其の三國史記の記事に據つて大分明白に分るのであります。さうすると、竟り列水が大同江であつて、それから京城までの間に相當な河が二つあるとしますと禮成江と臨津江でなければならぬ。それで浿河と云ふ河が、禮成江で、それから帶水と云ふ河が臨津江であれば、恰度うまく其處に嵌まる。それが一つ。其の浿河の記事は、三國史記に百濟本國の所に幾度も出て居りますが、其の外に、地理のことを書いた事で多少關係して居るのであります。それは高麗史の地理志、高麗史の地理志には一體浿江と書いてありますが、浿江と云ふ河は二つあります。一つは大同江のことを浿江と言つて居りますが、これが漢の時の列水であると。今の石碑が出ましたから殆ど疑ひが無いのでありまして、後になつて之を浿水と考へたのでありますけれども、古はどうしてもアレが列水であつたと云ふことは明かであります。……さうするともう一つ、浿江と云ふは何處にあつたかと云ふと今の禮成江の所になつて居る。禮成江と云ふものゝ上流に、高麗地理志には之を猪議と書いてありますが、猪議と云ふものが一名浿江と云ふと書いてある。それからして、それを朝鮮の地理のことを書きました東國輿地勝覽と云ふ本で見ますと、其處のことを猪灘と書いてある。之が矢張り一名浿江と云ふことを書いてあります。さうして、其の下流が其の禮成江になると云ふことを書いてある。さうして、東國輿地勝覽と云ふのは、朝鮮の今の李朝の初めの頃に出來ましたものでありまして、比較的新しいものでありますけれども、高麗史と云ふものゝ編纂されたのと大差ない時代に、兎も角これは書いたのでありまして、編纂者が勝手に附けたのでなからうと思ふ。其の時分に、兎も角猪灘卽ち猪議、今日の禮成江の上流を浿江と言つたと云ふことが何かで認められてあつたに違ひない。さうしますと云ふと、竟りそれを浿水と考へるに大した不都合は無いと。其の時、漢の軍隊が、これは今度は本當の漢の軍隊が、漢が攻めた時に立歸りますが、漢の軍隊が陸路から來た者が皆浿水を渡つた。さうして朝鮮の都を攻めて居ります。さうしてその朝鮮の都の王險城と云ふものゝ、それは其の時分何處に在つたかと申しますと、矢張り私は此處の京城に在つたと考へる。王險城と云ふものは、其の頃衞滿朝鮮の都が矢張り此の京城であつたと考へる。それで浿水と云ふものを渡つてさうして京城に攻め入つた。一方は海路から來ました軍隊は江華島の方から上陸しまして、さうして、之を水陸兩方から、竟り漢の軍隊が討つたのだと、斯う考へる。で、それは、未だ竟り日本の色々凡ゆる歴史家の間に定論になつて居りませぬが、私の考で、吾々の仲間では、皆その色々の歴史の専門家が居りまして、私の友人などでよくコチラへ參りました今西君などゝ云ふ人は、朝鮮の歴史に於ては、今日日本では、オーソリテーと言はれた人であります。其の人の議論は、私のと多少違ふのでありまして、矢張りそれは、現在今日此處に見えて居りますが、此處の□□《キウスイ》に居られる荻山君などが、暫く其の朝鮮の歴史、現に研究せられて居ります。さう云ふ人がどう云ふ説を有つて居られるか、私は未だ聽きませぬけれども、兎も角も、此の説は定論にはなつて居らぬ。併し、私が考へる所では、大抵それで落付いてよからうと思ひます。中に、これは歴史家と云ふものは自信力が強いのでありまして、自分の言つたことを中々枉《ま》げないものであります。併し、兎も角も、私に言はすと、それで、これが先づ其の時分の朝鮮と支那との關係で、どう云ふ所が境になつて居つたかと云ふことの、一つのまア今日の地理に之を照して、之を幾らか正確に言つて見たのであります。兎も角、其の時分は、此の支那人の植民と云ふことは餘程盛んに及びまして、朝鮮の兩北部、謂はゞ大同江の平京、黄州地方から以北は、隨分支那人の植民を以て充滿して居つたと言つて宜しい。今日でも、屢々《しばしば》此の墳墓を發掘して、さうして支那人の侯の墳墓を屢々發掘するのが其のためであると考へる。併し、それでは、どうして今日の其處に住つて居る人民が、支那人でなくして朝鮮人であるか、斯う云ふことが一つの議論になりますけれども、それは、又其の後になつて、この支那の勢力が段々中頃衰へますと、又其の北の方から高句麗の民族、卽ち滿洲の山の中から出て來た民族が、段々山の中から海岸の方へ向つて出て來て、さうして海岸に對《むか》つて壓迫を加えた。さうして、其の後色々漢の時代から三國時代に掛けては、山の中から出て來た高句麗の民族が、屢々海岸の交通路を、支那人が樂浪郡に居ります所の海岸の交通路を斷たんとするので、それを防禦するに餘程重大な所になつて居りまして、遂《と》う〳〵お終《しま》ひに防禦がし切れずに、鴨綠江の河筋の道は、高句麗民族に占領せられて、支那と樂浪郡とは、海路から交通したことがある位で、さうすると、後になつて支那の勢力が衰へますと云ふと、それに對して高句麗民族が滿洲の山の中から出て來ては壓迫して、それで遂う〳〵今度は滿洲民族の植民地になつて居りますのが、今日の北韓の狀態であります。それで、今日では、矢張り其の朝鮮語を話す所の民族が、皆其處に一番多いのであります。古の揚雄の方言などに據りますと、北韓附近から朝鮮列水の間、朝鮮の境それから列水卽ち此の大同江の江岸と其の附近まで、其の間と云ふものは、悉く同じ言葉を使つて居つたと云ふことでありますから、其の時は、最初の支那植民全盛の時であつて、朝鮮のやうにこの中間に立つて居ります國は、其の時代々々に依つて色々方々から常に植民に依つて壓迫されるのでありまして、今日のやうに、又日本の植民に依つて壓迫せられる時代も來て居るので、又どう云ふことで其の朝鮮民族が復興することもあるかも知れませぬ。兎も角、屢々さう云ふ風に民族の盛衰と云ふものが入り、色々な變化を經て居りますので、其の當時の狀態を以て、それで其の全體の古の狀態をも悉く推測すると云ふ譯には行きませぬ。其時々々の狀態を又考へなければいかぬ。尤も、其の時代は、支那植民の全盛と申しましても、それは、又其の或る階級までのことであります。謂はゞそれは治者、統治する方の官吏階級だけの者で、恰度、今の朝鮮が、統治者の大部分が日本人であつて、被治者の大多數が朝鮮人であると同じやうな狀態が、矢張り其の古も今も繰返されて居る。漢で四郡を置きました時の狀態も、矢張り其の漢書の歷史のお終ひの方に書いて居る。漢では其の時に四郡を置いて朝鮮を統轄をしましたが、併し、其の地方の人民は、皆矢張り其の地方の土着の人民であつたと云ふことを明かに書いて居る。武帝の時に、皆玄菟郡、樂浪郡、と云ふやうなものを置きましたが、玄菟、樂浪、臨屯、眞番、四郡を置いて官吏を其處に派遣して、支那人の官吏を以て其の土地を治めたと云ふことでありますが、然るに、治めた時に依つても、其の當時の人民は、皆朝鮮濊貉、句驪の蠻夷と、斯う云ふことを言つて居ります。朝鮮人の土着の人間濊人と云ふ者が、恰度北韓、だから朝鮮咸鏡道の方から段々擴つて來て、江原道の方まで入つて來た人種でありますが、其等の野蠻人、それから高句麗の野蠻人とさう云ふ風なものであつたと。これは餘程考へないと、古代の歷史を考へるに餘程又間違を生じます。漢が四郡なら四郡、此の朝鮮の四郡を統治して、さうして朝鮮を四郡にしたと申しまして、それに依て悉く上から下まで漢の勢力が及んで、さうして皆その支那人と同様になつたと、斯う云ふ風に考へるのは、間違でありまして、その、恰度今日、日本人の官吏が大部分統治をしておりましても、人民が大部分朝鮮人であるやうなことがあります。それからして、又其の間に、今日ではさう云ふことはありませぬけれども、其の間に、古のやうな謂はゞこの政治上の管理統治の仕方が極めて緩慢なルーズな時には、斯う云ふことがある。其の間に、謂はゞ國が二重になると云ふことを考へなければならぬ。それは、著しい例は高句麗の方でありますが、高句麗と云ふ國は、元來満洲の一部分から興つたのでありますが、元來其の高句麗と云ふ地名は、それはその漢の四郡を置いた時の玄菟郡と云ふのが、今の鴨綠江から、それから今のその満洲の山奥の方に在りまして、其處に高句麗郡と云ふものが置かれました。漢の時に……、其の時に高句麗と云ふ名前が出て居ります。それは矢張り漢書の地理志に出て居るのであります。所が、それが恰度、前漢の末に掛りまして、恰度、前漢に一時其の王莽と云ふ者に其の位を奪れて、中絶したことがあります。恰度今から千九百年ばかりで、西洋紀元と大抵似たり寄つたりの頃でありますが、其の頃に、漢の力が弱くなると同時に、其處に高句麗の國と云ふものが興つて來た。高句麗の方で勝手に書いた歴史から申しますと、もう少し立國の時代を古くしますけれども、何れにした所で五十年か七十年に過ぎないのでありますが、兎も角、其處に高句麗が興つて、高句麗の興つた方は、漢の方から言へば漢の領分の玄菟郡が高句麗であつて、それが即ち漢の領分の土地ですが、併し、高句麗の方から言えば、自分は漢の當時から向ふの方になつて居るから、其處にも自分の高句麗の民族の者が、兎も角其處に一團體を作つて、さうして長い間漢の政令を奉じないで高句麗の基礎は建てた。さうすると漢の方から言へば玄菟郡の高句麗でありますけれども、高句麗の方から言へば自分の國が新たに興つたのであつて、それで其の歴史を又一體から考へて、今日又公平に考へると、其處に二重の國家ができて居ると云ふことを考へなければならぬ。さう云ふことは日本などでの戰國時代などでは屢々あることでありまして、足利将軍などゝ云ふものは、足利は自分は天下の旗頭であつて、日本中を治めて居ると思つて居るけれども、大名や何かに、自分の地方だけは決して足利の命令を奉ずる必要は無いものだと言つて獨立して居る奴もある。さう云ふことは、矢張り其の政令の極めて行き届かぬ時に屢々起るのであります。それで三韓地方なども矢張り同様なんで、漢の方から言へば、漢で四郡を置いた時は、何も此處までは漢の境で、これから向ふの地方が三韓の地方と、三韓と漢の四郡の間に境があつて、朝鮮の南西半分として、三韓の民族の都合だけ、或は忠清道とか慶尙道とか斯う云ふ方が漢の四郡だと云ふことを考へて居らぬ。漢では四郡を置いたのは朝鮮全體を四郡と思つて居つたのでありますが、其の間は山海經にもある所の蓋國と云ふやうな三韓民族が居つて、三韓民族の方から言へば、勝手に自分等が部落を成して、部落の酋長もあり色々なものがあつて自分等が別に又其の中で國を立つて居つたので、一向漢の政令とは關係なしに國を立てたと云ふことが矢張り考へられる。それで、現在其の歷史を調べる時になつて、それはどうしても漢なら漢、三韓なら三韓と云ふものを其處に區劃を立てなければならぬからと言つて、歷史を調査する時に、此處までが三韓の境、これから北は漢の四郡の境と云ふやうなことで、朝鮮の中に境を立てた調べ方もありますが、それは私は誤りだと思ふ。三韓の方は、幾らかそれで滿足でありますが、高句麗の國の歷史などは、それを斯う云ふ理屈では參らぬ。高句麗は、玄菟郡の、高句麗の此處に高句麗と云ふ國が興りかけて來たと言ふことであつて、謂はゞ高句麗の主張から言へば獨立國の考である。漢の方から立てば、自分の領分の中に、竟りさう云ふ我儘な奴ができたに過ぎぬと斯う云ふことなんで、竟り漢の國に於て朝鮮を調べた時には、漢の方から言へば四郡全體で、それで滿洲から朝鮮まで、滿洲の南の東南部から朝鮮までを支配して居つたのでありますが、又併し、朝鮮の立國の方から言へば、其の間に漢の文化と云ふものが、漢の官吏が來て段々統治をして、其の統治のし方、衣食住の狀態、さう云ふものが朝鮮の野蠻人に色々な感化を及ぼして、それから自然に朝鮮或は三韓民族の其の時分の部落の統禦、部落に形づくる。それが段々發達して國らしいものになると云ふ順で、其の間に段々養成されて居つたので、其の間に今度は後漢の中ごろから、漢の方のこの勢力が弱くなつて樂浪郡と云ふ政治が勢力が弱くなると、今度は三韓民族と云ふものが一遍にそれが非常に澤山、國の名前を現はして來て、三韓の間に七十何國、朝鮮の南部地方で全羅、忠清、慶尙三道の間に七十何ヶ國も國と云ふものが悉く興つて來たと云ふことになり、其の間に又一方には、滿洲の山の中から恰度清朝が起りました興慶と云ふ所がありますが、奉天から三十里程東の、渾河の上流であります。それで一つ山を越えると鴨綠江の、渾河の上流になる所であります。其の邊に高句麗の國が興つた。さうして高句麗の國の方からは鴨綠江河口から入り掛けて、段々押掛けて漢の勢力を壓迫し、三韓の方から起つた七十何ヶ國の奴は先づ高句麗の七十何ヶ國でありますが、其の間は、高句麗が統禦する王もあつて、さうして段々馬韓・辨韓・辰韓と云ふものを形くるやうになつて、それが、段々南部から漢人卽ち支那人を壓迫して、さうして遂う〳〵漢の末までの間の時に樂浪郡の南部に帶方郡と云ふものがあつて、竟り此の邊が帶方郡でありませうが、帶方郡は東南北の方に壓迫されて、元來帶方郡は臨津江以南に在るべきものが、それが、遂う〳〵宿替をして、鴨綠江附近まで帶方郡は宿替をしなければならぬやうになつたと云ふ。それが、その支那で如眞〔西晋カ〕と申します晉の時代の狀態、今日から申しますと千六、七百年前の奴であります。

それで竟りその大體から申すと、さう云ふ國々が、皆そのさう云ふ民族が、段々その獨立心を發揮して來て、さうして遂う〳〵其の間に出來上つたのが高句麗になる。一方は、全羅方面に出來上つたのが百濟《ひやくさい》、卽ち百濟《くだら》になり、慶尙方面に出來上つたのが新羅《しらぎ》になり、其の間に北東《ママ》邊に任那《みまな》と云ふ國が出來た。それが日本に配屬して居つた。日本の領分になつて居つた土地でありまして、さう云ふものが、竟りその後漢の中頃から三國時代、支那の三國時代、今から恰度千八百年から千七百年までの、それから千六百年位までの間に、其の三國の頃にさう云ふ風に形づくられて來た。それに付いて朝鮮で所謂三國と云ふ、朝鮮で謂ふ所の三國と云ふものがソコで出來上りまして、それで初めて朝鮮の、自分の國の歷史と云ふものが三國の時から初めて出來るやうになりました。

さう云ふ順序を經て、段々此の朝鮮と云ふ國が開け來たと云ふのが私の考であります。これは何も朝鮮ばかりに限りませぬので、此の間、朝鮮の出來ました狀態が、此の東亞細亞諸國の出來ました中の、今日最もさう云ふ推論のでき易い幾らか明白な狀態にあるのであります。ソコが大變に重寶な所でありまして、此の朝鮮の古代の國の出來ました狀態を知りますと云ふと、それに依つて滿洲地方から、それから支那のこの北方蒙古地方に興つた國々の初めて興る狀態も、それに依つて段々推斷ができます。それからして又支那の南部地方のこの山の中の國々、例へば今日の雲南とか廣東《カントン》邊りにできた所の國々、さう云ふものゝ段々發達した狀態などを、それに依つて推論ができます。其の點に於て、此の朝鮮の開國の歷史を知ると云ふことは、支那以外の支那を取卷いて居る所の諸國ができました所の狀態の一つの標本と言つてもいゝ位、餘程重寶な瞭《はつき》りした歷史を有つて居るのであります。其の點に於て、朝鮮古代史の研究と云ふものは、東亞諸國の古代史研究の一つの標本として餘程都合の好いものであると考へて居ります。又、それからして吾々の日本の國、日本の國は勿論其の時分からして支那の漢の四郡のやうに領分になつたこともなし、それは朝鮮と全く違ひますけれども、日本が段々支那の文化を受けて、さうして自ら自分の國の歷史を自覺するまでは、それは、矢張り朝鮮の開けた狀態と大差は無いと考へるのでありまして、それで日本の國の開けた狀態と云ふものも、それに依つて幾らか正確な判斷をすることができると思ふ。日本の方から申しますと、日本の國と云ふものは、何か天御中主《あめのみなかぬし》と申しますか、國常主《くにとこたち》の神様の時代から在つて、天照大神が國を開かれた。天照大神が國を開かれたに違ひありませぬが、兎も角さう云ふ風に國を開かれまして、ナニ外の國の初めてのことを借らんでも、日本の國は偉いと云ふことは明かに分るやうに、斯う考へるのが當り前でありますけれども、併し、今日、正確な歴史上から判斷すると云ふと、矢張り外國文化の影響で、それに促され、さうしてそれに依つて、自ら自覺したと言つて、自ら自覺するまでの必ず經路があるに違ひない。日本の建國の歴史は、朝鮮史が餘程似て居ると思ふ。唯、朝鮮と日本と幾らか違ふのは、日本の土地と云ふものは袋町であります。朝鮮の土地と云ふものは通り抜の土地であります。それだけが餘程の違ひで、支那文化が段々四方に向つて流れて行く。池に石を抛り込んで波が八方に擴つて行く。朝鮮と云ふ國は、單に土地が波の通るまでゞ、通り抜けであります。日本だけは袋町で、日本より先へ文化の行き所が無いのであります。それが餘程狀態を異にして居る所であります。日本まで行けば行き詰りでありますから、其處で必ず反動が起る。池の中に石を抛り込んだだけで、波のうねりが最後の所の岸へ衝當ると云ふと、必ず反動を起すと同樣に、此の東洋の文化と云ふものが、日本の袋町まで行けば、どうしても日本で衝當つて一遍反動しなければならぬ。其の反動と云ふものは、世界の歴史と云ふものは、中々池に石を抛り込んだやうに二分か三分の間に決して來るのでなく、長い〳〵間掛つて居りまして、隨分日本からできて來た歴史上の反動は、今日になつたのでは決してありませぬが、例へばその蒙古襲來と云ふやうな歴史が高麗の末期に起りまして、高麗に出る勢力、蒙古の勢力を通り抜けにして、其の勢力が通り抜けて日本へ行つて衝當つた。日本へ行つて衝當つて其處で行き止つて、其の勢力が捲き返されたので、其の蒙古襲來が濟むと同時に、もう日本から、九州地方から倭寇と云ふ奴が朝鮮の土地へ眞先に反動を起した。それが元代から明代にかけて遂う〳〵支那の沿岸、北は遼東の沿岸から南は廣東の沿岸まで倭寇と云ふものが蹂躙することになつて來た。これは、矢張り二、三百年間反動の時代が繼續して居つたのであります。それから、これが平和に成功して居りましたけれども、其の間、勢力の其の波は、勢力の浪は平和に成功して居りましたけれども、それから以後、竟り日本は西洋の文化も取りましたが、兎も角も足利末年から德川時代ずつと支那から文化を取つて居つたが、謂はゞ德川の末まで三、四百年繼續して居つたのが、今日は、其の文化の反動が著しくなつて、今度は、其の反動で日本の文化が逆に朝鮮に流れて來、支那に流れて行き、さうして支那の竟り中心まで、其の文化の反動が流れて行くやうになつて居る。これが朝鮮と日本との違ふ所であります。朝鮮と云ふものは、何時でも、中央から岸に向つて波が行く時の通り抜け、それから岸からして反動で中央に波が來る時も通り抜けです。それはまア朝鮮人民に取つて可憐《かわい》さうなことでありまして、何時でも何方かの勢力の流れて居る。それで、中央の勢力が強かつた時には、中央の勢力に踏付けられ、それから反動が岸の方から折返して來た勢力が強かつた時は、矢張りそれに踏付けられて居る。それで、これは竟り其の國の位置から來る所の、一方から言へば早く文化を受けたりして幸もありませうが、一方から言へば自分の國の文化と云ふものを獨立した文化に造りさうして……統治の自制もなく、絶體服從しなければならぬと云ふ、歴史的の天然の約束を有つて居る地勢であります。さう云ふのが地勢からも來ます。尤も、一つは人民の能力からも來まして、これは今日で餘程難かしい問題でありますが、日本の從來の歴史などでは、日本の古代の文化など〻云つて無暗に三韓の文化を取つたものと、朝鮮の文化を取つたものと云ふ風に考へて居つて、其の頃の朝鮮人と云ふものは餘程優秀なものであつたかのやうに考へて居りますけれども、私の考は矢張りさうでなくして、日本は、歴史を自覺した時から日本の方が强國であつて、朝鮮の方は弱かつた。支那は、大分その文化の中心に在る國で、強くもあり又其の文化の力も有つたのでありますが、それからよくまア朝鮮までの間を考へて見ますと、矢張り初めて日本でも朝鮮でも自ら歴史を自覺して、自分の國の存在を自覺した時から日本の方が強かつた。日本の方が、確かに土地からすると其の時分から優等であつて、其の時分からして、日本に對する支那の待遇と朝鮮に對する支那の待遇は、日本で歴史を自覺した以前の時代から違つて居りました。日本に對する待遇は、餘程前から重く見られて、優等の待遇をして居りました。さう云ふ點から考へますと云ふと、元來日本の民族と云ふものは、矢張り朝鮮民族よりも有力な、優等な點があつたのかも知れぬと思はれます。これは、未だ色々その研究をして見にや分らぬことでありますが、日本の文化と云ふものが、竟り此の支那から四方に向いて流れて行く朝鮮を通り抜けて來る所の其の流を受けただけであつて、朝鮮の文化を決して受けたのでなく、支那の文化が朝鮮を通つて日本へ來ただけであつて、朝鮮は其の文化を通り抜けをした郵便脚夫に過ぎない。日本の文化と云ふものも、初めから謂は〻支那の文化に依つて之が啓發されて、さうして民族が自覺し、歴史を自覺するまで發達したのでありまして、其の點から日本の方が朝鮮より強くもあり、優等であつたと私は信じて居ります。それで朝鮮の位置と云ふものは、其の時分から謂は〻餘程不幸であつたかも知れぬ譯です、で、これは、どうしても今日でも、其の狀態だけは矢張り免れない所でありまして、それで、これはもう地理上の止むを得ない所であらうと思ふ。併し、大體吾々が專門の歷史家として、この文化の、段々支那を中心とした文化の開けたことの狀態を研究する上から申しますと、朝鮮の如く、日本などは今の通り支那の領分に遂う〳〵ならず仕舞でありますから、外の國の、支那を取巻いて居る周圍の國々の開ける狀態、其の狀態を以て日本の狀態を判斷すると餘程困難であるのであります。朝鮮はその文化の通り拔ける所であつて、朝鮮は一遍は支那の領分になつたのであります。其の狀態と云ふものは、支那の周圍を取巻いて居る國々の文化の發達全體から言いまして、東亞の文化の發達のし方を知るに於て、餘程都合の好ひものであります。これは朝鮮の古代史を研究すると、餘程私は役に立つものと思つて居ります。さう云ふ風な考で、此の古代の開け方を見ましたならば、私は、或は其の極く正確な此の朝鮮と云ふものゝ歷史の起源、それから其の未來、朝鮮と云ふものゝ此の東亞の國々の間に於ける位置、それを判斷するに於て、間違なしに判斷ができるのではなからうかと斯う考へて居ります。で、まア、さう云ふ大體論を今日はお耳に入れて置きまして、又それから何か機會がありましたら、細かいことに付いてお話をする時機もありませうけれども、實は、私は朝鮮史の專門家ではありませぬので、朝鮮史の專門家としては、今の屢々コチラへ參ります今西君、それから今日コチラで總督府の方で色々調べて居られる荻山君其他の人々が、今日では專門でそれをやつて居りますから、さう云ふ又部分的の正確な研究は、將來恐らく其の人達の手に依つて完成せられるだらうと思つて居ります。で、私共は、全體の序論をうまく形くる其の序論の作り方の方法に於て誤りが無ければ、それで御役目御免を蒙ることができるだらうと思ふ。それだけのお話をして置きます。

(此稿終り)

『關西日報』　大正8年3月23日

凡て是一場の夢幻劇（一）〔談〕

世界改造熱とウイルソン氏を嘲る
支那人中支那を知る者なし
……日支の將來と米支の衝突……

衆人皆醉へり

國際聯盟とか民族自決主義とかを、八ケ間敷く云ひ立て、之れ等に依つて世界を改造し得るものと考へてゐる者は、獨りウイルソン氏のみでは無いらしい。本邦一部の政治家、思想家乃至青年中にも、斯る思想見解を有つてゐるものが尠くないやうに思はれる。而も此の世界改造熱に浮かさるゝ者が追々增加する傾向がある。將に之れ衆人皆醉はんとするの狀態と云つて差支ない。併しながら、世界は決して爾《しか》く安價に改造さるゝ者でもなく、又爾く容易に改造し得る者でもない。人力で時代を改造する事の徒勞に終る可きは、歷史的事實として何人と雖も承認せざるを得ない。凡ての時代は、其の自然的開發に依つてのみ最も安定なる向上を爲すのである。人力を以て強ひて之れを改造せんとしても、到底滿足な效果は現れぬ。但し一代の人心皆擧《こぞ》つてさる運動に熱中すれば、勢ひの究まる所、或は一時改造し得たかの如く見ゆる場合が無いとは決して云はない。併し五年乃至十年にして又元の如く自然的發達を爲すに適當な狀態に返つて了ふ。そして徐々に發達して行く。故に新文化が急激に到來するとか、世界が一遍に改造さるゝとか云ふ豫想を根據として、當世の時務を論ずるのは、砂上に樓閣を築くよりも果無《はかな》い戯れである。如何にウイルソン一派の理想黨が、世界歷史の眞理を無視して、一足飛に凡てを改造せんとしても、什麼《そん》なことには少しも頓着せず、沈着に世界の現況乃至歸趨を觀察研究して、其の自然的發達を助長するに努めるのが、目下の急務であると思ふ。

日支文明の異同

近く世界が改造され相である、就いては日支關係の將來は如何に變化する乎、この質問は一應尤もである。併し世界は、然《しか》く容易に改造されないとすれば、自然其の問題は解決された譯であるが、此の際、日支文明を比較研究して置くのは最も機宜を得てゐる。唯だ、支那はあの通りの老大國であるし、日本は比較的新進國であるから、時代を同ふしては何一つ比較できぬと云ふことを注意して置く。先づ之れを政治的に觀察すると、支那が政治的に最も光彩を放つたのは漢代である。卽ち今から二千年程昔である。代議政體で無かつたが、自治の精神は頗る發達してゐた。各地方には自治を代表する鄕《きょう》官と云ふ者があつて、地方官を補佐してゐた。斯くして約七百年を經て隋の時代に至つたが、遂に此の鄕官制度を廢して了つた。支那の政治は此の時から墮落し始めたのである。今日では、モウ取り返しが附かない狀態にある。而して本邦の現時の政治狀態は、漢代と隋代の中間位の夫れと略相等しい。卽ち今から約千六百年前に於ける支那政界と餘り違はない。次に、之れを社會的に觀察してみる。此頃はよく近代と云ふ語を用ゐるが、其の歷史上の語義は、封建時代を通過し其の遺風から罷脫《ひだつ》して漸次民本的になつた時代を指してゐる。本邦の現代の如きは、眞の「近代」である。支那が之の近代民本的の時代に達したのは宋代であるから、今から八百年も前である。語を換へて云へば、支那は八百年も前に民本的の時代を通過して終つたのである。本邦とは全く命數が違ふのであるから、今頃になつて本邦の現代を眞似やうとしても駄目である。

支那人支那を知らず

支那の國家的生命は最早盡きてゐる。將來と雖も、支那が國家的に復活する見込は到底あるまいと思ふ。第一、支那の文明は支那本土を離れて日本に來て了つてゐる。日本は之れを繼承し消化して特殊の東洋文明を形づくつてゐる。此の間の消息を明解して、支那は決して國家的存在を必要とせず、寧ろ民族的に其の生命を延長せんことが得策であると確信し得る者は、支那の新人物中には一人も無い。併し清朝時代には多少あつた。而して夫れは長年月に亙る政治的經驗が彼れ等に與へた理解である。此の「支那人支那を知らず」と云ふ一種の原則から、種々馬鹿々々しい騷動が絕えず支那に起るのである。吾人は之の點に明達して置く必要があると思ふから、次に一々指摘して、之が論評を加へることゝする。（疎天生記）

凡て是一場の夢幻劇（二）

大正8年3月24日

民族自決主義の迷蒙と實行難
支那の民族的生命には前途あり
……米支の衝突或は來らん……

支那の民族的生命

支那人の殆んど凡てが支那を知らぬ處から、頻《しきり》に日本の眞似をする。併し前述の如く、國家的命數に非常な懸隔があるから、徒《いたずら》に紛騷を惹き起すのみで、何時まで經つても移入した日本文明は消化されない。斯くして時々刻々民族としての存在をすら、危ふくしつゝあるのである。之れを明察して支那を民族的に指導し得る者が、南北を通じて一人もないとは、支那民族の爲めに長大息を禁じ得ない。とは云へ、五千年來一系の文明を傳承して、未だ曾て取り失はぬ民族であるから、其の民族的生命は容易に盡きないのみか、今、支那民族が、既に滅びて終つた其の國家的生命に戀々たらず、全く新しい民族的生活に入り得るならば、其の前途は將に刮目して見るべきものがあるに違ひない。

民族自決と支那

民族自決主義も當世流行の一思潮であるが、甚だ實行難の性質を有つてゐる。猶太《ユダヤ》建國なぞと騷ぐが、一體ジユーなる民族に、果して國家組織を爲し得る能力ありや否やが疑問である。ポーランドの如きも、滅亡してから既に二百年も經過してゐる。什麼《そん》な民族が再び國家を建設し得た事實は、歷史上甚だ稀である。印度の如きも、英統治の下にあればこそ民族的生命を延ばし得たので、印度人自身に國家を組織さすれば、自身内部の腐敗に堪へずして土崩すべきは、昭々として明かである。朝鮮の如きも同一理由で説明し得る。朝鮮に自決さすれば、民族自身をも滅して了ふに決まつてゐる。依つて惟《おも》ふ、民族が希望するからとて、直ぐ自決主義を最高の人道なるかの高唱するのは、恰も病人が希望するからとて矢鱈に物を食はせるのと同一である。既に國家的生命の盡きた支那に、自決主義を以て望むの妄なることは云ふまでもない。支那に親切なるは支那人の意向如何を顧慮せず、民族的生活に入らしむべく、猛烈に之れを鞭撻するにある。

復辟と共和

純粋な民主的共和は、決して支那には成立たない。清朝復辟の如きは猶更實現出來ない。其の理由は他なし、我が國の如く國民の元首として天子が坐しますと云ふ國柄と違ひ、支那の天子は、自身に支配する能力を有たねば、一日と雖も帝位に坐するを得ない。夫れには宣統帝の如く幼沖《ようちゅう》では駄目である。共和、帝政共に不可とすれば、已むなく專制ならぬ共和政位を採用するより外はあるまい。又、實に夫れが適當してゐる。併し夫れを實現するにしても直《すぐ》は出來ぬ。先づ南北を統一せねばならぬが、統一するには兵力を用ふるに限る。統一さへ濟めば直ぐに兵器を收むること、米國南米戰爭當時に於けるワシントンの如くならば、實に理想的である。併しワ氏程の人物は到底出現すべき見込がない。統一後は政府に成るべく金力を與へないやうにするのが肝要である。支那政府に金力を與へると何日《いつ》も失敗する。

支那分割不能

支那分割論の如きは、既に二十年以前の舊夢に屬する。併し二十年以前には必ずしも不可能事では無かつた。當時は日本でも福建省位を得れば滿足してゐたが、日本の國力が增大するに從ひ、勢力範圍の均衡上、列國に對する分割的要求も膨張してきた。日本の滿足する程の分割的要求を容れるのは、列國の苦痛とする處でもあり、列國の滿足する程分割的讓歩をするのは日本でも厭である。之れが支那分轄論の立消になつた最大理由であるが、併し其の他に一つ重大な分割不可能を確認せざるを得ない理由がある。夫れは支那民族の民族的自覺の嚴存である。假令分割されたにした處で同一民族也との意識は極めて强固に存在する。何にせよ、あの大民族が此の强固な民族的自覺を有するとせば、統治の困難なることは推して知る可きである。此の點より觀るも、分割說は全く夢想と云つて差支ない。(疎天生記)

凡て是一場の夢幻劇(三)　大正8年3月25日

米國の同化策　成功と共に米支衝突來らん
支那指導の要諦は日本文化の移植
……排日は政府の無力より生ず……

支那指導者は帝國

茲に於てか、更に一問題が自然生起して來る。卽ち支那は今後民族的生活に入ることに依つて、其の民族的生命を延張若しくは擴大し得るにした處で、支那民族其れ自身の能力に依つて然か爲し得るや否やと云ふ事である。前述の理由に依つて、夫れは迚《とて》も六ケしい。支那民族には何うしても指導者が必要である。其の指導者は誰乎、是れ最大最要なる論點である。勿論指導者の第一資格は、或る一國民の全體でなければならぬ。目下は日、英、米、佛の諸强國が、夫々所謂支那開發に從事してゐるが、支那將來の爲めから云ふと、幸か不幸か今俄に判定し難いと思ふ。併し原則としては文明の系統が最も近い有力な民族が、獨り挺身して之れを指導するを以て正當とする。此の意味に於て支那を指導すべきものは我が帝國であると云へる。合衆國が米の南北を支配してゐるに比すれば遙に合理的では無い乎。

米國の同化策

帝國は、支那指導の地的史的使命を必然的に有《も》つてゐる。支那民族も又他に誘惑する者さへ無ければ、衷心から日本に信頼するのである。八方から誘惑者が飛出して、盛んに排日の氣勢を煽るので、素々民族的に定見の無い折柄とて、直ぐ雷同して了ふに過ぎない。排日煽動の張本は、何と云つても米國であるが、其の所謂支那開發策も、十年來、稍《やや》面目を改めて文化的に同化せんと力むるやうになつた。併し元來文明の基礎が違ふのであるから、米の成功も或る程度までに限定さる可き約束がある。若し之の限定を强ひて超《こえ》やうとすれば、卽ち支那民族を米化せんなぞと企つる時は、米支の大衝突が起る時である。全體米は歷史を有たぬ國であるから、其の進むや頗る猪突的である。何を行《や》るか殆ど見當がつかぬ。其處へ行くと歐州各國は各自の歷史を回顧しつゝ漸進して行く。從つて支那と歐州各國とが衝突すべき場合は尠いと云つて差支ない。

排日の第一原因

米支大衝突の起つた際、日本は如何なる態度を執る可き乎、之れ愼重に考慮すべき問題である。實際に臨めば種々臨機の處置も生じようから一概に云ひ切ることは出來ぬが、大體に於て特殊の場合に、特殊の手段を採るのは支那では禁物であるとは云へる。矢張り不斷の努力が必要である。此の不斷の努力は從來と雖も邦人に依つて始終試みられてはゐた。併し其處に甚だ注視するに足る一點がある、卽ち支那に於ける邦人の事業は自然に發達したもので、何等本國政府の後援乃至保護を受けて居らぬと云ふことである。モ一つ、廣く云へば日本文明も又自然に發達したもので、政府の力なぞは餘り之れには加はつて居らぬ。但し日本文明は社會的に築かれたが、支那に於ける邦人は個人々々に自己を發展して行つた。之れが排日の起る原因である。成程邦人が着々として支那に地歩を占め行くのは、一時支那の不利益なるかの如くに見える。併し之れあるが爲めに支那人を刺戟し、教育した効果に至つては實に深大である。唯だ邦人の此の際心得べきことは、從來の如く經濟的地歩を占むることにのみ熱中せず、文化移植を以て主眼とせねばならぬことである。邦人が此の覺悟を以て支那に對するならば、支那は必ず一層進歩するに違ひない。而し之れが支那指導の第一義である。支那に對して委任統治權の獲得を夢みる如きは、抑も末の末である。五千年の流光猶一瞬の如く、東亞最古の文明民族も、今は唯だ文明資料の生産者たるに止まつてゐる。日本は今でこそ文明創造者の地位に立つてはゐるが、矢張國家的命數を有すること殆《あたか》も一個の人間と等しいのである。而も日支共に以上縷説するが如く、之れ等に對する何等の自覺も無い。凡て是れ一場の夢幻劇かの觀がある。切に兩國民の覺醒を望む。（完）

『京都日出新聞』　大正8年6月17日

最近の支那（一）〔述〕

近來の支那は、何遍お話を致しても大かた同じような事であつて、同じような意見を繰返すに過ぎませぬが、併し兎も角、最近に於て多少世人の注意を惹いて居る問題は、先づやはり我々日本人から考へますと山東問題といふやうなものが第一でありませう。此山東問題と申すのは、日本と支那との關係に付いて、色々な事情を現して居るのみならず、また最近の支那と世界との關係に於ても、よほど重大な事になつて居ります。而して又一面から見ると、よほど支那の昔からの來歴を能《よ》く説明して居り、又支那の將來の運命をも併せて能く説明して居る問題であると思ふ。事は僅か山東一部分の事であるやうですが、此問題を支那人も眞摯に考へましたならば、自分の運命を判斷する上に於て、よほど有益な事であり、又我々日本人が、日本國民の發展といふ事に付いて考へる上にも、よほど是は有益な參考になる事だらうと思ひます。マア其外に於ては、支那の内地の問題として所謂南北和平問題でありますが、是は何方《どちら》かと申しますと、支那の政治家の醜態を悉く暴露する爲めに、此の問題が存在して居るやうなもので、此の方から見ると、お氣の毒ですけれども、支那に取つて少しも善い處がない。「支那が何れは亡びるだらうか」という意味を言現《いいあらわ》して居るのでなくして、「支那は既に亡びて居る、唯其死骸が何かの機《はずみ》で蠢《うごめ》いて居るに過ぎない」といふ事を現して居りはせんか（笑聲）。私は、マア支那の事を研究して居るといふので、支那人にも知己が多いし、一個人としては、支那人に非常に懇意な人も多い。而して又支那の學者といふような者に付いては、其非常なる能力、其學問といふやうな事に非常に敬服も致して居る。それから又、全體から考へても支那の文化といふやうな事に就いては、やはり長い經歴を持つて居る上からして、其非常に尊いことを承認して居ります。併し、國の存在といふやうな問題は、一個人の偉い偉くないといふ事とは、全く關係して居るものとは言はれませぬ。尤も或部分は關係して居りますが、それが全體の關係とは言はれませぬ。又支那の文化が、支那の國民の運命全體を支配して居るものでは決してない。一方に於ては非常な優秀な、古い經歴を持つた文化があつても、其國が亡びる場合もある。又非常な天才、能力のある人があつても、其國が亡びる場合もある。全體の民族の上から見たならば、支那の國民は既に亡びて居るものだと言ふたからといつて、私は支那人を侮辱したとは些《ちつ》とも考へない。(笑聲)例へば日本の元老といふ先生達は、我々よりか三十年も四十年も歳を取つて居りますが、さういふ人達が老人で被在《いらつ》しやる所は非常に尊い事で、寔に結構でありますが、(笑聲)さういふ人は我らよりか早く死なれるのだと言うた所で、それは侮辱でも何でもないと思ひます。(拍手)又近年見渡して居りますと、大分さういふ方で亡くなつて居りますが、先づ名譽なる臨終をなされて、さうして新聞にも立派に其功績を追懐され、生涯世の中に盡した大いなる功績を背負うて、さうして此世を去られるといふことは、寔に立派な話でありまして、(笑聲)支那國民も、四千年來絶大の文化を世の中に遺し、世界中に立派な功業を遂げたのですから、此處で國が亡びても、それは寔に尊い事、(笑聲)それで、決して國が亡びるから詰らぬものだと言ふ譯にはいかぬ。併しどんなに偉い人であつても、自分が死ぬといふ事を聞くのは厭なものです。(笑聲)それは禪宗の坊様で、えらい悟を開いた人であつても、恐らく今死ぬといふ時に、非常に愉快な氣持であるかどうかは疑問である。(笑聲)あれ程に大功業を遂げた支那の國民、支那の民族であつても、往生際には色色な世迷ひ事を言ふのは當然の事である。(笑聲)其往生際に、寔に詰まらない世迷ひ事を言ふたからといつて、それで支那の長い文化を帳消にするのも可《い》かぬと思ひます。それはマァ誰でも死ぬ時は未練があるものだといふ事を認めて、さうして其功業をやはり賞讚しなければならぬと思ふ。

最近の支那(二)

大正8年6月18日

處で、そんな要らぬ事を申して居ると、お困りでせうから、先づ山東問題を一寸考へて見ませう。山東問題に付いては、支那人は近來非常に奮發して居ります。現に其奮發の證據を御目にかけても宜しうございます。（冊子を示し）是は例の學生等が賣國奴とか申して、日本から金を借りた大臣とか何とかいふ人達の家を焼打するとか何とかいふやうな、そんな亂暴な話ではなくして、相當の教育を受け、相當の地位に居つた人で、而も日本で教育を受けて、日本の事を十分理解して居る人が、日本人に告げる爲めに、斯うぃふ小冊子を配つた。「謹んで日本人に告ぐ」といふ題でありますが、著者は林長民といふ人である。昨年當地へ參りまして、私は面會をしました。其緣故で私にも之を呉れた事と思ひますが、林長民は日本の早稲田大學を卒業した人で、袁世凱時分から既に大臣の位置に居りました。確か一時司法總長の位置に居つたかと思ふ。

林長民はさういふ位置に居つた人で、先づ向ふでは有力な政治家の一人でありませう。併し私が林君と會つたのは、そんな支那の運命などといふやうな大外《だいそ》れた問題を談ずる爲めでなくして、極めて風流な事で昨年會つて居ります。林君が、何か古畫の珍らしい物を持つて居るから、それを見せる、見せるに付いては、何か尻の方に跋を書いて呉れといふやうな、極めて風流な問題で會つて居るのでありまして、マア今日支那の政治家と無闇に理窟を言ひ合つた處が始まらない事であります。（笑聲）で、林君と會つた時には、餘り支那の問題などには立入りませんでした。併し些《ちつ》と位は入りました。（笑聲）處で今回林長民君などは、北京に於て、やはり山東問題の有力な鼓吹者であります。而して此人は、日本人に色々交際のある處から、日本人と直接話をすることもあるので、段々反覆辯論した處を、日本人に見せるといふ爲めに、是れは書いたものらしい。で、どういふ事をさういふ有力な政治家が主張して居るものかといふ事をザツとお話をして見たいと思ひます。大變分りよくしまして、箇條書にして居りますが、第一は、「日本では條約の尊嚴と國際の信義といふことを主張して居るが」、隨分支那の政治家の主張の中には、尤もな事もあるのであります。先程末廣博士も、加藤子爵の政見を批評されるに付いて、「支那問題に付いての加藤子爵の政見には反對だ」と申されましたが、私共も當時やはり加藤子爵の支那に對する意見には反對でありました。それで、此小冊子の中にも、其點に亙る議論としては、我々の立場から言うても、多少贊成せざるを得ないものがあるのであります。

最近の支那（三）

大正8年6月19日

併し、全體に於てどういふ事を言つて居るかといふと、「日本では、山東條約は既に調印して居るのであるから、今更それを變更するのは可《い》かぬといふ議論をして居るが、併し日本で初め青島《チンタオ》を取る時に、既に之を支那に還附するといふ宣言をして、其時には一も條件を付けてなかつた。然るに民國四年、加藤子爵の談判に於て、從來無條件の青島還附問題が、今度は條件ある青島還附問題になつてしまつた。何處に國際上の信義があるか」と斯ういふのです。「日本が青島を取る時には、支那はまだ中立國であつた。それで、日本が山東の疆域内で兵を動かすべき範圍を明かに限つて、是々といふ事を定めた。それは中立國の義務として已むを得ざる所であるが、日本では其支那の宣言を無視して、勝手に支那の領土を通り拔けて戰爭をした」、斯ういふ事を言ふて居ります。是等は、マア支那人の言分としては、餘り無理な主張でもないのであります。

第二には、「日本では山東の權利を主張するのに、日本は之を獨逸から取つたのであつて、支那から取つたのでないと言つて居る、然るに……」。此説明は少し支那人も窮したと見えて、よほど難かしい理窟を付けて居る。「獨逸に山東を取られて居る時分は……支那は二十年間獨逸に山東を取られてゐたが其時分は……暴力卽正義の世界であつた。（笑聲）詰まり暴力萬能の時代であつた。それで若し當時でも、正義を主張すべき機會があつたならば支那が正義を主張すること、今日日本に對すると同樣であつたらう。（笑聲）日本では獨逸に對して戰爭する時に、正義人道の爲めに戰ふと言つて居る。一國の爲め、私の爲めでないと言つて居る。今日は正義人道の世の中になつたのであるから、支那は正義人道に從つて行動するのであつて、山東還附を主張するのは決して不理窟でない」と言うて居ります。

是れは少々支那人が見當違ひをやつて居ります。今日支那人の主張する處は、大體マア斯ういふ理窟でありますが、「殊に支那は其後に至つて獨逸に宣戰したのであるから、隨つて支那と獨逸との間の條約は消えてしまつた。それで日本と獨逸との關係を全く無視して、支那は獨逸から直に山東を受取る權利がある」。斯ういふ事を、ハツキリとは言うて居りませぬけれども、大體に於てさういふ意味であります。

最近の支那（四）

大正8年6月20日

成程日本は、獨逸から青島を取つた當時、確かに是は支那に還附するものだといふ事を宣言したに違ひないが、併し若し其當時、「サア還附するから受取つて貰ひたい」と言つたならば、支那は決して其時は能《よ》う受取らぬ。（拍手）支那は其時は非常に獨逸を恐怖して居ります。それは、獨逸は必ず終局の勝を占めるに違ひないといふ事を信じて居つたからです。さうして最後に獨逸に宣戰をする時でも、一は日本の熱心な勸誘があつたのと、一は當時―今日でも―親日黨だといはれて、支那人の反感を招いて居つた段祺瑞、此人物が非常な果斷を以て、有《あら》ゆる輿論を無視して宣戰を主張したから、支那が思ひ切つて獨逸に宣戰が出來たのである。其當時の北京政府の多數の人々や、殊に所謂南方派の政治家達は、皆對獨宣戰に反對したのであります。それで日本が青島を取つた當時、卽ち支那が對獨宣戰をする前に當つて、「サア青島を還附してやらう」と言つても、決して支那は受取りはせぬのです。（笑聲）それを今頃になつて斯ういふ事を言ふのは、支那人の强辯である。

是は私が勝手にこんな事を言ふのぢやない。其裏面を支那人自ら暴露して居る。支那人自ら其事の事情を委しく書いて發表した文書がある。それは昨年の末頃でありましたが、有名な政治家で梁啓超といふ人がある。此人は毀譽褒貶相半する人であつて、日本に對しても好い時もあり、惡い時もあり、色々あります。ありますが、兎に角支那の政治家の中では非常に目先の見える人です。其人物の節操如何といふやうな事は、今日の支那の政治家に向つて言ふべき筋でないので、支那の政治家といふものは、人格を二重にも三重にも持つて居る、エライ人ばかりです。（笑聲）梁啓超の如きも、其點に於ては決して敗《ひけ》を取らないエライ人です。（笑聲）併し、兎も角目先の見えるといふ點に於ては梁啓超といふ人は、今日の支那の政治家中に於て、殆ど有ゆる政治家に優れて居る人というても宜いのですが、其人が、當時段祺瑞が對獨宣戰を決した時の事情を、昨年、時事新報といふ支那新聞で發表して居ります。それで見ると、當時南方人士は悉く對獨宣戰に反對して居る。其當時の北京に於ける政治家達も、多數は反對して居つた。然るに梁啓超は、「兎も角自分は、段祺瑞の方の關係からして、宣戰を斷行することを勸めて、さうして段祺瑞がそれを斷行したによつて今日幸《さいわい》に支那が世の中に出る顏があるのである。若し當時輿論に從つて對獨宣戰をしなかつたならば、今日支那はどういふヒドイ境遇になつて居るか、南方人士は此問題に對して、今日何の面目があるか」といつて隨分反對黨を罵倒して居ります。

大正8年6月21日

最近の支那〔五〕

さういふ次第でありますから、今日支那人の山東に關する主張といふものも、よく其内情を承知してよほど割引して考へなければならぬ。それで支那の特派使節が巴里に於て、いかに雄辯に宣言し、いかに有らゆる運動をしても、其位の事は世界の政治家は誰でも知つて居る。山東問題が、兎も角今日の如く、日本の手を經て支那に渡すといふことに結着したのは、決して是は正義人道の世界に、支那だけが獨り不幸な位置に立つて居るのでなくして、當り前の話である。若しそれ

が支那人に不幸であるとするならば、其不幸は、支那人自ら招いた不幸である。（拍手）

それから第三には、「日本では日獨戰爭の爲に隨分犧牲を拂つたからそれに對する報酬がなくてはならぬと言つて居る」などと言うて居るのですが、（笑聲）今日日本の所謂責任ある政治家に、そんな事を言うて居る者は恐らく無からうと思ひます。で、是は斯うも日本人が言ふだらうと考へて、言ふた事に過ぎないだらうと思ひます。

マアそれは其れで措きまして、第四には、「日本は國際競爭といふものは自衞から出るものだと主張して居る。そこで二十年來日清戰爭であつても、日露戰爭であつても、日韓併合であつても、是皆已むを得ざる事だと、斯ういふ事を言つて居るが、併し自分等の考へからいへば、民族の自衞、國民の自衞、いかにも自衞といふことは、道理のある事であるけれども、自衞にも境がなければならぬ。若し、自分の國が版圖が小さいからといふて、他の持つて居る國を取つて、さうして生存しなければならぬとすれば、世界の數多《あまた》の小さな國は、皆蠶食ばかりをして國を立てることになる。お前等はそれで宜からうが己《お》れの國にどうする」。（笑聲）斯ういふ理屈を言ふて居るのです。是は、マア法律論からいへば尤もである。自分に所有權のある物を、隣の者が食ふに困るからといつて無闇に盜んだならば、それは法律上不正義である。併し今日の一體の世界の人道問題とか社會問題とかいふものは、さういふ法律論から出た所の簡單な結果で決して判斷せられて居らぬ。殊に今日の社會問題といふやうなものは、若し金を持つて居る者が、地位を持つて居る者、いつまでも自分の權利を主張して、法律に保護せられて居る所の自分の權利は、自分が保持すべきものだ、親の財產は自分が相續すべきものだからと言つて、いつまでも其れを握つて居つて、さうして貧乏人の爲に之を開放することを嫌ふといふやうな事であるならば、全く是は無意味なものであります。今日、世界中でデモクラシイとか何とか言うて騷ぐのは、詰り段々發達して來る者の爲に、その發達すべき前途を開かうといふ爲である。支那のやうな大きな國が、自分で自分を統治する完全な能力なくして、其處に澤山空地を持つて居つて、さうして皆外國人に對して之を封禁して居るといふ時に、日本の如く、或は新しく起つた國の如く、段々人口が增殖し、文化が進んで來れば、必要上他國の領土を奪つて、さうして其處に自分の人口を植ゑ自分の文化を布き、其處に自分の經濟上の立場を作る。例へば工業なら工業といふものを其處に起すことは決して不正義でないのです。（拍手）それに又今日の支那の國といふものは、淸朝の政府が持つて居つた國を、兎も角名義上其まゝ保持して居りまして、さうして五族共和といふことをやつて居ります。五族共和といふのは、支那人、滿洲人、西藏《チベット》人、蒙古人、土耳古《トルコ》人、この五民族が共和して、支那の國を維持するのださうでありますが、實際上さういふ權利を主張するといふことなどはモウ過去に屬して居ります。

最近の支那〔六〕

大正8年6月22日

今日でも、蒙古の人民の爲に實際上利益のある事を、他の國にやられてしまつて、支那人が之を行ふことが出來なければ、自然蒙古は他の國の勢力に移つてしまふのである。最近西藏《チベット》の問題が新聞に出ましたが、此西藏《チベット》もナニも最近に起つた事ではありませぬ。隨分久しい前から起つて居つたものでありますが、若し最近いろ〳〵唱へられる所の民族自決といふやうな事が、眞に正義で假りにあるとするならば、西藏《チベット》民族が自己民族の爲に支那に對して自治を要求することは不正義でないといふことになる。併し、一方に於てそれには英吉利人といふ尻押があつて、さうして支那の領土を奪はんとして、考へて居るのかも分りませぬけれども、たとひ然りであつたとしても、今日支那が西藏《チベット》を持つて居つて、さうして何等の開發も出來ぬ、英吉利が持つて居れば之を十分に開發することが出來て、さうして西藏《チベット》民族の爲にもそれが幸福であるとすれば、自然是は英吉利の手に歸すべきものである。さういふ事は、單に法律の理屈で以て相續權を爭ふといふやうな事の主張では、今日の世界の大勢は通れませぬ。で、マア支那人の考へは、日本といふ奴は自分が壯年の時にはまるで子供であつた。それで今日自分が段々老衰しかけた時に日本が壯年になりかけて來た。壯年になるのは怪しからぬから元の子供に歸れ、（笑聲）己《おれ》は何時までも年老つても此處に頑張つて居るのだといふ事を主張するやうなものです。（笑聲）さういふ事は、個人々々の間でも通用しない如く、今日世界中の諸國民の發達の徑路からいふて、さういう理屈は通過しませぬ。兎に角、併しさういう事を支那人は言うて居ります。

第五には、「日本人は、歐羅巴と亞細亞は人種が異ふ。而して亞米利加にはモンロウ主義があるから、亞細亞にもモンロウ主義のやうなものを作る必要がある。即ち日本と支那との問題は、日本と支那だけの間で之を定めて、さうして之を世界の問題、卽ち他の人種との間の問題とせぬ方が宜《よ》いといふ事を主張するが、勿論、白色人種の爲に壓迫されるのは我々も厭である。併し日本といふ國は從來どういふ事をして居るか。日本は日清戰爭で支那と戰つて勝つた。それはマア宜い、（笑聲）それは支那の爲に大變啓發してくれた事になつたのだから、それは、マア宜いとする。（笑聲）日露戰爭の時はそんなら何《ど》うか。日露戰爭は、日本が、露西亞の支那侵略を防いで支那を援助する爲めだと言つて戰つた。で、それはマア義軍といへば義軍であるが、併しそれは義を以て始まつて利を以て終つて居る。（笑聲）モンロウ主義といふやうなものは、是は亞米利加の方に相當の歴史のある事であつて、それを亞細亞に持つて來られては困る。日本が亞細亞の眞に倚《よ》るべき國であつて、其威力が亞細亞の盟主たるに足るものであつたならば、それはモンロウ主義も宜かろう。併し自分等と同洲に居るからというて、自分等の國を段段侵略して居りながら、モンロウ主義と同じ様なものを行《や》らうといふのは不都合だ。日本が强國になりたいと云ふならば、俺の國も强國になりたい。それで、日本が黄色人種の爲めに人種平等などを主張しても、自分等が其跡へ尾《つ》いて行かぬといふのは、どういう爲めか」といつて、「色々斯ういふ爲めだ」と理窟を竝べて居りますが、（笑聲）「日本が詰り亞細亞に於て特殊の位置を持つて居るとか、優越の位置を持つて居るとか言うのが氣に入らぬ」と言ふのです。（笑聲）「文化の上から云つても、自分等にも相當の文化はある。單に日本だけが優越といふことは怪しからぬ譯だ」、（笑聲）斯ういふマア理窟ですね。是は支那人が、自分の年齢も顧みず、自分の實際の能力も顧みず、俺はまだ壯年だ、完全な能力者だといふ考への上から、自分の權利を主張するといふ事から言へば、勿論相當の理のある事に違ひありませぬが、併し前にも言ふ通り、今日の世界では、單にさういふ事では通用しないのであります。さういふ五ケ條を先づ擧げまして、そして今度は「日本人に警告する」意味を書いて居るのです。

最近の支那〔七〕

大正8年6月23日

曰く、「自分の國は世界の五分の一以上の澤山の民族を持つて居る。文化なり智能なりから云つても、拔くべからざる所の根柢を持つて居る。若し支那が一度戰爭をして霸王になつたら、それはお前等の爲に賀すべき事であるかどうか」、（笑聲）斯う言ふのです。「自分等民族が、いつまでもお前等を有難いと思つて居るか、（笑聲）さういふ事を考へたならば日本としても幾らか警《いま》しめなければならぬであらう」と、マア斯ういふ事です。中々どうも勢ひの好い事を言ふて居ります。（笑聲）併し若しさういふ事になつてですね、支那が一戰して日本が其處で平太張《へたば》つてしまつたら、（笑聲）其時には日本はマア支那に屈服するだけの事、（笑聲）それはマア我々は前から覺悟して居る。それだけ强くなつて貰ひたいと思つて、いつも助けて居るのであるけれども、中々さう行かぬのであります。（笑聲）

兎も角、斯ういふやうな理屈を支那人は言うて居るのですが、近頃は例の山東問題から、支那がいつも最後に出す所の手段のボイコットといふものを行《や》りつゝある。併し、是は山東問題が原因で、斯ういふ事が起つたのでは決してない。此世界の大戰爭の間《あいだ》數年間に、兎も角日本の位置は段々優越になつて來た。さうして世界の諸國も日本の優越を認めるようになつた。それが第一に、支那人に取つて心外千萬な事であるのです。(笑聲)處が又、例の加藤子爵の條約といふものが出來ました。支那人といふ人間は日本人などよりかよほど鷹揚でありまして、マア感じが鈍いといへば鈍いです。あの條約のありましたのは所謂民國四年で、日本では大正四年であります。其當時、非常に騷ぎましたが、私は大正六年の秋から冬にかけて、支那の重《おも》なる部分を旅行しました。私共から考へますと、其時は條約があつて後二年半も經つて居るから、もう大かた支那人も、あの問題は忘れた頃だらうと思つて行つたのです。處が其時分に、漸く田舎の方に大正四年の日支條約の痛苦がチク〳〵と染込んで行つて居るのです。(笑聲)それでありますからして、其れから今日まで又二年も經つのでありますが、漸く近頃田舎にさういふ日支條約の痛苦が行渡つた頃であつたのでせうね。惡い時に世界が平和になつたものです。(笑聲)そこで、マア世界の平和といふことになりまして、ソレに、殊に歴史などをサッパリ問題にしない國に生れたウヰルソンといふ大人物が、殆ど歴史を無視した色々な宣言をしまして、其宣言が切掛《きつかけ》に講和會議が開かれて來たものですから、扨《さ》て此處で一つ氣張らうといふのが支那人の考へであります。それで日清戰爭後、日本人の發展といふものは段々盛んになつて參りましたけれども、其時分はやはりまだ歐米人、殊に歐人の勢力が支那に於て中々盛でありましたので、支那人としては、日本人も段々發展したとは云ひながら、まださう大した事はない、自分等と同じ位のものだ、自分等と同じやうに歐米人から虐待を受けて居るものだといふ感じがありました。それで同病相憐れむとでも云ひませうか、兎に角日本人と相賴《あいよつ》て歐米人に當らうといふ考へが彼等にあつたのであります。處が日露戰爭で日本人の勢力が段々盛になつて來まして、さうして最近世界戰爭に於て西洋人が段々支那から手を引くのに、日本人だけ支那に於て非常に勢力を占めて來るやうになつたのが、支那人に取つては非常に頭に感じました。

最近の支那〔八〕

大正8年6月24日

又一方から言へば、隨分日本政府の不用意もあります。又日本の支那に對して仕事をして居る人々の不用意もあります。日本政府の不用意は、例へば加藤子爵の條約の如きものでありますが、日本人民の不用意は、是はモウ絕えずある事であります。私が一昨年北京へ行きました時でも、やはり向ふの外交當局で、嘗ては日本留學生でもあり支那公使館にも居つた人で私に苦情を言ふた人がある。それは「日本に居るといふと、日本人は非常に好い人間だと感ずる、で日本人と交際する事を非常に自分は愉快に思つた、處が支那へ歸つて、外交部に居つて、日本人と支那人との交渉事件を取扱ふといふことになつて來ると、なぜ支那に來て居る日本人はコンナに惡い者か、又日本人がなぜ支那人をひどい目に遭はすのだらうといふ事を痛切に感ずる」と言つて居ました。それは勿論支那の當局者としての立場から來る僻目《ひがめ》もあるに違ひないが亦日本人の不用意、或は無知識から來る失敗といふ事を幾らか穿《とが》めて居るものでないかと思ふ。實際さういふ事から來る失敗が随分あるのです。現に私の知つて居る所でも、例へば滿洲なら滿洲に於て何か日本人が一の權利を得ることになる。併し其の權利に付いては前からの相當の來歷もあり、それに關係した文書もある。それを得る日本人自ら、其の歷史も滿足に理解しなければ、其文書も滿足に讀めなくて、兎も角自分の慾張つた考へから、總て自分に都合の好いやうな解釋を付けて、さうして其意味を以て日本領事館の承認も求め其權利を確定して、仕事をするといふ事になる。そこで今度、何かそれが支那人の方で問題になつて段々其權利に付いての歷史や文書などを調べて見ると、是は日本人の方が不都合だといふ事になつて其處に交渉事件といふものが始まる。さうすると日本人は、自分の不理解、自分の無知識といふ事は全く考へずに、是は既得の權利であるからと言ふて、何處までもそれを主張する。それを若し、相當に文書が讀め、相當に其來歷を知つて判斷すれば、どうしても自分の方が不理窟であつても、兎も角多少とも引つ懸りのある既得の權利は何處までも之を失ふまいとする。さういふ事から、實際上支那人を壓迫して、さうして自分の權利を何處までも保護しやうといふやうな事がある。それから又、日本の外交家とか何とかいふ先生達は、自分達が前に一編間違つて或る事を承認した場合に、其間違つてあつたといふ事を今度直に自分で承認する事を厭がる（笑聲）。間違つてゐてもどうでも、兎も角日本人の爲めに其權利を主張するといふ事になつて、さういふ所から大變日本人が厭がられる。是等はマア日本人の個人の不用意から出る所でありますが、併しそれは極小さい事であります。實を言ふと、當分の間はたとひ日本人が、よほど謹直にして、謹愼して、さうして支那人の權利を尊重し、支那人のご機嫌を損ぜぬやうにして居つても、どうしても支那人に嫌はれるといふことは、免れぬ所であります。それは即ち、日本人は實際上段々發展して行き、支那は實際上段々凋落して行くといふ事から、自然に來る所のものであります。

最近の支那〔九〕

大正8年6月25日

私は幸《さいわい》に各地を旅行したので、支那人と日本人との經濟上の關係を段々了解することが出來ました。例へば、今日問題になつて居る山東地方、あの地方の產物としては、落花生が隨分出ます。是は日本人も澤山買取り、他の外國人も澤山買取るのでありますが、他の外國人は、多くは支那の仲買人の手を經て之を買取る。支那人の仲買人といふものは、例えば濟南とか周村とかいふやうな、山東鐵道沿線の大きな市街に根據を据えて、相當の資本を持つて商賣をして居る。それが中に立つて、地方の荷主から、其の落花生なら落花生を買うて、さうして自分が相當の利益を取つて外國人に賣渡す。處が、近來山東鐵道が日本の自由になつてからは、日本人自らドシ〳〵山東へ行つて內地へ入込む。それは一時盛んであつた支那の穴錢を買ふ爲めにも澤山入つたのでありますが、兎も角さういふやうな事情から、支那の內地へ日本人がドシドシ入るやうになりますと、支那の仲買商の手を經ずして、直接に日本人が荷主と談判をして買取つて來る。さうして內地に於て日本人が荷主から買ふ所の價《あたい》は、仲買商が荷主から買ふのよりも高く買ふ。それは高く買つても宜い樣で、日本人としては、例へば濟南に居つても、周村に居つても、青島に居つても、山東鐵道の沿線でありますと、日本の市場との交通が自由であります。例へば大阪なら大阪の市場と電報で往復をして、さうして大阪の相場を僅か數時間にして知ることが出來る。で、其相場から考へて引合ふという事であれば、內地へ入つて幾らでも高く買ふ。それで彼等よりも高く買ひますから、彼等の商賣を妨害すること夥《おびただ》しい。西洋人などは初めは、「日本人の商賣といふものは詰らない馬鹿なものだ。濟南とか周村とかいふ支那の市場に居つて仲買人から買へば安く買へるのに、日本人は危險を冒し、難儀をして、內地へ入つて高く買ふ。實に愚な話だ」といふ事を言つて居つたさうでありますが、やはり日本人がさうして內地へ入つて高く買つて來る結果は、日本人の直接商賣の方が段々盛になつて來て、さうして支那の仲買商賣の方が段々衰滅して來た。さういふ事の著しい事は漢口地方でも聞きました。漢口地方に殆ど二十年も居つて、殊に地方の狀況に明るい人が申しました。

私共が其後初めて漢口に行きました時には、漢口に居る日本の商人は十人ぐらゐであつたが、一昨年行つて見ますと二千何百人という多數の商人が居るといふ有樣であります。其貿易額に於ても、漢口の商賣は一昨年あたりに於ては、他の何れの國よりも抽《ぬき》ん出た所の大きな商賣をするやうになつて居る。殊に最近支那の革命以來、漢口で有名な商賣人の勢力は衰へて、日本人のみならず、外國人と支那人との直接商賣が始まるといふやうな事となつて居る。殊に日本人が其間に立つて非常な發展をして居るといふ事であります。さういふ形勢でありますから、日本人の商賣が支那内地に於て今日發展するといふ事は、支那の田舍に居る所の荷主には便利でありますけれども、支那の大きな市場に居る所の商賣人には甚だ不便利であります。

ソコで支那の政論でありますが、日本の立憲政治といふものは、妙な關係でありまして、恰度徳川時代の商賣組織、經濟組織といふものを破壞した後に出來ました。それで日本の立憲政治の初期は、割合に大阪だとか、東京だとかいふやうな所の商賣人の勢力が薄弱であつて、さうして日本の立憲政治の勢力の大部分は農民でありました。それでありますから、殆ど農民の勢力さへ之を占めることが出來れば、日本の政治といふものはどうにでもなつたのでありますが、支那の今日の政治上なり財力上の中心勢力は商人に在るのであります。多くは長江沿岸の市場とか、其他主なる市場に居る所の商賣人の勢力が、經濟上の勢力、政治上の勢力の大部分を占めて居るのでありまして、田舍に居る所の農民には勢力はありませぬ。それで政治上に於ても主なる人物は何時でも主なる市場から出て來る。さういふ關係でありますから、今日の支那の輿論といふものは、大部分商賣人によつて作られる。それで商賣人の利益を侵害するやうな事は、いつでも反對を受けるのであります。詰り大正四年の加藤子爵の條件の時に非常に反對をした者の大部分が商賣人であつたのも其爲《そのため》であります。併し其後支那の形勢は段々變化して居る。勿論今日に於ても、まだ支那の農民の勢力が政治上に現れて來て、支那で若し立憲政治をやり、共和政治を布くといふ時に、農民の勢力が中心になるといふ程、農民の勢力は進歩して居りませぬ。變化をして居りませぬ。其上に、殊に前のボイコットの時の經驗もありまして、日本の貨物に對してボイコットをするといふ事は、商賣人自身の利益を損ずるものだ、商賣人自身に於て非常に苦痛を感ずるものだといふ經驗を得て居ります。それで今日の山東問題のボイコットは、多くは學生の騷動でありまして、學生と、それから上海の如き、殆ど統治權の確立して居らぬ所には、澤山の破落戶《ごろつき》が入込んで居りますので、前の加藤條約の時のボイコットから見ると、遙かに今日のボイコットは薄弱であります。兎に角、數年間にそれだけ變化して居りますけれども、併し今日に於ても、まだ日本人が支那の商賣人の勢力を段々侵害して居るといふ事實は、全く無くならない。さうして支那の政治上の中心勢力が商賣人の手をスッカリ離れない間は、何か日支間に交渉事件があるといふと、ボイコットの騷動が起つて、其度に日本が多少の打擊を食ふといふことは覺悟しなければならぬ。

最近の支那〔一〇〕

大正8年6月26日

併しながら、それは、日本の發展の徑路に於て、時々起る所の邪魔でありまして、暫く辛抱すれば、日本の支那に於ける商賣の發展は支那の國民に取つて利益であるといふ事が、彼等の頭に泌込《しみこ》む時期が來るのです。さうして其時になれば初めて眞の日支親善が生れる。今日の如く、唯口先で色々な理屈を付けて言つて居る親善でなしに、眞に利害共通の上から來る所の親善が生れる譯になるだらうと思ひます。現に、それは滿洲の如き地方に於て既に實現して居ります。勿論、今日でも滿洲地方に決して排日運動が起らぬといふ事はありませぬ。ありませぬが併し、滿洲といふ所は、今から二十年前、日露戰爭の頃に於て、あそこの開港場といふものは營口一ケ所だけでありましたが、其時代の貿易額と、それから東清鐵道が出來、南滿鐵道が出來た今日の滿洲の貿易額とを比べて見ましたならば、實に非常な差であります。以前の何百倍といふ差になりました。さうして滿洲の產物の豆だとか、豆油といふやうなものが、以前は支那だけの商賣であつたのが、今日は世界に對する商賣になりました。其爲に滿洲の人民が利益を得て居ることは夥しいものでありまして、今日、支那人が日本人から權利を回復して、日本人があそこを引拂つた所で、支那人がそれで喜ぶかといふと、今日では決して喜ぶやうになつて居りませぬ。又妙な□□□〔確執をカ〕持つて居りまして、日露戰爭以後、支那は日本に對する防禦的計畫から割出しまして、滿洲地方に多くの人才を官吏として送りました。其人才の多數は南方人であつて、滿洲の土地に理解を持たない所の者であります。それでありますから、今日でも官吏社會、其他に於て依然として排日の聲が絕えないのでありますけれども、實際上、今日滿洲人が、日本の鐵道が敷かれ、日本の經濟上の勢力範圍になつてから、利益をして居る事は非常なものであります。是は幸ひに日本に最も近いし、それから又偶然の結果、滿洲地方の產物が世界に取入れらるべき特別の緣故があつたからでありますけれども、將來とも支那の商賣は、日本人の發展によつて益々發展して行くのであつて、決して日本人の發展によつて損をするものではありませぬ。益々利益をするだけであります。勿論、それと同じやうな事を支那人が經營すれば、支那人の方にモット利益があるだらうとは思はれますけれども、それはさういふ譯にはいかぬ。日本は、兎も角今日工業國——といつて威張れる程の工業國であるかどうか知りませぬが、工業上此位置に達するまでには三、四十年努力して居ります。さうして是だけになりました。其《その》お蔭で歐羅巴大戰爭の間も非常な利益を致しました。世界中歐羅巴大戰爭に際して、多少中立の位置のやうな所に居つて、まるで利益をしなかつた國は支那だけであります。（笑聲）あれだけ澤山の資源を持つて居り、而も幾らでも出せば出し得る所の材料も持つて居つた。それで支那人は何の錢儲けも出來ない。さうして「日本人が穴錢を買つて之を鑄《ふ》いて大變な金儲けをするのは怪しからぬ」と言つて、日本に穴錢を輸出することを禁じて、「俺の方で鑄《ふ》く」と言ふてやつて見る。支那人がやると儲からぬのが不思議ですね。（笑聲）お仕舞には自分が建てた工場を内々日本人に引受けて貰つて、さうして幾らかの代償を自分が得やうといふ事ぐらいに歸着するのであります。（笑聲）それで、長江沿岸に於ても、戰爭中の國、卽ち英吉利の如き國であつても、英吉利人は長江沿岸に於て大變な利益をして居る。支那人だけが儲からぬのです。（笑聲）それは詰り、日本では貧弱であつても、兎も角三、四十年の工業の訓練がありますが、支那人はそれを持つて居らぬ。其爲にどうしても支那で外國人が利益をする事も、支那人がやると利益にならぬのであります。今日以後でも、支那といふものは、當分の間まだ工業國といふような體裁を備へるのは前途頗る遼遠です。（笑聲）亞米利加からウンと借金をしさへすれば、資本が出來るから工業國になれると思うのでありませうけれども、工業國になるには資本だけあつても、成れるものぢやない。やはり工業上の訓練を要します。支那は今日の通り訓練なき國であつて、茲《ここ》二、三十年の間は、決して大なる發展をすることは出來ませぬ。やはり原料の國として、さうして日本の如き工業國に其原料を供給して、其原料の益々多數に產出するといふ事、其原料の値段が段々上るといふ事によつて、さうして農產國として堅固な基礎を作つた上で、何十年かの後に、初めて支那は工業國に移つて行くべきものである。先づ其頃までは日本人は屢々《しばしば》支那人のボイコットを受けるものと覺悟をしなければならぬ。さうして、それは日本の發展であり、又支那の發展でありますから、決して是は悲觀すべきものでない。

最近の支那〔一一〕

大正8年6月27日

然るに日本の、殊に新聞社の諸先生は、支那にボイコットが始まつたといふと、神經過敏にビク〳〵して、今にも日本の經濟が支那で潰れるかの如く書立てますけれども、心配しなくとも、是は日本の發展の途中、又支那の發展の途中、卽ち兩方の發展の途中に、さういふ變つた事が時々出來るだけで、もう少し進步して來れば、段々形勢が好くなるのであります。今日のボイコットでも、幸ひに、此ボイコットによつて日本の品物を買はない爲めの不便、不利益をよほど痛切に感じて居ります。是は、日本の商工業の進步の爲にも賀すべきものであるし、支那の商賣人の自覺の爲にも賀すべきものである。さうして支那人が、何もせずに唯原料を賣つて、富を増すといふやうな事になつて、初めて日本人の恩惠を感ずるのであります。其處までは先づ進歩することであります。併し、さう言うても、それは今の支那の職業的政治家先生達、殊に南方の先生達には、其話をしても分りませぬ。（笑聲）分りませぬけれども、職業的政治家に分る前に、先づ直接商賣人が分りませう。それからして直接農民が分りませう。で詰まり、さういふ職業的政治家以外の、支那の眞の國民の覺醒を待つより外仕方がない。今でも日本の政治家、殊に外務省あたりの當局者には、今日支那人の日本排斥の叫びは、國民自覺の叫びだと思つて居る人がありますが、あれは國民自覺の叫びではない。あれは詰まり支那人の中でも——國民は既に大分亡びて居るやうに考へられますが、其中でも、最も早く亡びんとして居る職業的政治家が煩悶して居る叫びなんです。それを國民の聲だ、と間違つて慌てる必要は些《ちつ》とも無いと思ひます。さういふ事で、今日の支那問題といふものは、日本の發展でもあり、又それが同時に支那の發展でもあつて、其徑路の間に、斯ういふ色々の間違が出來るのでありますからして、決して之を日本の爲に悲觀することは勿論、支那の爲に悲觀することも不必要であります。

支那といふ國は、例へば是が政治上に於て、今日既に亡國の體裁を備へて居りましても、民族としては、永い間文化を持つた所の立派な民族としては、多數の天才を所有して居つた所の民族としては、永久に是は滅亡するものでないと思ひます。支那の如く、自分の文化を永く續けて居つた國は、世界中にありませぬ。昔西洋の諸國に於ても、一時文化の最上の極に達した國は色々ありますが、さういふ國は多くは亡びて、今日は其形骸だけ存在して居るに止まり、其民族も、他の民族の血が混つたり何かして非常に變化して居ります。支那の如く、同じ民族が四千年も繼續して、さうして變らないといふ國は餘りありませぬで、政治上に於ては無能力になつても、其他の文化に於ては、まだ〳〵繼續する餘力がありませう。併し、今言ふ通り、從來は支那人の經濟上の能力をよほど買被《かいかぶ》つて居つたのでありますけれども、それだけ買被る必要は些《ちつ》とも無い。今日では、日本人の經濟上の能力の方が支那人よりも遙に優れて居るといふ事を斷言致します。（拍手）兎に角、さういふ風に、永く繼續する所の文化を持つた國は外に少いのであつて、よほど支那人は持久力に富んだ國民であります。政治上の事、政治上に關する名譽心といふやうなものから支那人が離れて、さうして眞に自分の民族の長處を維持して、さうして世界に立つて行かうと思へば、たとひ將來に於て政治上の勢力は無くなつても、支那人としては決して悲觀すべきものでないと私は思ふ。日本人の政治上の勢力が盛んになつても、それは詰り若い者が兵隊になつて、鐵砲を打つて居るだけの元氣があるのだ、自分は年老つて茶の湯でもやつて風流な道で以て、彼の若い鐵砲を打つて居る奴等よりかは、モッと高尙な事をして居るのだと思つたら、それで十分に自分の名譽心を滿足し得られる事なんです。それを、若い者と一緒に、若い奴が鐵砲を打つから、俺も鐵砲を打たなければならぬといふやうに考へるのは、今日支那人の間違ひであります。（笑聲）さういふ譯でありまして、運命と申しても、支那人の、詰り悲觀すべき運命を、此山東問題によつて發見するのでなくして、支那人がどういふ長所に於て自己を滿足させるかといふ運命を發見し得るものだと思ひます。先づ大體に於て、支那の最近の事情によつて判斷すべき最大問題としては、さういふ事であろうと思ひます。（拍手）

『大阪時事新報』　大正9年1月2日

我國と支那借款

米國の提唱にかゝる支那の新借款團の組織は、我國から滿蒙除外を求めた事に依つて行惱みの狀態にある。支那の財政は極度の窮乏を告げて居るのであるから、各國が之を援助しなかつたならば、支那政府は到底維持する事が六ケ敷い。從つて國内の秩序を保つ事が困難となる。支那政府も熱心に財政の援助を、各國の資本家の間に懇請し、終に四國借款の成立を見た。歐洲戰亂の間には、我國が專ら財政の援助に力めたが、今度、更に米國の新借款團組織の提議となつたものである。之に對して、我國の滿蒙除外を求めたといふ事は、當然の事であつて、米國等で揣摩憶測《しま》を逞しうして居るが、侵略的野心がある譯では決してない。只、我國の責任を遂行する上に、必然とする範圍に於て、諸國の理解を求めたのであつて、若し之をしも新借款團に於て理解がないなれば、必ずしも新借款團に加入すべき必要もないのである。

支那政府は其財政の窮乏を、政治的借款に求めやうとするのであるが、何時も用途の明かでない政治借款に金をつぎ込んで見た處で、支那の國民の利益の爲に費やさるゝことなく、政客の私腹を肥し、或は政爭の費に供せらるゝ恐れがあるので、これを警戒しなければならぬ。これに引かへ、經濟借款に至つては、支那の天然資源の豐富なる、民間の投資起業に待つべきものが多いが、然も、之を政府の手によつて爲さしむべき事の必要なるのも決して少くない。斯くて之が利權を拓《ひら》く爲めに、各國が單獨の行爲に出で、競爭することは、相互の不利となるのみならず、終には收拾すべからざる混亂狀態に陷り、支那分裂の緖を開くに至らないとも限らぬ。これが借款團成立の理由であるが、之を支那側から言はしむれば、四國資本團の連盟的節制は、支那の經濟的自主權を犯すものである。であるから、今度の新借款團には、名義丈けでも支那の資本家がこれに加入して、米國と一つに爲つて、其資本の上に活動仕様《しよう》として居るのである。之を要するに、四國借款團とはいへ、英佛の兩國は、戰後自國の整理の爲に、多くの資産を要する折柄であるから、力を他に注ぐの餘裕がない。只、支那に投資し得る國は、米國と日本とのみである。

一體、米國程氣まぐれな國はない。近頃の西伯利亞《シベリア》に於て見ても判《わか》る話しで、當初西伯利亞鐵道の管理權を掌握し、歐亞聯絡の大道路を、自己の勢力範圍に置かうといふ考へで、種種の計畫をして見たが、西伯利亞鐵道は、歐羅巴との連絡が、完全であつてこそ價値があれ、歐露の混雜は何時收まるものとも判らぬ。從つて西伯利亞鐵道の價値がないと見て、昨日までの熱心は一時に冷却して、今や鐵道守備兵は歸心矢の如く、其本國に於ても西伯利亞撤退の氣勢が次第に勢力を得て來た。支那に於ても、曩《さき》に石油の採取權を獲得し、粤漢《えつかん》鐵道の敷設權をも得たが、只、權利をとつた丈けで、何れも期限を過ぎ、其權利を放棄したのである。かく支那に於てその開發を八釜《やかま》しくいひながら、何時も之れに手を着くることがない。夫れは、彼等の本國に於て、其天然富源が充分であつて、他に手を伸ぶる必要のない關係もあつて、我國の如く其鑛産物の如きは、凡て支那に仰がなければならぬのとは、立場に於て非常の相違がある。

米國が果して支那に投資する事は、政治的に必要があつても、現在歐羅巴の諸國が、米國より經濟的の援助を必要として居る現在に於て、果して彼國の資本家が、支那の要求に從つて、借款に應じ得るや否やは疑問である。我國の經世家は、宜しく米國對歐羅巴との經濟關係と、之に對する自國資本家の意向について、研究して見たならば、或は思ひ半ばに過ぐるものがあらうと思ふ。

（文責在記者）

『井華』一二二号「説苑」　大正9年1月10日

支那の社會組織〔講演〕

左の一編は、京都大學教授内藤湖南博士が懇話會員の爲めに講演せられましたのを筆記したのであります。博士の此講演は、支那の事情を了解する上に甚だ有益なるものでありますから、支那の事情を研究なさる方には、是非共知らねばならぬ事柄と思ひまして、特に博士の承諾を得て、井華會員の爲めに之れを掲載することゝしました。但し本編は博士の校閲未濟の儘掲載したのでありますから、文責は筆記者にあることをお斷りして置きます。

私は内藤で御座いますが、先達て此の住友懇話會の方から、私に出て何かお話を致すやうにといふことで御座いましたので、就ては、段々此會の成立ちを伺ひまするると、何れも大阪で大きな事業を經營して居らるゝ方々で、中には支那の事などにも實地御關係になつて居らるゝ方もあらうと思ひます。でさういふ方々に對しては、却て私の方から教を受ける方が當然で、私からお話を致すべきでない。私共は詰り學究で、唯幾分私が支那の事情を知つて居り、殊に私の專攻の科目とする所は歴史で、古來支那といふものは何ういふ風の事から今日の現狀を來したかといふ事を研究するのが趣意であります。で、矢張り、其方から考へた事を申上げた方が宜からうと考へます、其話の内容から申せば、「支那の社會組織」とでも申しませうか、又一方から云ふと、詰り現代の支那が段々衰亡に傾いて居る狀態に就てお話をするのであるから、「支那の衰亡」と云ふても宜しい。近來、支那人は非常に神經過敏で、支那の衰亡などゝ云ふ事を日本人の口から聞くと、非常に惡く感ずる。併し、支那人それ自身も決してさういふ事を感じて居らぬ事はない。彼自身も、矢張り同じ樣な感じを持つて居るのであります。是は私が直接に見聞した事ではありませぬが、近頃、私共の同僚の京都大學の教授に向つて或る支那人——是は相當の人物であらうと思ひます——其の支那人から手紙をよこしたさうで、其手紙には餘程思切つた事を言つて居る。自分の國が亡びるといふ事は、是は覺悟して居る。日本に亡されるか、歐米に亡されるか、何れは亡びるといふことは覺悟して居る。併し、さうなつたら、寧ろ歐米に亡されても決して日本には亡されない。さうして益々亡びるといふ事を覺悟した以上は、自分一國だけは亡びて居ない、日本をも道連れにするといふ事を書いてよこしたさうである。是は、或る一部の支那人には、確に斯ういふ自暴自棄の感じを持つて居る者があるので、決して是は珍しい事ではない。それだから、實を云ふと、今日支那の衰亡といふ樣な事に就て考へ、且つ論じても、支那人に對して決して失禮にも何にも當つては居らぬのであります。併し、それが何うして支那自身がさういふ風に自暴自棄を起すほど衰亡に傾いたかといふ事は、今日の支那人それ自身も十分に其理由を理解して居らぬ。勿論、他の國の人は、十分に理解して居らぬと思ふ。歐羅巴人、亞米利加人などは、支那を直接に視て、其の社會組織が現に尚農業時代で、如何にも簡單な原始的の社會組織であるのを見て、支那の社會は非常に幼稚であるからして、是から段々發達するものであるといふ樣に多くの歐羅巴人は考へる。日本人などでも、今日支那へ行つて視た人は、多くさういふ感じを持つて居るやうでありますす。併し、日本人は、徳川の末年、即ち今より五十年前に支那へ旅行したら、決してさういふ感じは起らなかつたに相違ない。若し、其の時分に行つて視たら、支那の社會組織の日本に比して迥《はるか》に進歩して居る事を感じたであらう。僅か五十年間に、日本が西洋の文化を取入れたからして、今日支那へ行つて見ると隨分支那は後れて居るやうであるが、實は社會組織の根底から云ふと、支那は決して日本よりも、又歐羅巴諸國よりも後れて居るのではありませぬ。何方《どちら》かと申すと、詰り自國獨りで生れ成長し、老ひ、さうして死ぬべき運命といふ樣に、凡そ一國が經過すべき運命に於ては、支那は既に老衰期に入つて居る。決して幼稚な社會といふ事は出來ない。日本などは、それから見ると迥《はるか》に後れて居る。支那は、何方かと云へば、歐羅巴竝に日本などから見ると、其國の存立上色々最新の文明機關を具へて居ないから幼稚な樣に見えるが、其實は、既に他の國よりは先きに行過ぎて居るのである。其の意味で考へないと、支那の社會組織、支那の衰亡に瀕して居るといふ事の意味が十分に分らない。それで、詰り今日の現狀を來した原因は何かと云ふと、是は中々長い歷史を持つて居ります。極く簡單に言盡すことは餘程困難でありますが、併し、今之を出來るだけ簡單に言へと云ふ事でありますれば、支那の社會組織は、總て寄生蟲が跋扈した樣な社會組織である。人間でも動植物でも寄生蟲が跋扈することがある。支那はそれと同じ樣な社會組織であつた。併し、又一方に於ては、それが一時非常に文化が進んで見えた原因でもあり、又他方に於ては、今日それが爲に自分で作つた文化の爲に衰亡に瀕している原因でもある。それで、私は今試に、政治上竝に經濟上といふ樣な點から出來るだけ簡單に之を說明して見やうと思ふのであります。

政治上から云つても、色々の原因、事情が西洋などに比べると割合に複雜して居らぬ。といふものは、支那は、兎も角あれだけの大陸で殆ど歐羅巴の重もなる土地全體と同じ廣さの大陸に、久しく一國として存立して居つたが爲に、其の歷史の長い割合には、事情は餘り複雜して居らぬ。それだから、比較的其の說明が出來易い。それで、西洋の歷史家などで近年世界全體の歷史、卽ち世界史を硏究する人々には、今日世界に色々な國が出來て、それが一の世界の中に色々の働をして居るが、此の世界の結局といふものは何うなるかといふ事の硏究の標本として考ふべき國は何處かといふ事に就て色々考へて居る。所が、或る獨逸の有名な歷史家は、其の標本として日本を採上げた。日本といふ國は、島國で四圍の關係が餘り滋くなかつた。さうして開闢以來今日まで、一通りの歷史も判然して居つて、言はゞ一の國で一世界を成して居る。それだから、此國の歷史上の經過を見たならば、世界の經過を見るに便利であらうといふ考へだ。で、此の歷史家は、今度の戰亂が無かつたならば、日本へ來る筈でありましたが、生憎戰爭が起つて、戰爭中に此の學者は亡くなつたのであります。此人は、殊に日本の美術に趣味を持つて居た。

否、一國の文化の最も粋を抜いたものは美術である、日本の美術を見れば世界文化の全體の經歴の標本となると考へて居たのであります。併し、私は寧ろ西洋に支那の歴史を十分承知して居る歴史家があるならば、支那の方に本當の標本が多いであらうと思ひます。日本の歴史は、何方かと云ふと、私共極く公平な見地から云ふならば、日本の歴史の開闢以前から既に大陸文化の影響を受けて居る。寧ろ其の影響で日本といふ國が凝固《かた》まつて居る。伊弉諾《いざなぎ》、伊弉冉《いざなみ》の二神が天の瓊矛《ぬほこ》を以て斯國を固められたといふ其の瓊矛《ぬほこ》、即ち大陸の文化であると云ふても差支へない。さうして日本の歴史が何か特別の變化を起す時には、必ず其の原因が大陸に在る。大陸の影響を受けずして日本獨特の變化を起したといふ事はない。勿論、日本は島國であるから、朝鮮や安南の樣に支那に密接して居る國ほどに自分の内部から發生した歴史の原因に乏しい事はない。日本には、相當に内部から發生した原因もあるが、併し、大體に於ては、大陸の波動を受けて居る。然るに支那は、大陸にあれだけの廣大な地面を占めて古い文化を持つて居る。さうして其國は歐羅巴などとは非常に隔絶して居つたので、或る時代は、殆ど全く直接の影響を受けない。それで以て長い間自分で歴史を生み、自分で成長し、自分で衰亡に傾いて來て居るからして、此位に世界歴史の標本に適した國は他に無い。若し、今後何もかも總てを一にした世界の歴史といふものゝ結局は何んなものであるかといふ事を考へやうとするならば、支那の數百年以來の状態をモット大きくしたもの、さうしてモット複雜であるものと考へたら宜しい。一體、支那の歴史を、支那の國民性といふ樣な事から考へるといふ事は、是は、歴史上の見方として餘り確なものでない。近年、動もすれば總ての歴史を民族の特有性で解釋しやう、國民性で解釋しやうといふ樣な傾がありますが、國民性といふものでは非常に觀察を間違へることがある。で、日本は開闢以來二千五百年といふのであるが、併し、ハツキリする事の出來る年數は遙にそれよりも少い。近頃の歴史家は、大抵千八百年位に考へて居る樣である。さうして支那は何うかと云ふと、四千年と云ふのである。勿論、支那もハツキリした事の分らぬ年代も勘定の中に入つて居りますけれども、兎も角も日本に二倍した年數を持つて居る。日本の國民性といふ樣なものは、支那でも千八百年前に同じ樣な事を經過して居るかも知れませぬ。日本は、之を人間に喩ふれば、二十臺か三十臺であるが、支那は六十か七十の老人である。同じ人間でも、二、三十臺の人と、六、七十の人とは、性質が違ふ樣である。けれども其の六、七十の人も、若い時には今の二、三十の人と同じ樣な状態であつたかも知れぬ。支那も曾て日本と同じ樣な状態を通過して居らぬと考へる事は出來ぬ。それだから、國民性から支那を解釋すると間違ひに陷る弊がありはせぬかと思ふ。勿論、國民性も關係はある。近來は、又地理上の關係に重きを置かれる様であるが、是は確に有る。是は、日本の様な海中の孤島で、シカも其内には非常に高い山が澤山に有つて、陸上の交通が非常に不便である。さういふ國と、支那の如き大陸の廣い土地で、シカも昔から水路が縦横して居るし、又平野が非常に廣くて交通が便利である。今日の人が視察すると、頻に支那の交通不便を唱へますけれども、僅か五十年前は何うであつたか。日本人などの目から見ると、支那位交通の便な國は無かつたであらう。さういふ國柄といふ事は、文化の段々影響して來る上に餘程關係のある事で、決して此の地理上の關係を全く無視する譯には參りませぬから、國民性といふ事も、其點から多少は關係が有るべきでありますが、併し、支那の今日の狀態を以て悉く之を國民性の結果に歸するといふ事は、見方が惡いと私は考へる。さういふ事を色々注意して、支那の歴史即ち政治上、經濟上、今日の現狀に至つた事を考へて見なければならぬのであります。所で、餘り多くの形勢を述べると長くなりますから、今日は、唯私の考へた所の結論だけを述べるに過ぎませぬ。

歴史的關係から考へます事と、支那が今日彼が如き狀態になつたといふ原因を考へるには、餘程古い時代に遡らなければなりませぬ。之を古い時代に置いて考へると、二千年前までは人口から云つても、政治上の狀態から云つても、日本の今日の狀態と餘程類似した狀態に在つたといふ事が出來る。其の時分は、支那も政治上相當に好い結果を擧げて居たのである。諸君も御承知の通り、支那では、良い地方官を「良二千石」と云ひます。此語が出たのは漢代で、約二千年前である。漢の宣帝が朕と民を治むる者は、それ良二千石か、と云つた、それから始まつたのです。此の良二千石は、日本の府縣知事位な官で、支那では郡守と云ひます。支那では、郡の下に縣があるのですから、丁度日本の今日と反對で、郡守が即ち日本の府縣知事に相當する。其郡守の俸祿が二千石であつたので、郡守の事を二千石と云つたのです。當時は、餘程地方官が中央の天子と心を協《あわ》せて人民の爲になる様な政治を執つたものと見えて、漢の宣帝が彼の様に讃めて居ります。此時は、先づ支那の民政の絶頂に達した良い時であつたと考へられますが、さういふ狀態の繼續した期間は何《ど》の位かといふと、漢の年代全體で四百年に過ぎませぬが、其内眞に地方官が民政に心を盡した時代は、半分にも足りない位でありませう。けれども、兎も角其時は民政といふ事が餘程行屆いて居たものと見える。けれども當時の民政といふのは餘程簡單なものでありまして、今日當時の有名なる良二千石の傳を讀んで見ると、何ういふ事が主になつて居るかといふと、先づ裁判である。支那の地方官は裁判官を兼ねて居るのであるから、人民の訴訟を公平に裁判する。公平に裁判すると云ふよりは、寧ろ地方の悪黨の内情を能く知つて居つて、大岡サバキの様に巧に裁判をしたといふ事が良二千石、所謂能吏といふものゝ一の條件であつた。尚、其他に地方官には租税の事も關係がある譯ですが、其事は餘り傳記に現れて居ない。是は、當時支那でも自治制が非常に盛んであつて、漢代に民政が善かつたといふのも、一は制度の結果、卽ち自治制の結果である。それで、各郡には皆日本の府參事會、縣參事會の如きものがあつた。勿論、選擧といふ様な權利義務から來たやかましいものではないが、兎も角自治機關があつて、其局に當る者を鄕官と云つた。是は三老、力田、遊徼《ゆうきょう》といふ様に色々種類があつて、甲は敎育を司り、乙は農事の奬勵、丙は警察事務を掌るといふ様になつて自治制度が行はれて居た。で、其の自治制の網を潛つて來るやつは餘程の悪黨で、さういふ者を取締るのが地方官の職務であつたのです。所が、それには色々悪事に慣れた巧な奴が居るので、それをうまく裁判するといふ事が、地方官の最も重要な任務であつた。兎に角、さういふ制度になつて居たといふ事が、漢代に民政の行屆いて居た原因である。今日、日本の自治制は、何れだけ行屆いて居るか知りませぬが、兎も角日本でも自治制を維持して居るのでありますが、それと同じ原因で、當時の支那の民政が行屆いて居たのであります。所が、段々其の組織を打破されたのである。兎も角支那が外國からの侵略に由らずして―時に外から滅された事もあるが―朝廷自ら滅亡した場合は、何ういふ原因からであつたかと云ふと、詰り其の政治組織を破る所の破落戸《ごろつき》の大きな者が出來たといふ事に在る。それは、今申す通り、平生各郡の太守が自治制を控《ひか》へて取締をして居るのであるが、困る事には、時に天災地變といふものがある。是が、又支那の國民性に影響する一の事情であるが、支那に於ては、此の天災地變といふ事が大變困難な事情である。一體、支那は、地理上日本などに比すると、天惠を受けて居る事が遙に多い。北方に於ては、黄河の沿岸は、皆黄河に依て流れる黄土、卽ち別に肥料を用ゐずして農作物を成熟せしむる所の西洋人のレースと名くる所の一種支那特有の土があつて、之に依て黄河沿岸が發達したのである。それから、南方では揚子江の爲に恩惠を受けて、非常に發達して居る。斯の如く天惠に依て發達して居る事も非常だが、其代り又大陸であるからイザ天災地變となると非常に大きい。日本の様に、部分的に關東が暴風を受けても關西が免れるとか、關西が洪水でも關東は助かるといふ譯にはいかぬ。日本の様に其處ら中に山があると、山脈の左に向いた地方があれば右に向いた地方もあるといふ風で、一方がやられると一方が助かるといふ様な譯にはいかぬ。一朝黄河の上流何千里といふ様な所に雨があると、何千里の下流では雨も何も無くても二週間か三週間の後に至つて、原因も何も知らないのに、突然洪水が推寄せて來て、堤防を破つて、數縣若くは數十縣の地方を水に浸すといふ風で、何んとも手の着けやうがない。支那人の克己心、卽ち人間の努力に依て天然に打勝つて改良するといふ樣な性質の乏しくなつたのも、此の地理上の關係に依るものかと思はれますが、兎に角斯ういふ天災地變が、常に騷亂の原因になつて居る。それでも、政治の盛んな時は防禦が出來ますが、泰平が二、三百年も續いて段々政治が腐敗して來る其處へ天災地變があると、一時に一地方に數十萬の窮民が出來る。其の窮民の處分が附かぬと、それが騷動を起して其處ら中に押寄せる。其中には、又克己努力の考が無いだけに、天才の偉い人物が出て來る。泥棒の中にも惡黨の中にも天才といふものがある。其の天才が自然淘汰されて、遂に之を統一する所の者が出て來る。是に於て、大騷動が起る。さうして數萬の窮民が一團となつて、今迄自治制で維持して居た所の一縣、卽ち日本で云ふと一郡、若くは數郡の警察力では防禦が出來ぬやうになる。さうする内に、窮民の團體が次第に大きくなつて、甲の郡から乙の郡へと押して行く内に、雪達磨《ゆきだるま》の樣に次第々々に大きくなつて來るのでありまます。それから、又支那では、政治上の厄介物としては、丁度日本のサンカの如き者がある。日本でも、大阪府と兵庫縣との境といふ樣な所に、サンカといふ一種流浪民があつて、大阪の警察が追拂へば兵庫縣へ行く、兵庫縣で之を追ふと大阪府の管内へやつて來るといふ樣な事をして居るのがありますが、それが、支那では、或る地方では各郡縣の交叉點になつて居る一種の地方があつて、其の地方に居る所の流浪民がいつでも騷動を起す。其地方に騷動が起ると、それが左に轉がり右に轉がりして居る内に次第に大きな塊りになつて、三縣や五縣の力では何うする事も出來ない。遂に天下を横行する樣な大騷亂になつて、之が天下の泰平を打破して仕舞ふ。漢の亡びたのもそれである。唐の亡びたのもそれである。近代になつて明の亡びたのもそれである。之を支那では流賊と云ひまして、其處《そこ》ら中流れて居る内に、大きになつて遂に天下を蹈潰ぶすのであります。漢の時などは、其の末年には、見事な自治制も段々弊害を來して、中央政府が腐敗して仕舞つた。一體、自治制といふものは、何うしても中央の監督が行屆かなければ統一は出來ない。漢の初め、宣帝の時分には、監督が善く行屆いて居たのである。それは、支那の全體を十三部に分ち、其の一部には、數郡若くは數十郡、或は國と云ふ諸侯の國もある。其部には、それ〲監督官が置いてある。其の監督官は一郡の太守よりは位置が低い。是は天子から直々に派遣される所の重要な官であるけれども、直接に民政を扱ふ者でないから位置は低い。此の監督官が、各地方の行政を監督して居る。卽ち天子が自分の信ずる所の極めて硬直な人を擧げて監督官にして、公平無私に各郡國を監督させて居たのである。それが、段々中央政府が腐敗すると、其の監督と云ふものが緩んで來る。其處へ、漢末に流賊なる者が起つて、之が漢の天下を踏潰ぶしたのであります。所で、之に對して、支那の國民は防禦手段として如何なる事を考へたかと云ふと、詰り政府の頼むに足らぬ事を考へたからして、そこで地方の豪族が自衞策を講ずることになつた。それが、漢末、卽ち今より千七百年前から唐の終りまで續いて、支那に存在して居た所の狀態であつて、地方豪族といふ様な者の全盛時代であつた。丁度日本で云ふと、鎌倉時代から明治迄の時代に似た様な時代であつて、其時には、地方豪族が非常に發達して、實際に於ては、殆ど人民を私有した。政府の制度では人民に階級は無いが、自然に階級が出來て、貴族と平民になつた。此の狀態が長く引續いて居つたので、漢以後長い間騷亂の統一されぬ様な時があつた。屢々騷亂があつて隋唐に至つて漸く統一されました。隋の文帝は、當時の弊害を能く見拔いた人で、それは何ういふ處置をしたかと云ふと、鄕官といふ自治制を廢して仕舞つた。卽ち元々鄕官といふものがあるから地方の豪族といふものが生じた、此の豪族あるが爲に、天子の力で之を壓伏する事の出來ぬ様な貴族が出來たのであるから、斯う云ふ面倒なものを無くして仕舞つたらよからう、官吏が直接に人民を治めて、鄕官の力を藉りない方がよいと云ふ考を起した。それで、鄕官といふものを廢めて、天子の派遣した地方官が直接に人民を治めるといふ事にしたのである。併し、天子の派遣した地方官が、三面六臂悉く民政をやるといふ事は出來ないからして、其れが爲に、又一種の組織が出來た。卽ち先きに申す所の寄生蟲組織の政治といふものが、それ以後の產物であります。（今日の日本でも多少さういふ傾がありますが、地方官といふものは流れて步く商賣、腰掛商賣の様になつて居る）從來は、地方官といふものは、自治制の上に坐つて居たら其の自治制の鄕官を相手に鄕官の意見に從つて政治を執つて居たから、地方官の實際の仕事は決して渡り物ではなかつたのであるが、隋以來、地方官と云ふと全く渡り物になつて仕舞つた。それが、近代の政治上の弊害を來した大原因であります。併し、社會上の實際に於ては、隋がさういふ事をしたけれども、唐一代は、兎も角地方豪族が勢力を得て居つた。六朝から唐に掛けては、豪族は自然に豪族の番附の様なものがあつて、非常に豪族が幅を利かしたものと思はれる。面白い事には、天子になつた人でも家柄番附面から云ふと迥《はる》かに豪族に劣るといふ様な事が明かに歷史に現れて居る。六朝頃の天子で、梁の武帝は、天子になる事はなつたが、其時分の豪族には自分の家以上の家柄があるといふ事を認めて居つた。唐の太宗は、豪族番附といふ様なものを編成された事があつて、第一の家柄は博陵の崔氏、河東の鄭氏等で、唐の太宗は第三流の家柄といふ事になつて居る。如何に天子の權力を以てしても、豪族番附の位を變更することは出來なかつたと見えます。さういふ風でありますから、唐一代は、豪族といふものが存在して居つたのでありますが、兎も角政治組織は、唐の前の隋の文帝から變はつて居るのである。それだから、唐の時には、既に又其方の弊害が現れて居る。官吏になつて遠方に勤めるとか、或は都勤めをするとかいふ人は、官吏を罷めて仕舞ふと、歸るに家なく、何處で生活してよいか分らぬといふ様な人が段々出來て來た。有名な韓退之などの文章の中にも、さういふ風で官吏の困る事が書いてある。それから、今より約八百年宋の時代になると、それが更に著しく、地方官に任命された者は赴任旅費に困る。非常に遠方に行く者は、日本の里數で七、八百里、或は千里の遠方に行かなければならぬ。さういふ時には赴任旅費に非常に困る。さういふ時には、日本などで軍人の服を作る金を貸す商賣がある様に、地方官の赴任旅費を立替へる高利貸の様な者がある。それが宋の時に出來て來た。總ての支度金を立替へ赴任させるのであるが、シカもそれが遠方に放してやるのであるから、之を返濟するか何うか分らない。そこで誰か人を附けてやる。さうして、地方官が政治をする上に於て、其の附いて行つた人間が收入の權を握つて、凡ゆる差出口を言ふ。そこで、地方官自身が如何に廉潔な人であつても其金を返さねばならぬから、幾分か政治上の事を其人に委さねばならぬ様になつて、詰り、地方官に對する寄生蟲の意思に依て支那の政治が左右される事になつた。又、地方官といふものは、其時は、既に國民から云へば、一種の官吏商賣といふ寄生蟲であつた。隋以前の自治制の時は、鄕官と地方官と相竝んで政治をして居たから、地方官は地方人民の利害を無視する事は出來ないが、地方官が渡り物になつたならば、自分の在任中之を無事に過せばよいといふ考になつて、地方民の利害を眼中に置かず、唯自分の都合をのみ圖るといふ事になる。そこで、官吏といふものは、人民に對して政府の名目を笠に着て生活をする一種の寄生蟲の様なものに、隋唐の時代からなつて居るのである。其處へ、更に今申す様な寄生蟲が出來て、地方官の施政を横合から支配する事になつたのであります。支那では、昔から幕賓といふものがやかましい。今日民國になつても、矢張り幕賓政治でありますが、宋以來さういふものが出來て、其等が皆幕賓になる。此の幕賓といふものは、政府から任命された官吏でないから、大官は勝手に私の書記として使ふ事が出來るのである。そこで、郡守でも知縣でも、皆此の幕賓を持つて居るのである。一體支那では總ての官吏を六部に分ちますが、其内で第一に重要なのは租税に關するもので、之に次では刑獄に關係した事でありますが、兎も角六部に分ける。そこで地方官も官房を六房に分け、若くは之を合併して三房に分ける。さうして其の各房に幕賓が控へて居て、それが實際の政務を執るのである。是は、地方に依ては、幕賓といふものが地方に固着した所もあり、或は又其の知縣なり郡守なりが借金の關係から幕賓を連れて行くのもあるが、要するに、六房なり三房なりの各房に幕賓が居て、其の幕賓が實際の政治を執る。尙甚しきに至つては、門番が政治を左右する。支那の門番といふものは非常な權力があつて、何かの要務を以て長官に面會しやうとしても、之を許すと否とは門番の手心に在るから、動もすると門番政治になる事がある。詰る所、官吏が有つても、其の官吏が餘程聰明な人でないと、自己の意見で政治をするのでなく、總て幕賓政治、門番政治になつて仕舞ふといふ組織である。今日の民國になつても、其の實情を見ると、矢張り徐世昌が大總統だとか、唐紹儀が南方の首領だとか云ひますけれども、彼等は皆自分の意見に依てのみ動くのではなく、殊に各省督軍などの大多數は、皆其の幕賓の意見に依て動いて居るのです。支那では、兎角良い幕賓を澤山持つて居る人が偉い人であつて、近代有名な曾國藩の如きも、多數の良い幕賓を持つて居たもので、其の幕賓は或は政治に通じて居り、或は又字を美しく書くとか、文章が上手だとか、世間に交際して其の主人の評判を好く立てる事が出來たらよい。支那の政治は實際の政治でなく評判政治である。日本も近來評判政治が流行して來て、新總督が朝鮮に赴任する時には、先づ大阪で新聞記者を御馳走するといふ風に、任地に於て善政を施すといふ事よりは先づ評判の方に苦心する。何處でも政治が末になると、さういふ風になつて來るのであります。支那の事例を見ても分ることで、世界各國皆斯ういふ風にして亡びるのであるといふ豫言が出來ると思ひます。要するに、支那の政治は寄生蟲に依て行はれる。併し、それでも天災地變が無くて、大泥棒が起つて政治組織を打破る樣な事さへ無ければ、弊害の内にもそれ相當の秩序が保たれて行くのであります。それに就て一つ面白い事實がありますが、それは官吏の仲間に「ローキ」と云ふものがあつて、それで政治が維持されて居たのです。是は政府の本當の服務規律でなく、私の規則で、或は陋規と書き或は漏規とも書きます。支那人は兩方の文字を書きますが、一方は「いやしい」と云ふ意味であるし、一方は「もれる」と云ふ意味で、何れにしても好い意味ではない。人民から租稅を取立てる時に、此郡から一萬圓なら一萬圓といふ定めがあるのに、其れ以上二萬圓も三萬圓も取立てゝ、上は郡の太守から下は幕賓にまで、各々分配すると云ふ内規であるから、之を陋規と云ふのは卽ち陋劣の意味である。又其分配する金は、政府の收入の内から漏れる譯であるから、漏規と云ふても然るべきでありませう。兎に角、さういふ事が一般に行はれて居たのであります。其他、支那では、色々の官吏が就職する時には、中央政府の大官にそれ〴〵進物をする。それが近年になつては、遂に西太后自身が其の進物を取つて官吏を採用したといふ様な事もあつて、遂に天子も大臣も皆此の陋規に依て動いて居たといふ様な有様である。そこで、此の陋規といふものにも、自然に一の秩序が出來て來た。數年前に物故した王闓運《おうがいうん》といふ湖南の學者が、之に就て書いた面白い事がある。それは、同光、咸豐の間に、穆彰阿《ムジャンガ》といふ賄賂取を以て有名な大臣があつた。所が或る時、低級の官吏が此人の所へ進物を持つて來た。然るに、それが餘程多かつたと見えて、其の賄賂取先生が「お前の身分では斯う澤山持つて來るべきでない。身分相應に持つて來い」と云ふて受けなかつたといふ事で、王闓運も、昔は有名な賄賂取の大臣でも矢張り鷹揚な所があつた、進物を取るにも相當の程度があつたと云ふて居ります。さういふ風に、世の中が長く泰平が續いたので、陋規の間にも自然に一の秩序が出來て居た位であります。それで清朝などの大體の政治は、眞に政府の政務の執る機關として動いて居つたのではなく、此の陋規に依て動いて居つたのであります。所が今日は何うかといふと、民國になつてからは、此の陋規の中の秩序を破壞して仕舞つた。今日では、陋規といふ様な物を取るべきものだといふ様な事は何人も考へて居らぬ。新時代の官吏は、誰でも陋規は取るべからざるものであるといふ事を考へて居るのである。其代りに、又取るべからざる物を取る以上は、毒喰はゞ皿まで、幾らでも取れるだけ取つた方がよいといふ考になつたので、陋規に秩序は無い。取る奴は限りなく取る。さうして正直な奴は貧乏して居る。さういふ次第で、今日は、實に過渡期の時代で、長い間支那の惡政を、兎も角も維持して居た所の陋規をさへも打破して仕舞つて居るのである。之が今日の支那の寄生蟲組織の政治である。此の政治組織の結果として、總て政治機關といふものは賴むに足らぬものだといふ感じを支那人に起させたのであります。それで、支那の社會組織の上に家族制の發達した事、協同の發達した事、朋友關係の發達した事は、言はゞ此の惡政の結果である。第一、家族制度の發達は、支那では中々盛んなもので、日本でも、文部省などは頻に家族制度といふ事を云ひますけれども、日本はさうでない。日本は、元來長子相續で、次男三男は財產を分けて貰ふ權利が無かつた。何れかと云ふと富を一家の内の或る部分に集めて仕舞ふといふ制度であるが、支那はさうでない。尤も昔はさうであつたが、後には、天子の家も段々人數が殖えて來る様になつて、明などは太祖から亡びるまでの間には、皇族が數萬人になつた。清朝でも、今日は何れ位あるか知りませぬが、清朝が北京に入つてから同光年間まで七、八十年間に、宗室が三萬人位になつて居る。系圖を持つて皇族籍に附いて居る者だけでもそれだけ有るのであります。所が漢の制度は、長子相續で其家の家長だけが皇族の資格を持つて居て、二男三男以下は唯皇族といふ名義を持つて、租税を納めないと、政府の課する力役に服するといふ義務を免ぜられて居るのみで、其の生活は皇族から保護されて居なかつたのでありますが、後世になつて次第に天子も皇族に厚くなり、又民間の狀態も自分の家族に厚くなつて、皆其の家には族譜といふ系圖を持つことになつた。それは親族であつて、之に對しては扶助の義務を持つて居るのでありまず。それから、親が死んだ時に子が三人あれば、三人とも平等に財產を分けて貰ふ權利がある。但し親の遺言といふ樣な事もありますけれども、大體に於ては平等に分ける事になつて居る。さういふ風に家族の扶助といふ事がやかましくなつて來た。支那でも、滿洲の樣に植民で出來上つた土地は格別でありますが、福建などの樣に、谷合々々に家の出來た土地で、昔から家族の移動の無かつた所は、今日でも家族の勢力は非常なもので、甲の家族と乙の家族との間に戰爭の樣な喧嘩の起る事さへ有る。兎も角、支那全體としては、家族といふものは非常な力を持つて居るのであつて、之が支那人民の第一の自衞策であります。其他は、鄉里を保護するといふ自衞、是は、例へば其處に大きな數家族が有ると、其れが協同して義金を出して橋を架けるとか、或は孤兒を養ふとか、病人を養ふとか云ふ樣な、凡ゆる慈善事業を鄉里の內で協同して經營して居る。それが段々に經濟的に商賣の上にも及ぼして發達して來、又官吏などでも、文官試驗を受ける時には皆北京に出掛けて行きますが、其時に始めて北京へ行つてまごつかない樣に、各々地方々々で會館といふものを作つて其處へ宿泊する。商賣人の方でも、神戶などにも在る樣に、廣東會館、寧波會館、福州會館といふ樣なものがそれ〴〵の土地に出來て居て、其處へ行つて世話を受けるやうになつて居る。是は詰り政府といふ大きな監督者の賴むべき者が無いから、支那人の自衞策としてやつたものであります。支那が、屢々大きな變亂を經るけれども、兎も角其の社會組織は、今日の露西亞の樣に非常に混亂した無秩序にならぬのは、其れが爲であります。又官吏などは中々朋友に厚い支那人は、往々にして朋友といふ語を亂用する樣であるが、此の朋友といふ事は、實際、支那では非常に大切な事で、官吏の仲間では同年に文官試驗を受けた者は、皆之を「同年」と云ふて、一生之を扶助する義務がある。勿論、法律上ではないが、社會の德義上「同年」は扶助の義務がある。又其時試驗をして吳れた人は、其人の敎へを受けた者でなくても之を師と仰ぐ義務があつて、之を座師と稱して色々遣ひ物をする義務がある。それで、師友に對しては非常に義務がある事になつて居る。但しそれが支那の社會を維持して居るのであつて、今日政治上に大變な混亂が起つて居ても極端なる無秩序にならぬのは、之が爲である。併し、それも近年段々危險に瀕して來て居るやうである。第一に家族制度を破らんとして居る。是は、外國の教育の影響で、現に日本へ留學した者にしても、日本の都會には家族制といふものが十分に發達して居らぬ、都會は概して個人主義になつて居るから、其れを見て支那に比較すると極めて開放的であるから、それを非常に羨しく思つて、何うしても支那の家族制を破らねば偉い人物は出ないと考へて居る。今日、支那の政治上、社會上に盡力して居る所の相當の人物でもさういふ考を持つて居る。殊に近來、歐米の教育、就中《なかんずく》米國教育、此教育の結果が段々盛んになると、是は確に支那の家族制に影響して來る。尤も前申した中で、朋友とか何んとかいふ樣な組織は、是は世界的の方で、其方は寧ろ米國流の教育が入つて來て、却て善く發達するかも知れないが、家族制度は、亞米利加教育が盛んになれば、必ず變化を受けるといふ事は、今から豫言して置くことが出來ます。併し、支那でも、此點に就て餘程憂慮して居る人もありますが、今の所では、未だ甚だしい事はない樣であります。實は支那は長い歷史の結果、今日まで殘つて居るのは、家族、鄕土、朋友此の三つの組織のみであるが、之が新教育に依つて其の根柢を覆されたならば支那は何ういふ風になるか、今日は殆ど豫想が附かない。其處が支那民族の全く滅亡する時期かも知れませぬが、今日に於ては、之を維持するといふ努力は、今の支那政治家には望まれないといふて宜しい。さういふ次第で、支那の政治組織は大體に於て寄生蟲政治である。是は何うしても今日で支那を滅亡に導くより外はないのであります。尤も支那が世界列國の仲間に入らず、單に一國として東洋の大陸を占めて居て、外國と關係ない時代に於ては、陋規でも宜しい。弊害の有る内にもそれ相當の秩序を維持して居た。さうして支那の理想的專制政治が行はれて行つたのである。支那は、實に專制の方法に於ては凡ゆる方法を盡して居たのである。支那では天子獨りが責任を負ふて、天子以外は、何の官吏でも、自分の職務に對して責任を持つ官吏は無い。其の說明をすると長くなるから略しますが、大體を言ふと、官吏は皆天子の命令に依て動いている者で、天子の命令次第では何時でも其權力を取上げられる。自分の權力といふものは毫も無い。殊に又天子は、其の官吏が私を營み勢力を張ることを恐れて、凡て隱し目附政治を行つて居た。さうして、近代では、宰相といふ樣な、天子の政治の全責任を負ふ所の人は淸朝まで無かつた。それで天子の下に各省大臣があつて、此の大臣は、皆銘々自分の省務を統轄して居るだけで政治の全責任を帶びた者は無い。全體の事務を統轄して居る者は内閣大學士といふ者があつたが、是は畢竟天子の祕書官で、天子の爲に詔勅を書いて命令を下し、或は上奏などの批判を下す時の代筆をする職務で、詰り天子の祕書官である。政治の全責任を帶びた宰相といふ樣な者は無い。それだから、文部省なら文部省で淸朝の制度では其の長官が一人でない。滿洲人と支那人と二人あつて、何れも全責任を持つて居らぬ。さうして、其上に行政府の彈劾官があつて彈劾する。天子が氣に喰はぬ大臣があつて其れを退けやうと思ふ時には、其の彈劾官たる御史を敎唆して彈劾さして之を退ける。さういふ風であつて、自分で政治上の責任を帶びたる者はなく、天子一人が責任者である。若し國が亡びたら、天子が其の責任を帶びるより外仕方がない。是は、一國を統一すると云ふ上に於ては、理想の方法である。馬鹿でも何んでも中央に居つて一人で權力を握つて居つたら、其他の者は皆天子の思ふ儘に左右される。天子一人に生殺與奪の權が有るのだから、此の位理想の專制政治はない。それだから、若し外國關係がなく、一國で立つて居れば之が一番治めよい政治である。所が外國關係があるとさうはいかない。佛蘭西などは、一時は專制政治が發達した事もあるが、支那の樣に完全な理想的專制政治ではなかつた。殊に近來は、國民の努力、國民の發展に依て國が榮へて居る。それで皆國民的に段々發展して來るのであつて、支那の樣に、國民は天子の奴隷で天子一人が全責任を帶びて居る國はない。それだから、國民としての弱味は非常である。其點からして支那の今日までの歷史は、支那の秩序を維持する上に大變力があつたが、弊害はあつても、兎も角秩序を保つ上に力があつたが、今日以後は之に依て維持する事が出來ないのであります。然らば、支那の國民は、今日から激勵して國民的運動に依て復活するかといふと、今日では事實上それも當分見込がない。近來共和民國になつて色々政治上日本の自治制の飜譯をして其儘實行したりして見たが、其結果が面白い。一體支那では、近來何んでも西洋のものが善いといふので、海軍でも陸軍でも其他政治機關でも之に倣つてやつて見るが、それは從來のものを悉く解散して無くして仕舞つて、新に組織するといふやり方でなく、昔から有る所の政治機關なら政治機關は其儘存續して、新しく出來る機關は更に別の費用を出して拵へて二重にも三重にもなるといふ風である。自治制などもさうで、從來支那の政治は、家族、鄕土、朋友、兎も角惡政の結果としても、自衞策としても、それが組織されて居つたのであるが、自治制が出來ると、新に出來た自治制に依て生活する人間が出來る。さうして、從來の制度で飯を食つて居た者も矢張り其儘であるからして、詰り寄生蟲の種類が一つ殖えた譯である。今日は共和國になつたので、段々新しい組織が出來て、寄生蟲の種類が多くなるので、從つて寄生蟲の取分に秩序が無くなつて、陋規などに就ても無秩序になつたと云ふより外何等の得る所もないのであります。それであるから、支那人に依て支那を支配して改革して行くと云ふ事は、殆ど生命が盡きて居ると云ふて宜しい。私共は、日本人の中でも支那人を可なり買ひ被つて、支那は支那人に依て支配しなければいかぬ。日本が干渉するのは善くないといふ事を云ふ人があるのを見る。新聞なども、往々にしてさういふ説を唱へるやうであるが、それは支那といふ老衰國の實狀を知らない人の言で、何れかと云ふと、支那は今日では凡ゆる政治機關を自己に依て組織し、自己に依て運用して行くといふ事は見込が無い。寧ろ政治上の公德心を持つて居る西洋人なり日本人なりに政治機關を託した方が、支那人に取つて安全でもあり利益でもある。といふ事は支那人自身も十分知つて居る。其の證據には、警察が有つても自分の國の警察を信じないで居留地の警察に信頼する。自分の國の政府の組織した軍隊、警察を信じないで、却て外國人の組織したものを信ずる。詰り支那人は、支那人自身に依て支那を支配するといふ見込は既に絶えて仕舞つて居る。それが今日の實情である。經濟上より見ても同樣で、一方から云へば、支那は天惠に富んで居るが、其の天惠の爲に農業なども極く簡單に出來て、それに依て既に發達すべき程度には發達して仕舞つて居る。さうして、其れ以上は、今日では其の天然に因る弊害のみが殘つて居る。それから、貨幣の不信用なども餘程古い事であつて、貨幣の贋造の多かつたといふのは、民政の最も盛んであつた漢代の初期である。即ち、今より二千百年の昔から貨幣の贋造が盛んに行はれて居つた。經濟上の弊害に就ても、さういふ古い歴史を持つて居るのであります。私は近頃、朝日新聞に支那の經濟上の革命といふ事を少しばかり書きましたから、あれを御覽下さつたお方は、支那の通貨の現在が何ういふ風になつて居るかといふ事がお分りになるであらうと思ひます。詰り支那の貨幣といふものは、政府がアテにならないといふ事からして、今日の狀態になつて來たのでありす。それが、即ち一方に於ては天惠の中毒、一方に於ては惡政に對する自衞策の結果、此の二つの關係から今日の狀態を來したのであります。

今天惠の中毒といふ事に就て申しますと、一體何處の國でも、古い文明國は皆天然の惠に由て發達したもので、埃及《エジプト》でも早い年代に文明に進んで居る。印度もさうである。是等は皆天然の惠によつたものであるが、さういふ國は一時は盛んに發達するが、其代りには皆天惠の中毒に依て衰亡を來す。それで支那の如きも早く衰亡を來す運命に在るのです。殊に支那は天然の惠があるが、埃及、印度とは趣を異にして、地理上の關係で、熱帶から溫帶に掛けての地方のみが色々天產物の種類が異つて居る。是が餘程支那の經濟を複雜ならしめて居る。卽ち支那が經濟上發達するに從つて、其處に現れて來た現象は何うかと云ふと、好んで遠方の物を用ゐる、好んで珍らしい產物、異つた產物を用ゐる事になつた。是が、支那特有の現象である。勿論、何處の國でも多少さういふ傾きはあるが、支那は最も甚だしい。一體、經濟の發達は、今日はデモクラシーの時代か何うか知りませぬが、昔は決してデモクラシーに依て發達したものでない。一時英吉利あたりで、經濟は一般に多數人民の自由から發達するものと考へた學者もあつたが、實際は決してさうでない。少數者、卽ち富者とか貴族とか云ふ樣な者の贅澤から發達したものである。それには支那が好い適例である。卽ち漢などの如く、國が統一されて大國になつて來ると、益々其の贅澤が增長して來て、段々遠方から珍らしい物を取寄せたくなつて來る。それが支那の特有なる經濟事情の根本である。其の遠方の物を取寄せたいといふ事は、一面地方特產物の奬勵になる。是は、支那の如き地理上の關係あり、天然の惠の有る國でないといかぬ。卽ち一面に於ては、特產物を出すだけの天然の力がある事と、一面には地理上交通の便のある事とである。御承知の如く、支那は北方に向つては車の通らぬ所はない。日本の如く、箱根八里とか碓氷峠とかいふ樣なものを越さねば江戸と京阪との大都會の間の聯絡が取れぬといふ樣な不便は、支那にはない。北方は到る處大きな車の交通の出來る樣な平地である。又南方は非常に水路の便がよい。さういふ關係から、遠物を取寄せるには大變都合が好い。それで、一部分の或る特產物を持つて居る地方に對して、競爭的に、產物の貧弱な地方に於て國產奬勵をするといふ事は殆ど不可能である。日本ならば、西陣なら西陣で織物が發達して居た時代でも、桐生、足利で之を奬勵すれば出來る。米澤の如き山の中でも、又其處で發達する事が出來るが、斯ういふ事が支那では出來難い。交通が便宜で、天然の惠のある地方があると、それが他の產業を壓倒して、其の特產物で全國を橫領して仕舞ふ。それで、支那では、物を賣つて居る店では、必ず其の商品の頭に產地の地名を冠せて居る。蘇江の織物、四川、雲南の藥劑とか、或は滿洲人蔘とかいふ樣に、それ〴〵特產物の勢力は非常なものである。そこで是が一方に於ては工業の發達を阻害するといふ結果になる。それで、支那人は毛織物を着るといふ事は、是は下等のものと考へて居る。毛織物を着るよりは毛皮を着る。天產物の優秀なものを着るのが上等の人間である。そこで贅澤なのになると、狐の裘《かわごろも》を作るにも一枚の皮の中の最も良い部分だけを取つて作るからして、一枚の着物を作るに毛皮を八百枚も千枚も集めて、其の良い部分だけを取つて繼合せて作るといふ樣なのがある。兎に角、地方の特產物を精撰して使ふ。殊に好んで天然の產物を精撰して使ふ。さうして天然の產物は豐富で、之を使用する樣な階級の人の需用に應ずるだけの資源がある。是が支那工業を阻害した重大な點でありますが、支那人は其處に氣が着かぬ。私が支那人に向つて、今日支那の工業の興り難いのは、此の天然の恩恵から來たのであると云ふても、何うも合點がいかない様な風である。併し、何うしても支那の工業の興らないのは、此の天然の恵と地理上の關係とが原因を爲して居る。之が支那の特別の所であつて、今日世界の工業的競争に於て支那人が非常な弱點を持つて居るのであります。詰り、一方に於ては或る地方の天産物、若くは特産物を遠方に運ぶといふ上に於ては大に便宜を得て居るが、一方に於てはそれが又弊害を爲して居るのであります。朝日新聞に書いた「經濟上の革命」にも述べて置きました通り、支那の經濟上には貨幣制度が大に影響を及ぼして居る。支那の貨幣といふものは各地方皆値段を異にして居る。さうして、各地方で非常に貨幣の本位が違つて居る所から、兩替屋といふ一種の商賣を發達せしめた。兩替と爲替とが非常に發達して居る。是は、或る點までは文明の機關の組織もない支那の經濟を今日まで發達せしめた有力な原因でありますが、併し、今日の如く新しい組織になつて、世界共通の組織でなければならぬ時になつては、此の爲替や兩替の過度に發達して居るのは、支那の經濟組織の改革上却て弊害であるといふ事を書いて置いたのであります。それから、貨幣以外、産物の經濟上に一種特別の現象が現れて居るのは、前にも申す通り、交通が便な爲に天産物其他の特産物を遠方に送りますが、其の爲に商賣人の階級を非常に有力ならしめて居る。商賣人の階級は何うしても皆各地方を渡り歩くものである。各地方を渡り歩く者は、支那の如く政治上の監督の行届かない國では、何か他に頼るべきものが無くてはならぬ。そこで各地方に會館、即ち同郷人から組織された組合の様な物が發達する。漢口などにも幫《パン》と稱する商業組合があり、廣東でも行《ホン》といふ組合が出來て居る。それは詰り同郷の勢力に依て商業を獨占しやうといふ意味で出來たもので、其の發達に依て、遠物を各地方に擴げる。さうして、計算も其の組合の力に依てするといふ風になつた。併し、それは今日までは其れに依て支那が發達して來たのである。日本でも、封建時代には、さういふものに依て發達して來たもので、座の研究とか問屋の研究とかいふ様な事をやつて見るとそれが分る。或る時代、即ち經濟發達の過渡期には、さういふ組織に依て發達して來るのである。併し、今日の如く、經濟事情が非常に發達して其處でも此處でも資本と勞働との問題が論議せられる様になり、世界共通の經濟になつて來て、一方に於ては、天産物を其儘用ゐるのは原始的である非文明であるとして、加工品を貴ぶ世の中になつて居る。それから貨幣の如きも、成るべく國境なしに流通すると云ふ事が、貨幣の根本の理屈になつて居る。又商賣でも、特別の商業組合などに依て獨占されずに、生産者は成るべく早く、成るべく便宜に、成るべく廉價に之を消費者の手に渡すといふ様に段々經濟が發達して來て居る。斯ういふ世の中になつて來ては、何うも不適當である。支那のは、其の生產物を消費者に渡す上において、經濟上或る一種の寄生蟲が出來て居る。卽ち共同組織とか、組合組織とか、爲替屋とか、兩替屋とか云ふ様な一種經濟上の寄生蟲に依て勢力を占められて居るから、其の寄生蟲が滅びるまで支那の經濟が維持されるか或は全滅するか、今日では何うも見込が立たない。支那人は、政府といふ様な監督者があつても、それは信用しない。總て何んでも自分の國のものを信用しない様に段々傾いて來て居るのであるから、此の場合、支那人に依て支那の經濟が改革されるか何うかと云ふ事になると、恐らく是は絕無であらうと思ふ。勿論今日と雖も、商賣の取引は支那人の間に固い習慣があつて、それに依て行はれて居りますけれども、金が剩つた時に其金を銀行に預けるといふ事になると、支那の銀行に預けるか、日本、若くは西洋の銀行に預けるかと云へば、支那の銀行に預ける者はない。必ず日本の銀行か西洋の銀行に持つて行くのである。さういふ次第で、詰り從來の支那の經濟組織の畸形的發達が將來支那の經濟發達を邪魔するやうになつて居る。卽ち支那は、政治上のみならず經濟上に於ても、寄生蟲的發達をして居るのでありま す。其の爲に、今日では支那は舊式の經濟が滅亡に瀕すると同時に、支那人の經濟が根本から滅亡するかも知れない。そこで、是は政治と同く經濟も亦外國人に依て其の組織を變更せぬと、支那人に依て改革する事は出來ぬと思ふ。政治も經濟も寄生蟲組織であつて、其の結果として矢張り兩者共に殆ど滅亡に瀕して居る。倂し、其の爲に支那民族が滅亡するかと云ふと私はさうは信じない。民族としては、支那人は餘程粘り強い力の有るものと思ふ。凡そ世界の古國で、數千年の間初からの文明を維持して同じ民族が其儘相續して居る國はない。埃及でも希臘でもあの通りである。印度の如きも、或る部分には昔の民族が殘つて居りますけれども、今日印度で活動して居る大部分の人間は、お釋迦さんの時代に印度の文明を造つた人民ではない。然るに、支那は之に反して、多少蒙古人が入つたり滿洲人が入つたりしたけれども、大部分は、矢張り舊來の支那人が其文明を維持して居る。何千年といふ長い間維持して居るが、文明といふ點に於ては、非常に粘り強い潛勢力を持つて居ると私は信ずる。此の支那人の文明の味は、日本人でも中々に了解出來ぬ位だから、西洋人などでは猶更むつかしい。支那人は長い間の文明を持つて居るから、其の文明が歷史的に出來て居る。私は、今日支那人の持つて居る文明の中で文學、美術といふ様なものは、十分生命があらうと思ふ。是も何處まで有るかといふ事は疑問であるが、現在に於ては容易に滅びるものとは見えない。さうして天然の惠があつて、文學上、美術上の材料も豐富である。

それから又偉大なる天才の多い國で、時々天才が現はれて來る。日本などの様に努力に依て出來た國は、努力に依て出來上つた人物が多い。從つて努力を離れた天才は甚だ出來にくい。又日本ではさういふ者が出來ると、多くは諸方から努力に依て之を敲《たた》き潰ぶして仕舞ふ。日本といふ國は、天才を敲《たた》き潰ぶして發達させない國であるが、支那は天才を尊ぶ國で、何處までもそれを伸びさすのである。故に文學と美術はまだ〳〵生命があるに相違ない。さうして、支那の文學美術の特色は、歴史的であるといふ點にある。「韓退之の文章、杜子美の詩は、一字の來歴無きは莫し」と云はれた位で、一字一句總て來歴典故の無いものはないと云ふのが、支那の文學の特色であります。美術もさうであるし、又天然物の優れたのを有つて居る。それで、歴史的の點から云ふと、支那の文學、美術は、我々の如く色々な意匠に依て編出されたといふものでなく、茶人の喜ぶやうな古い切布を繼合せて一つの袋を作つたといふ様なものである。是が支那の文學の特色で、さういふ贅澤な作り方をする資格の有るのは、支那の様な古い文明を持つた國でなければ無い。文學でも、美術でも、此點は非常に著れて居ります。それで支那の文學美術の特色を知らんとするには、何うしても歴史的の關係を知らなければなりませぬ。で是れは、急に滅亡する様な事は無からうと思ひます。思ふに支那人は、今日さういふ方面に自己の存在を託して居るのではないか。それだから、政治經濟の點に就ては、私は支那には絶望で大に悲觀論であるけれども、支那の文明の將來には尙ほ餘程見込を持つて居るので御座います。

以上は、極く大ザッパな考を一通り申上げて見たのであります。是が、今日支那に關係の實務に當つて居らるゝ方々の爲に御參考になる事か何うか知りませぬが、併し私の申上げる事としては、斯ういふ方面の事を申した方が適當と思つてお話いたした次第で御座います。

『大正日日新聞』　大正9年12月30日

支那統一前の途

由來、支那の政界は、革命、簒奪相繼ぎ、混沌として其の歸結を推測するに苦しむものあり。今强ひて現在に於ける支那の政治的分野を區劃せんとならば、北方派、南方派及び段派の三派鼎立しつゝありと云ふ事を得べし。然れども、其間各派の勢力に消長隆替あるを以て、國内の政治的分野も動搖し、常に一定する所なし。

北方派に屬するものゝうちにも、所謂直隷派と稱すべきものと、滿蒙各省の如く張作霖の勢力下にあるものとの區別あれども、大體に於て直隷、江西、河南及び江蘇等の諸省は、從來より純粹の直隷派と稱すべきものにして、湖北、山東竝に山西は、今日の所、其の歸屬極めて曖昧なり。而して湖南に於ては目下省内混亂の最中なるが故に、何れの政派に屬すべきか、未だ輕々に豫斷し難き事情ありと雖も、廣西は目下著しく北方側に傾きつつあるは事實なりと謂ふべし。次に、段派は其の首領たる段祺瑞を失ひたる以來、多少形勢の衰退を來したる傾向あるにも拘らず、猶福建を始め、浙江、四川及び陝西の諸地方に牢乎として拔くべからざる中心勢力を有し居り、江蘇省の内に在りても、上海の如きは從來より段派の勢力圏なりしなり。

最後に、貴州は元來雲南と同一の步調を取り來りたる關係上、雲南が四川に敗れて省内に退却挫折すると同時に、著しく消極化したりと雖も、現在廣東軍政府の直接勢力範圍に屬する純粹の南方派としては、右の二省を擧げざるべからず。廣東軍政府の組織は、舊臘《きゅうろう》來着々進捗し來りたるが、然らば北京政府に果して具體的の對南方政策ありやと云ふに、各省中北京政府の命令に對し易々諾々《いいだくだく》之れを奉ずるもの極めて僅少なる現在の狀態より見て、何等の手段方法もなしと斷言するに憚らず。況んや武力を用ひ得ざるに於てをや。假令武力を用ひて解決を促さんとするも、そは却つて北京政府に取り自繩自縛たるの觀あるを免れず。徐總統も「予は全然武力を用ふるの意思なし、若し何人か武力に據つて解決せんとするものあらば、予は潔く辭任して予の不德を詫《わ》びんのみ」と聲明せる程にて、南北和平、民國統一に對する徹底的の方策を考慮するよりは、彼等自身の勢力を鞏固ならしめんと欲して小心翼々たるの有樣なり。

昨冬發布せられたる國會議員選擧令の如きも、實は政略上の驅引に外ならずして、南北が完全に統一されたる曉《あかつき》ならでは決して選擧を施行し得ざるは、火を睹《み》るよりも明かなる所なり。彼の外國より借款を得るの口實として軍政府再組織以前に宣布されたる徐總統の南北統一令と同じく、何等かの爲にせんとする一の權謀術數にして、結局空文たるを免れざるべし。更に廣東軍政府は北京政府に對し速に軍閥を驅除し、借款を止め、虛僞の統一令を取消し、正當の解決を得て民意に副ふべしとの宣言書を送附せりと雖も、軍政府夫れ自身に於て、何等徹底したる對北策なるものあるなし。軍政府は、決して永久の分裂對立を希望し居るものにあらざるべけれど、統一に關しては、自派に都合よき條件を以てするに非ざれば全然これに應ずる事なく、南北兩派の意思は、統一よりも寧ろ統一後如何にして自己が高地位を占むるかに腐心しつつあるなり。從つて統一は、全然問題外として、當分の間、南北兩派の睨《にら》み合ひは依然繼續するものと觀測さる。張作霖は、嘗て北京政府に對し南方討伐策を建議せりと雖も、彼自身にすら對南策と言ふべき何等の手段もなく、要するに、張作霖の態度は、寧ろ北京に於て己れ自ら果して能く強大なる勢力を獲得し得るや否やの問題あるを以て、南北の統一に關しても、第三者の立場にありて日和見《ひよりみ》の姿にあり、國民の休戚を慮《おもんはか》りて自ら居中調停の勞を執らんとするが如き事なかるべく、縱令《たとい》張作霖が此の擧に出でんとするも、四圍の事情は、彼をして功名を得しむるには餘りに惡化し居るなり。

元來、支那の政治家は、徒らに自己の勢力を扶殖するに汲々として、敢て民意に投ぜんとするの意思なく、一言にして之れを掩へば、唯徒らに空騒ぎ□□□□を其の職業と思惟する□□□□□にて孫文等一派が民主主義を主張し、人材を容れて軍政府の組織を改善し、廣東をして模範省たらしめ、而して漸次其の護法各省に及ぼし、以て武力を用ひずして中華全土を統一の機運に導かんと聲明せるも、單に彼等一派の所謂民生主義を以て統一の實を擧げんとするは、全く至難の業たると共に、一般に支那國民の政治的思想が其の改革に副ふべく向上し居らざる以上、現在の支那政局の難關を收拾する政策としては、此れ又空名たるの譏《そしり》を免れない。孫文を推して廣東軍政府の首腦者となすは、現在南方派として至當の措置なるべく、孫文の勢力も往時に比し甚だ衰へたりと雖も、今の所、廣東軍政府を主宰すべき人材としては、先づ彼を措いて他に求め得ざるべし。

以上を約言すれば、南方派に於ても、將來完全なる統一を見る迄の道程として、兎も角も廣東軍政府を再組織して、北方派に對立を宣言するにあらざれば、直《ただち》に自派の政治的立場を失ふべく、南北兩派の上に超越して實際的勢力を振ひ得るだけの爲政家を見出し得ざる今日の支那に於ては、南北兩派の和平統一も亦甚だ前途遼遠なりと言はざるべからず。

『繪畫清談』第九巻第十二月号　大正10年12月1日

南畫の話
日本南畫書院展覽會出品を審査して〔談〕

南畫院展覽會出品者には種々の人がある。其の中には南畫の趣味に從つて稽古した人で、從來の南畫に慊《あきた》らず其處に趣味を以て自己の創意を書き出さうとしたものがある。之に反して南畫の型通りを踏襲して其の型が如何にして出來たかの由來をも知らず、意義無く墮落した手法に囚はれて畫いたものが案外多く、それらは全部選に漏れた。また從來南畫を描いたことはないが、四條派より入り、文展や帝展や國展風のものを種々試みても、猶其れに滿足せず、最後に南畫の趣味の勝れて居ることに感じて、これに心がけた人々の畫があつたが、其れらの人々は、多くはコロタイプ上の修業である。

しかし、コロタイプを通じても、南畫の本當の意味を多少味ひ得る力があつてそして描いたものと、味ひ得る力なくして、單にコロタイプに現はれて居る形式に墮して描いたものとあつて、コロタイプ型の繪が隨分たくさんにあつたが、其れらは主として清初の龔賢《きょうけん》の模倣が多かつたので、全部落選だつた。

　また從來四條派等の正統の繪を描いたけれども、滿足せずして、直に南畫の墨畫には入り難いところから支那で云へば院體の繪のやうなものを描き、直に着色することに骨を折つたものがあつたが斯ういふ畫は多くは努力が見え、而して寫生であつても、從來の日本式の田舍鄙《いなかび》た風を脫却しつゝあるので、大に有望である。

　大體から云ふと南畫の畠から出た人と、南畫の畠以外から出て趣味を南畫に有つた人と二樣あつて、南畫の畠から出た人は因襲に甘んぜず意氣ある人のが入選し、畠以外の人は南畫の眞の意味を理解する頭腦の鋭い點の表現せられて居るものが選ばれた。入選の點數は少いが、非常なる缺點のあるものは少いと思ふ。尤も自分一個から云へば可なり思はしからぬものも入選して居るけれども自分一個の鑑査ではないから其點は餘儀なき次第である。

　大體支那の南畫と云ふものは、永い年月を經て種々變遷をして居るから、其の間には絶えず新しい試みがあつて、今日、日本の畫家等が新しい試みと思ふやうなことは一向新しくないことが多い。今度の入選畫の中でも、新しい試みと思つてやつたらしい畫もあるけれども自分等から見ると其れは毫も新しく感じない。入選した意味も無論新しいからと云ふのではない。新しい試みは支那に於ても其れが藝術的の意義に適ふものと然らざるものと出て來るので、藝術的意義に適合するものが後に遺るやうになるのである。南畫院に於ても選擇の方針は藝術的に合するや否やから考査したのであるから、入選者が新しい試みをやつたから採られたのであると思ふのは見當違ひであり、入選畫の中には從來の支那の畫から見て新しいと感じたものはなかつたと云つても宜い。自分の考へでは兎も角畫家として展覽會に自己の作品を出さうと云ふ人は、其の畫の中に個性の表現されて居るものでなくてはならぬと思ふ。當選畫の中に一、二他人の模倣を專らにして、殆ど自己と云ふものを有たざるものゝあるのは遺憾に思ふ。然し斯ういふものは將來は減じると思ふ。

　枝葉に亙ることであるけれども、從來我國で南畫を描くものは、動もすれば是非讃なければならぬと心得て、拙劣なる詩や書を以て畫面を汚したのをよく見かけたが、斯かる弊習は殆ど脫却したやうであるのは悅ばしい。一時支那の吳昌碩の畫風などが痛く人氣があつて、其れほどの手腕もなくして強て其れを模倣したがる傾きがあつたが、其の弊風も割合に見えないやうである。たゞ南畫だからとて强ひて生紙《せいし》を用ひねばならぬと思つて、筆墨の調和をも考へず、無暗に生紙を好む風のあるのは餘程考へものである。

大正11年2月

支那の古錢及金石に就て※〔述〕

『貨幣』第三五号

昨今両日、御主人が今度發掘せられた、和銅錢型を専門の方々に、或ひは一般の好事家にお見せになりますに就て、私にも御案内を受けまして、序に何か話をするやうにとの事、併し私は古泉のことは一向不案内で御座いまして、實は御辭退を致したのであります。今日のやうな専門家のお集まりでは、私は何を申上げてよいか分らないのであります。で、一向まだ古錢の事を骨折つて研究したこともありません。唯、最近に私の方の大學で、少しばかり支那古泉を寄附して吳れた人がありまして、これからまあ少しは稽古をせねばならぬかと思つて居ります。私は前から書物道樂でありまして、古泉に關係した本でも、見當り次第買込だりして居りました。併し、それも强いてどうゆう研究の目的で、何《ど》ういふものを搜すといふ譯でもなし、只見當り次第に集めて居た位のものでありまして、それさへも充分に讀んでも居りませんので、全くたゞ場塞ぎに出ました。御主人の御厚意を無にしないために顔をだしたばかりであります。私共この古泉のことに就ては、將來とも専門にこれを研究するといふ餘地はあるまいと思つて居るのですけれども、デ又一般の歴史、經濟史をやらうといふ考もありませんが、一般の文化に關係したことだけは、從來ありますところの古泉の本なぞに就て一通り心得て置きたいと思ふだけのことであります。古泉の研究――私の申しますのは主に支那のことでありますが、日本のことは全然知りません――古泉の研究は、近年非常に進歩して居るやうで、唯單に私共が見ました極く少數の書物の上から見ましても、この進歩の著しいことに非常に驚いて居ります。ズツと古くから支那には隨分古錢に關する本があつたといふことでして、古い目錄の本や、それから近年でも古錢の本の目錄などを集めて見ると、非常に古いもので六朝頃からのものがある。私共は、古錢より寧ろ金石に關する學問は少しばかりして居りますが、金石に關することでも、六朝頃から初めて研究的に成つたやうです。古錢の本を初めて作つたのが六朝の梁の時代とかいふことに書いてありますが、恰度梁時代に初めて碑文を集めた人に、末は天子になつた元帝といふ、後に亡ぼされた人ですが、その人が當時碑文を集めたといふことが出て居ります。それから金、卽ち銅の材料のものに於きましても、六朝の時分から既に注意されまして、恰度北魏から北朝では北齊に當ります時で、南朝では梁の時、顔之推といふ人がありまして、その人が初めて今でもよく出ます秦權、秦の始皇のハカリの分銅であります、之に依つて秦權でありますか秦量でありますか知りませんが、史記の中にある丞相の名前の文字を正してあります。それが金石の學問の起りと言つてもいゝ。元帝の碑文を集めたことにつきどういふ結果があつたか分りませんが、顔之推の秦權のことは明かに研究的になつて居ることが分つて居ります。隨分古いことでありますが、併し、古い泉譜とかいふものは、今日殆んど存在しないで、何でも今では宋の時の泉志といふ本が一番古いものになつて居るやうに承はつて居ります。これも永くは續かなかつたやうでありまして、大體私共金石の學問の方でも、宋時代は、金石の學問の發達いたしましたのですが、一時中絶の姿でありまして、元明の時代には盛んになつたので、それから清朝に成つてから、又金石が盛んに成つたのでありますが、矢張、古錢の學問も同様であるやうに見えますので、宋代に出來た學問が、明時代にも多少はやつた人があるやうですが、盛んになつたのは清朝でも中頃の乾隆以後のやうであります。で、大體は僅か二百年そこそこの事でありまして、未だ二百年にも充分に成らぬかといふ位であります。この間の發達は非常なものでありまして、更に最近の發達が著しいやうに見受けます。別に一々書籍と引合して、どういふ風に進歩して行つたかを皆調べて居る譯ではありませんが、ある事情から唯一つの貨幣のことに就て、少しばかり注意をしたことがあります。それは乘正尙金當爰といふ錢であります。當爰といふ、この錢をジヨウと讀まずにリヤウと言ふて、リヤウセイセウキントウカンと讀んで居りますが、この研究に就て少しばかり注意したことがあります。この爰の字の必要があるからであります。古泉家の方でも大分御研究のやうでありますが、爰（コ、ニ）といふ字をカンと讀むらしい。この鍰の字は隨分前から種々な説がありまして、古く書經に鍰の字がありますものですから、皆考へがついたやうであります。これも宋の時代からいくらかこれに注意されて居るやうでありますが、この鍰の字の必要から私も見ましたのです。併し、今以て疑問が解けませんので、それだけは先づ私が提供し、教を乞ひ得る、今の所で、唯一の問題位なものでありまして、その外に何も智識はないのです。この貨幣のことは「欽定錢錄」なぞにも出て居ります。宋の時の羅泌の路史といふ、詐《うそ》か本當か分らぬやうなことを書いたものがありますから、これらから注意されて居るので、これらも大分古く見ましたやうです。それから書經の堯典、今日では舜典とある、昔は一つで堯典であつたといふ、その堯典に、金を贖刑と爲すといふことがありまして、金で贖ふ卽ち罰金刑に使ふといふことが書いてあるので、その話が根柢になりまして、それでこの貨幣が興味を有つたやうに見られます。欽定錢錄あたりでも然ういふ考へから古く見て居るやうでありますが、それから後、古泉學の全盛時代になりまして、大體古泉學の全盛時代といふのは、道光以後のやうでありますが、道光以後の本でも古今錢略や何かでもこれを古く見て居りまして、遠く堯舜の時代からの貨幣のやうに考へて居るかのやうであります。で、これが又管子の乘馬とかいふ篇がありまして、乘馬といふのが貨幣のことを書いたものでありますから、この乘の字から思ひ付いて、乘正尙金當爰と讀んだものと見へます。今の古今錢略や泉志等でありますが、私は鳥渡《ちよつと》前に見たのを集めて居りますが、咸豐頃に泉幣彙考といふものを書いた唐與崑といふ人がありますが、この人も別に説はありません。その後段々説が變つて來て居るやうであります。この貨幣と同じやうに、罰刑の爲めに金を用ひたといふ説に關係のある、何か虞一金とか虞一夏と言ひますか種々説がありますが、その錢なども大變喧しいことに成つて居りまして、從來、罰金刑に金を用ひたといふ説はあるけれども、それは堯舜の時のものだといふ證據のものはなかつたが、虞一金と事《ママ》ふ金が出來たといふので、この虞は唐虞の虞に違ひないといふ説がありまして、その結果安邑一金といふ、禹の時から秦の時まで續いて都であつたから、この地方で行はれた古錢だらう、秦の時の錢だらうといふやうな説が一時盛んでありまして、更に劉青園といふ人が罰金刑のことを書いたものゝ中や、鮑子年の出版したものゝ中に彫刻してあるので、それで見ることが出來ますが、咸豐、同治頃迄その説が盛んであつたやうです。ところが、その時分から少し疑ひかけた人がありまして、今の虞といふのが唐虞の虞とも解釋されるけれども、亦周の文王の虞芮（グゼー）の虞とも見られる。どつちか分らないけれども、古錢を見るのに餘り古く年代を喧しくいふのは面白くないと言つて居るやうであります。極く最近にこれがどれ程の價値のある本か分りませんが、支那の古錢の本としては割に出來た年號が新しいのですから、進歩して居るかどうか知れませんが、遺篋錄といふ本でありまして、それで見ますと、初めの字をリヤウの字と讀むやうでありますが、矢張戰國の時の魏か大梁、梁と申しました時の錢だと言ふて居ります。それで文字の讀み方なども、その後に出來た本のやうでありますが、私が見た本では古錢に關する本の一番年號の若い本でありまして、これが明治四十一年に出來ました癖泉臆説といふ本を持つて居りますが、これで見ますと、中の尙金の尙といふ字は重きといふ意味だといふ解釋が出て居りまして、この本を書いた人は高煥文といふ人ですが、これは罰換といふ説にかゝはることは出來ない、罰金のために作つた古錢ではない、重さが鍰といふのだといふ。この鍰といふ重さの文字にもいろ〳〵説があるやうでありますが、兎に角、重さといふ意味でこの文字を書いたのだから、必ずしもこれは罰金の爲に作つた貨幣といふ譯ではないといふやうなことに成りまして、この一つの貨幣でも、乾隆以來の變化が非常に著しいものでありまして、つまり初めはこれを唐虞時代、堯舜時代の金だと思つて居りましたのが、後の人の説では極く新しい戰國の末のものだといふ説に變つて來て居るのであります。昔の古錢を研究する人も何れも、同時の人の著述でも、うまく他所の人の著述を見て居るといふ譯ではないのでありまして、却々《なかなか》説が一致しない。同じ頃の時代にいろ〳〵異つた説がありましたりして、私共みたいな古錢學の智識に疎い者には、その取捨に迷う次第でありますが、兎も角も大體に於てそういふ著しい進歩もして居るといふことが明かのやうであります。そしてその古錢學の進歩は、本當の金で拵へた貨幣といふものを段々新しくしているやうです。つまり私の申しました遺篋錄とか癖泉臆説とかいふやうな説、その癖泉臆説が特前〔別カ〕な版になつた本で、私が見た中で一番新しい。その翌年羅振玉が古泉學といふ雜誌に書いて居るのであります。これが全體の結論のやうなものでありまして、銅で拵へた貨幣といふものは、周以前にはないと云ふことを、支那の古錢家の中でも斷言して居るやうであります。この事を自分の友人の蔣斧といふ人に話をした所が、それは説文に殷の時代位までは貝を用ひて居たが、周時代に初めて錢を用ひたといふことを書いてある、説文にそう云ふ證據があれば自分の説は確實なものだと、古泉學の雜誌に書いて居りますが、その後どういふ説があるか一向私は知りません。それが明治四十二年であります。羅振玉氏の説は、兎も角古い時代の貨幣を用いた年代のことに就て段々新しくなつて來ます。極く古くは太昊とか少昊とかいふやうな黃帝、堯舜、以前の貨幣があるといふことは支那で一般に行はれて居たのですが、その説は今日では廢れて、銅で作つた貨幣は、周になつてから初めてあるといふ説であります。然るに私共の疑問とするのは、周の時代は隨分長いのでありまして、八百年から續いて居ります。その間に、若しこれを戰國の時の魏の時代、梁の時代といふやうなことに致します。他の人は梁といふ字は梁の國といふ意味でなしに、單に一地方の名前だといふ風に考へて居るやうでありますが、戰國頃に見て居るやうでありまして、その頃、丁度孟子などの時代でありますが、周が亡びる百年前にもなりません。爰の字の貨幣をそれ位の時代に見るかと思ふと、又他に唐虞の方に證據がありまして、もう少し古くからあつたのではないかと考へられることもありますので、それは唐虞に有名な散氏盤といふものが、今あるかどうか分りませんが、その散氏盤といふ盤がありまして、その中に爰千罰千といふものがあります。この盤が何時のものか判然しませんが、散氏盤の中にある地名を見ますと、今日の陜西卽ち長安の奥の方の地名がありますので、その方で使つた錢と致しますと、これは、矢張周がまだ東の方に移らない洛陽に移らない西周の時代でなければならぬやうであります。勿論、西周の時代に、周が東に移らない前でも秦が同時代に入つて來たのでありますから、必ずしも周でなくては成らぬという理屈はありませんけれども、散氏盤には矢張王九月といふ王の字が入つて居りますので、若し果して秦が王と稱した時としますと、大分これが後でなくては成らぬので、戰國でも餘程末の方であらねばなりませんが、若しこれを鍰といふ字を書いた錢が梁で使用したとしても、もう少し前からあつたのではないかと考へられるのでありまして、少しそれが不都合であります。殊に又鍰の字はその他の銅器にもありますので、實は今日銅器はなくなつたのでありますが、刀片だけ殘つて居る、それは吻鼎《フツ》といふ鼎であります。それにも王天年六月と書いてあります。殊に周の穆王の代には何とかいふ宮に居つたといふことがあります。周の穆王といふことが書てありますから、何れ周の時でなければならぬと思ふ。その吻鼎の中に百鍰といふ文字がありますので、そうすると、矢張西周卽ち周が東に移らない前、既に爰といふ錢があつたやうに考へられます。但し有名な古文字の研究家である吳大徵なぞの說によりますと、爰といふ字は貝貨、貝の貨幣である、點を打つたのが貝の貨幣であつて、兩方から手で持つて居る形であると解釋して居る。上の方のが爪で下の方の貝の貨幣、貝貨だといふ說でありまして、その說に依て時に爰という名稱があつたとしても或は貝貨であつたかも知れぬ。そこで判然到しません。もし西周の極く末と致しましても、周の初めから二、三百年も經つて居りますが、それから周の亡びる前、今の時代から申しますと大分彼是五百年前後の隔りがあります。前の方として解釋してよいか、後の方として解釋してよいかといふことは難しい問題でありまして、私共これに迷つて居ります。これ單に貨幣ばかりの問題でありますなら貨幣研究家に委せて私共は無關係で居つてもよいのでありますが、そればかりでなく、私共の方で面倒な議論が起つて參ります。堯典の中に金を贖刑と爲すといふことがあるが、それは論外と致します。これはもうそんな古い時代に罰金刑として金を用いたといふことは全くない事として、併し、これを論外と致しますと、却々大きな問題でありまして、今迄堯典といふものは漢學者のある種類の人は堯の近い時代に書いたものとされて居つたものでありますが、古く見ても西周の末、西周の時代となりますと、そこに大變な差が出來て來まして、堯典といふ年代が千二、三百年も下ることになつて來ます。もう一つ書經の中に問題になる篇がある。周の穆王の時のことを書た呂刑といふ篇がある。その中に詳しく罰金刑のことが書いてありまして、それには明かに鍰といふ字が使つてあります。どういふ刑罰の罰金は何鍰、どういふ刑罰には何鍰といふその計算が書いてあります。處でこれは普通周の穆王といふことになつて居りますが、も少し鍰の字のあります時代をです、銅器の方から見てこれを西周時代と假に解釋しましても、そこに百年位の相違が出て來る譯でありますが、若し又之を梁氏の貨幣、戰國の時の貨幣とか或ひは梁の時代、梁の國でなくとも梁といふ地名のある古戰國の貨幣としましても、呂刑といふ篇は戰國の末に初めて書かれたといふことに變つて來るのでありまして、そこに六百年ほどの差が出來て來ます。然うして書經といふものゝ價値に大變關係して來るのでありますす。尤も私共に呂刑といふ篇をさういふ證據がなくとも、それ程古いものとは信じて居りませんので、他の點から考へましても呂刑といふものは戰國の中頃位に漸く書いたものであらうかと思つて居るのでありまして、私の方の卒業生で小嶋といふ文學士が、近頃私の方で出して居る支那學といふ雜誌に書いて居りますが、他の方から研究しましても、呂刑といふ篇が大分遲い時代に出來たものだといふ考へが出て來るのでありまして、これが古錢の方の研究でもつと正確なことがきまると、そこで研究上非常に強味を得る譯でありますが、つまり今私の提供します問題は、この鍰といふ貨幣はもう戰國の時にあることは少しも間違ないことでありますが、鍰といふ字、百鍰とか、鍰錢とか書いてありますが、その文字が果して銅の貨幣の鍰であらうか、或はその時の貝の勘定で、貝貨の勘定でしたものであらうかといふ問題でありますす。これに就て古錢を研究して居る方々の御高説を承ると私共の參考になるのであります。かういふ風に古錢の研究は、近年非常に進歩を致して居りますから、益々こういふことは明になることだらうと思つて居ります。殊に古錢の非常な綿密な研究は、支那人より寧ろ日本人が長所であるやうでありまして、私共の如く古錢の學問の智識の淺いもので、支那人の書きました本なぞを見て文獻に關する研究の方は、日本人の方は粗雜であるが、文獻の見方は甚だ下手であるけれども、實物研究は餘程巧いやうであります。併し文獻に關することでも支那の國内のことはよいのでありますが、一歩國外に出ると、支那人の研究は甚だ粗末であります。私共極く淺薄な智識で見たところで、外國錢に就ても西洋錢に關したことは、福知山の朽木といふ殿樣の書いた、天明寛政の間でありります。西洋錢譜の方はも少し前で、部屋住の頃であつたかも知れません。それは恰度乾隆の中頃に當ります。その時は古錢の研究が清朝で一番盛んになり掛けた時でありまして、欽定錢錄などにも單に西洋錢の型といふものが書いてあるだけで文字も言ふてなければ、この錢が何處で通用してどういふ性質のものであるといふことも何もありません。所が朽木といふ人の西洋錢譜の研究は實に綿密なものでありまして、その中でも古錢をやる人は、當時の人が讀む智識がないものでも讀んで居るやうで、古泉家の書いたものを見ますと、別にその人がアラビヤの學問をしたといふ譯でもありませんが、どうかこうかアラビヤの文字も讀んで居る、それに就て研究して居ることは非常に敬服します。日本で世界中の文字をどうかかうか皆讀みこなして居るのは、古泉家だけであるやうに見えます。古錢の研究だけに日本人が本氣にやつたならば、確かに支那人の上に出るものだと考へて居ります。今日お見えに成つた諸大家が、その研究をお續けになつて居ることでありませうから、私は極く古いものしか知りませんが、非常に敬服して居るのであります。でありますから今一歩支那の文獻の研究にまで充分に踏込まれて、支那の古錢の研究をも支那人以上にやられんことを特に希望致す次第でありまして、今申すやうな疑問を充分に解決せられ、これに就て承ることが出來れば非常に幸ひであります。これだけが今日私が提供し得る問題でありますが、その外茲に添へて希望致したいことは、日本の專門の方の雜誌などには出來て居ることでありませうが、專門の雜誌だけでなく、日本の古錢を研究した人の傳記といふやうなものを調べて出版して下さる譯には行かぬかと思つて居ります。隨分古錢のことに骨を折つた人が前からあるやうでありますが、そういふ苦勞した人の傳記の纏まつて出版になつたものが餘りないやうであります。勿論支那でも古錢家の傳記といふものはありません。ありませんが私が支那の物ばかり見て居りますものですから、兔に角金石學の方では、金石の本當の學問が流行る上に金石學錄、金石學續錄といふやうな本が出來まして、金石に關係した人の傳記を集めたやうな、極く粗略なものが出來て居ります。それを見ますと金石の學問の進歩の狀態が分るのであります。日本の金石研究が進んで居るといふこと、それはどういふ人に依てどういふ順序に進歩せしめられて居るかといふことも知りたいのでありまして、これが卽ち文化の歷史、文化の研究に大分關係があることでありますから、そういふことを願ひたいと思ふのであります。尤も支那でも古錢の方は格別はつきり分つて居る人が多いやうではありません。餘り多くないやうでありますが、併し、金石家の傳記とか年譜とかいふものは、金石學錄などといふ簡單の本などでも注意してやりつゝある人があります。殊に私の感じましたのは、癖泉臆説といふ本を見ると、僅か第六巻ですが、その五巻の所に同好諸友といふことが書いてあります。つまり自分の居つた時、同時に金石を愛玩した人の話が書いてあります。極く簡單なものでありますが、澤山の人を書いてある。それを見ると面白いことは、他の點では其人を知つて居たが、その人が古泉家であるといふことを知らないで居る事があります。その中に蔣敬臣といふ人のことを書いて居るのでありますが、これはあの本で初めて古泉家であるといふことを知りました人です。他の方では種々見て居る人ですが、その初に王勃といふ人が有名な文人でありますが、その人の詩文が段々殘缺して居つて、それを補充することが近年いろ〳〵注意されまして、私共が上野理一君の持つて居られた古い寫眞なぞからも發見し、近年赤星といふ人の賣立になりましたものゝ中にも王勃の殘缺がありまして、正倉院に又周の詩の序といふ巻がありますが、それらも王勃の殘りであります。そういふ譯で王勃集に注意して居つた處が、蔣敬臣は王勃集の註を書いた人です。それから羅振玉氏の話をした蔣斧といふ人が、その蔣敬臣の子孫であつたことが分つた。蔣斧といふ人は嘗て知つて居りますが、蔣敬臣といふ人が古泉家であるといふことは少しも氣が附かなかつた。後になつて癖泉臆說といふ本を見て、初めて古泉家であるといふことを知りました。これで見ると古泉家の中でも優秀な人で、古錢の買方のこすいことなども書いてある。面白い逸話が澤山出ておりますす。その他には胡義贊といふ人、それは金石家といふ事は前から知つて居ります。又この人が持つて居りました古錢の種本なぞも前に見たことがあります。その人も種々な點に關係のある人で、なか〳〵畫なぞも上手に描きまして、餘程面白い人でありますが、その人の傳記なども簡單に出て居ります。これは明治四十一年に出た本でありますが、古錢を愛玩する西洋人の名なども出て居ります。支那の文字で書いてあつて、實際の名前は判り惡いのでありますが面白いことがある。日本人の丸山といふ男が居つて古錢を買つた。これは丸山淳一君のことです。丸山君は屢々支那に骨董を買いに行くものですから、その時に何か古錢を買つたものでせう。その買つた古錢は唐宋元明の正統の錢でなしに僞朝の錢であつて、古い布刀などゝいふものは餘り買はないと言つて居る。これは多分先方——日本で捌けやうがあつた賣行がある、それであゝいふ物を持つて行くのだらうなどと書いてあります。これなども一つの面白い話であります。斯ういふ風なのは前からもあります。必らず癖泉臆說に限りません。前申しました鮑子年といふ人の書いた物の中、斯ういふ逸話に面白いのがあります。斯ういふもの、必らず纏まつた傳記でなくて逸話なりとも、一つの本になつて一般の人が見ることが出來るやうなものをお作り下さい。私共その恩澤に浴すれば結構だと思つておるのであります。專門家の爲めになるやうな、今日は智識の持合せがなく自分の勝手なことばかり申して相濟ません。これで御免を……。

※関西大学内藤湖南文庫所蔵の原稿によって修正した。なお、「泉」と「銭」は通じるが、ここでの使い分けは杜撰である。

また、「爰」と「鍰」の両字が使われているが、誤用なのかどうかは不詳。

梁啓超氏の非國際管理論を評す

『表現』第二巻第三号　大正11年3月

支那の國際管理論は、一部の支那人をして非常に神經過敏に陥らしめた。其中で、梁啓超氏の如きは、公然と國際管理反對の意見を發表した。その意見は國際管理反對論の代表的のものと見ることも出來、また之に關する支那人の感情をも十分に推し測ることが出來るものである。勿論、梁氏も國際管理論には、一部の支那人、殊に比較的智識あり地位ある人が賛成して居る所を認め、これらの邪説を掃除しなければならぬと考へて居るやうである。

以下にその意見の大要を紹介し、併せて之に關する余が批評をも下して見やうと思ふ。

梁氏のいふに、第一に、自分は彼等卽ち國際管理論者に問ひ度いが、何物を共管（國際管理を梁氏は共管と言つて居る）するか、如何なる管理法でするか、彼等の論調ではたゞ財政を管理し、其他の政治を管理しないと云ふらしい。それならば自分が問ふが、關稅、鹽稅すべて已に管理して居る。更に何物を管理せんとするのであらうか。自然、煙酒稅とか、印花稅とか、釐金とか、地租とか、どれもこれも管理しやうといふのであらう。考へて見るがよい。海關は貿易港に設けてあるから外國人が管理するのに都合がよろしい。鹽稅は少しく困難であるが、鹽場には定つた土地があるから之もどうかかうか管理が出來やう。烟酒、印花、釐金、地租などに至りては、その性質として各府、各縣、各都市、各村落といふやうに、徵稅地がバラ〳〵になつて居る。共管の機關が外國人に調査をさせやうと思ふならば、少くとも十數の省長、一千餘の縣知事をすべて外國人に代へずばなるまい。尙ほ、これは專ら收入の上に就て言ふのであるが、財政を管理するのに、支出を管理せずしては、徹底した管理とは云はれまい。さうなれば中外の大小の役所の會計係、乃至各軍隊の經理係にすべて外國人を入れねばなるまい。そんな事が出來るものか、出來ないものか。また若し、斯くの如くするとせば、財政のみを管理して、政治をば管理せずと云はれやうか。財政と他の政治とは、絕對に分離することの出來ぬもので、財政を共管するといふことは、實際統治權を移轉して仕舞ふといふことである。

この一節の意見は、或點までは尤もである。勿論、關稅、鹽稅以外に管理しやうといふことは、烟酒、印花、釐金、地租を含むのであるが、烟酒印花兩稅の如きは、梁氏の言ふが如く、各地方にバラ〳〵に調査員を置かねばならぬ性質のものではない。烟酒の如きは、鹽場と同様その製造地を限ることも容易であり、印紙の如きは、賣下地を限るべき性質ののである。釐金は此際に於いて一つの疑問とすべきものであるが、共管が愈々實行される場合には、釐金の如き因襲的惡税は、寧ろこれを廢止して、多年問題となれる如く海關税を增加し、内地に關するものは鈔關税に歸入してしまふ方が宜しいのであつて、共管の序に税制の一大改善が行はるゝ筈のものである。地租は、最も各地方に散布せられた性質のものであるが、支那の地租は他國の地租とは一種特別のもので、多年の弊害が少しも改善されない結果、今日に於ては多くの場所に於て一種の請負税である。それ故、從來とても知縣などが根本的に各戸から徴税して居るのでなく、その代り天災地變などの結果、地方によりて負擔の輕重が最初より變化して居つても其儘に徴税せられて居る所もある位で、これを管理するのは他の諸税の如く容易でないが、また普通に考ふる如く非常に困難なものでもない。もつとも支那に於ても、從來負擔の不平均に苦んで居つた場合であるから、日本が臺灣の地租を整理した如き決心を以て、此際數年を期して地租の修正を計るならば、却つて支那人の爲めに永遠の幸福を來すかも知れない。その方法としては、曾つて江蘇の寶山縣に於て郷紳等が協力して行つた前例もあるので、その結果は非常に良好であるから、或はさういふ事の斷行が出來ない筈のものでもない。梁氏は、財政整理の爲めに省長、縣知事を外國人にしなければならぬと考へて居るが、これらが卽ち支那の因襲的の弊政から抜け切らぬ意見で、他の文明國では多くは收税官は地方官と別個のものであつて、その方が處務の能率も上り弊害も少いのである。支那に於ても、共管の際にはさういふ新らしき方法が實行されゝば、寧ろ都合が良いのである。支出の管理に外國人を或程度まで參加せしめることは、勿論支那人に財政の訓練を與へる期間には必要であると考へるが、一定の年限を經てその訓練が出來上り、會計法が確立せば、必ずしも永遠に支出までも管理する必要はなくなるであらう。且つ大體共管の目的は、支那人に政治上の正直といふ要素を注入するのが主であるから、永遠の實行を目的とはしない。新らしき支那を築き上げる期間を必要とするのであつて、その間は、實際上統治權の一部を移轉せしめるといふ事は列國が支那に對する最大の親切である。梁氏始め共管反對の支那人は、此點に於て甚だしき僻み根性を有つて居るやうであるが、此點に就いて充分なる理解を要するのである。

梁氏は、第二に、彼等に共管とは如何にして共にするのであるか、共にし得らるゝものか得られないものか、問ひたい。近世歐州の外交史上で幾多の共管の先例を見ると、埃及、モロツコ、波斯などが、すべて二國若くはそれ以上の他國に管理せられたが、常にその國々が權利を爭つて共管を考へ出したり、或は共管に似た法で解決せんとした、然し其結果は、何時でも不成績であつて、或は一國の獨占に歸し、或は國際戰爭の種を蒔いた。外國の例を引かずとも目前の事でも、京漢鐵道の黃河の橋を修理するのに、幾多の外國人に工事請負の投票をさせたが、彼等は互に騷ぎ出して外字新聞で攻擊し合ふ醜態を呈したに過ぎない。こんな小事件で殊に技術に限られて居る事でさへ斯んな笑話を招くではないか、多くの利害衝突する國々を集めて、互ひに縱橫の政略を弄する政治家を派出さして一國の政治を共管せしめた所でうまく行はるゝと思ふか、共管論者は考へて見るがよい。

梁氏は、この點に關して餘程の謬見を抱いて居る。黃河の橋の修理事件などは、初めから競爭を目的として居るので、共同を目的として居らぬ。梁氏は、僅かに二十年前に天津に於ける都統政治、竝びに北京に於ける聯合軍の軍政を記憶して居らぬと見える。勿論、列國の間には常に多少の競爭心を存して居るのは當然であるが、然し、共同の目的に對しては共同動作を過まるやうな事をするものでない。尤も、これは一時的のことであつたが、現に長く續いて居る關稅、鹽稅の管理が如何に整然として居るかを見たならば、共管の成績を疑ふ餘地があるまい。列國は、最初より支那の形勢の不安に苦しんで、共管に依つて安定を得んとするのであるから、和衷共同することは必ずしも困難だと思はれない。

梁氏は、第三に、彼等は如何なる順序で共管をしやうとするか、管理し得なかつた時に如何するか、問ひ度いと言ひ、海關の管理權は淸朝の皇帝の批准といふ手續で取得し、鹽稅の管理權は袁世凱の全盛時代に大總統の批准で取得した。その時批准した人の威令が確かに全國に行はれて居つたから管理權の取得も出來、行使も出來、行使して幾年か經つたので歷史といふ關係となり、今日まで行ひ得て居るのである。然るに鹽稅管理權は已に關稅權程充分には行はれないで、奉天、雲南等の鹽稅は外國人に引渡さずにある。如何なる手續で共管するかといふことを考へて見るに、華府《ワシントン》會議の席上で、幾多の國が勝手に議決して、支那人の承諾不承諾に關せず、實行しやうといふのであるが、天下に斯くの如き道理はあるまい。若し承諾の手續を經やうといふならば、何人が承諾するか、如何なる機關が承諾するか、各國がその人とその機關を拈《ひね》り出さうとしても、第一の困難は、これを受け引く人がない。第二の困難は、進んでやる人がない。第三の困難は、假令一步讓りて受け引く人、進んでやる人があるとしても、それらが承諾するといふ事は全くの空論で、假令各國が共管案を提出しても北方政府、南方政府がそれに調印をするのであらうか、また外國人がその權利を得たとして、各省に行つて烟酒稅を管理しやうとしても烟酒商が受付けず、釐金税、印花税を管理しやうとしても一般省民が受付けず、地租を管理せんとしても農民が受付けず、鐵道收入を管理せんとしても從業員が受付けず、責任を地方官に負はせても地方官が受付けずば、共管團は如何にする積りであるか。多分唯一の方法として、大軍を派遣し、各所に駐せしめて壓制するの外はあるまい。斯んな事が出來るものか出來ないものか、出來たとしたところで、支那人が彼等に對する感情がどうか、彼等相互間の壓轢は生じないであらうか、共管主義者は大に考へて貰ひ度いと。

梁氏の此の議論は、明白に支那人民に對する煽動を裏面に持つて、列國を威嚇せんとするものである。前にも言へる如く、共管案は、列國から云へば支那に對する最大の親切であつて、これに依つて新らしき支那を築き上げんとするので、梁氏の言ふが如き喧嘩腰の態度で臨まんとするのでない。梁氏竝に共管反對論者の一考を要することは關税に於ける歷史である。關税の外人管理は、勿論決して支那が希望してやつたのではない。外國人は、最初多少强制的に管理の實行をしたけれども、その結果は却つて外國人よりも支那に有利であつたではないか。其の以前には、廣東貿易時代に於て、粤海關監督が支那第一の致富的美官としてその懷を肥す丈であつて、貿易の進歩が少しも政府の收入を增さなかつたが、海關が外人の手に歸してから逐年に收入を增加した。鈔關税なども乾隆頃以來百餘年間も收入の增加を見ずして、却つて海關の新設の爲めに減收を來したといふ事を、支那官吏は口實として己れ等の懷を肥して居つたが、近年外國人の管理に歸すると、その收入が著しく增加し、政府の爲めには非常に都合よく、而して人民の爲にも寧ろ良くとも少しも惡しくはなかつたではないか。それ故鹽税の外人管理などは、寧ろ支那政府が歡迎して居た程である。現に、今の政府から云つても、各省の租税が少しも中央政府に入らず、中央政府は非常に困難して居る際に、若しも共管に依つて税制の統一を來し、中央政府の收入を確實にすることが出來るとすれば、寧ろ好んで共管に委すべき筈である。況んや現在督軍以外の地方官吏が限りなき誅求を人民の上に加へて、清朝時代の數倍の苛税を取つて居る際に、寧ろ共管に依つてこの誅求が除かれる見込があるとするならば、烟酒商でも、一般省民でも、農民でも、鐵道從業員でも、喜んでこれを受けない筈があらうか。何故に地方官などの世話になる必要があらうか。何故に大軍を派遣する必要があらうか。古來、支那の税制整理は、所謂中飽を去る一事に歸着するのであるが、共管案は卽ち列國の親切なる强力を背景として、中飽を去る手段を講ずるので、强力の實行を少しも豫期して居らぬ。梁氏等が、故なき煽動を試みる意思があるのでなくば、第三項の議論の如きは、全く考へも及ぶべからざる事である。

梁氏は云ふ、「上に説くところは、曾つて共管の當不當をば考へず、彼等が爲めに考へて見たが、遂に一つも實行法がないといふ結論になつたのである。若し、この事が實行する必要あり、實行した方が良いことがあり、實行しなければ惡いことがありとするならば、以上の如く方法のない中から尙ほ實行法を考へてもよいが、自分の意見では、事實は全く異つて居る。共管を主張する最も强い理由は、支那政府が破產しやうとする。外債も出來ないので、外國人が債權者の利益を保護する上から考へて、止むを得ず斯くの如き方法に出づるといふのであるが、その實、支那の外債の大部分は、關稅、鹽稅を擔保にして居るので、償還の資源がすでに確實であり、其の餘の擔保なき小部分の外債は、多くは來歷が曖昧で、シエークスピアの劇の中に一ポンドの肉といふことがあると同樣の毒計で、少し計りの金を貸して支那の內亂を促し、支那人の骨髓を絞り取らうとするので、道德上から云へば、此等の殘忍狡猾な債權者は少しは苦しむが當り前である。支那人は、今日、實際外債に賴る必要がない、支那國民の經濟力は、近年發展する狀態になつて來て居る。政治さへ改良され、財政さへ整理されたならば、これらの曖昧無擔保の外債までも計算しても、支那の償還能力は綽々として餘裕がある。外國人で稍々支那の狀態を知れる者は、自分の此の言を信ずるであらう。然らば、現在一、二個國の曖昧な外債の爲めに、この絕對に實行する事の出來ない國際共管問題を持出すといふことは、出來ない相談をするのではないか」と云つて居るが、これは、國際管理問題が日本人でも提出したかの如く皮肉な嫌味を言つたのである。然し、今日の國際管理問題は、實際英國人間に最も盛んで、日本の盲目な新聞の多數などは、何故に英人が斯くの如き突き詰めた議論を唱へるかを怪んで居る位である。勿論、支那の經濟力は、世界大戰後案外に增加しつゝあるので、梁氏の云ふが如く、政治が改良され、財政が整理されゝば、外債償還力は優にあるのであるが、その政治の改良、財政の整理といふ事が、現在の支那人に絕對に希望を屬せられないので、その爲めに共管論も生じて來るのである。英人の國際管理論などには、古き支那人、新らしき支那人に就て、出來る限り考へて見た結果、如何しても支那人に政治上の正直といふ要素を注入する方法は、國際管理によつて親切に訓練する外にないと考へられたので、始めて彼が如き意見を生じて來たのである。梁氏一派の人々が、この支那人に必要なる政治上の要素を產み出すべき方法を揭げ出さない限りは、其議論は何等の價値をも生じないのである。

梁氏がいふに、「以上は、凡て外國人の反省を乞ふところの事である。支那人方面に於ては、近來甚だ一種極めて不祥な論調がある。それは現在の群惡官僚、惡軍閥には、我等は實に之に對する法がない。それ故、外國人の援助を求め度いのであるといふ說であるが、斯くの如き消極的退廢的の思想が發生するといふ事は、實際國家の生命の前途に對して莫大の危險を含んで居り、之を軍閥の專橫、官僚の腐敗の二種の病に比べると最も恐るべきものである。この事は別に論ずる積りであるが、今日はたゞ共管といふ事が決して出來ることでもなし、且つ害があつても利がないといふことを實際上から國民に警告しやうと思ふ。

第一は、現在全國民が最も苦んで居るのは兵である。自分から裁兵することが望みないので、外國人が共管した後このことを實行監督したいといふ希望であるが、自分は親切にそれらの論者に告げる、それらの考へは全く誤つて居る。裁兵は、我々國民が自ら裁しなければならぬ。外國人は、決して我々の爲めに之を實行し得ない。外國人が裁兵をしやうとすれば、非常な多數の外國兵を以て强壓する外はない。兵を以て兵を裁するといふ事は、元來根本的の方法でないのである。況んや外國兵は決して多數を送り來る事は出來ぬ。よし送り得たとしても、それは我國民の欲するところでない。論者は、或は云はん、一の共管團を設け、幾人かの紅頭髮綠眼睛の人を連れて來て置けば、幾通かの文書を發して、それで以て兵を擁して自ら守つて居る者共（卽ち督軍等を指す）をして手をつかねて命令を聽かしめることが出來るであらう。自分は論者に言つて聞かすがそんな夢を見てはいかぬ。

第二には、外國人に我々の爲に斯んな事まで管理して居る暇がない、といふ事を知らねばならない。彼等が支那に來れば、先づ彼等が元から持つて居る債權に對して重ねて擔保を加へ、我國の元からあるところの財源を先づ擔保に充てる。その上、新なる借款の擔保としやうとする。更に一步を進めると、我國の財政機關、金融機關、運輸機關に關する權力を利用して彼等が經濟上の特別の便利を計る。斯んな事で、彼等は十年位は直《じ》き潰してしまふ。我々の爲に裁兵をするのしないの、財政を整理するのしないのといふやうな問題を考へてる暇があらうか。

第三には、或人が云ふに、支那は多くの惡い官吏の爲に政治上常に渾濁して居る。外國人が來たならば、或は是等の積弊を一掃することが出來るだらうと。然し、自分は此考へも全く誤つて居るといふ。現在、外國人が支那で管理して居る事は、既に少くない。その中、何の一種が滿足に好成績を擧げて居るか。自分が見聞するところに依れば、幾個所の鐵道、幾個所の鹽務所、幾個所の海關の中で、多少の弊害のないものがあらうか。その內容の腐敗は吾人の官僚と大差がなからう。權力の濫用といふことは人類の通弊であつて、斯くの如き監督機關のなき國家の下にあつては、支那の官吏でも外國官吏でもすべて一つ穴の貉《むじな》である。外國人だけが一人も盗泉の水を飲まないといふやうな道理があらうか。又自分は茲に一つの話したい事があるが、外國人は獨占であつても共管であつても、凡て支那の多くの事務を直接に取扱ふことが出來ない。十の九までは間接に取扱ふので、支那人の手を借り、支那の役人を用ひて、人民の膏を絞り、支那の兵隊を用ひて反對者を壓伏する。其時最も役に立つものは、矢張り群惡官僚惡軍閥ではないか。それで政治が改良される望みがあらうか。もとからある官僚軍閥の上に、更に一種の太上官僚、太上軍閥を添へるに過ぎないのである。

第四には、國民の斯くの如き退廢的考へは凡て苟安の念から發し來るので、幾年かの間惡政治に攪亂されて生活が不安に、田地があつても耕せず商賣があつてもする事が出來ぬ。兎に角、局面を一變すれば、今日よりは良く成るだらうと思ひ、外國人が共管したらば、せめては軍閥の私鬪を壓伏し、地方の秩序を維持して、我々に少しは樂に日を送らせることが出來るだらうといふ考へであるが、その實、この見方も誤つて居る。外國では大兵をおくるのでなければ、支那を鎭壓するの力がない。大兵を送らずして支那を鎭壓しやうと思へば、吾人を利用して我國を鎭壓するだけである。何れにしても我等に樂をさせ得るといふ道理があらうか、何にも良い事の出來ない上に只自繩自縛を來すのみである。南滿鐵道の管理權が外國にあるが爲に、我々は食糧の運搬にも人に死命を制せられて居り、山東鐵道の管理權が外國にあるが爲に、沿道の鑛業をも我等は手を附ける事が出來ない。關税の剩餘金の收入支出權が外國にあるが爲に、我等は金融が切迫した時でも一文の融通も出來ぬ有様ではないか。斯んな事は、國家の體面問題といふよりか我々の身の上に切なる利害を持つところの事柄である。我等が一時の感情から問題の見損ひをしたならば、虎を室に引き入れるやうなことになつて後悔しても追ひ附かなくなる」と。

梁氏の斯くの如く國民に警告する論旨は、實に巧妙に外國人を中傷するところのもので、事情を知つた者から考へれば、まるで小兒欺しの如きものであるが、支那の民衆の如き暗愚な者に對しては餘程効力ある說き方である。

第一として、裁兵が外國人に依つて行はれ難い、外國人が裁兵しやうとすれば多數の外國兵を送つて來なければならぬ、少し計りの外國人が文書の上で脅しても、そんな事は行はれないと言ふが、それは實際問ふに落ずして語るに陷る事であつて、事實は、外國から大兵を送る必要は更になく、文書の上でも裁兵が出來るといふ事を梁氏も感じて居るからこそ斯くの如き豫防的の議論をするのである。第一、古來支那を征服した國が何れの國が多數の兵を派遣して之を鎭壓した者があらうか。蒙古人、滿洲人すべて支那に較べれば比較にならぬ程の少數の兵で支那を平定した。近年の阿片戰爭、北支那戰爭、日清戰爭などでも、凡て少數の兵を以て支那の死命を制したのである。況んや支那の今日の兵は北支那戰爭、日清戰爭時代よりも遙に低級に落ちて居る。之を裁滅する爲に兵力を用ひやうといふならば、何の手間暇が要らうか。兵を以て兵を裁するは根本的の方法でないといふが、支那では之が殊に根本的の方法になるのである。平和的手段で裁兵をすればこそ數ケ月分の給料をやる必要もあり、從て解散費が嵩むのであるが、脅迫して解散させる分には、何の費用をも要しない。支那の裁兵は、實力討伐より經濟的な方法は他にないのである。斯んな事は、梁氏が何と言はふとも、外國人の方が遙かにその呼吸を十分に心得て居る。

第二には、外國人は借款の擔保を取るに忙がしくて、裁兵も財政整理もやつて居る暇はないだらうと言ふが、借款の擔保を確實にする片手間で裁兵や財政整理位をするに、何の困難があらうか。況んや借款の擔保を確實にするといふ希望が果して外國人にあるならば、裁兵に依つて財政整理する事が猶更必要ではないか。

第三には、外國人が管理して居る支那の鐵道、鹽務、海關などが支那の官僚と同樣の弊害があるといふが、そんな議論では、如何に無智の支那人でも欺くことは出來まい。外國人は、支那の事務を取扱ふのに、本國で扱ふやうに嚴密な方法を用ひない事は勿論であるが、それでさへも海關は、設置以來莫大な增收を來し、支那中央政府の重要な財源となつたではないか。その利益があればこそ、鐵道でも、鹽務でも、外國人に委託する事を支那政府がかつて嫌はなかつたではないか。權力の濫用は人類の通弊だといふけれども、支那人を一つ穴の貉扱ひするのは人を笑はせるだけの事であつて、眞面目な議論にはならない。直接に外國人が扱ふことが出來ないから、矢張り支那人の手を借りるといふけれども、之は現在の海關でも鹽務でも同樣にして、外國人が監督すれば、支那人の本來の盜根性を矯正し得らるゝだけ外國人の有難さを支那人も十分に呑み込んで居るではないか。

第四には、外國の兵が來ても來なくても自繩自縛に終ると言ひ、その證例として南滿鐵道では、食糧運搬の自由もないといつて居るが、食糧運搬の自由どころか、滿洲物產の海外輸出を幾百倍にし、北支那饑饉の難民の運搬を助けてどれだけ支那内亂の危機を減じたか分らぬではないか。只、支那の軍閥などが、外國の資本と努力によつて出來上つた鐵道を我物顏に使用せんとする事を許さないのが、支那政客の不滿を買ふに過ぎない位の事である。山東鐵道の沿道の鑛業などは、支那人に委して置いて出來さうなことでもなし、獨逸人さへ匙を投げて居たのを僅に日本人の手に依つて多少の望みを持つて來たのである。支那人が、之が爲に鑛業に着手が出來ないなどゝは、眞に一場の笑話である。關稅剩餘金を支那の金融に自由に間に合したならば、幾十年前、既に關税の管理をして亂脈に陥らしめて居つたに相違なく、今日支那の財政に一縷の望みをかける事の出來るのは、關税其他の如き、外國人が支那人に手を附けさせないものが殘つて居たからである。

すべて梁氏の議論は、専らその國民の無智を利用して、外國人を嫌ふ感情を鼓吹し、それに依つて自己の論旨を成り立てんとするので、少しでも眞相を明かにしたならば、殆ど意味をなさぬところのものである。その上、外國人の支那共管論は、實際支那事情を知つた人の支那に對する親切から出て來たのであつて、支那の爲に支那を改革する最良最捷の方法として考へたので、梁氏などが、惡意を以て之を逆《むか》へるが如き不親切な意味のものではない。然し、それが實行し得らるゝと否とは、梁氏等が考へる以外の事情によつて定まるので、今日にあつて、公平に支那の爲に考へて、共管論が支那に不利益であると結論すべき理由は毫も無いのである。又、それより以上の良法があるとも考へられぬ。梁氏は、裁兵を國民自己の問題として、別に無武器階級對有武器階級といふ議論を發表し、國民の廢兵運動大同盟を企てることを主張して居るが、そんな空論でこの實際問題が解決さるゝものならば、外國人は支那の爲に心配などする者があらうか。要するに、梁氏等の如き共管反對論は、益々支那の弊害を甚だしくして、結局救助の出來ないものにし、支那の人民を、將來幾十年、塗炭の苦みに合はしめるだけのことである。

以上は、梁氏の所論に就て、その全然誤つて居り、且つ惡意を以て態《わざ》と斯くの如き議論を發表することを指摘したのであつて、公平に言へば、共管論は決して批難すべきものでないといふ事を覺知せしめんとするのである。但し、自分が日本人の一人として日本の爲に共管論を贊成するか否かといふことは、夫れは別問題である。今日の如く、支那人に梁氏の如き惡意を以て國際關係を論ずる者あり、列國の中にも支那の事情に通ぜぬ爲め、その國の支那を喰物にする少數の論者の爲に輿論を左右せられて居る國がある場合に、遽に一部外國の支那通の議論に贊成して、日本を詰らぬ誤解の的とせしむることは、大に愼まねばならぬところである。況んや日本に於ても共管論といふものが、果して支那に取りどれだけの利害があり、支那に對する親切から考へられて居るものであるかといふ事を理解せぬ者の多數なるに於てをや。日本の立場から言へば、自分も現在に於て共管論の贊成者ではない。故に、此の評論は主として梁氏等の如き職業的政客の惡意ある謬論を破り、其の取るに足らぬことを、支那人竝びに日本人に知らしめんとしたまでゞある。

『サンデー毎日』第一巻第三号　大正11年4月16日

賣られる四庫全書の事

奉天文溯閣の四庫全書が、前清室宣統皇帝結婚費として我宮内省に賣却方を申込んで來たといふ話に對して、京都大學教授内藤湖南博士は、四庫全書の來歴やその價値について語る。

四庫全書を宮内省に賣りつけに來たといふ話は事實であつたが、どういふ都合でか、之を讓り受けないことになつたといふことである。大體四庫全書といふものは、清朝乾隆三十七年から十年間ばかりの間に出來た全書であつて、これは當時支那全國に亙つて藏書家を採訪して、その所藏の上は支那上代から明末位迄の珍本類を借り入れ、多數の人を使つて、その中から珍中の珍本のみを撰んで、一定の體裁の寫本としたものであつて、其の册數三萬六千册、卷數七萬餘卷、實に厖大浩瀚なものである。而も當時各藏書家から集つた書物の數は之に三、四倍したといふから、其の中から選み出された三萬六千册の全書が如何に珍書であつて、學術上の價値あるものであるかは、想像に餘りある。而して此の全書は北京の文淵閣に置かれたが、これが根本の四庫全書であつて、それから後、同じく寫本を作つて北京西山の圓明園の文源閣、熱河の文津閣、奉天の文溯閣に各々一部づゝを置き、更に御手許本一通を作つたが、圓明園のは英佛同盟軍の爲めに燒け失せ、文淵閣のものは元の場所に、熱河の分は北京圖書館に移り保存され、奉天のものは北京に移されたが、今日では之が歸屬する所がない樣な有樣である。我國に賣るといへば、恐らく此の奉天文溯閣本であらうと思はれる。

以上の五通り（今は四通り現存）の四庫全書は、同一體裁のもとに作られた寫本で、頗る上等の品であるが、その他に乾隆の末年、江南地方には讀書人が多いといふので、揚州、鎭江、杭州の三箇所に一部づゝを備へたが、此の方は北方の根本四庫全書とは違つたものであつて、粗製の方である。その中、揚州と鎭江との方は長髮賊の爲めに滅び、杭州の方は、滅ぶべき筈であつたが、杭州の紳士丁丙が長髮賊の亂中に之を保護した爲めに、その四分の一か五分の一位が殘り、不足の分は補寫して浙江圖書館に現存して居る。かくの如く、四庫全書は大部のものであるから、一ト通り眼を通すだけでもなか〳〵容易の業ではないが、私共は、此の極めて一小部分の寫本を作り、或は此の原本と校合などをしたこともある位が、外國に出て居るものであつて、之れ以外恐らく一本と雖も外國へ出たためしがない。然るに、其の全書全部の我國に渡るといふ樣な事になれば、學界は之によつていろんな研究が試みられるわけであるが、我國では、此の際之を買ひ取らないことになつたといふは、學界の爲めに遺憾事である。

『サンデー毎日』第五巻第六号　大正15年1月31日

支那には稀な仇討の話〔談〕

陸承武が徐樹錚を討つたのは全く珍らしい例

「伍子胥の仇討」は「忠臣藏」と共に日支仇討の雙璧

段祺瑞派の策士徐樹錚が、米國から日本を經て歸國してまだ間のない舊臘卅日、七年前から親の仇《あだ》としてつけねらつてゐた陸建章の遺子陸承武の手にかゝつて、北京と天津の中間廊房《ランファン》で射ち殺され、あへない最期を遂げた。

支那に仇討は少い

……支那で仇討ちといふことは、近頃珍しい話として話の種となつたが、歴史を見ても、支那では仇討ちの實例が少い。禮記にも、父母の仇を不倶戴天《ふぐたいてん》の仇とし、兄弟の仇は不倶同國の仇とするといふ言葉さへあつて、父母兄弟の復讐といふ思想は餘程古くから認められて、父母の仇は「倶に天を戴《いただ》かず」で、道であへば何の用意がなくとも直にこれを報じ、兄弟の仇は、同じ土地にさへ居なければそれで復讐をせなくてもよいとしてゐたものであるが、かういふ言葉なり思想なりが立派に存在してゐても、我國にザラにある程支那には親の仇打ちといふことがない。

勿論、長い時代には多少とも美談として傳はつたり、芝居となつて今の世にまでもてはやされてゐる仇打ち話がないではないが、それでもその例至つて乏しい。

伍子胥の仇討

唯一つ、仇討ちとして芝居にも仕組まれ、長く後世に語り草となつて殘つてゐるのは春秋の世の伍子胥《ごししょ》が仇討ちの話である。

春秋の世といふから今からざつと二千五百年の昔話、楚の國の伍子胥が、楚の平王の爲に殺された父親伍奢の讐を討つたといふまでの話ではあるが、その仇を報ずるまでの經緯《いきさつ》と勞苦はかなりに波瀾と曲折とをもつて、芝居などに仕組まれたところで見ると、例の支那一流の插話にも富んで、恰も我忠臣藏に見ると同樣の感興を起こさしめる。

仇討の筋書

大體話の筋はかうである。子胥の親伍奢が、楚王平王の爲に虜《とりこ》となつてゐる間、伍奢は殺すにしてもなほその二子、兄の伍尚と弟の伍子胥が生き殘つてゐては、後難の恐れなしとはせぬといふ考へから、平王は親の奢に命じて、その二子を謀り召寄すべく手紙を書くことを強要した。二人の兄弟は、虜となつた親の手紙を見て、兄の尚は死を覺悟で平王の前に出るといひ、弟の胥は親兄弟と共に死ぬのは本懷であるかも知れぬが、家の滅びるのは堪へ難い苦痛であるばかりでなく、王子のためにもこの場合、身を以て逃れ、再擧を謀るべきであると力說して、兄の召され行くを涙に見送つて、吳の國に向つて脫出を企てた。

王子の爲といふのは、親の伍奢がお守りをしてゐた平王の子を指すので、平王がその妾――後妻の愛に溺惑してその王子を愛しない……といふので、伍子胥はその王子を奉じて吳に走らんと國を去つた。

芝居ですると、この時或る關守が義俠に富んで、その一身を犧牲にして伍子胥を逃がすところなど、觀衆にヤンヤといはせるところであるが、吳に落ちのびた伍子胥は、當時まだ王になつてゐなかつたが後の吳王闔閭《こうりょ》に賴んで、親の仇楚の平王を討たんとしたが、闔閭が容易にウンとは承知せぬ。子胥の苦心空しく水泡に歸せんとしたが、當時闔閭には、自分のいとこにあたる吳王を殺して自ら吳王たらんとの野望を懷いてゐるといふことを子胥が看破して、巧に闔閭に取り入り、遂にその參謀になつてその目的を達せしめ、これが代償として、遂に吳の大軍をかつて楚の國に攻め寄せ楚を滅したが、その時は餘程年代も經過してゐて、肝腎の親の仇平王はすでにこの世の人ではなく、その子昭王の時代であつた。やむことを得ずして、伍子胥は平王の屍に鞭打つて不倶戴天の恨みを報じ、本懷空しからず、その志を遂げたことを喜んだといふ話しは、陸承武が、七年目に親の仇徐樹錚を討つたといふことゝ相似た話である。

伍子胥仇討に論難

伍子胥が楚から脫出する時に、その友人の申包胥といふものと誓つた事がある。子胥は楚を滅ぼすといひ、包胥は誓つて楚を起こすといつて相別れた。

伍子胥が、吳軍の力をかつて誓つたとほりに楚を滅ぼしてから、申包胥は同じく秦の國に遁《の》がれ、秦の哀公に七日の間泣いて賴んで援軍を受け、楚國にある吳の殘兵を打ち退けて楚を恢復したといふ話しもあつて、このところ複雜した話しになるが、德川時代の赤穗義士が、淺野內匠頭長矩の讐を報じたといふことについて是非の議論があつたやうに、この伍子胥が親の仇とはいへ、すでに死んだしかも舊主の屍に對して鞭打つことは怪しからぬ仕打であると論難してゐるものもあるが、戰國頃の人々は、これを親の仇討ちとして頗る賞讚してゐる。

唐以後は禁止

「不倶戴天の仇」といふ言葉は、禮記に明記されてゐるのではあるが、この思想はモツト後の時代戰國頃の思想で、春秋戰國時代のやうに群雄割據の時代では一つの法律の下に支配されず、各《おのおの》強いもの勝ちの時には、復讐などといふことは盛んに行はれる筈で、支那が統一される頃、卽ち唐時代から後には仇討を法律で禁じてゐる。

それでも仇打ちが皆無であつたわけではなく、チヨイ〱あつたことは、唐の柳宗元が復讐義《ママ》を著はしてゐることを以て見ても半面の事情を察することが出來る。法律でも、親の仇討は死罪にせず、宥恕減刑になつてゐる。

日本の仇討との比較

我國でも足利時代の中頃からいはゆる戰國時代が現出すると、一定の法律で支配され難くなると、仇討ちは個人の自由行動となつて盛んに行はれるやうになり、織田、豐臣時代になつて秩序が快興して來ると、個人々々の仇討を禁じ、法律の力で國家の手で讐をとつてくれることになつたが、それでも親の仇討には政府は免許を出して、幾分政府の保護の下に仇の討てることになつてゐた。岩見重太郎の仇討の如き、卽ちその免許仇討ちである。

德川時代でもその通りであるが、赤穗義士の仇討ちは、當時にあつては人情義理の方面からと法律論からと毀譽相半《なかば》した。室鳩巣は赤穗義人錄、三宅觀瀾は烈士報讐錄を以て、四十七士の義擧をたゝへ、荻生徂徠の如き明律の大家や、太宰春臺の如きは、法律論を振り翳《かざ》して、淺野長矩が殿中刄傷《にんじょう》といふ禁を犯した罪科によつて詰腹切らせられた程の、長矩自身の違法行爲に對して復讐を企つる法はない、かゝる復讐を認めるならばそれは法を紊るものである、重犯科重であると論じた。結局、幕府は法に重きを措いて、切腹申つけの處置をとつた。

日支仇討の雙璧

今こゝには、これが是非を論じようとするのではないが、二千五百年も前に支那で行はれた毀譽褒貶の議論が、二千二、三百年後の日本で、一方は親の仇、一方は主君の仇の相違はあるが、同じく念入りの仇討ちに、同じ樣な議論が繰返されてゐることゝ、共に芝居となつて彼我仇討の雙璧とされ、忠臣藏の芝居が何日打ち續けても客留めの盛況を見るやうに、伍子胥の芝居が、如何に大根役者が打つても相當の人氣を博するといふことなど面白い對照であり、同じく仇討ちといつても、一方は君臣の義、一方は親子の情、そこに彼我國情の相違を見ることも出來る。

勿論、今度の陸承武が親の仇討ちといふも、よくその事情を探つて見れば、本當の親の讐を報じたのやら、或は支那流の政治的意味から出たのやら、なほ疑はしい點があらう。けれども、そのいふところの如く七年つけねらつてゐた親の讐といふなら、如何にも支那にも珍らしい事件の一つである。

『サンデー毎日』第五巻第一三号　大正15年3月21日

掘り出した二大珍書〔談〕

内藤湖南博士は唐鈔本「説文」一巻を、
黒板勝美博士は大廣智三藏表制集一巻を

大正十二年九月一日の關東大震災以來、古書蒐集熱が頓に流行して斯道の専門家はいふに及ばず、好事家、蒐集家がわれもわれもと珍本渉りに古本の價格が愈々高きを告げてゐる有様だが、極めて最近、京都大學の内藤湖南博士が、十數年來の宿望を達して、三千數百圓を投じて支那から得た、僅々九十行に滿たぬが、世界最古の辭書ともいふべき唐鈔本「説文」一巻と、東京大學の黒板勝美博士が、奈良の骨董屋の店頭にさらされた數巻の文書中から、弘法大師將來品と推定さるゝ同じく唐鈔本「大廣智三藏表制集」一巻を掘り出したことは、東西掘出しの雙璧として、斯道の人々の間に一つの插話としてやかましい話の種となつてゐる。こゝに大滿悦にひたつてゐる内藤博士の自慢話や、同書の價値や、手に入る迄の經緯などを披露に及ぶ。

自分の口からいふのもをかしいが、近頃の、二大珍書の出現とでもいはふか……その一つは、私の手に入つた『唐鈔本説文《せつもん》』である。元來説文は、西暦百二十一年、後漢の許愼によつて著作された支那最古の辭書であつて、支那では、これ以前にも辭書があつたに相違ないが、今日普通に行はるゝ如く、偏傍《へんぼう》の部類わけで作つたのはこれが初めで、この許愼は文字を作るに六義ありと説へて、字形、字音と字義との三つを兼《かね》あはせたものを完成したので、文字の國支那でも、それ以後、それ以上の辭書學が發達せなかつた。或る意味からいへば、世界中これ以上に辭書學なるものは發達せなかつたかも知れぬ。

◇

「説文」の現在世に行はれてゐるものは、五代の末から宋の初めにかけて（西紀十世紀代）をつた徐鉉《じょげん》、徐鍇《じょかい》といふ兄弟の學者が手を入れて整理した本で、この本の最も古いものは岩崎家の靜嘉堂文庫に藏せらるる、徐鉉本といふのがそれであつて、世にこれを大徐本といふものである（徐鍇本を小徐本といふに對して）。であるから、この二徐本以前の「説文」が如何なるものであつたかといふことは、近代まで更に知られなかつた。然るに、今から六十三年前において、支那の學者莫友芝《ばくゆうし》が、唐時代の鈔本「説文」の木ノ部の斷片を安徽省の山中において發見した。これは、當時の天子の諱の文字を缺畫してゐることによつて見ても、少くとも西暦八百二十五年頃を下らない寫本だといふことがわかり、その體裁は、一行に本字二字づゝを寫し、凡そ九十行程のもので、二徐本以後の本とは全く體裁を異にし、且その内容の異同も頗る甚だしい。その本字の篆書《てんしょ》は、脚の長い近年出土した魏の石經のそれに似てをり、世に傳へられる後漢の曹喜の篆書の風に合致する。又その楷書は、唐の石經の書風に似て、柳公權頃の書風と見られるものである。

この唐寫本の說文は、もと南宋の高宗の時、祕府に藏せられたものと見えて、當時の官印とその時の朝廷の鑑定官である米友仁の跋がある。南宋までは兪松といふ人の手にあり、更に當時の奸相として最大の襲藏家たる賈似道の手に歸してゐたことは、この本についてある跋語竝に印章によつてわかる。その後、明代で有名な文人であつた李東陽の眼にふれたことがあつたに相違ないが、その後はどうして堙沒してゐたかわからなかつたが、遂に六十三年前に、安徽省の山中で莫友芝に發見されたわけであるが、これが發見當時にあつては、支那では唐時代の寫本と稱すべきものは一、二の佛經があつたばかりで、その他の經籍においてはこれが殆ど唯一のものであつたがために、非常に學界を驚かした。當時、莫友芝は曾國藩の幕中にあつたが、曾國藩は、當時長髮賊の討伐で苦戰最中であつたにもかゝはらず、非常にこの發見を喜んで、長篇の詩をその後に題し、更に大字の題字をも作つて與へた。その後、莫友芝の子の代までは、その家に所有してゐたが、どういふ徑路を辿つたものか、有名な襲藏家端方の手に歸し、その死後、滿人の襲藏家景賢の手に入り、景賢が一昨年死去したので、今度多年心掛てゐた自分の書齋を飾ることが出來るやうになつた。

◇

私は、明治四十三年に、狩野、小川、富岡、濱田、瀧諸氏と共に燉煌の寫經を調査の爲に北京に行つた時に、東京大學の瀧博士と共に端方の屋敷でこれを見せられて題跋を書いたが、その後十七年間、夢寐《むび》にも忘れなかつたものが漸く願望を達した譯で、思へば私の古書道樂も、も早その頂點に達した感じがする。

今日では、支那でも燉煌その他西域地方の古書が世に出て、佛經以外の經籍も唐寫本のみでなく、六朝時代のものまでも世に出てきたけれども、辭書の最古のものであるこの說文、それがよし九十行ばかりの斷片であるとはいへ、まだ一枚も世間に出て來たことがない。日本では、從來、梁陳の間に(西紀六世紀の頃)顧野《こや》王が編した「玉篇」が辭書の最古のものとしてその唐代の寫本が存在してゐるので、學界では非常に珍重せられてをつたが、「說文」に至つては故平子鐸嶺氏が發見した二行程の古本の影寫本があるのみであつて、その古本は、矢張この唐寫本と同種のものであるらしく見えるが、餘りに僅《わずか》の斷片に過ぎないのを學界いづれも遺憾としてゐた。然るに、この本が今度手に入ることになつたので、殆ど太牢《たいろう》の味をなめることが出來るやうになつた。

黑板博士のいふところによると、この本と最も類似した篆書楷書を交へた古寫本が、御府の手鑑に小野道風筆と傳へられてゐる千字文の斷片が貼られてゐるとのことであるが、これも實は唐寫本であるらしく、また相共に無上の珍本といつて差支へがない。

◇

二大珍書のその一つである黒板博士發見の「大廣智三藏表制集」は私も觀たが、これは、普通に「不空三藏表制集」といはれてゐるもので、唐の不空三藏の上表、三藏に賜《と》はつた天子の詔勅その他を編纂したもので、支那では既くの昔から佚亡《いつぼう》してゐるところのもので、全部六巻のものであるが、不空三藏は、わが弘法大師入唐以前にすでに寂し去つたので、大師はこの人には會はずに歸つたが、不空三藏の譯經の多數は、當時密教に關する最新のものとして大師によつて多數將來せられ、同時にこの表制集も將來せられた。現在、この古寫本の存在してゐるのは、近江の石山寺に二卷、名古屋の眞福寺の翰林學士集の背面に一卷、大阪の上野精一氏に一卷(これは田中光顯伯の舊藏)、東京の根津嘉一郎氏に一卷、佐々木信綱氏に一卷あつて、表制集六卷は大概、古寫本で完備する位であるが、このたび發見せられたのはその第一卷であつて、書風から判斷すると、傳教大師將來の古寫本の書風と類似するところがあつて、或は弘法大師の將來せられたその本ではないかと思はれるところのものである。

黒板博士はこれを幾多の古文書中から偶然に見出されたので、同時に「貞元釋教錄」の古寫本をも發見せられたけれども、これらは藤原時代のもので遙に書風がおくれてゐる。表制集は、德川初期慶安頃にすでに出版にもなつてゐるが、板本が極めて少いので、私が嘗て八代弘賢の不忍文庫から傳はつた蜂須賀家の阿波國文庫本を以て轉寫したことがある位であるが、その後、續藏經にも入つて、今日では、普通本は見難いことはないが、しかし木板本、續藏本共に誤脱の憂ひがあつて善本とはいひ難い。今日、この最古の表制集の寫本を得て、支那の佚書の最も正しい原本を見ることが出來るといふのは、學界のため至幸といはねばならぬ。

大正13年6月

『龍谷大學論叢』第二五六号

富永仲基の佛教研究法

一　仲基の傳記

富永仲基の事については、三十年以前より研究を始め、その傳記等も相當しらべてみたが、第一、その沒年が判明しない。種々材料は出るが充分とまで行かない。とにかく此の人の英俊なることは何人も認めた事で、頭腦の明敏さより言へば、德川時代の第一流の人々に比肩すべく、しかも大阪の町人中より出たのだから面白い。本年になつて、その著『翁の文』が偶然に出て來て、仲基の佛教研究の方法以外に、儒教及び神道に對する研究法も詳しくなつたことは、今日までの私の彼についての研究の進歩である。

今日にては、彼の著『出定後語』は珍らしいものとは言はれぬ。しかし、是は矢張一種特別のものであるから、或る時にはすでに絶へんとしたものであるらしい。平田篤胤は『出定笑語』に、苦心して此の書を探した事を記してゐる。元來、篤胤が此の書のことを知ったのは、その師本居宣長の『玉かつま』に出てゐるのを見てからである。『玉かつま』第八巻には大變『出定後語』が賞めてある。しかもその漢文が巧みであると賞めてある。宣長は國學者であるが、青年時代は漢文を書き、漢文家としても相當に價値のある人である。それ故、宣長が仲基の漢文を賞めたことから考へて、仲基の漢文も相當に立派なものであつたと認めてもよからう。宣長は、淨土宗の文雄が『非出定後語』を著したことを記し、是は仲基が俗人でありながら、佛教を批評し、誹謗したのを怒つたので、只それればかりであると、言つてゐる。

篤胤は、この『玉かつま』に書いたものを見て、方々を探した所が、文化二年、大阪駿河屋の土藏から版本が出、それより後四、五部方々から送つて來たばかりであつたのを見ても、當時『出定後語』は少なかつたのであらうと思はれる。この版の絶えかけたる時、版に多少の修正を加へて新らしく出版されたのである。龍谷大學所藏の本も其である。新古二者の版本の相違は、その序文が、古くは楷書であつたのが、新らしく出版したのには草書で書いてゐる點である。しかし、その内容には差異を認めない。其後、篤胤は佛教を研究し、『印度藏志』を書き、大規模なものであつたが未完成なもので、印度の釋尊以前及び以後の事は記してあるが、釋尊の傳記は記して無い。此の書も得難きものであつたが、最近活版によつてその全集を出された。たゞ全集は原本の、本文の大字と註の小字とを同型の活字にしてあるので、讀みにくい缺點がある。とにかく此は昔は平田學派にとつては、極めて貴きものであつて、傳授さへあつたのである。

元來、富永家は學問に關係深き一家である。仲基の父は、富永芳春と言ふてあるが、本名は德通と呼ぶ。家號は道明寺屋吉左衞門と言ひ、代々醬油屋であつて、今日の尼崎市のあたりに、その家があつた。芳春は今日なほ存して、その眞生命を培ひつゝある懷德堂創設者たる五同志の一人であつて、大阪の町人に學問を注入するに功ありし人である。彼は三宅石庵に就ひて學び、懷德堂は實に石庵の講學の爲に建てたものであつた。芳春は又書を能くし、殊に假名書に有名である。仲基の母は安村氏であつて、芳春の後妻である。大和の人、學問あり藝能に秀で、歌をよみ歌集を著はしたと云ふ。

芳春には四子がある。或る書によると、第三子と思はれる人を第四子と記してゐるなどの事から考へると、なほ一子があつた様であるが、現に分明してゐるのは四子である、長子を信美と云ふ。毅齋の號あるを見ても相當に學問をしたものと思はれる。芳春の先妻の子であつて家を繼いだ。次子が仲基であつて、南關又は謙齋と號してゐる。三子は定堅と言ひ、蘭皐と號し池田の荒木家を繼いだ。仲基、定堅の二人は相當の學者であつた。四子眞重と言ふ人も學問ある人である。

富永家の墓は大阪下寺町西照寺に在るが、仲基の墓はない。私が墓詣でした時に、母安村氏や長兄信美その他一族の墓があつた。母の墓には詳しい碑文があつて、仲基の事も出で、母より先に死沒したことが記してあつた。

この人の名は一般に仲基と言はれるが、それが本名なるや不明である。別に德基とも言つてあるが、德基と云ふのが本名であつて、二男であるから仲基と云ふたのではないかと思はれるが、しかし仲基の名をなかもとゝも呼んであるから、確定せられない。この人の通稱は、親の通稱と同じく吉左衞門と呼ばれてゐる場合もある。最近、偶然淡路にて發見せられた彼の著『翁の文』に、「作者大坂道明寺屋三郎兵衞」と記されてあるが、これは當時か、又はそれに近い頃の書であることが判明したから、三郎兵衞と呼稱の儘を記したものであらう。これからみると、仲基は三男であつて三郎兵衞と言つたものかも知れぬ。

世傳によると、彼は幼時より三宅石庵の門に入りて學び、漢籍に達してから、『說蔽』を著し、儒教を誹《そし》つて師より破門せられ、『出定後語』を著して佛教の惡口をなしたものである。『翁の文』は『出定後語』よりも前に書いたものであらう。元文三年の序文がある位であるから、『翁の文』に『說蔽』の一部分が載せてあるが、それを見るに、決して儒敎の惡口を言つたものと思はれない。『說蔽』は漢文であるか否か、今日のところ不明である。

仲基は、兩親が町人であるけれども、學問に關係の深き人であり、又天性聰明な人であつたが『出定後語』を書くに當り、何處に於て佛教を研究したかを考へる必要がある。

島田蕃根翁の考へによると、彼が黃檗の經藏に入つて藏經の校合に從事した時に、一切經を讀んで佛教を研究したものであらふと云ふことである。恐らく、これは潮音慧海の書いた『摑裂邪網篇』に基くのであらふ。定堅の子李谿の編んだ『大東照代詩紀』の中に、伯父仲基の詩が出てゐる。又『吳江水韻』にも彼の詩が入れてある。此等の詩を讀むでみると、何か家庭に事情があり、しばらく他出してゐたことがあるらしい。それは詩の中に「相逢行」と言ふ題で、

二郎去遊官　三郎在㆓他家㆒　太郎好㆓任俠㆒　四郎好㆓麗華㆒

の句がある。その三郎は、即ち定堅であつて、荒木家に入り、二郎遊官とあるのは、仲基自身の事であつて、何處へか

仕官した様にみえるが、是は黄檗山に來た事を指したものかも知れぬ。太郎卽ち信美は、任俠の人で、四郎眞重は酒色に耽つたものゝ如く、次の句に、

　難レ得者黄金　易レ得者非毀　尤喜雙親全　何爲行未レ已

等と記すを讀むに、何等かの事情の爲に心を痛めたらしい。そして「對酒行」と題する詩がある。酒によつて憂を慰めたものらしい。以上の詩は、仲基の黄檗行きを裏書してゐるものとみてもよいと思ふ。

　仲基の沒時は不明であるが、母の碑文には母より先きに死んだことを記してゐる。母は寶歷九年に亡くなつてゐる。『翁の文』を著した延享二年より、寶歷九年までの十二、三年の間に、沒したことは推知せられる。仲基の傳記は大體以上の如きものである。

二　佛教研究法

　由來、仲基についてはその研究の結果を批判するものゝみが多くて、研究方法の如何なりしかを注意したものは稀であつた。しかしその研究法そのものに就て考察することを忘れてはならぬ。

　元來、佛教は我々にとつて厄介なものである。と云ふは、その思想が空間時間を超越してゐる故である。史家は空間時間に無頓着でありえない。佛教の思想は罌粟粒《けしつぶ》の上に須彌山を現し得る程であるから、歴史上より考へて理解に苦しむものも尠くはないのである。單に空間時間のみならず、佛教經典中には、思想と事實との水際が確然とされてゐない。その思想と事實とを如何に見ればよいかとの問題を捉へて論じたのが仲基であるが、その最初に當り、研究法に多大の考慮をなしたのであらう。

　仲基は、前述の如く、三宅石庵の門下であるが、石庵より儒教的思想を得たとは考へられない。石庵は、町人に對しては巧みなる說話をなしたものであるが、思想としては是と認むべきものがない。彼が思想的影響をうけた物は、他に二人の學者があつて、それにより直接、間接に朱子學の思想を得るにいたつたのである。その一人は、田中省吾である。彼は荻生徂徠の友人であつて、はじめは共に柳澤家に仕へたものである。徂徠が甲州に使ひした時の紀行文中に、省吾と倶に詩を賦した事を記してゐる。後に何かの事情があつて人を斬り、遁れねばならぬ事があり、遂に池田家に止まつたらしい。この人に仲基及び定堅兄弟は愛されて感化をうけ、この人を通じて間接に徂徠の風を學んだと思はれる。仲基は、すべて物事を歴史的立場より研究してゐた。徂徠は、この研究態度を享けて、先づ儒教にあきたらずして『說蔽』を著すと、直ちに傳來の師より破門せられたが、學究息まず、遂に佛教に思ひを廻らしたのである。

　從來、佛教について史的研究されたものは無いのではな

い。併し、それは、皆『異部集輪論』等に捉はれて傳統的になつてゐた。仲基が、是等に捉はれずして自由討究に目を注げる事は、偉とすべく、一家の説をなせるは、壯とすべきである。而して此の人の研究方針について原則とも云ふべきものを立てた事は、學問研究上大いに功のある所である。大乘非佛説論をなすに當つても、まづ佛教以前のものを歴史的に考へんとするに當り、原則を立て、その方針によつたのである。

それで其原則といふのは、第一、加上と云ふこと。或る議論があると、その他に新しく宗旨を立てようとする人は、必ずその上に立たうと云ふ考を持つものだと考へた。

佛教以前、印度の人は『天』を考へた。この天の考へは次第に進む。二天から三天、そして四天、その上に五天等、上へ上へと進み、三十二天が三十三天まで進んだ時、釋尊が出興於世した。釋尊は、この上に天を立てず、七佛を立てゝ佛教を興したが、これは、只天の上に佛を立てたのみである、と言ふ説明である。この人は、文殊、普賢を實在の人と考へてゐた。又大小二乘は、二樣各別に編輯されたと考へた。しかし始めより文字に書き記されたものとは言つてゐない。又、大小二乘は何れが先に説教されたか不明であると言ひ、と云つて、前後が無いとも考へてゐない。彼は、とにかく『法華經』あらはれて後、その前後の順序が立てられたとしてゐる。最初に小乘が説かれて大乘に及ぶ。大乘は『法華經』が第一にして、その上に『華嚴』の説が位し、『涅槃經』の折衷説が出で、『楞伽經』が説かれ、最後に祕密曼陀羅の教が現れた。かくの如く前説よりも上へ上へと進んで、遂に諸大乘教が成就したので、この加上の原則に基いた所以であると、論斷してゐる。

此説により、其に關係した事を種々研究してゐる。例へば經には、冒頭に必ず「如是我聞一時佛在」とか、又はそんな意味の文字が有る。從來の説明によれば、佛滅後、最初の雨期に遺弟が結集して、かねて常隨昵近の弟子なる阿難が石上に立ち、「我聞如是」と諳記してゐた師佛の説法を音吐朗々と誦出した。それを編纂したる故に、常に同形式の經典があるとしてあるが、仲基の説明は然らずして、元來佛教は口より口へと傳へられたもので、よく種々の書に「佛滅五百歳」と云ふ文字を見るが、考ふるに、その頃まで口傳へをしてゐたものらしい。佛滅五百年頃より佛説を筆錄しはじめたに相違ないと。隨分皮肉にして而も穿ちえた説明である。服部蘇門も之を賞讃してゐる。

この人は、皮肉にして、往々獨斷的であるが、然らざる場合も有つて、三藏に關する説明は、實に巧みな解決を與へてゐる。一般に、經は金口説法であり、論は菩薩の説かれたもの、釋は人師の説、それ故先後の別自ら分れてゐると考へられるが、仲基は然らず、佛教の典籍中には偈頌多く、其は韻律を有してゐる。又長行と云ふがあり、此はその解釋なりと言つてゐる。併し、是の説は、往古より行はれ、その偈頌について八意味を説く。仲基は、その中の第五と第六とを選取して説明を加へた。第五は、「易行に從ふ故に」、第六「受持し易きが故に」とあり、これ偈頌の生ずる原因である。卽ち、相承する間に洗練せられて自然に韻律を有する如くになつたものとした。これは、この人は支那日本の學問によつて考へてゐる。支那の書は皆韻律がある。本朝の祝詞等にも調子がある。其は傳へらるゝ中に諳誦的になつたものであつて、印度も支那、日本と同様に諳誦的であつたに相違ない。これによつて考へれば、三藏の問題は、容易に決せられる所があらうと云ふのである。

かゝる研究態度は日本に無い所で、三國相對の研究は、彼の明晰な頭腦の働きである。以上は研究中の副産であつたのである。

次に原則の第二として、異部名字と云ふものを立てゝ「異部の名字和合しがたし」と定めた。例へば釋尊について、十九歳出家、三十歳成道の説と、二十九歳出家、三十五歳成道の説とがある、從來の佛教者は、これらを一にまとめんとする傾向がある。仲基は「異部の名字必らずしも和合しがたし」とし、記録なき時に於ての口傳へであるから、相違のあるのが當然なりと考へた。これは面白いことゝ思ふ。一原則として可なるものである。

支那でも、春秋『公羊傳』には粗ぼ是れと同様の意見が出てゐる。「所レ見異レ辭、所レ聞異レ辭、所二傳聞一異レ辭」とあつて、異説を必ずしも一定しない所に、古代よりの説に價値を存してゐる。たとへ異れる點があるにせよ、大差は無い。故に、その儘にしておくが宜しと考へたのである。

かゝる事をやつてゐる中に、諸經に載せた佛菩薩の名は、空中樓閣とのみ思はれず、古代に生存した人々の名が後に傳説化されて其と付けられたものであるとした。これ恰も支那にて無懐氏、葛天氏と云へるが如く、又河伯、馮夷、神荼、鬱壘等と同じとして考へてゐるが、之を單に空想の産物と見なす事は出來なかつたのも、この人の一特徴である。

次に、論理の組立とも云ふべき物につき、原則として「言有三物」と云ふてゐる。三物ありとは(一)言有人、(二)言有世、(三)言有類、之を三類と云ふ。

(一)は異部名字と同じく、家言ありて各々主張する所を異にするを言ふ。人によりて異るのである。

(二)は時代によつて異るを云ふ。例へば普通佛教者は舊譯を貶して新譯を宜しとするが、そうすべき物ではなく、舊時代の言語を寫して記したものと、比較的新らしい時代に書いたものとの間に、差異あるは理の當然なりと云ふのである。

（三）の類については、之を五類に分けてゐる。この五類は彼が直ちに掲げたものではないが、雑の部に二類ありて、合せて五類を述べている。

一、泛　もと一事物についての名稱なるを、擴げて一般的にするを云ふ。事實は多く偏《かたよ》る物であつて、是が意味を一般的に擴張すると事實とは相隔たるも、理論よりは正しくなる。卽ち論理的發展を意味するものである。

二、磯　孟子中の「是れ磯すべからず」の語がある。この意味をとつたらしい。卽ち激である。言葉を强めて言ふこと、いくらか大仰に言ふことである。

三、反　從來の説と相反する解釋をなすを云ふ。

四、張　誇張の意。例へば成佛しうるものは、草木を除く非情有情の中、有情のみなるべきを、非情有情悉く成佛すると云ふが如きである。

五、轉　轉じて意味の變るを云ふ。『涅槃經』に一闡提を除いて、皆有佛性と説くも、後に一闡提も、共に皆有佛性とするが如きものである。

以上、五類によつて、佛教が説かれるに至つたと述べてゐる。今日より論ずれば、不充分であるが、之によつて佛教の諸説が變轉して來た事を見定めたのは、如何にも仲基の頭腦が優れてゐたことを證するに餘がある。彼自身も、是を誇つたものゝ如く、「三物五類立言之化」と言つてゐる。又、梵語は多義を含むが故に貴しと言はれてゐるが、多義を含むは、梵語に限らない。漢語について考へても、字書に種々の意味が載せてある。其が卽ち多義である。大阪言葉に放蕩をたわけと云ふ。たわけなる言葉は、只放蕩のみの意味でなく、多義を含んでゐると説明してゐる。

ともかく、如上の事柄が仲基の論理の組立てであつて、佛教研究法の根底をなすものである。彼が、佛教の如き廣汎なるものを研究したのは、偉としなければならぬ。よくこの研究にて引合ひに出さるゝのは、佛傳についての年代であつて、姉崎博士などは、佛生年代について仲基の説に感心されて、ある研究結果より云へば粗漏の點も澤山あつた文雄、潮音等に攻撃せられてゐる。彼が研究によつて今日殘る所幾許あるかは疑問であるが、ともかく、把束しがたい佛教と云ふ大鯰を、如何に摑むべきかと云ふ事の論理的原則を立てたことは、常に嘆稱おく能はざる所である。すべてこの方法態度は、記録無き時代の事を研究するに役立つものである。而して今日までの史家にして、かゝる論理の組立を以て史的研究を爲した者は稀であつて、蓋し仲基が嚆矢であらう。

三　儒教と神道

大阪の文學博士龜田二郎氏によつて、殆んど反古になつて棄てられんとした『翁の文』が發見せられ、其によつて、漸く仲基の儒教及び神道に對する見解を知る事を得たのは、實によろこばしい事である。今日、仲基の著述中あらはれて來ないのは『説蔽』だけであるが、『翁の文』によつて其の一班をうかゞふ事を得た。

　之によつて見るに、孔子の當時は、齊桓、晉文の五霸を尊びつゝあつたので、孔子はその上に出る爲、文王、武王の道を興した。墨子は文王武王の上に堯舜を立て、楊朱は更に黄帝を崇め、許行は遂に神農の道を説くにいたつた。これは、この人の研究上の原則加上の關係である。次に、思想上より見れば、性の善惡について、告子が最初に性無善惡説を唱へ、世子を經て孟子は性善を説き、荀子は轉じて性惡説を立て樂正子に及ぶ。曾子は孝を力説した。之も加上に則つたものと見るべきである。伊藤仁齋は、孟子の説を正しいものとし、徂徠は之に反對説を唱ふるなどの事は、彼等が説の起る前後を知らない故に、末節に係はつたものであると説いてゐる。

　神道についての批判をみると、元來、神道は、神代の昔から始まつたものでなく、中古の人が創作したものであると云ふ。その最初に兩部習合説が起り、次に本迹縁起の神道に移つた。佛教が傳來せられて、神を本とし佛を從としたものである。次に、唯一宗源の神道になつたが、此は神道を唯一純眞の神道に正さうとしたもので、以上は中古に於ての神道の諸説である。近年にいたつて王道神道が起つたが、之は表面は神道を説くと雖も、裏面にいたつては儒教と一致したものであると述べてゐる。王道神道は、今日より考ふれば、山崎派の神道である。とにかく神道の研究も加上の原則によつてゐる事が窺知せられる。

　次に、道徳上日本人は如何なる道に從ふべきかを、仲基は『出定後語』にのべてゐる。即ち三國各々國民性とも言ふべき其國特有の性をもつてゐる。その性は、印度人は幻、支那人は文である。佛教は幻にとらはれ、儒教は文にとらはれてゐる。今日有用なるは、幻、文を離れたものでなくてはならぬ。日本の神道者は、徒らに復古主義を唱へるけれども、今に比べては原始的な昔の生活ぶりを眞似る事は出來ない。幻、文を離れてそこに純眞なる誠の道生ず。「三教には惡しき癖あり。これを除くべし」と言ひ、除かれたところに顯はるゝ誠の道に從ふ事こそ道徳上價値があるのであると言つてゐる。これが仲基の道徳に關する考へ方にして、『翁の文』が現はれて、知る事を得た。

　私が仲基に關係して知るところは、大體以上の如くである。以上の事だけでも、仲基の功績は充分あらはれてゐると思ふ。史上に仲基程の論理をもつて研究した者は少い。この人のとつた研究法は、現今の如何なる學問に應用しても決して不可なきを得ると思ふ。今日佛教を研究するの人、仲基の研究態度方針によつて進んで効あらば、仲基の効、愈よ顯はれて大なりと言ふべきである。

附言　この講演は、龍大生の速記を基として私が多少の添刪《てんさん》を加へたものである。原則としては、内藤先生の校閲を經べきであるが、來月六日に歐米見學の途に就かるゝ爲め、殆んど寸隙もなき模様に伺はれたので、僭越の罪を犯しつゝ、先生に願ふて私が全部の責任を負ふて、本月號に掲載することに致しました。茲に内藤先生、幷に讀者に對し諒恕を乞ふ次第である。（妻木直良記）

大正14年5月

『鐵齋翁遺墨集』

鐵齋先生追憶談

今夕、鐵齋先生のことに就て何かお話を致せといふことでありました。どちらかといふと、少し鐵齋先生を知り過ぎて居つて、お話することが餘り無いのであります。それに前の方のお話を承つて居たら色々面白いことも思ひついたゞらうと思ひますが、只今參つたばかりで、何にも前のお話を承はらなかつたので、話の種がトントありませぬ。たゞえらい繪の大家であつたといふことを賞讚し奉ればそれでも濟む譯ではありまするが、近頃しばらく旅行して居りましたので、日本のことに遠ざかつて居りまして、西洋の惡口でも言へといふことであれば大分種がありますが、日本のよいことを讚めることは、しばらくお留守になつて居りましたから、よい思ひつきがありませぬ。

たゞ私の短い間旅行して居つた間に、西洋の繪なんぞ見まするのは私の目的ではありません。又其の方の專門でもありませんから、別に注意して見ようといふ譯でも無かつたのですが、けれどもマアたゞ歩いて居る間に方々の美術館に這入つたり何かして、繪は日本の展覽會を見る位の速力で相當見ました。大抵、日本の展覽會を私共見まする時は、帝展が岡崎なんかに開かれたりしますと、這入るから出るまで三十分位で見てしまひます。それ位の速力で西洋の繪も見て來ました。隨分方々の英吉利でも、佛蘭西でも、獨逸でも、伊太利でもそこら中の繪を見まして、私は元來西洋の美術なんかよくわかりませんけれども、西洋の繪の概念は、見て居る間に幾らか出來たと思ひます。それで、今迄の人が偉いといつて居つた繪も一向えらく無いと思つたのも相當あります。それから、西洋人の畫論などゝいふものは一向研究もしませんけれども、何しろ日本の人が色々取次いでいふ所を聞きますと、却々《なかなか》大層なもので、非常に理窟がよく整つて居るやうでありますが、それがどれだけ本當に藝術鑑賞として確なものかどうかといふことは、幾らか考へるやうになりました。それは、勿論あらゆるものを讀んだ上のことでは無いのです。私が今度歐羅巴に實際居りましたのは四ケ月十日ばかりのことでありますから、其の間に見物もしたり、本も讀んで居るといふことは到底出來ませぬ。先づ見物だけして來たのであります。其の間に、退屈で仕方がない時は本を讀んだりしたことが幾らかあつただけです。

或る時、獨逸の某といふ人の東洋の繪に關するものを讀んだことがありました。一昨年でありましたが、獨逸の有名な東洋學者にヒルトといふ人がありまして、近年ながく亞米利加の方へ行つて居りましたが、其の人が七十になつたとか何とかいふので、其の祝ひをしまするので、獨逸派の東洋學者達が論文を書いて一つに纏めて出版した。ヒルト、アンバアサリー、ヴオリユームといふ大きな本です。兎に角、其の本は獨逸の方で、相當な學者達が書いたに違ひない。又其の書いたものを纏めて載せて居るのでありますから、之にのつて居るものは、獨逸學者の間に相當許された論文であるだらうと思ふ。所が、其の人の書いたものは途方も無いものです。王羲之の繪といふものに就て書いてある。それが獨逸のどこかに行つて居るものと見えます。その繪が立派なものだといふことを、例の獨逸流の筆法で色々論じて、さうして理窟をつけたものです。なる程、理窟を讀んで見るといふと、理窟には間違ひありません。考へる方式には間違ひはありませぬ。たゞ根本の繪が僞物であるだけであります。其の僞物たるや、とてつもつかない僞物です。支那とか日本であつたら、どんな田舍の道具屋でも信ずることの出來ないやうな僞物です。然るに、それが晉朝人の王羲之の繪です。さうして、それに王羲之の書と稱するものを引つぱり出して來て、其の繪に落款がありますので、其の落款の文字を證據立てる爲めに役立たせる。それから、西本願寺の光瑞さんが西域で發見した晉代の文書と同種類のものが、瑞典《スエーデン》のスウエン、ヘヂン氏によつて發見されて今、それが獨逸にあります。其の文字を引きずり出して、それを證據立てたり色々して、一生懸命に考證して研究する。其の方法は決して間違ひだといふことは出來ませんが、どうしても根本の繪が僞物だ。獨逸人はすべてあの流儀で、其の根本がわからず、理窟だけで組立て居るものが隨分ありはしないかといふことを考へさせられた。それは、私共から見れば、何の値打もないものでありますけれども、それがやはり獨逸流の東洋學者の一つの論文として其の大きな本の中にころがつて居るのです。西洋人の議論といふものは——獨逸人は殊にさうでありますが——隨分眉に唾をつけて聞かんと、さういふ風なことがあると思ひました。

それは藝術に關する議論の方でありますけれども、藝術の制作の方でも、日本で近來新しい畫家の先生達は、色々な片假名で書いた名前をひきずり出して、新しい近世の大家としてあるものが、いつでも雜誌を見ると載せて居ります。其の中の半分か、少く共三分の一位は、さういふ人の繪を私も見たゞらうと思ひます。勿論、えらい人のを澤山見たのではありませぬ。澤山見る必要は無い。善くても惡くても、兎に角其の人の眞のものであつたら、一つか二つ見たら大抵それで大體の見當はつくのだと思ひますから。例へばルノアール、セザンヌ、色んなものがありますが、極僅かなもので佛蘭西にあるもの、例へばルクサンブールの美術館にあるやうなものだけは見ました。それから、勿論ずつと古いものも見ました。何でもかんでも見られるだけは見たのでありますが、其の見た上でひどく痛切に感じたことは、西洋人の風景山水の繪のひどく下手なことです。思ひの外に下手なことです。日本でセザンヌがどうとか斯うとか色んなことを書いて居るのを聞くと何か尤もらしいが、セザンヌはそんなにまづいことはありませんが、支那ではそれ位の繪は少しあり過ぎて困る位です。一體、西洋で風景畫といふものは餘程新しく發達したものゝやうです。繪のさかんなルネツサンスの時のものには、皆人物の背景に少し景色がある位であつて、風景畫はありませぬ。たまに風景畫があると、張子見たやうな山が竝んで居る。和蘭あたりで風景畫が段々發達したらしいが、和蘭といふ所は山の無い國であります。のみならず其の三分の一か、三分の二は、皆海より低いので堤を以てさゝへて居る。まるでこてゞなでつけたやうな平たい所でありまして、其の平たい所から發達したのが西洋の風景畫であるから、横平たいものが風景畫と心得て居るのか、和蘭の風景畫は箆棒《べらぼう》に横平たい。尤も、西洋人は何でも理窟を合はす人間で、人間の目が横にきれて居るから横に平たく見るのがよいと考へたかも知れぬ。何でも風景といふものは横に平たいものと考へて居りますが、不思議に支那人は景色といふと皆たてに高いと見て居る。目は横に切れて居つても隨分たてにも働きますから、横に見える風景をたてに見るといふ所に人間の價値といひますか、一寸動物よりはよい所があるのでは無いかと思ひます。西洋人は、景色を縱に見ることを一向知らないのは不思議です。縱の風景の繪といふものは殆ど見ることが出來ないと思ひます。併しそれでも全く風景畫は無いといふ譯ではありませぬ。時々は感心する繪が無いことは無いのです。

一體、英吉利といふ國は、まことに繪の下手な國で、彫刻でもさうでありますが、すべて藝術といふものは、お話にならぬまづい國でありまして、私は英吉利へ行つて初めて日本の今日の藝術に安心した位で、あの位なら日本で現に出來て居る、それからもう少し上手になるだらうと思ふ考へが起つたので、英吉利といふ國は私に自信を起さす點に於て大變効能があつた。其の中には風景畫だけはうまい人がある。ターナー、コンステーブルの二、三人だけは、不思議にうまい。併し、それは、勿論英吉利人ではあるが、いづれも其の上手な風景畫家は、大方本國で育つては居らぬ。伊太利あたりへ行つて畫いて居る。この風景畫は本國の景色にも關係する。霧の景色を書くことは日本には餘りありません。英吉利で無いとひよつとしたら出來ないかも知れん。何でも霧がゝつた、霧の中から日光か燈火か何か見えるやうな所を大變うまく書いて居ります。それだけは一寸うまいと思ひました。勿論、支那の山水のやうな深みはありはしない。多くは街の景色であつて、山水といふやうなものはありません。兎も角、其の人はうまいですが、それをのぞけば種切れであつて、今日はさういふ人の後繼になるやうな繪かきが英吉利にある譯ではありませぬ。てうど私の倫敦滯在中、郊外のウエンブルといふ所に博覽會がありまして、そこに今日の畫家の繪がありました。よくもあゝ十七世紀十八世紀頃の古い繪を無暗に眞似ただけの繪を竝べたものだと思ひました。丁度、日本でいつたら狩野派とか四條派の繪を一生懸命に稽古して居るのを其のまゝ竝べたやうな感じが、英吉利の今日の博覽會に於てする。歐羅巴で風景畫といふものは和蘭から起つたから、といふ考へは昔風の考へであつて、本當はやはり佛蘭西から起つた。それはツイ七、八十年ばかり此の方、よう〳〵風景畫といつてもよいものが出來たと思ふ。さういふ風景畫は、單に景色の見取圖を書くのでなくて、景色の中に自分があります。詰り、小さい景色の中に自分がつくつた天地がある。さういふものは僅に七、八十年此の方です。

さういふことを考へて、さうして此の東洋畫の方を思ひ起しますと、どうも山水は東洋の方が遙にうまいと思ひます。其の點から云つて、鐵齋先生位の山水畫家は、マア歐羅巴にはなかつたと思ひます。山水ばかりでありませぬ。やはり花とか菓物とかいふものも、鐵齋先生の繪には何ともいへぬよいものがあります。所が、西洋人といふ奴は、之も亦案外下手です。尤も西洋の繪を見ると、花を見ても實に實物のやうにきれいに書いてあるとは思ひますが、それだけのことです。ウイーンで見たと思ひますが、和蘭の誰かの繪です——毎日繪を見て居れば、どこで見たか、誰の繪だつたか混雜してわからなくなつて居りますが、非常にきれいな花を書いて、さうして花に露が二つばかりついて居る。其の露がまるで本當について居るやうに書いてある。それがうまいのだといつて案内した人が見せて吳れました。なる程、うまいに違ひありませぬ。併し、露がついた、つかん、そんなことは畫の問題で無いと思ひます。それは、勿論東洋でもきれいに花を書く清朝の惲南田《うんなんでん》のやうな人もありますが、同じくきれいでも西洋の花卉《かき》の繪よりは品があると思ひます。西洋畫では、眞に花卉の中に小さい天地があるといふやうな考へが起りませぬ。菓物なんかもさうです。人物畫は、近代大變に西洋に於て發達して居りますが、その他はさう大したものだとも思ひませぬ。我が東洋の方では、昔から花卉の繪でも、さういふ風にきれいに寫生する派もあり、それから又隨分あらつぽい筆致で花の精神を寫すといふやうな畫法もありまして、色々の派があるが、鐵齋先生などの繪はやはり、餘り古い時代の畫派はしばらく措きまして、近代の明末あたりになつてからは徐天池だとか、清朝になつて高鳳翰だとか、呉譲之とか、趙之謙とかいふやうなものと同じやうな傾きと見て居りますが、あゝいふやうな畫派は、之れ亦極最近西洋では出來たので至つて新しい方です。其の點では、鐵齋先生の書かれるやうな花卉とか菓物のやうなものは西洋にはないかも知れんと思ひます。

それで、昨日から今日の展覽會は非常に結構でありましたが、先程も拜見しまして、斯ういふものを西洋へ持つて行つて見せたら、餘程面白からうと思ひました。

近來、西洋人の考へが色々變つて、それがよいか惡いかわかりませんが、隨分日本の二科會に見るやうなのが澤山ありますす。巴里でも、秋のサロンに殊に化物の繪が多いといふことであります。之はよくなつて居るか惡くなつて居るか疑問だと思ひます。戰爭の影響もあるかも知れんが、繪が無暗に神經質になつて居ります。女の顔を書いても三角にとがつて居る。からだでも足をヒヨツトのばしたのなんぞは、まるで槍の先見たやうになつた繪を喜んで書いて居ります。そんなことは日本でも無いことは無い、明治の初年頃、浮世繪かきで大蘇芳年といふ人がありました。此人は、近年の年方、年恆、年英、などの師匠でありましたが、其の錦繪なんぞを見ますとみんな顔がとがつて居る。からだの各部分がみんな鋭角をなして居ります。河鍋曉齋の畫も隨分神經質で、本人もおしまひには氣狂ひになりました。それはやはり江戸では徳川の瓦解前後の形勢の爲めに、人間がみな神經質になつた結果では無いかと思ひます。今日の西洋畫も、必ずしも大戰爭ばかりの影響とは思ひません。大戰爭の前から勞働問題なんかによつて神經質になつて居るから、其の影響も多くはないかと思ひますが、それを日本から行つた人が新しい進歩した繪だと思つて歸ると大間違ひだらうと思ひます。さういふことは時々あるので、秋のサロンでひどく感じたことは、何でも今迄非常に寫生を重んじ叮嚀にきれいに書かうとしたのがあべこべになつた。一番秋のサロンで多いのは歐羅巴でルネツサンス以前、中世の一番文化の衰へて居つた時に流行つて居つた極めて原始的な宗教畫風の繪である。彫刻でもさういふ傾きがありました。それは、最近エジプトの古墳が發掘された結果、何でもエジプト流行りで歐羅巴はすべてエジプトを以て横領されて居るやうです。そのエジプトの原始的な彫刻の上にまだ慊《あきた》らず、人間を好んで畸形にして表はしたがる。之は最初は個性を強く表すなんといふ所から來たのでせうが、個性より畸形をつくることになつて居ります。それは決して進歩だとはいはれませんが、併し、極まりきつた形の整つたものゝ外にもつと面白いものがあるのだといふやうなことに、よう〱歐羅巴人が近頃氣がついたのでありますが、そんなことは東洋の畫では前からあるので、鐵齋先生の繪は、さういふことを萬々のみこんだ上にかゝれた繪であつて、それで、同じくものを見られても變つた形に見られ、變つた形に描かれても、さう强ひてことさらにやつたといふことは見えませぬ。色彩なんぞでも、近頃歐羅巴人の流行りは、何でも原色に近いものを使ひたがつて、色々調和した色を態《わざ》と使はない。不調和なものを使つて不調和といふ點から人の目をひきつけようと考へて居りますが、それは本當の藝術からいふと、幾らか墮落だらうと思ひます。こつちでも呉《ご》昌碩《しょうせき》なんか幾らかさういふ傾きがありますが、併し、本當の藝術の眞意を心得た人はさういふことは感心すべきことで無い、さういふ點に感心するのはやはり頭がどうかなつた人で、あたり前は色でも調和した方がよいだらうと思ひます。其の點で、鐵齋先生は色彩に於て妙な桁はづれの繪は決して書かれない。さういふ點で確かな藝術の見方をして居られたといふことが考へられます。さういふことを段々考へますというと、今では日本でえらい人といふことになつて居りますが、もう少し東洋藝術が世界に廣まつたら鐵齋先生は世界的にえらくなるものだといふ確信を有つて居ります。之を若し私が忙しい洋行をしたお蔭といへばお蔭です。

それから、よく鐵齋先生の繪のことに就て間違ひを起す。今呉昌碩のことを申しましたが、歸つてから私の郷里で出して居る田舍の新聞を見ますと、呉昌碩の繪を眞似たやうに書いてありました。京都でも新聞記者でさういふヘマなことを書いた人が數年前にあつたことを記憶します。呉昌碩は、今日でも生存して居りますが、鐵齋先生より年が若いです。カレコレ十位違ひます。それから呉昌碩の繪が日本で流行りだしたのは近年で、鐵齋先生は呉昌碩のが日本へ來ない昔から今のやうな繪を書いて居られた。決してそれを眞似て書かれたので無い。呉昌碩の繪といふものは、支那でどういふ位置にあるかといふと、之は決して呉昌碩が自分で發明した繪でもなんでも無い。それは皆昔、徐天池、高鳳翰、近代では趙之謙とかいふやうな人の影響があつて、それが呉昌碩の繪となつて來たに過ぎないのでありますから、鐵齋先生も、徐天池、高鳳翰などの畫をいくらか前に見て居られたに違ひありませぬ。日本でさういふよいものがあまり古くから渡つて居りませんでしたから、徐天池とか陳白陽とかいふやうな人の確なものを鐵齋先生も見られたかどうかは分りませんが、しかし、さういふ一派の畫派のあることは前から承知して居られて、さうして、それを自分の天才でうまく書きこなされたのであつて、自然さういふ風な傾きの繪が出來て、それに又本當に御自分の新しい考へが加はつて、さうして長い間修行されましたから、吳昌碩の繪から見ると、幾らか整つて不調和で無く出來て居る點が多いと思ひます。それで、鐵齋先生の繪は吳昌碩だといふのは田舎者の評で、さういふ點は段々これから鐵齋先生の繪を研究したらまだ色々な點が出て來るだらうと思ひます。山水などでも、私は殆ど二十年來の繪を見るたんびに、支那の畫家に比較しては、誰某の繪に似た、彼某の繪から來ては居ないかといふことを其の度に思ひ出すことがありました。私共の見聞が廣まるに從つて、其の似たといふ點も段々變つて行くやうに思ひますが、それは別にさういふものを眞似して書いて居られるので無くして、其の點は自然に、長い東洋畫派の傳統をうけて居られた結果、誰にといふことなしにさういふ一種の現し方を自得されて居つたのが出て來たのだらうと思ひます。そこに鐵齋先生の獨立した立場があるのだと思ひます。

　これからは、斯ういふ風な繪を研究するといふことの必要上、東洋畫といふものゝ傳統をもう少し明らかに一般世間に知らせるといふ必要がある。殊に繪のことに關係のある人は、それを幾らか知る必要があると思ひます。此の東洋畫の傳統を知れば、西洋人の近來の繪を格別そんなに有難く思ふ必要はなくなると思ひます。又、其の西洋人の畫論なんぞも、さつき申しましたやうなことから考へて、一々敬服ばかりして見て居る必要はなくなるやうになりはせんかと思つて居ります。

　考槃社《こうばんしゃ》といふ御連中は、皆大部分私が前から懇意な方でありますが、其の社中には繪を本業となさる人もあるやうでありますが、繪を本業となさるつもりであるか無いかわからない人もあります。私は、やはりそれで差支へないと思ひます。近頃、藝術家といふものは何でも自分が藝術家だといふことを自覺しないではいかん、其の自覺をしないものがうまい繪を書ける譯はないといふやうによく申されますが、藝術家の自覺と製作とは別問題だらうと思ひます。藝術家とも何とも自覺しないで立派な繪を書く人があり、一生懸命になつて自覺しても一向思ふやうに書けないやうな人もあります。鐵齋先生自身は、今の若い藝術家達がいふやうに自分は藝術家であると自覺して居られたかどうかといふことは私は疑問だと思ひます。ひよつとすると自分は本を讀んだり學問をしたりする人間であるが、誤まつて繪を書くやうになつた、所が其の繪が流行つて暮しが樂になる、暮しを樂にするといふ方が一家族の爲にも苦しくするよりはよいから自分は繪を書くのだといふやうに考へて繪を書かれたかもしれぬ。それでもあれだけの繪が出來れば、私は結構だと思ふ。それは何でもさうなんで、必ずしも自分がそれを本職として、さうしてそれを自覺したからよいものが出來るといふものではありませぬ。どうかしてまぐれあたりに、自覺しないでよいものが出來ることもあります。勿論、自覺して結構でないことはありませぬから、時々まぐれあたりにあたつて貰ひたい。自覺しても一向まぐれあたりにもあたらんでは困りますから、それで其の點は鐵齋先生の生涯によつて、必ずしも自覺した人がえらい藝術家、えらい製作品をのこす人とはいはれないといふことの一つのよい先例になるかも知れんと思ひます。そこらも考へる必要があります。何もお話することが無いので、つまらないことを申してすまないことでありました。

昭和2年2月

『大御言葉を拝して』生々社編輯

大御言葉を拝して

畏くも今上陛下御踐祚《せんそ》の首《はじ》めに當つて下し給ふた勅語、それはわれ〳〵臣民が深き感激を以て拝誦致したところのもの、その聖旨の尊く有り難きは今更申さずもがな。

とりわけ新日本の國是として、又吾等が今の世に處して履《ふ》み行くべき緊切なる大道を示し給へる大御言葉こそ、さながら日月の光被にも比《たぐ》ふべく、思ふに國民の元氣必ずや又これよりして新なるものを加ふるであらう。而して之を編まれた御文辭のいみじさは、一層の尊さを感佩《かんぱい》せしむるものである。

○

さて肅《うやうや》しく拝誦いたすところ、第一段に先づ

朕皇祖皇宗ノ威靈ニ頼《よ》リ萬世一系ノ皇位ヲ繼承シ帝國統治ノ大權ヲ總攬シ以テ踐祚ノ式ヲ行ヘリ　舊章ニ率由《そつゆう》シ先德ヲ聿修《いつしゅう》シ祖宗ノ遺緒ヲ墜《おと》ス無カランコトヲ庶幾《こいねが》フ

と仰せられてある。これは御本文の通り、皇祖皇宗にあらせらるゝ歴代の御靈《みたま》のおごそかなる御力《みちから》に頼り、萬世に亙つて雜りのなき一系の皇統を承け繼がせ給ふて、自らその御位《みくらい》に備はる統治の大權を御總攬になり、依つて定めさせられてある踐祚の式を御行ひなされた次第を御宣示になつたのである。

これは初めて御位にお陞りになつたに就いて、最初にその御事を肅《うやうや》しく御宣明遊ばされた次第であつて、機會のあるごとに記念を新にして、御稜威《みいつ》を仰ぎ奉ることのできるのは、それが即ち我が國體の萬邦に秀でた所以であり、又それに件ふわれ〳〵臣民の光榮いや優《まさ》ることを思ふて、うたゝその忝《かたじけ》なさを感ずる次第である。

さうして直ぐその續きに、舊章に率由し云々の御言葉を宣《のたま》はせられてある。この『舊章に率由』と申す語は、詩經の大雅の假樂《からく》の篇に『愆《あやま》らず忘れず舊章に率由す』といふ語があるからそれから引用されたものと知られる。卽ち前々から定められてある典章に遵《したが》ひよるとの御思召《おぼしめし》である。次に『先德を聿修《いつしゅう》し』とあるは、これ亦同じ大雅の文王篇の語であつて、祖先の事を思ふてその德を述べ修むるとの義である。そこでこの二句を約《つゞ》めて申すならば、舊來の制度典章に遵ひ遊ばして、御先祖以來の德をお修めになつて、歷代お傳へになつてあるところの大業を墜さぬやうにと御望みになる、その大御心を明かにされたのであつて、新に御位にお陞《のぼ》りになつたこの場合の御思召のほど、幾重《いくえ》にも感佩し奉る外はない。

○

惟《おも》フニ皇祖考叡聖文武ノ資ヲ以テ天業ヲ恢弘《かいこう》シ內文敎ヲ敷キ外武功ヲ耀《かがや》カシ千載不磨ノ憲章ヲ頒《わか》チ萬邦無比ノ國體ヲ鞏《かた》クセリ　皇考夙《つと》ニ心ヲ養正ニ宅《お》キ廼《すなわ》チ志ヲ繼明ニ尙《たか》クス

不幸中道ニシテ聖體ノ不豫ナル朕儲貳《ちょじ》ヲ以テ大政ヲ攝ス　遽ニ登遐《とうか》ニ遭ヒテ哀痛極リ罔《な》シ　但皇位ハ一日モ之ヲ曠《むなし》クスヘカラス　萬機ハ一日モ之ヲ廢スヘカラス　哀《かなしみ》ヲ銜《ふく》ミ痛ヲ懷キ以テ大統ヲ嗣ケリ　朕ノ寡薄ナル唯兢業トシテ負荷ノ重キニ任《た》ヘサランコトヲ之レ懼《おそ》ル

第二段はその首《はじ》めに、皇祖考卽ち御祖父君に當らせらるゝ明治天皇が非常にお優れなされた御資質を以て大いに帝王の御業《みわざ》をお弘めになり、內には盛んに敎化を布かせられ、外は列國を驚嘆せしめたほどに武威を輝かされ、又何時までも渝《かわ》ることなき欽定の憲法を御制定になり、さやうにして世界萬國に比類なき國體の礎《いしずえ》を永く搖ぎなきものにされたことをお述べになつてゐる。

續いては、皇孝卽ち御父君陛下が、この明治天皇の高德大業をます〳〵盛んにしようとなされたことが申されてある。その御言葉の『心を宅《お》き』と申すは、書經の康誥《こうこう》の言葉で、その間に插入されてある『養正』の語は、易の蒙の卦《か》に『蒙を以て正を養ふ』とある、それから採られたもの。その意、華々しき事業は暫く之を控へ目になされて、主《もっ》ぱらその德を養はるゝことに御心を宅《お》かせられたことを申されたのである。（序ながらこの宅《たく》の字は、位置をその方向に定むるといふ義に當る）。さやうにして、志を繼明に尙くすとあるその『繼明』の語は、これ亦易の離の卦にある『明に繼ぐに明を以てす』から出たので、世々その明德を繼がれると申す義。一層具體的には、先帝陛下が明治天皇の御跡をお繼ぎになつて、四方を照らさるゝことの高尙なる御志をお立てになつたと申されてあるのである。その『志を尙くす』とあるは、文字通り心を高く上に向けて用ひられたことを現はされたので、その語は孟子の盡心章に出てある。

然るに畏れ多いことながら、先帝陛下はまだその事を成し遂げ給はぬ半途の頃から、御健康がおすぐれにならなかつたため、今上陛下には當時皇太子の位に在《いま》した御身で、攝政の任に當らせられてゐられたところ、測らずも遽《にわか》に先帝崩御の御大事に遭はせられたに就て、哀痛極まりなきその御至情のほどが、短き御言葉で寧ろ切實におのべになつてゐる。洵《まこと》にそれはわれ〳〵臣子の分と致して恐懼いやまさることであります。

けれども、天皇の御位は一日も空《むな》しきまゝであるべきでなく、萬機の政事は一日も打捨て置かるべきでない故に、さうした切なる御哀《おかなし》みの際であつても、その御哀みは御哀みでそのまゝ御含みになつたまゝ、又その御痛みは御痛みのまゝひしと御心にそれを御懷《おいだ》きになられつゝ進んで天日嗣《あまつひつぎ》の大統を御承《おう》け嗣ぎ遊ばされたのであります。則ちこの際、すでに萬乘の尊き御位にお陞りなされたその御身でありながら、敢て謙《へりく》だらせ給ふて、

『朕の寡薄なる唯兢業として負荷の重きに任《た》へざらんことを之れ懼る』と、いとも畏き御言葉を下されてある。この『兢業』の語は、書經の皐陶《こうよう》謨《ぼ》の篇に『兢々業々たれ一日二日に萬機あり』とある。その意、一日や二日の短き時の間にも、よろづ數知れぬ兆候《きざし》が伏して居る故に、戒愼危懼《きく》してこれに臨むとの義が含まれてゐる。今卽ち陛下のこの御場合は、まだ德の薄い身は、唯もう愼み懼れて、祖宗の大業を負ひ荷なふことの重きに任《た》へぬであらうことを氣遣ふと仰せられてあるのであつて、何處までも御謙遜の御思召と拜するのである。

○

輓近世態漸ク以テ推移シ思想ハ動モスレハ趣舍相異ナルアリ經濟ハ時ニ利害同シカラサルアリ　此レ宜ク眼《まなこ》ヲ國家ノ大局ニ著《つ》ケ擧國一體共存共榮ヲ之レ圖リ國本ニ不拔ニ培《つちか》ヒ民族ヲ無疆ニ蕃《しげ》クシ以テ維新ノ宏謨《こうぼ》ヲ顯揚センコトヲ懋《つと》ムヘシ

次に第三段に移り、近頃は段々と世の中の狀態が移り變つて、民衆の思想がいろ〳〵まち〳〵になり、或は左傾する者があるかと見れば、右傾する者があり。或は又急進だの保守だのと、その志行の方向が頓と一致しない樣子のあるそのことを申されてある。この『思想は動もすれは趣舍相異なるあり』の『趣舍』は史記の伯夷傳に出てゐる語で、『進退』若しくは『進むと止まる』といふ義に解かれる。又經濟の方面では資本家や、勞働者や、その他職業の關係や地位の上から彼此各《おのおの》その利害とするところが同じでないために、さま〴〵の議論や階級鬪爭などを演ずるに至つて居る。その理由や主張がいづれにあるにしても、これは宜しく眼を國家の大局に着け、擧國一體となつて、階級のいづれにあるを問は

ず、皆共にその存在を保ち、相共にその幸慶を同じくすることを圖り、千萬世の久しきに亙つて國家の根本となるべき所のものを、確《しか》と抜《ぬ》くことの出來ぬやうに培ひ養ひ、この我が日本民族が彊《きわま》りなく末の末までも繁り榮え行くやうにして、以てかの廣大無邊なる維新の宏謨《はかりごと》を顯はし揚ぐることに、元氣よく勉むべきであると、特に力を注いで宣《のたま》はせられてあるその御旨《みむね》を畏《かしこ》むべきである。

○

今ヤ世局ハ正ニ會通ノ運ニ際シ人文ハ恰モ更張ノ期ニ膺《あた》ル

則チ我國ノ國是ハ日ニ進ムニ在リ日ニ新ニスルニ在リ而シテ博ク中外ノ史ニ徴シ審《つまびらか》ニ得失ノ迹《あと》ニ鑑《かんが》ミ進ムヤ其ノ序ニ循《したが》ヒ新ニスルヤ其ノ中ヲ執ル　是レ深ク心ヲ用フヘキ所ナリ

轉じて第四段、『今や時勢の局面は正に會通の運に際し』云々と起されてある。この『會通』は、易の繋辭傳に『聖人天下の動を見ること有り、而して其の會通を觀《み》、以て其の典禮を行ふ』とある。その意、一たびは湊合《そうごう》して次に變じて通ずる義である。いかにも今日の時運は、西から東へ、東から西へ、又南から北へ、北から南へといふ風に。しかし唯さうした地理的の意味からばかりではなく、上からも下からも前後左右から、何もかもが互に相湊《あつ》まり合つて、そこから又新なるものに變じて通じやうとする、その機運が勃々として宇宙間に動いてゐることは、心ある人には瞭《はつき》りと、又さうでない人々にでも何とはなしに感應してゐるところであるのを、今かういふ風に端的に明白な御言葉を拜する時、そのことが一層強く印象さるゝであらう。尙ほそれに續いて、人文―文物、文明、文化の凡てに通ず――は恰もまた、更めて大いに擴張し展開すべき時期に當面してゐることを申され、さうしてこの場合に於ける我が國の國是――國の執つて進むべき方針――は、日に進むにあり、日に新にするにありで、何處までも進んでやまぬと同時に、又日々に新にすべきを宣はせられてある。この『日進』の語もまた易の益の卦に『日に進みて彊《かぎ》り無し』とあるそれから出たもの、卽ち時と階《とも》に進んで窮まることのなき意。また『日新』の語は、易の大蓄の卦に『日に其の德を新にす』とあり、繋辭傳には『日新之を盛德と謂ふ』とある、それや、又大學に出てゐる『苟《まこと》に日に新に、日々に新に、又日に新に』などのそれであつて、要するに人々皆その德を盛んにするためには、決して餘力を殘さぬほどに心を盡すべきであることが、その簡單な言葉の中に含まれてゐることを知るべきである。

さうしてそれがためには、博く中外の史實に參照し考察して、詳しく審に得失の迹に鑑みた上、その進むには秩序に循ひ、新にするには其の中を執つて、苟も極端に走ることのなきやう、深く心をそこに用ふべきであると御示しになつてゐる。この『中を執る』は、論語の終りの章にある堯が舜に命じた言葉の中に『允《まこと》に其の中を執れ』との語から出てゐる。然るにその謂ゆる『中』は、只事物の中央といふ意味ではなく、中正を第一にせよとの義で、いづれにも偏倚《へんい》することなく、又過不及のなきことを申すのであつて、道の大本また常にこゝに存するのである。今この勅語に於てさやうに先づ時運の趨くところや文明の大勢を擧げて御示しになつた上、また之に處する心の備へ方を御示しになつた一段、その御旨の深きを畏《かしこ》み申すべきである。

○

以上、國體の大本である所の陛下御自身の御位なり、又御大事に臨ませらるゝ御胸中のほどを、段々と御告げ遊ばしつゝ、やがて時運の變化し行かうとする所から、延《ひ》いて下萬民の擧《こぞ》つて服膺《ふくよう》し恪守《かくしゅ》いたすべき國是の大綱を諄々《じゅんじゅん》と御諭《さと》し下すつた上、最後に之を總括《すべくく》る一段となつて、更に又行屆いた一節を御設けになつてゐる。

夫レ浮華ヲ斥《しりぞ》ケ質實ヲ尚ヒ摸擬ヲ戒メ創造ヲ勗《つと》メ日進以テ會通ノ運ニ乗シ日新以テ更張ノ期ヲ啓《ヒラ》キ人心惟《こ》レ同シク民風惟レ和シ汎《ひろ》ク一視同仁ノ化ヲ宣《の》ヘ永ク四海同胞ノ誼ヲ敦《あつ》クセンコト是レ朕カ軫念《しんねん》最モ切ナル所ニシテ丕顯《ひけん》ナル皇祖考ノ遺訓ヲ明徴ニシ丕承《ひしょう》ナル皇考ノ遺志ヲ繼述スル所以ノモノ實ニ此ニ存ス　有司其レ克《よ》ク朕カ意ヲ體シ皇祖考曁《およ》ヒ皇考ニ效《いた》セシ所ヲ以テ朕カ躬《み》ヲ匡弼《きょうひつ》シ朕カ事ヲ奬順シ億兆臣民ト倶ニ天壤無窮ノ寶祚《ほうそ》ヲ扶翼セヨ

乃ちこゝでは先づ第一に、とかく時弊の流れやすいかの輕々しき華やかなことを斥けられ、却つて飾り氣のない、否本質的に力の籠《こも》るべき質實の風をたふとむべきを擧げさせられ、又すべての事、徒《いたずら》に他の物眞似や、形式の末を事とするを御戒めになり、個人としても國民としても、常に力を根本的なる創業開發の方面に注ぐべきことを、互に相奬め勵むやうにとの御趣意から、こゝで重ねて、前段に申されてある日進以て會通の運に乗じ（跨《また》がり乗る意）、日々に新なる方面に向つて伸張し擴張し行くところのその機會を開發し捕捉すべきであることを反覆して御述べになり、續いては、人心惟《こ》れ同じく、民風惟れ和し、と仰せられてある。謹《つつしみ》て案ずるに、これ將《は》た第三段の御趣旨と、互に相表裏をなさしめらるゝものと拜するのである。それで國民の氣風が、階級だの新舊だのいふことに固着して了つて、それがためにまち〳〵離れ〴〵のものとならぬやう、一般に皆睦《むつま》じく穏やかに相和合し、且つ之を推し擴めて、彼我の差別なく、汎く一視同仁の徳澤に浴し得るやう教化を明かにし、永く四海の人類と共に同胞の誼《よしみ》を敦《あつ》くすることに致したい。これこそ實に、心を痛めてやまぬ切なる願ひであるとのいとも御懇《ねんごろ》なる御言葉。而してそれがやがて明治天皇のお遺しになつた大なる御訓《おしえ》を事實に現はし、又それを御承《う》けになつた先帝陛下の御遺志を御紹《つ》ぎにならうと遊ばさるゝに就て、最も大切なる道であるとの御思召のほどを拜するのである。

その御言葉に御用ひになつた『丕顯《ひけん》、丕承《ひしょう》』の語は、孟子の滕文公の篇に、今は逸《うしな》はれた尙書の篇から引用してある『丕《おお》いに顯《あきら》かなる哉文王の謨《はかりごと》。丕いに承《うけつ》げる哉、武王の烈《ひかり》。』から出たもので、さやうに大いに顯かなる明治天皇の遺訓のほどを事實の上に證明し、又その御訓《おしえ》を大いに承がうとなされた先帝陛下の御志を紹述なさらうと御思召さるゝそこに、深くも御心を宅《お》かせらるゝ御心事を拜する時に、われ等は一方に於てわが陛下の御抱負の眞に堂々たる王者の德に富ませ給ふことを有りがたく感ずると同時に、さやうに御先祖を偲《しの》ばせらるゝ、御孝德のほどを窺ひ得て、ます〳〵その御德の高きを慕はしめらるゝ次第である。

さてかやうにその御思召しのほどを宣はせられた末、いよ〳〵その最後に至り、言葉をお改めになつて、

朕が志しは以上の通りであるによつて、百官有司は皆これをその身に辨《わきま》へ具へて、さうして曩に明治天皇竝に先帝陛下に對し奉つて忠節を盡したそのまゝ、朕のこの躬を匡し弼《たす》け、且つ朕の志しに順ひ朕の事業を奬《たす》け行ふて、億兆臣民と共に、この天壤と共に窮まることのなき天子の位を扶《たす》けよ。

とのやうに、洵に行屆いた御言葉を給はつたのである。

○

さやうに上來段々と拜誦致した通り、今日の時勢に適合したところの、確乎たる國是の上に立つて進み行くべき大道を示し給ふたその御旨《みむね》によつて、われ〳〵八千萬臣民は一層その信念を明確にし、且つ慇懃《いんぎん》にして御鄭重なる御思召しを拜することにより、愈陛下の御前に、われ人皆共に永く臣子の忠節を勵まずには居れぬ感激に滿たされてゐることを信ずるのである。（畢）

『高野山時報』第四五二号　昭和2年8月15日

文鏡祕府論箋に就て〔一〕〔講演〕

本稿は、内藤博士が高野山夏季大學で講演せられた大要筆記であるが、校閲を經てない。文責在記者（鬼）

此の度「文鏡祕府論箋」が當山で發見せられましたので、自分は何處へも行かぬことに決めてゐるのでありますけれども、登山致しまして愚見を述べることになりました。

文鏡祕府論のことに就きましては、明治四十五年六月、京都東寺の講演の際、愚見の一端を述べましたら、流石《さすが》の谷本富

君も讃めて呉れました。其際申し上げた話で殘つた部分も、本講で申し述べ度いのであります。維寶の箋が立派なものであると云ふことは手紙で知らせて貰つてゐましたが、昨日(八月四日)晩通り見を致しまして、思ひの外の名著で興味を以て讀みました。本日は順序として弘法大師著「文鏡祕府論」に就て述べ、明日此の箋に就て述べて見たいと思ひます。

文鏡祕府論は近年になつて有名になつたものであります。尤も、昔から眞言宗内では必要なものとせられてゐたに相違ない。之は唐代の詩文の規則を大師が書かれたもので、日本では長い間効力のあつたものであります。然し、宋代に入つてからは役に立たなくなつたのであります。其の原因には色々ありますが、普通唐代には文官試驗に詩賦を用ひてゐたのが、宋に入つて此の制度が變つて來た爲めであると申します。然し、唯これのみで唐代の詩論が宋に役立たなくなつたと云ふことは出來ぬ。自分は他にも原因があると思ひます。外的原因と致しましては、唐代より五代、五十年間戰亂が續きましたので、此の社會狀態の影響を受けて、宋代の詩論が變つたのであります。つまり唐末より五代の間、戰亂のため貴族が滅亡致し、今日の支那の如く督軍とか督辦があり、士卒が出て、その士卒が、却而主人公を追ひ出す力が出來て來ると云つた調子で、宋の祖の如きは、全く一卒伍であります。その間に學問の風も變り、人積の異動も出來、長安にあつた唐の都が宋に入つて河南の開封に都しました。

詩文を作るにも昔から異つて來て、長安地方の發音が河南地方のになつて、元の規則の唐韻は用ひられなくなつた。平仄音韻が代つて唐代のものでは役に立たない。

それは、宋の時代に恵洪覺範《〔恵勤カ〕》(皇《〔歐〕》陽修の友人《ママ》)と云ふ人の「天廚禁臠」と題する作詩法の本があるが、之と文鏡祕府論とを比較すると内容が大に變化してゐる事が判る。その頃、文官試驗に詩賦の課目があつたのでありますから、試驗制度のみが唐代の詩論の衰へた原因とはならない。斯う云ふ風に支那では宋に入つて既に唐の詩論が衰へて來たのでありますが、日本では支那よりズット長く用ひられたのであります。大和室生寺に日本國見在書目と云ふ寫本がありますが、之は藤原佐世の作で、寛平時代のものであつて、平安朝時代に殘つてゐた支那本の目録であります。その中には文館詞林の如き目録も載つてゐますが、此の目録は、時の朝廷の圖書寮冷然院が焼けてから後の目録であります。

此の目録は、貞元十七年から寛平時代にかけて書かれたのであります。

此の日本の目録によりますれば、既に支那に無くなつた本の書名が澤山載つて居ります。如何に支那の本が當時の京都に集つたかを知り得るのであります。

その中には詩文の作法に關する書名が載つてゐます。大師は此等の本を皆見て、文鏡祕府論を書かれたのであります。文鏡祕府論は德川時代に始めて版になつたのでありますが、之は眞言の傳統主義のお蔭であります。

村上天皇の時代に、支那詩文作法について大江朝綱と云ふ人が「作文大體」と云ふものを書きました。

作文大體は群書類聚の中に版になつて出てをりますが、自分が東山文庫調査中發見した鎌倉時代の古寫本と之と比較して見ますと、多少異つて居ります。後又、東寺觀智院から出て國寶に指定された本を見ましたが、此れは文寶の本と同じであります。それで群書類聚のは非常に惡い底本によつて出來た事が判然したのでありますが、其後藤原明衡が本朝文粹を選しました。これは「唐文粹」を眞似て書いたものであります。その中に詩の作法に就て試驗官が議論をした處があります。その頃文章得業生《もんじょうとくごうしょう》と云ふのがありまして、その試驗の答案について作法に契《かな》つてゐるか否かを論じたところがあるのであります。日本では、文章得業生が藤原時代の終り頃まであつたのですが、支那では夙に頽れてゐました。文鏡祕府論と其等の本と異つてゐる點は、其等の本は作例を日本人のを取つてゐるが、文鏡祕府論の作例は皆支那人の原文に引いてゐる。加之、作文大體は原文を簡單なものに作り變へてゐるが、文鏡祕府論は原文そのまゝとつて上手に繼ぎ合してゐる。人文學では凡て傳統のものを應用して學を組み立てることになつてゐる。西洋の哲學でも左樣であるし、近世支那では章學誠の考へ方が左樣であつて、學問は歷史に依らねばならぬ、又傳統が無ければならぬとした。人文科學は傳統を重んずるのでありますが、文鏡祕府論は此點で注意せられてゐるのでありまして、六卷の大著一言一句、序文を除いては皆上手に他人のものを繼ぎ合してあります。今日の支那でも、集句で詩賦作文することがあります。之は今日では遊戲的にやることでありますが、日本でも近代に之をやつた人があります。海保漁村の書いたものがそれであります。此人は日本の經學者としては日本一でありましたが、漁村文話二册がありまして、假名交り文で昔人の文を繼ぎ合してゐます。此人は維新少し前に死にましたが、此樣なことは、餘程博學で才能ある人でないと出來ぬことである。文鏡祕府論の價値は其れ以上であることは申す迄もありませぬ。

その內容に就て申しますと、今日現存しない唐代の作法を發見することである。當時は、詩文を一つの音樂と考へた。支那では聲を平上去入の四聲に分けたが、六朝の中頃それが發見されたのであります。(尤も漢代二世紀頃からこのことは發達して來たのであります。)梁の沈約が書いた宋書の中に、當時の文學者謝靈運の傳を書き、そのうちに歷代の文學を論じ、詩文は音樂的でなければならぬと云つたのであります。此人が今日喧ましい四聲を發明したのであります。それ以前にも四聲の說はあつたのでありますが、沈約が之を大成したのであります。文鏡祕府論が支那人に紹介されたのは、楊守敬と云ふ人であります。此人は、支那にない本を日本で見出し、古逸叢書と云ふ本を作つてゐます。同人の書いた日本訪書志は、日本で集めた本の解題をしたものでありまして、文鏡祕府論の價値を紹介してをります。（つゞく）

『高野山時報』第四五三号　　昭和2年8月25日

文鏡祕府論箋に就て〔二〕

文鏡祕府論の價値・箋の作者維寶の博學・當時の高野山・維寶の努力

唐代の詩文の作法に就ては、色々喧ましいことが澤山ありますが、その中に詩文の病と云ふことがありまして、弘法大師もそれをあげてをられます。

詩文の八種の病と申しますのは、平頭、上尾、蜂腰、鶴膝、大韻、小韻、傍紐、正紐これでありますが、此の八種の病と云ふのは、もと沈約の發明でありますが、明代に名高い二人の文人李樊龍、王世貞――この二人は一種の文體を創めた人でありますが、その王氏が藝苑巵言と云ふ書物を書きまして、その中に八種の病のことをあげてをります。ところが、大師は二十幾種の病をあげて文鏡祕府論の中に書かれてゐますので、王氏以上に精細に詩の病が判るのであります。

支那の詩の盛んな時は申す迄もなく唐代でありますが、普通われ〳〵は宋以後の議論で研究するのでありますが、宋以後の文獻で研究するのは、思想に關する方面ならそれで滿足かも知れませぬが、音韻の方の研究は唐代のものに依らなければ充分とは云へないのであります。

文鏡祕府論は詩の價値、詩の作法、音韻の原則が說かれてありますので、これを研究すれば沈約發明以來唐代の詩文の經過道行が判明して來るのであります。

文鏡祕府論は僅かに六卷でありますけれども、支那六朝から唐代迄の支那古代文學の價値を考へる唯一の材料であります。弘法大師の著述の目的が、今日になつて復興出來るやうになつたのであります。

楊守敬が紹介したのでありますけれども、紹介の仕樣が足りなかつたのであります。斯くの如く文鏡祕府論を研究することは、支那文學の重要な部分を研究することになるのであります。而して又、弘法大師の豫期されなかつた文鏡祕府論の價値は、日本國見在書目に關しての價値であります。卽ち、見在書目の中には著者の名のあるものもありますが、無いのもあります。弘法大師は支那の本の重要なものを引き抜いて應用せられ、文鏡祕府論をお作りになつたのでありますから、文鏡祕府論を見れば、見在書目にあげられたものゝ内容が判つて來るのであります。

弘法大師は、一宗の開祖として其他種々の點に於て偉大なお方でありませうが、文鏡祕府論一部丈著述されたこと丈でも、世界的に文學史上の人と申し上げなければなりませぬ。文鏡祕府論に引用されてゐる本は現在では殆んど湮滅してしまひましたが、唯一つ元兢の詩髓腦と云ふ本があるかも知れないと思ひます。此れは栂尾《とがのお》の高山寺にありはせぬかと思はれるので、調査して見たいと思つてゐます。

それから、又殷璠の選した河嶽英靈集と云ふ本が引かれてゐますが、文鏡祕府論には、此の序文を引用せられてをります。それによると祕府論に引かれてゐる分は、現行本の河嶽英靈集の序よりもずつと字數も多くて、祕府論によつて元の形が分るのであります。

斯う云ふ風に、引用せられた本から元の形に還して見るのも一つの大切な研究法なのであります。

大師は文鏡祕府論著作後、文筆眼心鈔を作られました。これは文鏡祕府論の要點を摘んだものであります。明治初年世に出て參りまして、明治末年に版になつたものでありますが、今日京都の山田長左衞門氏が藏してをります。これは餘談として申し上げるのであります。

さて、文鏡祕府論は大切な本でありますが、頗る難解な本であり、四六の文體でありまして、今日の人は讀む丈でも困難であります。大師は此の四六文體で詩の作法を論じてをられる。大師は佛教以外に文學に長じてゐられるからこそでありますが、後世眞言の徒に詩文に長じた人の出ないのは何うしたことでせうか。却而禪宗には澤山出てをります。しかし、禪宗の詩宗に四六のものは相當あつても、それは皆宋代の四六文の影響を受けたものでありまして、唐代のではありませぬ。

禪宗は武家政治に關係があつて、それで詩文が發達したやうにも考へられます。

文鏡祕府論に論じてある對象たる詩文が非常に難解でありまして、一般文學に役立つことが少なかつたのであります。

德川時代に入つて民間の學問が開け、漢學者は相當出て參りましたが、未だ文鏡祕府論を研究し、その價値を發見したものはなかつたのであります。

此の時にあたりまして、寛延年間に亡くなられました維寶阿闍梨がこれを研究し、箋註十八卷を書かれたのであります。維寶阿闍梨の傳記については自分は不案内で、水原堯榮氏が高野山時報に、松永有見氏が密教研究に書かれたのを見て承知する位のことであります。

維寶阿闍梨は非常な學者であつて、文鏡祕府論の箋註は詳細を極めてをります。此の名著述が昨年一部分が發見され、今年に入り全部發見されたのは學界の幸慶と云はねばなりませぬ。

大師の著述の註をしたものは多くありますが、文鏡祕府論の註をした人は維寶以外にないやうであります。大師の御著述でも、三教指歸や性靈集は餘程研究せられてゐて、三教指歸には覺明の註があり、性靈集には智積院運敞の便蒙があり、此等は餘程研究も進んでゐたやうでありますが、文鏡祕府論の如き純粹の文學に關するものは、直接佛教と關係がないので註を書くものがなかつたためでもありませうが、又最も困難な仕事であるためでもあつたのであると思ひます。

然し、此の名著述たる箋も、今日の學問上から理想的に考へた上から云ふと、多少の缺點はあるのでありますが、先づその價値の上から申しますと、著者が博學であつたことであります。當時の高野山が如何に學問の全盛を極めてゐたかゞ分るし、又高野山の力が如何に偉大であつたかゞ分るのであります。當時の學問の進んでゐる程度は、高野山の本が如何に豐富であつたかで知ることが出來る。此の箋に引用せられてゐる經書を見ると、その中には十三經註疏があり、支那の歷史に關するものでは十七史或は二十二史を見てゐる。大部の著述では、太平御覽（千卷）、文苑英華（千卷）を見てゐる。當時、これらの本を獲ることすら餘程困難であつたのであります。それから數百卷の玉海をも見てをります。何れもこれは唐本であります。又支那で無くなつた珍本、唐才子傳、盧山記も見てゐます（盧山記は元祿年間に版になりました）。大部のものでは、なほ漢魏六朝百三名家集を讀んでゐますが、これは當時にあつては得難かつた本であります。當時の學者で、これを通讀したものは殆んど無かつたらうと思ひます。これを精讀してゐます。その澤山の本を讀んで如何に整理したかは、學問上大切なことでありますが、第一學問するに骨の折れる當時にあつて、かく迄の努力を拂はれた勞苦に感謝しなければなりませぬ。日本見在書目が當時發見されなかつたにも拘らず、見在書目に載つてゐる珍本が應用せられ、萬姓統譜の如き支那の人名辭書迄讀んでゐられる努力は、驚くの外ありませぬ。これは維寶阿闍梨の努力の方でありますが、然らば頭の方は何うであらうかを今度は考へて見たいのであります。

『高野山時報』第四五五号　昭和2年9月15日

文鏡祕府論箋に就て〔三〕

維寶の學問力・その缺點・缺點卽博學・學界の好慶・

前に、維寶師の努力に就て申し上げましたが、然らば頭の方はどうであつたかに就て申しますと、先づその例としては、維寶師が箋の中に六朝の文人李充の書いた翰林論を魚鑑の中から引き出して示してあることであります。此の翰林論は今日無い本、逸本であります。又、論には沈約の四聲譜（今日無い本）を引いてありますが、論を見た丈では何處から何處までが沈約の四聲譜であるか分らぬのを、維寶師は天臺の安然の悉雲藏からこれを引いて、沈約の本文が何處から何處までゞあるかを示して註してあります。これ等は、學問力の勝れた點であります。最も著しいことは、論の第二巻に十七勢を論ずる條下に於て、維寶師は弘法大師が何からこれをとり出されたかを發見してゐることであります。

卽ち、昌齡曰クとしてあるのは王昌齡自身の詩格からとり出されたものであることを看破してゐるのであります。他人の作には姓と名をあげるのが普通で、自身の作の時は名丈けあげるので、昌齡とは昌齡自身のことだと解するのが適當なのであります。又、論に李節の音韻決疑を引いてある。箋にはこれを維寶師が精しく引いてあります。李節のことは、德川末期から明治初年の人、岡本保考の書いた本に出てをりますが、それより百年前にチャンと李節のことは顏氏家訓に出てゐると示されてゐます。

又、維寶師は、箋の註をなすにあたつて、返點句讀點を訂しつゝ註をしてゐられる。隨分、論の版本には誤字が多いのであります。版本には、玉曰クと出てゐるのを近年の研究では王曰クの誤りであるとなつてゐますが、維寶師はその先驅者でありまして、王曰クの誤りであることを示され、王とは實に王昌齡であらうと云はれてをります。

また、維寶師が今日の考證學の研究の仕方をした點では、論に引いてある河岳英靈集の詩數と玉海の詩數と合はぬと示されてある。これは維寶師が玉海を見て考證されてゐるのであります。

又、唐初の許敬宗の集めた文館詞林と云ふ千巻の本、これは支那ではとうの昔絕本になつた本でありますが、維寶師が是を利用して註したことは、實に驚くべき尊いことであります。

この文館詞林のことに就て、宋の初めに此の本が日本にあることを支那人が聞いて驚いたのであります。それは嵯峨の奝然が宋に渡りまして文館詞林のことを言つたので驚いたのであります。そのことを宋史に書いてある。文館詞林は、高野山に一部分――十九巻傳はつてをりますが、最近に至りまして自分の友人董康が出版してをります。これより先き林大學頭衡（述齊）が佚存叢書を拵らえて、その中へこれを出版して支那へ送つたのを阮元がこれに注意致しまして、これについて書いたことがあります。これは寛政時代のことでありますが、林大學頭が注意しだしたのも、高野山の元祿の學匠義剛の寫本によつたのであります。卽ちその寫本が大阪商人の手を經て林の手に四卷丈入つたのであります。それが支那へ入つて驚いたのであります。楊守敬も四卷丈寫して歸りました。近年では、董康の友人が大覺寺本を寫したことがあります。高野山に文館詞林のあることは珍らしいことでありまして、世界的のことであります。この珍重な本を維寶師は利用せられ、而も現存本の半分位（十九卷中九卷迄）利用せられてゐるのでありますから、恐らく全部讀破せられたものであらうと思ひます。以上で大體維寶師の努力、博學、學問力に就て申し述べましたが、然し缺點もないことはありませぬ。

第一、全體としては、萬姓統譜の如き人名辭書の如きものを引いてゐる點であります。これは根本材料たるべきものではありませぬ。こんなものを引かずとも、十七史の如き根本的なものを引けばよからうと思ひます。これは日本人の癖でありまして、何でもないものでも新しいものを珍らしがることから來たのではありますまいか。狩野博士や自分は、根本的な價値ある本を利用することによつて京都大學の學風をつくつてをります。

その他、廣韻、或は篇海を引てある。廣韻はよいとして、篇海は後世出來た字引である。潜確類書も引てあるが、これは魚鑑から孫引して出來た本であります。然し不滿足な點ではありますが、それによつて維寶師の博學を知ることが出來ます。例へば、論對の條下には事文類聚を引てあるが、これは支那では辭書でありますが、日本では珍らしい俗書であります。

對句のことは俗書でないと支那でも書いてない、だから俗書から引てあることも時には惡く云へないこともあります。

次に、論の中で四聲を論じた中ところに、經曰クとあるところがありますが、維寶師はこれを劉善經の四聲指揮にあることを知り乍ら、經は劉善經の略語であることを忘れて、禮記中庸の鄉なり直なりとしてゐます。

又、日月爭光と云ふところでは、宋の楊誠齋の文を引てありますが、これは史記屈原傳の文を引くべきを孫引した點は感心致しませぬ。それから、亦足ㇾ悲夫を亦足悲。夫と句讀の間違いをしてゐます。

また、十四例のところに於て、内容は十五例になつてをりますが、これは大師が皎然の詩式十五例を引かれたのでありますが、維寶師は、十四例の註の御草本錯之の錯は銷の誤であるかどうか考證してをりませぬ。

又、則天武后の段の文字を、則天武后文字であることを知らず、集論の段では、天兢の古今詩人集句の引用であることを知らなかつたのであります。

又、論に陸機の文賦を引てある。その註に長々と自註をしてをりますが、これは文選にチャンと出てをることでありますから除外してもよかつたらうと思ひます。

斯んなことを申しましたからとて決して箋の價値を下げる所由ではないのでありまして、斯かる名著が高野山で發見せられ、自分の如きもこれに接することが出來たのは何より嬉しく思ひます。これは是非御遠忌局で出版して戴きたいものであります。

昨年發見せられた六巻本は、恐らく草稿であらうと思はれ、今年發見の十八巻本は、定稿と思ひますから、出版せられるのなら此の十八巻本を出版して戴きたいのであります。高野山大學教授加地哲定君なども、引き續いて此の研究をして貰ひたいものであります。(完)

『寧樂』第一〇号　昭和3年8月

奈良朝文化と書籍

奈良朝文化の程度を知る爲には、當時我國に在つた書籍の目録があれば非常に便利であるが、我國の書籍目録は平安朝になると内典外典共に大變に明になるけれども奈良朝のは充分わからない。

平安朝の外典の目録としては有名なる藤原佐世の日本國見在書目録があつて、豐富なる事は當時の支那の帝室を除けば殆んど他に比類のない程のものである事を顯してゐる。尤もこの目録に載つてゐる書籍で平安朝になつてから渡來したものも相當にあるわけであるが、奈良朝に於て既に將來されたるものも相當にあるべき筈で、何處までが奈良朝に既に有つたかと云ふ事を知る事が得がたい。そのうちに載つてゐる或る書籍、卽ち東觀漢記等の如きは吉備公が將來したものだと云ふ事が書いてあるから、其他にもこれに類似したものがあるだらうと思ふ。然し今日では充分にわからない。

内典の方は、續日本紀その他に玄昉僧正が遣唐使に從つて唐から歸つた時に經論五千餘巻を齎らし歸つたと書いてあるから、殆んど開元釋經錄に載つてゐる經卷の全部を持つて來たものと云ふ事が推測し得られる。その目録は今日殘つてをらんけれど、現在御物になつておる聖語藏の經卷はその當時のものであるから、その内どれだけが玄昉の持ち歸つたものか測られぬにしても、大體玄昉が持ち歸つたものから段々寫し取られなどして奈良朝に存在したものと見てよからうから、今日多少散佚して充分な調査が出來にくいとしても、兎も角その時分に完全しておつた事が想像されるので、當時日本に存在した經卷の内には六朝時代から唐初までの跋のある寫經なども殘つておつて、その目錄によつて大體當時の佛敎の內容の程度を知る事が出來る。

平安朝以後に入唐した人々に依つて齎らされた經卷は、多くはその不足の分を補ふ爲のものであつて、入唐八家の目錄を合しても二千餘卷にすぎないから、まづ佛敎の大部分は既に奈良朝に於て日本は備へておつたものと云ふ事が出來る。

この內典の狀態から推測すると外典の方も同じ樣な狀態であつたらうかと思はれるのであるが、然し多少奈良朝より存在しておつた書籍の目錄その他、これを同じ樣な證據になる樣なものがあれば、尙その想像を確めることが出來るだらうと思つて、その事に注意して見たのであるが、それには自分が今迄見た處で左の諸書に依つて考へる事が出來ると思つたのである。

一、聖武天皇宸翰雜集

これは正倉院に傳來されてゐる貴重な本であるが、その內容は聖武天皇が、御覽になつた支那の書籍から主として佛敎に關した詩文を抄錄されたもので、たまには佛敎以外のものも含んでおる。その抄錄された各書は

王居士之詩
隋之煬帝之詩
釋眞觀之詩
周趙王之文
釋靈實之文
僧亮之詩

等があつて、その內王居士、眞觀、僧亮、三人の著述は日本見在書目には既に見えておらんから、これは奈良朝にはあつたが平安朝には既に失はれたものと見える。隋の煬帝、周趙王、靈實、三人の書物は見在書目にも見えてゐる。

二、吉備公の將來書

續日本紀に依れば、天平七年に吉備公が歸つた時に、

唐禮　一百三十卷
大衍曆經　一卷
大衍曆立成　十二卷
樂書要錄　十卷

を獻じた事が見えてゐるが、この獻上書目には見在書目に吉備公が獻じたと書いてある東觀漢記も載せておらんから、當時吉備公の齎した本は、この外にも尙多數あつたらうと考へられる。

吉備公は十九年も支那におつて、三史、五經、刑名、算術、陰陽曆道、天文、漏刻、漢音、書道、祕術、雜占、一十三道を傳へ學んだと云ふ事が扶桑略記などにも見えておるから、それ等に關する書籍はいづれ持つて來られた事であらう。

それに付て思ひ合される事は、近年聖語藏に存する古い文

書などを調べて佐々木信綱博士が出版した南京遺文の中に、天平二十年六月十日の日付で

　更可請章疏等

としてあつて内典もあるが、内典以外のもので左の各書をあげてある。

許敬宗集　十巻
天文要集　十巻
職官要録　十巻
庾信集　二十巻
政　論　六巻
明皇論　一巻
帝暦幷史記目録　一巻
君臣抗要抄　七巻
瑞表録　一巻
慶瑞表　一巻
帝徳録　一巻
帝徳頌　一巻
譲官表　一巻
聖　賢　六巻
釣天之樂　一巻
十二戒　一巻
安國兵法　一巻
軍論斗中記　一巻
文　軌　一巻
要　覧　一巻
玉　暦　一巻
上金海表　一巻
治癰疽方　一巻
石　論　一巻
古今冠冕圖　一巻
冬　林　一巻
黄帝針經　一巻
藥　方　三巻
天文要集歳星占　一巻
彗字占　一巻
天官目録中外官簿分　一巻
黄帝太一天目經　二巻
内宮上占　一巻
石氏星官簿讃　一巻
太一決日　第一巻
傳讃星經　一巻
簿讃　一巻
九　宮　二巻

の三十八種が見えてゐるが、この内、書名に多少の移動があ

つても、兎も角推定のつくものを隋書經籍志、舊唐書經籍志、新唐書藝文志竝に日本國見在書目に付て調べて見ると、二十二種ほどは當時知られておつた本であると云ふ事がわかり、それが卽ち平安朝まで存在しておつたらしいのである。

その他の十六種の本は推定の出來ないものであるが、それ等は或は奈良朝には存在したが平安朝には失はれたものもあつたのかもしれない。注意すべき事は、この中に多く天文、暦道、雜占などの本の多い事で、それ等は吉備公が齎し歸つた本であらうと考へられる。そしてその又多くは、今日には傳來しないものが多いが、兎も角これに依つて見ると平安朝にあつた本の大部分は、やはり奈良朝に既に將來されておつたと云ふ事を、推測し得られる。又同じ南京遺文の中に、

文字辯嫌
通俗文

の二書の抄錄してある處もあるが、右のうち通俗文は平安朝まで存在したが、文字辯嫌はすでに見在書目には見えておらぬ。

以上の外に注意すべき事は、日本書紀に引用され、或はその文の中に取り用ひられた色々な書籍であつて、例へば晉起居注の如きは書名をあげて引用されておるが、これも平安朝まで存在したが今日は傳はらない。その外、文章の中に取り用ひられた本は、まだ正確な調べをして目錄を作つて見ない。然し、兎も角日本書紀の出來た和銅時代にも既に相當に豐富な外典の文句を持つておつたと推測される。

こうゆう事から考へると奈良朝に持つておつた外典は或る點に於て、平安朝には既に失はれたものでも持つておつたので、或は必ずしもその全體は、平安朝の見在書目に見えておるものよりも乏しくはなかつたかもしれない。平安朝に於ては、後に出來た本の多數を持つておつたが爲に奈良朝時代よりはるかに豐富の樣にも思はれるけれど、そのかはり奈良朝に存在したものを失つておるものもある。

これ等は、勿論吉備公その他の人々の努力で持ち來されたのであらうが、當時の留學生は吉備公などの如く皆十數年以上も支那におつて自分が學び得た事柄に付ては徹底した智識を持つて歸つたので、單に自分で讀んでもわからない本を無意味に輸入したのではない。それ故、吉備公の如くあらゆる藝能に通じ、その上軍事等にまで通曉しておつたと云ふ事は、當時の學者の標本とすべきもので、その他の人でも皆これと同じ樣な勉强の仕方をしたものであらうから、當時の文化はその及んでおる範圍は、勿論貴族の一部であるとは云へ、その各々が持つておつた學問智識の深さは、案外に立派なものであつたらうと思はれる。

こうゆう事からして考へると、當時の詩集である懷風藻に皇族その他藤原家初め貴族たちが皆立派な製作を殘してゐる

事なども、まつたく由來がない事でなくて、實際當時の貴族は皆相當の學問智識を持つておつたものであらうと思ふ。これから考へると、佛教は勿論、その他の工藝技術に於て立派な製作を殘して今日我々をして驚嘆せしめるのも實際當時の人の支那文化に對する理解力と努力との高かつた結果だと云ふ事が出來る。

恭仁山莊書道縱橫談

『書道春秋』第二巻第一一号　昭和7年11月

内藤湖南〔○〕
野本白雲〔△〕

○私は春秋の候何とも知れぬ高熱に冒される事があるので……然も其れが極めて高い、三十八度何分と云ふので驚かされます。しかしそれも四、五日するとぢきに治ります。

△突然御不快の處を御邪魔して恐縮します。書道全集以來非常に御世話になり、一度も親敷御目に掛つて、御禮を申し上げませんし、今度は書道春秋を出すことになり今後益々御面倒を見て頂かねばならぬと、矢も盾もたまらず忙がしい中を出て參りました。

○平凡社の書道全集は結構でした。文字をたゞ小器用に書く人はあるが、研究する人は少い。昨年もこの事に就て京都で講演したのですが、さつぱり反響がない。書道全集で書家の蒙を啓いた事は大變なもので今後これによつて書學も興つて來やうと思はれる。

△全く書家位何も勉强せず、また何にも知らない者はないと思ひます。凡ての社會に於て書道界が最も後れてゐると思ひます。

○書道春秋も其の意味に於て大いにやつて欲しい。そちこちに書道の雜誌も出てゐる樣だが、これならと云ふ手應へのあるものは未だ一つも見當らない。書道春秋は今迄も立派であつたし、今後は必度好いものになると思ふ。

△是非先生方の御力によつて書道界の第一等のものと致し度いと思つて居ります。實は頂戴した玉稿「論書十二首」が、なか〳〵むづかしいので、毎月二、三首宛に略解と、論ぜられた書の寫眞を掲げて雜誌に載せて行き度いと思ひまして、序に先生から御意見を承つて歸り度いのですが、御不快の處御疲れになつては何ですから後で復た手紙でゞも伺ふ事に致しませう。

○いやまだ、一寸も疲れやしません。あの詩はなる丈け好い書でも有名なものは避け、ありふれない珍しい書に就て論じて見たのですが、凡て其の寫眞と云ふ事になると困難なものがあります。たとへば第十首の時原春風の弘傳眞言止觀兩宗官牒は、私が一昨年の春三井寺で發見したものであるが、轉印したものは愚か、寫眞もないのである。これなどは三井寺の圓滿院へ行き、私がさう云つたと云つて寫眞を撮らして貰ふのですね。
△三井寺で思ひ出しましたが、鳴鶴翁が生前見られたとかいふ事ですが、三井寺に智證大師僧位宣下の宣旨が二通あつて、これが斷じて橘逸勢の書だとのことでした。其して先生も其れを御覽になつたと云ふことですが。
○それは誤りで、私の詩の第八首に詠んである智證大師傳燈僧位滿位、法師位牒を指すので、それは藤原敏行の書である[注]。其の書は確に逸勢の伊都内親王願文を學んでゐる。
△さう云ふ風に世に公にされてゐない名書は實に珍重すべきもので、是非複製して學者の机上に贈りたいものですが。
○第七首に詠んだ高野山の、金光明最勝王經二卷（卷頭寫眞版の二頁三頁）なども柳公權風の寫經で、誠に珍とすべきものである。
△なるほど、點畫の努張した處、結體の下へすぼまつた邊り實に柳骨が認められます。面白いものですね、三井寺や高野山などの古文書の中にはまだ〳〵調べて見れば、誰も知らない傑れた書が藏されてゐると思はれますが。
○其れはあるでせう。兔に角古い寺などにはどんなものが祕藏されてゐるか判りません。折角君が來て呉れたのだから私の寶物「說文」を御目にかけませう。
△噂には聞いて居りました。これが唐の「說文」で御座いますか。
○唐の天和十五年に寫した、と云ふことに學者が考證して居ります。私のこの跋は私の所藏にならぬうちに書いたものです。都合よく私の所へ參りました。中村不折氏のものも、大分國寶になりますが、これなども國寶になるべきものです。
△不折翁が畫家としての見地から、何の色が最も美しいと云つても好い墨の、書いてから千年以上經つた墨色ほどよいものはないと云はれましたが、まつたくこの古墨の煥《かん》として潤ひのあるのは得も云はれない好いものですね。同じ細楷《さいかい》でも寫經とは違つてむつくりして味ひの好いものですね。
○えゝ、支那でも古くから儒者風の書と、寫經生風の書と截《せつ》然《ぜん》區別があつて、この書の如きは學者風の書と云ひ得ませう。
△いろ〳〵有難う御座いました。これで御暇《おいとま》し度いと思ひます。
○まあ好いでせう。君は松田南溟氏に習はれたと聞きましたが。
△えゝ南溟先生の晩年に知遇を得て、いろ〳〵と益を受けました。書道全集などの編輯が、出來たのも全く先生の御影でせう。誠に敬虔な篤學の先生でした。用筆法なども苦心研鑽の結果終に古法を悟り、私は其れを伺つて豁然大悟したやう

に思ひます。

○私も御目に掛つた事があります。蘭亭會の時だつたと思ひますが、京都に住つてゐた時、河井、比田井、黒木、松田の四先生が一緒に來られた事がありました。

△用筆法の事ですが、東京でも失禮な御話ですが、先生の書が最も隋唐の正脈を傳へて居らるゝ様ですから、一度御揮毫になる處を親しく拜見し度いと申して居りますが。

○あゝさうですか、時に今度の平凡社の計畫の名法帖選集は、第二回は何を出されますか。

△第二回は嵯峨天皇の李嶠詩を出させて頂きます。もうぢきに出來ることゝ思ひます。近衞家には隨分好いものがあつたもので、この李嶠詩も、もとは近衞家にあつたとの事ですね。

○えゝ全く近衞家の所藏は大したもので、私の斷じて歐陽詢の眞蹟となす眞書千字文（前號寫眞版第二頁）なども貴いものです。

△恰度先生に頂いた詩の第一に讀まれてゐるあの千字文を、天來翁からこれは珍とすべきものであるから載せたらと云つて、推薦したものですが、偶然にも先生の詩と暗合しましたので一層愉快に思はれました。この寫眞でも明瞭に看取されますが、この竪の筋はこの頃のもの、例の孔侍中帖、喪亂帖、今の李嶠詩、光明皇后の樂毅論、同じ杜家立成などにもあるもので、先日田中親美先生も云つて居られましたが、これは折目なのか、或は書いた目であるか、これに就て何か說はないかとの事でしたが。

○この目は斷じて書いたもので、俗に竪簾紙と云つて居ります。眞に好い紙で、唐の初にあつたほか他の時代にはない紙です。

　このほか御室の古寫經貼り混ぜの屏風の寫經等に就て、其れから其れと滋味つきせぬ古法書のお話があつたのですが、管々しくなるので凡て割愛しました。

　先生の御邸は、木津川の邊り三方原の小高き處にあつて都塵を遠く避けて瀟洒な御住居であります。東を降りて爪先上りに敷石を踏めば、左右には今を盡りとコスモスが咲いて居り、床しい極みでした。御玄關に立つた時は嘗て京都嵐山の太田瑩誠堂氏の二樂荘を訪れた氣分とよく似たものがありました。玄關には西園寺公の扁額、古筆貼り混ぜの屏風等何一つ見ても其の深い御趣味の程が偲ばれて嬉しく思はれました。通された室には伊東綬の隷書額、林則徐の行書等悉く天下の逸品のみ飾られて居りました。

内藤湖南先生詩書※

恭仁山荘

七邱亙匝拱晴雲誕聖

感生傳舊聞石刻堂皇

秦政業法經煥赫李悝
文沙封畫閣晨煙合日
照殘楹暮色分秪有
香燈長不滅空王琳闕
壓邦君

右羅馬懐古

白雲先生正安　虎

※内藤文庫の同書には「藤原關雄の書であらうと思ふ」の書き込みがある。

『木堂雑誌』第一〇巻一号　昭和8年1月

追憶の一齣
支那内外に響き渉つた木堂先生の名聲〔談〕

犬養さんの追憶談は幾らでもあるが、何から話してよいか……。

明治三十五、六年頃のことゝ思ふ。犬養さんが大阪へ來られた際、神戸に居つた支那人麥少旁のところへ、御馳走に招かれた、その頃私は大阪朝日新聞社に居つた。

麥少旁は居留支那人中の有力者であつた。超子總、呉錦堂等いづれも有力者であつたが、その中にも麥少旁は溫厚な人物で、人望があつた。御承知の通り支那人の御馳走といふものは、一日一ぱい食べるので、當日は健啖家を以て任じてゐた私も閉口して、歸る途中困つたことを今に記憶してゐる。

その頃、犬養さんは支那の居留民に對しいろ〳〵世話をされ、又、康有爲、梁啓超等一派の亡命客は隨分犬養さんのお世話になつたものである。

大同學校の世話をして居られた頃、支那内外は勿論、南洋居留者所謂華僑に迄犬養さんの仁侠の評判が響き渡つてゐたので、その日も宴會の席上南洋居留民瓜哇《ジャワ》から邱姓の人だつたか犬養さんにいろ〳〵申し出た。その趣意は、瓜哇《ジャワ》に居る支那人は隨分多數で、商賣も大きいが、蘭領である爲めに自由を束縛されて困る。何とかして蘭領支那居留民が日本に歸化するやう、日本國民たるの權利を取得する方法はないかといふのであつたが、これは法律上六ケ敷いことで、犬養さんも卽座に此希望に應ずることは出來なかつたが、その名聲が、いかに内外支那人の間に知れ渉つてゐたかといふことは、此一事に依つても窺ふことが出來た。

その當時のことを知つてゐる人が、今はあるか無いか。話したいことは澤山あるが、今日は此の位にして置く。

（松田生筆受）

『東洋美術』第七号　昭和8年4月

家藏『鳳首琴』解説

この琴は長四尺一寸あり、寫眞〔省略〕にある如く普通の琴と異る所は、首を鳳凰に象《かたど》るところである。裏には龍池といふ穴があり、それに

萬暦三十三年孟夏吉日劉于御書閣下德藩海嶽主人製

なる銘がある。德藩海嶽主人は、明代山東の濟南府に德王といへる藩を封じてあつたので、その時代の德王は名を常濤といひ、明英宗五世の孫であるが、萬暦十六年に藩王の職を繼ぎ、崇禎五年に薨じた人である。その人の作つた琴であるが、琴は、元來桐の古材を用ふるものであるから、恐らくその時既に古材であつた桐を以て作つたものであらう。上に塗つた漆は美しい斷紋を現して居り、十三の徽《ことじ》には螺蚌で裏に繪の透いて見える細工をしてゐる。支那の琴の製作としては餘程贅澤なやり方であつて、象牙の彫刻なども非常に手のこんだ彫り方をしてをり、又玳瑁《たいまい》が張りつけてあつて、その玳瑁も極めて精良なものを用ひてある。色々いたんでゐて、修繕せねば實際の用にたゝぬが、修繕するにも玳瑁のみにても數百圓を要し、北京邊の良工の手でないと出來ないといふことである。日本にも支那の琴が色々傳來してゐるが、その中で最も古く最も立派なのは正倉院御物金銀平文琴である。惜しいことには樂器の心得のない人が修繕をしたので多分非常に美しかつたと思はれる斷紋をも新に塗潰してしまひ、絃なども、昔のものを取り去り新しく無意味な絃に代へてゐる。しかし、幸にその絃の一部分がなほ正倉院に遺つてゐるので、元の絃が如何なるものであつたかゞわかる。さういふ點ではこの琴は元の絃を存してゐるので、絃の撚り方などの參考になる。日本には支那の古琴で良い物がまだ多少傳つてゐるけれども、多くは音樂の心得のない人に取扱はれてをるので、この琴の如く、その點で完全に遺つてゐるものは少い。支那では琴絃を作るのも、なかなか作り方に傳來があつて、現在では杭州で製するものでなければ役に立たないと謂はれてゐる。先年自分が所藏してゐる他の石琴の絃を取代へる時等も、態々當時京都へ來てゐた支那の琴の彈き方のわかる人に賴んで杭州から取寄せたことがある。若し眞に琴の樂器としての使用法、古琴の價値を研究しやうと思へば、斯ういふ古い琴に依つて、古くから傳つてゐる琴譜に合せて正式に研究すべきである。琴譜としては日本では唐代の琴譜で、碣石調幽蘭といふものが西加茂の神光院に存して國寶になつてゐるが、東山御文庫の中にも琴譜のあるのを拜見したことがある。明以來のものは支那に隨分色々あるが、琴譜の讀み方は口傳のあるもので、素人には容易にわからない。しかし近代

には普通の支那の樂譜の文字上尺工などで、現したものもあるから全く手懸がないといふわけではない。これはまた日本に傳つてゐる雅樂等とは違つて特別なものであるから、やはり支那の琴士について研究するにしくはない。近年は北京天津邊にも琴士の確な人があつて、その彈法を傳へられる道はある。但しその彈き方には眞の琴士のやる士大夫の方法と、江湖派と稱して俗流との二通りあるといふことであるから、その心得がなくてはならぬ。日本には心越流などといつて明末に日本に渡つた僧心越が傳へた流義があり、その他にも長崎から傳へて來たらしい流義の彈き方もあるけれども、何しろ渡來後二百年も經つてゐるので、元來の彈法を失つて居るかもしれぬので、あまり當てにはならない。今の支那の琴士は各々の曲の歌を歌はないが、前から傳つた心越流其他では皆歌をうたふ。所がその歌は二百年前の南方の支那音が漸々訛つて來た歌であるから、今日は支那音でも日本音でもない不思議なものになり變つてゐる。日本にはまたその間に日本人の琴士があつて、例へば浦上玉堂其他にもあつて、それらの人に琴に關する著述もあるが、それが今日支那の琴士の彈法とどれだけの異同があるかも調べてみなければわからぬ。ともかく琴に關する研究は樂理に通じてゐる人によつて根本から研究しなほして欲しいものだと思ふ。鳳首琴の説明の序にこのことを申して置く。

解題

第Ⅰ部　解題

　ここでは、内藤湖南が一八八七（明治二〇）年八月に勤めていた小学校を辞職し、家にも無断で上京し、大内青巒の主宰する『明教新誌』の記者となった時から、一八九〇年に『三河新聞』の主筆となりわずか二ヶ月足らずで辞職するまでの四年間に書かれた文章で、『全集』未収録のものを収録した。いわばジャーナリストとしては駆け出しの時期であったが、この間『明教新誌』『萬報一覧』『大同新報』『江湖新聞』『三河新聞』と五誌を渡り歩くことになる。ただ、これらは『三河新聞』を除けば、すべて大内青巒がその編集・発行にかかわっていた。

　この一八八七年から一八九一年までの四年間は、日本にとっては「近代」国家を形成していくための言わば揺籃期にあたり、大日本帝国憲法が発布され、第一回衆議院議員選挙が行われ、第一回帝国議会が開催された。また不平等条約改正の動きが盛んになり、その内容を巡って政府部内においても対立が深まっていった時期でもあった。それは、維新改革の実質が準備されていく過程であったと同時に、様々な意味での矛盾対立が国内外で顕わになりつつあった時期と言えるだろう。この時期の湖南は、新聞記者であり、編集者であり、仏教系の情報誌を中心としていたとはいえ、多くの記事や論説はこのような政治状況に向けられたものであった。とりわけ第一回衆議院議員選挙と条約改正問題に関したものが多いが、これは時代状況の然らしめるものであったと言ってよい。もちろん、宗教の問題にもそれなりに触れられてはいるが、「僧侶の被選権」（『大同新報』第九号）のような、仏教と社会との関係を論じたものが大部分であり、「信仰」それ自体の問題にはほとんど触れられてはいない。日本のキリスト教に対する反発はあったようだが、あくまでも日本の社会的状況にそぐわないという視点からのもので、キリスト教自体への批判ではない。記者、編集者として比較的公正な立場から日本の宗教の現状に向き合っていたようである。以下、時系列にそって解題していく。なお、出典に関しては、号数・掲載欄・刊行年月日を示してあるが、同一号の文章については、掲載欄の違いだけを示してある。

　『明教新誌』は、一八七四（明治七）年に創刊された『官准教会新聞』（大教院発行）を大内青巒が引き継いだもので、一八七五年から一九〇一年まで発行され、仏教を中心とした宗教全般についての情報誌であった。ここには『全集』の

「著作目録」には記載されていないものを含めて二篇を収録した。以下各篇について掲載年月日順に解題していく。

「佛教家は宜く耶蘇の恩を拜謝すべし」（第二二八二号「新誌」、一八八七年一一月一〇日）

仏教が日本に伝来した時、物部守屋氏など従来の神信仰から大きな抵抗を受けたが、その抵抗に向き合うことによって仏教は却って日本の中に定着したという歴史的経緯を前置きにして、維新以降のキリスト教の日本での活動も、これまで権力の庇護のもとに安住してきた仏教が活力を取り戻す契機となりうるという意味でキリスト教に感謝すべきことが述べられている。

「宗教家と教育學」（第二三〇一号・第二三〇九号「新誌」、一八八七年一二月一八日・一八八八年一月八日）

仏教系の学校ができつつあるが、実際の教育においては教師も教科書も宗教教育に対応したものとなっていないことを指摘し、宗教者がきちんとした教育学を修めた上で教育に携わるべきことが提案されている。

『萬報一覽』は、一八八三年に創刊され、表題からも分かるように様々な新聞、雑誌に掲載された論説及び雑報を抜粋して掲載し、すべてを購買できない読者の便宜に供しようとした評論誌である。注目すべき時事をいくつか採り上げ、それぞれについて論評を加えるというスタイルになっている。湖南は、一八八八年一月から九月までこの編集に携わり、「時事評論」を担当しており、『全集』には四篇が掲載されている。ここには『全集』「著作目録」に題名が挙げられているものの収録されていない文章二一篇を収録した。なお、「空想の国民」（第一七一号、一八八八年三月二五日）は、この文章を改訂増補したものが『みかは』（一九〇〇年六月、七月、八月）に掲載され、『全集』第一巻に収録されているため、ここには採らなかった。

「府縣會の紛紜」（第一六五号「時事評論」、一八八八年一月二五日）

維新以降廃藩置県にともなって、一八八七年には府県会規則が制定され各地方で地域代表による府県会、民会などの諸問機関が設置されたが、自由民権運動の昂揚によって、県令と府県会の対立、衝突が増加していた。この問題についての論評であるが、宗教の異同によって議員選挙の勝敗が決することの可否も採り上げられている。

「暹羅《シャム》公使の來朝」

当時東アジアでは、日本・中国以外の独立国は、シャム（タイ）だけであり、この国の特派全権大使の来日に際して、通商条約の締結が提起されている。

「米國大統領の教書」

米国大統領クリーヴランドの教書についての論評である。この教書では、ある品目についての海関税の軽減する政策を掲げたが、議会では不人気であった。ここでは、党利を超えた公正な英断として評価している。

「欧洲の形勢」

当時ドイツとフランスとが開戦の危機にあり、その緊迫した情勢を簡潔に分析している。

「徴兵令改正の風説」（第一六六号「時事評論」、一八八八年二月五日）

明治政府は、いわゆる「富国強兵」を目的として、一八七三年に「徴兵令」を公布し、一八七五年にはそれを改正して「国民皆兵」の形を作ったが、なお徴兵猶予の項目も多く、一八八八年には実質的な「国民皆兵」をめざした改正案が用意されていた。「風説」となっているが、かなり具体化されたものが公表されていたようで、それについての論評である。徴兵猶予に大きな制限を加え実質的な「国民皆兵」を制度化しようとする企図に賛成しながらも、軍事費の増大には「不生産物」の消費を増すこととして危険視している。

「大隈伯」

大隈重信は、維新以降大蔵卿、参議などを歴任するが、一八八一年のいわゆる「明治一四年の政変」で下野、翌年立憲改進党を結成して総裁となった。この大隈が再び政府に入れば各政党に大きな影響を及ぼすであろうと予測している。

「南洋政略」

南洋（アジア大陸の南東にある島々を言う。ここではフィリピン、サモア、硫黄島などに言及されている）がヨーロッパ諸国によって植民地化されようとしている状況を述べ、後進たる日本も唯一参入しうる地域であるにもかかわらず欧州諸国に先鞭を付けられていることを憂えている。

「露墺の關係」

当時の欧州におけるロシアとオーストリアとの対立の情勢報告である。

「地方制度市制」（第一六七号「時事評論」、一八八八年二月一五日）

一八八八年四月に「市制・町村制」が公布されたが、公布前にその内容について論評した文章である。国の制度を改めるのは容易だが、人民の気性を改めるのは容易ではなく、特に地方社会が維新以後も変化していない状況では、画一的な制度改革は難しく、「地方人民の適宜に任せ」、役人にとっても人民にとっても便利で障碍のない施策を求めるという至極穏当な提案がなされている。

「探偵費」（第一七〇号「時事評論」、一八八八年三月一五日）

「探偵費」とは行政の調査費であり、当時、主に自由民権派の動きの調査を行っていたが、この額が八年の間に三倍に増加したことを伝えている。

「歐洲の危機」

ブルガリアのフェルチナンド公に関わるロシア、ドイツ、オーストリアなどの欧州の情勢についての報告である。

「獨逸老皇帝の崩御」

ドイツ皇帝フリードリッヒ三世崩御を哀悼しつつ、欧州の政情の変化及び経済世界への影響を危惧している。

「獨逸新皇帝」（第一七一号「時事評論」、一八八八年三月二五日）

ドイツ皇帝フリードリッヒ三世の崩御にともなって、ウイルヘルム二世が即位したが、相変わらず欧州の情勢は混沌としていることが述べられている。

「歳計豫算」（第一七二号「時事評論」、一八八八年四月五日）

一八八八年度の国家予算について論評したものである。予算が年々増加していくことについての危惧が述べられ、中国・元の宰相耶律楚材の「興利不如除害」という言葉で締めくくられている。

「第二のノルマントン内國船に生ぜり」

大阪商船会社の汽船「百貫丸」が火災を起こして死者を出した事件の報告である。

「在野政論家」

一八九〇年に予定されている第一回衆議院議員選挙に向けて、在野の政論家、というよりジャーナリスト達が視察のための洋行などをしてやや静かな政治状況にあることが述べられている。

「獨逸」

ドイツ新皇帝の母、皇太后が新皇帝の病気が思わしくないことから精神に異常をきたしたことが報告されている。

「改進黨の總集會」（第一七三号「時事評論」、一八八八年四月一五日）

立憲改進党の総集会が開かれたが、結党当時のような注目を集めなくなったことを挙げ、その必然性について論じている。

「佛國内閣」

チラール内閣が三ヶ月余で辞職し、新たにフロケー内閣が登場したが、対独主戦の傾向が強く、戦乱の徴候があると論じている。

「風說人心を驚かす」

ドイツ宰相ビスマルク辞職の誤報が伝わったが、それを枕に欧州の政情の不安定さが述べられている。

「有志者」

一八八七年一二月二五日に「保安条例」が制定発布され、民権の志士達の多くは東京から退去させられ、元老院へ請願する者もいなくなっていた。しかし、最近建白書を持って元老院議長に面会を求める者が出てきたが、そうした「有志者」に対して、今はこうした活動をする時期ではないとの忠告が述べられている。

『大同新報』は、大内青巒が組織した尊皇と仏教との大同団結を目的とした「尊皇奉仏大同団」の機関誌であり、湖南は一八八九年五月から翌年の八月までこの編集に携わった。

『大同新報』における湖南の書いたと思われる記事には、「雑纂」及び「批評」も含まれているが、その多くは「時事」評論および論説欄というべき「大同新報」欄の文章である。「尊皇奉仏大同団」の機関紙であることからその思想信条の宣伝を中心としているはずなのだが、「欧化」への反発はあるとしても一般的な時事についてはそれほど強い党派色は出されてはいない。むしろ時事が冷静に「客観化」され、その上で「大同団」の立場が開示されている。ここでも、『全集』の「著作目録」には挙げられているものの収録されなかった記事を、一つの例外「我同胞に望む」(第一九号)を除き収録した。この「我同胞に望む」は『全集』「著作目録」には湖南の文章とされているが、鹿角市教育委員会『内藤湖南・十湾書簡集』(二〇一六年八月)によれば、「後藤氏(後藤祐助)の作」(五一頁)とされているからである。ただ、第七号の「再び信教の自由に就て」(一八八九年六月一六日)及び第二四号の「政治界に於ける僧侶の運動」(一八九〇年三月一〇日)の二篇は、「著作目録」には記載されていないが、関西大学の「内藤文庫」本には「虎ノ手ニ成リシモノ」という書き込みがあり、ここには収録した。なお、「時事」の項目は、第一〇号以降にはほとんど見られない。

「議員の數は三百人なり」(第四号「時事」、一八八九年五月一日)

翌年七月に予定されている第一回衆議院議員選挙の改選数及び立候補予定者数についての報告である。

英国議会の議員が自分と政党にしか忠義を尽くしていないという実情を述べ、日本の議会はそうはならないだろうと述べつつ、「大同団」への関心を喚起しようとしている。なお、以下第九号まで、断らない限り「時事」欄の文章である。

「外交上に關して宗教の異同に杞憂をなすは眞に杞憂のみ」

キリスト教は文明国の宗教であり、日本が真に文明国となろうとするならば国民はキリスト教に改宗しなければならない、そうすれば条約改正もうまく運ぶだろうというような「崇外的」(欧米を崇拝する)根性に乗じてキリスト教の布教をなす輩もいるが、その必要性がないこと、改宗せずとも条約改正がなりつつあること、さらにキリスト教自体も堕落していることが述べられている。

「東北の大會」

「大同団結」(自由民権諸派が反政府を掲げて結成した統一会派)の東北大会が盛大に行われたこと、さらに「珍事」が起こったことの報告である。

「勧業の親玉の西國巡禮」

「勧業の親玉」(当時黒田内閣の下で農商務大臣であった井上馨)の西国視察(井上はこの年の四月中旬に神戸に出かけ、一週間ほど滞在していた)に随行した経済人達を自分の利益だけを追求する「自利党」と定義し、そうした人々に対して慨嘆している。

「拳隕《ふり》て雨の如し」

各地で地方議員が殴打される事件が起こり、それに対する慨嘆である。

「賄賂事件の調査」

東京府会で娼妓への賦金を全廃することになったが、これは議員に賄賂が送られた結果であるという新聞報道がなされ、報道した新聞をその議員が名誉毀損で訴えるという動きもあり、その調査委員が設けられたという記事への感想が述べられている。

「吾れ誰れにか適從せん」

当時の東京大学綜理、元老院議官加藤弘之が「大同団」の「耶蘇教」への狭量な姿勢を批判したのに対して、「大同団」の正当性を述べて反論したものである。

「餅は餅屋」

学者は、その専門性を離れてはありがたみがなくなるという内容だが、先の「吾れ誰れにか適從せん」に続く文章で、加藤弘之への揶揄と思われる。

「國家の將さに興らんとする必ず禎祥あり」(第五号「時事」、一八八九年五月一六日)

これは「尊皇奉仏大同団」結成についての趣意書とも言うべきもので、どのような状況のなかで「大同団」が結成されなければならなかったかということについて述べた文章である。この一八八九年二月には帝国憲法が発布され、まさしく日本の立憲政治が出発した時点であったのだが、ここでは、日本の現況が「大道廃れて仁義あり」「暗黒の度日に益す濃厚になり行く」「腐敗の社会」というような言葉で形容され、現在が「衰世」であるからこそ「大同団」が結成されたのであり、この「大同団」が消滅することこそ「盛世」の証しであると述べられている。

「再び信教の自由に就て」(第七号「大同新報」、一八八九年六月一六日)

第六号の後藤祐助筆「信教の自由について」の続編という形で社説「大同新報」欄に発表された文章である。この年の二月に発布された帝国憲法においては信教の自由が認められていたのであるが、ここでは、日本では日本人であることとキリスト教徒であることは両立しないとする過激なキリスト教徒排除の議論が展開されている。しかし、キリスト教自体が非難されているわけではなく、あくまでも日本の文化環境と西欧で生まれたキリスト教がなじまないという点に主意がおかれている。

「不測の禍害」（第八号「時事」、一八八九年七月一日）

この「不測の禍害」とは、森有礼初代文部大臣が帝国憲法発布の式典に出席する準備をしていた時に、訪れてきた国粋主義者西野文太郎に刺されて翌日死亡した事件のことである。こうしたテロ行為を容認するような風潮もあり、それに対する警鐘を鳴らしている。

「青年の學佛者に物申す」（「投書」）

前書きにあるように前号（第七号）に「青年の学仏者」という記事があり、それについて「欣求生」が投書したという形の記事であるが、この「欣求生」も湖南のペンネームの一つである。ここでは「欣求生」自身の仏教とのかかわり方が述べられ、その経験及び現時点での考え方を前提に、若き「学仏者」たちの「免れがたき弊習」、例えば広大な仏法の皮相だけを見て安易な判断を下してしまうなどの「弊習」を挙げ、「学仏」の道が容易でないことを覚悟するよう求めている。

「殷の鑑遠からず」（第九号「時事」、一八八九年七月一六日）

「殷の鑑遠からず」とは『詩経』「大雅」にある言葉で、自分の戒めとすべき材料はすぐ近くにあることを喩えたものである。ここでの「殷の鑑」とは「耶蘇教」を指し、「耶蘇教」が「欧化」の進展とともに勢力を増して行くにつれて有頂天になり、慎ましさを忘れたことで社会的に「醜汚猥褻」と批判されるようになったことを挙げ、この「耶蘇教」の被った冤罪を「尊皇奉仏大同団」にとっての訓戒とすべきことを述べた文章である。この時、「大同団」は宗教団体であるのに政治に介入しすぎると批判されていたようで、「大同団」が常日頃批判の対象としている「耶蘇教」を彼等自身の「殷の鑑」として、「私徳に於て世の嫌疑を惹くべきの行為」については自重すべきことを呼びかけている。

「新著百種第三號」（「批評」）

『新著百種』とは、一八八九年四月に吉岡書籍店から出版されたもので、西洋の文庫本をまねた企画で、その第一号には尾崎紅葉の「二人比丘尼色懺悔」が掲載された。この第三号には、思案外史（石橋思案）の「乙女心」と尾崎紅葉の「風雅娘」の二篇が掲載された。この文章は、これに対する批評であり、小説の文体に合わせた文体で綴られている点が特徴的である。ここでは「乙女心」に対する批評がなされている。この続編が第一〇号（「批評」欄）に掲載されている。

「僧侶の被選權」（「時事」）

近代西洋が政教分離を原則としていることから、欧風崇拝の多い日本においても僧侶の被選挙権を認めないという論調が高まっていることに対する反論が提起されている。なお、この問題は、第一〇号、第二一号でも採り上げられている。

〔無題〕（「詞藻」）

芭蕉の句、二句が紹介されている。一句は「西行上人像賛」となっており、もう一句は「吊古戦場文」が挙げられている。

「僧侶と被選権」（第一〇号「大同新報」、一八八九年八月一日）

第九号の「僧侶の被選権」の続きである。一八八九年二月に帝国憲法が発布され、議院・衆議院議員選挙法・貴族院令が公布されたが、この選挙法の一二条には、神官・僧侶・教師の被選挙権が認められていなかった（僧侶が立候補する場合は還俗しなければならなかった）。「尊皇奉仏大同団」の目的の一つが、この僧侶の被選挙権獲得であり、まさしくこの喫緊の課題を取り扱ったのが、この文章である。宗教は仏教に隷属するものであり、仏教の中に包含されるものであり、仏教は宗教ではないという立場が主張されている。

「新著百種第三號（承前）」（「批評」）

第九号の批評の続きである。思案外史の「乙女心」の批評の続きで、末尾で若干尾崎紅葉の「風雅娘」に触れられている。

「條約改正議」（第一一号「大同新報」、一八八九年八月一六日）

この「条約改正」とは、欧米諸国と結ばれていた不平等条約を改正することである。この改正をめぐっては政府側と反政府との間に色々曲折があり、大隈重信外相の改正案の草案が「タイムス」紙に発表され、一旦閣議決定された「改正案」の違憲論議が起こり、改正反対運動が盛り上がっていく。「大同団」は、進行中の「条約改正」が完全なる平等条約ではないとして、基本的には「改正」反対の立場に立っていることが明言されている。この問題は、第一二号、第一三号、第一四号、第一五号でも扱われている。

「爲之奈何」（「雑纂」）

漢の高祖の話を枕とした日本の歴史地理的環境、民俗などについての随想であるが、主題が提示されないまま「未完」で終わっている。

「狗頭羊肉」

「雑纂」には、まさしく批評とも随想ともつかない内容が収められているが、「不癡不慧子」の「狗頭羊肉」は、『国民の友』の夏期附録として付けられていた訳詩集『於母影』（森鷗外が中心となってドイツ詩や英国詩などを新体詩の形式などに翻訳したもの）についての批評である。

「再び條約改正を論ず」（第一二号「大同新報」、一八八九年九月一日）

『日本外史』の源平の争いを例にとって、不完全な条約改正も半歩前進だとする考え方を批判している。

「憲法の解釈法」

条約改正の反対運動が盛り上がっていったのは、大隈の条約改正案が、この年の二月に発布された大日本帝国憲法に抵触する内容が含まれていたためである。それは、外国人裁判官を大審院に限定して認める条約改正案が憲法違反と見なされたからである。ここでも、憲法違反は許されないと論じられている。

「閑居箴」（「雑纂」）

「不癡不慧子」名で、芭蕉翁の「閑居箴」を紹介し、西行や兼好法師の精神を継承するものという評価を下している。

「一言而喪邦」（第一三号「大同新報」、一八八九年九月一六日）

「行掛り」という口実で、条約改正をやむを得ないこととして進めていくのは国を亡ぼすことになると断じた文章である。

「大臣の責任」

大隈重信外相の発言として報じられた「天皇陛下万々一（条約改正を）御批准し玉はざるに於ては致し方なしと存ず」について批判した文章である。天皇陛下に条約批准の判断を委ねること自体が、大臣として責任放棄であり、天皇及び国民に対する不実不忠であると述べている。

「尊皇奉佛者が條約改正に關する意見」

「大同団」の中には、条約改正反対派が多いが、無論賛成派もいる。ただ「尊皇奉仏」を貫く点では一致しているから、「大同団」としてはこの気持ちに忠実に言行をなすだけであり、条約改正に賛成するか反対するかは中心的課題ではないことが述べられている。しかし、基本的には完全な対等条約でない限り中止すべきという論調は貫かれている。

「至誠而不レ動者未二之有一也」（第一四号「大同新報」、一八八九年一〇月一〇日）

条約改正反対の論議が盛んであるが、政府を動かすだけの力となっていないこと、あるいは国家の大問題であるにもかかわらず、それを党利党略に利用する輩も多いことなどを挙げ、条約改正賛成派も反対派も「天下の公事」を議論する場合には、私心を捨てなければならないことを訴えた文章である。

「白河樂翁公が理想の佳人」（「雑纂」）

不癡不慧子のペンネームで松平定信（楽翁）の『花月草子』を引用した随想である。

「國を亡すも惟此時、國を興すも惟此時」（第一五号「大同新報」、一八八九年一〇月二五日）

これも条約改正をめぐる問題を扱ったものである。大隈外相の改正案が憲法違反であるという指摘がなされ、改正反対の運動が盛り上がって行き、政府部内でも対立が先鋭化しつつあった。この文章の「此時」とは、まさしく政府部内で対立が先鋭化しつつあった時に他ならない。山県有朋のヨーロッパ視察からの帰朝が記されていることからすれば、一〇月初旬までの政局が前提とされているようである。条約改正の経緯が事実史的に語られているものの、危機感をあおり立てるような内容となっている。

「不怒則笑之矣」

条約改正問題が膠着状態に置かれていることから、天皇が黒田清隆首相に条約改正についての閣議を開くように要請したのに対して、黒田がそれを無視したという伝聞を採り上げて、それがたとえ風説であったとしても、そうした風説をなすこと自体が不祥であると慨嘆した文章である。

「立皇太子式の大典に際し尊皇奉佛論の哲理を述べて寶祚の無窮を頌し奉る」（第一六号「大同新報」、一八八九年一一月五日）

この年の一一月三日に嘉仁親王（大正天皇）の立皇太子の式典が行われたが、この時に当たって「大同団」の「尊皇奉仏」の論理を述べたものである。

「新内閣」

黒田内閣の辞職にともなって、新たに山県有朋に組閣の要請があったが固辞したため、暫定内閣として三条実美内閣が成立する。黒田、大隈以外の大臣は留任した。この内閣への要望を記したものである。

「正義の光漸く明かならんとす　附耶蘇教徒の尊皇」（第一七号「大同新報」、一八八九年一一月二八日）

耶蘇教徒が、立皇太子式を慶賀する文章を捧げ且つ祝賀して祈祷感謝会を開いたことを批判して、耶蘇教徒が結局「尊皇奉耶主義」となっている矛盾を指摘した文章である。しかし、耶蘇教徒が曲がりなりにも「尊皇」を掲げること自体は、彼等が本来の正しい日本人のあり方に立ち返る一歩となりうるとも述べている。

「風俗壊亂」

女性の裸体画などが店頭に並ぶような「風俗壊乱」現象を採り上げ、官憲による取り締まりだけではなく社会徳義による制裁を加えるべきだと主張している。

「文學上佛教の功績」（第一八号「大同新報」、一八八九年一二月一〇日）

日本の文学史においては、神道や儒教よりも仏教思想の方がより大きな影響を与えたことを奈良時代から室町時代までを通観して述べた文章だが、仏教の影響云々ということよりも大雑把な「文化史」の記述となっている点で、『近世文学史論』につながるものがある。なお、室町以降は第一九号で展開され、さらに第二六号では文学とキリスト教の問題が採り上げられている。

「内閣諸公に望む」

黒田内閣辞職によって成立した三条暫定内閣への提言であ

る。とりわけ内閣中の薩長出身者達に、人材をもっと広く求めて、「公」の世界を作りあげることを要請している。

「クリスマスに就て」（第一九号「大同新報」、一八八九年一二月二五日）

前年の一二月二五日に高等師範学校の女子部の外国婦人教師が生徒を率いて校内でクリスマスを行ったことを聞き、この事件についての論評である。普通教育に宗教を交えてはならないとした初代文部大臣森有礼の示した教育原則を確認し、その原則から先の事件に危惧を抱いている。

「文學上佛教の功績（承前）」

第一八号の同名の評論の後半である。江戸期の儒学の盛んな時代においても、「平民的の文学」（井原西鶴、近松門左衛門、山東京伝、宝井馬琴等々）には仏教の影響が強く、日本の文学史上では仏教の感化の方が大きかったと結論づけられている。

「新年の辭」（第二〇号「大同新報」、一八九〇年一月一〇日）

『大同新報』が発刊されて初めての新年となることを言祝ぎつつ、昨年の一一月から設置された帝国議会の現状への不満も述べられている。

「反動の大勢」

「反動の大勢」はその後二篇（第二一号・第二二号）書かれるが、これが全体の枕となっている。世の中の有為転変、「定めなきこそ定めなれ」という一般論を確認しつつ、日本の既往数千年の変化を観察し、その上で現況を確認することが次の課題であると述べられている。

「僧侶の被選權」（第二一号「大同新報」、一八九〇年一月二五日）

政教分離の立場から僧侶の被選挙権を認めないという輿論に対して、「大同団」の立場、僧侶に被選挙権を与えるべきだという見解を確認した文章である。

「反動の大勢（承前）」

第二〇号の「反動の大勢」の続きである。『日本人』『日本』の唱道した「国粋主義」「国民主義」がその鬼っ子とも言うべき『京華春報』（一八八八年に服部誠一によって発刊された雑誌）なる隠微、狭隘な冊子を生み出したことを、「動」「反動」の必然の流れであると断じたものである。「尊皇奉仏」の運動が守旧固陋の輩に道を開いたことと同様の事態であると見なしている。崇欧の行き過ぎがそれに対する「反動」の流れを生みつつあることが確認されている。

「法律的變遷」

これは、その後同じ題名で四篇（第二一号・第二二号・第二三号、第二五号）書かれた論文で、「反動の大勢」の姉妹編である。湖南の嘗ての「社友」の論文が、明治の世の変遷を巧みに描いていることから、その論旨を紹介しつつ、「反動の大勢」論を補おうとしたものである。その論文からの引用とその解説というスタイルで書き継がれている。この第一編では、欧化主義によってあらゆる古きものが旧弊頑固なるものとして退けられていった風潮が描かれている。

「法律的變遷（承前）」（第二二号「大同新報」、一八九〇年二月一〇日）

第二一号の続きで、欧風崇拝主義と国粋主義の一進一退の状況があるが、その一方で「法律的国家」は着々と準備されている。それはあたかも少年期の国家に成熟期の制度が押し付けられるような状況で、その弊害も大きいことが指摘されている。

「法律的變遷（承前）」（第二三号「大同新報」、一八九〇年二月二五日）

やや漠然とした内容が綴られている。改革の手段が予期せぬ結果をもたらしていることを指摘し、ちょうど「鹿鳴館」の時期の状況が採り上げられている。

「日本文學と宗教と」（第二四号「大同新報」、一八九〇年三月一〇日）

第一八号、第一九号では「文學上佛教の功績」という題で、神道・儒教よりも仏教が日本文学に深い影響を与えたことが述べられていた。これはその続編とも言うべきものである。これは、キリスト教の明治以降の日本文学への影響を重く見て、仏教の文学への影響を文明社会には適したものではないことを断じた「日本文学と聖書」（雲峯子のペンネームで女学雑誌に掲載された論文）への反論である。表題に「仏教」ではなくより広い「宗教」という言葉が使われているのは、キリスト教を含めたためである。

「政治界に於ける僧侶の運動」

僧侶の被選挙権を獲得するための運動は、基本的には仏教界を振興させるための手段に他ならず、権利獲得自体を目的とするものではないが、この手段は仏教の将来にとって本当に有効かという疑念が提起されている。

「ユニテリアン教徒に告ぐ」（第二五号「大同新報」、一八九〇年四月一〇日）

「大同団」はもとより「奉仏」を掲げる仏教徒の団体であり、日本のキリスト教徒に対しては日本社会の歴史と文化にそぐわないもの、それ故社会に害悪をなすものとして鋭い批判を展開してきたわけだが、「ユニテリアン教徒」に対してはキリスト教のなかでも極めて仏教に近似した姿態を持ったものとして許容している。しかし、無論仏教に代わるものではないとしながらも、「ユニテリアン教徒」が従来の日本のキリスト教徒を駆逐し、その流す害毒を消す作用をなすことを期待した文章である。

「法律的變遷（承前）」

条約改正が世論や宮中グループの反対で交渉延期と決定さ

れ、一八八七年七月には列国に対して改正会議の無期延期が通告された。改正交渉担当者であった井上馨外務卿は辞任、伊藤博文総理大臣が外相を兼務することとなる。さらにこの年一〇月には片岡健吉が元老院に「三大事件建白」を提出、反対運動はさらに高まることとなる。この時政府は「保安条例」を発布して、反対運動を弾圧し、片岡も投獄された。この状況を「反動の大勢」と見なし、これが逆に「崇外の夢」を喚起することに警戒の念を示している。

「日本文學と宗教と（承前）」（第二六号「大同新報」、一八九〇年四月二五日）

第二四号の「日本文学と聖書」（雲峯子）への反論の続きである。俳句、俳文について禅学趣味を体得したものとして賞賛している。

「貧民を救へ」（第二七号「大同新報」、一八九〇年五月一〇日）

「大同団」はかねてから仏教徒の被選挙権を主張し、第一回衆議院議員選挙に向けてもその権利を主張していたわけだが、仏教家諸氏が被選挙権についての運動を宣伝するばかりで、当時米価が高騰し生活に困窮する貧民を救済する道を講ずることをしていない点を指摘し、自らの為にするよりも人の為にすることを先にすべきことを訴えた文章である。

「佛教の前途　附僧籍論」

仏教が将来世界宗教となる可能性について述べたもので、仏教界において第二の釈迦の如き豪傑が登場して大改革をなせば世界の勢力となりうるとみなし、そのためになすべき日本の仏教徒の責務について論じている。「僧籍論」とは、僧侶の被選挙権に関わるもので、僧侶に被選挙権がないのであれば、任官の権利、受爵位勲章の権利などもすべて抛棄し、僧侶を華族士族平民の枠外に置いて兵役を免除してもらい、俗世間から切り離れた世界に据えることを主張したものである。ここでは、この「僧籍論」を仏教の世界化にとっては障碍となることなどを挙げ、批判的に紹介している。

「法律的變遷（承前）」（第二八号「大同新報」、一八九〇年五月二五日）

保安条例による民権派への弾圧以降、一八九〇年四月に誕生した黒田清隆内閣及び社会情勢の変化について述べたものである。

「五月の美」（「雑纂」）

ペンネーム「酔夢子」の名で、ミルトンの詩、及びドライデンの詩を直訳したものの紹介である。

「再び候補を論ず」（第二九号「大同新報」、一八九〇年六月一〇日）

この年の七月には、第一回衆議院議員選挙が行われることになっており、選挙人の数は三十余万人、議員定数三百人ということである。この選挙の候補者に対する注文である。国家と国民のための政治をなし、党利党略、派閥的な情実に動かされることなき政治活動を望んでいる。ただ、実情はこうした理想からは遠い位置にあることを十分にわきまえながらの提言となっていて、希望よりも危惧や憂慮が示されている。

「各宗管長會議」（第三〇号「大同新報」、一八九〇年六月二五日）

各宗派の管長が集まったのは、基本的には第一回衆議院議員選挙への僧侶としての向き合い方を議論するためであったようである。この会議では『大同新報』でも採り上げた「僧籍論」が議題にあがったようで、この内容が承認されたようである。というより僧侶の被選挙権は認められなかったという現実の中で、俗世界からの超越的な位置に僧侶を据える「僧籍論」が当面の政治対策として許容されたのであろう。こうした事情を紹介しながら、ここでは管長会議の内容が批判的に紹介されている。こうした教義とは無縁の世俗的議論の域を出ない低レベルの仏教者達のあり方が、仏教改革への「反動」を呼び起こし真の改革者を生み出すかも知れないと逆説的な結論を導き出している。

「反動の大勢」（第三一号「大同新報」、一八九〇年七月一一日）

選挙結果を受けての内容である。これまでの「反動の大勢」なる論説は、議員選挙に向けての世人に対する警告として書かれていたのだが、中途で怠けたため意に反した選挙結果となったことについての謝罪と悔悟の念が述べられている。

『江湖新聞』は、一八九〇（明治二三）年二月に曹洞宗の機関紙として発行されたもので、大内青巒も発起人の一人として参加しており、主筆は三宅雪嶺であった。ただ、同年一〇月からは立憲自由党に譲渡され、同年一二月一六日以降は『立憲自由新聞』と改称された。

「別天樓子に與ふ」（一八九〇年五月二八日）

これも不癡不慧子のペンネーム。長沢別天（別天楼は号、当時『江湖新聞』記者）の著した詩の評論に対する批評で、無智無学のなせるものというような酷評を投げつけている。

『三河新聞』は、一八九〇年一〇月に愛知県岡崎市で創刊された地方新聞であり、その前身は湖南が同年の六月一日（第三三号）、七月一日（第三六号）、八月一日（第三九号）と三回に亘って「空想の国民」を投稿した『みかは』（太田伊八編集長）であり、この『みかは』の第九号（一八八九年一〇月一日）には、太田伊八の依頼により同地出身の志賀重昂が「三河男児歌」を寄稿しており、この歌碑は現在の岡崎市東公園に建てられている。この『みかは』が所在を幡豆郡一色から岡崎に移転して『三河新聞』と改称し、新たに出発したのである。湖南は志賀重昂の推薦で同年九月から一一月までのわずか二ヶ月余りの短い期間であったが、この新聞の主筆を務めた。ここには、『全集』の「著作目録」には掲載されているが収録されなかった文章四篇を収録した。なお、「著作目録」に記されている「宗教」（第二二～二四号、一八九〇年一一月一三～一五日）は見つけることができず、収録できなかった。なお「内藤文庫」原本の写真版以外に入手できなかったため、読解不能の箇所もあり、その部分は□□□で表示した。

「三河國勢の消長　上・中・下」（第七～九号、一八九〇年一〇月二五・二六・二八日）

維新の変革が一朝一夕になったものではなく、それを燻蒸した多くの人材があり、三河の先人渡辺崋山もそうした役割を果たした人物であることを指摘しながら、三河の「国勢」は今衰運に置かれており、この状況を打破するためには徳川家康や崋山のような人物が出ることが必要であると述べられている。

「議會外の勢力」（第一一～一四号・第一六号、一八九〇年一〇月三〇日～一一月二・六日）

帝国議会の議員選挙の結果を見ると、結局選挙人の半数以下で当選者が決定されており、選挙人の意向が反映されているとは言えないし、選出された議員の能力、資質にも問題がある。こうした状況では、弊害もあるとはいえ議会外の勢力はやはり必要欠くべからざるものであり、彼等が真正の世論を形成していくべきである、と説かれている。

「人物」（第二五号・第二七～三〇号、一八九〇年一一月一六・一九～二二日）

当時の日本が如何なる人物を必要としているのかについて論じたもので、結局のところ徳義の廃頽を救うべく、徳育の規矩となる自然の「大感化」を人間に宣布する「大先生、大教育家、大哲人」を必要としていることが述べられている。

「祝帝國議會開院式」（第三六号、一八九〇年一一月二九日）

大日本帝国議会が、同年一一月二五日に開設され、同二九日にその開院式が行われた。それを言祝いだものである。

これまで湖南が関わった『明教新誌』『万報一覧』『大同新報』『江湖新聞』『三河新聞』に掲載された文章を扱ってきたが、最後にこれまでのジャーナリズムとはやや色合いを異にした文章を取りあげる。『日本弘道會叢記』初編第六冊に収録されている「弘道の一手段」という表題のものである。「日本弘道会」は、その前身は一八七六（明治九）年に西村茂樹らによって創設された「東京修身学社」であり、「日本講道会」を経て一八八七（明治二〇）年に「日本弘道会」と改称されたものであり、国家主義道徳の普及に努めた。『日本弘道叢記』は、後のこの会の会誌『弘道』の原型となったものであり、『弘道』は今も発行されている。

「弘道の一手段」（『日本弘道会叢記』初編第六冊、一八九〇年三月）

道徳を広めていくためには、無論口舌より実行であることは確かだが、口舌も有用であり、害毒を流す悪文は、法律で禁止するよりも高潔な文学上の著作によって駆逐していくべきであり、「詩歌小説戯曲の力は洪大なることあるなり」と述べ、筆舌を道徳向上の有力な手段とすべきことが説かれている。

（担当　山田伸吾）

第Ⅱ部　解題

第Ⅱ部は、一八九〇(明治二三)年一二月、内藤湖南が政教社に入社した直後の文章から、一九〇六年の『秋田魁新報』掲載文章までを収録している。この間、一九〇六年七月に大阪朝日新聞社を退社するまで、政教社、大阪朝日新聞社(第一次)、台湾日報社、萬朝報社、大阪朝日新聞社(第二次)と、延べ五つの新聞・雑誌社に籍を置いて存分に筆を揮い、かつ短期間ではあったが、内閣書記官長の秘書を経験した。また、結局果たせなかったが、故郷秋田での選挙戦出馬も考えた。さらに、記者として台湾に渡り、また戊戌政変後や日露戦争前後の緊迫した中国への旅行も試みている。日露戦争中は数多くの論説を書き、戦後は外務省から満洲特に間島問題の調査に関する嘱託を受け、小村寿太郎外相の顧問ともなり、大阪朝日新聞社を退社した。ほぼ同じ頃、狩野亨吉からの誘いを受けており、やがて京都帝国大学で教鞭を執るに至るのである。

この時期の内藤湖南は、『内藤湖南全集』(以下『全集』と略)第一四巻の書簡篇の分類に従うならば、「操觚者時代」という表現が最も適当であろう。この第Ⅱ部の文章は、操觚者として活躍しながら、東洋史学者としての資質を涵養していった時期の文章が収められていることになる。

では、湖南は実際にどのようなことを書いているのか、具体的に見ていく。収録誌の分類では、政教社の雑誌『日本人』、同じく『亞細亞』、『大阪朝日新聞』、『大阪朝日新聞』系列の論説誌『二十六世紀』、『台湾日報』、『萬朝報』の文章を主に収録した。また、『日本』、『秋田魁新報』の文章も収録した。(『全集』第二巻の「あとがき」と、第一四巻の「著作目録」参照)。

政教社時代——一八九〇年一二月〜九六年五月

まず、政教社時代(大阪朝日新聞入社以前)の湖南の文章を、「批評」(書評欄)を中心にいくつかの項目に分けて紹介する。本書「はじめに」の「二　編集の方針と構成」で触れられているように、湖南のペンネームと確定されているもの(『全集』第一巻「あとがき」、六九一頁参照)に限って収録した。なお、本解題末尾の附録、『日本人』『亞細亞』に関する〝『内藤湖南全集』著作目録、及び『内藤湖南未収録文集』収録比較一覧表〟を参照されたい。

政教社に参加した一八九〇年は帝国議会の第一回選挙が行

われ政党政治が始まった年であり、大阪朝日新聞に移った一八九四年に条約改正が実現する。その一方で清朝、ロシアとの間で朝鮮問題が緊迫化してくる。湖南は操觚者としてこうした時代を背景とする、内閣や政党の動向についての時事論や東アジアを中心とする外交論を展開する。また、伝統文化をふまえつつ、西洋文化をもふまえた、文化の創造という観点からの評論も書いている。

時事・外交関係

「田舎もの」「又田舎もの」（第一次『日本人』第六二号、一八九〇年一二月一六日）

或る夜、露天の古本屋で主人と田舎風の婦人客が値引き交渉で口論となる。都人の豪快な主人は、鄙人を馬鹿にするが、熟々考えると、日本帝国を興す者は、営々と日常を営む田舎ものである。又或る夜、同じ古本屋で、かの主人は雇吏私学教員風の一漢と一銭を争っていた。客は、たとえ一銭でも天から降らず、地から湧かず、と怒って去った。これを政府・帝国議会に置き換えて、客の一漢の如きを希うという風刺の一篇である。

「大政治家の經綸あるか」（『日本人』第六三号、一八九〇年一二月二三日）

政府は頑なに権力の維持を図り、在野人士は泰西の政治理論を輸入し、非議攻撃するばかりであると双方を批判する。

「歳晩に際し天を仰で絶叫す」（『日本人』第六四号、一八九〇年一二月三〇日）

政府当局者が統制に窮々とし、議会は政府批判を繰り返すばかり、対外的には欧米にも清にも弱腰外交である、とする。

「新年に際し日本人の地位を論ず」（『日本人』第六五号、一八九一年一月六日）

四億のアリアン種に対して六億の蒙古人種は数でも勝っているのだから卑屈にならずに飛躍し、とりわけその優等者たる日本人は天職を尽くして島国の枠から外へ出るべきだと説く。

「立憲改進黨に過を貳《ふたたび》せざらんことを望む」（『日本人』第六七号、一八九一年一月二〇日）

立憲改進党が、かつての失敗を繰り返さないように忠告した文章。湖南は、改進党の非協調的な点や自由党との対立を批判し、国民の立場に立ち、政府と議会で論戦を尽くせと提言する。

「衆議院の豪傑奚《なん》ぞ軍人の心を收攬せざる」（『日本人』第六八号、一八九一年一月二七日）

「今日に当りて政府を乗取り、自ら内閣の席を占めんと欲せば、先づ海陸軍人の心を収攬するに如くはなしと」と提案する。政府と軍部の関係について論じた興味深い一文である。

「衆議院議員ならぬ政黨員」（『亞細亞』第一巻第一七号、一八九一年一〇月一九日）

政府の政党抑圧にあきれつつ、同時に「演説会、機関新聞、壮士を恃み、叫ぶ」のみの政党勢力を批判する。

「試みに取て代るの術を講ぜんか」（『亞細亞』第一八号、一八九一年一〇月二六日）

前文と同様、一挙に取って代ることが不可能にもかかわらず、民間党が党利党略を続ける姿勢を批判する。

「革新の氣運」（『亞細亞』第一八号、一八九一年一〇月二六日）

「革新の時期」（『全集』第一巻、五三九〜四六頁）と共通する内容で、「久亂の世の變じて治體に入り、久治の世の變じて亂離に入る」と冒頭に説き、「夫れ新時世の新人物を要する、固より怪むべきなし」と論を進めつつ、「氣運の循環は人力の能く回し難きものあり」と拙速を戒める。

『條約改正之標準』※（国家経済界出版）（『亞細亞』第一九号、一八九一年一一月二日）

寺師宗徳の著書の紹介。当時、条約改正案はたびたび紛糾しており、適切な解説書がなかった。「しかるに此書我が条約と諸外邦の条約とを對照して詳細に分析した。極めて有用の書」と評する。

※なお、以下の『　』は『亞細亞』「批評」欄で湖南の書評対象となった書名である。

「誰れか現代に革命の機なしと謂ふ乎」（『亞細亞』第二八号、一八九二年一月四日）

「大政一新、二十五年、國政の變態、未だ此際より甚しきはあらざるなり。」と筆を起こし、内政・外交・社会的不平等、さまざまな所で国民の不満が渦巻いており、議会も機能せず、革命の機が兆していると述べる。

鹿角市教育委員会の『内藤湖南・十湾書簡集』（二〇一六年八月、以下『書簡集』と略）に収録されている湖南から父十湾への書簡（明治二五年一月四日）によれば、これは湖南が「三宅氏の前年の話を敷演して児が二《マ》書《マ》夜を費して為す所」（六四頁）である。

対外情勢関係

『東邦協會報告第一』（経済雑誌社）（『亞細亞』第一号、一八九一年六月二九日）

同誌の紹介。「苟くも東邦に注目する者の必ず一読せざるべからざる者」とする。

『支那現勢論』（京都興教書院）（『亞細亞』第一九号、一八九一年一一月二日）

井出三郎の著書の紹介。痒処に手の届かぬ感はあるが、末段で救済の望みを読書人に嘱しており、一篇の時務策として必読の価値があると評する。

「榎本子の殖民政策」（『亞細亞』第二三号、一八九一年一一月二三日）

当時外務大臣であった榎本武揚の殖民政策（移民政策）に言及したもの。因みに彼は、翌年の第二次松方内閣瓦解後、殖民協会を設立する。

『漢城之残夢』（春陽堂）（『亞細亞』第二八号、一八九二年一月四日）

福沢諭吉の右腕として朝鮮問題に関わった井上角五郎の著書の紹介。政府の出版条例、言論統制を批判する内容。

『經世論策』（大日本義勇艦隊創立事務所）（『亞細亞』第四七号、一八九二年七月一一日）

越村茂兵の著書の紹介。著者は同事務所創立者中の主な者だろうという。殖民圏地理等を録しており、流行問題の概要を知りたい者には便利な書だという。

法律・実学関係

『日本海難救助法』（『亞細亞』第一号、一八九一年六月二九日）

ペ、マイエット（パウル＝マイエット）の著書の紹介。彼はドイツ出身の御雇外国人。数々の保険制度の設立を唱えた人物である。五年前のノルマントン号事件が背景にある。

『災害救濟論』（博聞社）（『亞細亞』第三四号、一八九二年二月一五日）

マエット（前述のパウル＝マイエット）の著書の紹介。尾濃（濃尾）の震災に感を興して著したもの。「かかる災厄の救済は、之を慈善家の事業に一任すべからずして、国家の義務とすべし」と述べる。経世済民に志ある者は、是非一読せよと奨める。

文芸・美術関係

『油地獄』（春陽堂）（『亞細亞』第二六号、一八九一年一二月二一日）

齋藤緑雨の著書の評。初心者の芸妓に対する恋着を正面に据えて写実した作品。細かい情景描写に、「人其の藝妓社会の情実に通ずるに驚く」と評価する一方、「緑雨が筆を弄する」病を批判する。

『大坂文藝』（大坂文藝社）（『亞細亞』第二八号、一八九二年一月四日）

寄贈された同誌第三〜五号の評。数十人の作に及ぶので、一々は長短を言う暇はないと断る。その一方で、論文は鷗外の、小説は硯友社の影響を受けており、詩歌・俳句まで載せられた豊富な内容は、東京では稀であると評価する。

『摸古美術木版繪三幅』（青木嵩山堂）（『亞細亞』第二八号、一

八九二年一月四日）

『摸古美術木版繪三幅』を紹介し、円山応挙の「双鶏図」、「紫式部図」、土佐光起の「美人舞踏図」の三幅が、「印刻精緻で原図の妙を想見す」と絶賛する。

「又別天樓に與ふ」（『亞細亞』第三八号、一八九二年五月九日）

約三ヶ月前の、「別天樓に與ふ」（『亞細亞』三四号、『全集』二巻、五七五頁）の続編。罔兩窩同人《もうりょうかどうじん》と言われる湖南たち政教社の第二世代の友人、長沢別天に充てた文章。当時別天はアメリカに留学していた。その旅先での健康を願って彼に寄せた雑文。湖南は、浅水南八らとともに、台東の根岸にあった下宿から、向島白鬚社を訪れ、橋場の渡しを渡って浅草に帰った。さらに小金井まで徒歩行をするような元気をうたっている。

『井筒女之助』（春陽堂）（『亞細亞』第三八号、一八九二年五月九日）

当時の流行作家ちぬの浦浪六の小説に対する評論。表紙口絵は凝って美麗なものだが、内容は頗る失望せざるを得ずという。

「挨拶」（『亞細亞』第六二号、一八九二年一〇月二四日）

前号の「罔兩」欄、畑山呂泣が小文「この下露」で、「湖南多藝にして多能、詩・文・書・画・歌・俳諧、皆能くせざるなし……」と湖南を褒めたことへの照れ隠しと、時候の挨拶だと言い、呂泣の健康を気遣う。

「繪畫」（『亞細亞』第六七号、一八九二年一一月二八日）

青年絵画共進会を観て、技量の大いに進んだことに感歎する。同時に、意気で器用な画風の四條派が毎年数を出していることに危惧の念を示し、美術の玩具化だと憂う。

思想・宗教・仏教関係

『印度佛蹟佛陀伽耶靈塔圖記』（印度仏蹟興復会）（『亞細亞』第二八号、一八九二年一月四日）

東海玄虎の編輯の書籍の紹介。巻首の霊塔図・霊蹟図は見事な出来で、仏蹟の由来説明、現状及び復興の趣意には遺憾なしと評価。一方で「唯だ興復会には、曽て快からぬ評判をも耳にしたり」、「末世の僧俗、霊蹟興復をも其の利慾の資とすることあらば、其の歎息すべきこと、何ぞ霊蹟湮没の比ならんや」と警鐘を鳴らす。仏教界の在り方に言及した記述として興味深い。

『新佛教論』（京都広教書院）（『亞細亞』第三一号、一八九二年一月二五日）

中西牛郎《うしお》の著書の紹介で、冒頭湖南は中西を「新佛教軍の勇将」と絶賛する。彼にはすでに『宗教改革論』、『組織佛教論』の二著がある。湖南は以前に『大同新報』第二七号「佛教の前途」（本書第Ⅰ部所収）、『大同新報』第二八・二九・三

○号連載の「青年の佛教徒」（『全集』第一巻、五一二～二九頁）で、此の書と同一の議を論じたとする。著者の前二著が理窟を言うのに対して、此は「情感より流露せる」好著であると締め括る。

『心の露』（目黒書店）（『亞細亞』第三四号、一八九二年二月一五日）

井上瑞枝が、亡友滝川寿子を紀念するため、生前互いに語らったことを基とし、真宗の教義を平易に説明した著書を紹介したもの。薫陶を受けた雨田上人（島地黙雷）の影響が見られるという。ただ、何故厭世的と見られることを気にするのか、とこの点には疑義を呈している。なお、井上瑞枝の夫藤井宣正は大谷探検隊で大いに活躍した。

『三經宗體』（名古屋真宗講話会）（『亞細亞』第三四号、一八九二年二月一五日）

小栗栖香頂の著書の紹介。真宗所依の三経、すなわち大無量寿経・観無量寿経・阿弥陀経の宗旨を概略し、その読法を示したもの。「其の宗徒に利益あること言を待たざるべし」と結ぶ。

『宇宙之光』（哲学書院）（『亞細亞』第三九号、一八九二年五月一六日）

大内青巒の著書の紹介。エドウィン＝アーノルドが釈迦の伝を詩にして「亞細亞之光」、基督の伝を詩にして「世界の光」と名づけた。大内がこれに憤慨して、また同様に釈迦の伝を訳して「宇宙之光」と名づけた。篇章は長大であるが、其の措辞は穏当、且つ巧みに仏語を用いて、和讃の臭味を脱している。今の新体詩家で、これほどの作を作れるものはいないと高く評価する。一方で時日に迫られた痕跡があり、事を叙するに急で、一般の詩境に置いてみると、十分には手を尽くしていないと評する。

『哲學雜誌』（哲学雑誌社）（『亞細亞』第四六号、一八九二年七月四日）

哲学会雑誌を拡張して、その誌面を大きくし、その記事を豊かにした雑誌を紹介したものである。その他、東洋哲学、宗教、文学、史学も載せる方針だとする。

『經子講義』（根本義塾出版部）（『亞細亞』第四八号、一八九二年七月一八日）

根本通明の著書の書評。湖南は、著者の根本通明を、世に阿らず、清貧を貫き、彊記比なく、該博精通であると評する。経子講義では、「易」・「荘子」を講ずる。その講述体裁は、極めて簡明にして、後進に解し易からしめんことを期する。最後に純然たる支那理学を純然たる老儒者に就て聴くことは、大いに裨益あるべしと強調して評価する。

『佛教策』（新潟雨華書院）（『亞細亞』第六〇号、一八九二年一〇月一〇日）

渋谷文英の著書の紹介。様々な僧風の改革と、僧職を論じ、読経の常行廃止を説く。その所論は痛快捷利、ただ実地に行うには「其の利弊未だ遽に知るべからず」とする。

「僧侶と利慾」（『亞細亞』第七一号、一八九二年一二月二六日）

徳川幕府の政略の結果、僧侶の腐敗は極まった。世の腐爛は全社会を覆っているが、僧侶が責められるのは、なお僧侶の職分を高しとしているからであろう。現在の腐爛は、泰西功利の風潮がもたらしたものである。この病弊を削除するため、断じて僧侶の私産を治するの禁を設くべしと強調する。

学術・史料・雑誌関係

『史海第壹巻』（経済雑誌社）（『亞細亞』第一号、一八九一年六月二九日）

田口卯吉が執筆した武内宿禰伝等を紹介、もっとも質実有用な雑誌とする。

『校訂神皇正統記』『舊時諮問錄第壹編』（『亞細亞』第一号、一八九一年六月二九日）

二冊の出版物の紹介。共に、これらの史書、編纂史料が世人に読まれ易くなったことを喜ぶ。

『出版月評第三十八號』（『亞細亞』第一号、一八九一年六月二九日）

当時珍しかった月刊の書評専門誌である同誌が復刊したことを紹介する。

『經國策』（『亞細亞』第二五号、一八九一年一二月一四日）

当時の代表的な壮士、齋藤真一郎の著書の紹介。

「平山行藏氏が幕府に上る書」（『亞細亞』第二八号、一八九二年一月四日）

平山は江戸時代後期の幕臣・兵法家。彼について、湖南は以前新聞『日本』にその逸事と「上執政相公閣下書」を併せて載せたことがあった（『全集』著作目録にはなし）。それに対して郷里の父十湾が「予のききし逸事」と、その所蔵に係る将軍家への上書の写しとを湖南に託し、それらを掲載したもの。

「僻論派の史家」（『亞細亞』第二八号、一八九二年一月四日）

史を修するには、才・学・識の三つが必要で、中でも識を備えるのが最も難しいとする。修史局や帝国大学編年史編纂係が、古来の言い伝えや伝承を軽視する姿勢を批判したもの。

本文、二六一頁の註にあるように、従来は、高橋健三の筆（自恃庵主人の筆名あり）とされていたもの。これも『書簡集』により、湖南の作と訂正された。

『はゞかりながら再版』（金港堂）（『亞細亞』第三八号、一八九二年五月九日）

江幡梧楼（那珂梧楼）の著書の再版を評したもの。湖南の父十湾は、梧楼に学んでおり、湖南自らもその学風を幼児より承けているとする。ただ、附録詩撰は草卒の際になったものなので、乱雑極めて甚だしく、歳月に次序も顚倒、傑作ともいうべき作品で載せられていないものがあるという。

『大聖釋迦牟尼佛靈蹟眞圖』(東京造画館)(『亞細亞』第三九号、一八九二年五月一六日)

サンチ古蹟、佛陀伽耶宝塔、鹿野園、黄金寺、比馬拉山下釈尊苦学の旧蹟ダジリン、コンバコナム殿堂の六霊蹟を石版摺にして、図解を附し、原坦山、南條文雄二高僧の題辞があると同書を紹介する。

『あいぬ風俗略志』(北海道同盟著訳館)(『亞細亞』第四七号、一八九二年七月一一日)

村尾元長の著書の紹介。全体の構成は、一六に編類される。人種・法制・言語・衣服・音楽・宗教・貿易等々である。内容は疎略で学理的な論述でもないが、一般に智識を与え、アイヌ族に関する研究の門戸を啓いた点が大いなる恩恵だとする。

『國家社會制』(哲学書院)(『亞細亞』第四八号、一八九二年七月一八日)

光吉元次郎の著書の紹介。冒頭、「今日に在て、政治の事に思を致す者、國家社会主義なる新理論を大いに商量すべきである」と述べる。君政と代議民政が拮抗している時期に、國家社会制は注目される政治制度であるとする。

『明治政史第壹冊』(富山房)(『亞細亞』第四九号、一八九二年七月二五日)

指原安三の編輯の書の紹介。著名な明治期の編年体政治史の第一冊。大政奉還より維新功臣頒賞に至るまでを扱う。あえて論断推測をしていないため、隔靴掻痒の憾はあるが、政治史の材料として珍重すべきものであるとする。

「坐右記(一二〜一四)」(『亞細亞』第五一・五九・六〇号、一八九二年八月八日、一〇月三・一〇日)

『全集』第一巻所収の「坐右記」のうち、(一二)〜(一四)を新たに採録した。この三回分は、『全集』第一四巻の著作目録にはあるものの、欠けていた部分である。

『祭天古俗説辯義』(国光社)(第六〇号、一八九二年一〇月一〇日)

久米邦武の祭天古俗説に対する宮地巌夫の反論についての書物を取り上げたもの。湖南は、久米の説に対して、古史に関する議論が沸騰するよりは、国体に関する悲憤説が湧出したことが「奇怪の念」を起こさせるという。久米氏はこれで失職し、自説を取り消したが、ひとたび出た疑問は「漸滅しない」だろうし、これに対して有力な反証を持つことの方が、徒に国体論に囂々たるものよりも、ふさわしいだろうとの立場を貫く。宮地氏の「弁義」は、まさにこの待望を充たすにたるものであると評価する。挙証には実によく努力しているが、ただ、国体の説で久米氏を嘲罵しているところは、却って学説の弁斥に不適切な嫌いもあり、久米氏の説を読んだ人には、此の書も亦精読すべきなのは勿論であるとあくまで実証的な態度を湖南は貫く。

『關東人』（『亞細亞』第六〇号、一八九二年一〇月一〇日）

同書は上州前橋で発行されたもので、人文地理を説くと紹介する。まず、人物として新田左将（義貞）、高山彦九郎、国定忠治を挙げ、上州無宿の名の由来に触れる。今は生糸の産地として日本貿易の主要を占め、赤城、榛名、妙義三山懸立し、坂東太郎（利根川）が源を此間に発し、粗削りだが、将来の発達が見込めるとする。

「見るがまゝ」（第二次『日本人』第八号、一八九四年二月三日）

湖南の郷里、鹿角の学風の一端を窺わせる一篇。郷里の俳人鎌田蕗谷は、幕末の探検家・絵師の松浦武四郎からの手簡を蔵しており、湖南に寄せた。また、松浦から泉沢修斎（湖南の外祖父）に充てた漢詩もあり、ここから、父十湾が一二、三歳の頃、松浦が蝦夷行の帰途、久しく泉沢家に客寓し、蕗谷や修斎等と文人の交わりを続けていたことがわかる。

教育関係

『閑谷黌史』（岡山森博文社）（『亞細亞』第二二号、一八九一年一一月一六日）

中野壽吉の編著書の紹介。「此冊子を閲過して、新太郎少将（池田光政）の偉なるを知る」とする。維新後、同黌は一旦廃絶したが、再興したのは公の基礎あったが故と感歎する。

『中等教育國語漢文講義錄第一號』（『亞細亞』第三八号、一八九二年五月九日）

吉川半七の著書を紹介し、近時の流行ものであるという。内容は、徒然草（林甕臣）、日本文典（落合直文）、土佐日記（石田道三郎）、文章軌範（堀捨二郎）、日本政記論文（深井観一郎）、今泉定介の作文作例批評等について、「中等教育の料として随分好きものなるべし」と評価する。

『史記列傳講義』（興文社）（『亞細亞』第四四号、一八九二年六月二〇日）

稲垣白衣の著書の紹介。少年叢書の一冊として、体裁は頗る適していると評価する。この一文には、教育者湖南の視点が顔を覗かせる。

『教育哲論』（哲学書院）（『亞細亞』第四七号、一八九二年七月一一日）

尾原亮太郎の著書の紹介。ヘルバルトの祖述に新意を加えたものと分析する。

『青年と教育』（民友社）（『亞細亞』第六四号、一八九二年一一月七日）

『國民之友』に載せられた青年教育に関する諸論文を収録

した書物を紹介したもの。御用教育に対して終始一貫反対している点を痛快と捉えているが、逆に民友社の人々にも一種の傾向があり、それで教育を行えば、これまた一種の御用教育になってしまうのではとの疑問を呈する。

第一次大阪朝日新聞時代――一八九四年九月〜九六年一二月

次に、第一次『大阪朝日新聞』時代の文章をいくつか紹介する。日清戦争を挟み、朝鮮半島情勢が激変し、ロシアとの関係も複雑化した時期に当たる。当時の朝鮮半島情勢とロシアとの関係について湖南のアジア観を理解する上で、重要な記事が含まれている。一八九三年一月に政教社を退社した湖南は、志賀重昂や志賀の親しい友人陸羯南等の紹介で、高橋健三の秘書として活躍を始めた。高橋が、『大阪朝日新聞』に主筆格として招かれたので、湖南自身も同社に入社することとなった。またこの頃、高橋が編集長を務める同社系列の政論紙『二十六世紀』にも、数篇の文章を書いている。『全集』第二巻所収の、「所謂日本の天職」もこの時期のものである。高橋から湖南は、「政治と芸術」の見方を教わったと言われ、強い影響を受けた。ただし、『書簡集』によれば、高橋との関係もかなりビジネスライクなものであったこと、高橋案の論文書きに明け暮れてつまらないと父十湾に書き送っていることなどが明らかとなってきた。今後、この方面の研究も進むであろう。『全集』第二巻には、湖南の手になる「高橋健三君伝」が収められている（六六一〜九三頁）。

「大任を受くるの覺悟」（『大阪朝日新聞』一八九四年一〇月二日）

『大阪朝日新聞』に掲載された最初の論文。『書簡集』で確認されている。

漢文調の文章であり、内容は、意気込みが前に出ているが、やや空回りしている感は否めない。古今東西の戦史を例に挙げ、「人力の能《よく》する所に非ざる」もの、すなわち時勢をつかみ、謙虚さを忘れない者が成功する例だと記している。ただし、失敗例も成功例も、いずれもその萌芽を以前から兆していると説く。当時流行していた文明論や天職論と、一見するとあまり違いは感じない。日本は東洋にあって、印度と支那の文明の精粋を吸収し、今また欧西文明の英を咀《くら》い、破竹の勢いである。そこで天が日本に命じて天職を行いうる力があるかどうかを試すため、日清交戦の場を借りて、威厳を与えたのであるとの主張を展開する。強いて湖南らしさを求めれば、戦勝にも浮かれず、将来を見通した予測を立てている点にある。ここで初めて「坤輿新文明」という言葉が出てくる。天がもし日本に坤輿新文明の大任を降ろそうとするのならば、また必ず坤輿の強大国と角逐させようとする。二〇年ならずして、大いに試みられる時が来るだろうと強調している。それに加えて、内から崩壊しないよう戒められている点、内向きの外交に陥らないよう、外交当局に臨んでいる点などであろう。

「朝鮮の經營」（『二十六世紀』第七号、一八九四年八月二五日）

冒頭日清戦役での日本軍の優勢を美文調で讃えつつ、その後朝鮮の経営が重要な問題に浮上すると説く。しかし朝鮮の国情は複雑で日本も慎重に対処しなければならない。朝鮮の国情を縷々説いた上で、「況んや人の國を興す、義己の國よりも重し」との立場を貫くべきだと強調する。難解な文章ではあるが、湖南は独立国への礼を尽くせと求めている。朝鮮での甲午改革の停滞が背景にある。

「受動的外交」（『二十六世紀』第一六号、一八九五年八月一一日）

主体的な外交の構築が困難ならば、拙速を戒め、慎重で安定した日本外交の確立を唱える。

「伊藤侯は出使の任に適せず」（『二十六世紀』第一九号、一八九六年二月一一日）

露帝ニコライ二世の戴冠式の賀使に随行する大臣として伊藤博文が選任されたことに、強く反対する。実際の戴冠式には、明治天皇の名代として伏見宮貞愛親王（陸軍少将）、特命全権大使として山縣有朋が出席している。

「日露協定條約恃むべき乎」（『二十六世紀』第二〇号、一八九六年五月一一日）

「朝鮮現今の位置、之を戦役前に比するに、悪しきこと實に數等の上に在り」とし、「日露共同保護の約、若し幸いにして協定せらるゝことを得んも、其の權力の均平、殆ど望むべからず」と続ける。しかも事態は「況んや露国將さに清國を援て共同の地位を占めんとすを聞く」と今後益々困難さを増す事態を危惧する。

「北京城の沿革」（『太陽』第一巻第一二号、一八九五年一二月五日）

「清帝の現に都する所にして遼金以來の故都である」と説き起こし、『禹貢』九州の冀州の地で、顓頊の時の幽陵、帝堯の時の幽都以下の沿革を述べる。その後の発展の様子を史書や地理書に拠って、堅実に考証を固めている。実際には、顧祖禹の『読史方輿紀要』に多くを拠っており、『鋼鑑易知録』や趙翼の『廿二史劄記』も併用して考証を深める。

『台湾日報』時代——一八九七年四月〜九八年四月

一八九六年一二月、『大阪朝日新聞』を退社した内藤湖南は、翌九七年には『近世文学史論』、『諸葛武侯』、『涙珠唾珠』の三冊を上梓した。これと並行する形で、台湾に渡り、『台湾日報』の主筆記者となった。社主の児島碩鳳は大内青轡の門人であり、その縁で湖南が招かれたらしい。

従来の研究に加え、最近の中川未来氏の研究（『明治日本の国粋主義思想とアジア』）により、台湾時代の湖南を取り巻く状況が、格段に明らかとなった。特記すべきは、中川氏の精力的な調査の結果、『台湾日報』の中に相当数湖南の未収録文を検出し得たことである。これらは、無署名のものが多く、かつ『全集』第一四巻の著作目録にもリストがない。そのため、本研究会では、中川氏のリストに基づき、台北の中央研究院所蔵のマイクロフィルムを複写し、また帰国後には国立国会図書館に依頼して不足部分の複写を一部入手した。そして、当時の同紙の編集状況と、主筆としての湖南の地位、紙面構成、等を総合的に勘案し、さらに文章の内容についての全集の所収記事との比較検討をした上で、以下の九篇を湖南の文章として採録する。九篇中八篇はいずれも社説で、「武夫信水君に答ふ」のみ「あまの子」の筆名がある。なお、紙面の一部欠損などの理由により、不完全な場合でも、今後の研究の便宜を考慮して採録した。

日清戦争の結果、下関条約に伴って、日本が台湾を支配する。しかし、台湾民主国を称する勢力の抵抗がしばらく続き以後も、土匪と先住民による抵抗や蜂起が繰り返される。湖南が渡台した当時、治安の回復が喫緊の課題であり、制度や経済基盤の整備も進んでいなかった。湖南の論説はそうした時期の情勢をふまえて書かれたものである。

「**移風易俗の期　下**」（『台湾日報』一八九七年七月七日）

表題の「移風易俗」とは、「風俗をうつしかえて世を善くすること」との意味である。台湾在住の中国人は中国に戻るか日本国籍に変えるかを選択しうる。その際、五月八日以降に台湾で生まれた者については中国（清朝）の旧習（辮髪・纏足）を革めさせることも可能である。こうしたところから台湾の風俗を時代にあったものに変えるのがよいだろうという方策を述べる。同月二七日の「移風易俗の一策」（『全集』第二巻、三〇八～一〇頁）は、この続篇であり、約半年後にも「政治の變革と風俗の移易」と題して、湖南は同趣旨の論を展開する。

「**政治の變革と風俗の移易**」（『台湾日報』一八九八年一月一四日）

吾輩が俗論党と意見を異にするのは、彼（総督府）が政法施治の変革を急にして、而して風俗教化の移易を緩にする、その考え方に正反対だからであると基本的な態度を示し、持論を展開する。台湾の人びとは、自分たちの生命財産の安固を何よりも求める。しかし、日本の統治政策は台湾の人民の意向にそぐわず、日本に心を寄せていない。その旧い慣習を尊重し、改革を持ち出さず、時代にそぐわない辮髪・纏足等の習慣を取り除く方が彼等の生活・人心は安定する。ここでも、清朝が持ち込んだ風俗を変えることを第一にして、変革を急ぐべきではないと説く。

「總督府條例改正の議」(『台湾日報』一八九七年七月四日)

我が政府が紛更を好むのは、一種の弊患である。内閣は平均二年で交送するが、このような官制改革を台湾に実施してはいけない。制度の得失に言及することは、時期尚早であるという。

「第三疑獄又起る」(『台湾日報』一八九七年七月九日)

冒頭、総督府の官憲の不祥事に対し「吾輩は此の如き事件を以て屢ば読者に報道せざるを得ざるを悲しむ。台灣官吏の腐敗、其れ殆ど諱むべからざる也」と筆を起こす。一時の情実にほだされてあいまいな解決を図れば世論の得心も得られず、腐爛の再兆を防ぐことにもならないと徹底した解明を訴える。法官たるもの、天下万世のために直道を維持し、職分を尽くせと高等法院を全面的に支持する。

「臺灣の地方行政(一~四)」(『台湾日報』一八九七年七月一五・一七・二〇・二二日)

(五)は原紙欠。湖南が草した代表的な台湾統治論「革新雜議」中の、「二、地方行政の組織」に、「台湾の地方行政に就ては、吾輩嘗て詳かに其の組織の過大なるを論じたことあり、(昨年七月十五、十七、二十、廿二、廿五日日報)」(『全集』第二巻、四二六頁)と述べており、この連載がそれに当たる。要点は現行制度、台湾の実情を基本として、施政方針を立てることが重要であり、民生を安定させ、旧弊を革めさせることが重要であるとの持論を重ねて述べるところにある。

「臺灣鐵道を如何にすべき」(『台湾日報』一八九七年一〇月九日)

すでに湖南は、南北縦貫鉄道が台湾に必要なことを述べている。「交通機關擴大の急務」(八月一・三日、『全集』第二巻、三九七~四〇〇頁)と主旨は同じ。

「高野問題の一段落」(『台湾日報』一八九七年一〇月三〇日)

高野問題とは、台湾総督府高等法院長であった高野孟矩《たけのり》が、当時しばしば明るみに出た諸疑獄事件を果断に摘発したことに対して、被疑者側が政府要路に働きかけ、ついに非職処分に追い込んだものの、高野も徹底抗戦をした一連の経緯を指す。『台湾日報』と湖南は、一貫して高野側を支持していた。なお、関連記事として、「高野問題の再燃」(『萬朝報』一八九九年八月三日、『全集』第二巻、六二〇~二一頁)、「高野問題の建議」(『萬朝報』一九〇〇年二月八日、『全集』第二巻、六三一~三三頁)がある。

「武夫信水君に答ふ」(『台湾日報』一八九八年四月一四日)

同日の掲載部分の直上の段に、「あまの子の東に歸るを送る」武夫信水とあり、これに答えた惜別の文。武夫信水の厚情に感謝し、「自重して瘴気に侵さるゝこと勿れ」と結ぶ。

『萬朝報』入社以降～第二次『大阪朝日新聞』在籍前後
——一八九八年五月～一九〇〇年一月

日清戦争後、中国では近代化に向けての改革が進む。『萬朝報』に入社する一八九八年は四月に康有為による変法運動が始まり九月には西太后によるクーデターが起こった年である。『大阪朝日新聞』に戻る一九〇〇年には義和団の乱が起こる。また日清戦争後起こった三国干渉以後、日本とロシアの関係には緊張感が漂い始める。ここに収録した時事論の多くもこうした時代背景が反映されている。

「進歩黨と提携するは伊藤内閣の利益なり」（『萬朝報』一八九八年五月一二日）

表題の如く、進歩党と伊藤博文が提携することの利益を提唱する。

「清國警察顧問の聘用」（『萬朝報』一八九八年五月二七日）

近日上海道台が我が国に警察顧問を招請してきた件について、一地方の要請と軽視せず、今後の日清提携のモデルケースとなるべく、頗る用意を慎重にせよと戒めている。参考に供するヒントとして、陳次亮（陳熾）の『庸書』中の外篇上「巡捕」の項をほぼ全面的に読み下し、論を展開する。

「臺灣の鐵道に就て」（『萬朝報』一八九八年五月三一日）

台湾経営の最大急務は、築港と鉄道とに在り、特に鉄道建設を担う台湾鉄道会社への出資及び建設の予算規模について、総督府と政府の思惑が乖離していることを批判する。

「人氣維持の手段、非律賓問題」（『萬朝報』一八九八年七月九日）

藩閥政府下の条約改正、三国干渉の失態等、稚拙な外交技倆を一新すべく、新しく成立した憲政党内閣が力を発揮できる対象として、米西戦争中の非律賓《フィリピン》問題を取り上げる。

「布哇問題の善後策」（『萬朝報』一八九八年七月一四日）

直前の記事と関連した内容。米国の非律賓占領に対しては、現状を認めること、中途半端に彼の地の独立運動に手を貸すことは、最も避けるべきであり、太平洋での移民事業に日本が便宜を得るため、米国・布哇《ハワイ》の合併を承認することがむしろ得策であるとする。

『言志四録』（『萬朝報』一八九八年七月二三日）

大塩後素（平八郎）の『洗心洞劄記』に比べて温粋清醇であり、「其の造語雅馴」なのは宋明の学者の間に交じっても遜色なし、と内容と出版の意義は評価する。ただし、校註がずさんで、例言・小伝の若きはほとんど文字を成さずと惜しむ。

「再たび軍政釐革に就て」（『萬朝報』一八九八年八月一一日）

先の「軍政釐革に就て」（七月三〇・三一日、『全集』二巻、五〇九～一三頁）が、主として陸軍について説いたのに続き、海軍について言及する。

「清國政治と皇帝の安否　上・下」（『萬朝報』一八九八年一〇月一二・一三日）

前述の『書簡集』によれば、湖南が父十湾に自作と書き送った文章。戊戌の政変以後に書かれた文章は、従来九九年一月の「清國最新の形勢」（本『未収録文集』所収）までないとされていたので、貴重な発見である。昨今の清国が置かれた内外の情勢に鑑み、改革の流れ（戊戌の変法）は必然の政策であったが、その性急さと不安定さの故に西太后一派が政変にふみきったのも故無しとしない。今後は、皇帝の安危が清国の行方にとっても、我が国にとっても重要となるだろうと、矢野公使に職分を尽くすことを求める。

「張之洞の地位」（『萬朝報』一八九八年一〇月一七日）

これも、前述の『書簡集』で湖南が父十湾に自作と書き送った文章。政変後も、北京の朝廷から見て気がかりな存在である湖広総督張之洞の存在を取り上げた短文である。「劉坤一の晋京　上・下」（本書所収）と併読すると、比較できて面白い。

「憲政黨に失望す」（『萬朝報』一八九八年一〇月二一日）

憲政党は現状の諸課題を自覚して、至当なる方法で、早くその後継者の路を啓くことがその義務であると締めくくる。

「小田原征討史を讀む」（『萬朝報』一八九八年一一月九日）

『小田原征討史』の書評であるが、「評者は近來に於て未だ此書の若き拙劣なる著述に接したることあらず」との書き出しが、すべてを言い表している。

「政黨の最盛期」（『萬朝報』一八九八年一一月一六日）

藩閥政府の再興、政党内閣の瓦解という目前の小事変に目がくらみ、自然の趨勢を疑ってはならないと述べる。政党勢力が社会変化を進める力の前提となっていることから、最後に湖南は、「今日を以て政黨の最盛期に達せり」と断言する。

『國防政策』（『萬朝報』一八九八年一二月一〇日）

中尾駒之助の著書の紹介。著者は、自ら結論で、軍備拡張主義・地租増加主義・三国（日清英）同盟主義等と云っている。これは全く陸軍の国防主義を賛揚して述べているに過ぎない。ただし、志賀重昂氏の序文に簡明に指摘されているように、「權衡分釐を失せず」が長所であるとする。

『明治人物評論』（『萬朝報』一八九八年一二月一四日）

鳥谷部春汀の著書の書評。現今の代表的記者、三宅雪嶺・徳富蘇峰・朝比奈知泉・竹越三叉の如き同時代人の月旦のうちで、著者はその警利なる才鋒を表している。やや恬淡平板な感はあるが、百年の後、史家がその時代に合った人物月旦の最も豊富な内容を求めたならば、必ず春汀になるであろうと評価する。

「清國最近の形勢」（『萬朝報』一八九九年一月一四日）

近日の諸報に見るに、支那の国事は日毎に改善しつつある。ただし、西太后が一時改革維新の諸政を廃止して旧制に復したこと、その後頗る外国使臣等の忠言を容れて新法に転じ、種々新政に関する訓政を発したことを以て、それぞれ頑冥なる守旧主義、温和なる漸進主義とするのはいずれもその実情を捉えていないと分析する。支那保全、支那分割、いずれにせよ一日も清国の形勢に注意を怠ってはいけないと注意を促す。

「支那の現勢と我が外務の方鍼」（『萬朝報』一八九九年一月二八日）

支那の現勢と、我が国維新に至る局面とを比較し、類似点が多いことに注意を促す。最後に青木周蔵外務大臣が支那保全には自信を持てず、分割には備えがあると洩らした言辞に対しては、保全への実際の準備をまず企画すべきで、亡命者（康有為）を国外に追い出して、清国の歓心を買うような姑息な手段は取るべきではないと釘を刺す。

「東亞同文會の清國派遣員」（『萬朝報』一八九九年四月三〇日）

清国と我が国の間の所謂唇歯輔車の関係は、誰も言わない者はない。日清の戦役以後は、仇怨の間柄から、反って相信頼する端緒が啓かれた。その関係を益々密接にするのは、誠に先覚士人の責任である。国家の交際は外交官が当たるが、その欠を補うのは両国士民間の交流であると、今回の派遣の意義を高く評価する。

「清國西徼の侵佔」（『萬朝報』一八九九年五月五日）

清国の西辺、新疆は昔から文明が交錯する要衝であった。明末からは回教が浸透し、清の康熙帝の時、準噶爾《ジュンガル》部の噶爾《ガル》丹《ダン》が大きな勢力を成したが後に敗死し、この地は清国に帰順した。その後も叛服常なく、清末にはロシアがその間隙を突いて進出してきた。背後には英露間での勢力範囲の劃定があるとする。

「英露協商と清國保全」（『萬朝報』一八九九年五月七日）

この場合の英露協商とは、ペルシア・アフガニスタン・チベットの勢力範囲を劃定した一九〇七年締結の有名な協商を指すのではなく、一八九九年四月にペテルブルクで締結されたスコット＝ムラヴィヨフ協定のことを指す。その内容は、「イギリスは長江流域での、ロシアは満洲での、それぞれ鉄道利権の勢力範囲を相互に承認しあった」もの。ただし、清国側は関与していない。英露間のこの取り決めは、清国を保全すべしといっているが、事実上両国が権力区域を劃定し、清国瓜分の実を得ようとするものである。清国の保全や瓜分の名称に囚われることなく、固定観念に囚われずに、現実に柔軟に対応すべきであると述べる。これら二篇の文章の後に「英国と清国保全」という長篇が書かれている（五月二五・二七日、『全集』第二巻、六〇一～〇六頁）。

「海牙に於る平和會議」（『萬朝報』一八九九年五月一八日）
海牙《ハーグ》で開催された軍備休止会議の問題点に言及する。実は、会議の提唱者である露国も、また独逸《ドイツ》も、自国に有利に運ぶべく、それぞれの思惑で参加している。翻って、東洋諸国では、日本の陸軍は欧州大陸諸国に比して、海軍は英国に比して、なお拡張の余地を存している。清・韓二国の若きは、ただでさえ不十分な兵額並びに軍事費を制限されれば、例え列強に東亜の現状保持を認められても国を為すことができない。提唱国の露国は最大の陸軍力を有しているが、憲法及び議会の制限を受けずに陸軍力を増大しているとの矛盾を指摘する。

「非律賓獨立に就て米國派基督教徒に望む」（『萬朝報』一八九九年五月二一日）
非律賓《フィリピン》の戦報は、米国の優勢を伝えている。米国民が戦捷熱に麻痺していることは、三、四年前の我が国と同じである。その後に米国が陥るであろう沈酔より醒ますために救うことは我が国民の義務であり、かつて米国派宣教師の下に養成された米国派基督教徒の子女、特に青年が渡米して、帝国主義と他国侵略を止めるよう訴えるべきであると主張する。

「沈酔時期」（『萬朝報』一八九九年六月一日）
山縣内閣が外交に無能な点を世を挙げて認めているにも拘わらず、野党も政府を攻めきれない原因を、日清戦役後の人心の沈酔期が至ったためと分析する。

「沈酔時期の提醒者」（『萬朝報』一八九九年六月四日）
「勢は窮まらざれば變ぜず」と冒頭に述べている。歴史の反復性に鑑みて、明治一七・一八年を中心とした前後数年間が伊藤・井上中心の時代だったように再び伊藤中心の時期が遠からずしてやってきて、この沈酔時期を大成させるだろうと予言して憚らない。来たるべき活動時代は新人物が時代の中心になるとする。なお、併せてほぼ同時期に『日本人』に載せた同じテーマの文章を以下に紹介しておく。

「沈酔時期來らんとす」（第三次『日本人』第九二号、一八九九年六月五日）
湖南によれば、沈酔時期は二度ある。前回は、明治一五、六年以後の沈酔。沈酔の時期は怖るべき時期であり、そこで識者志士は覚醒を図らねばならず、あらかじめ沈酔時期に応ずる道を講究しなければならないとする。

「臺灣當局の地位安全策」（『萬朝報』一八九九年六月八日）
台湾での「土匪招降策」がなかなか進展しないことに危惧を表している。当面、台湾当局者が、「土匪招降策」の他に鉄道公債案、樟脳専売法、食塩専売法を計画し、土地調査に着手する等、あらゆる事業を興してもしばらくはこれを見守るしかないと覚悟を促す。

「韓國に對する手段」（『萬朝報』一八九九年六月一六日）

前述の「朝鮮の經營」（『二十六世紀』所収、一八九四年）とは打って変わって辛辣な対朝鮮観を覗かせる。この間、甲午改革の失敗後、閔妃殺害事件を経て露館播遷を選ぶなど、韓国には近代化と自立の能力がなく、下から起こった独立協会運動も失敗に終わってしまった。ただし、責任は我が邦にあると湖南は訴える。それは、朝鮮の名門に頼ったが故の上からのクーデター未遂であり、また中途半端な近代化推進を進めた結果、今や韓国は死にかけの屍体である。清国がなお半死の国で、蘇生への萌芽はあるのとは区別すべきだと厳しく述べる。

「支那の主陸軍策」（『萬朝報』一八九九年六月一八日）

中国における軍隊の整備を鉄道問題と絡ませ、これに関する西洋人、支那人の意見を紹介しつつ、中国においては沿海防衛を担う海軍より陸軍の整備を主とすべきであるという立場から、陸軍の精鋭化に資金を投じるべきと主張する。

「大隈伯を支那に遊ばしむべし　上・下」（『萬朝報』一八九九年六月二二・二五日）

二ヶ月前に、「東亞同文会の清國派遣員」で提唱した、「閒散の元老（重望ある大員）を支那に遊ばせ、彼の地の名公鉅卿と交流し、招聘を受けて顧問の職に就き、必要な助言をする」との議論につき、伊藤、副島等その候補の長短を論じた上で、大隈が最適任とする内容である。これは政府・野党憲政本党共に小康を結び、かつ外交を補う得策であり、一石二鳥であると日本国内にとっての効果も指摘する。

「戰利艦還付の議」（『萬朝報』一八九九年七月二一日）

日清戦役で収容した戦利軍艦を清国に還付することは、清国がこれを非常の高義となし、二千万円の公債に応じたことよりも、今後内地雑居を許すことよりも、効果はさらに顕著であるとその実現を促す。

「清國の公武一致時期　竝に此際に於る我邦の用意」（『萬朝報』一八九九年七月二九日）

清国の公武一致とは、西太后を中心とした北京朝廷が、変法改革派の流れを遅ればせながら受け入れていった時局を指している。西太后も変法の必要性を認め、我が国に頼ろうとしてきている。ただし、徒に外国の妬猜を招かないように、直接の軍事援助や港湾使用は控え、清国とは経済上の関係に止め、財政整理に助力すべきだという。

「劉慶二氏の使命　上海新聞の訛言」（『萬朝報』一八九九年八月七日）

劉学詢・慶寛の来日の意図について様々に取りざたされている。西太后の密旨を受け、日本と取引にきたとの訛言が流されている。しかし事実は不確かであり、訛言を誤信せぬように世論に対して釘を刺す。

「東方問題の研究に就て　二、三協會合併の得策」（『萬朝報』

一八九九年八月一〇日）

　亜細亜協会（一八八八年設立）、東邦協会（一八九一年設立）、東亜同文会（一八九八年設立）等は、いずれも東方問題、すなわち特に支那の保全と大動乱の防止を目的として結成されたが、早く起こった者はすでに活動が沈滞しており、後から起こった者は、往々にして目前の事業に急にして、研究に専念し難い欠点がある。そこで、これら二、三の協会を合併すれば事業も活発化し、時々会員の有力者たる各政党の領袖を一堂に会してその研究を共にすれば、相互の関係も堅固になると提案する。

「青年の僥倖心」（『萬朝報』一八九九年八月一八日）

　経世を志し、政党に身を投じた前途有為の青年達が、産を傾け家族を飢えさせ、心身共にすり減らせていく不公平さ、不条理を憤っている。

「黨籍を廢すべし」（『萬朝報』一八九九年八月二二日）

　政党の糜爛はすでに骨髄に達しており、大刷新が必要である。そこで、一種の下剤として、野党経験が長く、国民大衆、言論社会からいずれも同情を繋いでいる進歩党に「黨籍を廢すべし」と訴える。

「劉坤一の晋京に就て　上・下」（『萬朝報』一八九九年一二月二九・三〇日）

　両江総督劉坤一が上京を命ぜられたことに関し、その人となり、背景、意義、その影響などを簡潔にまとめている。

「馬山浦問題」（『萬朝報』一九〇〇年一月八日）

　朝鮮東南海岸の馬山浦をロシアが租借しようとした事件。旅順・大連とウラジオストックの中間点に港をロシアが確保しようとした。この地は対馬の対岸にあたるため、日本には大きな脅威となる。湖南は、山縣・伊藤の恐露病を皮肉り、またイギリスを頼りとせず、毅然と対応することを求める。

「宗教法問題局外観」（『萬朝報』一九〇〇年一月一九日）

　当時議会に提出されていた宗教法案に対して、特に東本願寺が抵抗している今回の現象を、ただ政府対東本願寺の力試しと捉えるのみならず、宗教に冷淡な政治界に対して、衰頽に傾ける仏教がなお幾何かの影響を与えられるかの試験であるという。しかし、この法案について言うと基盤のしっかりしている東本願寺には影響はほとんどなく、曹洞宗、日蓮宗、真言宗などの宗派にとっては大きな問題となると指摘する。因みに、仏教界からの猛反対で、宗教法案はこの時は廃案となった。

「宗教法問題局外観（再び）」（『萬朝報』一九〇〇年一月二四日）

　一月一九日付の「宗教法問題局外観」の続篇に当たる。「国家の祭祀」と位置づけられていた国家神道を除き、各宗教を〝近代的〟・〝合理的〟に把握・管理しようとした政府の方針には一定の理解を示す。同時に、世間から腐敗・堕落の温床と目されていた仏教界に〝窮鼠猫をかむ〟状況を与え、また一般国民が野次馬よろしく、尚かつこれに肩を持つ風潮を、興味深く指摘する。

「清國事變の眞相」(『萬朝報』一九〇〇年二月四日)

　戊戌の政変後の政治混乱についての上海よりの電報に信を措き、流伝に惑わされる軽率さを戒める。

「社會陋俗の犠牲(婦人の不幸)」(『萬朝報』一九〇〇年二月一四日)

　支那での婦人の婚姻に関する陋俗は、心を社会問題に留めんとする士たるもの、極めて緊急の倫理問題であることを忘れるべからずと述べる。

「人心腐敗の新事實」(『萬朝報』一九〇〇年二月二一日)

　立憲政体は独り議会のみを以て成立する者に非ず、国民根柢の公徳に腐敗の徴候があることに対し警鐘を鳴らす。

「中橋氏の大坂遷都論を評す　上・下」(『萬朝報』一九〇〇年三月二四・二五日)

　中橋徳五郎は大阪の実業家で、後に衆議院議員、文部大臣となった。政教社や東邦協会の後援者でもあった。中橋の「商都大阪に首都を遷すべし」との論に対し、湖南は古今東西の歴史を繙き、必ずしも首都と商都とは一致しないと反論する。

「臺灣新條約實施に就て」(『改正條約實施内地雜居準備會雜誌』第五号、一八九八年八月)

　ここで言う新条約とは、一八九四年の日清開戦時に日英間で条約が一部改正されたことに伴い、四年間の準備期間を経て改正された民法や商法を指す。日本の統治下に入った台湾でも、独自の土地制度や抵当権調査のうえ規定した律令を、台湾総督府が制定・施行した。そのことを取り上げた文章で、台湾に混住する漢人・少数民族(生蕃・熟蕃)、あるいは内地人をいかに統治するかに言及する。「(前略)此時に於て……」以下は、『台湾日報』掲載の「革新雜識」(全七回)のうち、「三、移民に対する措置」の内容を殆どそのまま引用したものである(四月五日分)。

「支那と西洋諸國との關係」(『東洋戦争実記』第三号、一九〇〇年七月二三日)

　中国と西洋諸国は、古くから交流がある。コルクホーン(コフーン)の著によって、私意を加えるとする(立作太郎解説『コフーン氏支那化成論』、東京専門學校出版部一八九七年八月出版、の可能性が高い)。残念ながら未完の文章である。

「英文學史」(『日本之文華』第二〇号、一九〇〇年一〇月一八日)

　人類の祖先が、遠く狩猟採集の時代に、灌木から削り取った硬い葉面に芒刺で表現したものが、書籍製造の第一歩であると説き起こす。この文章の副題が、「英語成立以前の時期　第一章　書籍製造の起源」とあるように、英文学史上の作家論や作品論を展開した文章ではない。

「**讀書偶筆**」（『日本』一九〇一年一月四日）

前半は、すでに『全集』第一二巻の「目睹書譚」に収められた清、崔述の『考信録』に関する文章で、加上説という古代史研究の構築法の根本に触れたものである。後半の本書収録部分では、明末清初の易姓革命を題材とした、攻め手側と滅びる側のそれぞれの正義論・天下に訴えるその機微を扱った往復公文書を収め、解説したものである。

「**銷夏錄**」（『大阪朝日新聞』一九〇二年八月四日）

『全集』第一二巻に収録済み。その欠けていた冒頭部分「答問一則　鬼谷子」を今回収録した。

「**讀書餘錄**」（第三次『日本人』第一五四号、一九〇二年一月一日）

湖南による読書劄記。文献を博捜しかつ深読していた湖南ならではの文章。

「**内藤湖南氏の支那談　上・中・下**」（『秋田魁新報』一九〇一年八月一四～一六日）

当時支那在留邦人の多くが九州人で、その悲憤慷慨調の態度のままでは支那の実業には向かず、反って害毒を及ぼしていると指摘している。荒尾精氏の作った日清貿易研究所では支那語を話せる人材も育てているが、その傾向は変わらない。東亜同文会も、従来政治科を偏重していたが、商業科重視に変わりつつあること、九州だけでなく全国から入学生を募集しはじめたことを一応評価している。一方で、少数だが秋田出身者もここで学んでおり、秋田人も堅実な商業実務を身につけよとの期待感が軽妙に語られている。『燕山楚水禹域論纂』に収められた、前年の『萬朝報』の記事「支那留學生の簡擇」、「支那問題と南北支那」、「今後の支那觀察者」（『全集』第二巻、一五三・一五六・一五九頁）に、これに関連する内容が記されており、参照されたい。

「**支那改革に就て（一～六）**」（『秋田魁新報』一九〇一年八月一六～一八日、二〇～二二日）

〝内藤湖南講話〟と題しており、比較的平易な文章で書かれている。この文章は、同年九月の「清国改革難」（『大阪朝日新聞』、計一二回。『全集』第三巻、二八三頁所収）とよく似た内容で、恐らくその原型にあたる。後者では、やや文語調の硬い論調に変わってはいるが、内容がよく整理されており、〝弊害の三大端〟として、財政の問題（五回分）、産業立国に雄飛する際の問題（二回分）、郷党・郷団を中心とした基層社会から国民意識をいかに育てるかの問題（三回分）が三つの柱であり、清国当局を誘掖せんとする我が国の改革への熱意が大切であるとしている。

「**内藤湖南氏滿洲實業談**」（『秋田魁新報』一九〇六年五月一九～二一日）

表題の通り、満州を視察した経験談から、日本にとって有望な現地の産業を概観している。

以上、第Ⅱ部の未収録文の特徴を概観してきた。この時期湖南は、大内青巒とも親しかった志賀重昂、三宅雪嶺他の政教社の人々、さらに新聞『日本』の陸羯南、また第二次松方正義内閣の書記官長となる陸の同志高橋健三等の知遇を受け、時事論を次々に発表する。そこでは東洋、とりわけ日本文化を世界に発揚していく、との天職論が一貫して流れており、政治家をはじめ、国民にも徳義や公徳心を求める点も第Ⅰ部の時期と変わらない。

湖南の文章には、常に大局から物事を〝通観〟し、その根源を尋ね、推移を検討し、過去から現在さらには将来を展望する〝通史〟的な視点があることに気付かされる。また政教社に関わった文化人と交流する中で文学や文化に対する洞察力も鋭さを増す。これは、後に歴史家として活躍する湖南の出発点とも言える。今回収録された文章で、一層湖南の思想の発展の道筋が明らかになった。

第Ⅱ部は、文字通り湖南が飛躍した重要な時期であった。本書の出版をきっかけとして、内藤湖南研究はもとより、今後の政教社を中心とした思想史や対外認識の研究も、大いに進展していくことを期待する。

（担当　小野　泰・葭森健介）

附録　『内藤湖南全集』著作目録、及び『内藤湖南未収録文集』収録比較一覧表（政教社発行『日本人』・『亜細亜』）

No.	タイトル	号数	日付（明治）	巻数・頁数	著作目録記載	筆名・項目欄等
1	送青山芳得之土耳其圖	『日本人』60（第1次）	M23・12・2	5巻28頁	無	内藤湖南：（詩歌）
2	田舎もの	『日本人』62（第1次）	M23・12・16	5巻95頁	無	行吟子：（つれ〳〵）
3	又田舎もの	『日本人』62（第1次）	M23・12・16	5巻96頁	無	行吟子：（つれ〳〵）
4	大政治家の經綸あるか	『日本人』63（第1次）	M23・12・23	5巻113頁	有	（精神）
5	歳晩に際し天を仰で絶叫す	『日本人』64（第1次）	M23・12・30	5巻151頁	有	（精神）
6	新年に際し日本人の地位を論ず	『日本人』65（第1次）	M24・1・6	5巻185頁	有	（精神）
7	立憲改進黨に過を貳せざらんことを望む	『日本人』67（第1次）	M24・1・20	5巻263頁	有	（精神）
8	衆議院の豪傑奚ぞ軍人の心を收攬せざる	『日本人』68（第1次）	M24・1・27	5巻295頁	有	（精神）
9	送安藤和風之浪華。疊江州詩韻	『日本人』70（第1次）	M24・3・31	5巻403頁	無	内藤湖南：（詩歌）
10	聞楊兄止酒戲有此寄	『日本人』71（第1次）	M24・4・7	5巻436頁	無	罔兩生：（つれ〳〵）
11	『日本海難救助法』	『亜細亜』1巻1号	M24・6・29	5巻529頁	無	賞鑑之菩薩：（批評）
12	『史海第壹卷』	『亜細亜』1巻1号	M24・6・29	5巻529頁	無	賞鑑之菩薩：（批評）
13	『校訂神皇正統記』	『亜細亜』1巻1号	M24・6・29	5巻529頁	無	賞鑑之菩薩：（批評）
14	『東邦協會報告第一』	『亜細亜』1巻1号	M24・6・29	5巻529頁	無	賞鑑之菩薩：（批評）
15	『舊事諮問録第壹編』	『亜細亜』1巻1号	M24・6・29	5巻529頁	無	賞鑑之菩薩：（批評）
16	『出版月評第三十八號』	『亜細亜』1巻1号	M24・6・29	5巻529頁	無	賞鑑之菩薩：（批評）
17	『應用數學』	『亜細亜』1巻2号	M24・7・6	5巻563頁	無	賞鑑之菩薩：（批評）
18	『中等教育 文章教科書』	『亜細亜』1巻2号	M24・7・6	5巻563頁	無	賞鑑之菩薩：（批評）
19	『眞少年』	『亜細亜』1巻3号	M24・7・13	5巻583頁	無	T.M.？：（批評）
20	『傾城買二筋道』	『亜細亜』1巻3号	M24・7・13	5巻583頁	無	T.M.？：（批評）
21	『夢路の記』	『亜細亜』1巻5号	M24・7・27	5巻625頁	無	賞鑑之菩薩：（批評）

No.	タイトル	号数	日付（明治）	巻数・頁数	著作目録記載	筆名・項目欄等
22	『世界之三大變』	『亜細亜』1巻5号	M24・7・27	5巻625頁	無	賞鑑之菩薩：（批評）
23	『女學講義錄』	『亜細亜』1巻5号	M24・7・27	5巻625頁	無	賞鑑之菩薩：（批評）
24	衆議院議員ならぬ政黨員	『亜細亜』1巻17号	M24・10・19	6巻177頁	無	洴澼絖子：（網）
25	革新の氣運	『亜細亜』1巻18号	M24・10・26	6巻197頁	無	無名人：（論説）
26	試みに取て代るの術を講ぜんか	『亜細亜』1巻18号	M24・10・26	6巻204頁	無	洴澼絖子：（網）
27	『支那現勢論』	『亜細亜』1巻19号	M24・11・2	6巻236頁	無	T.N.：（批評）
28	『條約改正之標準』	『亜細亜』1巻19号	M24・11・2	6巻236頁	無	T.N.：（批評）
29	『文學世界第八ひつしかひ』	『亜細亜』1巻19号	M24・11・2	6巻236頁	無	T.N.：（批評）
30	『天無情』	『亜細亜』1巻20号	M24・11・9	6巻256頁	無	賞鑑之菩薩：（批評）
31	『早稲田文學第一號第二號』	『亜細亜』1巻20号	M24・11・9	6巻257頁	無	夢花生：（批評）
32	『剪燈史談第一巻』	『亜細亜』1巻21号	M24・11・16	6巻284頁	無	T.K.：（批評）
33	『閑谷黌史』	『亜細亜』1巻21号	M24・11・16	6巻285頁	無	夢花生：（批評）
34	榎本子の殖民政策	『亜細亜』1巻22号	M24・11・23	6巻300頁	無	無名人：（危言）
35	『小説 新葉末集』	『亜細亜』1巻22号	M24・11・23	6巻312頁	無	夢花生：（批評）
36	『小公子』	『亜細亜』1巻22号	M24・11・23	6巻312頁	無	賞鑑之菩薩：（批評）
37	『書鑑第一輯』	『亜細亜』1巻23号	M24・11・30	6巻336頁	無	賞鑑之菩薩：（批評）
38	『日本主義第壹號』	『亜細亜』1巻23号	M24・11・30	6巻336頁	無	賞鑑之菩薩：（批評）
39	『寸鐵第一號』	『亜細亜』1巻23号	M24・11・30	6巻336頁	無	賞鑑之菩薩：（批評）
40	『再興少年子』	『亜細亜』1巻23号	M24・11・30	6巻336頁	無	賞鑑之菩薩：（批評）
41	『愛國』	『亜細亜』1巻23号	M24・11・30	6巻336頁	無	賞鑑之菩薩：（批評）
42	『經國策』	『亜細亜』1巻25号	M24・12・14	6巻390頁	無	夢花生：（批評）
43	『文學世界第九今みゆき』	『亜細亜』1巻25号	M24・12・14	6巻391頁	無	X.Y.Z.：（批評）

44	『油地獄』	『亜細亜』1巻26号	M24・12・21	6巻416頁	無	賞鑑之菩薩：（批評）
45	『東京物理學校雑誌第一號』	『亜細亜』1巻26号	M24・12・21	6巻417頁	無	X.Y.Z：（批評）
46	『毛川遺稿』	『亜細亜』1巻26号	M24・12・21	6巻417頁	無	X.Y.Z：（批評）
47	『漢城之残夢』	『亜細亜』1巻28号	M25・1・4	6巻474頁	無	賞鑑之菩薩：（批評）
48	『後の月かげ』	『亜細亜』1巻28号	M25・1・4	6巻474頁	無	賞鑑之菩薩：（批評）
49	『大坂文藝』	『亜細亜』1巻28号	M25・1・4	6巻474頁	無	賞鑑之菩薩：（批評）
50	『印度佛蹟 佛陀伽耶靈塔圖記』	『亜細亜』1巻28号	M25・1・4	6巻474頁	無	賞鑑之菩薩：（批評）
51	『摸古美術木版繪三幅』	『亜細亜』1巻28号	M25・1・4	6巻474頁	無	X.Y.Z：（批評）
52	平山行藏氏が幕府に上る書	『亜細亜』1巻28号	M25・1・4	6巻464頁	有	落人後子 虎：（明窓浄几）
53	誰れか現代に革命の機なしと謂ふ乎	『亜細亜』1巻28号	M25・1・4	6巻454頁	無	三宅雪嶺の代筆（日本刀）
54	僻論派の史家	『亜細亜』1巻28号	M25・1・4	6巻459頁	無	高橋健三の代筆（危言）
55	『新佛教論』	『亜細亜』1巻31号	M25・1・25	6巻562頁	無	落人後子：（批評）
56	『新作十二番之内 浦島次郎蓬莱噺』	『亜細亜』1巻31号	M25・1・25	6巻563頁	無	賞鑑之菩薩：（批評）
57	『日本魂第壹號』	『亜細亜』1巻31号	M25・1・25	6巻563頁	無	賞鑑之菩薩：（批評）
58	『心の露』	『亜細亜』1巻34号	M25・2・15	6巻640頁	無	賞鑑之菩薩：（批評）
59	『三經宗體』	『亜細亜』1巻34号	M25・2・15	6巻640頁	無	賞鑑之菩薩：（批評）
60	『災害救濟論』	『亜細亜』1巻34号	M25・2・15	6巻640頁	無	賞鑑之菩薩：（批評）
61	『慨世小論』	『亜細亜』1巻34号	M25・2・15	6巻640頁	無	賞鑑之菩薩：（批評）
62	『井筒女之助』	『亜細亜』1巻38号	M25・5・9	7巻18頁	無	夢花生評：（批評）
63	『二人女』	『亜細亜』1巻38号	M25・5・9	7巻18頁	無	夢花生評：（批評）
64	『中等教育 國語漢文講義録第一號』	『亜細亜』1巻38号	M25・5・9	7巻19頁	無	ア、イ、ウ、：（批評）
65	又別天樓に與ふ	『亜細亜』1巻38号	M25・5・9	7巻10頁	有	不癡不慧子（明窓浄几）
66	『はゞかりながら再版』	『亜細亜』1巻39号	M25・5・9	7巻19頁	無	落人後子：（批評）
67	『歌詞遠鏡』	『亜細亜』1巻39号	M25・5・16	7巻40頁	無	賞鑑之菩薩：（批評）

No.	タイトル	号数	日付（明治）	巻数・頁数	著作目録記載	筆名・項目欄等
68	**『宇宙之光』**	**『亜細亜』1巻39号**	**M25・5・16**	**7巻40頁**	**無**	**賞鑑之菩薩：（批評）**
69	『日本官民一致倶樂部』	『亜細亜』1巻39号	M25・5・16	7巻41頁	無	賞鑑之菩薩：（批評）
70	『精神』	『亜細亜』1巻39号	M25・5・16	7巻41頁	無	ア、イ、ウ、：（批評）
71	『玉琴餘音』	『亜細亜』1巻39号	M25・5・16	7巻41頁	無	夢花生：（批評）
72	『日本英學新誌第一號』	『亜細亜』1巻39号	M25・5・16	7巻41頁	無	ア、イ、ウ、：（批評）
73	『中國』	『亜細亜』1巻39号	M25・5・16	7巻41頁	無	落人後子：（批評）
74	**『大聖釋迦牟尼佛靈蹟眞圖』**	**『亜細亜』1巻39号**	**M25・5・16**	**7巻41頁**	**無**	**ア、イ、ウ、：（批評）**
75	『日本蠶業法』	『亜細亜』1巻39号	M25・5・16	7巻41頁	無	ア、イ、ウ、：（批評）
76	『社會問題前編』	『亜細亜』1巻40号	M25・5・23	7巻68頁	無	賞鑑之菩薩：（批評）
77	『和譯佛遺教經』	『亜細亜』1巻40号	M25・5・23	7巻68頁	無	賞鑑之菩薩：（批評）
78	『小倉百人一首通解』	『亜細亜』1巻40号	M25・5・23	7巻68頁	無	賞鑑之菩薩：（批評）
79	『軍備論』	『亜細亜』1巻40号	M25・5・23	7巻68頁	無	賞鑑之菩薩：（批評）
80	『兩山は分離すべからず』	『亜細亜』1巻43号	M25・6・13	7巻144頁	無	ア、イ、ウ、：（批評）
81	『聽聞第一號』	『亜細亜』1巻43号	M25・6・13	7巻144頁	無	ア、イ、ウ、：（批評）
82	『日本之日本』	『亜細亜』1巻44号	M25・6・20	7巻167頁	無	落人後子：（批評）
83	『歌學』	『亜細亜』1巻44号	M25・6・20	7巻167頁	無	賞鑑之菩薩：（批評）
84	『京都府農會塲告』	『亜細亜』1巻44号	M25・6・20	7巻168頁	無	ア、イ、ウ、：（批評）
85	『國家教育』	『亜細亜』1巻44号	M25・6・20	7巻168頁	無	賞鑑之菩薩：（批評）
86	『天神記』	『亜細亜』1巻44号	M25・6・20	7巻168頁	無	賞鑑之菩薩：（批評）
87	『ありやなしや神も佛も』	『亜細亜』1巻44号	M25・6・20	7巻168頁	無	賞鑑之菩薩：（批評）
88	『千葉教育耕誌』	『亜細亜』1巻44号	M25・6・20	7巻168頁	無	ア、イ、ウ、：（批評）
89	『速記者』	『亜細亜』1巻44号	M25・6・20	7巻168頁	無	ア、イ、ウ、：（批評）

90	『聚芳十種第九巻さゝきげん』	『亜細亜』1巻44号	M25・6・20	7巻168頁	無	賞鑑之菩薩：（批評）
91	『米商會所と取引所』	『亜細亜』1巻44号	M25・6・20	7巻168頁	無	ア、イ、ウ、：（批評）
92	『史記列傳講義』	『亜細亜』1巻44号	M25・6・20	7巻168頁	無	壺乾坤生：（批評）
93	『哲學雜誌』	『亜細亜』1巻46号	M25・7・4	7巻219頁	無	賞鑑之菩薩：（批評）
94	『同仇』	『亜細亜』1巻46号	M25・7・4	7巻219頁	無	賞鑑之菩薩：（批評）
95	『教育哲論』	『亜細亜』1巻47号	M25・7・11	7巻242頁	無	賞鑑之菩薩：（批評）
96	『經世論策』	『亜細亜』1巻47号	M25・7・11	7巻242頁	無	賞鑑之菩薩：（批評）
97	『あいぬ風俗略志』	『亜細亜』1巻47号	M25・7・11	7巻242頁	無	ア、イ、ウ、：（批評）
98	『國家社會制』	『亜細亜』1巻48号	M25・7・18	7巻267頁	無	賞鑑之菩薩：（批評）
99	『字音假名遣便法』	『亜細亜』1巻48号	M25・7・18	7巻268頁	無	賞鑑之菩薩：（批評）
100	『日本小辭典』	『亜細亜』1巻48号	M25・7・18	7巻268頁	無	ア、イ、ウ、：（批評）
101	『經子講義』	『亜細亜』1巻48号	M25・7・18	7巻268頁	無	落人後子：（批評）
102	『義軍』	『亜細亜』1巻48号	M25・7・18	7巻268頁	無	ア、イ、ウ、：（批評）
103	『明治政史第壹册』	『亜細亜』1巻49号	M25・7・25	7巻292頁	無	壺乾坤生：（批評）
104	『天下才子必讀 漢文絶妙編』	『亜細亜』1巻50号	M25・8・1	7巻314頁	無	壺乾坤生：（批評）
105	『陰陽學 天道第壹號』	『亜細亜』1巻50号	M25・8・1	7巻315頁	無	壺乾坤生：（批評）
106	坐右記 十二	『亜細亜』1巻51号	M25・8・8	7巻336頁	有	落人後子：（明窓浄几）
107	坐右記 十三	『亜細亜』1巻59号	M25・10・3	7巻526頁	有	落人後子：（明窓浄几）
108	坐右記 十四	『亜細亜』1巻60号	M25・10・10	7巻551頁	有	落人後子：（明窓浄几）
109	『祭天古俗說辯義』	『亜細亜』1巻60号	M25・10・10	7巻557頁	無	賞鑑之菩薩：（批評）
110	『佛教策』	『亜細亜』1巻60号	M25・10・10	7巻557頁	無	賞鑑之菩薩：（批評）
111	『魔術と催眠術』	『亜細亜』1巻60号	M25・10・10	7巻558頁	無	賞鑑之菩薩：（批評）
112	『研究會雜誌』	『亜細亜』1巻60号	M25・10・10	7巻558頁	無	賞鑑之菩薩：（批評）
113	『關東人』	『亜細亜』1巻60号	M25・10・10	7巻558頁	無	賞鑑之菩薩：（批評）

No.	タイトル	号数	日付（明治）	巻数・頁数	著作目録記載	筆名・項目欄等
114	挨拶	『亜細亜』1巻60号	M25・10・10	7巻600頁	有	湖南：（罔兩）
115	『大日本商業史』	『亜細亜』1巻64号	M25・11・7	7巻667頁	無	夢花生：（批評）
116	『國母論』	『亜細亜』1巻64号	M25・11・7	7巻667頁	無	賞鑑之菩薩：（批評）
117	『青年と教育』	『亜細亜』1巻64号	M25・11・7	7巻667頁	無	賞鑑之菩薩：（批評）
118	繪畫	『亜細亜』1巻67号	M25・11・28	8巻22頁	無	夢花生：（江湖）
119	僧侶と利慾	『亜細亜』1巻71号	M25・12・26	8巻116頁	無	冬涉子：（江湖）
120	宗教界の豪傑遂に起らざるか	『日本人』（第二次）4号	M26・11・18	10巻285頁	無	無名氏？：（議）
121	保守論、佛教家に告ぐ	『日本人』（第二次）8号	M27・2・3	10巻650頁	無	無名氏？：（議）
122	見るがまゝ	『日本人』（第二次）8号	M27・2・3	10巻691頁	有	落人後子：（明窓浄几）
123	厭世說、佛教徒に似す	『日本人』（第二次）9号	M27・2・18	11巻22頁	無	無名氏？：（議）
124	經濟學に關する謬見	『日本人』（第二次）10号	M27・3・3	11巻104頁	無	無名氏？：（議）
125	沈醉時期來らんとす	『日本人』（第三次）92号	M32・6・5	19巻593頁	有	内藤虎次郎
126	讀書餘錄	『日本人』（第三次）154号	M35・1・1	25巻31頁	無	坱圠生
127	苦言錄	『日本人』（第三次）195号	M36・10・5	28巻338頁	無	潮南生？
128	斷而進論	『日本人』（第三次）199号	M36・11・24	28巻567頁	無	潮南生？
129	上海管見	『日本人』（第三次）429号	M39・2・20	32巻466頁	無	潮南？
130	楊子江谿谷（上海管見の二）	『日本人』（第三次）430号	M39・3・5	32巻511頁	無	潮南？

凡例

1　《復刻版『日本人』全33巻》（『日本人』刊行会編、日本図書センター、一九八三年）及び、《同第34巻『全巻記事総目録』》（同、一九八四年）を参照して作成したリストである。

2　『全集』の「著作目録」以外に、《復刻版『日本人』》で筆名を確認した。筆名は、『全集』第一巻「あとがき」所載のものに拠った。その他、類似で可能性のあるものも、？をつけて候補として載せた（T.M.、無名氏、潮南、潮南生）。

3　ゴシック体は、本書に収録したものを示す。
4　タイトル欄の『』囲みは、書評（当時の欄目名は「批評」）であることを示す。
5　「巻数・頁数」の5巻28頁は、《復刻版『日本人』》の巻数と頁数を示す。
「筆名・項目欄等」の（）内は、項目欄を示す。

第Ⅲ部　中国関係時事論説解題

第Ⅲ部中国関係時事論説を次のように三つの部分に分けて解題していきたい。

第一は、『内藤湖南全集』(以下『全集』と略)未収録の『大阪朝日新聞』『大阪毎日新聞』(以下『大朝』『大毎』と略)の記事。ただ、二紙のめぼしい記事はすでに『全集』に収録されているためもあって断片的なものや内容の重複するものが多い。

第二は、『大朝』『大毎』以外の新聞や雑誌所載の論説記事及び講演筆記。これらはかなり長編のものが多く、湖南の当該時期の思索考察を詳しくうかがえる。

第三は、第一、第二の時事論説とは性格を異にし、湖南が自ら温めてきた中国論をベースに当該時期最も注視していた論客梁啓超と、彼と政治的思想的に近い林長民の主張への反論批判。いわば日中間における論争とも見なし得るものである。

ここで扱う中国関係時事論説は時期的にほぼ一九一四(大正三)年三月出版の『支那論』と一九二四年九月出版の『新支那論』にはさまれている。

この時期の中国の軍事政治情勢を簡略に記す。『支那論』と『新支那論』のちょうど中間の時点に勃発した一九一九年の五四運動を境にして、中国の軍事政治情勢は激変する。それ以前は基本的に袁世凱による、ついで彼の没後はその系統を引き、日本の支援を背景にした段祺瑞による北から南への軍事的攻勢の時期(南北対立)。五四運動以降は世界大戦の終結、日本の勢力の減衰、民族運動の高揚とその北方の軍事勢力、とりわけ山東省出身の直隷派呉佩孚集団への浸透、それが台風の目になっての、中国北半分における一九二〇年の安直戦争、一九二二年の第一次奉直戦争、一九二四年の第二次奉直戦争の勃発(北北対立)。これに連動して、北からの軍事的圧力に対して、かろうじて一致点を見いだしていた南方革命派諸勢力の間における路線対立の激発。その典型が一九二二年の広東省における孫文にたいする陳炯明の反乱である(南南対立)。この情況は一九二六年の蒋介石による北伐による転換まで続く。すなわち、中国の軍事情勢は、五四運動以前は南北対立、以降は北北南南対立となっていく。

橘樸は「支那は何うなるか——内藤虎次郎氏の新支那論を読む」(『月刊支那研究』第一巻第三号、一九二五年二月一日、『支那思想研究』日本評論社、一九三六年所収)のなかで『支那論』は過去に立脚して種々なる方面から辛亥革命の性質を説いたものであり、『新支那論』は近代史中の事実に立脚して支那の現在及び将来を論じたものである」（三六一頁）という。

『支那論』において達成された、君主政が窮まって共和政へと移行したという「潜運黙移」の発見から、次のような論点が出てくる。

まず、袁世凱が軍事的に勝利し、革命派が敗北したとしても、革命思想、共和政は結局勝利する。このことは裏返せば何人であろうと帝政をとろうとすれば敗北を免れない、ということになる。

翻って、新文化運動の担い手たちは、帝政復活の動きの根底に儒教思想あり、として儒教批判を強烈に展開していくことになるが、湖南にとっては帝政はすでに命脈が尽きているのであり、儒教の役割をそのようにのみ規定することは儒教が歴史的に果たしてきた役割を忘却するものととらえられることになる。中国が長期スパンで動いていると把握したこの立場から、湖南は一九世紀末の変法運動への共鳴支持以来、西洋思想の導入への志向がありつつ、急速に伝統的経世思想の重視へと回帰していく。

かくして、中国なりの共和政下で、中国の再生はいかにして可能か、これが湖南にとっての次の考察課題となっていった。それは一九一九年八月の「支那経済上の革命」（『大朝』、『全集』第五巻）で全面展開されていく。すなわち、日本の貿易業者の中国内地への進出、それによる政治的勢力のある買弁階級としての中国商人の中間搾取の排除、日中貿易の伸展による原料生産者としての中国農民階層の経済的実力の養成、中国商人の政治勢力としての衰退と農民階層の政治的擡頭、それによる政治勢力の配置の変動とそれに見合った国是、すなわち国家社会の基本的あり方、の構想である。

湖南の波動説は二つの要素から成り立っている。一つは、経済や文化が国境や民族を突破して横断していくこと、横の波動、今一つは経済や文化が階層的に縦断していくこと、縦の波動。「支那経済上の革命」はこの二つの要素を組み込んで組み立てられている。

この構想は中国側の排外主義、日中貿易を停頓させる極端なナショナリズムによっても阻害されるし、また、日本のウルトラナショナリズム、軍部の独走による全面侵略への道によっても破砕されてしまうであろう。中国側の知識人が主に後者の方を注視したのに対し、湖南は主に前者の方を注視していく。

また、農民階層の擡頭には、国内の平和、安定の状況も必須であり、それがいかにしてもたらされるかも考察されていく。中国国内の極端な混乱情況、政治の機能停止、その中での華北大飢饉の発生などに対して、あるときは呉佩孚や張作霖といった軍事的実力者による武力発動を、あるときには列国の国際的共同管理による中国の財政再建を打開策としたりしていく。

第Ⅲ部所収の時事論説は、以上のような情況・枠組みのなかで、湖南が当代中国の軍事・政治・経済全体を考察しようとしていった軌跡である。

一 『大阪朝日新聞』『大阪毎日新聞』所載時事論説

「支那問題の第一義 上・下」（『大朝』一九一五年一月一・二日）

今回の膠州湾を返還するかどうかというような問題は小さなことであり、あっさり返したほうが中国の感情も害さず、世界の同情も得られる。関東州の租借地の期限延長に利用するなどというのも不得策である。そもそも期限が来たからと言って、大戦争を経てロシアから受け取り、その後も莫大な資金を投じて経営しているのであり、中国の方が受け取るだけの資力と能力があるかが問題になってくるからである。より根本的なことは次のようなことである。

中国は日清戦争後初めて覚醒して、外国に大量の留学生を派遣したり、外国の制度文物を採用するという考えにいたった。だが、中国ほど社会の根底に文化が過分に染みこんでしまっている国に西洋の文物をどう応用したらいいか、誰も了解できていない。日本がうまく行ったからと真似してもうまく機能しなかった。

アヘン中毒者に普通の人が病気になったときの処方をしても効かないのであり、政治機関に外国人を入れ、廉潔公明に執務する習慣を残してのち、中国人がそれに従っていくのが改革の筋道である。

外国人が中国の内面まで入り込み、中国人を統率して中国政治の血管を掃除すべきである。「それを日本人が支那を取るのだなどと云ふて疑うのは愚かである。又日本人も支那の国を取るなどと云ふような、詰らない思想を起こしては何にもならぬ」。

中国の発達は日本の貿易経済上最重要であり、中国人の根性を造り直して中国の国勢を盛り返せば、日本の経済も国防も基礎が成り立つ。中国の自覚には、日本も自覚しなければならない、と論じる。

なお、山東問題に言及した最近の研究として、奈良岡聰智『対華二十一ヵ条要求とは何だったのか――第一次世界大戦と日中対立の原点』（名古屋大学出版会、二〇一五年三月）がある。本記事の引用はないが、該書は湖南の議論の当該時期における位相を推し測る手立てとなり得る。

「近時支那人の謬想（一〜六）」（『大朝』一九一五年九月一二〜一七日）

袁世凱の帝政支持の世論作りとして籌安会がドイツの軍国主義にかぶれて君主政体で軍国主義を実行すれば国が強くなると宣伝したのに対して、湖南は全く国情が異なり誤りであると批判。

「袁總統歿後の支那」（『大毎』一九一六年六月七日）

袁世凱の急死は中国にとりよいこと、もし死去せず退位したのみなら引き続き故郷河南省で勢力温存をはかっただろうし、外国に亡命しても袁世凱を中心とした者たちが再起を図ろうとして混乱はより深刻化しただろう。中心勢力がなくなって当分支那は乱脈であろう。南方派も戦争をする口実もなくなり混沌とした情勢になろうと分析。

「死は功罪共に帳消」（『大朝』一九一六年六月七日）

先の記事と同主旨で、袁世凱が退位するよりも死去したことにより事態の収拾は容易になったとする一方、『大毎』では混沌状況が続くだろうとしているのに対し、『大朝』の本論説ではやや建設的に日本の財政支援などを軸に中国再建案を示している。

「支那の參戰は不可」（『大毎』一九一七年二月九日）

日独の青島戦役当時宣戦せず、ドイツが戦況不利になってようやく宣戦しようとするのは無定見として中国の参戦に反対。

「大變動は起るまい　支那通弊の利己的政爭」（『大毎』一九一七年六月一日）

段祺瑞が黎元洪総統に罷免されると段派の督軍が次々と独立を宣言する事態になった。段派はみずからの脅威に対処するために当然そのように動くが、民党側も独立せねば独立した隣省から攻撃されかねないし、独立すれば北京政府へ送るべき税が自分のものとなる、そのため独立騒動が広がっただけのことであり、第三革命とは異なり、大変動には至らないと分析。

「支那の覺醒とは何ぞ　上・下」（『大毎』一九一七年六月一〇・一一日）

「今日の支那の動乱は官僚派と民本主義との衝突であり段祺瑞一派の官僚に対し民党が戦いを宣しつつあるもの」であり、「支那の覚醒」であるとする説に対する反論。「現在の支那は各省督軍割拠でまだ我が国の廃藩置県さへ行われて居らぬ」。外交上の覚醒の面でも日清戦争後に弱国の自覚を得たが、この屈辱を雪ぐ方法たるや「我が国が列強に対し為したる真摯の努力」ではなく、老獪なる手段の遠交近攻策と利権回収熱だけであり、また、内治面でも「支那の政治家は外国の制度を丸呑みに輸入し翻訳通りにさへすれば諸般の弊害は除去されるものと考えている」レベルであり、真の覚醒にはほど遠いとし、日本で流行の「民本主義」を当代中国にあてはめることを批判。

「支那の近状（一～三）」（『大朝』一九一七年六月一一～一三日）

日本は征韓論の敗北後、内治主義が勝利して、その「抑遜主義が幸いして外国との面倒な関係を少なくして、その間に静かに内治を整頓することが出来て、有らゆる制度文物を外国から採用し、外国人の教育にたいして十分な尊敬を払って、其の間に制度を悉く確立した」。それに対して「支那人は外国排斥論者である」とし、日本の岩倉使節団と対比して、「真の自覚」とは「自国の欠点を充分に知って、外国の長所を採用すると決心した後に発生した自覚であって、初めから外国の長所を充分に咀嚼しない間に、盲目的に発生した自尊心は、其の外貌の理論にこそ拳匪の主張と差があるにしても、其精神は依然として義和団の徒と大差が無い」と批判。また、その経済面における現れである利権回収論についても「単に原料のみあつても、決して之を富として活用することは出来ない。之に資本を加へ、さうして尚経験ある工業上の能力を加へなければ、決して実用すべき富にはならないと云ふことを、支那人はまだ十分に理解しない」と中国の近状の政治面、経済面において排外主義がネックになって「真の自覚」を妨げていると批判。

「支那を巡歴して」（『大毎』一九一七年一二月二三日）

中国の老儒達は義理固く愉快を禁じ得なかったが、青年者流は唯不愉快を感ずるばかりであったと旅行の感懐を記す。

「總統辭職は例の狂言」（『大毎』一九一八年三月一〇日）

馮国璋大総統の辞職通電は、全く自己への信任を問うためのものであり、辞職が本心なのではないとする。実際馮の辞職は一八年一〇月一〇日であり、湖南の指摘はあたっている。

「支那一流の狂言　徐世昌及び段祺瑞の態度」（『大毎』一九一八年九月一一日）

新たに大総統に選出された徐世昌が南北和議に向かおうとしているが、段祺瑞の処遇をめぐって抵抗もあるとする。

「満洲を巡歴して」（『大毎』一九一八年一〇月一八日）

湖南は、この年の一〇月九日に撫順から次男の内藤耕次郎宛の絵葉書を送っているが、それによれば昨夜撫順に着き、翌日大連に向かい、一六日には帰国するとのことである。「満鉄」読書会のために満洲各地で講演したようで、これはその帰国報告ともいうべきものである。張作霖とも面会し「世間の評判とは全く反対で何処となく利かぬ気のあるシカモ淡泊な処があって丁度生粋の江戸ツ子のやう」だったと初対面の印象を記す。

「支那に對する方針　南方緩和劑」（『大毎』一九一八年一〇月三〇日）

原敬首相の対支意見中には来日中の南方派の代表唐紹儀の意見が大部分を占めているはず、と南方派の宣伝工作を分析。因みに大隈重信内閣（一九一四年四月一六日～一九一六年一〇月九日）期には外相加藤高明により対華二十一カ条要求が出され、次の寺内正毅内閣（外相兼務、一九一六年一〇月九日～一九一八年九月二九日）下では、いわゆる北方の段祺瑞政権支援の西原借款がなされた。原内閣はこれに対して北方一辺倒の支援策への内外からの批判をうけて政策変更を余儀なくされていた。

「經濟的日支結合」（『大朝』一九一八年一一月九日）

欧州諸国が各々特殊の事業で中国と関係するのに対し、日本は全国民的に広く深く中国と関係しており、ともすれば統一を失い互いに排斥し合う情況にある。今後は失策たる政治借款ではなく経済借款により、満鉄のように資本運用を統一して全中国にも展開し、日中の経済的結合を促進すべきとする。

「戰後の支那問題」（『大朝』一九一九年一月一日）

中国の現状は経済、政治、文化の各方面より観察すべきとして、経済面では、大戦で日本やインドは利益を被ったのに、世界で中国のみ利益を受けなかったのは資本と工業上の訓練の不足から来るとする。

また、政治面では「革命後、民國になって以来、過去数十年間有らゆる努力に依って支那の有識の先達が引き揚げんとした綱が途中切断された如き態で急速に其の状態が自然の惰力に委すより致し方なく、今日にては政治上の凡ゆる状態は末年より廃頽し」ているとする。

さらに文化面においても「清朝末年、努力して振興した教育が悉く逆戻し、今日北京には大学が存しても、其の予備教育を施すべき高等、中等の教育は、各地方に於て、殆ど悉く停止された状態」と指摘し、経済・政治・文化のあらゆる面で衰微悪化の状態と評価する。

「支那に對する智識　南方一派に利用せられざれ」（『大毎』一九一九年一月一三日）

中国では新聞電報の利用は最も実力のない者によって巧みに用いられる。現在のところ最も巧みなのは上海にいる南方派の政客連であり、それに惑わされて政策を立案してはならない。通信員の多くは政府の官僚より民間の下馬評から情報を得るほうが容易なので南方に有利な情報をつかみやすい。米国は「確な観察の上に立ち、……支那に居る外交官、領事館等にも、統一された働きを持って居って、日本の如く北方に居るものは北方、南方に居るものは南方贔屓の観察をして、自分の感情と贔屓とによって、隣国の問題を勝手に判断するものはいない」と反省をうながす。

「支那鐵道の國際管理（一～三）」（『大朝』一九一九年三月一四～一六日）

日本をおさえるための米国頼みの国際管理は不当とする。

「支那をして頼らしむべし」（『大毎』一九一九年四月二七日）

山東問題に関して、パリ和平会議によってではなく、軍事的に占領した日本から中国へ直接還付するという手続きを踏むことによって、「日本を頼らねば何事も出来ないという信念を喚起せしめねばならない」とする。

また、一九年二月二〇日より上海で開かれた南北和平会議に関しては「各督軍は一日も早く和平によりて北京政府から解兵の費用を需めんために和平会議の開催を欲し唐紹儀一派の如き文治派にありては成るべく会議を引き延ばしてその間に自己の地位を得んと焦慮しつつあるのである。故に若し和平会議が遷延すればする程彼等督軍等は唐紹儀一派から離れんとするものであって終に和平会議は収拾すべからざるものとなる」と予想。和平会議は結局湖南の予想通りの結果に終わる。

「日支關係の將來」(『大毎』一九一九年五月六日)

湖南は五四運動に関して当初、「騒動はほどなく鎮静する」、と予測していた。

「痛快なる除外例」(『大朝』一九一九年五月一一日)

パリ和平会議において、日本の山東問題に対する希望は達せられ、歴史を無視したウィルソンの十四カ条に対する「明白な除外例」になったと論評。

「拒絶は不得策」(『大毎』一九一九年五月三一日)

対中借款団を離れて孤立するのは不得策とする。

「總統と總理」(『大毎』一九一九年六月一三日)

徐世昌大総統(在位一九一八年一〇月一〇日~一九二二年六月二日)も銭能訓総理(一九一八年一〇月一〇日~一九一九年六月一三日)も共に時局収集の手腕なしとする。

「銭内閣の瓦壊に就て」(『大朝』一九一九年六月一三日)

「排日運動が変化して各地の罷業となり、脅迫並びに煽動に依って排日よりも寧ろ支那の社会的基礎を危殆に陥らしめつつある」、「過激派の如き最も簡単なる破壊運動は支那人の如く脅迫と煽動に動かされ易き者には感染するのは頗る容易である」。このような情況では、徐世昌のような微温的人物にとっては手に余り、その名代たる銭能訓内閣が崩壊するのは当然とする。

「淺薄なる孫氏の意見」(『大朝』一九一九年六月二六日)

孫文が「日本の軍閥が支那の官僚を扶けて民党を圧迫した」という意見を表明したのに対し、日本の軍閥はときには北方派のみでなく、南方派も宗社党も支援したこともあると反論する。

「俗論に誤らるゝ支那」(『大朝』一九一九年七月二日)

「支那政府が学生の俗論に支配」されていると憂慮。

「支那の諸問題」(『大毎』一九一九年八月八日)

山東還付問題に関して、専管居留地を各国共同居留地に変更することは、何の問題もなく、また、駐屯軍の撤退も当然とする。

「支那今後の政局」（『大毎』一九一九年九月二八日）

対支政策は大勢の趨く処を事前に洞察して勢力の潜在して居る時からすでに適当の策を執らねばならぬと警告。

「日英同盟と支那」（『大朝』一九二〇年五月三〇日）

在支那英国人が東洋におけるロシアの脅威の消滅により日英同盟継続は不必要とするのは誤りではないが、同盟が何の功績もなかったとまで言うのは曲論であるとする。

「支那を支配する者」（『大毎』一九二〇年九月一一日）

安直戦争に直隷派は勝利したが決して安心できる情勢ではない。張作霖は馬賊出身だが彼の頭脳と手腕と識見は相当なものであり、段祺瑞派も北京では倒壊したが、地方では孫文派と連合して直隷派に対抗しているからであると指摘する。

また、倫敦タイムス紙上のブラント※の支那論を「近来に於ける徹底した明快な議論」と激賞、「余輩今より十年前之と略同様の意見を発表して当時国内よりは勿論袁世凱よりも猛烈な反対を蒙った」とする。

※ブラント（John Otway Percy Bland, 1863–1945）は、英外交官、中国問題研究者。一八八三年清国海関総税務司ハートのもとに勤務、倫敦タイムス紙駐在通信員。主著に *China under the Empress Dowager*（1910）や *China Japan and Korea*（1921）などがある。

「荷が勝ち過ぎた爲か　李純自殺の眞因」（『大朝』一九二〇年一〇月一四日）

李純（一八七四～一九二〇）は直隷派の江蘇督軍。一九二〇年一〇月一二日、突然南京の督軍公署で死亡、重任のための自殺かと推測。

「聯省主義と省人省治　現代支那を支配する思想」（『大毎』一九二〇年一二月二九日）

中国に瀰漫する三つの空気として過激派、聯省主義、省人自治を分析。当該時期の中国を唐末と似るとする。

「共同管理と支那の内紛」（『大毎』一九二一年八月二六日）

曹錕・呉佩孚集団が地盤面で大きく飛躍したのは、一九二一年七月から九月にかけて戦われた湘鄂（湖南湖北）戦争によってである。これにより自派の人物を湖北督軍とし、湖北の地盤、武漢の資源及び京漢鉄道全線を掌握することになった。湖南は、この戦争における呉佩孚の迅速果敢な軍事行動を見て、呉佩孚が勝利すれば長江一帯の地を統一し絶大なる勢力を有することとなると分析する。

「最近の支那　奉直をして戦はしめよ」（『大朝』一九二二年四月二四日）

微温的統一策は無効であり、実際可能なのは武力統一のみであり、現実の勢力のあるのは、徐世昌でも直隷派の曹錕でもなく、呉佩孚と張作霖のみとする。

「灤洲の一戦で萬事解決か」（『大毎』一九二二年五月一二日）

第一次奉直戦争最中、張作霖の奉天派が初戦に大敗、その後を予測。「由来支那軍隊はその郷関を離れると弱くなる」と中国の軍隊の特徴を指摘し、直隷派呉佩孚軍の山海関を越えての進軍はないだろうと分析。

「支那時局の一段落」（『大朝』一九二二年五月三〇日）

徐世昌が支持されたのは、人民が動乱に疲弊し、一時休息を希望しただけのことであり、実力があってのことではない。今や旧国会が恢復され、総統選挙の話が出ている以上、その前途は長くないと的確に予測。

「支那の頽廢的現象　上・下」（『大朝』一九二二年八月一七・一八日）

旧国会再開は争乱の因の政客を引き入れただけであり、聯省自治も軍事的実質的統一なしに無理であり、中国の混乱は続くとする。

「曹大總統を承認するが得策」（『大毎』一九二三年一〇月一三日）

第一次奉直戦争（一九二二年四月〜五月）に勝利した直隷派は長年の南北対立を解消するため旧国会を二三年八月に回復。この国会が曹錕の大総統選出を行った。のち第二次奉直戦争に直隷派が敗北して退位、在位は二三年一〇月一〇日から二四年一一月三日である。

列国は「曹錕賄選」の政局にからんで様々な要求を出していたが、湖南は「嫌がらせ」をするより率先して就任を承認すべしとした。

「出兵に對する批評　至當の處置」（『大毎』一九二五年一二月一六日）

奉天派の張作霖に対する配下の最精鋭部隊郭松齢の反乱、両軍の満鉄付属地へのなだれ込みの危険に対して、湖南は満洲在留邦人の安全確保のため実力ある部隊の出動は当然として、関東軍の出兵を支持。因みにこれにも関連して、郭松齢の反乱は挫折、その秘書長林長民も戦死する。これ以降、湖南の中国関係時事論説は見られなくなる。林長民に関しては後述。

二　『支那論』と『新支那論』をつなぐもの――『大阪朝日新聞』『大阪毎日新聞』以外のメディア所載の時事論説

「内藤博士と語る（一〜三）」（『満洲日日新聞』一九一二年三月二〇〜二二日）

中華民国の承認はこれまで延ばしてきたのだから慌てる必要は無く、借款も提供しない方がいい。今後大総統となる者にとり、もっとも重要なのは軍隊の整理であると論じる。

「支那の帝政問題に就て」（『青年之実業』第一〇巻第一号、一九一六年五月一〇日）

袁世凱の帝政策動に関連して、中国は国情から言って帝政しかないという議論が出されていたのに対し、湖南は『支那論』の構想に依拠して、浅はかな議論と一蹴。

「戰後に於ける日本の地位」（『太陽』第二二巻第一一号、一九一六年九月一日）

近年の戦争は予想外の結果になることが多い。日露戦争では出兵可能兵数、交通機関の利用、財政の耐久力が予想外に巨大化したし、第一次大戦も短期決戦ではなく、長期戦化した。したがって、固定的考えにとらわれず、あらゆる可能性を考慮に入れて国際的地位を落とさないようにすべしとする。

「支那の統一と安定」（『太陽』第二三巻第八号、一九一七年七月一日）

支那と列国の関係を観察するには、列国の側からとともに支那の方からも見る必要があるとし、まず、支那の「自覚」について分析。

一、アヘン戦争で世界列国の一つであると自覚し、国防の必要から陸軍海軍の建設へ向かい、ついで日清戦争の敗戦を経て政治的改革へ、その結果共和国の成立へ向かった。

二、政治改革の方法に関して、つとに自国で生み出した改革論があるにも拘わらず、それに依らず、外国文明の輸入に依り、他国の良法を取り入れさえすればよい、とする傾きになってしまっている。

三、痛切に国力の不振を感じた時、外国から顧問・教師を招聘し、留学生を派遣したが、しばらくするとこのやり方を停止、病弊としての自尊心が復活している。

四、政客による政争が頻発している。

かくして、真の「自覚」には至っていないと結論する。

ついで列国側から見ると、露仏英が退潮し、米日がともに支那に対して利益を拡張しつつあるが、このままでは日本が突出してしまう。日本は、日本の工業製品を売り込むという状態に満足せず、さらに支那内地に日本の資本による工業を興す必要がある。中国は、外資投下・外資受け入れのためにも、銀貨国から金貨国への転換という幣制改革を実行すべしとする。

「支那の經濟力」（『太陽』第二三巻第一二号、一九一七年一〇月一日）

中国政府の保有する正金は潤沢ではなく、天然の資源だけでは富にならず、資本と工業上の訓練が必要であり、中国商人が個人レベルで商売上手であっても、現代では国家レベルの経済制度が必須であると指摘し、従来の政治借款をやめて幣制改革により、経済上の亡国から救出すべしと論ずる。

「瞥見せる支那」（『太陽』第二四巻第三号、一九一八年三月一日）

当該時期中国をリードする軍事政治勢力が一つとしてな

く、混沌とした状況である、とする。

「支那視察談」（『朝鮮彙報』一九一八年三月）

『朝鮮彙報』（朝鮮総督府発行）は『朝鮮総督府月報』の後継誌（一九一五～二〇年）。

湖南は一九一七年一〇月より二カ月間ほど稲葉岩吉、教え子で国会議員の高橋本吉とともに中国各地を視察旅行している。青島、済南、曲阜、南京、上海、杭州、蘇州、漢口、長沙、北京などである。

この旅行については、「支那の現状」（『神戸新聞』一九一八年五月、『全集』第五巻）と「支那視察記（一～一二）」（『大朝』一九一七年一二月、『全集』第六巻）が扱っているが、前者はコンパクト版、後者は旅程と交流した人物を詳細に記している。それに対し、本論説は朝鮮総督府博物館における講演であり、細かすぎる旅程はカットして、旅において考察したことがメインになっている。

湖南の旅に関しては、一八九九年の第一回目の中国旅行日誌が『全集』第六巻の「己亥鴻爪記略」であり、そのときの考察や交流の記録が『燕山楚水』である。『燕山楚水』における考察が湖南の中国社会分析に大きな影響を与えているのと同様に、今回の旅行における考察もこの時期の湖南の中国分析に大きな影響を与えていく。以下は旅における観察と考察。

軍隊に関しては、兵員は「土匪」、苦力など性悪の下等なものの寄せ集めであり、将校も日本で訓練をうけているときはまだしも、帰国すると規律が無くなる。南軍も北軍も同じである。

日本では明治維新により権利面で四民平等となり、税負担も軽くなったのに対し、中国では権利面では以前から平等であったが、負担面では却って重くなっている。

軍事政治情勢では、南北対立のあおりで長江一帯は騒乱にこりごりの状態である。賄賂も清朝時代はそれなりの規律があったが、今はそれさえもなくなってしまっている。

伝来の教えに依って維持されてきた道徳心が弛んでしまっており、「数千年来殆ど易へることの出来ないものとして居つた孔子の教が果たして共和国の国体に合するや否やと云ふことを吟味した。私は恐ろしいことをするものだと思った」と言明する。

湖北の救世主とも言うべき胡林翼の廟がなくなり、曾国藩の廟も破壊され、革命派の烈士の霊がまつられている。破壊までしなくていいではないか、と感想を記す。夷狄出身の清朝でさえ、先代の帝王を保護し、明朝への忠義の人を称え、それなりに敬ったのに対し、今は「支那人の道徳心が狂気染みたものになつて居る」。経学の研究も文・史・哲に分解されてしまっており、伝来の道徳学問を維持しようとする熱意が欠如している。

このように七年ぶりに訪れた中国に対し、湖南は、革命後あらゆる事象が悪化しているのを見いだし愕然とする。日本は明治維新以後あらゆる事象が急速に進展したのに対し、同様の体制変革たる辛亥革命以降、中国は全く逆の事態が進行していた。「革命と云ふ激しい打撃を国民が受けると云ふと今まで目的にした処の努力をも皆擲つて終つて昔の放漫の状態に還ると云ふことがあり得るといふことを私は考へた」。このような述懐は湖南の言にはほとんどないものである。衝撃の大きさが伝わってこよう。


「對支第一の要務　上・下」(『やまと新聞』一九一八年七月一・七日)

『やまと新聞』は警察に関わる事件情報を報じた一八八四年創刊の『警察新報』の後継紙。一八八六年から一九四五年までの日刊新聞、明治後期には東京の有力紙となった。

湖南は、「支那の職業的政治家は何かと云ふと日本が支那を侵略するように考えもし又言ひもして随分取扱ひにくいのであるが、……吾々の所へ訪ねてきて親しく話す支那人の中にも兎角自分の国の運命に就いては唯日本が如何なることをするのかということのみ考へ、自分等自身で国家を何うするかと云ふことに就いては殆ど何等の考えを持っていないと云つてもよい」という。この言は後述の林長民との論戦とも関係するものである。

また、「自分の真の希望は商民、日本との貿易上の関係より段々原料を産出する生産者、それらを力めて保護し安全にする手段を講ずることである」と言明しており、一年後の一九一九年八月の「支那経済上の革命」で全面展開される論旨の骨格がこの段階ですでに提起されていることがわかる。


「段内閣と借款問題」(『大阪新報』一九一八年七月一三日)

『大阪新報』の前身は一八九〇年一〇月創刊の『大阪商業新報』。一九〇〇年に大阪毎日新聞社長を辞し政界入りした原敬が、大阪に政友会色の濃い新聞を残そうと同紙を買収し、八月に『大阪新報』と改称した。一九一七年当時、朝日、毎日とならんで大阪三大新聞のひとつにかぞえられる。一九二六年休刊。土方正巳『都新聞史』(日本図書センター、一九九一年一一月)参照。

中国の窮状は南北妥協などでは打開できず、そのため比較的勢力のある段祺瑞を日本政府が借款で支援するのは、それなりに了解できるが、その段祺瑞にも武力統一するだけの力はないとする。湖南には珍しく展望の明確でない議論になっている。そのためもあってか、やや後の「経済的日支結合」(『大朝』一九一八年一一月九日)や「我国と支那借款」(『大阪時事新報』一九二〇年一月二日)においては、失策たる政治借款ではなく、経済借款に切り替えるべき、としている。

「政策以外の眞關係」（『外交時報』第二八巻第三号、総三三〇号、一九一八年八月一日）

日本の政治家が日本の大陸浪人や中国の政客を使って立案した段祺瑞支援策や南北調停論や南方援助論といった対中国政策以外のところで、真の対中関係、すなわち日本の対支貿易が進展しているとする。さきの『やまと新聞』の記事とこの『外交時報』の記事の主旨は、一九一九年八月の「支那経済上の革命」『大朝』で全面展開されることになる。

『外交時報』に関しては、伊藤信哉編『外交時報総目次・執筆者索引――戦前編』（日本図書センター、二〇〇八年四月）、及び同著『近代日本の外交論壇と外交史学――戦前期の『外交時報』と外交史教育』（日本経済評論社、二〇一一年三月）参照。なお、『外交時報』の巻号は混乱しており、伊藤著の総番号表記に従う。

『外交時報』は、一八九八年二月、当時日本を代表する国際法学者・外交史学者であった有賀長雄が、ほぼ独力で創刊した日本外交問題の専門誌で、外交時報社は東京専門学校（現早稲田大学）内に置かれた。のち、有賀を含めて五人の社長が引き継ぐが、しだいに日本で外交論壇の中心に成長していく雑誌となる。外務省とは無関係。

湖南は同誌に計九本の論説を載せており、内七本は『全集』にあり、今回、本論説とすぐあとの「支那の真相暴露」の二本を本書に採録した。

なお、一九一六年の総二七七号（五月一五日）、総二七八号（六月一日）、総二七九号（六月一五日）には、それぞれ当代中国の代表的研究者の論説として、内藤湖南の「支那時局私見」（『全集』第四巻所収）、吉野作造「支那時局私見」、矢野仁一「支那時局に対する第三説」が連続的に掲載されており、それぞれのスタンスがうかがい知れて興味深い。

「支那時局眞相の難解」（『太陽』第二四巻第一一号、一九一八年九月一日）

支那時局が難解になる構造的要因を内外両面から分析。まず、日本の新聞雑誌は、従来国内事情に関しては党派的であっても、外国事情についてはそうではなかったが、最近は中国で勢力のない党派がもっとも新聞雑誌を利用するのに影響され、その結果、支那南方派の報道機関となってしまっていること。他方日本の内政の争論を外国関係にまで利用し、当局者の失敗を批判攻撃するに急で、それが国家の失政でもあることを顧慮できていないことをあげている。

「支那の眞相暴露」（『外交時報』第二九巻第五号、総三四四号、一九一九年三月一日）

対華二十一カ条要求以来南北共に日本を喜ばず、親日的と従来みなされている段祺瑞政権でさえ当時排日であったと驚くべき指摘を行っている。

「凡て是一場の夢幻劇（一〜三）」（『関西日報』一九一九年三月二三〜二五日）

『関西日報』は、吉弘茂義が一九一四年に『大阪通信』を『関西日報』と改題して創刊。一九四〇年廃刊。神戸大学附属図書館デジタルアーカイブ『新聞記事文庫』、加藤三之雄・南木淑郎『大阪の情報文化』（毎日放送文化双書〈12〉、毎日放送、一九七三年一一月）参照。以下、記事の見出し（「　」）に沿って説明する。

「衆人皆酔へり」。国際連盟とか民族自決主義とかにより世界が改造し得ると考えるのは衆人皆酔わんとする状態。凡ての時代はその自然的開発に依ってのみ最も安定した向上を為す。一代の人心皆挙ってさる運動に熱中すれば勢いの究まるところ或いは一時改造し得たかの如く見ゆる場合が無いとはいわない。しかし五年乃至一〇年にしてまた元の如く自然的発達を為すに適当な状態に返ってしまうとする。

「日支文明の異同」。日本の現状は約千六百年前の漢代と隋代の中間くらいの支那政界に等しい。「近代」の語義は封建時代を通過し、漸次「民本的」になった時代を指しており、中国では八百年前の宋代であり、今頃になって日本の現代をまねてもだめである。

「支那人支那を知らず」。清朝時代には多少支那を知る者もあったが、現在はいない。

「民族自決と支那」。民族自決は流行思潮だが、実行は困難。

「復辟と共和」。中国には純粋な民主的共和も帝政も不可であり、専制ならぬ共和しかない。

「支那分割不能」。支那分割論は二〇年前は可能だったろうが、いまでは日本と列国の双方の要求が調整不能であり無理。また支那民族の民族的自覚の厳存により分割統治は困難とする。

「支那指導者は帝国」。日英米仏が支那開発に従事しているが文明の系統が最も近い有力な民族、日本帝国が指導すべきとする。

「米国の同化策」。米国は支那を文化的に同化せんとしていると分析。

「排日の第一原因」。従来の如く経済的地歩を占めることのみに熱中せず、文化的移植を主眼とすべきとする。

かくして結論として、日支共に自覚がなく、現在の情況は「一場の夢幻劇」の観であるとする。通常の時事論説とは異なり、軽妙な語り口で自説を広く展開している。

「支那の亡兆」（『太陽』第二五巻第七号、一九一九年六月一日）

中国には三つの亡国の兆しがある。一つ目は賄賂、賭博、阿片の害毒であり、以前はそれなりに秩序があり、歯止めが効いていたが、今はそれさえなくなってしまった。二つ目は、南北和平問題であり、南北和平会議は和平を一時的にもたらすが、結局各省督軍と政客の延命策にしかならない、と冷徹に分析。三つ目はパリ和平会議での盲動である。日本も近代初期に領事裁判権、関税自主権の喪失等の苦い経験をしたが、長期の隠忍と努力とで自力で恢復した。中国も和平会議などという他力に依頼せず自力でやるべき、と主張する。

「我國と支那借款」（『大阪時事新報』一九二〇年一月二日）

『大阪時事新報』は、一八八二年福沢諭吉が創立した『時事新報』社が、一九〇五年大阪に進出して創刊した新聞。

中国は財政窮乏状態にあり、外国が借款で支援しなければ国内秩序を保てない。政治借款は政客の私腹を肥やすだけであり、経済借款が天然資源の政府による開発に資する。それを各国が単独で行うと混乱するために英仏米日の四国借款団が成立したが、英仏は自国の再建で余裕がなく、実質的には日米が主導であるが、米国も自国に資源を有する上、ヨーロッパへの支援が重点となるだろうと分析。結局湖南の分析通り、四国借款団自体はうまく機能しなかった。

「支那の社會組織」（『井華』第一二号、一九二〇年一月一〇日）

住友財閥の懇談会「井華会」における講演筆記、湖南は掲載を承諾するも未校閲。

湖南は、「何うして支那自身が自暴自棄を起こすほど衰亡に傾いたかといふ事は今日の支那人それ自身も十分に其理由を理解して居らぬ」として、政治面・経済面から構造分析を加え、中国は、政治面も経済面もともに寄生虫的社会組織、すなわち役人と商人によってむしばまれているとする。

政治面に関しては『支那論』で全面展開された論点を要約して提示。経済面に関しては『支那論』では初歩的にのみ言及され、十分展開されていなかった論点、すなわち、日本の貿易業者の果敢な中国内地への進出、在来の中国の商人のルートの中間搾取を排除した生産者と消費者の直結化、これによる工業原料生産者としての中国農民階層の経済的実力の向上、さらにはその先にある農民階層の政治的擡頭、それによる中国の政治構造の全面的改変の構想が論述されている。この後半部分は一九一九年八月の「支那経済上の革命」で詳細に論述され、また、『新支那論』における、農民階層による中国再生の構想へとつながっていく。

本論説は、『支那論』と『新支那論』をつなぐ結節点に位置し、扇の要の如き機能を有する極めて重要な長編論説である。

「支那統一前の途」（『大正日日新聞』一九二〇年一二月三〇日）

『大正日日新聞』は、寺内正毅内閣の『大阪朝日新聞』に対する言論弾圧たる白虹事件で退社した鳥居素川が、一九一九年一一月に創刊した新聞。

北方派の直隷派、段祺瑞派、張作霖派、南方の諸派は、この時点においてともに決定力なし、当分、南北の睨み合いが続くと予想する。

三　日中間の論争　内藤湖南対梁啓超・林長民

梁啓超への反論三種

周知のように内藤湖南は当代中国の論客のなかでもとりわけ梁啓超を極めて早い段階から注視してきた。一八九八年の戊戌政変後、梁啓超が日本に亡命してきた際には、同年一二月一〇日の『万朝報』に「梁啓超が政変論を読む」を載せて、変法運動支持を表明し(『全集』第二巻、五三八頁)、また一八九九年の中国旅行記たる『燕山楚水』(『全集』第二巻、一〇四頁)には康有為・梁啓超と会見したことがあると記している。

さらに最近刊行された『内藤湖南・十湾書簡集』(鹿角市教育委員会、二〇一六年八月、一三八頁)によると、一八九九年一月二三日の書簡に、康有為との会見は一八九八年一一月一六日のことであり、三時間にわたって会食し、その際に康有為より梁啓超への紹介状をもらったとある。梁啓超との会見はそののちまもなくのことと思われる。

梁啓超、とりわけ、その日本亡命時期に関しては京都大学人文科学研究所の共同研究報告集である、狭間直樹編『共同研究　梁啓超――西洋近代思想受容と明治日本』(みすず書房、一九九九年一一月)以降、飛躍的に研究が進展している。代表的なもののみ掲げておく。丁文江・趙豊田編、島田虔次編訳『梁啓超年譜長編』第一～五巻(岩波書店、二〇〇四年一一月)、梁啓超著、高嶋航訳注『新民説』(平凡社、東洋文庫、二〇一四年三月)、狭間直樹『梁啓超――東アジア文明史の転換』(岩波現代全書、二〇一六年四月)。

湖南はさらに「支那人は世界の大勢にも通ぜず自国の歴史をも十分に理解せずして目前の問題に捉はれ極めて浅薄な議論をなす者が多いので其の厖大なる国民の運命に関するような深遠な考察をなす者は甚だ稀であるが」絶無ではないとして、梁啓超の「歴史上中華国民事業之成敗及今後革進之機運」(『改造』一九二〇年一〇月一五日、『飲冰室文集』三六)を取り上げ批評している。「支那人の観たる支那将来観と其の批評」(『大朝』一九二一年一一月一七～二三日。『全集』第八巻、『東洋文化史』所収)である。

今回は新たに、この時期の梁啓超の一九二一年一一月二六日の天津における講演、「太平洋会議中両種外論闢謬　重画中国疆土説与国際共管説」(「太平洋会議における二種の謬論を斥ける　中国の領土の再確定説と国際的共同管理説」『飲冰室文集』三七所収)に対する二本の長文批評を採録し得た。

梁啓超の論が中国の疆域論と国際管理論の二つの部分から成り立っているのに対応して湖南は二つの批評論説を書いている。

「梁啓超氏の疆域論」（『大毎』一九二二年一月四日）

梁氏は「日本が満洲を併合する野心ありの疑念を抱き而して満洲が五千年来支那の領土であったといふことを歴史上より證明せんとした」。しかし湖南は、「古来の支那人の如く其国の地誌には交聘国と朝貢国と真の属領地との区別も判明せないような記載の致方によって歴史的に領土であったことを定めようなどといふ事は今日の国際関係上並びに学問上決して許さるべきことではない」とまず原論的に批判する。

ついで、戦国時代、奉天省及び朝鮮は燕国の領土であったのは幾分事実だが、少数の官吏が駐劄していただけで人民は土着の異民族であったし、漢の四郡もそうである。その後高句麗国や三韓が興ったが「漢からいえば自領土内における不逞の士族だが、土着民族のほうでは独立と考えていた」。また、渤海から金元にいたるまで遼東が支那人の土地となったことはない。歴史を通じて東三省が支那の領土に入らない時代の方が遙かに支那に入った時代より長い、と史実の面から批判。

そして「日本の意見は寛大であって満洲の主権すなわち領土権を承認するに躊躇しない。ただその人命と資本と努力とによって今日の進歩を来したという実際上の権利を主張しているだけ」と論じている。

両者の議論には近代の国民国家の理論か、それ以前の帝国の論理か、重要かつ微妙な問題を含み、現在も世界で解決策を探しあぐねている論点が含まれていよう。それはともかく、梁啓超らの疑念は十年後には満洲国の成立という形で現実となる。湖南のスタンスとしては暴走した軍人は速やかに撤退すべし、ということになろう。

「梁啓超氏の非國際管理論を評す」（『表現』第二巻第三号、一九二二年三月）

『表現』は、一九二一年一一月創刊の月刊総合雑誌（二松堂書店発行、京都大学附属図書館所蔵）で、「思想、文藝、政治、経済、社会、宗教、時事問題等の批判。執筆者は各方面の最高権威者を網羅」と謳う。執筆者には矢野仁一、清水安三、大杉栄、布施勝治や萩原朔太郎などが入っている。頁数はほぼ論説が二百頁、文芸が二百頁の半々である。

本論説に関して『全集』第五巻「あとがき」に錯簡脱簡のため復元不可能としているが、雑誌印刷の際の単なる頁の組違いであり、まず本書編集委員会が復元し、ついでのちに判明したのだが、『表現』の次号に「謝告」（謝罪訂正）が載っており、復元したものと完全に一致したので採録する。

湖南は中国の国際管理に関しては本論以前にも発表してい

る。最も早いものは一九一四年の『支那論』の序文においてである。ついで一九一五年にも支那が外国人に統治されるのは必ずしも不幸ではない、との論を発表すると中国人からも日本人からも攻撃された、という。本書採録の『大朝』一九一五年一月一・二日「支那問題の第一義　上・下」のことと思われる。以後、一九一六年三月の「支那国是の根本義」、四月「支那将来の統治」、六月「支那の政治」（いずれも『全集』第四巻所収）においても引き続き扱っている。直前のものとしては本書採録の「支那の国際管理」（『太陽』第二七巻第一一号、一九二一年九月一日）、及び「支那の国際管理論」（『表現』第一巻第二号、一九二一年一一月、『全集』第五巻所収）がある。

前者「支那の国際管理」は主に国際関係から論じている。前出の英国のブラントは中国の政治改革には旧来の官僚も青年も望みがなく、外国人の背景バックがなければ無理とする。中国の国際管理はひとつは中国の安全を保障し、他方では日本を牽制するもの。それには日本の同意が必要であり、そのためには過剰人口の発展地として満蒙を提供する必要があり、その条件として日本の軍閥勢力を除去し、自由主義を旺盛にすることを望む、としている。湖南はこの議論を着実なものと評価し、本来からすれば共同管理など中国は憤激すべきであるが、現状からやむを得ないのだと論じる。

後者「支那の国際管理論」は中国自体の分析から論を立てる。中国社会は国民の中堅たる階級、すなわち読書人階級が政治のような実際的事業よりも学問芸術のような趣味的事業に興味を持つようになってしまい、政治改革が実現しない。中国人の中で大多数の農民が新たに外国風の教育を受け、その中から生じる「青年支那」に政治的意欲を持った者が出てくる。国際管理は「真の支那人の支那を促すものであって永久的に支那人を国際間の政治的被治者とするものではない」。多数支那人が最も興味を持たない政治は一時外国人の手に帰して、然る後外国人が有する公徳心が新しく発生してくる支那の多数人民に植え付けられ、それが基礎になって支那の根底からの革新が成し遂げられるとしている。

今回採録された『表現』の論説は具体的に個々に反論を行っているのでやや細かすぎる感なきにしもあらずだが、以下、梁啓超の意見を紹介しながら湖南の反論を記していく。

一、関税・塩税はすでに外国人が管理しており、それ以外に求められるのは煙酒税、印花税、釐金、地租の管理であろうが、それらは徴税地がバラバラであり、省長県知事を外国人に変えねばならず、支出管理でも大小の役所の会計係、軍隊の経理係に外国人を入れねばならず、無理であるとする。これに対し湖南は、煙酒税、印花税は地域が限定でき、弊害の多い釐金はこの際廃止し、地租も負担の不公平をこの際改正すべしとする。また、省長県知事とは別に収税官を設置すればよく、支出管理への外国人の参加は支那人の財政訓練のため一定期間のみ必要と反論。

二、共同管理はペルシャなどで列国の利害対立で失敗した、とするのに対し、湖南は北京における連合軍の軍政の成功などを反証とし、利害が一致する場合には列国の共同管理は困難ではないと反論。

三、関税は清朝の、塩税は全盛期の袁世凱政権の批准でなされ、現在はそのような全国に威令を持つ政治勢力はなく、商人、民衆、地方官などが承諾しないだろうとするのに対し、湖南は関税、塩税は外国人の管理で好転しており、他の税も清朝時代の数倍の苛税が改まるなら民衆はむしろ大歓迎のはずと反論。

ついでより大きい問題として、裁兵（兵員の削減）及び財政整理と共同管理に関して。

四、裁兵を外国勢力が実行するには大軍を送るしかなく、無理とするのに対し、湖南はその必要はない、古来蒙古人も満洲人も少数で支那を平定したし、近年の阿片戦争、日清戦争でもそうだったと反論。

五、外国人は財政機関・金融機関・運輸機関の権力を利用して経済上の利便をはかるのに懸命で、裁兵や財政整理の暇はないとするのに対し、可能と反論。

六、権力の濫用は人類の通弊、また、外国人は間接的に取り扱うので、結局支那の役人や兵隊を使い、もとある群悪官僚、軍閥の上にさらに一層を加えるだけとするのに対し、湖南は海関、鉄道、塩務でも外国人による管理はうまくいっており、外国人の監督で支那人は矯正されると反論。

さらに裁兵に関して、梁啓超は「無武器階級対有武器階級」（「無槍階級対有槍階級」一九二一年一一月二一日、北京国立法政専門学校における公開講演。『飲冰室文集』三七所収）の中で「国民廃兵運動大同盟」を提唱し、世論の喚起による兵員の削減が可能としているのに対し、湖南はそれを全くの空論と批判する。

林長民の冊子「敬告日本人」への反論四種

「支那は復活し得べきか」（『大毎』一九一九年六月一〇日）

「國亡びて文化在り（一～六）」（『大阪新報』一九一九年六月一一～一七日）

「最近の支那（一～二、四～八、一〇～一二）」（『京都日出新聞』一九一九年六月一七～二九日）

「山東問題と排日論の根柢」（『太陽』第二五巻第九号、一九一九年七月一日）

これら四つの論説はいずれも林長民が湖南へ送ってきた小冊子「敬告日本人」に対する湖南の反論、それを借りての自説の展開である。内容、構成ともほぼ同様である。

『大阪新報』については、「段内閣と借款問題」（一九一八年七月一三日）参照。『京都日出新聞』について。浜岡光哲が官憲の弾圧に対処するため、政論新聞『中外電報』の身代わり新聞として一八八五年『日出新聞』を創刊。一八九二年政論新聞の衰退を受け、『中外電報』が『日出新聞』に合併吸収される。のち『京都日出新聞』と改称、一九四二年『京都日日新聞』と合同して『京都新聞』となる。

林長民（一八七六～一九二五、字宗孟、福建省閩侯人）は、秀才となってから、つまり伝統的学術を十二分に修得してから日文・英文を学び、一九〇六年日本に留学。早稲田大学で政法学を専攻し、犬養毅とも交流。一九一一年辛亥革命で福建省代表になる。一九一三年に衆議院議員に選出され、進歩党政務部部長に就任、のち憲法研究会に参加。梁啓超を中心とした緩やかな政治グループ「研究系」の政治家。一九一七年段祺瑞内閣時の司法総長。一九二五年郭松齢の張作霖に対する反乱時に、郭松齢の招聘に応じて秘書長になるも関東軍の出動もあり反乱失敗、戦死（中国社会科学院近代史研究所、朱信泉、婁献閣主編『民国人物伝』第一二巻、中華書局、二〇〇五年九月）。なお林長民の娘、詩人の林徽因は梁啓超の息で著名な建築家梁思成と結婚している。「研究系」と五四運動との関係では、夏暁虹「林長民——従留日到抗日」（陳平原、夏暁虹編『触摸歴史——五四人物与現代中国』北京大学出版社、二〇〇九年四月所収）参照。

湖南の林長民への反論については、その背景として林長民らの第一次大戦とパリ和平会議への対応をおさえておかねばならない。

まず同じ政治グループの梁啓超が段祺瑞に迫って世論の反対を押し切って対ドイツ宣戦布告に持ち込み、これにより中国は一度の戦闘もなしに外交的に戦勝国の位置につく。ついでパリ和平会議当時、梁啓超らがパリに直接赴き、和平会議の動静を探り、その情報を発信し、国内では林長民が北京でそれを受信し、「研究系」の新聞『晨報』に発表するといった態勢をとっていた。

その林長民は、対内的には、中国が和平会議で山東省の利権回収交渉に失敗、という梁啓超の電報に接するや、一九一九年五月二日「外交警報　敬告国民」の一文を北京『晨報』紙上に載せ、その中の「山東亡矣」の一句が北京学生界の憤激を引き起こし、ついに五四運動を巻き起こしていくことになる。

他方対外的には、「研究系」のいまひとつの新聞『国民公報』に六月一日「敬告日本人」を掲載し、日本人にも政治的アピールを行っている。（同紙は東京大学文学部東洋史学研究室にマイクロフィルム所蔵）。また、日文（一二頁）のパンフレット状の『（譯文）日本人ニ敬告ス』が米国議会図書館に所蔵されており、「東亜研究所蔵書之印」が押されている。東亜研究所は一九三八年企画院の外郭団体として設立され、第二次大戦終結後まで存続した国策調査研究機関。湖南に送られてきたものは新聞記事自体と思われる。

林長民らの動きに対しては、陸軍支那通の坂西利八郎の報告に五四運動の「暴行の原因が進歩党一派の煽動になるは明瞭にして……参謀長はかの林長民」などとあるように、日本の当局も非常に神経をとがらせていた。小野信爾『青春群像――辛亥革命から五四運動へ』（汲古書院、二〇一二年九月、一八一頁）参照。また、陸軍支那通の中国観に関しては、戸部良一『日本陸軍と中国――「支那通」にみる夢と蹉跌』（講談社、一九九九年一二月、今、ちくま学芸文庫、二〇一六年八月）があり、湖南のそれとの異同を推し測る参考になろう。

これら四つの論説はいずれも『全集』未収録であり、唯一『大阪新報』版のみ『全集』の「著作目録」に題名が著録されている。五四運動の日本における報道全般に関しては、詳細な藤本博生編『日本新聞五四報道資料集成』（京都大学人文科学研究所、一九七三年二月）があるが、それにも収録されていない。また研究史レベルでは山根幸夫「日本人の中国観――内藤湖南と吉野作造の場合」（『東京女子大学論集』第一九巻第一号、一九六八年九月、『論集近代中国と日本』山川出版社、一九七七年二月所収）が『太陽』版を使い、湖南の林長民への反論を「手前勝手な自己弁護」とし、批判の素材としている。本書では、重複の多い史料の場合、一方のみを採録しているのであるが、史料紹介・研究上の意義を考え、今回これら四つの論説すべてをあえて採録した。

小冊子の名称に関して、『大毎』が「日本人に警告す」、『大阪新報』が「日本人に告ぐ」、『京都日出新聞』が「謹んで日本人に告ぐ」と「日本人に警告す」、『太陽』が「敬んで日本人に告ぐ」としている。『太陽』のタイトルが正しい。

『大阪新報』版が全般的に正確な記事になっている。『大毎』は簡略に過ぎ、日中貿易における中国農民の位置といった重要な論点が全く抜けている。ついで『太陽』は、全体的には『大阪新報』に近く、また、代表的雑誌ということもあって、文章も最も整序されてはいるが、論説の前段で中国はすでに「残骸が蠢いて居るに過ぎない」という言辞があまりにもどぎつい。『京都日出新聞』はそれに輪をかけている。また、『京都日出新聞』版のみ講演筆記であり、分量的に最も長く、また聴衆受けをねらっている部分も見られる。

以上四つの版で論点主題が微妙にずれているところもあるが、以下、全般的によく調っている『大阪新報』によって解題していきたい。

前段で、湖南は、一、支那文化は数千年の輝きがあり、不滅であるが、国家としてはすでに滅びている、二、山東問題は、支那と日本、支那と世界、そして支那の昔からの成り行き、並びに将来の運命を説明するものである、三、南北和平会議は支那政治家なるものの醜態を暴露したと論じ、ついで、本論の林長民の小冊子「敬告日本人」への反論を四点にわたって展開する。

まず、林長民は以下のように主張する。第一に日本人は条約の尊厳と国際信義を無視している。青島を占領したときには無条件還付すると言明していたが、のちに条件付きと変更したのは不当である。また、日本が青島を攻撃する際、支那は中立国であったから、兵を動かす範囲を定めたのに、日本がこれを無視したのは、不当である。一方、湖南は、この主張はまんざら無理ではないと認めている。

第二に、支那は世界の大勢に順応して、正義人道に従い行動し、日本の手を経ずにドイツから直接還付を要求するのは当然であると主張するが、湖南は、これは窮した議論である、青島を占領したとき、声明通り受け取れと言っても支那は受け取らなかっただろう、なぜなら当時支那はドイツを怖れており輿論も南方人士も対独宣戦に反対しており、段祺瑞のみが果断に宣戦の挙に出たのだから、と反論する。

第三に、青島攻撃に日本は少なからぬ犠牲を払ったから、無条件還付はだめだというだろうが、不当であると主張するが、湖南は、今時そんなことを言う政治家はいないだろうと言明。

第四に、日本は日露戦争後、韓国を併合したが、それを自衛のためというが、これでは小国は大国の蚕食を甘受しなければならないということになってしまうと主張。それに対して、湖南は、法律論からいうともっともである。しかし、今日の人口問題や、社会問題は紛糾錯綜した内容を蔵して居る。「金持連が法律が保護して居るからと云つて所有権を楯に飢餓に瀕する貧民を見ても、平然として何等顧みる所無く之が救済を拒絶するならば、社会問題も労働問題も、全く無意味であるとせねば成らぬ」。「土地は狭く、而かも人口は段々増殖し工業は発達し文化の進歩亦著しい国は広漠たる領土を持ち腐りにして居る大国に入りて其の人口を移植し其の工業を起し其の文化を布くと云う事は、世界人類と云ふ大局の上から見下して、決して不正義でも無く、不人道でも無い」と反論する。

以上、林長民の抗議四点に関しての反論であるが、一から三は青島還付問題に関するもの、四点目はさらに大きな問題であり、湖南の「波動説」と連関してくるものであろう。

ここで林長民の抗議への直接的反論を終え、このあとは中国への旅とその際の考察、体制変革としての日本の明治維新と中国の辛亥革命の対比、それらに連動しての、中国再生の構想を湖南は語っていく。本論説のこの後半部分はより大規模な意味で林長民への反論をなすものである。湖南は次のように言う。

自分は先般支那を旅行して、支那人と日本人との経済上の関係を理解し得た。……日本の立憲政治は徳川の商売人を破壊した後に出来たのであって立憲政治成立後に目星い商売人と云へば、御用商人位のもので、政府のご機嫌取りが関の山で、政治上殆ど何等の勢力も無い有様であった。大部分は農民で、農民の勢力さへ占むれば、日本の政治はどうでも出来るのである。

（中略）

之に反して支那の立憲政治は、全く反対で、商売人の勢力を占むるでなくては、手も足も出ない、支那の財力は、商売人に在る、従って経済も政治も同じやうに立憲政治が出来ても田舎に居る農民には勢力が無い、今日支那の輿論は商売人に依りて出来る。……ボイコットは竟に商売人自身の苦痛であることを痛く感じて居る、そこで今次のボイコットも肝腎の商売人は、殆ど与って居なくて大部分学生の騒動に市井無頼漢が尻馬に乗って馳せ参じたに過ぎない。

日本人は三四十年の努力・修練・苦労をして今の工業状態を獲得した。したがって中国は「ここ二三十年の間に……原料国として、原料を多く産出して、其の堅固なる基礎を作る」べきだ、とする。これらの部分は本論説の二ヶ月後の一九一九年八月、五四運動勃発三ヶ月後の「支那経済上の革命」『大朝』（『全集』第五巻）において、より整序されて全面展開されることになる。このように見ていくと「支那経済上の革命」への思考の流れは、五四運動に対する湖南の対案とも見なされ得るものたることが了解できてこよう。

『京都日出新聞』の記事によると、この前年の一九一八年、林長民が絵画の跋文依頼のために湖南を訪ねてきている。これは林長民の伝記資料には記載のない新事実である。いわゆる「支那新人」ではなく、このように伝統文化の素養も十二分にあり、知り合いでもある中国最高レベルの知識人が、日本が「吾神聖ノ生地〔民族誕生の地〕京邑ノ門戸山東ニ入ラント欲ス」（『〔譯文〕日本人ニ敬告ス』）として、日本の侵略への危機感を圧倒的につのらせていったのに対し、湖南は「波動説」的論理展開の中で中国再生の方途を探ろうとしていたのである。

五四運動が中国全土にナショナリズムを波及させた「政治上の革命」であったのに対し、湖南は五四運動を単に揶揄していたのではなく、ナショナリズムを越えた「経済上の革命」による農民階級の経済的実力の養成と、「国際管理」による財政的・政治的訓練の二つの方策による中国の再生を構想対置していたのである。五四運動に関して、一九一九年六月の『中央公論』に、有名な吉野作造の「北京学生団の行動を漫罵する勿れ」が掲載されたが、湖南は五四運動の「漫罵」者ではなく、その「批判」者であったのであり、当該時期、日中の最高レベルの知識人・思想家の間で、東アジア近現代史上最大の論争がナショナリズムをめぐって起こっていたのである。（なお、中国近現代の論争に関しては、竹内実編『中国近現代論争年表』上・下、同朋舎出版、一九九二年参照。また、近現代の日中間における互いの認識に関しては、張競／村田雄二郎編『日中の120年　文芸・評論作品選』全五巻、岩波書店、二〇一六年がある。）

（担当　松尾洋二）

第Ⅲ部　中国関係時事論説以外の文章解題

この時期に書かれた文章は、中国の時事問題を扱ったものを除くと、満洲問題、朝鮮問題、日本の政情に関わるもの、様々な学問及び文化に関するもの等があり、その形式、内容とも雑多であり、総括的に解題していくことは難しい。ここでは時系列に沿って個別に解題していく。なお、出典の『大阪朝日新聞』『大阪毎日新聞』については、『大朝』『大毎』と略す。

「満洲發達の三大時期」（『日本及日本人』第四五〇号、一九〇七年一月一日）

湖南は、一九〇六（明治三九）年七月から、外務省の嘱託で間島問題調査（朝鮮と中国の国境を確定するための歴史的調査）のため大阪朝日新聞社を退社して、韓国、満洲の視察調査旅行に出発する。一一月には帰国したのだが、この間に大連で満洲の歴史についての講演を行い（一一月二三日）、その講演は同行していた稲葉君山によって概要が記録されており、帰国後それを参考にして原稿を起こした旨が、但し書きとして付されている。

「乾隆帝の肖像」（『日本及日本人』第四五〇号、一九〇七年一月一日）

盛京（清の太祖の時の都、今の瀋陽）の敬天閣にあった乾隆帝の肖像画の写真（この雑誌の巻首に録されている）を説明したもの。着用している御用甲冑鞍具が宮殿内の飛龍閣に現存していることを述べている。

「内藤湖南氏の間島地形談」（『秋田魁新報』一九〇八年一〇月二四日）

湖南は、一九〇六年七月から一一月にかけて外務省の嘱託を受け間島問題調査のため韓国、満洲を調査旅行をしたが、この年の八月から一〇月の末まで再び同調査のため間島、吉林を旅行した。この文章は、一〇月一六日に帰京した湖南の談話として掲載されたものである。地形上からは、間島は吉林などよりも「北韓」との関係の方が強く、管轄権も「韓国」に帰すべきことが述べられている。

「日韓古史研究」（『二十一家講話　現代思潮』宮崎三郎編、一九〇八年一〇月二八日）

湖南が京都帝国大学の講師となって一年ほど経ってから書かれたもので、日本と「韓国」の歴史伝説や事実における偶然的な暗合及び両国の歴史研究家の陥りやすい欠陥を指摘した文章である。

「韋庵會」(『太陽』第一六巻第四号「雑纂」、一九一〇年三月一日)

幕末に三度にわたって樺太探検を敢行し、維新後は官吏として樺太開拓に努めた岡本監輔(一八三九〜一九〇四、韋庵は号、文平は通称)の遺徳を表象し、その遺志を継承すべく「韋庵会」という組織が立ち上がったことを報告した文章である。

「今上御即位五十年祝典の記念事業答案」(『実業之日本』第一五巻第四号、一九一二年二月)

明治天皇即位五〇年記念事業として何をなすべきかというアンケートに対する回答である。

「内藤湖南博士談 —奉天の古文書—」(『秋田魁新報』一九一二年五月二九日)

湖南は一九〇六年の七月から一一月にかけて外務省の依頼で間島問題調査のため朝鮮、満洲を視察旅行をしたが、その際奉天の宮殿に設けられていた文溯閣に収蔵された厖大な清朝の記録を発見した。この文書の調査のため、富岡謙蔵、羽田亨(ともに中国学者)を伴って奉天に出張し、史料の写真撮影を行った。この調査についての帰国報告である。なお、この旅行記は「奉天訪書日記」として『全集』第六巻の「旅行記」に収録されており、また詳しい内容は「奉天訪書談」として『全集』第一二巻「目睹書譚」に収録されている。

「古書畫の變遷に就て」(『美乃世界』第五七号、一九一二年七月一日)

これは、『全集』の「著作目録」にも載せられていないものである。奉天にある古書画の話を糸口に、日本の絵画は中国の絵画の影響を受けて発展してきたが、中国では新しい絵画の気風が興ると古美術が失われていく傾向があるのに対して、日本では古くからの絵画が保存されてきたと述べ、両国の絵画の残存状況の相違を説明している。

「郎世寧繪畫 三點」(『東洋学芸雑誌』第三七二号、一九一二年九月)

京都帝国大学の卒業式の際に展示された絵画三点についての解説である。清の乾隆中に中国にやってきたイタリア人郎世寧(Giuseppe Castiglione)の三点の絵について説明されている。

「進歩乎。退歩乎」(『美乃世界』第六七号、一九一三年四月一日)

近来の日本画が古い世界から脱皮を図ろうとしているように思われるが、その筆法が一転して装飾画に傾きつつあることを必然的な事態と捉えつつも、それを画風の沈滞期の現象と見なし、この沈滞を破るものは外からの刺戟ではないかと論じている。

「古の滿洲と今の滿洲」(士風会『雄辯』第四巻第八号、一九一三年八月)

これは、講演の筆記録ではあるが、満洲の通史的な内容が語られており、ある意味では貴重な文献と言える。『全集』

第八巻の「あとがき」に記されているように、この文章は湖南没後に上梓された『東洋文化史研究』（一九三六年四月、弘文堂刊）には収録されていたが、この講演記録を簡潔に要約したものが『全集』第六巻に稲葉岩吉著『満洲発達史』に寄せられた「序文」（大正四年四月執筆）として掲載されていることと、さらにこの講演記録自体が湖南自身の校訂を経ていないという二つの理由から『全集』には収録されなかった、ということである。『全集』所収の「序文」と内容的には重なるが、湖南の講演の口調を直接伝える資料として採録した。

「朝鮮平安南道。龍岡郡新出土漢碑釋文」（『芸文』第五巻第三号、一九一四年三月）

一九一三年九月に当時京都帝大助教授で朝鮮史学者であった今西龍（後に京都帝大教授、京城帝大教授を兼任）が「北韓地方」の龍岡郡で発見した碑文について、その拓本をもとに、判読不能の部分について湖南が解読を試み、その結果を報告した文章である。歴史資料に基づいた極めて科学的な分析がなされている。

『佛教大辭彙』「序」（一九一四年六月）

宗祖親鸞の六百五十回忌の記念として、西本願寺によって企画された『仏教大辞彙』（仏教語大辞典）が七年をかけて漸く第一冊目がこの年に印行されることになった。これは、その「序文」として書かれたものである。その最新式の編纂法に賛辞が捧げられている。

「學生に對する希望」（『学友会誌』第一〇号、一九一四年一二月）

大学を卒業した後、学生はどう実際の社会の中で生きるべきかを説いたものであり、今日でもそのまま通用するような内容となっている。

「死んだ楊守敬氏」（『大朝』一九一五年一月一四日）

清末民国初めの学者にして書道家であり、かつ日本にも滞在したこともある楊守敬（一八三九〜一九一五）が北京で亡くなったことを報じた記事の後に附せられた談話である。日本伝存の中国の逸書を収録した『古逸叢書』編纂などの業績を称賛しつつ、金銭に執着しすぎたという欠点も指摘している。

「文展日本畫の批評」（『学友会誌』第一一号、一九一五年三月）

これは第八回文展について、湖南が一九一四年一二月四日に行った講演「文展日本画の批評」の大意をまとめたものである。この講演は、恐らく京都大学学友会主催のものであり、毎年行われていたらしく、その際湖南は、文中にある松本博士（松本文三郎、京都帝大教授、印度哲学者、仏教学者、当時同大学文科大学長）とともに日本画の批評を受け持たされていたようである。

「史記の事ども」（『京都教育』第二七七号、一九一五年七月）

湖南は、中国の史書の中でも『史記』を「支那最上の歴史」と見なし、「史記を評論することは、殆ど支那の歴史全体を評論すると同じくらいの価値がある」とまで言い切っている（『支那史学史』五「史記」）が、この「史記の事ども」でもそれへの高い評価から語り始められている。ただ、この文章は、後の「歴史の起源に就て」と同様に記者が湖南の語った内容を筆記していくという形で文章化されたもので、湖南の校訂を経ていない可能性がある。

「慕夏堂史論」（『慕夏堂集』一九一五年七月）

一九一〇年の日韓併合の後、朝鮮において豊臣秀吉の「文禄・慶長の役」の後、朝鮮に投降した日本兵によって書かれた文章（『慕夏堂文集』）の真贋について、当時京城で朝鮮研究会を主宰していた青柳綱太郎（後に『京城新聞』を発行、社長を務める）が朝鮮史研究者や中国史研究者に意見を求めたことがあった。湖南にも依頼があり、これは湖南のしたためた返答である。

『慕夏堂文集』は、加藤清正の配下の武将であった「沙也可」と呼ばれた人物の伝記である。沙也可は朝鮮上陸後すぐに朝鮮軍に投降し、朝鮮軍に火縄銃の技術を伝えるとともに自ら配下を率いて日本軍と戦い、朝鮮王から金姓を賜り金忠善と名乗ったとされる人物である。朝鮮では英雄視されており、韓国では二〇一一年に「沙也可」の史料を中心に展示した「達城韓日友好館」が開設されている。『慕夏堂文集』は沙也可自身が書いたとも言われているが、彼の子孫が作ったという説もあり、その真贋はなお不明である。湖南は後人の手になるものと断じている。

「歴史の起源に就いて」（『京都教育』第二八〇号、一九一五年一〇月）

湖南の『支那史学史』（一九四九年五月、弘文堂刊）の第一章から四章までは「史の起源」「周代に於ける史官の発達」「記録の起源」「史書の淵源」という項目になっているが、こうした内容をかいつまんで述べたものがこの「歴史の起源に就て」である。

「文化と古墳」（『九州日日新聞』一九一六年一月一八〜二〇日）

湖南が、同僚というよりも後輩に当たる当時京都帝大助教授であった朝鮮史学者の今西龍氏とともに、宮崎、鹿児島、熊本と三県を巡って古墳の発掘調査（あるいはその見学）をした時のことを語った文章であり、三回にわたって当新聞に掲載された。「談話」であり、記者の速記録がそのまま掲載されたようで、湖南自身の校訂を経たものではない。

しかも、「談話」と称しているが、第三回目の文章には、記者自身の意見が差し挟まれ、「語り手」としての湖南の位置が曖昧になっていて文章的にはやや難点がある。だが、内容的には至極穏当な意見が記されている。

「選定せられたる國寶に就て」（『美術之日本』第八巻第八号、

一九一六年八月）
日本の文化財保護のために、一八九五年内務省に「古社寺保存会」が設置され、一八九七年六月に「古社寺保存法」が公布されるとともに、この「保存会」が宝物の選定を始め、選定された宝物について維持管理のための資金援助もするようになった。湖南もこの「古社寺保存会」に関係していたらしく、この年度（一九一六年）に湖南自身が関与して「国宝」に指定された宝物についてその価値を説明したものである。

「戦後に於ける日本の地位」（『太陽』第二二巻第一一号、一九一六年九月一日）
日露戦争後の反省を教訓として、第一次大戦後の世界と日本の関係を考えるべきであり、日本はこの戦争で国力を充実させることができたのであるから、政治家も国民もその自覚を持って世界に向かうべきことが主張されている。

「支那に於ける風教問題　儒教衰ふ」（『世の中』第三巻五号、一九一七年五月）
中国社会における信仰の歴史を概観した上で、知識人の間でも儒教がほとんど信仰されていない状況が確認されている。

「我石器時代は新らしい」（『大毎』一九一七年一一月一日）
河内国府衣縫遺跡（現大阪府藤井寺市）は、一八九二年にその存在が知られていたが、一九一七年から京都大学などによる本格的な発掘調査が開始された。その調査報告が同年一〇月から一三回にわたって『大阪毎日新聞』に連載され、その一四回目としてこの発掘調査についての湖南の意見が掲載された。この発掘調査によって日本と中国との交通が漢代から始まったこと、日本の石器時代が意外に新しいのではないかという推測が述べられている。

「横穴より發見の繪畫と文字」（『大毎』一九一八年三月一四日）
河内国中河内郡高井田にある藤田男爵家の墓地域から発見された横穴式古墳の壁に絵画、模様、文字等が描かれてあり、その写真、拓影を一覧しての湖南の談話である。渡来した漢人の後裔の墓であり、天下の逸品と断じている。

「都城の規模（一～七）」（『実業新聞』、一九一八年六月一八～二三・二五日）
「史蹟会」の臨時講演会での湖南の中国の都城の規模及び実態についての講演を、七回に分けて掲載したものである。漢文史料とともに「図」も挿入され、周の宗廟社稷を祀った「成周」（戦国時代に「洛陽」と改められた）の城の説明から漢の「長安」、唐の「長安」、現在の「北京」にまで及んでいる。

「聖德太子の内治外交」（『歴史と地理』第二巻第一号、一九一八年七月）
『全集』第一四巻の「著作目録」に付記されているように、『日本文化史研究』（一九二四年九月、弘文堂刊）の「聖徳太子」の原型をなしたもので、比較資料として収録した。

「考古學上の大問題」（『大毎』一九一八年九月一〇日）

大和南葛城郡吐田《はんだ》郷村《ごうむら》字長柄（現奈良県御所市）から発見された一銅鐸と古銅鏡について、その時代鑑定について論争が起きていることを述べ、そこに湖南の考え方が談話として紹介されている。

「朝鮮の開國」（講演筆記録、一九一八年一〇月）

これは、湖南が「満鉄」の依頼で満洲に趨き、各地で講演した時のその講演の一つの筆記録である。どこで行われた講演であるかは不明で筆記者もわからないが、「南満洲鉄道株式会社」という文字が印刷されている「満鉄」専用の原稿用紙に筆記され、関西大学の「湖南文庫」の中に保存されていたものである。『全集』の「著作目録」にも記載されていないが、原稿の冒頭に「文学博士　内藤湖南」と講演者名が明記されている。ちなみに湖南は、帰国後「満洲を巡歴して」というこの旅行の報告を『大阪毎日新聞』（一九一八年一〇月一八日）によせている。

「北京の天文機」（『大朝』一九一八年一二月一九日）

元朝の時代に郭守敬によって制作された天文観測機が二機、北京の観測台に置かれてあったが、義和団事件の混乱の中でそれぞれフランスとドイツに強奪された。フランスはすでに返還していたが、ドイツはそれを保有したままであった。第一次世界大戦後の講和会議の流れの中で講和条件の一つとしてこの天文機の中国への返還がドイツ側から言明されたという記事についての談話である。この天文機が天文学史上の至宝であるだけではなく、美術工芸品としても名品であることが述べられている。

「聖徳太子の外交」（『大毎』一九一九年四月三日）

この年の四月は聖徳太子の薨去から一千三百年の御忌にあたり、その奉賛講演会が四月二日に大阪中之島中央公会堂で催された。高楠順次郎氏（仏教学者、京都普通教校・現龍谷大学を卒業、東京帝国大学教授、東京外国語学校校長を兼任、その後、武蔵野女子学院を創設し、東洋大学の学長も務めた）及び黒板勝美氏（歴史学者、東京帝大の史料編纂員から教授になり、日本の古文書学を確立した）とともに湖南も「聖徳太子の外交」という表題で講演した。これは翌日の新聞に掲載された講演の大要である。

「暗殺は鮮人の國民性か」（『大毎』一九一九年九月三日）

一九一九年九月二日午後五時二分、京城南大門駅前で新任朝鮮総督斎藤実が朝鮮人から爆弾を投げつけられた事件についての湖南の談話である。

「朝鮮統治の方針　上・中・下」（『大朝』一九二〇年一月一・四・五日）

湖南の朝鮮に関する論考は、四十数篇あるが、大部分は新聞に発表された時事的な政治評論であり、中国史を論じたようなまとまりを持った歴史研究はない。湖南自身も、常日頃から朝鮮史についての関心が薄いことを表明し、近代日本との政治的な関わりの深まりに対応して時勢論的な評論を展開しているに過ぎない。これも、その一つである。

「誤まれる京都の都市計畫」（『大毎』「京都滋賀附録」、一九二一年一月六日）

　京都の都市計画が新たに立てられつつある中で、湖南の意見が述べられている。基本的には古き京都はそのまま維持して、市外に新地域を開いていくのが経済的にも適切であると主張されている。

「社會老衰の傾向」（『大朝』一九二一年五月一六日）

　これは一九二〇年に起きた第一次大本教事件についての湖南の談話である。この事件についての報道がこの年の五月に解禁され、湖南もコメントを求められたのであろう。

「略字の使用と活字の改良」（『大毎』一九二一年七月五日）

　一九〇二年三月に設置された「国語調査委員会」（加藤弘之委員長）は一九一三年に廃止され、一九二一年に新たに「臨時国語調査会」が設置された。これに対する湖南の意見が「国語調査会に対する注文（二）」として述べられている。

「新舊日本の限界線として意義ある應仁時代　上・下」（『大朝』「京都付録」、一九二一年九月三・四日）

　湖南は、中国の歴史については「宋代以降近世・近代説」を唱えていたのであるが、日本の歴史については「応仁の乱以降近世・近代説」を唱えていた（「応仁の乱に就て」一九二一年八月、史学地理学同攻会講演。『日本文化史研究』一九二四年九月、弘文堂刊、所収）。これは、その簡略化されたものである。『全集』では内容的重複を考慮して採録しなかったのであろう。参照資料として収録した。

「支那の「正史二十四」に更に一つを加へた柯氏の新元史」（『大毎』「日曜附録」、一九二一年一〇月一〇日）

　中華民国の元史の研究者である柯劭忞は、四、五年前に六〇冊三〇〇巻に近い大著『新元史』を完成し出版したが、この大著は、東京帝国大学に学位論文として提出された。『新元史』は後に正史にくわえられることになるのだが、この著述の学術的価値及び著者の人柄や学識について紹介した談話文である。

「南畫の話」（『絵画清談』第九巻第一二号、一九二一年一二月）

　一九二一年に河野秋、水田竹園などの日本の南画家達によって「日本南画院」が設立され、その最初の展覧会がこの年に開催された。湖南は審査委員として参加し、これはその審査後の感想を記したものである。模倣よりも個性の表現が自分の評価の基準であると述べている。

「支那の古錢及金石に就て」（『貨幣』第三五号、一九二二年二月）

これは、表題についての講演記録であるが、誰が記録したのか明記されていない。古銭研究の歴史が述べられ、古銭研究が文献研究にまで踏み込んでいく必要性が強調されている。

「賣られる四庫全書の事」（『サンデー毎日』第一巻三号、一九二二年四月一六日）

奉天の文溯閣の四庫全書が前清室宣統皇帝（溥儀）の結婚費用のため日本の宮内庁に売却の依頼があったが、宮内庁はそれを結局受けなかったことについて遺憾の意を述べた文章である。

「遷都は斷じて不可」（『大毎』一九二三年九月一三日）

関東大震災（一九二三年九月一日）直後に書かれた東京復興案である。湖南は、旧神奈川宿から東京までを一体とし、下町を高台の土で嵩上げして東京の土地高度を平均化することや、山手を住宅街に下町を商業地区とし、鉄道は高架にしてそれ自身を防火壁とすることなどを提案している。当時東京市長として東京復興の実務に当たっていた同じ東北出身の後藤新平（現在の岩手県奥州市出身）とは、遷都に反対するという点では一致していたが、それ以外の点では両者の構想にはかなり大きな隔たりがあった。

「富永仲基の佛教研究法」（『龍谷大学論叢』第二五六号、一九二四年六月）

この論考については『全集』第九巻の「あとがき」で、筆記が不完全、著者の校訂を経ていないため収録を見合わせた旨が記されている。「付言」にも書かれているように「龍大生の速記を基として私（妻木直良）が多少の添削を加えたものであ」り、湖南が欧米旅行の準備に忙殺されていたため湖南自身の校閲を受けることができなかった、ということである。内容的には『先哲の学問』（一九四六年五月、弘文堂）所収の「大阪の町人学者富永仲基」（一九二五年四月五日、大毎主催の講演、同年八月発行『大阪文化史』所収）とほぼ重なっているが、『先哲の学問』所収のものの方が読みやすいし、かつ詳しい。内容的には重複するところも多いが、家系的なことについて仲基の詩が引用されるなど微妙な違いもあり、参照に供するために採録した。

「鐵齋先生追憶談」（『鐵斎翁遺墨集』「序文」、一九二五年五月）

富岡鐵斎（一八三七〜一九二四）は、湖南と親交のあった文人画家である。前年（一九二四年一二月三一日）亡くなった彼の『遺墨集』の「序文」となっており、もともとは鐵斎翁の作品の展覧会での講演記録である。西洋画と東洋画との比較論が展開され、風景画としては東洋の山水画の奥深さに軍配が上げられ、鐵斎翁の画については、東洋芸術が世界に広まっていったならば世界的に評価されるはずだ、と述べられている。

「最近日支佛教の傾向　上・下」（『中外日報』一九二五年一一月一三・一四日）

「東亜仏教大会」が日本で開かれるに当たって、最近の日本と中国の仏教界の傾向について述べた文章である。

「支那には稀な仇討の話」（『サンデー毎日』第五巻第六号、一九二六年一月三一日）

前年の一二月三〇日に、段祺瑞派の策士徐樹錚が、彼を七年前から親の仇としてつけねらっていた陸建章の遺子陸承武の手にかかって殺された事件を枕に、中国の仇討ちの実例として春秋時代の「伍子胥」の話を挙げ、日本の仇討ちの典型である赤穂義士の話と比較しながらその異同が論じられている。

「掘り出した二大珍書」（『サンデー毎日』第五巻第一三号、一九二六年三月二一日）

関東大震災（一九二三年九月一日）以来古書、珍本の高騰が続いていた。こうした中で湖南は三千数百円を投じて、たかだか九十行に満たない世界最古の辞書とも言える唐鈔本『説文』一巻を中国から購入したこと、さらに東京帝大の教授であった黒板勝美氏が、奈良の骨董屋の店頭から弘法大師の将来品と推定される唐鈔本『大廣智三蔵表制集』一巻を掘り出したことという二つのエピソードが紹介され、そこに湖南の談話が自慢話として掲載されている。

「學問の向上とコレージユ・ド・フランスの特徴（一〜四）」（『大朝』一九二六年四月二〜五日）

湖南は、一九二四年七月から翌年の二月までのほぼ六ヶ月にわたって欧州旅行を行い、各国の中国学者たちとも交流し、欧州の学問のあり方、教育のあり方についての情報も吸収してきたようで、この文章は、そうした情報の紹介である。

「コレージュ・ド・フランス」とはフランス文部省直轄の高等教育機関であり、一六世紀に誕生した伝統ある学校である。原則的に講義は無料で一般公開される。免状も試験もなく、一切の資格とは無縁であるが、一級の学者による高度な内容の講義が売り物になっている。この「コレージュ・ド・フランス」の成立事情から沿革及びその役割について解説されている。

「日本人の心理も解せずに馬鹿騒ぎをするな」（『中外日報』一九二六年七月二三日）

明治憲法における宗教についての規定は、第二八条の「信教の自由」に関するものがあるものの、宗教団体についての明確な法規がなく、一八九九年に「宗教法案」が議会に提出されたが、仏教側の反対で不成立に終わった。しかし文部省は宗教団体に対する保護と監督を強化すべく、一九二六年五月に「宗教制度調査会」を設置して「宗教法案」の調査審議を開始した。これに対して仏教側から強い反撥が起こった。

この事態に対する意見を求められて述べた談話記事である。仏教側の反撥は神社問題をめぐってのものに他ならないが、湖南はそれに対して「馬鹿騒ぎ」と仏教側に自重を求めている。

「神社問題その他　特に青年眞宗門徒の反省を促す　上・下」（『中外日報』一九二六年八月一三・一四日）

『中外日報』（一九二六年七月二三日）に掲載された神社問題についての湖南の意見に対して、二日後の『中外日報』に「識者よ自重せよ」（無署名）と題した批判が掲載された。そこでは「神社を宗教とせよ、若しそれができないならば神社は宗教にあらずとの政策に相応するやう神社から宗教行為を取り除け」という仏教側の明確な主張に「内藤博士の批評は一向要点にふれていない、敢て博士の自重を念ずる」と述べられている。また、『中外日報』の同年八月一日から五日にわたって、仏教側の姿勢を批判した野々村梅所氏の「国家より見たる宗教（一～四）」も掲載された。この二種の文章を前提として書かれたのが、この論説である。野々村氏の文章は「信教の自由」と「国家元首の敬神」とを前提に、神社は宗教ではないとする論を展開し、仏教側の姿勢を批判するものである。湖南は半ばそれに同調しつつ、野々村氏のものとはやや趣を異にした視点から先の批判に対する反批判を展開している。

ちなみに、この「宗教制度調査会」の調査を基にして、一九二七年に「宗教法案」が、そして一九二九年には「宗教団体法案」が議案として提出された。いずれも仏教側の反対で不成立となり、「宗教団体法」が公布されるのは一九三九年のこととなる。

「國家の大本に關する有難き思召」（『大毎』一九二六年一二月二九日）

大正天皇崩御につき摂政であった昭和天皇が即位し、一二月二八日の朝見の儀で示された勅語についての湖南の談話である。

「大御言葉を拝して」（生々社編、一九二七年二月）

昭和天皇の御践祚に当たって下した勅語を、湖南が解説したパンフレットである。

「康有爲氏　支那の學風に變化を與えた學者として有名」（『大朝』一九二七年四月一日）

一八九八年の戊戌の変法の立役者であった康有為（一八五八～一九二七）が静養中の青島でこの年の三月三一日に亡くなった。それを報じた記事の後に附せられた談話である。経学において大きな変化を与えたこと、しかし芸術についての鑑識眼はゼロであったことなどが述べられている

「伊藤蘭嵎先生　百五十年忌に際して」（『大朝』一九二七年五月二一日）

伊藤蘭嵎とは、伊藤仁斎の五男であり、紀伊和歌山藩の儒官を務め、長兄東涯の死後、甥の東所の後見人として仁斎の家塾であった古義塾を守った儒者である。この伊藤蘭嵎の一五〇年忌あたるこの年に、和歌山と京都でお祭りと記念講演会が催されることになり、文中に述べられているように湖南も和歌山での講演を行うことになったようである。その催しの告知として述べられたもので、蘭嵎の生涯と業績が簡潔に紹介されている。

「文鏡秘府論箋に就て」（『高野山時報』第四五二・四五三・四五五号、一九二七年八月一五・二五日、九月一五日）

弘法大師空海の唐詩の作法について記した『文鏡秘府論』に高野山の維宝阿闍梨が「箋註」をほどこした『文鏡秘府論箋』（一八巻）が新たに高野山で発見され、湖南は高野山夏期大学において『文鏡秘府論』及びこの「箋」の持つ書誌的な価値について講演した。その筆記録を『高野山時報』に三回に分けて掲載したものである。ただ記録記者（鬼という筆名が記されている）によって湖南自身の校閲を経ていない旨が付記されており、そのためかやや雑な文章となっている。また、書籍などの固有名詞を記す漢字に誤りが多く、原意を推測しにくい箇所もある。

「奈良朝文化と書籍」（『寧楽』第一〇号、一九二八年八月）

奈良朝においてどのような書籍が存在したかについて、様々な資料を通して考察したものである。ただ内容的には一九二八年三月に行われた大阪朝日会館講演「唐代の文化と天平文化」（一九二八年一〇月五日発行『天平文化』所載、『全集』第九巻「日本文化史研究」増補所収）と重なっており、そのため『全集』には採録されなかった。その旨は「あとがき」にも記されているが、引用書目に若干の異同があること、簡略な内容となっていることと、論点がやや異なっていることなどを鑑みて採録した。

「一九三一年の大京都市へ」（『大毎』「京都毎日」、一九三一年一月五日）

京都市が都市として拡大していく現況を見据えながら、行政及び府民に対して注意を喚起した文章である。蔬菜の名所としての京都を守り、加茂川沿岸を現状のまま維持していくことが提案されている。

「恭仁山荘書道縦横談」（『書道春秋』第二巻第一一号、一九三二年七月）

これは、平凡社の書道全集（一九三〇年二月〜一九三二年五月）の刊行に内藤湖南が協力したお礼の意味を込めて、書家の野本白雲（一八九七〜一九五七）が恭仁山荘を訪れた際に行われた対談を収録したものである。そこでは、日本や中国の書をめぐって縦横に語った事柄の一端が記されており、最後に野本によって恭仁山荘それ自体や周囲の情景が簡潔に紹介されている。対談中、湖南は、書に対する研究（「書学」）の必要性や、これまで注目されて来なかった、幾つかの書の意義、あるいは中国の書でも儒者（学者）風の書と写経生風の書（写経をするようにただ綺麗に書く書のことか）があると述べるなど、書に関する蘊蓄を縦横に披瀝している。なお、この雑誌に載った対談記録の一部に対して湖南は不満があったらしく、野本宛の書簡で、雑誌所載の記事の誤謬を指摘している（『全集』第一四巻、六四〇・六四一頁所載の第七〇六番の書簡）。

「追憶の一齣」（『木堂雑誌』第一〇巻第一号、一九三三年一月）

『木堂雑誌』は、犬養毅（木堂は号）の個人誌で、一九二四年一月に第一号が発行され、そこに湖南は「支那研究の変遷」（『全集』第五巻に収録）を執筆している。犬養は、一九三一年一二月から首相を務めていたが翌年の五・一五事件で暗殺された。これは湖南の犬養を追悼した文章である。

「家藏『鳳首琴』解説」（『東洋美術』第七号、一九三三年四月）

湖南が所蔵する万暦年間製の『鳳首琴』を解説したもので、その形状から始まり、中国古琴の演奏方法や琴譜にまで言及されている。最後には琴に関する楽理研究の必要性が説かれている。

「純情・英斷の人」（『大朝』一九三三年一一月二六日）

村山龍平（一八五〇～一九三三）は、明治一二年に朝日新聞の創業に協力し、後、上野理一とともに朝日新聞社を共同で経営した人物である。この年の一一月二三日に亡くなり、これは彼に対する湖南の追悼談話である。

「國家創立當時から事實上既に皇帝」（『大毎』一九三四年一月二一日）

満洲国については「満洲国建設に就て」（一九三二年三月一・五・七・八日『大毎』口述筆記）、「満洲国今後の方針に就て」（一九三三年七月『大亜細亜』一の三）の二篇が『全集』に収録されている。この「帝政施行」についての論考は、湖南として最後の満洲国についての発言であるが、「帝政施行」を言祝ぐことは湖南の真意でなかったことによるのか、やや空疎な社交辞令が書かれており、『全集』には収録されなかったのもそのことと無関係ではないように思われる。

「鐵齋翁尙生きる？」（『大朝』「京都附録」、一九三四年二月二三日）

中国哲学者・漢学者で龍谷大学教授であり、かつ書画家であった本田蔭軒（本名は成之、別号穆堂）が、明治・大正期の文人画家であり南宗画の大家であった富岡鉄斎の唯一の門人であり、鉄斎翁の画風を継ぐものであると、彼を賞賛した文章である。ちなみに本田蔭軒は、湖南の教え子の青木正児、小島祐馬と「支那学舎」を結成し、同人誌『支那学』を創刊した。

（担当　山田伸吾・小林義廣）

あとがき

　河合文化教育研究所の内藤湖南研究会が発足したのは一九九六年一〇月であり、この研究会の立ち上げには、二〇一三年六月に亡くなられた当研究所主任研究員であった谷川道雄氏が深く関わっていた。と言うよりもこの研究会は谷川氏の呼びかけによって始まったのである。参加メンバーは、谷川氏と関わりのあった中国史研究者や院生、学生であり、この参加メンバーには若干の変動があったが、会自体はほぼ月一回のペースで開催され、二二年目に当たる二〇一八年五月には一九四回目を迎えることができた。

　この研究会の目的は、基本的には内藤湖南の著作をアトランダムに読み続けていくことであり、予め設定された湖南の著作を、レポーターがその概要をレジメ形式で発表し、その後参加者全員でその内容について討論するという作業が延々と持続されていった。その詳細はここでは割愛させていただくが、この湖南の著作の読書会の持続が、メンバーのそれぞれの中に、同一のものではないにしろ内藤湖南の思想、考え方についての何らかのイメージをおぼろげながらも形成させたようで、自然な形で読書会の成果を各メンバーの研究成果として発表しようという気運が生まれ、二〇〇一年三月に『内藤湖南の世界――アジア再生の思想』（河合文化教育研究所刊）を刊行することとなる。また、二〇〇八年二月には、先の書の内容を発展させるべく、やはり参加メンバーによる湖南研究の新しい成果を、河合文化教育研究所の紀要とも言うべき『研究論集』（第五集）に「特集 内藤湖南研究――学問・思想・人生」として発表することになる。

　このように内藤湖南研究会は、読書会形式で始まり、そのスタイルは持続されてはいるものの、参加メンバーの問題関心に即した湖南の思想研究の成果を発表していく場ともなっていき、言わば会自身が自然に成長を遂げていったのだが、しかしそれに伴って『内藤湖南全集』（筑摩書房刊）の収録についての不備が意識されるようになっていったように思われる。

　たとえば、湖南と満洲帝国あるいは湖南の朝鮮論というように個別の湖南研究を行っていこうとした場合に、『全集』の「著作目録」には掲載されているものの、『全集』には収録されていない文章が数多く確認され、未収録論文を求めてあちこちの図書館に足を運ばなければならないという事態に陥ることがしばしばであった。『全集』刊行当時手に入れることが困難であったもの、あるいは無署名で湖南の書いたものかどうか判別がつかないということであれば未収録についても十分納得できるのであるが、比較的手に入れやすく、しかも署名入りのものであるにもかかわらず収録されなかったというものも多く、『全集』の収録方針にやや疑いが生まれるということにもなっていったのである。

確かに『内藤湖南全集』には、湖南の基本的な著作は遺漏無く収録されており、未収録の論文が多少あるからといってそのことによって湖南の思想の全体像が理解し得ないなどということはないのだが、それでも細部の実証ということになれば未収録のものも参照せざるを得ない。そうした場合には『全集』の不備がやや恨めしくなると同時に、この『全集』の収録の方針がどこに置かれていたのかという問題とともに、どれほどの未収録の論文があるのか、その内容はどのようなものかということを自ら検証してみようという欲望も湧いてきたのである。これが私たちが『内藤湖南未収録文集』を編纂しようという意欲を生んだ直接的動機、問題意識に他ならない。

私たち内藤湖南研究会は、内藤湖南を様々な角度から研究し、その思想の核心に触れたいという欲求を持続させてきた集りである。しかし、個々の参加者の湖南に対する向き合い方はもちろん様々であり、研究の切り口も異なるし、関心のあり方も違っている。従って個々の研究のたどり着く終着点としての湖南思想の核心なるものが多様な形となる可能性も大である。しかし、それはそれでやむを得ないこととして許容していかなければならないだろう。というのも私たちは、ゆるぎない唯一絶対の湖南像、つまりは終了した過去としての湖南像を求めているわけではなく、湖南を通して、あるいは湖南を媒介として私たちの置かれている混沌とした「現在」を切開する視座を手にしたい、つまり湖南を「現在」に活かすことを課題とするというのが、そもそもの研究会の出発点であり、個々人の「現在」の捉え方の相違によって蘇る湖南像も異なったものとなるであろうということが当然の前提でもあったからである。

しかし、かといって私たちは自分たちに都合の好い湖南像を求めているわけではない。あるがままの等身大の湖南をまずは前提とし、その広がりを過不足なく把捉することが必要である。その広がりを共通項として各自が自己の関心、問題意識を湖南を介していかに深めていけるかが課題となろう。こうした私たちにとっては、様々な湖南の文章、今日的な価値観からは許容し得ないような差別的な発言を含んだ文章も、あるいは戦前的な国家主義的発想から書かれたかのように見なされる文章も、すべてある意味では価値ある貴重な資料となりうる。ジャーナリスティックな軽い文章から深い学識によって書かれた硬い文章にいたるまで、湖南の文章世界の広がりこそが、等身大の湖南像を作り上げ、私たちの湖南理解の共通項を強固なものにする手だてとなるはずである。

このような位置から、私たちは『全集』未収録文書を収集したのである。なお遺漏も多く見いだせるかも知れないが、この書によってより多くの人々に湖南の思想の広がりを感受してもらいたい。もちろん、私たち内藤湖南研究会自体が、この書の最も熱心な読者となり、湖南研究の質を更に高次元に引き上げていかねばならないことは言うまでもない。

ただ、一口に「未収録文書」の「収集」といっても、その作業には多くの困難が伴っていたことも確かである。こうした困難な作業に労を惜しまず努力していただいた方々にはどのような感謝の言葉を捧げても足りないだろう。特に最初に原文打ち出し作業に携わっていただいた河合文化教育研究所事務局長の木下貞夫さん（今は退職されている）は、いわば準備作業の一番過酷な部分を担っていただいた。遺文収集作業については、担当者の八箇亮仁氏を中心に高木智見（今は研究会を退会されている）・吉尾寛・柴田幹夫・九嶋利宏・赤羽奈津子各氏、そして長期間にわたって内藤湖南研究会会員の全員が何らかの形で関わってきたわけだが、とりわけ何度も関西大学に赴かれて「内藤湖南文庫」の文書を精査された高木尚子さん（今は研究会を退会されている）、ネット検索を通じて精力的に遺文収集に当たられ、「梁啓超氏の疆域論」をはじめ多数の文章を発掘された澤田晃治氏、『台湾日報』の記事収集のため台湾にまで足を伸ばされた柴田幹夫・馬彪・吉尾寛・八箇亮仁氏など、こうした方々の力がなかったならば、本書は今のような姿では刊行できなかったであろう。解題担当者とともに、校正作業に携わっていただいた田村俊郎・九嶋利宏両氏にもあつく御礼を申し上げる。また、労を惜しむことなく最終的な全文チェックをしていただいた渡辺健哉氏にも感謝の念を捧げたい。

なお、本書を出版するにあたって河合文化教育研究所の事務局の南博さん、加藤万里さん、今は別の研究機関の研究員をされているソロンガさんには多大の労力を割いていただいた。また「㈱あるむ」の吉田玲子さんにも様々な迷惑をお掛けしてしまった。記して感謝の意を捧げたい。

二〇一八年九月

（山田伸吾）

編集担当
赤羽奈津子、大谷敏夫、小野泰、久我昌則、九嶋利宏、小林義廣、澤田晃治、柴田幹夫、谷口規矩雄、田村俊郎、中田和宏、名和悦子、八箇亮仁、福原啓郎、馬彪、松尾洋二、山田伸吾、吉尾寛、葭森健介、渡辺健哉

内藤湖南未収録文集

2018年12月1日　第1刷発行

編者　内藤湖南研究会

発行　河合文化教育研究所
〒464-8610　名古屋市千種区今池2-1-10
TEL (052) 735-1706(代)　FAX (052) 735-4032

発売　(株) 河 合 出 版
〒151-0053　東京都渋谷区代々木1-21-10
TEL (03) 5354-8241(代)

印刷
製本　(株) あ る む

ISBN978-4-7772-0438-0